COMPORTAMENTO ORGANIZACIONAL

STEPHEN P. ROBBINS

COMPORTAMENTO ORGANIZACIONAL

11ª edição

Tradução técnica

Reynaldo Cavalheiro Marcondes

Doutor em administração de empresas
pela FEA – Universidade de São Paulo.
Professor dos cursos de mestrado e doutorado
em administração de empresas da
Universidade Presbiteriana Mackenzie.

São Paulo

Brasil Argentina Colômbia Costa Rica Chile Espanha Guatemala México Peru Porto Rico Venezuela

© 2006 by Pearson Education do Brasil
© 2005 by Pearson Education, Inc.

Tradução autorizada a partir da edição original em inglês, *Organizational Behavior, 11th edition*, publicada pela Pearson Education, Inc., sob o selo Prentice Hall.
Todos os direitos reservados. Nenhuma parte desta publicação poderá ser reproduzida ou transmitida de qualquer modo ou por qualquer outro meio, eletrônico ou mecânico, incluindo fotocópia, gravação ou qualquer outro tipo de sistema de armazenamento e transmissão de informação, sem prévia autorização, por escrito, da Pearson Education do Brasil.

Gerente editorial: Roger Trimer
Editora sênior: Sabrina Cairo
Editora de texto: Eugênia Pessotti
Preparação: Sílvia Kochen
Revisão: Andrea Filatro
Capa: Marcelo Françozo
Projeto gráfico e diagramação: Figurativa Arte e Projeto Editorial

Dados Internacionais de Catalogação na Publicação (CIP)
(Câmara Brasileira do Livro, SP, Brasil)

Robbins, Stephen P., 1943-
  Comportamento organizacional / Stephen P. Robbins ; tradução técnica Reynaldo Marcondes. – 11. ed. – São Paulo: Pearson Prentice Hall, 2005.

  Título original: Organizational behavior.
  Bibliografia.
  ISBN 978-85-7605-002-5

  1. Comportamento organizacional I. Título.

05-5669   CDD-658

Índices para catálogo sistemático:

1. Comportamento organizacional : Administração de empresas   658

5ª reimpressão – julho 2008

Direitos exclusivos para a língua portuguesa cedidos
à Pearson Education do Brasil,
uma empresa do grupo Pearson Education
Av. Ermano Marchetti, 1435
Cep: 05038-001- São Paulo-SP
Tel: (11) 2178-8686 – Fax: (11) 2178-8688
e-mail: vendas@pearsoned.com

Para minha esposa, Laura.

SUMÁRIO

Prefácio xix

PARTE I — INTRODUÇÃO 1

Capítulo 1
O que é comportamento organizacional? 1

O que fazem os executivos 2
    Funções dos executivos 3
    Papéis dos executivos 3
    Habilidades dos executivos 4
    Atividades eficazes *versus* atividades bem-sucedidas 5
    Breve revisão do trabalho do executivo 6
O comportamento organizacional 6
Substituindo a intuição pelo estudo sistemático 7
Disciplinas que contribuem para o estudo do comportamento organizacional 8
    Psicologia 8
    Sociologia 8
    Psicologia social 9
    Antropologia 10
    Ciência política 10
Poucas coisas são absolutas no comportamento organizacional 10
Desafios e oportunidades no campo do comportamento organizacional 11
    Respondendo à globalização 11
    Administrando a diversidade da força de trabalho 13
    Aumentando a qualidade e a produtividade 15
    Enfrentando a escassez de mão-de-obra 15
    Melhorando o atendimento ao cliente 16
    Melhorando as habilidades humanas 17
    Dando autonomia para as pessoas 17
    Estimulando a inovação e a mudança 17
    Lidando com a "temporariedade" 18
    Trabalhando em organizações interconectadas 19
    Ajudando os funcionários a equilibrar a vida pessoal e a profissional 19
    Melhorando o comportamento ético 19
As próximas atrações: desenvolvendo um modelo de comportamento organizacional 20
    Uma visão geral 20
    As variáveis dependentes 21
    As variáveis independentes 23
    Construindo um modelo de comportamento organizacional contingencial 24
Resumo e implicações para os executivos 25

Parte II — O indivíduo 31

Capítulo 2
Fundamentos do comportamento individual 31
- Características biográficas ... 32
  - Idade ... 32
  - Sexo ... 33
  - Estabilidade no emprego ... 34
- Habilidades ... 34
  - Habilidades intelectuais ... 34
  - Habilidades físicas ... 35
  - Adequação entre o trabalho e a habilidade ... 36
- Aprendizagem ... 37
  - Definição de aprendizagem ... 37
  - Teorias de aprendizagem ... 38
  - Modelagem: uma ferramenta gerencial ... 40
  - Algumas aplicações específicas na empresa ... 44
- Resumo e implicações para os executivos ... 46
  - Características biográficas ... 46
  - Habilidades ... 46
  - Aprendizagem ... 47

Capítulo 3
Valores, atitudes e satisfação com o trabalho 53
- Valores ... 54
  - A importância dos valores ... 54
  - Tipos de valores ... 55
  - Valores, lealdade e comportamento ético ... 57
  - Os valores em diferentes culturas ... 58
- Atitudes ... 60
  - Tipos de atitudes ... 61
  - Atitudes e consistência ... 62
  - Teoria da dissonância cognitiva ... 62
  - Mensuração do relacionamento A-C ... 63
  - Uma aplicação: enquetes sobre atitudes ... 65
  - Atitudes e a diversidade da força de trabalho ... 65
- Satisfação com o trabalho ... 66
  - Mensuração da satisfação com o trabalho ... 66
  - Quão satisfeitas as pessoas estão com seu trabalho? ... 67
  - O efeito da satisfação com o trabalho sobre o desempenho ... 67
  - Satisfação com o trabalho e a cidadania organizacional ... 69
  - Satisfação com o trabalho e a satisfação dos clientes ... 69
  - As consequências da insatisfação ... 70
- Resumo e implicações para os executivos ... 71

Capítulo 4
Personalidade e emoções 77
- Personalidade ... 78
  - O que é personalidade? ... 78

- Determinantes da personalidade 78
- Traços de personalidade 80
- Principais atributos de personalidade que influenciam o comportamento organizacional 82
- Personalidade e cultura nacional 85
- Alcançando a adequação da personalidade 86
- Emoções 88
  - O que são emoções? 88
  - Esforço emocional 89
  - Emoções sentidas *versus* emoções demonstradas 89
  - Dimensões emocionais 90
  - As emoções e os gêneros 91
  - Limites externos às emoções 92
  - Teoria dos eventos afetivos 92
  - Aplicações no estudo do comportamento organizacional 94
- Resumo e implicações para os executivos 96
  - Personalidade 96
  - Emoções 97

Capítulo 5
Percepção e tomada de decisões individual — 103

- O que é percepção? 104
- Fatores que influenciam a percepção 104
- Percepção da pessoa: fazendo julgamentos sobre os outros 105
  - Teoria da atribuição 105
  - Simplificações freqüentemente usadas no julgamento das outras pessoas 107
  - Aplicações específicas nas organizações 108
- A ligação entre a percepção e a tomada de decisões individual 110
- Como as decisões devem ser tomadas? 111
  - Processo de tomada de decisões racionais 111
  - Melhorando a criatividade na tomada de decisões 112
- Como as decisões são realmente tomadas nas organizações? 114
  - Limitação da racionalidade 114
  - Erros e vieses mais comuns 115
  - Intuição 117
  - Diferenças individuais 118
  - Limites organizacionais 120
  - Diferenças culturais 121
- Como fica a ética no processo decisório? 122
  - Três critérios éticos para o processo decisório 122
  - Ética e cultura nacional 123
- Resumo e implicações para os executivos 123
  - Percepção 123
  - Tomada de decisões individual 124

Capítulo 6
Conceitos básicos de motivação — 131

- Definindo motivação 132
- Antigas teorias sobre motivação 132
  - Teoria da hierarquia das necessidades 133

       Teoria X e teoria Y 133
       A teoria de dois fatores 134
    Teorias contemporâneas sobre a motivação 136
       A teoria ERG 136
       Teoria das necessidades, de McClelland 137
       Teoria da avaliação cognitiva 140
       Teoria da fixação de objetivos 140
       Teoria do reforço 143
       Teoria do planejamento do trabalho 143
       Teoria da eqüidade 145
       Teoria da expectativa 148
       Não devemos esquecer a capacidade e a oportunidade 149
    Integração das teorias contemporâneas sobre motivação 150
    Cuidados necessários: as teorias sobre motivação possuem
       limitações culturais 151
    Resumo e implicações para os executivos 153
       Teorias das necessidades 153
       Teoria da fixação de objetivos 153
       Teoria do reforço 153
       Teoria do planejamento do trabalho 153
       Teoria da eqüidade 153
       Teoria da expectativa 153

Capítulo 7
Motivação: do conceito às aplicações — 159

    Administração por objetivos 160
       O que é a administração por objetivos? 160
       Vinculando a administração por objetivos à teoria da fixação de objetivos 161
       A administração por objetivos na prática 161
    Programas de reconhecimento dos funcionários 161
       O que são os programas de reconhecimento dos funcionários? 162
       Vinculando os programas de reconhecimento com a teoria do reforço 162
       Programas de reconhecimento de funcionários na prática 163
    Programas de envolvimento dos funcionários 163
       O que é envolvimento dos funcionários? 163
       Exemplos de programas de envolvimento 164
       Vinculando os programas de envolvimento dos funcionários com as teorias sobre motivação 166
       Os programas de envolvimento dos funcionários na prática 166
    O novo planejamento do trabalho e os esquemas flexíveis 167
       O que é o novo planejamento do trabalho? 167
       Vinculando o novo planejamento do trabalho e os esquemas flexíveis
          com as teorias sobre motivação 171
       O novo planejamento do trabalho e os esquemas flexíveis na prática 172
    Programas de remuneração variável 172
       O que são os programas de remuneração variável? 173
       Vinculando os programas de remuneração variável à teoria da expectativa 174
       Os programas de remuneração variável na prática 174
    Planos de remuneração por habilidades 175
       O que são planos de remuneração por habilidades? 176

Vinculando os planos de remuneração por habilidades com as teorias sobre motivação 177
Os planos de remuneração por habilidades na prática 177
Benefícios flexíveis 177
O que são os benefícios flexíveis? 177
Vinculando os benefícios flexíveis com a teoria da expectativa 178
Os benefícios flexíveis na prática 178
Resumo e implicações para os executivos 178
Reconhecer as diferenças individuais 178
Utilize os objetivos e o feedback 178
Permita que os funcionários participem das decisões que os afetam 178
Vincule as recompensas ao desempenho 179
Verifique a eqüidade do sistema 179

Parte III — O grupo   185

Capítulo 8
Fundamentos do comportamento em grupo   185

Definindo e classificando grupos 186
Estágios de desenvolvimento do grupo 187
O modelo de cinco estágios 187
Um modelo alternativo: para grupos temporários com prazos definidos 188
Estrutura do grupo 189
Papéis 189
Normas 191
Status 195
Tamanho 197
Coesão 198
Tomada de decisões em grupo 199
Grupos versus indivíduos 199
Pensamento grupal e mudança de posição grupal 201
Técnicas de tomada de decisões em grupos 202
Resumo e implicações para os executivos 204
Desempenho 204
Satisfação 205

Capítulo 9
Compreendendo as equipes de trabalho   211

Por que as equipes se tornaram tão populares? 212
Diferenças entre grupos e equipes 213
Tipos de equipes 213
Equipes de soluções de problemas 213
Equipes de trabalho autogerenciadas 214
Equipes multifuncionais 214
Equipes virtuais 215
Criando equipes eficazes 216
Contexto 217
Composição 218
Projeto do trabalho 221
Processo 221

Transformando indivíduos em membros de equipe 223
    O desafio 223
    Modelando os membros da equipe 223
As equipes e a gestão da qualidade 224
Cuidado! Nem sempre as equipes são a solução 225
Resumo e implicações para os executivos 226

Capítulo 10
Comunicação   231

Funções da comunicação 232
O processo de comunicação 233
Direção da comunicação 234
    Descendente 234
    Ascendente 234
    Lateral 235
Comunicação interpessoal 235
    Comunicação oral 235
    Comunicação escrita 235
    Comunicação não-verbal 236
Comunicação organizacional 237
    Redes formais em pequenos grupos 238
    Rede de rumores 238
    Comunicação eletrônica 239
    Gestão do conhecimento 242
Escolha do canal de comunicação 244
Barreiras para a comunicação eficaz 245
    Filtragem 245
    Percepção seletiva 246
    Sobrecarga de informação 246
    Emoções 246
    Linguagem 246
    Medo da comunicação 246
Questões atuais na comunicação 247
    Barreiras de comunicação entre homens e mulheres 247
    Silêncio como comunicação 248
    A comunicação "politicamente correta" 248
    Comunicação multicultural 249
Resumo e implicações para os executivos 252

Capítulo 11
Abordagens básicas sobre liderança   257

O que é liderança? 258
Teorias dos traços 259
Teorias comportamentais 260
    Estudos da Universidade Estadual de Ohio 260
    Estudos da Universidade de Michigan 261
    O grid gerencial 262
    Estudos escandinavos 262
    Resumo das teorias comportamentais 263

Teorias das contingências 263
    O modelo de Fiedler 263
    A teoria situacional de Hersey e Blanchard 266
    A teoria da troca entre líder e liderados 267
    A teoria da meta e do caminho 268
    O modelo de participação e liderança 269
Resumo e implicações para os executivos 270

Capítulo 12
Questões contemporâneas sobre liderança — 275

Confiança: a pedra fundamental da liderança 276
    O que é confiança? 276
    Confiança e liderança 277
    A confiança nos líderes está diminuindo? 277
    Os três tipos de confiança 278
    Princípios básicos da confiança 280
Enquadramento: usando as palavras para moldar significados e inspirar os outros ...281
Abordagens inspirativas sobre liderança 282
    Liderança carismática 282
    Liderança transformacional 285
Inteligência emocional e eficácia da liderança 286
Papéis contemporâneos da liderança 287
    Liderança de equipes 287
    Programas de mentores 288
    Autoliderança 290
Liderança ética 290
Liderança on-line 291
Desafios para a conceituação de liderança 292
    Liderança como atribuição 293
    Variáveis substitutas e neutralizadoras da liderança 294
Encontrar e criar líderes eficazes 294
    Seleção 295
    Treinamento 295
Resumo e implicações para os executivos 296

Capítulo 13
Poder e política — 301

Uma definição de poder 302
Comparando liderança e poder 302
As bases do poder 303
    Poder formal 303
    Poder pessoal 304
Dependência: a chave para o poder 305
    O postulado geral da dependência 305
    O que cria a dependência? 306
Táticas de poder 307
Poder em grupo: as coalizões 308
Assédio sexual: desigualdade de poder no ambiente de trabalho 309
Política: o poder em ação 310

Definição 310
A realidade da política 311
Fatores que contribuem para o comportamento político 311
Como as pessoas respondem à política na organização? 315
Administração da impressão 317
A ética no comportamento político 318
Resumo e implicações para os executivos 319

Capítulo 14
Conflito e negociação — 325

Uma definição de conflito 326
Transições na conceituação de conflito 326
A visão tradicional 326
A visão de relações humanas 327
A visão interacionista 327
Conflito funcional *versus* conflito disfuncional 327
O processo do conflito 327
Estágio I: oposição potencial ou incompatibilidade 327
Estágio II: cognição e personalização 329
Estágio III: intenções 330
Estágio IV: comportamento 332
Estágio V: conseqüências 332
Negociação 335
Estratégias de barganha 336
O processo de negociação 338
Questões da negociação 339
Resumo e implicações para os executivos 342

PARTE IV — O SISTEMA ORGANIZACIONAL — 349

Capítulo 15
Fundamentos da estrutura organizacional — 349

O que é estrutura organizacional? 350
Especialização do trabalho 350
Departamentalização 352
Cadeia de comando 353
Amplitude de controle 353
Centralização e descentralização 354
Formalização 354
Modelos organizacionais mais comuns 356
A estrutura simples 356
A burocracia 357
A estrutura matricial 357
Opções de novos modelos 359
A estrutura de equipe 359
A organização virtual 359
A organização sem fronteiras 360
Por que as estruturas diferem entre si? 362
Estratégia 362

Tamanho da organização 363
Tecnologia 364
Ambiente..365
Os modelos organizacionais e o comportamento do funcionário 366
Resumo e implicações para os executivos 368

Capítulo 16
Cultura organizacional   373

Institucionalização: uma sinalização da cultura..374
O que é cultura organizacional?...375
    Uma definição 375
    Cultura é um conceito descritivo...376
    As organizações possuem culturas uniformes? 376
    Culturas fortes *versus* culturas fracas 377
    Cultura *versus* formalização 377
    Cultura organizacional *versus* cultura nacional 377
O que fazem as culturas?..378
    Funções da cultura 378
    A cultura como um passivo 379
Criação e manutenção da cultura..381
    Como uma cultura começa 381
    Mantendo a cultura viva...381
    Resumo: Como se Formam as Culturas 384
Como os funcionários aprendem a cultura 385
    Histórias 385
    Rituais...385
    Símbolos materiais 385
    Linguagem 386
Criando uma cultura organizacional ética..386
Criando uma cultura voltada para o cliente 387
    Variáveis básicas que caracterizam a cultura voltada para o cliente..387
    Ações da administração 388
Cultura organizacional e espiritualidade 389
    O que é espiritualidade? 389
    Por que espiritualidade agora?..390
    Características de uma organização espiritual 390
    Críticas ao movimento da espiritualidade 391
Resumo e implicações para os executivos...392

Capítulo 17
Políticas e práticas de recursos humanos   397

Práticas de seleção..398
    Instrumentos para a seleção...398
Programas de treinamento e desenvolvimento...400
    Tipos de treinamento 401
    Métodos de treinamento..402
    Individualização do treinamento formal para ajustar-se ao estilo de aprendizado do funcionário 403
Avaliação de desempenho..404
    Propósitos da avaliação de desempenho 404

Avaliação de desempenho e motivação 404
O que avaliamos? 405
Quem deve fazer a avaliação? 406
Métodos de avaliação de desempenho 407
Sugestões para a melhoria das avaliações de desempenho 409
Oferecendo feedback do desempenho 410
O que dizer da avaliação de desempenho de grupos? 411
Práticas internacionais de recursos humanos: questões selecionadas 411
Seleção 411
Avaliação de desempenho 412
Administrando a diversidade nas organizações 412
Conflitos entre a vida profissional e a vida pessoal 413
Treinamento para a diversidade 415
Resumo e implicações para os executivos 415
Práticas de seleção 415
Programas de treinamento e desenvolvimento 415
Avaliação de desempenho 416

PARTE V — A DINÂMICA ORGANIZACIONAL 421

Capítulo 18
Mudança organizacional e administração do estresse 421
Forças para a mudança 422
Administrando a mudança planejada 424
Resistência à mudança 425
Superando a resistência à mudança 425
As políticas da mudança 427
Abordagens para administrar a mudança organizacional 427
Modelo de três etapas de Lewin 427
Plano de oito passos para a implementação de mudança, de Kotter 428
Pesquisa-ação 429
Desenvolvimento organizacional 429
Questões atuais sobre mudança para os executivos de hoje 433
Tecnologia no ambiente de trabalho 433
Estimulando a inovação 434
Criando uma organização que aprende 436
Administração da mudança: uma questão de cultura 437
O estresse no trabalho e sua administração 438
O que é estresse? 438
Compreendendo o estresse e suas conseqüências 439
Fontes potenciais de estresse 440
Diferenças individuais 441
Conseqüências do estresse 442
Administrando o estresse 444
Resumo e implicações para os executivos 446

Apêndice A
A pesquisa em comportamento organizacional 451
Propósitos da pesquisa 451

Terminologia de pesquisa 451
Avaliação da pesquisa 453
Modelo de pesquisa 453
Ética na pesquisa 456
Resumo 457

Apêndice B
Carreiras e desenvolvimento de carreiras 459
O que é uma carreira? 459
Carreiras tradicionais *versus* carreiras sem fronteiras 459
Definição da responsabilidade da organização sobre o desenvolvimento da carreira 460
Adequação entre valores, personalidade e a cultura certa 460
Sugestões para o gerenciamento da sua carreira 462
Repensando o sucesso da carreira 463

Notas bibliográficas   465

Créditos de ilustrações   513

Índice de organizações   515

Glíndice   519

PREFÁCIO

Desde que a primeira edição deste livro foi publicada, em 1979, ele já foi lido por mais de um milhão de estudantes. Sua última edição, por exemplo, foi utilizada por alunos de milhares de faculdades e universidades em todo o mundo. De fato, se existe um "livro didático universal", este merece o título. Afinal, é a obra sobre comportamento organizacional mais vendida nos Estados Unidos, México, América Central, América do Sul, Hong Kong, Cingapura, Tailândia, Filipinas, Taiwan, Coréia do Sul, Malásia, Indonésia, Índia, China, Suécia, Finlândia, Dinamarca e Grécia. E existem traduções disponíveis em alemão, esloveno, japonês, espanhol e português, além de adaptações, com exemplos e conteúdo específicos para cada localidade, para os mercados da Austrália, Canadá e África do Sul.

Aspectos que continuam após mais de um quarto de século

Embora o campo do comportamento organizacional tenha mudado bastante desde 1979 e, com ele, parte do conteúdo deste livro, alguns aspectos permanecem inalterados desde a primeira edição. De fato, são esses aspectos que explicam o sucesso desta obra. Eles incluem o estilo coloquial do texto, o conteúdo atualizado, o amplo uso de exemplos, o modelo integrativo de três níveis, a seção "Ponto/contraponto" e os materiais pedagógicos no final dos capítulos. Vamos ver de perto cada um desses aspectos.

Estilo do texto. Este livro costuma se destacar principalmente pelo estilo de seu texto. Os leitores me dizem que ele é "coloquial" e "interessante", além de "muito claro e compreensível". Acredito que esta edição manteve essa característica.

- **Conteúdo atualizado.** Os leitores descrevem este livro como "atual" e "moderno". Ele foi, por exemplo, o primeiro livro sobre comportamento organizacional a dedicar capítulos inteiros para questões como poder e política, conflitos e cultura organizacional. Foi também o primeiro a falar sobre o modelo Big Five de personalidade, espiritualidade, emoções, confiança e o projeto Globe de pesquisa. E o livro continua atual, com tópicos que geralmente não constam de outras obras.
- **Exemplos, exemplos e mais exemplos.** Minha experiência como professor diz que os alunos podem não se lembrar de um conceito, mas certamente se lembrarão de um exemplo. Mais ainda, um bom exemplo ajuda o estudante a compreender melhor um conceito. Assim como nas edições anteriores, você encontrará nesta edição inúmeros exemplos do mundo real, extraídos de uma grande variedade de organizações — de empresas e instituições não-lucrativas, grandes e pequenas, locais e internacionais.
- **Modelo integrativo de três níveis.** Desde sua primeira edição, este livro apresenta o comportamento organizacional em três níveis: começa pelo comportamento individual, passa para o comportamento de grupo e, por fim, enfoca o sistema organizacional, para que se capture toda a complexidade do comportamento organizacional. Para os estudantes, essa abordagem é lógica e direta.
- **Seção "Ponto/contraponto".** Essa seção permite que os estudantes analisem os dois lados de questões controversas relacionadas ao comportamento organizacional, o que estimula o pensamento crítico. Os professores costumam dizer que essa seção é excelente para estimular discussões em sala de aula e levar os alunos a analisar aspectos do comportamento organizacional no ambiente de trabalho de modo crítico. Vale assinalar que muitos dos 18 textos que fazem parte dessa seção são novos.
- **Materiais pedagógicos no final dos capítulos.** Esta edição mantém a tradição do livro de oferecer os mais completos materiais pedagógicos dentro de uma obra sobre comportamento organizacional. Esses materiais incluem questões para revisão, questões para reflexão crítica, exercícios de grupo, dilemas éticos e estudos de casos.

Aspectos que foram incluídos em edições recentes

Alguns aspectos que foram incluídos em edições recentes continuam a receber comentários positivos de professores e estudantes, e eles foram mantidos nesta edição. Entre esses aspectos estão a integração da globalização, da diversidade e da ética; os quadros "Mito ou ciência?", e a abordagem sobre o atendimento ao cliente.

Integração da globalização, diversidade e ética. Tópicos referentes a globalização, diferenças multiculturais, diversidade e ética são discutidos no decorrer do livro. E, em vez de serem debatidos em capítulos específicos, esses tópicos permeiam todo o contexto das questões mais relevantes. Cheguei à conclusão de que essa abordagem integrativa torna tais assuntos mais inseridos no comportamento organizacional, além de reforçar sua importância. Vale assinalar que esta edição traz um exercício de dilema ético ao final de cada capítulo.

Quadros "Mito ou ciência?" Estes quadros apresentam um "fato" comportamental normalmente aceito, seguido da sua refutação ou corroboração com base em pesquisas. Alguns dos textos que compõem essa seção são "As pessoas são naturalmente preguiçosas", "A fonte da maioria dos conflitos é a falta de comunicação" e "Não é *o que* você sabe, mas *quem* você conhece". Esses textos oferecem evidências de que o senso comum pode se enganar e de que a pesquisa sobre comportamento propicia uma forma de testar essas idéias preconcebidas. A intenção desses quadros é ajudar o leitor a entender como o estudo do comportamento organizacional, baseado em evidências de pesquisas, pode melhorar a compreensão e a explicação do comportamento humano no trabalho.

Abordagem sobre o atendimento ao cliente. Todos sabemos o papel que o cliente desempenha no sucesso ou no fracasso de qualquer organização — seja ela com ou sem fins lucrativos. Contudo, os autores de comportamento organizacional parecem deixar tudo o que diz respeito aos clientes com os nossos amigos de marketing. Isso é um erro de omissão. Existem cada vez mais evidências que indicam que a satisfação dos clientes está diretamente relacionada ao desempenho organizacional e que as atitudes e o comportamento dos funcionários estão positivamente relacionados a essa satisfação. Nos capítulos 1, 3, 4 e 17 mostramos por que o estudo do comportamento organizacional deve se preocupar com o cliente, com a relação entre a satisfação do funcionário e a satisfação do cliente, com o papel das emoções demonstradas nos serviços cordiais e prestativos, com o modo como as atitudes e o comportamento dos funcionários moldam a cultura da empresa e com o que os administradores podem fazer para tornar essa cultura mais orientada para o cliente.

O que há de novo nesta 11ª edição?

Os leitores das edições anteriores vão encontrar diversas mudanças na estrutura do livro. Uma das mais importantes é a eliminação do capítulo dedicado à tecnologia e ao planejamento do trabalho, com a migração de alguns desses tópicos para o tema "motivação". Houve também o acréscimo de um capítulo sobre liderança. Agora os capítulos 11 e 12 abordam essa tema.

Em termos de conteúdo específico, houve a inclusão de diversos temas contemporâneos e de pesquisas recentes, entre eles:

- Uma abordagem mais ampla sobre globalização e diversidade (Capítulo 1)
- Organizações interconectadas (Capítulo 1)
- Personalidade proativa (Capítulo 4)
- Teoria dos eventos afetivos (Capítulo 4)
- Perfil étnico (Capítulo 5)
- Diferenças entre os sexos quanto ao processo de tomada de decisões (Capítulo 5)
- Teoria de características do status (Capítulo 8)
- Modelo de eficácia de equipe aprimorado (Capítulo 9)
- Modelo do processo de comunicação revisado (Capítulo 10)
- Mensagens instantâneas (Capítulo 10)
- Seção revisada sobre traços de liderança (Capítulo 11)
- Abordagem mais ampla sobre liderança carismática (Capítulo 12)
- Líderes de nível 5 (Capítulo 12)
- Maior abordagem sobre liderança on-line (Capítulo 12)
- Seção revisada sobre táticas de poder (Capítulo 13)
- Ascensão e queda das comparações multipessoais (Capítulo 17)
- Plano de oito passos para implementação da mudança, de Kotter (Capítulo 18)
- Carreiras e desenvolvimento de carreiras (Apêndice B)

Materiais adicionais

No Companion Website deste livro (www.prenhall.com/robbins_br), professores e estudantes têm acesso a diversos materiais adicionais que facilitam tanto a exposição das aulas como o processo de aprendizado.

- *Módulos de construção de habilidades:* os alunos podem construir ou aprimorar suas habilidades interpessoais e comportamentais estudando os capítulos e, em seguida, efetuando os exercícios propostos nos 16 módulos de construção de habilidades.
- *Exercícios de múltipla escolha:* com esses exercícios, os estudantes podem testar o conhecimento adquirido e se aprofundar ainda mais nos tópicos de comportamento organizacional.
- *Transparências em PowerPoint:* exclusivas para o professor, essas transparências incluem resumos e pontos-chave de cada capítulo.
- *Manual do professor (em inglês):* esse material, também exclusivo para o professor, traz um resumo dos tópicos abordados por capítulo.

Os materiais exclusivos para os professores são protegidos por senha. Para ter acesso a eles, os professores que adotam o livro devem entrar em contato com seu representante Pearson ou enviar um e-mail para universitarios@pearsoned.com.

Agradecimentos

Colocar este livro em suas mãos foi um esforço de equipe, que contou com revisores acadêmicos, um grupo talentoso de especialistas em editoração e produção, pessoal da área editorial e pessoal de marketing e vendas.

Vou começar agradecendo a diversos professores que ofereceram sugestões sobre como a edição anterior poderia ser aprimorada e/ou que ajudaram com sua revisão. O texto ficou imensamente melhor graças aos comentários das seguintes pessoas:

Richard Blackburn, Universidade da Carolina do Norte, Chapel Hill
Bongsoon Cho, State University of New York, Buffalo
Savannah Clay, Central Piedmont Community College
Ellen Fagenson Eland, George Mason University
Jack Johnson, Consumnes River College
Tim Matherly, Florida State University
Brad Alge, Purdue University
Daniel Sherman, Universidade do Alabama, Huntsville
Kenneth Solano, Northeastern University

No que se refere ao projeto e à produção gráfica, quero agradecer ao designer Steve Frim e à gerente editorial Judy Leale. Também quero agradecer meu gerente de marketing, Anke Braun. Por fim, agradeço ao pessoal da Prentice Hall, que vende meus livros há mais de 30 anos: obrigado pela atenção dada a este livro em suas muitas edições!

Stephen P. Robbins

PARTE I — INTRODUÇÃO

CAPÍTULO 1

O que é comportamento organizacional?

Depois de ler este capítulo, você será capaz de:

OBJETIVOS DO APRENDIZADO

1. Definir comportamento organizacional.
2. Descrever o que fazem os executivos.
3. Explicar a importância do estudo sistemático do comportamento organizacional.
4. Listar as principais oportunidades e desafios no uso dos conceitos do comportamento organizacional.
5. Identificar as contribuições das principais disciplinas das ciências do comportamento ao estudo do comportamento organizacional.
6. Explicar por que os executivos precisam de conhecimentos sobre comportamento organizacional.
7. Explicar a necessidade de uma abordagem contingencial no estudo do comportamento organizacional.
8. Identificar os três níveis de análise no modelo de comportamento organizacional apresentado neste livro.

Conheça Lakshmi Gopalkrishnan (veja a foto). Ela se graduou em língua inglesa pela Universidade de Delhi, obteve seu mestrado na Universidade de Georgetown e está terminando seu doutorado na Universidade de Washington, sempre na mesma área. Em 1995, foi trabalhar na Microsoft, em Redmond, Estado de Washington. Atualmente, Lakshmi é responsável por uma equipe de 16 funcionários que trabalham em tempo integral, e gerencia diversas parcerias em outras partes dos Estados Unidos. Ela supervisiona uma equipe de webdesigners e de especialistas em marketing, sendo a responsável pelas estratégias de marketing e de Internet para diversos produtos e soluções da Microsoft.

"Minha formação é basicamente no jornalismo", diz Lakshmi. "Mas acho que sou uma boa executiva porque desenvolvi minhas habilidades em gerir pessoas e equipes. Descobri a importância de se criar uma visão motivadora, a necessidade de contratar talentos complementares e os meios de inspirar e propor desafios à minha equipe. Por exemplo, descobri que uma visão clara e motivadora inspira as pessoas a participar de algo maior do que elas próprias. Também aprendi que leva tempo para se descobrir o que motiva cada pessoa. Cada um traz uma visão muito subjetiva para o trabalho a cada dia, e é importante compreender as diferenças. Com os colaboradores mais experientes, por exemplo, minha função pode se limitar a dar um suporte 'virtual' em suas negociações. Com os novatos, preciso ser mais atuante."

Lakshmi Gopalkrishnan descobriu o que a maioria dos executivos percebe rapidamente: boa parte do sucesso em qualquer posição de gestão deve-se ao desenvolvimento de habilidades interpessoais. Os executivos precisam ter excelência técnica em suas áreas. Mas esse conhecimento técnico não é suficiente. Executivos e empreendedores de sucesso também precisam possuir habilidades interpessoais para trabalhar com outras pessoas.[1]

Embora na prática os executivos já tenham compreendido há muito tempo a importância das habilidades interpessoais para a eficácia da gestão, as escolas de administração demoraram um pouco para captar essa mensagem. Até o final da década de 80, o currículo dessas escolas enfatizava os aspectos técnicos da gestão. Seu foco principal era em economia, contabilidade, finanças e métodos quantitativos. Temas como comportamento e habilidades interpessoais não recebiam quase nenhuma atenção. Nas últimas décadas, contudo, os professores começaram a perceber a importância do papel que o conhecimento sobre o comportamento humano tem na eficácia da gestão, e cursos voltados para essa área foram sendo agregados ao currículo. Como disse recentemente o diretor da escola de administração do MIT (Massachussets Institute of Technology): "Os estudantes de MBA podem se garantir com suas qualidades técnicas nos dois primeiros anos depois da conclusão do curso. Logo, entretanto, as habilidades de liderança e de comunicação se tornam decisivas para apontar quais as carreiras efetivamente vão decolar".[2]

O reconhecimento da importância das habilidades interpessoais dos executivos está estreitamente relacionado com a necessidade das organizações de conseguir e reter funcionários com alto nível de desempenho. Independentemente das condições do mercado de trabalho, funcionários que se destacam estão sempre em falta.[3] Empresas com a reputação de serem bons locais de trabalho — tais como Lincoln Electric, Adobe Systems, Southwest Airlines, Pfizer, SAS Institute, Whole Food Markets e Starbucks — levam uma grande vantagem. Um estudo sobre a força de trabalho nos Estados Unidos revelou que salários e benefícios adicionais não são os motivos pelos quais uma pessoa gosta de seu emprego ou permanece nele. A qualidade do trabalho e o apoio recebido no ambiente de trabalho são muito mais importantes.[4] Ter executivos com boas habilidades interpessoais é o mesmo que garantir um ambiente de trabalho mais agradável, o que, por sua vez, facilita a contratação e a manutenção de pessoas qualificadas. Além disso, criar um ambiente de trabalho agradável parece fazer sentido do ponto de vista econômico. Por exemplo, as empresas apontadas como bons lugares para se trabalhar (com base na indicação das "100 melhores empresas para se trabalhar nos Estados Unidos") foram as que também apresentaram melhor desempenho financeiro.[5]

Assim, fica claro que as habilidades técnicas são necessárias, mas insuficientes para o sucesso das atividades de gestão. Hoje, com um ambiente de trabalho cada vez mais competitivo e exigente, os executivos não podem depender apenas de suas habilidades técnicas. Eles precisam também de habilidades interpessoais. Este livro foi escrito para ajudar os executivos, atuais e futuros, a desenvolver essas habilidades.

O que fazem os executivos

Começaremos definindo sucintamente o termo *executivo* e aquele referente ao seu local de trabalho, ou seja, a *organização*. Vamos examinar o trabalho de um executivo. O que ele faz especificamente?

Os **executivos** realizam trabalhos por meio do trabalho de outras pessoas. Eles tomam decisões, alocam recursos e dirigem as atividades de outros com o intuito de atingir determinados objetivos. Os executivos trabalham em uma **organização**, a qual pode ser definida como uma unidade social conscientemente coordenada, composta de duas ou mais pessoas, que funciona de maneira relativamente contínua para atingir um objetivo comum. Com base nessa definição, indústrias e empresas de serviços são organizações, bem como escolas, hospitais, igrejas, unidades militares, lojas, delegacias de polícia e órgãos públicos, sejam eles municipais, estaduais ou federais. As pessoas que supervisionam as atividades das outras e que são responsáveis pelo alcance dos objetivos nestas organizações são os executivos (eles também são chamados de *administradores*, especialmente nas organizações sem fins lucrativos).

Senichi Hoshino, dirigente do time de beisebol Hanshin Tigers, é um bom exemplo da função de líder. A equipe não ganhava um campeonato havia 18 anos. Hoshino levou-os à vitória depois de um ano à frente do time. Sua estratégia foi substituir 24 dos 70 jogadores por não-contratados, obrigar os veteranos e os novatos a disputar posições de destaque, criar "marcos de desempenho" para os jogadores a cada partida e responsabilizar os treinadores e preparadores pelo desempenho dos jogadores.

Funções dos executivos

No início do século XX, um industrial francês chamado Henri Fayol escreveu que todos os executivos realizavam cinco funções gerenciais: planejavam, organizavam, comandavam, coordenavam e controlavam.[6] Hoje, essas tarefas foram condensadas em quatro: planejamento, organização, liderança e controle.

Uma vez que as organizações existem para atingir objetivos, alguém precisa definir estes objetivos e as possíveis formas de alcançá-los. O executivo é esse alguém. A função de **planejamento** engloba a definição das metas da organização, o estabelecimento de uma estratégia geral para o alcance dessas metas e o desenvolvimento de um conjunto abrangente de planos para integrar e coordenar as atividades.

Os executivos também são responsáveis pela elaboração da estrutura da empresa. Essa função é chamada de **organização** e inclui a determinação de quais tarefas devem ser realizadas, quem vai realizá-las, como elas serão agrupadas, quem se reporta a quem e em que instâncias as decisões serão tomadas.

Todas as organizações englobam pessoas, e é parte do trabalho do executivo dirigir e coordenar essas pessoas. Essa é a função da **liderança**. Quando os executivos motivam os funcionários, dirigem as atividades dos outros, escolhem os canais mais eficientes de comunicação ou resolvem conflitos entre as pessoas, eles estão exercendo sua liderança.

A última das funções exercidas pelos executivos é o **controle**. Para garantir que as coisas caminhem como devem, o executivo precisa monitorar o desempenho da organização. O desempenho real tem de ser comparado às metas previamente estabelecidas. Se há qualquer desvio significativo, é responsabilidade do executivo colocar a organização novamente nos trilhos. Esse monitoramento, a comparação e a possível correção são as tarefas da função de controle.

Portanto, dentro dessa abordagem funcional, a resposta à questão "o que fazem os executivos?" é a seguinte: eles planejam, organizam, lideram e controlam.

Papéis dos executivos

No final da década de 1960, um estudante de graduação do MIT, Henry Mintzberg, realizou um cuidadoso estudo com cinco executivos para determinar o que eles faziam em seu trabalho. Com base em suas observações, Mintzberg concluiu que os executivos desempenham dez papéis diferentes, altamente interligados, ou conjuntos de comportamentos atribuíveis às suas funções.[7] Como mostra o Quadro 1-1, estes dez papéis podem ser agrupados de acordo com suas características básicas relativas aos relacionamentos interpessoais, à transferência de informações ou à tomada de decisões.

Papéis de Relacionamento Interpessoal Todo executivo precisa realizar tarefas de natureza cerimonial e simbólica. Quando o diretor de uma faculdade entrega os diplomas aos formandos na colação de grau ou quando um gerente de produção conduz um grupo de estudantes secundaristas em uma visita à fábrica, eles estão desempenhando o papel de *figura de proa*. Todos os executivos desempenham um papel de *liderança*. Este papel compreende a contratação, o treinamento, a motivação e a disciplina dos funcionários. O terceiro papel desempenhado

QUADRO 1-1 Papéis dos Executivos segundo Mintzberg

Papel	Descrição
Interpessoal	
Figura de proa	É o símbolo da liderança; necessário para o desempenho de diversas atividades rotineiras de natureza legal ou social.
Líder	Responsável pela motivação e direção dos subordinados.
Ligação	Mantém uma rede externa de contatos que fornece favores e informações.
Informação	
Monitor	Recebe uma grande variedade de informações; funciona como o sistema nervoso central para as informações internas e externas da organização.
Disseminador	Transmite as informações recebidas de fontes externas ou de subordinados para os demais membros da organização.
Porta-voz	Transmite externamente informações sobre os planos, políticas, ações e resultados da organização; atua como um especialista no setor econômico ao qual pertence a organização.
Decisões	
Empreendedor	Busca oportunidades dentro do ambiente organizacional e inicia projetos de mudança.
Gerenciador de turbulências	É responsável por ações corretivas quando a organização enfrenta distúrbios sérios e inesperados.
Alocador de recursos	Toma decisões organizacionais significativas, ou dá apoio a elas.
Negociador	Responsável por representar a organização em negociações importantes.

Fonte: Adaptado de *The nature of managerial work* de H. Mintzberg. Copyright © 1973 by H. Mintzberg. Reproduzido com autorização da Pearson Education.

na área de relacionamento interpessoal é o de *ligação*. Mintzberg descreve esta atividade como o contato com os fornecedores de informações para o executivo. Estes podem ser indivíduos ou grupos, dentro ou fora da organização. O gerente de vendas que obtém informações com o gerente de pessoal, dentro da mesma empresa, mantém com este uma relação de ligação interna. Quando o gerente de vendas tem contato com outros gerentes de venda, através de uma associação comercial de marketing, ele mantém com estes uma relação de ligação externa.

Papéis de Informação Todos os executivos obtêm, de algum modo, informações de outras organizações e instituições. Estas informações, sobre as mudanças nos gostos dos consumidores ou sobre os planos da concorrência, são obtidas geralmente por meio de leituras de revistas ou de conversas com outros profissionais. Mintzberg chama este papel de *monitor*. Os executivos também funcionam como um canal de transmissão destas informações para os demais membros da organização. Este papel é o do *disseminador*. Eles também podem desempenhar o papel de *porta-vozes* quando representam suas empresas em eventos externos.

Papéis de Decisão Finalmente, Mintzberg identifica quatro papéis relacionados à função de fazer escolhas. No papel de *empreendedores*, os executivos iniciam e supervisionam novos projetos para a melhoria do desempenho de suas organizações. Como *gerenciadores de turbulências*, tomam atitudes corretivas diante de problemas imprevistos. Como *alocadores de recursos*, são responsáveis pela obtenção dos recursos físicos, humanos e financeiros. Por fim, os executivos desempenham o papel de *negociadores* quando discutem e barganham com as demais unidades da organização com o intuito de obter vantagens para a sua própria unidade.

Habilidades dos executivos

Outra forma de considerar o que fazem os executivos é examinando as habilidades ou competências de que eles precisam para atingir seus objetivos com sucesso. Robert Katz identifica três competências essenciais: técnicas, humanas e conceituais.[8]

Habilidades Técnicas As **habilidades técnicas** englobam a capacidade de aplicação de conhecimentos ou especialidades específicas. Quando pensamos nas habilidades de profissionais como engenheiros civis ou cirurgiões-dentistas, geralmente temos em mente suas habilidades técnicas. Por meio da educação formal extensiva, eles obtiveram os conhecimentos e as práticas específicas de suas áreas. Evidentemente, os profissionais não detêm o monopólio das habilidades técnicas — e nem todas elas precisam ser aprendidas em escolas ou através de treinamentos formais. Todo trabalho requer algum tipo de habilidade especializada e muitas pessoas adquirem tal conhecimento no exercício de suas funções.

Habilidades Humanas A capacidade de trabalhar com outras pessoas, compreendendo-as e motivando-as, tanto individualmente como em grupos, define as **habilidades humanas**. Muitas pessoas são tecnicamente proficientes, mas incompetentes nos relacionamentos interpessoais. Elas podem não ser boas ouvintes, incapazes de entender as necessidades dos outros ou ainda ter dificuldade para administrar conflitos. Como os executivos realizam coisas por meio do trabalho de outras pessoas, eles precisam ter habilidades humanas para se comunicar, motivar e delegar.

Habilidades Conceituais Os executivos precisam ter capacidade mental para analisar e diagnosticar situações complexas. Esta tarefa requer **habilidades conceituais**. O processo de tomada de decisão, por exemplo, exige que o executivo seja capaz de identificar problemas, desenvolver soluções alternativas para corrigi-los, avaliar essas alternativas e selecionar a melhor. Um executivo pode possuir competência técnica e humana, mas fracassar por causa da incapacidade de processar e interpretar racionalmente as informações.

Atividades eficazes *versus* atividades bem-sucedidas

Fred Luthans e seus colegas examinaram a questão da avaliação dos executivos com uma perspectiva um tanto diferente.[9] Eles fizeram a seguinte pergunta: os executivos que sobem mais rapidamente na organização executam as mesmas atividades, e com a mesma ênfase, que aqueles que fazem o melhor trabalho? A tendência é acreditar que os executivos mais eficazes em suas funções são aqueles promovidos mais rapidamente. Mas, na prática, não é o que parece acontecer.

Luthans e seus colegas estudaram um grupo de mais de 450 executivos. Ficou constatado que estes estavam envolvidos em quatro atividades gerenciais:

1. *Gerenciamento tradicional.* Tomada de decisões, planejamento e controle.
2. *Comunicação.* Troca de informações rotineiras e atividades burocráticas.
3. *Gestão de recursos humanos.* Motivação, disciplina, administração de conflitos, recrutamento e seleção de pessoal e treinamento.
4. *Interconexão (networking).* Socialização, políticas e interação com o ambiente externo da organização.

O executivo "médio" da pesquisa gastava 32 por cento de seu tempo com atividades do gerenciamento tradicional, 29 por cento em comunicação, 20 por cento em atividades de gestão de recursos humanos e 19 por cento em atividades de interconexão. Contudo, a quantidade de tempo e esforço dispendidos nestas atividades variava bastante. Como mostra o Quadro 1-2, os executivos considerados *bem-sucedidos* (definido em termos da rapidez das promoções dentro da organização) demonstravam ênfase bem diferente daqueles considerados *eficazes* (defi-

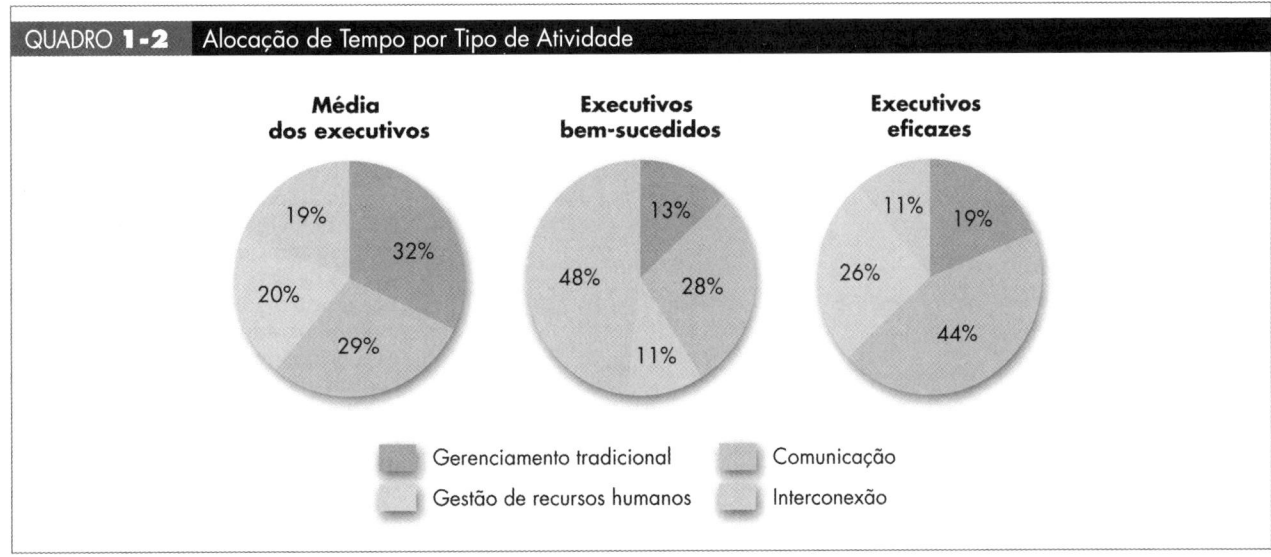

QUADRO 1-2 Alocação de Tempo por Tipo de Atividade

Fonte: Baseado em F. Luthans, R.M. Hodgetts e A. Rosenkrantz, *Real managers*. Cambridge: Ballinger, 1988.

nido em termos da avaliação de seu desempenho e da satisfação e comprometimento de seus subordinados). Entre os executivos bem-sucedidos, as atividades de interconexão eram as de maior contribuição para o sucesso, enquanto a menor contribuição relativa foi a das atividades de gestão de recursos humanos. Entre os executivos eficazes, a comunicação proporcionava a maior contribuição, e as atividades de interconexão, a menor. Um estudo mais recente realizado na Austrália confirma a importância da interconexão.[10] Os executivos australianos que tinham grande atividade de interconexão recebiam mais promoções e outras recompensas ligadas ao sucesso na carreira.

Este estudo traz importantes revelações para a questão das atividades dos executivos. Na média, os executivos gastam aproximadamente de 20 a 30 por cento de seu tempo em cada um dos quatro grupos de atividades: gerenciamento tradicional, comunicação, gestão de recursos humanos e atividades de interconexão. Entretanto, os executivos bem-sucedidos dão ênfase diferente da que é atribuída pelos eficazes a cada uma destas atividades. Na verdade, seus enfoques são praticamente opostos. Este resultado desafia o pressuposto tradicional de que as promoções baseiam-se no desempenho ao demonstrar, acentuadamente, a importância das habilidades sociais e políticas para o sucesso dos executivos dentro das organizações.

Breve revisão do trabalho do executivo

Existe um pano de fundo comum às diversas abordagens sobre funções, papéis, habilidades e atividades de administração: todas elas reconhecem a suprema importância da gestão de pessoas. Independentemente de serem chamadas de "função de liderança", "papéis interpessoais", "habilidades humanas" ou "gestão de recursos humanos, comunicação e atividades de interconexão", fica claro que o executivo precisa desenvolver suas habilidades humanas para ser eficaz e bem-sucedido.

O comportamento organizacional

Já falamos aqui da importância das habilidades humanas. Mas nem este livro, nem a disciplina da qual ele trata recebem o nome de Habilidades Humanas. O termo mais amplamente utilizado para denominar esta disciplina é *Comportamento Organizacional*.

O **comportamento organizacional** é um campo de estudos que investiga o impacto que indivíduos, grupos e a estrutura têm sobre o comportamento dentro das organizações com o propósito de utilizar este conhecimento para melhorar a eficácia organizacional. É muito palavreado e, por isso, vamos examinar o assunto por partes.

O comportamento organizacional é um campo de estudos. Esta afirmação significa que se trata de uma certa especialidade com um corpo comum de conhecimentos. O que esse campo estuda? Estuda três determinantes do comportamento nas organizações: indivíduos, grupos e estrutura. O comportamento organizacional aplica o conhecimento obtido sobre as pessoas, os grupos e o efeito da estrutura sobre o comportamento, para fazer com que as organizações trabalhem mais eficazmente.

Em uma definição resumida, podemos dizer que o comportamento organizacional se preocupa com o estudo do que as pessoas fazem nas organizações e de como este comportamento afeta o desempenho das empresas. Como

A rede norte-americana Starbucks compreende como o comportamento organizacional afeta o desempenho de uma organização. A empresa construiu e mantém uma excelente relação com seus funcionários oferecendo opções de participação acionária e assistência médica e odontológica integral para todos, inclusive para os funcionários de meio período. Funcionários bem treinados e respeitados tratam bem os clientes. Com cerca de 25 milhões de visitantes em suas lojas toda semana, a Starbucks continua abrindo novas unidades em todo o mundo e aumentando sua receita em 20 por cento ao ano.

este estudo está voltado especificamente para situações relacionadas ao emprego, enfatiza-se o comportamento relativo a funções, trabalho, absenteísmo, rotatividade, produtividade, desempenho humano e administração.

Existe uma concordância crescente de opiniões sobre os componentes ou tópicos que constituem a área de estudos do comportamento organizacional. Embora haja alguma controvérsia sobre a importância relativa de cada um dos tópicos do comportamento organizacional, é consenso que ele inclui componentes básicos como motivação, comportamento e poder de liderança, comunicação interpessoal, estrutura e processos de grupos, aprendizado, desenvolvimento de atitudes e percepção, processos de mudanças, conflitos, planejamento do trabalho e estresse no trabalho.[11]

Substituindo a intuição pelo estudo sistemático

Todos nós somos estudantes do comportamento. Desde a mais tenra idade, observamos as ações das outras pessoas e tentamos interpretar o que vemos. Mesmo que nunca tenha se dado conta disto, você foi um "leitor" de pessoas por toda a sua vida. Você observa o que as outras pessoas fazem e tenta compreender o porquê de seu comportamento. Além disso, você também tenta prever o que elas fariam sob determinadas circunstâncias. Infelizmente, esta abordagem casual e de senso comum costuma induzir a erros de previsão. Entretanto, você pode aprimorar sua capacidade de previsão substituindo suas opiniões intuitivas por uma abordagem mais sistemática.

A abordagem sistemática utilizada neste livro revela importantes fatos e relacionamentos de modo a fornecer uma base para realizar previsões de comportamento mais acuradas. O conceito por trás desta abordagem é que o comportamento não é aleatório. Na verdade, existem algumas consistências fundamentais no comportamento de todos os indivíduos que podem ser identificadas e, então, modificadas para refletir as diferenças individuais.

MITO OU CIÊNCIA?

Noções preconcebidas *versus* evidência substantiva

Vamos supor que você se inscreveu em um curso introdutório de cálculo. No primeiro dia de aula, o professor pede que você escreva em uma folha a resposta para a seguinte questão: "Por que o sinal da segunda derivada é negativo quando a primeira derivada é igual a zero, se a função for côncava abaixo?". É pouco provável que você saiba responder. Provavelmente, você diria a este professor algo como: "Como posso saber? Este é o motivo pelo qual estou freqüentando este curso!".

Agora, mudemos o cenário. Você está em um curso introdutório de comportamento organizacional. No primeiro dia de aula, seu professor pede que você responda à seguinte pergunta: "Por que os trabalhadores não se sentem mais tão motivados como há trinta anos?". Depois de alguma possível relutância, você começaria a escrever alguma coisa. Você não veria problema algum em tentar explicar esta questão da motivação.

Estes cenários constituem um exemplo de um dos principais desafios enfrentados no ensino de comportamento organizacional. Você começa um curso desses com diversas *noções preconcebidas* que aceita como se fossem *fatos*. Você acredita que já sabe muito sobre comportamento humano.[12] Isto não ocorre com disciplinas como cálculo, física, química ou até contabilidade. Desta forma, ao contrário de muitas outras disciplinas, o estudo do comportamento organizacional não só introduz o aluno a uma série ampla de conceitos e teorias, como também precisa lidar com muitos "fatos" normalmente aceitos sobre comportamento humano e organizações que ele adquiriu ao longo dos anos. Alguns exemplos destes "fatos" estão nas frases: "não se ensina truques novos a um cachorro velho", "funcionários felizes são mais produtivos", "duas cabeças pensam melhor do que uma", "não importa o que você sabe, mas sim quem você conhece". Mas estes "fatos" não são necessariamente verdadeiros. Portanto, um dos objetivos de um curso de comportamento organizacional é *substituir* estas noções populares, geralmente aceitas sem muito questionamento, por conclusões com embasamento científico.

Como você verá ao longo deste livro, o campo de estudos do comportamento organizacional foi construído em décadas de pesquisas. Essas pesquisas fornecem um corpo de evidências significativas capaz de substituir as noções preconcebidas. Em todo o livro, incluímos quadros com o título "Mito ou Ciência?". Sua função é chamar a atenção para os principais mitos ou idéias sobre o comportamento organizacional. Esses textos pretendem mostrar como a pesquisa científica desmentiu tais mitos ou, em alguns casos, os comprovou. Esperamos que você leia esses quadros interessantes. O mais importante é que eles o ajudarão a ter em mente que o estudo do comportamento humano no trabalho é uma ciência, e que precisamos abrir bem os olhos para as explicações do "senso comum" relativas ao assunto. ∎

Estas consistências fundamentais são muito importantes. Por quê? Porque permitem a previsibilidade. Ao dirigir seu carro, você faz algumas previsões, bastante acuradas, sobre como os outros motoristas vão se comportar. Por exemplo, podemos prever que os outros motoristas vão parar nos sinais vermelhos, dirigir pela mão direita, ultrapassar os outros veículos pela esquerda e não ultrapassar quando a faixa no meio da estrada for contínua. Repare que, na maioria das vezes, essas previsões se confirmam na prática. Evidentemente, as leis de trânsito tornam essa previsão muito mais fácil.

Menos óbvio é que existam leis (escritas ou não) em praticamente todos os ambientes. Portanto, podemos argumentar que é possível prever comportamentos (certamente que não com 100 por cento de precisão) em supermercados, salas de aula, consultórios médicos, elevadores e na maioria das situações estruturadas. Por exemplo, ao entrar no elevador, você se vira de frente para a porta? A maioria das pessoas faz isso. Mas você ouviu dizer em algum lugar que isto deveria ser feito? É claro que não! Da mesma forma que somos capazes de prever o comportamento dos motoristas (para os quais existem regras escritas), também podemos prever o comportamento das pessoas no elevador (onde existem poucas regras estabelecidas). Em uma sala de aula com 60 alunos, se você quiser fazer uma pergunta ao professor, certamente levantará a mão. Por que motivo você não bate palmas, fica em pé, levanta uma perna, tosse ou grita "Ei, você aí"? O motivo é que você aprendeu que levantar a mão é o procedimento adequado para uma sala de aula. Esses exemplos servem para ressaltar o principal conteúdo deste livro: o comportamento é geralmente previsível e o seu *estudo sistemático* é uma forma de realizar previsões razoavelmente acuradas.

Quando falamos em **estudo sistemático**, estamos nos referindo ao exame dos relacionamentos, à tentativa de atribuição de causa e efeito e de basearmos nossas conclusões em evidências científicas — ou seja, em dados coletados sob condições controladas, medidos e interpretados de maneira razoavelmente rigorosa. (Veja o Apêndice A no final do livro para uma revisão sucinta dos métodos de pesquisa utilizados no estudo do comportamento organizacional.) O estudo sistemático substitui a **intuição**, aquela "sensação" sobre o "por que faço o que faço" e "o que move as demais pessoas". Evidentemente, a abordagem sistemática não significa que aquilo que você aprendeu de maneira não sistemática esteja necessariamente errado. Algumas das conclusões que apresentamos neste livro, baseadas em descobertas substancialmente embasadas por pesquisas, apenas corroboram o senso comum. Mas você também irá se deparar com evidências de pesquisas que contrariam este mesmo senso comum. Um dos objetivos deste livro é estimular o leitor a ir além de suas visões intuitivas sobre comportamento, buscando a análise sistemática com a convicção de que isso pode melhorar a exatidão da explicação e da previsão do comportamento.

Disciplinas que contribuem para o estudo do comportamento organizacional

O estudo do comportamento organizacional é uma ciência aplicada que se apóia na contribuição de diversas outras disciplinas comportamentais. As áreas predominantes são a psicologia, a sociologia, a psicologia social, a antropologia e a ciência política. Como veremos adiante, a psicologia tem contribuído principalmente para o nível micro, ou individual, de análise, enquanto as demais disciplinas têm contribuído para a nossa compreensão dos conceitos macro, tais como os processos grupais e as organizações. O Quadro 1-3 mostra as principais contribuições para o estudo do comportamento organizacional.

Psicologia

A **psicologia** é a ciência que busca medir, explicar e, algumas vezes, modificar o comportamento dos seres humanos e dos animais. Os psicólogos dedicam-se ao estudo e ao esforço de compreender o comportamento individual. Os cientistas que contribuem nesta área de conhecimento são os que estudam as teorias relativas ao processo de aprendizagem e à personalidade, os psicólogos clínicos e, principalmente, os psicólogos organizacionais e industriais.

Inicialmente, os psicólogos organizacionais e industriais estudavam os problemas de fadiga, falta de entusiasmo e outros fatores relevantes para as condições de trabalho que poderiam impedir um desempenho eficiente. Mais recentemente, sua contribuição se expandiu para incluir estudos sobre aprendizagem, percepção, personalidade, emoções, treinamento, eficácia de liderança, necessidades e forças motivacionais, satisfação com o trabalho, processos de tomada de decisões, avaliação de desempenho, mensuração de atitudes, técnicas de seleção de pessoal, planejamento do trabalho e estresse profissional.

Sociologia

Enquanto a psicologia foca suas atenções sobre o indivíduo, a **sociologia** estuda o sistema social no qual os indivíduos desempenham seus papéis, ou seja, estuda as relações das pessoas entre si. Mais especificamente, a

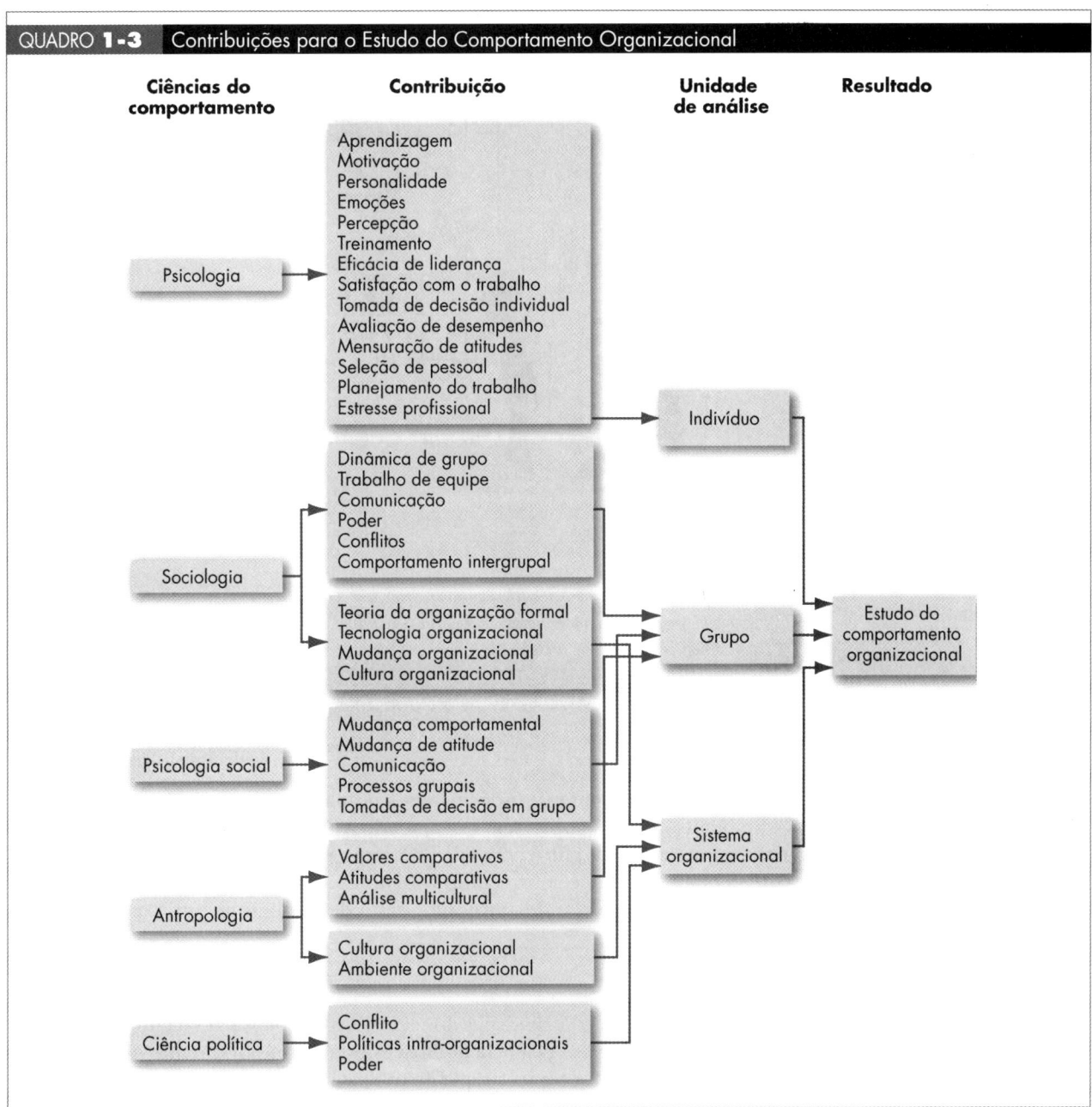

QUADRO 1-3 Contribuições para o Estudo do Comportamento Organizacional

maior contribuição dos sociólogos foi no estudo do comportamento dos grupos dentro das organizações, especialmente as formais e complexas. Algumas das áreas do estudo do comportamento organizacional que mais receberam contribuições da sociologia foram a dinâmica de grupo, o desenho de equipes de trabalho, a cultura organizacional, a teoria e a estrutura da organização formal, a tecnologia organizacional e aspectos como poder, comunicação e conflitos.

Psicologia social

A **psicologia social** é uma área dentro da psicologia que mistura conceitos desta ciência e da sociologia. Seu foco é a influência de um indivíduo sobre o outro. Um dos temas mais investigados pela psicologia social é a mudança — como implementá-la e como reduzir as barreiras para sua aceitação. Além disso, os psicólogos sociais também fazem significativas contribuições nas áreas de mensuração, entendimento e mudança de atitudes; padrões de comunicação; as formas pelas quais as atividades em grupo podem satisfazer necessidades individuais e o processo de tomada de decisão em grupo.

10 Comportamento Organizacional

> **QUADRO 1-4**

"Sou um cientista social, Michael. Isto quer dizer que não sei explicar coisas como a eletricidade, mas, se um dia você quiser saber qualquer coisa sobre as pessoas, eu sou o cara certo."

Fonte: Charge de Handelsman, publicada na revista *New Yorker*, Copyright ©1986 by *New Yorker Magazine*. Reproduzido com autorização.

Antropologia

A **antropologia** é o estudo das sociedades para compreender os seres humanos e suas atividades. O trabalho dos antropólogos sobre culturas e ambientes, por exemplo, tem nos ajudado a compreender melhor as diferenças de valores, atitudes e comportamentos fundamentais entre povos de diferentes países ou de pessoas em diferentes organizações. Muito do nosso conhecimento de hoje sobre cultura organizacional, ambiente organizacional e diferenças entre culturas dos países é fruto do trabalho de antropólogos ou de pessoas que utilizaram sua metodologia.

Ciência política

Embora sejam freqüentemente subestimadas, as contribuições dos cientistas políticos para o entendimento do comportamento organizacional têm sido significativas. A **ciência política** estuda o comportamento dos indivíduos e dos grupos dentro de um ambiente político. Alguns tópicos específicos desta área são a estruturação de conflitos, a alocação de poder e como as pessoas manipulam o poder para o atendimento de seus próprios interesses.

Poucas coisas são absolutas no comportamento organizacional

Existem poucos (se é que existem) princípios simples e universais que explicam o comportamento organizacional. Nas ciências físicas — química, astronomia, física etc. —, existem leis que são consistentes e se aplicam a uma grande variedade de situações. Isto permite aos cientistas generalizar os efeitos da lei da gravidade ou enviar astronautas com segurança para consertar um satélite no espaço. Mas, como foi bem observado por um conhecido pesquisador do comportamento, "Deus deu todos os problemas fáceis para os físicos". Os seres humanos são complexos. Como eles são todos diferentes, a possibilidade de fazer generalizações simples e precisas é limitada. Duas pessoas geralmente reagem de maneira diferente a uma mesma situação, e uma mesma pessoa muda seu comportamento em situações diferentes. Por exemplo, nem todas as pessoas são motivadas pelo dinheiro, e o comportamento delas na igreja aos domingos é diferente daquele mostrado na festa da noite anterior.

Isto não significa, evidentemente, que não podemos dar explicações razoavelmente precisas sobre o comportamento humano ou fazer previsões válidas. Mas significa que os conceitos de comportamento organizacional precisam refletir condições situacionais ou contingenciais. Podemos dizer que *x* leva a *y*, mas apenas sob as condições *z* (as **variáveis contingenciais**). A ciência do comportamento organizacional se desenvolveu utilizando conceitos gerais e alterando sua aplicação para determinadas situações. Por isso, os estudiosos do comportamento organizacional evitam afirmar que líderes eficazes devem sempre buscar as idéias de seus seguidores antes de tomar uma decisão. Em vez disto, veremos que um estilo participativo de liderança pode ser o melhor em algumas situações, mas, em outras, um estilo mais autocrático se mostrará mais eficaz. Em outras palavras, a eficácia de um estilo de liderança depende da situação em que ele é empregado.

À medida que você ler este livro, encontrará diversas teorias baseadas em pesquisas sobre como as pessoas se comportam nas organizações. Mas não espere encontrar relações diretas de causa e efeito. Não há muitas delas! As teorias do comportamento organizacional refletem a matéria com a qual lidam. As pessoas são complexas e complicadas, e as teorias desenvolvidas para explicar suas ações também o são.

Desafios e oportunidades no campo do comportamento organizacional

A compreensão do comportamento organizacional nunca foi tão importante para os executivos. Um rápido exame das enormes mudanças que estão ocorrendo nas organizações confirma esta afirmação. Por exemplo, o funcionário tradicional está envelhecendo; cada vez mais mulheres e membros de minorias estão entrando no mercado de trabalho; o *downsizing* e o amplo uso de trabalhadores temporários estão minando os laços de lealdade que historicamente prendiam os funcionários a seus empregadores; e a competição globalizada está exigindo que os funcionários se tornem mais flexíveis para se adaptarem à rápida mudança.

Em suma, hoje há diversas oportunidades e desafios para que os executivos utilizem os conceitos do comportamento organizacional. Nesta seção, abordaremos alguns dos assuntos mais críticos enfrentados pelos executivos, para os quais o estudo do comportamento organizacional oferece soluções — ou, pelo menos, algumas idéias — que podem resultar em soluções.

Respondendo à globalização

As organizações não se limitam mais às fronteiras dos países. A rede Burger King pertence a uma empresa inglesa e a rede McDonald's vende hambúrgueres em Moscou. A Exxon, tida como uma empresa norte-americana, tem 75 por cento de suas receitas provenientes de vendas fora dos Estados Unidos. Os novos funcionários da fabricante de telefones Nokia em suas instalações na Finlândia estão sendo recrutados na China, na Índia e em outros países em desenvolvimento. O número de funcionários estrangeiros já supera o de finlandeses no centro de pesquisas da empresa em Helsinki. As principais indústrias automobilísticas do mundo fabricam veículos em países onde não está a matriz da empresa. Por exemplo, a Honda produz seus carros em Ohio, Estados Unidos; a Ford, no Brasil; a Mercedes e a BMW, na África do Sul.

Estes exemplos ilustram a afirmação de que o mundo virou uma aldeia global. De sua parte, os executivos precisam aprender a lidar com pessoas de diferentes culturas.

Aumento das Missões Internacionais Se você é executivo, é cada vez maior a chance de ser enviado para missões internacionais. Você pode ser transferido para uma unidade operacional ou subsidiária de sua organização em outro país. Lá, terá de administrar uma mão-de-obra que provavelmente será bem diferente daquela com a qual você estava acostumado, tanto em termos de necessidades, como de aspirações e de atitudes.

Trabalhando com Pessoas de Diferentes Culturas Mesmo em sua terra natal, você poderá ter de trabalhar com chefes, colegas e outros funcionários que nasceram e foram criados em culturas diferentes. O que é motivador para você pode não ser para eles. Se seu estilo de comunicação é franco e direto, para eles pode parecer desconfortável e ameaçador. Para trabalhar eficazmente com essas pessoas, você precisa compreender sua cultura, como elas foram formadas, e como adaptar seu estilo de gerenciamento a essas diferenças.

Enfrentando Movimentos Anticapitalistas O foco capitalista na eficiência, no crescimento e nos lucros pode ser amplamente aceito em países como os Estados Unidos, a Austrália ou em Hong Kong. Mas estes valores não são muito populares em outros lugares, como a França, as nações do Oriente Médio ou da Escandinávia. Por exemplo, como os valores igualitários adotados na Finlândia criaram uma mentalidade de "morte aos ricos", as multas de trânsito são estabelecidas em função da renda do infrator, e não pela gravidade da infração.[13] Por esta razão, um dos homens mais ricos da Finlândia (herdeiro de uma fortuna em negócios do ramo alimentício), que ganha cerca de nove milhões de dólares anualmente, foi multado em 217 mil dólares por dirigir a 80 quilômetros por hora em uma zona cuja velocidade máxima era de 40 quilômetros!

Ao enfrentar uma onda anticapitalista por parte de ativistas de direitos humanos e de defesa do meio-ambiente, a ExxonMobil contratou a antropóloga Ellen Brown (à esquerda) para ajudar a empresa durante a construção de um oleoduto na África, entre o Chade e Camarões. Brown visitou centenas de vilarejos no trajeto do oleoduto para explicar às populações locais como as obras iriam afetá-las. Ela ajuda a supervisionar um programa da ExxonMobil de 1,5 milhão de dólares para a construção de escolas, clínicas médicas, abertura de poços artesianos, consultoria para os empresários locais, distribuição de mosquiteiros para o combate à malária e aconselhamento para a prevenção da AIDS.

Os dirigentes de empresas globalizadas como a McDonald's, a Disney e a Coca-Cola já perceberam que os valores econômicos não são universalmente transferíveis. As práticas administrativas precisam ser modificadas para se adequar aos valores vigentes nos diferentes países em que a organização opera.

Administrando a Fuga de Empregos para Países com Mão-de-obra Mais Barata Está cada vez mais difícil para as empresas em países desenvolvidos, onde o piso salarial raramente fica abaixo de 6 dólares a hora, competir com

ENFOQUE NA MÍDIA

Como a globalização está afetando o mercado de trabalho

A fuga de empregos da indústria de países como os Estados Unidos, Inglaterra e Alemanha para nações como o México, China, Índia, Malásia e Filipinas, onde os salários são mais baixos, é um fenômeno que já ocorre há duas décadas. O que não tem chamado muita atenção é o deslocamento dos empregos também no setor de serviços.

Recentemente, estimou-se que, apenas no setor de serviços financeiros, cerca de 500 mil empregos sairão dos Estados Unidos para outros países entre os anos de 2003 e 2008. Bancos, seguradoras, corretoras de valores e administradoras de fundos mútuos de investimento vão transferir atividades como processamento de dados e operação de *call centers* para países como a China, Índia, Filipinas, Canadá, República Tcheca, Brasil, Irlanda e Rússia. Por quê? Um funcionário de *call centers*, que recebe cerca de 20 mil dólares ao ano nos Estados Unidos, pode ser contratado na Índia por 2,5 mil dólares. O mais importante é que este êxodo não se restringe aos empregos de baixa qualificação. As empresas do setor financeiro estão transferindo as atividades de profissionais como analistas, contadores e designers para locais onde os salários são mais baixos. Por que pagar 250 mil dólares para um corretor de ações nos Estados Unidos se é possível obter a mesma qualidade de serviço na Índia a um salário de 20 mil? Os executivos da BearingPoint (antiga KPMG Consulting) argumentam que os engenheiros contratados por 500 dólares mensais em Xangai custariam 4 mil dólares nos Estados Unidos.

Aqui estão alguns exemplos atuais que podem oferecer uma prévia do que vem por aí: o Massachusetts General Hospital está utilizando radiologistas na Índia para analisar exames de raio-X. A Boeing contrata especialistas em aeronáutica na Rússia para projetar peças para seus aviões. A Delta Airlines tem 6 mil pessoas na Índia e nas Filipinas cuidando das reservas e atendimento a seus clientes. A Flour tem 700 funcionários nas Filipinas encarregados de projetos de arquitetura. A Oracle mantém 4 mil funcionários na Índia, responsáveis por desenvolvimento de *software*, assistência ao consumidor e contabilidade. E a IBM está transferindo 3 mil empregos da área de programação dos Estados Unidos para a China, a Índia e o Brasil.

O mundo digital, os avanços da Internet e as redes de alta velocidade estão permitindo que as empresas transfiram parte de suas operações para países com custos trabalhistas mais baixos. Esta tendência deve permanecer. Os especialistas prevêem que pelo menos 3,3 milhões de cargos executivos devem migrar dos Estados Unidos para países em desenvolvimento até o ano de 2015.■

Baseado em P. Engardio, A. Bernstein e M. Kripalani, "Is your job next?", *Business Week*, 3 fev. 2003, p. 50-60; M. Schroeder, "More financial jobs go offshore", *The Wall Street Journal*, 1º de maio de 2003, p. A2; B. Davis, "Migration of skilled jobs abroad unsettles global-economy fans", *Wall Street Journal*, 26 jan. 2004, p. A1.

aquelas que contam com mão-de-obra em países em desenvolvimento, onde este valor pode cair para 30 centavos de dólar por hora. Não é por acaso que as pessoas nos Estados Unidos usam roupas feitas na China, utilizam computadores que possuem microchips fabricados em Taiwan e assistem a filmes rodados no Canadá. Em uma economia globalizada, os empregos fogem para os lugares onde os custos baixos oferecem vantagem competitiva para as empresas.

Os executivos estão sendo cada vez mais pressionados pelo mercado a reduzir custos para manter a competitividade. Para setores que empregam grande número de pessoas, isto significa mudar a produção para lugares onde o custo da mão-de-obra é mais baixo. Esta prática, contudo, é muito criticada por sindicatos, políticos e outros ativistas, que vêem nisso uma ameaça à empregabilidade nos países desenvolvidos. Os administradores precisam enfrentar a difícil tarefa de equilibrar os interesses de suas organizações com suas responsabilidades perante as comunidades onde operam.

Administrando a diversidade da força de trabalho

Um dos desafios mais importantes e abrangentes enfrentados pelas organizações hoje em dia é a adaptação às diferenças entre as pessoas. O termo utilizado para descrever este desafio é *diversidade da força de trabalho*. Enquanto a globalização se concentra nas diferenças entre pessoas *de* diferentes países, a diversidade da força de trabalho focaliza as diferenças entre as pessoas *em* determinado país.

A **diversidade da força de trabalho** significa que as organizações estão se tornando mais heterogêneas em termos de raça, etnia e sexo de seus participantes. O termo se refere a mulheres, negros, latinos e asiáticos — também são incluídos nessa diversidade portadores de deficiência física, pessoas da terceira idade e homossexuais. (Veja o Quadro 1-5.) Administrar a diversidade se tornou uma questão importante em todo o mundo, especialmente

---

QUADRO 1-5   Principais Categorias da Diversidade da Mão-de-obra

Sexo

Quase metade da força de trabalho norte-americana é agora composta por mulheres. Esta porcentagem também aumenta na maioria dos outros países. As empresas precisam assegurar que as políticas de contratação e emprego permitam igual acesso a todos, independentemente do sexo.

Raça

Nos Estados Unidos, a porcentagem de trabalhadores de etnias hispânica, asiática e afro-americana está aumentando. As empresas precisam assegurar políticas de contratação e emprego que permitam igual acesso a todos, independentemente da raça.

Origem

Uma crescente porcentagem da força de trabalho norte-americana provém de países que falam outros idiomas. Como os empregadores nos Estados Unidos têm o direito de exigir que a língua falada na organização seja o inglês, podem surgir problemas de comunicação com esses funcionários que ainda não dominam o idioma.

Idade

A força de trabalho norte-americana está envelhecendo e recentes pesquisas indicam que cada vez mais trabalhadores pretendem continuar na ativa depois dos 65 anos. As empresas não podem discriminar ninguém pela idade e precisam se adaptar às necessidades dos mais velhos.

Deficiência física

As empresas precisam garantir empregos e acessibilidade para os portadores de deficiência física e mental, bem como para qualquer pessoa com problemas de saúde.

Parceiros

Um número cada vez maior de funcionários homossexuais com parceiros fixos, assim como casais heterossexuais não casados oficialmente, começam a exigir os mesmos direitos dos dependentes tradicionais.

Religião

As empresas precisam garantir tolerância em relação aos costumes, rituais e feriados religiosos dos seus funcionários não-cristãos — como judeus, mulçumanos, hinduístas etc. —, bem como assegurar que eles não sofram discriminação por causa de suas indumentárias e aparência.

Há muito tempo que a Xerox defende a causa da diversidade. Os dirigentes da empresa acreditam que a contribuição de pessoas de diferentes origens e estilos de vida é essencial para a criação de soluções para os problemas dos clientes e para a inovação de produtos e de tecnologia.

no Canadá, na Austrália, na África do Sul e no Japão, além dos países europeus e dos Estados Unidos. Os executivos no Canadá e na Austrália, por exemplo, foram obrigados a se adaptar aos grandes fluxos de trabalhadores asiáticos. A "nova" África do Sul se caracteriza por um número cada vez maior de negros em posições-chave, tanto técnicas quanto administrativas. As mulheres, tradicionalmente relegadas a trabalhos temporários mal remunerados no Japão, agora estão galgando posições de chefia. Os acordos de cooperação econômica que criaram a União Européia, abrindo as fronteiras em grande parte da Europa Ocidental, aumentaram a diversidade de mão-de-obra nas empresas que operam em países como Alemanha, Portugal, Itália e França.

Adotando a Diversidade   Costumávamos adotar a abordagem do "cadinho cultural" para nos referir às diferenças nas organizações tendo como pressuposto que as pessoas que eram diferentes desejariam automaticamente ser assimiladas com rapidez. Hoje em dia, contudo, reconhecemos que os trabalhadores não deixam de lado seus valores culturais e suas preferências de estilo de vida quando chegam no emprego. O desafio para as organizações, portanto, é conseguir acomodar os diferentes grupos de pessoas, atendendo aos seus diferentes estilos de vida, necessidades familiares e modos de trabalhar. A premissa do "cadinho" que provoca uma fusão de culturas está sendo substituída por uma abordagem que reconhece e valoriza tais diferenças.[14]

Não é verdade que as organizações sempre abrigaram membros de diferentes grupos? Sim, é verdade. Mas eles representavam apenas uma porcentagem muito pequena e chegavam a ser totalmente ignorados pelas grandes organizações. Além disso, sempre se acreditou que estas minorias procuravam se fundir e ser assimiladas pela organização. Por exemplo, antes de 1980, a maioria da mão-de-obra norte-americana era formada por homens brancos, que trabalhavam em período integral para sustentar uma mulher que não trabalhava e filhos em idade escolar. Agora, este perfil é minoria![15]

A Mudança na Demografia dos Estados Unidos   A mudança mais significativa na força de trabalho norte-americana durante a segunda metade do século XX foi o rápido aumento no número de mulheres empregadas.[16] Em 1950, por exemplo, apenas 29,6 por cento da mão-de-obra era formada por mulheres. Em 1999, este índice havia subido para 46,6 por cento. Isso leva a um equilíbrio entre os contingentes de ambos os sexos. Além disso, como as mulheres são maioria nas universidades, podemos esperar que funções profissionais técnicas e administrativas sejam cada vez mais ocupadas por elas.

Da mesma forma que as mulheres mudaram o mercado de trabalho no final do século XX, a primeira metade do século XXI será marcada pela mudança na composição étnica e etária da mão-de-obra. Nos Estados Unidos, os hispânicos passarão de 11 para 24 por cento da mão-de-obra em 2050. Os negros passarão de 12 para 14 por cento. E os asiáticos, de 5 para 11 por cento. Ao mesmo tempo, essa massa de trabalhadores também estará envelhecendo. O grupo de terceira idade, que atualmente responde por 13 por cento da mão-de-obra norte-americana, deverá crescer para 20 por cento dentro de apenas 15 anos.

Implicações   A diversidade da força de trabalho traz implicações importantes para as práticas administrativas. Os executivos precisam modificar sua filosofia de tratar todo mundo do mesmo modo, reconhecendo as diferenças e respondendo a elas de maneira a assegurar a retenção dos funcionários e uma maior produtividade, sem que se cometa nenhuma discriminação. Esta mudança inclui, por exemplo, a oferta de treinamento diferenciado e a revisão dos programas de benefícios para que atendam a diferentes necessidades. A diversidade, quando bem administrada, pode aumentar a criatividade e a inovação dentro das organizações, além de melhorar a tomada de decisões ao trazer novas perspectivas para os problemas.[17] Quando não é administrada adequadamente, há a possibilidade de aumento da rotatividade, de maior dificuldade de comunicação e de mais conflitos interpessoais.

Aumentando a qualidade e a produtividade

Na década de 1990, organizações em todo o mundo aumentaram sua capacidade produtiva em resposta ao crescimento da demanda. As empresas construíram novas unidades, expandiram seus serviços e contrataram pessoal. Como resultado, quase todos os setores da economia hoje sofrem de excesso de oferta. Os varejistas sofrem com a concorrência de tantos shopping centers. A indústria automobilística produz mais veículos do que os consumidores podem comprar. O setor de telecomunicações está afogando em dívidas por ter construído uma estrutura que levará 50 anos para ser absorvida. Muitas cidades possuem hoje mais restaurantes do que as comunidades locais podem freqüentar.

O excesso de capacidade se traduz em aumento na competição. O aumento da concorrência obriga os executivos a reduzir custos ao mesmo tempo em que precisam aumentar a produtividade de suas empresas e a qualidade dos produtos e serviços que oferecem. Em busca desta meta de melhoria de qualidade e de produtividade, eles estão implementando programas como o Gestão da Qualidade (QM) e a Reengenharia — que exigem amplo envolvimento dos funcionários.

Como mostra o Quadro 1-6, o **Programa Gestão da Qualidade** é uma filosofia de gestão voltada para a satisfação constante do cliente através do contínuo aprimoramento de todos os processos organizacionais.[18] O QM tem implicações para a área do comportamento organizacional porque exige que os funcionários reavaliem suas funções e se envolvam mais intensamente nas decisões tomadas no trabalho.

Em tempos de mudanças rápidas e profundas, pode ser necessário pensar a melhoria de qualidade e produtividade sob uma perspectiva do tipo: "como faríamos se estivéssemos começando do zero?". Esta é, essencialmente, a abordagem da **reengenharia**. Ela requer que os executivos reconsiderem como o trabalho seria feito e como a organização seria estruturada caso estivessem começando tudo de novo.[19] Em vez de apenas realizar mudanças adicionais no processo, a reengenharia avalia todos os processos em termos de sua contribuição para as metas da organização. Processos não eficientes são eliminados e sistemas inteiramente novos são introduzidos. É importante ressaltar que a reengenharia tende a redefinir as tarefas e exige que quase todos os funcionários passem por treinamentos para aprender novas habilidades.

Os executivos contemporâneos sabem que qualquer esforço para a melhoria de qualidade e produtividade deve incluir os funcionários. Estes não apenas serão a principal força na execução das mudanças como também participarão, cada vez mais, do planejamento delas. O estudo do comportamento organizacional oferece idéias importantes para ajudar os executivos a realizar essas mudanças.

Enfrentando a escassez de mão-de-obra

Os altos e baixos da economia são difíceis de prever. No final da década de 1990, por exemplo, a economia global estava bastante forte e a mão-de-obra, bastante escassa. Muitos empresários encontravam dificuldades para preencher as vagas em suas organizações por escassez de gente capacitada. Já no início de 2001, muitos países desenvolvidos entraram em recessão. As demissões foram massivas e a oferta de mão-de-obra qualificada aumentou. Já as tendências demográficas, pelo contrário, são muito mais previsíveis. Analisemos uma delas com importantes implicações para o comportamento organizacional: a menos que haja algum imprevisto econômico ou político, haverá uma nova escassez de mão-de-obra dentro de 10 anos a 15 anos.[20] Vamos discutir este problema usando dados estatísticos dos Estados Unidos, mas a escassez de profissionais qualificados deve prevalecer também

---

QUADRO 1-6   O Que é a Gestão da Qualidade (QM)?

1. *Foco intenso no cliente.* O cliente não é apenas o indivíduo que compra os produtos ou serviços da empresa, mas também o cliente interno (como o pessoal de expedição ou contabilidade), que interage e presta serviços a outros dentro da organização.
2. *Preocupação com a melhoria constante.* A Gestão da Qualidade tem como compromisso jamais estar satisfeita. "Muito bom" nunca é suficiente. A qualidade sempre pode ser melhorada.
3. *Melhoria da qualidade de tudo o que a organização faz.* A QM utiliza uma definição bem ampla de qualidade. Ela não diz respeito apenas ao produto final, mas também a como a organização cuida da distribuição, do atendimento às reclamações, da gentileza dos funcionários que atendem aos telefones e assim por diante.
4. *Mensurações acuradas.* A QM emprega técnicas estatísticas para medir todas as variáveis críticas de desempenho nas operações da organização. Essas variáveis de desempenho são, então, comparadas com padrões, ou *benchmarks*, para identificar os problemas e suas raízes de forma a permitir a eliminação de suas causas.
5. *Autonomia dos funcionários.* A QM envolve os funcionários de chão de fábrica no processo de melhoria. As equipes de trabalho são amplamente utilizadas nos programas de *empowerment* para a identificação e resolução de problemas.

nos países da Europa ocidental por causa do envelhecimento da população e da redução da taxa de natalidade.

A escassez de profissionais nos Estados Unidos se dá em função de dois fatores: taxa de natalidade e taxa de participação na força de trabalho. Entre as décadas de 1960 e 1980, o mercado de trabalho norte-americano recebeu o que costumou chamar de *Baby Boomers* (pessoas nascidas entre 1946 e 1965). Existem hoje 76 milhões deles no mercado. Mas a geração seguinte, apelidada de Geração X, tem 10 milhões de pessoas a menos. O problema tende a se agravar entre 2007 e 2010, quando a maioria dos *Baby Boomers* deve começar a se aposentar. É importante observar que, apesar do contínuo crescimento da imigração, os estrangeiros que ingressarem no mercado de trabalho não serão suficientes para evitar a escassez de mão-de-obra.

O problema da escassez de força de trabalho também se agrava com o fato de que no final do século XX um enorme contingente de mulheres desembarcou no mercado de trabalho. Isto forneceu uma leva de trabalhadores talentosos e capacitados. Este movimento agora está equilibrado. Além disso, entre os trabalhadores mais velhos diminuiu o interesse de continuar no mercado de trabalho. Em 1950, quase 80 por cento dos homens com 62 anos ainda trabalhava. Hoje, pouco mais da metade deles continua no mercado. A melhoria nos planos de pensão e a expansão dos benefícios do governo levaram muita gente a se aposentar cedo, especialmente aqueles cujo trabalho era estressante ou entediante. Embora a queda nas bolsas de valores entre 2001 e 2003 tenha reduzido as economias destes *Baby Boomers*, e possa ter feito com que muitos ainda precisem trabalhar,[21] — os primeiros indícios sugerem que isso não terá muito impacto na redução da oferta de mão-de-obra qualificada no futuro.

Em tempos de escassez de mão-de-obra, bons salários e benefícios não serão suficientes para encontrar e manter profissionais talentosos. Os executivos precisarão encontrar estratégias sofisticadas de recrutamento e manutenção. Além disso, será preciso modificar algumas práticas organizacionais para atender às necessidades dos trabalhadores mais velhos e para motivar os mais jovens, que se sentirão estagnados enquanto aguardam a aposentadoria daqueles. Os conhecimentos de comportamento organizacional pode ajudar os executivos a lidar com esta situação. Em um mercado com força de trabalho escassa, os administradores que não entenderem de comportamento humano e não conseguirem tratar adequadamente seus funcionários correm o risco de não ter a quem comandar!

Melhorando o atendimento ao cliente

A American Express recentemente evitou que o pior pesadelo de Joan Weinbel se realizasse. Eram 10 horas da noite e Joan estava em sua casa, em New Jersey, fazendo as malas para uma longa viagem quando percebeu que, algumas horas antes, havia deixado seu cartão de crédito em um restaurante em New York. O restaurante ficava a cerca de 20 quilômetros de distância. Ela ia pegar o vôo marcado para as 7h30 na manhã seguinte e precisava do cartão para a viagem. Joan, então, ligou para a American Express. Sua ligação foi prontamente atendida por uma funcionária gentil e prestativa, que lhe disse para não se preocupar. Depois de fazer algumas perguntas, a funcionária do atendimento ao cliente disse a Joan que o auxílio estava "a caminho". Surpresa é pouco para definir a sensação que Joan teve quando a campainha de sua casa tocou às 11h45, ou seja, menos de duas horas depois do telefonema. À sua porta estava o mensageiro trazendo seu novo cartão. Joan ainda se espanta com a rapidez com que a empresa conseguiu expedir e entregar-lhe um novo cartão. Mas ela diz que esta experiência fez dela uma cliente para toda a vida.

Atualmente, a maioria da força de trabalho nos países desenvolvidos está empregada no setor de serviços. Nos Estados Unidos, por exemplo, este contingente chega a 80 por cento. Na Austrália, são 73 por cento. No Reino Unido, na Alemanha e no Japão, os índices são de 69, 68 e 65 por cento, respectivamente. Exemplos destas ocupações incluem pessoal de assistência técnica, atendentes de redes de fast food, balconistas de lojas, professores, garçons e garçonetes, enfermeiras, mecânicos, consultores, corretores, planejadores financeiros e comissários de bordo. A característica que estas ocupações têm em comum é o fato de que exigem um envolvimento substancial com os clientes da organização. Como nenhuma empresa pode existir sem clientes — seja ela a DaimlerChrysler, a Merrill Lynch, a L.L. Bean, uma empresa de advocacia, um museu, uma escola ou um órgão governamental —, seus dirigentes precisam se certificar de que os funcionários fazem todo o possível para agradar os clientes. O conhecimento do comportamento organizacional pode ajudar nesta tarefa.[22]

A análise de uma pesquisa realizada com os passageiros da australiana Qantas Airways confirma o papel que os funcionários da empresa têm na satisfação de seus clientes. Foi pedido aos passageiros que listassem, por ordem de importância, suas "necessidades essenciais" durante o vôo. Quase todos os itens citados tinham influência direta dos funcionários da Qantas — desde a expedição de bagagens, passando pela cortesia do serviço de bordo, a assistência nos casos de conexões e a gentileza do pessoal do check in.[23]

O estudo do comportamento organizacional pode melhorar o desempenho da empresa ao mostrar para os administradores como as atitudes e o comportamento dos funcionários estão associados à satisfação dos clientes. Muitas vezes, uma empresa fracassa porque seus funcionários não sabem agradar os clientes. A administração pre-

A rede norte-americana de supermercados Stew Leonard leva tão a sério a satisfação dos clientes que contratou Roy Snider, um especialista em animação de torcidas esportivas, para ser seu Diretor de Animação. Seu trabalho consiste em "animar" os clientes levando-os a participar de brincadeiras, como dançar e cantar com ele. Para manter os funcionários focados na satisfação dos clientes, Snider também tem como sua responsabilidade elevar o moral do grupo e construir um espírito de equipe entre eles.

cisa criar uma cultura pró-cliente. O conhecimento do comportamento organizacional pode oferecer uma orientação significativa para a criação de tais culturas — aquelas nas quais os funcionários são amáveis e gentis, acessíveis, bem informados, prontos para atender às necessidades dos clientes e dispostos a fazer o que for possível para agradá-los.[24]

Melhorando as habilidades humanas

Começamos este capítulo demonstrando como as habilidades humanas são importantes para a eficácia da administração. Dissemos: "este livro foi escrito para ajudar os executivos, atuais e futuros, a desenvolver suas habilidades humanas".

Na medida em que você avançar neste livro, encontrará conceitos e teorias relevantes que o ajudarão a explicar e prever o comportamento das pessoas no trabalho. Além disso, você conhecerá habilidades específicas que poderão ser utilizadas em seu trabalho. Por exemplo, aprenderá uma variedade de formas de motivar pessoas, como se tornar um comunicador melhor e como formar equipes de trabalho mais eficazes.

Dando autonomia para as pessoas

Se você pegar qualquer publicação sobre negócios, vai ler matérias sobre a mudança no relacionamento entre os executivos e aqueles que eles, supostamente, gerenciam. Você encontrará os executivos sendo chamados de técnicos, conselheiros, patrocinadores ou facilitadores. Em muitas organizações — por exemplo, Marriott, W.L. Gore e National Westminster Bank —, os funcionários agora são chamados de sócios. E existe uma certa indefinição quanto às diferenças entre os papéis de executivo e de trabalhador. O processo de tomada de decisão está sendo levado para o nível operacional, no qual os funcionários estão tendo a liberdade de fazer escolhas sobre cronogramas e procedimentos, e de resolver sozinhos problemas relacionados com seu trabalho.[25] Na década de 1980, os executivos foram estimulados a chamar seus funcionários para participar das decisões de trabalho. Hoje, o processo foi ainda mais longe e os funcionários estão conseguindo o controle total de seu trabalho. Um número crescente de empresas está adotando equipes autogerenciadas, nas quais os trabalhadores operam praticamente sem chefia externa.

O que está acontecendo? Acontece que os executivos estão **dando autonomia para seus funcionários**. Eles os colocam no comando de suas atividades. E, desta forma, os executivos têm de aprender a delegar o controle e os funcionários, a ter responsabilidade sobre seu trabalho e sobre as decisões que tomam. Nos capítulos finais, veremos como este processo, também conhecido como *empowerment*, está modificando os estilos de liderança, relações de poder, planejamento do trabalho e a forma como as organizações são estruturadas.

Estimulando a inovação e a mudança

O que aconteceu com empresas como a Montgomery Ward, Woolworth, Smith Corona, TWA, Bethlehem Steel e WorldCom? Todos esses gigantes faliram. Por que outras grandes organizações — como a Sears, Boeing e Lucent Technologies — implementaram extensivos programas de redução de custos e eliminaram milhares de empregos? Para evitar a falência.

As organizações bem-sucedidas de hoje precisam fomentar a inovação e dominar a arte da mudança ou serão candidatas à extinção. O sucesso irá para as organizações que mantêm sua flexibilidade, continuamente aprimoram sua qualidade e enfrentam a concorrência colocando um constante fluxo de produtos e serviços inovadores no mercado. A rede de pizzarias Domino's acabou com a existência de milhares de pequenas pizzarias cujos dirigentes acharam que podiam continuar fazendo o "de sempre". A Amazon.com está levando à falência várias pequenas livrarias ao provar que é possível vender livros pela internet. A Dell tornou-se a maior vendedora de computadores do mundo por estar continuamente reinventando a si própria e surpreendendo seus concorrentes.

Os funcionários de uma empresa podem ser os principais estimuladores da inovação e da mudança, ou podem ser seu principal bloqueio. O desafio para os administradores é estimular a criatividade dos seus funcionários e a sua tolerância à mudança. O estudo do comportamento organizacional oferece uma grande variedade de idéias e técnicas para alcançar estas metas.

Lidando com a "temporariedade"

Com a mudança vem a "temporariedade". Nos últimos anos, a globalização, a expansão da capacidade e os avanços na tecnologia se combinaram de forma a impor às organizações que quiserem sobreviver que elas sejam ágeis e flexíveis. O resultado disto é que tanto os funcionários como os dirigentes trabalham hoje em uma clima que pode ser definido como "temporário".

As evidências dessa situação estão em todos os lugares da organização. As funções vêm sendo continuamente redesenhadas e as tarefas, cada vez mais, sendo realizadas por equipes flexíveis, e não por indivíduos isolados; contratam-se cada vez mais empregados temporários; a terceirização tem aumentado e até os planos de pensão estão sendo remodelados para acompanhar as pessoas em suas mudanças de emprego.

Os trabalhadores precisam atualizar seus conhecimentos e habilidades continuamente para atender a novas exigências do trabalho. Por exemplo, os funcionários de empresas como Caterpillar, Ford e Alcoa agora precisam saber operar equipamentos de produção computadorizados. Isto não fazia parte da descrição de suas funções há 20 anos. As equipes de trabalho também estão cada vez mais mutantes. No passado, os funcionários eram indicados para um grupo de trabalho específico e esta colocação era relativamente permanente. Havia uma sensação de segurança em trabalhar sempre com as mesmas pessoas. Esta previsibilidade foi substituída por grupos temporários de trabalho, equipes formadas por pessoas de diferentes departamentos e cujos membros mudam o tempo todo, e pelo uso cada vez maior do rodízio de funcionários para atender às necessidades sempre mutantes do trabalho. Finalmente, as próprias organizações estão em estado de fluxo. Elas estão constantemente reorganizando suas divisões, desfazendo-se de negócios que não têm bom desempenho, eliminando atividades não vitais, subcontratando serviços e operações não-críticos de outras organizações e substituindo empregados permanentes por temporários.

Os executivos e os funcionários de hoje precisam aprender a lidar com a "temporariedade". Eles precisam aprender a conviver com a flexibilidade, a espontaneidade e a imprevisibilidade. O estudo do comportamento organizacional pode oferecer importantes insights para ajudá-los a entender melhor um mundo profissional em contínua mudança, a superar as resistências à mudança e a facilitar a elaboração de uma cultura organizacional voltada a transformações.

A adaptação à "temporariedade" é uma característica da nova fábrica da Nissan Motors em Canton, Estado de Mississippi, onde são produzidos utilitários e minivans em uma mesma linha de montagem. Planejada para ter flexibilidade, a fábrica integra fornecedores externos no processo de montagem e seus operários desempenham quatro diferentes funções durante seus turnos. Esta flexibilidade dá à Nissan uma vantagem competitiva, pois a unidade funciona com 100 por cento de sua capacidade e pode se ajustar rapidamente às mudanças de demanda do mercado.

Trabalhando em organizações interconectadas

Para muitos funcionários, a informatização, a Internet e as redes internas ligando computadores dentro das empresas e entre empresas geraram um ambiente de trabalho diferente do usual — o que poderíamos chamar de organização interconectada. Ela permite que as pessoas se comuniquem e trabalhem juntas mesmo que estejam em localidades distantes uma da outra. Essa tecnologia também permite que os profissionais se tornem autônomos, conectando-se pelo computador com várias partes do mundo e mudando de empregador à medida que a demanda por seus serviços se modifica. Programadores de software, designers gráficos, analistas de sistemas, escritores, tradutores, editores e pesquisadores são alguns exemplos de profissionais que podem trabalhar à distância do empregador.

O trabalho do administrador em uma organização interconectada é diferente do tradicional, especialmente no que diz respeito à gestão de pessoas. Motivar e liderar pessoas, por exemplo, e tomar decisões colaborativas "on-line" são atividades que requerem técnicas diversas daquelas empregadas quando os indivíduos estão fisicamente presentes.

Como cada vez mais as pessoas estão trabalhando interconectadas através das redes de computadores, os administradores precisam desenvolver novas habilidades. O estudo do comportamento organizacional pode ser útil para este fim.

Ajudando os funcionários a equilibrar a vida pessoal e a profissional

O funcionário típico dos anos 60 e 70 comparecia ao trabalho de segunda à sexta-feira e cumpria horários fixos para uma jornada diária de oito a nove horas. O local de trabalho e os horários eram claramente especificados. Isso não acontece mais hoje com uma grande parte da força de trabalho. Os trabalhadores se queixam, cada vez mais, de que a linha divisória entre os períodos dedicados ao trabalho e à vida pessoal se tornou obscura, provocando conflitos pessoais e estresse.[26]

Uma série de fatores contribuiu para esta confusão entre trabalho e vida pessoal. Em primeiro lugar, a criação de organizações globais significa que o mundo empresarial nunca dorme. A qualquer hora, em qualquer dia, milhares de funcionários da General Electric estão trabalhando em algum lugar. A necessidade de consultas com colegas ou clientes em oito ou dez fusos horários diferentes faz com que os funcionários das empresas globais precisem estar "à disposição" 24 horas por dia. Em segundo lugar, a tecnologia de comunicação permite que os funcionários façam seu trabalho em casa, no carro ou em uma praia no Taiti. Isto permite que muitas pessoas de áreas técnicas ou em profissões liberais trabalhem em qualquer horário e em qualquer lugar. O terceiro fator é que as empresas estão pedindo a seus funcionários que trabalhem mais tempo. Por exemplo, entre 1977 e 1997, a média de jornada semanal nos Estados Unidos aumentou de 43 para 47 horas e o número de pessoas que trabalham 50 ou mais horas por semana pulou de 24 para 37 por cento. Finalmente, poucas famílias têm apenas um membro que trabalha fora atualmente. Os funcionários de hoje, em sua maioria, integram um casal de trabalhadores. Isto torna muito difícil para essas pessoas encontrar tempo para atender a compromissos domésticos, conjugais ou com os filhos, parentes e amigos.

Os trabalhadores percebem que o trabalho vem tomando cada vez mais espaço de suas vidas pessoais e não estão satisfeitos com isso. Estudos recentes sugerem que os trabalhadores desejam empregos com mais flexibilidade de horários para que eles possam compatibilizar melhor seus assuntos pessoais e profissionais.[27] Na verdade, muitos estudos indicam que este equilíbrio tornou-se mais importante do que a segurança no emprego.[28] Além disso, a próxima geração parece ter preocupações semelhantes.[29] A maioria dos estudantes universitários declara que o equilíbrio entre vida pessoal e trabalho é a sua principal meta na carreira profissional. Eles querem ter "uma vida" além de ter um emprego! As organizações que não conseguirem ajudar seu pessoal a atingir esse equilíbrio vão encontrar dificuldades crescentes para atrair e reter os funcionários mais capazes e motivados.

Como veremos nos capítulos a seguir, o estudo do comportamento organizacional oferece diversas sugestões para orientar o planejamento de ambientes de trabalho que ajudam o executivo a enfrentar esses conflitos.

Melhorando o comportamento ético

Em um mundo empresarial caracterizado por cortes, expectativa de aumento de produtividade dos trabalhadores e brutal competição no mercado, não surpreende que muitos funcionários sintam-se pressionados para quebrar algumas regras, dar "um jeitinho" ou entregar-se a outras práticas questionáveis.

Os membros das organizações a cada dia enfrentam mais **dilemas éticos**, situações em que precisam definir qual a conduta correta e a errada. Por exemplo, eles devem denunciar publicamente atividades ilegais que descobrirem dentro da empresa? Devem acatar ordens com as quais não concordam? Exageram na boa avaliação de um subordinado do quem gostam para salvar-lhe o emprego? Eles se permitem fazer "politicagem" na organização para impulsionar suas carreiras?

O bom comportamento ético é algo que nunca foi claramente definido. Nos últimos tempos, a linha divisória entre o certo e o errado ficou ainda mais tênue. Os trabalhadores vêem pessoas se entregando a toda a sorte de práticas antiéticas — políticos eleitos são indiciados por desviar dinheiro público ou aceitar suborno; advogados poderosos, que conhecem a lei mais do que ninguém, são acusados de não pagar os encargos trabalhistas de seus funcionários domésticos; executivos de sucesso inflam os lucros de suas empresas para obter ganhos com suas opções de ações e administradores de universidades fazem "vista grossa" quando os treinadores de atletas convencem os estudantes campeões a se matricularem em cursos fáceis, e não nos necessários para a graduação, para continuar a receber bolsa de estudos. Quando flagradas no delito, ouvimos estas pessoas dizendo coisas como "todo mundo faz isto" ou "você tem de aproveitar todas as vantagens hoje em dia". Não é surpreendente, portanto, que os trabalhadores expressem cada vez menos confiança em seus dirigentes e se sintam cada vez mais inseguros quanto ao que significa comportamento ético em suas organizações.[30]

Os executivos e suas organizações estão reagindo a esta questão de diversas maneiras.[31] Eles têm redigido e distribuído códigos de ética para os funcionários. Também vêm promovendo seminários, workshops e programas de treinamento para tentar aprimorar o comportamento ético. Contratam conselheiros internos que podem ser procurados, em muitos casos anonimamente, para dar assistência nas questões que envolvem dilemas éticos. Também estão criando mecanismos de proteção para os funcionários que denunciam práticas antiéticas no interior da organização.

O executivo de hoje precisa criar um clima eticamente saudável para seus funcionários, no qual estes possam trabalhar com produtividade e enfrentar o menor grau possível de ambigüidade em relação ao que é comportamento certo ou errado. Nos próximos capítulos, discutiremos os tipos de ação que podem ser empreendidos para se criar um ambiente ético na organização e para ajudar os funcionários a enfrentar situações eticamente ambíguas. Também apresentaremos exercícios sobre dilemas éticos no final de cada capítulo para que você possa refletir sobre essas questões e pensar na melhor maneira de lidar com elas.

As próximas atrações: desenvolvendo um modelo de comportamento organizacional

Concluímos este capítulo com a apresentação de um modelo genérico que define o campo de estudo do comportamento organizacional, estabelece seus parâmetros e identifica suas variáveis dependentes e independentes básicas. Isto será como um anúncio das "próximas atrações" representadas pelos tópicos que constituem o restante deste livro.

Uma visão geral

Um **modelo** é uma abstração da realidade, uma representação simplificada de um fenômeno real. Um manequim em uma loja de roupas é um modelo. Da mesma maneira, é a fórmula contábil: Ativos = Passivo + Patrimônio Líquido. O Quadro 1-7 apresenta o esqueleto sobre o qual construiremos nosso modelo de comportamento organizacional. Sua proposição é que há três níveis de análise no estudo do comportamento organizacional e que, à medida que caminhamos do nível individual para o do sistema organizacional, vamos aumentando sistematicamente nosso entendimento sobre o comportamento dentro das organizações. Os três níveis básicos são análogos a blocos de construção; cada nível é construído sobre o anterior. O conceito de grupo é construído sobre o nível básico do indivíduo; e sobrepomos vigas estruturais sobre os níveis do indivíduo e do grupo para chegar ao nível do comportamento organizacional.

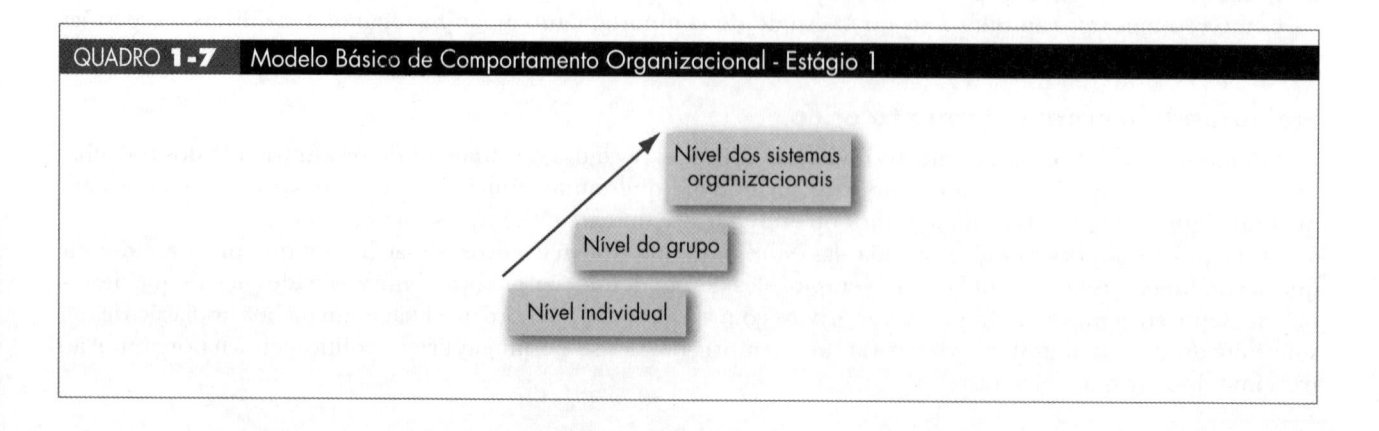

QUADRO **1-7** Modelo Básico de Comportamento Organizacional - Estágio 1

As variáveis dependentes

As **variáveis dependentes** são os fatores-chave que você pretende explicar ou prever e que são afetados por algum outro fator. Quais são as variáveis dependentes básicas no comportamento organizacional? Os estudiosos do assunto tradicionalmente enfatizam a produtividade, o absenteísmo, a rotatividade e a satisfação no trabalho. Mais recentemente, uma quinta variável — a cidadania organizacional — foi incluída nessa lista. Vamos fazer uma breve revisão de cada uma delas para garantir que compreendemos o que significam e por que chegaram a esse nível de distinção.

Produtividade Uma organização é produtiva quando consegue atingir seus objetivos, transformando matéria-prima em produto ao mais baixo custo possível. Assim sendo, a **produtividade** implica uma preocupação tanto com a **eficácia** como com a **eficiência**.

Um hospital, por exemplo, é *eficaz* quando consegue atender com sucesso às necessidades de seus clientes. E ele é *eficiente* quando faz isto com baixo custo. Se o hospital consegue obter um resultado melhor de seus funcionários reduzindo a média de dias de internação dos pacientes ou aumentando o número de atendimentos diários, dizemos que ele ganhou eficiência produtiva. Uma empresa é eficaz quando atinge suas metas de vendas ou de participação no mercado, mas sua produtividade também depende de alcançar essas metas com eficiência. As medidas mais comuns de eficiência organizacional incluem o retorno do investimento, o lucro sobre o faturamento e a produção por hora trabalhada.

Podemos também olhar a produtividade do ponto de vista do funcionário individual. Tomemos o caso de Mike e Al, ambos motoristas de caminhão. Se Mike precisa levar seu caminhão carregado de Nova York para Los Angeles em 75 horas ou menos, ele será eficaz se conseguir realizar esta viagem de 4.800 quilômetros dentro deste prazo. Mas a mensuração da produtividade precisa levar em conta o custo embutido no alcance deste objetivo. É onde aparece a eficiência. Digamos que Mike faça a viagem em 68 horas, com uma média de 2,3 quilômetros por litro de combustível. Al, por seu lado, faz a viagem em 68 horas também, mas com uma média de 2,8 quilômetros por litro (com veículos e cargas idênticos). Tanto Mike como Al são eficazes — eles atingiram as suas metas —, mas Al foi mais eficiente que Mike já que consumiu menos combustível e, portanto, alcançou seu objetivo a um custo menor.

As empresas do setor de serviços precisam incluir o "atendimento às necessidades e exigências dos clientes" na avaliação de sua eficácia. Por quê? Porque neste tipo de negócio existe uma clara relação de causa e efeito entre as atitudes e comportamentos dos funcionários para com os clientes e a resposta destes, traduzidas em receitas e lucros para a organização. A Sears documentou cuidadosamente esta relação.[32] Os dirigentes da empresa descobriram que uma melhoria de 5 por cento nas atitudes dos funcionários resultava em 1,3 por cento no aumento da satisfação dos clientes, o que, por sua vez, provocava um crescimento de receita da ordem de 0,5 por cento. Mais especificamente, a Sears descobriu que, ao treinar seus funcionários para melhor interagir com os clientes, conseguia melhorar o índice de satisfação destes em 4 por cento em 12 meses, o que gerava um adicional de 200 milhões de dólares na receita.

Em suma, uma das principais preocupações no estudo do comportamento organizacional é a produtividade. Precisamos descobrir quais são os fatores que influenciam a eficiência e a eficácia dos indivíduos, dos grupos e da organização como um todo.

Absenteísmo O **absenteísmo** é definido como o não-comparecimento do funcionário ao trabalho. Essa questão se tornou um grande ônus e dor-de-cabeça para os empresários. Por exemplo, uma pesquisa recente mostrou que o custo médio das ausências não-programadas de funcionários nas empresas norte-americanas é de 789 dólares por ano por empregado — isto sem falar na perda de produtividade, nos custos adicionais de horas-extras ou nas contratações de temporários para cobrir as faltas.[33] No Reino Unido, estes custos são também altos — cerca de 694 dólares ao ano por funcionário.[34] Na Suécia, uma média de 10 por cento de toda a força de trabalho está ausente do emprego em um dado momento, com dispensa por motivo de saúde.[35]

Obviamente, é difícil para uma organização operar tranqüilamente e atingir seus objetivos se seus funcionários não comparecem para trabalhar. O fluxo do trabalho é interrompido e freqüentemente decisões importantes precisam ser postergadas. Nas organizações que dependem da produção na linha de montagem, o absenteísmo é mais que uma interrupção; ele pode resultar em uma drástica perda de qualidade e, em certos casos, até na completa paralisação da fábrica. Níveis de absenteísmo acima do normal, em qualquer caso, causam um impacto direto sobre a eficiência e a eficácia da organização.

Todas as ausências são prejudiciais? Provavelmente não! Embora o absenteísmo tenha um impacto negativo sobre a organização, podemos observar algumas situações em que a empresa se beneficia com a decisão do funcionário de faltar ao trabalho. Por exemplo, doença, estafa ou excesso de estresse podem reduzir significativamente a produtividade de um funcionário. Nas situações em que o profissional precisa estar sempre atento — cirurgiões e pilotos de avião são bons exemplos —, será melhor para a organização que eles faltem ao trabalho em vez de apresentar um desempenho ruim. O custo de um erro nestas funções é grande demais. Mesmo na área administrativa, na qual os erros têm impacto menos dramático, o desempenho é melhor quando o executivo decide não ir trabalhar para não exercer suas funções sem as devidas condições. Mas estas situações são claramente atípicas. Na maior parte das vezes, podemos pressupor que o benefício proveniente do absenteísmo seja muito baixo.

Rotatividade É a permanente saída e entrada de pessoal da organização, de forma voluntária ou involuntária. Um índice alto de rotatividade resulta em aumento de custos para recrutamento, seleção e treinamento. Quais são estes custos? São mais altos do que se imagina. Por exemplo, o custo de substituição de um programador ou analista de sistemas para uma empresa de tecnologia da informação nos Estados Unidos foi calculado em 34.100 dólares. O custo da substituição de um balconista em uma loja de varejo fica em torno de 10.445 dólares.[36] Além disso, um índice alto de rotatividade causa uma ruptura na eficiência da organização quando pessoal experiente e treinado vai embora da empresa e é necessário encontrar substitutos e prepará-los devidamente para assumir posições de responsabilidade.

Toda organização, evidentemente, tem uma certa rotatividade. A média nacional, nos Estados Unidos, é de 15 por cento.[37] Na verdade, se as pessoas "certas" estão deixando a empresa — os funcionários não-essenciais —, a rotatividade pode ser um aspecto positivo. Ela pode criar a oportunidade para a substituição de uma pessoa de fraco desempenho por outra mais capacitada ou motivada, aumentar as chances de promoções e trazer idéias novas para a organização.[38] No mundo empresarial de hoje, sempre em mudança, um certo nível de rotatividade voluntária de trabalhadores aumenta a flexibilidade organizacional e a independência dos funcionários, diminuindo assim a necessidade de demissões por parte da empresa.

Mas a rotatividade quase sempre implica a perda de pessoas que a organização não gostaria de perder. Por exemplo, um estudo realizado com 900 funcionários demissionários mostrou que 92% deles havia recebido uma avaliação "satisfatória" ou superior por parte de seus superiores.[39] Portanto, quando a rotatividade é muito grande ou envolve a perda de pessoal valioso, ela pode ser um fator de ruptura, prejudicando a eficácia da organização.

Cidadania Organizacional A **cidadania organizacional** é um comportamento discricionário que não faz parte das exigências funcionais de um cargo, mas que ajuda a promover o funcionamento eficaz da organização.[40] As organizações bem-sucedidas precisam de funcionários que façam mais do que os seus deveres usuais e apresentem um desempenho que *ultrapasse* as expectativas. No mundo empresarial dinâmico de hoje, na qual as tarefas são cada vez mais realizadas em equipe e a flexibilidade é crítica, as organizações precisam de funcionários que adotem um comportamento de "bom cidadão" — como fazer declarações positivas sobre o trabalho de seu grupo e da empresa, ajudar os colegas em suas equipes, oferecer-se voluntariamente para tarefas extraordinárias, evitar

O espírito de cidadania é intenso na corretora Charles Schwab. Os generosos colegas doaram cinco meses e meio de licenças-saúde não utilizadas para que Curtis Barthold, um dos gerentes da empresa, pudesse ficar em casa cuidando dos filhos pequenos e da esposa doente em estado terminal.

conflitos desnecessários, mostrar cuidado com o patrimônio da empresa, respeitar as leis e regulamentos e ser tolerante com ocasionais aborrecimentos e imposições relacionados com o trabalho.

As organizações querem e precisam de funcionários que façam coisas que não constam de suas tarefas formais. A evidência mostra que as empresas que possuem este tipo de gente mostram um desempenho melhor quando comparadas com outras.[41] Conseqüentemente, o estudo do comportamento organizacional preocupa-se com o comportamento de cidadania organizacional como uma variável dependente.

Satisfação no Trabalho A última variável dependente que analisaremos será a **satisfação com o trabalho**, que podemos definir como o conjunto de sentimentos de uma pessoa possui com relação ao seu trabalho. Diferentemente das quatro variáveis anteriores, a satisfação com o trabalho é mais uma atitude do que um comportamento. Por que, então, ela é considerada uma variável dependente básica? Por duas razões: ela tem uma relação clara com os fatores de desempenho e com outros valores preferidos por diversos pesquisadores do comportamento organizacional.

A premissa de que os funcionários satisfeitos são mais produtivos do que os insatisfeitos foi uma doutrina básica entre os executivos durante anos. Embora haja questionamentos sobre essa relação causal, pode-se argumentar que as sociedades mais avançadas devem se preocupar não apenas com o aspecto quantitativo — ou seja, alta produtividade e bens materiais —, mas também com a qualidade de vida. Os pesquisadores com fortes valores humanistas sustentam que a satisfação é objetivo legítimo de uma organização. Eles dizem que não só a satisfação está negativamente ligada ao absenteísmo e à rotatividade, como as organizações também têm a responsabilidade de oferecer empregos que sejam estimulantes e intrinsecamente gratificantes. Portanto, embora a satisfação com o trabalho seja mais uma atitude do que um comportamento, os pesquisadores do comportamento organizacional a consideram uma importante variável dependente.

As variáveis independentes

Quais são os principais determinantes da produtividade, do absenteísmo, da rotatividade, da cidadania organizacional e da satisfação no trabalho? A resposta a esta questão nos leva às **variáveis independentes**. Uma variável independente é a suposta causa de algumas mudanças em variável dependente.

Coerentemente com nossa premissa de que o comportamento organizacional pode ser melhor compreendido quando visto como uma série de complexidade crescente de blocos de construção, a base, ou o primeiro nível do nosso modelo, é o entendimento do comportamento individual.

Variáveis no Nível do Indivíduo Já se disse que "os executivos, ao contrário dos pais, precisam trabalhar com seres humanos usados, e não novos — seres humanos que já foram trabalhados por outros anteriormente".[42] Quando as pessoas entram em uma organização, elas se assemelham a carros usados. Cada uma é diferente das demais. Algumas têm "baixa quilometragem" — foram tratadas carinhosamente e pouco expostas à força dos elementos. Outras são "malhadas", tendo passado por algumas estradas difíceis. Esta metáfora indica que as pessoas entram para as organizações com determinadas características que vão influenciar seus comportamentos no trabalho. As características mais óbvias são as pessoais ou biográficas, como idade, sexo e estado civil; características de personalidade; sua estrutura emocional; seus valores e atitudes; e seus níveis básicos de capacitação. Estas características já estão essencialmente colocadas quando o indivíduo entra para os quadros da empresa e, na maior parte das vezes, podem ser pouco alteradas pelo esforço de gerenciamento. Ainda assim, elas têm, sem dúvida, um grande impacto sobre o comportamento do funcionário. Por esse motivo, cada um destes fatores — características biográficas, capacitação, valores, atitudes, personalidade e emoções — será discutido como variável independente do Capítulo 2 ao Capítulo 4.

Existem outras quatro variáveis no nível do indivíduo que afetam o comportamento dos funcionários: percepção, tomada de decisão individual, aprendizagem e motivação. Estes tópicos serão introduzidos e discutidos nos capítulos 2, 5, 6 e 7.

Variáveis no Nível do Grupo O comportamento de um grupo é mais do que a soma das ações dos indivíduos que fazem parte dele. A complexidade de nosso modelo aumenta quando compreendemos que o comportamento das pessoas é diferente quando elas estão sozinhas e quando estão em grupo. Portanto, o próximo passo para a compreensão do comportamento organizacional é o estudo do comportamento dos grupos.

O Capítulo 8 traz o embasamento para a compreensão da dinâmica do comportamento grupal. Nesse capítulo, discutiremos como as pessoas em um grupo são influenciadas pelos padrões de comportamento que se esperam delas, o que o grupo considera padrões aceitáveis de comportamento e o grau em que os membros de um grupo são atraídos uns pelos outros. O Capítulo 9 traduz nosso entendimento sobre os grupos na formação de equipes de trabalho eficazes. Do Capítulo 10 ao Capítulo 14, veremos como os padrões de comunicação, os estilos de liderança, o poder e a política e os níveis de conflito afetam o comportamento do grupo.

Variáveis no Nível do Sistema Organizacional O comportamento organizacional alcança seu mais alto nível de sofisticação quando somamos a estrutura formal ao nosso conhecimento prévio sobre o comportamento dos indivíduos e dos grupos. Da mesma forma que os grupos são mais que a soma de seus membros individuais, a organização também é mais que a soma dos grupos que a compõem. O desenho da organização formal, os processos do trabalho e as funções; as políticas e práticas de recursos humanos da organização (ou seja, o processo de seleção, programas de treinamento, métodos de avaliação de desempenho) e a cultura interna, tudo isto tem impacto sobre as variáveis dependentes. Esses aspectos serão discutidos em detalhes do Capítulo 15 ao Capítulo 17.

Construindo um modelo de comportamento organizacional contingencial

Nosso modelo final é apresentado no Quadro 1-8. Ele mostra as cinco variáveis dependentes básicas e um grande número de variáveis independentes, organizadas por nível de análise, que têm, segundo a pesquisa, diver-

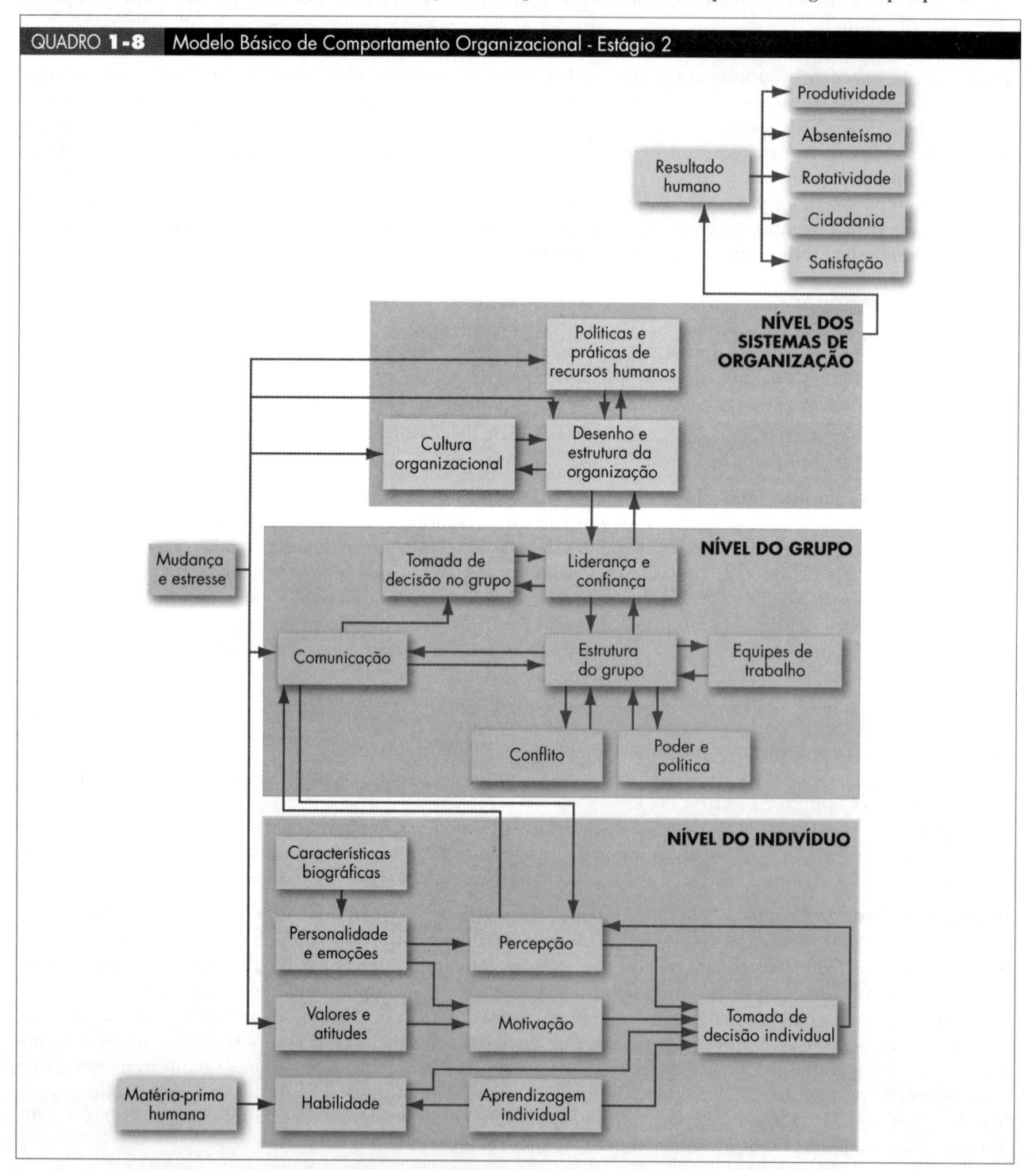

QUADRO 1-8 Modelo Básico de Comportamento Organizacional - Estágio 2

sos efeitos sobre as primeiras. Por mais complicado que seja este modelo, ele ainda não faz justiça à complexidade do tema do comportamento organizacional, mas pode explicar por que os capítulos deste livro estão assim organizados e ajudar você a entender e prever o comportamento das pessoas no trabalho.

Nosso modelo não identifica explicitamente o imenso número de variáveis contingenciais por causa da tremenda complexidade que envolveria um diagrama assim. Mas, no texto do livro, vamos introduzir as mais importantes variáveis contingenciais, que tornarão mais clara a ligação entre as variáveis dependentes e independentes no nosso modelo.

Repare que incluímos os conceitos de mudança e estresse no Quadro 1-8, reconhecendo a dinâmica do comportamento e o fato de que o estresse no trabalho é um aspecto individual, grupal e organizacional. Mais especificamente no Capítulo 18, discutiremos o processo de mudança, formas de administrar a mudança organizacional, aspectos-chave da administração no novo milênio, conseqüências do estresse no trabalho e técnicas para a sua administração.

Repare, também, que o Quadro 1-8 inclui ligações entre os três níveis de análise. Por exemplo, a estrutura da organização se relaciona com a liderança. Este vínculo significa que a autoridade e a liderança estão interligadas; os executivos exercem sua influência sobre o comportamento do grupo por meio da liderança. Da mesma forma, a comunicação é o meio pelo qual os indivíduos transmitem informações, ou seja, é a ligação entre o comportamento individual e o do grupo.

Resumo e implicações para os executivos

Os executivos precisam desenvolver suas habilidades interpessoais ou humanas para que possam ser eficazes em suas funções. O comportamento organizacional é um campo de estudo que investiga os impactos que os indivíduos, os grupos e a estrutura têm sobre o comportamento dentro de uma organização e, depois, utiliza este conhecimento para ajudar as empresas a trabalhar com maior eficácia. Mais especificamente, o estudo do comportamento organizacional enfoca como melhorar a produtividade, reduzir o absenteísmo e a rotatividade e aumentar a cidadania organizacional e a satisfação no trabalho.

Todos nós fazemos generalizações sobre o comportamento das pessoas. Algumas destas generalizações podem fornecer um entendimento válido sobre o comportamento humano, mas muitas estão equivocadas. O comportamento organizacional utiliza o estudo sistemático para melhorar as previsões sobre o comportamento que seriam feitas de maneira intuitiva. Mas, como as pessoas diferem umas das outras, precisamos analisar o comportamento organizacional dentro de um cenário contingencial, utilizando variáveis situacionais como moderadoras dos relacionamentos de causa e efeito.

O estudo do comportamento organizacional oferece desafios e oportunidades para os executivos. Ele aponta para diferenças e ajuda os executivos a perceber o valor da diversidade da mão-de-obra e quais as práticas que precisam ser modificadas quando se opera em diferentes países. Este estudo pode melhorar a qualidade e a produtividade dos funcionários, mostrando aos executivos como dar autonomia ao seu pessoal e como elaborar e implementar programas de mudanças, melhorar o atendimeno ao cliente e ajudar os funcionários a equilibrar vida pessoal e profissional. O comportamento organizacional fornece sugestões para ajudar executivos a enfrentar a escassez crônica de trabalho. Em tempos de mudanças rápidas e constantes — como o enfrentado hoje pela maioria dos executivos —, o estudo do comportamento organizacional pode ajudá-los a lidar com um mundo de temporariedades e aprender formas de estimular a inovação. Finalmente, o entendimento do comportamento organizacional oferece a eles orientação para a criação de um ambiente de trabalho eticamente saudável.

PONTO ▶ ◀ CONTRAPONTO

Em busca da solução rápida

Entre na livraria mais próxima. Você certamente verá uma grande seção dedicada a livros de administração e de gestão do comportamento humano. Um rápido exame dos títulos deixará claro que não há escassez de livros populares sobre a questão do comportamento organizacional. Para ilustrar este ponto, dê uma olhada nos títulos atualmente disponíveis sobre o tema da liderança. Você encontrará livros com os enfoques mais variados — alguns até com títulos bizarros — abordando exemplos de personagens históricos e, inclusive, de obras de ficção, que têm por objetivo apresentar regras e modelos para a liderança de sucesso.

Essas obras têm uma grande penetração de mercado porque existe uma procura crescente por informações e orientações sobre esse tema.

As organizações estão sempre buscando líderes; executivos e candidatos a executivo estão sempre buscando formas de aprimorar suas habilidades de liderança. As editoras respodem a essa demanda lançando centenas de títulos que se autoproclamam capazes de trazer soluções para a complexa questão da liderança. Esses livros raramente se baseiam em pesquisas rigorosas. Tampouco levam em conta a enorme diversidade de fatores contigenciais que fazem com que uma ação de liderança funcione em uma dada situação e não funcione em outras. Eles se limitam a fazer uma "tomada" única de cenário, que pode ou não ser generalida para as diversas situações reais enfrentadas pelos executivos. As pessoas acreditam que existem "atalhos" para o sucesso na liderança e que este tipo de literatura oferece segredos para se chegar lá mais rapidamente.

Tome cuidado com as soluções rápidas! Todos tentamos encontrar soluções rápidas e simples para nossos problemas complexos. Mas aqui vai uma má notícia: no que se refere ao comportamento organizacional, as soluções simples e rápidas costumam ser as erradas pois não conseguem abranger toda a diversidade de organizações, situações e indivíduos. Como dizia Einstein, "tudo deve ser feito da maneira mais simples possível, mas não simplificada".

Quando se trata de compreender as pessoas em seu trabalho, há uma quantidade enorme de idéias simplistas, além de livros e consultores que as promovem. E os livros não tratam apenas de liderança. Por exemplo, livros que utilizem uma metáfora sobre ratinhos para passar a mensagem do benefício da aceitação da mudança, ou que proponham que os executivos podem aprender muito sobre motivação por meio das técnicas utilizadas por treinadores de baleias dos Estados Unidos, podem apresentar idéias que sejam generalizáveis para indivíduos que trabalham em centenas de países diferentes, em milhares de organizações diferentes e realizando milhões de atividades diferentes? É muito pouco provável.

Os livros populares sobre comportamento organizacional costumam ter títulos engraçadinhos e são divertidos de ler. Mas podem ser perigosos. Eles passam a impressão de que o trabalho de gerir pessoas é muito mais simples do que na realidade é. Além disso, geralmente baseiam-se nas opiniões pessoais dos autores, e não em pesquisa rigorosa.

O comportamento organizacional é um assunto complexo. Existem pouquíssimas afirmações sobre o comportamento humano que podem ser generalizadas para todas as pessoas, em todas as situações. Você acredita mesmo que as lições de liderança de personagens como o Átila, o huno, podem ajudá-lo a lidar com a gestão de profissionais em pleno século XXI?

O sistema capitalista prega que sempre que surge uma necessidade, algum oportunista aparecerá para tentar satisfazê-la. Quando se trata de gerir pessoas no trabalho, existe uma óbvia necessidade de idéias válidas e confiáveis que possam orientar os executivos nesta questão. Contudo, a maior parte da literatura disponível nas livrarias tende a apresentar soluções superficiais e muito simplistas. Na medida em que as pessoas compram esses livros acreditando que eles desvendarão os segredos da eficácia na administração, prestam um desserviço a elas próprias e aos seus subordinados.

Questões para revisão

1. Como os conceitos do comportamento organizacional se relacionam com as funções, papéis e habilidades dos executivos?
2. Defina *comportamento organizacional*. Relacione isto com *administração*.
3. O que é uma organização? Uma família pode ser considerada uma organização? Explique.
4. Identifique e compare os três principais papéis dos executivos.
5. O que é a "abordagem contingencial" no estudo do comportamento organizacional?
6. Compare as contribuições da psicologia e da sociologia para o estudo do comportamento organizacional.
7. "O comportamento é geralmente previsível, não havendo necessidade de ser estudado formalmente." Por que essa afirmação está incorreta?
8. Quais são os três níveis de análise em nosso modelo de comportamento organizacional? Eles estão relacionados? Se estão, como?
9. Se a satisfação no trabalho não é um comportamento, por que é considerada uma variável dependente importante?
10. O que são *eficiência* e *eficácia*? Como esses conceitos se relacionam com o comportamento organizacional?

Questões para reflexão crítica

1. Analise a pesquisa que compara os executivos eficazes com aqueles bem-sucedidos. Quais são as suas implicações para os executivos?
2. Por que o objeto de estudo do comportamento organizacional costuma ser definido como "simples senso comum" quando isto raramente acontece em outras áreas de estudo, como física ou estatística?
3. Milhões de trabalhadores perdem seus empregos por causa do *downsizing*. Ao mesmo tempo, muitas organizações reclamam por não conseguir encontrar pessoal capacitado para preencher suas vagas. Como você explica esta aparente contradição?
4. Em uma escala de um a dez medindo a sofisticação de uma ciência que estuda fenômenos, a física matemática provavelmente estaria no grau 10. Em que ponto desta escala você colocaria o estudo do comportamento organizacional? Por quê?
5. Qual você considera o principal problema "humano" enfrentado pelos executivos hoje em dia? Fundamente sua posição.

Exercício de grupo

Diversidade da força de trabalho

Finalidade   Estudar as diferentes necessidades de uma mão-de-obra diversificada.

Tempo para a realização   Aproximadamente 40 minutos

Participantes e papéis   Dividir a classe em seis grupos de tamanho semelhante. A cada grupo será atribuído um dos seguintes papéis:

Nancy tem 28 anos. Ela é divorciada e tem três filhos, com idades de três, cinco e sete anos. É chefe de departamento. Seu salário é de 40 mil dólares por ano e ela recebe do ex-marido uma pensão para as crianças de 3.600 dólares ao ano.

Ethel é uma viúva de 72 anos. Trabalha 25 horas por semana para complementar sua pensão anual de oito mil dólares. Com sua remuneração de 8,50 dólares por hora, ela ganha um total de 19 mil por ano.

John é um negro de 34 anos nascido em Trinidad, atualmente residindo nos Estados Unidos. É casado e tem dois filhos pequenos. Faz faculdade à noite e vai se formar daqui a um ano. Seu salário é de 27 mil dólares por ano. Sua esposa é advogada e fatura cerca de 50 mil dólares por ano.

Lu, de 26 anos, é um americano de origem asiática e deficiente físico. Ele é solteiro e possui mestrado em educação. É paraplégico e está confinado a uma cadeira de rodas por causa de um acidente automobilístico. Ganha 32 mil dólares por ano.

Maria é uma hispânica solteira de 22 anos. Nascida e criada no México, chegou aos Estados Unidos há apenas três meses. Seu conhecimento do idioma inglês precisa melhorar. Ela ganha 20 mil dólares por ano.

Mike é um garoto branco de 16 anos que cursa o segundo ano do segundo grau. Trabalha 15 horas por semana, depois das aulas e nas férias. Recebe cerca de 7,20 dólares por hora, ou cerca de 5.600 dólares por ano.

Os membros de cada grupo devem assumir a personagem consistente com os papéis atribuídos.

Cenário

Nossos seis participantes trabalham para uma empresa que recentemente iniciou um programa flexível de benefícios. Ao invés do tradicional "plano único para todos", a empresa está alocando um adicional de 25% de cada pagamento anual de funcionários para ser utilizado em benefícios discricionários. Seguem-se os benefícios e seus custos anuais:

- Plano de Saúde suplementar para funcionários:
  Plano A (sem dedução e com pagamento de 90%) = US$ 3.000
  Plano B (dedução de US$ 200 e pagamento de 80%) = US$ 2.000
  Plano C (dedução de US$ 1.000 e pagamento de 70%) = US$ 500

- Assistência de saúde suplementar para os dependentes (as mesmas deduções e porcentagens dos funcionários):
  Plano A = US$ 2.000
  Plano B = US$ 1.500
  Plano C = US$ 500

- Plano odontológico suplementar = US$ 500

- Seguro de vida:
  Plano A (cobertura de US$ 25.000) = US$ 500
  Plano B (cobertura de US$ 50.000) = US$ 1.000
  Plano C (cobertura de US$ 100.000) = US$ 2.000
  Plano D (cobertura de US$ 250.000) = US$ 3.000

- Plano de saúde mental = US$ 500

- Assistência jurídica pré-paga = US$ 300

- Férias = 2% do pagamento anual para cada semana, até seis semanas por ano

- Benefício da aposentadoria igual a aproximadamente 50% do último salário anual = US$ 1.500

- Semana de quatro dias úteis durante os três meses de verão (apenas para os funcionários em tempo integral) = 4% da remuneração anual

- Serviço de creche (além da contribuição da empresa) = US$ 2.000 para todos os filhos do funcionário, independentemente do número

- Transporte casa-trabalho-casa fornecido pela empresa = US$ 750

- Reembolso de mensalidades de cursos universitários = US$ 1.000

- Reembolso de despesas com cursos de idiomas = US$ 500

Tarefa

1. Cada grupo tem 15 minutos para desenvolver um plano de benefícios flexível que consuma até 25 por cento (nem um centavo a mais!) da remuneração de sua personagem.
2. Depois, cada grupo vai indicar um representante para descrever aos colegas o plano escolhido para sua personagem.
3. A classe toda, então, discute os resultados. Como as necessidades, preocupações e problemas de cada participante influenciaram na decisão do grupo? O que os resultados sugerem em termos de motivação para uma força de trabalho diversificada?

Agradecimento especial à professora Penny Wright (Universidade de San Diego), por suas sugestões durante a elaboração deste exercício.

Dilema ético — Qual é o equilíbrio ideal entre a vida pessoal e a vida profissional?

Quando pensamos em conflito entre vida pessoal e trabalho, geralmente temos em mente as pessoas nos níveis mais baixos da organização. Mas uma pesquisa realizada junto a 179 altos executivos nos Estados Unidos revelou que a maioria deles também enfrenta este problema. Por exemplo, 31 por cento deles confessaram altos níveis de estresse; 47 por cento admitiram preferir abrir mão de alguns benefícios para ter mais tempo livre; e 16 por cento chegaram a cogitar uma mudança de emprego nos últimos seis meses para reduzir o estresse e os sacrifícios impostos à sua vida pessoal.

A maioria dos entrevistados admitiu ter desistido de muita coisa, e dizem que continuam desistindo, para poder chegar ao topo de suas organizações. Freqüentemente, eles se declaram cansados das inúmeras viagens de negócios que são obrigados a fazer, além das cerca de 60 horas de trabalho semanal. Mesmo assim, a maioria considera que o sacrifício valeu a pena.

Jean Stone, embora não representativa do grupo, dá uma amostra do preço pago por alguns destes executivos. Como presidente da Dukane Corp., uma indústria de equipamentos eletrônicos, ela se declara extremamente voltada para a carreira profissional. Seu foco está colocado totalmente no trabalho e sua vida pessoal foi deixada de lado. Ela acabou de se divorciar, depois de dez anos de casamento, e reconhece que as "pressões do trabalho e da carreira tiveram um papel importante nesse episódio".

Quando a ênfase no trabalho se torna excessiva? Qual o equilíbrio ideal entre vida pessoal e vida profissional? Quantos sacrifícios pessoais você faria para chegar a presidente de uma grande organização? Se você fosse o presidente de uma empresa, você acredita que teria alguma responsabilidade ética para ajudar seus funcionários a equilibrar vida pessoal e profissional? De que tipo?

Fonte: Baseado em M.J.Critelli, "Striking a balance", *Industry Week*, 20 nov. 2000, p. 26-36.

Estudo de caso — Como uma executiva da UPS conseguiu reduzir a rotatividade

Em 1998, Jennifer Shroeger foi promovida a gerente regional de operações da UPS em Buffalo, Estado de Nova York. Ela tornou-se a responsável por um faturamento de 225 milhões de dólares, 2.300 funcionários e a movimentação de cerca de 45 mil pacotes por hora. Quando assumiu o cargo, teve de enfrentar um sério problema: a rotatividade de funcionários estava fora de controle. Os funcionários de meio período — aqueles que embalam, desembalam e classificam as encomendas e que formam a metade de toda a mão-de-obra da unidade — se desligavam da empresa a uma taxa de 50 por cento ao ano. Reduzir essa rotatividade tornou-se sua maior prioridade.

A UPS como um todo depende muito dos trabalhadores de meio período. Na verdade, é praticamente uma tradição que os funcionários comecem assim na empresa. A maioria dos executivos começou como funcionário de meio período nos tempos de faculdade para, depois, tornar-se funcionário de tempo integral. Além disso, a UPS sempre tratou bem seus funcionários de meio período. Eles recebem um bom salário, horários flexíveis, benefícios completos, além de uma substancial ajuda financeira para custear os estudos. Mas todas estas vantagens não pareciam ser suficientes para manter os funcionários da UPS em Buffalo.

Shroeger desenvolveu um plano abrangente para tentar reduzir a rotatividade. O enfoque ficou com a melhoria no processo de contratações, na comunicação, no ambiente de trabalho e no treinamento de supervisão.

Shroeger começou modificando o processo de triagem e contratação para selecionar pessoas que quisessem realmente trabalho de meio período. Ela concluiu que as expectativas não-realizadas frustravam os candidatos que, na verdade, prefeririam um emprego de tempo integral. Como a migração de um cargo de meio período para um de tempo integral dentro da empresa leva seis anos em média, fazia mais sentido buscar pessoas que se contentassem com o regime de meio período.

Em seguida, Shroeger analisou o grande banco de dados que a empresa dispunha sobre seus funcionários. Esta análise revelou que havia cinco grupos distintos de funcionários sob seu comando — discriminados por faixa etária e estágios da carreira. Estes grupos tinham necessidades e interesses diferentes. Com base nesta informação, Shroeger adaptou o estilo de comunicação e a técnica de motivação usada com cada funcionário para as características do grupo ao qual ele pertence. Por exemplo, ela descobriu que o grupo dos estudantes estava mais interessado em desenvolver capacidades e habilidades que eles pudessem aplicar em suas carreiras mais tarde. Esses funcionários se sentiam satisfeitos trabalhando na UPS quando percebiam que estavam aprendendo novas habilidades. Por isso, Shroeger ofereceu-lhes cursos de informática e palestras sobre planejamento de carreira aos sábados.

Muitos novatos na empresa se sentiam intimidados pelo enorme armazém da UPS em Buffalo. Para diminuir esta sensação, Shroeger melhorou a iluminação do edifício e fez melhorias nas salas de descanso dos funcionários para torná-las mais aconchegantes. Para ajudá-los ainda mais, ela transformou alguns dos melhores supervisores de turnos em instrutores que orientavam os recém-admitidos em suas primeiras semanas. Ela também instalou mais terminais de computador no prédio para facilitar o acesso dos funcionários a informações sobre material de treinamento e políticas de recursos humanos na intranet da UPS.

Finalmente, Shroeger ampliou o treinamento para capacitar os supervisores a lidar com a crescente autonomia. Reconhecendo que estes supervisores — na sua maioria, também trabalhadores de meio período — eram os mais capacitados para entender as necessidades dos funcionários de tempo parcial, eles receberam treinamento para enfrentar situações gerenciais difíceis, diversificar seus estilos de comunicação e identificar as diversas necessidades de pessoas diferentes. Os supervisores aprenderam a demonstrar interesse pessoal por seus subordinados. Eles foram instruídos, por exemplo, a perguntar sobre passatempos, escolas cursadas e outros assuntos pessoais dos funcionários.

Em 2002, o programa implementado por Shroeger mostrava excelentes resultados. A taxa de rotatividade de sua unidade caiu de 50 para seis por cento. Durante o primeiro trimestre de 2002, nenhum funcionário do turno da noite pediu demissão. A economia conseguida com isso, principalmente com a redução das despesas com novas contratações, foi da ordem de um milhão de dólares. Além disso, o programa teve outros efeitos benéficos, como a redução de 20 por cento dos acidentes de trabalho e uma queda de quatro para um por cento no índice de erros de expedição de encomendas.

Questões

1. Em termos financeiros, quais os motivos por que Jennifer Shroeger quis reduzir a rotatividade dos funcionários?

2. Quais implicações podem ser tiradas deste caso para a motivação de funcionários de meio período?

3. Quais implicações podem ser tiradas deste caso para o gerenciamento de escassez de mão-de-obra no futuro?

4. É antiético instruir supervisores a "demonstrar interesse pessoal pelos subordinados"? Justifique.

5. Quais os fatos deste caso que corroboram o argumento de que o estudo do comportamento organizacional deve adotar uma abordagem contingencial?

Fonte: Baseado em K.H. Hammonds, "Handle with care", *Fast Company*, ago. 2002, p. 103-107.

PARTE II — O INDIVÍDUO

CAPÍTULO 2

Fundamentos do comportamento individual

Depois de ler este capítulo, você será capaz de:

OBJETIVOS DO APRENDIZADO

1. Definir as principais características biográficas.
2. Identificar dois tipos de habilidade.
3. Moldar o comportamento dos outros.
4. Distinguir os quatro programas de reforço.
5. Esclarecer o papel da punição no processo de aprendizado.
6. Praticar a auto-administração.

A Amazon.com e a Microsoft têm pelo menos três coisas em comum. Suas sedes ficam na região de Seattle. Ambas possuem um histórico de sucessos em tecnologia de ponta. E seus executivos priorizam a inteligência como fator primordial na seleção de seus funcionários.[1]

A maioria das empresas coloca ênfase na experiência profissional na hora de selecionar os candidatos a emprego. E a experiência pode ser, de fato, um previsor válido do desempenho futuro do funcionário. Mas a Microsoft e a Amazon preferem enfatizar a inteligência. A Amazon, por exemplo, faz uma cuidadosa triagem do desempenho escolar dos potenciais representantes de serviços aos clientes antes de efetivamente oferecer a vaga. Por que isto? A empresa acredita que a chave para o sucesso está na capacidade de inovar, e as pessoas mais inteligentes, independentemente de sua profissão, são as mais inovadoras. Desta forma, as entrevistas de seleção na Amazon dão mais atenção a respostas para questões como "quantas janelas existem na cidade de San Francisco?" ou "quantas árvores existem no Central Park, em Nova York?" do que as respostas de perguntas como "o que você aprendeu em seu último emprego?". É importante ressaltar que os entrevistadores não estão preocupados com a correção da resposta, mas sim com o processo de raciocínio do candidato. Até para contratar o pessoal de limpeza, a Amazon prioriza a inteligência. O fundador da empresa, Jeff Bezos (na foto) defende essa abordagem como uma forma de evitar a mediocridade: "Estudantes com desempenho de notas A contratam estudantes nível A. Os de desempenho C contratam os do nível C."

De maneira semelhante, os candidatos a emprego na Microsoft podem ter de responder a questões como "por que as tampas de bueiros são redondas?", ou "quantos postos de gasolina existem nos Estados Unidos?", ou ainda "qual o volume diário de água que o rio Mississippi joga no mar?" Aqui, também, os entrevistadores estão interessados em descobrir a forma de pensar do candidato, e não na resposta correta. Bill Gates, co-fundador e líder da Microsoft, defende sucintamente a crença da empresa de que a inteligência é mais importante do que a experiência: "Você pode ensinar qualquer coisa para uma pessoa inteligente".

Tanto a Microsoft quanto a Amazon acreditam que seu principal ativo é o conjunto dos recursos intelectuais de seus funcionários. Por esta razão, eles seguem buscando e contratando as pessoas mais inteligentes que puderem encontrar.

A inteligência é uma das características que as pessoas trazem quando entram em uma organização. Neste capítulo, vamos analisar como as características biográficas (como idade e sexo) e as habilidades (como a inteligência) afetam o desempenho e a satisfação dos funcionários. Depois, mostraremos como as pessoas aprendem comportamentos e o que a organização pode fazer para moldá-los.

Características biográficas

Como mencionamos no capítulo anterior, este livro está essencialmente voltado à descoberta e à análise das variáveis que têm impacto sobre produtividade, absenteísmo, rotatividade, cidadania e satisfação dos funcionários. A lista dessas variáveis — como mostrado no Quadro 1-8 — é longa e contém alguns conceitos complicados. Muitos desses conceitos —como motivação, poder e política, cultura organizacional — são difíceis de avaliar. Seria melhor, então, começarmos pelos fatores que podem ser definidos com mais facilidade e que costumam estar disponíveis rapidamente. São dados que, em sua maioria, podem ser obtidos simplesmente a partir das informações contidas na ficha pessoal do funcionário. Quais seriam esses fatores? As características mais óbvias seriam sexo, idade, estado civil e tempo de serviço na organização. Felizmente, existe uma grande quantidade de pesquisas que analisaram especificamente essas **características biográficas**.

Idade

A relação entre a idade e o desempenho do funcionário será, provavelmente, um aspecto de crescente importância na próxima década. Por quê? Existem, pelo menos, três razões. A primeira é que há um consenso de que o desempenho profissional decai com o passar do tempo. Independentemente de isto ser ou não verdade, o fato é que muita gente acredita e age de acordo com essa crença. A segunda razão é que, como vimos no Capítulo 1, a mão-de-obra está envelhecendo. A terceira razão, pelo menos nos Estados Unidos, é a legislação federal que proíbe a aposentadoria compulsória. A maioria dos trabalhadores norte-americanos não precisa mais se aposentar aos 70 anos.

Qual é a percepção dos mais velhos? A evidência indica que os empregadores apresentam sentimentos confusos.[2] Eles percebem uma série de qualidades positivas nos trabalhadores mais velhos: especificamente a experiência, o bom-senso, um forte sentido de ética e o compromisso com a qualidade. Por outro lado, eles tam-

A Baptist Health South Florida é uma organização de assistência à saúde, sem fins lucrativos, que não apenas valoriza a experiência, as habilidades e a ética no trabalho dos funcionários mais velhos, como também os recruta oferecendo benefícios específicos para a idade madura. A organização dá aos trabalhadores mais velhos horários mais flexíveis e esquemas de meio período, além de bônus para que sirvam como mentores para os novos funcionários. Ela estimula o cuidado com a boa forma encorajando os mais velhos a se exercitarem na sua academia, como é o caso do carpinteiro Fred Miller, de 77 anos, mostrado aqui.

bém são considerados pouco flexíveis e avessos a novas tecnologias. Em uma época em que as organizações buscam indivíduos adaptáveis e abertos às mudanças, esta percepção negativa associada à idade é, evidentemente, um obstáculo à contratação destes trabalhadores e aumenta a probabilidade de que eles sejam os primeiros demitidos em um processo de corte de pessoal. Vamos examinar essa evidência mais detalhadamente. Qual o efeito que a idade tem, *realmente*, sobre fatores como produtividade, absenteísmo, rotatividade e satisfação?

Quanto mais velho você fica, menor é a probabilidade de que deixe seu emprego. Essa conclusão tem como base estudos sobre a relação entre idade e rotatividade.[3] É claro que isto não chega a ser surpreendente. Quando um trabalhador começa a envelhecer, ele tem menos oportunidades de emprego. Além disso, os mais velhos têm menos probabilidade de pedir demissão por causa do seu tempo de casa, o que costuma lhes propiciar salários mais altos, férias remuneradas mais longas e planos de pensão mais atraentes.

Existe uma tentação a acreditar que a idade está inversamente relacionada com o absenteísmo. Afinal, se os trabalhadores mais velhos têm menor probabilidade de deixar o emprego, não seria natural que quisessem demonstrar maior constância comparecendo ao trabalho mais regularmente? Não necessariamente! Muitos estudos mostram exatamente o contrário, porém, um exame mais cuidadoso revela que a relação entre idade e absenteísmo está muito relacionada ao fato de a ausência ser evitável ou inevitável.[4] Em geral, os trabalhadores mais velhos apresentam índices menores de faltas evitáveis do que os mais jovens. Contudo, quando a falta é inevitável, o absenteísmo dos mais velhos é maior, provavelmente devido a problemas de saúde associados ao envelhecimento e porque eles necessitam de mais tempo para a convalescença.

Como a idade afeta a produtividade? Há uma crença generalizada de que a produtividade diminui com a idade. Normalmente, pressupõe-se que certas habilidades — como rapidez, agilidade, força física e coordenação — se deterioram com o passar do tempo e que a monotonia do trabalho e a falta de estímulo intelectual contribuem para a diminuição da produtividade. As evidências, entretanto, contradizem estas crenças e pressupostos. Por exemplo, durante um período de três anos, uma cadeia de lojas colocou em uma de suas unidades apenas funcionários com mais de 50 anos e depois comparou o resultado desta filial com os das outras cinco lojas da rede, que empregavam pessoal mais jovem. A loja com os funcionários mais velhos teve uma produtividade (medida em termos de faturamento comparado a despesas com pessoal) significativamente maior do que duas das demais lojas e ficou equiparada com as outras três.[5] Outras linhas de pesquisa mostram que a idade e o desempenho no trabalho não estão relacionados.[6] Essa constatação, inclusive, seria válida para quase todo tipo de atividade, especializadas ou não. A conclusão natural é que as demandas da maioria das atividades, mesmo aquelas com fortes exigências manuais, não são tão grandes para que sua produtividade seja comprometida pelo declínio físico ocorrido com a idade ou que esse declínio é superado pelas vantagens da experiência.[7]

Nosso assunto final é a relação entre idade e satisfação com o trabalho. Nesse sentido, as evidências são controversas. Muitos estudos indicam uma relação positiva, pelo menos até os 60 anos.[8] Outros estudos encontraram uma relação que resulta em um gráfico em forma de U.[9] Há várias explicações para esses resultados. A mais plausível indica que esses estudos não distinguem funcionários especializados dos que não têm especialização. Quando os dois tipos são estudados em separado, a satisfação tende crescer ao longo do tempo entre os funcionários especializados, enquanto, entre os não especializados, diminui na meia-idade e volta a subir nos anos seguintes.

Sexo

Poucos temas suscitam mais debates, preconceitos e opiniões sem embasamento do que a questão a respeito de as mulheres poderem, ou não, ter o mesmo desempenho profissional que os homens. Nesta seção, vamos examinar as pesquisas sobre o assunto.

A evidência sugere que, primeiramente, o mais razoável é admitir que há poucas, se é que existem, diferenças importantes entre homens e mulheres capazes de afetar seus desempenhos no trabalho. Não existe, por exemplo, qualquer diferença consistente entre homens e mulheres quanto às habilidades de resolução de problemas, capacidade de análise, espírito competitivo, motivação, sociabilidade ou capacidade de aprendizagem.[10] Estudos psicológicos mostraram que as mulheres tendem a aceitar mais facilmente a autoridade e que os homens tendem a ser mais agressivos e a ter maior expectativa de sucesso, mas essas diferenças são mínimas. Dadas as significativas mudanças ocorridas nos últimos 35 anos em termos do aumento maciço da participação feminina no mercado de trabalho e dos papéis traducionalmente atribuídos a cada sexo, é melhor partir do pressuposto de que não existem diferenças dignas de nota entre homens e mulheres no que se refere à produtividade no trabalho.[11]

Um aspecto que realmente parece ser diferente entre os sexos, especialmente quando o funcionário tem filhos pequenos, é a preferência por esquemas de trabalho.[12] As mães que trabalham costumam preferir empregos de meio período, horários mais flexíveis e a telecomutação, para poder conciliar suas responsabilidades familiares.

E o que dizer sobre o absenteísmo e a rotatividade? As mulheres têm menos estabilidade no trabalho que os homens? No caso da rotatividade, a evidência é que não há diferenças significativas.[13] O índice de pedidos de demissão de mulheres são semelhantes aos dos homens.. As pesquisas sobre absenteísmo, entretanto, mostram claramente que as mulheres faltam mais ao trabalho do que os homens.[14] A explicação mais lógica para esse resultado é que as pesquisas foram realizadas nos Estados Unidos. E a cultura norte-americana tradicionalmente coloca as responsabilidades sobre a família e o lar nos ombros das mulheres. Quando um filho está doente ou alguém precisa ficar em casa para receber o encanador, sempre é a mulher que falta ao trabalho para cuidar disso. Contudo, esta pesquisa é, indubitavelmente, datada.[15] O papel histórico da mulher no cuidado com as crianças e como uma provedora secundária no lar mudou radicalmente na geração passada, e uma grande parcela de homens hoje está tão interessada nos assuntos domésticos e na criação dos filhos quanto as mulheres.

Estabilidade no emprego

A última característica biográfica que vamos analisar é a estabilidade no emprego. Com exceção das diferenças entre os sexos, não existe outro tema mais sujeito a preconceitos e especulações do que a influência do tempo de casa de um funcionário sobre o seu desempenho.

Já foram feitas diversas análises sobre a relação entre tempo de serviço e produtividade.[16] Se definirmos o tempo de serviço em termos do tempo de permanência em um mesmo emprego, podemos dizer que as evidências mais recentes indicam uma relação positiva entre esse tempo e o desempenho. Portanto, a estabilidade, entendida como experiência no emprego, parece ser uma boa indicadora da produtividade do funcionário.

As pesquisas sobre a relação entre a estabilidade no emprego e o absenteísmo são muito conclusivas. Os estudos mostram, consistentemente, que há uma relação inversa entre a antiguidade e o absenteísmo.[17] Na verdade, em termos tanto de freqüência de faltas quanto no total de dias não-trabalhados, a estabilidade no emprego é a única variável explicativa realmente importante.[18]

A estabilidade é também uma variável importante para explicar a rotatividade. Quanto mais tempo uma pessoa fica em um emprego, menor a probalidade de ela se demitir.[19] Portanto, sendo coerente com a pesquisa que sugere que o comportamento passado é o melhor previsor do comportamento futuro,[20] as evidências indicam que a estabilidade de um funcionário em um emprego anterior é uma excelente previsão de sua rotatividade futura.[21]

As evidências demonstram que a estabilidade e a satisfação estão positivamente relacionadas.[22] Na verdade, quando idade cronológica e antiguidade no emprego são tratadas separadamente, esta última parece ser um previsor mais consistente e estável para a satisfação com o emprego.

Habilidades

Ao contrário do que aprendemos na escola, não fomos todos criados iguais. A maioria de nós está à esquerda da mediana em alguma curva de distribuição normal de habilidades. Por mais motivado que esteja, é pouco provável que você possa atuar tão bem quanto Meryl Streep, jogar golfe como Tiger Woods, escrever histórias de terror como Stephen King ou cantar como Celine Dion. Obviamente, o fato de não sermos todos iguais não significa que alguns são inferiores. O que constatamos aqui é que todos temos pontos fortes e pontos fracos em determinadas habilidades que podem tornar alguém melhor ou pior que os outros na realização de certas tarefas ou atividades.[23] Do ponto de vista da administração, não importa se as pessoas têm habilidades diferentes. Elas realmente são diferentes! O ponto é descobrir como as pessoas diferem em suas habilidades e usar esse conhecimento para aumentar a chance de que o funcionário desempenhe suas funções profissionais de modo satisfatório.

O que significa habilidade? Da maneira como vamos utilizar o termo, **habilidade** refere-se à capacidade de um indivíduo para desempenhar as diversas tarefas de uma função. É uma avaliação geral de tudo o que um indivíduo pode fazer. As habilidades totais de uma pessoa normalmente são formadas por dois grupos de fatores: as habilidades físicas e as habilidades intelectuais.

Habilidades intelectuais

As **habilidades intelectuais** são aquelas necessárias para o desempenho de atividades mentais —como pensar, raciocinar e resolver problemas. Os testes de quociente intelectual (QI), por exemplo, foram elaborados para medir essa capacidade. Da mesma maneira, os testes de admissão de escolas e universidades realizam essa avaliação. As sete dimensões mais citadas das habilidades intelectuais são a aptidão para números, a compreensão verbal, a velocidade da percepção, o raciocínio indutivo, o raciocínio dedutivo, a visualização espacial e a memória.[24] O Quadro 2-1 descreve essas dimensões.

As diversas funções profissionais demandam diferentes habilidades intelectuais de quem as executa. De maneira geral, quanto mais complexo um serviço em termos de demanda de processamento de informações, maior a necessidade de habilidades verbais e de inteligência em geral para que ele seja realizado com sucesso.[25]

QUADRO 2-1	Dimensões da Habilidade Intelectual	
Dimensão	**Descrição**	**Exemplo Funcional**
Aptidão para números	Habilidade para fazer cálculos aritméticos rápidos e precisos	Contador: calcular o imposto sobre vendas de uma série de itens
Compreensão verbal	Habilidade para entender o que é lido ou escutado e como é a relação das palavras entre si	Gerente de fábrica: seguir as políticas da organização para contratação de pessoal
Rapidez de percepção	Habilidade para identificar semelhanças e diferenças visuais de maneira rápida e precisa	Investigador de incêndios: identificar pistas de um incêndio criminoso
Raciocínio indutivo	Habilidade para identificar uma seqüência lógica em um problema e, depois, resolvê-lo	Pesquisador de mercado: fazer a previsão da demanda de um produto para um período futuro
Raciocínio dedutivo	Habilidade para usar a lógica e avaliar as implicações de um argumento	Supervisor: escolher entre duas sugestões feitas por funcionários
Visualização espacial	Habilidade para imaginar como um objeto ficaria se sua posição no espaço fosse modificada	Decorador de interiores: remodelar um escritório
Memória	Habilidade para reter e evocar experiências passadas	Vendedor: lembrar os nomes dos clientes

Evidentemente, um QI elevado não é pré-requisito para todos os tipos de trabalho. Na verdade, em algumas funções — nas quais o comportamento do funcionário é muito rotineiro e existe pouca ou nenhuma oportunidade para que ele se destaque — um QI alto pode não ter relação com o desempenho. Por outro lado, uma revisão cuidadosa das evidências demonstra que os testes que avaliam habilidades verbal, numérica, espacial e de percepção são válidos para prever a qualidade do desempenho em todos os tipos de trabalho.[26] Desta forma, os testes que medem dimensões específicas da inteligência mostram ser bons indicadores do desempenho futuro no trabalho. Isto explica por que empresas como a Amazon e a Microsoft dão ênfase na avaliação da inteligência dos candidatos ao contratar seu pessoal.

O principal dilema enfrentado pelos empregadores que utilizam testes de habilidade mental para seleção, promoção, treinamento e outras decisões de gestão de pessoal é que isso pode causar um impacto negativo sobre determinados grupos raciais ou étnicos.[27] O desempenho de alguns grupos étnicos minoritários, por exemplo, costuma apresentar, na média, um resultado abaixo do indicado no desvio-padrão quando comparado ao desempenho do grupo dos brancos em testes de habilidade verbal, numérica e espacial. Contudo, após rever tais evidências, os pesquisadores recentemente concluíram que "apesar das diferenças entre os grupos nos resultados dos testes, existe pouca evidência convincente de que testes bem-elaborados sejam indicadores melhores para o desempenho educacional, de treinamento ou funcional de membros dos grupos majoritários do que para os de membros de grupos minoritários".[28]

Na década passada, os pesquisadores começaram a expandir o significado de inteligência para além das habilidades mentais. As evidências mais recentes sugerem que a inteligência pode ser melhor compreendida se a dividirmos em quatro tipos: cognitiva, social, emocional e cultural.[29] A inteligência cognitiva abrange as aptidões tradicionalmente mensuradas pelos testes. A inteligência social é a habilidade de se relacionar eficazmente com os outros. A inteligência emocional refere-se à habilidade de identificar, compreender e administrar as emoções. E a inteligência cultural éa percepção das diferenças culturais e a capacidade de operar com sucesso em situações que envolvem multiculturalismo. Embora esta linha de pesquisa — focando as **múltiplas inteligências** — ainda esteja em seus primórdios, ela é bastante promissora. Ela pode explicar, por exemplo, por que pessoas consideradas inteligentes — aquelas que possuem grande inteligência cognitiva — nem sempre se adaptam ao dia-a-dia, não conseguem trabalhar bem com outras pessoas ou ter sucesso quando assumem papéis de liderança.

Habilidades físicas

Da mesma maneira que as habilidades intelectuais têm um papel importante nas funções complexas, que demandam o processamento de informações, **habilidades físicas** específicas ganham importância na realização bem-sucedida de serviços mais padronizados e não-especializados. Por exemplo, funções que exigem resistência, destreza manual, força nas pernas ou talentos semelhantes requerem que os administradores identifiquem as habilidades físicas de um funcionário.

Pesquisas sobre os requisitos de centenas de funções identificaram nove habilidades básicas envolvidas no desempenho de tarefas físicas.[30] Elas estão descritas no Quadro 2-2. As pessoas apresentam estas habilidades em extensões diferentes. Não surpreende que exista pouca relação entre elas: uma alta pontuação em uma habilidade não é garantia do mesmo sucesso nas demais. O bom desempenho do funcionário pode ser obtido quando os executivos definem quais dessas nove habilidades, e em que extensão, são necessárias para a realização das tarefas e se asseguram que os funcionários no cargo as tenham na medida certa.

Adequação entre o trabalho e a habilidade

Nosso objetivo é explicar e prever o comportamento das pessoas no trabalho. Nesta seção, demonstramos que as funções requerem diferentes habilidades e que as pessoas diferem em suas habilidades. O desempenho dos trabalhadores, portanto, melhora quando existe uma correta adequação entre suas habilidades e os requisitos das funções para as quais são designados.

As habilidades específicas (intelectuais ou físicas) necessárias para o bom desempenho de uma função dependem dos requisitos das tarefas. Assim, por exemplo, pilotos de avião precisam ter habilidades de visualização espacial; salva-vidas precisam tanto de habilidades de visualização espacial como de coordenação motora; executivos necessitam de habilidades de verbalização; operários na construção de um arranha-céu vão precisar de equilíbrio, e jornalistas que não possuem boas habilidades de raciocínio terão dificuldades em seu exercício profissional. Ao dirigir a atenção apenas para as habilidades das pessoas ou para os requisitos das funções, ignora-se o fato de que o desempenho do funcionário depende da interação desses dois aspectos.

O que acontece quando esta adequação não é bem-feita? Como mencionamos anteriormente, quando o funcionário não possui as habilidades necessárias, ele provavelmente vai fracassar em seu desempenho. Se você for contratado como digitador de texto e suas habilidades no teclado estiverem abaixo do padrão mínimo, seu desempenho será fraco, independentemente de sua atitude positiva ou do seu alto nível de motivação. Quando, ao contrário, a adequação não está correta porque o funcionário tem habilidades que ultrapassam os requisitos de sua função, a previsão é muito diferente. O desempenho na função pode ser satisfatório, mas haverá problemas de ineficiência organizacional e uma possível redução na satisfação do funcionário. Uma vez que a remuneração costuma refletir a melhor capacitação dos funcionários, se as habilidades de um deles excederem os requisitos de seu serviço, o empregador poderá estar pagando mais do que deveria pelo trabalho. Quando as habilidades estão

QUADRO 2-2	Nove Habilidades Físicas Básicas
Fatores de Força	
1. Força dinâmica	Habilidade para exercer força muscular repetidamente ou continuamente por um dado período
2. Força no tronco	Habilidade para exercer força muscular usando os músculos do tronco (especialmente os abdominais)
3. Força estática	Habilidade para exercer força muscular em relação a objetos externos
4. Força explosiva	Habilidade para gastar um máximo de energia em uma ou uma série de ações explosivas
Fatores de Flexibilidade	
5. Flexibilidade de extensão	Habilidade para estender ao máximo os músculos do tronco e das costas
6. Flexibilidade dinâmica	Habilidade para realizar movimentos de flexão rápidos e repetidos
Outros Fatores	
7. Coordenação motora	Habilidade para coordenar movimentos simultâneos de diferentes partes do corpo
8. Equilíbrio	Habilidade para manter o equilíbrio em meio a forças desestabilizantes
9. Resistência	Habilidade para manter o esforço máximo durante longos períodos de tempo

Fonte: Adaptado de *HRMagazine*, publicada pela Society for Human Resource Management, Alexandria.

muito além do necessário para as tarefas, o funcionário pode ter sua satisfação prejudicada por querer exercer suas capacitações e sentir-se frustrado pelas limitações de seu trabalho.

Aprendizagem

Todo comportamento complexo é aprendido. Se pretendemos explicar e prever o comportamento, precisamos antes entender como as pessoas aprendem. Nesta seção, vamos definir aprendizagem, apresentar três teorias bastante difundidas sobre o assunto e mostrar como os executivos podem facilitar a aprendizagem dos seus funcionários.

Definição de aprendizagem

O que é **aprendizagem**? A definição de um psicólogo certamente é mais ampla do que a concepção leiga de que "é o que fazemos quando vamos para a escola". Na realidade, cada um de nós continuamente está "indo para a escola". O aprendizado acontece todo o tempo. Uma definição geralmente aceita de aprendizagem é, portanto, *qualquer mudança relativamente permanente no comportamento que ocorre como resultado de uma experiência*.[31] Ironicamente, podemos dizer que a mudança no comportamento indica que houve uma aprendizagem e que a aprendizagem é uma mudança no comportamento.

Obviamente, esta definição sugere que jamais observaremos uma pessoa "aprendendo". Podemos perceber as mudanças acontecendo, mas não o aprendizado em si. O conceito é teórico e, portanto, não observável diretamente:

> Você já viu pessoas em processo de aprendizagem, viu pessoas se comportando de determinada forma como resultado de um aprendizado e alguns de vocês (espero que a maioria) já "aprendeu" alguma vez na vida. Em outras palavras, deduzimos que houve aprendizado quando o comportamento, a reação ou a resposta de um indivíduo, em conseqüência de uma experiência, é diferente do que era antes.[32]

Nossa definição possui diversos componentes que merecem esclarecimentos. Em primeiro lugar, a aprendizagem envolve mudança. A mudança pode ser boa ou má do ponto de vista organizacional. As pessoas podem aprender comportamentos desfavoráveis — como apegar-se a preconceitos ou reduzir seu desempenho —, bem como comportamentos favoráveis. Em segundo lugar, a mudança precisa ser relativamente permanente. Mudanças temporárias podem ser apenas reflexivas e não representar qualquer aprendizado. Assim, o requisito de ser permanente deixa de fora mudanças comportamentais causadas por fadiga ou por adaptações temporárias. Em terceiro lugar, nossa definição está focada no comportamento. O aprendizado acontece quando há uma mudança nas ações. Uma mudança nos processos mentais ou nas atitudes de uma pessoa, quando não se reflete em seu comportamento, não é um aprendizado. Finalmente, há necessidade de alguma forma de experiência para a aprendizagem. A experiência pode ser adquirida diretamente, através da observação ou da prática, ou indire-

A agência de viagens Sabre utilizou um jogo de tabuleiro para ensinar a seus 7 mil funcionários como seu trabalho afetava os resultados financeiros da empresa. Com o jogo "Você e o sucesso financeiro da Sabre", os funcionários aprenderam a fazer demonstração de receitas, balanços e a calcular o retorno de ativos. Depois do treinamento, os funcionários aplicaram em seu trabalho aquilo que haviam aprendido, ajudando a Sabre a reduzir custos e aumentar a receita.

tamente, como pela leitura. Mas a questão central continua: essa experiência resultou em uma mudança relativamente permanente no comportamento? Se a resposta for positiva, podemos afirmar que houve aprendizado.

Teorias de aprendizagem

Como aprendemos? Há três teorias que explicam o processo pelo qual adquirimos padrões de comportamento. São elas o condicionamento clássico, o condicionamento operante e a aprendizagem social.

Condicionamento Clássico A teoria do **condicionamento clássico** surgiu nos experimentos para ensinar cães a salivar em resposta ao ruído de uma sineta conduzidos, no início do século XX, pelo fisiologista russo Ivan Pavlov.[33] Um procedimento cirúrgico simples permitiu que Pavlov medisse com precisão a quantidade de saliva produzida por um cão. Quando Pavlov apresentava ao animal um pedaço de carne, a produção de saliva aumentava consideravelmente. Quando a carne não era apresentada e apenas a sineta era tocada, não havia aumento de salivação. Pavlov então trabalhou na ligação entre a carne e a sineta. Depois de ouvir a sineta repetidas vezes antes de receber a carne, o cão passou a salivar logo após ouvir a sineta. Após um certo tempo, ele passou a salivar apenas ao ouvir a sineta, mesmo que nenhuma carne fosse oferecida. Na verdade, o cão havia aprendido a responder — ou seja, a salivar — ao toque da sineta. Vamos rever esse experimento para apresentar os conceitos básicos do condicionamento clássico.

A carne era o *estímulo não-condicionado* que, invariavelmente, causava uma determinada reação no cão. A reação que sempre segue um estímulo não-condicionado é chamada de *resposta não-condicionada* (neste caso, o aumento expressivo da salivação). A sineta era um estímulo artificial, ou o que chamamos de *estímulo condicionado*. Embora originalmente ela fosse neutra, depois de associada à carne (um estímulo não-condicionado) passou a produzir uma resposta quando apresentada sozinha. O último conceito básico é a *resposta condicionada*. Ela descreve o comportamento do cão, que reagia ao estímulo da sineta sozinha.

Utilizando esses conceitos, podemos resumir o condicionamento clássico. Essencialmente, para aprender uma resposta condicionada, é preciso criar uma associação entre um estímulo condicionado e um estímulo não-condicionado. Quando ambos os estímulos, o provocador e o neutro, são igualados, o neutro passa a ser um estímulo condicionado e, assim, adquire as propriedades do estímulo não-condicionado.

O condicionamento clássico pode ser usado para explicar por que as canções natalinas trazem boas lembranças da infância. As canções foram associadas ao clima festivo do Natal e evocam memórias afetivas e sentimentos alegres. No ambiente organizacional, também podemos observar o condicionamento clássico ocorrendo. Por exemplo, todas as vezes em que os executivos da matriz iam visitar as instalações de uma fábrica, o gerente mandava limpar os escritórios e as janelas. Isso aconteceu durante anos. Após algum tempo, os operários acabaram melhorando sua aparência e comportamento sempre que as janelas eram lavadas — mesmo quando isso nada tinha a ver com uma visita da diretoria. As pessoas haviam aprendido a associar a limpeza das janelas com a visita dos superiores.

O condicionamento clássico é passivo. Alguma coisa acontece e nós reagimos de uma determinada maneira. Essa reação é causada por um evento específico e identificável. Como tal, pode explicar comportamentos reflexivos simples. Mas a maioria dos comportamentos — especialmente os comportamentos complexos das pessoas dentro das organizações — é mais manifesta do que provocada. É uma atitude voluntária, mais que uma reação reflexiva. Um exemplo é quando os funcionários decidem chegar ao trabalho dentro do horário, pedir ajuda a seus chefes para resolver problemas ou simplesmente "enrolar" quando ninguém está observando. A aprendizagem desses comportamentos é melhor compreendida quando se examina o condicionamento operante.

Condicionamento Operante A teoria do **condicionamento operante** argumenta que o comportamento se dá em função de suas conseqüências. As pessoas aprendem um comportamento para obter algo que desejam ou para evitar algo que não querem. O comportamento operante refere-se a um comportamento voluntário ou aprendido, em contraste com o comportamento reflexivo ou não-aprendido. A tendência de repetição do comportamento é influenciada pelo reforço, ou pela falta de reforço, resultante das conseqüências de tal comportamento. O reforço, portanto, fortalece o comportamento e aumenta a probabilidade de sua repetição.

O que Pavlov fez para o condicionamento clássico, o psicólogo da Universidade de Harvard B. F. Skinner fez para o condicionamento operante.[34] Skinner argumenta que quando se criam conseqüências agradáveis para determinados comportamentos, sua freqüência aumenta. Ele demonstrou que as pessoas costumam adotar comportamentos desejáveis se receberem reforço positivo para isto. A recompensa é mais efetiva quando acontece imediatamente após o comportamento desejado. Por outro lado, o comportamento que não é recompensado ou que é punido não deve voltar a acontecer.

Você vê exemplos de condicionamento operante em diversos lugares. Por exemplo, qualquer situação em que é explicitamente declarado ou implicitamente sugerido que o reforço virá em conseqüência de uma determinada

| QUADRO 2-3 | O Lado Oculto, por Gary Larson |

Embora a maioria dos estudantes de psicologia não saiba, o primeiro experimento de Pavlov consistiu em usar o toque da sineta para fazer o cachorro atacar o gato de Freud.

Fonte: The far side® by Gary Larson© 1993 Far Works, Inc. Reproduzido com autorização. Todos os direitos reservados.

ação envolve o condicionamento operante. Seu professor lhe diz que se você quer boas notas, terá de responder corretamente às questões da prova. Um representante de vendas que deseja ganhar um bom dinheiro percebe que isso acontecerá se ele conseguir gerar um volume grande de vendas em sua região. Obviamente, esta associação também pode servir para ensinar o indivíduo a adotar comportamentos contrários aos interesses da organização. Imagine que seu chefe lhe pediu para fazer horas-extras em um período de muito movimento, assegurando que você seria recompensado por isso em sua próxima avaliação de desempenho. No entanto, quando a avaliação acontece, você percebe que não recebeu qualquer reforço positivo em função de seu esforço extraordinário. A próxima vez em que seu chefe lhe pedir para trabalhar horas-extras, o que você vai responder? Provavelmente, vai recusar! Seu comportamento pode ser explicado pelo condicionamento operante: se um comportamento não recebe reforço positivo, a probabilidade de que ele se repita diminui.

Aprendizagem Social As pessoas também podem aprender observando e ouvindo o que acontece com os outros, assim como pela experiência. Por exemplo, boa parte do que sabemos foi aprendido pela observação de modelos — pais, professores, colegas, atores de cinema e TV, chefes e assim por diante. Essa visão de que as pessoas podem aprender tanto pela observação como pela experiência direta é chamada de **teoria da aprendizagem social**.[35] Embora a teoria da aprendizagem social seja uma extensão do condicionamento operante — ou seja, assume que o comportamento é uma função de conseqüências —, ela também reconhece a existência da aprendizagem observacional e a importância da percepção no aprendizado. As pessoas respondem à forma como percebem e definem as conseqüências, e não às conseqüências em si.

A influência dos modelos é o centro da abordagem da aprendizagem social. Foram encontrados quatro processos que determinam a influência que um modelo tem sobre o indivíduo. Como veremos adiante neste capítulo, a inclusão desses processos nos programas de treinamento de funcionários pode melhorar significativamente a probabilidade de seu sucesso:

1. *Processos de atenção.* As pessoas aprendem com um modelo apenas quando reconhecem e prestam atenção às suas características críticas. Normalmente, somos mais influenciados por modelos atraentes, sempre disponíveis, importantes para nós ou semelhantes à nossa própria auto-imagem.
2. *Processos de retenção.* A influência de um modelo vai depender da maneira como o indivíduo consegue se lembrar de suas ações quando ele não está mais disponível.

Joe Galli, presidente da Newell Rubbermaid, coloca em prática a teoria da aprendizagem social. Ele representa o comportamento energético e perseverante que espera de seus novos vendedores quando atendem clientes em pontos de varejo como a Home Depot. Esses vendedores observam Galli em ação durante o treinamento e no seu trabalho, observando-o quando ele os visita freqüentemente para oferecer idéias de marketing nas lojas. Galli motiva seus vendedores pelo reforço positivo: ele permite que os melhores façam apresentações para a cúpula da empresa e os promove para cargos superiores na área de vendas e marketing.

3. *Processos de reprodução motora.* Depois que a pessoa percebe um novo comportamento a partir da observação de um modelo, essa percepção deve se traduzir em ação. Este processo demonstra, então, que o indivíduo é capaz de desempenhar a atividade modelada.
4. *Processos de reforço.* As pessoas se sentem motivadas a reproduzir o comportamento do modelo quando incentivos positivos ou recompensas são oferecidos. Os comportamentos que recebem reforço positivo receberão mais atenção, serão mais bem-aprendidos e repetidos com maior freqüência.

Modelagem: uma ferramenta gerencial

Como a aprendizagem acontece tanto no ambiente de trabalho como em situações anteriores a ele, os executivos se preocupam em encontrar modos de ensinar seus funcionários a se comportar da forma mais benéfica para a organização. Quando tentamos formar as pessoas ao orientar gradualmente a sua aprendizagem, estamos **modelando o comportamento**.

Considere uma situação em que o comportamento do funcionário é muito diferente daquele buscado pelo empregador. Se o chefe recompensar o subordinado apenas quando ele demonstrar as respostas desejáveis, haverá muito pouco reforço. Neste caso, a modelagem oferece uma abordagem lógica para a obtenção do comportamento desejável.

Nós *modelamos* o comportamento através do reforço sistemático de cada um dos passos que conduzem o indivíduo para a resposta desejada. Se um funcionário que costuma chegar rotineiramente meia hora atrasado conse-

MITO OU CIÊNCIA?

"Não se podem ensinar truques novos a um cachorro velho!"

Esta afirmação é falsa. Ela reflete o velho estereótipo de que um trabalhador mais velho não consegue se adaptar a novos métodos e técnicas. Pesquisas demonstram consistentemente que os trabalhadores mais antigos são *vistos* como relativamente inflexíveis, resistentes a mudanças e menos hábeis que seus colegas mais novos, especialmente em termos de habilidades voltadas à tecnologia da informação.[36] Mas essa percepção está errada.

A evidência indica que os trabalhadores mais velhos (definidos tipicamente como aqueles com 50 anos ou mais) querem aprender e são tão capazes para o aprendizado quanto qualquer outro grupo de funcionários. Eles parecem ter uma certa dificuldade para assimilar habilidades mais complexas ou exigentes. Ou seja, levam mais tempo para serem treinados. Mas, após o treinamento, seu desempenho é comparável ao dos funcionários mais jovens.[37]

A capacidade de adquirir as habilidades, conhecimentos ou comportamentos necessários para um certo grau de desempenho de uma função — ou seja, a capacidade de ser treinado — vem sendo objeto de muitas pesquisas. Evidências indicam que existem diferenças individuais na capacidade de ser treinado. Uma série de fatores pessoais (como habilidades, nível de motivação e personalidade) mostrou-se significativamente influente no resultado dos processos de treinamento e aprendizagem.[38] A faixa etária, entretanto, não influenciou esses resultados. ■

guir atrasar apenas 20 minutos, devemos reforçar essa melhora. O reforço deve crescer à medida que as respostas se aproximam do comportamento desejado.

Métodos de Modelagem do Comportamento Existem quatro maneiras de modelar o comportamento: através de reforço positivo, reforço negativo, punição e extinção.

Quando uma resposta é acompanhada de alguma coisa agradável, temos o *reforço positivo*. É o caso, por exemplo, de o chefe elogiar um subordinado por um trabalho bem-feito. Quando uma resposta é seguida pela finalização ou retirada de alguma coisa desagradável, acontece o *reforço negativo*. Se o seu professor faz perguntas cujas respostas você não sabe, pode evitar que ele o chame examinando suas anotações. É um reforço negativo porque você descobriu que olhar apressadamente para as anotações é uma forma de evitar ser chamado pelo professor. A *punição* consiste em causar uma condição desagradável na tentativa de eliminar um comportamento indesejado. Suspender um funcionário por dois dias, sem remuneração, por ter se apresentado bêbado ao trabalho é um exemplo de punição. A eliminação de qualquer reforço que esteja mantendo um comportamento é chamada de *extinção*. Quando um comportamento não recebe reforço, ele tende a se extinguir gradualmente. Professores que desejam evitar perguntas durante as aulas podem eliminar este comportamento ignorando alunos que levantam as mãos para colocar questões. O levantar de mãos será extinto quando, invariavelmente, não obtiver mais nenhum reforço.

Tanto o reforço positivo como o negativo resultam em aprendizado. Eles fortalecem uma resposta e aumentam a probabilidade de sua repetição. Nos exemplos anteriores, o elogio reforça e estimula o comportamento de realizar um bom trabalho pois é algo desejável. O comportamento de "olhar as anotações" é também reforçador e estimulante por evitar a conseqüência indesejável de ser chamado pelo professor. Já a punição e a extinção enfraquecem o comportamento e levam à redução de sua freqüência.

O reforço, seja positivo ou negativo, é uma das ferramentas mais utilizadas na modelagem de comportamento. Nosso interesse está, portanto, mais focado no reforço do que na punição e na extinção. Uma revisão das pesquisas sobre o impacto do reforço no comportamento dentro das organizações concluiu que:

1. algum tipo de reforço é necessário para que haja uma mudança no comportamento;
2. alguns tipos de recompensa são mais efetivos para o uso em organizações;
3. a rapidez do aprendizado e a permanência de seus efeitos serão determinados pelo *momento* do reforço.[39]

Esse terceiro aspecto é extremamente importante e merece uma elaboração considerável.

Esquemas de Reforço Os dois principais esquemas de reforço são o *contínuo* e o *intermitente*. Um esquema de **reforço contínuo** reforça o comportamento desejável toda vez que ele se manifestar. Tomemos o caso, por exemplo, de alguém que há tempos demonstra dificuldades para chegar ao trabalho no horário. Sempre que ele chegar na hora, seu chefe poderia elogiá-lo por esse comportamento desejável. No esquema intermitente, por sua vez, o comportamento não é reforçado quando ocorre, mas há reforço suficiente para que ele continue se repetindo. Esta situação pode ser comparada ao esquema de um caça-níqueis, que os jogadores sabem estar ajustado para dar lucro à casa de jogo, mas, mesmo assim, continuam fazendo suas apostas. Os ganhos intermitentes dos jogadores são freqüentes o suficiente para reforçar o comportamento de inserir a moeda e puxar a alavanca. As evidências mostram que a forma intermitente, ou variada, de reforço tende a gerar uma resistência maior à extinção do comportamento quando comparada com o reforço contínuo.[40]

Um **reforço intermitente** pode ocorrer de acordo com intervalos ou proporcionalmente. O *esquema proporcional* depende de quantas respostas o sujeito dá. O indivíduo recebe o reforço depois de repetir um certo tipo de comportamento determinado número de vezes. O *esquema de intervalos* depende do tempo entre um reforço e outro. O indivíduo recebe o reforço pelo primeiro comportamento adequado depois de passado um determinado tempo. O reforço também pode ser classificado como fixo ou variável.

Quando as recompensas são espaçadas em intervalos de tempo uniformes, o esquema é chamado de **intervalo-fixo**. A variável crítica é o período de tempo, mantido constante. Este é o esquema predominante para a maioria dos trabalhadores assalariados dos Estados Unidos. Quando recebe o contracheque de um período semanal, quinzenal, mensal ou de outra periodicidade determinada, você está recebendo um reforço do tipo intervalo-fixo.

Se as recompensas são espaçadas no tempo de maneira imprevisível, o esquema é de **intervalo-variável**. Quando um professor avisa seus alunos que durante sua aula haverá uma série de perguntas-surpresa (cujo número não é revelado), que valerão cerca de 20 por cento da nota da disciplina, ele está empregando o esquema de intervalo-variável. De maneira semelhante, uma série de visitas aleatórias de auditores a uma empresa também se enquadra nesteesquema.

No esquema **proporcional-fixo**, a recompensa é dada após um número fixo ou constante de respostas. Por exemplo, um plano de incentivos com base na produção pertence ao esquema do tipo proporcional-fixo. O funcionário recebe uma recompensa com base no número de peças ou nos resultados produzidos. Se o plano visa

ENFOQUE NA MÍDIA

A recompensa condiciona o comportamento do executivo

Observe a remuneração dos presidentes das maiores organizações nos Estados Unidos desde meados da década de 1990 até 2002. Existe um padrão comum: todos recebem um salário nominal inferior a 1 milhão de dólares, mas ganham dezenas de milhões em participação acionária. Esta prática é facilmente compreensível quando se analisa o sistema de impostos daquele país.

Até 1992, a maior parte da remuneração de um executivo era em salário. Mas, naquele ano, o Congresso norte-americano aprovou uma mudança tributária que permite às empresas deduzir como despesa operacional apenas salários de até 1 milhão de dólares. Isso foi uma resposta à indignação popular com os salários astronômicos dos executivos.

Os presidentes das empresas, bem como outros altos executivos, não queriam ter suas remunerações reduzidas. Por isso, os conselhos de administração das organizações mudaram a forma de remuneração. Desde então, os salários nominais foram reduzidos, mas também foram compensados com generosos programas de participação acionária. É importante ressaltar que esse mecanismo, por causa das regras de contabilidade, não traz qualquer ônus adicional para a empresa e nem afeta seus lucros diretamente.

Mas os que empreenderem essas mudanças na forma de remuneração não previram como ela afetaria o comportamento dos executivos. A participação acionária permite que o funcionário compre ações da empresa a um determinado preço. Assim, quanto mais sobe o valor das ações, maiores os ganhos. Quando a maior parte da remuneração está ligada a um pacote acionário, cujo valor aumenta consideravelmente quando as ações se valorizam, você tem uma intensa vontade de elevar os preços dos papéis a qualquer custo, nem que seja por pouco tempo.

O fato é que essa situação acabou estimulando uma série de práticas discutíveis com o objetivo de inflar as receitas e maquiar os custos. Não surpreende, portanto, que executivos da Adelphia Communications tenham inflacionado alguns números e escondido empréstimos pessoais; que os executivos da Xerox tenham superestimado os ganhos da empresa; que o presidente da HealthSouth tenha instruído seus executivos a fraudar contabilmente um grande prejuízo que reduzia consideravelmente os lucros e provocaria uma pesada baixa nas ações da empresa; ou que os principais executivos da Enron tenham manipulado grosseiramente valores de vendas e de despesas para que a empresa parecesse altamente lucrativa quando, na verdade, perdia muito dinheiro. O pacote de remuneração de todos os executivos envolvidos nestes escândalos era composto essencialmente por participações acionárias. Suas atitudes foram totalmente consistentes com um sistema de recompensas que paga regiamente executivos que fazem a empresa parecer lucrativa por um período suficiente para eles exerçam suas opções de ações e embolsem milhões de dólares com a venda dos papéis.

---

recompensar costureiras em uma confecção, pode-se estabelecer uma cota de, por exemplo, 5 dólares por dúzia de zíperes colocados nas peças. A recompensa (no caso, em dinheiro) é paga a cada lote com zíperes pregados.

Quando a recompensa varia de acordo com o comportamento do indivíduo, temos o reforço em um esquema **proporcional-variável**. As comissões recebidas por representantes de vendas são exemplos deste esquema. Às vezes, uma venda acontece após um ou dois telefonemas ao cliente; outras vezes, podem ser necessários mais de 20 contatos para fechar o negócio. A recompensa, portanto, é variável em relação ao número de contatos realizados pelo vendedor. O Quadro 2-4 mostra esquemas de reforço.

Os Esquemas de Reforço e o Comportamento Os esquemas de reforço contínuo podem chegar rapidamente à saturação, e o comportamento pode enfraquecer imediatamente após a retirada do estímulo. Entretanto, o reforço contínuo pode ser indicado para respostas recentemente recebidas, instáveis ou pouco freqüentes. O esquema de reforço intermitente, ao contrário, evita a saturação já que ele não acontece a cada comportamento observado. Este esquema é mais indicado para respostas estáveis ou de grande freqüência.

De maneira geral, os esquemas variáveis costumam gerar desempenhos melhores que os dos fixos (veja o Quadro 2-5). Por exemplo, como foi mencionado anteriormente, a maioria dos funcionários das empresas é remunerada em bases fixas. Essa periodicidade não cria um vínculo claro entre desempenho e recompensa. A recompensa é dada antes por um tempo gasto no trabalho do que por uma resposta específica (desempenho). Em contraste, o esquema intervalo-variável gera altos níveis de resposta e comportamentos mais estáveis e consistentes por causa da alta correlação entre recompensa e desempenho, bem como devido à incerteza que nele está implícita — o funcionário fica mais atento, pois existe o elemento surpresa.

Modificação de Comportamento Existe um estudo realizado há alguns anos com empacotadores de carga da Emery Air Freight (hoje parte da Fedex) que se tornou clássico.[41] A empresa queria que seus empacotadores utili-

QUADRO 2-4 — Esquemas de Reforço

Esquema de reforço	Natureza do reforço	Efeito no comportamento	Exemplo
Contínuo	Recompensa dada depois de cada comportamento desejado	Aprendizado rápido do novo comportamento, mas com curta duração	Elogios
Intervalo-fixo	Recompensa dada a intervalos fixos de tempo	Desempenho mediano e irregular com curta duração	Pagamentos semanais
Intervalo-variável	Recompensa dada em intervalos variáveis de tempo	Desempenho moderadamente forte e estável com longa duração	Perguntas-surpresa
Proporcional-fixo	Recompensa dada após um número fixo ou constante de resultados	Desempenho forte e estável atingido rapidamente, mas também tem curta duração	Plano de incentivo com base na produção
Proporcional-variável	Recompensa dada após uma quantidade variável de esforços	Desempenho muito alto com longa duração	Comissões recebidas por representantes de vendas

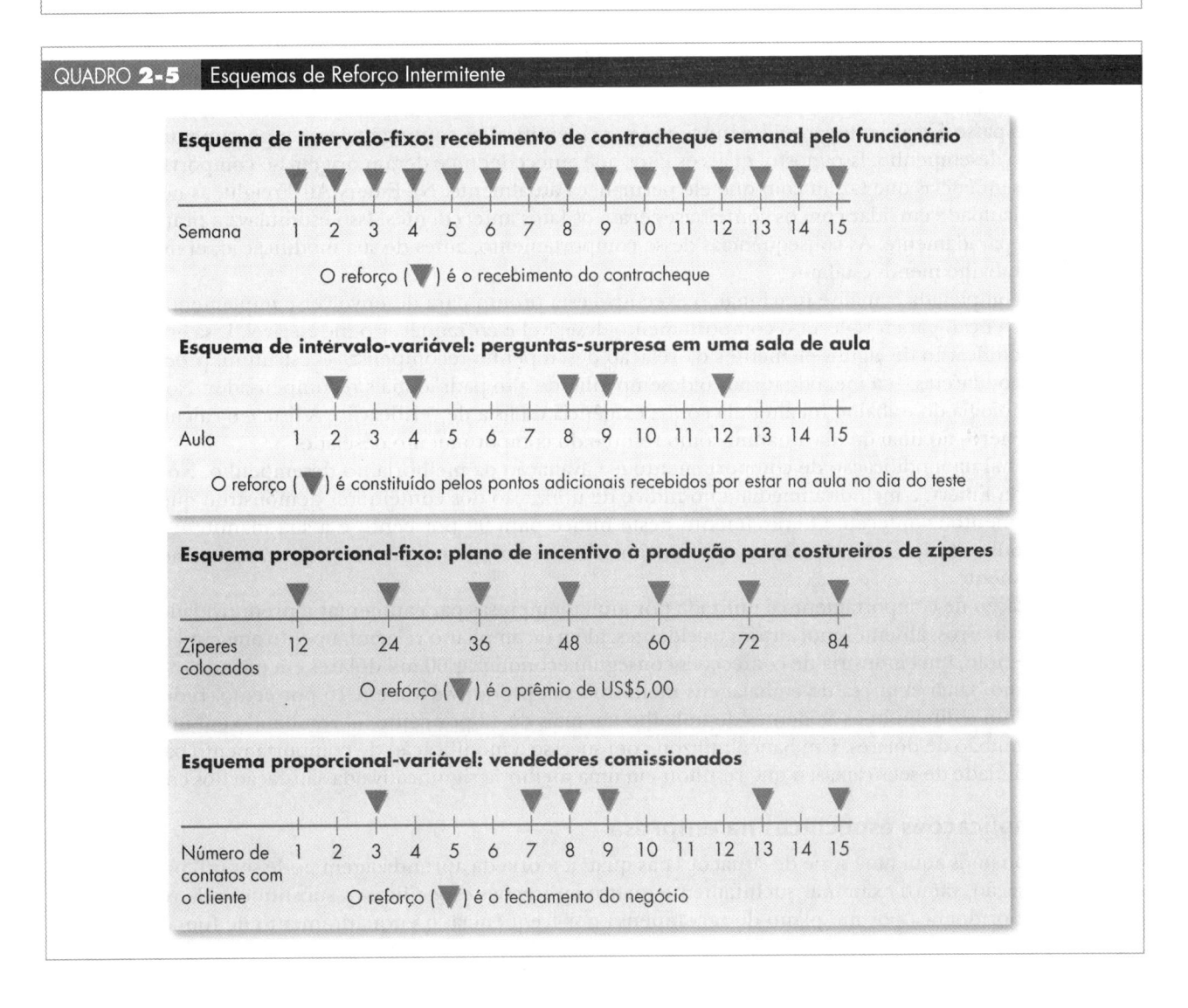

QUADRO 2-5 — Esquemas de Reforço Intermitente

Esquema de intervalo-fixo: recebimento de contracheque semanal pelo funcionário

Semana 1 2 3 4 5 6 7 8 9 10 11 12 13 14 15

O reforço (▼) é o recebimento do contracheque

Esquema de intervalo-variável: perguntas-surpresa em uma sala de aula

Aula 1 2 3 4 5 6 7 8 9 10 11 12 13 14 15

O reforço (▼) é constituído pelos pontos adicionais recebidos por estar na aula no dia do teste

Esquema proporcional-fixo: plano de incentivo à produção para costureiros de zíperes

Zíperes colocados: 12 24 36 48 60 72 84

O reforço (▼) é o prêmio de US$5,00

Esquema proporcional-variável: vendedores comissionados

Número de contatos com o cliente: 1 2 3 4 5 6 7 8 9 10 11 12 13 14 15

O reforço (▼) é o fechamento do negócio

zassem, sempre que possível, contêineres para os fretes por uma questão de economia. Quando se perguntava aos empacotadores qual a porcentagem de uso de contêineres, a resposta padrão era em torno de 90 por cento. Uma análise mais detalhada, contudo, demonstrou que essa utilização ficava em cerca de 45 por cento. Para convencer os empacotadores a utilizar mais os contêineres, a Emery estabeleceu um programa de *feedback* e reforço positivo. Cada empacotador deveria fazer uma lista diária de verificação de suas embalagens, tanto em contêineres como fora deles. No final do dia, o empacotador verificava sua taxa de utilização de contêineres. De maneira surpreendente, o uso dos contêineres subiu para mais de 90 por cento já no primeiro dia do programa e se manteve neste nível. Segundo a Emery, esse simples programa de *feedback* e reforço positivo trouxe uma economia de 2 milhões de dólares para a empresa em três anos.

Esse programa da Emery Air Freight ilustra a utilização da modificação de comportamento, chamada de **OB Mod.**[42] Ele representa a aplicação dos conceitos de reforço para os indivíduos dentro do ambiente de trabalho.

O programa típico de modificação de comportamento segue um modelo de resolução de problemas em cinco passos: (1) identificação dos comportamentos críticos; (2) desenvolvimento dos dados básicos; (3) identificação das conseqüências dos comportamentos; (4) desenvolvimento e implementação de uma estratégia de intervenção e (5) avaliação da melhoria do comportamento.[43]

Nem tudo o que um funcionário faz em seu trabalho tem a mesma importância em termos do resultado de seu desempenho. O primeiro passo na modificação do comportamento, portanto, é identificar os comportamentos críticos que têm impacto significativo sobre o desempenho do funcionário. Isso se refere àqueles 5 ou 10 por cento de comportamentos que são os responsáveis por 70 a 80 por cento do desempenho de cada um. A utilização dos contêineres, no caso da Emery Air Freight, é um exemplo de comportamento crítico.

O segundo passo requer do executivo o desenvolvimento de alguns dados básicos de desempenho. Isso pode ser feito através da determinação do número de vezes que o comportamento identificado ocorre dentro das circunstâncias presentes. No nosso exemplo da Emery, isso revelaria que 45 por cento das remessas eram feitas em contêineres.

O terceiro passo é realizar uma análise funcional para identificar as contingências comportamentais ou as conseqüências do desempenho. Isso mostra quais os fatos que antecederam e deram origem ao comportamento, bem como as conseqüências que fazem com que ele permaneça atualmente. Na Emery Air Freight, as normas sociais e a maior dificuldade em lidar com os contêineres eram os fatos antecedentes. Isso estimulava a prática de embalar os itens separadamente. As conseqüências desse comportamento, antes de sua modificação, eram a aceitação social e um trabalho menos estafante.

Uma vez completada a análise funcional, o executivo está pronto para desenvolver e implementar uma estratégia de intervenção para fortalecer o comportamento desejável e enfraquecer o indesejável. Essa estratégia deve vincular a modificação de alguns elementos da relação desempenho-recompensa — estrutura, processos, tecnologia, grupos ou tarefas — à meta de tornar o desempenho de alto padrão mais recompensador. No exemplo da Emery, a tecnologia do trabalho foi alterada com a exigência da lista de verificação. A lista e o cálculo da taxa de uso de contêineres no final do dia atuaram como reforço do comportamento desejado.

O passo final na modificação de comportamento é a avaliação da melhoria no desempenho. No exemplo de intervenção da Emery, a melhoria imediata no índice de utilização dos contêineres demonstrou que a mudança de comportamento aconteceu. O crescimento deste índice para 90 por cento e a sua manutenção mostram, ainda, que houve um aprendizado. Ou seja, os funcionários adotaram uma mudança de comportamento relativamente permanente.

A modificação de comportamento é utilizada por muitas empresas para aumentar a produtividade dos funcionários e reduzir erros, absenteísmo, atrasos e acidentes, além de ampliar o relacionamento amigável com os clientes.[44] Por exemplo, uma indústria de confecções conseguiu economizar 60 mil dólares em um ano com a redução do absenteísmo. Uma empresa de embalagens melhorou sua produtividade em 16 por cento, reduziu os erros em 40 por cento e diminuiu os acidentes de trabalho em mais de 43 por cento — resultando em uma economia superior a 1 milhão de dólares. Um banco utilizou com sucesso a modificação de comportamento para melhorar a comunicabilidade de seus caixas, o que resultou em uma melhoria significativa da satisfação dos correntistas.

Algumas aplicações específicas na empresa

Já mencionamos aqui uma série de situações nas quais a teoria da aprendizagem pode ser útil para os executivos. Nesta seção, vamos examinar sucintamente quatro aplicações específicas: a substituição da remuneração da ausência por doença por um plano de recompensa por freqüência; o enquadramento de funcionários-problema; o desenvolvimento de programas eficazes de treinamento; e a aplicação da teoria da aprendizagem na autogestão.

A British Airways utiliza a modificação de comportamento para reforçar os desempenhos desejados. Para melhorar o desempenho dos funcionários, a companhia aérea instalou um software ligado à Internet para monitorar e analisar os resultados de cada funcionário em setores como venda de passagens, atendimento ao cliente e reclamações. Ao monitorar a produtividade individual, a empresa consegue identificar aqueles de melhor desempenho e recompensá-los diretamente com bonificações em seus salários.

Substituição da Remuneração da Ausência por Doença por um Plano de Recompensa por Freqüência A maioria das organizações paga seus funcionários ausentes por motivo de doença. Mas, ironicamente, essas mesmas organizações têm o dobro absenteísmo do que as empresas que não dão auxílio-doença a seus funcionários.[45] A verdade é que esses planos só reforçam um comportamento errado — a ausência no trabalho. Quando um funcionário sabe que pode contar com dez dias abonados por ano, dificilmente ele deixa de se aproveitar disso, esteja doente ou não. A empresa deve recompensar a *presença*, e não a *ausência*.

Por exemplo, a Starkmark International, uma empresa de marketing da Flórida que emprega 40 pessoas, paga 100 dólares para cada dia de licença de saúde não utilizado até o limite de uma bonificação de 600 dólares por ano pela excelência na freqüência.[46] A divisão de barcos elétricos da General Dynamic mantém uma loteria — com prêmios como 2.500 dólares em dinheiro ou vagas reservadas para estacionamento — com participação restrita aos funcionários com excelente desempenho de freqüência.[47] Os dois programas conseguiram reduzir significativamente o número de dias perdidos por motivo de licença-saúde, que passou a ser utilizada apenas quando a doença era realmente séria.

A revista *Forbes* utilizou a mesma abordagem para cortar seus custos com assistência médica.[48] Ela instituiu uma recompensa para os funcionários saudáveis que não utilizaram serviços médicos ao lhes pagar o dobro da diferença entre o valor de 500 dólares e as despesas de seu seguro-saúde. Assim, se um funcionário não fizesse uso de seu seguro-saúde durante um ano, receberia mil dólares. Com esse plano de recompensa pelo bem-estar, a *Forbes* conseguiu reduzir em mais de 30 por cento os seus gastos com assistência médica e odontológica.

Enquadramento de Funcionários Todo executivo terá de lidar algum dia com um funcionário-problema, do tipo que bebe no horário de trabalho, é insubordinado, furta coisas da empresa, chega sempre atrasado ou demonstra algum outro tipo de compor-

O aprendizado contínuo é uma exigência na Beck Group, uma empresa de construção civil. Todos os funcionários precisam passar por 40 horas de treinamento por ano. Por valorizarem a oportunidade de melhorar suas habilidades e conhecimentos, muitos deles optam por um treinamento adicional, o que resulta em uma média de 66 horas anuais de treinamento por funcionário. Os programas consistem em treinamento no trabalho (mostrado aqui) e cursos externos, que a empresa reembolsa a seus funcionários no valor de até 4.500 dólares por ano. A Beck também dá outras recompensas, como almoços de reconhecimento para os melhores funcionários e bonificações vinculadas à satisfação dos clientes.

tamento indesejado. O executivo vai reagir por meio de advertências verbais, orais ou escritas e suspensões temporárias. Mas nosso conhecimento acerca dos efeitos da punição sobre o comportamento indica que o uso desta disciplina pode sair caro. Ela pode significar apenas uma solução de curto prazo e resultar em sérios efeitos colaterais.

Medidas disciplinares para comportamentos indesejáveis apenas revelam o que *não deve* ser feito. Elas não dizem aos funcionários quais alternativas de comportamento são consideradas desejáveis. A conseqüência é que essa forma de punição leva somente a uma supressão de curto prazo do comportamento indesejável, não à sua eliminação. O uso contínuo de punições, em vez de tornar-se um reforço positivo, também acaba gerando um clima de medo. Como agente da punição, na mente do funcionário, o executivo é associado a conseqüências adversas. A reação dos funcionários é a de "se esconder" do chefe. Dessa forma, o uso das punições pode comprometer o relacionamento entre chefes e funcionários.

A disciplina faz parte da organização. Na vida prática, seu uso é popular por causa dos resultados rápidos que é capaz de produzir. Além disso, os administradores sentem um reforço com o uso da disciplina porque ela causa uma mudança imediata no comportamento do funcionário.

Desenvolvimento de Programas de Treinamento A maioria das organizações possui algum tipo de programa permanente de treinamento. Para ser mais específico, as empresas norte-americanas com mais de cem funcionários recentemente gastaram cerca de 62 bilhões de dólares em um ano com treinamento formal para 47,3 milhões de trabalhadores.[49] Essas organizações podem tirar proveito de nossa discussão sobre aprendizagem para aperfeiçoar a eficácia de seus programas de treinamento? Claro que sim.[50]

A teoria da aprendizagem social proporciona essa orientação. Ela nos diz que o treinamento deve oferecer um modelo capaz de prender a atenção do treinando; gerar motivação; ajudar o treinando a arquivar o aprendizado para uso posterior; oferecer oportunidades para a prática dos comportamentos recém-adquiridos; oferecer recompensas positivas pelas realizações e, quando o treinamento é feito fora do trabalho, dar oportunidade para que o treinando transfira seus novos conhecimentos para o trabalho na organização.[51]

Autogestão A aplicação, na organização, dos conceitos de aprendizagem não fica restrita à gestão do comportamento dos outros. Esses conceitos podem ser utilizados para que os indivíduos administrem seus próprios comportamentos e, dessa forma, diminuam a necessidade de controle gerencial. Isso é chamado de **autogestão**.[52]

A autogestão exige que o indivíduo deliberadamente manipule estímulos, processos internos e reações com a finalidade de atingir resultados em seu comportamento pessoal. O processo básico envolve a observação do próprio comportamento, a comparação com um padrão estabelecido e a auto-recompensa pelas metas atingidas.

Como a autogestão deve ser aplicada? Veja um exemplo. Um grupo de trabalhadores de um órgão público nos Estados Unidos recebeu oito horas de treinamento em técnicas de autogestão.[53] Eles viram, na ocasião, como esse aprendizado poderia melhorar seu índice de comparecimento ao trabalho e foram instruídos a estabelecer metas, de curto e médio prazos, específicas para este fim. Os funcionários aprenderam como redigir um contrato de comportamento consigo mesmos e como identificar reforços auto-selecionados. Finalmente, aprenderam a importância de automonitorar sua freqüência ao trabalho e a administrar incentivos quando suas metas fossem atingidas. O resultado final foi uma significativa melhora na freqüência ao trabalho dos participantes.

Resumo e implicações para os executivos

Neste capítulo, examinamos três variáveis individuais — características biográficas, habilidades e aprendizagem. Vamos, agora, tentar resumir o que descobrimos e considerar sua importância para o executivo que tenta compreender o comportamento organizacional.

Características biográficas

As características biográficas estão prontamente disponíveis para os executivos. Em sua maioria, essas informações podem ser encontradas nas fichas pessoais dos funcionários. As conclusões mais importantes que podemos tirar das evidências examinadas aqui é que a idade parece ter pouca relação com a produtividade e que os trabalhadores mais velhos ou com mais tempo de casa apresentam menor probabilidade de se demitir. Mas qual é o valor dessas informações para os executivos? A resposta óbvia é que elas podem ajudar a melhorar a seleção de candidatos a emprego.

Habilidades

As habilidades influenciam diretamente o nível de desempenho e de satisfação do funcionário por meio da correta adequação entre habilidades e as demandas da função. Uma vez que os administradores buscam uma compatibilidade ideal, o que pode ser feito nesse sentido?

Em primeiro lugar, um processo eficaz de seleção pode melhorar a adequação. Uma análise das tarefas pode fornecer informações sobre as habilidades requeridas para o melhor desempenho. Os candidatos podem, então, ser testados, entrevistados e avaliados quanto ao grau em que possuem as habilidades necessárias para o cargo.

Em segundo lugar, as promoções ou transferências que afetam os funcionários que já trabalham na empresa devem estar de acordo com as habilidades dos indicados. Da mesma forma que com os novos funcionários, é preciso avaliar cuidadosamente as habilidades críticas necessárias para a nova função e adequar essas exigências aos recursos humanos da empresa.

Em terceiro lugar, a adequação pode ser aprimorada por meio de modificações nas tarefas para que elas se adaptem melhor às habilidades dos que vão desempenhá-las. Freqüentemente é possível modificar alguns aspectos que, mesmo sem grande impacto sobre as atividades básicas da função, podem tirar proveito dos talentos específicos de um funcionário. Entre os exemplos, estão a mudança dos equipamentos utilizados no trabalho ou a reorganização de tarefas dentro de um grupo de funcionários.

Uma última alternativa é oferecer treinamento aos funcionários, tanto os novos como os antigos. O treinamento pode manter as habilidades dos responsáveis por determinadas tarefas ou, ainda, ensinar novas práticas caso elas sejam necessárias devido a mudanças nas condições de trabalho.

Aprendizagem

A primeira evidência de que ocorreu um aprendizado é haver uma mudança observável no comportamento.

Descobrimos que o reforço positivo é uma ferramenta poderosa para a modificação do comportamento. Por meio da identificação e da recompensa de comportamentos que melhorem o desempenho, os executivos podem aumentar a probabilidade de que eles sejam repetidos.

Nosso conhecimento sobre o processo de aprendizagem indica que o reforço é uma ferramenta mais eficaz que a punição. Embora a punição seja capaz de eliminar mais rapidamente o comportamento indesejado do que o reforço negativo, o comportamento punido costuma ser suprimido apenas por um período de tempo, sem provocar uma mudança permanente. O uso das punições também pode causar efeitos colaterais desagradáveis, como o baixo moral, o absenteísmo e um aumento da rotatividade. Além disso, os funcionários punidos podem ficar ressentidos com seus superiores. Recomenda-se aos chefes, portanto, que prefiram o reforço em lugar da punição.

Finalmente, os executivos devem esperar que os trabalhadores os vejam como modelos. Chefes que estão sempre atrasados, demoram muito em suas saídas para o almoço ou servem-se do material da empresa para uso próprio devem saber que seus subordinados vão ler a mensagem e modelar seus próprios comportamentos de acordo com o seu exemplo.

PONTO ▶ ◀ CONTRAPONTO

Todo comportamento humano é aprendido

Os seres humanos são essencialmente folhas de papel em branco que são escritas pelo ambiente. B.F. Skinner expressou sua crença no poder do ambiente para moldar o comportamento na seguinte frase: "Dê-me uma criança recém-nascida e poderei transformá-la naquilo que você quiser".

Um grande número de mecanismos sociais existe graças a essa convicção no poder do comportamento aprendido. Vamos identificar alguns deles:

O papel dos pais. Damos uma grande importância ao papel desempenhado por pais e mães na criação dos filhos. Acreditamos, por exemplo, que as crianças criadas sem a presença do pai são prejudicadas pela ausência de um modelo masculino de comportamento. Os pais que têm problemas contínuos com a Justiça correm o risco de serem afastados de seus filhos pelo governo. Esta medida é tomada porque a sociedade acredita que pais irresponsáveis não oferecem o ambiente adequado para as crianças.

A importância da educação. As sociedades mais avançadas investem pesadamente em educação. Geralmente, elas oferecem dez anos de escolaridade gratuita para todos. Em países como os Estados Unidos, freqüentar uma universidade depois da conclusão do segundo grau se tornou a norma, não uma exceção. Esse investimento é feito porque se acredita que é a melhor maneira de os jovens adquirirem conhecimentos e habilidades.

Treinamento no trabalho. Aqueles que não vão para a universidade costumam buscar programas de treinamento para desenvolver habilidades específicas para o trabalho. Eles fazem cursos para se tornarem mecânicos ou atendentes de enfermagem, entre outras ocupações. Da mesma forma, aqueles que pretendem ser profissionais autônomos procuram aprendizado para ocupações como carpinteiro, eletricista ou encanador. Além disso, as empresas investem bilhões a cada ano em programas de treinamento para manter seus funcionários atualizados.

Programas de recompensas. Programas complexos de recompensa são projetados pelas empresas para gratificar os funcionários pelo bom desempenho. Mas esses programas também visam motivar os funcionários. Eles são planejados para encorajar os comportamentos desejados pela empresa e reduzir ou eliminar os comportamentos indesejáveis. Os níveis salariais, por exemplo, visam recompensar a lealdade, estimular a aprendizagem de novas habilidades e motivar as pessoas a assumir maiores responsabilidades dentro da organização.

Todos esses mecanismos existem e florescem porque a sociedade e as empresas acreditam que as pessoas podem aprender e modificar seus comportamentos.

Muito embora as pessoas possam aprender e sejam influenciadas pelo meio ambiente, pouca atenção tem sido dada ao papel desempenhado pela evolução na modelagem do comportamento humano.[54] A psicologia evolucionista nos diz que nascemos com traços inerentes, ajustados e adaptados durante milhões de anos, que moldam e limitam nosso comportamento.

Todas as criaturas vivas são "projetadas" com uma combinação específica de genes. Como resultado da seleção natural, as características que ajudam uma espécie a sobreviver são mantidas e passadas para as novas gerações. A maioria das características que ajudaram o *Homo sapiens* a sobreviver ainda influenciam nosso comportamento. Aqui estão alguns exemplos:

Emoções. Os indivíduos na pré-história, à mercê de predadores e desastres naturais, aprenderam a confiar em seus instintos. Aqueles com melhores instintos sobreviveram. Hoje, as emoções funcionam como o primeiro filtro de todas as informações que recebemos. Sabemos que devemos agir racionalmente, mas as emoções nunca podem ser totalmente suprimidas.

Fuga dos riscos. Nossos antepassados que viviam de caça e coleta não eram muito adeptos de correr riscos. Eles eram muito cuidadosos. Hoje, quando nos sentimos confortáveis com o status quo, tendemos a ver todas as mudanças como riscos e, por isso, procuramos evitá-las.

Estereotipagem. Para prosperar em uma sociedade formada por clãs, nossos antepassados precisavam decidir rapidamente quais eram os indivíduos confiáveis. Os que conseguiam fazer isso mais rapidamente, tinham mais chances de sobreviver. Nos dias atuais, como nossos antepassados, usamos naturalmente os estereótipos, rotulando as pessoas a partir de algumas evidências vagas, especialmente por sua aparência e por alguns traços superficiais de comportamento.

Competitividade masculina. Os indivíduos do sexo masculino nas sociedades primitivas freqüentemente participavam de jogos ou batalhas que tinham vencedores e vencidos. Os vencedores obtinham status mais alto, eram vistos como parceiros mais atraentes e tinham mais probabilidade de procriar. Esse desejo de demonstrar virilidade e competência e de se engajar publicamente em batalhas persiste nos homens até hoje.

A psicologia evolucionista desafia a idéia de que as pessoas são livres para mudar seu comportamento por meio de aprendizado e treinamento. Isso não significa que não possamos aprender nada nem exercitar nosso livre arbítrio. O que ela defende é que temos predisposições naturais para agir e interagir de determinadas maneiras em determinadas circunstâncias. Conseqüentemente, descobrimos que as pessoas dentro das organizações com uma certa freqüência têm comportamentos que não parecem benéficos nem para elas, nem para seus empregadores.

Questões para revisão

1. Que previsões você pode fazer levando em conta características como idade, sexo e permanência no emprego?
2. Discuta a validade do uso dos testes para medir a inteligência na seleção de novos funcionários.
3. Descreva os passos específicos que você daria para assegurar que uma pessoa tem as habilidades adequadas para uma determinada função.
4. Explique o condicionamento clássico.
5. Explique as diferenças entre condicionamento clássico, condicionamento operante e aprendizagem social.
6. Como os funcionários podem aprender comportamentos antiéticos no trabalho?
7. Descreva os quatro tipos de reforço intermitente.
8. Quais são os cinco passos para a modificação do comportamento?
9. Se precisasse tomar uma ação disciplinar contra um funcionário, como você agiria especificamente?
10. Descreva os quatro processos para uma aprendizagem social bem-sucedida.

Questões para reflexão crítica

1. "Todas as organizações ganham ao contratar as pessoas mais inteligentes que podem encontrar." Você concorda com essa afirmação? Justifique sua resposta.
2. O que você acha que tem maior probabilidade de assegurar o sucesso: uma boa adequação entre *habilidade e função* ou entre *personalidade e organização*? Explique.
3. Além do histórico individual e do desempenho no trabalho, quais os outros fatores atenuantes que você acredita que um executivo deva considerar ao aplicar uma punição a um funcionário? A simples tentativa de utilizar circunstâncias atenuantes não transforma a ação disciplinar em um processo político?
4. Quais habilidades você considera mais importantes para o sucesso em posições de chefia?
5. Do que você aprendeu sobre "aprendizagem", o que pode ajudar a explicar o comportamento de alunos em uma sala de aula quando: (a) O professor dá apenas uma prova, o exame final, no encerramento do curso? (b) O professor dá quatro provas distribuídas durante todo o curso, todas elas anunciadas no primeiro dia de aula? (c) A nota do aluno baseia-se em diversas provas, nenhuma delas anunciada previamente pelo professor?

Exercício de grupo

Visão geral do exercício (passos 1 a 4)

Este exercício de dez passos dura cerca de 20 minutos.

1. Dois voluntários são escolhidos para receber reforços ou punições da classe durante a realização de uma determinada tarefa. Os voluntários saem da sala.
2. O professor identifica um elemento que os voluntários terão de localizar quando voltarem para a sala. (O elemento deve ser discreto, mas claramente visível para todos na classe. Exemplos que costumam funcionar bem são um pedaço de papel que ficou preso no quadro de anúncios, uma mancha de giz no quadro-negro ou um ponto descascado da pintura da parede.)
3. O professor especifica quais as ações que deverão ser usadas quando os voluntários retornarem. Para

Reforço positivo *versus* punição

a punição, eles deverão vaiar o primeiro voluntário quando este se afastar do elemento. Para o reforço positivo, deverão aplaudir o segundo voluntário sempre que ele se aproximar do elemento.

4. O professor deve designar um aluno para que registre o tempo que cada voluntário leva para identificar o elemento.

Voluntário 1 (passos 5 e 6)

5. O voluntário 1 é trazido de volta à sala e recebe a seguinte instrução: "Sua tarefa é localizar e tocar um determinado elemento na sala. Seus colegas vão tentar ajudá-lo. Você não pode fazer perguntas nem falar nada. Pode começar".
6. O voluntário 1 procura o elemento, recebendo o reforço negativo de seus colegas, até conseguir encontrá-lo.

Voluntário 2 (passos 7 e 8)

7. O voluntário 2 é trazido de volta à sala e recebe a seguinte instrução: "Sua tarefa é localizar e tocar um determinado elemento na sala. Seus colegas vão tentar ajudá-lo. Você não pode fazer perguntas nem falar nada. Pode começar".

8. O voluntário 2 procura o elemento, enquanto recebe reforço positivo de seus colegas, até encontrá-lo.

Revisão da classe (passos 9 e 10)

9. O aluno encarregado vai apresentar o registro do tempo consumido pelos voluntários na procura pelo elemento.

10. A classe vai discutir:
    a. Quais as diferenças no comportamento dos dois voluntários?
    b. Quais as implicações deste exercício para a modelagem de comportamento nas organizações?

Fonte: Adaptado de um exercício elaborado por Larry Michaelson, da Universidade de Oklahoma. Autorizado o uso.

Dilema ético — A modificação de comportamento é uma forma de manipulação?

Duas perguntas: A modificação do comportamento é uma forma de manipulação? E se for, é antiético os executivos manipularem o comportamento de seus funcionários?

Os críticos da modificação de comportamento dizem que ela é uma forma de manipulação. Eles argumentam que, quando o executivo seleciona conseqüências para controlar o comportamento dos funcionários, ele lhes tira sua individualidade e liberdade de escolha. Por exemplo, uma fábrica de autopeças em Kentucky reforça o cuidado com a segurança no trabalho por meio de um jogo chamado de bingo da segurança. A cada dia que a fábrica passa sem um acidente, os operários tiram um número para marcar em suas cartelas. O primeiro a completar a cartela ganha um aparelho de TV. Um programa como esse, segundo os críticos, pressiona os operários a agir de uma maneira que, provavelmente, não seria natural. Eles dizem que o programa estaria transformando seres humanos em focas amestradas de circo, que batem palmas para a platéia sempre que o treinador lhes atira um peixe. A diferença é que, em vez do peixe, o trabalhador ganha um aparelho de TV.

A questão ética relacionada à manipulação em geral está relacionada à definição do termo "manipulação". Algumas pessoas emprestam ao termo uma conotação negativa. Manipular significaria ser desonesto ou conivente com a desonestidade. Outros, entretanto, podem argumentar que a manipulação é apenas uma maneira elaborada de controlar resultados. Na verdade, pode-se dizer que "administrar é manipular" já que o objetivo é conseguir que as pessoas façam aquilo que o executivo deseja delas.

O que você acha?

Estudo de caso — Executivos que utilizam punições

Como gerente de vendas de uma concessionária de veículos em Nova Jersey, Charles Park eventualmente utiliza a punição como meio para aprimorar o desempenho de seus funcionários. Por exemplo, ele estava tendo problemas com um vendedor que atravessava uma fase ruim. Park conversou com ele, oferecendo-se para ajudá-lo a vender mais. Mas, depois de mais uma semana sem nenhuma venda, e diante da atitude despreocupada do funcionário, Park resolveu cobrá-lo. Ele gritou com o funcionário, disse-lhe que seu desempenho era inaceitável e atirou seu fichário nele. Park arfirmou: "Eu tinha conversado com ele antes e cheguei a oferecer ajuda, mas tínhamos de tomar alguma providência em relação às vendas. No dia em que atirei meu fichário nele, ele acabou vendendo dois carros". E Park não se recrimina por sua atitude. "Eu costumo jogar duro com todos os meus vendedores, mas eles sabem que é apenas porque quero que eles façam o melhor que podem. Se acho que isso é sempre eficiente? Não é. Mas se você fizer isso de vez em quando, funciona."

Aparentemente, Charles Park não está sozinho. Quando a pressão para cumprir metas e prazos torna-se muito grande, muitos executivos recorrem à punição como forma de motivar seus subordinados. Aubrey Daniels, consultora de motivação, diz que o administrador pode ser prejudicado quando não explicita para os subordinados que o mau desempenho pode trazer conseqüências negativas. "O reforço positivo é uma coisa que os funcionários merecem ter", diz Daniels. Ela cita casos em que vendedores de alto desempenho se recusam a fazer relatórios, por exemplo, mas continuam nas boas graças de seus chefes por causa dos seus resultados em vendas.

Muitos executivos lançam mão de ameaças para motivar seus funcionários: "Faça isso ou está demitido!". Isto parece funcionar para alguns funcionários. Rick Moyer, gerente de vendas da TuWay Wireless, no

Estado de Pensilvânia, argumenta que a punição pode, eventualmente, dar aquela "sacudida" nos vendedores preguiçosos ou inconscientes de seu mau desempenho. Ele cita, por exemplo, resultados individuais em suas reuniões, mesmo sabendo que isso pode ser embaraçoso para os que têm desempenhos mais fracos. E, para algumas pessoas, o constrangimento público funciona. Um de seus vendedores o procurou para dizer: "Fiquei embaraçado ao participar da reunião porque estou sempre abaixo da expectativa". O vendedor se comprometeu, voluntariamente, a trabalhar com mais afinco para melhorar seus resultados. E, de fato, assim ele fez.

Questões

1. Que condições você acha que justificam o uso da punição?

2. Você acredita que a maioria dos executivos utiliza a punição? Se sua resposta for positiva, explique o porquê.

3. Qual é o lado negativo do uso da punição? E do uso do reforço positivo?

4. Você já trabalhou para um chefe que utilizava a punição? Qual foi sua resposta em termos de comportamento?

CAPÍTULO 3

Valores, atitudes e satisfação com o trabalho

Depois de ler este capítulo, você será capaz de:

OBJETIVOS DO APRENDIZADO

1. Comparar valores terminais e instrumentais.
2. Listar os valores dominantes hoje em dia na força de trabalho.
3. Identificar as cinco dimensões dos valores da cultura de um país.
4. Comparar os três componentes de uma atitude.
5. Resumir o relacionamento entre atitudes e comportamento.
6. Identificar o papel da consistência em relação às atitudes.
7. Explicitar a relação entre satisfação com o trabalho e comportamento.
8. Identificar quatro respostas dos trabalhadores para a insatisfação.

A VSP é uma das maiores empresas de assistência oftalmológica dos Estados Unidos. Ela tem contratos com 20 mil empregadores, prestando assistência a cerca de 38 milhões de trabalhadores e seus dependentes.[1] A maior parte do pessoal da VSP trabalha na sede da empresa, nas imediações de Sacramento, a capital do Estado da Califórnia, mas a empresa também mantém funcionários trabalhando em um *call center* no Estado de Ohio e em 26 escritórios regionais espalhados pelos Estados Unidos.

Apesar da crescente concorrência, a VSP vem crescendo e prosperando. Na última década, por exemplo, sua força de trabalho quase triplicou, de 868 para 2.100 funcionários. Para se assegurar de que está atendendo às necessidades de sua crescente força de trabalho, a VSP realiza regularmente pesquisas sobre a satisfação dos funcionários.

Como membro da equipe de recursos humanos da VSP, Elaine Leuchars (na foto) faz pesquisas anuais com cada um dos funcionários da empresa — um quarto do total do quadro de pessoal a cada trimestre. Além disso, a VSP também utiliza os serviços de uma empresa de consultoria para uma pesquisa geral a cada dois anos. Juntos, esses levantamentos proporcionam a Leuchars e aos demais executivos da VSP uma leitura da "temperatura interna" da empresa e dicas sobre que áreas podem ser melhoradas. Quando as pesquisas indicam uma tendência negativa em uma divisão ou departamento, são criados grupos de foco para melhor compreender as dificuldades e coletar sugestões para as melhorias. A equipe de recursos humanos, então, oferece apoio para a criação de programas específicos para implementar essas idéias.

Leuchars acredita que a realização das pesquisas de satisfação externam uma importante mensagem para os funcionários da VSP: a empresa quer ouvir o que eles têm a dizer e as suas opiniões são valorizadas. Além disso, o fato de a empresa utilizar ativamente estas informações para melhorar as condições de trabalho vem rendendo dividendos. Nos últimos cinco anos, as respostas de bom, muito bom e excelente dadas pelos funcionários nas pesquisas de satisfação subiram de 93 para 98 por cento. Nesse mesmo período, a rotatividade caiu de 23 para 12 por cento. A VSP apareceu na lista da revista *Fortune* das "100 Melhores Empresas para se Trabalhar" por três anos consecutivos.

Como o uso das pesquisas da VSP indica, as atitudes dos funcionários têm importância. Neste capítulo, examinaremos as atitudes, suas ligações com o comportamento e os fatores que determinam a satisfação com o trabalho. Mas, primeiramente, vamos analisar a questão dos valores, como eles mudam a cada geração e o que essas mudanças significam na gestão de pessoas de diferentes faixas etárias.

Valores

A pena de morte é uma coisa certa ou errada? Se uma pessoa gosta do poder, isto é bom ou ruim? As respostas a essas perguntas envolvem critérios de valor. Alguns podem defender a pena de morte, argumentando que é o castigo adequado para crimes como homicídio ou traição. Outros vão argumentar, com a mesma veemência, que o Estado não tem o poder de tirar a vida de cidadãos.

Os **valores** representam convicções básicas de que "um modo específico de conduta ou de condição de existência é individualmente ou socialmente preferível a modo contrário ou oposto de conduta ou de existência".[2] Eles contêm um elemento de julgamento, baseado naquilo que o indivíduo acredita ser correto, bom ou desejável. Os valores possuem atributos tanto de conteúdo como de intensidade. O atributo de conteúdo determina que um modo de conduta ou de condição de existência é *importante*. O atributo de intensidade especifica *o quanto ele é importante*. Quando classificamos os valores de uma pessoa de acordo com sua intensidade, temos o **sistema de valores** dela. Todos nós temos uma hierarquia de valores que formam nosso sistema de valores. O sistema é identificado em termos da importância relativa que atribuímos a valores como liberdade, prazer, auto-respeito, honestidade, obediência e justiça.

Os valores são fluidos e flexíveis? De maneira geral, não. Os valores costumam ser relativamente estáveis e duradouros.[3] Uma parcela significativa de nossos valores é estabelecida durante a infância — a partir de nosso pais, professores, amigos ou outras pessoas. Quando crianças, ouvíamos que determinados comportamentos ou resultados eram *sempre* desejáveis ou *sempre* indesejáveis. Havia pouco espaço para ambigüidade. Você aprendia, por exemplo, que devia ser sempre honesto e responsável. Nunca lhe disseram para ser um pouco honesto ou levemente responsável. É esse aprendizado de valores absolutos, ou "preto no branco", que, de certa forma, garante a sua estabilidade e duração. O processo de questionamento de nossos valores, evidentemente, pode causar uma mudança. Mas o mais freqüente é que o questionamento sirva apenas para reforçar os valores que já temos.

A importância dos valores

Os valores são importantes no estudo do comportamento organizacional porque estabelecem a base para a compreensão das atitudes e da motivação, além de influenciarem nossas percepções. As pessoas entram para as organizações com noções preconcebidas das coisas que "devem" ou que "não devem" ser feitas. Evidentemente, essas noções não são desprovidas de valores. Pelo contrário, elas contêm interpretações do que é certo e errado. Além disso, implicam que certos comportamentos ou resultados sejam preferíveis a outros. Conseqüentemente, os valores encobrem a objetividade e a racionalidade.

Os valores geralmente influenciam as atitudes e o comportamento.[4] Suponhamos que você entre para uma empresa com a convicção de que a remuneração com base no desempenho é uma coisa correta e que a remuneração com base no tempo de casa é errada. Qual seria a sua reação ao descobrir que sua nova empresa remunera o tempo de casa em detrimento do desempenho? Provavelmente você ficaria desapontado — e isso poderia causar insatisfação com o trabalho e levá-lo à decisão de não se esforçar muito pois, "de qualquer forma, isto não vai resultar em mais dinheiro". Suas atitudes e seu comportamento seriam diferentes se seus valores fossem convergentes com a política de remuneração da empresa? É muito provável que sim.

Tipos de valores

Podemos classificar os valores? A resposta é: Sim! Nesta seção, examinaremos duas abordagens para o desenvolvimento da tipologia de valores.

Levantamento de Valores de Rokeach Milton Rokeach criou a Rokeach Value Survey (RVS), ou levantamento de valores de Rokeach, em português.[5] A RVS consiste em dois conjuntos de valores, cada qual com 18 itens. Um conjunto, chamado de **valores terminais**, refere-se a condições de existência desejáveis. Estes referem-se às metas que uma pessoa gostaria de atingir durante sua vida. O outro conjunto, chamado de **valores instrumentais**, contém os modos preferenciais de comportamento ou os meios para se chegar às metas dos valores terminais. O Quadro 3-1 mostra alguns exemplos comuns de cada conjunto.

Diversos estudos confirmam que os valores RVS variam muito de um grupo para outro.[6] Pessoas de uma mesma categoria ocupacional (executivos, sindicalistas, pais ou estudantes) tendem a ter valores similares. Por exemplo, um estudo comparou grupos de executivos, membros do sindicato dos metalúrgicos e membros de um grupo de ativistas comunitários. Embora houvesse algumas áreas de intersecção entre os três grupos,[7] havia também diferenças significativas. (Veja o Quadro 3-2.) Os ativistas tinham preferências por valores muito diferentes dos adotados pelos outros dois grupos. Eles consideravam "igualdade" como seu principal valor terminal; os executivos e os sindicalistas colocavam esse valor em 12º e 13º lugar, respectivamente. Os ativistas classificavam "ser prestativo" como o segundo mais importante valor instrumental. Os outros dois grupos classificavam esse valor em 14º. Essas diferenças são importantes, pois tanto os executivos como os sindicalistas e os ativistas têm seus próprios interesses no tocante à atuação das empresas. Estas diferenças tornam-se uma dificuldade quando estes grupos se põem a negociar entre si e podem causar conflitos sérios quando eles discutem sobre as políticas econômicas e sociais de uma organização.[8]

Geração Contemporânea de Trabalhadores Reuni uma série de análises recentes sobre valores no trabalho em quatro grupos na tentativa de capturar os valores próprios de diferentes gerações na força de trabalho nos Estados Unidos.[9] (Não existe uma presunção de que este modelo possa ser aplicado universalmente a diferentes culturas.).[10] O Quadro 3-3 propõe que os trabalhadores possam ser segmentados de acordo com a época em que entraram no mercado de trabalho. Como a maioria das pessoas começa a trabalhar entre 18 anos e 23 anos, essas épocas também têm uma correspondência aproximada com a idade cronológica dos trabalhadores.

Os trabalhadores que cresceram influenciados pela Grande Depressão, pela Segunda Guerra Mundial e pelo Muro de Berlin entraram para a força de trabalho entre os anos 50 e o começo dos anos 60 acreditando em trabalho duro, no status quo e em figuras de autoridade. Nós os chamamos *Veteranos*. Uma vez funcionários, costumavam ser leais aos seus patrões. Em termos dos valores terminais do RVS, essas pessoas provavelmente dão maior importância a uma vida confortável e à segurança familiar.

QUADRO 3-1 Valores Terminais e Instrumentais Segundo o Levantamento de Valores de Rokeach

Valores Terminais	Valores Instrumentais
Uma vida confortável (uma vida próspera)	Ambição (esforço no trabalho, vontade)
Uma vida emocionante (ativa, estimulante)	Visão ampla (mente aberta)
Um sentido de realização (contribuição duradoura)	Capacidade (competência, eficácia)
Um mundo em paz (livre de guerras ou conflitos)	Animação (alegria, contentamento)
Um mundo de beleza (beleza da natureza e das artes)	Limpeza (asseio, arrumação)
Igualdade (fraternidade, oportunidades iguais para todos)	Coragem (defesa de seus ideais)
Segurança familiar (cuidado com os entes queridos)	Perdão (capacidade de perdoar os outros)
Liberdade (independência, liberdade de escolha)	Ser prestativo (trabalhar pelo bem-estar dos demais)
Felicidade (contentamento)	Honestidade (sinceridade, ser verdadeiro)
Harmonia interior (liberação de conflitos interiores)	Imaginação (ousadia, criatividade)
Amor maduro (intimidade espiritual e sexual)	Independência (autoconfiança, auto-suficiência)
Segurança nacional (proteção contra ataques)	Intelectualidade (inteligência, capacidade de reflexão)
Prazer (uma vida com alegria e lazer)	Lógica (coerência, racionalidade)
Salvação (salvaguarda, vida eterna)	Afetividade (carinho, ternura)
Respeito por si próprio (auto-estima)	Obediência (ser respeitável, cumpridor dos deveres)
Reconhecimento social (respeito, admiração)	Polidez (cortesia, boas maneiras)
Amizade verdadeira (forte companheirismo)	Responsabilidade (compromisso, ser confiável)
Sabedoria (compreensão madura da vida)	Autocontrole (limites, autodisciplina)

Fonte: Reimpresso com permissão de The Free Press, uma divisão da Simon & Schuster Adult Publishing Group, extraído de *The nature of human values* de Milton Rokeach. Copyright © 1973 by *The Free Press*. Copyright renovado © 2001 by Sandra J. Ball-Rokeach. Todos os direitos rservados.

QUADRO 3-2 — Classificação dos Principais Valores dos Grupos de Executivos, de Sindicalistas e de Ativistas (apenas as cinco primeiras posições)

EXECUTIVOS		SINDICALISTAS		ATIVISTAS	
Valores Terminais	Valores Instrumentais	Valores Terminais	Valores Instrumentais	Valores Terminais	Valores Instrumentais
1. Respeito por si próprio (auto-estima)	1. Honestidade	1. Segurança familiar	1. Responsabilidade	1. Igualdade	1. Honestidade
2. Segurança familiar	2. Responsabilidade	2. Liberdade	2. Honestidade	2. Paz mundial	2. Ser prestativo
3. Liberdade	3. Capacidade	3. Felicidade	3. Coragem	3. Segurança familiar	3. Coragem
4. Sentido de realização	4. Ambição	4. Respeito por si próprio (auto-estima)	4. Independência	4. Respeito por si próprio (auto-estima)	4. Responsabilidade
5. Felicidade	5. Independência	5. Amor maduro	5. Capacidade	5. Liberdade	5. Capacidade

Fonte: Baseado em W.C. Frederick e J. Weber, "The values of corporate managers and their critics: an empirical description and normative implications", in W.C. Frederick e L.E. Preston (orgs.), *Business Ethics: research issues and empirical studies*. Greenwich: JAI Press, 1990, p. 123-144.

QUADRO 3-3 — Valores do Trabalho Dominantes na Força de Trabalho Atual

Grupo	Ingresso no mercado de trabalho	Idade atual aproximada	Valores trabalhistas dominantes
1. Veteranos	Anos 50 ou início dos anos 60	Mais de 60 anos	Trabalho árduo, conservadorismo, conformismo, lealdade à organização
2. Baby Boomers	1965 a 1985	De 40 anos a 60 anos	Sucesso, realização, ambição, rejeição ao autoritarismo, lealdade à carreira
3. Geração X	1985 a 2000	De 25 anos a 40 anos	Estilo de vida equilibrado, trabalho em equipe, rejeição a normas, lealdade aos relacionamentos
4. Geração da Tecnologia	De 2000 em diante	Menos de 25 anos	Auto-confiança, sucesso financeiro, independência pessoal junto com trabalho de equipe, lealdade a si mesmos e aos relacionamentos

Os *Baby Boomers* ingressaram na força de trabalho entre meados dos anos 60 e meados dos anos 80 foram muito influenciados pelos movimentos de direitos civis, pelos Beatles, pela guerra do Vietnã e pela competição do "baby boom". Eles carregaram consigo uma boa parcela da "ética hippie" e da desconfiança na autoridade, mas valorizam muito a realização pessoal e o sucesso material. São pragmáticos e acreditam que os fins podem justificar os meios. Eles vêem as organizações que os empregam como meros veículos para suas carreiras pessoais. Seus valores terminais mais altos são o sentido de realização e o reconhecimento social.

A chamada *Geração X* teve sua vida moldada pela globalização, pela carreira profissional do pai e da mãe, pela MTV, pela Aids e pelos computadores. Esses indivíduos valorizam a flexibilidade, um estilo de vida equilibrado e a obtenção de satisfação no trabalho. A família e os relacionamentos são muito importantes para eles. O dinheiro também tem sua importância como um indicador da qualidade de seu desempenho profissional, mas eles estão dispostos a trocar aumentos de salário, títulos, segurança e promoções por uma vida com mais opções e mais tempo para o lazer. Nessa busca pelo equilíbrio, as pessoas dessa geração estão menos dispostas a se sacrificar por seus empregadores do que as gerações precedentes. Na RVS, eles valorizam mais a amizade verdadeira, a felicidade e o prazer.

Os membros da *Geração da Tecnologia*, que ingressaram mais recentemente na força de trabalho, cresceram em tempos prósperos e, por isso, tendem a ser otimistas em relação à economia, a acreditar em si mesmos e em sua capacidade de ter sucesso. Essa geração não tem problemas com a diversidade e foi a primeira criada dentro da tecnologia. Desde crianças, estão habituados com DVDs, videocassetes, telefones celulares e Internet. São indivíduos que valorizam muito o dinheiro e querem tudo o que ele pode comprar. Eles buscam o sucesso financeiro. Como a geração que os antecedeu, gostam de trabalhar em equipes, mas confiam principalmente em si mesmos. Tendem a enfatizar valores terminais como liberdade e uma vida confortável.

A compreensão de que os valores individuais variam de uma pessoa para outra, mas costumam refletir os valores da sociedade em que o indivíduo foi criado, é uma valiosa ajuda para a explicação e a previsão de comportamentos. Os trabalhadores na faixa dos 60 anos, por exemplo, tendem a aceitar melhor a autoridade se comparados com seus colegas dez ou 15 anos mais jovens. Já os trabalhadores na casa dos 30 anos tendem, mais que seus pais, a se rebelar contra horas-extra e trabalho nos finais de semana, e têm maior probabilidade de largar uma carreira na metade para buscar outra que lhe ofereça mais tempo de lazer.

Valores, lealdade e comportamento ético

Houve um declínio na ética do mundo dos negócios? Os recentes escândalos em corporações, envolvendo manipulação de contas e conflitos de interesse, certamente levam a acreditar nesse declínio. Mas esse é um fenômeno recente?

Embora esta questão seja discutível, muita gente acredita que o declínio desses valores éticos começou no final da década de 1970.[11] Se houve um declínio dos padrões de ética, talvez nosso modelo de quatro gerações de valores dominantes no trabalho (veja o Quadro 3-3) possa fornecer uma explicação. Afinal de contas, os executivos sempre declararam que as ações de seus superiores são a principal influência sobre o comportamento ético em suas organizações.[12] Devido a esse fato, os valores das pessoas que ocupam os níveis médio e alto na gestão de uma empresa têm uma forte influência sobre todo o padrão ético da organização.

Em meados de década de 1970, a classe de executivos nos Estados Unidos era predominantemente formada pelos veteranos (a primeira geração no nosso quadro), cuja lealdade era com o empregador. Quando confrontados com dilemas éticos, suas decisões eram tomadas em termos do que seria melhor para a empresa. No final da década de 1970, os filhos do baby boom começaram a atingir os escalões mais altos. Logo depois, foram seguidos

ENFOQUE NA MÍDIA

Depois de 11 de setembro: a felicidade é a nova meta?

Temos de ser cuidadosos ao fazer generalizações a partir de pequenas amostras. Temos também de levar em conta que as pessoas têm memória curta. De qualquer maneira, aumenta o número de registros de pessoas que reorganizaram suas prioridades em conseqüência dos atentados terroristas em Nova York e Washington em 11 de setembro de 2001.

Tim Kennan é uma dessas pessoas. Ele era gerente de compras de uma empresa que trabalhava com produtos químicos para a agricultura. Quando o FBI foi à sua empresa para falar sobre segurança, ele tomou consciência de que seu trabalho podia estar pondo sua vida em risco por causa da onda de violência terrorista. Ele se demitiu e abriu seu próprio negócio, uma franquia de mala direta. "A tragédia de 11 de Setembro me deu coragem para fazer a coisa certa: arrumar um trabalho mais seguro e passar mais tempo com meu filho de nove anos", diz Kennan.

Outro caso é o de Angela Calman. Na época dos atentados, ela estava se formando na Escola Kennedy de Administração Pública da Universidade de Harvard e era cortejada por diversas empresas excelentes de relações públicas. Mas aquele acontecimento mudou suas prioridades. Ela assumiu o cargo de chefe de comunicações na Cleveland Clinic Foundations. Ela escolheu uma organização sem fins lucrativos porque decidiu "fazer alguma coisa que tivesse realmente um significado".

Outros sinais indicam que Kennan e Calman não estão sozinhos nesse processo de reavaliação de valores. A organização Teach for America, que faz a colocação de professores recém-formados em escolas públicas rurais e urbanas nos Estados Unidos, teve sua lista de candidatos triplicada no ano seguinte ao ataque. A conhecida instituição Peace Corps também registrou um grande aumento em suas inscrições naquele período.

Os ataques de 11 de Setembro levaram muitas pessoas a realizar profundas mudanças em suas aspirações e prioridades profissionais. Qual a magnitude deste fenômeno? Foi apenas uma reação temporária ou uma mudança radical de valores? Somente o tempo dirá.

Fonte: Baseado em S. Armour, "After 9/11, some workers turn their lives upside down", *USA Today*, 8 maio 2002, p. IA.

> Em sua expansão para outros países, a rede Wal-Mart aprendeu a importância de compreender as diferenças culturais no comportamento de seus funcionários. Na China, por exemplo, as pessoas estão acostumadas com vendedores ambulantes que gritam suas ofertas pelas ruas. Por isso, é perfeitamente aceitável que os vendedores das lojas da rede façam o mesmo com relação a ofertas especiais de produtos. Em comparação, essa atitude seria inaceitável em lojas de outros países, que não valorizam muito a agressividade e a competitividade, como a Suécia.

pela Geração X. No final dos anos 90, boa parte das posições de média e alta gerência das empresas eram ocupadas pelos Baby Boomers.

Para esse grupo a lealdade é com a carreira. Seu foco é em si mesmo e sua principal preocupação é "ser o primeiro". Esses valores podem ser coerentes com um declínio nos padrões éticos. Isso poderia ajudar a explicar o declínio dos padrões éticos no mundo dos negócios iniciado no final dos anos 70?

A novidade potencialmente positiva nessa análise é que os componentes da Geração X estão galgando o primeiro escalão. Como sua lealdade é devotada aos relacionamentos, é provável que considerem mais as implicações éticas de suas ações sobre as pessoas ao seu redor. O resultado disso? Podemos esperar durante as próximas duas décadas uma elevação dos padrões éticos nos negócios apenas como conseqüência da mudança de valores pessoais dos responsáveis pela gestão das organizações.

Os valores em diferentes culturas

No Capítulo 1, descrevemos a nova aldeia global e afirmamos que "os executivos precisam se capacitar para trabalhar com pessoas de diferentes culturas". Como os valores diferem de uma cultura para outra, o conhecimento dessas diferenças pode ser de grande valia para a explicação e a previsão do comportamento de funcionários vindos de diferentes países.

Um Referencial para a Avaliação de Culturas Uma das abordagens mais amplamente usadas na análise da variação entre diversas culturas foi elaborada por Geert Hofstede.[13] Ele pesquisou mais de 116 mil funcionários da IBM em 40 países a respeito de seus valores relativos ao trabalho e descobriu cinco dimensões de valores de uma cultura nacional. Elas são assim definidas:

- **Distância do poder.** O grau em que as pessoas de um país aceitam que o poder seja distribuído desigualmente dentro de instituições e organizações. Esta aceitação pode ser graduada em desde o relativamente igual (pouca distância do poder) até o extremamente desigual (muita distância do poder).
- **Individualismo *versus* coletivismo.** O individualismo refere-se ao grau em que as pessoas de um país preferem agir como indivíduos, e não como membros de grupos. O coletivismo significa um baixo grau de individualismo.
- **Quantidade na vida *versus* qualidade de vida.** A quantidade na vida refere-se ao grau de prevalência de valores como a agressividade, a busca por dinheiro e bens materiais e a competitividade. A qualidade de vida refere-se ao grau em que as pessoas valorizam os relacionamentos e mostram sensibilidade e preocupação com o bem-estar dos outros.[14]
- **Fuga de incertezas.** O grau em que as pessoas de um país preferem situações estruturadas em vez das desestruturadas. Nas culturas em que prevalece um alto grau de fuga de incertezas, as pessoas têm níveis mais altos de ansiedade, que se manifestam como maior nervosismo, estresse e agressividade.
- **Orientação para longo prazo *versus* para curto prazo.** As pessoas de culturas com orientação para longo prazo pensam no futuro e valorizam a frugalidade e a persistência. Valores de orientação de curto prazo dão mais importância ao passado e ao presente, enfatizando o respeito às tradições e o cumprimento de obrigações sociais.

Quais as conclusões da pesquisa de Hofstede? Aqui seguem algumas delas. A China e a África Ocidental obtiveram alta pontuação em distância do poder; os Estados Unidos e a Holanda obtiveram baixa pontuação. A maioria dos países asiáticos mostrou-se mais coletivista que individualista; e no quesito inividualismo os Estados Unidos obtiveram a mais alta pontuação. A Alemanha e Hong Kong obtiveram alta pontuação na valorização da quantidade; a Rússia e a Holanda pontuaram baixo nesse quesito. Sobre a fuga de incertezas, a França e a Rússia obtiveram alta pontuação; Hong Kong e os Estados Unidos, baixa. China e Hong Kong demonstraram orientação para longo prazo, enquanto a França e os Estados Unidos demonstraram orientação para curto prazo.

O Modelo Globe para o Estudo de Culturas As dimensões culturais apontadas pela pesquisa de Hofstede se tornaram a estrutura básica para fazer a diferenciação entre culturas. Isso apesar de os dados da pesquisa se concentrarem em uma única empresa e de ela ter sido realizada há mais de 30 anos. Desde então, muita coisa mudou no mundo. Algumas das mudanças mais óbvias são o fim da União Soviética, a unificação da Alemanha, o fim do *apartheid* na África do Sul e o surgimento da China como potência global. Todos estes acontecimentos sugerem a necessidade de uma atualização das dimensões de diferenciação entre culturas. O projeto Globe oferece essa atualização.[15]

Iniciado em 1993, o projeto de pesquisa Globe (Global Leadership and Organizational Behavior Effectiveness)* é uma investigação sobre cultura e liderança em diferentes nações. Utilizando dados de 825 organizações em 62 países, o Globe identificou nove dimensões em que as culturas nacionais diferem entre si (ver o Quadro 3-4 para exemplos de cada dimensão).

- *Agressividade.* A extensão em que a sociedade estimula as pessoas a serem duras, confrontadoras, agressivas e competitivas, em contraste com serem suaves e humildes. Essa dimensão equivale ao valor relativo a quantidade na vida do modelo de Hofstede.
- *Orientação para o futuro.* A extensão em que a sociedade estimula e recompensa as pessoas por pensarem no futuro, por meio de comportamentos como o planejamento, investimentos e adiamento de recompensas. Essa dimensão equivale à orientação para longo prazo no modelo de Hofstede.
- *Diferenças entre os sexos.* A extensão em que a sociedade maximiza as diferenças dos papéis sexuais.
- *Fuga de incertezas.* Da mesma forma que a identificada por Hofstede, o Globe define esta dimensão como a extensão em que a sociedade se baseia em normas e procedimentos para lidar com a imprevisibilidade de futuros acontecimentos.
- *Distância do poder.* Da mesma forma que Hofstede, o Globe define essa dimensão como o grau em que as pessoas de um país aceitam que o poder seja distribuído desigualmente nas instituições e nas organizações.
- *Individualismo/coletivismo.* Novamente, como no modelo de Hofstede, essa dimensão é definida como o grau em que as pessoas são estimuladas pelas instituições sociais a se integrar em grupos dentro das organizações e da sociedade.
- *Coletivismo de grupo.* Ao contrário do foco nas instituições sociais, essa dimensão refere-se à extensão em que as pessoas se sentem orgulhosas de participar de pequenos grupos, como a família, um círculo de amigos ou a empresa para a qual trabalham.
- *Orientação para o desempenho.* Refere-se à extensão em que a sociedade estimula e recompensa as pessoas por sua melhoria de desempenho e excelência.
- *Orientação humanista.* Refere-se à extensão em que a sociedade estimula e recompensa as pessoas por serem justas, altruístas, generosas, atenciosas e gentis com as outras. Aproxima-se da dimensão de qualidade de vida de Hofstede.

Uma comparação entre as dimensões identificadas no modelo de Hofstede e as do projeto Globe sugere que estas últimas são uma extensão daquelas, não uma substituição. O projeto Globe confirma que as cinco dimensões identificadas por Hofstede são ainda válidas. Entretanto, o projeto somou algumas dimensões extras e ofereceu uma mensuração mais atualizada da pontuação de cada país em cada uma delas. Por exemplo, na década de 1970 os Estados Unidos obtiveram a mais alta pontuação em individualismo no mundo, mas agora ficam entre as nações intermediárias nessa dimensão. Podemos esperar que os novos estudos sobre questões multiculturais no comportamento humano e em práticas organizacionais se utilizem cada vez mais das dimensões identificadas pelo projeto Globe para avaliar as diferenças entre os países.

Implicações para o Comportamento Organizacional Há vinte anos, poderíamos dizer que nossos conceitos sobre *comportamento organizacional* tinham um forte viés norte-americano. A maioria deles foi desenvolvida por estudiosos norte-americanos com base em aspectos do contexto interno dos Estados Unidos. Por exemplo, um estudo amplo, publicado no início dos anos 80 e que incluiu mais de 11 mil artigos em publicações sobre administração e comportamento organizacional durante um período de dez anos, revelou que cerca de 80 por cento daqueles trabalhos foram realizados nos Estados Unidos e dirigidos por pesquisadores norte-americanos.[16] Mas os tempos mudaram.[17] Embora a maioria da literatura sobre o assunto ainda seja focada nos norte-americanos, as pesquisas recentes têm uma abrangência significativamente maior, incluindo a Europa, a América Latina, a África e a Ásia. Além disso, a pesquisa sobre questões multiculturais desponta em diferentes países.[18]

---

* Que poderia ser traduzido por Eficácia Global de Liderança e Comportamento Organizacional. (N. T.)

QUADRO 3-4	Destaques dos Resultados do Projeto Globe		
Dimensão	Países com baixa pontuação	Países com pontuação mediana	Países com alta pontuação
Assertividade	Suécia Nova Zelândia Suíça	Egito Irlanda Filipinas	Espanha Estados Unidos Grécia
Orientação para o futuro	Rússia Argentina Polônia	Eslovênia Egito Irlanda	Dinamarca Canadá Holanda
Diferença entre sexos	Suécia Dinamarca Eslovênia	Itália Brasil Argentina	Coréia do Sul Egito Marrocos
Fuga de incertezas	Rússia Hungria Bolívia	Israel Estados Unidos México	Áustria Dinamarca Alemanha
Distância do poder	Dinamarca Holanda África do Sul	Inglaterra França Brasil	Rússia Espanha Tailândia
Individualismo/coletivismo (*)	Dinamarca Cingapura Japão	Hong Kong Estados Unidos Egito	Grécia Hungria Alemanha
Coletivismo de grupo	Dinamarca Suécia Nova Zelândia	Japão Israel Chatar	Egito China Marrocos
Orientação para o desempenho	Rússia Argentina Grécia	Suécia Israel Espanha	Estados Unidos Taiwan Nova Zelândia
Orientação humanista	Alemanha Espanha França	Hong Kong Suécia Taiwan	Indonésia Egito Malásia

(*) A baixa pontuação aqui é sinônimo de coletivismo

Fonte: M. Javidan e R.J. House, "Cultural acumen for the global manager: lessons from project GLOBE", *Organizational Dynamics*, primavera de 2001, p. 289-305. Copyright © 2001. Reproduzido com autorização da Elsevier.

O comportamento organizacional se tornou uma disciplina global e, como tal, seus conceitos precisam refletir os diferentes valores culturais dos povos de diferentes países. Felizmente inúmeras pesquisas têm sido publicadas nos últimos anos, o que nos permite especificar quando os conceitos de comportamento organizacional são aplicáveis para diferentes culturas e quando não são. Ao logo dos próximos capítulos faremos sempre comentários sobre a possibilidade de generalização dos conceitos de comportamento organizacional, bem como sobre a necessidade de sua adequação para cada cultura específica.

Atitudes

As **atitudes** são afirmações avaliadoras — favoráveis ou desfavoráveis — em relação a objetos, pessoas ou eventos. Refletem como um indivíduo se sente em relação a alguma coisa. Quando digo "gosto do meu trabalho", estou expressando minha atitude em relação ao trabalho.

As atitudes não são o mesmo que os valores, mas ambos estão inter-relacionados. Você pode perceber isso ao examinar os três componentes de uma atitude: cognição, afeto e comportamento.[19]

A convicção de que "discriminar é errado" é uma afirmação avaliadora. Essa opinião é o **componente cognitivo** de uma atitude. Ela estabelece a base para a parte mais crítica de uma atitude: o seu **componente afetivo**. O afeto é o segmento da atitude que se refere ao sentimento e às emoções e se traduz na afirmação "não gosto do John porque ele discrimina as minorias". Finalmente, e vamos discutir este assunto em maior profundidade mais adiante, o sentimento pode provocar resultados no comportamento. O **componente comportamental** de uma atitude se refere à intenção de se comportar de determinada maneira em relação a alguém ou alguma coisa. Então, para continuar em nosso exemplo, posso decidir evitar a presença de John por causa dos meus sentimentos em relação a ele.

Encarar as atitudes como compostas por três componentes — cognição, afeto e comportamento — é algo muito útil para compreender sua complexidade e as relações potenciais entre atitudes e comportamento. Mas, para efeito de clareza, tenha em mente que o termo *atitude* normalmente é usado para se referir essencialmente à parte afetiva dos três componentes.

Também tenha em mente que, ao contrário dos valores, as atitudes são menos estáveis. As mensagens publicitárias, por exemplo, procuram mudar suas atitudes em relação a certos produtos ou serviços: se o pessoal da Ford conseguir despertar em você um sentimento favorável em relação a seus carros, essa atitude pode levá-lo a um comportamento desejável (para eles) — você comprar um veículo dessa marca.

Dentro das organizações, as atitudes são importantes porque afetam o comportamento no trabalho. Se os trabalhadores acreditam, por exemplo, que os supervisores, auditores, chefes e engenheiros de produção estão todos conspirando para fazê-los trabalhar mais pelo mesmo salário, é importante tentar compreender como essa atitude surgiu, sua relação com o comportamento real dos trabalhadores e como isso pode ser mudado.

Tipos de atitudes

Uma pessoa pode ter milhares de atitudes, mas o estudo do comportamento organizacional se concentra em um número limitado delas, relacionadas ao trabalho. Essas atitudes revelam avaliações positivas ou negativas que os trabalhadores têm em relação a diversos aspectos de seu ambiente de trabalho. A maior parte das pesquisas na área de comportamento organizacional tem focalizado três tipos de atitudes: satisfação com o trabalho, envolvimento com o trabalho e comprometimento organizacional.[20]

Satisfação com o Trabalho   O termo **satisfação com o trabalho** se refere à atitude geral de uma pessoa em relação ao trabalho que ela realiza. Uma pessoa que tem um alto nível de satisfação com seu trabalho apresenta atitudes positivas em relação a ele, enquanto uma pessoa insatisfeita apresenta atitudes negativas. Quando se fala em atitudes do trabalhador, quase sempre se refere à satisfação com o trabalho. Na verdade, freqüentemente as duas expressões são usadas como termos equivalentes. Como os pesquisadores de comportamento organizacional atribuem uma grande importância à satisfação no trabalho, faremos uma análise mais detalhada dessa atitude mais adiante neste capítulo.

Envolvimento com o Trabalho   O termo **envolvimento com o trabalho** é um acréscimo mais recente à literatura sobre o comportamento organizacional.[21] Embora não exista um consenso sobre o significado do termo, uma definição viável estabelece que o envolvimento com o trabalho é o grau em que uma pessoa se identifica psicologicamente com seu trabalho e considera seu desempenho nele como um fator de valorização pessoal.[22] Os funcionários com alto nível de envolvimento com o trabalho se identificam profundamente com ele e, realmente, preocupam-se com o tipo de trabalho que realizam.

Um alto nível de envolvimento com o trabalho relaciona-se positivamente à cidadania organizacional e ao desempenho.[23] Além disso, demonstrou-se que altos níveis de envolvimento com o trabalho estão ligados a um absenteísmo menor e a índices mais baixos de demissões voluntárias.[24] No entanto, o envolvimento com o traba-

Arnold Carbone (ao centro) tem um alto nível de satisfação no seu trabalho e demonstra uma atitude muito positiva em relação a ele. Carbone, que é responsável pelo desenvolvimento de novos sabores de sorvete para a empresa Ben & Jerry's, viaja o mundo todo provando as mais diversas sobremesas. Foi dele a criação de sabores como o Phish Food e Wavy Gravy.

lho parece ser um indicador mais consistente da rotatividade do que do absenteísmo, respondendo por 16 por cento da variação do primeiro.[25]

Comprometimento Organizacional A terceira atitude no trabalho que vamos discutir é o **comprometimento organizacional**, definido como a situação em que o trabalhador se identifica com uma empresa e seus objetivos, desejando manter-se parte dessa organização.[26] Assim, enquanto o envolvimento no trabalho significa uma identificação com as tarefas realizadas, o comprometimento organizacional diz respeito à identificação com a organização na qual se trabalha.

Parece haver uma relação positiva entre o comprometimento organizacional e a produtividade, mas ela não chega a ser significativa.[27] Da mesma maneira que o envolvimento com o trabalho, as evidências de pesquisa demonstram uma relação negativa entre o comprometimento organizacional e altos níveis de rotatividade e absenteísmo.[28] De fato, estudos demonstram que o nível individual de comprometimento organizacional é um indicador muito melhor para prever a rotatividade do que a satisfação com o trabalho, que é mais comumente usada como previsor, sendo capaz de explicar até 34 por cento do índice de rotatividade.[29] O comprometimento organizacional provavelmente é um indicador melhor por se tratar de uma resposta mais global e duradoura à organização como um todo do que a satisfação com o trabalho.[30] Um funcionário pode não estar satisfeito com suas funções atuais e, assim, considerá-las como temporárias, enquanto continua satisfeito com a organização em que trabalha como um todo. Quando a insatisfação abrange a imagem da empresa em si, há maior probabilidade de que as pessoas se demitam.

O maior problema com estas evidências é que a maioria foi pesquisada há quase três décadas. Portanto, elas precisam ser melhoradas para refletir as mudanças ocorridas no relacionamento entre empregado e empregador. O contrato informal de lealdade entre empregados e empregadores que existia há 30 anos está seriamente abalado, e a idéia de um funcionário permanecer em uma única organização pela maior parte de sua carreira se tornou obsoleta. Dessa forma, "medidas do vínculo entre funcionário e empresa, tais como o comprometimento, são problemáticas dentro do novo cenário das relações de trabalho".[31] Isso sugere que o comprometimento *organizacional* é uma atitude relacionada ao trabalho que tem menos importância hoje. Podemos esperar que algo em seu lugar, como um comprometimento *ocupacional*, torne-se uma variável mais relevante já que refletiria melhor a fluidez atual da força de trabalho.[32]

Atitudes e consistência

Você já reparou como as pessoas mudam o que dizem para não contradizer suas ações? Talvez um amigo seu costume repetir insistentemente que a qualidade dos carros importados é superior à dos carros nacionais e que ele jamais compraria um veículo que não fosse estrangeiro. Mas ele acaba de ganhar de seu pai um carro fabricado no país e, de repente, o produto não é mais tão ruim. Ou quando uma caloura tenta uma vaga nos clubes estudantis da sua universidade, fazendo apologia dessas entidades, e é barrada em todos eles, pode mudar de opinião, dizendo: "Afinal, o convívio em um desses clubes também não é tudo isso que dizem!".

As pesquisas mostram que, geralmente, as pessoas buscam consistência em suas próprias atitudes e entre suas atitudes e seu comportamento.[33] Isso significa que as pessoas procuram reconciliar atitudes divergentes e alinhar atitudes com comportamento de maneira que ambos pareçam racionais e coerentes. Quando surge uma inconsistência, desencadeiam-se forças que levam o indivíduo de volta ao estado de equilíbrio em que as atitudes e o comportamento se tornam coerentes novamente. Isso pode acontecer por meio da modificação da atitude ou do comportamento, ou ainda através de uma racionalização capaz de justificar a discrepância. Os executivos da indústria de cigarros são um bom exemplo.[34] Como — talvez você pergunte — esses indivíduos convivem com a enxurrada de dados que vinculam o hábito de fumar aos problemas de saúde? Eles podem argumentar que ainda não houve uma prova definitiva de que o câncer é causado pelo cigarro. Podem fazer uma lavagem cerebral em si próprios falando continuamente sobre os benefícios do fumo. Podem ter consciência das conseqüências negativas do hábito de fumar, mas racionalizam afirmando que as pessoas vão fazê-lo de qualquer modo e que as empresas do ramo apenas atendem a uma liberdade de escolha. Podem aceitar as evidências das pesquisas e começar a agir mais ativamente para produzir cigarros menos nocivos ou, pelo menos, reduzir sua disponibilidade para grupos mais vulneráveis, como os adolescentes. Ou, se a dissonância for demasiada, podem abandonar seus empregos.

Teoria da dissonância cognitiva

Podemos presumir, com base nesse princípio da consistência, que o comportamento de uma pessoa é previsível se conhecermos suas atitudes em relação a um determinado assunto? Se o Sr. Jones considera o nível de remuneração de sua empresa muito baixo, um aumento substancial de salário mudaria seu comportamento e o faria trabalhar com mais vigor? Infelizmente, a resposta para esta questão é bem mais complexa do que apenas um sim ou um não.

No final da década de 1950, Leon Festinger propôs a teoria da **dissonância cognitiva**.[35] Essa teoria busca explicar o vínculo existente entre atitudes e comportamentos. A dissonância é uma inconsistência. A dissonância cognitiva se refere a qualquer incompatibilidade que um indivíduo percebe entre duas ou mais de suas atitudes ou entre sua atitude e seu comportamento. Festinger afirmava que qualquer forma de inconsistência é desconfortável e que as pessoas sempre tentam reduzir a dissonância e, assim, o desconforto. Portanto, as pessoas buscam um estado de estabilidade, em que há o mínimo possível de dissonância.

Evidentemente, ninguém consegue evitar totalmente a dissonância. Você sabe que é errado trapacear na sua declaração de renda, mas todo ano "arredonda" os números para baixo e torce para não cair na malha fina. Ou você manda seus filhos escovar os dentes depois de cada refeição, embora *você* não faça isto. Então, como as pessoas lidam com isso? Festinger propõe que o desejo de reduzir a dissonância é determinado pela *importância* dos elementos que a criam, o grau de *influência* que a pessoa acredita ter sobre esses elementos e as *recompensas* que podem estar envolvidas na dissonância.

Se os elementos que geram a dissonância forem de pouca importância relativa, a pressão para a eliminação do desequilíbrio será pequena. Entretanto, digamos que uma executiva — a Sra. Smith — acredita firmemente que nenhuma empresa tem o direito de poluir o ar ou a água. Infelizmente, devido a suas atribuições, ela se vê na situação de tomar decisões que, por um lado, envolvem a lucratividade da empresa e, por outro, suas próprias atitudes em relação à poluição. Ela sabe que é do interesse econômico da empresa despejar os detritos de sua fábrica no rio local (o que presumimos ser legal). O que ela vai fazer? Obviamente, a Sra. Smith está passando por um alto grau de dissonância cognitiva. Por causa da importância dos elementos que geram essa dissonância, não se pode esperar que a Sra. Smith simplesmente ignore essa inconsistência. Existem vários caminhos que ela pode seguir ao lidar com esse dilema. Ela pode mudar seu comportamento (parar de poluir o rio). Pode tentar reduzir a dissonância racionalizando que seu comportamento dissonante não é tão importante assim ("Preciso sobreviver e, como tomadora de decisões empresariais, freqüentemente tenho de colocar os interesses da minha organização acima dos interesses da sociedade ou do meio ambiente."). Uma terceira alternativa seria mudar sua atitude ("Não há nada de errado em poluir o rio."). Uma outra saída, ainda, seria buscar outros elementos consonantes para contrabalancear os dissonantes ("Os benefícios trazidos para a sociedade com a fabricação dos nossos produtos superam amplamente o custo causado pela poluição do rio.").

O grau de influência que os indivíduos acreditam ter sobre os elementos vai influir no seu modo de reagir à dissonância. Se eles percebem a dissonância como algo sobre o qual não têm escolha, mostram-se menos receptivos a uma mudança de atitude. Se, por exemplo, o comportamento que produz dissonância for uma ordem de seus superiores, a pressão para a redução da dissonância será menor do que se o comportamento fosse voluntário. Embora a dissonância exista, ela pode ser racionalizada e justificada.

As recompensas também influenciam o grau de motivação das pessoas para reduzir a dissonância. Grandes recompensas acompanhando alta dissonância tendem a reduzir a tensão inerente à situação. As recompensas agem sobre essa redução, aumentando a coluna das consistências na folha de balanço do indivíduo.

Esses fatores moderadores sugerem que, quando as pessoas experimentam uma dissonância, elas não buscam necessariamente a consistência, ou seja, não procuram reduzir a dissonância. Se os fatos que causam a dissonância são de pouca importância, se o indivíduo percebe que a dissonância é causada por uma imposição externa e incontrolável, ou se as recompensas são suficientemente significativas para superar a dissonância, o indivíduo não sentirá grande pressão para reduzi-la.

Quais são as implicações organizacionais da teoria da dissonância cognitiva? Ela pode ajudar na previsão da propensão às mudanças de atitudes e de comportamento. Por exemplo, se, por força de seu cargo ou função, as pessoas precisam dizer ou fazer coisas que contradizem suas atitudes pessoais, elas tenderão a mudar suas atitudes para torná-las compatíveis com a cognição daquilo que vieram a dizer ou fazer. Além disso, quanto maior a dissonância — depois de minimizada pelos fatores de importância, escolha e recompensa —, maior a pressão para sua redução.

Mensuração do relacionamento A-C

Afirmamos neste capítulo que as atitudes afetam o comportamento. As primeiras pesquisas sobre atitudes já propuseram que elas apresentavam uma relação causal com o comportamento, ou seja, que as atitudes de uma pessoa determinam o que ela faz. O próprio senso comum também sugere esse relacionamento. Não parece lógico que as pessoas assistam aos programas de TV dos quais dizem gostar ou que os funcionários tentem evitar tarefas que consideram desagradáveis?

Entretanto, no final da década de 1960, esta relação presumida entre atitudes e comportamento (A-C) foi desafiada por uma revisão da pesquisa.[36] Com base na avaliação de diversos estudos que investigaram a relação A-C, os revisores concluíram que as atitudes não se relacionam com o comportamento ou, no máximo, rela-

A empresa J.M. Smucker, fabricante de doces e geléias, quer que seus funcionários tenham um papel ativo na comunidade. Ela estimula seus funcionários a contribuir com a comunidade ao oferecer, por exemplo, folgas remuneradas para a realização de trabalho voluntário. Brenda Dempsey (na foto), diretora de comunicação corporativa da Smucker, põe em prática o seu compromisso com o serviço voluntário ao dar aulas de ética nos negócios, técnicas de solução de problemas e de tomada de decisões em uma escola secundária.

cionam-se muito vagamente com o comportamento.[37] As pesquisas mais recentes demonstram que as atitudes podem prever de forma significativa o comportamento futuro e confirmam a convicção original de Festinger de que esse relacionamento pode ser melhorado levando-se em consideração as variáveis moderadoras[38].

Variáveis Moderadoras Os moderadores mais poderosos foram determinados como *importância* da atitude, sua *especificidade*, sua *acessibilidade*, existência de *pressões sociais* e *experiência direta* da pessoa com a atitude.[39]

As atitudes importantes são aquelas que refletem valores fundamentais, interesse próprio ou identificação com indivíduos ou grupos que são valorizados pela pessoa. Atitudes que os indivíduos consideram importantes tendem a mostrar uma forte relação com o comportamento.

Quanto mais específica a atitude e quanto mais específico o comportamento, mais forte é o vínculo entre ambos. Por exemplo, perguntar a um funcionário qual é, especificamente, sua intenção em continuar na empresa pelos próximos seis meses pode prever com mais exatidão a sua permanência, ou não, do que perguntar se ele está satisfeito com a remuneração.

As atitudes que são lembradas mais facilmente têm maior probabilidade de prever o comportamento do que aquelas de difícil acesso na memória. Curiosamente, temos mais probabilidade de lembrar as atitudes que são freqüentemente expressas. Assim, quanto mais falamos sobre nossa atitude em relação a um dado assunto, mais nos lembramos desta atitude e maior a probabilidade de que ela molde nosso comportamento.

Há uma maior probabilidade de que ocorram discrepâncias entre as atitudes e o comportamento quando a pressão social para determinados comportamentos é muito grande. Isso tende a caracterizar o comportamento nas organizações e pode explicar por que um funcionário com atitudes claramente anti-sindicais participa de reuniões do sindicato ou por que os executivos da indústria de cigarros, que não são fumantes e acreditam que o fumo causa câncer, não fazem nada para desestimular seus colegas a fumar no escritório!

Finalmente, a relação entre atitude e comportamento costuma ser mais forte quando a atitude diz respeito a algo de que a pessoa tem experiência direta. A previsão de comportamento que obtemos perguntando a um grupo de estudantes, sem qualquer experiência significativa de trabalho, como seria trabalhar para um supervisor autoritário é muito menos confiável do que se fizéssemos a mesma pergunta para funcionários que trabalharam realmente para um chefe assim.

Teoria da Autopercepção Embora a maioria dos estudos envolvendo a relação A-C tenha obtido resultados positivos, outros pesquisadores conseguiram correlações ainda mais amplas mirando em outra direção: eles procuraram determinar se o comportamento influencia as atitudes. Essa abordagem, chamada de **teoria da autopercepção**, obteve descobertas bastante animadoras. Vamos fazer uma revisão sucinta dessa teoria.[40]

Quando perguntadas sobre sua atitude em relação a um tema qualquer, as pessoas se lembram dos comportamentos relevantes acerca do assunto e, então, inferem sua atitude a partir do seu comportamento. Assim, se perguntamos a um trabalhador o que ele acha de ser um especialista em treinamento na rede Marriott de hotéis, ele provavelmente vai pensar: "tenho esse emprego na Marriott há dez anos. Ninguém me obrigou a ficar. Portanto, devo gostar do emprego!". A teoria da autopercepção argumenta, assim, que as atitudes são utilizadas, depois do fato consumado, para dar sentido a uma ação que já ocorreu, e não como guias que fornecem orientação prévia a uma ação. Ao contrário do que prega a teoria da dissonância cognitiva, aqui as atitudes são apenas afirmações verbais casuais. Quando se pergunta às pessoas sobre suas atitudes e elas não têm fortes sentimentos ou convicções, a teoria da autopercepção diz que elas tendem a criar respostas plausíveis.

A teoria da autopercepção vem sendo muito apoiada.[41] Enquanto a relação atitude-comportamento é geralmente positiva, a relação comportamento-atitude é mais forte. Isso é particularmente verdadeiro quando as atitudes são vagas e ambíguas. Quando temos pouca experiência com relação a um determinado assunto, ou pensamos pouco sobre ele, tendemos a inferir nossa atitude a partir do nosso comportamento. Entretanto, se nossas atitudes já foram estabelecidas previamente e são bastante definidas, elas provavelmente orientarão o nosso comportamento.

Uma aplicação: enquetes sobre atitudes

Tudo o que foi visto até aqui indica que o conhecimento das atitudes dos funcionários pode ser muito útil para os administradores em sua tentativa de prever o comportamento deles. Mas como obter informações sobre as atitudes dos funcionários? Com sugere o texto de abertura deste capítulo, no exemplo da VSP, o método mais popular é a utilização das **enquetes sobre atitudes.**[42]

Essas enquetes apresentam uma série de afirmações ou perguntas cuja pontuação indica o grau de concordância do pesquisado. Alguns exemplos: os níveis salariais desta empresa são compatíveis com os praticados no mercado; meu trabalho faz uso do melhor da minha capacidade ou eu sei o que meu chefe espera de mim. Preferencialmente, os itens devem ser escolhidos sob medida para obter as informações específicas de interesse dos executivos. É estabelecida uma pontuação de atitudes, resultante da soma das respostas fornecidas pelo funcionário. Pode-se, então, calcular a pontuação média para cada grupo funcional, departamento, divisão ou para a organização como um todo.

Os resultados dessas enquetes freqüentemente surpreendem os executivos. Por exemplo, os administradores de uma das unidades da Springfield Remanufacturing acreditavam que tudo estava uma maravilha.[43] Como os funcionários se envolviam ativamente nas decisões da unidade e a lucratividade estava em alta em toda a organização, os executivos presumiam que o moral estava alto. Para confirmar sua convicção, realizaram uma pequena enquete. Perguntou-se aos funcionários se eles concordavam ou não com as seguintes afirmações: (1) suas opiniões são acatadas no ambiente de trabalho; (2) aqueles que sentem vontade de se tornarem líderes dentro da empresa têm essa oportunidade; (3) nos últimos seis meses, alguém na empresa conversou com você sobre seu desenvolvimento pessoal. No resultado da enquete, 43 por cento discordavam da primeira afirmação, 48 por cento discordavam da segunda, e 62 por cento, da terceira. Os administradores ficaram perplexos. Como aquilo estava acontecendo? Por mais de 12 anos, foram realizadas naquela unidade reuniões de avaliação no chão da fábrica todas as semanas. E a maioria dos executivos vinha das hostes trabalhadoras. Os executivos reagiram criando uma comissão de representantes de todos os departamentos da unidade e dos três turnos. A comissão descobriu que havia uma série de pequenas coisas que estavam alienando os funcionários. Como resultado, colheu-se uma série de sugestões que, depois de implementadas, melhoraram significativamente a percepção dos funcionários sobre sua influência na tomada de decisões e sobre suas oportunidades de carreira naquela divisão.

A utilização freqüente dessas enquetes oferece aos executivos um valioso feedback sobre como os funcionários percebem suas condições de trabalho. Políticas e práticas, que para os administradores são objetivas e justas, podem ser vistas como injustas pelos funcionários em geral ou por algum grupo deles. É importante para a administração saber se estas percepções distorcidas resultaram em atitudes negativas em relação ao trabalho e à organização. Isso acontece porque, como veremos no Capítulo 5, o comportamento dos funcionários se baseia em percepções, não na realidade. O uso regular de enquetes sobre atitudes pode alertar sobre problemas potenciais e as intenções dos funcionários e permitir que se possam empreender ações para evitar repercussões.[44]

Atitudes e a diversidade da força de trabalho

Os executivos têm se preocupado cada vez mais com a mudança nas atitudes dos funcionários no que se refere a assuntos como raça, sexo e outros aspectos da diversidade. Um comentário feito a um colega do sexo oposto, que há 20 anos seria tomado como um galanteio — por exemplo, um homem dizendo a uma colega que o calçado que ela está usando é sexy —, hoje pode se tornar o fim de uma carreira. Por esse motivo, as empresas estão investindo em treinamento para remodelar as atitudes de seus funcionários.

Nos Estados Unidos, a maioria dos grandes empregadores e uma grande parte dos pequenos e médios mantêm algum tipo de treinamento para a diversidade.[45] Alguns exemplos: os policiais de Escondido, California, recebem 36 horas por ano de treinamento sobre diversidade. A Agência Federal de Aviação dos EUA patrocina um seminário obrigatório sobre diversidade, com oito horas de duração, para seus funcionários na região da costa do Pacífico. A rede de restaurantes Denny colocou todos os seus gerentes em um programa de treinamento sobre diversidade de dois dias, com um programa diário de sete a nove horas.

Como são esses programas sobre diversidade e como buscam a mudança de atitudes?[46] Quase todos eles incluem uma fase de auto-avaliação. As pessoas são induzidas a fazer um auto-exame e a encarar os seus possíveis

> Depois de pagar indenizações de mais de 50 milhões de dólares por conta de processos de discriminação racial contra clientes negros, a rede norte-americana de restaurantes Denny's passou a treinar todos seus funcionários para ajudá-los a melhorar sua atitude em relação à diversidade étnica e cultural. A foto mostra alguns funcionários celebrando os 50 anos da empresa, incluindo Ray Hood-Phillips (à direita, na frente), gerente do departamento voltado à questão. Hoje, a Denny's está na lista da revista *Fortune* das "melhores empresas norte-americanas para as minorias".

estereótipos étnicos e culturais. Depois, elas costumam participar de discussões de grupo ou painéis com representantes dos diversos grupos. Dessa forma, um vietnamita pode descrever sua vida familiar no sudeste da Ásia e explicar por que veio morar na Califórnia; ou uma lésbica pode contar como foi a descoberta de sua identidade sexual e qual a reação da família e dos amigos quando ela resolveu se assumir.

Outras atividades adicionais planejadas para mudar atitudes incluem o trabalho voluntário em centros de serviços sociais ou comunitários para que os participantes possam conviver com representantes de diversas minorias, e exercícios para fazer com que os participantes sintam como é a experiência de ser diferente. Por exemplo, quando assistem ao filme *Eye of the Beholder*, cuja história fala de pessoas discriminadas e estereotipadas em função da cor de seus olhos, os participantes podem sentir o que é ser julgado por uma característica sobre a qual não se tem qualquer controle. Depois dos atentados de 11 de Setembro, muitas empresas incluíram treinamentos para a diversidade focados na convivência com os colegas de trabalho naturais do Oriente Médio ou muçulmanos.

Satisfação com o trabalho

Discutimos anteriormente, em termos sucintos, a satisfação com o trabalho — tanto no início deste capítulo como no Capítulo 1. Nesta seção, vamos examinar esse conceito mais cuidadosamente. Como medimos a satisfação com o trabalho? Qual a sua influência sobre a produtividade, o absenteísmo e a rotatividade dos funcionários?

Mensuração da satisfação com o trabalho

Definimos anteriormente a satisfação com o trabalho como a atitude geral de uma pessoa em relação ao trabalho que realiza. Esta definição é, obviamente, muito ampla[47] — ainda que seja inerente ao conceito. Lembre-se, o trabalho de uma pessoa é muito mais do que as atividades óbvias, como organizar papéis, programar um computador, atender clientes ou dirigir um caminhão. O trabalho requer a convivência com colegas e superiores, a obediência às regras e políticas organizacionais, o alcance de padrões de desempenho, a aceitação de condições de trabalho geralmente abaixo do ideal e outras coisas do gênero.[48] Isso significa que a avaliação que um funcionário faz de sua satisfação ou insatisfação com o trabalho é resultado de uma complexa somatória de diferentes elementos. Como, então, podemos medir esse conceito?

As duas abordagens mais comumente utilizadas são a *classificação única global* e a *soma de pontuação*, formadas por diferentes facetas do trabalho. A classificação única global nada mais é do que perguntar aos funcionários questões do tipo "Levando tudo em consideração, o quanto você está satisfeito com o seu trabalho?". Os funcionários respondem marcando as alternativas propostas, de um a cinco, que correspondem a avaliações que vão de "extremamente satisfeito" a "extremamente insatisfeito". Já a somatória das facetas do trabalho é mais sofisticada. Ela identifica elementos-chave no trabalho e pergunta ao funcionário qual a sua opinião sobre cada um deles.

Fatores típicos incluídos aqui são a natureza do trabalho, a supervisão, a remuneração atual, as oportunidades de promoção e o relacionamento com os colegas.[49] Esses fatores são classificados em uma escala padronizada e, depois, somados para se obter uma pontuação geral da satisfação no trabalho.

Alguma dessas abordagens é superior à outra? Poderíamos pensar intuitivamente que essa última, que avalia diversos aspectos do trabalho, pode levar a um resultado mais acurado da mensuração da satisfação com o trabalho. A pesquisa, contudo, não confirma essa intuição.[50] Parece ser uma daquelas raras situações em que a simplicidade funciona tão bem quanto a complexidade. As comparações entre esses dois métodos mostram que o primeiro funciona tão bem quanto o segundo. A melhor explicação para isso é que o conceito de satisfação com o trabalho é tão amplo que uma única pergunta pode capturar sua essência.

Quão satisfeitas as pessoas estão com seu trabalho?

A maioria das pessoas está satisfeita com seu trabalho? A resposta parece ser um sonoro "sim" nos Estados Unidos e em boa parte dos países mais desenvolvidos. Estudos independentes realizados junto a trabalhadores norte-americanos nos últimos 30 anos costumam indicar que eles, em sua maioria, estão satisfeitos com seus empregos.[51] Embora a variação das respostas seja grande — vai desde um piso de 50 por cento até um teto de 70 por cento —, um número maior de pessoas se declara feliz com seu trabalho do que as que se declaram infelizes. Além disso, este resultado pode ser estendido para outros países desenvolvidos. Por exemplo, estudos semelhantes foram realizados no Canadá, no México e alguns países europeus, com mais resultados positivos que negativos.[52]

Apesar destes resultados positivos, as tendências atuais não são muito encorajadoras. As evidências indicam um acentuado declínio da satisfação com o trabalho desde o início da década de 1990. Um estudo da Conference Board revelou que 58,6 por cento dos norte-americanos estavam satisfeitos com seu trabalho em 1995. Em 2002, essa porcentagem baixou para 50,4 por cento.[53] O declínio mais acentuado ocorreu na faixa etária de 35 a 44 anos. Em 1995, 61 por cento deste grupo se diziam satisfeitos. Em 2002, esse número caiu para apenas 47 por cento.

Quais os fatores que podem explicar esta queda recente da satisfação no trabalho? Os especialistas sugerem que ela pode ser creditada ao esforço dos empregadores em aumentar a produtividade, o que resulta em sobrecarga de trabalho e prazos menores para a realização das tarefas. Outro motivo, freqüentemente citado nas queixas dos trabalhadores, é o fato de eles terem menos controle sobre seu trabalho.[54]

O efeito da satisfação com o trabalho sobre o desempenho

O interesse dos executivos quanto à satisfação no trabalho costuma se centrar nos seus efeitos sobre o desempenho dos funcionários. Os pesquisadores perceberam esse interesse e, portanto, encontramos vários estudos voltados a avaliar o impacto da satisfação com o trabalho sobre a produtividade, o absenteísmo e a rotatividade dos funcionários. Vamos examinar a situação atual dos conhecimentos nessa área.

Satisfação e Produtividade Como conclui o texto do quadro "Mito ou Ciência", funcionários felizes não são, necessariamente, funcionários mais produtivos. No nível individual, a evidência sugere exatamente o contrário — a produtividade é que conduz à satisfação.

A Esselte, fabricante de materiais para escritório, melhorou a satisfação de seus funcionários ao lhes dar maior controle sobre seu trabalho. Tendo de enfrentar a competição das indústrias chinesas, que trabalham a custo muito menor, a Esselte pediu o comprometimento de seus funcionários para aumentar a eficiência. Eles, então, elaboraram planos para a redução de estoques em 20 milhões de dólares e de desperdícios em 40 por cento, ajudando, assim, a Esselte a competir com mais eficácia.

MITO OU CIÊNCIA?

"Funcionários felizes são funcionários produtivos"

Esta afirmação geralmente é falsa. O mito de que "funcionários felizes são funcionários produtivos" foi criado nas décadas de 1930 e 1940 como resultado, principalmente, dos estudos de Hawthorne, conduzidos por pesquisadores na Western Electric. Com base nessas conclusões, as empresas começaram a se esforçar para tornar seus funcionários mais felizes com práticas como a adoção de uma liderança nos moldes de *laissez-faire*, a melhoria das condições de trabalho, a expansão dos benefícios de saúde e familiares, com a oferta de seguro de vida e de bolsas de estudo, a organização de piqueniques e de outras reuniões informais da empresa, além de prover serviços de aconselhamento.

Mas estas práticas paternalistas baseavam-se em descobertas questionáveis. Uma análise cuidadosa dos resultados das pesquisas revela que, se é que existe um relacionamento positivo entre felicidade (ou seja, satisfação) e produtividade, essa correlação é baixa — algo entre +0,17 e +0,30. Isso significa que não mais que 3 a 9 por cento da variância do resultado pode ser atribuída à satisfação do funcionário[55]. Essa conclusão parece ser generalizável para um contexto internacional.[56]

Tomando por base as evidências, uma conclusão mais exata é que, na verdade, ocorre o inverso — funcionários produtivos é que tendem a ser funcionários felizes. Ou seja, a produtividade leva à satisfação e não o contrário.[57] Quando você realiza um bom trabalho, você se sente interiormente bem com isso. Além disso, pressupondo que a empresa recompensa a produtividade, seu melhor desempenho pode significar o reconhecimento verbal, um aumento de remuneração e a probabilidade de uma promoção. Essas recompensas, por seu lado, aumentam o seu nível de satisfação com seu trabalho. ■

Mas é interessante notar que, quando passamos do nível individual para o da organização, existe um novo embasamento para a relação original entre satisfação e desempenho.[58] Quando os dados relativos à satisfação e à produtividade são coletados em termos da organização como um todo, e não no nível individual, descobrimos que as organizações com funcionários mais satisfeitos tendem a ser mais eficazes do que aquelas com funcionários menos satisfeitos. Talvez um dos motivos pelo qual a tese da relação entre satisfação e produtividade não conseguiu um bom embasamento seja que os estudos sempre enfocaram o indivíduo — e não a organização — e as medidas de produtividade individual não levam em consideração todas as interações e a complexidade do processo de trabalho. Dessa forma, embora não possamos dizer que um *funcionário* feliz é mais produtivo, podemos afirmar que as *organizações* felizes são mais produtivas.

Satisfação e Absenteísmo Encontramos uma relação negativa consistente entre satisfação e absenteísmo, mas a correlação é moderada — geralmente menos de +0,40 e provavelmente próximo de +0,20.[59] Embora faça sentido o fato de que funcionários insatisfeitos são mais propensos a faltar ao trabalho, outros fatores têm um impacto nesse relacionamento e reduzem o coeficiente de correlação. Por exemplo, você se lembra da discussão sobre abono de faltas por doença *versus* prêmios por freqüência, no Capítulo 2? As organizações que facilitam as faltas por motivo de saúde estimulam todos os funcionários — inclusive aqueles que estão absolutamente satisfeitos — a faltar mais. Supondo que você tem inúmeros interesses variados, você pode estar satisfeito com seu trabalho e, ainda assim, considerar que é bom tirar um dia de folga para "emendar" seu fim de semana ou para tomar sol em um dia de verão se essa ausência não lhe custar qualquer penalidade.

Um exemplo excelente de como a satisfação leva diretamente a uma maior freqüência ao trabalho quando o impacto de outros fatores é mínimo é um estudo realizado na Sears Roebuck.[60] Os dados sobre a satisfação estavam disponíveis para os funcionários nas duas sedes da Sears, em Chicago e em Nova York. Além disso, é bom lembrar que a Sears tinha uma política de não tolerar ausências de funcionários por razões evitáveis, sob pena de punição. A ocorrência de uma nevasca fora de época em Chicago, no dia 2 de abril, criou a oportunidade para que se comparasse a freqüência dos funcionários deste escritório com a de Nova York, onde o tempo estava perfeitamente normal. A dimensão mais interessante deste estudo é que a nevasca deu aos funcionários de Chicago uma desculpa natural para não comparecer ao trabalho. A tempestade de neve comprometeu todo o tráfego da cidade e as pessoas sabiam que poderiam faltar ao trabalho sem correr risco de penalidades. Esse experimento natural permitiu comparar as freqüências dos funcionários, satisfeitos e insatisfeitos, nos dois locais — um, onde todos deveriam estar trabalhando (com as pressões normais para isso), e o outro, onde havia a possibilidade de escolha, sem punição. Se a satisfação leva ao comparecimento quando não existem outros fatores de influência, os funcionários mais satisfeitos de Chicago deveriam comparecer ao trabalho, enquanto os insatisfeitos ficariam em casa. O estudo revelou que, naquele 2 de abril, enquanto os índices de absenteísmo em Nova York foram iguais para funcionários satisfeitos e insatisfeitos, em Chicago os funcionários com maior nível de satisfação compareceram ao trabalho em número muito maior do que os insatisfeitos. Esses resultados são exatamente os esperados para corroborar a tese de que a satisfação está negativamente relacionada com o absenteísmo.

Satisfação e Rotatividade A satisfação também está negativamente relacionada com a rotatividade, mas esta correlação é mais forte do que aquela encontrada com o absenteísmo.[61] Aqui também existem outros fatores de influência, como as condições do mercado, as expectativas quanto às oportunidade no emprego e o tempo de casa, que são limitadores importantes na decisão de deixar o emprego.[62]

A evidência indica que um importante redutor da relação entre satisfação e rotatividade é o nível de desempenho do trabalhador.[63] Mais especificamente, o nível de satisfação é menos importante para prever a rotatividade de trabalhadores com desempenho superior. Por quê? As organizações geralmente fazem grandes esforços para manter esses funcionários. Eles recebem aumentos de salário, elogios, reconhecimento, mais oportunidades de promoções e assim por diante. Com os funcionários de pior desempenho, acontece exatamente o contrário. Faz-se pouco esforço para mantê-los no emprego. Pode haver até algumas pressões sutis para encorajá-los a deixar a organização. Podemos esperar, portanto, que a satisfação com o trabalho seja mais importante para influenciar os funcionários de pior desempenho a se manterem no emprego. Qualquer que seja o nível de satisfação, os funcionários de melhor desempenho têm maior tendência a permanecer na organização porque recebem reconhecimento, elogios e outras recompensas que os convencem a continuar no emprego.

Satisfação com o trabalho e a cidadania organizacional

Parece lógico pressupor que a satisfação no trabalho pode ser o principal fator determinante do comportamento de cidadania organizacional.[64] Funcionários satisfeitos parecem mais propensos a falar bem da organização, a ajudar os colegas e a ultrapassar as expectativas em relação ao seu trabalho. Além disso, funcionários satisfeitos podem estar mais dispostos a ir além de suas atribuições regulares porque querem retribuir suas experiências positivas. As primeiras discussões sobre cidadania organizacional consideraram, em conformidade com essa visão, que ela tinha uma relação próxima com a satisfação.[65] Evidências mais recentes, contudo, sugerem que a satisfação influencia a cidadania organizacional, mas por meio da percepção de justiça.

Existe uma relação genérica tênue entre a satisfação com o trabalho e o comportamento de cidadania organizacional.[66] Mas quando existe um ambiente de justiça, a satisfação não parece estar relacionada com o comportamento de cidadania organizacional.[67] O que isso significa? Basicamente, que a satisfação com o trabalho engloba os conceitos de resultados, tratamento e procedimentos justos.[68] Se você não vê justiça em seu chefe, nos procedimentos da empresa ou em sua política de remuneração, sua satisfação com o trabalho cai consideravelmente. Entretanto, quando você percebe que os processos e resultados da empresa são justos, cria-se a confiança. E, quando você confia em seu empregador, tem mais boa vontade para se engajar voluntariamente em comportamentos que excedam suas atribuições regulares.

Satisfação com o trabalho e a satisfação dos clientes

Como foi discutido no Capítulo 1, os empregados do setor de serviços freqüentemente interagem com os clientes. Como a administração das empresas de serviços preocupa-se em satisfazer seus clientes, cabe aqui perguntar: a satisfação dos funcionários está relacionada com a avaliação positiva por parte dos clientes? No que diz respeito àqueles funcionários na linha de atendimento, que mantêm contato constante com os clientes, a resposta é "Sim".

> Enfrentando uma crise na satisfação de seus clientes, cotada em 17 por cento, e uma rotatividade na casa dos 25 por cento, o Sarasota Memorial Hospital criou equipes para melhorar as condições de trabalho de seus funcionários e o atendimento aos clientes. Em resposta às queixas de falta de estacionamento na área do hospital, o novo foco na satisfação dos clientes começou com um serviço de manobristas para os pacientes, mostrado na foto. Com a mudança de foco, o hospital conseguiu reduzir a rotatividade em 16 por cento e elevou o índice de satisfação dos clientes para 90 por cento.

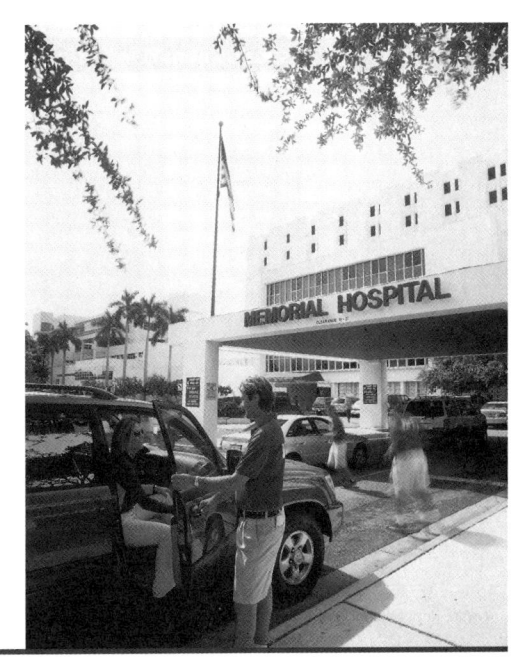

As evidências indicam que funcionários satisfeitos aumentam a satisfação e a lealdade dos clientes.[69] Isso acontece porque a retenção ou a perda de clientes nas empresas de serviços dependem muito da maneira como eles são tratados pelo pessoal de linha de frente. Funcionários satisfeitos costumam ser mais amáveis, alegres e atenciosos — traços apreciados pelos clientes. Como os funcionários satisfeitos tendem a permanecer mais tempo no emprego, há maior probabilidade de os clientes encontrarem rostos familiares e receberem o atendimento que já conhecem. Estes aspectos são responsáveis pela construção da satisfação e da lealdade dos clientes. Esta relação também parece ser aplicável ao sentido inverso: clientes descontentes podem aumentar a insatisfação dos funcionários. Funcionários que mantêm contato regular com clientes relatam que, quando eles se comportam de maneira rude, insensível ou irracional, sua satisfação no trabalho é afetada negativamente.[70]

Muitas organizações vêm agindo com base nessas evidências. Empresas norte-americanas de serviços — como a FedEx, Southwest Airlines, Four Seasons Hotels, American Express e Office Depot — dedicam-se totalmente à satisfação de seus clientes. Para isso, também buscam a satisfação de seus funcionários — sabem que este é o melhor caminho para agradar os clientes. Essas empresas contratam pessoas alegres e gentis, treinam os funcionários sobre a importância do atendimento ao cliente, recompensam essas atitudes, oferecem um clima positivo de trabalho e avaliam regularmente a satisfação dos funcionários por meio de pesquisas de opinião.

As conseqüências da insatisfação

O que acontece quando os funcionários estão insatisfeitos no trabalho? A insatisfação dos funcionários pode ser expressa de diversas maneiras.[71] Por exemplo, em vez de pedir demissão, os funcionários podem reclamar, tornar-se insubordinados, furtar algo da empresa ou fugir de suas responsabilidades de trabalho. O Quadro 3-5 mostra quatro tipos de respostas que diferem entre si ao longo de dois eixos: construtivo/destrutivo e ativo/passivo. Elas são definidas da seguinte maneira:[72]

- **Saída.** Comportamento dirigido para o abandono da empresa, incluindo a busca de um novo emprego e a demissão.
- **Comunicação.** Tentativa ativa e construtiva de melhorar as condições, incluindo a sugestão de melhorias, a discussão dos problemas com os superiores e algumas formas de atividade sindical.
- **Lealdade.** Espera passiva, mas otimista, de que as condições melhorem, incluindo a defesa da organização às críticas externas e a crença de que a empresa e seus dirigentes farão "a coisa certa".
- **Negligência.** Deixar as coisas piorarem, incluindo o absenteísmo ou atrasos crônicos, redução do empenho e aumento os índices de erros.

Os comportamentos saída e negligência englobam nossas variáveis de desempenho — produtividade, absenteísmo e rotatividade. Mas esse modelo amplia as alternativas de respostas dos funcionários, incluindo a comunicação e a lealdade — comportamentos construtivos que permitem que os indivíduos tolerem situações desagradáveis ou revivam condições de trabalho satisfatórias. Ele nos ajuda a compreender algumas situações, como as de

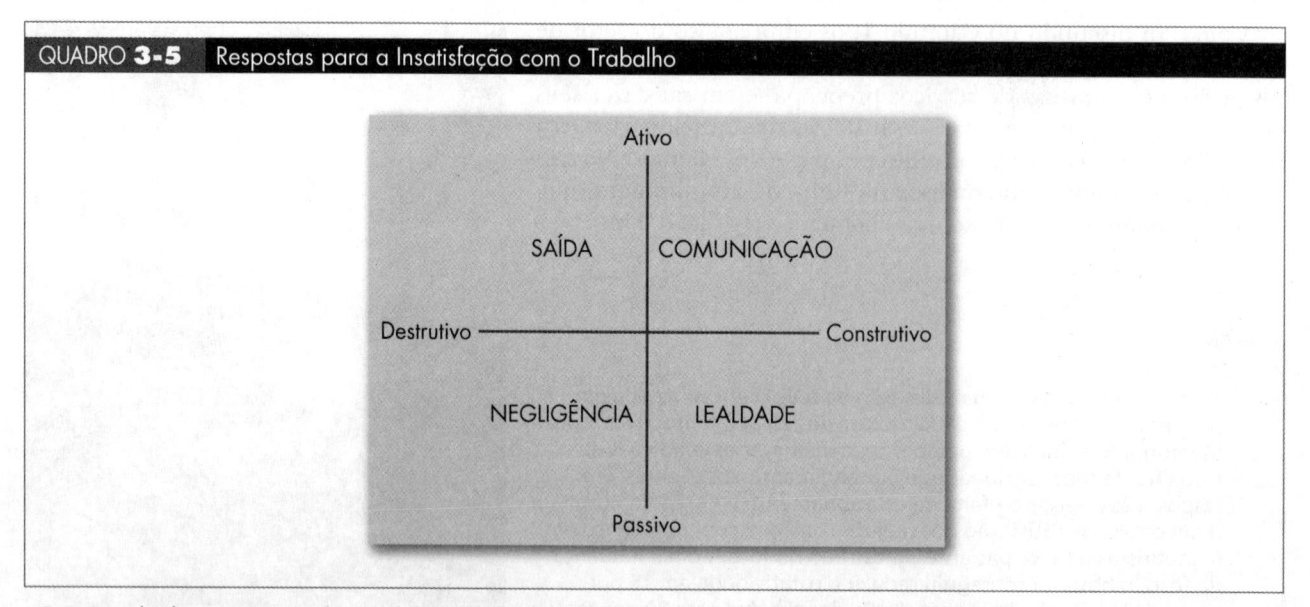

QUADRO 3-5 Respostas para a Insatisfação com o Trabalho

	Destrutivo	Construtivo
Ativo	SAÍDA	COMUNICAÇÃO
Passivo	NEGLIGÊNCIA	LEALDADE

Fonte: Reproduzido com autorização de *Journal of Applied Psychology*, vol.15, n.1, p.83. © V.H. Winston & Sons, Inc., Palm Beach. Todos os direitos reservados.

trabalhadores sindicalizados, quando a baixa satisfação no trabalho se junta a reduzidas taxas de rotatividade.[73] Os membros de sindicatos geralmente expressam sua insatisfação através dos procedimentos formais de agravo e de negociação. Esses mecanismos de comunicação permitem que os sindicalistas continuem em seus empregos ao mesmo tempo que se convencem de que estão fazendo alguma coisa para melhorar a situação.

Resumo e implicações para os executivos

Por que é importante conhecer os valores de uma pessoa? Embora não tenham impacto direto sobre o comportamento, os valores influenciam fortemente as atitudes dos indivíduos. Portanto, o conhecimento do sistema de valores de uma pessoa pode ajudar no entendimento de suas atitudes.

Como os valores de cada pessoa são diferentes, os executivos podem utilizar o Levantamento de Valores de Rokeach para avaliar candidatos a emprego a fim de determinar se seus valores são convergentes com aqueles da organização. O desempenho e a satisfação com o trabalho de um funcionário tendem a ser maiores quando seus próprios valores coincidem com os da organização. Por exemplo, uma pessoa que valoriza a criatividade, independência e liberdade provavelmente não irá se adaptar muito bem em uma organização que busca a conformidade de seus funcionários. Os executivos costumam valorizar mais, avaliar positivamente e alocar recompensas para os funcionários mais "ajustados" e estes se sentem mais satisfeitos quando percebem que se ajustam. Isso leva à conclusão de que os executivos devem se preocupar, durante a seleção de candidatos, em encontrar os indivíduos que tenham não apenas as habilidades, experiências e motivação requeridas pelo emprego, mas que também tenham um sistema de valores compatível com o da organização.

Os executivos devem buscar conhecer as atitudes de seus funcionários porque elas fornecem indicadores de problemas potenciais, além de influenciarem o comportamento. Funcionários satisfeitos e comprometidos, por exemplo, apresentam índices mais baixos de rotatividade e absenteísmo. Como os executivos querem manter as demissões e as ausências em níveis bem baixos — especialmente entre os funcionários mais produtivos —, é bom que saibam o que pode gerar atitudes positivas no trabalho.

Os executivos também precisam ter consciência de que os funcionários tentarão reduzir a dissonância cognitiva. Mais importante ainda é saber que a dissonância pode ser administrada. Se os funcionários precisam realizar atividades que parecem inconsistentes ou incoerentes com suas próprias atitudes, a pressão para a redução da dissonância resultante pode ser minimizada quando eles percebem que esta é imposta exteriormente e está fora de seu controle, ou que as recompensas são significativas o suficiente para superar a dissonância.

PONTO ▶   ◀ CONTRAPONTO

Executivos podem criar funcionários satisfeitos

Uma revisão das evidências identificou quatro fatores que conduzem a altos níveis de satisfação com o trabalho: trabalho intelectualmente desafiante, recompensas justas, condições de apoio no trabalho e colegas colaboradores.[74] E o mais importante, cada um desses fatores é controlável pelo executivo.

Trabalho intelectualmente desafiante. As pessoas preferem trabalhos que lhes ofereçam oportunidades de utilizar suas habilidades e capacidades, que ofereçam uma variedade de tarefas, liberdade e feedback sobre o próprio desempenho. Essas características tornam o trabalho intelectualmente desafiante.

Recompensas justas. Os funcionários querem sistemas de remuneração e políticas de promoções justos, sem ambigüidades e que atendam às suas expectativas. Quando a remuneração parece justa em vista das demandas do cargo, do nível individual requerido de habilidades e dos padrões vigentes no mercado, a satisfação surge como conseqüência natural. Da mesma forma, os funcionários querem políticas e práticas de promoção justas. As promoções oferecem oportunidades de crescimento pessoal, maiores responsabilidades e maior status social. Quando os funcionários percebem que as decisões sobre promoções são justas e merecidas, têm maior probabilidade de experimentar satisfação em seu trabalho.

Condições de apoio no trabalho. Os funcionários se preocupam com seu ambiente de trabalho tanto por questões de conforto pessoal como para facilitar a realização de um bom trabalho. Estudos demonstram que os trabalhadores preferem um ambiente físico que não seja desconfortável ou perigoso. Além disso, a maioria prefere trabalhar próximo de suas residências, em instalações limpas e relativamente modernas, com equipamentos e ferramentas adequados.

Colegas colaboradores. As pessoas recebem do trabalho mais do que dinheiro ou resultados materiais. Para muitos trabalhadores, é também uma oportunidade de satisfazer sua necessidade de interação social. Não é surpreendente, portanto, que colegas amigáveis e colaboradores sejam causa de satisfação com o trabalho. O comportamento da chefia também é um dos princiais fatores determinantes para a satisfação. Os estudos costumam mostrar que a satisfação dos funcionários é maior quando seu superior imediato é compreensivo e amigável, elogia o bom desempenho, ouve as opiniões dos subordinados e mostra interesse pessoal por eles.

A noção de que os executivos e as empresas podem controlar o nível de satisfação de seus funcionários é inerentemente sedutora. Ela se ajusta magnificamente à visão de que os executivos influenciam diretamente os processos e resultados da organização. Infelizmente, existe um crescente volume de evidências que desafiam a noção de que os executivos podem controlar os fatores que influenciam a satisfação de seus funcionários. As descobertas mais recentes indicam que a satisfação no trabalho é, em grande medida, determinada geneticamente.[75]

O fato de uma pessoa ser ou não feliz é determinado essencialmente pela sua estrutura genética. Ou você tem os genes da felicidade ou não os tem. Descobriu-se que cerca de 80 por cento das diferenças entre as pessoas no que se refere à felicidade ou a estados semelhantes de bem-estar são devidos a seus genes.

A análise de dados sobre satisfação em uma amostra selecionada de indivíduos por um período de mais de 50 anos revelou que os resultados individuais eram coerentemente estáveis no tempo, mesmo quando essas pessoas mudavam de emprego e ocupação. Essa análise e outras pesquisas sugerem que a disposição — positiva ou negativa — de uma pessoa diante da vida é estabelecida geneticamente, mantém-se estável com o passar do tempo e permeia sua disposição em relação ao seu trabalho.

Diante dessas descobertas, existe pouca probabilidade de que os executivos possam fazer alguma coisa para influenciar a satisfação de seus funcionários. Apesar do fato de os executivos e as empresas se esforçarem ao máximo para tentar melhorar a satisfação dos funcionários por meio de ações como mudanças das características do trabalho, das condições laborais e das recompensas, essas ações acabam tendo pouco efeito. A única área em que os executivos podem ter alguma influência significativa é o controle sobre o processo de seleção. Se uma empresa deseja ter funcionários satisfeitos, precisa se certificar de que seu processo de seleção evite a contratação de indivíduos mal-ajustados, negativos e criadores de caso, que tiram pouca satisfação de qualquer coisa relacionada com seu trabalho.

Questões para revisão

1. Faça uma comparação entre os valores dominantes dos Veteranos, dos Baby Boomers, dos membros da Geração X e da Geração da Tecnologia e os valores terminais identificados no Levantamento de Valores de Rokeach.

2. Compare os componentes cognitivos e afetivos de uma atitude.

3. O que é dissonância cognitiva? Qual a sua relação com as atitudes?

4. O que é a teoria da autopercepção? Como ela pode melhorar nossa capacidade de prever comportamentos?

5. Quais os fatores contingenciais que podem melhorar a relação estatística entre atitudes e comportamento?

6. O que pode explicar o recente declínio da satisfação com o trabalho?

7. Trabalhadores felizes são trabalhadores produtivos?

8. Qual a relação entre satisfação com o trabalho e absenteísmo? E com a rotatividade? Qual dessas é a relação mais forte?

9. Como os executivos podem fazer com que seus funcionários aceitem mais facilmente trabalhar com colegas de culturas e valores diferentes dos seus?

10. Faça uma comparação entre as respostas de saída, comunicação, lealdade e negligência dadas pelos funcionários para a sua insatisfação no trabalho.

Questões para reflexão crítica

1. "Há 35 anos, os jovens trabalhadores que contratávamos eram ambiciosos, conscienciosos, esforçados e honestos. Os de hoje não possuem mais os mesmos valores." Você concorda com esse comentário feito por um executivo? Justifique sua opinião.

2. Você acha que pode haver alguma relação significativa e positiva entre certos valores pessoais e uma carreira de sucesso em organizações como uma instituição financeira, uma associação de classe e um órgão de segurança pública? Discuta.

3. "Os executivos devem fazer tudo o que for preciso para melhorar o nível de satisfação de seus funcionários." Você concorda com essa afirmação? Justifique sua resposta.

4. Discuta as vantagens e desvantagens da utilização regular de enquetes sobre atitudes como meio de monitorar a satisfação dos funcionários.

5. Quando se pergunta aos trabalhadores se escolheriam novamente o mesmo trabalho ou se gostariam que seus filhos seguissem a mesma carreira, menos da metade responde afirmativamente. Que efeito, se é que há algum, você acredita que isso pode ter sobre a satisfação com o trabalho?

Exercício de grupo

Desafios na negociação com executivos chineses

Formem equipes de três a cinco membros. Todos trabalham para uma indústria do Meio-Oeste dos Estados Unidos que produz louças sanitárias. Os dirigentes da empresa resolveram investir para expandir suas vendas no mercado chinês. Para iniciar este esforço de investimento, sua equipe foi escolhida para fazer uma viagem de dez dias a Pequim e Xangai para se reunir com alguns executivos responsáveis pelas compras de empresas de construção civil daquele país.

Sua equipe vai viajar daqui a uma semana. Haverá tradutores em ambas as cidades, mas sua equipe quer fazer um esforço extra para causar boa impressão nos executivos chineses. Infelizmente, os membros da equipe têm pouco conhecimento sobre a cultura chinesa. Para ajudar na viagem, um dos elementos de seu grupo encontrou um livro que resume algumas das características mais marcantes da cultura chinesa e que podem ser interessantes para o início das negociações. Os pontos destacados no livro são:

- A ênfase é colocada na confiança e nas conexões mútuas.
- Os chineses se interessam por benefícios de longo prazo.
- Os chineses têm uma preocupação básica com a questão da amizade.
- As primeiras reuniões são devotadas ao convívio social — como tomar chá e conversar sobre amenidades.

- Para manter as aparências, os chineses preferem usar um intermediário nas negociações.
- Os chineses são muito sensíveis à descortesia com relação aos seus costumes e utilizam muitos slogans de propaganda políticas e outros clichês.
- Os chineses conhecem a reputação dos norte-americanos de serem impacientes. Geralmente, eles levam muito tempo para tomar decisões de modo a obter alguma vantagem na negociação.
- Os chineses acreditam que os executivos estrangeiros são altamente qualificados em termos técnicos na área de suas especialidades.
- Os chineses tendem a se tornarem rígidos quando sentem que seus objetivos estão ameaçados.
- Quando decidem o que querem, os chineses tornam-se irredutíveis.
- Os estrangeiros não devem focar um interlocutor individualmente, mas todo o grupo que participa da negociação.
- Nas negociações com os chineses, nada deve ser considerado definitivo antes que o negócio seja efetivamente fechado.

Sua equipe tem 30 minutos para esboçar uma estratégia para negociar com os chineses. Ela deve ser a mais específica possível. Quando terminarem, preparem-se para apresentar sua idéia para o restante da classe.

Fonte: Este exercício baseia-se nas informações apresentadas por R. Harris e R.T. Moran em *Managing cultural differences*, 5 ed. Houston: Gulf Publishing, 1999, p. 286-292.

Dilema ético

É um presente ou um suborno?

Existe uma lei norte-americana que proíbe as empresas locais de fazer qualquer pagamento a funcionários de governos estrangeiros com o intuito de obter ou manter negócios com seus países. Mas os pagamentos são aceitáveis quando não violam as leis locais. Por exemplo, pagamentos para executivos que trabalham para empresas estrangeiras são legais. A maioria dos países não possui leis deste tipo.

O suborno é uma forma muito comum de negociação em países em desenvolvimento. Os salários dos funcionários públicos nesses países costumam ser baixos e é forte a tentação de suplementar os ganhos por meio de subornos. Além disso, poucos deles possuem leis ou regras específicas para punir tais atividades.

Você é um norte-americano que trabalha para uma grande multinacional européia que fabrica computadores. No momento, você negocia a venda de um sistema de cinco milhões de dólares para um órgão público na Nigéria. O chefe da equipe nigeriana responsável pela decisão desse contrato pediu-lhe um pagamento de 20 mil dólares. Ele disse que esse dinheiro não garante o contrato, mas suas chances são muito pequenas sem esse pagamento. A política de sua empresa em relação a esse assunto é bastante flexível. Seu chefe concordou com o pagamento, mas apenas se você estiver relativamente seguro do fechamento do contrato.

Você está em dúvida sobre que atitude tomar. O nigeriano foi muito claro ao dizer que ninguém mais de sua equipe deve saber do pagamento. Você sabe que mais três empresas concorrem com a sua por este contrato. Você ouviu dizer, mas não tem certeza, que duas destas empresas não aceitaram pagar.

O que você vai fazer?

Fonte: Este exercício baseia-se em M. Allen, "Here comes the bribe", *Entrepreneur*, out. 2000, p. 48.

Estudo de caso

A Albertsons trabalha as atitudes de seus funcionários

A Albertsons é uma grande empresa dos setores alimentício e farmacêutico. Ela possui mais de 2,4 mil supermercados e suas marcas Osco e Sav-on formam a quinta maior cadeia de *drugstores* dos Estados Unidos. Em média, os consumidores fazem 1,4 bilhão de visitas às suas lojas a cada ano.

A Albertsons trabalha em um mercado altamente competitivo. A rede Wal-Mart, particularmente, vem ameaçado sua fatia de participação no mercado. Em 2001, com receitas estagnadas e lucros declinantes, a Albertsons contratou Larry Johnston para dar uma virada nos negócios.

Johnston veio da General Electric (GE), onde conheceu um especialista em treinamento chamado Ed Foreman. Ele caiu nas graças de Johnston quando foi contratado para ajudar com um problema muito sério. Na época, Johnston foi enviado a Paris para arrumar a divisão européia da GE Medical Systems. Essa unidade produzia CT Scanners. Na década anterior, foram contratados quatro diferentes executivos para dar um jeito na divisão e torná-la lucrativa. Todos eles falharam. Johnston enfrentou o desafio promovendo importantes mudanças — fez algumas incorporações, fechou fábricas ineficientes e transferiu outras para o Leste Europeu por causa dos custos trabalhistas mais baixos. Ele trouxe, então, Ed Foreman para dar moral às tropas. "Depois que o Ed chegou", diz Johnston, "as pessoas começaram a viver de outra forma. Elas vinham trabalhar com uma nova energia". Em três anos, a empresa já dava um lucro de 100 milhões de dólares. Johnston dá boa parte do crédito desta mudança a Foreman.

Qual o segredo de Ed Foreman? Ele oferece motivação e treinamento de atitudes. Aqui está um exemplo do programa básico de Foreman — chamado de Curso para uma Vida Bem-Sucedida. Ele dura três dias e começa às 6 horas da manhã. O primeiro dia começa com a leitura de um capítulo de um livro inspirador, seguido de 12 minutos de exercícios de ioga. Depois, os participantes fazem uma caminhada, cantando melodias otimistas durante o trajeto. Segue-se o café da manhã e diversas palestras sobre atitudes, dietas e exercícios. Como diz Foreman, "é a sua atitude, não a sua aptidão, que determina sua altitude". O programa também prevê momentos de confraternização, atividades em grupo e exercícios de relaxamento e controle da mente.

Johnston acredita piamente no programa de Foreman. "A atitude positiva é a única coisa que pode mudar uma empresa", diz Johnston. Ele entende que o programa de Foreman é um ponto de ligação crítico entre os funcionários e os clientes: "Estamos no negócio de aquisição e manutenção de clientes". Johnston diz que o fato de tantos consumidores passarem por suas lojas "oferece uma série de oportunidades para o bom atendimento ao cliente. Precisamos energizar os colaboradores". Para provar seu entusiasmo, Johnston alocou 10 milhões de dólares para esse programa de treinamento. Até o final de 2004, cerca de 10 mil executivos deveriam ter passado pelo curso. Cada um deles deverá treinar outros 190 mil "colaboradores" da Albertsons com a ajuda de vídeos e livros.

Foreman garante que seu programa funciona. Ele cita casos bem-sucedidos em empresas como a Allstate, a Milliken & Co. e a Abbot Labs. "A meta é melhorar o bem-estar mental, físico e emocional", diz ele. "Nós, como indivíduos, determinamos o sucesso de nossas próprias vidas. Pensamentos positivos geram ações positivas."

Questões

1. Explique a lógica de como o curso de três dias de Foreman pôde afetar positivamente os lucros da Albertsons.

2. Johnston diz: "A atitude positiva é a única coisa que pode mudar uma empresa". Quão válida e generalizável essa afirmação pode ser?

3. Se você fosse Johnston, como avaliaria a eficácia do investimento de 10 milhões de dólares no programa de Foreman?

4. Se você fosse um funcionário da Albertsons, como se sentiria ao participar desse programa de treinamento? Explique sua posição.

Fonte: Baseado em M. Burke, "The guru in the vegetable bin", *Forbes*, 3 mar. 2003, p. 56-58.

CAPÍTULO 4

Personalidade e emoções

Depois de ler este capítulo, você será capaz de:

OBJETIVOS DO APRENDIZADO

1. Explicar os fatores que determinam a personalidade de uma pessoa.
2. Descrever a estrutura do Indicador de Tipos Myers-Briggs (MBTI®) de personalidade.
3. Identificar os traços-chave no modelo de personalidades Big Five.
4. Explicar o impacto da tipologia do trabalho sobre a relação entre personalidade e desempenho no trabalho.
5. Diferenciar emoções e estados de humor.
6. Comparar emoções *sentidas* com emoções *demonstradas*.
7. Explicar as diferenças nas emoções em função do sexo.
8. Descrever as limitações externas às emoções.
9. Aplicar os conceitos relativos a emoções aos aspectos do comportamento organizacional.

Um teste de personalidade pode mudar uma pessoa? John Bearden (na foto) acredita que sim. E apresenta a si mesmo como evidência disto.[1]

Bearden é um executivo bem-sucedido do ramo imobiliário. Mas, ao longo do caminho, ele irritou muita gente. "Eu era um líder passional, obcecado e sem empatia, inclinado a tomar decisões precipitadas e a chegar ao fundo do posso carregando as pessoas comigo", diz ele. Um dia, um consultor lhe disse: "John, você tem muito potencial, mas atropela todo mundo. As outras pessoas querem lhe seguir, mas você as desencoraja".

Bearden levou a sério a observação do consultor. Ele decidiu que precisava entender melhor seus rompantes. Para tanto, contratou um consultor pessoal. A primeira coisa que esse profissional fez foi aplicar um teste de personalidade em Bearden.

O teste confirmou a imagem que ele tinha de si mesmo: extrovertido, intuitivo, mais racional do que emocional. Mas o teste revelou também aspectos menos agradáveis — ele podia ser chamado de arrogante, insensível e precipitado.

Os resultados desse teste levaram Bearden a repensar sua maneira de lidar com as pessoas. Em agosto de

2001, quando assumiu a liderança da GMAC Home Services, uma subsidiária da General Motors, ele colocou em prática essas novas descobertas. "Todo o meu processo de tomada de decisões e de liderança foram bastante aprimorados em conseqüência desse teste de personalidade, que me ajudou a compreender minha tendência de tomar decisões precipitadas." Bearden agora se considera com maior capacidade de empatia e de ouvir cuidadosamente as opiniões de seus colegas. Ele mostrou seu comportamento remodelado em uma recente convenção nacional da GMAC durante uma apresentação de sua equipe de altos executivos. "No passado, eu estaria muito preocupado em impor minha posição logo de início, desvirtuando assim o processo. Mas me contentei em permitir que eles articulassem suas posições... Tudo o que fiz foi sentar-me e absorver, e foi um processo muito gratificante."

Nossa personalidade molda nosso comportamento. Assim, se queremos entender melhor o comportamento de alguém na organização, é bom que saibamos alguma coisa sobre sua personalidade. Na primeira metade deste capítulo, faremos uma revisão da pesquisa sobre a personalidade e sua relação com o comportamento. Na segunda metade, examinaremos como as emoções forjam muitos dos nossos comportamentos relacionados com o trabalho.

Personalidade

Por que algumas pessoas são calmas e passivas, enquanto outras são agressivas e agitadas? Alguns tipos de personalidade são mais adaptáveis a determinados tipos de trabalho? Antes que possamos responder a estas perguntas, precisamos enfocar uma questão básica: o que é personalidade?

O que é personalidade?

Quando falamos sobre personalidade, não estamos dizendo que uma pessoa tem charme, uma atitude positiva diante da vida, um rosto sorridente, ou que seja finalista na categoria "Miss Simpatia" em um concurso qualquer. Quando um psicólogo fala sobre personalidade, refere-se a um conceito dinâmico que descreve o crescimento e o desenvolvimento de todo o sistema psicológico de um indivíduo. Mais do que analisar aspectos de uma pessoa, a personalidade se refere a um total agregado que é maior do que a soma das partes.

A definição de personalidade mais freqüentemente utilizada foi criada por Gordon Allport há mais de 70 anos. Ele disse que a personalidade é "a organização dinâmica interna daqueles sistemas psicológicos do indivíduo que determinam o seu ajuste individual ao ambiente".[2] Para nossos propósitos aqui, vamos considerar a **personalidade** como a soma total das maneiras como uma pessoa reage e interage com as demais. Ela é mais freqüentemente descrita em termos dos traços mensuráveis exibidos por um indivíduo.

Determinantes da personalidade

Uma das primeiras discussões no estudo da personalidade centrou-se em tentar definir se ela é resultado da hereditariedade ou do ambiente. A personalidade seria predeterminada no nascimento ou uma conseqüência das interações do indivíduo com seu ambiente? Obviamente, não existe uma resposta simples para isso. A personalidade parece ser resultado de ambas as influências. Além disso, hoje reconhecemos um terceiro fator — a situação. Por isso, a personalidade de um indivíduo adulto é considerada, de maneira geral, como o resultado dos fatores ambientais e hereditários, moderados pelas condições situacionais.

Hereditariedade A *hereditariedade* se refere a todos os fatores determinados na concepção. A estatura, a beleza dos traços, o sexo, o temperamento, a força e flexibilidade muscular, o nível de energia e os ritmos biológicos são algumas das características que costumam ser consideradas como sendo, completa ou substancialmente, influenciadas pelos pais da pessoa, ou seja, por seus perfis biológico, fisiológico e psicológico. A abordagem hereditária argumenta que a explicação definitiva para a personalidade de um indivíduo está na estrutura molecular de seus genes, localizada nos cromossomos.

Três diferentes ramos de pesquisa dão algum crédito ao argumento de que a hereditariedade tem um papel importante na determinação da personalidade de uma pessoa. O primeiro deles estuda os fundamentos genéticos do comportamento e temperamento humanos entre crianças pequenas. O segundo estuda irmãos gêmeos separados no nascimento. O terceiro, a coerência na satisfação com o trabalho no decorrer do tempo e em diferentes situações.

Estudos recentes com crianças pequenas deram grande sustentação ao poder da hereditariedade.[3] As evidências demonstram que traços como timidez, medo e angústia provavelmente se devem mais a causas genéticas. Essas descobertas sugerem que alguns traços de personalidade podem ser determinados por códigos genéticos da mesma forma que a estatura e a cor dos cabelos.

Pesquisadores estudaram mais de cem pares de gêmeos idênticos que foram afastados no nascimento e criados separadamente.[4] Caso a hereditariedade não tivesse um papel importante na determinação da personalidade, seria natural esperar poucas semelhanças entre os irmãos separados. Mas os pesquisadores encontraram muitas coisas em comum. Para cada traço de comportamento, uma parte significativa das variações entre os gêmeos acabou associada a fatores genéticos. Por exemplo, de um par de gêmeos separado havia 39 anos, os dois foram criados em localidades distantes cerca de 70 quilômetros uma da outra, mas dirigiam carros do mesmo modelo e cor, fumavam a mesma marca de cigarros, possuíam cachorros com o mesmo nome e costumavam passar férias na mesma praia, a 2,4 mil quilômetros de suas residências, hospedados a poucas quadras um do outro. Os pesquisadores descobriram que a genética é responsável por cerca de 50 por cento das variações de personalidade e por mais de 30 por cento da variação nos interesses ocupacionais e de lazer.

Outra fonte de apoio à importância da hereditariedade na personalidade pode ser encontrada nos estudos sobre satisfação individual com o trabalho, que discutimos no capítulo anterior. Essa satisfação foi identificada como sendo marcantemente estável no decorrer do tempo. Esse resultado é coerente com a expectativa de que a satisfação é determinada por algo inerente ao indivíduo, em vez de ser determinada por fatores externos ambientais.

Se as características de personalidade fossem *completamente* ditadas pela hereditariedade, elas seriam determinadas no nascimento e nenhuma experiência poderia alterá-las. Se você foi calmo e dócil quando criança, por exemplo, isto seria resultado de seus genes e não haveria qualquer possibilidade de mudança destas características. Mas as características da personalidade não são completamente ditadas pela hereditariedade.

Ambiente Entre os fatores que exercem pressão sobre a formação de nossa personalidade estão a cultura em que somos criados, as condições de nossa infância e as normas vigentes em nossa família, nossos amigos e grupos sociais, além de outras influências que experimentamos na vida. O ambiente ao qual estamos expostos tem um papel importante na formação de nossa personalidade.

Por exemplo, a cultura estabelece as normas, atitudes e valores que são passados de uma geração a outra e cria uma consistência ao longo do tempo. Uma ideologia extremamente forte em uma cultura pode ter apenas uma influência moderada em outra. Os norte-americanos, por exemplo, têm temas como trabalho, sucesso, independência, competição e valores éticos protestantes constantemente instilados por meio de livros, do sistema educacional, da família e dos amigos. Eles são, portanto, mais ambiciosos e agressivos se comparados a indivíduos criados em culturas que enfatizam o companheirismo, a cooperação e a prioridade da família sobre o trabalho e carreira.

Uma consideração cuidadosa sobre os argumentos que defendem a hereditariedade ou o ambiente como determinantes primários da personalidade leva à conclusão de que ambos são igualmente importantes. A hereditariedade determina os parâmetros ou limites, mas o potencial total de um indivíduo será determinado pelo seu ajuste às demandas e exigências do ambiente.

Situação Um terceiro fator, a situação, influencia os efeitos da hereditariedade e do ambiente sobre a personalidade. A personalidade de uma pessoa, embora coerente e estável de maneira geral, pode mudar em determinadas situações. As demandas variáveis de diferentes situações trazem à tona diferentes aspectos da personalidade do indivíduo. Por esta razão, não devemos olhar os padrões de personalidade de maneira isolada.[5]

QUADRO 4-1

PEANUTS

— O QUE É ISTO?
— É ALGO PARA AJUDÁ-LO A SER UMA PESSOA MELHOR NO ANO QUE VEM.
— É UMA LISTA QUE ORGANIZEI COM **TODOS** OS SEUS DEFEITOS.
— DEFEITOS? VOCÊ CHAMA ISTO DE DEFEITOS? NÃO SÃO DEFEITOS.
— ESTES SÃO TRAÇOS DE CARÁTER!

Fonte: Peanuts – reimpresso com permissão do United Features Syndicate, Inc.

Parece uma coisa razoavelmente lógica supor que as situações podem influenciar a personalidade de uma pessoa, mas um esquema de classificação preciso, capaz de nos explicitar o impacto dos diferentes tipos de situação, ainda não existe. Contudo, sabemos que certas situações são mais relevantes que outras em sua influência sobre a personalidade.

O que interessa, de forma sistemática, é que as situações parecem ser substancialmente diferentes no que se refere às limitações que impõem ao comportamento. Algumas situações (por exemplo, a igreja, ou uma entrevista para um emprego) limitam diversos comportamentos; outras (por exemplo, um piquenique em um parque público) limitam relativamente pouco.[6]

Além do mais, embora seja possível fazer algumas generalizações sobre a personalidade, existem diferenças individuais significativas. Como veremos a seguir, o estudo das diferenças individuais passou a ter uma ênfase maior dentro da pesquisa sobre personalidade, que originalmente era mais voltada para a busca de padrões mais gerais e universais.

Traços de personalidade

Os primeiros estudos sobre a estrutura da personalidade tentaram identificar e classificar características duradouras que pudessem descrever o comportamento das pessoas. Características amplamente difundidas incluem timidez, agressividade, submissão, preguiça, ambição, lealdade e acanhamento. Estas características, quando exibidas em um grande número de situações, são chamadas de **traços de personalidade**.[7] Quanto mais consistentes as características e quanto maior a freqüência com que ocorrem em situações diversas, maior a importância destes traços para a descrição do indivíduo.

Por que se dá tanta atenção aos traços de personalidade? Porque, há muito tempo, os pesquisadores acreditam que podem ajudar na seleção de funcionários, na adequação das pessoas ao trabalho e na orientação para o desenvolvimento da carreira de cada pessoa. Por exemplo, se determinado tipo de personalidade se adapta melhor a um tipo específico de tarefa, os executivos podem usar testes de personalidade para melhorar o desempenho de seus funcionários.

Foram feitos alguns esforços para identificar os traços primários que governam o comportamento.[8] Contudo, esses estudos, em sua maior parte, encontravam uma lista tão extensa de traços que dificultava fazer generalizações que pudessem servir de orientação para os tomadores de decisões nas organizações. Duas exceções são o Indicador de Tipos Myers-Briggs e o Modelo Big Five. Nas últimas duas décadas, estas duas abordagens tornaram-se dominantes na identificação e classificação dos traços de personalidade.

O Indicador de Tipos Myers-Briggs[9] Um dos modelos mais amplamente utilizados de tipologia de personalidade em todo o mundo é o chamado **Indicador de Tipos Myers-Briggs** (ou Myers-Briggs Type Indicator, em inglês, também conhecido pela sigla MBTI®)[10] Ele é essencialmente um teste de personalidade com cem questões para que as pessoas respondam como agem ou se sentem em determinadas situações.

Com base nas respostas dadas, as pessoas são classificadas como extrovertidas ou introvertidas (E ou I), de bom-senso ou intuitivas (S ou N, segundo as letras dos termos em inglês), racionais ou emocionais (T ou F) e perceptivas ou julgadoras (P ou J). Estes termos são definidos da seguinte maneira:

- E ou I – *Extrovertidos* versus *Introvertidos*. Indivíduos extrovertidos são expansivos, sociáveis e assertivos. Os introvertidos são quietos e tímidos.
- S ou N – *Bom senso* versus *Intuitivos*. Os indivíduos do tipo bom senso são práticos e preferem ordem e rotina. Eles focam os detalhes. Os intuitivos confiam em processos inconscientes e têm uma visão ampliada das situações.
- T ou F – *Racionais* versus *Emocionais*. Os tipos racionais usam a lógica e o raciocínio para lidar com problemas. Os emocionais usam seus valores pessoais e suas emoções.
- P ou J – *Perceptivos* versus *Julgadores*. Os tipos julgadores gostam de ter controle e querem ter seu mundo estruturado e organizado. Os tipos perceptivos são flexíveis e espontâneos.

Estas classificações são combinadas em 16 tipos de personalidade. Para ilustrar, vamos tomar alguns exemplos. Os do tipo INTJ são visionários. Geralmente, possuem mentes originais e uma grande inclinação para ter suas próprias idéias e propósitos. São caracterizados como céticos, críticos, independentes, determinados e freqüentemente teimosos. Os do tipo ESTJ são organizadores. Eles são realistas, lógicos, analíticos, decisivos e possuem uma tendência natural para os negócios ou para a mecânica. Gostam de organizar e dirigir atividades. O tipo ENTP é o conceitualista. Ele é inovador, individualista, versátil e atraído por idéias empreendedoras. É o tipo de pessoa que pode ser muito útil para a resolução de problemas desafiadores, mas que não aceita tarefas rotineiras. Um livro recente que trouxe o perfil de 13 empreendedores contemporâneos que criaram empresas de enorme sucesso — como a Apple Computer, a Federal Express, a Honda, a Microsoft, a Price Club e a Sony—, mostra que todos eles são do tipo racional intuitivo (NT).[11] Este resultado é particularmente interessante, pois apenas 5 por cento da população se enquadra nesse tipo.

Como já foi mencionado, o MBTI® é amplamente utilizado. Entre as empresas que utilizam esse instrumento estão a Apple Computer, a AT&T, o Citigroup, a GE e a 3M, além de diversos hospitais, instituições de ensino e até as Forças Armadas dos Estados Unidos.

Apesar de toda essa popularidade, não existe qualquer evidência de que o MBTI® seja uma mensuração válida de personalidade. Na verdade, muitas evidências apontam o contrário.[12] O máximo que podemos afirmar é que se trata de uma ferramenta valiosa para a auto-avaliação e que pode ser de alguma valia para a orientação de carreiras. Como os resultados do MBTI® não se relacionam com o desempenho no trabalho, esse instrumento não deve ser utilizado como teste para seleção de candidatos a emprego.

O Modelo Big Five O MBTI® pode não ter evidências que o apóiem, mas não se pode dizer o mesmo do modelo de personalidade de cinco fatores —mais comumente chamado de "Big Five". Este foi o teste realizado por John Bearden, descrito na abertura deste capítulo, e que o levou a repensar sua maneira de gerir pessoas.

Nos anos recentes, um número considerável de pesquisas indica que cinco dimensões básicas dão a base para todas as outras e englobam as variações mais significativas na personalidade humana.[13] Estes cinco fatores são:

- **Extroversão.** Esta refere ao nível de conforto de uma pessoa com seus relacionamentos. Os extrovertidos c ios, afirmativos e sociáveis. Os introvertidos costumam ser reservados, tímidos e

refere-se à propensão de um indivíduo em acatar as idéias dos outros. As pessoas as, receptivas e confiantes. As pessoas que têm baixa pontuação nesta dimensão frontadoras.

uma medida de confiabilidade. Uma pessoa altamente consciente é responsável, stente. Aqueles que têm baixa pontuação nesta dimensão são facilmente distraí- confiáveis.

dimensão se refere à capacidade de uma pessoa para enfrentar o estresse. As nocional positiva costumam ser calmas, autoconfiantes e seguras. Aqueles com a ser nervosos, ansiosos, deprimidos e inseguros.

A última dimensão se refere aos interesses de uma pessoa e seu fascínio por novi- te abertas são criativas, curiosas e sensíveis artisticamente. Os que ficam na outra m a ser convencionais e se sentem melhores com o que lhe é familiar.

estrutura unificada da personalidade, a pesquisa sobre essas cinco dimensões tam- lações entre elas e o desempenho no trabalho.[14] Examinou-se um amplo espectro erais (incluindo engenheiros, arquitetos, contadores e advogados), policiais, execu- om e sem qualificação. O desempenho no trabalho foi definido em termos de pon-

de personalidade sua fábrica em Xangai, mostrada aqui, para a produção de itens de alto valor, como sistemas digitais e equipamentos para videoconferência. Além de seu alto nível de desempenho, os funcionários chineses da Alcatel são também confiáveis, trabalhadores, disciplinados e orientados para a realização de metas.

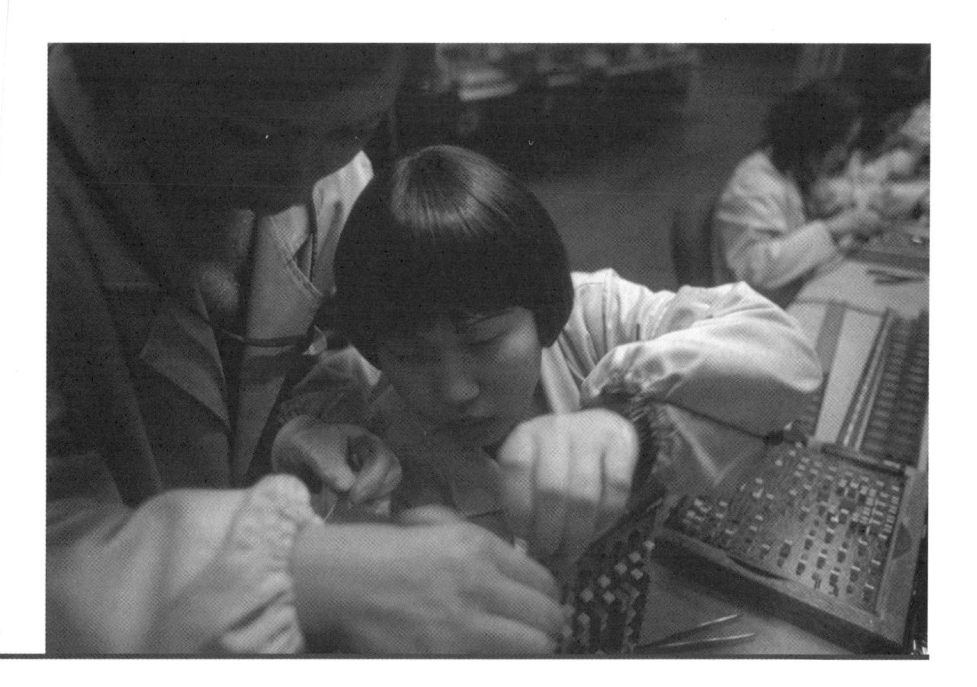

tuação do desempenho, proficiência em treinamento (desempenho durante programas de treinamento) e dados pessoais, como o nível salarial. Os resultados mostraram que a consciência foi um previsor de desempenho de todos os grupos ocupacionais. "A preponderância das evidências indica que os indivíduos confiáveis, cuidadosos, conclusivos, capazes de planejar, organizados, trabalhadores, persistentes e orientados para resultados costumam apresentar um desempenho no trabalho superior na maioria das ocupações, se não em todas."[15] Além disso, os funcionários que tiveram pontuação mais alta da dimensão consciência demonstraram também maior conhecimento do trabalho, provavelmente porque são pessoas mais esforçadas. Os altos níveis de conhecimento do trabalho, então, contribuem para um melhor desempenho.[16] Coerentemente com estas descobertas, as evidências também apontam para uma relação relativamente forte e consistente entre a consciência e o comportamento de cidadania organizacional.[17] Esta, contudo, parece ser a única das dimensões da personalidade capaz de prever esse comportamento específico.

Para as demais dimensões da personalidade, a previsibilidade depende tanto do critério de desempenho como do grupo ocupacional. Por exemplo, a extroversão pode prever o desempenho em posições gerenciais e de vendas. Esta descoberta faz sentido já que estas ocupações envolvem muita interação social. Da mesma forma, a abertura para experiências mostrou-se importante para a previsão da proficiência em treinamento, o que também parece lógico. O que não ficou claro foi o porquê da estabilidade emocional positiva não estar relacionada com o desempenho. Intuitivamente, pode parecer que as pessoas calmas e seguras teriam melhor desempenho em qualquer ocupação do que as ansiosas e inseguras. Os pesquisadores sugerem que a resposta pode ser a de que apenas os indivíduos com alto nível de estabilidade emocional mantêm seus empregos. Dessa forma, a variação entre as pessoas estudadas, todas empregadas, seria muito pequena.

Principais atributos de personalidade que influenciam o comportamento organizacional

Nesta seção, vamos examinar mais detalhadamente alguns atributos específicos de personalidade que são vistos como poderosos indicadores do comportamento nas organizações. O primeiro se refere a onde uma pessoa acredita estar o centro de controle de sua vida. Os outros são o maquiavelismo, a auto-estima, o automonitoramento, a propensão para correr riscos e as personalidades do Tipo A e as proativas.

Centro de Controle Algumas pessoas acreditam que são donas de seu próprio destino. Outras se sentem como joguetes do destino, acreditando que tudo o que lhes acontece é obra da sorte ou do acaso. O primeiro tipo, aquele que acredita controlar o próprio destino, foi denominado como **interno**, enquanto o outro tipo, que acredita que sua vida é controlada por fatores alheios à sua vontade, é chamado de **externo**.[18] A percepção de uma pessoa sobre a fonte de seu destino é chamada de **centro de controle**.

Uma grande quantidade de estudos comparativos mostrou que as pessoas do grupo dos externos costumam ser mais insatisfeitas no trabalho, apresentam maior índice de absenteísmo e são mais alienadas quanto às normas do trabalho, além de se envolverem menos com suas tarefas do que os internos.[19] Os externos também têm menor probabilidade de tomar a iniciativa de buscar trabalho. Em comparação com eles, os internos demonstram maior motivação e disposição para tomar iniciativas em suas primeiras entrevistas, o que demonstrou ter relação com um número significativo de segundas entrevistas.[20]

Por que os externos são mais insatisfeitos? Provavelmente por acharem que têm pouco controle sobre os resultados organizacionais que são importantes para eles. Os internos, frente às mesmas situações, atribuem os resultados organizacionais às suas próprias ações. Se a situação é desagradável, eles acreditam que não há ninguém para ser responsabilizado senão eles mesmos. Assim, o interno insatisfeito tem maior probabilidade de deixar um emprego que não o satisfaz.

O impacto do centro de controle sobre o absenteísmo é interessante. Os internos acreditam ter um controle substancial sobre sua saúde, através de hábitos saudáveis, e se cuidam melhor. Conseqüentemente, seus episódios de doença e, portanto, de absenteísmo, são mais baixos.[21]

Não podemos esperar nenhuma relação clara entre o centro de controle e a rotatividade, porque são forças opostas no mundo do trabalho. "Por outro lado, os internos costumam tomar atitudes, e isto pode fazer com que deixem seus empregos com mais facilidade. Ao mesmo tempo, eles tendem a ser mais bem-sucedidos no trabalho e mais satisfeitos com ele, fatores associados a uma rotatividade individual menor."[22]

A evidência geral indica que os internos têm melhor desempenho em seu trabalho, mas esta conclusão precisa levar em consideração as diferenças entre as ocupações. Os internos buscam mais ativamente informações antes de tomar uma decisão, são mais motivados para as conquistas e se esforçam mais para ganhar controle sobre seu ambiente. Os externos, entretanto, são mais complacentes e mais dispostos a seguir orientações. Portanto, os internos se dão melhor em tarefas mais sofisticadas — que incluem a maioria das profissões liberais e funções executivas —, que requerem um processamento complexo de informações e de aprendizado. Além disso, têm mais facilidade com trabalhos que exigem iniciativa e independência de ação. Quase todos os vendedores bem-sucedidos, por exemplo, são internos. Por quê? Porque é muito difícil ter sucesso em vendas se você não acredita que é capaz de influenciar os resultados. Em contraste, os externos se saem melhor em trabalhos mais estruturados e rotineiros, cujo sucesso depende muito do cumprimento de ordens dadas por outros.

Maquiavelismo Kuzi é um jovem gerente de banco em Taiwan. Ele foi promovido três vezes nos últimos quatro anos. Kuzi não se incomoda com as táticas agressivas que usa para impulsionar sua carreira. "Estou preparado para fazer tudo o que for necessário para chegar aonde quero", diz. Ele pode ser definido como maquiavélico. Shawna conduziu sua empresa em St. Louis a recordes de vendas no ano passado. Ela é agressiva, persuasiva e muito eficiente em fazer com que os consumidores comprem seus produtos. Muitos de seus colegas, inclusive seu chefe, consideram Shawna maquiavélica.

A característica de personalidade do **maquiavelismo** recebe este nome por causa de Niccolo Machiavelli, que no século XVI escreveu um tratado sobre como obter e exercer o poder. Um indivíduo muito maquiavélico é pragmático, mantém distância emocional e acredita que os fins justificam os meios. "Se funcionar, use" é uma máxima coerente com a perspectiva desse indivíduo.

Um número razoável de pesquisas foi realizado para buscar uma relação entre a personalidade muito ou pouco maquiavélica e certos comportamentos observados.[23] As personalidades altamente maquiavélicas manipulam mais, vencem mais e são menos persuadidas, mas persuadem mais do que aqueles indivíduos de pouco maquiavelismo.[24] Mas mesmo os muito maquiavélicos podem ter seu comportamento moderado por fatores situacionais. Descobriu-se que eles se dão melhor (1) quando interagem face a face com os outros, e não indiretamente; (2) quando a situação tem poucas regras e regulamentos, permitindo maior espaço para a improvisação; e (3) quando o envolvimento emocional com detalhes irrelevantes para o sucesso distraem os indivíduos pouco maquiavélicos.[25]

Podemos concluir que os indivíduos altamente maquiavélicos são bons funcionários? A resposta depende do tipo de trabalho e se as implicações éticas serão consideradas na avaliação do desempenho. Em trabalhos que requerem habilidades de barganha (como as negociações trabalhistas) ou que oferecem recompensas significativas pelo sucesso (como nas vendas comissionadas), os indivíduos altamente maquiavélicos serão produtivos. Mas se os fins não justificarem os meios, se houver padrões absolutos de comportamento ou se nenhum dos três fatores situacionais mencionados no parágrafo anterior estiver presente, fica difícil prever o desempenho desses indivíduos.

Auto-estima As pessoas variam quanto ao grau em que gostam de si mesmas. Este traço é chamado de **auto-estima**.[26] A pesquisa sobre o assunto traz algumas informações interessantes para o comportamento organizacional. Por exemplo, a auto-estima está diretamente relacionada às expectativas de sucesso. Os indivíduos com auto-estima elevada acreditam possuir a capacitação de que necessitam para ter sucesso no trabalho. Eles também aceitam correr mais riscos na seleção de suas tarefas e têm maior probabilidade do que os indivíduos com baixa auto-estima de escolher serviços pouco convencionais.

A descoberta mais generalizável sobre este assunto é que indivíduos com baixa auto-estima são mais vulneráveis às influências externas. Eles dependem da avaliação positiva feita pelos outros. Conseqüentemente, tendem a buscar a aprovação dos outros e a se submeter às convicções e comportamentos das pessoas que eles respeitam. Em posições executivas, os indivíduos com baixa auto-estima se mostram preocupados em não desagradar os outros e, portanto, têm menos probabilidade de assumir posições impopulares do que os indivíduos com auto-estima elevada.

Não chega a surpreender que a auto-estima tenha uma relação com a satisfação no trabalho. Diversos estudos confirmam que as pessoas com auto-estima elevada estão mais satisfeitas com seu trabalho do que as que têm baixa auto-estima.

Automonitoramento Joyce McIntyre está sempre com problemas no trabalho. Apesar de competente, trabalhadora e produtiva, seu desempenho nunca sai da média e ela parece ter desenvolvido uma carreira de irritar chefes. O problema de Joyce é sua falta de capacidade política. Ela não consegue ajustar seu comportamento para se adaptar a mudanças de situação. Em suas próprias palavras: "sou honesta comigo mesma, não vou me transformar para agradar os outros". Podemos dizer que Joyce tem baixa capacidade de automonitoramento.

O **automonitoramento** se refere à capacidade do indivíduo para ajustar seu comportamento a fatores externos situacionais.[27] Os indivíduos com elevada capacidade de automonitoramento apresentam uma considerável adaptabilidade a ajustar seus comportamentos a fatores externos situacionais. Eles têm alta sensibilidade para compreender sinais do ambiente e podem se comportar de maneiras diferentes em situações diversas. Estes indivíduos podem apresentar diferenças gritantes entre seus comportamentos público e privado. Os indivíduos com baixa capacidade de automonitoramento, como Joyce, não conseguem se encobrir dessa forma. Costumam demonstrar suas verdadeiras disposições e atitudes em todas as situações. Assim, existe uma grande coerência entre quem eles são e o que fazem.

O megaempresário do setor imobiliário Donald Trump está sempre pronto a agarrar novas oportunidades. Sua personalidade orientada para assumir riscos o habilita a enfrentar situações que as outras pessoas consideram perigosas e estressantes. Trump aparece aqui na inauguração do Trump International Hotel em Nova York, empreendimento que o tirou de uma condição financeira negativa e o fez ressurgir como bilionário.

As evidências indicam que os indivíduos com elevada capacidade de automonitoramento prestam mais atenção ao comportamento dos outros e se adaptam com maior facilidade.[28] Eles costumam ter excelentes avaliações de desempenho, despontar como líderes e demonstrar menos comprometimento com suas organizações.[29] Além disso, quando em funções executivas, eles tendem a ser mais flexíveis em suas carreiras, a receber mais promoções (tanto internas como em outras empresas) e a ocupar posições centrais em suas organizações.[30] Podemos também supor que eles se darão melhor em posições executivas que demandam o desempenho de múltiplos papéis, às vezes conflitantes entre si. Estes indivíduos são capazes de mostrar diferentes "faces" para diferentes públicos.

Assumir Riscos Donald Trump sempre declarou sua disposição para correr riscos. Ele começou praticamente do nada, na década de 1960. Na metade dos anos 80, já havia amealhado uma fortuna apostando no reaquecimento do mercado imobiliário de Nova York. Então, ao tentar capitalizar seu próprio sucesso, ele passou das medidas. Em 1994, acumulava um *rombo* de 850 milhões de dólares. Sem medo de arriscar, Donald Trump alavancou os poucos ativos que ainda lhe restavam em propriedades em Nova York, em Nova Jersey e no Caribe. Atingiu o sucesso novamente. Em 2003, a revista *Forbes* estimava seu patrimônio em mais de 2 bilhões de dólares.

As pessoas são diferentes no que se refere à disposição para correr riscos. Essa propensão mostrou ter impacto no tempo necessário para um executivo tomar uma decisão e na quantidade de informações de que ele precisa antes de fazer uma escolha. Por exemplo, 79 executivos participaram de exercícios simulados que pediam que eles tomassem decisões sobre a contratação de pessoal.[31] Os executivos propensos a correr riscos tomaram decisões mais rápidas e utilizaram menos informações para isso. Curiosamente, a eficácia das decisões foi praticamente a mesma para ambos os grupos.

Geralmente, os executivos das grandes organizações são avessos a riscos, especialmente quando comparados a empreendedores que buscam ativamente o crescimento de seus pequenos negócios.[32] Entre os trabalhadores, de maneira geral, também existem diferenças quanto à propensão para correr riscos.[33] Conseqüentemente, é interessante reconhecer essas diferenças e mesmo considerar associar a propensão para correr riscos a algumas demandas específicas do trabalho. Por exemplo, uma alta propensão para correr riscos pode conduzir um corretor de ações a um melhor desempenho já que esta atividade requer uma tomada de decisões rápida. Por outro lado, uma alta propensão para correr riscos pode significar um obstáculo na carreira de um contador que trabalhe em auditoria. Este tipo de trabalho é mais adequado a um indivíduo sem propensão para correr riscos.

Personalidade Tipo A Você conhece alguém excessivamente competitivo e que parece sofrer de uma urgência crônica? Esta pessoa, muito provavelmente, possui uma **personalidade Tipo A**. A pessoa com este tipo de personalidade é "agressivamente envolvida em uma luta crônica e incessante pela obtenção crescente de mais coisas em cada vez menos tempo e, caso necessário, ela atua contra tudo e contra todos.[34] Na cultura norte-americana, essa característica costuma ser valorizada e associada positivamente com a ambição e a conquista de bens materiais.

O Tipo A:
1. Está sempre em movimento, andando e comendo rapidamente.
2. Impacienta-se com o ritmo em que a maior parte das coisas acontece.
3. Tenta pensar ou fazer duas ou mais coisas ao mesmo tempo.
4. Não consegue suportar os momentos de ócio.
5. É obcecado por números, medindo seu sucesso em termos de quantas coisas consegue acumular.

Contrasta com o Tipo A a personalidade Tipo B, que é exatamente o seu oposto. O Tipo B "raramente se sente pressionado para obter um número crescente de coisas ou participar de cada vez mais eventos em um tempo cada vez menor".[35]

O Tipo B:

1. Nunca sofre de sentimento de urgência e da impaciência que o acompanha.
2. Não sente necessidade de demonstrar suas realizações e conquistas, a menos que a situação o exija.
3. Faz as coisas por prazer e de forma tranqüila, sem se preocupar em provar sua superioridade a qualquer custo.
4. Consegue relaxar sem se sentir culpado.

O Tipo A opera sob níveis de estresse de moderado a alto. Essas pessoas se sujeitam a pressões de prazos de forma relativamente constante, criando para si mesmas uma vida cheia de prazos fatais. Essas características trazem como conseqüência alguns comportamentos específicos. Por exemplo, o Tipo A é um trabalhador mais rápido, pois enfatiza a quantidade e não a qualidade. Em posições executivas, ele demonstra sua competitividade trabalhando mais horas e às vezes toma as decisões erradas por ser rápido demais. O Tipo A também raramente é criativo. Por causa de sua preocupação com a quantidade e a rapidez, baseia-se em experiências passadas quando se confronta com um problema. Ele não consegue alocar o tempo necessário para desenvolver uma solução específica para o novo problema. Os indivíduos com este perfil raramente mudam suas respostas em razão de desafios específicos colocados em seu ambiente, por isso seu comportamento é mais previsível do que o do Tipo B.

Existe alguma diferença entre estes dois tipos no que se refere à sua habilidade para passar pelo processo de seleção das empresas? A resposta é "sim".[36] Os indivíduos do Tipo A se saem melhor nas entrevistas porque demonstram possuir traços de personalidade desejáveis, como motivação, competência, agressividade e desejo de sucesso.

Personalidade Proativa Você já percebeu que algumas pessoas tomam a iniciativa de melhorar sua situação atual ou de criar novas situações enquanto outras apenas reagem passivamente? Os primeiros são descritos como possuidores de **personalidades proativas**.[37]

Essas pessoas identificam oportunidades, mostram iniciativa, agem e perserveram até que a mudança desejada ocorra. Elas criam mudanças positivas em seu ambiente, apesar ou independentemente dos obstáculos.[38] É natural que as pessoas proativas mostrem o comportamento desejado pelas empresas. Por exemplo, as evidências indicam que esses indivíduos têm maior probabilidade de serem vistos como líderes e de atuarem como agentes de mudança dentro das organizações.[39] Algumas ações dos proativos podem ser positivas ou negativas, dependendo da organização e da situação. Por exemplo, eles têm maior probabilidade de desafiar o status quo ou demonstrar seu descontentamento quando não gostam de alguma coisa.[40] Se a organização exige pessoas com espírito empreendedor, os proativos são bem-vindos; mas, por outro lado, eles também são os mais propensos a deixar a empresa para abrir o seu próprio negócio.[41] Individualmente os proativos são os que têm mais possibilidade de atingir o sucesso em suas carreiras.[42] Isso acontece porque eles são capazes de selecionar, criar e influenciar as situações de trabalho a seu favor. Esses indivíduos buscam mais informações sobre seu trabalho e sua empresa, fazem contatos com os altos escalões, cuidam do planejamento de sua carreira e demonstram persistência em face dos obstáculos.

Personalidade e cultura nacional

As estruturas de personalidade, tal como o modelo Big Five, podem ser transpostas de uma cultura para outra? Dimensões como o centro de controle e a personalidade Tipo A são relevantes em qualquer cultura? Vamos tentar responder a estas questões.

Os cinco fatores de personalidade identificados no modelo Big Five aparecem em praticamente todos os estudos multiculturais.[43] Estes incluem uma grande variedade de culturas, como as existentes em países como China, Israel, Alemanha, Japão, Espanha, Nigéria, Noruega, Paquistão e Estados Unidos. As diferenças costumam aparecer em relação à ênfase dada a cada dimensão. Os chineses, por exemplo, quando comparados com os norte-americanos, usam mais a categoria consciência e menos a categoria amabilidade. O Modelo Big Five parece ser mais exato em previsões no interior de culturas individualistas do que das coletivistas.[44] Mas existe uma quantidade surpreendente de coincidências, especialmente entre os indivíduos provenientes de países desenvolvidos. Nesse caso, podemos citar uma revisão abrangente de estudos englobando pessoas de 15 países da Comunidade Européia que revela que a consciência é um fator de previsão válido para o desempenho de diversos cargos e grupos ocupacionais.[45] Esse é o mesmo resultado encontrado nos estudos efetuados nos Estados Unidos.

Não existem tipos específicos de personalidade para cada país. Você pode encontrar personalidades, por exemplo, propensas a assumir riscos em quase todas as culturas. Mesmo assim, a cultura nacional exerce uma influência sobre as características dominantes da personalidade de sua população. Podemos observar isso através do centro de controle e da personalidade do Tipo A.

Existem evidências de que as culturas se diferenciam na maneira como as pessoas se relacionam com seu ambiente.[46] Em algumas culturas, como na norte-americana, as pessoas acreditam que podem dominar o meio-ambiente. Pessoas em outras sociedades, como as do Oriente Médio, acreditam que a vida é essencialmente predefinida. Repare no paralelo com os conceitos de internos e externos no centro de controle.[47] Assim, podemos esperar encontrar muito mais internos na força de trabalho dos Estados Unidos e do Canadá, por exemplo, do que na Arábia Saudita ou no Irã.

A predominância de indivíduos de personalidade Tipo A pode sofrer uma certa influência da cultura em que a pessoa é criada. Existem indivíduos com esse tipo de personalidade em todos os países, mas serão em maior número nos países capitalistas, em que as conquistas e o sucesso material são altamente valorizados. Por exemplo, estima-se que cerca de 50 por cento da população norte-americana seja do Tipo A.[48] Esta porcentagem não chega a ser surpreendente. Tanto os Estados Unidos como o Canadá colocam uma forte ênfase na eficiência e no gerenciamento do tempo. Ambos possuem culturas que valorizam as conquistas de dinheiro e bens materiais. Em países como a Suécia e a França, menos materialistas, pode-se prever uma incidência menor de indivíduos com personalidade Tipo A.

Alcançando a adequação da personalidade

Há 25 anos, as organizações se preocupavam com a questão da personalidade basicamente para tentar ajustar o indivíduo a um trabalho específico. Essa preocupação ainda existe, mas, nos últimos anos, o escopo do interesse se ampliou para incluir o ajuste entre o indivíduo e a organização. Por que isso aconteceu? Porque hoje os executivos estão mais interessados na *flexibilidade* do indivíduo para se ajustar a situações em constante mudança do que em adequá-lo a uma tarefa *específica*.

Adequação do Indivíduo ao Trabalho Na discussão sobre os atributos da personalidade, nossas conclusões nos levaram a dizer que as demandas do cargo moderam a relação entre a posse de determinadas características da personalidade e o desempenho no trabalho. Essa questão da adequação entre as demandas do trabalho e as características da personalidade está mais bem articulada na **teoria da adequação da personalidade ao trabalho**,[49] de John Holland. Essa teoria se baseia na idéia de promover um ajuste entre as características da personalidade de um indivíduo e o seu ambiente ocupacional. Holland apresenta seis tipos de personalidade e propõe que a satisfação e a propensão a deixar um trabalho dependem do grau de sucesso que o indivíduo obtém no ajuste de sua personalidade ao ambiente ocupacional.

Cada um dos seis tipos de personalidade tem um ambiente ocupacional congruente. O Quadro 4-2 descreve os seis tipos e suas características, com exemplos de ambientes ocupacionais congruentes.

MITO OU CIÊNCIA?

"No fundo, todos são iguais"

Essa afirmação é essencialmente falsa. Apenas em um sentido muito amplo poderíamos dizer que "todas as pessoas são iguais". Por exemplo, podemos afirmar que todos possuem valores, atitudes, gostos e aversões, sentimentos, metas e outros atributos genéricos similares. Mas as diferenças individuais são muito mais reveladoras.[50] As pessoas se diferenciam entre si na inteligência, na personalidade, nas habilidades, na ambição, nas motivações, na expressão emocional, nos valores, nas prioridades, nas expectativas e assim por diante. Para que possamos compreender, explicar e prever o comportamento humano com alguma precisão, devemos nos focar nas diferenças individuais. Sua capacidade de predizer o comportamento ficará seriamente comprometida se você presumir constantemente que todas as pessoas são iguais, ou que elas são iguais a você.

Tomemos como exemplo a tarefa de seleção de candidatos para um emprego. Os executivos costumam utilizar informações sobre a personalidade de cada candidato (além de sua experiência, conhecimento, nível de capacitação e habilidades intelectuais) para ajudar suas decisões sobre a contratação. Sabendo que os cargos se diferenciam em suas demandas e exigências, os executivos entrevistam os candidatos para: (1) categorizá-los por traços específicos, (2) avaliar as tarefas do cargo quanto ao tipo de personalidade ideal para melhor desempenhá-las, e (3) ajustar os candidatos e os cargos até encontrar a combinação apropriada. Dessa forma, utilizando uma variável de diferença individual — neste caso, a personalidade —, os executivos aumentam a probabilidade de identificar e contratar funcionários de alto desempenho. ■

QUADRO 4-2	Tipologia de Personalidades e Ocupações Congruentes de Holland	
Tipo	Características da personalidade	Ocupação congruente
Realista: prefere atividades físicas que exijam habilidade, força e coordenação.	Tímido, genuíno, persistente, estável, conformista, prático	Mecânico, operador de máquinas, operário de linha de montagem, fazendeiro
Investigativo: prefere atividades que envolvam raciocínio, organização e entendimento	Analítico, original, curioso, independente	Biólogo, economista, matemático, jornalista
Social: prefere atividades que envolvam o auxílio e o desenvolvimento de outras pessoas	Sociável, amigável, cooperativo, compreensivo	Assistente social, professor, conselheiro, psicólogo clínico
Convencional: Prefere atividades normatizadas, ordenadas e sem ambigüidade	Afável, eficiente, prático, sem imaginação, inflexível	Contador, executivo de grande corporação, caixa de banco, funcionário administrativo
Empreendedor: Prefere atividades verbais que ofereçam oportunidade de influenciar outras pessoas e conquistar poder	Autoconfiante, ambicioso, enérgico, dominador	Advogado, corretor de imóveis, relações públicas, executivo de pequeno negócio
Artístico: Prefere atividades não sistemáticas e ambíguas que permitam a expressão criativa	Imaginativo, desordenado, idealista, emocional, pouco prático	Pintor, músico, escritor, decorador de interiores

Holland desenvolveu um Inventário de Preferências Vocacionais, com um questionário de 160 itens sobre ocupação. Os respondentes indicam de quais ocupações eles gostam e não gostam, e suas respostas são usadas para gerar perfis de personalidade. Com a utilização deste procedimento, a pesquisa sustenta solidamente o diagrama hexagonal mostrado no Quadro 4-3.[51] A figura mostra que, quanto mais próximos dois campos ou orientações estiverem dentro do hexágono, mais compatíveis eles serão entre si. As categorias adjacentes são muito semelhantes enquanto que as diagonalmente opostas são totalmente diferentes.

O que isso significa? A teoria sustenta que a satisfação é maior e a rotatividade menor quando a personalidade e o trabalho estão em sintonia. Pessoas sociáveis devem estar em trabalhos sociais; as convencionais, em trabalhos convencionais, e assim por diante. Uma pessoa realista em uma ocupação realista está em uma situação mais congruente do que se estivesse, por exemplo, em um trabalho investigativo. Esta pessoa, em um trabalho social, estaria na situação mais incongruente possível. Os pontos básicos deste modelo são que (1) parece haver diferenças intrínsecas de personalidade entre as pessoas, (2) existem diferentes tipos de trabalho, e (3) as pessoas dentro de ambientes ocupacionais congruentes com seu tipo de personalidade tendem a ter

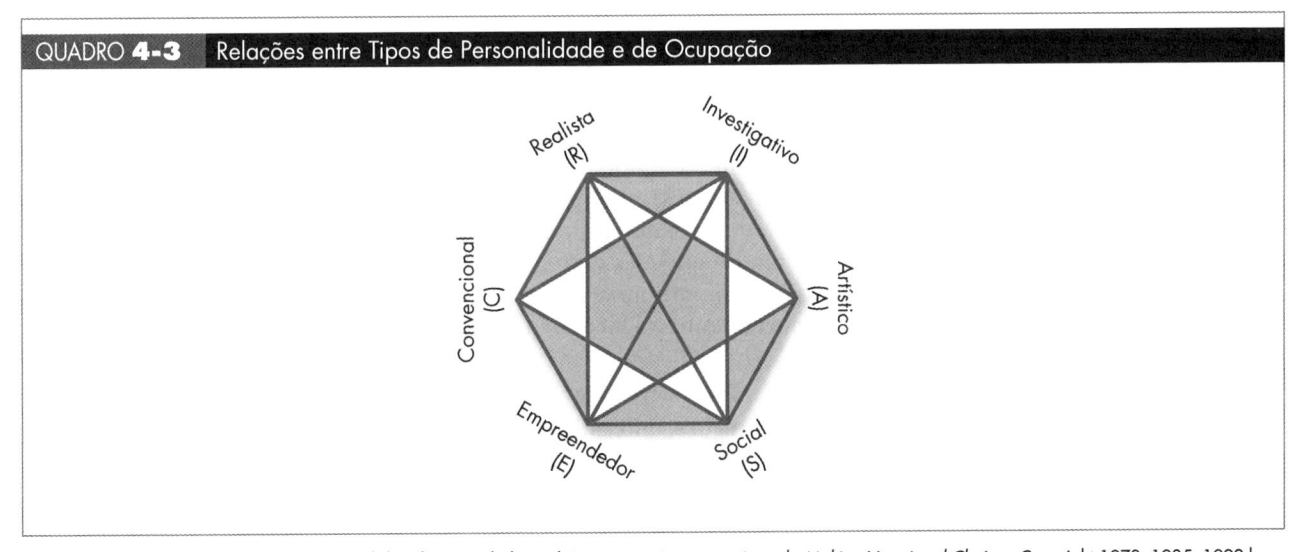

QUADRO 4-3	Relações entre Tipos de Personalidade e de Ocupação

Fonte: Reproduzido com permissão especial do editor, Psychological Assessment Resources, Inc., de *Making Vocational Choices*, Copyright 1973, 1985, 1992 by Psychological Assessment Resources, Inc. Todos os direitos reservados.

mais satisfação com o trabalho e menor probabilidade de sair dele voluntariamente do que aquelas que estão em situação inversa.

Adequação do Indivíduo à Organização Como já foi mencionado, nos últimos anos, a atenção se expandiu, da adaptação das pessoas às *tarefas*, para incluir também a adequação das pessoas às *organizações*. Como as organizações agora enfrentam um ambiente dinâmico e em constante mudança, exigindo funcionários capazes de mudar rapidamente de tarefa e de se moverem de modo fluente por diversas equipes, é mais importante que a personalidade deles se ajuste à cultura da organização como um todo do que apenas a um determinado cargo ou função.

A adequação entre o indivíduo e a organização se baseia essencialmente na convicção de que as pessoas deixam empregos não compatíveis com a sua personalidade.[52] Usando a terminologia do Big Five, por exemplo, podemos esperar que indivíduos com alto nível de extroversão se ajustem melhor a culturas mais agressivas e voltadas ao trabalho em equipe; que pessoas com alto grau de amabilidade se ajustem melhor a um clima organizacional que dê mais ênfase ao apoio do que à agressividade; e que aqueles com alto grau de abertura para experiências se ajustem melhor às organizações que enfatizem mais a inovação do que a padronização.[53] A observância dessas orientações na hora da contratação de pessoal pode levar a uma seleção de funcionários mais bem ajustados à cultura da organização, o que, por sua vez, resultaria em funcionários mais satisfeitos e em menor índice de rotatividade.

Emoções

Durante 11 anos, Tim Lloyd trabalhou como gerente de rede na Omega Engineering, em Bridgeport, Nova Jersey.[54] A Omega fabrica aparelhos de mensuração e instrumentação para clientes como a NASA e a Marinha norte-americana. Nos últimos dois anos no emprego, a avaliação do desempenho de Lloyd se tornou negativa. Ele podia prever o inevitável e ficou irritado com isso. Por isso, Lloyd se envolveu em um plano de sabotagem contra a rede que ele mesmo ajudou a criar. Pouco antes de ser demitido, Lloyd colocou um vírus no computador e roubou a única cópia existente do material. Uma semana depois de sua demissão, o vírus entrou em ação. Todo o sistema foi destruído e perderam-se todos os dados e programas da empresa. Sua raiva e a conseqüente sabotagem custaram à Omega um prejuízo de 12 milhões de dólares, abalaram a posição da empresa no mercado e acabaram causando a demissão de 80 funcionários.

A sabotagem industrial é um exemplo extremo, mas serve para chamar a atenção para o tema desta seção: as emoções são um fator crítico no comportamento dos funcionários.

Dada a obviedade do papel que as emoções têm em nossa vida cotidiana, é surpreendente que, até recentemente, este assunto não tenha recebido muita atenção no estudo do comportamento organizacional.[55] Como se explica isto? Podemos encontrar duas explicações possíveis. A primeira é o *mito da racionalidade*.[56] Desde o final do século XIX e o aparecimento da administração científica, as organizações são desenhadas especificamente com o objetivo de tentar controlar as emoções. Uma organização bem-administrada seria aquela que conseguisse eliminar, com sucesso, frustrações, medos, raivas, amores, ódios, ressentimentos e outros sentimentos similares. Tais emoções seriam a antítese da racionalidade. Assim, mesmo sabendo que as emoções são uma parte inseparável da nossa vida cotidiana, pesquisadores e executivos tentavam criar organizações isentas de sentimento. Evidentemente, isto não é possível. O segundo fator responsável por deixar as emoções fora do estudo do comportamento organizacional foi a crença de que *emoções de qualquer tipo são destruidoras*.[57] Quando se consideravam as emoções, a discussão se dirigia para aquelas fortemente negativas — especialmente a raiva — que interferiam na capacidade de um funcionário realizar seu trabalho eficazmente. As emoções raramente eram vistas como algo construtivo ou capaz de estimular comportamentos de melhoria do desempenho.

É claro que algumas emoções, particularmente se exibidas na hora errada, podem comprometer o desempenho dos funcionários. Mas isso não muda o fato de que eles carregam um componente emocional todos os dias quando vão trabalhar e que nenhum estudo de comportamento organizacional pode ser abrangente se não levar em conta o papel das emoções sobre o comportamento no local de trabalho.

O que são emoções?

Embora não pretendamos nos prender a definições, antes de prosseguir em nossa análise precisamos esclarecer três termos que são intimamente interligados. São eles *sentimentos*, *emoções* e *humores*.

O **sentimento** é um termo genérico que engloba uma grande variedade de sensações que as pessoas experimentam. É um conceito amplo que envolve tanto as emoções como os estados de humor.[58] As **emoções** são sentimentos intensos direcionados a alguém ou a alguma coisa.[59] Finalmente, os **humores** são sentimentos que costumam ser menos intensos que as emoções e não possuem um estímulo contextual.[60]

As emoções são reações a um objeto, não um traço. Elas são específicas para o objeto. Você mostra suas emoções quando está "feliz com alguma coisa, bravo com alguém ou com medo de algo."[61] Os humores, por seu lado, não são dirigidos para um objeto. As emoções podem se transformar em humores quando se perde o foco do objeto contextual. Assim, quando um colega de trabalho o critica pela forma como você atendeu a um cliente, você pode ficar zangado com ele. Isto é, você demonstra emoção (raiva) em relação a um objeto específico (seu colega). Mais tarde, no mesmo dia, você pode se sentir um tanto irritado de maneira geral. Você não consegue atribuir essa sensação a nenhum episódio específico; apenas se sente esquisito, diferente. Este estado de ânimo descreve o humor.

Esforço emocional

Caso você já tenha trabalhado como balconista ou garçom, sabe a importância de se projetar uma imagem amigável, sempre com um sorriso nos lábios. Mesmo que você não esteja se sentindo particularmente alegre, sabe que seu chefe espera que você seja gentil e atencioso com os clientes. Portanto, você finge estar feliz. E, fazendo isso, você expressa esforço emocional.

Todos os trabalhadores despendem esforço físico e mental quando colocam o corpo e a mente na realização de suas tarefas. Mas muitos trabalhos requerem **esforço emocional**. Isso acontece quando um funcionário expressa emoções desejáveis pela organização durante transações interpessoais.[62]

O conceito de esforço emocional foi primeiramente desenvolvido com relação ao trabalho no setor de serviços. Espera-se, por exemplo, que comissários de bordo sejam entusiasmados, atendentes de serviço fúnebre sejam tristes, e médicos sejam emocionalmente neutros. Hoje, no entanto, este conceito parece ter relevância em quase todos os setores. Espera-se que você seja cortês e não hostil em suas interações com os colegas. O verdadeiro desafio surge quando os funcionários precisam projetar uma emoção enquanto estão sentindo outra.[63] Isso cria uma **dissonância emocional**, que representa um grande peso para os funcionários. Se não forem trabalhados, os sentimentos reprimidos de frustração, raiva e ressentimento podem levar a sérias crises emocionais.[64]

À medida que prosseguirmos nesta seção, você vai perceber que, por causa da crescente importância do esforço emocional como um fator-chave para o desempenho eficaz, o entendimento das emoções passou a ter uma relevância maior dentro do estudo do comportamento organizacional.

Emoções sentidas *versus* emoções demonstradas

O esforço emocional cria dilemas para os trabalhadores quando suas atribuições exigem que demonstrem emoções incongruentes com seus verdadeiros sentimentos. Na realidade, essa é uma situação muito comum. No ambiente de trabalho, às vezes, há pessoas com quem é muito difícil de conviver amigavelmente. Podemos achar que suas personalidades são um tanto desagradáveis. Talvez saibamos que elas falam mal de nós pelas costas. Independentemente de tudo isso, seu trabalho exige que você interaja com essas pessoas no cotidiano. Você se vê, então, forçado a fingir simpatia.

Para uma melhor compreensão das emoções, podemos separá-las em *sentidas* e *demonstradas*.[65] As **emoções sentidas** são aquelas genuínas para o indivíduo. Em contraste, as **emoções demonstradas** são as requeridas pela

Este jovem que atende clientes de uma loja da McDonald's em Valparaiso, no Chile, ilustra o conceito de emoções demonstradas. A rede exige que os funcionários que lidam com os clientes estejam sempre sorridentes, amigáveis e gentis. Para assegurar que eles terão esse comportamento, os funcionários recebem um treinamento inicial que inclui o aprendizado de como disfarçar as verdadeiras emoções quando eles são obrigados a atender clientes rudes ou difíceis.

organização e consideradas apropriadas para um determinado cargo. Elas não são inatas; são aprendidas. "O ritual de expressão de felicidade no rosto da primeira concorrente a ser chamada no final de um concurso de miss é produto de uma regra de comportamento segundo a qual as perdedoras devem esconder sua decepção sob uma máscara de alegria pela vencedora".[66] Da mesma forma, a maioria de nós sabe que se espera que nos mostremos tristes em funerais, mesmo que nossa opinião sobre o falecido seja péssima; e que é de bom-tom nos mostrarmos felizes em casamentos, mesmo que não tenhamos nenhuma disposição para celebrar.[67] Os executivos eficazes aprendem a parecer sérios quando dão a um funcionário uma avaliação de desempenho negativa e a disfarçar sua raiva quando são passados para trás em uma oportunidade de promoção. E os vendedores que não aprenderem a estar sempre sorridentes e simpáticos, independentemente de seu verdadeiro estado de espírito, não terão vida muito longa nesse tipo de trabalho.

A questão básica aqui é que as emoções sentidas geralmente são diferentes daquelas que são demonstradas. Na verdade, muitas pessoas têm problemas em trabalhar com outras simplesmente porque acreditam, inocentemente, que as emoções demonstradas por elas são as verdadeiramente sentidas. Isso acontece especialmente dentro das organizações, onde os papéis e situações freqüentemente exigem que as pessoas demonstrem comportamentos emocionais que mascaram seus verdadeiros sentimentos. Além disso, hoje em dia os empregos, cada vez mais, requerem que os funcionários interajam com os clientes, os quais nem sempre são pessoas fáceis com as quais lidar. Os clientes, muitas vezes, reclamam, são grosseiros e fazem solicitações impossíveis de se atender. Nessas circunstâncias, as emoções de um funcionário precisam ser identificadas. Os funcionários que não são capazes de projetar uma imagem amigável e cooperativa nessas situações provavelmente afastarão os clientes e dificilmente serão eficazes em seu trabalho.

Dimensões emocionais

Quantas emoções existem? De que maneira elas variam? Vamos responder a estas questões nesta seção.

Variedade Existem, literalmente, dezenas de emoções. Entre elas incluem-se a raiva, o desprezo, o entusiasmo, a inveja, o medo, a frustração, o desapontamento, o constrangimento, o desgosto, a felicidade, o ódio, a esperança, o ciúme, a alegria, o amor, o orgulho, a surpresa e a tristeza. Uma forma de classificar uma emoção é definir se ela é positiva ou negativa.[68] As emoções positivas — como felicidade e esperança — expressam uma avaliação favorável de sentimento. Aquelas negativas — como raiva ou ódio — expressam o oposto. Devemos lembrar que as emoções não podem ser neutras. Ser neutro é ser não-emocional.[69] As emoções negativas parecem ter uma influência mais acentuada sobre as pessoas. As pessoas se lembram e refletem sobre eventos causadores de fortes emoções negativas cinco vezes mais do que o fazem em relação aos acontecimentos ligados a emoções positivas.[70] Portanto, podemos dizer que as pessoas se lembram mais rapidamente das experiências negativas do que das positivas.

Numerosos esforços de pesquisa foram realizados com o objetivo de limitar e definir um conjunto fundamental ou básico de emoções.[71] A pesquisa identifica seis emoções universais: raiva, medo, tristeza, felicidade, desagrado e surpresa — e quase todas as outras emoções podem ser agrupadas dentro de uma dessas seis categorias.[72]

O Quadro 4-4 mostra que as seis emoções básicas podem ser conceituadas como existindo ao longo de um continuum.[73] Quanto mais próximas duas emoções estiverem uma da outra neste continuum, é mais provável que sejam confundidas pelas pessoas. Por exemplo, felicidade e surpresa são freqüentemente confundidas, mas felicidade e desgosto raramente o são. Além disso, como veremos detalhadamente um pouco adiante, fatores culturais podem afetar a interpretação.

Intensidade As pessoas dão respostas diferentes a estímulos emocionais idênticos. Algumas vezes, isto pode ser atribuído à personalidade do indivíduo. Outras vezes, é uma exigência do trabalho.

As pessoas se diferenciam quanto à sua capacidade de expressar intensidade. Você certamente conhece alguém que quase nunca mostra seus sentimentos. Essa pessoa raramente se enraivece. Nunca demonstra sua fúria. Por outro lado, você também deve conhecer alguém que é um vulcão de emoções. Quando está feliz, fica em êxtase. Quando triste, fica profundamente deprimido. Duas pessoas podem estar exatamente na mesma situação — com uma demonstrando alegria e excitamento enquanto a outra se mantém calma e controlada.

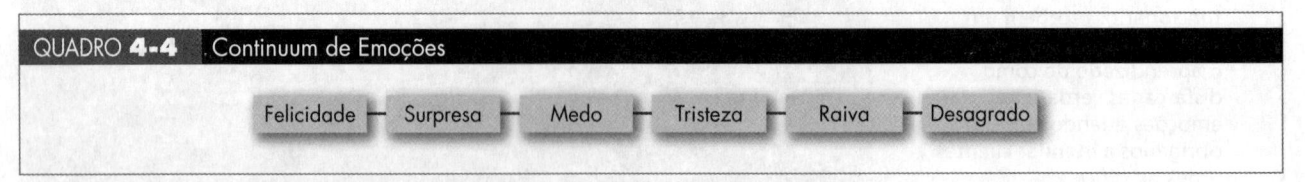

QUADRO 4-4 Continuum de Emoções

Felicidade — Surpresa — Medo — Tristeza — Raiva — Desagrado

Fonte: Baseado em R. D. Woodworth, *Experimental psychology*. Nova York: Holt, 1938.

Diferentes atividades têm demandas diversas em termos de esforço emocional. Por exemplo, controladores de tráfego aéreo e juízes de tribunal devem se manter calmos e controlados, mesmo nas situações mais estressantes. Por outro lado, pregadores religiosos, comentaristas esportivos ou advogados podem depender de sua capacidade de demonstrar intensamente suas emoções quando necessário.

Freqüência e Duração Sean Wolfson é uma pessoa essencialmente quieta e reservada. Ele adora seu trabalho de planejador financeiro. Não gosta, entretanto, de ter de fazer apresentações ocasionais para aumentar sua visibilidade e promover seus programas. "Se eu tivesse de falar em público todos os dias, sairia deste emprego", diz ele. "Acho que consigo superar porque sou capaz de fingir excitação e entusiasmo por uma hora algumas poucas vezes por mês."

O esforço emocional que exige muita freqüência ou longa duração é mais demandante e requer um sacrifício maior dos funcionários. Assim, o sucesso de um indivíduo em atender às demandas emocionais de seu trabalho depende não apenas de quais emoções ele precisa demonstrar, e de sua intensidade, mas também da freqüência e da duração dessas demonstrações.

As emoções e os gêneros

Costuma-se afirmar que as mulheres sempre são mais "abertas" a seus sentimentos do que os homens. É dito que elas reagem mais emocionalmente e são mais capazes de perceber as emoções dos outros. Existe alguma verdade nisso?

As evidências realmente confirmam as diferenças entre homens e mulheres no que se refere às reações emocionais e à habilidade para entender as emoções alheias. Na comparação entre os dois gêneros, as mulheres mostram maior expressão emocional do que os homens,[74] experimentam as emoções mais intensamente e demonstram com mais freqüência tanto emoções positivas como negativas, com exceção da raiva.[75] Ao contrário dos homens, as mulheres também se sentem mais confortáveis expressando suas emoções. Finalmente, elas se saem melhor na percepção de indícios não verbais ou paralingüísticos.[76]

O que pode explicar essas diferenças? Há três possíveis respostas. Uma das explicações seria a forma diferente com que homens e mulheres são socializados.[77] Os homens são criados para serem durões e corajosos, e mostrar as emoções não é consistente com essa imagem. As mulheres, por seu lado, são criadas para cuidar dos outros. Isso pode justificar a percepção de que elas geralmente são mais carinhosas e amáveis do que os homens. Por exemplo, espera-se que as mulheres expressem mais emoções positivas no trabalho (através de sorrisos) do que os homens. E é o que acontece.[78] Uma segunda explicação é que elas podem ter uma capacidade inata maior do que os homens para perceber as emoções alheias e expressar as suas próprias.[79] Uma terceira explicação seria que as mulheres precisam mais de aprovação social e, por isso, têm propensão maior para expressar emoções positivas, como felicidade.

Quando se trata de expressar emoções positivas, a Southwest Airlines não impõe limitações ao seu pessoal. A empresa estimula a paixão dos funcionários por seu trabalho e lhes dá liberdade para expressá-la. O "conjunto" de comportamentos adequados inclui ser carinhoso, prestativo e afetuoso. A expressão destas emoções agrada os clientes da empresa, como mostra essa comissária de bordo prestes a abraçar a pequena passageira.

Limites externos às emoções

Uma emoção aceitável em uma quadra de esportes pode ser totalmente inaceitável quando demonstrada no ambiente de trabalho. Da mesma forma, o que é apropriado em um país pode ser completamente inadequado em outro. Esses fatos ilustram o papel que os limites externos exercem sobre a expressão das emoções.

Todas as organizações definem fronteiras que identificam quais emoções são aceitáveis e em que grau elas podem ser demonstradas. Esse princípio vale para diferentes culturas. Nesta seção, vamos examinar as influências organizacionais e culturais sobre as emoções.

Influências Organizacionais Se você não for capaz de sorrir o tempo todo e mostrar-se sempre feliz, não terá uma carreira muito duradoura nos parques de diversões da Disney. Um manual da rede McDonald's estabelece que seu pessoal de atendimento de balcão deve "mostrar traços como sinceridade, entusiasmo, confiança e senso de humor".[80]

Não existe um "conjunto" básico de emoções buscado por todas as empresas. Entretanto, pelo menos nos Estados Unidos, as evidências indicam haver uma tendência contra as emoções negativas ou muito intensas. A expressão de emoções negativas como medo, ansiedade e raiva tende a ser inaceitável, exceto sob condições específicas justificáveis.[81] Por exemplo, uma dessas condições aceitáveis seria um superior perder a paciência explicitamente com um subordinado.[82] A expressão de emoções intensas, sejam elas positivas ou negativas, geralmente é vista como inapropriada porque parece tumultuar o desempenho rotineiro das tarefas.[83] Aqui, novamente, existem situações excepcionais em que isso é permitido — por exemplo, um breve luto pela morte repentina de um alto executivo da empresa ou uma comemoração pelo lucro anual recorde. Mas na maior parte das vezes, de modo coerente com o mito da racionalidade, uma organização bem-administrada deve estar livre das emoções.

Influências Culturais As normas vigentes nos Estados Unidos ditam que os empregados de empresas de serviços devem sorrir e agir amigavelmente quando interagem com os clientes.[84] Mas esta norma não se aplica internacionalmente. Em Israel, sorrisos de caixas de supermercado podem ser considerados sinal de inexperiência e eles são encorajados, portanto, a se mostrarem sisudos.[85] Nas culturas muçulmanas, o sorriso é geralmente associado a interesse sexual e, por isto, as mulheres são educadas para não sorrir para os homens.[86] Os trabalhadores na França devem experimentar um grau muito baixo de dissonância emocional, pois não fazem muita força para disfarçar seus verdadeiros sentimentos. Os balconistas franceses são famosos pela forma rude com que tratam os clientes. A rede Wal-Mart descobriu que a ênfase na amigabilidade dos balconistas, que conquistou a lealdade dos consumidores nos Estados Unidos, não funciona na Alemanha. Acostumados com uma cultura na qual "o cliente sempre vem depois", os sisudos consumidores alemães não se deixaram conquistar pela alegria e amigabilidade dos funcionários da rede.[87]

Esses exemplos ilustram a necessidade de levar em conta os fatores culturais que influenciam o que se considera emocionalmente apropriado.[88] O que é aceitável em uma cultura pode ser extremamente incomum ou, até mesmo, considerado disfuncional em outra. Além disso, as culturas diferem em relação à interpretação que dão às emoções.

Há uma tendência a se encontrar uma ampla concordância sobre o significado das emoções *dentro* das culturas, mas não entre elas. Por exemplo, um estudo pediu que norte-americanos fizessem uma associação entre expressões faciais e as seis emoções básicas.[89] O nível de concordância ficou entre 86 e 98 por cento. Quando o teste foi entregue a um grupo de japoneses, eles identificaram concordantemente apenas a surpresa (com 97 por cento de acerto). O nível de concordância para as outras cinco emoções ficou entre 27 e 70 por cento. Além disso, algumas culturas não possuem palavras para descrever certas emoções, como *ansiedade, depressão* e *culpa*. Os taitianos, por exemplo, não têm uma palavra equivalente a *tristeza*. Quando eles estão tristes, seus conterrâneos atribuem esse estado a alguma doença física.[90]

Teoria dos eventos afetivos

O entendimento das emoções no ambiente de trabalho teve a ajuda substancial de um modelo chamado de **teoria dos eventos afetivos**.[91] Essa teoria demonstra que os trabalhadores reagem emocionalmente às coisas que lhes acontecem no trabalho e que isso afeta o seu desempenho e sua satisfação.

O Quadro 4-5 resume essa teoria. Ela inicia reconhecendo que as emoções são uma resposta a eventos dentro do ambiente de trabalho. Esse ambiente inclui tudo o que se relaciona ao trabalho — as características do cargo, como variedade das tarefas ou grau de autonomia, demandas e exigências de esforço emocional. Esse ambiente gera eventos que podem ser aborrecidos, alegres ou ambos. Eventos que costumam ser vistos com aborrecimento incluem colegas que não cumprem suas próprias tarefas, orientações conflitantes dos chefes e excesso de pressão para o cumprimento de prazos. Exemplos de eventos alegres incluem o atingimento de uma meta, o apoio recebido de um colega e o reconhecimento por uma realização.[92] Esses eventos disparam reações emocionais positivas

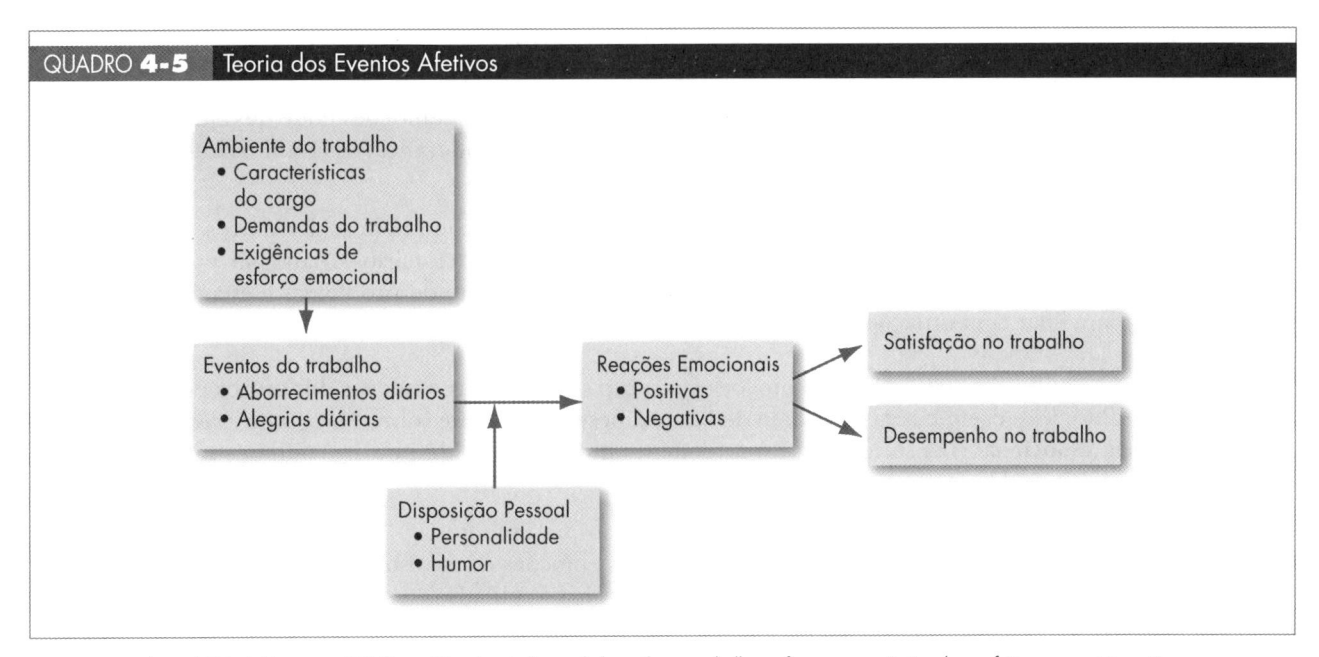

QUADRO 4-5 Teoria dos Eventos Afetivos

Ambiente do trabalho
- Características do cargo
- Demandas do trabalho
- Exigências de esforço emocional

↓

Eventos do trabalho
- Aborrecimentos diários
- Alegrias diárias

→ **Reações Emocionais**
- Positivas
- Negativas

→ Satisfação no trabalho

→ Desempenho no trabalho

↑

Disposição Pessoal
- Personalidade
- Humor

Fonte: Baseado em N.M. Ashkanasy e C.S. Daus, "Emotion in the workplace: the new challenge for managers", *Academy of Management Executive*, fev. 2002, p. 77.

e negativas. Essa relação entre eventos e emoções é moderada pela personalidade e pelo humor de cada um. A personalidade predispõe a pessoa a responder com maior ou menor intensidade a cada evento. Por exemplo, pessoas com baixa estabilidade emocional tendem a responder mais intensamente a eventos negativos. O humor introduz a evidência de que as reações nem sempre são iguais. A resposta emocional de um indivíduo a um dado evento pode mudar de acordo com seu estado de humor. Finalmente, as emoções influenciam diversas variáveis de desempenho e de satisfação, como o comportamento de cidadania organizacional, o comprometimento organizacional, a intenção de deixar a empresa e o nível de esforço no trabalho.

Além disso, testes da teoria dos eventos afetivos sugerem que (1) um episódio emocional é, na verdade, um conjunto de experiências emocionais precipitado por um único evento. Ele reflete elementos dos ciclos de emoção e de humor. (2) A satisfação no trabalho é influenciada pelas emoções correntes em algum momento da história das emoções que circundam o evento. (3) Como os humores e as emoções são variáveis no tempo, seu efeito sobre o desempenho também varia. (4) Comportamentos emocionais são sempre de curta duração e de alta variabilidade. (5) Como as emoções tendem a ser incompatíveis com os comportamentos requeridos para a realização das tarefas, elas costumam influenciar negativamente o desempenho (o mesmo valendo para as emoções positivas, como felicidade e alegria).[93]

Vamos usar um exemplo para melhor ilustrar a teoria dos eventos afetivos.[94] Você trabalha como engenheiro aeronáutico na Boeing. Por causa da queda na demanda por jatos comerciais, você ouviu dizer que a empresa está pensando em dispensar 10 mil funcionários. Você pode estar nessa lista. Esse evento pode provocar uma reação emocional negativa: você teme perder seu emprego e principal fonte de renda. Como você tem uma tendência a se preocupar em excesso e a ficar obcecado por problemas, seus sentimentos de insegurança aumentam. Esse evento também desencadeia uma série de subeventos que vão criar um episódio: você fala com seu chefe e ele lhe garante que seu emprego está seguro; você ouve rumores de que seu departamento será o primeiro a ser eliminado; você encontra um ex-colega que foi demitido há seis meses e ainda está desempregado. Tudo isso gera altos e baixos emocionais. Um dia, você se sente confiante e acredita que vai sobreviver aos cortes. No outro dia, sente-se deprimido e ansioso, convencido de que seu departamento será eliminado. Essas alterações emocionais lhe roubam a atenção de suas tarefas, reduzindo tanto o seu desempenho como a sua satisfação no trabalho. No final, sua reação torna-se exagerada porque esse já é o quarto grande corte de pessoal feito pela Boeing nos últimos três anos.

Em resumo, a teoria dos eventos afetivos nos traz duas importantes mensagens.[95] Primeiro, as emoções proporcionam indicações valiosas para a compreensão do comportamento dos funcionários. O modelo demonstra como as alegrias e aborrecimentos cotidianos influenciam o desempenho e a satisfação no trabalho. Segundo, as emoções e os eventos que as desencadeiam dentro do ambiente de trabalho não devem ser ignorados, mesmo que pareçam insignificantes. Isso porque as emoções tendem a se acumular. Não é a intensidade dos aborrecimentos ou alegrias que provoca a reação emocional, mas a freqüência com que ocorrem.

Aplicações no estudo do comportamento organizacional

Concluímos nossa discussão sobre emoções considerando sua aplicação em diversos tópicos do comportamento organizacional. Nesta seção, vamos avaliar como o conhecimento das emoções pode nos ajudar a entender melhor o processo de seleção nas organizações, a tomada de decisões, a liderança, os conflitos interpessoais e os desvios de comportamento no ambiente de trabalho.

Capacidade e Seleção Diane Marshall não percebe suas próprias emoções, nem as dos outros. Ela é temperamental e não consegue transmitir muito entusiasmo ou interesse a seus funcionários. Diane não entende por que eles se aborrecem com ela. Ela geralmente exagera em suas reações diante de problemas e escolhe as respostas mais ineficazes para lidar com situações emocionais.[96] Diane Marshall é uma pessoa com pouca inteligência emocional.

As pessoas que conhecem suas próprias emoções e são capazes de ler as emoções dos outros podem ser mais eficazes no trabalho. Esse é, em essência, o tema de base da pesquisa recente sobre *inteligência emocional*.[97]

A **Inteligência Emocional (IE)** se refere à capacidade do indivíduo de identificar e administrar referências e informações emocionais. Ela se compõe de cinco dimensões:

- *Autoconsciência*. A capacidade de ter consciência dos próprios sentimentos.
- *Autogerenciamento*. A capacidade de administrar as próprias emoções e impulsos.
- *Automotivação*. A capacidade de persistir diante de fracassos e dificuldades.
- *Empatia*. A capacidade de perceber o que as outras pessoas sentem.
- *Habilidades sociais*. A capacidade de lidar com as emoções das outras pessoas.

Diversos estudos sugerem que a IE pode ter um papel importante para o desempenho no trabalho. Por exemplo, um estudo examinou as características dos engenheiros da Lucent Technologies que foram eleitos por seus pares como destaques do setor. Os cientistas concluíram que eles eram os melhores no trato com os demais. Ou seja, que era a IE, e não o acadêmico QI, que caracterizava os melhores desempenhos. Um segundo estudo, dessa vez com recrutas da Força Aérea norte-americana, chegou a resultados semelhantes. Os recrutas com melhor desempenho também apresentavam alto grau de IE. A partir desses resultados, a Força Aérea reestruturou seus critérios de seleção. Uma investigação posterior revelou que os contratados com alto nível de IE eram 2,6 vezes mais bem-sucedidos do que os outros. Usando o critério de IE, a Força Aérea reduziu em 90 por cento a rotatividade entre os recrutas e economizou quase 3 milhões de dólares em custos com contratações e treinamento. Outro estudo interessante examinou os sucessos e fracassos de 11 presidentes norte-americanos — de Franklin Roosevelt a Bill Clinton. Eles foram avaliados em seis quesitos: comunicação, organização, habilidade política, visão, estilo de cognição e inteligência emocional. Concluiu-se que a qualidade-chave que diferenciava os bem-sucedidos (como Roosevelt, Kennedy e Reagan) dos mal-sucedidos (como Johnson, Carter e Nixon) era a inteligência emocional.

As implicações dessas evidências iniciais sobre a Inteligência Emocional são que os empregadores devem levá-la em conta no processo de seleção, especialmente em funções que demandam um alto grau de interação social.

Tomada de Decisões Como veremos no Capítulo 5, as abordagens tradicionais do estudo sobre tomada de decisões nas organizações sempre enfatizaram a racionalidade. Elas sempre minimizaram, quando não ignoraram totalmente, o papel da ansiedade, do medo, das frustrações, das dúvidas, da felicidade, do excitamento e de outras emoções semelhantes. Mas é bastante ingênuo imaginar que as decisões não são influenciadas pelo estado emocional dos que as tomam.[98] Tendo em conta os mesmos dados objetivos, podemos esperar que as pessoas farão escolhas diferentes quando estão estressadas e irritadas do que quando estão calmas e controladas.

As emoções negativas podem resultar em uma busca limitada de novas alternativas e uma utilização menos cuidadosa das informações. Por outro lado, as emoções positivas podem melhorar a capacidade de resolução de problemas e facilitar a integração das informações.[99]

Para melhor compreender o processo de tomada de decisões é preciso considerar tanto o "coração" como a "mente". As pessoas utilizam processos emocionais, tanto quanto racionais e intuitivos, para tomar suas decisões. Quando não incorporamos as emoções ao estudo do processo de tomada de decisões, a análise fica incompleta (e freqüentemente imprecisa).

Motivação Discutiremos a motivação mais detalhadamente nos capítulos 6 e 7. Neste momento, vamos apenas introduzir a idéia de que, como no processo de tomada de decisões, as abordagens dominantes no estudo da motivação refletem uma visão do indivíduo excessivamente racionalizada.[100]

As teorias sobre motivação propõem basicamente que as pessoas "são motivadas na extensão em que seu comportamento possa levar aos resultados desejados. A imagem é de uma troca racional: o funcionário troca seus esforços por pagamento, segurança, promoções etc.".[101] Mas as pessoas não são máquinas, frias e sem senti-

Jamie Dimon foi contratado como principal executivo do Bank One para pôr ordem em uma empresa que tinha sérios problemas financeiros. Durante as reuniões mensais com os analistas de sistemas, os gerentes de crédito e os gerentes de agências, Dimon externou mensagens emocionais que causaram profundas mudanças para a melhoria das condições financeiras do banco. Descrito como um líder emocional, dotado de uma personalidade apaixonada, Dimon inspirou seus subordinados a aceitar as mudanças que trouxeram o Bank One de volta à lucratividade.

mentos. Suas percepções e avaliações das situações são permeadas por emoções que influenciam significativamente a quantidade de esforço que vão empreender. Mais do que isto, pessoas altamente motivadas em seu trabalho sempre estarão emocionalmente comprometidas. As pessoas engajadas em seu trabalho "tornam-se física, cognitiva *e* emocionalmente imersas na experiência daquela atividade, na busca de seu objetivo".[102]

Todas as pessoas estão emocionalmente engajadas em seu trabalho? Não! Mas muitas estão. Se ficarmos apenas na avaliação racional de contribuições e dedicação, não seremos capazes de compreender comportamentos como o do sujeito que se esquece de comer e fica trabalhando até tarde da noite, totalmente envolvido no desafio de seu trabalho.[103]

Liderança A capacidade de liderar outras pessoas é uma qualidade fundamental buscada pelas organizações. Discutiremos este assunto em maior profundidade nos capítulos 11 e 12. Aqui vamos apenas lembrar como as emoções podem ser parte integrante da liderança.

Os líderes eficazes quase sempre confiam na expressão de seus sentimentos como meio de transmitir sua mensagem.[104] Na verdade, a expressão de emoções nos discursos geralmente é o elemento crítico para que os outros aceitem ou rejeitem a palavra do líder. "Quando os líderes se sentem estimulados, entusiasmados e ativos, podem passar mais energia aos seus subordinados e transmitir uma sensação de eficácia, competência, otimismo e alegria".[105] Os políticos, para citar um exemplo, sabem como demonstrar entusiasmo quando falam sobre suas chances de vencer uma eleição, mesmo quando as pesquisas indicam o contrário.

Os executivos sabem que o conteúdo emocional é fundamental para convencer os funcionários de sua visão sobre o futuro da empresa e para fazê-los aceitar mudanças. Quando se apresentam novas visões, especialmente quando elas trazem metas distantes ou vagas, a mudança freqüentemente é de difícil aceitação. Assim, quando os líderes eficazes pretendem implementar mudanças significativas, apelam para a "evocação, projeção e mobilização de *emoções*".[106] Ao despertar emoções e ligá-las a uma visão atraente, os líderes aumentam a probabilidade de que seus liderados aceitem as mudanças propostas.

Conflitos Interpessoais Poucos aspectos são tão interligados com as questões emocionais como os conflitos interpessoais. Sempre que surgem conflitos, pode-se ter a certeza de que as emoções também virão à tona. O sucesso de um executivo em resolver conflitos geralmente depende de sua capacidade em identificar os elementos emocionais do caso e ajudar as partes conflitantes a trabalhar suas emoções. Se, ao contrário, o executivo não levar em conta os elementos emocionais do conflito e ater-se apenas aos aspectos racionais e funcionais da questão, terá pouca probabilidade de resolver o problema.

Atendimento ao Cliente Em muitos negócios, o estado emocional do funcionário influencia o atendimento ao cliente, o que, por sua vez, afeta a disposição do cliente para voltar ao estabelecimento e seu nível de satisfação.[107] O atendimento de qualidade gera demandas sobre os funcionários e geralmente cria dissonância emocional. Com o passar do tempo, isto pode levar à estafa, à redução do desempenho e à baixa satisfação com o trabalho.[108]

Estudos indicam que há um efeito "casado" entre as emoções dos funcionários e dos clientes. Trata-se de um contágio emocional, que faz com que as pessoas "peguem" as emoções umas das outras.[109] Dessa forma, quando os funcionários expressam emoções positivas, os clientes tendem a responder do mesmo modo. As emoções negativas geram respostas também negativas nos clientes.

Desvios de Comportamento no Ambiente de Trabalho As emoções negativas podem levar a diversos desvios de comportamento.

ENFOQUE NA MÍDIA

A tristeza no trabalho custa bilhões aos empresários norte-americanos

Todos sabemos que os funcionários não deixam suas emoções dentro do carro no estacionamento quando chegam na empresa para trabalhar. E isso pode ter sérias implicações sobre o desempenho quando eles trazem consigo a emoção da tristeza.

A cada ano, os trabalhadores norte-americanos choram a morte de 2,4 milhões de entes queridos. Em 2002, Don Lee foi um deles. Sua filha de 20 anos morreu atropelada por um motorista bêbado. Ele voltou ao trabalho dois dias depois do funeral, mas não conseguia se concentrar. "Eu cumpria minhas oito horas diárias", ele diz, "mas por seis meses eu não produzi mais do que o equivalente a quatro horas de trabaho por dia".

Estima-se que a tristeza no ambiente de trabalho custe mais de 75 bilhões de dólares por ano às empresas norte-americanas em termos de redução de produtividade, aumento de erros e acidentes. As estimativas indicam que a morte de um ente querido custa cerca de 38 bilhões de dólares; divórcio e crises conjugais, 11 bilhões; crises familiares, 9 bilhões; e morte de conhecidos, 7 bilhões.

A maioria das empresas oferece uma licença remunerada para essas ocasiões. Mas a licença só dura menos de uma semana. E, como mostra a experiência de Don Lee, este tempo nunca é suficiente. Geralmente, são necessários meses para que o trabalhador volte ao seu nível normal de produtividade.

Algumas empresas tomaram iniciativas para lidar com esse problema. A Hallmark Cards, por exemplo, criou um programa chamado Laços de Compaixão. Trata-se de uma rede de apoio formada por funcionários que passaram por crises pessoais e que oferecem seu tempo para ajudar aqueles que atravessam situações semelhantes. Oitenta e cinco funcionários foram voluntários para auxiliar seus colegas em suas crises pessoais, incluindo problemas de saúde, como Alzheimer, Aids, doenças infantis, infertilidade e até incêndios residenciais.

Fonte: Baseado em J.Zalow, "Moving on: putting a price tag on grief – new index aims to calculate the annual cost of despair", *Wall Street Journal*, 20 nov. 2002, p. D1.

Qualquer um que tenha uma certa vivência empresarial sabe que, freqüentemente, as pessoas cometem atos voluntários que violam as regras estabelecidas e ameaçam a organização, os seus membros ou ambos. Essas ações são chamadas de **desvios dos funcionários.**[110] Esses desvios podem ser violentos ou não, e se enquadram em diferentes categorias, como produção (por exemplo, sair mais cedo, trabalhar mais devagar intencionalmente); propriedade (roubo, sabotagem), política (fofocas, incriminação de colegas) e agressão pessoal (assédio sexual, violência verbal).[111] Muitos desses atos podem ser atribuídos a emoções negativas.

A inveja, por exemplo, é uma emoção que surge quando ficamos ressentidos com alguém por ter conseguido algo que não temos e desejamos muito — como atribuições mais interessantes, uma sala maior ou um salário mais alto.[112] Isso pode conduzir a desvios nocivos de comportamento. A inveja foi identificada na origem de episódios de hostilidade, traição e outras formas de comportamento político, deturpando o sucesso alheio e exagerando as próprias realizações.[113]

Resumo e implicações para os executivos

Personalidade

Qual a validade do modelo Big Five para os executivos? Do início do século XX até meados da década de 1980, os pesquisadores tentaram encontrar uma ligação entre personalidade e desempenho no trabalho. "O resultado destes mais de 80 anos de pesquisas foi que a personalidade e o desempenho no trabalho não estão significativamente relacionados por meio de traços de personalidade ou de situações".[114] Contudo, os últimos 20 anos foram mais promissores, especialmente por causa dos conceitos relacionados ao modelo Big Five. Buscar funcionários com alto grau de consciência pode ser um bom conselho. Da mesma forma, ao buscar pessoas para funções gerenciais ou de vendas, seria bom identificar aquelas com traços de extroversão. Em termos de dedicação ao trabalho, existem muitas evidências de que as pessoas conscienciosas, extrovertidas e emocionalmente estáveis costumam ser funcionários altamente motivados.[115] Evidentemente, devem-se levar em consideração fatores situacionais.[116] Fatores como as demandas da função, a necessidade de interação com os demais e a cultura organizacional são exemplos de variáveis situacionais que moderam a relação entre personalidade e desempenho no trabalho. É preciso, portanto, considerar a função, o grupo de trabalho e a organização para poder determinar a adequação ótima da personalidade.

Embora o Indicador de Tipos Myers-Briggs tenha sido amplamente criticado, ele pode ter alguma utilidade nas organizações. Nos programas de treinamento e desenvolvimento, ele pode ajudar os funcionários em seu processo de autoconhecimento. Pode também auxiliar as equipes de trabalho, facilitando o entendimento dos membros entre si. Ele pode ainda melhorar a comunicação dentro dos grupos de trabalho e ajudar a reduzir conflitos.

Emoções

Os executivos podem controlar as emoções de seus colegas e dos subordinados? Não. As emoções são partes integrantes da natureza humana. Os executivos cometem um erro ao ignorar os elementos emocionais do comportamento organizacional ou ao avaliar o comportamento das pessoas como se fosse puramente racional. Como disse muito bem um consultor: "Não se podem separar as emoções do ambiente de trabalho porque não podemos separar as emoções das pessoas".[117] Os executivos que compreenderem o papel das emoções vão melhorar significativamente sua capacidade de explicar e prever o comportamento individual.

As emoções afetam o desempenho no trabalho? Sim. As emoções negativas, especialmente, podem *prejudicar* o desempenho. Esta é a mais provável razão pela qual as organizações procuram eliminar as emoções do ambiente de trabalho. Mas as emoções podem também *melhorar* o desempenho. Como? De duas maneiras.[118] Primeiro, as emoções podem alavancar a vontade, agindo assim como motivadoras para um desempenho melhor. Segundo, o esforço emocional reconhece que os sentimentos são parte do comportamento necessário ao trabalho. Dessa maneira, a capacidade de administrar eficazmente as emoções em posições de liderança ou de vendas, por exemplo, pode ser crítica para o sucesso.

O que diferencia as emoções funcionais das disfuncionais no trabalho? Embora não haja uma resposta definitiva para esta questão, foi sugerido que a variável crítica moderadora seria a complexidade da tarefa atribuída ao indivíduo.[119] Quanto mais complexa a tarefa, menor o nível de emocionalidade permitido para que não haja interferência no desempenho. Embora um mínimo de emocionalidade seja até necessário para um bom desempenho, altos níveis interferem com a capacidade de se realizar uma tarefa, especialmente quando o trabalho envolve processos de cognição detalhada ou de cálculo. Como a tendência é de que o trabalho se torne cada vez mais complexo, percebe-se por que as organizações se esforçam para impedir a demonstração muito exacerbada de emoções — especialmente aquelas mais intensas — dentro do ambiente de trabalho.

PONTO ▶ ◀ CONTRAPONTO

Traços de personalidade são poderosos indicadores do comportamento

A essência da abordagem sobre os traços de personalidade no estudo do comportamento organizacional é que os trabalhadores possuem características estáveis de personalidade que influenciam significativamente suas atitudes e comportamentos em relação à organização. Indivíduos com determinados traços costumam ser relativamente coerentes em suas atitudes e comportamentos em diferentes situações e no decorrer do tempo.[120]

Evidentemente, estudiosos admitem que nem todos os traços têm a mesma força. Eles costumam agrupar estes traços em três categorias. Os *traços principais* são aqueles tão fortes e generalizados que influenciam todas as ações de uma pessoa. Os *traços primários* são influências geralmente coerentes sobre o comportamento, mas que não se mostram em todas as situações. Finalmente, os *traços secundários* são os atributos que não formam uma parte essencial da personalidade, mas que vêm à tona apenas em determinadas situações. Em geral, as teorias sobre os traços se voltam mais para o poder dos traços primários como meio de prever o comportamento dos funcionários.

Os defensores dessa teoria confirmam razoavelmente a validade aparente da média dos testes pessoais. Pense em amigos, parentes ou conhecidos com quem você tenha convive há alguns anos. Eles possuem traços que permanecem essencialmente estáveis no decorrer do tempo? A maioria de nós daria uma resposta afirmativa à questão. Se a prima Anne era tímida e nervosa quando a vimos pela última vez, há dez anos, seria surpreendente encontrá-la extrovertida e relaxada hoje.

Os executivos parecem dar bastante crédito ao poder dos traços como indicadores de comportamento. Se eles acreditassem que são as situações que determinam o comportamento, contratariam as pessoas de maneira quase aleatória e estruturariam as situações apropriadamente. Mas os processos de seleção de funcionários, na maioria das organizações, dão grande ênfase ao desempenho dos candidatos em testes e entrevistas. Coloque-se na posição de um entrevistador e pergunte a si mesmo: o que procuro nos candidatos para este emprego? Se sua resposta for *consciência, dedicação ao trabalho, persistência, competência* e *confiabilidade,* você é um dos teóricos dos traços de personalidade!

Poucas pessoas seriam capazes de negar que existem alguns atributos individuais estáveis que influenciam as reações das pessoas no ambiente de trabalho. Mas os estudiosos dos traços de personalidade vão muito além dessa generalização e argumentam que a consistência do comportamento individual é mais abrangente e causa a maior parte das diferenças de comportamento entre as pessoas.[121]

Há dois problemas importantes na utilização dos traços como forma de explicar a maior parte dos comportamentos nas organizações. Primeiro, as estruturas organizacionais são situações fortes, que têm um grande impacto sobre o comportamento dos funcionários. Segundo, as pessoas são bastante adaptáveis e os traços de personalidade podem mudar em função das situações organizacionais.

Sabemos, já há algum tempo, que os efeitos dos traços no comportamento tendem a ser fortes em situações relativamente fracas e fracos em situações relativamente fortes. As estruturas organizacionais costumam ser situações fortes, pois possuem regras e outras regulamentações formais que definem os comportamentos aceitáveis e punem aqueles considerados desviantes. Além disto, as estruturas organizacionais também possuem regras informais que ditam os comportamentos desejáveis. Estas limitações formais e informais minimizam os efeitos dos traços de personalidade.

Ao argumentar que os trabalhadores possuem traços estáveis que mantêm uma consistência em inúmeras situações, os estudiosos dos traços estão afirmando, na verdade, que os indivíduos não se adaptam às diferentes situações. Existem, no entanto, crescentes evidências de que os traços de personalidade individuais são modificados pelas organizações das quais a pessoa participa. Se a personalidade de uma pessoa se modifica em função de sua exposição às estruturas organizacionais, como podemos afirmar que os indivíduos possuem traços que afetam coerente e persistentemente suas reações a essas mesmas estruturas? Além disso, as pessoas geralmente participam de organizações múltiplas, que incluem tipos muito diferentes de membros, e elas se adaptam a essas situações diferentes. Em vez de serem prisioneiras de uma estrutura rígida e imutável de personalidade — como propõem os teóricos dos traços de personalidade —, as pessoas ajustam o seu comportamento regularmente para atender às exigências das diversas situações.

Questões para revisão

1. O que é *personalidade*?
2. Que previsões de comportamento você pode fazer para um funcionário que tem (a) um centro de controle externo? (b) baixo grau de maquiavelismo? (c) baixa auto-estima? (d) uma personalidade do Tipo A?
3. O que é o Indicador de Tipos Myers-Briggs?
4. Descreva os fatores presentes no modelo Big Five. Qual deles tem maior valor para a previsão de comportamento? Por quê?
5. Quais foram os seis tipos de personalidade identificados por Holland?
6. Pessoas de um mesmo país possuem o mesmo tipo de personalidade? Explique.
7. Por que os executivos hoje dão mais atenção à adequação entre o indivíduo e a organização do que à adequação entre o indivíduo e o cargo ou função?
8. O que é *esforço emocional* e por que ele é importante na compreensão do comportamento organizacional?
9. Explique a teoria dos eventos afetivos. Quais são suas implicações para a administração das emoções?
10. O que é *inteligência emocional* e por que ela é importante?

Questões para reflexão crítica

1. "A hereditariedade determina a personalidade." (a) Elabore uma argumentação que corrobore esta afirmativa. (b) Elabore uma argumentação que a refute.
2. "O tipo de tarefa desempenhada por um funcionário modera a relação entre a sua personalidade e a sua produtividade no trabalho." Você concorda com esta afirmação? Discuta.
3. Um dia seu chefe parece nervoso, estressado e discorda de tudo. Outro dia, ele parece calmo e relaxado. Esse comportamento sugere que os traços de personalidade não são consistentes de um dia para o outro?
4. O que os chefes podem fazer, se é que podem, para *administrar* as emoções? Existem implicações éticas nisso? Quais?
5. Cite alguns exemplos de situações em que a expressão das emoções pode trazer uma melhoria de desempenho no trabalho.

Exercício de grupo

O que é uma "personalidade de equipe"?

Poucas são as organizações, atualmente, que não empregam o trabalho em equipes. Mas nem todas as pessoas são bons membros de equipe. Isso levanta a seguinte questão: Quais as características de personalidade que melhoram o desempenho de uma equipe? E quais são as que podem prejudicar?

Divida a classe em grupos de cinco ou seis alunos. Com base nas pesquisas apresentadas neste capítulo, cada grupo deve: (a) identificar as características de personalidade associadas às equipes de alto desempenho, justificando essas escolhas; (b) identificar características de personalidade que possam prejudicar o desempenho das equipes, justificando as escolhas; e (c) decidir se é melhor que as equipes sejam formadas por pessoas com traços de personalidade semelhantes ou diferentes.

Cada grupo deve escolher um membro que irá apresentar as conclusões do grupo para a classe.

Dilema ético

Contratação com base em dados genéticos

O Projeto Genoma Humano começou em 1990. Sua meta era identificar os cerca de 35 mil genes do DNA humano, além de mapear e seqüenciar os seus três bilhões de pares de bases químicas. Como disse o diretor do projeto, isso vai permitir que possamos "ler nosso próprio manual de instruções".

O projeto foi concluído em 2003. Agora que está pronto, enfrentamos uma série de questões éticas sobre a maneira como serão usadasas informações levantadas no projeto. Do ponto de vista do estudo do comportamento organizacional, devemos nos preocupar com a forma em que as informações genéticas podem ser utilizadas para discriminar os trabalhadores.

Agora é possível para os empregadores identificar predisposições e condições pré-sintomáticas de caráter genético. Há pessoas que têm predisposição para uma doença e ainda não são portadoras dela, mas têm uma grande probabilidade de desenvolvê-la. Ter condições pré-sintomáticas significa que a doença vai surgir no indivíduo se ele viver o suficiente para isso. Existe, por exemplo, um gene que predispõe ao câncer de mama e outro que é pré-sintomático do mal de Huntington.

Nos Estados Unidos, existem leis federais e estaduais que visam proteger as pessoas contra o mau uso de informações genéticas. Por exemplo, a lei *Americans with Disabilities* protege contra a discriminação genética no mercado de trabalho. Mas isto vale apenas para empresas com mais de 15 funcionários. E a lei não impede que os empresários usem testes genéticos caso eles se relacionem ao desempenho dos funcionários.

Os empregadores e as companhias de seguros argumentam que a informação genética é importante para determinar os limites de risco para os seguros de vida e de saúde. Os críticos respondem dizendo que os empregados têm direito à privacidade.

Onde é considerada legal a prática de testes genéticos, você considera ético o seu uso para a identificação de doenças potenciais? Você acha permissível, por exemplo, que se use um exame de sangue dos funcionários para testes genéticos sem o seu consentimento? E se for *com* o seu consentimento? Suas respostas seriam diferentes caso os testes estivessem razoavelmente relacionados com o desempenho em uma tarefa específica?

Fonte: Esse dilema foi baseado no texto de R.A. Curley Jr. e L.M. Caperna, "The brave new world is here: privacy issues and the human genome project", *Defense Counsel Journal*, jan. 2003, p. 22-35.

Estudo de caso

Ascensão e queda de Dennis Kozlowski

A história de Dennis Kozlowski poderia ser intitulada "O bom, o mau e o feio". O bom: como presidente da Tyco International, Kozlowski supervisionou o crescimento de uma corporação gigantesca. Em seu auge, a Tyco engolia mais de 200 empresas por ano. Sob a liderança de Kozlowski, as ações da Tyco se valorizaram cerca de 70 vezes. Em 2001, Kozlowski proclamou seu desejo de ser lembrado como o maior executivo de todos os tempos.

O mau: as coisas começaram a azedar quando Kozlowski e seu antigo diretor financeiro foram acusados de gerir uma empresa criminosa dentro da Tyco. Ambos foram incriminados por roubar 170 milhões de dólares diretamente da empresa, além de embolsarem 430 milhões de dólares com a manipulação das ações da Tyco na bolsa.

O feio: as atividades de Kozlowski quase destruíram a empresa na qual ele trabalhou durante 27 anos. Apenas em 2002, as ações da Tyco sofreram uma queda de 90 bilhões de dólares!

Para entendermos o comportamento de Kozlowski, precisamos examinar os eventos que moldaram sua personalidade. Ele teve uma infância humilde. Cresceu nos anos 50 e 60 em Newark, Nova Jersey. Ele dizia que era filho de um policial que se tornara detetive. Só depois de seu indiciamento é que se soube que seu pai nunca foi policial, nem em Newark, nem em lugar nenhum. Contudo, sua mãe, de fato, foi funcionária do Departamento de Polícia de Newark, e trabalhava como agente de segurança de trânsito em frente a escolas da cidade. Seu pai, na realidade, foi um negociante um tanto escuso, pouco ético e muito persuasivo. Ele tinha uma personalidade forte, mas, na maioria das vezes, escondia suas falcatruas atrás de pequenas mentiras.

Os amigos lembram-se de Dennis como um menino afável, que se dava bem na escola sem fazer muito esforço. Em 1964, foi eleito por seus colegas na formatura do colegial como o "político da classe". Ele cursou a faculdade de Seton Hall, e pagou seus estudos tocando guitarra em uma banda. Serviu no Vietnã, teve alguns empregos na área de contabilidade e, finalmente, entrou para a Tyco em 1975.

Durante a década de 1980, o comportamento alegre e otimista de Kozlowski desapareceu. À medida que galgava os degraus do sucesso na Tyco, ele se tornava um executivo "durão", tanto respeitado como temido. Finalmente, em 1992, ele se tornou o presidente da empresa e foi o responsável por sua rápida expansão.

Enquanto isto, Kozlowski aprendeu a viver como um nababo. Tinha um apartamento de 17 milhões de dólares em Nova York e uma mansão de 30 milhões de dólares na Flórida. Além de um iate de 15 milhões de dólares. Apenas em objetos de arte para decorar suas residências luxuosas, ele gastou 20 milhões de dólares. E levou suas extravagâncias ao limite: pagar seis mil dólares por uma cortina de chuveiro! Quanto mais dinheiro ele ganhava, mais gastava — e mais roubava. Embora sua remuneração total em 1999 fosse de 170 milhões de dólares, parecia não ser suficiente. Ele manipulou o fundo de recolocação de funcionários da empresa e um programa de crédito para os principais executivos da Tyco (criado para financiar o pagamento de impostos devidos sobre as opções de ações) para embolsar centenas de milhões de dólares em recursos livres de juros. Em 2001, por exemplo, ele deu 1,5 milhão de dólares para sua mulher abrir um restaurante, gastou 2,1 milhões de dólares na festa de aniversário da esposa em uma ilha grega e doou 43 milhões de dólares de recursos da Tyco como contribuições filantrópicas em seu próprio nome.

Um ex-professor de Harvard sugere que Kozlowski estava tomado por uma sensação megalomaníaca de designação: "Por designação, refiro-me a um aspecto narcisista de sua personalidade que o levou a acreditar que ele e a empresa eram uma coisa só", e, portanto, "podia pegar dela o que quisesse, sempre que quisesse".

Questões

1. Como o passado de Kozlowski moldou sua personalidade?
2. Este caso contradiz a visão de que a personalidade é basicamente herdada geneticamente? Explique.
3. O que este caso mostra sobre a ética empresarial?
4. No filme "Wall Street", o personagem vivido por Michael Douglas costuma dizer que "a ganância é boa". Isto é verdade? Como isto se aplica ao caso de Kozlowski?
5. "Kozlowski fez apenas o que qualquer outro faria se tivesse a chance. Os verdadeiros culpados nessa história são os membros do Conselho de Administração da Tyco, que não souberam controlar seu principal executivo." Você concorda com essa afirmação? Discuta.

Fonte: Baseado em A. Bianco, W. Symonds e N. Byrnes, "The rise and fall of Dennis Kozlowski", *Business Week*, 23 dez. 2002, p. 64-77.

CAPÍTULO 5

Percepção e tomada de decisões individual

Depois de ler este capítulo, você será capaz de:

OBJETIVOS DO APRENDIZADO

1. Explicar como duas pessoas vêem a mesma coisa e a interpretam de maneira diferente.
2. Citar os três determinantes da atribuição.
3. Descrever como as simplificações podem ajudar ou prejudicar nossa forma de julgar os outros.
4. Explicar como a percepção afeta o processo de tomada de decisão.
5. Citar os seis passos do modelo de tomada de decisões racionais.
6. Descrever as ações do tomador de decisões estritamente racional.
7. Listar e explicar oito vieses ou erros comuns de decisão.
8. Identificar as condições em que os indivíduos têm mais probabilidade de usar a intuição na tomada de decisões.
9. Descrever quatro estilos de tomada de decisões.
10. Comparar os três critérios éticos para a tomada de decisões.

Nadia Aman, Mirza Baig, M. Yusuf Mohamed e Ammar Barghouty possuem três coisas em comum. São todos jovens, muçulmanos e trabalham para o governo norte-americano. Desde o dia 11 de setembro de 2001, suas vidas mudaram. Isso se deve, em grande parte, aos estereótipos que seus colegas e o público em geral têm em relação aos muçulmanos.[1]

Aman é analista de projetos do Departamento de Comércio dos Estados Unidos. Baig é engenheiro de sistemas no escritório executivo do presidente dos Estados Unidos. Mohamed é advogado no Ministério do Trabalho. E Barghouty é agente especial do FBI. Embora todos vivam nos Estados Unidos há mais de 20 anos, cada um deles já passou por alguma experiência desagradável relacionada a preconceito racial ou religioso.

Depois da tragédia de 11 de setembro de 2001, diz Aman, "eu tenho de estar constantemente dando explicações e me defendendo". Ela vê "um certo grau de paranóia entre os muçulmanos. Estamos sempre com medo de que as pessoas interpretem errado aquilo que dizemos".

Baig recentemente estava para embarcar no Aeroporto Nacional Reagan, ao lado de um funcionário de alto escalão do governo federal norte-americano, com destino do rancho do presidente Bush no Texas, portando uma passagem comprada com um cartão de crédito do governo. Embora ele tenha migrado da Índia para os Estados Unidos aos 14 anos, sua compleição morena fez com que ele fosse o único passageiro do vôo a ser chamado pelos agentes de segurança para uma revista completa.

Mohamed relata problemas relacionados às suas preces matinais. Por exemplo, há pouco tempo ele estava no aeroporto para tomar um vôo às 7h20 da manhã. Ele procurou um canto onde pudesse fazer suas orações, pois a capela do aeroporto estava fechada. Mas ao perceber que esta atitude poderia ser interpretada erroneamente, fez algo que jamais teria feito antes do fatídico 11 de setembro. "Eu procurei os agentes de segurança do portão de embarque para avisá-los de que iria usar aquele local para fazer minhas preces matinais. Eles não fizeram qualquer objeção." Mohamed ficou aborrecido por ter de fazer uma comunicação prévia. "Agora eu estou muito mais cuidadoso com a questão de manifestar minha religião em público."

Poucos dias após a tragédia do 11 de setembro, Barghouty fazia a vigilância de um edifício em Washington enquanto conversava com seu superior do FBI. "A solução apontada por ele era mandar todos os muçulmanos de volta para os seus países de origem", conta Barghouty, que foi para os Estados Unidos com seus pais palestinos quando tinha um ano de idade. Barghouty então respondeu: "'Você pode começar por mim.' Ele pediu desculpas imediatamente".

O ataque terrorista de 11 de setembro de 2001 gerou um enorme mal-estar por conta do estereótipo entre os milhões de muçulmanos que vivem nos Estados Unidos. Neste capítulo, vamos examinar os estereótipos como parte de nossa discussão sobre percepção e explicar como eles influenciam os julgamentos que fazemos dos outros. Depois, vamos examinar a relação entre percepção e tomada de decisões, descrever como as decisões deveriam ser tomadas e avaliar como isso acontece de fato nas organizações.

O que é percepção?

A **percepção** pode ser definida como o processo pelo qual os indivíduos organizam e interpretam suas impressões sensoriais com a finalidade de dar sentido ao seu ambiente. Entretanto, o que uma pessoa percebe pode ser substancialmente diferente da realidade objetiva. Geralmente, embora não necessariamente, existe desacordo. Por exemplo, é possível que todos os funcionários de uma empresa a vejam como um excelente local para trabalhar — condições favoráveis de trabalho, tarefas e atividades interessantes, boa remuneração, administração responsável e compreensiva—, mas, como a maioria de nós sabe, é muito raro encontrar tal unanimidade.

Por que a percepção é importante para o estudo do comportamento organizacional? Simplesmente porque o comportamento das pessoas baseia-se em sua percepção da realidade, não na realidade em si. *O mundo importante para o comportamento é o mundo na forma em que é percebido.*

Fatores que influenciam a percepção

Como podemos explicar o fato de as pessoas olharem para uma mesma coisa e cada uma a perceber de uma maneira diferente? Uma série de fatores operam para moldar e, por vezes, distorcer a percepção. Esses fatores podem estar no *observador*, no objeto ou *alvo* da percepção, ou no contexto da *situação* em que se dá a percepção (ver Quadro 5-1).

Quando uma pessoa observa um alvo e tenta interpretar o que está percebendo, essa interpretação é fortemente influenciada pelas características pessoais do observador. Entre as características pessoais mais relevantes que afetam a percepção estão atitudes, motivações, interesses, experiências passadas e expectativas. Se você espera que os policiais sejam autoritários, que os jovens não tenham ambição ou que os funcionários públicos sejam inescrupulosos, você vai percebê-los desta forma, independentemente de eles terem esses traços.

As características do alvo que está sendo observado também podem afetar a percepção. As pessoas barulhentas costumam chamar mais a atenção do que as quietas. O mesmo se pode dizer a respeito de pessoas muito atraentes. Como os alvos não são observados isoladamente, a sua relação com o cenário influencia a percepção, do mesmo modo que a nossa tendência de agrupar coisas próximas ou parecidas. Por exemplo, mulheres, negros ou

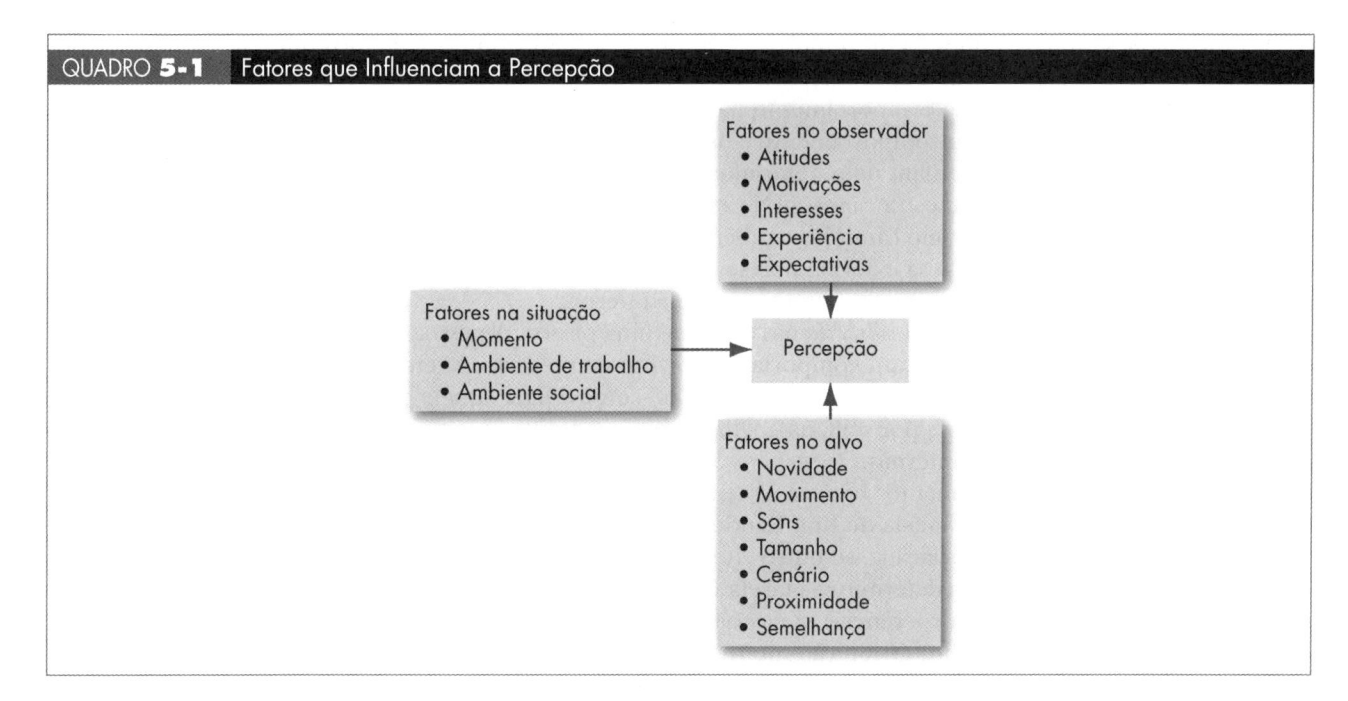

QUADRO 5-1 Fatores que Influenciam a Percepção

Fatores no observador
- Atitudes
- Motivações
- Interesses
- Experiência
- Expectativas

Fatores na situação
- Momento
- Ambiente de trabalho
- Ambiente social

Fatores no alvo
- Novidade
- Movimento
- Sons
- Tamanho
- Cenário
- Proximidade
- Semelhança

→ Percepção

---

membros de quaisquer outros grupos que possuam características nitidamente distintas em seus traços físicos ou na tonalidade de sua pele ou cabelo serão percebidos como semelhantes entre si, inclusive em termos de outras características sem nenhuma relação com as primeiras.

O contexto dentro do qual percebemos os objetos ou eventos é muito importante. O momento em que um objeto ou evento é observado pode influenciar a atenção, bem como outros fatores situacionais, como a localização, a iluminação, a temperatura ou qualquer outro fator situacional. Posso não reparar em uma jovem de 25 anos em traje de noite e com maquiagem pesada dentro de uma boate numa noite de sábado. Mas se esta mesma jovem se apresentasse vestida assim na manhã de segunda-feira para assistir a uma aula na faculdade, certamente eu (bem como o resto dos alunos) repararia nela. Nem o observador nem o alvo mudaram da noite de sábado para a manhã de segunda-feira, mas a situação é diferente.

Percepção da pessoa: fazendo julgamentos sobre os outros

Agora vamos tratar da mais relevante aplicação dos conceitos sobre percepção no estudo do comportamento organizacional. Trata-se do debate sobre a *percepção da pessoa*.

Teoria da atribuição

Nossas percepções sobre as pessoas são diferentes daquelas que temos acerca dos objetos inanimados — como mesas, máquinas ou edifícios — porque fazemos inferências sobre o comportamento das pessoas que não fazemos com relação aos objetos. Os objetos inanimados estão sujeitos às leis da natureza, mas não têm crenças, motivações ou intenções. As pessoas têm. Conseqüentemente, quando observamos pessoas, tentamos encontrar explicações quanto ao motivo de seus comportamentos. Nossa percepção e julgamento das ações de um indivíduo, portanto, serão significativamente influenciados pelas suposições que fazemos sobre o estado de espírito dele.

A **teoria da atribuição** foi proposta para explicar por que julgamos as pessoas diferentemente conforme o sentido que atribuímos a um dado comportamento.[2] Basicamente, a teoria sugere que, quando observamos o comportamento de alguém, tentamos determinar se a causa deste comportamento é interna ou externa. Essa determinação, contudo, depende muito de três fatores: (1) diferenciação, (2) consenso e (3) coerência. Primeiro, vamos esclarecer as diferenças entre causas internas e causas externas e, depois, discutiremos cada um dos três fatores determinantes.

Os comportamentos de *causas internas* são aqueles vistos como os que estão sob o controle do indivíduo. O comportamento de *causas externas* é aquele visto como resultante de estímulos de fora, ou seja, a pessoa é vista como se tivesse sido forçada àquele comportamento pela situação. Se seu funcionário chega atrasado ao trabalho, você pode imaginar que ele ficou na farra até tarde e perdeu a hora de levantar. Esta seria uma atribuição interna. Mas você também pode imaginar que o atraso se deve a um enorme engarrafamento de trânsito causado por um acidente. Esta seria uma atribuição externa.

A *diferenciação* se refere à questão de o indivíduo mostrar, ou não, comportamentos diferentes em situações diversas. O funcionário que chegou tarde hoje tem sido motivo de reclamações dos colegas por ser um "folgado"? O que queremos apurar é se esse comportamento não é usual. Se não for, o observador provavelmente lhe dará uma atribuição externa. Mas se o comportamento é usual, certamente será julgado como de causa interna.

Se todas as pessoas que enfrentam uma determinada situação respondem de maneira semelhante, podemos dizer que este comportamento mostra *consenso*. No exemplo do nosso funcionário atrasado, este seria o caso se todos os colegas que fazem o mesmo caminho também tivessem se atrasado. Do ponto de vista da atribuição, se o consenso é alto, espera-se uma causa externa; mas se os outros funcionários que fazem o mesmo caminho chegaram no horário, você deve concluir que a causa do atraso é interna.

Finalmente, o observador busca a *coerência* nas ações de uma pessoa. A pessoa reage sempre da mesma forma? Chegar dez minutos atrasado não é um comportamento visto da mesma maneira para um funcionário que não costuma fazer isso (digamos que ele não se atrasa há meses) como é para aquele cujo atraso faz parte da rotina (o que chega tarde duas ou três vezes por semana). Quanto mais coerente o comportamento, mais inclinado fica o observador a atribuí-lo a causas internas.

O Quadro 5-2 resume os elementos básicos da teoria da atribuição. Ela pode nos mostrar, por exemplo, que se uma funcionária — vamos chamá-la de Kim Randolph — geralmente tem o mesmo nível de desempenho em diferentes tarefas (baixa diferenciação), se outros funcionários geralmente têm desempenho diferente, melhor ou pior do que o de Kim em uma determinada tarefa (baixo consenso) e se o desempenho dela nesta tarefa é consistente ao longo do tempo (alta coerência), a pessoa que julgar seu trabalho atribuirá a Kim a responsabilidade total por seu próprio desempenho (atribuição interna).

Uma das descobertas mais interessantes da teoria da atribuição é que existem erros e vieses que podem distorcer as atribuições. Por exemplo, há substancial evidência de que, quando julgamos o comportamento das outras pessoas, tendemos a subestimar a influência dos fatores externos e superestimar a influência dos fatores internos ou pessoais.[3] Isto é chamado de **erro fundamental de atribuição** e pode explicar por que um gerente de vendas está pronto a atribuir o fraco desempenho de seus vendedores à preguiça deles, e não ao lançamento de um produto concorrente inovador. Há também a tendência de os indivíduos atribuírem o próprio sucesso a fatores internos, como capacidade e esforço, e de colocar a culpa dos fracassos em fatores externos, como falta de sorte. Isto é chamado de **viés de autoconveniência**.[4] Durante o auge da valorização das empresas de alta tecnologia no mercado de ações, entre 1996 e 2000, os investidores se vangloriavam de sua habilidade e tomavam para si o crédito pelo sucesso dos investimentos. Entretanto, quando a "bolha" estourou, no início de 2000, e as ações perderam mais de 70 por cento de seu valor, esses mesmos investidores procuraram alguém para colocar a culpa: os analistas da Bolsa que cotavam bem essas ações porque tinham interesse na valorização daqueles papéis, os corretores que eram muito agressivos, o Fed, Banco Central dos Estados Unidos, que não agiu a tempo e outros bodes expiatórios.

Serão esses erros e vieses que distorcem as atribuições válidos para diferentes culturas? Não há como responder a esta pergunta de maneira definitiva, mas existem evidências que sugerem diferenças culturais.[5] Por exemplo, um estudo sobre executivos coreanos revelou que, ao contrário do viés da autoconveniência, eles tendem a assumir a responsabilidade pelo fracasso do grupo, dizendo "não fui um líder capaz", em vez de atribuir a culpa aos membros da equipe.[6] A teoria da atribuição foi desenvolvida em grande parte com base em experimentos

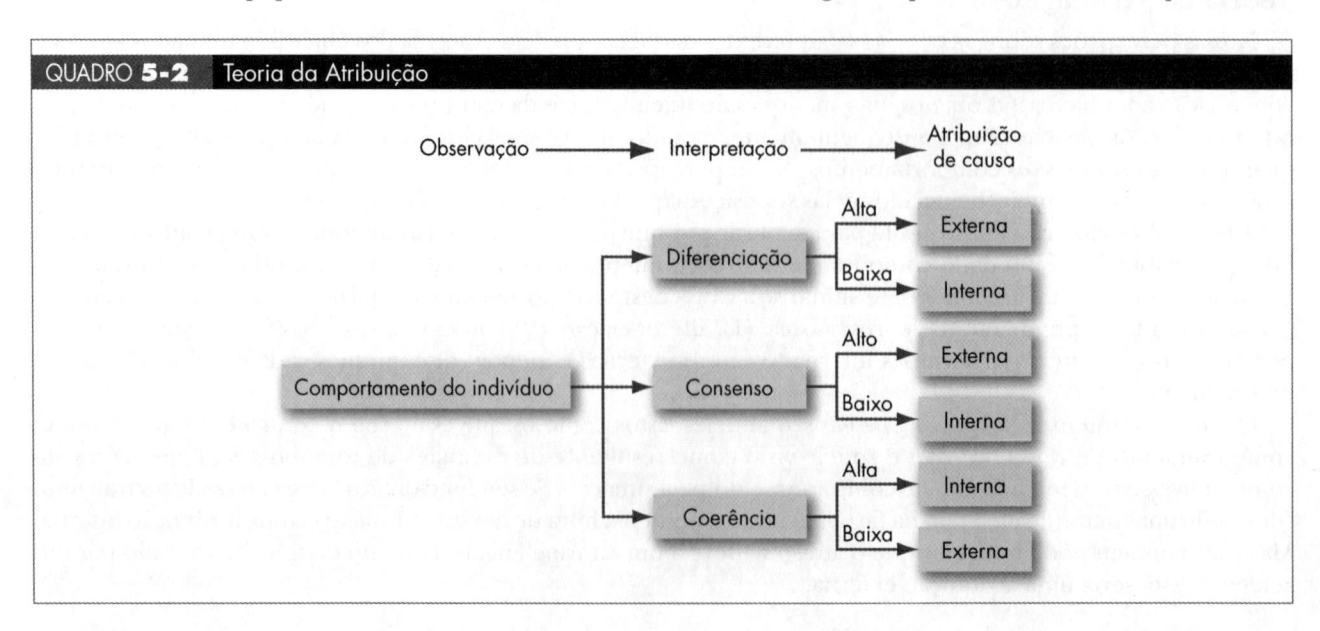

QUADRO 5-2 Teoria da Atribuição

Observação → Interpretação → Atribuição de causa

Comportamento do indivíduo:
- Diferenciação: Alta → Externa; Baixa → Interna
- Consenso: Alto → Externa; Baixo → Interna
- Coerência: Alta → Interna; Baixa → Externa

com norte-americanos e europeus ocidentais. Mas o estudo coreano sugere que se tenha cuidado na utilização dessa teoria em outras culturas, especialmente aquelas com forte tradição coletivista.

Simplificações freqüentemente usadas no julgamento das outras pessoas

Costumamos utilizar diversas simplificações quando julgamos as pessoas. Observar e interpretar o que os outros fazem é um trabalho penoso. Conseqüentemente, desenvolvemos técnicas para tornar essa tarefa mais facilmente administrável. Essas técnicas costumam ser valiosas. Elas nos permitem chegar rapidamente a percepções precisas e oferecem dados válidos para previsões. Entretanto, não estão livres de erros. Também podem nos criar problemas, e freqüentemente criam. A compreensão dessas simplificações pode ser útil para reconhecermos quando elas podem resultar em distorções significativas.

Percepção Seletiva Todas as características que fazem com que uma pessoa, um objeto ou um evento se sobressaia aumentam a probabilidade de que ele seja percebido. Por quê? Porque é impossível para nós assimilar tudo o que vemos — apenas alguns estímulos podem ser assimilados. Esta tendência explica por que, como mencionamos antes, prestamos mais atenção em carros que são iguais ao nosso ou por que um funcionário recebe uma advertência por algo que passaria despercebido se feito por outra pessoa. Como não podemos observar tudo o que se passa à nossa volta, nós nos empenhamos em uma **percepção seletiva**. Um exemplo clássico mostra como nossos interesses podem influenciar significativamente quais serão as questões que vamos perceber.

Dearborn e Simon realizaram um estudo conceitual no qual 23 executivos de empresas tinham de ler um caso abrangente descrevendo a organização e as atividades de uma siderúrgica.[7] Desses executivos, seis eram da área de vendas, cinco de produção, quatro de contabilidade e os outros oito de funções diversas. Cada executivo escreveu qual era, em sua opinião, o principal problema encontrado no caso. Oitenta e três por cento dos executivos de vendas disseram ser esta a área problemática, contra 29 por cento dos demais. Este fato, junto com outros resultados do estudo, levou os pesquisadores à conclusão de que os participantes percebiam aspectos de uma situação que eram especificamente relacionados com as atividades e metas das unidades às quais eles estavam ligados. A percepção de um grupo em relação às atividades organizacionais é alterada seletivamente para focar os interesses que o grupo representa. Em outras palavras, quando o estímulo é ambíguo, como no caso da siderúrgica, a percepção tende a ser mais influenciada pela base individual de interpretação (isto é, atitudes, interesses e experiências passadas) do que pelo estímulo em si.

Mas como a seletividade funciona para simplificar o julgamento dos outros? Como não podemos assimilar tudo o que observamos, nós percebemos um pouco de cada vez. Mas este pouco não é escolhido aleatoriamente; na verdade, é escolhido seletivamente, de acordo com nossos interesses, experiências passadas e atitudes. A percepção seletiva nos permite uma "leitura rápida" dos outros, mas com o risco de obtermos uma figura imprecisa. Como sempre vemos aquilo que queremos ver, podemos tirar conclusões erradas de uma situação ambígua.

Efeito de Halo Quando construímos uma impressão geral de alguém com base em uma única característica — como sua inteligência, sociabilidade ou aparência —, acontece o **efeito de halo**.[8] Este fenômeno ocorre com freqüência quando os alunos avaliam seus professores. Os estudantes podem dar mais evidência a um único traço, como entusiasmo, e deixar que sua avaliação do professor seja totalmente baseada nesta característica. Assim, um professor pode ser calmo, seguro, competente e altamente qualificado, mas se seu estilo não tiver entusiasmo, os alunos provavelmente lhe darão uma nota baixa.

A realidade do efeito de halo foi confirmada por um estudo clássico, em que os participantes receberam uma lista de traços como inteligência, habilidade, senso prático, engenhosidade, determinação e simpatia, e pediu-se que eles avaliassem a pessoa a quem os traços se aplicavam.[9] Quando se evocavam estes traços, a pessoa era julgada esperta, engraçada, popular e imaginativa. Quando a lista era modificada — com frieza substituindo o item simpatia —, obtinha-se um conjunto totalmente diferente de percepções. Obviamente, os participantes permitiam que um único traço influenciasse a sua impressão geral da pessoa que era avaliada.

A propensão para o funcionamento do efeito de halo não é aleatória. As pesquisas sugerem que ele é mais acentuado quando os traços percebidos são ambíguos em termos comportamentais, quando eles possuem implicações morais ou quando o observador julga traços com os quais tem experiência limitada.[10]

Efeitos de Contraste Existe uma antiga máxima entre os atores de espetáculos de variedades: nunca faça seu número depois de uma apresentação com crianças ou animais. Sabe por quê? O senso comum diz que as pessoas amam tanto as crianças e os bichinhos que você vai parecer ruim depois deles. Este exemplo ilustra como os **efeitos de contraste** podem distorcer a percepção. Não avaliamos as pessoas isoladamente. Nossa reação a uma pessoa é sempre influenciada pelas outras pessoas que encontramos recentemente.

Uma ilustração de como o efeito de contraste funciona é uma situação de entrevistas com um conjunto de candidatos a emprego. A avaliação de qualquer candidato pode sofrer distorções por causa de sua posição na ordem

108 Comportamento Organizacional

> Todos os líderes empresariais são gananciosos e desonestos? A percepção generalizada de que os homens de negócios são pouco éticos é moldada pela vasta cobertura da mídia de casos de corrupção em grandes empresas e de processos criminais enfrentados por empresários como Martha Stewart, que aparece na foto logo após ter sido declarada culpada por mentir ao governo e obstruir a Justiça. O estereótipo de que todo líder empresarial é corrupto não corresponde à verdade, mas é um meio usado por muita gente para simplificar sua percepção das complexidades do mundo dos negócios.

de chamada. Ele poderá ser beneficiado se o candidato anterior for medíocre, ou prejudicado se o antecessor for brilhante.

Projeção É mais fácil julgar os outros se pressupormos que eles são parecidos conosco. Por exemplo, se você quer desafios e responsabilidade em seu trabalho, pressupõe que os outros também querem o mesmo. Se você é honesto e confiável, presume que as outras pessoas também são assim. Esta tendência de atribuir nossas próprias características aos outros — chamada de **projeção** — pode distorcer as percepções que temos delas.

As pessoas que fazem projeção tendem a ver as outras de acordo com o que são elas mesmas, em vez de como as pessoas observadas realmente são. Os executivos, ao fazerem a projeção, comprometem sua capacidade de reagir às diferenças individuais. Neste caso, há uma tendência a ver as pessoas de forma mais homogênea do que elas realmente são.

Estereotipagem Quando julgamos alguém com base em nossa percepção do grupo do qual essa pessoa faz parte, estamos usando uma forma de simplificação chamada de **estereotipagem**.[11] No início deste capítulo, já mencionamos os problemas que a estereotipagem pode causar: todos os muçulmanos são terroristas!

A generalização, evidentemente, tem suas vantagens. É um meio de simplificar um mundo complexo e de nos permitir manter uma coerência. É mais fácil utilizar estereótipos para lidar com um número inadministrável de estímulos. Por exemplo, imagine que você é um gerente de vendas procurando alguém para preencher uma vaga em sua equipe. Você procura alguém ambicioso, que trabalhe duro e seja capaz de lidar com a adversidade. Você teve experiências de sucesso contratando indivíduos que praticavam esportes nos tempos de estudante. Direciona, então, sua busca a ex-atletas universitários. Dessa maneira, reduz significativamente o tempo da busca. Como os atletas costumam ser ambiciosos, dedicados e lidam bem com as adversidades, o uso do estereótipo pode até melhorar a sua tomada de decisão. O problema, é claro, surge quando usamos o estereótipo errado.[12] Nem todos os atletas universitários são, *necessariamente*, ambiciosos, dedicados e competentes ao lidar com adversidades.

Nas organizações, freqüentemente ouvimos comentários que representam estereótipos baseados em sexo, idade, raça, cultura ou até no peso das pessoas:[13] "as mulheres não aceitam mudar de cidade por causa de uma promoção", "os homens não têm jeito para cuidar de crianças", "trabalhadores mais velhos não conseguem aprender novas habilidades", "imigrantes asiáticos são trabalhadores e conscienciosos", "pessoas com excesso de peso são indisciplinadas". Em termos de percepção, se as pessoas esperam ver estes estereótipos, será o que elas perceberão, mesmo que os estereótipos não reflitam a realidade.

Obviamente, um dos problemas dos estereótipos é que eles são populares, apesar do fato de não terem qualquer traço de verdade ou, até mesmo, de serem irrelevantes. O fato de os estereótipos serem tão difundidos significa apenas que muitas pessoas estão tendo a mesma percepção errada com base em uma falsa premissa sobre um grupo.

Aplicações específicas nas organizações

As pessoas dentro das organizações estão sempre julgando umas às outras. Os executivos precisam avaliar o desempenho de seus subordinados. Julgamos o quanto nossos colegas se dedicam ao trabalho deles. Quando um novo membro entra para uma equipe, ele é imediatamente "medido" pelos demais. Muitas vezes, esses julgamentos têm conseqüências importantes para a organização. Vamos examinar sucintamente algumas aplicações mais óbvias.

Entrevista de Seleção O elemento principal para definir quem entra ou é rejeitado em uma organização é a entrevista de seleção de candidatos. Podemos dizer que poucas pessoas são contratadas sem passar por uma entrevista. As evidências, no entanto, indicam que os entrevistadores fazem julgamentos de percepção freqüentemente errôneos. Além disso, quase não há concordância entre os entrevistadores, ou seja, entrevistadores diferentes vêem coisas diferentes em um mesmo candidato e chegam a conclusões diversas sobre ele.

Os entrevistadores costumam criar impressões antecipadas, que se tornam rapidamente resistentes. Se alguma informação negativa surge no início da entrevista, ela tende a ter um peso maior do que se surgisse mais no final.[14] Estudos indicam que a maioria das decisões dos entrevistadores pouco muda depois dos primeiros quatro ou cinco minutos da entrevista. Conseqüentemente, as informações colhidas no começo têm um peso muito maior do que as informações obtidas depois, e um "bom candidato" é, provavelmente, caracterizado mais pela ausência de características desfavoráveis do que pela presença de características favoráveis.

É importante lembrar que o seu conceito de um bom candidato pode ser bem diferente do meu. Como as entrevistas geralmente têm pouca estrutura de consistência e os entrevistadores diferem em termos do que buscam nos candidatos, a avaliação de um mesmo candidato pode ter inúmeras variações. Se a entrevista for um aspecto importante para a contratação — e geralmente é —, é preciso reconhecer que os fatores de percepção influenciam este processo e, no final, a qualidade da força de trabalho de uma organização.

Expectativas sobre o Desempenho   Existe uma quantidade razoável de evidências que demonstram que as pessoas sempre tentam validar suas percepções da realidade, mesmo quando estas percepções estão erradas.[15] Esta característica é particularmente relevante quando consideramos a expectativa de desempenho no trabalho.

Os termos **profecia auto-realizadora,** ou *efeito Pigmaleão,* foram cunhados para caracterizar o fato de que as expectativas das pessoas determinam o seu comportamento. Em outras palavras, se um executivo espera grandes feitos de seus subordinados, provavelmente eles não o decepcionarão. Por outro lado, se o executivo espera que sua equipe faça o mínimo, ela se comportará de acordo com essa baixa expectativa. O resultado é que a expectativa acaba se tornando realidade.

Um exemplo interessante para ilustrar a profecia auto-realizadora é um estudo feito com 105 soldados do exército israelense que freqüentaram um curso de 15 semanas sobre comando em combate.[16] Os quatro instrutores do curso receberam a informação de que um terço dos treinandos tinha alto potencial, um terço tinha potencial normal e o restante tinha potencial desconhecido. Na verdade, os treinandos foram aleatoriamente colocados nestas categorias pelos pesquisadores. Os resultados confirmaram a existência da profecia auto-realizadora. Os treinandos que haviam sido apontados como os de maior potencial tiveram realmente pontuações mais altas nos testes de alcance de metas, exibiram atitudes mais positivas e tinham o seu líder em melhor consideração do que os outros dois grupos. Os instrutores deste grupo conseguiram esse resultado simplesmente porque esperavam por ele.

Generalização de Perfil Étnico   Logo após o ataque japonês a Pearl Harbor, 120 mil norte-americanos descendentes de japoneses — a maioria habitantes da costa Oeste dos Estados Unidos — foram levados para campos de detenção. Muitos deles foram obrigados a permanecer naqueles campos durante toda a Segunda Guerra. O que

Quando os executivos esperam grandes resultados de seus subordinados, a profecia auto-realizadora indica que eles vão realizar grandes coisas. Foi isso o que aconteceu quando os dirigentes da montadora sueca Volvo Car Corporation desafiou uma equipe formada só por mulheres a projetar um conceito de automóvel para atender especificamente às necessidades das consumidoras. Na foto, as integrantes da equipe apresentam o protótipo do novo carro em um salão internacional na Suíça.

motivou esta ação? O governo norte-americano temia que esses indivíduos ficassem do lado dos japoneses e se tornassem espiões. Com o passar do tempo, a maioria da população do país percebeu que isto foi um terrível engano e uma mancha na história dos Estados Unidos.

A detenção dos descendentes de japoneses durante a guerra é um exemplo de **generalização de perfil** — uma forma de estereotipagem em que um grupo de indivíduos é tomado com um só, geralmente com base em critério de raça ou etnia, e torna-se alvo de cerrada vigilância e investigação. A maioria dos norte-americanos hoje se envergonha do acontecido durante a guerra, mas o fenômeno continua a ocorrer, dentro e fora dos Estados Unidos. Muitos motoristas afro-americanos continuam a ser barrados pela polícia nas estradas apenas por causa da cor da sua pele. As pessoas originárias do Oriente Médio são rigorosamente vistoriadas pelos seguranças dos aeroportos norte-americanos. Na Inglaterra, as pessoas provenientes da Irlanda são vistas como terroristas potenciais. E em Israel, qualquer árabe é percebido como um possível homem-bomba.

Mas nosso interesse é o comportamento organizacional. Depois do 11 de setembro de 2001, a generalização de perfil étnico trouxe crescentes implicações para essa área, especialmente no que se refere a indivíduos de ascendência árabe. Colegas e chefes olham para eles de maneira diferente. Questiona-se por que eles se vestem de modo diferente e realizam práticas religiosas difíceis de compreender. Muitos se perguntam se eles não têm alguma ligação com grupos terroristas. O resultado disto? Este clima de suspeita gera desconfiança e conflitos que prejudicam a motivação e podem comprometer o desempenho e a satisfação no trabalho das minorias étnicas. A generalização de perfil étnico também pode causar a perda de bons candidatos quando acontece durante o processo de seleção de pessoal.

Desde o 11 de setembro, a generalização de perfil étnico tem sido alvo de muitos debates.[17] Por um lado, há quem defenda a generalização em relação aos descendentes de árabes como forma de prevenir atos terroristas. Do outro lado, os críticos argumentam que isto é humilhante, discriminatório e ineficaz na luta contra o terrorismo. Este debate é importante pois implica a necessidade de equilíbrio entre os direitos individuais e o bem-estar da sociedade como um todo. As organizações precisam esclarecer seus funcionários quanto aos danos que a generalização de perfil étnico pode causar. Os programas de treinamento para a diversidade, dos quais vamos tratar no Capítulo 17, vêm se expandindo para focar especialmente a generalização de perfil étnico e a estereotipagem.

Avaliação do Desempenho Embora vejamos com maior detalhe o impacto das avaliações de desempenho sobre o comportamento no Capítulo 17, vamos apenas lembrar aqui que toda avaliação de funcionário depende muito do processo de percepção.[18] O futuro de um funcionário está fortemente ligado à sua avaliação — promoções, aumentos de salário e a permanência no emprego são algumas das conseqüências mais evidentes. A avaliação de desempenho representa um julgamento do trabalho do funcionário. Embora a avaliação possa ser objetiva (por exemplo, um vendedor pode ter seu desempenho avaliado em termos do faturamento que consegue gerar), muitas funções são avaliadas subjetivamente. As medidas subjetivas são mais fáceis de serem implementadas, dão mais liberdade aos avaliadores e, além disso, muitas funções não podem mesmo ser avaliadas por resultados objetivos. Mas as medidas subjetivas são, por definição, muito pessoais, e o avaliador forma uma impressão geral do trabalho do avaliado. Quando estas medidas são usadas, o que o avaliador considera como características ou comportamentos bons e ruins vai influenciar fortemente o resultado final da avaliação.

Esforço do Funcionário O futuro de uma pessoa em uma organização raramente depende apenas de seu desempenho. Em muitas empresas, o esforço demonstrado pelo funcionário é levado em grande consideração. Da mesma forma que os professores costumam levar em conta o esforço dos alunos além dos resultados das provas, os executivos também o fazem. A avaliação do esforço de um indivíduo é um julgamento subjetivo, suscetível a distorções e vieses de percepção.

A ligação entre a percepção e a tomada de decisões individual

Nas organizações, os indivíduos tomam **decisões**, isto é, escolhem entre duas ou mais alternativas. Os alto executivos, por exemplo, determinam as metas da organização, quais produtos ou serviços oferecer, como financiar suas operações ou onde localizar uma nova unidade da empresa. Os executivos de nível médio e inferior determinam o cronograma de produção, selecionam os novos funcionários e decidem como financiar os aumentos salariais. Evidentemente, as decisões não são prerrogativa somente dos executivos. Os demais funcionários também tomam decisões que afetam seu trabalho e a organização. As mais óbvias decisões neste nível são as de ir ou não ao trabalho, quanto esforço despender nas atividades e cumprir ou não o que foi determinado pelo chefe imediato. Além disso, um número crescente de organizações está dando maior autonomia aos seus funcionários, transferindo para eles um poder de decisão historicamente reservado aos executivos. A tomada de decisão individual é, portanto, uma parte importante do comportamento organizacional. Mas a forma como as pessoas tomam as decisões e a qualidade de suas escolhas finais dependem muito de suas percepções.

A tomada de decisão ocorre em reação a um **problema**.[19] Isto é, existe uma discrepância entre o estado atual das coisas e o estado desejável que exige uma consideração sobre cursos de ação alternativos. Assim, se o seu carro quebrar e você depender dele para chegar à escola, você terá um problema que requer uma decisão. Infelizmente, a maioria dos problemas não se apresenta de forma tão clara, com um rótulo dizendo "problema" para sua identificação. O que é um *problema* para uma pessoa pode ser um *estado satisfatório* para outra. Um executivo pode ver a queda de dois por cento nas vendas do trimestre de sua divisão como um problema sério, que exige sua imediata ação. Um outro executivo da mesma empresa, responsável por outra divisão, pode ver essa queda de dois por cento nas vendas como perfeitamente aceitável. Desta forma, o conhecimento sobre a existência de um problema e sobre a necessidade de uma decisão depende da percepção da pessoa.

Todas as decisões requerem interpretação e avaliação de informações. Os dados costumam vir de diversas fontes e precisam ser selecionados, processados e interpretados. Quais dados, por exemplo, são relevantes para uma determinada decisão? A resposta fica por conta da percepção de quem toma a decisão. Deverão ser elaboradas alternativas, com análise dos pontos fortes e fracos de cada uma delas. Mais uma vez, como as alternativas não aparecem com o rótulo de identificação, nem com seus pontos fortes e fracos claramente marcados, o processo de percepção para a tomada de decisão individual será o grande responsável pela solução final encontrada. Finalmente, no decorrer de todo o processo decisório, freqüentemente surgem distorções de percepção que podem potencialmente gerar vieses nas análises e nas conclusões.

Como as decisões devem ser tomadas?

Vamos começar descrevendo como as pessoas devem se comportar para maximizar ou otimizar determinados resultados. Chamamos isso de *processo racional de tomada de decisão*.

Processo de tomada de decisões racionais

Aquele que toma decisões para otimizar é **racional**, isto é, faz escolhas consistentes para a maximização de valor, dentro de certos limites.[20] Estas escolhas são feitas seguindo-se um **modelo de tomada de decisões racionais** de seis passos.[21] Algumas premissas específicas sustentam este modelo.

O Modelo Racional Os seis passos do modelo de tomada de decisões racionais estão listados no Quadro 5-3.

O modelo começa com a *definição do problema*. Como já foi mencionado, um problema existe quando há uma discrepância entre o estado existente e um estado desejável.[22] Se você estiver calculando suas despesas mensais e descobrir que gasta cem dólares a mais do que o previsto em seu orçamento, terá definido um problema. Muitas decisões mal tomadas têm origem na não-identificação do problema ou em sua definição equivocada.

Uma vez definido o problema, o tomador de decisões precisa *identificar os critérios de decisão* que serão importantes para a sua resolução. Nesta etapa, ele determina o que é relevante para decidir. É aqui que entram no processo interesses, valores e outras preferências pessoais do tomador de decisões. A identificação destes critérios é importante pois o que parece relevante para uma pessoa pode não parecer para outra. É bom também ter em mente que quaisquer fatores não identificados nesta etapa são considerados irrelevantes para o tomador de decisões.

Raramente todos os critérios identificados têm importância igual. Assim, o terceiro passo do modelo é *pesar os critérios identificados* anteriormente para lhes atribuir a prioridade correta nas decisões.

O quarto passo requer que o tomador de decisões *defina as alternativas possíveis* para resolver o problema de forma satisfatória. Nesta etapa, as alternativas são apenas listadas, sem qualquer tentativa de avaliá-las.

Depois que as alternativas foram elaboradas, o tomador de decisões precisa analisar criticamente e avaliar cada uma delas. Isto é feito *classificando-as de acordo com cada um dos critérios estabelecidos*. Os pontos fortes e fracos de cada

---

QUADRO 5-3 Passos do Modelo de Tomada de Decisões Racionais

1. Definir o problema.
2. Identificar os critérios para a decisão.
3. Atribuir pesos específicos a cada um desses critérios.
4. Desenvolver alternativas.
5. Avaliar as alternativas.
6. Escolher a melhor alternativa.

alternativa se tornam evidentes quando elas são comparadas com os critérios e pesos definidos no segundo e no terceiro passos do modelo.

A etapa final é a seleção da melhor alternativa pelo *cálculo da decisão ótima*. Isso é feito avaliando-se cada alternativa em relação aos critérios ponderados e selecionando-se aquela que tiver pontuação maior.

Premissas do Modelo Este modelo de tomada de decisões racionais que acabamos de descrever possui diversas premissas.[23] Vamos descrevê-las sucintamente.

1. *Clareza do problema.* O problema está claro e sem ambigüidades. O tomador de decisões deve ter todas as informações em relação à situação da decisão.
2. *Conhecimento das opções.* É pressuposto que o tomador de decisões pode identificar todos os critérios relevantes e listar todas as alternativas viáveis. Mais ainda, que ele esteja ciente de todas as conseqüências possíveis para cada alternativa.
3. *Clareza das preferências.* A racionalidade assume que os critérios e alternativas devem poder ser classificados e ponderados para refletir sua importância.
4. *Preferências constantes.* Pressupõe-se que os critérios específicos de decisão são constantes e que os pesos atribuídos a eles são estáveis no correr do tempo.
5. *Ausência de limitação de tempo ou custos.* O tomador de decisões racional pode obter todas as informações sobre critérios e alternativas porque pressupõe não haver limitações de tempo ou custos.
6. *Retorno máximo.* O tomador de decisões racional irá escolher a alternativa que resulte no máximo valor percebido.

Melhorando a criatividade na tomada de decisões

O tomador de decisões precisa ter **criatividade**, ou seja, habilidade de gerar idéias novas e úteis.[24] Essas idéias devem ser diferentes daquilo que já foi feito e apropriadas para o problema ou oportunidade presente. Por que a criatividade é importante no processo de tomada de decisão? Porque permite que o tomador de decisões avalie e compreenda melhor o problema, inclusive percebendo aspectos que outros não conseguem ver. Entretanto, o valor mais óbvio da criatividade está em ajudar o tomador de decisões a identificar todas as alternativas viáveis.

Potencial Criativo A maioria das pessoas possui um potencial criativo que pode ser usado quando elas se confrontam com a necessidade de solucionar um problema. Mas, para que este potencial se manifeste totalmente, elas precisam sair das rotas psicológicas pré-traçadas, que geralmente as prendem, e aprender a pensar sobre o problema de maneiras diferentes.

A empresa de videogames Electronic Arts criou um labirinto virtual para ajudar seus funcionários a liberar sua criatividade potencial. A empresa estimula seus criadores de vídeo e de jogos de computador a vagar pelo labirinto sempre que sua criatividade está em baixa. Enquanto caminham pelo labirinto, eles podem pensar sobre o desafio de encontrar maneiras diferentes para projetar produtos inovadores.

Podemos começar pelo óbvio. As pessoas diferem em relação à sua criatividade inerente. Einstein, Edison, Picasso e Mozart eram indivíduos de excepcional criatividade. Compreensivelmente, a criatividade é uma qualidade escassa. Um estudo sobre a criatividade realizado com 461 homens e mulheres demonstrou que menos de um por cento deles era excepcionalmente criativo.[25] Mas dez por cento eram altamente criativos e cerca de 60 por cento tinham alguma criatividade. Isso sugere que a grande maioria de nós tem potencial criativo, desde que queiramos despertá-lo.

Modelo de Criatividade de Três Componentes Como a maioria das pessoas possui capacidade para ser criativa, pelo menos moderadamente, o que elas e as organizações podem fazer para estimular esta característica? A melhor resposta está no **modelo de criatividade de três componentes**.[26] Com base em um grande volume de pesquisas, este modelo propõe que a criatividade individual requer, essencialmente, perícia, pensamento criativo e motivação intrínseca pela tarefa (veja o Quadro 5-4). Os estudos confirmam que, quanto mais alto o nível de qualquer um desses componentes, mais alto o nível de criatividade.

A *perícia* é a base de todo trabalho criativo. O entendimento que Picasso tinha sobre arte e os conhecimentos de física de Einstein foram condições necessárias para que eles pudessem contribuir criativamente em suas áreas. Não se pode esperar que uma pessoa sem nenhum conhecimento de programação seja um engenheiro de software muito criativo. O potencial de criatividade é maximizado quando a pessoa tem as habilidades, conhecimentos e domínio dos assuntos relativos à sua área de atuação.

O segundo componente é o *pensamento criativo*. Ele engloba características de personalidade associadas à criatividade e à habilidade de usar analogias, bem como ao talento de ver o que é familiar sob uma nova perspectiva. Por exemplo, os seguintes traços individuais mostraram estar associados ao desenvolvimento de idéias criativas: inteligência, independência, autoconfiança, propensão para correr riscos, centro de controle interno, tolerância à ambigüidade e perseverança diante da frustração.[27] O uso eficaz das analogias permite que os tomadores de decisões apliquem uma idéia de um contexto em outro. Um dos exemplos mais famosos em que o uso da analogia resultou em uma idéia criativa foi a observação de Alexander Graham Bell de que seria possível tomar os conceitos do funcionamento do ouvido humano e aplicá-los a uma "caixa de falar". Ele percebeu que os ossos dentro do ouvido são operados por uma fina e delicada membrana. Perguntou-se, portanto, se uma membrana mais resistente não seria capaz de mover uma peça de aço. A partir desta analogia, nasceu o telefone. Algumas pessoas desenvolvem a capacidade de ver os problemas sob novas perspectivas. Elas são capazes de tornar o estranho familiar e o familiar, estranho.[28] Por exemplo, muitos de nós pensamos nas galinhas botando ovos. Mas quantos de nós somos capazes de considerar que uma galinha é apenas uma maneira de um ovo gerar outro ovo?

O componente final em nosso modelo é a *motivação intrínseca pela tarefa*. Isto se traduz no desejo de trabalhar em alguma coisa por ela ser interessante, envolvente, excitante, gratificante ou pessoalmente desafiadora. Este componente motivacional é o que faz com que a criatividade *potencial* se transforme em idéias criativas *concretas*. É ele que determina até que ponto as pessoas empenham seus conhecimentos e habilidades criativas. Por isso, geralmente as pessoas criativas adoram seu trabalho a ponto de parecerem obsessivas. O ambiente de trabalho das pessoas pode ter um efeito significativo sobre a motivação intrínseca. Os aspectos do ambiente de trabalho que

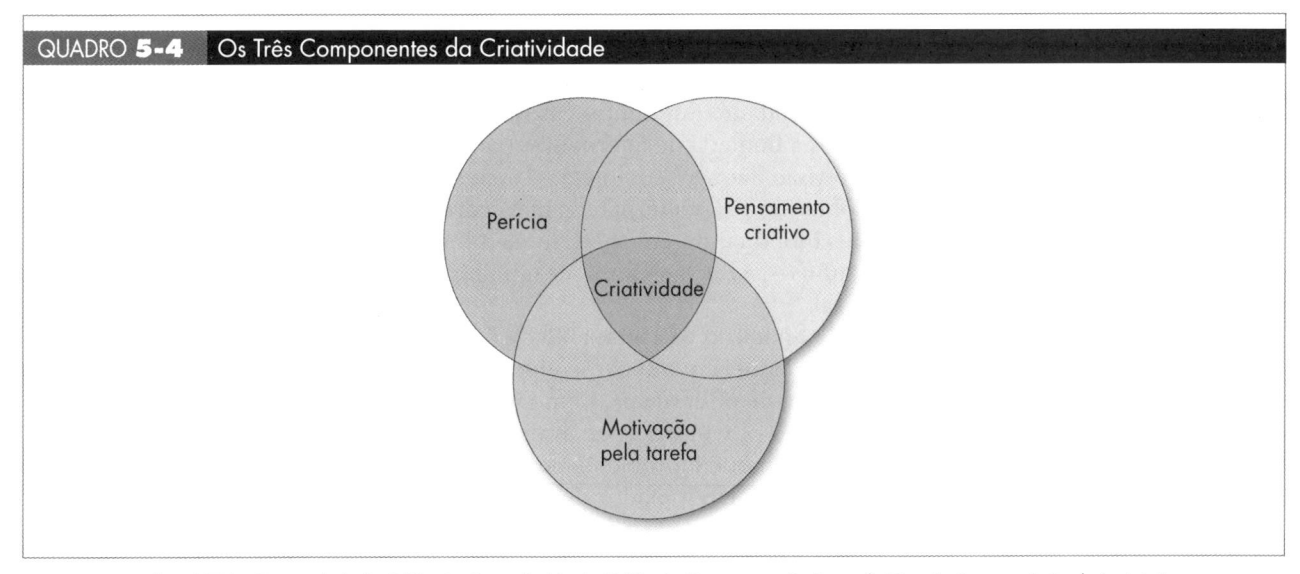

QUADRO 5-4 Os Três Componentes da Criatividade

[Diagrama de Venn com três círculos: Perícia, Pensamento criativo, Motivação pela tarefa, com Criatividade na intersecção central]

Fonte: Copyright 1997, by Universidade da Califórnia. Reproduzido da *California Management Review*, vol. 40, n. 1. Com permissão da instituição.

estimulam a criatividade incluem uma cultura que encoraje o fluxo de idéias; um sistema de avaliação de idéias justo e construtivo, capaz de reconhecer e recompensar o trabalho criativo; informações e recursos materiais e financeiros suficientes; liberdade para decidir o que e como fazer; uma supervisão que saiba se comunicar, que expresse confiança nos outros e que apóie o trabalho em grupo; e membros de equipe que se sustentem entre si e confiem uns nos outros.[29]

Como as decisões são realmente tomadas nas organizações?

Os tomadores de decisões dentro das organizações seguem este modelo de racionalidade? Eles examinam cuidadosamente os problemas, identificam todos os critérios relevantes, usam sua criatividade para identificar todas as alternativas viáveis e se dedicam à avaliação detalhada de cada alternativa até encontrar a escolha ideal? Quando os tomadores de decisões são novatos, com pouca experiência, quando eles enfrentam problemas simples, com poucas alternativas de ação ou quando o custo de procurar e avaliar alternativas é pequeno, o modelo racional oferece uma descrição bastante precisa do processo decisório.[30] Mas tais situações são uma exceção. Boa parte das decisões tomadas no mundo real não segue o modelo racional. Por exemplo, as pessoas geralmente se contentam em encontrar uma solução aceitável ou razoável para o seu problema em vez de buscar a alternativa ótima. Por esta razão, os tomadores de decisões geralmente fazem uso limitado de sua criatividade. As escolhas costumam ficar na área dos sintomas do problema e na proximidade da alternativa mais óbvia. Como observou recentemente um especialista em tomada de decisões, "a maioria das decisões significativas é tomada mais por meio de julgamentos subjetivos do que por um modelo estabelecido de prescrições".[31]

O que se segue é uma revisão de grande parte das evidências para oferecer uma descrição mais precisa de como a maioria das decisões é realmente tomada nas organizações.[32]

Limitação da racionalidade

Quando você escolheu qual universidade cursar, analisou *todas* as alternativas viáveis? Você identificou *todos* os critérios importantes para a sua decisão? Avaliou *cada uma* das alternativas em relação a seus critérios para encontrar a universidade ideal? Provavelmente as respostas para estas perguntas são negativas. Não fique chateado. Poucas pessoas escolhem sua faculdade desta maneira. Em vez de otimizar, você provavelmente apenas se satisfez.

Quando enfrentamos um problema complexo, tendemos a reagir reduzindo-o a um nível em que ele pode ser compreendido mais facilmente. Isso acontece porque a nossa capacidade limitada de processamento de informações torna impossível assimilar e compreender todos os dados necessários para a otimização. Então as pessoas *se satisfazem*, isto é, buscam soluções que sejam suficientes e satisfatórias.

Como a capacidade da mente humana para formular e solucionar problemas complexos é bem menor do que a exigida por uma racionalidade total, as pessoas operam dentro de uma **limitação da racionalidade**. Elas constroem modelos simplificados que extraem os aspectos essenciais dos problemas, sem capturar toda a sua complexidade.[33] Podem, então, agir racionalmente dentro dos limites desse modelo simplificado.

Como a limitação da racionalidade funciona para a maioria das pessoas? Uma vez identificado um problema, começa a busca por critérios e alternativas de solução. Mas a lista de critérios costuma ser enorme. O tomador de decisões vai identificar, então, uma lista com as escolhas mais notáveis. Essas são as escolhas mais fáceis de se encontrar e elas tendem a ter bastante visibilidade. Em muitos casos, vão representar critérios familiares e soluções previamente testadas. Quando essa lista limitada de alternativas tiver sido levantada, o tomador de decisões fará uma revisão de seus itens. Mas esta revisão não será completa — nem todas as alternativas serão avaliadas cuidadosamente. Em vez disso, a pessoa começará pelas alternativas mais parecidas com a situação atual. Seguindo por esse caminho familiar e bem conhecido, quando encontrar uma alternativa "suficientemente boa" — que atenda a um nível aceitável de desempenho —, a revisão estará terminada. Dessa forma, a solução final vai representar uma escolha satisfatória, não a ideal.

Um dos aspectos mais interessantes da limitação da racionalidade é que a ordem em que as alternativas são consideradas é crítica para a determinação daquela que será escolhida. Lembre-se: no modelo racional, todas as alternativas são listadas em ordem hierárquica de preferência. Como todas serão avaliadas, a ordem inicial em que elas aparecem é irrelevante. Todas as soluções potenciais serão avaliadas completamente. Mas isto não acontece com a limitação da racionalidade. Pressupondo que o problema possui mais de uma solução potencial, a escolha satisfatória será a primeira alternativa *aceitável* que o tomador de decisões encontrar. Como ele estará utilizando um modelo simples e limitado, começará identificando as alternativas mais óbvias, com as quais tenha mais familiaridade e que não estejam muito distantes do status quo. As soluções com maior probabilidade de serem escolhidas são as mais próximas do status quo e as que atendem aos critérios de decisão. Uma alternativa ímpar e

> A limitação da racionalidade descreve o processo de tomada de decisões utilizado na contratação da maioria dos novos funcionários. Após identificar a necessidade de um novo funcionário, os executivos tentam ajustar as exigências do cargo à qualificação dos candidatos. Depois, eles entrevistam um número limitado de candidatos e escolhem aquele que acreditam ser o que oferecerá um nível aceitável de desempenho.

criativa pode trazer uma solução ótima para o problema; contudo, é pouco provável que seja a escolhida, pois uma outra alternativa aceitável será identificada muito antes de haver a necessidade de buscar mais além.

Erros e vieses mais comuns

Além da limitação da racionalidade, um grande número de pesquisas indicam que os tomadores de decisões também permitem que erros e vieses sistemáticos atrapalhem seus julgamentos.[34] Isso acontece por causa da tentativa de agilizar o processo decisório. Para minimizar o esforço e evitar dilemas, as pessoas tendem a se valer excessivamente da própria experiência, de seus impulsos e de regras de "senso comum" convenientes no momento. Em muitas situações, esses atalhos podem ser válidos. Contudo, eles também podem conduzir a sérias distorções da realidade. Vamos analisar em seguida as distorções mais comuns.

Viés de Excesso de Confiança Já se disse que "nenhum problema de julgamento e tomada de decisões é mais comum e potencialmente catastrófico do que o excesso de confiança".[35]

Quando nos fazem perguntas sobre assuntos concretos e nos pedem que avaliemos a probabilidade de acerto de nossas respostas, costumamos ser excessivamente otimistas. Por exemplo, estudos descobriram que, enquanto as pessoas diziam estar de 65 a 70 por cento certas quanto à correção de suas respostas, na verdade seu índice de acerto era de apenas 50 por cento.[36] Quando a sua certeza era de cem por cento, a correção era, na verdade, de 70 a 85 por cento.[37]

Do ponto de vista organizacional, uma das descobertas mais interessantes relacionadas com o excesso de confiança é que os indivíduos que têm habilidades intelectuais e interpessoais mais *fracas* apresentam maiores probabilidades de superestimar sua capacidade e desempenho.[38] Assim, quanto mais um executivo ou subordinado aprende a respeito de alguma coisa, menor será a probabilidade de ele demonstrar excesso de confiança.[39] Também há maior probabilidade de que o excesso de confiança surja quando os membros da organização tratam de problemas fora da área que dominam.

Viés de Ancoragem O **viés de ancoragem** é a tendência de nos fixarmos em uma informação como ponto de partida. Uma vez fixado este ponto, temos dificuldade de ajuste diante de informações posteriores.[40] Este viés ocorre porque nossa mente tende a dar uma ênfase desproporcional à primeira informação que recebemos. Assim, as primeiras impressões, idéias, estimativas ou preços têm um peso descomunal em relação às as informações que são obtidas depois.[41]

As âncoras são muito utilizadas por profissionais como publicitários, executivos, políticos, corretores de imóveis e advogados — áreas em que as habilidades de persuasão são importantes. Por exemplo, em uma simulação de tribunal de júri, uma parte dos jurados teve de escolher entre uma indenização de 15 a 50 milhões de dólares. A outra parte precisou escolher entre 50 e 150 milhões de dólares. Consistente com o viés de ancoragem, as médias da indenização ficaram em 15 milhões e em 50 milhões de dólares nas duas simulações.[42]

Consideremos o papel da ancoragem em negociações e entrevistas. Toda vez que uma negociação ocorre, também ocorre este viés. Na medida em que alguém estabelece um número, sua capacidade de ignorá-lo objetivamente fica comprometida. Por exemplo, quando um potencial empregador pergunta a você qual o seu salário anterior, sua resposta será a âncora da oferta que ele lhe fará. Muitos de nós sabemos disso e damos uma "levantada" no salário anterior com a expectativa de uma oferta melhor. O viés de ancoragem pode distorcer a entrevista de seleção. As informações iniciais obtidas durante a entrevista provavelmente vão ancorar sua avaliação do candidato e influenciar a interpretação das informações obtidas depois.

O presidente da Krispy Kreme, Scott Livengood, ilustra o viés da representatividade no lançamento da sua marca própria de café torrado. Livengood acredita que a marca será muito bem-aceita por causa do enorme sucesso de sua linha de donuts.

Viés de Confirmação O processo de tomada de decisões racionais pressupõe que levantemos informações objetivamente. Mas isto não acontece. Nós levantamos as informações *seletivamente*. O **viés de confirmação** representa um tipo específico de percepção seletiva. Buscamos informações que corroborem nossas escolhas anteriores e desprezamos aquelas que as contestam.[43] Também tendemos a aceitar prontamente as informações que confirmam nossos pontos de vista pré-concebidos e somos críticos ou céticos com aquelas que contrariam esses pontos de vista. Portanto, as informações que levantamos possuem um viés de confirmação das opiniões que já tínhamos anteriormente. Este viés de confirmação influencia nossa escolha das fontes de informações pois tendemos a buscá-las onde sabemos que encontraremos o que queremos ouvir. Isso também nos leva a dar muito mais importância às informações corroborativas e a desprezarmos as informações contraditórias.

Viés da Disponibilidade Muito mais gente tem medo de voar de avião do que de dirigir um carro. O motivo é que a maioria das pessoas acredita que voar é mais perigoso. Mas, evidentemente, isto não é verdade. Com um pedido antecipado de perdão por este exemplo cruel, se voar em um avião comercial fosse tão perigoso quanto dirigir um carro, para igualar o risco de se morrer em um acidente automobilístico seriam necessários dois acidentes sem sobreviventes a cada semana com aeronaves do tipo 747 lotadas. Mas a mídia dá muito mais atenção aos acidentes aéreos e acabamos por superestimar o risco de viajar de avião e por subestimar aquele de viajar de automóvel.

Isto é um exemplo do **viés de disponibilidade**, que é a tendência de as pessoas julgarem as coisas com base nas informações mais disponíveis para elas.[44] Eventos que despertam nossas emoções, que são particularmente vívidos ou que ocorreram mais recentemente tendem a estar mais disponíveis em nossa memória. Consequentemente, tendemos a superestimar eventos improváveis como os acidentes de avião. O viés da disponibilidade também pode explicar por que os executivos, quando fazem suas avaliações anuais, costumam dar mais peso aos comportamentos mais recentes de seus funcionários do que àqueles de vários meses atrás.

Viés da Representatividade Milhões de meninos negros nas grandes cidades norte-americanas sonham em jogar basquete nos grandes times da NBA. Na verdade, eles têm muito mais probabilidade de se tornarem médicos do que atletas da NBA, mas estão sofrendo do **viés da representatividade**. Avaliam a chance de um acontecimento tentando ajustá-la a uma categoria pré-existente.[45] Eles ouviram a história de um garoto da vizinhança que se tornou jogador profissional de basquete há dez anos. Ou assistem aos jogos na televisão e acham que aqueles jogadores são exatamente como eles.

Todos nós, vez ou outra, somos vítimas desse viés. Os executivos, por exemplo, frequentemente prevêem o sucesso de um produto relacionando-o com o sucesso de um produto anterior. Ou, se três ex-alunos de uma certa universidade são contratados por uma mesma empresa e não se saem muito bem, os executivos da empresa poderão prever que candidatos formados naquela universidade não serão bons funcionários.

Escalada do Comprometimento Outro viés que ameaça as decisões é a tendência de aumentar o comprometimento quando um curso decisório representa uma série de decisões.[46] A **escalada do comprometimento** é o apego a uma decisão anterior, mesmo quando fica claro que ela foi um erro. Por exemplo, um amigo meu estava namorando uma moça havia quatro anos. Embora ele próprio admitisse que as coisas não iam muito bem entre os dois, ele me contou que ia se casar com ela. Um tanto surpreso com a decisão, perguntei por que ele ia fazer isso. Ele respondeu: "Investi muito nesse relacionamento!".

Há vários casos registrados de pessoas que aumentam seu comprometimento com cursos de ação malsucedidos quando se vêem como responsáveis pelo fracasso. Ou seja, elas dobram seus esforços para recuperar o prejuízo na tentativa de demonstrar que sua decisão inicial não estava errada e para não ter de admitir que cometeram um engano. A escalada de comprometimento também está relacionada com a evidência de que as pessoas sempre tentam parecer coerentes naquilo que dizem e fazem. O comprometimento com ações prévias é uma demonstração de coerência.

A escalada do comprometimento tem implicações óbvias para as decisões empresariais. Muitas organizações já perderam dinheiro porque um executivo se determinou a provar que sua decisão original estava certa e continuou colocando recursos em uma causa perdida desde o início. Além disso, a coerência é uma característica freqüentemente associada à liderança eficaz. Por isso, os executivos, em um esforço para parecerem eficazes, preferem mostrar coerência quando a mudança para um outro curso de ação seria muito melhor. Na realidade, o executivo eficaz é aquele que sabe diferenciar as situações em que a persistência dá bons resultados daquelas nas quais os resultados não serão bons.

Erro de Aleatoriedade Os seres humanos têm uma séria dificuldade para lidar com o acaso. A maioria de nós prefere acreditar que tem algum controle sobre o mundo e sobre o próprio destino. Embora, sem dúvida, nós possamos controlar boa parte do que nos acontece por meio de decisões racionais, é fato que sempre acontecem eventos aleatórios.

Consideremos o caso das bolsas de valores. Embora o comportamento das Bolsas a curto prazo seja essencialmente aleatório, os investidores — ou seus consultores financeiros — acreditam que podem prever a direção das cotações dos papéis. Por exemplo, de um grupo que recebeu informações sobre o preço de determinadas ações e sobre tendências, 65 por cento de seus membros disseram estar certos de que seriam capazes de prever as cotações no futuro. Na verdade, o índice de previsão correta ficou em 49 por cento — o mesmo índice de acerto de quem apenas dá um palpite.[47]

O processo de tomada de decisões fica prejudicado quando tentamos captar sentido em eventos aleatórios. O principal prejuízo ocorre quando transformamos padrões imaginários em superstições.[48] Estas podem ser totalmente inventadas ("eu nunca tomo decisões importantes em sextas-feiras 13") ou decorrentes de algum padrão de comportamento reforçado previamente ("sempre uso minha gravata da sorte em reuniões importantes"). Embora todos nós tenhamos algum comportamento supersticioso, eles podem ser nocivos quando atrapalham nossos julgamentos cotidianos ou distorcem uma decisão importante. Em casos extremos, alguns tomadores de decisões acabam escravos de suas superstições, o que torna praticamente impossível para eles uma mudança de rotina e o processamento objetivo de novas informações.

Viés da Compreensão Tardia Este viés é a tendência que temos de achar que sabíamos antecipadamente o resultado de um evento depois de ele ter ocorrido.[49] Quando algo acontece e temos uma informação precisa de seu resultado, parece-nos muito claro que este resultado era óbvio. Por exemplo, muito mais gente parece considerar óbvio o resultado de um campeonato esportivo *depois* do jogo do que *antes* dele.[50]

O que explica este viés? Aparentemente, não somos capazes de lembrar com precisão o que pensávamos que ia acontecer em relação a um evento *antes* de conhecer seus reais resultados. Por outro lado, temos facilidade para reconstruir este passado, superestimando o que realmente sabíamos, com base no que soubemos depois. Assim, o viés da compreensão tardia é resultado tanto da nossa memória seletiva como de nossa capacidade de reconstruir previsões anteriores.[51]

O viés da compreensão tardia reduz nossa capacidade de aprender com o passado. Ele permite que acreditemos que somos melhores do que realmente somos em fazer previsões e nos torna muito confiantes sobre a precisão de nossas futuras decisões. Por exemplo, se o verdadeiro índice de acertos de nossas previsões é de 40 por cento, mas acreditamos que ele seja de 90 por cento, provavelmente ficaremos superconfiantes sem motivo algum e estaremos pouco atentos quando precisarmos fazer novas previsões.

Intuição

A **tomada de decisão intuitiva** é um processo inconsciente gerado pelas experiências vividas.[52] Este processo não funciona necessariamente como uma alternativa ao método racional; na verdade, eles são complementares. E, principalmente, a intuição pode ser uma força poderosa no processo de tomada de decisões. Pesquisas com jogadores de xadrez, por exemplo, oferecem excelentes exemplos do modo como funciona a intuição.[53]

Mostrou-se a jogadores novatos e a mestres um tabuleiro real, mas um tanto incomum, com cerca de 25 peças. Depois de cinco ou dez segundos, as peças foram retiradas e foi pedido aos jogadores que as colocassem na posição em que estavam antes. Os mestres foram capazes de recolocar de 23 a 24 peças corretamente, enquanto os novatos não conseguiram acertar mais de seis. O exercício foi mudado depois. Dessa vez, as peças foram dispostas de maneira aleatória no tabuleiro. Novamente, os novatos não conseguiram recolocar mais de seis peças, mas agora isso também aconteceu com os mestres! Este segundo exercício demonstrou que os mestres não possuíam memória mais eficiente que a dos novatos. O que eles tinham é a capacidade — baseada na experiência de ter jogado milhares de partidas de xadrez — de reconhecer padrões e aglomerados de peças que costumam ocorrer

> Mestres do xadrez como Vladimir Kramnik e Garry Kasparov usam efetivamente a tomada de decisões intuitiva durante os torneios de que participam. Com base nas experiências acumuladas em milhares de jogos, estes campeões conseguem escolher rapidamente um movimento entre diversas alternativas, mesmo sob grande pressão, para tomar a decisão correta.

durante um jogo. Estudos também mostraram que os profissionais de xadrez são capazes de jogar 50 ou mais partidas simultaneamente, quando as decisões têm de ser tomadas em poucos segundos, com um nível técnico apenas um pouco abaixo daquele revelado em jogos de campeonato, quando cada decisão pode demorar até mais de uma hora. A experiência do mestre lhe permite reconhecer o padrão de cada situação e usar informações previamente aprendidas, associadas àquele padrão, para escolher rapidamente a decisão sobre a jogada. O resultado é que o tomador de decisões intuitivo é capaz de decidir rapidamente com base no que parece ser um volume de informações muito limitado.

Durante a maior parte do século XX, acreditou-se que o uso da intuição pelos tomadores de decisões era irracional e ineficaz. Isso não acontece mais.[54] Existe um reconhecimento cada vez maior de que o modelo racional tem sido superenfatizado e de que, em certas situações, confiar na intuição pode resultar em melhores decisões.

Quando as pessoas usam mais a intuição para tomar suas decisões? Foram identificadas oito condições: (1) quando existe um alto nível de incerteza; (2) quando há poucos precedentes em que se basear; (3) quando as variáveis são menos previsíveis cientificamente; (4) quando os "fatos" são limitados; (5) quando os fatos não indicam claramente o caminho a seguir; (6) quando os dados analíticos não são muito úteis; (7) quando existem várias alternativas plausíveis, todas com boa justificativa; e (8) quando há limitação de tempo e existe uma pressão para que se chegue rapidamente à decisão certa.[55]

Embora a tomada de decisão intuitiva tenha obtido alguma respeitabilidade, não se deve esperar que as pessoas — especialmente na América do Norte, na Grã-Bretanha e em outras culturas em que a análise racional é a forma aceita para se tomar decisões — admitam abertamente a sua utilização. As pessoas altamente intuitivas não costumam revelar aos colegas como chegaram às suas conclusões. Como a análise racional é considerada mais aceitável socialmente, a intuição costuma ser disfarçada ou escondida. Um alto executivo comenta: "Às vezes, precisamos 'vestir' uma decisão intuitiva com 'trajes racionais' para torná-la mais aceitável ou palatável, mas esta sintonia fina geralmente acontece depois de a decisão ter sido tomada".[56]

Diferenças individuais

Na prática, a tomada de decisões caracteriza-se pela limitação da racionalidade, pelos erros e vieses humanamente comuns e pelo uso da intuição. Além disso, há diferenças individuais que resultam em desvios do modelo racional. Nesta seção, vamos examinar duas variáveis de diferenças individuais: estilos de decisão e sexo.

Estilos de Decisão Quando colocamos Chad e Sean diante da mesma situação, Chad quase sempre demora mais tempo para decidir. E sua escolha final nem sempre é melhor que a de Sean; ele é apenas mais lento para processar as informações. Além disso, quando existe uma óbvia dimensão de risco associada à decisão, Sean, ao contrário de Chad, sempre prefere assumir o risco. O que este exemplo ilustra é que cada um de nós tem seu próprio estilo de tomar decisões.

As pesquisas sobre estilos de tomada de decisões identificam quatro abordagens individuais diferentes.[57] Esse modelo foi criado para ser utilizado por executivos e aprendizes de executivos, mas sua estrutura geral pode ser aplicada a qualquer tipo de decisão individual.

ENFOQUE NA MÍDIA

Bombeiros usam a intuição para fazer as escolhas certas

Os soldados do fogo usam o modelo racional na hora de tomar decisões que valem a vida ou a morte? Não. Eles confiam em sua intuição, construída em anos de experiência. A intuição começa no reconhecimento de uma situação. O caso a seguir ilustra como esse reconhecimento funciona.

Em Cleveland, Ohio, um comandante do Corpo de Bombeiros e seus homens encontraram um princípio de incêndio nos fundos de uma casa. Eles entraram e, da sala de estar, lançaram os jatos d'água sobre a fumaça e as labaredas que pareciam estar consumindo a cozinha. O fogo não cedeu. Eles insistiram novamente e o incêndio pareceu diminuir de intensidade. Mas logo as chamas voltaram, e mais intensas. Enquanto os bombeiros recuavam e se reorganizavam, o comandante foi tomado por uma sensação estranha. Ele ordenou que todos saíssem da casa. Assim que todos chegaram à rua, o chão da sala despencou. Se os homens estivessem lá, seriam engolidos por um porão totalmente em chamas.

Por que o comandante deu aquela ordem? Porque o comportamento do fogo não se ajustava às expectativas. A pior parte do incêndio queimava embaixo da sala e, por isso, não era atingido pelos jatos d'água. Além disso, o calor na sala estava muito forte — forte demais para ser causado por um incêndio aparentemente tão pequeno. Uma outra pista de que não se tratava de um pequeno incêndio em uma cozinha era o ruído — estranhamente quieto. Grandes incêndios são barulhentos. O comandante estava intuitivamente desconfiado de que o chão da sala abafava o barulho real.

Os bombeiros veteranos acumulam um número enorme de experiências e, subconscientemente, classificam os incêndios de acordo com a forma que se deve reagir a eles. Eles buscam pistas ou padrões que possam orientá-los nas decisões que serão tomadas.

Profissionais experientes que trabalham em ocupações que exigem decisões rápidas — bombeiros, enfermeiras, pilotos de avião ou policiais — percebem o mundo de uma forma diferente da que é vista pelos novatos destas profissões. E aquilo que eles percebem os orienta sobre as atitudes a tomar. Em resumo, intuição tem a ver com percepção. As regras formais para a tomada de decisões são praticamente incidentais.

Fonte: Baseado em B. Breen, "What's your intuition?" *Fast Company*, set. 2000, p. 290-300.

O fundamento básico deste modelo está no reconhecimento de que as pessoas diferem em relação a duas dimensões. A primeira é a sua maneira de *pensar*. Algumas pessoas são lógicas e racionais. Elas processam as informações sistematicamente. Outras, ao contrário, são intuitivas e criativas. Percebem as coisas em seu conjunto. A outra dimensão tem a ver com a *tolerância à ambigüidade*. Algumas pessoas têm necessidade de estruturar as informações de maneira a minimizar a ambigüidade, enquanto outras são capazes de processar muitos pensamentos ao mesmo tempo. Quando estas duas dimensões são traduzidas graficamente, formam quatro estilos de tomada de decisões (veja o Quadro 5-5). Eles são o diretivo, o analítico, o conceitual e o comportamental.

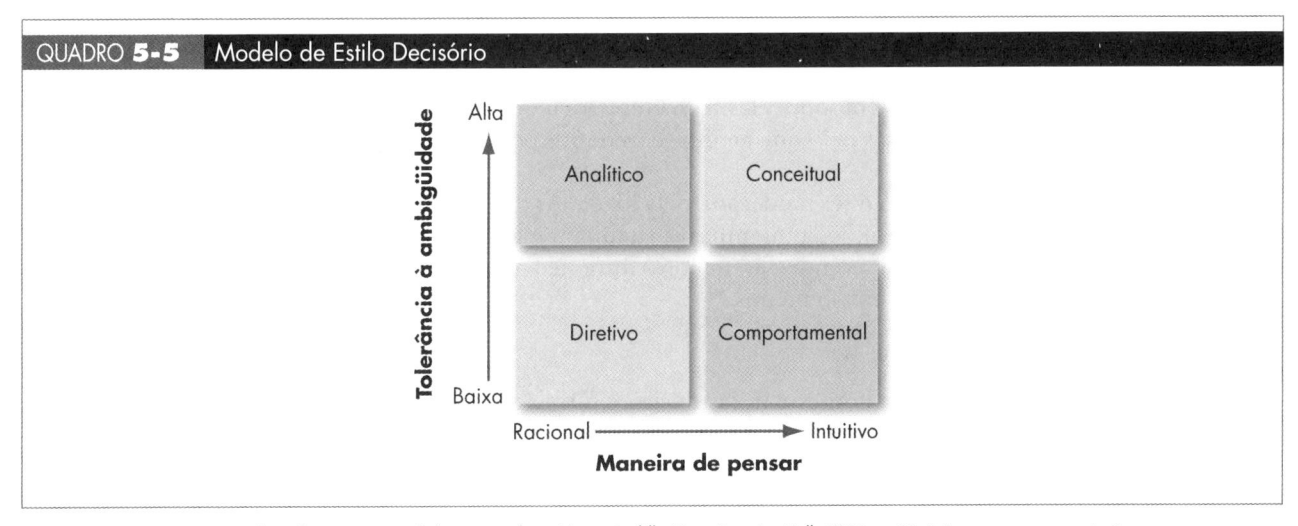

QUADRO 5-5 Modelo de Estilo Decisório

	Racional → Intuitivo
Alta	Analítico / Conceitual
Baixa	Diretivo / Comportamental

Tolerância à ambigüidade (eixo vertical) — Maneira de pensar (eixo horizontal)

Fonte: A. J. Rowe e J. D. Boulgarides, *Managerial decision making*. Upper Saddle River: Prentice Hall, 1992, p. 29. Reimpresso com permissão.

As pessoas que se enquadram no estilo *diretivo* têm pouca tolerância à ambiguidade e buscam a racionalidade. São eficientes e lógicas, mas sua eficiência resulta em decisões tomadas com base em um mínimo de informações e poucas alternativas avaliadas. O tipo diretivo toma decisões rápidas e voltadas para o curto prazo.

O tipo *analítico* tem uma tolerância muito maior à ambiguidade. Isso leva ao desejo de mais informações e à consideração de um número maior de alternativas. O executivo do tipo analítico poderia ser descrito como um tomador de decisões cuidadoso e capaz de se adaptar ou de enfrentar novas situações.

As pessoas com estilo *conceitual* tendem a ter uma visão bastante ampla das coisas, utilizando dados de várias fontes, e a considerar um grande número de alternativas. Seu enfoque é no longo prazo e elas são ótimas para encontrar soluções criativas para os problemas.

A última categoria, o estilo *comportamental*, caracteriza os tomadores de decisões que se preocupam com as pessoas da organização e com desenvolvimento de seu pessoal. Preocupam-se com as realizações de seus subordinados e são receptivas a sugestões dos outros. Eles são focados no curto prazo e desprezam o uso de dados para a tomada de decisões. Este tipo de executivo procura evitar conflitos e busca a aceitação.

Embora estas quatro categorias sejam distintas, a maioria dos executivos têm características que se enquadram em mais de um tipo. É melhor pensarmos no estilo dominante de um executivo e seus estilos secundários. Alguns executivos confiam apenas em seu estilo dominante; contudo, aqueles mais flexíveis são capazes de mudanças conforme a situação.

Estudantes de administração, gerentes de baixo escalão e altos executivos norte-americanos costumam se enquadrar no estilo analítico. Isso não surpreende dada a ênfase que a educação formal, especialmente nas escolas de administração, dá ao desenvolvimento do pensamento racional. Disciplinas como contabilidade, estatística e finanças, por exemplo, enfatizam a análise racional. Em comparação, as evidências sugerem que os executivos na China e no Japão tendem a se valer mais dos estilos diretivo e comportamental, respectivamente.[58] Isso pode ser explicado pela ênfase dada pelos chineses à manutenção da ordem social e pelo forte sentimento de coletivismo no ambiente de trabalho no Japão.

O enfoque nos estilos decisórios pode ser útil para nos ajudar a entender como duas pessoas igualmente inteligentes, com acesso às mesmas informações, podem diferir na maneira de abordar a decisão e nas escolhas finais que fazem. Também ajuda a entender como indivíduos de culturas diferentes podem tomar decisões semelhantes para um mesmo problema.

Gênero Pesquisas recentes sobre ruminação oferecem algumas idéias sobre as diferenças entre os sexos quanto ao processo de tomada de decisões.[59] De maneira geral, as evidências indicam que as mulheres refletem muito mais antes de tomar uma decisão.

Ruminação é um termo que se refere ao excesso de reflexão sobre um assunto. Em termos do processo de tomada de decisões, significa pensar demais nos problemas. As mulheres, de maneira geral, têm uma tendência maior à ruminação do que os homens. Vinte anos de estudos indicam que as mulheres gastam muito mais tempo analisando o passado, o presente e o futuro. Elas tendem a exagerar na análise dos problemas antes de tomar uma decisão e, uma vez tomada, voltam a examiná-la. Pelo lado positivo, isso pode levar a uma consideração mais cuidadosa dos problemas e das escolhas. Contudo, também pode dificultar a resolução dos problemas e levar ao arrependimento pelas escolhas feitas e à depressão. Em relação a este último ponto, as mulheres têm o dobro da tendência dos homens para desenvolver depressão.

Ainda não está claro por que as mulheres ruminam mais que os homens. Muitas teorias oferecem explicações. Uma delas seria a de que os pais encorajam e reforçam as expressões de tristeza e ansiedade mais nas meninas do que nos meninos. Uma outra teoria argumenta que as mulheres baseiam, mais que os homens, sua auto-estima e bem-estar na opinião que os outros têm sobre elas. Uma terceira teoria diz que as mulheres têm mais sentimento de empatia e, assim, são mais afetadas pelo que acontece às outras pessoas. Por isso, elas têm mais coisas sobre as quais ruminar.

Essa tendência à ruminação parece ser moderada pela idade. As diferenças entre os sexos aparecem cedo. Em torno dos 11 anos de idade, por exemplo, as meninas já ruminam mais que os meninos. Com o passar do tempo, esta diferença tende a diminuir. As diferenças são maiores durante o começo da vida adulta e menores depois dos 65 anos, quando ambos os sexos ruminam menos.[60]

Limites organizacionais

A própria organização apresenta limites para as decisões. Os executivos, por exemplo, tomam suas decisões levando em conta os sistemas de avaliação de desempenho e de recompensas da empresa para atender às normas formais e para se adequar aos limites de tempo impostos pela organização. Decisões tomadas anteriormente também funcionam como limites para as novas escolhas.

Os executivos da Coca-Cola tomam suas decisões sobre novas contratações e promoções tendo como base o sistema de avaliação de desempenho e de recompensas da empresa. O ex-presidente da Coca-Cola, Douglas Daft, estabeleceu um sistema que vincula a avaliação e remuneração dos executivos às metas da empresa em termos de diversidade. Os executivos que buscam avaliações favoráveis e aumentos salariais são muito influenciados pelo desejo da organização de criar uma força de trabalho diversificada.

Avaliação de Desempenho O modo de os executivos tomarem decisões é fortemente influenciado pelos critérios através dos quais eles são avaliados. Se o dirigente de uma divisão acredita que as unidades de produção sob sua responsabilidade operam melhor quando ele não tem nenhuma notícia negativa, não é de surpreender que os gerentes a ele subordinados gastem boa parte de seu tempo assegurando que nenhuma informação negativa chegue aos ouvidos do chefe. Da mesma forma, se o diretor de uma faculdade acredita que um professor nunca deve reprovar mais que dez por cento dos alunos — mais que isso seria uma indicação de que o professor não sabe ensinar —, podemos esperar que os novos professores, que buscam avaliações favoráveis, tentem reprovar o mínimo possível.

Sistemas de Recompensa O sistema de recompensa da organização influencia os tomadores de decisões ao lhes sugerir quais escolhas são preferíveis em termos de resultados pessoais. Por exemplo, se a empresa recompensa a aversão ao risco, os executivos tendem a tomar decisões mais conservadoras. Entre a década de 1930 e meados dos anos 80, a General Motors sempre premiou os executivos do tipo discreto, que evitavam controvérsias e eram bons no trabalho de equipe. Como conseqüência, esses executivos se tornaram hábeis em se esquivar de assuntos espinhosos e em passar as decisões controversas para comitês.

Regulamentações Formais David Gonzalez, gerente de turno de um restaurante da rede Taco Bell em San Antonio, Texas, descreve os limites que enfrenta em seu trabalho: "Tenho regras e regulamentos para quase todas as decisões que tomo — desde como fazer um *burrito* até quantas vezes os banheiros devem ser limpos. Meu trabalho não é exatamente rico em liberdade de escolha".

A situação de David não é única. Todas as organizações, exceto as muito pequenas, criam regras, políticas, procedimentos e outros regulamentos formais para padronizar o comportamento de seus membros. Programando as decisões, as organizações podem conduzir as pessoas a altos níveis de desempenho sem precisar de anos de experiência que seriam necessários sem os regulamentos. Evidentemente, ao fazer isso, elas também limitam as escolhas dos tomadores de decisões.

Limites de Tempo Impostos pelo Sistema As organizações impõem prazos para as decisões. Por exemplo, os orçamentos dos departamentos têm de estar fechados até sexta-feira. Ou o relatório sobre o desenvolvimento de um novo produto tem de estar pronto para a reunião da diretoria no dia 1º do próximo mês. Muitas decisões precisam ser tomadas rapidamente para manter a competitividade e a satisfação dos clientes. A maioria das decisões tem um prazo explícito. Essas condições geram uma pressão de tempo e tornam difícil, quando não impossível, levantar todas as informações necessárias para fazer uma escolha definitiva.

Precedentes Históricos As decisões não são tomadas no vazio. Elas se inserem em um contexto. Na verdade, as decisões individuais são como trechos de um fluxo de decisões.

As decisões do passado são como fantasmas que assombram continuamente as escolhas atuais. Os compromissos assumidos no passado, por exemplo, limitam as opções de hoje. Para usar uma situação social como exemplo, digamos que a decisão que você pode tomar depois de encontrar sua "cara-metade" é mais complicada se você já é casado. O compromisso anterior — no caso, ter escolhido se casar — limita suas opções agora. As decisões governamentais sobre orçamento também ilustram este ponto. Todo o mundo sabe que o principal fator determinante do volume do orçamento de um ano qualquer é o orçamento do ano anterior.[61] As escolhas que fazemos hoje, portanto, são em grande parte resultado das escolhas que fizemos há anos.

Diferenças culturais

O modelo racional não faz qualquer concessão às diferenças culturais. Mas os árabes, por exemplo, não tomam suas decisões exatamente da mesma maneira que os canadenses. Assim, precisamos reconhecer que o histórico cultural do tomador de decisões tem uma influência significativa em sua seleção de problemas, na profundidade de sua análise, na importância que ele dá à lógica e à racionalidade ou no fato de as decisões organizacionais serem tomadas de modo autocrático, por um executivo, ou coletivamente, em grupo.[62]

As culturas diferem quanto à questão do tempo, à importância da racionalidade, à convicção de que as pessoas são capazes de solucionar problemas e à preferência por processos coletivos de decisão. As diferenças quanto ao tempo podem explicar por que os executivos no Egito demoram muito mais para tomar suas decisões do que seus colegas norte-americanos. A racionalidade é extremamente valorizada nos Estados Unidos, mas isto não acontece em outros países. Um executivo norte-americano pode até tomar uma decisão intuitiva, mas ele sabe que tem de fazer parecer que ela foi fruto da racionalidade. Isso porque a racionalidade é muito valorizada no Ocidente. Em países como o Irã, onde a racionalidade não é endeusada, não há necessidade de precisar bancar o racional sempre.

Algumas culturas enfatizam a busca de soluções para os problemas, enquanto outras enfocam a aceitação das situações como elas se apresentam. Os Estados Unidos são exemplo do primeiro caso, enquanto a Tailândia e a Indonésia se enquadram no segundo. Como os executivos que buscam soluções acreditam que podem mudar as situações em seu benefício, os norte-americanos podem identificar um problema muito antes de seus colegas tailandeses ou indonésios decidirem reconhecê-lo como tal.

O processo decisório entre os executivos japoneses é muito mais grupal do que nos Estados Unidos. Os japoneses valorizam o conformismo e a cooperação. Assim, antes de tomar uma decisão importante, os executivos japoneses levantam uma grande quantidade de informações, que são depois usadas em grupos de consenso.

Como fica a ética no processo decisório?

Nenhuma discussão contemporânea sobre tomada de decisões estaria completa sem que se falasse sobre ética, uma vez que que as considerações éticas devem ser um critério importante na orientação do processo decisório de uma organização. Isto agora é mais verdadeiro do que nunca em vista dos recentes escândalos em grandes empresas como a Enron, WorldCom, Tyco International, Arthur Andersen, Citigroup, Merril Lynch, ImClone Systems, Adelphia Communications, Sunbeam e Rite Aid.

Nesta seção final, vamos apresentar três maneiras diferentes de orientação ética na tomada de decisões e examinar como os padrões éticos variam em diferentes culturas.

Três critérios éticos para o processo decisório

Um indivíduo pode utilizar três critérios diferentes para fazer uma escolha com ética.[63] O primeiro é o critério *utilitarista*, no qual as decisões são tomadas apenas em função de seus resultados ou conseqüências. A meta do **utilitarismo** é proporcionar o melhor para o maior número. Esta tende a ser a visão dominante no mundo dos negócios. Ela é coerente com objetivos como eficiência, produtividade e alta lucratividade. Ao maximizar os lucros, por exemplo, um executivo pode argumentar que está garantindo o melhor para o maior número — ao mesmo tempo que demite 15 por cento de seus funcionários.

O outro critério ético tem seu foco nos *direitos*. Ele leva os indivíduos a tomar decisões coerentes com os direitos e liberdades fundamentais dos cidadãos, de acordo com o que prescrevem documentos como a Constituição do país. Uma ênfase neste critério significa tomar decisões que respeitem esses direitos fundamentais, como o direito à privacidade e à livre expressão. Por exemplo, o uso deste critério protegeria, com base no direito de livre expressão, os "dedos-duros" que denunciassem à imprensa ou aos órgãos governamentais as práticas ilegais ou antiéticas cometidas por suas organizações.

O terceiro critério é o da *justiça*. Isso exige que os indivíduos estabeleçam e apóiem regras justas e imparciais, de maneira que exista uma distribuição eqüitativa de custos e benefícios. Os sindicalistas geralmente abraçam este critério. Ele justifica o mesmo salário para uma mesma função, independentemente do desempenho do trabalhador, e determina o tempo no emprego como regra primária para as decisões sobre dispensas.

Cada um desses três critérios tem suas vantagens e obrigações. O enfoque no utilitarismo pode promover a eficiência e a produtividade, mas pode resultar também no desrespeito aos direitos de alguns indivíduos, especialmente os pertencentes a minorias, dentro das organizações. O uso dos direitos protege os indivíduos de atos ilegais e é coerente com a liberdade e a privacidade, mas pode acarretar uma sobrecarga de questões legais, sob risco de prejudicar a eficiência e a produtividade. O enfoque na justiça protege os interesses dos mais fracos e sub-representados, mas pode estimular um espírito de acomodação que reduz a propensão aos riscos, à inovação e à produtividade.

Os tomadores de decisões, especialmente em organizações com fins lucrativos, sentem-se confortáveis e seguros quando empregam o utilitarismo. Várias ações questionáveis podem ser justificadas quando são definidas

MITO OU CIÊNCIA?

"Pessoas éticas não fazem coisas antiéticas"

Esta afirmação é quase verdadeira. As pessoas que têm altos padrões éticos estão menos propensas a se envolver em práticas antiéticas, mesmo em organizações ou situações nas quais haja grande pressão para isso.

A questão essencial nessa afirmação é determinar se o comportamento ético é uma função mais relacionada ao indivíduo ou ao contexto situacional. As evidências sugerem que as pessoas com altos princípios éticos serão fiéis a eles, apesar da orientação em sentido contrário que possa ser dada pelas atitudes dos outros ou pelas normas da organização.[64] Mas, quando o desenvolvimento moral e ético de um indivíduo não possui um padrão muito elevado, ele é mais facilmente influenciado por uma cultura forte. Isso acontece mesmo quando essa cultura estimula práticas questionáveis.

Como as pessoas éticas evitam essencialmente práticas antiéticas, os executivos devem ser encorajados a identificar os padrões éticos dos candidatos a emprego (por meio de testes e do exame de seu histórico de vida). Ao buscar a contratação de pessoas íntegras e com fortes princípios éticos, a organização aumenta a probabilidade de que seus funcionários ajam sempre dessa forma. Evidentemente, as práticas antiéticas também podem ser desencorajadas por um clima de trabalho propício.[65] Este deve incluir uma descrição clara das tarefas, um código de ética formalmente redigido, modelos positivos de gerenciamento, avaliação e recompensa tanto dos meios como dos fins, e uma cultura que estimule as pessoas a desafiar abertamente qualquer prática que possa ser considerada questionável. ∎

---

como de interesse "da organização" e de seus acionistas. Mas muitos críticos argumentam que esta perspectiva precisa ser modificada.[66] A crescente preocupação da sociedade com os direitos humanos e a justiça social mostra a necessidade de as empresas desenvolverem padrões éticos baseados em critérios não utilitaristas. Esta situação representa um grande desafio para os executivos, pois a utilização de critérios baseados na justiça social e nos direitos humanos traz uma carga muito maior de ambiguidade do que o uso de referências utilitárias, como as consequências sobre a eficácia e a produtividade. Isto explica por que os executivos têm sido cada vez mais alvo de críticas por suas atuações. Aumentos de preços, vendas de produtos que põem a saúde dos consumidores em risco, fechamentos de fábricas, demissões em massa, mudanças dos centros de produção para outros países com a finalidade de reduzir custos e outras decisões do gênero podem ser justificáveis sob a ótica utilitarista. Mas este não pode ser mais o único critério para se tomar boas decisões.

Ética e cultura nacional

O que é entendido como uma decisão ética na China pode não ser visto como tal no Canadá. O motivo disso é que não existem padrões éticos globais.[67] A comparação entre a Ásia e o Ocidente ilustra esta questão.[68] Como as propinas são comuns em países como a China, um canadense que trabalha lá poderá enfrentar o dilema: devo pagar propina para assegurar um negócio já que essa é uma prática aceita pela cultura local? E como lidar com consequências piores? Uma executiva de uma grande empresa norte-americana na China flagrou um funcionário roubando. De acordo com a política da empresa, ela o demitiu e o entregou às autoridades chinesas. Mais tarde, soube, horrorizada, que o funcionário tinha sido executado sumariamente.[69]

Embora os padrões éticos pareçam um tanto ambíguos no Ocidente, os critérios que definem o certo e o errado são na verdade muito mais claros no mundo ocidental do que na Ásia. Poucas questões são brancas ou pretas lá; a maioria é cinza. A necessidade de as organizações globais estabelecerem princípios éticos para os tomadores de decisão em países como a Índia e a China, adaptando-os para que reflitam as normas culturais locais, pode ser um fator crítico quando se pretende sustentar altos padrões e conseguir práticas consistentes.

Resumo e implicações para os executivos

Percepção

As pessoas se comportam desta ou daquela maneira com base não em como o ambiente externo realmente é, mas na forma como o vêem ou acreditam que ele seja. É a percepção da situação que dá a base para o comportamento de um funcionário. O fato de um executivo conseguir ou não planejar e organizar o seu trabalho e o de seus subordinados, ajudando-os a estruturar suas funções com maior eficiência e eficácia, é muito menos importante do que a percepção que os funcionários têm sobre o esforço dele. Da mesma forma, questões como a justa remuneração do trabalho, a validade das avaliações de desempenho e a adequação das condições de trabalho não são avaliadas pelos funcionários sob a ótica de uma percepção comum, nem há como assegurar que os indivíduos vão considerar suas condições de trabalho sob uma luz favorável. Portanto, para influenciar a produtividade, é preciso antes descobrir como os funcionários percebem seu próprio trabalho.

O absenteísmo, a rotatividade e a satisfação com o trabalho são também reações baseadas nas percepções individuais. A insatisfação com as condições de trabalho e a convicção de que há poucas oportunidades de promoção na empresa são julgamentos baseados em uma tentativa de apreender o sentido do próprio trabalho. A conclusão de que um emprego é bom ou ruim é uma interpretação do funcionário. Os executivos devem se preocupar em compreender como cada funcionário interpreta a realidade e, onde houver uma diferença significativa entre a percepção e a realidade, tentar eliminar esta distorção. O fracasso em lidar com diferenças de percepção que levam os funcionários a perceber o trabalho em termos negativos resultará em aumento de absenteísmo e de rotatividade, além de diminuir a satisfação com o trabalho.

Tomada de decisões individual

As pessoas pensam e raciocinam antes de agir. É por este motivo que o entendimento de como elas tomam suas decisões pode ajudar a explicar e a prever seus comportamentos.

Em determinadas situações, as pessoas seguem o modelo de tomada de decisões racionais. Mas para a maioria das pessoas e para a maioria das decisões não rotineiras isso é uma exceção, não uma regra. Poucas são as decisões suficientemente simples e sem ambigüidades para as quais podemos aplicar o modelo racional. Por isso, as pessoas buscam soluções satisfatórias, e não ótimas, incorporando vieses e preconceitos no processo decisório e confiam em sua intuição.

Dadas as evidências que descrevemos sobre como as decisões são realmente tomadas nas organizações, o que os executivos podem fazer para melhorar esse processo? Oferecemos cinco sugestões.

Primeiro, analise a situação. Ajuste seu estilo decisório à cultura nacional em que você está operando e aos critérios que sua empresa valoriza e recompensa. Por exemplo, se você trabalha em um ambiente cultural que não dá valor à racionalidade, não se sinta compelido a usar o modelo racional de tomada de decisões nem tente fazer com que suas escolhas pareçam racionais. Da mesma forma, as organizações diferem quanto à importância que dão a aspectos como os riscos que podem ser assumidos ou o trabalho em equipe, entre outros. Ajuste o seu estilo decisório para compatibilizá-lo com a cultura de sua organização.

Segundo, esteja consciente dos vieses. Depois, tente minimizar o seu impacto. O Quadro 5-6 oferece algumas sugestões para isso.

Terceiro, combine análise racional com intuição. Essas abordagens não são conflitantes para a tomada de decisão. Usando ambas, você poderá de fato melhorar a eficácia de sua tomada de decisão. Na medida em que ganha experiência, você sentirá maior confiança em seu próprio processo intuitivo, podendo até colocá-lo à frente de sua análise racional.

QUADRO 5-6 Para Reduzir Erros e Vieses

Foco nas metas. Sem metas, você não consegue ser racional, não sabe de que informações necessita, quais entre elas são relevantes ou irrelevantes, encontra dificuldades para escolher entre as alternativas e tem maior probabilidade de se arrepender depois da decisão tomada. Metas claras facilitam o processo de tomada de decisões e o ajudam a eliminar opções inconsistentes com seus interesses.

Busque informações que contrariem suas opiniões. Uma das maneiras mais eficazes de evitar os vieses de excesso de confiança, de confirmação e de compreensão tardia é sempre buscar informações que confrontem as suas atuais crenças e opiniões. Quando consideramos francamente a possibilidade de estarmos errados, evitamos qualquer tendência de nos acharmos mais competentes do que somos na realidade.

Não tente procurar sentido em eventos aleatórios. A mente educada foi treinada para encontrar sempre relações de causa e efeito. Quando alguma coisa acontece, nossa primeira pergunta é: "por quê?". E, quando não conseguimos encontrar as razões, inventamos uma. É preciso aceitar que existem eventos na vida que estão além de nosso controle. Pergunte-se se existe mesmo um padrão nos acontecimentos ou se é apenas coincidência. Não tente criar padrões a partir de coincidências.

Aumente suas opções. Não importa quantas opções você tenha identificado, sua escolha final não será melhor do que a melhor entre as alternativas encontradas. Este argumento indica que você deve aumentar o número de alternativas possíveis e usar sua criatividade para gerar um amplo leque de escolhas. Quanto maior o número de alternativas geradas e quanto mais diversificadas elas forem, maiores as suas probabilidades de encontrar a solução ideal.

Fonte: S.P. Robbins, *Decide & Conquer: making winning decisions and taking control of your life.* Upper Saddle River: Financial Times/Prentice Hall, 2004, p. 164-168.

Quarto, não suponha que seu estilo específico de tomada de decisões seja apropriado para todo e qualquer trabalho. Como as organizações são diferentes, as atividades dentro das organizações também são. Sua eficácia como tomador de decisões irá aumentar se você souber adequar seu estilo de tomada de decisão às necessidades do trabalho. Por exemplo, se seu estilo de tomada de decisão é diretivo, você será mais eficaz trabalhando com pessoas cujas funções requerem ações rápidas. Esse estilo combinaria bem ao gerenciar corretores de ações. Um estilo analítico, por outro lado, seria mais eficaz ao gerenciar contadores, pesquisadores de mercado ou analistas financeiros.

Finalmente, tente aumentar sua criatividade. Procure por novas soluções para os problemas, tente ver os problemas de maneira diferente e use analogias. Além disso, tente remover as barreiras de trabalho, bem como as organizacionais, que bloqueiam sua criatividade.

PONTO ▶   ◀ CONTRAPONTO

Ao contratar funcionários, enfatize o lado positivo

A contratação de novos funcionários pede que os executivos se tornem vendedores. Eles precisam enfatizar os aspectos positivos do trabalho na empresa, mesmo que para isso tenham de esconder os negativos. Embora haja o risco palpável de se estabelecerem expectativas irreais em relação à organização e a um emprego específico, este é um risco que os executivos devem correr. Como em qualquer situação em que um vendedor está em cena, é o candidato quem deve seguir a regra tradicional: o comprador que se cuide!

Por que os executivos devem enfatizar os aspectos positivos quando conversam com um candidato a emprego? Porque eles não têm outra escolha! Primeiro, há escassez de candidatos qualificados para muitos cargos; segundo, essa abordagem é necessária para enfrentar a competição.

As demissões promovidas por organizações receberam muita atenção nos últimos anos. O que recebeu pouca atenção neste processo foi a crescente escassez de candidatos qualificados para, literalmente, milhões de vagas. No futuro previsível, os executivos encontrarão dificuldades crescentes para contratar pessoal qualificado para trabalhar como secretário jurídico, enfermeiro, contador, mecânico de manutenção, técnico de computador, programador de software, assistente social, fisioterapeuta, engenheiro ambiental e especialista em telecomunicações. Mas os executivos terão ainda mais dificuldades para contratar trabalhadores menos especializados, que ganham salário mínimo. Não que exista uma escassez de pessoas, mas sim de gente com capacitação para ler, escrever, realizar operações matemáticas básicas e que tenha hábitos de trabalho adequados para exercer suas funções de modo eficaz. Existe uma distância crescente entre as habilidades que os trabalhadores têm e as que as empresas demandam. Assim, os executivos precisam *vender* os empregos a um número restrito de candidatos. E isto significa que eles precisam mostrar a organização e o emprego sob a luz mais favorável possível.

Uma outra razão para os administradores mostrarem o lado positivo aos candidatos é que é isto o que a concorrência faz. Outros empregadores também enfrentam a mesma escassez de candidatos. Como conseqüência, para atrair os melhores, os executivos precisam dar uma "torcida" em sua descrição da empresa e do emprego a ser preenchido. Neste ambiente competitivo, os empregadores que apresentam o cenário para os candidatos de forma realista — ou seja, mostram os aspectos negativos junto com o lado positivo — se arriscam a perder os candidatos mais desejáveis.

Independentemente das condições do mercado de trabalho, os executivos que tratam o recrutamento e a contratação de funcionários como se os candidatos devessem comprar o emprego, e saber apenas sobre seus aspectos positivos, correm o risco de ter uma força de trabalho insatisfeita e propensa a uma alta rotatividade.[70]

Durante o processo de seleção, cada candidato forma uma expectativa sobre a organização e o emprego que espera conseguir. Quando as informações que recebe são excessivamente positivas, pode acontecer uma série de coisas que terão efeitos potencialmente negativos para a organização. Em primeiro lugar, candidatos inadequados, que provavelmente logo ficarão insatisfeitos e deixarão a empresa, ficam menos sujeitos a abandonar o processo de seleção. Em segundo lugar, a falta de informações negativas cria uma expectativa falsa. E estas expectativas irreais freqüentemente levam a desistências precoces. Terceiro, os recém-contratados tendem a ficar desapontados e menos comprometidos com a organização quando se vêem diante dos aspectos negativos do emprego. Aqueles que sentem que foram enganados durante a seleção dificilmente se tornam funcionários satisfeitos.

Para aumentar a satisfação no trabalho e reduzir a rotatividade, os candidatos devem receber uma previsão realista do emprego que os aguarda — tanto com os aspectos positivos como com os negativos. Por exemplo, além dos comentários positivos, eles deveriam ser avisados de que terão poucas oportunidades de conversar com os colegas no horário de expediente, ou de que a carga irregular de trabalho gera um estresse considerável durante os períodos de pico.

As pesquisas indicam que os candidatos que recebem uma antevisão realista do emprego pretendido desenvolvem expectativas mais baixas em relação a ele e estão mais bem-preparados para enfrentar o trabalho e seus elementos de frustração. O resultado é um menor número de pedidos de demissão. Lembre-se de que reter funcionários qualificados é tão importante quanto contratá-los. Apresentar apenas os aspectos positivos do emprego pode, inicialmente, funcionar como um fator de atração, mas acabará como um casamento em que ambas as partes se arrependem rapidamente.

Questões para revisão

1. Defina *percepção*.
2. O que é a teoria da atribuição? Quais as suas implicações para explicar o comportamento organizacional?
3. Como as percepções que temos de nossas próprias ações diferem de nossas percepções quanto às ações das outras pessoas?
4. Como a seletividade afeta a percepção? Dê um exemplo de como ela pode gerar uma percepção distorcida.
5. O que é o modelo racional de tomada de decisões? Em que condições ele é melhor aplicado?
6. O que é o viés de ancoragem? Como ele distorce o processo de tomada de decisões?
7. O que é o viés de disponibilidade? Como ele distorce o processo de tomada de decisões?
8. Qual o papel da intuição na tomada de decisão eficaz?
9. Descreva os fatores organizacionais que podem limitar a tomada de decisões.
10. As decisões antiéticas são fruto da postura individual do tomador de decisões ou se devem ao ambiente em que elas se inserem? Explique.

Questões para reflexão crítica

1. Como as diferenças de experiência entre professores e alunos podem afetar as percepções deles sobre os trabalhos escritos e comentários em classe?
2. Um funcionário realiza uma tarefa insatisfatória em um determinado projeto. Explique o processo de atribuição que será empregado por seu chefe para formar um juízo sobre o desempenho desse funcionário.
3. "Em sua maior parte, as decisões individuais nas organizações são um processo não racional." Você concorda com isso? Discuta.
4. Quais os fatores, em sua opinião, que diferenciam um bom tomador de decisões dos ruins? Relacione sua resposta com o modelo racional de seis etapas.
5. Você já aumentou seu comprometimento com um curso de ação fracassado? Caso já tenha feito isso, analise as decisões que foram tomadas e explique o seu comportamento.

Exercício de grupo

Vieses no processo decisório

Passo 1 Responda a cada uma das seguintes perguntas:

1. Seguem 10 corporações que foram incluídas pela revista *Fortune* na lista das 500 maiores empresas sediadas nos Estados Unidos, de acordo com o volume de vendas de 2003:
    Grupo A: Apple Computer, Hershey Foods, Hilton Hotels, Mattel, Levi Strauss
    Grupo B: American International Group, Cardinal Health, Conagra Foods, Ingram Micro, Valero Energy
   Qual destes dois grupos (A ou B) teve o maior volume total de vendas? Em que porcentagem (10 por cento, 50 por cento, 100 por cento ou ?) você acha que o volume de vendas de um grupo excedeu o do outro?
2. O melhor aluno da minha turma, que começou o MBA no semestre passado, escreve poemas, é baixinho e um tanto tímido. Em qual curso você acha que ele se graduou: História da China ou Psicologia?
3. Qual a principal causa de morte nos Estados Unidos a cada ano?
   a) Câncer de estômago
   b) Acidentes automobilísticos

4. O que você escolheria?
   a) Um ganho seguro de 240 dólares
   b) Uma chance de 25 por cento de ganhar 1.000 dólares contra uma chance de 75 por cento de não ganhar nada
5. O que você escolheria?
   a) Uma perda certa de 750 dólares
   b) Uma chance de 75 por cento de perder 1.000 dólares contra uma chance de 25 por cento de não perder nada
6. O que você escolheria?
   a) Uma perda certa de 3.000 dólares
   b) Uma chance de 80 por cento de perder 4.000 dólares contra uma chance de 20 por cento de não perder nada

Passo 2 Dividam-se em grupos de três a cinco alunos. Comparem suas respostas. Expliquem por que escolheram suas opções.

Passo 3 Seu professor lhe dará a resposta certa para cada questão. Discuta agora a precisão de suas decisões, os vieses evidenciados nelas e como você pode trabalhar para melhorar seu processo decisório.

Fonte: Estes problemas se baseiam em exemplos fornecidos em M. H. Bazerman, *Judgment in managerial decision making*, 3 ed. Nova York: Wiley, 1994.

Dilema ético

Imagine que você é um executivo de nível médio em uma empresa com cerca de mil funcionários. Como você reagiria a cada uma das situações a seguir?

1. Você está negociando um contrato com um potencial cliente muito grande, cujo representante insinuou que o negócio será certamente fechado caso sua empresa financie um cruzeiro pelo Caribe para ele e sua mulher. Você sabe que os empregadores do representante não aprovariam esta conduta, mas tem autorização para realizar a despesa. O que você faria?

2. Você se depara com uma oportunidade para roubar 100 mil dólares de sua empresa, com absoluta garantia de não ser descoberto nem detido. O que você faria?

3. A política de sua empresa sobre reembolso de despesas com alimentação em viagens de negócios é de cobrir os gastos, desde que eles não excedam a 80 dólares/dia, sem necessidade de comprovação. Quando você viaja, costuma comer em lanchonetes e efetuar despesas com comida que raramente ultrapassam 20 dólares/dia. Boa parte de seus colegas pede reembolsos entre 55 e 60 dólares/dia, independentemente de quanto gastam realmente. Quanto você pediria de reembolso por suas despesas com alimentação?

Cinco decisões éticas: o que você faria?

4. Um outro executivo, que integra a mesma pequena equipe de planejamento que você, freqüentemente apresenta bafo de álcool. Você já percebeu que o desempenho dele anda baixo, o que está prejudicando o grupo. Esse executivo é genro do dono da empresa, que o tem em alta conta. O que você faria?

5. Você descobriu que um de seus amigos mais próximos deu um grande desfalque na empresa. Você fica quieto? Você vai falar diretamente com seus superiores antes de conversar com o culpado? Fala com ele antes de tomar uma atitude? Conversa com ele para tentar persuadi-lo a devolver o dinheiro?

Estudo de caso

J&J Automotive Sales

Joe Baum adora seu trabalho. Mas não gosta da opinião das outras pessoas sobre ele. Joe é o proprietário da J&J Automotive Sales, uma revendedora de carros usados no sudoeste de St. Louis, que mantém sempre em estoque uma média de 30 carros.

"Os vendedores de carros usados gozam de péssima reputação", diz Joe. Ele não sabe dizer por quê. Ele não sabia que havia este estigma relacionado à sua profissão antes de abrir sua revenda em 1997. "No Natal, quando meus familiares perguntaram o que eu estava fazendo e eu respondi, eles quiseram saber o porquê da minha escolha".

Apesar da imagem pública desfavorável, Joe continua a adorar seu trabalho. Ele gosta de ser seu próprio patrão. Gosta de ser o único vendedor da loja. Gosta da diversidade de seu trabalho — ele faz tudo sozinho, desde a compra dos veículos e o reparo dos carros antes de eles serem postos à venda, até uma ajuda para os clientes na obtenção de financiamento. E, principalmente, Joe adora lidar com os clientes. "Existem milhares de sujeitos por aí que são vendedores melhores do que eu", diz Joe. "Estou mais interessado no relacionamento."

Um dos pontos fortes de Joe é que ele ama os carros. Está em seu sangue — seu pai trabalhava em uma concessionária de veículos novos e freqüentemente trocava os carros da família. Joe acredita que vende carros com mais facilidade devido a seu grande conhecimento sobre automóveis. "Garanto ao cliente cada detalhe das peças dos automóveis, pois fui eu quem fez o serviço".

Para construir um bom relacionamento com os clientes, Joe precisa superar o estereótipo ligado à sua profissão. Ele acha que esta impressão é causada pelas técnicas agressivas de vendas utilizadas por alguns colegas de profissão. "Não demora muito para que um consumidor se canse do ataque feito por um vendedor de carros. É algo difícil de superar."

Joe fica frustrado quando um cliente potencial o vê apenas com mais um vendedor. Como ele se dedica muito à conquista da confiança dos clientes, fica aborrecido quando percebe que não conseguiu sucesso. "A pior coisa é quando os consumidores duvidam de minha integridade."

Questões

1. Explique como, em sua opinião, foi desenvolvido o estereótipo do vendedor de carros usados.

2. O que Joe pode fazer para se livrar deste estigma?

3. De que maneira este estereótipo pode ser benéfico para Joe? E para os clientes em potencial?

4. A AutoNation é a 93ª na lista das 500 maiores empresas da revista *Forbes*. Ela construiu um enorme negócio explorando a percepção do público em relação aos vendedores de carros usados. O que você acha que ela fez para mudar esse estereótipo?

Fonte: Baseado em G. Cancelada, "Used-car dealers sees bad rep as a bum rap", *St. Louis Post-Dispatch*, 24 mar. 2003, p. E1.

CAPÍTULO 6

Conceitos básicos de motivação

Depois de ler este capítulo, você será capaz de:

OBJETIVOS DO APRENDIZADO

1. Entender o processo da motivação.
2. Descrever a hierarquia das necessidades, de Maslow.
3. Comparar a Teoria X com a Teoria Y
4. Diferenciar os fatores motivacionais dos fatores higiênicos.
5. Listar as características que os indivíduos de alto desempenho preferem em seu trabalho.
6. Resumir os tipos de metas que melhoram o desempenho.
7. Explicar o modelo de características do trabalho.
8. Compreender o impacto da sub-recompensa dos funcionários.
9. Esclarecer os relacionamento básicos conforme a teoria da expectativa.
10. Explicar como as teorias contemporâneas sobre motivação se complementam mutuamente.

O que motiva Melissa Hurt (na foto), uma executiva financeira regional da empresa de software FormScape? Sua primeira resposta — "é o dinheiro" — corrobora aquilo que a maioria de nós acredita ser a motivação básica no trabalho. Mas depois de pensar um pouco melhor, Melissa percebe claramente que não se trata *apenas* de dinheiro. A flexibilidade, por exemplo, é muito importante para ela. Na realidade, esta é uma das razões pelas quais ela escolheu a área de vendas. "Trabalhar com vendas me dá a oportunidade de jogar golfe, de ir à academia e de sair para almoçar com meus amigos. É como gerenciar seu próprio negócio — você é um empreendedor. Há metas para atingir e, quando isto é feito, você pode tirar um tempo de folga que não vai prejudicar ninguém."[1]

O comentário de Melissa Hurt ilustra a complexidade da motivação. Ainda que a maioria de nós espere ser remunerada pelo trabalho, o dinheiro em si raramente é o suficiente para manter altos níveis de esforço e dedicação. No caso de Melissa, a flexibilidade de seus horários é extremamente importante. Para outros, pode ser um emprego muito bem estruturado e previsível, ou tarefas desafiadoras, oportunidade de aprendizado ou de promoção, reconhecimento, status, um chefe apoiador, pouca demanda de trabalho ou ainda colegas simpáticos. O que motiva Melissa Hurt pode não motivar você, nem eu.

A motivação é um dos assuntos mais pesquisados no estudo do comportamento organizacional.[2] Uma das razões dessa popularidade foi revelada por uma recente pesquisa do Instituto Gallup, que descobriu que a maioria dos trabalhadores norte-americanos — 55 por cento, para sermos exatos — não tem qualquer entusiasmo com seu trabalho.[3] Evidentemente, isto indica a existência de um problema, pelo menos nos Estados Unidos. Mas a boa notícia é que toda essa pesquisa nos oferece muitas idéias de como melhorar a motivação dos trabalhadores. Neste capítulo e no próximo, vamos examinar os conceitos básicos de motivação, discutir diversas teorias a respeito, oferecer um modelo de integração entre as melhores delas e mostrar como elaborar programas eficazes de motivação.

Definindo motivação

O que é motivação? Talvez seja melhor começar falando sobre o que não é motivação. Muitas pessoas entendem, incorretamente, que a motivação é um traço pessoal — ou seja, alguns têm e outros não. Na vida prática, os executivos pouco experientes freqüentemente rotulam seus funcionários desmotivados como preguiçosos. Este rótulo presume que o indivíduo é sempre preguiçoso ou desmotivado. Nosso conhecimento sobre motivação nos diz que isto não é verdade. O que sabemos é que a motivação é o resultado da interação do indivíduo com a situação. Obviamente, as pessoas diferem quanto às suas tendências motivacionais básicas. Mas o mesmo aluno que acha muito difícil ler um livro técnico por mais de 20 minutos é capaz de devorar uma edição de Harry Potter durante uma tarde. Para esse estudante, a mudança na motivação é causada pela situação. Assim, tenha em mente, enquanto analisamos a motivação, que seu nível varia tanto entre os indivíduos como em apenas um único indivíduo, dependendo da situação.

Vamos definir **motivação** como o processo responsável pela intensidade, direção e persistência dos esforços de uma pessoa para o alcance de uma determinada meta.[4] Embora a motivação, de maneira geral, se relacione ao esforço para atingir *qualquer* objetivo, vamos reduzir nosso foco nos objetivos *organizacionais* para refletir nosso interesse específico no comportamento relacionado ao trabalho.

Os três elementos-chave em nossa definição são intensidade, direção e persistência. *Intensidade* se refere a quanto esforço a pessoa despende. Este é o elemento a que mais nos referimos quando falamos de motivação. Contudo, a intensidade não é capaz de levar a resultados favoráveis, a menos que seja conduzida em uma *direção* que beneficie a organização.

Portanto, precisamos considerar a qualidade do esforço, tanto quanto sua intensidade. O tipo de esforço que devemos buscar é aquele que vai em direção aos objetivos da organização e que são coerentes com eles. Finalmente, a motivação tem uma dimensão de *persistência*. Esta é uma medida de quanto tempo uma pessoa consegue manter seu esforço. Os indivíduos motivados se mantêm na realização da tarefa até que seus objetivos sejam atingidos.

Antigas teorias sobre motivação

A década de 1950 foi um período frutífero para o desenvolvimento de conceitos sobre motivação. Três teorias específicas foram formuladas. Embora sejam hoje muito questionáveis em termos de sua validade, essas teorias provavelmente ainda são as explicações mais conhecidas sobre a motivação dos trabalhadores. Elas são conhecidas como a hierarquia das necessidades, as Teorias X e Y e a teoria de dois fatores. Como você verá no decorrer deste capítulo, outras explicações mais válidas sobre a motivação foram elaboradas desde aquela época, mas devemos conhecer as teorias antigas por, pelo menos, duas razões: (1) elas representam os fundamentos sobre os quais as teorias modernas se desenvolveram, e (2) alguns executivos ainda utilizam esses conceitos e sua terminologia para explicar a motivação de seus funcionários.

Teoria da hierarquia das necessidades

Podemos afirmar que a mais conhecida teoria sobre motivação é, provavelmente, a **hierarquia das necessidades**, de Abraham Maslow.[5] Segundo este autor, dentro de cada ser humano existe uma hierarquia de cinco categorias de necessidades. São elas:

1. *Fisiológica*: inclui fome, sede, abrigo, sexo e outras necessidades do corpo.
2. *Segurança*: inclui segurança e proteção contra danos físicos e emocionais.
3. *Social*: inclui afeição, aceitação, amizade e sensação de pertencer a um grupo.
4. *Estima*: inclui fatores internos de estima, como respeito próprio, realização e autonomia; e fatores externos de estima, como status, reconhecimento e atenção.
5. **Auto-realização**: a intenção de tornar-se tudo aquilo que se é capaz de ser; inclui crescimento, alcance do seu próprio potencial e autodesenvolvimento.

Na medida em que cada uma destas necessidades é atendida, a próxima torna-se a dominante. Como mostra o Quadro 6-1, o indivíduo move-se para o topo da hierarquia, apresentada em forma de pirâmide. Do ponto de vista da motivação, esta teoria sugere que, embora jamais uma necessidade possa ser satisfeita completamente, uma necessidade substancialmente satisfeita extingue a motivação. Assim, de acordo com a teoria de Maslow, para motivar alguém é preciso saber em que nível da hierarquia a pessoa se encontra no momento e focar a satisfação naquele nível ou no patamar imediatamente superior.

Maslow separou as cinco categorias de necessidades em patamares mais altos e mais baixos. As necessidades fisiológicas e de segurança são descritas como **necessidades de nível mais baixo** e aquelas relacionadas à auto-realização são chamadas de **necessidades de nível mais alto**. A diferenciação entre estes dois níveis parte da premissa de que as necessidades de nível mais alto são satisfeitas internamente (dentro do indivíduo) enquanto as de nível mais baixo são satisfeitas quase sempre externamente (através de coisas como remuneração, acordos sindicais e permanência no emprego).

A teoria das necessidades de Maslow recebeu amplo reconhecimento, especialmente por parte de executivos formados na prática. Isto pode ser atribuído à lógica intuitiva da teoria e à facilidade que ela oferece para a compreensão. Infelizmente, contudo, as pesquisas não validam, de maneira geral, a teoria. Maslow não fornece comprovação empírica substancial e vários outros estudos que buscaram validar a teoria não conseguiram encontrar embasamento para ela.[6]

As antigas teorias, especialmente aquelas intuitivamente lógicas, parecem não morrer facilmente. Embora a hierarquia das necessidades e sua terminologia permaneçam populares entre os executivos, existe pouco embasamento para afirmar que as necessidades são organizadas de acordo com as dimensões propostas por Maslow, ou que uma necessidade atendida ativa um movimento em direção a um novo nível de necessidade.[7]

Teoria X e teoria Y

Douglas McGregor propôs duas visões distintas do ser humano: uma basicamente negativa, chamada de **Teoria X**; e outra basicamente positiva, chamada de **Teoria Y**.[8] Depois de observar a forma como os executivos tratavam seus funcionários, McGregor concluiu que a visão que os executivos têm da natureza dos seres humanos se baseia em certos agrupamentos de premissas e que eles tendem a moldar seu próprio comportamento em relação aos funcionários conforme este conjunto de premissas.

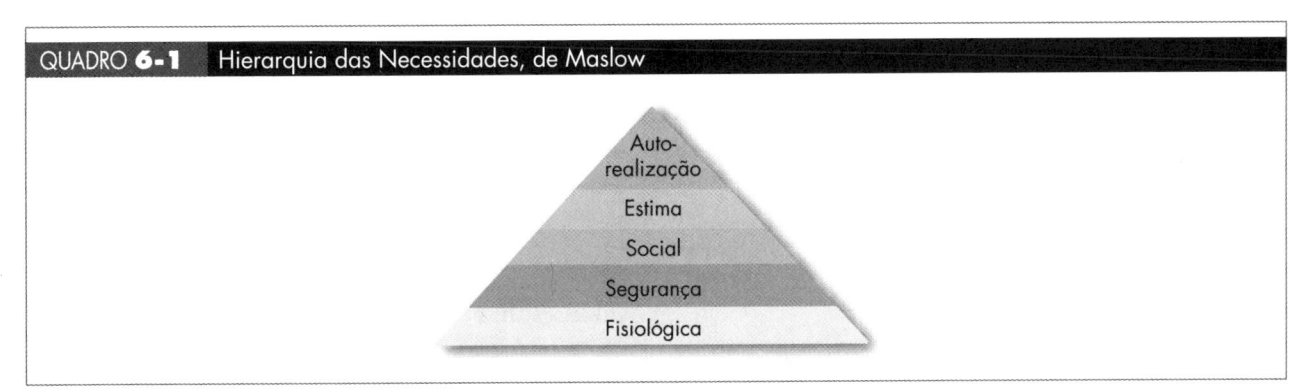

QUADRO 6-1 Hierarquia das Necessidades, de Maslow

Auto-realização
Estima
Social
Segurança
Fisiológica

Fonte: A. H. Maslow, *Motivation and personality*, 3 ed., R. D. Fragere J. Fadiman (orgs.) © 1997. Adaptado com permissão da Pearson Education, Inc., Upper Salle River, New Jersey.

Sob a Teoria X, as quatro premissas dos executivos são:

1. Os funcionários não gostam de trabalhar por sua própria natureza e tentarão evitar o trabalho sempre que possível.
2. Como eles não gostam de trabalhar, precisam ser coagidos, controlados ou ameaçados com punições para que atinjam as metas.
3. Os funcionários evitam responsabilidades e buscam orientação formal sempre que possível.
4. A maioria dos trabalhadores coloca a segurança acima de todos os fatores associados ao trabalho e mostra pouca ambição.

Em contraste com essas visões negativas, McGregor lista as quatro premissas positivas, sob a chamada Teoria Y:

1. Os funcionários podem achar o trabalho algo tão natural quanto descansar ou se divertir.
2. As pessoas demonstrarão auto-orientação e autocontrole se estiverem comprometidas com os objetivos.
3. A pessoa mediana é capaz de aprender a aceitar, ou até a buscar, a responsabilidade.
4. A capacidade de tomar decisões inovadoras pode ser encontrada em qualquer pessoa e não é privilégio exclusivo dos que estão em posições hierarquicamente superiores.

Quais são as implicações motivacionais da análise de McGregor? A resposta pode ser melhor expressa pela estrutura apresentada por Maslow. A Teoria X parte da premissa de que as necessidades de nível mais baixo dominam os indivíduos; a Teoria Y, de que as necessidades de nível mais alto são as dominantes. McGregor, pessoalmente, acreditava que as premissas da Teoria Y eram mais válidas que as da Teoria X. Para maximizar a motivação dos funcionários, propôs idéias como a do processo decisório participativo, a das tarefas desafiadoras e de muita responsabilidade e a de um bom relacionamento de grupo.

Infelizmente, não existem evidências de que as premissas de ambas as teorias sejam válidas, nem de que a aceitação das premissas da Teoria Y e a alteração do comportamento individual de acordo com ela resultem em um funcionário mais motivado. Como ficará mais claro adiante, neste capítulo, ambas as teorias podem ser apropriadas em uma dada situação.

A teoria de dois fatores

A **teoria de dois fatores** (algumas vezes também chamada de *teoria da higiene-motivação*) foi proposta pelo psicólogo Frederick Herzberg.[9] Com a crença de que a relação de uma pessoa com seu trabalho é básica, e de que essa atitude pode determinar o seu sucesso ou fracasso, Herzberg investigou a questão: "o que as pessoas desejam do trabalho?". Ele pediu às pessoas que descrevessem, em detalhes, situações em que elas se sentiram excepcionalmente *bem* ou *mal* a respeito de seu trabalho. As respostas foram, então, tabuladas e categorizadas.

MITO OU CIÊNCIA?

"As pessoas são naturalmente preguiçosas"

Esta afirmação é falsa em dois aspectos. Nem *todas* as pessoas são naturalmente preguiçosas; e a "preguiça" é conseqüência mais da situação do que de uma característica individual inerente.

Se a intenção desta frase é afirmar que *todas* as pessoas são naturalmente preguiçosas, as evidências indicam justamente o contrário.[10] Muita gente apresenta o comportamento oposto hoje em dia — são pessoas superocupadas, que trabalham e se expõem em demasia. Seja devido a motivações externas ou internas, uma boa parte da força de trabalho pode ser tudo, *menos* preguiçosa.

Os executivos geralmente concluem que as pessoas são preguiçosas ao observar alguns de seus funcionários, que podem ter esse comportamento no trabalho. Mas esses mesmos funcionários podem ser muito esforçados em outras atividades *fora* de seu emprego. As estruturas de necessidades das pessoas são diferentes.[11] Infelizmente para os empregadores, o trabalho raramente é capaz de atender às necessidades dos indivíduos. Assim, o mesmo funcionário que foge das responsabilidades no trabalho pode se dedicar obsessivamente à restauração de um carro antigo, ao cultivo de um jardim, a jogar boliche com maestria ou a vender produtos da Amway nos finais de semana. Poucas pessoas são preguiçosas o tempo todo. Elas apenas diferem em relação às atividades que mais gostam. E como o trabalho não é o mais importante para todos, algumas pessoas podem parecer preguiçosas. ■

A partir das respostas categorizadas, Herzberg concluiu que aquelas referentes aos momentos em que as pessoas se sentiram bem com o trabalho eram significativamente diferentes das referentes aos momentos em que elas se sentiram mal. Como se vê no Quadro 6-2, algumas características tendem a se relacionar de forma consistente com a satisfação no trabalho, e outras, com a insatisfação. Os fatores intrínsecos — como o progresso, o reconhecimento, a responsabilidade e a realização — parecem estar relacionados à satisfação no trabalho. Os respondentes que se sentiam bem no trabalho tendiam a atribuir estes fatores a si mesmos. Por outro lado, os insatisfeitos tendiam a indicar fatores extrínsecos — como a supervisão, a remuneração, as políticas da empresa e as condições de trabalho.

Segundo Herzberg, os dados sugerem que o oposto da satisfação não é a insatisfação, como normalmente se acredita. A eliminação das características de insatisfação de um trabalho não o torna necessariamente satisfatório. Como vemos no Quadro 6-3, Herzberg propõe que seus achados indicam a existência de um continuum duplo: o oposto de "Satisfação" é "Não-Satisfação" e o oposto de "Insatisfação" é "Não-Insatisfação".

De acordo com Herzberg, os fatores que levam à satisfação no trabalho são diferentes e separados daqueles que levam à insatisfação. Portanto, os executivos que procuram eliminar os fatores que geram insatisfação podem conseguir paz, mas não necessariamente a motivação dos funcionários. Eles vão apaziguar os funcionários, e não motivá-los. Assim, as condições em torno do trabalho, como a qualidade da supervisão, a remuneração, as políticas da empresa, as condições físicas de trabalho, o relacionamento com os outros e a segurança no emprego foram caracterizadas por Herzberg como **fatores higiênicos**. Quando os fatores são adequados, as pessoas não estarão insatisfeitas, mas também não estarão satisfeitas. Se quisermos motivar as pessoas para o trabalho, Herzberg sugere a ênfase nos fatores associados com o trabalho em si ou com os resultados diretos dele, como chances de promoção, oportunidades de crescimento pessoal, reconhecimento, responsabilidade e realização. Estas são características que as pessoas consideram intrinsecamente recompensadoras.

A teoria de dois fatores também tem quem a conteste.[12] As críticas incluem os seguintes pontos:

1. O procedimento utilizado por Herzberg é limitado por sua metodologia. Quando as coisas vão bem, as pessoas tendem a tomar o crédito para si. Caso contrário, buscam culpar o ambiente externo pelo fracasso.

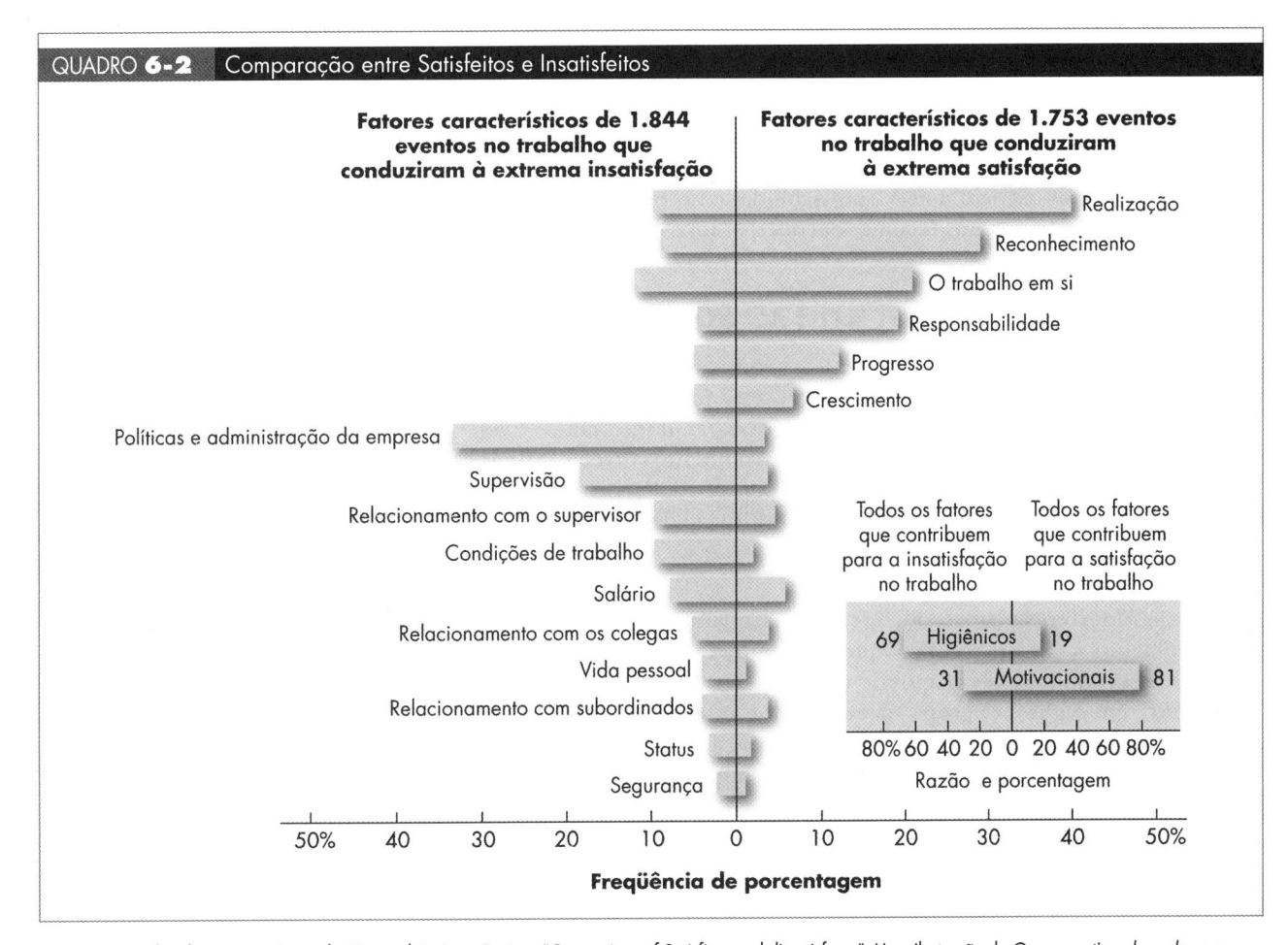

QUADRO 6-2 Comparação entre Satisfeitos e Insatisfeitos

Fonte: Reproduzido com permissão da *Harvard Business Review*. "Comparison of Satisfiers and dissatisfears". Uma ilustração de *One more time: how do you motivate employees?*, de Frederick Herzberg, jan. 2003. Copyright © by Harvard Business School Publishing Company. Todos os direitos reservados.

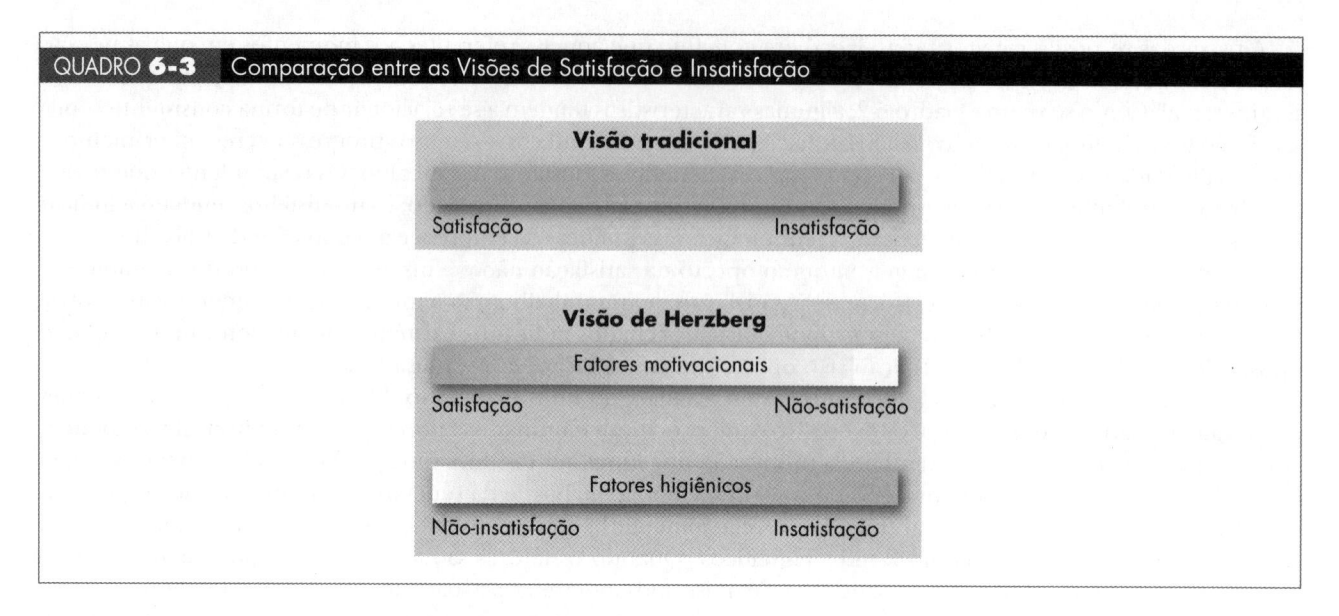

QUADRO 6-3   Comparação entre as Visões de Satisfação e Insatisfação

Visão tradicional

Satisfação ———————————————— Insatisfação

Visão de Herzberg

Fatores motivacionais
Satisfação ———————————————— Não-satisfação

Fatores higiênicos
Não-insatisfação ———————————————— Insatisfação

2. A confiabilidade da metodologia de Herzberg é questionável. Os pesquisadores precisam fazer interpretações e, dessa forma, podem contaminar os resultados interpretando uma resposta de certa maneira, enquanto outra resposta semelhante é interpretada de maneira diferente.
3. Não foi usada uma medida geral para a satisfação. Uma pessoa pode não gostar de alguns aspectos de seu trabalho, mas continuar achando-o aceitável.
4. A teoria é inconsistente com pesquisas anteriores. A teoria de dois fatores ignora as variáveis situacionais.
5. Herzberg pressupõe uma relação entre satisfação e produtividade, mas a metodologia de pesquisa utilizada enfoca apenas a satisfação, não a produtividade. Para tornar esta pesquisa relevante, é preciso considerar um forte relacionamento entre satisfação e produtividade.

Apesar de todas as críticas, a teoria de Herzberg foi amplamente divulgada e poucos são os executivos que não conhecem suas recomendações. Nos últimos 40 anos, a popularidade da verticalização das funções para permitir que os funcionários tenham mais responsabilidade no planejamento e controle do próprio trabalho talvez possa ser atribuída aos achados e às recomendações de Herzberg.

Teorias contemporâneas sobre a motivação

As teorias apresentadas anteriormente, apesar de muito conhecidas, não resistiram a uma análise mais detalhada. Mas nem tudo está perdido. Existe uma série de teorias contemporâneas que possuem uma coisa em comum: cada uma tem um razoável grau de fundamentação válida. Evidentemente, isso não significa que as teorias de que vamos falar agora sejam inquestionavelmente corretas. Nós as chamamos de "teorias contemporâneas" não porque necessariamente tenham sido desenvolvidas recentemente, mas porque representam o que de mais avançado existe atualmente para explicar a motivação dos trabalhadores.

A teoria ERG

Clayton Alderfer, da Universidade de Yale, trabalhou em cima da hierarquia das necessidades, de Maslow, para alinhá-la melhor com a pesquisa empírica. Esta hierarquia revisada foi chamada de **teoria ERG**.[13]

Alderfer diz que há três grupos de necessidades essenciais — existência, relacionamento e crescimento —, daí a sigla *ERG*, em inglês.* O grupo da *existência* se refere aos nossos requisitos materiais básicos. Ele inclui aqueles itens que Maslow chamou de necessidades fisiológicas e de segurança. O segundo grupo se refere às nossas necessidades de *relacionamento* — o desejo de manter importantes relações interpessoais. Este desejo de status e sociabilidade precisa da interação com outras pessoas para ser atendido e pode ser comparado às necessidades sociais de Maslow e aos componentes externos de sua classificação de estima. Finalmente, Alderfer identifica as necessidades de *crescimento* — um desejo intrínseco de desenvolvimento pessoal. Isto inclui os componentes intrínsecos da categoria estima de Maslow, bem como as características da necessidade de auto-realização.

---

* ERG = Existence, Relatedness and Growth (N. T.).

> De acordo com a teoria ERG, um grupo de necessidades essenciais está nas necessidades de relacionamento. Na comunidade de aposentados Westbury United Methodist, os funcionários mantêm relacionamentos interpessoais participando habitualmente de sessões informais de música com instrumentos de percussão e teclados. Muito populares, estas "jam sessions" motivaram os funcionários a construir equipes de trabalho e reduziram a rotatividade em 18 por cento.

Além de trocar cinco necessidades por apenas três, em que mais a teoria desenvolvida por Alderfer difere daquela de Maslow? Se compararmos as duas, veremos que a teoria ERG demonstra que (1) mais de uma necessidade pode estar ativa ao mesmo tempo, e, (2) se uma necessidade de nível superior for reprimida, o desejo de satisfazer outra de nível inferior aumentará.

A hierarquia das necessidades de Maslow segue uma rígida progressão em etapas consecutivas. A teoria ERG não pressupõe a existência de uma hierarquia rígida, em que uma necessidade de nível baixo tenha de ser satisfeita substancialmente antes se poder seguir adiante. Uma pessoa pode, por exemplo, trabalhar em seu crescimento pessoal mesmo que necessidades de existência ou de relacionamento não tenham sido ainda atendidas; ou as três categorias podem operar simultaneamente.

A teoria ERG possui também uma dimensão de frustração-regressão. Você deve lembrar que Maslow dizia que um indivíduo ficaria em um determinado nível de necessidade até que esta fosse atendida. Segundo a teoria ERG, quando uma necessidade de nível alto é frustrada, cresce o desejo de atender a uma necessidade de nível baixo. A incapacidade de satisfazer a necessidade de interação social, por exemplo, pode aumentar o desejo de ganhar mais dinheiro ou de ter melhores condições de trabalho. Assim, a frustração pode levar à regressão e a uma necessidade de nível baixo.

Resumindo, a teoria ERG argumenta, assim como Maslow, que as necessidades de nível baixo levam a um desejo de satisfazer as necessidades de nível superior; mas múltiplas necessidades podem operar em conjunto como motivadoras e a frustração em tentar satisfazer uma necessidade de nível alto pode resultar na regressão a uma necessidade de nível inferior.

A teoria ERG é mais coerente com nosso conhecimento das diferenças entre os indivíduos. Variáveis como educação, antecedentes familiares e ambiente cultural podem alterar a importância que cada grupo de necessidades tem para uma pessoa. E as evidências que demonstram que pessoas em culturas diferentes classificam as necessidades de maneiras diversas — por exemplo, os espanhóis e os japoneses colocam as necessidades sociais antes de seus requisitos materiais[14] — são coerentes com a essa teoria.

Diversos estudos dão embasamento à teoria ERG,[15] mas também existem evidências de que ela não funciona em determinadas organizações.[16] De maneira geral, contudo, a teoria ERG representa uma versão mais válida da hierarquia das necessidades.

Teoria das necessidades, de McClelland

Você tem um dardo para jogar e cinco alvos diante de si. Cada um deles fica progressivamente mais distante e, conseqüentemente, é mais difícil de acertar. O alvo A é facílimo; fica praticamente ao alcance da mão. Se você acertá-lo, ganhará 2 dólares. O alvo B está um pouco mais distante, mas 80 por cento daqueles que tentam conseguem acertá-lo. Ele paga 4 dólares. O alvo C paga 8 dólares e 50 por cento das pessoas conseguem atingi-lo. Poucos conseguem acertar o alvo D, que paga 16 dólares. Finalmente, o alvo E paga 32 dólares, mas é praticamente impossível de ser atingido. Qual deles você vai tentar? Se você escolheu o C, provavelmente é alguém que costuma alcançar o que quer. Por quê? Leia a seguir.

ENFOQUE NA MÍDIA

O que os trabalhadores querem?

Como mencionamos no início deste capítulo, o dinheiro raramente é o principal motivador. Isso foi confirmado por uma pesquisa recente com 1.500 trabalhadores. Aqui estão as cinco coisas que eles consideram mais importantes no trabalho:

1. *Uma atividade em que se possa aprender alguma coisa e escolher suas atribuições.* Os trabalhadores valorizam oportunidades de aprendizagem em que possam desenvolver habilidades que aumentam o seu valor no mercado. Eles também querem a chance de, sempre que possível, escolher suas atribuições.

2. *Horário de trabalho flexível e mais tempo livre.* Os trabalhadores valorizam seu tempo e suas horas livres. A flexibilidade de horários permite que eles equilibrem melhor as obrigações pessoais e as responsabilidades profissionais.

3. *Elogios.* As pessoas gostam de se sentir necessárias e de saber que seu trabalho é apreciado. Mas os funcionários reclamam que seus chefes muito raramente fazem isso.

4. *Mais autonomia e autoridade em seu trabalho.* Mais autonomia e maior autoridade significam que a organização confia no funcionário para agir com independência e sem a aprovação de outras pessoas.

5. *Mais tempo com os chefes.* Quando um chefe dedica seu tempo aos seus subordinados, está fazendo duas coisas. Primeiro, por seu tempo ser valioso, ele demonstra reconhecimento e validação para o funcionário. Segundo, ele oferece apoio ao escutar as reclamações, responder as perguntas e fornecer aconselhamento.

Os respondentes listaram o dinheiro como um fator importante, mas apenas depois destes itens.

Fonte: B. Nelson, "What do employees want?" ABA Bank Marketing, março de 2003, p. 9-10. © American Bankers Association. Reproduzido de ABA Bank Marketing com autorização. Todos os direitos reservados.

A **teoria das necessidades, de McClelland,** foi desenvolvida por David McClelland e sua equipe.[17] Ela enfoca três necessidades: realização, poder e associação. Elas são definidas da seguinte maneira:

- **Necessidade de realização:** busca da excelência, de se realizar em relação a determinados padrões, de lutar pelo sucesso
- **Necessidade de poder:** necessidade de fazer com que os outros se comportem de um modo que não fariam naturalmente
- **Necessidade de associação:** desejo de relacionamentos interpessoais próximos e amigáveis

Algumas pessoas parecem ter uma inclinação natural para o sucesso. Elas buscam a realização pessoal mais do que a recompensa pelo sucesso em si. Elas têm desejo de fazer algo melhor ou de modo mais eficiente do que já foi feito no passado. Essa compulsão é a necessidade de realização (*nAch*).* Em sua pesquisa sobre a necessidade de realização, McClelland descobriu que os grandes realizadores se destacam das outras pessoas pelo seu desejo de fazer melhor as coisas.[18] Eles buscam situações em que possam assumir a responsabilidade de encontrar soluções para os problemas, receber rápido feedback para saber se estão melhorando e estabelecer metas moderadamente desafiadoras. Os grandes realizadores não são jogadores; não gostam de ganhar por sorte. Eles preferem o desafio de trabalhar em um problema e aceitar a responsabilidade pessoal pelo sucesso ou fracasso, em vez de deixar o resultado por conta da sorte ou da ação de outras pessoas. Um aspecto importante é que eles evitam tarefas que vêem como muito fáceis ou difíceis demais. Isso significa que gostam de desafios com dificuldade intermediária.

Os grandes realizadores têm melhor desempenho quando percebem uma probabilidade de 50 por cento de sucesso. Eles não gostam de situações muito fora de controle, pois não se sentem satisfeitos com uma realização cujo sucesso se deu por acaso. Da mesma forma, situações sob muito controle (com alta probabilidade de sucesso) também não são de seu agrado, pois não são desafiadoras. Eles preferem estabelecer metas que os forcem um pouco. A necessidade de poder (*nPow*)** é o desejo de impactar, de ter influência e de controlar as outras pessoas. Os indivíduos que têm esta necessidade em alta gostam de estar "no comando", buscam influência sobre os outros, preferem estar em situações competitivas e de status e tendem a se preocupar mais com o prestígio e a influência do que propriamente com o desempenho eficaz.

---

* nAch = need for Achievement (N. T.).
** nPow = need for Power (N. T.).

> Takeshi Uchiyahada tem uma grande necessidade de realização. Como engenheiro-chefe da Toyota, Uchiyahada lidera a equipe de desenvolvimento do Prius, um carro híbrido movido a eletricidade e gasolina. Com um primeiro modelo em 1997, a Toyota provou que os veículos híbridos são viáveis. O modelo reprojetado em 2004 alcançou um design atraente para os consumidores. A empresa planeja tornar os próximos modelos mais poderosos e eficientes em termos mecânicos e também pretende levar esta tecnologia para outros carros de sua marca.

A terceira necessidade identificada por McClelland é a de associação (*nAff*).* Ela tem recebido pouca atenção por parte dos pesquisadores. Pessoas orientadas pela necessidade de associação buscam a amizade, preferem situações de cooperação em vez de competição e desejam relacionamentos que envolvam um alto grau de compreensão mútua.

Com base em uma grande quantidade de pesquisas, é possível fazer previsões razoavelmente bem fundamentadas sobre o relacionamento entre a necessidade de realização e o desempenho no trabalho. Embora menos estudos tenham se dedicado às necessidades de poder e de associação, existem alguns achados consistentes aqui também.

Primeiro, como mostra o Quadro 6-4, os indivíduos com alta necessidade de realização preferem trabalhos com bastante responsabilidade, feedback e um grau médio de riscos. Quando estas características prevalecem, os grandes realizadores se sentem fortemente motivados. As evidências mostram, com muita consistência, que esses indivíduos são bem-sucedidos em atividades empreendedoras, como gerenciar o próprio negócio ou uma unidade de negócios de uma grande organização.[19]

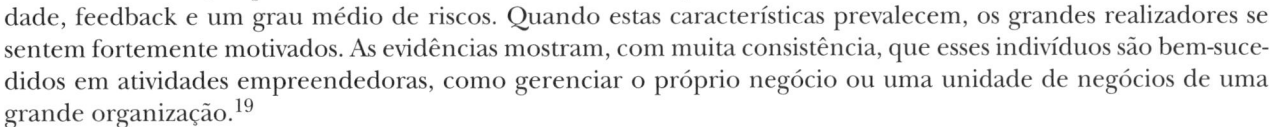

Segundo, uma grande necessidade de realização não conduz, necessariamente, a um grande desempenho como executivo, especialmente nas grandes organizações. Essas pessoas estão mais interessadas em se sair melhor sob o ponto de vista pessoal, e não em convencer outros a melhorar o desempenho. Vendedores com alto grau de nAch não são necessariamente bons gerentes de vendas, e os bons gerentes gerais de grandes empresas não costumam ter uma alta necessidade de realização.[20]

Terceiro, as necessidades de poder e de associação costumam estar intimamente relacionadas ao sucesso gerencial. Os melhores executivos têm alta necessidade de poder e baixa necessidade de associação.[21] De fato, uma grande motivação pelo poder pode ser considerada um requisito para a eficácia administrativa.[22] Evidentemente, o que é causa e o que é efeito neste caso é discutível. Já foi sugerido que uma alta motivação pelo poder nada mais é do que uma função do nível ocupado por um indivíduo em uma organização hierárquica.[23] Este argumento sustenta que, quanto mais alto o nível alcançado por uma pessoa na organização, maior sua motivação pelo poder. Conseqüentemente, posições de poder seriam um estímulo à motivação pelo poder.

Finalmente, os trabalhadores têm sido treinados, com sucesso, para estimular a sua necessidade de realização. Os instrutores de treinamento têm sido muito eficazes ao ensinar as pessoas a pensar em termos de conquistas, vitórias e sucessos, ajudando-as a aprender a *agir* de maneira realizadora, preferindo situações nas quais existam responsabilidade pessoal, feedback e riscos moderados. Assim, se a função demanda um grande realizador, a empresa pode selecionar um candidato com alto grau de nAch ou desenvolver seu próprio candidato por meio de treinamento para a realização.[24]

QUADRO 6-4 Adequação entre os Realizadores e seu Trabalho

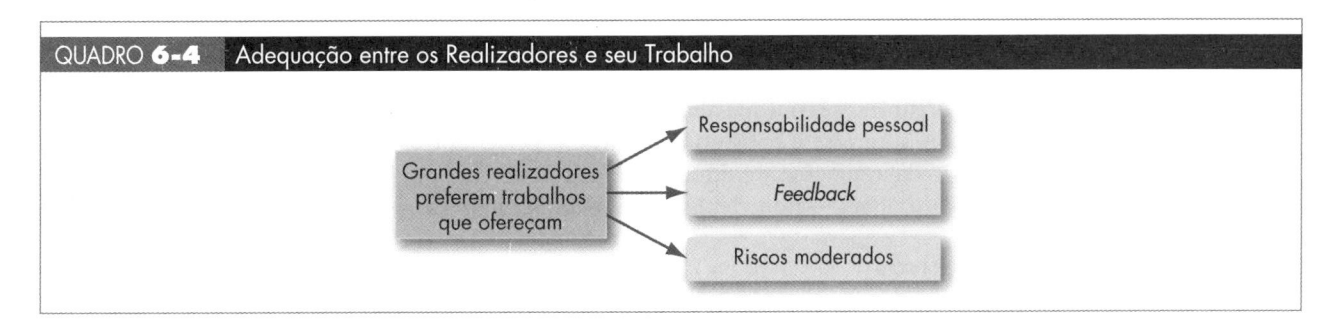

Grandes realizadores preferem trabalhos que ofereçam:
- Responsabilidade pessoal
- Feedback
- Riscos moderados

---

* nAff = need for Affiliation (N. T.).

Teoria da avaliação cognitiva

"É estranho", diz Marcia. "Comecei a trabalhar na Humane Society como voluntária. Eu trabalhava 15 horas por semana ajudando as pessoas a adotar um bicho de estimação. E adorava trabalhar. Então, há três meses, eles me contrataram em período integral, pagando 11 dólares por hora. Faço a mesma coisa que fazia antes. Mas não estou achando mais tão divertido."

Existe uma explicação para a reação de Marcia. É a chamada **teoria da avaliação cognitiva**, que propõe que a introdução de recompensas externas, como pagamento, para trabalhos que eram anteriormente gratificantes apenas pelo seu conteúdo, tende a reduzir a motivação.[25] A teoria da avaliação cognitiva foi muito pesquisada e diversos estudos lhe deram embasamento.[26] Como veremos, as principais implicações desta teoria se relacionam à forma como as pessoas são remuneradas nas organizações.

Historicamente, os teóricos da motivação têm partido da premissa de que, no geral as motivações intrínsecas — como realização, responsabilidade e competência — são independentes dos motivadores extrínsecos — como alta remuneração, promoções, boas relações com a supervisão e condições agradáveis de trabalho. Ou seja, o estímulo de um não afetaria o outro. Mas a teoria da avaliação cognitiva sugere outra coisa. Ela sustenta que, quando a organização usa recompensas externas para premiar desempenhos superiores, as recompensas internas, que resultam de o indivíduo fazer o que gosta, são reduzidas. Em outras palavras, quando a recompensa externa é dada a um indivíduo pelo fato de ele ter realizado uma tarefa interessante, isso causa uma queda no interesse que ele tem pela tarefa em si.

Por que isso acontece? A explicação popular é que a pessoa experimenta uma perda de controle sobre o próprio comportamento, o que diminui a motivação intrínseca que existia. Além disto, a eliminação da recompensa externa pode mudar — de uma explicação externa para uma interna — a maneira como o indivíduo vê o motivo para realizar uma determinada tarefa. Se você lê um romance por semana porque seu professor de literatura mandou, atribui o fato de estar lendo a uma causa externa. Contudo, se você, depois de encerrado o curso, continuar a ler a cada semana um livro, estará inclinado a dizer: "devo gostar de romances já que continuo a ler um livro por semana!".

Se a teoria da avaliação cognitiva for válida, ela deve ter grandes implicações para as práticas gerenciais. Uma verdade evidente há anos entre os especialistas em remuneração é que, para que o pagamento e outras recompensas externas funcionem como motivadores eficazes, eles precisam ser contingentes ao desempenho do indivíduo. Mas, segundo os teóricos da avaliação cognitiva, isto apenas reduziria a satisfação interna do indivíduo ao realizar seu trabalho. Substituímos um estímulo interno por um externo. Na verdade, se a teoria da avaliação cognitiva estiver correta, faria sentido tornar a remuneração não contingente ao desempenho para evitar a redução da motivação intrínseca.

Mencionamos que a teoria da avaliação cognitiva recebeu suporte de diversos estudos. Mas também tem recebido algumas críticas, especialmente no que diz respeito à metodologia utilizada nesses estudos [27] e à interpretação de seus resultados.[28] Como esta teoria está nos dias de hoje? Poderíamos afirmar que, quando as organizações utilizam motivadores externos como remuneração e promoções para estimular o desempenho de seus funcionários, isto é feito em detrimento do interesse e da motivação intrínsecos ao trabalho que é realizado? A resposta não é simplesmente um sim ou um não.

Embora seja necessária mais pesquisa para esclarecer algumas das ambigüidades existentes, as evidências apontam para a conclusão de que a interdependência entre as recompensas intrínsecas e extrínsecas é um fenômeno real.[29] Contudo, seu impacto sobre a motivação no trabalho, em comparação com a motivação em geral, pode ser consideravelmente menor do que se pensava. Primeiro, muitos dos estudos sobre o tema foram realizados com estudantes, e não com profissionais remunerados de empresas. Os pesquisadores observaram o que acontecia com o comportamento do estudante quando uma recompensa externa era eliminada. Isso pode ser muito interessante, mas não representa a situação do trabalho na organização. Nessa situação, quando a recompensa externa é eliminada, significa geralmente que o indivíduo já não faz parte da empresa. Segundo, as evidências indicam que níveis muito altos de motivação intrínseca são extremamente resistentes ao impacto redutor das recompensas externas.[30] Mesmo que um trabalho seja interessante, existem fortes normas para a remuneração externa.[31] No outro extremo, no caso das tarefas desagradáveis, o pagamento externo parece aumentar a motivação intrínseca.[32] Portanto, a teoria tem uma aplicabilidade limitada nas organizações porque a maioria dos cargos de nível mais baixo não é suficientemente gratificante para despertar um alto interesse intrínseco e muitas das posições executivas e especializadas oferecem recompensas intrínsecas. A teoria da avaliação cognitiva pode ter relevância para as funções que se encontram na hierarquia intermediária das organizações — nem desagradáveis demais nem extremamente interessantes.

Teoria da fixação de objetivos

Gene Broadwater, técnico do time de cross-country da Escola Secundária de Hamilton, disse a seus liderados, antes do início da corrida final do campeonato, as seguintes palavras: "Cada um de vocês está apto fisicamente. Agora, saiam e dêem o melhor de si. Ninguém pode pedir mais do que isto a vocês".

QUADRO 6-5

"O que você quer dizer com 'o dinheiro não é tudo'? Isto é um banco!"

Fonte: Wall Street Journal, 8 fev. 1995. Reproduzido com autorização de Cartoon Features Syndicate.

Você mesmo deve ter ouvido esta frase muitas vezes: "Apenas dê o melhor de si, é tudo o que podemos lhe pedir". Mas o que significa exatamente "o melhor de si"? Conseguimos saber quando atingimos um objetivo tão vago? Os competidores de cross-country fariam tempos melhores se seu técnico estabelecesse uma meta específica? Você teria melhor aproveitamento em suas aulas de inglês no colégio se seus pais dissessem "tente sempre tirar nota acima de 8,5" em vez de dizer simplesmente "faça o melhor possível"? A pesquisa sobre a **teoria da fixação de objetivos** estuda esses assuntos, e seus resultados, como veremos, são impressionantes em termos dos efeitos que a especificação do objetivo, o desafio e o feedback têm sobre o desempenho.

No final da década de 1960, Edwin Locke propôs que a intenção de lutar por um objetivo é a maior fonte de motivação no trabalho.[33] Ou seja, um objetivo diz ao funcionário o que precisa ser feito e quanto esforço terá de ser despendido em seu alcance.[34] As evidências confirmam positivamente a importância dos objetivos. Mais ainda, podemos afirmar que objetivos específicos melhoram o desempenho; que objetivos difíceis, quando aceitos, melhoram mais o desempenho do que aqueles mais fáceis; e que o feedback também conduz a melhores desempenhos.[35]

Objetivos específicos difíceis produzem melhores resultados do que a meta genérica de "faça o melhor que puder". A especificidade do objetivo em si funciona como um estímulo interno. Por exemplo, quando um caminhoneiro se compromete a fazer 12 viagens por semana entre Toronto, no Canadá, e Buffalo, no Estado de Nova York, esta decisão lhe dá uma meta específica para tentar atingir. Podemos dizer que, com todas as outras condições estáveis, o caminhoneiro com objetivo específico terá um desempenho superior ao de seus colegas que trabalham sem metas determinadas, ou apenas tentando "fazer o melhor possível".

Se fatores como a capacitação e a aceitação do objetivo forem mantidos constantes, também podemos afirmar que, quanto mais difícil o objetivo, mais alto o nível do desempenho. Entretanto, é lógico pressupor que objetivos mais fáceis têm maior probabilidade de serem atingidos. Mas, uma vez que um funcionário se compromete com um objetivo difícil, ele despende um alto nível de esforços até que este seja atingido, perdido ou abandonado.

As pessoas trabalham melhor quando têm feedback em relação ao seu progresso, pois isso as ajuda a perceber as discrepâncias entre o que elas têm feito e o que precisa ser realizado para o alcance do objetivo. Ou seja, o feedback funciona como um guia para o comportamento. Mas nem todos os feedback têm a mesma potência. O feedback autogerenciado — quando o funcionário é capaz de monitorar o próprio progresso — tem se mostrado um motivador mais poderoso do que o feedback externo.[36]

A fixação de metas funciona bem para Pat Cavanaugh, presidente e principal vendedor de sua empresa de produtos promocionais. Ele estabelece metas específicas para si mesmo e para seu time de vendedores a cada ano, e também tem como objetivo de medio prazo chegar a um faturamento de 100 milhões de dólares em 2010. A empresa, que nunca deixou de alcançar uma meta estabelecida, cresceu 4.000 por cento em seus primeiros sete anos. Para Cavanaugh, tarefas bem-aprendidas são o segredo para se atingir as metas. Ele treina seu pessoal para que se preparem para as reuniões com os clientes, para que aprendam a ouvi-los e para que possam entender melhor as pessoas.

Se os funcionários tivessem a oportunidade de participar da fixação de seus próprios objetivos, eles se esforçariam mais arduamente? As evidências são controversas quando se trata da comparação entre a superioridade do estabelecimento de objetivos pela supervisão ou pelo método participativo.[37] Em alguns casos, a fixação participativa de objetivos proporciona um desempenho superior, enquanto em outros os funcionários desempenham melhor suas tarefas quando as metas são estabelecidas por seus chefes. Mas a principal vantagem da participação parece ser a crescente aceitação do objetivo como uma meta desejável para se atingir.[38] Como já mencionamos, a resistência é maior quando o objetivo é difícil. Quando as pessoas participam de sua fixação, elas têm mais probabilidade de aceitar até um objetivo difícil, maior do que aceitariam se a meta fosse determinada arbitrariamente pelo chefe. O motivo é que as pessoas se comprometem mais com as escolhas de que participam. Portanto, embora a fixação participativa não tenha uma superioridade sobre a fixação designada, quando a aceitação do objetivo é tida como certa, a participação realmente aumenta a probabilidade de aceitação e comprometimento para metas difíceis.

Existem contingências na teoria da fixação de objetivos ou podemos tomar como realidade universal que metas específicas e difíceis *sempre* conduzem a desempenhos superiores? Além do feedback, quatro fatores influenciam a relação objetivo-desempenho. Estes são o comprometimento com o objetivo, a auto-eficácia adequada, as características da tarefa e a cultura nacional.

A teoria da fixação de objetivos pressupõe que o indivíduo está comprometido com o objetivo, ou seja, que ele está determinado a não rebaixá-lo nem abandoná-lo. Isto acontece mais freqüentemente quando os objetivos se tornam públicos, quando o indivíduo tem um centro de controle interno e quando as metas são estabelecidas pela própria pessoa, em vez de impostas.[39]

A **auto-eficácia** se refere à convicção individual de que se é capaz de realizar uma determinada tarefa.[40] Quanto maior sua auto-eficácia, maior a sua confiança na possibilidade de realizar a tarefa com sucesso. Assim, acredita-se que as pessoas com baixa auto-eficácia têm maior probabilidade de desistir de seus esforços nas situações mais difíceis, enquanto aquelas com elevada auto-eficácia tentam vencer o desafio com maior ardor.[41] Além disso, pessoas com elevada auto-eficácia parecem responder ao feedback negativo com mais determinação e motivação, enquanto as que têm baixa auto-eficácia tendem a perder seu empenho quando recebem um feedback negativo.[42]

As pesquisas sugerem que a fixação individual de objetivos não funciona igualmente bem em todas as tarefas. As evidências indicam que o processo funciona melhor quando a tarefa é simples (e não complexa), familiar (e não nova) e independente (e não interdependente).[43] Nas tarefas interdependentes, a fixação de objetivos em grupo é mais aconselhável.

Finalmente, a teoria da fixação de objetivos tem limitações culturais. Ela é bem adequada a países como os Estados Unidos e o Canadá porque seus componentes básicos se alinham muito bem com a cultura norte-americana. Ela parte do princípio de que os trabalhadores são razoavelmente independentes (não existe uma grande concentração de poder), que executivos e funcionários buscam metas desafiadoras (não evitam as incertezas) e que o desempenho é considerado importante por todos (busca de conquistas e realizações). Não devemos esperar, portanto, que esta teoria dê os mesmos resultados em países como Portugal e Chile, por exemplo, onde encontramos condições culturais opostas às que mencionamos.

Nossa conclusão geral é que as intenções — quando articuladas em termos de objetivos específicos e difíceis — são uma força motivacional poderosa. Sob as condições adequadas, elas podem conduzir à melhoria do desempenho. Entretanto, não existe evidência de que esses objetivos estejam associados ao aumento da satisfação com o trabalho.[44]

Teoria do reforço

Uma contrapartida à teoria da fixação de objetivos é a **teoria do reforço**. A primeira é uma abordagem cognitiva, sugerindo que os propósitos de uma pessoa orientam suas ações. Já a teoria do reforço é uma abordagem comportamentalista, que argumenta que o reforço condiciona o comportamento. Ambas estão em evidente desacordo sob o ponto de vista filosófico. Os teóricos do reforço vêem o ambiente como causa do comportamento. Não nos devemos preocupar, dizem eles, com os eventos cognitivos internos; o que controla o comportamento são os reforços — qualquer conseqüência que, seguindo imediatamente uma resposta, aumente a probabilidade de que aquele comportamento se repita.

A teoria do reforço ignora as condições internas do indivíduo e se concentra apenas no que lhe acontece quando realiza uma ação qualquer. Como não leva em conta aquilo que dá origem ao comportamento, ela não é, estritamente falando, uma teoria sobre motivação. Mas fornece poderosos meios para analisar aquilo que controla o comportamento e, por isso, é sempre considerada nas discussões sobre motivação.[45]

Discutimos em detalhes o processo do reforço no Capítulo 2. Mostramos como a utilização do reforço para condicionar o comportamento pode proporcionar uma boa compreensão sobre como as pessoas aprendem. Não devemos ignorar, também, que o reforço tem muitos desdobramentos enquanto recurso motivacional. Em sua forma mais pura, contudo, a teoria do reforço ignora sentimentos, atitudes, expectativas e outras variáveis cognitivas que, sabe-se, têm impacto sobre o comportamento. Na verdade, alguns pesquisadores buscam, nos mesmos experimentos utilizados pelos teóricos do reforço, as bases de sustentação de sua posição e interpretando os resultados dentro de uma estrutura cognitiva.[46]

O reforço é, sem dúvida, uma influência importante no comportamento, mas poucos especialistas estão preparados para sustentar que seja a única influência. Os comportamentos que você assume no trabalho e a quantidade de esforço que despende em cada tarefa são afetados pelas conseqüências do seu comportamento. Por exemplo, se você for constantemente censurado por produzir mais que seus colegas, provavelmente vai reduzir sua produtividade. Mas a sua baixa produtividade também poderia ser explicada em termos de metas, injustiças ou expectativas.

Teoria do planejamento do trabalho

Os estudos de Maslow, McGregor e Herzberg abordaram a importância de se entender o próprio trabalho como uma possível fonte de motivação. Pesquisas recentes em **planejamento do trabalho** oferecem evidências ainda mais fortes de que a maneira como os elementos do trabalho são organizados pode aumentar ou reduzir a motivação. Essas pesquisas também trazem observações detalhadas sobre o que são esses elementos.

O Modelo de Características do Trabalho O **modelo de características do trabalho** propõe que todo tipo de trabalho ou função pode ser descrito em termos de cinco dimensões essenciais:[47]

1. **Variedade de habilidades**: o grau em que o trabalho requer uma variedade de atividades diferentes, permitindo que o funcionário utilize diversas habilidades e talentos. Um exemplo de variedade alta é o do proprietário e operador de uma oficina mecânica, que faz reparos elétricos, conserta motores, faz funilaria e atende os clientes. Um exemplo de variedade baixa é o de um operário de linha de montagem de carrocerias de carros, que pinta peças durante oito horas por dia.
2. **Identidade da tarefa**: o grau em que o trabalho requer a realização completa de uma peça inteira e identificável. Um exemplo de identidade alta é o de um marceneiro que projeta um armário, escolhe a madeira, constrói a peça e faz todo o acabamento sozinho. Um exemplo de identidade baixa é o de um operário de indústria moveleira que opera um torno que faz apenas pernas para mesas.
3. **Significância da tarefa**: o grau em que o trabalho tem um impacto substancial sobre a vida ou o trabalho de outras pessoas. Uma tarefa de significância alta é a de cuidar de doentes em uma unidade de terapia intensiva (UTI) de um hospital. Uma tarefa de significância baixa é a de varrer o chão do hospital.
4. **Autonomia**: o grau em que o trabalho oferece substancial liberdade, independência e arbítrio ao indivíduo, no planejamento do trabalho e na determinação dos procedimentos a serem utilizados. Um exemplo de autonomia alta é o de um representante de vendas que estipula sua própria agenda de trabalho a cada dia e decide, sem supervisão, qual a mais eficaz abordagem de vendas a ser adotada para cada cliente. Um exemplo de autonomia baixa é o de um vendedor que um conjunto de diretrizes a cada dia e que deve seguir um procedimento padronizado para cada cliente.
5. **Feedback:** o grau em que a realização das atividades requeridas pelo trabalho resulta na obtenção direta e clara de informações sobre a eficácia do desempenho do funcionário. Um exemplo de feedback alto é o de um operário de indústria eletrônica que monta computadores e os testa para saber se estão funcionando direito. Um exemplo de feedback baixo é o do operário da mesma indústria eletrônica que monta um computador e

o passa para o inspetor de controle de qualidade, que o testa para saber se está funcionando direito e faz os ajustes necessários.

O Quadro 6-6 apresenta o modelo de características do trabalho. Repare como as três primeiras dimensões — variedade de habilidades, identidade da tarefa e significância da tarefa — se combinam para criar um trabalho mais rico em sentido. Quer dizer, se um trabalho inclui essas três características, podemos dizer que a pessoa que o executa percebe seu serviço como importante, valioso e gratificante. Repare, também, que um trabalho que dá autonomia oferece a sensação de responsabilidade pessoal pelos resultados à pessoa que o realiza, e que o trabalho que oferece feedback permite que o funcionário saiba qual a eficácia de seu desempenho. Do ponto de vista motivacional, o modelo diz que o indivíduo obtém recompensa interna quando sabe (conhecimento dos resultados) que, pessoalmente (responsabilidade experimentada), teve bom desempenho em uma tarefa que é percebida como importante (experiência de ser significativo).[48] Quanto maior a presença desses três estados psicológicos, maior serão a motivação, o desempenho e a satisfação do funcionário, e menor o seu absenteísmo e a probabilidade de ele deixar a organização. Como mostra o Quadro 6-6, as relações entre as dimensões do trabalho e os resultados são moderadas ou ajustadas pela força da necessidade individual de crescimento, ou seja, pela desejo de auto-estima e de auto-realização do funcionário. Isso significa que, comparados às pessoas com baixa necessidade de crescimento, os indivíduos com alta necessidade de crescimento têm maior probabilidade de experimentar os três estados psicológicos que mencionamos quando seu trabalho é enriquecido. Mais ainda, os que têm alta necessidade de crescimento respondem de modo mais positivo a esses estados do que os demais.

As dimensões essenciais podem ser combinadas em um único índice de previsão, chamado de **pontuação do potencial motivador**, que é calculado da seguinte forma:

$$\text{Pontuação do potencial motivador} = \frac{\text{Significância da tarefa} + \text{Identidade da tarefa} + \text{Variedade de habilidades}}{3} \times \text{Autonomia} \times \text{Feedback}$$

Os trabalhos que têm alto potencial motivador precisam de uma pontuação alta em pelo menos um dos três fatores que levam à experiência de ver o trabalho como significativo e de uma alta pontuação tanto em autonomia como em feedback. Se os trabalhos tiverem alta pontuação em potencial motivacional, o modelo prevê que a motivação, o desempenho e a satisfação serão positivamente afetados enquanto se reduz a probabilidade de absenteísmo e de rotatividade.

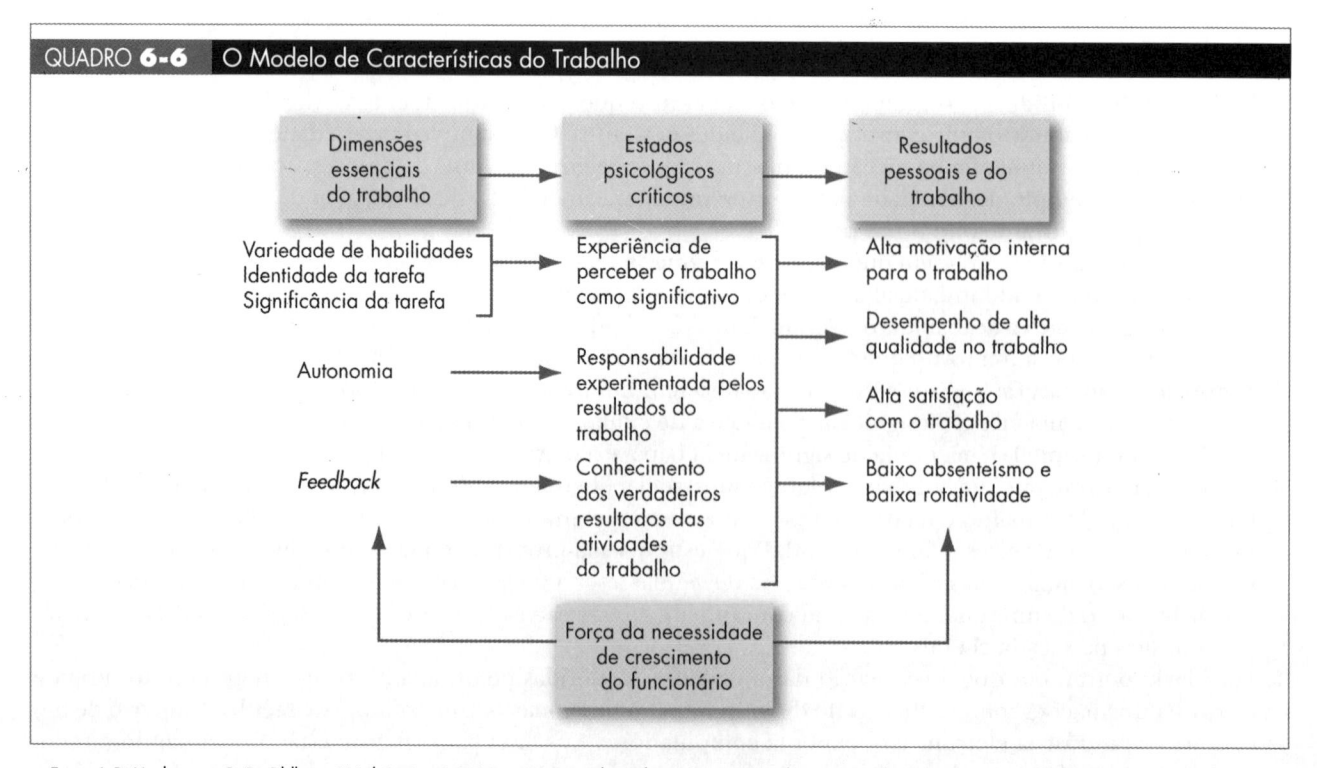

QUADRO 6-6 O Modelo de Características do Trabalho

Dimensões essenciais do trabalho	Estados psicológicos críticos	Resultados pessoais e do trabalho
Variedade de habilidades Identidade da tarefa Significância da tarefa	Experiência de perceber o trabalho como significativo	Alta motivação interna para o trabalho
Autonomia	Responsabilidade experimentada pelos resultados do trabalho	Desempenho de alta qualidade no trabalho Alta satisfação com o trabalho
Feedback	Conhecimento dos verdadeiros resultados das atividades do trabalho	Baixo absenteísmo e baixa rotatividade

Força da necessidade de crescimento do funcionário

Fonte: J. R. Hackman e G. R. Oldham, *Work Design* ® 1980, p. 78-80. Adaptado com permissão da Pearson Education, Inc. Upper Saddle River, Nova Jersey.

O modelo de características do trabalho foi muito pesquisado. A maioria das evidências corrobora o embasamento geral da teoria — ou seja, existe um conjunto múltiplo de características do trabalho e elas têm um impacto sobre o comportamento.[49] Mas ainda há um debate considerável em relação ao modelo de características do trabalho, especialmente no tocante à validade da força da necessidade de crescimento como variável moderadora.[50] Outras variáveis, como a presença ou ausência de indicações sociais, a eqüidade percebida entre grupos comparáveis e a propensão para a assimilação de experiência de trabalho, podem ser mais válidas como moderadoras na relação entre as características do trabalho e seus resultados.[51] Dado o atual estágio das pesquisas sobre as variáveis moderadoras, é preciso tomar cuidado com a aceitação da força da necessidade de crescimento da maneira como foi incluída originalmente no modelo.

Modelo de Processamento da Informação Social O modelo de características do trabalho trata de mensurações objetivas do trabalho. De acordo com nossa discussão sobre percepção, no Capítulo 5, sabemos que as pessoas podem avaliar um mesmo trabalho de maneiras totalmente diferentes. O fato de que as pessoas reagem ao seu trabalho de acordo com a percepção que têm dele, e não pelo que ele é efetivamente, é a tese central do **modelo de processamento de informação social**.[52]

Este modelo argumenta que os funcionários adotam atitudes e comportamentos em resposta às indicações sociais fornecidas pelas pessoas com as quais eles têm contato. Essas pessoas podem ser colegas, chefes, amigos, membros da família ou clientes. Por exemplo, Gary Ling arrumou um emprego de verão em uma serraria em British Columbia. Como havia poucos empregos disponíveis e esse pagava particularmente bem, Gary chegou para seu primeiro dia de trabalho muito motivado. Duas semanas mais tarde, contudo, sua motivação havia diminuído bastante. Seus colegas não paravam de falar mal do emprego. Diziam que era enfadonho, que ter de marcar ponto na entrada e na saída provava que os chefes não confiavam neles, e também que os superiores nunca ouviam suas opiniões. As características objetivas do emprego de Gary não mudaram em duas semanas; mas ele reconstruiu a realidade com base nas mensagens recebidas dos outros.

Diversos estudos confirmam a validade do modelo de processamento da informação social.[53] Por exemplo, foi demonstrado que a motivação e a satisfação de um funcionário podem ser manipuladas por ações sutis, como um comentário feito por um colega ou pelo chefe sobre a existência ou ausência de características como dificuldade, desafio ou autonomia. Assim, os executivos deveriam dar atenção às percepções dos funcionários sobre suas atribuições, tanto quanto (ou mais) à realidade do trabalho. Poderiam dedicar mais tempo para dizer aos funcionários o quanto o trabalho deles é interessante e importante. E também não deveriam se surpreender com o fato de novos funcionários ou pessoas transferidas ou promovidas a novas posições serem mais receptivas às informações sociais do que aquelas com mais tempo em seus cargos.

Teoria da eqüidade

Jane Pearson formou-se contadora pela Universidade do Estado no ano passado. Depois de diversas entrevistas com recrutadores ainda no câmpus da universidade, ela aceitou um cargo em uma das cinco maiores empresas de auditoria do mundo e foi designada para o escritório de Boston. Jane estava muito feliz com a oferta que recebera: trabalho desafiador em uma empresa de prestígio, uma excelente oportunidade para obter experiências valiosas e o maior salário oferecido aos formandos de sua turma: 4.550 dólares mensais. Mas Jane era a melhor aluna de sua turma; ela era ambiciosa, articulada e esperava-se mesmo que recebesse uma oferta salarial bem alta.

Passaram-se 12 meses desde que Jane entrou para a empresa. O trabalho provou ser tão desafiador e gratificante quanto ela esperava. Seu empregador está extremamente satisfeito com o desempenho dela. Na realidade, ela até ganhou um aumento de 200 dólares por mês. Entretanto, o nível motivacional de Jane caiu dramaticamente nas últimas semanas. Por quê? A empresa acaba de contratar um recém-formado, da própria Universidade do Estado, sem a experiência de um ano acumulada por Jane, com um salário de 4.800 dólares — 50 a mais do que ela ganha hoje! Dizer que Jane está enfurecida é pouco para descrever seu estado de ânimo. Ela até fala em procurar outro emprego.

A situação de Jane serve para ilustrar o papel que a eqüidade tem na motivação. Os funcionários fazem comparações entre seus trabalhos — as entradas (ou seja, esforço, experiência, educação, competência) e os resultados (isto é, remuneração, aumentos, reconhecimento) — e os dos outros. Percebemos o que recebemos do trabalho (resultados) em relação ao que damos a ele (entradas) e comparamos nossa relação entre resultados-entradas com a relação entre resultados-entradas de outros funcionários relevantes. Isto é mostrado no Quadro 6-7. Quando essa comparação traz a percepção de que estas relações são iguais, dizemos que existe um estado de eqüidade. Nesse caso, percebemos nossa situação como justa — e achamos que a Justiça prevalece. Quando percebemos que as relações são desiguais, experimentamos uma tensão de eqüidade. Quando vemos a nós mesmos como injustiçados, a tensão cria o sentimento de raiva; quando nos vemos com excesso de recompensas, a tensão

QUADRO 6-7　Teoria da Eqüidade

Comparação*	Percepção
$R/I_A < R/I_B$	Injustiça por ser sub-recompensado
$R/I_A = R/I_B$	Eqüidade
$R/I_A > R/I_B$	Injustiça por ser super-recompensado

(*) Onde R/I_A significa relação entre resultado e investimento do funcionário, e R/I_B, relação entre resultado e investimentos de outros funcionários relevantes.

cria o sentimento de culpa. J. Stacy Adams sugere que esse estado de tensão negativa oferece motivação para uma ação corretora.[54]

O ponto de referência escolhido pelo funcionário aumenta a complexidade da **teoria da eqüidade**.[55] Existem quatro pontos de referência que o funcionário pode usar na comparação:

1. *Próprio-interno*: as experiências do funcionário em outra posição dentro da mesma empresa.
2. *Próprio-externo*: as experiências do funcionário em uma situação ou posição fora de sua atual empresa.
3. *Outro-interno*: outra pessoa ou grupo da mesma empresa.
4. *Outro-externo*: outra pessoa ou grupo de fora da empresa.

Os funcionários podem se comparar com amigos, vizinhos, colegas da mesma empresa ou de outras, ou com antigos empregos que já tiveram. O ponto de referência escolhido depende das informações que o funcionário possui sobre os referenciais, bem como da atração que eles podem exercer. Isso leva ao enfoque de quatro variáveis moderadoras — sexo, tempo de emprego, nível na organização e bagagem educacional ou profissional.[56] As pesquisas indicam que homens e mulheres preferem se comparar com alguém do mesmo sexo. A pesquisa também mostra que as mulheres costumam receber menos que os homens para trabalhos iguais e têm expectativas mais baixas quanto à remuneração. Assim, quando uma mulher escolhe outra mulher como ponto de referência, isto leva a um padrão de comparação mais baixo. Concluímos que funcionários em serviços com menos discriminação sexual fazem mais comparações mistas do que aqueles em situações de claro domínio de um dos sexos. Isso também sugere que, se as mulheres são tolerantes com a baixa remuneração, talvez este fato se deva aos padrões de comparação que elas utilizam.

Os funcionários com pouco tempo de casa não possuem muitas informações sobre as outras pessoas da organização e tendem a contar mais com suas próprias experiências. Por outro lado, os mais antigos usam principalmente os colegas como fonte de comparação. Os funcionários em escalões mais altos e especializados e aqueles com nível educacional mais elevado costumam ser mais cosmopolitas e mais bem-informados sobre as pessoas em outras empresas, por isso usam mais as referências do tipo outro-externo em suas comparações.

De acordo com a teoria da eqüidade, quando o trabalhador percebe uma injustiça, espera-se que ele faça uma destas seis escolhas:[57]

1. Modificar suas contribuições (por exemplo, fazer menos esforço).
2. Modificar seus resultados (por exemplo, funcionários que recebem por peça produzida podem aumentar seus rendimentos produzindo mais peças com menos qualidade).
3. Distorcer sua auto-imagem (por exemplo, "eu achava que trabalhava em um ritmo moderado, mas agora percebo que trabalho muito mais do que os outros").
4. Distorcer a imagem dos outros (por exemplo, "o trabalho de Mike não é tão interessante quanto eu pensava").
5. Buscar outro ponto de referência (por exemplo, "posso não estar ganhando tão bem quanto meu cunhado, mas certamente ganho mais do que meu pai ganhava quando tinha minha idade").
6. Abandonar o terreno (por exemplo, deixar o emprego).

A teoria estabelece as seguintes propostas com relação à remuneração injusta:

A. *Quando o pagamento for feito por tempo, os funcionários super-remunerados vão produzir mais do que os funcionários pagos com eqüidade.* Os funcionários que recebem por hora e os assalariados vão gerar maior qualidade ou quantidade de produção para aumentar a entrada na relação e restabelecer a eqüidade.
B. *Quando o pagamento for feito por volume de produção, os funcionários super-remunerados vão produzir menos do que os funcionários pagos com eqüidade, mas farão unidades de qualidade melhor.* Os indivíduos pagos por peça produzida vão aumentar seu empenho para conseguir a eqüidade, o que poderá resultar em melhor qualidade ou maior volume. Contudo, o aumento do volume só fará aumentar a injustiça, já que resultará em maior pagamento. O esforço é dirigido mais para a melhoria da qualidade do que para o aumento do volume.

C. *Quando o pagamento for feito por tempo, os funcionários sub-remunerados vão produzir menos ou com menor qualidade.* O empenho diminuirá, o que resultará em menor produtividade ou em produção de qualidade inferior quando comparados com funcionários pagos com eqüidade.

D. *Quando o pagamento for feito por volume de produção, os funcionários sub-remunerados produzirão um grande número de unidades de baixa qualidade, em comparação com os funcionários pagos com eqüidade.* Os indivíduos pagos por peça produzida conseguirão assim a eqüidade, pois a troca da qualidade pela quantidade vai resultar em aumento na recompensa, com pouco ou nenhum aumento nas contribuições.

Estas proposições têm sido geralmente justificadas, com pequenas qualificações.[58] Primeiro, as injustiças criadas pelo superpagamento não parecem ter um impacto significativo sobre o comportamento na maioria das situações. Aparentemente, as pessoas são bem mais tolerantes em relação a isso do que em relação ao subpagamento, ou são capazes de racionalizar melhor essa situação. Segundo, nem todas as pessoas são sensíveis à eqüidade.[59] Por exemplo, existe uma pequena parcela da força de trabalho que até prefere que sua relação entradas-resultados seja menor do que aquela de seu ponto de referência. As previsões da teoria da eqüidade não funcionam muito bem com esses tipos "benevolentes".

É importante observar que, embora a maioria das pesquisas tenha se concentrado na remuneração, os funcionários parecem buscar a eqüidade na distribuição de outras recompensas organizacionais. Por exemplo, foi demonstrado que, para alguns funcionários, cargos de status e escritórios luxuosos funcionam como resultados na equação da eqüidade.[60]

Por fim, a pesquisa mais recente se dirige à expansão do significado de eqüidade ou justiça.[61] Historicamente, a teoria da eqüidade enfocou a **justiça de distribuição**, ou a justiça que se percebe na *quantidade* e na *alocação* das recompensas entre os indivíduos. Mas a eqüidade também pode considerar a **justiça de processo** — a justiça percebida no *processo* utilizado para determinar a distribuição das recompensas. As evidências mostram que a justiça de distribuição tem uma influência maior sobre a satisfação do funcionário do que a justiça de processo, enquanto esta última tende a afetar o comprometimento do funcionário com a organização, a confiança dele em seu chefe e a sua intenção de se demitir.[62] Conseqüentemente, os executivos deviam pensar em compartilhar abertamente as informações sobre como as decisões de recompensas são tomadas, buscar procedimentos coerentes e sem vieses e se engajar nessas práticas para aumentar a percepção da justiça de processo. Tendo aumentada a percepção de justiça de processo, os funcionários passam a ver seus chefes e a organização de maneira positiva, mesmo que estejam insatisfeitos com sua remuneração, oportunidades de promoção e outras conquistas pessoais. Mais ainda, como falamos no Capítulo 3, o comportamento de cidadania organizacional é significativamente influenciado pela percepção de justiça. As evidências indicam, especificamente, que, embora as questões de justiça de distribuição (tais como remuneração) sejam importantes, a percepção da justiça de processo é particularmente relevante para a cidadania organizacional.[63] Portanto, outra vantagem na percepção de justiça pelos funcionários é a de torná-los mais satisfeitos e dispostos a desempenhar atividades voluntárias extraordinárias, ajudando os demais e engajando-se em outros comportamentos igualmente positivos.

Concluindo, a teoria da eqüidade demonstra que, para a maioria dos trabalhadores, a motivação é influenciada significativamente pelas recompensas relativas, bem como pelas recompensas absolutas. Mas algumas ques-

W.L. Gore, fabricante do tecido sintético Gore-Tex e das cordas para guitarra Elixir, tem um sistema de recompensa e remuneração baseado na justiça de processo. Na Gore, a motivação vem da aprovação dos colegas. A remuneração é determinada pelos funcionários, que classificam os membros de suas equipes todo ano. A empresa abre todas as informações sobre como as decisões sobre remuneração são tomadas com base em procedimentos consistentes. A justiça de processos ajuda a criar um forte comprometimento organizacional entre os funcionários.

tões essenciais continuam não esclarecidas.[64] Por exemplo, como os trabalhadores lidam com sinais conflitantes de eqüidade, como na situação em que o sindicato aponta para outros grupos de trabalhadores que são substancialmente *mais bem-remunerados* enquanto a direção da empresa argumenta que as coisas *melhoraram*? Como os funcionários definem as entradas e os resultados? Como combinam e ponderam estes elementos para chegar às comparações? Quando e como os fatores envolvidos se modificam no decorrer do tempo?

Teoria da expectativa

Atualmente, uma das explicações mais amplamente aceitas sobre motivação é a **teoria da expectativa**, de Victor Vroom.[65] Apesar de haver alguns críticos, boa parte das pesquisas dá embasamento a esta teoria.[66]

A teoria da expectativa sustenta que a força da tendência para agir de determinada maneira depende da força da expectativa de que esta ação trará certo resultado, e da atração que este resultado exerce sobre o indivíduo. Em termos mais práticos, esta teoria sugere que um funcionário se sente motivado a despender um alto grau de esforço quando acredita que isto vai resultar em uma boa avaliação de desempenho; que a boa avaliação vai resultar em recompensas organizacionais — como uma bonificação, um aumento de salário ou uma promoção —; e que estas recompensas vão satisfazer suas metas pessoais. A teoria, portanto, enfoca três relações (ver o Quadro 6-8).

1. *Relação esforço-desempenho.* A probabilidade, percebida pelo indivíduo, de que uma certa quantidade de esforço levará ao desempenho.
2. *Relação desempenho-recompensa.* O grau em que o indivíduo acredita que um determinado nível de desempenho levará ao resultado desejado.
3. *Relação recompensa-metas pessoais.* O grau em que as recompensas organizacionais satisfazem as metas pessoais ou as necessidades do indivíduo e a atração que estas recompensas potenciais exercem sobre ele.[67]

A teoria da expectativa ajuda a explicar por que tantos trabalhadores não se sentem motivados em seu trabalho e fazem o mínimo necessário para continuarem empregados. Isso fica evidente quando examinamos as três relações da teoria em mais detalhes. Vamos apresentá-las sob a forma de perguntas, às quais os funcionários devem responder afirmativamente para que sua motivação seja maximizada.

Primeiro, *se eu me esforçar ao o máximo, isso será reconhecido em minha avaliação de desempenho?* Para muitos trabalhadores, a resposta é: não. Por quê? Sua capacitação pode deixar a desejar, o que significa que, por mais que se esforcem, eles nunca terão um desempenho melhor. O desenho do sistema de avaliação de desempenho da empresa pode considerar outros fatores — como lealdade, iniciativa ou coragem —, o que significa que mais esforço não terá necessariamente como resultado uma melhor avaliação. Outra possibilidade é que o funcionário acredite, com ou sem razão, que seu chefe não gosta dele. Conseqüentemente, sua expectativa é de receber uma avaliação ruim, não importa o quanto se esforce. Estes exemplos sugerem que uma das possíveis causas da baixa motivação de um funcionário é a sua convicção de que, não importa o quanto ele se esforce, nunca receberá uma boa avaliação de desempenho.

Segundo, *se eu obtiver uma boa avaliação de desempenho, isto resultará em alguma recompensa organizacional?* Muitos trabalhadores acreditam que a relação desempenho-recompensa em seu trabalho é fraca. O motivo, como veremos melhor no próximo capítulo, é que as organizações recompensam muitas outras coisas além do desempenho. Por exemplo, quando a remuneração está, de alguma forma, ligada a fatores como antiguidade na empresa, capacidade de cooperação ou "bajulação" do chefe, os funcionários podem acreditar que a relação desempenho-recompensa é fraca e desmotivadora.

Finalmente, *se eu receber alguma recompensa, ela será atraente para mim?* O funcionário trabalha duro na esperança de conseguir uma promoção, mas recebe apenas um aumento de salário. Ou ele espera conseguir um serviço mais desafiador e interessante, porém só consegue algumas palavras de elogios. Ou ainda, espera conseguir uma transferência para a filial de Paris, mas acaba transferido para Cingapura. Estes exemplos ilustram a necessidade de as

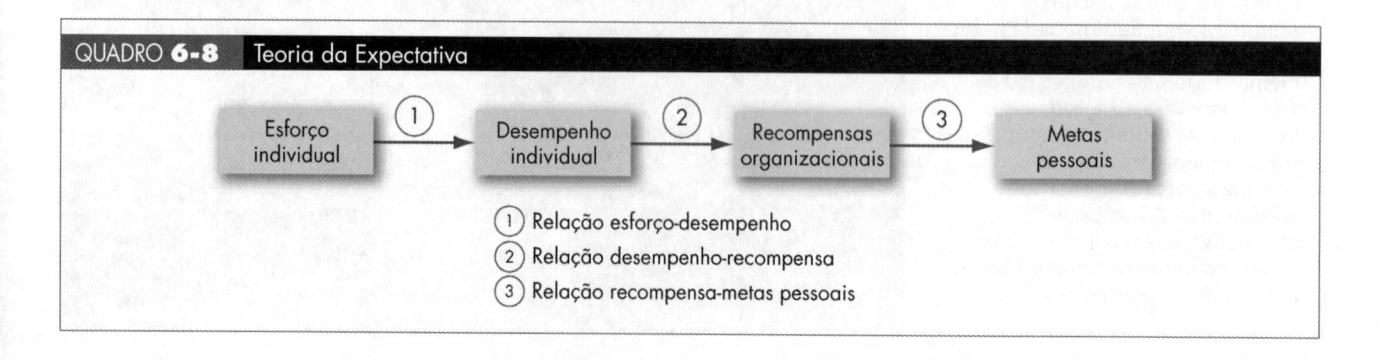

QUADRO 6-8 Teoria da Expectativa

Esforço individual → (1) → Desempenho individual → (2) → Recompensas organizacionais → (3) → Metas pessoais

(1) Relação esforço-desempenho
(2) Relação desempenho-recompensa
(3) Relação recompensa-metas pessoais

Earl Berg (à direita), gerente de uma das divisões da American Standard, fabricante de material hidráulico, aplica a teoria da expectativa sobre motivação com o líder de equipe Perry Gilbert. Gilbert contou a Berg sobre seu desejo de ser promovido. Berg, como aparece aqui, explica a Gilbert quais são as expectativas quanto ao seu desempenho que podem levá-lo a esta recompensa.

recompensas serem adequadas às necessidades de cada funcionário. Infelizmente, muitos executivos têm limitações quanto às recompensas que podem oferecer, o que dificulta a possibilidade de individualizá-las. Além disso, muitos executivos pressupõem, erroneamente, que todos os funcionários querem as mesmas coisas, sem perceber os efeitos motivacionais da diferenciação das recompensas. Em todos esses casos, a motivação do funcionário fica abaixo de seu ponto máximo.

Em resumo, a essência da teoria da expectativa é a compreensão dos objetivos de cada indivíduo e as ligações entre esforço e desempenho, desempenho e recompensa e, finalmente, entre recompensa e alcance das metas pessoais. Como um modelo de incertezas, a teoria da expectativa reconhece que não existe um princípio universal que explique a motivação de todas as pessoas. Além disso, o fato de compreendermos que necessidades uma pessoa quer satisfazer não assegura que ela perceba o alto desempenho como o meio necessário para satisfazê-las.

A teoria da expectativa funciona? As tentativas de validar esta teoria têm sido complicadas por problemas de metodologia, de critérios e de medidas. Por isso, muitos dos estudos que se propuseram a validar ou contestar a teoria devem ser encarados com cautela. É importante lembrar que muitos deles sequer conseguiram replicar a metodologia proposta no estudo original. Por exemplo, a teoria se propõe a explicar diferentes níveis de esforço de uma mesma pessoa sob circunstâncias diferentes, mas quase todos os estudos de réplica trabalharam com pessoas diferentes. A correção dessas falhas contribuiu bastante para a validação da teoria da expectativa.[68] Alguns críticos sugerem que ela tem uma aplicação limitada sob o argumento de que pode ser um indicador para previsões ou mais válido nas situações em que as relações esforço-desempenho e desempenho-recompensa sejam percebidas claramente pelo indivíduo.[69] Como poucas pessoas percebem uma clara relação entre desempenho e recompensa em seu trabalho, a teoria é um tanto idealista. Se as organizações recompensassem as pessoas pelo seu desempenho — em vez de usar critérios como antiguidade, esforço, nível de capacidade ou dificuldade de tarefa —, a validade da teoria da expectativa seria consideravelmente maior. Contudo, estas críticas servem para sustentar a teoria da expectativa, em vez de invalidá-la, já que ela explica por que um segmento significativo da força de trabalho despende tão pouco esforço na realização de suas tarefas.

Não devemos esquecer a capacidade e a oportunidade

Robin e Chris formaram-se na universidade há alguns anos, ambos em Educação Elementar. Foram trabalhar como professores do ensino fundamental, mas em diferentes escolas de bairro. Robin imediatamente teve de enfrentar diversos obstáculos no trabalho: uma classe excessivamente grande (42 alunos), uma sala pequena e desconfortável e materiais didáticos inadequados. A situação de Chris foi muito diferente. Ele encontrou uma classe de apenas 15 alunos, um auxiliar de ensino à disposição por 15 horas semanais, uma sala moderna e bem iluminada, um depósito cheio de material didático, um computador iMac para cada estudante, além de um diretor extremamente apoiador. Não é surpreendente que, ao final do primeiro ano letivo, Chris tenha sido um professor bem mais eficaz que Robin.

Esse episódio ilustra um fato óbvio, mas freqüentemente subestimado. O sucesso em um trabalho é facilitado ou obstruído pela existência ou ausência de recursos de apoio.

Uma maneira popular de pensar o desempenho, mas um tanto simplista, é que ele é uma função (f) da interação entre capacidade (C) e motivação (M), ou seja, desempenho = $f(C \times M)$. Se um desses fatores for inadequado, o desempenho será afetado negativamente. Isso nos ajuda a entender, por exemplo, como um atleta ou estudante de capacidade modesta, mas esforçado, consegue superar os resultados de seus colegas mais capacitados, porém preguiçosos. Assim, como vimos no Capítulo 2, além da motivação, a inteligência e as habilidades de uma pessoa (resumidas aqui sob o rótulo de *capacidade*) precisam ser consideradas para que possamos realmente entender e prever o desempenho de um trabalhador. Mas uma peça desse quebra-cabeça ainda está faltando. Precisamos incluir a **oportunidade para o desempenho** (*O*) em nossa equação: desempenho = $f(C \times M \times O)$.[70] Mesmo que um indivíduo seja capaz e esteja motivado, pode haver obstáculos que limitem o seu desempenho. Isso é mostrado no Quadro 6-9.

Quando quiser descobrir por que um funcionário não está apresentando um desempenho compatível com a capacidade que você acha que ele tem, observe o ambiente de trabalho para ver se ele fornece condições suficientes de apoio. O funcionário tem ferramentas, equipamentos e materiais adequados? Ele pode contar com condições favoráveis de trabalho, colegas cooperativos, regras e procedimentos facilitadores, informações suficientes para tomar decisões imediatamente relacionadas a suas tarefas, tempo suficiente para executar um bom trabalho e coisas assim? Caso contrário, seu desempenho será prejudicado.

Integração das teorias contemporâneas sobre motivação

Examinamos diversas teorias sobre motivação neste capítulo. O fato de várias delas terem embasamento científico apenas complica um pouco mais a questão. Teria sido muito mais simples se, depois de todas as teorias apresentadas, apenas uma tivesse sido validada. Mas elas não travam uma competição entre si! O fato de uma ser considerada válida não invalida as demais automaticamente. Na verdade, muitas delas são complementares. O desafio agora é juntá-las para tentar entender seu inter-relacionamento.[71]

O Quadro 6-10 apresenta um modelo que integra boa parte do que sabemos sobre motivação. Seu fundamento básico é o modelo de expectativa mostrado no Quadro 6-8. Vamos examinar o Quadro 6-10.

Começamos admitindo explicitamente que as oportunidades podem ajudar ou atrapalhar o esforço individual. A célula do esforço individual tem uma outra seta apontando para ela. A seta vem das metas pessoais. Coerentemente com a teoria da fixação de objetivos, esse fluxo das metas para o esforço tem a finalidade de nos lembrar que os objetivos orientam o comportamento.

A teoria da expectativa sustenta que um funcionário vai despender um alto nível de esforço se perceber que existe uma forte relação entre esforço e desempenho, desempenho e recompensa e recompensa e satisfação de metas pessoais. Cada uma dessas relações, por sua vez, é influenciada por certos fatores. Para que o esforço resulte em bom desempenho, o indivíduo precisa ter a capacidade necessária e perceber o sistema de avaliação de desempenho como justo e objetivo. A relação desempenho–recompensa será fortalecida se o funcionário perceber que o desempenho é recompensado (e não outros critérios, como antiguidade, preferências pessoais). Se a teoria da avaliação cognitiva fosse totalmente válida no ambiente real de trabalho, poderíamos prever que a recompensa com base no desempenho reduziria a motivação intrínseca do trabalhador. O último elo na teoria da expectativa é a relação recompensa-metas pessoais. A teoria ERG entra em cena neste ponto. A motivação será alta na medida

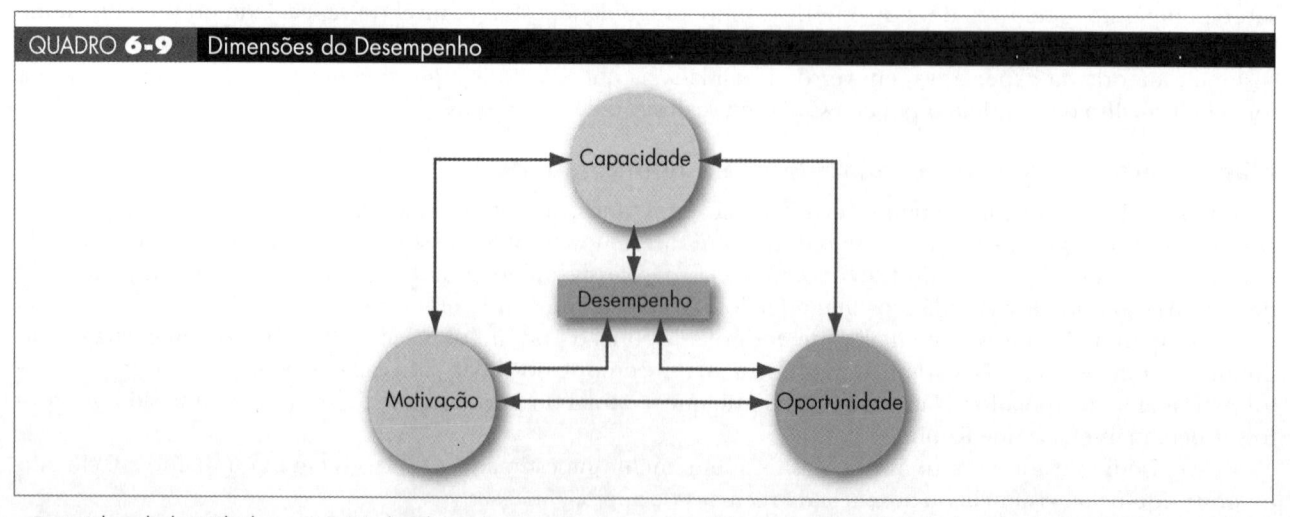

QUADRO 6-9 Dimensões do Desempenho

Fonte: Adaptado de M. Blumberg e C. D. Pringle, "The missing opportunity in organizational research: some implications for a theory of work performance", *Academy of Management Review*, out. 1982, p. 565.

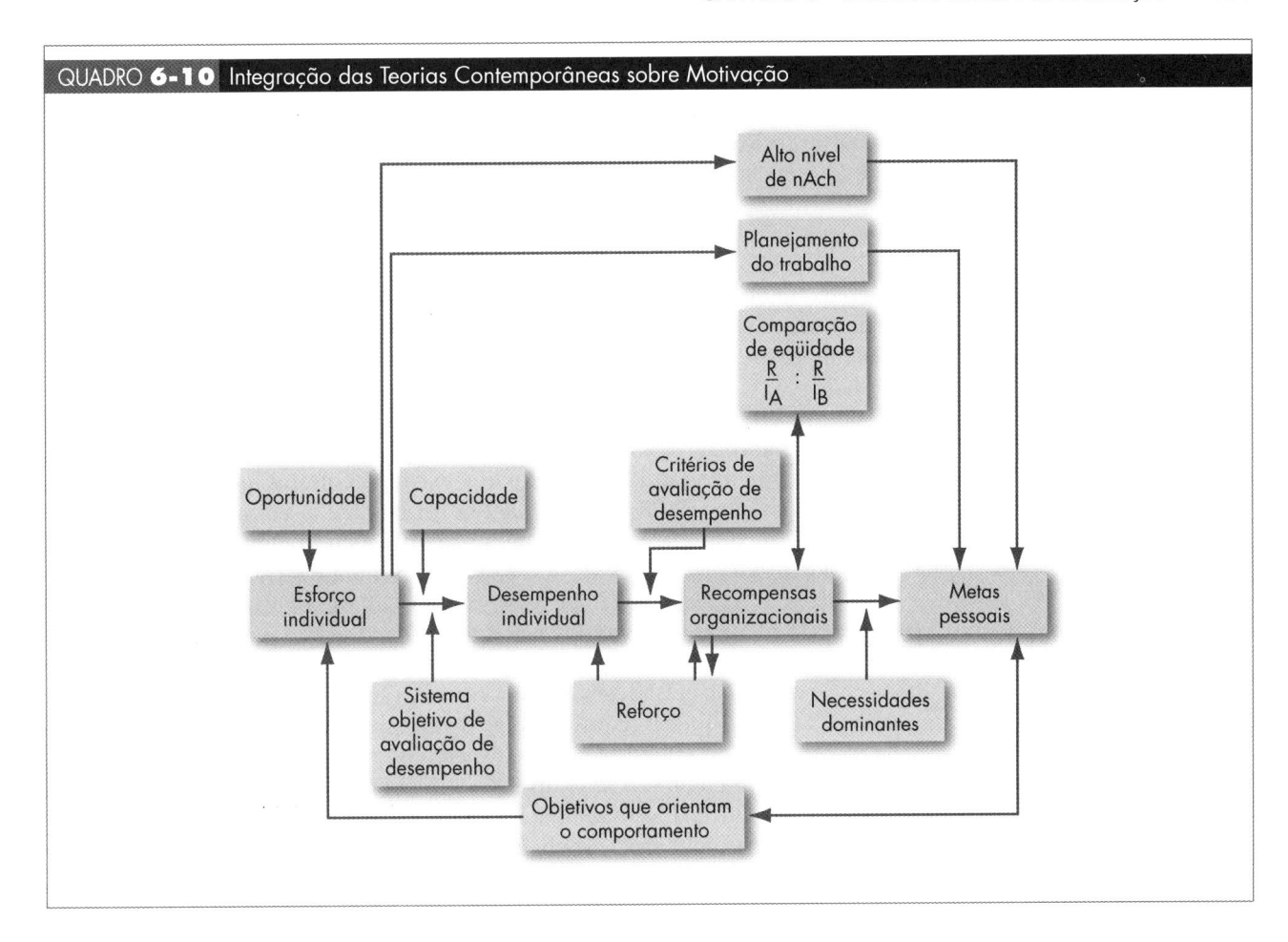

QUADRO 6-10 Integração das Teorias Contemporâneas sobre Motivação

em que as recompensas recebidas pela pessoa, por seu bom desempenho, satisfizerem suas necessidades dominantes coerentes com suas metas individuais.

Um exame mais detalhado do Quadro 6-10 mostra que estão sendo consideradas a necessidade de realização, e as teorias do planejamento do trabalho, do reforço e da eqüidade. Como os grandes realizadores não são motivados pela avaliação de seu desempenho nem pelas recompensas organizacionais, eles pulam direto do esforço para as metas pessoais. Lembre-se que esses indivíduos são motivados internamente, desde que o trabalho lhes proporcione responsabilidade pessoal, feedback e riscos moderados. Eles não estão interessados nas relações esforço–desempenho, desempenho–recompensa e recompensa–metas individuais. Da mesma forma, para os que têm grande necessidade de trabalho significativo e gratificante, as ocupações com alta pontuação nas cinco dimensões do modelo de características do trabalho podem aumentar a motivação interna. Mais importante ainda, dada a influência das informações sociais, estas ocupações *nem precisam obter realmente* esta pontuação. Basta que os funcionários as *percebam* como tal.

A teoria do reforço aparece em nosso modelo por meio do reconhecimento de que as recompensas organizacionais reforçam o desempenho individual. Se a empresa tiver um sistema de recompensas percebido pelos funcionários como algo pelo qual "vale a pena" ter um bom desempenho, essas recompensas vão reforçar e encorajar a continuação do bom desempenho. As recompensas têm um papel fundamental na teoria da eqüidade. As pessoas comparam a relação entre as recompensas (resultados) que recebem e o esforço despendido (entradas) com a mesma relação no caso de outros indivíduos considerados relevantes ($R/I_A : R/I_B$). As possíveis injustiças podem influenciar o esforço a ser despendido.

Cuidados necessários: as teorias sobre motivação possuem limitações culturais

Em nossa discussão sobre a fixação de objetivos, dissemos que é preciso tomar cuidado com a aplicação dessa teoria porque ela assume certas características culturais que não são universais. Isso é igualmente verdadeiro para várias outras teorias apresentadas neste capítulo. A maioria das teorias sobre motivação foi desenvolvida nos

Estados Unidos, por norte-americanos, sobre norte-americanos.[72] Por exemplo, tanto a teoria da fixação de objetivos como a da expectativa enfatizam a conquista de objetivos, bem como o pensamento racional e individualista — características consistentes com a cultura norte-americana. Vamos analisar algumas das teorias sobre motivação e considerar a possibilidade de sua transposição para outras culturas.

A hierarquia das necessidades, de Maslow, sustenta que as pessoas começam no nível fisiológico e se movem progressivamente para o topo da hierarquia, na seguinte ordem de necessidades: fisiológicas, de segurança, sociais, de estima e de auto-realização. Essa hierarquia, se tiver alguma aplicabilidade, diz respeito à cultura norte-americana. Em países como Japão, Grécia e México, onde a característica de fuga das incertezas é forte, as necessidades de segurança estariam no topo da hierarquia. Países que prezam principalmente características relativas à qualidade de vida —como Dinamarca, Suécia, Noruega, Holanda e Finlândia— colocariam no topo as necessidades sociais.[73] Podemos prever, por exemplo, que o trabalho de grupo será mais motivador para trabalhadores de países que enfatizam o critério qualidade.

Um outro conceito motivacional que traz um viés claramente norte-americano é a necessidade de realização. A visão de que uma alta necessidade de realização age como um motivador interno pressupõe duas características culturais: a disposição para enfrentar um grau moderado de riscos (o que exclui as culturas que fogem da incerteza) e a preocupação com o desempenho (o que se aplica quase que exclusivamente às culturas que enfatizam as conquistas materiais). Esta combinação é encontrada em países com forte influência anglo-saxã, como Estados Unidos, Canadá e Grã-Bretanha.[74] Por outro lado, essas características são relativamente escassas em países como Portugal e Chile.

A teoria da eqüidade obteve uma adesão relativamente grande nos Estados Unidos. Isto não surpreende, uma vez que os sistemas de recompensa norte-americanos se baseiam na premissa de que os trabalhadores são muito sensíveis à justiça na alocação das recompensas. Nos Estados Unidos, a remuneração e a eqüidade têm um forte vínculo. Entretanto, evidências recentes sugerem que em culturas coletivistas, especialmente nas dos países pertencentes ao antigo bloco socialista da Europa Central e do Leste, os funcionários esperam que as recompensas levem em conta suas necessidades pessoais, bem como seu desempenho.[75] Além disso, coerente com a herança de uma economia comunista centralizada e planejada, os trabalhadores também exibem uma atitude de reivindicação — ou seja, esperam que os resultados sejam *maiores* do que suas entradas.[76] Esses achados sugerem que as práticas norte-americanas de remuneração podem precisar de modificações em países como a Rússia e outras nações ex-comunistas para serem percebidas como justas pelos trabalhadores.

Mas não pense que *não* há qualquer consistência multicultural. Por exemplo, o desejo por serviços interessantes parece ser comum a quase todos os trabalhadores, independentemente de sua origem cultural. Em um estudo realizado em sete países, os trabalhadores na Bélgica, na Inglaterra, em Israel e nos Estados Unidos classificaram o "trabalho interessante" no primeiro lugar de um total de 11 metas profissionais. E esta aspiração ficou em segundo ou terceiro lugares no Japão, na Holanda e na Alemanha.[77] Da mesma forma, um estudo comparativo sobre preferências profissionais de estudantes universitários nos Estados Unidos, no Canadá, na Austrália e em

As empresas norte-americanas que estão expandindo suas operações para a China estão descobrindo que os conceitos sobre motivação que fazem sucesso nos Estados Unidos nem sempre se aplicam aos trabalhadores chineses. Por exemplo, as recompensas para os vendedores na China devem-se ao tempo de serviço, e não ao desempenho. Além disso, a maioria das empresas chinesas não oferece qualquer motivação não-financeira, como programas de reconhecimento dos funcionários.

Cingapura, apontou que os três itens melhor classificados por todos eles foram, pela ordem, crescimento, realização e responsabilidade.[78] Estes dois estudos sugerem a existência de um caráter relativamente universal para a importância dos fatores intrínsecos da teoria de dois fatores.

Resumo e implicações para os executivos

As teorias discutidas neste capítulo tratam de diferentes variáveis de resultados. Algumas, por exemplo, são voltadas à explicação da rotatividade, enquanto outras enfatizam a produtividade. As teorias também diferem quanto à sua força de previsão. Nesta seção, vamos (1) rever as teorias básicas sobre motivação, para determinar sua relevância em explicar nossas variáveis dependentes, e (2) avaliar o poder de previsão de cada uma delas.[79]

Teorias das necessidades

Apresentamos quatro teorias focadas em necessidades. Elas são a hierarquia de Maslow, a de dois fatores, a ERG e a de McClelland. A mais forte é provavelmente esta última, especialmente no que se refere à relação entre realização e produtividade. As demais têm seu valor limitado à explicação e à previsão da satisfação com o trabalho.

Teoria da fixação de objetivos

Existe pouca controvérsia sobre o fato de que objetivos claros e difíceis conduzem a níveis mais altos de produtividade. Esta evidência nos leva à conclusão de que a teoria da fixação de objetivos oferece uma das mais poderosas explicações sobre esta variável dependente. A teoria, entretanto, não enfoca o absenteísmo, a rotatividade ou a satisfação com o trabalho.

Teoria do reforço

Esta teoria tem um histórico importante de previsões relativas a fatores como qualidade e volume de trabalho, persistência de esforço, absenteísmo, impontualidade e índices de acidentes. Mas não oferece muita explicação sobre a satisfação dos funcionários, nem sobre sua decisão de deixar a empresa.

Teoria do planejamento do trabalho

Esta teoria enfoca as variáveis de produtividade, satisfação, absenteísmo e rotatividade. Mas isto pode estar limitado aos funcionários que dão grande importância à significância de seu trabalho e que buscam o controle sobre suas funções. Assim, funções que têm alta pontuação nos aspectos de variedade de habilidades, identidade da tarefa, significância, autonomia e feedback, ajudam a satisfazer as metas individuais daqueles funcionários que almejam mais sentido em suas funções e maior controle sobre elas. Evidentemente, em consistência com o modelo de processamento de informação social, a percepção de que as características do trabalho têm alta pontuação nessas dimensões é mais importante para a motivação do funcionário do que as características objetivas em si.

Teoria da eqüidade

Esta teoria lida com todas as quatro variáveis dependentes — produtividade, satisfação, absenteísmo e rotatividade. Ela tem seu ponto mais forte na previsão do absenteísmo e da rotatividade, e seu ponto fraco está na previsão das diferenças de produtividade entre os trabalhadores.

Teoria da expectativa

Nossa teoria final enfoca as variáveis de desempenho. Ela demonstrou oferecer uma explicação relativamente poderosa para a produtividade, o absenteísmo e a rotatividade dos funcionários. Mas a teoria da expectativa parte do princípio de que os funcionários enfrentam poucas limitações em sua autonomia de decisão. Ela parte de premissas muito parecidas com as usadas pelo modelo racional para tratar da tomada de decisão individual (veja o Capítulo 5). Isso acaba por restringir sua aplicabilidade.

A teoria da expectativa funciona muito bem para as decisões mais importantes, como aceitar ou desistir de um emprego, pois as pessoas não tomam esse tipo de resolução precipitadamente. Geralmente, elas levam algum tempo pesando os prós e contras de cada uma das alternativas. Mas esta teoria não funciona muito bem para explicar os comportamentos mais comuns no trabalho, especialmente daqueles trabalhadores de nível hierárquico inferior, já que esses cargos apresentam consideráveis limitações impostas por métodos de trabalho, supervisores e políticas da organização. Podemos concluir, portanto, que esta teoria é melhor para explicar a produtividade dos trabalhadores em cargos mais altos na organização, nos quais o trabalho é mais complexo (e a autonomia decisória é maior).

PONTO ▶   ◀ CONTRAPONTO

O dinheiro motiva

Os cientistas que estudam o comportamento costumam minimizar o papel do dinheiro como agente motivador. Eles preferem enfatizar a importância dos desafios profissionais, das metas, do processo participativo na tomada de decisões, do feedback, das equipes coesas de trabalho e de outros fatores não monetários. Temos uma argumentação diferente: o dinheiro é *o* incentivo crítico para a motivação no trabalho.

O dinheiro é importante para os trabalhadores porque é um meio de troca. As pessoas podem não trabalhar *apenas* pelo dinheiro, mas, sem ele, quantas pessoas iriam trabalhar? Um estudo com quase 2.500 trabalhadores revelou que, apesar de não haver em relação ao agente motivador número um, havia unanimidade na escolha do dinheiro como o número dois.[80]

Como sugere a teoria da eqüidade, além de seu valor de troca, o dinheiro tem um valor simbólico. Utilizamos a remuneração como o primeiro resultado a ser comparado com nossas entradas, ao determinar se estamos sendo tratados com justiça. Quando uma organização paga 80 mil dólares/ano a um executivo e 95 mil a outro, isto significa muito mais do que o fato de um ganhar 15 mil dólares a mais que o outro por ano. Trata-se de uma mensagem da empresa, dirigida a ambos os funcionários, acerca do valor relativo da contribuição de cada um deles.

Além da teoria da eqüidade, as teorias do reforço e da expectativa também atestam o valor do dinheiro como um agente motivador.[81] Na primeira, se a remuneração for vinculada ao desempenho, ela vai estimular os trabalhadores a despender um esforço maior. De acordo com a teoria da expectativa, o dinheiro motiva quando é visto como sendo capaz de satisfazer as metas pessoais do funcionário e percebido como dependente de critérios de desempenho.

Entretanto, o melhor exemplo em defesa do dinheiro como motivador é uma revisão de vários estudos que avaliou quatro métodos de motivação para o desempenho dos trabalhadores: dinheiro, fixação de objetivos, processo decisório participativo e remodelagem das funções para dar aos funcionários mais desafios e responsabilidades. A média de melhoria relativa ao dinheiro foi consistentemente maior do que a de qualquer um dos outros métodos.[82]

O dinheiro pode motivar *algumas* pessoas sob *determinadas* condições. A questão, portanto, não é realmente se o dinheiro pode ou não motivar. A resposta para isto é: pode! Mas a questão relevante é: o dinheiro é, hoje em dia, o motivador da maior parte da força de trabalho? E a resposta para esta pergunta, em nossa opinião, é não.

Para que o dinheiro motive o desempenho de uma pessoa, algumas condições precisam existir. Primeiro, o dinheiro tem de ser importante para ela, porque o dinheiro não é importante para todo o mundo. Os grandes realizadores, por exemplo, são motivados intrinsecamente. O dinheiro tem pouca influência sobre esses indivíduos.

Segundo, o dinheiro precisa ser percebido como uma recompensa direta pelo desempenho. Infelizmente, a remuneração e o desempenho não costumam estar intimamente relacionados na maioria das organizações. Os aumentos salariais estão muito mais freqüentemente relacionados a outros fatores como experiência, padrão de remuneração do setor ou lucratividade da empresa.

Terceiro, a quantia oferecida como recompensa pelo desempenho precisa ser percebida como significativa. As pesquisas indicam que a o aumento tem de ser superior a 7 por cento para que ele possa ser visto como motivador. Infelizmente, os estudos mais recentes mostram que os aumentos de salários de cargos não-executivos não costumam superar 4,9 por cento.[83]

Finalmente, os executivos deveriam ter autonomia para gerenciar a recompensa pelo bom desempenho. Mas os sindicatos e as políticas de remuneração das organizações limitam essa liberdade de decisão. Onde existem sindicatos, essa autonomia é praticamente igual a zero. Nos ambientes não sindicalizados, são as políticas de remuneração tradicionais que erguem barreiras para esses aumentos. Por exemplo, em uma empresa, a remuneração para o cargo de Analista de Sistema IV fica entre 4.775 dólares e 5.500 dólares mensais. Não importa o quanto o trabalho do analista seja bom, seu chefe não pode lhe pagar mais que 5.500 dólares. Da mesma forma, não importa o quanto o trabalho seja ruim, o analista não vai receber menos que 4.775 dólares. Assim, o dinheiro pode, teoricamente, ser capaz de motivar o desempenho dos funcionários, mas os executivos não têm flexibilidade suficiente para decidir sobre isso.

Questões para revisão

1. A motivação vem de dentro da pessoa ou é resultado de uma situação? Explique.
2. Quais são as implicações das Teorias X e Y para as práticas de motivação?
3. Compare a hierarquia das necessidades, de Maslow, com (a) a teoria ERG, de Alderfer, e (b) a teoria de dois fatores, de Herzberg.
4. Descreva as três necessidades destacadas por McClelland. Como elas se relacionam com o comportamento dos trabalhadores?
5. Explique a teoria da avaliação cognitiva. Em que medida ela é aplicável às práticas administrativas?
6. Qual o papel da auto-eficácia na fixação de objetivos?
7. Quais as implicações do modelo de processamento de informações sociais na previsão da motivação dos funcionários?
8. Compare a justiça de distribuição com a de processo. Que implicações elas podem ter na elaboração de sistemas de remuneração em diferentes países?
9. Identifique as variáveis presentes na teoria da expectativa.
10. Explique a fórmula: desempenho = $f(C \times M \times O)$ e dê um exemplo.

Questões para reflexão crítica

1. "A teoria da avaliação cognitiva contradiz as teorias do reforço e da expectativa." Você concorda com esta afirmação? Explique.
2. Descreva três ocupações que tenham alta pontuação no modelo de características do trabalho. Depois, descreva três que tenham baixa pontuação. Explique como você chegou a essas conclusões.
3. Analise a aplicação das teorias de Maslow e de Herzberg em algum país da África ou do Caribe onde mais de um quarto da população está desempregada.
4. Um indivíduo poderia estar tão motivado a ponto de seu desempenho declinar por excesso de esforço? Discuta.
5. Identifique três atividades das quais você realmente goste (por exemplo, jogar tênis, ler um romance ou fazer compras). Em seguida, identifique três atividades que você deteste (ir ao dentista, fazer faxina, fazer dieta de baixas calorias etc.). Usando o modelo de expectativa, analise cada uma de suas respostas para avaliar por que algumas atividades estimulam seu esforço e outras não.

Exercício de grupo

O que as pessoas querem de seu trabalho?

Cada membro da classe começa respondendo ao seguinte questionário:
Avalie os 12 fatores abaixo de acordo com a importância que cada um tem para você. Coloque a nota, de 1 a 5, na linha que vem antes de cada fator.

Muito importante		Um pouco importante		Sem importância
5	4	3	2	1

_____ 1. Um trabalho interessante.
_____ 2. Um bom chefe.
_____ 3. Reconhecimento e apreço pelo trabalho que faço.
_____ 4. Oportunidade de progredir.
_____ 5. Uma vida pessoal satisfatória.
_____ 6. Um cargo de prestígio ou status.
_____ 7. Responsabilidade profissional.
_____ 8. Boas condições de trabalho.
_____ 9. Regras, regulamentos, procedimentos e políticas organizacionais sensatas.

_____ 10. Oportunidade de crescer por meio do aprendizado de coisas novas.
_____ 11. Um trabalho que eu possa fazer direito e com o qual possa obter sucesso.
_____ 12. Segurança no emprego.

Este questionário enfoca as dimensões da teoria de dois fatores de Herzberg. Para determinar se são os fatores higiênicos ou os motivacionais os mais importantes para você, coloque a sua pontuação de 1 a 5 diante dos fatores abaixo, de acordo com as respostas dadas no questionário.

Pontuação dos fatores higiênicos   **Pontuação dos fatores motivacionais**

2. _____   1. _____
5. _____   3. _____
6. _____   4. _____
8. _____   7. _____
9. _____   10. _____
12. _____   11. _____

Total de pontos _____   Total de pontos _____

Some os pontos de cada coluna. Qual tipo de fatores você escolheu como o mais importante?

Agora, dividam-se em grupos de 5 a 6 alunos e comparem suas respostas. (a) As pontuações são parecidas? (b) O resultado do seu grupo se assemelha àquele encontrado por Herzberg? (c) Quais as implicações motivacionais que seu grupo identificou com base nessa análise?

_____
Fonte: Este exercício foi baseado em R. N. Lussier, *Human relations in organizations: a skill building approach*, 2 ed. Homewood Irwin, 1993. Reproduzido com autorização.

Dilema ético

A motivação é manipulação?

Os executivos se interessam pela questão da motivação porque querem aprender como conseguir a melhor dedicação de seus funcionários. Isto é ético? Quando os executivos vinculam recompensas à produtividade, por exemplo, estão manipulando seus funcionários?

"Manipular" é definido como "(1) manusear, gerir ou usar, de modo particularmente hábil, algum processo de tratamento ou desempenho; (2) gerir ou influenciar por meio de artimanhas; (3) fazer adaptações ou mudanças para conseguir vantagens ou atingir propósitos individuais." Algumas destas definições não estariam de acordo com a idéia de os executivos tentarem habilmente influenciar a produtividade dos funcionários para seu próprio benefício ou para o bem da organização?

Os executivos têm o direito de buscar o controle sobre seus subordinados? Uma pessoa, seja quem for, tem o direito de controlar outra pessoa? O controle implica manipulação? É errado executivos manipularem seus funcionários?

Estudo de caso

Frustrado aos 30 anos

Bob Wood tem 30 anos. Mas, ao ouvi-lo falar, você acharia que ele tem 60 anos e que já está acabado. "Eu me formei na universidade em uma época excelente. Foi em 1996. Comecei a trabalhar como analista na Accenture. Depois, fui consultor de tecnologia de informação de algumas empresas de assistência médica até me tornar Diretor de Tecnologia na Claimshop. com, uma empresa que cuida de reclamações contra serviços de saúde." Em 2001, Bob ganhava 80 mil dólares por ano, dirigia um luxuoso carro esporte europeu e se sentia otimista em relação a seu futuro. Mas Bob tornou-se um número de estatística. Ele é um dos 40 milhões de norte-americanos nascidos entre 1966 e 1975, cujo auge de remuneração já ficou para trás. Bob agora ganha 44 mil dólares como analista de tecnologia em um hospital e tenta se conformar com a idéia de que o melhor da festa já acabou.

Como muitos outros de sua geração, Bob está afundado em dívidas. Ele deve 23 mil dólares do financiamento de seu curso superior e mais de 4,5 mil dólares para operadoras de cartões de crédito. Bob enfrenta uma realidade bem diferente daquela que seu pai encontrou ao se formar, no início da década de 1960.

"As regras do jogo mudaram. E nós, da Geração X, estamos sofrendo com isso. Precisamos ter curso superior para conseguir um emprego decente. Mas a maioria só consegue se formar contraindo dívidas. Quando nos graduamos, a boa notícia era que o mercado de trabalho estava em alta. Recebi um bônus de contratação de 5 mil dólares no meu primeiro emprego! A competição pelos bons profissionais elevou os salários. Quando eu estava com 28 anos, ganhava mais que meu pai, que estava na mesma empresa havia mais de 20 anos. Mas meu pai tinha segurança no emprego. E ele possui um belo plano de aposentadoria que lhe garante uma boa pensão depois dos 58 anos. Agora, veja o meu caso. Não sei se algum dia vou voltar a ganhar 80 mil dólares anuais. Se conseguir, só daqui a uns 20 anos. Não tenho estabilidade no emprego. Pago 350 dólares por mês do financiamento para a faculdade. Pago mais 250 dólares no meu cartão de crédito. Tenho ainda 30 prestações do meu BMW. E minha namorada acha que chegou a hora de nos casarmos. Seria ótimo ter uma casa, mas como posso me comprometer com um financiamento de 30 anos quando não sei se estarei empregado daqui a seis meses?"

"Eu me sinto frustrado. Sinto que minha geração foi prejudicada. Inicialmente, conseguimos ótimos empregos com salários irreais. Eu admito: ficamos mal-acostumados. Nós nos acostumamos a pegar um emprego, ficar nele por seis meses e depois mudar para conseguir um aumento de 25 a 30 por cento. Acreditávamos que aos 40 anos estaríamos ricos e aposentados. A verdade é que agora nos damos por felizes se tivermos um emprego. E quando isso acontece, com certeza, recebemos metade do que ganhávamos há alguns anos. Não temos estabilidade no emprego. A competição por empregos, associada às pressões para que as empresas reduzam seus custos, significa um futuro com aumentos salariais irrisórios. É muito esquisito ter apenas 30 anos e a certeza de que os seus melhores anos já passaram!"

Questões

1. Faça uma análise da situação de Bob de acordo com a hierarquia de necessidades de Maslow.

2. Analise a falta de motivação de Bob utilizando a teoria da eqüidade e a teoria da expectativa.

3. Se você fosse o patrão de Bob, o que poderia fazer para influenciar positivamente sua motivação?

4. Quais são as implicações deste caso para os empregadores que contratam indivíduos da chamada Geração X?

Fonte: As idéias para este caso baseiam-se em N. Watson, "Generation wrecked", *Fortune*, 14 out. 2002, p. 183-190.

CAPÍTULO 7

Motivação: do conceito às aplicações

Depois de ler este capítulo, você será capaz de:

OBJETIVOS DO APRENDIZADO

1. Identificar os quatro ingredientes comuns aos programas de administração por objetivos.
2. Explicar por que os executivos gostariam de utilizar programas de envolvimento de funcionários.
3. Comparar a administração participativa com o envolvimento de funcionários.
4. Explicar como os planos de participação acionária podem aumentar a motivação dos trabalhadores.
5. Descrever como uma tarefa pode ser enriquecida.
6. Comparar os benefícios e as desvantagens da telecomutação, do ponto de vista do funcionário.
7. Comparar a participação nos resultados com a participação nos lucros.
8. Descrever a relação entre os planos de remuneração por habilidades e as teorias sobre motivação.
9. Explicar como os benefícios flexíveis podem se tornar agentes de motivação.

As coisas não são mais as mesmas na empresa de contabilidade de J.H. Cohn, sediada em Nova Jersey.[1] Juntamente com um crescente número de organizações de profissionais liberais, a Cohn mudou a forma de remuneração de seus associados. Agora, cerca de 30 por cento do total de remuneração dos sócios são alocados com base na contribuição que cada um deu para a empresa no ano anterior.

As empresas de contabilidade costumam seguir o modelo de antiguidade no cargo como base para os cálculos de remuneração. Quando uma pessoa se torna associada, ou seja, passa a ser proprietária de parte da empresa, sua remuneração anual tende a crescer com o passar do tempo. Os associados mais antigos recebem maior remuneração. Este modelo recompensa a lealdade à empresa, mas não ajuda a motivar comportamentos importantes, como faturar mais horas junto aos clientes ou prospectar novos negócios. Por isso, a J.H. Cohn mudou seu programa de remuneração para focar a recompensa pelo desempenho.

O presidente da Cohn, Tom Marino (na foto), entende que a recompensa pelo desempenho ajuda a evitar a complacência e a motivar os associados mais jovens a gerar novos negócios. "Houve uma melhoria de 100 por cento em relação ao que era antes, já que agora os associados mais jovens e agressivos podem progredir na empresa", diz Marino.

O pagamento pelo desempenho é a aplicação prática de uma teoria que examinamos no capítulo anterior. De acordo com a teoria da expectativa, a motivação pode ser aumentada quando os funcionários percebem que as recompensas são distribuídas segundo o critério do desempenho. Neste capítulo, vamos enfocar a aplicação dos conceitos sobre motivação. Vinculamos as teorias sobre motivação com práticas como o envolvimento dos funcionários ou a transformação com base nas habilidades. Por quê? Porque conhecer teorias sobre motivação é uma coisa. Outra coisa é saber, enquanto executivo, a melhor forma de aplicá-las na prática. Vamos iniciar nossa introdução às práticas motivacionais discutindo a administração por objetivos e demonstrando como isso se relaciona com a teoria da fixação de metas.

Administração por objetivos

A teoria da fixação de objetivos tem um suporte razoável de pesquisas. Mas, como executivo, o que você pode fazer para torná-la operacional? A melhor resposta é: implemente um programa de administração por objetivos. A MTW Corp., provedora de serviços de informática, voltada especialmente para companhias de seguro e agências governamentais, possui um programa de administração por objetivos.[2] Seus dirigentes atribuem a este programa o desenvolvimento do potencial de seus funcionários, parte dos créditos pelo impressionante crescimento da empresa, de 50 por cento ao ano, nos últimos cinco anos, e ainda a redução da rotatividade dos funcionários em um quinto da média do setor.

O que é a administração por objetivos?

A **administração por objetivos** enfatiza a fixação participativa de metas tangíveis, verificáveis e mensuráveis. Não é uma idéia muito recente. Na verdade, é uma proposta originalmente feita há 50 anos como uma forma de usar os objetivos mais para motivar as pessoas do que para controlá-las.[3] O principal apelo da administração por objetivos está, indiscutivelmente, em sua ênfase de converter os objetivos gerais da organização em metas específicas para cada unidade organizacional e para cada indivíduo dentro da empresa. A administração por objetivos operacionaliza o conceito de objetivos por meio de um processo que gera um efeito cascata de cima para baixo na organização. Como ilustra o Quadro 7-1, os objetivos gerais da organização são traduzidos em objetivos específicos para cada um dos sucessivos níveis inferiores (isto é, divisões, departamentos, indivíduos). Mas, como os executivos dos escalões inferiores participam da fixação de seus próprios objetivos, a administração por objetivos também funciona "de baixo para cima". O resultado é uma hierarquia de objetivos, que vincula os objetivos de um nível àqueles do nível seguinte. Para os funcionários, individualmente, a administração por objetivos oferece metas específicas de desempenho pessoal.

Há quatro ingredientes comuns aos programas de administração por objetivos. São eles a especificidade, a decisão participativa, um período determinado de tempo e o feedback do desempenho.[4]

Os objetivos devem ser estabelecidos na forma de declarações concisas sobre as realizações almejadas. Não se deve, por exemplo, simplesmente expressar o desejo de cortar custos, melhorar os serviços ou aumentar a qualidade. Estas intenções precisam ser convertidas em metas tangíveis, que possam ser mensuradas e avaliadas. Cortar os custos do departamento *em 7 por cento*; melhorar o serviço, garantindo que todos os pedidos por telefone sejam processados *em 24 horas*; ou aumentar a qualidade, mantendo as devoluções de produtos vendidos em menos *de 1 por cento* — todas estas decisões são exemplos de objetivos específicos.

Os objetivos não são fixados unilateralmente pelos chefes e então repassados aos subordinados. A administração por objetivos substitui as metas impostas por metas determinadas de maneira participativa. O chefe e o subordinado escolhem em conjunto os objetivos e entram em acordo sobre a forma de avaliá-los.

Cada objetivo tem um tempo determinado para ser atingido. Geralmente, o prazo é de três meses, seis meses ou um ano. Desta forma, chefes e subordinados têm objetivos específicos e um prazo determinado para atingi-los.

O ingrediente final da administração por objetivos é o feedback do desempenho. É buscada uma avaliação constante do progresso em relação às metas estabelecidas. A maneira ideal de fazer isto é fornecer feedback contí-

QUADRO 7-1 A Cáscata de Objetivos

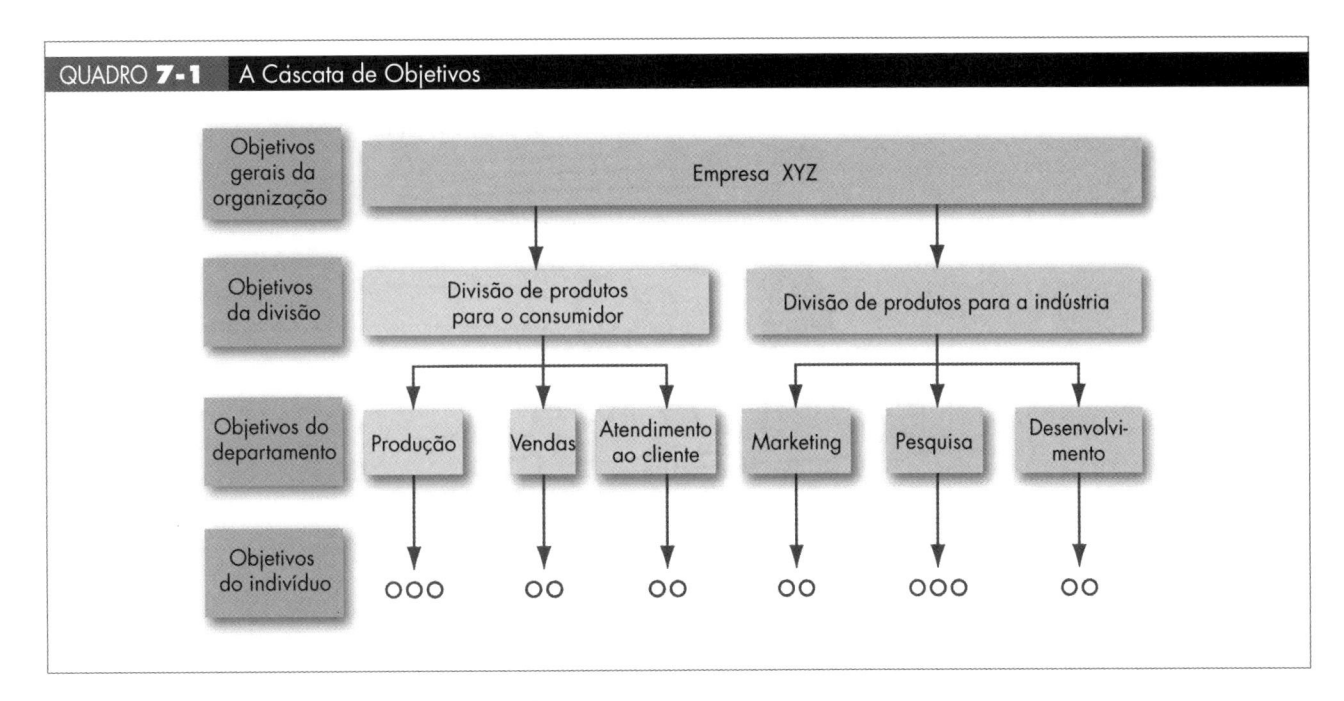

```
Objetivos gerais da organização → Empresa XYZ

Objetivos da divisão → Divisão de produtos para o consumidor | Divisão de produtos para a indústria

Objetivos do departamento → Produção | Vendas | Atendimento ao cliente | Marketing | Pesquisa | Desenvolvimento

Objetivos do indivíduo → ooo | oo | oo | oo | ooo | oo
```

nuo aos indivíduos para que eles possam monitorar e corrigir suas próprias ações. Isto é complementado por uma avaliação periódica por parte da chefia, quando o progresso é revisto.

Vinculando a administração por objetivos à teoria da fixação de objetivos

A teoria da fixação de objetivos demonstra que o estabelecimento de metas específicas leva a um melhor desempenho do que o genérico "faça o melhor possível", que as metas mais difíceis conduzem a desempenhos melhores e que o feedback do desempenho também o aprimora. Vamos comparar estas colocações com a administração por objetivos.

A administração por objetivos defende as metas específicas e o feedback. Ela também deixa implícito que as metas devem ser percebidas como factíveis. Coerentemente com a fixação de objetivos, a administração por objetivos é mais eficaz quando as metas são suficientemente difíceis a ponto de exigir um certo esforço das pessoas.

A única área de possível desacordo entre a teoria da fixação de objetivos e a administração por objetivos está na questão da participação — a administração por objetivos defende ardorosamente esta causa, enquanto a teoria demonstra que os objetivos impostos pela chefia aos subordinados podem funcionar igualmente bem. O principal benefício da participação, contudo, é que ela parece induzir as pessoas a estabelecerem metas mais difíceis.

A administração por objetivos na prática

O quanto a administração por objetivos é utilizada na vida prática? As revisões dos estudos feitas para responder a esta questão sugerem que ela é uma técnica bastante popular. Podemos encontrar sua utilização em diversos setores, como educação, saúde, administração pública e organizações sem fins lucrativos.[5]

Sua popularidade não garante, contudo, que ela funcione sempre. Há diversos casos documentados em que a administração por objetivos foi implementada e não conseguiu atingir as expectativas.[6] Um exame mais acurado desses casos, no entanto, indica que o problema raramente pôde ser atribuído aos componentes básicos da administração por objetivos. Na verdade, as falhas ocorriam devido a fatores como expectativas não-realistas quanto aos resultados, ausência de comprometimento por parte da chefia e incapacidade ou falta de vontade dos executivos em oferecer recompensas para o alcance das metas. Os problemas também podem surgir devido a incompatibilidades culturais, como vimos no capítulo anterior. Por exemplo, a Fujitsu recentemente eliminou seu programa de administração por objetivos por entender que não era consistente com a cultura japonesa, cuja ênfase está em minimizar riscos e assumir objetivos de longo prazo.

Programas de reconhecimento dos funcionários

Laura Schendell ganha apenas 8,50 dólares por hora em uma lanchonete em Pensacola, no Estado da Flórida, e seu trabalho não é exatamente interessante ou desafiador. Mesmo assim, Laura fala com entusiasmo do

162 Comportamento Organizacional

QUADRO 7-2

Fonte: Wall Street Journal, 21 out. 1997. Reproduzido com autorização do Cartoon Features Syndicate.

emprego, do chefe e da empresa em que trabalha. "O que gosto é do fato de Guy (seu chefe) valorizar o meu esforço. Ele me elogia na frente dos colegas durante meu turno e, nos últimos seis meses, fui eleita 'funcionária do mês' por duas vezes. Você viu minha foto no quadro na parede?"

As organizações estão, cada vez mais, admitindo o que Laura vivencia: o reconhecimento pode ser um forte agente motivacional.

O que são os programas de reconhecimento dos funcionários?

Os programas de reconhecimento dos funcionários podem tomar diferentes formatos. Eles vão desde um "muito obrigado" espontâneo e em particular até programas formais explícitos, nos quais tipos específicos de comportamento são encorajados e os procedimentos para a conquista do reconhecimento são identificados claramente.[7]

Por exemplo, a Nichols Foods, empresa britânica de refrigerantes e xaropes, possui um amplo programa de reconhecimento.[8] O espaço central de sua área de produção tem as paredes cobertas por "painéis de orgulho", onde as notícias das conquistas e realizações dos funcionários e das equipes de trabalho estão sempre atualizadas. Mensalmente, são concedidos prêmios àqueles que mais de destacaram por sua dedicação, indicados por seus colegas. Os vencedores concorrem automaticamente ao prêmio anual de reconhecimento da empresa, oferecido em um evento com a presença de todos os funcionários. No outro extremo, muitos executivos usam abordagens bem mais informais. Por exemplo, Julia Stewart, presidente da rede de restaurantes Applebee, costuma deixar bilhetes nas mesas dos funcionários depois que todos foram embora.[9] Nesses bilhetes, ela explica o quanto considera importante o trabalho do funcionário ou conta como está satisfeita com a conclusão de um projeto. Ela também utiliza muito mensagens de voz para deixar recados, depois do expediente, dizendo o quanto aprecia um trabalho bem-feito.

Vinculando os programas de reconhecimento com a teoria do reforço

Há alguns anos, 1.500 trabalhadores foram pesquisados, em diversos setores de atividades, para se descobrir o que eles consideravam o maior agente motivador do trabalho. A resposta? Reconhecimento, reconhecimento e mais reconhecimento![10]

De acordo com a teoria do reforço, recompensar um comportamento com o reconhecimento, logo após a sua ocorrência, é o mesmo que estimular a sua repetição.[11] O reconhecimento pode ser de várias formas. Você pode cumprimentar um subordinado em particular pelo seu bom desempenho. Pode também enviar um bilhete ou uma mensagem por e-mail com um elogio para algo positivo que o funcionário tenha feito. Para os funcionários com forte necessidade de aceitação social, o elogio pode ser feito em público. Para reforçar a coesão e a motivação dos grupos, pode-se celebrar o sucesso das equipes. Pode-se fazer uma festa para comemorar o sucesso da equipe. Ou fazer como a Phoenix Inn Suites, uma rede de pequenos hotéis na Costa Oeste dos Estados Unidos. A rede estimula seus funcionários a sorrir sempre, o que é um comportamento apreciado pelos clientes, e pede aos hóspedes que identifiquem os mais sorridentes. Os mais citados recebem recompensas e seu bom desempenho é divulgado.

Programas de reconhecimento de funcionários na prática

Na economia atual, globalizada e altamente competitiva, a maioria das organizações se encontra sob fortes pressões para cortar custos. Elas respondem a isto com demissões, congelamento de salários e aumento da carga de trabalho dos funcionários. Estes, por sua vez, sentem-se estressados e sobrecarregados de trabalho. Esta situação torna os programas de reconhecimento particularmente atraentes. Isto porque o reconhecimento é um meio relativamente barato de incentivar o desempenho dos funcionários.[12]

Não é por acaso, portanto, que estes programas vêm crescendo em popularidade. Uma pesquisa realizada em 2002 envolvendo 391 empresas revelou que 84 por cento delas tinham algum tipo de programa de reconhecimento pelo bom desempenho de seus funcionários e quatro em cada dez estavam investindo mais nesta área do que o faziam um ano antes.[13]

Apesar de sua crescente popularidade, os críticos argumentam que os programas de reconhecimento dos funcionários são muito suscetíveis à manipulação por parte de dirigentes de empresas.[14] Quando utilizados em áreas em que os fatores de desempenho são relativamente objetivos, como vendas, estes programas são vistos pelos funcionários como muito justos. Entretanto, em muitas outras funções, os critérios para definir o que é um bom desempenho não são assim tão evidentes, o que dá margem para que os executivos manipulem o programa para beneficiar seus funcionários favoritos. A má utilização de programas de reconhecimento pode erodir o seu valor e até comprometer o moral dos funcionários.

Programas de envolvimento dos funcionários

Na Atlas Container Corp., uma fábrica de caixas de papelão em Maryland, todos os 150 funcionários votam as políticas disciplinares da empresa, além de decidirem sobre a manutenção dos chefes em seus cargos e quais equipamentos devem ser adquiridos.[15] Na fábrica de motores aeronáuticos da General Electric (GE) em Durham, no Estado da Carolina do Norte, os 170 operários praticam uma forma de autogestão. As turbinas são fabricadas por nove equipes de trabalho que recebem uma única orientação: a data em que o produto deve estar pronto para a entrega. Todas as demais decisões são tomadas dentro das equipes. A revendedora de veículos Childress Buick, de Phoenix, permite que seus vendedores negociem e fechem os contratos com os clientes sem necessidade de autorização dos chefes. Em países como Alemanha, França, Dinamarca, Suécia e Áustria, as leis exigem que as empresas tenham representantes eleitos pelos funcionários como membros de seus conselhos de administração.

O ponto comum a todos esses exemplos é que eles ilustram os programas de envolvimento dos funcionários. Nesta seção, vamos esclarecer o que significa envolvimento dos funcionários, descrever alguns de seus formatos, considerar as implicações motivacionais desses programas e mostrar algumas de suas aplicações.

O que é envolvimento dos funcionários?

O envolvimento dos funcionários tornou-se um termo genérico que cobre uma grande variedade de técnicas.[16] Esta expressão engloba idéias populares como, por exemplo, a participação dos funcionários ou gestão participativa, democracia no ambiente de trabalho, autonomia (*empowerment*) e participação acionária dos

A gestão participativa é a maneira como a General Electric envolve os técnicos que constroem turbinas para jatos em sua fábrica de Durham, no Estado da Carolina do Norte. A GE dá às equipes autoridade para a tomada de decisões sobre como realizar o trabalho, decidir quem o fará e quando. Para se certificar de que estes técnicos possuem as competências e os conhecimentos necessários e podem fazer parte da equipe, a GE exige que todos os candidatos a emprego tenham um certificado de mecânico emitido pela FAA e passem por rigorosos testes e entrevistas de seleção.

funcionários. Em nossa opinião, embora cada uma dessas idéias tenha suas próprias características, todas compartilham de uma essência comum — o envolvimento dos funcionários.

O que exatamente queremos dizer com **envolvimento dos funcionários**? Definimos este conceito como um processo participativo que utiliza toda a capacidade dos funcionários e tem por objetivo estimular um comprometimento crescente com o sucesso da organização.[17] A lógica por trás deste processo é que, por meio do envolvimento dos funcionários naquelas decisões que lhes dizem respeito e do aumento de sua autonomia e controle sobre seu próprio trabalho, eles se tornarão mais motivados, mais comprometidos com a organização, mais produtivos e mais satisfeitos com o emprego.[18]

Exemplos de programas de envolvimento

Nesta seção, vamos examinar quatro formas de envolvimento dos funcionários: gestão participativa, participação por representação, círculos de qualidade e planos de participação acionária para os funcionários.

Gestão Participativa   A principal característica comum a todos os programas de **gestão participativa** é a utilização do processo decisório coletivo. Isto quer dizer que os subordinados realmente compartilham um grau relevante de poder decisório com seus chefes imediatos.

Algumas vezes, a gestão participativa é apontada como uma panacéia contra o baixo moral e a baixa produtividade. Alguns autores chegam a afirmar, inclusive, que ela é um imperativo ético.[19] Mas a gestão participativa não é adequada a todas as empresas ou todas as unidades de uma empresa. Para que funcione, os assuntos envolvidos têm de ser do interesse dos funcionários, estes precisam ter capacitação para participar (competência, conhecimentos técnicos, capacidade de comunicação), devendo haver confiança entre as partes envolvidas.[20]

Por que os dirigentes de uma empresa desejariam compartilhar o poder de decisão com seus subordinados? Há diversas boas razões para isso. Na medida em que as tarefas se tornam mais complexas, muitos executivos não sabem tudo o que seus subordinados fazem. Dessa forma, a participação permitiria a contribuição daqueles que sabem mais sobre o assunto. O resultado seriam decisões melhores. Hoje em dia, a interdependência das tarefas também requer a consulta a outros funcionários em diferentes departamentos ou unidades da empresa. Isto aumenta a necessidade de criar comissões, equipes e grupos para tratar de assuntos que afetam igualmente a todos. A participação também aumenta o comprometimento com as decisões tomadas. Há menor probabilidade de que as pessoas sabotem uma decisão no momento de sua implementação se elas participarem de sua definição. Finalmente, a participação traz recompensas intrínsecas para os funcionários. Ela pode tornar o trabalho mais interessante e gratificante.

Foram realizadas dezenas de estudos sobre a relação entre participação e desempenho. Os resultados, contudo, são controversos.[21] Quando as pesquisas são cuidadosamente revistas, parece que a participação exerce apenas uma modesta influência sobre variáveis como produtividade, motivação e satisfação dos funcionários. Evidentemente, isto não significa que a gestão participativa não possa trazer benefícios sob as condições certas. Significa que a participação, por si só, não assegura a melhoria do desempenho dos trabalhadores.

Participação por Representação   Praticamente todos os países da Europa Ocidental possuem alguma legislação que exige que as empresas pratiquem a **participação por representação**. Isto quer dizer que, ao invés de participar diretamente das decisões, os funcionários o fazem por meio de um pequeno comitê de representantes. A participação por representação tem sido chamada de "a forma de envolvimento dos funcionários mais normatizada pela legislação em todo o mundo".[22]

O objetivo da participação por representação é redistribuir o poder dentro da organização de modo a igualar os interesses dos funcionários com os dos dirigentes e acionistas da empresa.

Os dois formatos mais comuns de participação por representação são os comitês de trabalhadores e os representantes do comitê.[23] Os **comitês de trabalhadores** fazem a ligação entre os funcionários e os dirigentes da empresa. São grupos de funcionários, nomeados ou eleitos, que devem ser consultados quando os dirigentes tomam qualquer decisão que envolva a força de trabalho. Por exemplo, na Holanda, se uma empresa está em vias de ser adquirida por outra, o comitê de trabalhadores deve ser comunicado antecipadamente e, se for o caso, tem prazo de 30 dias para recorrer à Justiça contra a medida.[24] Os **representantes do comitê** são funcionários que participam das reuniões do comitê de administração da empresa, nas quais defendem os interesses dos trabalhadores. Em alguns países, as leis obrigam as empresas a reservar o mesmo número de cadeiras para funcionários e acionistas.

A influência da participação por representação sobre os trabalhadores parece ser mínima.[25] Por exemplo, as evidências sugerem que os comitês de trabalhadores são dominados pelos executivos e têm pouquíssimo impacto sobre os funcionários ou sobre a organização. Embora esta forma de envolvimento possa aumentar a motivação e a satisfação dos funcionários que dela participam, há pouca evidência de que isso seja repassado aos operários que eles representam. De maneira geral, "o principal valor da participação por representação é simbólico. Se alguém estiver procurando mudar as atitudes dos funcionários ou melhorar o desempenho organizacional, esta não será a melhor escolha".[26]

Círculos de Qualidade Os **círculos de qualidade** tornaram-se populares nos Estados Unidos e na Europa durante a década de 1980.[27] Trata-se de um grupo de trabalho com oito a dez membros, entre funcionários e chefes, que têm uma área de responsabilidade conjunta. Eles se encontram regularmente — geralmente uma vez por semana, no horário do trabalho — para discutir os problemas de qualidade, investigar as suas causas, recomendar soluções e tomar as ações corretivas. Assumem a responsabilidade pela solução de problemas de qualidade, gerando e avaliando seu próprio feedback. Mas a direção da empresa costuma deter o controle sobre as decisões finais em relação à implementação das soluções recomendadas. Evidentemente, não é sempre que os funcionários possuem a capacidade de analisar e solucionar problemas de qualidade. Por isto, o conceito dos círculos de qualidade inclui o treinamento dos seus membros em técnicas de comunicação, diversas estratégias de qualidade e técnicas de mensuração e análise de problemas.

Os círculos de qualidade são capazes de melhorar a produtividade e o desempenho dos funcionários? Uma revisão das evidências sugere que eles podem ter uma influência positiva sobre a produtividade, mas têm pouco ou nenhum efeito sobre a satisfação dos trabalhadores. Embora muitos estudos tenham relatado resultados positivos dos círculos de qualidade sobre a produtividade, essas conclusões não são totalmente seguras.[28] A incapacidade de muitos programas de círculos de qualidade para produzir benefícios mensuráveis provocou a suspensão de vários deles.

Parece que os círculos de qualidade são uma mania que veio e já passou. Isto se deve a duas falhas.[29] A primeira é o pouco tempo que é realmente dedicado ao programa de envolvimento dos funcionários. "Em sua maioria, esses programas funcionam durante uma hora por semana, enquanto as demais 39 horas ficam sem qualquer mudança. Por que uma mudança em apenas 2,5 por cento do tempo dedicado ao trabalho por uma pessoa teria um impacto significativo?"[30] A segunda falha diz respeito à facilidade de implementação dos círculos de qualidade, que acaba funcionando contra eles. Os círculos de qualidade são vistos como instrumentos simples, que podem ser somados à organização com poucos ajustes. Em muitos casos, o único envolvimento dos dirigentes com esses programas é o seu lançamento. Assim, os círculos de qualidade acabam sendo uma forma fácil de os executivos afirmarem que realizam programas de envolvimento. Infelizmente, essa falta de comprometimento da direção da empresa, aliada à ausência de planejamento, costuma levar tais programas ao desastre.

Planos de Participação Acionária A última abordagem de envolvimento dos funcionários que discutiremos aqui é a dos **planos de participação acionária dos funcionários**.[31]

A co-propriedade dos funcionários pode significar uma série de coisas, desde a situação de funcionários que detêm uma participação acionária na empresa em que trabalham até a de um indivíduo que atua na própria empresa da qual é dono. Os planos de participação acionária são planos de benefícios estabelecidos pelas empresas, nos quais os funcionários compram ações da companhia, normalmente a preços abaixo dos de mercado, como parte de um pacote de benefícios. Graças a estes planos, hoje mais de 50 por cento da propriedade de empresas tão diversas como a Publix Supermarkets, a Graybar Electric e a W.L. Gore & Associates estão nas mãos de seus funcionários.[32] Mas a maioria das empresas

A Valassis oferece participação acionária a todos os seus funcionários, desde os operadores de impressoras que trabalham meio período até a seu principal executivo. A participação acionária ajuda a Valassis a manter uma equipe entusiasmada, produtiva e estável, com uma taxa de rotatividade de apenas 4 por cento. Um operador de impressora que trabalhou na empresa por 19 anos comenta que os funcionários da Valassi observam o mercado porque ele "é o nosso futuro".
(Neste anúncio, a empresa coloca os funcionários como um dos fatores de seu sucesso e se apresenta como uma ótima opção de investimento, tanto para o talento como para o capital de seu pessoal.)

norte-americanas que têm este sistema implantado é formada por pequenas organizações sob o controle de seus próprios donos.[33]

Em um programa desse tipo, é criado um fundo de ações para os funcionários. As empresas contribuem com ações ou dinheiro para comprá-las. Embora os funcionários tenham as ações, geralmente não podem dispor delas enquanto trabalham na empresa.

As pesquisas sobre o assunto mostram que esses planos contribuem para melhorar a satisfação dos funcionários.[34] Mas seu impacto sobre o desempenho é menos claro. Por exemplo, um estudo comparou 45 empresas que adotaram esse tipo de plano com outras 238 que não o adotaram.[35] As primeiras tiveram um desempenho superior tanto em termos de emprego como de crescimento de vendas. Outro estudo revelou que a implantação desses planos aumentou os dividendos pagos pelas empresas em 6,9 por cento depois de quatro anos em comparação com as organizações que não possuíam planos de participação acionária para os funcionários.[36] Mas outros estudos revelaram resultados desanimadores.[37]

Os planos de participação acionária têm o potencial de aumentar a satisfação com o trabalho e a motivação. No entanto, para que isso aconteça, os funcionários precisam experimentar psicologicamente a sensação da propriedade.[38] Ou seja, além de possuir uma parcela da empresa, eles precisam ser informados regularmente sobre o andamento dos negócios, além de ter oportunidades para exercer alguma influência sobre eles. As evidências indicam claramente que é preciso a propriedade e um estilo de gestão participativo para obter melhorias significativas no desempenho da organização.[39]

Vinculando os programas de envolvimento dos funcionários com as teorias sobre motivação

O envolvimento dos funcionários foi delineado com base em várias das teorias sobre motivação que examinamos no capítulo anterior. Por exemplo, a Teoria Y é coerente com a gestão participativa, enquanto a Teoria X está mais próxima do estilo tradicional autocrático de gerir as pessoas. Em termos da teoria de dois fatores, os programas de envolvimento podem oferecer aos funcionários uma motivação intrínseca, aumentando as oportunidades de crescimento, responsabilidade e envolvimento com o trabalho em si. Da mesma forma, a oportunidade de tomar decisões e implementá-las — e então, observá-las funcionando — pode ajudar na satisfação das necessidades dos trabalhadores em termos de responsabilidade, realização, reconhecimento, crescimento e melhoria da auto-estima. Os programas de envolvimento dos funcionários também são compatíveis com a teoria ERG e os esforços para estimular a necessidade de realização. E programas de envolvimento complementares têm potencial para aumentar a motivação intrínseca do funcionário para as tarefas.

Os programas de envolvimento dos funcionários na prática

Alemanha, França, Holanda e os países escandinavos estabeleceram firmemente os princípios da democracia industrial na Europa, e outras nações — inclusive o Japão e Israel — tradicionalmente praticam alguma forma de participação representativa há décadas. A gestão participativa e a participação por representação avançaram muito mais lentamente nas organizações da América do Norte. Mas, hoje em dia, os programas de envolvimento dos funcionários que enfatizam a participação estão se tornando a norma.

As práticas de envolvimento dos funcionários variam de país para país.[40] Por exemplo, um estudo comparando a aceitação dos programas de envolvimento dos funcionários em quatro países, incluindo os Estados Unidos e a Índia, confirmou a importância da modificação das práticas em função das características culturais de cada um deles.[41] Mais especificamente, enquanto os trabalhadores norte-americanos aceitaram rapidamente o programa, na Índia os executivos que tentaram dar maior autonomia a seus subordinados foram mal avaliados por estes; além disso, o programa também afetou negativamente a satisfação destes trabalhadores. Estas reações são coerentes com a cultura indiana do poder distanciado, que aceita e até espera diferenças em função da autoridade.

O que podemos dizer dos círculos de qualidade? Eles são populares na prática? Os nomes das empresas que têm utilizado este instrumento praticamente formam a lista de *quem é quem no mundo empresarial norte-americano*: Hewlett-Packard, General Electric, Texas Instruments, Xerox, Eastman Kodak, Polaroid, Procter & Gamble, Ford, IBM, Motorola e American Airlines. Mas, como mencionamos, o sucesso dos círculos de qualidade não é absoluto. Eles se tornaram populares na década de 1980, principalmente por serem muito fáceis de implementar. Mais recentemente, muitas organizações começaram a substituir os círculos de qualidade por outras estruturas mais abrangentes de trabalho em equipe (que vamos analisar no Capítulo 9).

E os planos de participação acionária? Muitas grandes e conhecidas organizações já implantaram estes planos, mas a maioria é formada por pequenas empresas com controle restrito dos proprietários.

O novo planejamento do trabalho e os esquemas flexíveis

"Todo dia era a mesma coisa", diz Frank Greer. "Colocar o banco dianteiro do passageiro nos jipes que chegam à linha de montagem, ajustar os quatro parafusos que prendem o banco à carroceria, prendendo-os com minha chave elétrica. Trinta carros e 120 parafusos por hora, oito horas por dia . Não me interessa se me pagam 24 dólares por hora, eu estava ficando louco. Fiz isso por quase um ano e meio. Finalmente, disse à minha esposa que não ia fazer aquilo pelo resto da minha vida. Meu cérebro estava virando geléia naquele trabalho. Então, eu me demiti. Agora, estou trabalhando em uma gráfica rápida e ganho menos de 15 dólares por hora. Mas garanto que o trabalho é realmente interessante. As tarefas mudam o tempo todo, eu estou aprendendo continuamente. Isso me desafia! Toda manhã, mal posso esperar a hora de chegar ao trabalho."

O que é o novo planejamento do trabalho?

O trabalho de Frank Greer na fábrica da Jeep consistia de tarefas repetitivas que não lhe davam autonomia, variedade ou motivação. Em comparação, seu emprego na gráfica rápida é desafiador e estimulante.

Nesta seção, vamos examinar algumas das maneiras de replanejar o trabalho para que ele se torne mais motivador. Primeiramente, vamos examinar três opções de planejamento do trabalho: rodízio de tarefas, ampliação de tarefas e enriquecimento de tarefas. Depois, vamos falar sobre três alternativas muito populares de flexibilização do trabalho: horário flexível, emprego compartilhado e telecomutação.

Rodízio de Tarefas Se os funcionários sofrem com o excesso de rotina, uma alternativa é utilizar o **rodízio de tarefas** (ou, como muitos agora chamam, *multitreinamento*). Quando uma atividade deixa de ser desafiadora, o funcionário é transferido para outra, do mesmo nível, que tem requisitos similares em termos de habilidade.

O ponto forte do rodízio de tarefas é que ele reduz o tédio e aumenta a motivação através da diversificação das atividades dos funcionários. Indiretamente, o rodízio de tarefas também traz benefícios à organização pois funcionários com um leque mais amplo de habilidades permitem que a administração usufrua de maior flexibilidade no planejamento do trabalho, na adaptação às mudanças e no preenchimento de vagas.[42] Por outro lado, o rodízio de tarefas também tem suas desvantagens. Os custos com treinamento crescem e a produtividade é reduzida pois se troca o funcionário de tarefa justamente quando sua eficiência na atividade anterior estava gerando economias para a organização. O rodízio também pode causar rupturas. Os membros do grupo de trabalho precisam se ajustar ao novo funcionário. O supervisor também pode precisar de mais tempo para responder às dúvidas e monitorar o funcionário recém-chegado.

Ampliação de Tarefas A idéia da expansão horizontal das tarefas, que chamamos de **ampliação de tarefas**, começou a ganhar popularidade há mais de 35 anos. O aumento do número e da variedade das atividades realizadas por um indivíduo resulta em um trabalho com maior diversidade. O encarregado de separar por departamento a correspondência que chega à empresa, por exemplo, poderia ter suas tarefas ampliadas com a inclusão da entrega física dessa correspondência para as pessoas e do encaminhamento postal do que é enviado por elas.

Participar de um programa de rodízio de tarefas tem dado a Debbie Condino uma visão mais ampla de como sua empresa funciona e de como seu trabalho se enquadra no plano estratégico da organização. Como diretora de recursos humanos do St. John Hospital and Medical Center, em Detroit, Debbie vê as relações interpessoais como seu ponto forte, mas acredita que precisa entender também de finanças e de assistência médica para desempenhar melhor suas funções. Ao trabalhar pelo esquema de rodízio na área de terapia ocupacional, no departamento de trabalho voluntário e até na loja de presentes, ela aumentou seu conhecimento sobre o dia-a-dia do hospital.

Os esforços nesse sentido, entretanto, tiveram resultados pouco animadores.[43] Um funcionário que teve suas atribuições ampliadas comentou: "antes, eu tinha um trabalho chato; agora, depois da ampliação, tenho três!". Contudo, há alguns casos de aplicação bem-sucedida dessa prática. O trabalho de camareira em alguns pequenos hotéis, por exemplo, inclui não apenas a faxina dos banheiros e arrumação das camas, mas também pequenos reparos como a troca de lâmpadas, a preparação do quarto para a noite (dobra de lençóis) e a reposição dos itens do frigobar.

Enriquecimento de Tarefas O **enriquecimento de tarefas** se refere à expansão vertical das funções. Ele aumenta o grau em que o trabalhador controla o planejamento, a execução e a avaliação de seu trabalho. Essa prática organiza as tarefas de maneira a permitir que o funcionário execute uma atividade por completo, além de aumentar sua liberdade e independência, ampliar sua responsabilidade e oferecer feedback para que o indivíduo seja capaz de avaliar e corrigir seu próprio desempenho.[44]

Como a administração pode enriquecer o trabalho de um funcionário? O Quadro 7-3 sugere algumas orientações baseadas no modelo de características do trabalho discutido no capítulo anterior. A *combinação de tarefas* parte de atividades já existentes e fracionadas e as combina para que formem um módulo de trabalho novo e mais amplo. A *criação de unidades naturais de trabalho* significa que as tarefas que o funcionário executa devem formar um todo que tenha uma identidade e um sentido. O *estabelecimento de relações com o cliente* aumenta o relacionamento direto entre os funcionários e seus clientes (que podem ser clientes internos ou de fora da organização). A *expansão vertical de tarefas* transfere para os funcionários a responsabilidade e o controle que anteriormente reservados aos executivos. Com a *abertura de canais de* feedback, os funcionários podem não apenas saber como estão desempenhando suas tarefas, mas também acompanhar o seu desenvolvimento — se o desempenho está melhorando, piorando ou permanece constante.

Para ilustrar o conceito de enriquecimento de tarefas, vamos examinar o que os dirigentes do Banc One, em Chicago, fizeram em seu departamento de comércio exterior.[45] O principal produto desse departamento é composto por letras de crédito comercial — essencialmente, uma garantia bancária para grandes transações de importação e exportação. Antes do enriquecimento de tarefas, os 300 funcionários do departamento processavam documentos como se estivessem em uma linha de montagem, com erros despontando a cada etapa. Os funcionários nem tentavam disfarçar o tédio que sentiam por desempenhar tarefas restritas e específicas. A administração enriqueceu as tarefas transformando cada funcionário em um especialista em comércio exterior, capaz de atender a um cliente do início ao fim. Depois de 200 horas de treinamento em finanças e direito, os funcionários tornaram-se consultores plenos que podem despachar documentos em um dia, e ainda aconselhar os clientes sobre assuntos complexos, como procedimentos bancários na Turquia ou controles de embarques de munição nos Estados Unidos. Os resultados? A produtividade mais que triplicou, a satisfação dos funcionários melhorou e o volume de transações cresceu mais de 10 por cento ao ano.

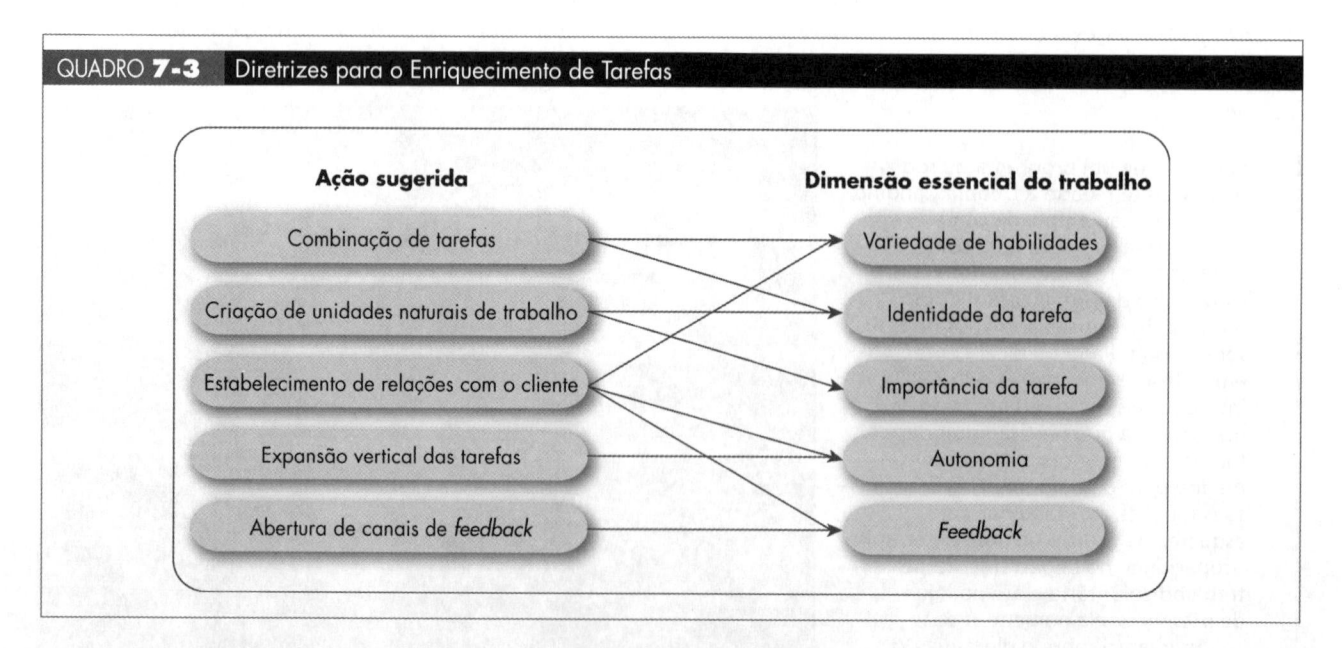

QUADRO 7-3 Diretrizes para o Enriquecimento de Tarefas

Ação sugerida	Dimensão essencial do trabalho
Combinação de tarefas	Variedade de habilidades
Criação de unidades naturais de trabalho	Identidade da tarefa
Estabelecimento de relações com o cliente	Importância da tarefa
Expansão vertical das tarefas	Autonomia
Abertura de canais de *feedback*	Feedback

Fonte: J.R. Hackman e J.L. Suttle (orgs.), *Improving life at work*. Glenview: Scott Foresman, 1977, p. 138. Reproduzido com autorização de Richard Hackman e J. Lloyd Suttle.

MITO OU CIÊNCIA?

"Todo o mundo quer um trabalho desafiador"

Essa afirmação é falsa. Apesar de toda a atenção dada pela mídia, pelos acadêmicos e pelos cientistas sociais ao potencial humano e às necessidades dos indivíduos, não existem evidências que corroborem a tese de que a vasta maioria dos trabalhadores prefiram incumbências desafiadoras.[46] Algumas pessoas preferem trabalhos altamente complexos e desafiadores; outras se dão melhor em serviços mais simples e rotineiros.

A variável de diferenças individuais que parece dar melhor suporte para explicar quem prefere e quem não quer trabalhos desafiadores é a força das necessidades de nível alto.[47] As pessoas com grande necessidade de crescimento respondem melhor ao trabalho desafiador. Qual a porcentagem de trabalhadores de baixo escalão que realmente gostariam de satisfazer necessidades de nível alto e responderiam positivamente a incumbências mais desafiadoras? Não existem dados atuais disponíveis sobre isso, mas um estudo realizado na década de 1970 estima esse número em torno de 15 por cento.[48] Mesmo após ajustes em função de mudanças nas atitudes laborais e do aumento de empregos de colarinho branco, esse número provavelmente não ultrapassa 40 por cento hoje em dia.

Os principais defensores do trabalho desafiador *não* são os trabalhadores; são professores, pesquisadores em ciências sociais e jornalistas que atuam na mídia. Esses profissionais escolheram suas carreiras, em um certo sentido, porque preferiam trabalhos que lhes oferecessem autonomia, identidade e desafios. Sem dúvida, essa é a escolha deles. Mas projetar suas necessidades sobre a força de trabalho em geral é uma atitude um tanto presunçosa.

Nem todo funcionário está em busca de maiores desafios. Muitos trabalhadores satisfazem suas necessidades de nível alto *fora* do trabalho. A semana tem 168 horas. O trabalho raramente consome mais de 30 por cento desse tempo. Isso dá oportunidade considerável, mesmo para as pessoas com grande necessidade de crescimento, de encontrar satisfação das necessidades de nível alto fora do trabalho. ■

As evidências, de modo geral, sugerem que essa prática reduz os custos de absenteísmo e da rotatividade, além de aumentar a satisfação, mas os dados não são conclusivos na questão crítica da produtividade.[49] O enriquecimento de tarefas aumentou a produtividade em algumas situações; em outras, ele a reduziu. Contudo, mesmo quando a produtividade diminui, parece consistentemente haver um uso mais consciente dos recursos e uma melhoria na qualidade de produtos ou serviços.

Horário Flexível Susan Ross é o tipo clássico de "pássaro madrugador". Ela acorda pontualmente às 5 horas da manhã, cheia de energia. Por outro lado, como ela conta, geralmente já está com sono quando termina o noticiário das 7 horas da noite na TV.

O horário de Susan, como funcionária de uma empresa de seguros, a Hartford Insurance, é flexível. Ele permite que Susan tenha alguma liberdade quanto ao horário em que chega e sai do trabalho. O escritório abre às 6 horas da manhã e fecha às 7 horas da noite. Susan é quem decide quando fará sua jornada de oito horas de trabalho dentro desse expediente de 13 horas. Como ela é uma pessoa matutina e, além disso, tem um filho de 7 anos que sai da escola às 3 horas da tarde, sua opção é trabalhar das 6 da manhã às 3 horas da tarde. "Meu horário é perfeito. Fico no trabalho no momento em que estou mais alerta mentalmente e posso ficar em casa com meu filho depois que ele sai da escola."

O horário de Susan na Hartford é um exemplo de **horário flexível**. O horário flexível é uma forma de se referir à flexibilidade das horas de trabalho. Ele permite que os funcionários tenham alguma autonomia de decisão acerca de seus horários de chegada e de partida do trabalho. Os funcionários têm uma certa quantidade de horas a trabalhar na semana e são livres para distribuir seu horário de trabalho dentro de certos limites. Como mostra o Quadro 7-4, cada dia consiste de um núcleo comum, geralmente de seis horas, com duas faixas flexíveis nas extremidades. Por exemplo, tirando uma hora para o almoço, o núcleo poderia ser das 9 às 15 horas, enquanto a empresa abre às 6 horas da manhã e fecha às 6 horas da tarde. Todos os funcionários devem estar no trabalho durante o horário do núcleo, mas são livres para distribuir as duas horas excedentes antes ou depois desse período. Alguns programas de horário flexível permitem que se acumulem horas extraordinárias que poderão ser trocadas por um dia livre a cada mês.

Os benefícios atribuídos ao horário flexível são numerosos. Entre eles estão a redução do absenteísmo, o aumento da produtividade, a redução de gastos com horas-extras, a diminuição da hostilidade em relação à chefia, a redução dos congestionamentos de trânsito nos locais de trabalho, a eliminação da falta de pontualidade e o aumento de autonomia e de responsabilidade dos funcionários, o que pode levar ao aumento da satisfação.[50] Mas, além dos elogios, quais as contribuições do horário flexível?

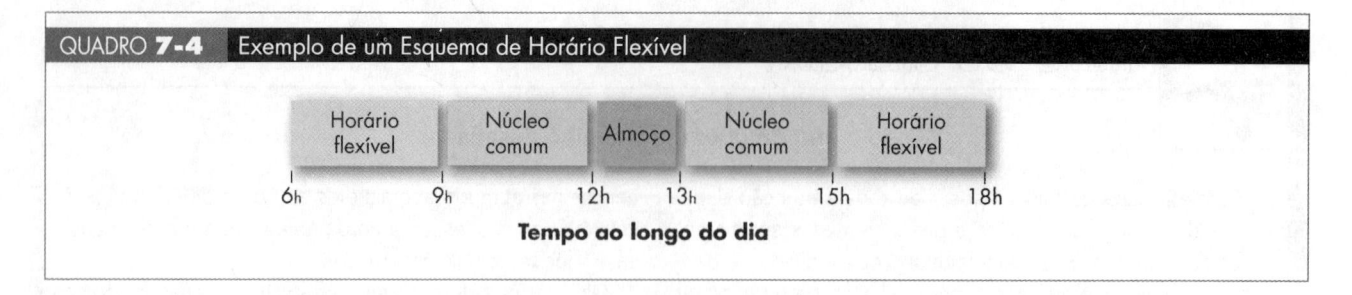

| QUADRO 7-4 | Exemplo de um Esquema de Horário Flexível |

Horário flexível | Núcleo comum | Almoço | Núcleo comum | Horário flexível
6h — 9h — 12h — 13h — 15h — 18h

Tempo ao longo do dia

A maior parte das evidências sobre desempenho é favorável. O horário flexível tende a reduzir o absenteísmo e freqüentemente melhora a produtividade do funcionário,[51] provavelmente por diversas razões. Os funcionários podem estabelecer seus horários de maneira a conciliar suas demandas pessoais e, desta forma, reduzem sua impontualidade e faltas, além de poderem ajustar suas atividades de trabalho para as horas em que são individualmente mais produtivos.

A principal desvantagem do horário flexível é que ele não pode ser adotado em qualquer tipo de trabalho. Funciona bem para as tarefas administrativas em que a interação do funcionário com outros, de outros departamentos, é limitada. Não é uma opção viável para recepcionistas, balconistas de lojas de varejo ou empregos similares, para os quais geralmente a demanda do serviço exige que as pessoas estejam em seus postos em horários predeterminados.

Emprego Compartilhado Uma inovação recente em esquemas de trabalho é o **emprego compartilhado**. Ele permite que duas ou mais pessoas dividam entre si um emprego tradicional de 40 horas semanais. Por exemplo, uma pessoa pode trabalhar das 8 horas ao meio-dia enquanto outra trabalha no mesmo emprego das 13 às 17 horas. Ou ambas podem trabalhar o dia todo, mas em dias alternados. Por exemplo, Barbara Cafero e Robin Como compartilham o emprego de gerente de contas na Xerox Corporation.[52] Cafero trabalha os dois primeiros dias da semana, Como os últimos dois, e ambas trabalham juntas nas quartas-feiras. As duas compartilham esse emprego há dez anos, negociando preços e termos de contatos das principais contas da Xerox. Como ambas têm filhos, este arranjo lhes deu maior flexibilidade para encontrar o equilíbrio entre o trabalho e as responsabilidades familiares.

O emprego compartilhado permite que a organização possa se beneficiar dos talentos de mais de um indivíduo em uma dada posição. Um gerente de banco que supervisiona dois funcionários nesse sistema descreve o compartilhamento de tarefas como uma oportunidade de ter duas cabeças "pelo preço de uma".[53] Isso também possibilita a contratação de trabalhadores capacitados que não estariam disponíveis em um sistema de tempo integral — caso de mulheres com filhos pequenos ou aposentados.[54] Muitas empresas japonesas vêm implantando este sistema, mas por razões diferentes.[55] Como os executivos japoneses relutam em demitir funcionários, o compartilhamento é visto como um caminho humanitário para evitar demissões por excesso de pessoal.

Do ponto de vista do funcionário, o compartilhamento de tarefas aumenta a flexibilidade. Dessa forma, ele pode aumentar a motivação e a satisfação daqueles que não têm 40 horas semanais para se dedicar ao trabalho.

Kristen Durret e Nancy Oliphant, executivas da área de contabilidade da Emmis Communications de Indianápolis, no Estado de Indiana, compartilharam tarefas por mais de dois anos. Kristen trabalhava às segundas e terças-feiras. Nancy, às quintas e sextas. Na quarta-feira, as duas trabalhavam em conjunto.

Por outro lado, do ponto de vista do empregador, a principal desvantagem é a dificuldade de encontrar uma dupla de funcionários compatíveis, capazes de coordenar com sucesso todos os detalhes de um cargo.[56]

Telecomutação Esta é a visão de trabalho mais próxima do ideal para muita gente. Não há deslocamento físico, o horário é flexível, há total liberdade para se vestir e nenhuma interrupção por parte dos colegas. Isto se chama **telecomutação** e se refere aos funcionários que trabalham em suas casas pelo menos dois dias por semana, com seus computadores ligados ao sistema da empresa.[57] (Um termo intimamente relacionado com o trabalho à distância, o *escritório virtual*, está sendo cada vez mais usado para descrever a situação de funcionários que trabalham em casa de maneira quase que permanente.)

Quais tipos de trabalho são adequados à telecomutação? Três categorias foram identificadas como mais apropriadas: tarefas de tratamento rotineiro de informações, atividades móveis e tarefas altamente especializadas ou relacionadas com o conhecimento.[58] Escritores, advogados, analistas e funcionários que passam a maior parte do tempo ao computador ou ao telefone são candidatos naturais para o exercício da telecomutação. Por exemplo, o pessoal de telemarketing, representantes de serviços a clientes, agentes de viagens e especialistas em suporte técnico de produtos passam quase todo o tempo ao telefone. Na telecomutação, eles podem continuar a fazer a mesma coisa, mas em suas casas em vez de dentro da empresa.

Existem muitas histórias de sucesso na telecomutação.[59] Por exemplo, na Merrill Lynch, 3.500 funcionários praticam a telecomutação. Depois de um ano de sua implantação, os dirigentes da empresas relataram um aumento de produtividade de 15 a 20 por cento entre estes funcionários, 3,5 dias de licença-saúde a menos por ano, além de 6 por cento de redução na rotatividade. A Putnam Investments, de Boston, descobriu que a telecomutação pode ser uma boa ferramenta de recrutamento. A empresa estava enfrentando dificuldades para atrair novos quadros. Depois de implantar a telecomutação, o número de candidatos a emprego na empresa cresceu 20 vezes. Os dirigentes da Putnam calculam que cerca de 12 por cento dos seus funcionários que fazem telecomutação têm uma produtividade substancialmente maior do que aqueles que trabalham no escritório da empresa, e um índice de atritos equivalente a um décimo dos outros.

As vantagens potenciais da telecomutação para os executivos incluem um mercado maior de profissionais disponíveis, maior produtividade, menor rotatividade, moral mais alto e redução de gastos com instalações físicas. A principal desvantagem é uma menor supervisão direta dos funcionários. Além disso, como a tendência hoje é a do trabalho em equipe, a telecomutação torna mais difícil para a administração coordenar o trabalho em grupo.[60] Do ponto de vista do trabalhador, a telecomutação oferece um considerável aumento de flexibilidade. Mas não sem custos. Para aqueles com alta necessidade de socialização, o trabalho à distância pode levar a uma sensação de isolamento e reduzir a satisfação com o trabalho. Além disso, todos os que trabalham à distância podem sofrer o efeito do "longe dos olhos, longe do coração". O fato de não estarem dentro da empresa, de não participarem de reuniões, nem das interações do dia-a-dia com os demais funcionários, pode se tornar uma desvantagem na hora das promoções e dos aumentos salariais. É mais provável que um chefe preste menos atenção ao trabalho de um subordinado que ele vê apenas raramente.

Vinculando o novo planejamento do trabalho e os esquemas flexíveis com as teorias sobre motivação

As sugestões oferecidas no Quadro 7-3 para o enriquecimento de tarefas estão diretamente vinculadas ao modelo de características do trabalho. Seguindo essas diretrizes no replanejamento do trabalho, especialmente no caso de funcionários que buscam novos desafios, é possível influenciar positivamente a motivação, a qualidade do desempenho, a satisfação no trabalho, bem como reduzir o absenteísmo e a rotatividade.

O enriquecimento de tarefas também está relacionado à teoria dos dois fatores, de Herzberg. De acordo com esta teoria, ao se

O crescente número de empresas que oferecem esquemas flexíveis de trabalho é uma indicação de que os trabalhadores consideram isto uma boa recompensa motivacional. Na Sun Microsystems, 95 por cento dos funcionários se beneficiam com o esquema de horário flexível e fazem seus próprios horários.

promover os fatores intrínsecos do trabalho — como a realização, a responsabilidade e o crescimento —, os funcionários também se sentem mais satisfeitos e motivados com seu trabalho.

O tema comum aos esquemas opcionais de trabalho, sejam os horários, o compartilhamento ou a telecomutação, é a flexibilidade. Eles oferecem ao funcionário a opção de quando trabalhar, quanto tempo trabalhar e onde realizar o trabalho, respectivamente. A teoria da expectativa trata indiretamente da flexibilidade quanto à importância dada ao equilíbrio entre recompensas e metas pessoais. Como hoje os trabalhadores estão muito preocupados com os conflitos entre as demandas do trabalho e da vida pessoal, um esquema opcional de trabalho pode ser percebido como uma boa recompensa, capaz de ajudar a conseguir o equilíbrio entre essas demandas.[61]

O novo planejamento do trabalho e os esquemas flexíveis na prática

Nos últimos anos, o rodízio de tarefas vem sendo implantado por indústrias como forma de aumentar a flexibilidade e evitar demissões.[62] Por exemplo, na Apex Precision Technologies, uma revenda de terminais de ponto de venda de Indiana, os funcionários são constantemente treinados para lidar com todos os equipamentos com que a empresa trabalha de modo que eles possam ser remanejados de acordo com a demanda dos clientes. Durante a recessão no ano de 2001, a Lincoln Electric, de Cleveland, remanejou alguns operários para funções administrativas e também realizou rodízio entre o pessoal da produção. Esta empresa, fabricante de peças industriais, foi capaz de reduzir ao mínimo os cortes de pessoal por causa de seu compromisso com o multitreinamento contínuo e do remanejamento de pessoal para onde havia necessidade de mais funcionários.

A ampliação das tarefas nunca teve muitos seguidores, especialmente enquanto fator de motivação. Isto pode ser atribuído ao fato de que, embora a ampliação das tarefas combata a falta de diversidade em funções superespecializadas, ela pouco faz para aumentar o desafio ou a sensação de importância das atividades de um trabalhador. Em comparação, o enriquecimento das tarefas vem sendo amplamente utilizado em todo o mundo. Milhões de trabalhadores hoje realizam trabalhos enriquecidos por meio das sugestões contidas no Quadro 7-3. Além disso, as técnicas de enriquecimento de tarefas também forneceram orientações para o planejamento das atividades das equipes em muitas organizações atuais.

O horário flexível tornou-se uma opção extremamente popular. O número de funcionários em período integral que optaram pelo horário flexível mais do que duplicou entre os anos de 1980 e 2003. Hoje, cerca de 43 por cento da força de trabalho em tempo integral dos Estados Unidos têm flexibilidade de horário para sua chegada e saída do trabalho.[63] Este não é um fenômeno apenas norte-americano. Na Alemanha, por exemplo, 29 por cento das empresas oferecem esta opção aos funcionários.[64]

Atualmente, aproximadamente 31 por cento das grandes empresas oferecem aos funcionários a alternativa de compartilhamento de tarefas.[65] Mas, apesar desta disponibilidade, o compartilhamento de tarefas não vem recebendo muita adesão dos trabalhadores. Isto se deve, provavelmente, à dificuldade de encontrar parceiros compatíveis, além da percepção negativa comumente associada aos indivíduos que não se comprometem totalmente com o trabalho e com seu empregador.

Estimativas recentes indicam que, conforme os critérios usados para definir este esquema alternativo, entre 9 milhões e 24 milhões de pessoas nos Estados Unidos praticam a telecomutação.[66] Isto representa cerca de 10 por cento, ou até mais, de toda a força de trabalho do país. Organizações conhecidas estimulam esta alternativa — como AT&T, IBM, Merrill Lynch, American Express, Hewlett-Packard e diversas agências governamentais norte-americanas.[67] O esquema começa também a se internacionalizar. Em países como a Finlândia, a Suécia, a Inglaterra e a Alemanha, o trabalho à distância atinge 17, 15, 8 e 6 por cento da força de trabalho, respectivamente.[68]

Programas de remuneração variável

"Por que eu faria um esforço extra no meu trabalho?", pergunta Anne Garcia, professora do ensino fundamental em uma escola de Denver, Colorado. "Posso me esforçar ou apenas fazer o mínimo necessário. Não faz a menor diferença. Eu recebo o mesmo salário. Por que eu faria qualquer coisa além do mínimo exigido?"

Comentários como este de Anne são comuns entre os professores há décadas, pois os aumentos salariais neste setor são vinculados ao tempo de serviço. Recentemente, entretanto, algumas escolas nos Estados Unidos estão revendo seus sistemas de remuneração para motivar pessoas como Anne a colocar mais entusiasmo em seu trabalho. Por exemplo, os Estados do Arizona, Flórida, Iowa e Kentucky introduziram programas que vinculam a remuneração ao desempenho dos estudantes nas salas de aulas.[69] Na Califórnia, alguns professores chegam a receber bônus de desempenho de até 25 mil dólares por ano.[70]

Diversas organizações nos Estados Unidos — desde empresas privadas até escolas públicas e agências governamentais — estão deixando de pagar seu pessoal com base apenas em suas credenciais ou tempo de serviço e aderindo a programas de remuneração variável.

O que são os programas de remuneração variável?

Planos de remuneração por unidades produzidas, incentivos salariais, participação nos lucros e participação nos ganhos são algumas das formas possíveis de **programas de remuneração variável**. O que diferencia esta forma de remuneração daquelas mais tradicionais é que, em vez de pagar o funcionário apenas por seu tempo de trabalho ou cargo exercido, uma parte da remuneração se baseia em alguma medida de desempenho, individual e/ou organizacional. Na remuneração variável, as quantias recebidas flutuam de acordo com a medição do desempenho.[71]

É exatamente essa flutuação da remuneração variável que a torna tão atraente para os dirigentes das empresas. Ela transforma parte dos custos fixos com a força de trabalho em custos variáveis e, assim, reduz as despesas quando o desempenho cai. Desta forma, quando a economia norte-americana entrou em recessão em 2001, as empresas que utilizavam a remuneração variável foram capazes de reduzir seus custos muito mais rapidamente do que aquelas com sistemas tradicionais de remuneração.[72] Além disso, ao vincular o pagamento com o desempenho, a remuneração passa a ser o reconhecimento de uma contribuição, e não apenas um direito adquirido. Com o passar do tempo, os funcionários começam a perceber que aqueles que têm melhor desempenho desfrutam de uma remuneração maior, de acordo com sua contribuição, enquanto os menos esforçados vêem sua remuneração estagnar-se.

Os quatro tipos de programas de remuneração variável mais amplamente empregados são a remuneração por unidade produzida, os bônus, a participação nos lucros e a participação nos resultados.

Os programas de remuneração por unidade produzida já existem há quase um século. Eles sempre foram populares como meio de remunerar os trabalhadores na área da produção. Nos **planos de remuneração por unidade produzida**, os funcionários recebem uma soma fixa para cada unidade de produção completada. Em seu estado mais puro, esses programas não prevêem pagamento fixo básico, mas apenas para aquilo que for produzido. As pessoas que trabalham em estádios de esportes vendendo pipocas ou refrigerantes costumam ser remuneradas desta forma. Podem ganhar 1 dólar para cada saco de pipocas vendido. Se conseguirem vender 200 sacos durante o jogo, embolsam 100 dólares. Se só venderem 40 sacos, ganham apenas 40 dólares. Quanto mais elas se esforçarem e quanto mais pipocas conseguirem vender, mais irão ganhar. Muitas organizações utilizam um plano modificado, em que os funcionários têm um salário fixo por hora, mais um diferencial por unidades produzidas. Assim, um digitador pode ganhar 7 dólares por hora, mais 20 centavos por página digitada. Estes planos modificados oferecem um piso salarial para os trabalhadores, além de um incentivo à produtividade.

Os bônus podem ser pagos exclusivamente aos executivos, ou ser estendidos a todos os funcionários. Por exemplo, bônus anuais de milhões de dólares não são incomuns nas grandes organizações norte-americanas. Vejamos o caso de Henry R. Silverman, presidente da Cendant, empresa que atua nas áreas de viagens, bens imobiliários e marketing direto. Ele recebeu um bônus de 13,8 milhões de dólares em 2003 por ter conseguido aumentar os dividendos dos acionistas em 113 por cento no ano anterior.[73] Cada vez mais, os planos de bonificações estão se expandindo dentro das organizações para também incluir os funcionários dos escalões inferiores.[74]

Tanto a participação nos lucros como a participação nos resultados fazem parte dos programas de incentivos para os funcionários da Whole Foods Market, uma rede de supermercados especializada em produtos naturais e orgânicos. A participação nos lucros adiciona 6 por cento aos salários. O plano de participação nos resultados recompensa os membros das equipes que ajudam a reduzir os custos, dividindo com eles o que foi economizado. Com estes planos, os funcionários da Whole Foods se beneficiam com o sucesso da empresa e, também, com seus próprios esforços.

Muitas empresas hoje tem como rotina recompensar seu pessoal de produção em milhares de dólares sempre que o lucro aumenta.

Os **planos de participação nos lucros** são programas que envolvem toda a organização, distribuindo um pagamento baseado em alguma fórmula de cálculo da lucratividade da empresa. Este pagamento pode ser feito em dinheiro ou, mais comumente no caso dos executivos, em ações da empresa. Quando você lê no noticiário que executivos como Sanford Weill, presidente do Citigroup, ganham cerca de 50 milhões de dólares em um ano, quase toda esta quantia está na forma de ações que se valorizaram com base no desempenho dos lucros da empresa.

O programa de remuneração variável que vem recebendo a maior atenção recentemente é, sem dúvida, a **participação nos resultados**.[75] Este é um plano de incentivo coletivo baseado em uma fórmula. A melhoria na produtividade do grupo durante um certo período determina a quantia em dinheiro a ser alocada. A divisão dos ganhos resultantes da produtividade entre a empresa e os funcionários pode ser feita de inúmeras formas, mas o mais comum é que esta partilha seja de meio a meio.

A participação nos resultados é a mesma coisa que a participação nos lucros? Os programas são semelhantes, mas não idênticos. Por enfocar a produtividade e não os lucros, a participação nos resultados recompensa comportamentos específicos que são menos influenciados por fatores externos. Os funcionários podem receber os incentivos mesmo quando a empresa não está sendo muito lucrativa.

Esses programas de remuneração variável funcionam? Conseguem aumentar a motivação e a produtividade dos trabalhadores? A resposta é um expressivo sim. Por exemplo, os estudos normalmente confirmam que as organizações que adotam planos de participação nos lucros têm maior lucratividade do que as demais.[76] Da mesma forma, as evidências indicam que a participação nos resultados aumenta a produtividade na maioria dos casos, além de freqüentemente ter impacto positivo sobre as atitudes dos funcionários.[77] O lado negativo da remuneração variável, sob o ponto de vista do funcionário, é a imprevisibilidade. Quando recebe um salário-base fixo, o funcionário sabe exatamente o que vai ganhar. O trabalhador pode assumir o financiamento de um novo carro ou da casa própria com base em dados bastante sólidos. Isto fica bem mais complicado na remuneração variável. O desempenho de sua equipe pode piorar este ano, ou pode haver uma recessão que diminua os lucros da empresa. Dependendo da maneira como a remuneração variável é calculada, a sua renda pode ser reduzida. Além disso, quando as bonificações se repetem todos os anos, as pessoas começam a contar com elas como se fossem fixas. Um bônus de 15 ou 20 por cento concedido durante três anos seguidos acaba sendo aguardado no quarto ano. Caso ele não aconteça, os dirigentes da empresa terão de enfrentar o descontentamento dos funcionários.

Vinculando os programas de remuneração variável à teoria da expectativa

A remuneração variável provavelmente é a mais compatível com a teoria da expectativa. Mais especificamente, para que a motivação seja estimulada, as pessoas devem perceber claramente uma ligação entre o seu desempenho e as recompensas recebidas. Caso essas recompensas sejam dadas em função de fatores não ligados ao desempenho — como o tempo ocupado no cargo —, os funcionários provavelmente reduzirão seu empenho.

As evidências sustentam a importância dessa ligação, em especial para os funcionários da produção, principalmente sob um sistema de remuneração por unidade produzida. Por exemplo, um estudo com 400 indústrias manufatureiras revelou que aquelas que adotavam algum plano de incentivo salarial tinham uma produtividade entre 43 e 64 por cento superior à das demais.[78]

Os incentivos coletivos e aqueles que cobrem toda a organização reforçam e estimulam os funcionários a sublimar suas metas pessoais em vista do interesse de seu departamento ou da empresa. Os incentivos para o desempenho de grupos são também uma extensão natural para aquelas organizações que procuram criar uma forte ética na equipe. Com as recompensas vinculadas ao desempenho da equipe, os funcionários fazem esforços extras para ajudar suas equipes a obter sucesso.

Os programas de remuneração variável na prática

A remuneração variável é um conceito que está substituindo rapidamente os ajustes salariais para compensar a alta do custo de vida. Um dos motivos, como já foi mencionado, é o seu poder motivacional, mas não podemos esquecer suas vantagens de custo. Os bônus, a participação nos resultados e outras formas de remuneração variável evitam o aumento de despesas fixas provocados por reajustes permanentes nos salários.

O pagamento pelo desempenho já tem sido aplicado como recompensa a profissionais de vendas e executivos. A nova tendência é a expansão desta prática para os demais trabalhadores. IBM, Wal-Mart, Pizza Hut, Cigna Corp. e John Deere são alguns exemplos de empresas que adotaram a remuneração variável para todos os seus funcionários.[79] Hoje, mais de 70 por cento das empresas norte-americanas possuem algum tipo de plano de remuneração variável, contra cerca de 5 por cento na década de 1970.[80] Infelizmente, dados recentes de pesquisas indicam que

ENFOQUE NA MÍDIA

Apogeu e queda da participação acionária

A década de 1990 viu a participação acionária tornar-se a maneira favorita de recompensar os executivos. Mas esses dias de glória parecem ter acabado.

A participação acionária dá aos funcionários o direito de comprar as ações da empresa a um preço específico, mas não os obriga a isto. Quando as ações estão em alta acelerada, isto pode ser um forte motivador. Na década de 1990, por exemplo, empresas de tecnologia como Cisco, Sun e Microsoft utilizaram exaustivamente esses programas de remuneração para atrair e conquistar a lealdade de seus funcionários e executivos. A Microsoft conseguia contratar os mais brilhantes programadores por salários de 40 ou 50 mil dólares anuais, porque o forte da remuneração estava na participação acionária. Em 2000, por exemplo, os funcionários da Microsoft receberam, *em média*, 416.353 dólares em dividendos!

Em seu apogeu, a participação acionária não era praticada por todas as empresas nem para todos os funcionários de uma organização. O programa era mais utilizado por empresas pequenas, iniciantes, que usavam as ações como forma de encorajar gente talentosa a correr o risco de juntar-se a quem estava apenas começando. Além disso, apesar de toda a atenção dada a estes programas, só um número pequeno de funcionários realmente chegou a participar deles. Cerca de 2 por cento dos funcionários das empresas de capital aberto possuíam ações de suas organizações em 1992. Em 2003, este porcentual subiu para 15 por cento. Estes números não mostram o fato de que a maioria das ações, entre as 1.500 maiores empresas americanas, eram destinadas apenas os alto executivos.

A participação acionária pode ser um poderoso motivador para os executivos. O problema é que pode também provocar comportamentos indesejáveis. De acordo com a teoria do reforço, esses programas estimulam os executivos a se focarem no aumento do preço das ações — a curto prazo —, em vez de pensarem no negócio a longo prazo. Muitos executivos são capazes de qualquer coisa para elevar o valor de suas ações, mesmo que seja fabricando ganhos, escondendo despesas ou por meio de outras manobras contábeis escusas. O colapso de organizações como a Enron, a Global Crossing e a WorldCom deveu-se, em grande medida, ao fato de que seus executivos manipularam dados financeiros para forjar o aumento do valor das ações em benefício próprio.

O uso da participação acionária como meio de remuneração está em declínio. Isto acontece particularmente entre os executivos de nível médio. Os altos executivos continuam a receber a maior parte de sua remuneração por meio de participação acionária. As pequenas empresas iniciantes também continuam a utilizar esses programas para atrair e manter funcionários qualificados.

Fonte: Baseado em R. Buckman e D. Bank, "For Sillicon Valley, stocks' fall upsets culture of options", *Wall Street Journal*, 8 jul. 2001, p. A1; A. Bernstein, "Options: middle managers will take the hit", *Business Week*, 9 dez. 2002, p. 120; P. Elias, "Start-ups still favors stock options", *Seattle Post-Intelligencer*, 10 jul. 2003, p. C6; e J. Greene, "Will stock options lose their sex appeal?" *Business Week*, 21 jul. 2003, p. 23-35.

---

a maioria dos trabalhadores não percebe uma forte conexão entre remuneração e desempenho. Apenas 29 por cento dizem que seu desempenho é recompensado quando fazem um bom trabalho.[81]

Os planos de remuneração variável estão ganhando popularidade internacional. Por exemplo, 21,8 por cento das empresas do Japão agora adotam esse sistema de pagamento. A taxa era inferior a 10 por cento em 1980.[82]

A popularidade dos programas de participação nos resultados parece limitada às grandes indústrias manufatureiras sindicalizadas, como American Safety Razor, Champion Spark Plug, Cincinnati Milacron, Hooker Chemical e Mead Paper. Por exemplo, entre as mil maiores empresas listadas pela revista *Fortune*, 45 por cento implementaram planos de remuneração variável.[83]

Planos de remuneração por habilidades

As organizações contratam as pessoas por causa de suas habilidades, determinam seus cargos e as remuneram de acordo com seu posto ou categoria. Mas se as empresas contratam as pessoas em função de sua competência, por que não usam este mesmo critério para remunerá-las? Algumas organizações o fazem.[84] Por exemplo, os funcionários de produção e de manutenção da JLG Industries, no Estado da Pensilvânia, ganham 30 centavos de dólar a mais por hora para cada nova habilidade que desenvolvem dentro de um conjunto específico de atividades. Os funcionários da American Steel & Wire podem engordar sua remuneração anual em até 12.480 dólares ao desenvolver até dez habilidades diferentes. A Frito-Lay Corporation vincula a remuneração dos gerentes das linhas de frente ao desenvolvimento de suas habilidades em liderança, em desenvolvimento de pessoal e em excelência funcional.

O que são planos de remuneração por habilidades?

A remuneração por habilidades é uma alternativa à remuneração com base no cargo. Em vez de ter o cargo que a pessoa ocupa na organização como o fator determinante de sua categoria salarial, o **plano de remuneração por habilidades** (às vezes chamado também de *remuneração por competências*) estabelece o nível salarial com base na quantidade de habilidades do funcionário, ou na variedade de funções que ele é capaz de desempenhar.[85]

Qual é o atrativo desse tipo de plano de remuneração? Do ponto de vista dos dirigentes, é a flexibilidade. É mais fácil atender às necessidades de provimento de cargos quando os funcionários são polivalentes. Isto é particularmente verdadeiro nos dias de hoje, quando tantas empresas reduziram o tamanho de seus quadros de pessoal. As organizações que fizeram *downsizing* precisam de funcionários mais generalistas e menos especialistas. Além de estimular os trabalhadores a ampliar o leque de suas competências, esses planos ainda trazem outros benefícios. Eles facilitam a comunicação dentro das organizações porque as pessoas passam a entender melhor o trabalho das outras. Também enfraquecem o comportamento disfuncional de "proteção do território". Onde esses planos são adotados, é mais difícil ouvir a frase "Isto não é meu serviço!". Além disso, esses planos ajudam a satisfazer as necessidades daqueles funcionários mais ambiciosos, que não têm muitas oportunidades de progresso em seu cargo. Essas pessoas podem aumentar seus rendimentos sem a necessidade de uma promoção. Finalmente, os planos de remuneração por habilidades parecem levar a melhorias do desempenho. Uma ampla pesquisa junto às mil empresas listadas pela revista *Fortune* revelou que 60 por cento das companhias que adotaram planos de remuneração por habilidades consideraram que eles tiveram sucesso, ou muito sucesso, em aumentar o desempenho organizacional, enquanto apenas 6 por cento consideraram que estes planos foram malsucedidos, ou muito malsucedidos, em melhorar o desempenho.[86]

Qual seria o lado negativo desses planos? As pessoas podem "atingir o ápice" — aprender todas as habilidades disponíveis no programa. Isto pode levar os funcionários à frustração depois de eles terem sido desafiados por um ambiente de aprendizado, crescimento e contínuo aumento de remuneração. As habilidades podem se tornar obsoletas. Quando isso acontece, o que os dirigentes devem fazer? Reduzir a remuneração do funcionário ou continuar pagando por habilidades que não são mais relevantes? Também existe o problema da remuneração pelas habilidades que foram adquiridas, mas para as quais não existe uma necessidade imediata. Isto ocorreu na IDS Financial Services.[87] A empresa percebeu que estava pagando mais aos funcionários, ainda que não houvesse uso imediato para aquelas habilidades adquiridas. A IDS acabou por abandonar seu plano de remuneração com base nas habilidades e trocou-o por outro em que havia um equilíbrio entre as contribuições individuais e os ganhos da produtividade do trabalho em equipe. Finalmente, os planos de remuneração por habilidades não enfocam o nível de desempenho. Eles estão voltados apenas para a questão de as pessoas conseguirem, ou não, realizar determinadas competências. O nível do desempenho pode ser discutível em algumas habilidades, como a inspeção de qualidade ou a liderança de equipes. Embora seja possível avaliar o desempenho dos funcionários em cada habilidade e combinar esta avaliação com um plano de remuneração por habilidades, isto não é parte inerente desses programas.

> Em sua fábrica de Minneapolis, a Turck Manufacturing necessita de funcionários altamente qualificados para atender à crescente demanda global por seus produtos de alta tecnologia. A Turck iniciou um programa de treinamento para que os funcionários da produção aprendam tarefas mais complexas. Durante as aulas semanais, os funcionários são encorajados a aprender novas habilidades, como ler os esquemas de circuitos impressos ou soldar, como aparece na foto. O plano de remuneração por desempenho recompensa os funcionários por aprender novas habilidades. Por exemplo, aprendizado de uma nova habilidade pode se traduzir em promoções e em aumentos salariais de até 50 por cento.

Vinculando os planos de remuneração por habilidades com as teorias sobre motivação

Os planos de remuneração por habilidades são coerentes com diversas teorias sobre motivação. Como eles estimulam as pessoas para o aprendizado, o crescimento e a expansão de suas habilidades, são coerentes com a teoria ERG. Entre os trabalhadores substancialmente satisfeitos em suas necessidades de nível baixo, a oportunidade de crescer pode ser um agente de motivação.

Remunerar as pessoas para que expandam seu leque de competências também é coerente com as pesquisas sobre as necessidades de realização. Os grandes realizadores têm uma tendência a fazer as coisas de forma melhor e mais eficiente. Ao aprender novas habilidades ou aprimorar as que já possuem, eles acharão seu trabalho mais desafiador.

Existe também uma ligação entre a teoria do reforço e os planos de remuneração por habilidades. Estes planos estimulam os funcionários a desenvolver sua flexibilidade, a continuar aprendendo, a treinar outras tarefas, a serem generalistas em vez de especialistas, e a trabalhar cooperativamente com os outros dentro da organização. Desde que estes comportamentos sejam os desejados pelos dirigentes da empresa, o plano pode funcionar como um reforço.

Os planos de remuneração por habilidades podem trazer também implicações para a eqüidade. Quando os funcionários fazem suas comparações de contribuições–resultados, as habilidades podem oferecer um critério de investimento muito mais justo do que, por exemplo, a educação ou o tempo na empresa. À medida que os funcionários percebem as habilidades como uma variável crítica para o desempenho, o uso dos planos de remuneração por habilidades pode aumentar a percepção de eqüidade e ajudar a otimizar a motivação deles.

Os planos de remuneração por habilidades na prática

Diversos estudos têm se dedicado à investigação do uso e da eficácia de planos de remuneração por habilidades. A conclusão geral, com base nesses estudos, é que esses planos estão se expandindo e costumam levar à melhoria do desempenho e da satisfação dos trabalhadores.[88]

Pesquisas adicionais descobriram outras tendências interessantes. O crescente uso das habilidades como base de remuneração parece mais forte nas empresas que enfrentam uma concorrência global agressiva ou em companhias com produtos de ciclo de vida mais curto, que têm a necessidade de chegar rapidamente ao mercado.[89] Além do mais, esses planos estão se expandindo do chão de fábrica para os escritórios das organizações e, eventualmente, chegam ao escalão dos executivos.[90]

Os planos de remuneração por habilidades parecem ser a idéia do momento. Como notou um especialista, "vagarosa, mas firmemente, estamos nos tornando uma sociedade baseada em habilidades, onde o seu valor de mercado está vinculado àquilo que você sabe fazer e ao seu elenco de habilidades. Neste mundo novo, onde o que realmente conta são as habilidades e o conhecimento, não faz mais nenhum sentido tratar as pessoas em função dos cargos que ocupam. Faz sentido tratá-las como pessoas com habilidades específicas e remunerá-las de acordo com isso".[91]

Benefícios flexíveis

Todd Evans e Allison Murphy trabalham no Citigroup, mas têm necessidades muito diferentes em relação aos benefícios adicionais. Todd é casado, tem três filhos pequenos e sua mulher é dona-de-casa. Allison também é casada, mas seu marido é um alto funcionário de um órgão governamental e eles não têm filhos. Todd preocupa-se com um bom plano de saúde e um seguro de vida suficientemente polpudo para amparar sua família caso algo lhe aconteça. Em comparação, o marido de Allison já tem um plano de saúde que cobre as necessidades dela e o seguro de vida tem uma prioridade baixa para ambos. Allison prefere ter mais tempo livre e benefícios financeiros de longo prazo, como uma poupança isenta de impostos.

Um plano único de benefícios para todos os funcionários do Citigroup não conseguiria atender às necessidades individuais de Todd e de Allison. Mas isto é possível se a empresa oferecer benefícios flexíveis.

O que são os benefícios flexíveis?

Os **benefícios flexíveis** são planos que permitem aos funcionários escolher entre diversos itens de um cardápio de opções de benefícios. A idéia é permitir que cada funcionário escolha seu pacote de acordo com suas próprias necessidades e situação. Esses programas substituem o tradicional plano "igual para todo o mundo", que dominou as organizações por mais de 50 anos.[92]

Os benefícios adicionais oferecidos pelas empresas representam, em média, cerca de 40 por cento dos salários dos funcionários. Os programas tradicionais de benefícios foram desenhados para atender ao funcionário típico da década de 1950 — um homem com uma esposa e dois filhos para sustentar. Menos de 10 por cento dos trabalhadores de hoje se ajustam a este estereótipo. Enquanto 25 por cento dos trabalhadores hoje são solteiros, cerca de um terço da força de trabalho é membro de um casal com duas fontes de renda e sem filhos. Desta forma, os programas tradicionais não atendem mais às necessidades dessa força de trabalho diversificada. Os planos de benefícios flexíveis, contudo, atendem. Eles podem ser personalizados para atender a diferentes necessidades conforme a faixa etária, estado civil, benefícios do cônjuge, número e idade dos dependentes e assim por diante.

Os três tipos de plano de benefícios mais comuns são os planos modulares, os nucleares e os de crédito flexível.[93] Os *planos modulares* são formados por pacotes pré-definidos de benefícios, de modo que cada módulo pode ser acrescido para atender às necessidades de grupos específicos de funcionários. Assim, um módulo projetado para atender a funcionários solteiros, sem dependentes, poderia incluir apenas os benefícios básicos. Um outro, projetado para solteiros com filhos, poderia incluir também seguro de vida, de acidentes e maior cobertura de assistência médica. Os *planos nucleares* consistem de um núcleo fixo de benefícios essenciais e um "cardápio" de benefícios adicionais, que podem ser escolhidos e anexados ao núcleo de benefícios essenciais pelos funcionários. Cada funcionário utiliza seu "crédito de benefício" para "comprar" os benefícios específicos para suas necessidades individualizadas. Os *planos de crédito flexíveis* permitem que o funcionário use até uma determinada quantia, estabelecida pelo plano, para pagar os serviços que contratar de modo particular. É uma maneira conveniente para a utilização de serviços médicos e odontológicos, por exemplo. Nos Estados Unidos, este tipo de plano possui uma vantagem adicional, pois as despesas pagas desta forma estão livres de impostos, o que significa uma economia extra para o funcionário.

Vinculando os benefícios flexíveis com a teoria da expectativa

A idéia de dar a todos os funcionários os mesmos benefícios parte da premissa de que as necessidades deles são todas iguais. Evidentemente, sabemos que esta premissa é falsa. Dessa forma, os benefícios flexíveis transformam os gastos com benefícios em agentes de motivação.

Coerentemente com a teoria da expectativa, que sustenta que as recompensas organizacionais devem estar vinculadas às metas individuais dos funcionários, os benefícios flexíveis individualizam as recompensas, permitindo que cada funcionário escolha o pacote de opções que melhor atenda às suas necessidades.

Os benefícios flexíveis na prática

Hoje em dia, quase todas as grandes corporações norte-americanas oferecem planos de benefício flexíveis. E parece que os benefícios flexíveis também estão se tornando uma norma em outros países. Por exemplo, uma pesquisa recente com 136 empresas canadenses revelou que 93 por cento delas já adotava, ou planejava adotar, algum tipo de plano de benefícios flexíveis.[94] Uma pesquisa similar realizada com 307 empresas no Reino Unido mostrou que, embora apenas 16 por cento delas já adotassem tais planos, 60 por cento empreendiam processos de implementação ou consideravam seriamente a sua adoção.[95]

Resumo e implicações para os executivos

Neste capítulo e no anterior, apresentamos uma série de teorias sobre motivação e suas aplicações. Embora seja sempre uma temeridade tentar sintetizar um grande número de idéias complexas em apenas umas poucas linhas de orientação, as sugestões a seguir resumem a essência daquilo que sabemos sobre como motivar os funcionários em uma organização.

Reconhecer as diferenças individuais

Os funcionários possuem necessidades diferentes. Não os trate como se fossem todos iguais. Mais que isto, procure compreender o que é importante para cada um deles. Isto vai permitir que você individualize as metas, os níveis de envolvimento e as recompensas, no sentido de alinhá-los com as necessidades individuais. Além disso, planeje as tarefas conforme as necessidades individuais para que elas maximizem o potencial de motivação no trabalho.

Utilize os objetivos e o feedback

Os funcionários precisam ter metas específicas e difíceis, bem como feedback em relação a seu progresso em direção a essas metas.

Permita que os funcionários participem das decisões que os afetam

Os funcionários podem contribuir com diversas decisões que os afetam: fixação de objetivos de trabalho, escolha de seus próprios pacotes de benefícios, solução de problemas de qualidade e produtividade e coisas do gênero. Isso pode melhorar a produtividade do funcionário, seu comprometimento com os objetivos, sua motivação e sua satisfação com o trabalho.

Vincule as recompensas ao desempenho

As recompensas devem estar de acordo com o desempenho. Mais ainda, os funcionários precisam perceber isto claramente. Independentemente de quanto as recompensas estiverem vinculadas ao desempenho, se os funcionários não perceberem esta ligação, os resultados serão desempenho fraco, diminuição da satisfação com o trabalho e aumento das taxas de rotatividade e absenteísmo.

Verifique a eqüidade do sistema

As recompensas também precisam ser percebidas como justas em relação às contribuições que os funcionários trazem para o trabalho. Em um nível bem simplista, isto quer dizer que a experiência, as habilidades, as capacidades, o esforço e outras contribuições óbvias devem explicar as diferenças de desempenho e, por conseguinte, a remuneração, as atribuições de tarefas e outras recompensas óbvias.

PONTO ▶

Profissionais altamente qualificados são mais difíceis de motivar

Os profissionais altamente qualificados são muito diferentes dos demais trabalhadores. E são mais difíceis de motivar. Por quê? Porque eles não respondem aos mesmos estímulos que os demais funcionários.

Profissionais como engenheiros, contadores, advogados, enfermeiros ou programadores de software não são iguais aos demais funcionários. Eles têm um compromisso forte e de longo prazo com sua área de atuação. Sua lealdade quase sempre está mais dirigida à profissão do que ao empregador. As recompensas tradicionais, como dinheiro e promoções, não costumam ser eficazes para estimular uma dedicação extra destes profissionais.

Os profissionais altamente qualificados têm comprometimento com sua profissão, não com a empresa que os contrata. Por exemplo, uma enfermeira pode trabalhar no Mercy Hospital, mas ela lê revistas técnicas, participa da associação de classe, assiste a palestras sobre enfermagem e mantém contato constante com suas colegas de profissão. Quando perguntarmos o que faz, é mais provável que ela responda "Sou enfermeira profissional" do que "Trabalho no Mercy Hospital".

Dinheiro e promoções geralmente estão no final da lista de prioridades dos profissionais altamente qualificados. Por quê? Porque normalmente eles são bem remunerados e gostam do que fazem. Raramente sentem vontade de deixar sua especialidade profissional para se envolverem com responsabilidades gerenciais. Eles investiram muito tempo e esforço no desenvolvimento de suas habilidades. Freqüentaram os bancos escolares por muitos anos até chegar ao ponto em que estão em suas profissões. Eles ainda investem regularmente — em leituras, cursos, conferências e outros eventos — para manter suas habilidades atualizadas. Assumir funções gerenciais geralmente significa cortar os laços com a profissão, perder o contato com as novidades da sua área e correr o risco de ver todo o seu investimento em conhecimento tornar-se obsoleto.

Esta lealdade à profissão e o pouco interesse pelas recompensas tradicionais da empresa faz com que a motivação dos profissionais altamente qualificados seja mais desafiadora e complexa. Eles não respondem às recompensas tradicionais. Como seu compromisso primário é com a profissão, e não com seu empregador, eles mostram maior probabilidade de deixar o emprego quando insatisfeitos. Como empregador, você pode ter suas justificativas para não ter muito interesse em desenvolver e manter profissionais altamente qualificados em seu quadro de pessoal, já que é pouco provável que eles demonstrem muita lealdade em reciprocidade a seus esforços.

◀ CONTRAPONTO

Antes de mais nada, vamos examinar a afirmação de que os profissionais altamente qualificados são diferentes dos demais trabalhadores. Uma das diferenças mais citadas é o compromisso que eles têm com sua profissão. Mas isto não é exclusividade dos assim chamados profissionais altamente qualificados. Por exemplo, encanadores, eletricistas e outros técnicos que não são considerados profissionais altamente qualificados, costumam ver a si próprios como muito mais vinculados a seus sindicatos ou associações do que a seus empregadores. Da mesma forma, os operários de montadoras de veículos, por exemplo, têm seu compromisso primordial com o sindicato, e não com a fábrica em que trabalham.

Mesmo que aceitemos tais diferenças, elas facilitam a motivação dos profissionais altamente qualificados, e não a dificultam. Para uma boa parte deles, o trabalho é a sua vida. Sua semana de trabalho não se reduz a cinco dias, cada um com oito horas. Trabalhar mais de 60 horas por semana é comum para estes profissionais. Eles adoram o que fazem e preferem trabalhar a fazer qualquer outra atividade. Portanto, como eles amam o seu trabalho, geralmente estão automotivados.

Que fatores determinam seu prazer no trabalho? O desafio no trabalho é muito valorizado. Eles gostam de enfrentar problemas e encontrar soluções. Preferem tarefas com alta pontuação no modelo de características do trabalho, ou seja, que ofereçam variedade, identidade, significância, autonomia e feedback. Os profissionais também valorizam o apoio, o reconhecimento e as oportunidades para aprimorar e expandir suas habilidades específicas.

Então, como motivar estes profissionais? Mantenha-os constantemente envolvidos com projetos desafiadores. Dê-lhes autonomia para seguir seus interesses e permita que estruturem seu trabalho da maneira que considerarem mais produtiva. Recompense-os com oportunidades educacionais — treinamentos, workshops, conferências... — que lhes permitam manter-se atualizados em suas áreas. Recompense-os também com reconhecimento. Considere, inclusive, a possibilidade de criar planos de carreiras alternativos para que eles possam ter mais status e ganhar mais dinheiro sem precisar assumir responsabilidades administrativas. Em empresas como Merck & Co., IBM e AT&T, os melhores cientistas, engenheiros e pesquisadores recebem títulos como cientistas associados ou seniores. O prestígio e a remuneração são semelhantes aos dos altos executivos, mas sem a correspondente autoridade e responsabilidade.

Questões para revisão

1. Relacione a teoria da fixação de metas ao processo de administração por objetivos. Em que eles são similares? Quais as diferenças?

2. O que são os planos de participação acionária dos funcionários? Como eles podem influenciar positivamente a motivação dos funcionários?

3. Explique os papéis dos funcionários e dos administradores nos círculos de qualidade.

4. Quais são as vantagens dos programas de remuneração variável sob o ponto de vista dos funcionários? E do ponto de vista dos dirigentes?

5. Faça uma comparação entre a remuneração por habilidades e a remuneração com base no cargo exercido.

6. O que é participação nos resultados? Como explicar sua recente popularidade?

7. Quais são as vantagens do horário flexível a partir do ponto de vista do funcionário? E do ponto de vista da administração?

8. Quais são as vantagens do compartilhamento de tarefas a partir do ponto de vista do funcionário? E do ponto de vista da administração?

9. Qual o papel do dinheiro na administração por objetivos, no reconhecimento dos funcionários, no planejamento do trabalho e na remuneração por habilidades?

10. O que você, como executivo, pode fazer para aumentar a probabilidade de seus subordinados exercerem um esforço maior no trabalho?

Questões para reflexão crítica

1. Identifique cinco critérios diferentes segundo os quais as organizações possam remunerar seus funcionários. Com base em sua experiência e conhecimento, você acha que o desempenho é o critério mais utilizado na prática? Discuta.

2. "O reconhecimento pode ser um agente de motivação momentâneo, mas não tem qualquer poder permanente. É um reforço vazio. Por quê? Porque ninguém vai ao supermercado e compra alguma coisa com o reconhecimento!" Você concorda ou discorda? Discuta.

3. "O desempenho não pode ser medido e qualquer tentativa de vincular a remuneração ao desempenho é pura fantasia. As diferenças de desempenho são geralmente causadas pelo sistema, o que significa que a organização acaba recompensando as circunstâncias. É a mesma coisa que recompensar o meteorologista por um dia ensolarado." Você concorda com esta afirmação? Justifique sua resposta.

4. É indiscutível o fato de que aumentou enormemente a diferença entre os salários médios dos trabalhadores e a remuneração dos altos executivos nos Estados Unidos. Em 1980, um executivo ganhava 42 vezes o salário de um operário. Em 1990, esta proporção pulou para 85 vezes. Em 2000, ela subiu para 531 vezes. Quais as implicações desta tendência para a motivação nas organizações?

5. Este livro argumenta a favor do reconhecimento das diferenças individuais. Ele também sugere que se preste atenção aos membros de grupos diversificados. Isto é contraditório? Discuta.

Exercício de grupo

Tarefa de fixação de objetivo

Finalidade   Este exercício vai ajudá-lo a aprender a redigir objetivos tangíveis, observáveis, mensuráveis e relevantes, que devem decorrer de um programa de administração por objetivos.

Tempo para realização   Aproximadamente de 20 minutos a 30 minutos

Instruções
1. Separem-se em grupos de três a cinco elementos.
2. Discutam, por alguns minutos, o trabalho de seu professor. O que ele faz? O que define um bom desempenho em seu trabalho? Quais os comportamentos que podem levar a um bom desempenho?
3. Cada grupo deve elaborar uma lista de cinco objetivos que, embora sem a participação do professor, poderiam ser desenvolvidos em um programa de

administração por objetivos em sua faculdade. Tente selecionar os objetivos que pareçam mais críticos para o desempenho eficaz do professor.

4. Cada grupo deve eleger um líder que vai compartilhar com o restante da classe os objetivos elaborados pela equipe. Para cada objetivo, a discussão deve enfocar sua (a) especificidade, (b) facilidade de mensuração, (c) importância, e (d) propriedades motivacionais.

Dilema ético
Os altos executivos norte-americanos ganham demais?

Os críticos se referem aos astronômicos pacotes de remuneração dos presidentes de empresas norte-americanos como uma "ganância excessiva". Comentam, por exemplo, que, entre 1980 e 2002, a média de salários e bonificações pagas a esses executivos nas maiores empresas do país aumentou, descontada a inflação do período, 442 por cento — de 1,4 milhão para 7,4 milhões de dólares. Enquanto isso, no mesmo período, o salário médio dos demais trabalhadores subiu apenas 1,6 por cento — de 30.344 para 30.722 dólares. Para se ter uma idéia da desproporção, se o salário médio tivesse subido na mesma proporção da alta da remuneração dos executivos, um operário estaria recebendo hoje um salário médio de 164.018 dólares!

Os altos níveis de remuneração de executivos parecem ter se difundido por todo os Estados Unidos. Entre 2000 e 2002, por exemplo, Larry Ellison, da Oracle, levou para casa 781,4 milhões de dólares; Henry Silverman, da Cendant, recebeu 184,5 milhões de dólares; e John Chambers, da Cisco System, ficou com 157,6 milhões de dólares. E não pense que as ações destas empresas se valorizaram nesses três anos. Os dividendos pagos por elas a seus acionistas, na verdade, foram reduzidos em mais de 60 por cento entre 2000 e 2002! Há 25 anos, um executivo que ganhasse um milhão de dólares em um ano virava manchete de jornal. Hoje em dia, tornou-se "rotina" ver os altos executivos das grandes empresas norte-americanas receberem mais de um milhão de dólares de remuneração, independentemente da lucratividade da empresa ou do valor de suas ações na bolsa.

Como explicar esses pacotes de remuneração astronômicos? Alguns diriam que isso representa uma reação clássica da economia a uma situação em que a demanda por talentos de grande qualidade para serem executivos de alto escalão é forte, e a oferta desses talentos é pequena. Ira Kay, consultor em remuneração, diz: "Não é justo comparar executivos com os demais trabalhadores. Seu mercado é o mercado global para executivos". Outros argumentos a favor dessas quantias enormes são a necessidade de se remunerar a tremenda responsabilidade e estresse que esses indivíduos enfrentam; o potencial motivador que rendimentos anuais de seis a oito dígitos têm sobre os executivos, atuais e aspirantes; a necessidade de se contar com os melhores profissionais, que poderiam estar no mercado financeiro (que paga mais); e a influência que os executivos exercem sobre os resultados financeiros finais da empresa.

Contrapondo-se à argumentação do mercado global, o fato é que a remuneração de executivos é bem mais alta nos Estados Unidos do que em outros países. Os executivos norte-americanos ganham mais do que o dobro de seus colegas canadenses, quase o triplo dos ingleses e quatro vezes mais que os executivos alemães. Esta diferença fica ainda maior quando comparada com o salário médios dos trabalhadores. Os executivos norte-americanos ganham 531 vezes o salário de um operário. Em comparação, esta proporção é de 25 por 1 para os ingleses, 21 por 1 para os canadenses, e 11 por 1 para os alemães.

Os críticos da remuneração dos executivos norte-americanos argumentam que estes executivos escolhem os membros dos conselhos de administração entre aqueles com quem podem contar para manter seus rendimentos em ritmo crescente (incluindo planos de bônus lucrativos e de participação acionária). Se esses membros se recusarem a "colaborar", arriscam-se a perder suas posições, seus honorários e o poder e prestígio inerentes à função.

A alta remuneração dos executivos norte-americanos é um problema? Se é, os culpados são os próprios executivos ou os membros dos conselhos, que, sabidamente, permitem esta prática? Os executivos norte-americanos são gananciosos? Estariam agindo de maneira pouco ética? O que você acha?

Fonte: Dados de H. Sklar, "CEO pay still outrageous", www.raisethefloor.org; 24 abr. 2003; e G. Moregenson, "Explaining (or not) why the boss is paid so much", *New York Times*, 25 jan. 2004, p. 1BU.

Estudo de caso
Quando as bonificações desaparecem

Sean Neale está enfrentando um dilema. E ele não está sozinho. Como muitos outros executivos, Sean está lutando para encontrar caminhos criativos para manter a motivação de seus funcionários.

Sean é presidente de uma indústria de robótica do Meio-Oeste dos Estados Unidos. A empresa prosperou na década de 1990, quando seu faturamento quase triplicou e a força de trabalho dobrou. O preço das ações da empresa subiu de 8 para quase 60 dólares. E os funcionários prosperaram porque a empresa adotou um sistema de remuneração por desempenho. A cada ano, 20 por cento dos lucros eram destinados a um fundo de bonificação, que era utilizado para recompensar os funcionários. A participação nos lucros rendeu ganhos extraordinários de 7.800 dólares em 1998 e de 9.400 dólares em 1999. Em 2000, este ganho caiu para 2.700 dólares. A empresa teve prejuízo em 2001 e 2002, anos em que não houve lucro para ser compartilhado. Neste período, os executivos de Sean não foram poupados das perdas. O bônus médio dos executivos em 1999 foi superior a 150 mil dólares. Como os demais funcionários, os executivos não receberam nada além de seus salários nominais em 2001 e 2002.

A situação enfrentada por Sean é comum a diversas empresas. Os incentivos pagos na década de 1990 foram se degradando, e em 2002 e 2003 os trabalhadores já se davam por felizes apenas por se manterem empregados. A Ford Motors, por exemplo, eliminou as contribuições de previdência privada dos funcionários administrativos e suspendeu os aumentos por mérito de cerca de 2.200 executivos; a empresa de comunicações Tribune Co., de Chicago, congelou salários e reduziu em 5 por cento a remuneração de 140 de seus altos executivos; e a Hewlett-Packard acabou com a participação nos lucros em 2001. Uma pesquisa realizada em 2002 com 391 empresas revelou que 48 por cento delas planejavam reduzir nos 12 meses seguintes as recompensas por desempenho tanto para os executivos como para os demais funcionários.

Questões

1. Quais as implicações que você encontra neste caso em relação à remuneração por desempenho?

2. Se você fosse Sean Neale, o que ofereceria a seus funcionários como alternativa de recompensa, sem comprometer a viabilidade econômico-financeira da empresa? Especifique.

Fonte: Este caso baseia-se em S. Jones, "When the perks fade", *Wall Street Journal*, 11 abr. 2002, p. B12.

PARTE III — O GRUPO

CAPÍTULO 8

Fundamentos do comportamento em grupo

Depois de ler este capítulo, você será capaz de:

OBJETIVOS DO APRENDIZADO

1. Diferenciar os grupos formais dos informais.
2. Comparar dois modelos de desenvolvimento de grupo.
3. Explicar como as exigências do papel mudam em diferentes situações.
4. Descrever como as normas exercem influência sobre o comportamento individual.
5. Explicar o que determina o status.
6. Definir "folga" social e seu efeito sobre o desempenho do grupo.
7. Identificar os benefícios e as desvantagens dos grupos coesos.
8. Listar os pontos fortes e fracos do processo decisório nos grupos.
9. Comparar a eficácia das reuniões de grupo de interação, das reuniões de *brainstorming*, das reuniões nominais e das reuniões eletrônicas.

Pessoas inteligentes, trabalhando em conjunto, às vezes fazem coisas idiotas.[1] Essas "coisas idiotas", na verdade, podem ter contribuído para o desastre do ônibus espacial Columbia, em 2003. Pelo menos, é o que as evidências iniciais sugeriram na primeira audiência pública sobre a tragédia.

A Nasa tem uma longa história de abafar assuntos internos, especialmente quando abalam a imagem da instituição ou interferem nos cronogramas de lançamentos. Por exemplo, a investigação da explosão do Challenger, em 1986, revelou que vários engenheiros estiveram preocupados durante meses com a possibilidade de um problema com os anéis de borracha de vedação durante lançamentos em baixas temperaturas.[2] Mas os processos internos da Nasa impediram que estas pessoas se manifestassem. O inquérito oficial concluiu que a causa direta da explosão do Challenger foi o mau funcionamento da vedação de borracha do tanque externo, 73 segundos depois do lançamento da nave, em um dia gelado de janeiro.

O inquérito da tragédia do Columbia revelou que os engenheiros na Nasa haviam concluído, logo no início do projeto, que a espuma isolante não oferecia riscos para a nave nem para seus tripulantes, embora a causa mais provável do desastre tenha sido exatamente o desprendimento de um grande pedaço dessa espuma. Contudo, o inquérito também revelou que alguns engenheiros continuaram a discutir possíveis problemas envolvendo os ladrilhos de cerâmica especial e a espuma isolante abaixo deles. Mesmo assim, como os engenheiros diretamente responsáveis pelas decisões estavam satisfeitos e acreditavam que nada daquilo oferecia perigo, as discussões não foram levadas adiante, apesar de haver sugestões de que o material poderia causar danos catastróficos. Em outras palavras, havia engenheiros envolvidos na missão Columbia que desconfiavam da possibilidade de problemas com as espumas isolantes, mas que preferiram ficar calados.

Por que estes engenheiros ficaram calados e não levaram suas preocupações até seus superiores? A resposta mais provável é que, dentro da Nasa, a pressão do grupo para o acordo é tão forte que qualquer divergência é abafada. Neste capítulo, vamos discutir as pressões que os grupos exercem sobre os indivíduos, ao examinarmos as normas e o pensamento grupal.

Neste capítulo e no próximo, vamos falar sobre os conceitos básicos de grupos, oferecer fundamentos sobre como os grupos funcionam e mostrar como criar equipes eficazes. Vamos começar definindo grupos e explicando por que as pessoas se juntam a eles.

Definindo e classificando grupos

Um **grupo** é definido como dois ou mais indivíduos, interdependentes e interativos, que se reúnem visando à obtenção de um determinado objetivo. Os grupos podem ser formais ou informais. Entendemos por **grupos formais** aqueles que são definidos pela estrutura da organização, com atribuições de trabalho que estabelecem tarefas. Nestes grupos, o comportamento das pessoas é estipulado e dirigido em função das metas organizacionais. Os seis membros da tripulação de um vôo comercial são um exemplo de grupo formal. Ao contrário, os **grupos informais** são alianças que não são estruturadas formalmente nem determinadas pela organização. Estes grupos são formações naturais dentro do ambiente de trabalho, que surgem em resposta à necessidade de contato social. Três funcionários de departamentos diferentes que regularmente se encontram para almoçar juntos são um exemplo de grupo informal.

É possível fazer uma subclassificação, com grupos de comando, tarefa, interesse ou amizade.[3] Os grupos de comando e tarefa são ditados pela organização formal, enquanto os grupos de interesse e amizade são alianças informais.

Um **grupo de comando** é determinado pelo organograma da organização. Ele é composto por pessoas que se reportam diretamente a um executivo. A diretora de uma escola primária e suas 18 professoras formam um grupo de comando, assim como o diretor de auditoria postal e seus cinco inspetores.

Os **grupos de tarefa**, também determinados pela organização, são formados por pessoas que se reúnem para executar uma determinada tarefa. Contudo, as fronteiras do grupo de tarefa não se limitam ao seu superior hierárquico imediato. Elas podem ultrapassar as relações de comando. Por exemplo, se um estudante é acusado de um crime dentro da universidade, este processo pode exigir a comunicação e coordenação entre o reitor, o diretor da faculdade, o chefe da segurança e os professores. Este conjunto de pessoas poderia ser definido como um grupo de tarefa. Pode-se dizer que todos os grupos de comando são também grupos de tarefa, mas, como estes últimos podem romper as fronteiras hierárquicas dentro da organização, o inverso não é verdadeiro.

As pessoas também podem se reunir para atingir um objetivo comum, sendo ou não membros de um grupo de comando ou de tarefa. Isto é um **grupo de interesse**. Os funcionários que se juntam para tentar mudar seus esquemas de férias, para apoiar um colega que foi demitido ou para reivindicar melhores condições de trabalho formam um bloco unido para lutar por seus interesses comuns.

Os grupos se formam freqüentemente porque seus membros possuem algumas características em comum. Chamamos essas formações de **grupos de amizade**. Essas alianças sociais, que geralmente extrapolam o ambiente de trabalho, podem se basear na mesma faixa etária, na mesma herança cultural, na torcida pelo mesmo time de futebol ou no fato de terem opções políticas semelhantes — para citar apenas algumas das possíveis características comuns.

Os grupos informais prestam um importante serviço ao satisfazer as necessidades sociais de seus membros. Por causa das interações que resultam da proximidade na realização do trabalho, vemos funcionários de uma mesma empresa jogarem golfe juntos, pegarem carona para o serviço, almoçarem juntos ou se reunirem em torno do bebedouro nos momentos de folga. Precisamos reconhecer que esse tipo de interação entre os indivíduos, ainda que informais, afeta profundamente o comportamento e o desempenho de cada um.

Não existe uma razão única para as pessoas se reunirem em grupos. Como a maioria das pessoas pertence a diversos grupos simultaneamente, é óbvio que cada um deles oferece um tipo de benefício diferente. O Quadro 8-1 resume as principais razões pelas quais as pessoas se reúnem em grupos.

Estágios de desenvolvimento do grupo

Os grupos geralmente passam por uma seqüência padronizada em sua evolução. Chamamos esta seqüência de modelo de cinco estágios de desenvolvimento do grupo. Estudos mais recentes, entretanto, indicam que os grupos temporários formados para a realização de uma tarefa específica seguem um padrão totalmente diferente. Nesta seção, vamos descrever o modelo geral de cinco estágios e um modelo alternativo para grupos temporários com tarefas específicas.

O modelo de cinco estágios

Como mostra o Quadro 8-2, o **modelo de cinco estágios de desenvolvimento do grupo** caracteriza um processo que tem cinco etapas diferentes: formação, tormenta, normalização, desempenho e interrupção.[4]

O primeiro estágio, o da **formação**, é caracterizado por uma grande dose de incerteza sobre os propósitos do grupo, sua estrutura e sua liderança. Os membros estão "reconhecendo o terreno" para descobrir quais os comportamentos aceitáveis no grupo. Este estágio termina quando os membros começam a pensar em si mesmos como parte do grupo.

O estágio da **tormenta** é aquele dos conflitos dentro do grupo. Os membros aceitam a existência do grupo, mas demonstram alguma resistência aos limites impostos à sua individualidade. Além disso, existe um conflito sobre quem controlará o grupo. Quando este estágio estiver concluído, haverá uma hierarquia de liderança relativamente clara.

O terceiro estágio é aquele em que se desenvolvem os relacionamentos mais próximos e o grupo passa a demonstrar coesão. Existe agora um forte sentido de identidade grupal e de camaradagem. Este estágio de **nor-**

QUADRO 8-1 Por Que as Pessoas se Reúnem em Grupos?

Segurança. Reunindo-se em grupos, as pessoas podem reduzir a insegurança de "estar sozinho". Elas se sentem mais fortes, têm menos dúvidas e se tornam mais resistentes às ameaças.

Status. A inclusão em um grupo considerado importante pelos outros proporciona reconhecimento e status para seus membros.

Auto-estima. Os grupos podem dar a seus membros uma sensação de valor próprio. Ou seja, além de demonstrar status para os outros, a filiação a um grupo também faz com que seus membros se sintam valorizados por si mesmos.

Associação. Os grupos podem satisfazer necessidades sociais. As pessoas apreciam a constante interação com os outros dentro do grupo. Para muitas pessoas, essas interações no trabalho são a principal fonte de satisfação de suas necessidades de associação.

Poder. As coisas que não podem ser obtidas individualmente geralmente tornam-se possíveis através da ação grupal. Existe poder no agrupamento.

Alcance de metas. Há ocasiões em que é preciso mais de uma pessoa para realizar uma determinada tarefa — há a necessidade de diferentes talentos, conhecimentos ou poderes para que uma meta seja atingida. Nessas circunstâncias, os executivos vão depender da utilização de um grupo formal.

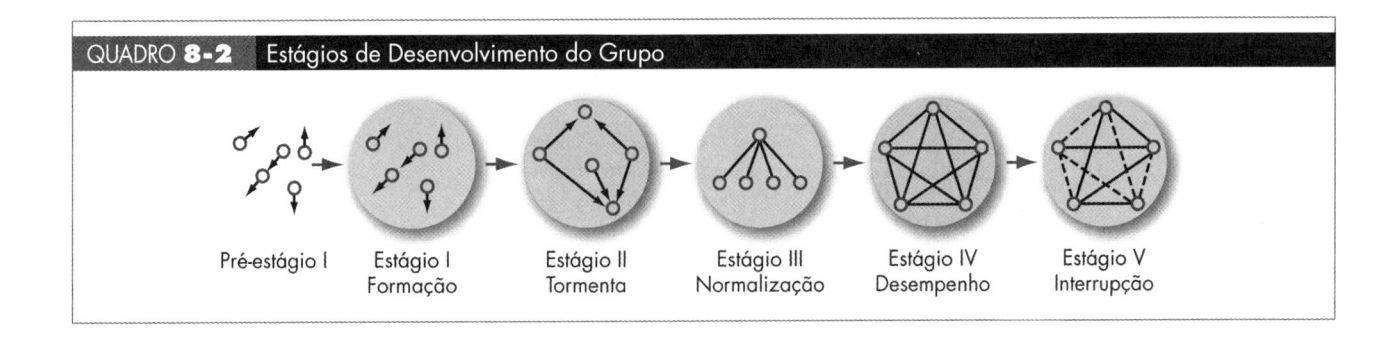

QUADRO 8-2 Estágios de Desenvolvimento do Grupo

Pré-estágio I → Estágio I Formação → Estágio II Tormenta → Estágio III Normalização → Estágio IV Desempenho → Estágio V Interrupção

malização se completa quando a estrutura do grupo se solidifica e ele assimila um conjunto de expectativas que definem qual deve ser o comportamento correto de seus membros.

O quarto estágio é o do **desempenho**. A estrutura, neste momento, é totalmente funcional e aceita. A energia do grupo transfere-se, do esforço voltado ao conhecimento e compreensão mútuos de seus membros, para o desempenho da tarefa que deve ser realizada.

Para os grupos permanentes de trabalho, o desempenho é o último estágio do desenvolvimento. Contudo, para os grupos temporários — como comissões, equipes, forças-tarefa e similares, que possuem uma determinada tarefa a cumprir — existe o estágio da **interrupção**. Nesta etapa, o grupo se prepara para a sua dissolução. O alto desempenho já não é mais a prioridade máxima. Todas as atenções voltam-se para a conclusão das atividades. As reações dos membros variam neste estágio. Alguns se mostram otimistas, confiantes nas realizações do grupo. Outros se mostram abatidos, sentindo a perda da camaradagem e da amizade que nasceu no convívio com o grupo.

Muitos intérpretes do modelo de cinco estágios acreditam que um grupo se torna mais eficaz na medida em que passa pelos quatro estágios do seu desenvolvimento. Embora esta premissa seja geralmente verdadeira, o que torna um grupo eficaz é algo mais complexo do que este modelo pode explicar. Sob certas condições, um alto nível de conflito pode ser o condutor para um alto desempenho. Assim, podemos ter grupos no Estágio II com desempenho melhor que o dos outros grupos nos Estágios III ou IV. Da mesma forma, os grupos nem sempre passam de um estágio para outro de modo claro. Algumas vezes, vários estágios se sobrepõem, como ocorre quando o grupo passa simultaneamente pelas etapas da tormenta e do desempenho. Ocasionalmente, os grupos regridem ao estágio anterior. Portanto, mesmo os maiores defensores desse modelo não sustentam que todos os grupos seguem o processo de cinco estágios, nem que o Estágio IV é sempre o mais desejável.

Um outro problema em relação ao modelo de cinco estágios, em termos da compreensão do comportamento relacionado ao trabalho, é que ele ignora o contexto organizacional.[5] Por exemplo, um estudo sobre pilotos de uma companhia aérea revelou que, em apenas dez minutos, três pessoas que nem se conheciam e foram designadas para aquele vôo tornaram-se um grupo de alto desempenho. O que permitiu esse rápido desenvolvimento do grupo foi o forte contexto organizacional em torno das tarefas a serem realizadas pela tripulação. Esse contexto fornece as regras, as definições de tarefas, as informações e os recursos necessários para o desempenho do grupo. Seus membros não precisam elaborar planos, distribuir papéis, determinar e alocar recursos, resolver conflitos ou fixar normas da maneira prevista no modelo de cinco estágios.

Um modelo alternativo: para grupos temporários com prazos definidos

Os grupos temporários formados para a execução de tarefas com prazos definidos não parecem seguir o modelo descrito acima. Os estudos indicam que eles possuem uma seqüência de ações (ou inações) própria: (1) o primeiro encontro serve para determinar a direção do grupo; (2) a primeira fase de atividade do grupo é de inércia; (3) uma transição acontece no final desta fase, exatamente quando o grupo já gastou mais da metade do tempo alocado para seu funcionamento; (4) uma transição inicia mudanças importantes; (5) uma segunda fase de inércia segue-se à transição; e (6) o último encontro do grupo é caracterizado por atividades marcadamente aceleradas.[6] Esse padrão é chamado de **modelo de equilíbrio pontuado** e é mostrado no Quadro 8-3.

O primeiro encontro determina a direção do grupo. Um esboço dos padrões comportamentais e das premissas que orientarão a abordagem do projeto emerge nesta primeira reunião. Esses padrões duráveis podem surgir nos primeiros segundos de vida do grupo.

Uma vez determinada, a direção do grupo torna-se lei e é pouco provável que seja reexaminada durante a primeira metade da vida do grupo. Este é um período de inércia — ou seja, o grupo tende a manter-se parado ou

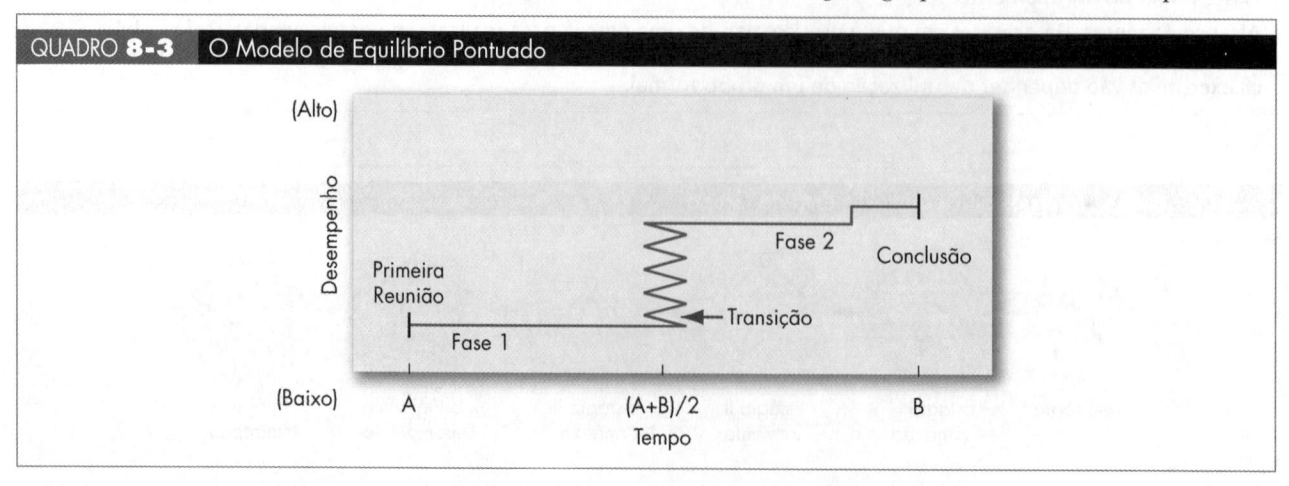

QUADRO 8-3 O Modelo de Equilíbrio Pontuado

preso a um curso de ação fixo. Mesmo se novas percepções desafiarem os padrões e premissas originais, o grupo é incapaz de reagir a elas na fase 1.

Uma das descobertas mais interessantes desses estudos é a de que todos os grupos passam pela transição exatamente no mesmo ponto de seu cronograma — precisamente na metade do seu tempo de vida, entre a primeira reunião e sua data oficial de encerramento —, independentemente de o seu tempo de vida previsto ser de apenas uma hora ou de seis meses. É como se os grupos experimentassem universalmente uma crise de meia-idade. Este ponto parece funcionar como um despertador, alertando os membros do grupo de que o tempo é limitado e é preciso "continuar em frente".

Esta fase de transição encerra a Fase 1 e é caracterizada por inúmeras mudanças, que derrubam os padrões anteriores e adotam novas perspectivas. A transição estabelece uma revisão da direção para a Fase 2.

A Fase 2 é uma nova etapa de equilíbrio ou de inércia. Os membros do grupo executam os planos elaborados no período de transição.

A última reunião do grupo é marcada por uma nova onda de atividades para a conclusão do trabalho.

Em resumo, o modelo de equilíbrio pontuado mostra os grupos exibindo longos períodos de inércia interrompidos por breves momentos revolucionários, com mudanças disparadas principalmente pela consciência dos seus membros em relação à limitação do tempo. Lembre-se, contudo, de que este modelo não se aplica a todo e qualquer grupo. Ele se limita exclusivamente aos grupos temporários de tarefa, que trabalham sob prazos rigidamente definidos.[7]

Estrutura do grupo

Os grupos de trabalho não são multidões desorganizadas. Eles possuem uma estrutura que modela o comportamento de seus membros e torna possível a explicação e a previsão de boa parte do comportamento dos indivíduos, bem como do desempenho do grupo em si. Quais são essas variáveis estruturais? Podemos citar entre elas os papéis, as normas, o status, o tamanho do grupo e o seu grau de coesão.

Papéis

Shakespeare disse: "O mundo é um palco e todos os homens e mulheres são apenas atores". Utilizando essa mesma metáfora, todos os membros do grupo são atores, cada qual desempenhando um **papel**. Por este termo, designamos um conjunto de padrões comportamentais esperados, atribuídos a alguém que ocupa uma determinada posição em uma unidade social. A compreensão deste conceito poderia ser muito simples se cada um de nós escolhesse um papel e o desempenhasse de forma regular e consistente. Infelizmente, temos de desempenhar vários papéis diversos, tanto no trabalho como fora dele. Como veremos, um dos aspectos da compreensão do comportamento é perceber qual é o papel que uma pessoa está desempenhando naquele dado momento.

Por exemplo, Bill Patterson é gerente da fábrica da Electrical Industries, um grande fabricante de equipamentos elétricos situado em Phoenix, no Estado do Arizona. Ele desempenha diversos papéis em seu trabalho: é funcionário da Electrical Industries, membro da gerência de nível médio, engenheiro eletricista e o principal porta-voz da empresa junto à comunidade. Fora do trabalho, Bill desempenha ainda outros papéis: marido, pai, católico, membro do Rotary Clube, jogador de tênis, sócio do Thunderbird Country Club e síndico do condomínio onde mora. Muitos desses papéis são compatíveis entre si; outros geram conflitos. Por exemplo, de que maneira sua postura religiosa afeta suas decisões administrativas em assuntos como demissões, artifícios de contabilidade ou informações para os órgãos governamentais? Uma recente oferta de promoção exige que ele mude de cidade, embora sua família goste de morar em Phoenix. Como conciliar as demandas de sua carreira profissional com as demandas de seu papel como chefe de família?

A questão deve ficar bem clara. Assim como Bill Patterson, todos nós desempenhamos diferentes papéis e nosso comportamento varia de acordo com eles. O comportamento de Bill na igreja, domingo de manhã, é diferente de seu comportamento no campo de golfe, mais tarde no mesmo dia. Assim, grupos diferentes impõem exigências de papéis diferentes aos indivíduos.

Identidade do Papel Existem determinadas atitudes e comportamentos efetivos consistentes com um papel e eles criam a **identidade do papel**. As pessoas são capazes de trocar rapidamente de papel quando percebem que uma situação e seus requisitos pedem ostensivamente grandes mudanças. Por exemplo, quando ativistas sindicais foram promovidos para posições de supervisão, em poucos meses descobriu-se que sua postura havia mudado, de pró-sindicato, para pró-empresa. Quando estas promoções tiveram de ser revistas mais tarde, por causa de dificuldades econômicas da empresa, verificou-se que esses supervisores rebaixados voltaram às suas posturas pró-sindicato.[8]

O astro de futebol David Beckham, marido e pai de dois filhos pequenos, desempenha muitos papéis diferentes em diversas áreas. Ele é um jogador importante na posição de meio-de-campo do time espanhol Real Madrid. Em outra área, ele é garoto-propaganda de diversas campanhas publicitárias. Nesta foto, ele aparece em outro papel, o de escritor, promovendo seu livro *My Side* em uma sessão de autógrafos. O comportamento de Beckham varia de acordo com o papel que ele desempenha no momento.

Percepção do Papel A visão que temos sobre como devemos agir em uma determinada situação é a **percepção do papel**. Com base na interpretação de como acreditamos que devemos nos comportar, assumimos certos tipos de comportamento.

De onde tiramos essas percepções? Elas vêm dos estímulos que nos rodeiam — amigos, livros, filmes, televisão. Muitos dos que hoje trabalham como funcionários da Justiça aprenderam seus papéis lendo os romances de Joseph Wambaugh, da mesma forma que muitos advogados do futuro serão influenciados por séries de televisão como *Law & Order* e *The Practice*, e o papel do investigador criminal mostrado em séries como *C.S.I.* atrai milhares de jovens para a criminologia. Evidentemente, a principal razão para a existência de programas de aprendizado em muitas profissões é justamente permitir que os novatos observem um "perito" em ação para que aprendam a agir como se espera.

Expectativas do Papel As **expectativas do papel** são a forma como os outros acreditam que devemos agir em determinada situação. A forma como você se comporta é determinada, em grande parte, pelo papel definido no contexto em que você age. O papel de um juiz de direito é visto como cheio de dignidade e princípios enquanto o papel de um técnico de futebol é visto como agressivo, dinâmico e inspirador para seus jogadores.

No ambiente de trabalho, é interessante examinar esta questão da expectativa através da perspectiva do **contrato psicológico**. Existe um acordo tácito entre os empregados e seus empregadores. Esse contrato estabelece expectativas mútuas — o que os empregadores esperam de seus empregados e vice-versa.[9] Na verdade, esse contrato define qual a expectativa de comportamento que acompanha cada papel. Espera-se que os executivos tratem os funcionários com justiça, forneçam condições aceitáveis de trabalho, comuniquem com clareza o que é um excelente dia de trabalho e dêem feedback sobre o desempenho dos subordinados. Espera-se que os funcionários respondam demonstrando uma atitude positiva, seguindo as orientações e mostrando lealdade à organização.

O que acontece quando as expectativas previstas no contrato psicológico não são atendidas? Se os executivos não honrarem sua parte no acordo, podemos esperar uma repercussão negativa sobre o desempenho e a satisfação dos funcionários. Quando é o funcionário que falha, o resultado geralmente é alguma forma de ação disciplinar, que pode até incluir a sua demissão.

Conflito de Papéis Quando um indivíduo se confronta com diferentes expectativas associadas aos papéis que desempenha, o resultado é o **conflito de papéis**. Isto ocorre quando a pessoa percebe que o compromisso com um papel pode tornar difícil o desempenho de um outro.[10] Em casos extremos, pode-se ter uma situação em que dois ou mais papéis são contraditórios.

Nossa discussão anterior sobre os múltiplos papéis desempenhados por Bill Patterson incluía diversos conflitos entre os papéis — por exemplo, sua tentativa de conciliar as expectativas sobre seus desempenhos como chefe de família e como executivo da Electrical Industries. O primeiro papel, você deve se lembrar, enfatizava a estabilidade e a preocupação em satisfazer o desejo de sua esposa e filhos de permanecer em Phoenix. A Electrical Industries, por seu lado, esperava que seus funcionários fossem receptivos às necessidades e demandas da empresa. Embora pudesse ser do interesse financeiro e profissional de Bill aceitar a mudança de moradia, o conflito se caracterizou como uma escolha entre as expectativas da família e as de sua carreira.

Um Experimento: a Prisão Simulada de Zimbardo Um dos experimentos mais interessantes sobre papéis comportamentais foi realizado pelo psicólogo Philip Zimbardo, da Universidade de Stanford, na Califórnia, e seus parceiros.[11] Eles construíram uma "prisão" no porão do prédio da faculdade de Psicologia. Contrataram, por 15 dólares por dia, duas dúzias de estudantes emocionalmente estáveis, saudáveis e obedientes à lei, cujo resultado em diversos testes de personalidade era de "normal mediano". Atribuíram a eles, aleatoriamente, os papéis de "guarda" ou de "prisioneiro" e estabeleceram algumas regras básicas.

Para dar um início "realista" ao experimento, Zimbardo contou com a cooperação da polícia de Palo Alto. Os policiais foram, de surpresa, à casa dos futuros "prisioneiros", que foram presos, algemados e colocados em um camburão para serem levados à delegacia, tudo isso na frente de vizinhos e amigos. Na delegacia, foram autuados e indiciados. Dali, foram conduzidos à "prisão" em Stanford.

No começo do experimento, programado para durar duas semanas, não havia diferenças mensuráveis entre os indivíduos designados como guardas e aqueles designados como prisioneiros. Além do mais, os guardas não receberam nenhum treinamento para a função. Apenas lhe foi dito que mantivessem "a lei e a ordem" e que não tolerassem qualquer desatino por parte dos prisioneiros. A violência física estava proibida. Para estimular o "realismo" do experimento, os prisioneiros podiam receber visitas de parentes e amigos. Os falsos guardas trabalhavam em turnos de oito horas, e os falsos prisioneiros ficavam todo o tempo em suas celas, saindo apenas para refeições, exercícios, higiene, inspeção rotineira e trabalho.

Levou pouco tempo para que os prisioneiros aceitassem a autoridade dos guardas e para que estes se ajustassem a seus novos papéis de autoridades. Depois que os guardas desarmaram uma rebelião iniciada no segundo dia, os prisioneiros tornaram-se cada vez mais passivos. Qualquer que fosse a ordem dada por um guarda, eles acatavam. Os prisioneiros realmente começaram a acreditar e a agir como se fossem — segundo os guardas sempre lhes diziam — inferiores e fracos. E todos os guardas agiram de maneira autoritária e abusiva pelo menos uma vez durante o experimento. Um dos guardas declarou: "Fiquei surpreso comigo mesmo... Eu fiz com que chamassem uns aos outros pelos piores nomes e limpassem as latrinas com as mãos nuas. Considerava os prisioneiros como gado e pensava: 'Preciso prestar atenção neles, caso tentem alguma coisa'". Outro guarda continua: "Eu já estava cansado de olhar para os prisioneiros com seus trapos e de sentir o mau cheiro deles que impregnava as celas. Eu os observava reclamando, uns para os outros, das ordens que lhes demos. Eles não viam aquilo como um experimento. Era real e eles estavam lutando para manter sua identidade. Mas estávamos ali para lhes lembrar quem era o chefe". Surpreendentemente, durante todo o experimento — mesmo depois de dias de abuso —, nenhum prisioneiro disse: "Chega! Sou um estudante como você. Isto é apenas um experimento".

Esta simulação foi realmente bem-sucedida em demonstrar a rapidez com que os indivíduos aprendem novos papéis. Os pesquisadores tiveram de interromper o experimento depois de apenas seis dias por causa das reações patológicas que os participantes começaram a demonstrar. E, lembre-se, esses indivíduos foram escolhidos exatamente em função de sua "normalidade" e estabilidade emocional.

O que podemos concluir com o experimento da prisão simulada? Os participantes tinham, como todos nós, algumas concepções estereotipadas dos papéis de guarda e prisioneiro — aprendidas através dos meios de comunicação e de suas próprias experiências pessoais em casa (pai-filho), na escola (professor-aluno) e em outras situações. Isso permitiu que eles assumissem, de forma fácil e rápida, papéis que eram muito diferentes de suas próprias personalidades. Neste caso, vimos que pessoas sem qualquer patologia de personalidade ou treinamento anterior foram capazes de desempenhar formas extremas de comportamento, consistentes com os papéis a elas designados.

Normas

Você já percebeu que os jogadores de golfe não falam enquanto um deles está pre-

> Estudantes de Stanford desempenham os papéis de "guardas" e de "prisioneiros" durante um experimento que simulava uma prisão. A experiência tinha a finalidade de demonstrar a rapidez com que os indivíduos são capazes de aprender novos papéis, diferentes de suas personalidades, sem qualquer treinamento especial.

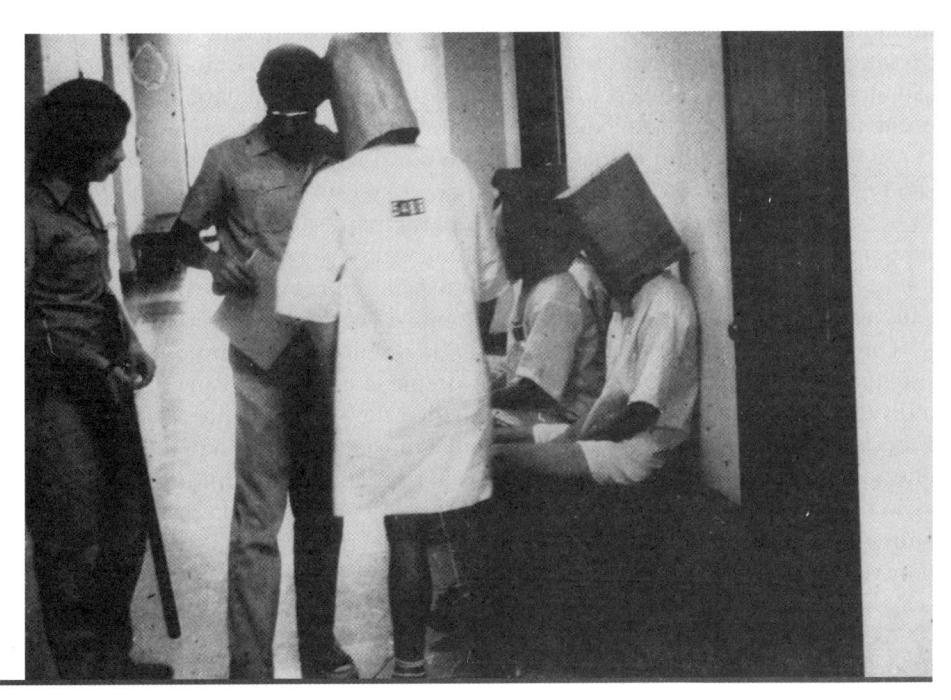

parando uma jogada? Ou que os funcionários não criticam os chefes em público? Por que será? A resposta para isso é: são normas!

Todos os grupos estabelecem **normas**, ou seja, padrões aceitáveis de comportamento que são compartilhados por todos os membros do grupo. As normas dizem aos membros o que eles devem ou não fazer em determinadas circunstâncias. Do ponto de vista individual, elas dizem à pessoa o que se espera que ela faça em certas situações. Quando aceitas e acordadas pelos membros do grupo, as normas agem como meios de influenciar o comportamento dos indivíduos com um mínimo de controle externo. As normas são diferentes para cada grupo, comunidade ou sociedade, mas todos as têm.[12]

Os Estudos em Hawthorne Os cientistas do comportamento costumam concordar que antes do início da década de 1930 não havia um exame amplo da importância das normas como influenciadoras do comportamento dos trabalhadores. Essa análise surgiu de uma série de estudos realizados em Hawthorne, na Western Electric Company, em Chicago, entre 1924 e 1932.[13] Originalmente iniciados por engenheiros da própria Western Electric e depois supervisionados pelo professor de Harvard Elton Mayo, os estudos Hawthorne concluíram que comportamento e sentimentos estão intimamente relacionados, que as influências do grupo afetam significativamente o comportamento individual, que os padrões do grupo têm uma forte influência sobre os resultados individuais e que o dinheiro é um fator menor na determinação de resultados se comparado com os padrões do grupo, os sentimentos do grupo e a segurança. Vamos rever sucintamente este estudo e demonstrar a importância destes achados para a explicação do comportamento dos grupos.

A pesquisa começou com o exame das relações entre o ambiente físico e a produtividade. A iluminação e outras condições de trabalho foram selecionadas para representar o ambiente físico. As primeiras descobertas contradisseram as hipóteses com que os cientistas inicialmente trabalhavam anteriormente.

Eles começaram com experimentos com iluminação envolvendo diversos grupos de trabalhadores. Os pesquisadores manipularam, para mais e para menos, a intensidade da iluminação enquanto observavam possíveis mudanças nos resultados do grupo. Os resultados variaram, mas uma coisa ficou clara: em nenhuma circunstância o aumento ou redução no resultado do grupo foi proporcional à variação da iluminação. Por isso, os pesquisadores incluíram um grupo de controle: o grupo experimental recebia diferentes intensidades de iluminação, enquanto o grupo de controle trabalhava sob uma intensidade de luz constante. Novamente, os resultados foram surpreendentes. Quando a intensidade da iluminação aumentava no grupo experimental, os resultados de ambos os grupos melhoravam. Para a surpresa dos pesquisadores, quando se reduziu a intensidade da luz no grupo experimental, a produtividade continuou crescendo em ambos os grupos. Na verdade, houve queda da produtividade no grupo experimental apenas quando a intensidade da luz foi reduzida para uma luminosidade semelhante à do luar. Os pesquisadores concluíram que a intensidade da iluminação não estava diretamente relacionada à produtividade do grupo, mas não sabiam explicar o comportamento que haviam testemunhado.

Dando seguimento aos experimentos com a iluminação, os pesquisadores iniciaram um outro conjunto de experimentos na linha de montagem de relês. Um pequeno grupo de mulheres foi isolado do grupo principal para que seu comportamento pudesse ser melhor observado. Elas foram colocadas em uma sala de teste com uma linha de montagem em tudo similar àquela em que costumavam trabalhar. A única diferença perceptível era a presença de um pesquisador assistente, que atuava como observador, fazendo registros dos resultados da produção, dos rejeitos, das condições de trabalho e de um planilha diária que relatava tudo o que acontecia na sala. As observações decorrentes do experimento mostraram que a produção deste grupo cresceu de maneira constante. O número de faltas por questões pessoais ou por doença foi um terço menor do que no departamento de produção regular. O que ficou evidente é que o desempenho do grupo foi significativamente influenciado pelo status de ser um grupo "especial". As mulheres participantes do teste consideravam divertido fazer parte do grupo, sentiam-se como uma espécie de elite e acreditavam que os dirigentes da empresa estavam preocupados com seus interesses por realizar tal tipo de experimentação. Em resumo, os trabalhadores envolvidos nas experiências com a iluminação e na linha de montagem reagiram à crescente atenção que estavam recebendo.

Um terceiro estudo foi introduzido na sala de monitoramento de cabos elétricos para avaliar o efeito de um sistema sofisticado de incentivo salarial. A premissa era de que cada operário fosse maximizar sua produtividade individual quando percebesse que tal resultado estava diretamente relacionado a recompensas financeiras. A descoberta mais importante deste experimento é que os operários não melhoraram sua produtividade individual. O que aconteceu foi que a produtividade passou a ser controlada por uma norma grupal que ditava o que era satisfatório produzir a cada dia. Os resultado não estavam apenas sendo restringidos, mas os operários também estavam entregando relatórios com erros propositais. O total declarado da semana devia coincidir com a produção total da semana, mas os relatórios diários indicavam um nível constante de produção, independentemente da produção real do dia. O que estava acontecendo?

As entrevistas revelaram que o grupo estava produzindo bem menos do que sua capacidade real e estava regulando os resultados para se proteger. Seus membros tinham medo de aumentar significativamente os resultados

A partir dos estudos em Hawthorne, os observadores fizeram importantes descobertas sobre como o comportamento individual é influenciado por normas coletivas. O grupo de trabalhadores determinou o resultado ideal do trabalho a ser realizado e instituiu normas para que o desempenho individual ficasse dentro dos limites estabelecidos. Para reforçar estas normas, os trabalhadores usavam sarcasmo, ridicularização e até força física para influenciar os comportamentos individuais considerados inaceitáveis pelo grupo.

e, com isso, fazer com que o incentivo por unidade produzida diminuísse, que a expectativa de produção diária aumentasse, que houvesse demissões ou que os operários mais lentos fossem repreendidos. Assim, o grupo estabeleceu o seu conceito de produção ideal — nem muito, nem muito pouco. Eles se apoiavam mutuamente para assegurar que seus relatórios estivessem em níveis próximos.

As normas estabelecidas pelo grupo incluíam alguns "não seja". *Não seja* um "fura-teto", produzindo mais que o previsto. *Não seja* um trapaceiro, produzindo menos que os demais. *Não seja* um "dedo-duro" a apontar seus colegas.

Como o grupo reforçava estas normas? Seus métodos não eram nem amáveis nem sutis. Incluíam sarcasmo, apelidos ofensivos, ridicularização e até socos nos braços de quem violasse as normas. Aqueles cujo comportamento ameaçasse os interesses do grupo eram colocados no ostracismo.

Os estudos em Hawthorne deram uma contribuição importante para a nossa compreensão do comportamento grupal — especialmente sobre o papel significativo que as normas desempenham na determinação do comportamento individual no trabalho.

Classes Comuns de Normas As normas de um grupo de trabalho são como impressões digitais: únicas. Mesmo assim, existem algumas classes comuns de normas que aparecem na maioria dos grupos.[14]

A classe mais comum, provavelmente, é a das *normas de desempenho*. Os grupos no trabalho normalmente fornecem a seus membros orientações explícitas sobre quanto empenho deve ser colocado no trabalho, como as tarefas devem ser executadas, o nível de resultados esperado, o nível adequado de atrasos e assim por diante.[15] Essas normas são extremamente poderosas na influência que exercem sobre o desempenho individual do funcionário — elas são capazes de alterar significativamente a previsão sobre um desempenho feita antes com base apenas na habilidade e no nível de motivação do funcionário.

Uma segunda categoria engloba as *normas de aparência*. Elas incluem aspectos como a forma correta de se vestir, a lealdade ao grupo de trabalho ou à organização, quando se mostrar ocupado e quando é aceitável tirar uma folga. Algumas organizações possuem regras formais para o vestuário. Contudo, mesmo quando não há regras formais, as normas geralmente ditam as roupas que devem ou não ser usadas para trabalhar. Da mesma forma, aparentar lealdade é importante, especialmente entre os funcionários altamente qualificados e os dos escalões superiores. Desta forma, freqüentemente é considerado inapropriado procurar abertamente por outro emprego.

Outra categoria diz respeito às *normas de organização social*. Elas se originam nos grupos informais e regulam as interações sociais dentro do grupo. Com quem os membros costumam almoçar, suas amizades dentro e fora do trabalho, os jogos sociais — tudo isso é influenciado por essas normas.

Uma categoria final relaciona-se às *normas de alocação de recursos*. Essas normas podem se originar no grupo ou na organização e se referem a aspectos como remuneração, designação de tarefas difíceis e alocação de novas ferramentas e equipamentos.

Conformidade Como membro, você deseja a aceitação do grupo. Por causa desse desejo de aceitação, você se submete às normas impostas pelo grupo. Existem evidências consideráveis de que os grupos exercem forte pressão sobre os indivíduos para que mudem suas atitudes e comportamentos a fim de que se adaptem aos padrões estabelecidos.[16]

As pessoas se submetem a todas as pressões de todos os grupos dos quais participam? Obviamente, não, pois as pessoas participam de muitos grupos diferentes e suas normas variam muito. Em certos casos, os grupos podem até possuir normas conflitantes entre si. O que as pessoas fazem, então? Elas se submetem aos grupos mais importantes a que pertencem ou querem pertencer. Esses grupos importantes são chamados de **grupos de referência**. São caracterizados como aqueles em que as pessoas têm consciência umas das outras; definem-se como membros, ou dos quais gostariam de ser membros; e sentem que os demais membros são significativos para elas.[17] A implicação disso, portanto, é que nem todos os grupos impõem igualmente pressões para a conformidade sobre seus membros.

O impacto que as pressões do grupo pela **conformidade** podem ter sobre as opiniões e atitudes de seus membros foi demonstrado no estudo de Solomon Asch, hoje clássico.[18] Asch montou grupos de sete ou oito pessoas, que foram colocados em salas de aula e deviam comparar dois cartões apresentados por um pesquisador. Um cartão trazia uma única linha, e o outro, três linhas de diferentes tamanhos. Como mostra o Quadro 8-4, uma das linhas do segundo cartão tinha o mesmo comprimento da linha do primeiro. Como também mostra o Quadro 8-4, a diferença de tamanho das linhas era bastante óbvia e, sob condições normais, os indivíduos cometem menos de 1 por cento de erros. O objetivo era anunciar em voz alta qual das três linhas do segundo cartão era igual à linha do primeiro. Mas o que aconteceria se os membros do grupo começassem a dar respostas incorretas? A pressão para a conformidade com a resposta errada iria fazer com que uma pessoa que alterarasse sua resposta para se alinhar com as demais? Era o que Asch queria descobrir. Para isso, ele montou o grupo de maneira que apenas aquela pessoa não soubesse que o experimento era "arranjado". A pessoa foi deixada como a última a dar sua resposta.

O experimento começou com diversos exercícios de comparação entre elementos. Todos os participantes davam as respostas corretas. No terceiro exercício, contudo, o primeiro participante deu uma resposta obviamente errada — como, por exemplo, a letra C no Quadro 8-4. Os demais foram dando a mesma resposta errada até chegar a vez da pessoa do teste. Ela sabia que B era igual a X, embora todos tivessem dito que era C. A decisão que esta pessoa precisava tomar era a seguinte: você vai afirmar publicamente uma percepção que difere da posição assumida por todos os outros membros do grupo? Ou você dá uma resposta que acredita ser errada apenas para ficar em conformidade com eles?

Os resultados obtidos por Asch demonstraram, depois de muitos experimentos, que os participantes buscavam a conformidade em 37 por cento dos casos, ou seja, eles davam a resposta errada para se tornarem consistentes com o restante do grupo. Que sentido podemos tirar destes resultados? Eles sugerem que existem normas coletivas que nos pressionam em direção à conformidade. Ou seja, desejamos ser parte do grupo e não queremos ser vistos como diferentes.

Estas conclusões se baseiam em uma pesquisa realizada há quase 50 anos. Teria o tempo alterado sua validade? Podemos considerar estas descobertas como generalizáveis para todas as culturas? As evidências indicam que houve mudanças na conformidade com o passar do tempo e, também, que as conclusões de Asch têm limitações culturais.[19] Os níveis de conformidade vêm baixando gradativamente desde que Asch fez essa pesquisa no início da década de 1950. Além disso, a conformidade com as normas sociais é mais forte em culturas coletivistas do que nas individualistas. De qualquer modo, mesmo nas culturas altamente individualistas, como a norte-americana, devemos considerar a conformidade com as normas como uma força ainda poderosa nos grupos.

Desvios de Comportamentos no Ambiente de Trabalho Ted Vowinkel está aborrecido com um colega que constantemente espalha fofocas e boatos infundados a seu respeito. Debra Hundley está cansada de um dos

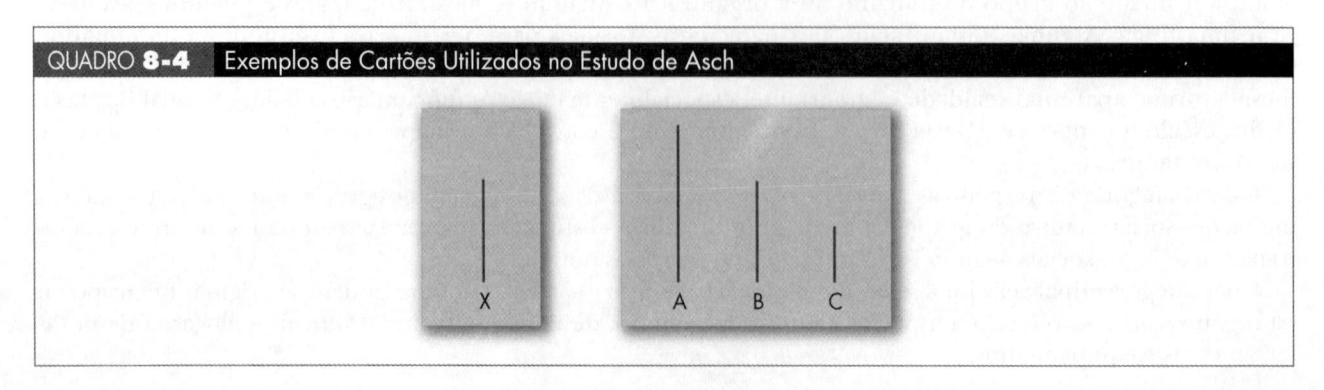

QUADRO 8-4 Exemplos de Cartões Utilizados no Estudo de Asch

membros de sua equipe que, ao confrontar-se com algum problema, desconta sua frustração gritando com ela e com os demais. E Rhonda Lieberman deixou recentemente seu emprego de dentista em uma clínica depois que seu patrão a assediou sexualmente diversas vezes.

O que estes episódios têm em comum? Eles mostram funcionários sendo expostos a **desvios de comportamentos no ambiente de trabalho**.[20] Esta expressão abrange uma ampla gama de atitudes anti-sociais praticadas por membros de organizações, que violam intencionalmente as regras estabelecidas e resultam em conseqüências negativas para as empresas, para seus membros ou para ambos. O Quadro 8-5 oferece uma tipologia desse comportamento, com exemplos de cada um.

Poucas empresas admitem que criam condições que encorajam e sustentam normas desviantes. Mas isto acontece. Muitos trabalhadores relatam, por exemplo, maior rudeza e insensibilidade no trato com os outros por parte dos chefes nos últimos tempos. E quase metade dos funcionários que sofreu maus tratos diz que eles chegaram a pensar em se demitir, sendo que 12 por cento deles realmente o fez por este motivo.[21]

Da mesma forma que as demais normas, as atitudes anti-sociais dos funcionários são forjadas no contexto do grupo ao qual pertencem. As evidências demonstram que a tendência anti-social de um grupo é um indicador significativo do mesmo comportamento por parte de seus membros.[22] Em outras palavras, o desvio de comportamento tende a florescer onde é apoiado por normas coletivas. Para os executivos, isso quer dizer que sempre que normas desviantes surgem no ambiente de trabalho, a cooperação, o comprometimento e a motivação dos funcionários está em risco. E isto, por sua vez, pode comprometer a produtividade e a satisfação dos funcionários e aumentar a rotatividade.

Status

O **status** — isto é, uma posição social definida ou atribuída pelas pessoas a um grupo ou a membros de um grupo — permeia todas as sociedades. Apesar de todos os esforços igualitaristas, até agora pouco progredimos em direção a uma sociedade sem diferenças de classes. Mesmo os menores grupos têm papéis, direitos e rituais que diferenciam seus membros. O status é um importante fator para a compreensão do comportamento humano por ser um motivador importante e por ter sérias conseqüências comportamentais quando os indivíduos percebem uma disparidade entre o status que acreditam possuir e aquele que realmente têm.

O Que Determina o Status? De acordo com a **teoria de características do status**, diferenças nas características geram hierarquias de status dentro dos grupos.[23] Além disso, o status tende a se derivar de três fontes: o poder que uma pessoa exerce sobre as outras; a capacidade de uma pessoa de contribuir para as metas do grupo; e as características pessoais do indivíduo.[24]

Os indivíduos que controlam os resultados de um grupo por meio do seu poder são percebidos como possuidores de um alto status. Isto se deve à sua capacidade de controlar os recursos do grupo. Desta forma, o gerente ou líder formal de um grupo costuma ser percebido como tendo um alto status na medida em que consegue alocar recursos como atribuições desejáveis, horários favoráveis ou aumentos de remuneração. Os indivíduos cuja contribuição é percebida como crítica para o sucesso do grupo também são vistos como detentores de um bom status. Nas equipes esportivas, por exemplo, o "craque" costuma gozar de status mais alto do que o dos demais jogadores. Finalmente, os indivíduos que possuem características pessoais valorizadas pelo grupo — como boa aparência,

QUADRO 8-5 Tipologia de Desvios de Comportamento no Ambiente de Trabalho

Categoria	Exemplos
Produção	Sair mais cedo Reduzir o ritmo de trabalho intencionalmente Desperdiçar recursos
Propriedade	Sabotagem Mentir sobre as horas trabalhadas Roubar da organização
Política	Mostrar favoritismos Fazer fofocas e espalhar boatos Culpar colegas
Agressões pessoais	Assédio sexual Abuso verbal Roubar dos colegas

Fonte: Adaptado de S. L. Robinson e R. J. Bennett, "A typology of deviant workplace behaviors: a multidimensional scaling study", Academy of Management Journal, abr. 1995, p. 565.

Como pesquisadores farmacêuticos do laboratório britânico da Merck & Company, Rebecca Dias, David Reynolds e sua equipe de cientistas estão desenvolvendo novas drogas para o combate ao mal de Alzheimer. Eles gozam de alto status na empresa por causa da sua capacidade de contribuir para o sucesso da Merck. Eles desempenham um papel importante para o futuro da empresa, que depende da qualidade de suas pesquisas para descobrir e desenvolver um fluxo constante de novos medicamentos.

inteligência, dinheiro ou simpatia — geralmente terão um status mais elevado do que aqueles que não possuem tais características. É bom lembrar que uma característica valorizada em um determinado grupo pode não ser apreciada em outros. Assim, sua inteligência pode ser valorizada em um grupo de discussões intelectuais, mas não fará sucesso no seu time de futebol.

Status e Normas O status revelou causar alguns efeitos interessantes sobre o poder das normas e das pressões para a conformidade. Por exemplo, os membros do grupo que gozam de maior status costumam ter mais liberdade para se desviar das normas do que os demais.[25] Essas pessoas também demonstram mais resistência às pressões para a conformidade. Um indivíduo altamente valorizado pelo grupo e que não se sente particularmente atraído pelas recompensas sociais oferecidas por ele é especialmente propenso a não prestar muita atenção às normas.[26]

Estas descobertas explicam por que muitos atletas famosos, estrelas de cinema, vendedores extraordinários ou acadêmicos respeitados parecem livres das exigências de aparência e normas sociais que limitam seus pares. Como pessoas de alto status, eles possuem muito mais autonomia. Mas isso só acontece enquanto suas atividades não causam prejuízo ao alcance dos objetivos do grupo.[27]

Status e Interação Grupal A interação entre os membros dos grupos é influenciada pelo status. Já foi evidenciado, por exemplo, que as pessoas com alto status tendem a ser mais assertivas.[28] Elas se expressam mais freqüentemente, fazem mais críticas, impõem mais ordens e costumam interromper os demais membros. Mas as diferenças de status, na verdade, inibem a diversidade de idéias e a criatividade nos grupos porque os membros com menor status tendem a ser menos participativos nas discussões. Nas situações em que eles possuem habilidades e capacidades importantes para o sucesso do grupo, estas características são subutilizadas, o que reduz o desempenho geral do grupo.

Eqüidade do Status É importante que os membros do grupo percebam a hierarquia de status como justa. Quando é percebida como injusta, gera-se um desequilíbrio que resulta em vários tipos de comportamento corretivo.[29]

O conceito de eqüidade apresentado no Capítulo 6 aplica-se ao status. As pessoas esperam que a recompensa faça jus ao custo incorrido. Se Dana e Anne são as finalistas na disputa para o cargo de enfermeira-chefe de um hospital, e se está claro que Dana tem mais tempo de profissão e está mais preparada para assumir a posição, Anne perceberá a seleção de Dana como justa. Entretanto, se Anne for a escolhida por ser nora do diretor do hospital, Dana se sentirá vítima de uma injustiça.

As pompas que costumam acompanhar as posições formais também são elementos importantes na manutenção da eqüidade. Quando achamos que há uma injustiça entre a posição ocupada por uma pessoa e as mordomias que ela recebe da organização, experimentamos uma incongruência de status. Como exemplo deste tipo de incongruência há o caso em que o melhor escritório do prédio é dado a um funcionário de baixo escalão. Há muito tempo, a incongruência na remuneração é um problema no setor de seguros, onde os melhores corretores costumam ganhar de duas a cinco vezes mais que os executivos seniores da empresa. O resultado é que fica muito difícil para essas empresas convencerem os corretores a ocupar cargos administrativos. Portanto, o ponto em evidência é que os funcionários esperam que as coisas que uma pessoa tem e recebe sejam congruentes com o seu status.

Os grupos geralmente têm um consenso interno quanto aos critérios de status e, desta forma, existe amplo acordo sobre a hierarquia dos seus membros. Entretanto, as pessoas podem enfrentar situações de conflito quando se movimentam de um grupo para outro, cujos critérios de status são diferentes, ou quando se juntam a grupos cujos membros têm históricos heterogêneos. Por exemplo, os executivos podem usar sua renda pessoal ou o índice de crescimento de sua empresa como determinante de sucesso. Os burocratas dos órgãos governamentais podem usar o tamanho de suas verbas. Os operários, seu tempo de casa. Em grupos formados por indivíduos heterogêneos, ou quando grupos heterogêneos são forçados a ser interdependentes, as diferenças de status podem dar origem a conflitos quando se tenta reconciliar e alinhar as hierarquias diferentes. Como veremos no próximo capítulo, isto pode ser particularmente problemático quando os executivos criam equipes de trabalho formadas por funcionários com diferentes funções dentro da organização.

Status e Cultura Antes de abandonarmos este tema do status, vamos examinar sucintamente a questão da transferência multicultural. As diferenças culturais afetam o status? A resposta é um definitivo sim.[30]

A importância do status varia entre as culturas. Os franceses, por exemplo, são extremamente preocupados com status. Além disso, os países diferem em relação aos critérios que determinam o status. Na América Latina e na Ásia, o status costuma estar relacionado com o nome de família ou a posição formal dentro de uma organização. Já nos Estados Unidos e na Austrália, ainda que o status seja também importante, ele é menos ostensivo e costuma estar vinculado mais com as conquistas pessoais do que com títulos ou genealogia.

A mensagem aqui é garantir que você compreenda quem e o que detém status ao interagir com culturas diferentes da sua. Um executivo norte-americano que não sabe que o tamanho do escritório não é uma medida de importância para um executivo japonês, ou que os britânicos dão muito valor à genealogia e à classe social, provavelmente vai acabar ofendendo seus colegas estrangeiros e, em conseqüência, perderá sua eficácia no relacionamento interpessoal.

Tamanho

O tamanho do grupo afeta o seu desempenho? Indubitavelmente, a resposta é sim, mas o efeito depende de quais variáveis dependentes você vai considerar.[31]

As evidências indicam, por exemplo, que os grupos menores são mais rápidos na realização de tarefas. Contudo, se a questão for a resolução de problemas, os grupos maiores conseguem melhores resultados. Traduzir esses resultados em números específicos é um pouco mais arriscado, mas podemos oferecer alguns parâmetros. Grupos grandes — com pelo menos doze membros — são bons porque recebem contribuições diversificadas. Assim, se o objetivo do grupo é a descoberta de informações factuais, os grupos grandes podem ser mais eficazes. Por outro lado, os grupos pequenos são melhores na realização de algo produtivo a partir dessas contribuições. Grupos de aproximadamente sete membros costumam ser mais eficazes para realizar ações.

Uma das descobertas mais importantes em relação ao tamanho de um grupo é o que foi rotulado de "**folga**" **social**. Trata-se da tendência que as pessoas têm de se esforçar menos ao trabalhar em grupo do que se estivessem trabalhando sozinhas.[32] Isto desafia a lógica de que a produtividade de um grupo deveria ser igual à soma da produtividade de cada elemento dele.

Um estereótipo comum sobre os grupos é o de que o espírito de equipe estimula o esforço individual e aumenta a produtividade geral do grupo. No final da década de 1920, um psicólogo alemão chamado Max Ringelmann comparou os resultados dos desempenhos individual e de grupo em uma disputa de "cabo-de-guerra".[33] Ele esperava que o esforço do grupo fosse igual à soma dos esforços individuais. Três pessoas puxando a corda juntas conseguiriam uma tração três vezes maior que um único indivíduo, ou oito pessoas teriam uma tração oito vezes maior. Os resultados do experimento de Ringelmann, contudo, não confirmaram essa expectativa. Uma pessoa puxando uma corda sozinha exerce a força de 63 quilos. Em grupos de três, a força caía para 53 quilos por pessoa e, em grupos de oito, a força caía para 31.

Reproduções da pesquisa de Ringelmann com tarefas semelhantes corroboram estes resultados.[34] O aumento do tamanho do grupo é inversamente proporcional ao desempenho individual. Um grupo de quatro pessoas consegue uma produtividade maior do que um grupo de duas pessoas, ou um indivíduo sozinho, mas a produtividade individual é reduzida.

O que causa este efeito de folga social? Um motivo pode ser a percepção de que os outros membros do grupo não estão fazendo sua parte justa. Se você vê os demais como preguiçosos ou ineptos, pode tentar restabelecer o equilíbrio reduzindo o seu próprio esforço. Uma outra explicação seria a dispersão da responsabilidade. Como os resultados do grupo não podem ser atribuídos a uma única pessoa, a relação entre a contribuição de cada um e o resultado do grupo é um tanto obscura. Nesta situação, as pessoas podem se sentir tentadas a "se encostar" e esperar pelo esforço do grupo. Em outras palavras, haverá redução da eficiência quando as pessoas pensarem que sua contribuição individual não pode ser mensurada.

As implicações desse fenômeno para o comportamento organizacional são significativas. Quando os executivos utilizam situações de trabalho coletivo para melhorar o moral e o espírito de equipe, é preciso que também ofereçam os meios de identificação dos esforços individuais. Se isso não for feito, os executivos precisam equilibrar a perda de produtividade pelo uso de grupos com quaisquer ganhos na satisfação dos funcionários.[35] Contudo,

ENFOQUE NA MÍDIA

Escapando do trabalho no século XXI: a folga na Internet

Embora a Internet tenha criado um valioso mecanismo para agilizar a comunicação dentro de empresas e entre as várias organizações, além de ajudar os funcionários a acessar rapidamente as informações, a rede também criou uma fonte potencial de redução de produtividade através da navegação pessoal dos funcionários. Isto se refere ao uso da Internet da empresa para assuntos particulares dos funcionários durante o período do expediente. Quando os funcionários navegam na Internet por diversão, para fazer compras e outras transações comerciais, ou para outras atividades não relacionadas ao trabalho, eles estão praticando a navegação pessoal.

Pesquisas indicam que 64 por cento dos trabalhadores norte-americanos usam a Internet para assuntos pessoais durante o horário de trabalho. Mais que isso, as estimativas indicam que quase um terço desta navegação é para recreação e que esta prática custa hoje cerca de 3 milhões de dólares a cada ano para cada grupo de mil funcionários com acesso à rede. Apesar dos esforços recentes dos empresários para monitorar o acesso dos funcionários à Internet, a navegação pessoal é, certamente, uma ameaça à produtividade dos funcionários.

Algumas condições de trabalho favorecem este comportamento? Sim. Se o trabalho em si não é interessante, se é estressante, ou se o funcionário sente que não está sendo tratado com justiça, ele terá maior motivação para a navegação pessoal como forma de distração ou como compensação pelo tratamento injusto recebido da organização.

Fonte: Baseado em V.K.G. Lim, "The IT way of loafing on the job: cyberloafing, neutralizing and organizational justice", *Journal of Organizational Behavior*, ago. 2002, p. 675-694; e "Internet usage statistics", www.n2h2.com, 27 mar. 2002.

---

esta conclusão têm um viés ocidental. Ela é consistente com culturas individualistas, como as dos Estados Unidos e do Canadá, que são dominadas pelo auto-interesse, mas não é consistente com culturas coletivistas, em que os indivíduos são motivados por objetivos coletivos. Por exemplo, em estudos comparativos entre trabalhadores norte-americanos, de um lado, e chineses e israelenses (ambas culturas coletivistas), do outro, ficou demonstrado que, tanto na República Popular da China como em Israel, os trabalhadores não se engajam na folga social. Na verdade, os chineses e os israelenses têm melhor desempenho em grupo do que quando trabalham sozinhos.[36]

A pesquisa sobre o tamanho do grupo nos leva a duas conclusões adicionais: (1) grupos com número ímpar de membros tendem a ser melhores que aqueles com número par, e (2) grupos com cinco ou sete membros conseguem obter o melhor das características dos grupos pequenos e grandes.[37] O número ímpar de membros evita a ocorrência de empates em caso de votações. Já os grupos formados por cinco ou sete elementos são suficientemente grandes para formar uma maioria e permitir a diversidade de contribuições, ao mesmo tempo que são suficientemente pequenos para evitar os problemas dos grupos muito grandes, como o domínio de uns poucos membros, o desenvolvimento de subgrupos, a pouca participação de alguns indivíduos e o excesso de tempo gasto para se chegar às decisões.

Coesão

Os grupos diferem em relação à sua **coesão**, ou seja, o grau em que os membros são atraídos entre si e motivados a permanecer como grupo.[38] Por exemplo, alguns grupos de trabalho são coesos porque seus membros passam a maior parte do tempo juntos, ou porque o tamanho reduzido facilita a interação, ou porque o grupo sofreu ameaças externas que resultaram na aproximação de seus membros entre si. A coesão é importante porque está relacionada à produtividade do grupo.[39]

As pesquisas mostram consistentemente que a relação entre a coesão e a produtividade depende das normas de desempenho estabelecidas pelo grupo. Se as normas de desempenho estabelecerem níveis elevados (por exemplo, excelência de resultados, trabalho de qualidade, cooperação com indivíduos de fora do grupo), um grupo coeso será mais produtivo do que um grupo menos coeso. Se a coesão for grande, com normas de desempenho fracas, a produtividade será baixa. Se a coesão for pequena e as normas estabelecerem níveis elevados, a produtividade será mais alta, mas menor do que em um grupo coeso com as mesmas normas. Quando tanto a coesão como as normas de desempenho são fracas, a produtividade fica entre baixa e moderada. Estas conclusões estão resumidas no Quadro 8-6.

O que pode ser feito para estimular a coesão do grupo? Podemos seguir as seguintes sugestões: (1) reduzir o tamanho do grupo; (2) estimular a concordância sobre os objetivos do grupo; (3) aumentar o tempo que os membros do grupo passam juntos; (4) aumentar o status do grupo e a dificuldade percebida para a admissão nele; (5)

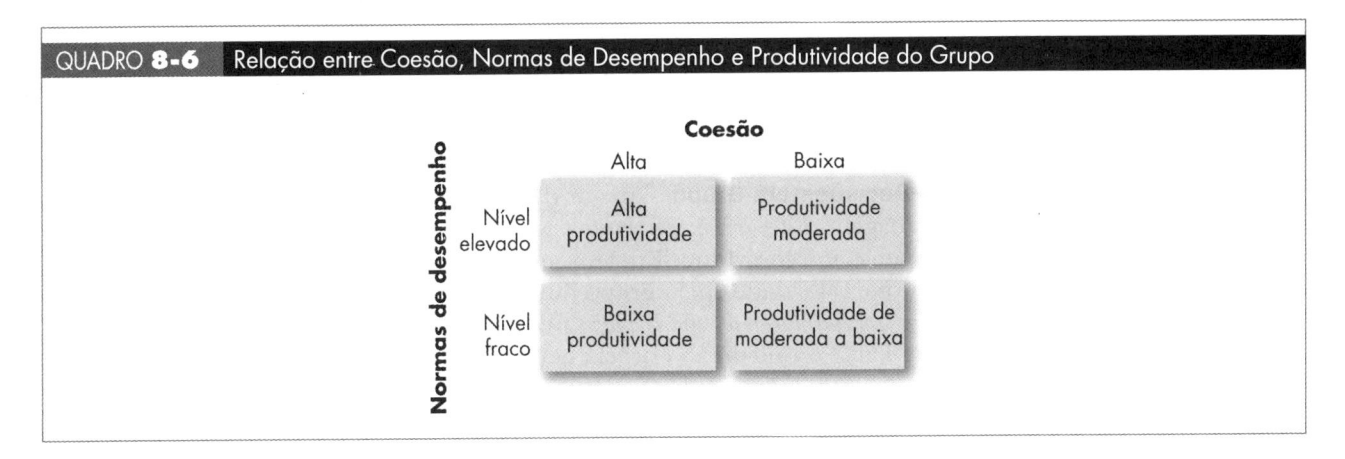

QUADRO 8-6 Relação entre Coesão, Normas de Desempenho e Produtividade do Grupo

	Coesão	
Normas de desempenho	Alta	Baixa
Nível elevado	Alta produtividade	Produtividade moderada
Nível fraco	Baixa produtividade	Produtividade de moderada a baixa

estimular a competição com outros grupos; (6) dar recompensas ao grupo, em vez de recompensar seus membros individualmente; (7) isolar fisicamente o grupo.[40]

Tomada de decisões em grupo

A crença de que duas cabeças pensam melhor do que uma é amplamente aceita como um componente básico do sistema jurídico dos Estados Unidos e de muitos outros países, e os tribunais de júri são fruto desta convicção. Ela se espalhou de tal forma que, hoje em dia, muitas decisões nas organizações são tomadas por grupos, equipes ou comitês.[41] Nesta seção, vamos examinar a tomada de decisões em grupo.

Grupos *versus* indivíduos

Os grupos para a tomada de decisões vêm sendo largamente utilizados nas organizações, mas isto significa que o processo coletivo gera decisões melhores do que aquelas tomadas por um único indivíduo? A resposta a esta pergunta depende de uma série de fatores. Vamos começar por discutir os pontos fortes e os pontos fracos dos grupos.[42]

Pontos Fortes da Tomada de Decisões em Grupo Os grupos são capazes de gerar *informações e conhecimentos mais completos*. Por agregar os recursos de diversos indivíduos, os grupos conseguem mais entradas para o processo decisório. Além da quantidade de contribuições, os grupos também trazem heterogeneidade ao processo. Oferecem uma *maior diversidade de pontos de vista*. Isso cria oportunidade para um número maior de abor-

> Os três fundadores do Blue Man Group recorrem à tomada de decisões em grupo para alcançar soluções de alta qualidade. As decisões para a escolha dos materiais a serem usados em cena, a maneira de administrar seus 500 funcionários e como expandir seus negócios para outros países são tomadas através de acordos de unanimidade entre eles. A tomada de decisões em grupo os ajuda a crescer sem perder o foco na visão original de seus criadores.

dagens e alternativas a serem consideradas. As evidências indicam que o desempenho de um grupo quase sempre supera aquele do mais competente entre os indivíduos. Assim, os grupos geram *decisões de qualidade mais elevada*. Finalmente, os grupos aumentam a *aceitação de uma solução*. Muitas decisões fracassam depois da escolha de uma solução porque esta não é aceita pelas pessoas. As pessoas que participam da tomada de uma decisão tendem a apoiar a solução escolhida e a estimular os demais a aceitá-la.

Pontos Fracos da Tomada de Decisões em Grupo Apesar das vantagens descritas até agora, as decisões em grupo também têm suas desvantagens. Elas *consomem muito tempo*. O processo demora muito mais do que quando a decisão é tomada por apenas um indivíduo. Existem *pressões para a conformidade dentro do grupo*. O desejo dos membros de serem aceitos e valorizados pelo grupo pode sufocar qualquer desacordo explícito. As discussões podem ser *dominadas por um indivíduo ou um pequeno subgrupo*. Se essa coalizão dominante for composta por membros de capacitação baixa ou média, a eficácia geral do grupo será prejudicada. Finalmente, as decisões em grupo sofrem de uma certa *ambigüidade da responsabilidade*. No processo decisório individual, é óbvia a responsabilidade pelo resultado. No processo em grupo, essa responsabilidade não pode ser atribuída a nenhum membro individualmente.

Eficácia e Eficiência A afirmação de que os grupos são mais eficazes do que os indivíduos depende dos critérios que se usa para definir eficácia. Em termos de *exatidão*, as decisões tomadas em grupo tendem a ser mais precisas. As evidências indicam que, na média, os grupos chegam a decisões de melhor qualidade do que os indivíduos.[43] Contudo, se a eficácia for definida em termos de *rapidez*, os indivíduos serão melhores. Se a *criatividade* é importante, os grupos tendem a ser mais eficazes que os indivíduos. E, se a eficácia significar o grau de *aceitação* da solução final, o voto irá novamente para o grupo.[44]

Mas a eficácia não pode ser avaliada sem que também levemos em conta a eficiência. Em termos de eficiência, o grupo costuma ficar sempre em segundo lugar na comparação com os indivíduos. Com raras exceções, a tomada de decisões em grupo consome muito mais horas de trabalho do que o processo individual para resolver o mesmo problema. As exceções são aquelas situações em que, para conseguir a mesma quantidade de contribuições diversas, o indivíduo que toma a decisão tem de gastar muito tempo fazendo pesquisas em arquivos ou falando com pessoas. Como os grupos podem contar com pessoas de áreas diversas, o tempo gasto no levantamento de informações pode ser reduzido. Entretanto, como mencionamos, essa vantagem de eficiência tende a ser uma exceção. Os grupos são geralmente menos eficientes que os indivíduos. Ao decidirmos pelo uso dos grupos no processo decisório, portanto, devemos questionar se os ganhos em eficácia serão suficientes para suplantar as perdas de eficiência.

Resumo Os grupos oferecem um excelente veículo para a realização de diversas etapas do processo de tomada de decisões. Eles são um meio de reunir informações de forma mais ampla e profunda. Se o grupo for composto por pessoas com históricos diferentes, as alternativas geradas serão mais extensivas, e a análise, mais crítica. Quando a solução final for escolhida, haverá mais gente do grupo de decisão para apoiá-la e implementá-la. Estas vantagens, entretanto, podem ser contrapostas pelo tempo consumido pelo grupo, pelos conflitos internos criados e pelas pressões para a conformidade.

MITO OU CIÊNCIA?

"Duas cabeças pensam melhor do que uma"

Esta afirmação pode ser até verdadeira se "melhor" significa que duas pessoas são mais capazes de chegar a respostas originais e factíveis para um determinado problema do que apenas uma.

Quanto à qualidade do processo decisório, as evidências confirmam, de maneira geral, a superioridade dos grupos em relação aos indivíduos.[45] Os grupos geralmente produzem mais e melhores soluções para os problemas do que os indivíduos separadamente. E as escolhas feitas pelo grupo são mais acuradas e criativas. Por que isso acontece? Os grupos trazem informações e conhecimentos mais abrangentes para a decisão, gerando, assim, mais idéias. Além disso, as discussões que ocorrem no processo de tomada de decisões em grupo oferecem uma diversidade de opiniões e aumentam a probabilidade de que as alternativas mais fracas sejam identificadas e abandonadas.

As pesquisas sugerem que algumas condições favorecem os grupos mais que os indivíduos.[46] Essas condições incluem: (1) Diversidade dos membros do grupo. Os benefícios de "duas cabeças" demandam que elas sejam diferentes em habilidades e capacitações. (2) Os membros do grupo devem ser capazes de comunicar suas idéias de forma aberta e livre. Isto requer a ausência de hostilidades e intimidações. (3) A tarefa a ser realizada deve ser complexa. Em comparação com os indivíduos, os grupos funcionam melhor em tarefas complexas do que nas simples. ■

Pensamento grupal e mudança de posição grupal

Dois subprodutos da tomada de decisões em grupo têm recebido uma atenção especial dos pesquisadores do comportamento organizacional. Como veremos, esses dois fenômenos têm o potencial de afetar a capacidade do grupo para avaliar objetivamente as alternativas e chegar a soluções de qualidade.

O primeiro fenômeno, chamado de **pensamento grupal**, está relacionado às normas. Ele descreve as situações em que pressões para a conformidade impedem que o grupo avalie criticamente propostas incomuns, minoritárias ou impopulares. Esse fenômeno atua como uma doença que ataca muitos grupos e pode prejudicar seu desempenho ao extremo. O segundo fenômeno é chamado de **mudança de posição grupal**. Ela indica a situação em que, ao discutir um conjunto de alternativas e escolher uma solução, os membros do grupo tendem a exagerar suas posições iniciais. Algumas vezes, o cuidado excessivo domina, e há uma mudança para o conservadorismo. Mais freqüentemente, contudo, as evidências indicam que os grupos tendem a assumir posturas de risco. Vamos examinar cada um desses fenômenos detalhadamente.

Pensamento Grupal Alguma vez você já sentiu vontade de falar em uma reunião, aula ou grupo informal, e acabou desistindo? Um dos motivos pode ser a sua timidez. Por outro lado, você pode ter sido vítima do pensamento coletivo, fenômeno que ocorre quando os membros do grupo estão tão preocupados em conseguir concordância que as normas para o consenso passam por cima da avaliação realista das alternativas de ação e da possibilidade de expressão dos pontos de vista desviantes, minoritários ou impopulares. Isso descreve uma deterioração da eficiência mental do indivíduo, de seu senso de realidade e de seu julgamento moral como resultado da pressão do grupo.[47]

Todos já observamos os sintomas do fenômeno do pensamento grupal:

1. Os membros do grupo racionalizam qualquer resistência às suas premissas. Não importa quão fortes sejam as evidências que contradigam suas premissas básicas, eles continuam constantemente reforçando-as.
2. Os membros exercem pressões diretas sobre aqueles que momentaneamente expressam dúvidas a respeito de qualquer visão compartilhada pelo grupo ou sobre quem questiona a validade dos argumentos que apóiam a alternativa favorita do grupo.
3. Os membros que têm dúvidas ou pontos de vista diferentes procuram não se desviar do que parece ser o consenso do grupo, seja calando-se sobre suas apreensões, seja minimizando para si mesmos a importância de suas dúvidas.
4. Parece haver uma ilusão de unanimidade. Se alguém permanece calado, presume-se que esteja de pleno acordo. Em outras palavras, a abstenção é considerada como um voto favorável.[48]

Em estudos sobre a história das decisões de política externa dos Estados Unidos, parece que estes sintomas prevaleceram quando os grupos de decisão fracassaram — o despreparo em Pearl Harbour em 1941, a invasão

O pensamento coletivo na Nasa durante o desenvolvimento do telescópio Hubble foi responsável pela decisão da agência de não testar os espelhos do equipamento antes de seu lançamento. Como conseqüência, por causa de um espelho defeituoso, o Hubble não conseguiu cumprir toda a sua missão de fotografar galáxias, planetas e estrelas com clareza. A Nasa precisou mandar uma equipe de astronautas em outra nave, mostrada aqui na foto, para consertar o telescópio em órbita.

norte-americana à Coréia do Norte, o fiasco do episódio da Baía dos Porcos e a entrada na guerra do Vietnã.[49] Mais recentemente, o desastre no lançamento das naves Challenger e Columbia e o problema técnico com o telescópio Hubble parecem estar ligados aos processos decisórios da Nasa, onde os sintomas do pensamento grupal foram evidentes.[50] O pensamento grupal também parece ter sido o fator básico do retrocesso na tentativa de implementação de estratégias globais das empresas British Airways e Marks & Spencer.[51]

O pensamento grupal parece estar intimamente ligado às conclusões do experimento de Asch com o dissidente solitário. As pessoas que têm um posicionamento diferente daquele da maioria dominante são pressionadas a suprimir, esconder ou modificar seus verdadeiros sentimentos e convicções. Como membros de um grupo, achamos mais agradável estar em concordância — ser uma parte positiva do grupo — do que ser uma força de ruptura, mesmo que a ruptura seja necessária para melhorar a eficácia das decisões.

O pensamento grupal ataca todos os grupos? Não. Ele parece ocorrer com mais freqüência quando existe uma clara identidade de grupo, quando os membros têm uma imagem positiva do grupo que pretendem proteger e quando o grupo percebe uma ameaça coletiva para sua imagem positiva.[52] Assim, o pensamento grupal não é um mecanismo de supressão de dissidências, mas uma forma de o grupo proteger sua imagem positiva. No caso dos fiascos da Challenger e do Hubble, a Nasa tentava confirmar sua identidade como uma "organização de elite que nunca pode estar errada".[53]

O que os executivos podem fazer para minimizar o pensamento grupal?[54] Uma coisa é monitorar o tamanho do grupo. As pessoas ficam mais intimidadas e hesitantes quando o grupo aumenta. Embora não haja um número mágico capaz de eliminar o pensamento grupal, os membros se sentem menos responsáveis pessoalmente quando o grupo é formado por mais de dez pessoas. Os executivos também devem encorajar os líderes dos grupos a assumirem um papel imparcial. Eles devem procurar a contribuição de todos os membros e evitar a manifestação de suas próprias opiniões, especialmente nos primeiros estágios de uma deliberação. Outra coisa a ser feita é indicar um membro do grupo para fazer o papel de advogado do diabo. Esse membro terá a função de desafiar abertamente a posição da maioria e oferecer perspectivas divergentes. Outra sugestão é utilizar exercícios que estimulem a discussão ativa de alternativas diferentes sem ameaçar o grupo e intensificando a proteção de sua identidade. Um desses exercícios seria levar os membros do grupo a discutir os perigos e riscos representados por uma decisão e a postergar a discussão dos seus ganhos potenciais. Ao pedir às pessoas que primeiramente se concentrem nos aspectos negativos de uma decisão, o grupo terá menor probabilidade de evitar pontos de vista dissidentes e maior probabilidade de conseguir chegar a uma avaliação mais objetiva.

Mudança de Posição Grupal Ao compararmos as decisões do grupo com as decisões individuais de seus membros, as evidências sugerem que há diferenças.[55] Em alguns casos, as decisões dos grupos são mais conservadoras do que as individuais. Mais freqüentemente, a mudança é em direção a um risco maior.[56]

O que parece acontecer aqui é que o debate conduz a um extremismo das posições previamente adotadas pelos membros do grupo. Desta forma, os conservadores tornam-se ainda mais cautelosos e os tipos mais agressivos tendem a ir ainda mais de encontro aos riscos. A discussão do grupo tende a exacerbar as posições iniciais das pessoas.

A mudança de posição grupal pode ser vista, na verdade, como um caso especial de pensamento grupal. A decisão do grupo reflete a norma dominante que se desenvolve durante a discussão. A mudança irá para uma postura mais cautelosa ou mais arriscada dependendo da norma dominante na discussão.

A maior ocorrência de mudança de posição em direção aos riscos gerou uma série de explicações para o fenômeno.[57] Já se argumentou, por exemplo, que a discussão cria uma familiaridade entre os membros do grupo. Na medida em que eles se sentem mais confortáveis uns com os outros, tendem a se mostrar mais arrojados e ousados. Um outro argumento defende que as sociedades do primeiro mundo tendem a valorizar o risco, que admiramos as pessoas capazes de correr riscos e que a discussão no grupo motiva seus membros a se mostrarem tão dispostos ao risco quanto seus pares. A explicação mais plausível deste fenômeno, entretanto, é a difusão das responsabilidades. As decisões em grupo isentam os membros, individualmente, da responsabilidade pela escolha final. Fica mais fácil assumir um risco maior porque, se a decisão fracassar, ninguém será pessoalmente responsabilizado.

Como podemos usar essas descobertas? Você deve perceber que as decisões em grupo tendem a extremar as posições originais de seus membros, que a mudança freqüentemente é em direção a posturas mais arriscadas e que a direção da mudança, para a cautela ou o risco, vai depender das inclinações pessoais antes da discussão.

Técnicas de tomada de decisões em grupos

A forma mais comum de tomada de decisões em grupo ocorre nos **grupos de interação**. Neles, os membros interagem face a face, usando a interação verbal e a não verbal para se comunicarem. Mas, como demonstrou nossa discussão sobre pensamento grupal, os grupos de interação geralmente fazem a autocensura e pressionam seus membros à conformidade de opinião. Tem-se proposto o *brainstorming*, a técnica nominal de grupo, e as reuniões eletrônicas como formas de reduzir muito os problemas inerentes aos tradicionais grupos de interação.

QUADRO 8-7

REDAÇÃO EM GRUPO

POUCAS COISAS NA VIDA SÃO MENOS EFICIENTES DO QUE UM GRUPO DE PESSOAS TENTANDO REDIGIR UMA SENTENÇA. A VANTAGEM DESSE MÉTODO É QUE, NO FINAL, ACABA-SE COM ALGUMA COISA PELA QUAL NINGUÉM PODE SER PESSOALMENTE CULPADO.

QUE TAL COMEÇARMOS ASSIM?

ISSO PODE SER OFENSIVO PARA OS INDIVÍDUOS CHAMADOS "OSÓRIO".

ESSE É UM TERMO TENDENCIOSO.

ESTÁ DESGASTADO, NA MINHA OPINIÃO.

ISSO NÃO É SHAKESPEARE; VAMOS USAR PALAVRAS QUE TODOS POSSAMOS ENTENDER.

Fonte: S. Adams, *Build a better life by stealing office supplies*. Kansas City, MO: Andrews & McMeal, 1991. p. 31. Dilbert reproduzido com autorização da United Feature Syndicate, Inc.

O *brainstorming* é uma tentativa de superar as pressões para a conformidade nos grupos de interação que dificultam o desenvolvimento de alternativas criativas.[58] Isto é feito por meio da utilização de um processo de geração de idéias que estimula especificamente toda e qualquer alternativa ao mesmo tempo que impede críticas a essas alternativas.

Em uma típica sessão de *brainstorming*, entre seis e 12 pessoas, aproximadamente, sentam-se a uma mesa. O líder coloca o problema de maneira clara para que todos os participantes possam compreendê-lo. Os participantes, então, começam a gerar o maior número possível de alternativas, dentro de um limite de tempo. Não é permitida qualquer crítica às idéias e todas elas são registradas para posterior discussão e análise. Uma idéia estimula a outra, e as críticas, mesmos as mais bizarras, só serão permitidas mais tarde. Os participantes se sentem encorajados a "pensar o incomum". O *brainstorming*, contudo, é simplesmente um processo de geração de idéias. As duas técnicas que apresentaremos a seguir vão além disso, oferecendo métodos para realmente se chegar a uma solução preferível.[59]

A **técnica de grupo nominal** restringe a discussão e a comunicação interpessoal durante o processo de tomada de decisões, daí o termo *nominal*. Os membros do grupo estão todos fisicamente presentes, como em qualquer reunião tradicional, mas cada um atua de forma independente. Um problema é apresentado e as seguintes etapas se sucedem:

1. As pessoas se reúnem como em um grupo, mas, antes de iniciar a discussão, cada membro coloca, por escrito, suas idéias sobre o problema.
2. Depois desse período silencioso, cada participante apresenta uma idéia ao grupo até que todas tenham sido apresentadas e registradas. Nenhuma discussão é permitida até que essa fase se encerre.
3. O grupo discute as idéias para esclarecê-las, e as avalia.
4. Cada participante, em silêncio e separadamente dos demais, faz uma classificação das idéias apresentadas. A idéia que receber a melhor pontuação determina a decisão final.

A principal vantagem da técnica de grupo nominal é que ela permite que o grupo se reúna formalmente, mas sem restringir o pensamento independente, como ocorre com o grupo de interação.

A mais recente abordagem da tomada de decisões em grupo mescla a técnica de grupo nominal com uma sofisticada tecnologia de informatização.[60] Ela é chamada de técnica de grupo apoiada por computador, ou **reunião eletrônica**. Tendo a tecnologia disponível, o conceito é muito simples. Até 50 pessoas se sentam a uma mesa em forma de ferradura, cada uma com um terminal de computador à frente. As questões são apresentadas e os participantes digitam a resposta em seu terminal. Os comentários individuais, bem como os votos de cada um, são apresentados em uma tela de projeção colocada na sala.

As principais vantagens das reuniões eletrônicas são o anonimato, a honestidade e a velocidade. Os participantes podem digitar anonimamente qualquer mensagem e disponibilizá-la para os demais com apenas um toque em seu teclado. Isso também permite que eles sejam absolutamente honestos, sem medo de represálias. E o processo é muito rápido, já que elimina a conversação, não há digressão e todos podem "falar" simultaneamente sem atrapalhar uns ao outros. As mais recentes evidências, entretanto, indicam que as reuniões eletrônicas não trazem a maior parte dos benefícios a que se propõem. Os resultados de diversos estudos mostram que, quando comparadas com as reuniões tradicionais, as reuniões eletrônicas, na verdade, *reduzem* a eficácia do grupo, exigem *mais* tempo para a realização das tarefas e *diminuem* a satisfação dos membros do grupo.[61] De qualquer maneira, o atual entusiasmo pelas comunicações eletrônicas sugere que esta tecnologia veio para ficar e deve aumentar ainda mais a sua popularidade no futuro.

Cada uma das quatro técnicas de decisão em grupo que examinamos possui seus pontos fortes e seus pontos fracos. A escolha da mais adequada vai depender dos critérios escolhidos e de uma análise de custo-benefício. Por exemplo, como mostra o Quadro 8-8, o grupo de interação é apropriado para conseguir o comprometimento com uma solução, o *brainstorming* desenvolve a coesão do grupo, a técnica de grupo nominal é uma forma barata de gerar muitas idéias e as reuniões eletrônicas minimizam a pressão social e os conflitos.

Resumo e implicações para os executivos

Desempenho

Diversos fatores estruturais do grupo mostram ter relação com o desempenho. Entre os mais destacados, encontramos a percepção do papel, as normas, as injustiças de status, o tamanho do grupo, seu perfil demográfico, a tarefa do grupo e a coesão.

Existe uma relação positiva entre a percepção do papel e a avaliação de desempenho do funcionário.[62] O grau de congruência entre o chefe e seu subordinado em relação à percepção do trabalho deste influencia a maneira como ele vai ter seu desempenho julgado. Se a percepção que o funcionário tem de seu trabalho corresponde às expectativas que o chefe tem de seu papel, ele terá uma boa avaliação de desempenho.

As normas controlam o comportamento dos membros do grupo, estabelecendo padrões do que é certo e errado. Se o executivo conhece as normas de um determinado grupo, poderá explicar o comportamento de seus membros. Quando essas normas valorizam resultados de nível elevado, os executivos podem esperar desempenhos individuais bem melhores do que quando as normas do grupo visam a restringir os resultados. Da mesma forma, normas que sustentam comportamentos anti-sociais aumentam a probabilidade de que os funcionários se envolvam em atividades desviantes.

As injustiças em relação ao status geram frustrações e podem influenciar negativamente a produtividade e a disposição do funcionário em se manter na organização. Entre os indivíduos mais sensíveis às injustiças, a incongruência pode levar a uma redução da motivação e a uma busca intensa por uma maneira de restabelecer a justiça (por exemplo, procurando outro emprego). Além disso, como as pessoas de menor status tendem a participar menos, os grupos com diferenças muito grandes de status entre seus membros podem inibir a participação de alguns e prejudicar o desempenho.

QUADRO 8-8 Avaliação da Eficácia dos Grupos

Critério de eficácia	Interação	*Brainstorming*	Nominal	Eletrônico
Número e qualidade de idéias	Baixo	Moderado	Alto	Alto
Pressão social	Alto	Baixo	Moderado	Baixo
Custo	Baixo	Baixo	Baixo	Alto
Velocidade	Moderado	Moderado	Moderado	Moderado
Orientação para a tarefa	Baixo	Alto	Alto	Alto
Potencial de conflitos interpessoais	Alto	Baixo	Moderado	Baixo
Comprometimento com a solução	Alto	Não se aplica	Moderado	Moderado
Desenvolvimento da coesão do grupo	Alto	Alto	Moderado	Baixo

O impacto do tamanho do grupo em seu desempenho depende da tarefa a ser realizada. Os grupos maiores são mais eficazes para tarefas de levantamento de informações. Os menores são mais eficazes para tarefas de implementação de ações. Nosso conhecimento sobre a ociosidade social sugere que, quando são utilizados grupos grandes, deve-se procurar estabelecer medidas para o desempenho individual dentro do grupo.

Descobrimos que a coesão pode ter uma função importante ao influenciar o nível de produtividade do grupo. Se a influência vai ou não acontecer, depende das normas do grupo em relação ao desempenho.

Satisfação

Assim como na relação entre a percepção do papel e o desempenho, a alta congruência entre o chefe e o funcionário em termos da percepção do trabalho deste último revela uma associação significativa com a satisfação do funcionário.[63] Da mesma forma, conflitos de papéis estão associados a tensões no trabalho e à insatisfação.[64]

Muitas pessoas preferem se comunicar com outras que estão em seu mesmo nível de status ou em nível mais elevado.[65] Conseqüentemente, podemos esperar uma satisfação maior entre os funcionários cujas funções minimizam a necessidade de interação com indivíduos de status inferior ao deles.

A relação entre satisfação e tamanho do grupo pode ser intuitiva: quanto maior o grupo, menor a satisfação de seus membros.[66] À medida que o tamanho do grupo aumenta, diminuem as oportunidades de participação e interação social, assim como a habilidade de seus membros se identificarem com as realizações do grupo. Ao mesmo tempo, um número maior de membros também favorece dissidências, conflitos e a formação de subgrupos, e tudo isso torna o grupo uma entidade pouco agradável de se fazer parte.

PONTO ▶ ◀ CONTRAPONTO

Todo trabalho deveria ser planejado para funcionar em grupo

Os grupos, e não os indivíduos, são a matéria-prima ideal para a construção de uma organização. Existem pelo menos seis motivos para que o trabalho seja planejado em função dos grupos.[67]

Primeiro, os grupos pequenos são bons para as pessoas. Eles podem satisfazer suas necessidades sociais e oferecer apoio para os funcionários em tempos de estresse ou em meio a uma crise.

Segundo, os grupos são ferramentas ótimas para a resolução de problemas. Funcionam melhor do que os indivíduos em termos de criatividade e inovação.

Terceiro, em uma grande variedade de situações de decisão, os grupos são capazes de chegar a decisões melhores do que as pessoas individualmente.

Quarto, os grupos são ferramentas muito eficazes para a implementação. Eles conquistam o comprometimento de seus membros, de maneira que as decisões são acatadas e levadas a cabo com mais sucesso.

Quinto, os grupos conseguem controlar e disciplinar seus membros por meios que são extremamente difíceis para os sistemas disciplinares oficiais e impessoais. As normas do grupo são mecanismos de controle poderosos.

Sexto, os grupos são uma forma de as grandes organizações se preservarem de muitos dos efeitos negativos do seu tamanho expandido. Os grupos evitam que os canais de comunicação se alonguem demais, que a hierarquia cresça demasiadamente e que as pessoas se sintam perdidas em uma multidão.

Tendo em vista estes argumentos em defesa do planejamento do trabalho em grupo, como seria uma organização planejada em termos de funções de grupo? Isso pode ser melhor compreendido levando-se em conta apenas as coisas que uma organização faz com os indivíduos e aplicando-as aos grupos. Em vez de contratar pessoas individualmente, contratam-se grupos. Da mesma forma, treinam-se grupos em vez de indivíduos, remuneram-se os grupos em lugar dos indivíduos, promovem-se os grupos em vez de indivíduos e demitem-se grupos em vez de indivíduos.

O rápido crescimento das organizações baseadas em grupos na última década sugere que já podemos estar a caminho do dia em que todo trabalho será planejado para ser executado em grupo.

O planejamento do trabalho em função de grupos é coerente com a doutrina socialista. Ele pode ter funcionado na antiga União Soviética ou nos países do Leste Europeu, mas nações capitalistas como os Estados Unidos, Canadá, Austrália e Inglaterra, valorizam o indivíduo. O planejamento do trabalho em função de grupos é inconsistente com os valores econômicos destes países. Além do mais, como o capitalismo e o espírito empreendedor estão se espalhando pelo Leste Europeu, a tendência em todos os mercados de trabalho do mundo é que a ênfase fique *menor* nos grupos e *maior* nos indivíduos. Vamos analisar os Estados Unidos para ver como os valores culturais e econômicos moldam as atitudes dos funcionários em relação aos grupos.

A América foi construída sobre a ética do indivíduo. Os norte-americanos valorizam muito as conquistas individuais. Eles gostam de competição. Mesmo nos esportes coletivos, identificam indivíduos para reconhecimento. Gostam de fazer parte de um grupo em que possam manter uma forte identidade individual. Não gostam de sublimar sua própria identidade em função da identidade do grupo.

O trabalhador norte-americano gosta de um vínculo claro entre seu esforço pessoal e um resultado visível. Não é por acaso que os Estados Unidos, como nação, possuem uma proporção maior de grandes realizadores em sua população do que qualquer outro país. A América gera realizadores e estes buscam a responsabilidade pessoal. Eles se sentiriam frustrados em situações de trabalho nas quais a sua contribuição fosse misturada e homogeneizada com as de outras pessoas.

Os norte-americanos querem ser contratados, avaliados e recompensados por suas realizações pessoais. Eles acreditam em autoridade e hierarquia de status. Aceitam um sistema em que há chefes e subordinados. Não estão dispostos a aceitar decisões coletivas sobre questões como suas atribuições de trabalho ou aumentos de salário. É difícil imaginar que eles se sentissem bem em um sistema cuja única base para a promoção ou a demissão fosse o desempenho do grupo ao qual pertencem.

Embora as equipes de trabalho tenham crescido em popularidade como forma de os empresários organizarem pessoas e tarefas, podemos esperar resistência, especialmente nos países de economia capitalista, a qualquer esforço de se tratar indivíduos apenas como membros de um grupo.

Questões para revisão

1. Compare os conceitos de grupos de comando, de tarefa, de interesse e de amizade.
2. O que o motivaria a ingressar em um grupo?
3. Descreva o modelo de cinco estágios de desenvolvimento do grupo.
4. O que foram os estudos em Hawthorne? O que eles revelaram sobre o comportamento dos grupos?
5. Quais as implicações do experimento da prisão de Zimbardo para o estudo do comportamento organizacional?
6. Explique as implicações dos experimentos de Asch.
7. Como as normas e o status estão relacionados entre si?
8. Quando é melhor tomar decisões em grupos do que individualmente?
9. O que é pensamento coletivo? Quais os seus efeitos sobre a qualidade do processo decisório?
10. Quão eficazes são as reuniões eletrônicas?

Questões para reflexão crítica

1. Como podemos utilizar o modelo de equilíbrio pontuado para melhor compreender o comportamento dos grupos?
2. Identifique cinco papéis que você desempenha. Quais os comportamentos que eles demandam? Alguns desses papéis são conflitantes entre si? Se o são, em que sentido? Como você resolve esses conflitos?
3. "A alta coesão de um grupo conduz a uma maior produtividade desse grupo." Você concorda com esta afirmação? Explique.
4. Que efeitos — caso existam — você espera que a diversidade da força de trabalho proporcione para o desempenho e a satisfação de um grupo?
5. Se as decisões em grupo constantemente chegam a melhores resultados do que aqueles obtidos pelas pessoas individualmente, como a frase "um camelo é um cavalo projetado por uma comissão" se tornou tão popular e difundida nos Estados Unidos?

Exercício de grupo

Avaliação do status ocupacional

Faça uma classificação das 20 ocupações a seguir, da mais prestigiosa (1) até a menos valorizada (20):

_____ Contador
_____ Controlador de tráfego aéreo
_____ Técnico de time de futebol
_____ Programador de software
_____ Advogado criminalista
_____ Engenheiro eletricista
_____ Professor de ensino fundamental
_____ Bombeiro
_____ Gerente de banco
_____ Gerente de uma fábrica de automóveis
_____ Prefeito de uma grande cidade
_____ Ministro de Estado
_____ Farmacêutico
_____ Médico
_____ Encanador
_____ Corretor de imóveis
_____ Empresário de esportes
_____ Agente de viagens
_____ Coronel das Forças Armadas
_____ Vendedor de carros usados

Agora, reúnam-se em grupos de três a cinco alunos. Respondam às seguintes perguntas:

a. Quanto as suas cinco primeiras classificadas (numeradas de 1 a 5) se aproximam das classificações dos demais membros do grupo?

b. Quanto as suas cinco últimas classificadas (de 16 a 20) são aproximadas?

c. Quais ocupações foram mais fáceis de classificar? Quais as mais difíceis? Por quê?

d. O que este exercício lhe mostrou sobre os critérios para a avaliação de status?

e. Como vocês acreditam que suas classificações seriam diferentes dez anos atrás?

Dilema ético

Discriminação contra os árabes

Homens-bomba e ataques terroristas não são acontecimentos comuns na América do Norte. Os ataques de 11 de setembro de 2001 contra o World Trade Center e o prédio do Pentágono abriram os olhos dos norte-americanos para a realidade de que o terrorismo é um fenômeno internacional e nenhum país está totalmente a salvo dele.

Alguns norte-americanos deixaram que a tragédia do 11 de setembro contaminasse a visão que eles têm de todos os árabes. Como conseqüência, criou-se um novo desafio para os executivos que gerenciam grupos com diversidade étnica e que possuem entre seus membros indivíduos provenientes do Oriente Médio.

Jeff O'Connell é um destes executivos. Ele supervisiona uma equipe de cinco projetistas de chips para computador. Eles trabalham exclusivamente para a área de segurança, projetando e construindo sistemas sofisticados para uso dos militares dos Estados Unidos.

A equipe de Jeff é um exemplo perfeito de diversidade. Ele é composto por uma mulher texana, um negro de Nova York, dois russos e um descendente de iranianos nascido na Califórnia. O próprio Jeff é canadense, embora tenha sido criado nos Estados Unidos.

Nos meses que se seguiram ao ataque de 11 de setembro de 2001, e depois dos incidentes de 2003, quando homens-bomba explodiram o prédio da ONU em Bagdá e um ônibus em Jerusalém matando dezenas de pessoas inocentes, inclusive crianças, Jeff notou que alguns de seus subordinados estavam começando a discriminar abertamente Nicholas, o descendente de iranianos. Eles questionavam seus amigos árabes, suas práticas religiosas e sua lealdade aos Estados Unidos. Os colegas de Nicholas não entendiam quase nada sobre o islamismo.

Nos Estados Unidos, é crime a discriminação por parte de empregadores. Mas não há nada que impeça a discriminação por parte dos colegas. Jeff se encontra diante de um dilema ético. O que ele poderia fazer ao presenciar uma atitude preconceituosa de alguns de seus liderados contra Nicholas?

Estudo de caso

Conflito de papéis entre os funcionários de atendimento telefônico

Nem todos os cargos de supervisão são iguais. Maggie Beckhard está descobrindo isto agora. Depois de passar três anos como gerente de produção em uma fábrica da Procter & Gamble (P&G), ela assumiu recentemente o cargo de gerente de serviços telefônicos na Ohio Provident Insurance (OPI). Em sua nova função, Maggie supervisiona 20 funcionários de atendimento telefônico. Eles têm contato direto com os clientes fornecendo informações, respondendo perguntas, atendendo reclamações e assim por diante.

Na P&G, os subordinados de Maggie só tinham de agradar um interessado: os dirigentes da empresa. Já na OPI, a situação é mais complexa. Como funcionários em setor de serviços, seus subordinados precisam atender dois mestres: os chefes e os clientes. E, pelos comentários que ela ouviu, estes funcionários encontram discrepâncias entre o que acreditam que os dirigentes da empresa querem e aquilo que pensam que os clientes desejam. Uma reclamação constante, por exemplo, é que os clientes esperam que atendam às suas chamadas sem pressa, dedicando todo o tempo e atenção necessários para resolver seus problemas, enquanto a chefia espera que eles atendam o maior número possível de chamadas por dia, tornando cada telefonema o mais breve possível.

Certa manhã, um dos atendentes foi à sala de Maggie queixando-se de forte dor de cabeça. "Quanto mais tento agradar nossos clientes, mais estressado eu fico", disse ele. "Eu quero fazer o melhor trabalho possível para nossos clientes, mas não sinto que disponho do tempo suficiente para isto. Você sempre nos lembra que 'é o cliente que paga nosso salário' e como é importante prestar um serviço confiável, atencioso e eficiente; mas entrão sentimos a pressão para atender mais telefonemas a cada hora."

Maggie conhece as pesquisas que mostram que o conflito de papéis está relacionado à redução da satisfação dos funcionários, ao aumento da rotatividade e do absenteísmo e à redução do comportamento de cidadania organizacional. O conflito também pode levar ao comprometimento do serviço ao cliente — a antítese das metas de seu departamento.

Depois de conversar com seus subordinados, Maggie concluiu que, independentemente do fato de as percepções deles serem corretas ou não, eles realmente acreditam que elas são corretas. Eles lêem um conjunto de expectativas por meio de sua interação com os clientes e ainda um outro panorama de expectativas, vindo da leitura daquilo que a empresa passa por meio do processo de seleção de pessoal, dos programas de treinamento e dos comportamentos recompensados pela administração.

Questões

1. Qual é a fonte do conflito de papéis neste caso?
2. Existe algum benefício funcional deste conflito para os dirigentes? Explique.
3. O conflito experimentado pelos atendentes deste caso é maior do que aquele enfrentado por qualquer funcionário que faça parte de um grupo

de trabalho e precise contentar tanto o chefe quanto seus colegas de equipe? Explique.

4. O que Maggie pode fazer para administrar este conflito de papéis?

Fonte: Este caso baseia-se em informações contidas em B.G. Chung e B. Schneider, "Serving multiple masters: role conflict experienced by service employees", *Journal of Service Marketing*, 16, n. 1, 2002, p. 70-88.

CAPÍTULO 9

Compreendendo as equipes de trabalho

Depois de ler este capítulo, você será capaz de:

OBJETIVOS DO APRENDIZADO

1. Explicar a crescente popularidade das equipes nas organizações.
2. Comparar grupos e equipes.
3. Identificar quatro tipos de equipes.
4. Especificar as características das equipes eficazes.
5. Explicar como as organizações podem criar membros de equipes.
6. Descrever as condições em que é preferível contar com equipes do que com indivíduos.

Em maio de 2002, Joe Hinrichs (na foto) foi promovido a diretor-executivo de Planejamento e Logística da Ford em Dearborn, Estado de Michigan.[1] Em sua nova função, ele é responsável por uma ampla gama de atividades. Por exemplo, o grupo de Joe coordena a previsão da produção para os fornecedores, planeja a entrega de peças e o cronograma de produção nas diversas fábricas da Ford em todo o mundo, garante o fluxo de materiais entre as diversas unidades e gerencia a expedição dos veículos prontos para as concessionárias. É uma responsabilidade e tanto para um profissional de 35 anos. Mas Joe já chegou preparado. Ele passou 11 anos na empresa aprendendo sobre os negócios e aumentando rapidamente suas responsabilidades. Por exemplo, antes de seu atual cargo, ele foi gerente de fábrica na unidade de Sterling Heights, Michigan.

Uma das coisas que Joe aprendeu com sua experiência é como as equipes podem ajudar a melhorar as operações. Assim, logo que assumiu este novo cargo, uma de suas primeiras decisões foi criar uma equipe para a melhoria de processos, cujo objetivo é combinar a experiência das diversas funções relacionadas a planejamento e logística dentro da organização. Ele criou uma equipe composta por representantes das áreas de finanças, qualidade, compras, engenharia e fornecedores externos de logística e enviou este grupo para uma curta temporada em uma das fábricas da empresa. A equipe observou os veículos, conversou com as pessoas e analisou dados sobre freqüência de remessas, utilização da frota e custos. Quando esta equipe multifuncional concluiu o trabalho de observação, eles passaram à análise do que haviam aprendido e desenvolveram inúmeras sugestões para melhorias. Hinrichs e sua equipe acreditam que tais mudanças vão simplificar os processos e reduzir custos de forma significativa.

A confiança de Hinrichs no trabalho em equipe faz parte de uma tendência global. Cada vez mais, as equipes se tornam a forma básica de trabalho nas organizações do mundo contemporâneo.

Por que as equipes se tornaram tão populares?

Há 25 anos, quando empresas como a Gore, a Volvo e a General Foods passaram a utilizar equipes em seus processos de produção, o fato virou notícia porque era uma prática que ninguém mais adotava. Hoje, acontece exatamente o contrário. É a organização que *não* usa equipes que chama a atenção. Hoje em dia, cerca de 80 por cento das empresas que figuram na lista das 500 maiores companhias, da revista *Fortune*, possuem mais da metade de seus funcionários trabalhando em equipes. E 68 por cento das pequenas indústrias norte-americanas usam equipes em suas áreas de produção.[2]

Como explicar a atual popularidade das equipes? As evidências sugerem que elas são capazes de melhorar o desempenho dos indivíduos quando a tarefa requer múltiplas habilidades, julgamentos e experiências.[3] Quando as organizações se reestruturaram para competir de modo mais eficaz e eficiente, escolheram as equipes como forma de utilizar melhor os talentos de seus funcionários. As empresas descobriram que as equipes são mais flexíveis e reagem melhor às mudanças do que os departamentos tradicionais ou outras formas de agrupamentos permanentes. As equipes têm capacidade para se estruturar, iniciar seu trabalho, redefinir seu foco e se dissolver rapidamente.

Mas não devemos subestimar as propriedades motivacionais das equipes. Consistente com nossa discussão sobre o papel do envolvimento do funcionário como agente motivador, no Capítulo 7, as equipes facilitam a participação dos trabalhadores nas decisões operacionais. Por exemplo, alguns operários da linha de montagem da fabricante de tratores e máquinas agrícolas John Deere também fazem parte das equipes de vendas que visitam os clientes da empresa.[4] Esses funcionários conhecem os produtos melhor do que qualquer vendedor. Ao viajar e conversar com fazendeiros, desenvolvem novas habilidades e se envolvem mais em seu trabalho. Assim, uma

ENFOQUE NA MÍDIA

As equipes melhoram a produtividade e fazem ainda mais

Uma publicação recente do Instituto Work in America oferece um forte argumento a favor das equipes de trabalho. A matéria fala sobre o uso de equipes em diversas empresas privadas norte-americanas, como Saturn, Ford, Ralston Foods e AMETEK, além de um órgão público do governo dos Estados Unidos.

Descobriu-se que a utilização das equipes teve um profundo efeito sobre a produtividade. Por exemplo, no caso da agência governamental, um programa de utilização de equipes por cinco anos resultou em um aumento de 30 por cento na produtividade, uma economia de cerca de 2 milhões de dólares, além de uma melhoria de quase 10 por cento na satisfação dos clientes.

A reportagem lembra ainda que as equipes tornaram suas organizações mais responsáveis do ponto de vista ambiental, melhoraram o desenvolvimento dos funcionários, deram maior segurança para a política de emprego da companhia, e ajudaram os funcionários a focar melhor os clientes.

No caso da AMETEK, por exemplo, desde que as equipes foram implementadas, não houve necessidade de suspensão de contratos de trabalho, e a eficiência das equipes para melhorar o relacionamento com os clientes foi tão grande que a empresa ganhou um prêmio de excelência como fornecedora.

Outros benefícios apontados no artigo são um sentimento mais aguçado de "propriedade" do trabalho entre os membros de equipes, mais confiança no trato com os superiores e uma sensação mais forte de realização.

outra explicação para a popularidade das equipes é que elas são uma forma eficaz de os dirigentes promoverem a democratização de suas empresas e aumentar a motivação dos funcionários.

Diferenças entre grupos e equipes

Grupos e equipes não são a mesma coisa. Nesta seção, vamos definir e esclarecer as diferenças entre um grupo de trabalho e uma equipe de trabalho.[5]

No capítulo anterior, definimos *grupo* como dois ou mais indivíduos, em interação e interdependência, que se juntam para atingir um objetivo. Um **grupo de trabalho** é aquele que interage basicamente para compartilhar informações e tomar decisões para ajudar cada membro em seu desempenho na sua área de responsabilidade.

Os grupos de trabalho não têm necessidade nem oportunidade de se engajar em um trabalho coletivo que requeira esforço conjunto. Assim, seu desempenho é apenas a somatória das contribuições individuais de seus membros. Não existe uma sinergia positiva que possa criar um nível geral de desempenho maior do que a soma das contribuições individuais.

Uma **equipe de trabalho** gera uma sinergia positiva por meio do esforço coordenado. Os esforços individuais resultam em um nível de desempenho maior do que a soma daquelas contribuições individuais. O Quadro 9-1 ressalta as diferenças entre grupos de trabalho e equipes de trabalho.

Estas definições ajudam a esclarecer por que tantas organizações recentemente reestruturaram seus processos de trabalho em torno de equipes. Os executivos buscam a sinergia positiva que permite à organização melhorar seu desempenho. O uso extensivo das equipes gera o *potencial* para uma organização aumentar seus resultados sem necessidade de aumentar os investimentos. Repare, contudo, que dissemos "potencial". Não existe nenhuma mágica inerente na criação de equipes que garanta a obtenção da sinergia positiva. Apenas chamar um *grupo* de *equipe* não melhora automaticamente seu desempenho. Como veremos neste capítulo, as equipes eficazes possuem certas características comuns. Se os dirigentes da empresa pretendem melhorar o desempenho organizacional por meio do uso de equipes, eles precisam assegurar-se de que elas possuam tais características.

Tipos de equipes

As equipes podem realizar uma grande variedade de coisas. Elas podem fazer produtos, prestar serviços, negociar acordos, coordenar projetos, oferecer aconselhamento ou tomar decisões.[6] Nesta seção vamos descrever as quatro formas mais comuns de equipes que encontramos em uma organização: *equipes de solução de problemas, equipes autogerenciadas, equipes multifuncionais* e *equipes virtuais* (veja o Quadro 9-2).

Equipes de soluções de problemas

Se olharmos para a situação de 20 anos atrás, veremos que as equipes começavam a se tornar populares e a maioria delas tinha forma bem parecida. Eram quase sempre compostas por de 5 a 12 funcionários horistas, todos do mesmo departamento, que se reuniam durante algumas horas por semana para discutir formas de melhorar a qualidade, a eficiência e o ambiente de trabalho.[7] Estas são as chamadas **equipes de solução de problemas**.

Neste tipo de equipe, os membros trocam idéias ou oferecem sugestões sobre os processos e métodos de trabalho que podem ser melhorados. Raramente, entretanto, estas equipes têm autoridade para implementar

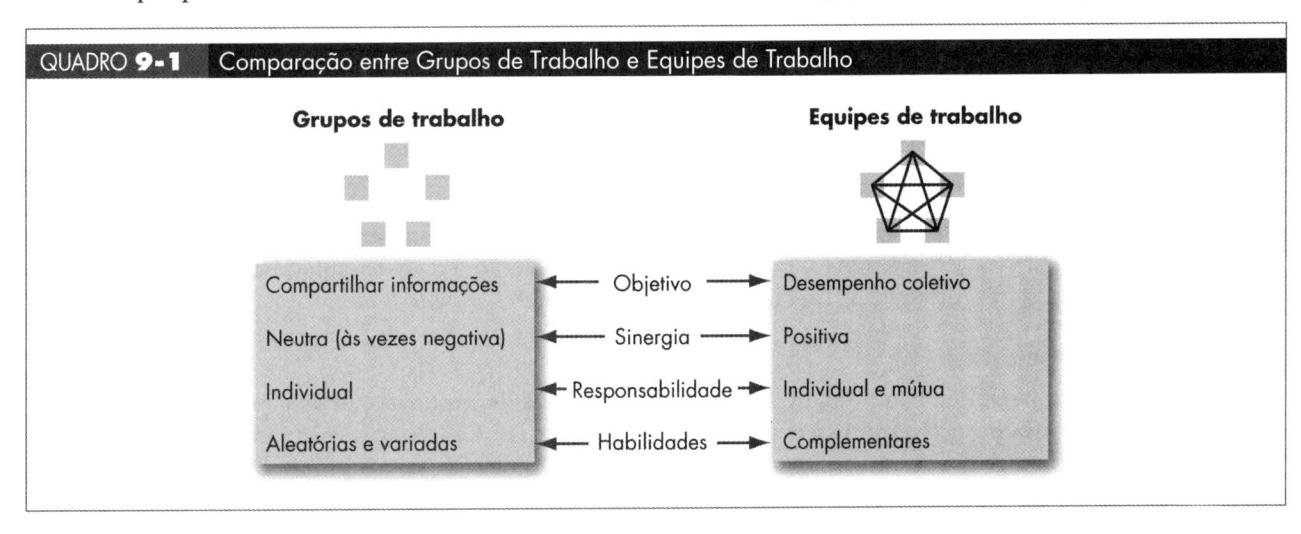

QUADRO 9-1 Comparação entre Grupos de Trabalho e Equipes de Trabalho

	Grupos de trabalho		Equipes de trabalho
Objetivo	Compartilhar informações	→	Desempenho coletivo
Sinergia	Neutra (às vezes negativa)	→	Positiva
Responsabilidade	Individual	→	Individual e mútua
Habilidades	Aleatórias e variadas	→	Complementares

QUADRO 9-2 Os Quatro Tipos de Equipes

Solução de problemas | Autogerenciada | Multifuncional | Virtual

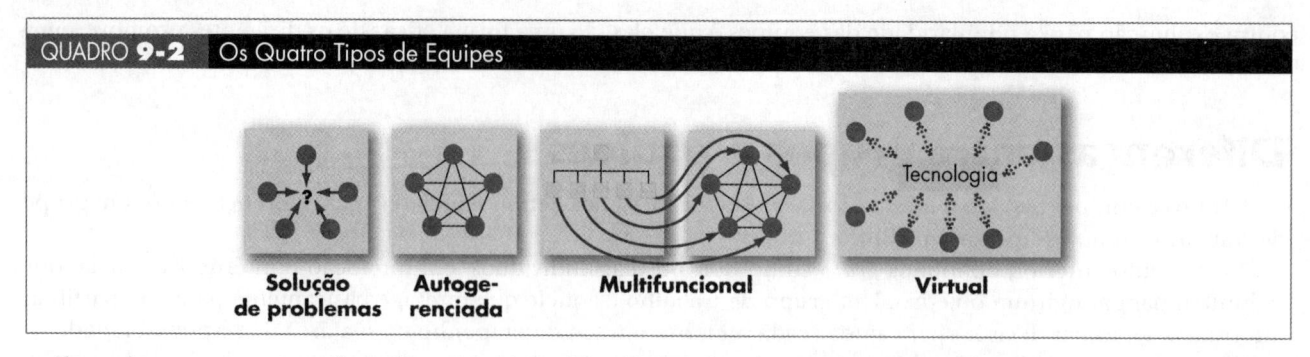

unilateralmente suas sugestões. Por exemplo, a Merrill Lynch criou uma equipe de solução de problemas especificamente para sugerir maneiras de reduzir o tempo necessário para a realização de alguns processos de administração contábil.[8] Ao sugerir cortes de etapas do processo, reduzindo-as de 46 para 36, a equipe conseguiu diminuir o prazo médio dos procedimentos, de 15 dias para 8 dias.

Equipes de trabalho autogerenciadas

As equipes de solução de problemas estavam no caminho certo, mas não conseguiram envolver os funcionários nas decisões e processos relacionados com o trabalho. Isso levou a experimentações com equipes realmente autônomas, que podiam não apenas solucionar os problemas, mas também implementar as soluções e assumir total responsabilidade pelos resultados.

As **equipes de trabalho autogerenciadas** são grupos de funcionários (geralmente entre 10 e 15 pessoas) que realizam trabalhos muito relacionados ou interdependentes e assumem muitas das responsabilidades que antes eram de seus antigos supervisores.[9] Normalmente, isso inclui o planejamento e o cronograma de trabalho, a delegação de tarefas aos membros, o controle coletivo sobre o ritmo do trabalho, a tomada de decisões operacionais e a implementação de ações para solucionar os problemas. As equipes de trabalho totalmente autogerenciadas até escolhem seus membros e avaliam o desempenho uns dos outros. Conseqüentemente, as posições de supervisão perdem a sua importância e até podem ser eliminadas.

Uma fábrica da Aeroquip Global Hose, que é uma divisão da Eaton Corp., oferece um exemplo de como as equipes autogerenciadas são utilizadas na indústria.[10] Localizada nas montanhas Ozark, no coração do Estado de Arkansas, esta unidade fabrica mangueiras hidráulicas utilizadas em caminhões, tratores e outros veículos pesados. Em 1994, ao buscar melhorias na qualidade e na produtividade, os dirigentes da empresa eliminaram a linha de montagem e organizaram os 285 operários em cerca de 50 equipes autogerenciadas. Subitamente, os operários se viram livres para participar de decisões que antes eram privativas dos chefes, como estabelecer os horários de trabalho, selecionar novos colegas, negociar com os fornecedores, negociar com os clientes e disciplinar os funcionários que criassem problemas. O resultado? Entre 1993 e 1999, o tempo para atendimento ao cliente melhorou em 99 por cento; a produtividade e a quantidade produzida cresceram mais de 50 por cento e o índice de acidentes de trabalho foi reduzido a menos da metade.

As publicações sobre economia e negócios estão repletas de artigos que descrevem as aplicações bem-sucedidas das equipes autogerenciadas. Mas é preciso uma palavra de cautela aqui. Algumas organizações ficaram desapontadas com a utilização dessas equipes. Por exemplo, elas não parecem funcionar muito bem durante processos de *downsizing*. Os funcionários costumam achar que a cooperação nos moldes de uma equipe é como dar assistência a seu próprio carrasco.[11] De maneira geral, a pesquisa sobre a eficácia das equipes autogerenciadas não tem sido uniformemente positiva.[12] Além disso, embora os membros dessas equipes costumem demonstrar níveis mais altos de satisfação, às vezes eles também apresentam altos índices de absenteísmo e rotatividade. A inconsistência dos resultados das pesquisas sugere que a eficácia das equipes autogerenciadas depende de cada situação.[13] Além do *downsizing*, outros fatores — como a força e o caráter das normas da equipe, o tipo de tarefas realizadas e a estrutura de recompensas — podem influenciar significativamente o desempenho das equipes. Finalmente, é preciso tomar cuidado na implantação de equipes autogerenciadas em escala global. Por exemplo, a tentativa de utilização destas equipes no México não foi muito bem-sucedida por causa da baixa tolerância à ambigüidade e à incerteza, característica da cultura local, que também valoriza muito o respeito à hierarquia.[14]

Equipes multifuncionais

A Boeing criou uma equipe composta de funcionários das áreas de produção, planejamento, qualidade, ferramentaria, engenharia de projeto e sistemas de informação para automatizar o programa C-17 da empresa. As sugestões dadas pelo grupo resultaram em uma grande redução de tempo nos processos, de custos, além da melhoria da qualidade do programa como um todo.[15]

Este exemplo ilustra o conceito de **equipe multifuncional**. São equipes formadas por funcionários do mesmo nível hierárquico, mas de diferentes setores da empresa, que se juntam para cumprir uma tarefa.

Muitas organizações usam grupos horizontais e de duração limitada há anos. Por exemplo, a IBM criou uma grande força-tarefa na década de 1960 — formada por funcionários de todos os departamentos — para desenvolver o extremamente bem-sucedido System 360. Uma *força-tarefa* nada mais é do que uma equipe multifuncional temporária. De maneira semelhante, os *comitês* compostos por membros de diversas linhas departamentais são um outro exemplo de equipe multifuncional. Mas a popularidade das equipes de trabalho multidisciplinares teve seu auge no final dos anos 80. Todas as principais indústrias automobilísticas — incluindo Toyota, Honda, Nissan, BMW, GM, Ford e DaimlerChrysler — adotaram essa forma de equipe para coordenar projetos complexos. A Harley-Davidson conta com equipes multifuncionais específicas para administrar cada uma das suas linhas de motocicletas. Estas equipes incluem funcionários das áreas de projeto, manufatura e compras, além de representantes dos mais importantes fornecedores externos.[16]

As equipes multifuncionais representam uma forma eficaz de permitir que pessoas de diferentes áreas de uma empresa (ou até de diferentes empresas) possam trocar informações, desenvolver novas idéias e solucionar problemas, bem como coordenar projetos complexos. Evidentemente, não é fácil administrar essas equipes. Seus primeiros estágios de desenvolvimento, enquanto as pessoas aprendem a lidar com a diversidade e a complexidade, costumam ser muito trabalhosos e demorados. Demora algum tempo até que se desenvolva a confiança e o espírito de equipe, especialmente entre pessoas com diferentes históricos, experiências e perspectivas.

Equipes virtuais

Os tipos de equipes analisados até agora realizam seu trabalho face a face. As **equipes virtuais** usam a tecnologia da informática para reunir seus membros, fisicamente dispersos, e permitir que eles atinjam um objetivo comum.[17] Elas permitem que a pessoas colaborem *on-line* — utilizando meios de comunicação como redes internas e externas, videoconferência ou correio eletrônico — quando estão separadas apenas por uma parede ou em outro continente.

As equipes virtuais podem fazer tudo o que as outras equipes fazem — compartilhar informações, tomar decisões, realizar tarefas. Podem incluir membros de uma mesma organização ou fazer a ligação entre membros de uma organização e os de outras empresas (por exemplo, fornecedores ou parceiros). Podem durar alguns dias para a solução de um problema, alguns meses para a conclusão de um projeto, ou permanentemente.[18]

Os três fatores básicos que diferenciam as equipes virtuais das que trabalham face a face são: (1) ausência de gestos não verbais ou paraverbais; (2) contexto social limitado; e (3) capacidade de superar limitações de tempo e espaço. Nas conversas face a face, as pessoas sugerem mensagens paraverbais (tom de voz, inflexão, volume da voz) e não verbais (movimentos dos olhos, expressão facial, movimentação das mãos e outras linguagens corporais). Essas mensagens ajudam a tornar a comunicação mais clara, enriquecendo seu sentido, mas não estão disponíveis nas interações on-line. As equipes virtuais freqüentemente possuem menor empatia e interação direta entre seus membros. Não são capazes de imitar as trocas pessoais que ocorrem em uma discussão face a face. Espe-

As equipes virtuais da fabricante de processadores Intel usam computadores e tecnologia de informação para compartilhar informações e tomar decisões. A Intel equipa cerca de 40 mil integrantes de equipes virtuais com laptops, pagers e telefones celulares para que eles possam trabalhar nos projetos a partir de qualquer parte do mundo onde estejam.

cialmente quando os membros não se conhecem pessoalmente, as equipes virtuais tendem a se voltar mais para a tarefa e menos para a troca de informações sociais e emocionais. Não é surpreendente, portanto, que os membros dessas equipes demonstrem menor satisfação com o processo de interação do grupo do que os participantes de equipes que trabalham face a face. Finalmente, as equipes virtuais são capazes de trabalhar mesmo que seus membros estejam separados por milhares de quilômetros e diferente fusos horários. Permitem o trabalho em conjunto de pessoas que, de outra forma, nunca seriam capazes de colaborar entre si.

Empresas como Hewlett-Packard, Boeing, Ford, Motorola, GE, Lockheed Martin, VeriFone e Royal Dutch/Shell tornaram-se usuárias contumazes das equipes virtuais. A Lockheed Martin, por exemplo, constituiu uma equipe virtual para projetar e construir um novo avião militar para a Força Aérea dos Estados Unidos. A equipe é composta de engenheiros e projetistas de todo o mundo, que trabalharão simultaneamente neste projeto de 20 bilhões de dólares. A empresa espera que esta estrutura de equipe seja capaz de economizar 250 milhões de dólares durante a década em que o avião será desenvolvido.[19]

Criando equipes eficazes

Não se tem poupado esforços na tentativa de identificar os fatores relacionados à eficácia das equipes.[20] No entanto, estudos recentes pegaram o que antes era uma verdadeira "lista de ingredientes de bolo", constituída por estas características,[21] e organizaram as informações em um modelo relativamente focado.[22] O Quadro 9-3 resume aquilo que sabemos atualmente sobre o que torna as equipes eficazes. Como você pode perceber, ele se fundamenta em diversos conceitos sobre os grupos que apresentamos nos capítulos anteriores.

A discussão a seguir baseia-se no modelo exibido no Quadro 9-3. Tenha em mente duas precauções antes de começarmos. A primeira é que as equipes diferem quanto à sua forma e estrutura. Como o modelo apresentado busca uma generalização em relação aos diversos tipos de equipes, é preciso ter o cuidado de não tentar aplicar rigidamente esses princípios a toda e qualquer equipe.[23] O modelo deve ser usado como um roteiro, não como uma prescrição rígida. A segunda cautela que se deve ter é que o modelo parte da premissa de que as equipes são

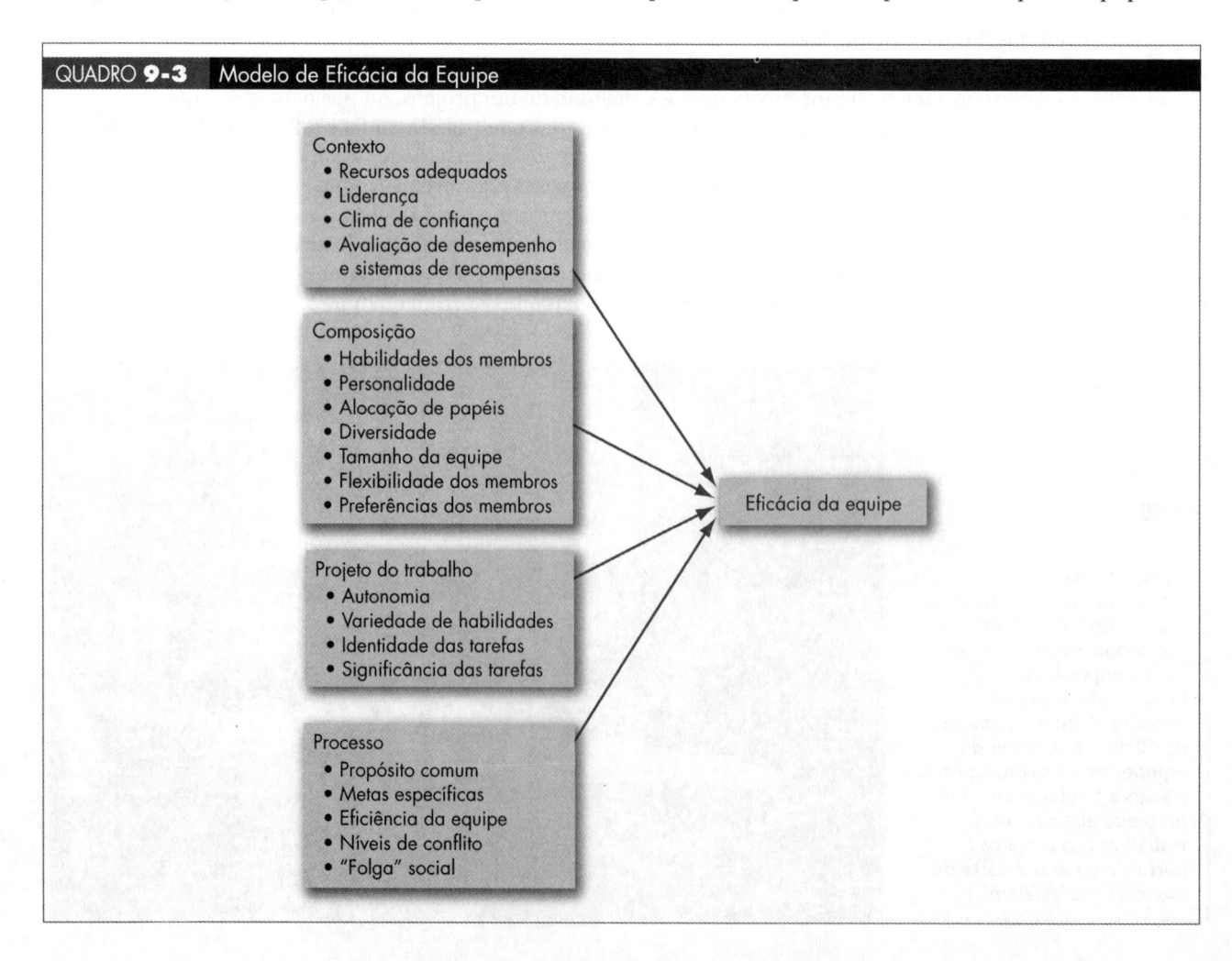

QUADRO 9-3 Modelo de Eficácia da Equipe

Contexto
- Recursos adequados
- Liderança
- Clima de confiança
- Avaliação de desempenho e sistemas de recompensas

Composição
- Habilidades dos membros
- Personalidade
- Alocação de papéis
- Diversidade
- Tamanho da equipe
- Flexibilidade dos membros
- Preferências dos membros

Projeto do trabalho
- Autonomia
- Variedade de habilidades
- Identidade das tarefas
- Significância das tarefas

Processo
- Propósito comum
- Metas específicas
- Eficiência da equipe
- Níveis de conflito
- "Folga" social

→ Eficácia da equipe

sempre preferíveis ao trabalho individual. A criação de uma equipe "eficaz" em uma situação em que o trabalho seria melhor realizado por um indivíduo equivale a resolver com perfeição o problema errado!

Os componentes básicos para a criação de equipes eficazes podem ser resumidos em quatro categorias gerais. A primeira categoria é o *projeto do trabalho*. A segunda diz respeito à *composição* da equipe. A terceira se refere aos recursos e outras influências *contextuais*. Finalmente, as variáveis do *processo* refletem o que acontece na equipe de modo a influenciar sua eficácia.

O que significa a *eficácia da equipe* neste modelo? Normalmente, ela engloba medidas objetivas da produtividade da equipe, a avaliação dos executivos em relação ao desempenho da equipe e medidas agregadas da satisfação dos seus membros.

Contexto

Os quatro fatores contextuais que parecem estar mais significativamente relacionados ao desempenho das equipes são a presença de recursos adequados, uma liderança eficaz, um clima de confiança e sistemas de avaliação de desempenho e de recompensas que reflitam as contribuições da equipe.

Recursos Adequados As equipes são parte de um sistema organizacional maior. Uma equipe de pesquisa da divisão de plásticos da Dow, por exemplo, precisa funcionar dentro de orçamentos, políticas e práticas estabelecidas pela organização. Desta forma, todas as equipes de trabalho dependem de recursos externos para a sua sustentação.[24] A escassez de recursos reduz diretamente a capacidade de desempenhar o trabalho eficazmente. Como concluiu um grupo de pesquisadores depois de analisar 13 fatores potencialmente relacionados ao desempenho dos grupos, "talvez uma das características mais importantes de um grupo de trabalho eficaz seja o apoio que ele recebe da organização".[25] Isto inclui recursos como disponibilização de informações em tempo hábil, tecnologia apropriada, pessoal adequado, incentivo e apoio administrativo. As equipes precisam receber o apoio necessário dos executivos e da organização como um todo para que possam atingir seus objetivos.

Liderança e Estrutura Os membros da equipe precisam entrar em acordo quanto à divisão das tarefas e assegurar que todos contribuam igualmente nesse arranjo. Além disso, precisam determinar como os cronogramas serão estabelecidos, quais habilidades devem ser desenvolvidas, como o grupo vai resolver os conflitos e como as decisões serão tomadas ou modificadas.[26] O acordo em relação às especificidades do trabalho e como elas devem ser organizadas para integrar as habilidades individuais requer liderança e estrutura para a equipe. Isto pode ser proporcionado diretamente pelos executivos ou pelos próprios membros da equipe.

A liderança, evidentemente, nem sempre é necessária. Por exemplo, as evidências indicam que as equipes de trabalho autogerenciadas freqüentemente têm melhor desempenho do que aquelas que possuem líderes formalmente nomeados.[27] Além disso, as lideranças podem prejudicar o bom desempenho quando interferem nas equipes autogerenciadas.[28] Nessas equipes, seus membros assumem muitas das funções que geralmente ficam a cargo dos executivos.

Nas equipes administradas de maneira tradicional, encontramos dois fatores aparentemente importantes para o desempenho: as expectativas e o estado de espírito do líder. Os líderes que esperam grandes feitos de suas equipes geralmente os conseguem! Por exemplo, as tropas militares que têm líderes com altas expectativas normalmente apresentam um desempenho melhor do que aquelas com líderes apenas controladores.[29] Além disso, estudos já demonstraram que os líderes que exibem um estado de espírito positivo conseguem um desempenho melhor de sua equipe e um índice de rotatividade menor.[30]

Clima de Confiança Os membros das equipes eficazes confiam uns nos outros. E também demonstram confiança em seus líderes.[31] A confiança interpessoal entre os membros da equipe facilita a cooperação, reduz a necessidade de monitoramento dos comportamentos individuais e une as pessoas em torno da crença de que nenhuma delas tentará tirar proveito da outra. Por exemplo, quando existe confiança, os membros da equipe apresentam mais disposição para assumir riscos ou mostrar vulnerabilidade. Da mesma forma, como veremos no Capítulo 12, a confiança é a base para a construção da liderança. A confiança é importante para a liderança no sentido em que torna a equipe disposta a aceitar e a se comprometer com as metas e as decisões de seu líder.

Sistemas de Avaliação de Desempenho e Recompensas Como conseguir que os membros de uma equipe sejam responsáveis, tanto individualmente como em grupo? O sistema tradicional de avaliação e de recompensas individuais precisa ser modificado para refletir o desempenho da equipe.[32]

As avaliações individuais de desempenho, a remuneração fixa, os incentivos individuais e outras práticas semelhantes não são consistentes com o desenvolvimento de equipes de alto desempenho. Assim, ao lado da avaliação e das recompensas individuais pela contribuição de cada funcionário, os dirigentes devem considerar as avaliações em grupo, a participação nos lucros e nos resultados, os incentivos aos grupos pequenos e outras modificações no sistema para reforçar o empenho e o comprometimento das equipes.

Composição

Esta categoria inclui as variáveis relacionadas a quem deve integrar as equipes. Nesta seção, vamos focalizar as habilidades e personalidades dos membros da equipe, a alocação de papéis e a diversidade, o tamanho da equipe, a flexibilidade dos membros e sua preferência pelo trabalho em equipe.

Capacidades dos Membros Parte do desempenho de uma equipe depende dos conhecimentos, habilidades e capacidades de seus membros individuais. É verdade que, ocasionalmente, tomamos conhecimento de equipes esportivas compostas por atletas medíocres, mas que — graças a um técnico excelente, determinação e união do grupo — são capazes de vencer grupos de atletas muito mais talentosos. Estes casos se tornam notícia exatamente porque são exceções. Como dizo velho ditado, "a corrida nem sempre é do mais veloz, nem a batalha do mais forte, mas essa é a forma de apostar". O desempenho de uma equipe não é apenas a somatória das capacidades individuais de seus membros. Contudo, estas capacidades determinam parâmetros do que os membros podem fazer e do quão eficientes eles serão dentro da equipe.

Para funcionar eficazmente, uma equipe precisa de três tipos diferentes de capacidades. Primeiro, ela precisa de pessoas com *conhecimentos técnicos*. Segundo, pessoas com *habilidades para solução de problemas e tomada de decisões*, que sejam capazes de identificar problemas, gerar alternativas, avaliar essas alternativas e fazer escolhas competentes. Finalmente, as equipes precisam de pessoas que saibam ouvir, dêem feedback, solucionem conflitos e possuam outras *habilidades interpessoais*.[33]

Nenhuma equipe atinge seu potencial de desempenho sem desenvolver estes três tipos de habilidades. A mistura exata é crucial. O excesso de um tipo em detrimento dos outros pode resultar em desempenho insatisfatório da equipe. Mas as equipes não precisam contar com todas as habilidades complementares no momento de sua formação. Não é raro que um ou mais membros da equipe se comprometam a aprender as habilidades de que a equipe tem deficiência para permitir, assim, que o grupo atinja todo o seu potencial.

Personalidade Demonstramos no Capítulo 4 que a personalidade tem uma influência significativa sobre o comportamento individual do funcionário. Isto pode ser estendido para o comportamento da equipe. Muitas das dimensões identificadas no Modelo Big Five mostraram ser relevantes para a eficácia da equipe. Mais especificamente, as equipes com níveis médios elevados de extroversão, amabilidade, consciência e estabilidade emocional costumam receber avaliações mais altas pelo seu desempenho.[34]

É muito interessante observar que as evidências sugerem que uma variação nas características de personalidade pode ser mais importante do que a sua média.[35] Assim, por exemplo, embora seja desejável um nível médio elevado de consciência, misturar pessoas altamente conscientes com outras nem tão conscientes pode prejudicar o desempenho da equipe. "Isso acontece porque, talvez, nessas equipes os membros mais conscientes não apenas executam suas tarefas, como também precisam executar ou refazer as tarefas dos menos conscientes. Pode ser que tal diversidade também conduza a uma sensação de injustiça nas contribuições."[36] Uma outra descoberta interessante em relação à personalidade é que "uma maçã estragada pode comprometer toda a cesta". Um único membro da equipe que não possua um nível mínimo de amabilidade, por exemplo, pode afetar negativamente todo o desempenho da equipe. Por isso, a inclusão de uma única pessoa que deixe a desejar em amabilidade, consciência ou extroversão pode resultar no desgaste dos processos internos da equipe e reduzir o seu desempenho geral.[37]

A equipe da cúpula de dirigentes da Pursuit, empresa canadense de consultoria, tem um desempenho eficaz porque possui a mistura exata de habilidades pessoais nas áreas técnica, de solução de problemas e de relações interpessoais. Com formação em diferentes áreas de marketing e com treinamento em questões interpessoais, cada membro da equipe colabora com uma habilidade específica, trazendo uma abordagem única para a solução dos problemas dos clientes. "Como equipe, temos uma colaboração que nunca vi igual", diz Wayne Clark (à esquerda), "e já trabalhei antes em diversas equipes".

Alocação de Papéis As equipes possuem necessidades diferentes e as pessoas devem ser selecionadas para a equipe de modo a assegurar que todos os papéis sejam preenchidos.

Podemos identificar nove papéis potenciais na equipe (veja o Quadro 9-4). As equipes bem-sucedidas têm pessoas para todos esses papéis e são selecionadas para eles de acordo com suas habilidades e preferências.[38] (Em muitas equipes, as pessoas desempenharão múltiplos papéis.) Os executivos precisam compreender os pontos fortes que cada pessoa pode trazer para a equipe, selecionar os membros tendo em mente esses pontos fortes e distribuir as atribuições de trabalho de maneira que se ajustem aos estilos preferidos pelos membros. Ao ajustar as preferências individuais com as demandas da equipe pelos papéis, os executivos aumentam a probabilidade de que os membros trabalhem bem juntos.

Diversidade A maior parte das atividades de uma equipe requer variedade de habilidades e conhecimentos. Em vista disso, é razoável supor que equipes heterogêneas — compostas por pessoas diferentes entre si — têm maior probabilidade de contar com diversidade de habilidades e de informações, além de serem mais eficazes. As pesquisas confirmam esta conclusão em termos gerais, especialmente em relação às tarefas cognitivas e que demandam criatividade.[39]

Quando os membros são diferentes em termos de personalidade, sexo, idade, educação, especialização funcional e experiência, existe uma maior probabilidade de que a equipe possua as características necessárias para realizar suas tarefas de forma eficaz.[40] A equipe pode ter uma carga maior de conflitos e menos expediente quando se introduzem e se assimilam mais posições diversas, mas as evidências confirmam, genericamente, que os grupos heterogêneos têm melhor desempenho do que os homogêneos. Essencialmente, a diversidade promove o conflito, que estimula a criatividade e conduz à melhoria do processo de tomada de decisão.

E quanto à diversidade gerada por diferenças raciais ou étnicas? As evidências indicam que esses elementos de diversidade interferem nos processos da equipe, pelo menos no curto prazo.[41] A diversidade cultural parece ser uma vantagem para tarefas que pedem diferentes pontos de vista. Mas equipes culturalmente heterogêneas apresentam maior dificuldade para aprender a trabalhar em conjunto e para a resolução de problemas. A boa notícia é que essas dificuldades tendem a se dissipar com o tempo. Embora equipes recém-formadas culturalmente heterogêneas tenham um desempenho pior quando comparados às equipes homogêneas, essa diferença tende a desaparecer depois de cerca de três meses. O motivo é que equipes heterogêneas levam um pouco mais de tempo para aprender a trabalhar em conjunto, superando as divergências e as diferentes abordagens na resolução de problemas.

Um aspecto da questão da diversidade recentemente chamou a atenção dos pesquisadores. Trata-se do grau em que os membros de uma equipe compartilham um mesmo atributo demográfico, como sexo, faixa etária,

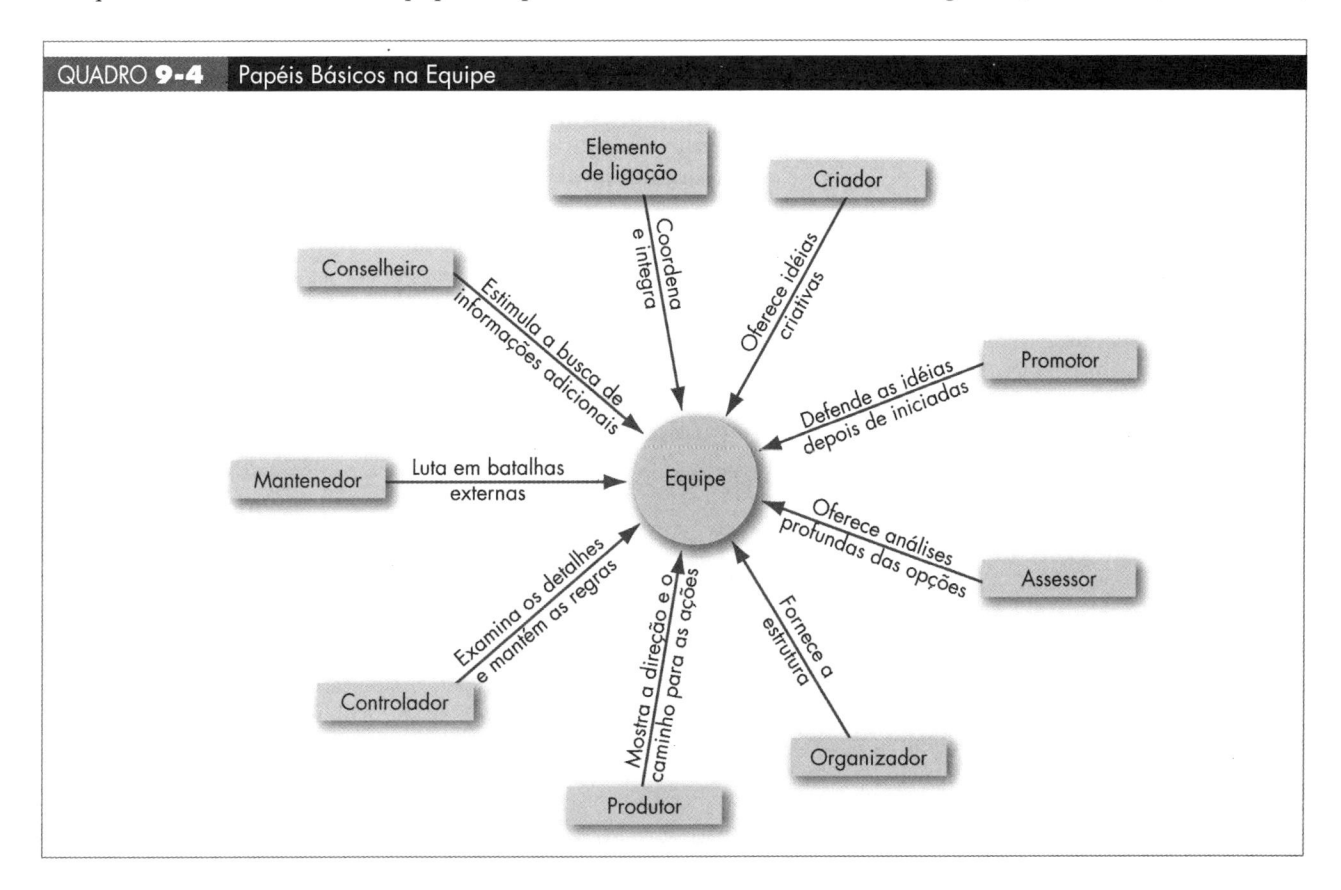

QUADRO 9-4 Papéis Básicos na Equipe

- **Elemento de ligação** — Coordena e integra
- **Criador** — Oferece idéias criativas
- **Conselheiro** — Estimula a busca de informações adicionais
- **Promotor** — Defende as idéias depois de iniciadas
- **Mantenedor** — Luta em batalhas externas
- **Assessor** — Oferece análises profundas das opções
- **Controlador** — Examina os detalhes e mantém as regras
- **Produtor** — Mostra a direção e o caminho para as ações
- **Organizador** — Fornece a estrutura

raça, nível educacional ou tempo de serviço na organização, e o impacto que esse atributo tem sobre a rotatividade. Chamamos essa variável de **demografia do grupo**.

Discutimos os fatores demográficos individuais no Capítulo 2. Vamos considerar aqui os mesmos tipos de fatores, mas no contexto do grupo. Agora não importa saber se a pessoa é homem ou mulher, ou se está na empresa há um ano ou há dez anos, mas sim os atributos de um indivíduo em relação aos dos outros com quem ele trabalha. Vamos analisar a lógica da demografia de grupo, fazer uma revisão das evidências e depois considerar suas implicações.

Os grupos e as organizações são compostos de **coortes**, que definimos como aqueles indivíduos que compartilham um atributo comum. Por exemplo, todos os nascidos em 1960 compartilham a mesma idade. Isso significa também que eles viveram experiências comuns. As pessoas nascidas em 1970 experimentaram a revolução da informação, mas não a Guerra da Coréia. Quem nasceu em 1945 viveu a Guerra do Vietnã, mas não a Grande Depressão. As mulheres nascidas antes de 1945 amadureceram antes do movimento feminista e possuem experiências muito diferentes das mulheres nascidas depois de 1960. A demografia do grupo, portanto, sugere que atributos como idade ou época de ingresso em um grupo específico ou na organização podem nos ajudar a prever a rotatividade. Basicamente, a lógica é a seguinte: a rotatividade é maior entre pessoas com experiências diferentes porque a comunicação é mais difícil. Nesses casos, os conflitos e lutas pelo poder são mais prováveis e mais intensos. O conflito crescente torna a participação no grupo menos atraente e os funcionários têm maior probabilidade de sair. Da mesma forma, os perdedores na luta pelo poder são os mais sujeitos a ir embora, voluntariamente ou não.

Diversos estudos foram dedicados a esta tese e as evidências são bastante encorajadoras.[42] Por exemplo, em departamentos ou em grupos de trabalho em que uma boa parte dos membros entrou ao mesmo tempo, há uma rotatividade significativamente maior entre os funcionários que ficam fora dessa coorte. Além disso, onde existem largas lacunas entre as coortes, a rotatividade é mais alta. As pessoas que entram juntas, ou em épocas próximas, em um grupo ou organização têm maior probabilidade de se associar, de compartilhar uma perspectiva similar do grupo ou da organização e, por isso, maior probabilidade de permanecer. Por outro lado, a descontinuidade ou desequilíbrio na distribuição das datas de entrada no grupo pode provocar uma rotatividade mais alta dentro dele.

A implicação desta linha de investigação é que a composição do grupo pode ser um bom indicador para prever a rotatividade. As diferenças, por si, não são indicadores, mas grandes diferenças dentro de um grupo levam à rotatividade. Quando todos os membros são moderadamente diferentes uns dos outros, a sensação de ser um estranho é reduzida. Assim, é o grau de dispersão de um atributo, mais do que o seu nível, que realmente importa.

Tamanho das Equipes O presidente a AOL Technologies diz que o segredo de uma boa equipe é: "Pense pequeno. O ideal é que sua equipe tenha entre sete e nove pessoas".[43] Este conselho é corroborado pelas evidências.[44] De maneira geral, as equipes mais eficazes são compostas por menos de dez elementos. Os especialistas sugerem a utilização do menor número possível de membros para a realização de uma tarefa. Infelizmente, existe uma tendência entre os executivos de compor equipes muito numerosas, embora quatro ou cinco pessoas sejam suficientes para garantir a diversidade de habilidades e pontos de vista. Além disso, os executivos esquecem que o gerenciamento da equipe se complica na proporção direta em que ela se torna mais numerosa. Quando a equipe

O termo *coortes* se aplica muito bem aos membros de diversas equipes de desenvolvimento de produtos na Microsoft. Bem-educados, jovens e totalmente voltados aos resultados, a maioria dos funcionários da empresa cresceu durante a revolução tecnológica. O compartilhamento destes atributos contribui para a baixa rotatividade dos membros das equipes de projeto de desenvolvimento de software, como a de e-books, mostrada aqui.

tem excesso de componentes, seus membros terão dificuldades de desenvolver a coesão, o comprometimento e a responsabilidade mútua, e a "folga" social aumenta, com as pessoas fazendo cada vez menos. Desta forma, ao projetar equipes eficazes, os executivos devem manter o número de seus membros abaixo de dez. Se uma unidade pré-existente é maior do que isto e você deseja um esforço de equipe, pense em dividir esse grupo em equipes menores.

Flexibilidade dos Membros As equipes formadas por indivíduos flexíveis possuem membros que podem completar as tarefas uns dos outros. Esse é um diferencial obviamente positivo já que aumenta enormemente sua adaptabilidade e deixa a equipe menos dependente de um único membro.[45] A seleção de membros que valorizam a flexibilidade e seu treinamento para que realizem as tarefas uns dos outros pode levar a um melhor desempenho da equipe com o passar do tempo.

Preferências dos Membros Nem todo funcionário é um membro potencial de equipe. Se for dada a opção, muitos funcionários vão preferir ficar *fora* das equipes. Quando pessoas que preferem trabalhar sozinhas são requisitadas para o trabalho em equipe, há uma ameaça direta ao moral do grupo e à satisfação individual de seus membros.[46] Isto sugere que ao selecionar os membros da equipe, devem-se considerar as preferências individuais da mesma forma que as habilidades, personalidades e capacidades. As equipes com excelente desempenho geralmente são compostas por pessoas que preferem trabalhar em grupo.

Projeto do trabalho

As equipes eficazes precisam trabalhar em conjunto e assumir responsabilidade coletiva pela realização de tarefas significantes. Precisam ser mais que "equipes só no nome".[47] Com base na terminologia que introduzimos no Capítulo 6, esta categoria inclui variáveis como liberdade e autonomia, oportunidade de utilização de diferentes habilidades e talentos (variedade de habilidades), capacidade de realização completa de uma tarefa ou produto identificável (identidade da tarefa) e a execução de uma tarefa ou projeto que tenha um impacto considerável sobre os outros (significância da tarefa). As evidências indicam que essas características estimulam a motivação dos membros e aumentam a eficácia da equipe.[48] Tais características são motivadoras porque aumentam o senso de responsabilidade dos membros e sua percepção de autonomia no trabalho, tornando sua realização mais interessante.[49]

Processo

A categoria final relacionada à eficácia das equipes refere-se às variáveis de processo. Isto inclui o comprometimento dos membros com um propósito comum, o estabelecimento de metas específicas para a equipe, a eficácia da equipe, um nível controlado de conflitos e a redução da "folga" social.

Por que os processos são importantes para a compreensão do comportamento da equipe? Uma forma de responder a isto é voltarmos à questão da "folga" social. Descobrimos que 1+1+1 não é necessariamente igual a 3. Nas tarefas de equipe em que a contribuição de cada membro não é claramente visível, existe uma tendência de as pessoas reduzirem seus esforços. A "folga" social, em outras palavras, ilustra uma perda do processo em conseqüência do uso de equipes. Mas os processos de equipe também produzem resultados positivos, ou seja, as equipes podem gerar resultados maiores do que a soma de suas contribuições. O desenvolvimento de alternativas criativas por um grupo com diversidade de composição seria um caso assim. O Quadro 9-5 ilustra como os processos de grupo podem ter impacto sobre a eficácia real do grupo.[50]

A "folga" social, por exemplo, representa uma sinergia negativa. O total é menor que a soma de suas partes. Por outro lado, equipes de pesquisa costumam ser utilizadas nos laboratórios porque se pode lançar mão das diferentes habilidades dos membros para produzir um estudo mais abrangente do que seria possível se eles trabalhassem individualmente. Ou seja, eles produzem sinergia positiva. Os ganhos do processo ultrapassam as perdas.

Propósito Comum As equipes eficazes têm um propósito comum e significativo, que oferece direção, o momentum e comprometimento a seus membros.[51] Este propósito é uma visão. É mais amplo do que os objetivos específicos.

Os membros das equipes bem-sucedidas dedicam bastante esforço e tempo para discutir, moldar e concordar acerca de um propósito que lhes pertença, tanto em termos individuais para cada um de seus membros

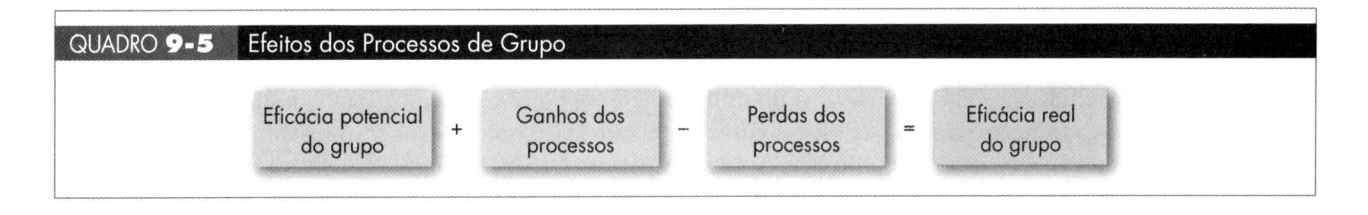

QUADRO 9-5 Efeitos dos Processos de Grupo

Eficácia potencial do grupo + Ganhos dos processos − Perdas dos processos = Eficácia real do grupo

> Na liderança da equipe de produtos de lavanderia da Procter & Gamble, Craig Bahner desafiou os membros de seu grupo com a difícil meta de aumentar sua fatia de participação no mercado norte-americano em um setor que cresce muito vagarosamente. Enfrentando o desafio, a equipe introduziu uma linha de novidades e melhorias nos produtos da marca Tide, com novas opções para a dona de casa, como sabão com alvejante. O desempenho da equipe aumentou em 41 por cento as vendas da linha Tide e sua participação no mercado chegou a 40 por cento.

como coletivamente. Esse propósito comum, quando aceito pela equipe, torna-se o equivalente uma mapa celeste para navegação para o capitão de um navio — ele oferece direção e orientação sob toda e qualquer condição.

Metas Específicas As equipes bem-sucedidas traduzem seu propósito comum em metas de desempenho específicas, mensuráveis e realistas. Como demonstramos no Capítulo 6, as metas conduzem os indivíduos a um melhor desempenho e também energizam as equipes. Metas específicas ajudam a tornar a comunicação mais clara. Ajudam também a equipe a manter seu foco sobre a obtenção de resultados.

Da mesma forma, consistente com as pesquisas sobre metas individuais, as metas das equipes também devem ser desafiadoras. Metas difíceis mostraram elevar o desempenho da equipe nos critérios para os quais foram estabelecidas. Desta forma, metas para aumentar o volume de produção levam ao aumento da produção, metas para aumentar a rapidez aceleram a velocidade, e assim por diante.[52]

Eficácia da Equipe As equipes eficazes têm confiança nelas mesmas. Acreditam que alcançarão o sucesso. Chamamos isso de *eficácia da equipe*.[53]

Sucesso gera sucesso. As equipes bem-sucedidas aumentam sua convicção sobre seus sucessos futuros. Isto, por sua vez, motiva estas equipes a trabalhar mais arduamente.

O que os executivos podem fazer para aumentar a eficácia das equipes? Duas opções possíveis são ajudar a equipe a conquistar pequenos sucessos e oferecer treinamento para as habilidades. Os pequenos sucessos constroem a confiança da equipe. À medida que ela aumenta seu histórico de conquistas, também aumenta a convicção coletiva de que os futuros esforços levarão ao sucesso. Ao lado disto, os executivos também podem oferecer treinamentos para aperfeiçoar as habilidades técnicas e interpessoais dos membros de suas equipes. Quanto melhores essas habilidades, mais a equipe tem condições de desenvolver sua confiança e sua capacidade de contar com esta confiança para a obtenção de resultados.

Níveis de Conflito O conflito dentro de uma equipe não é necessariamente uma coisa negativa. Como desenvolveremos melhor no Capítulo 14, as equipes totalmente imunes aos conflitos tendem a se tornarem apáticas e estagnadas. Assim, os conflitos podem, na verdade, melhorar a eficácia das equipes.[54] Mas nem todos os tipos de conflito. Os conflitos de relacionamento — aqueles baseados em incompatibilidades interpessoais, tensões e animosidade entre as pessoas — quase sempre são disfuncionais. No desempenho de tarefas não-rotineiras, contudo, o desacordo entre os membros sobre o conteúdo da tarefa (chamado de conflito de tarefa) não é negativo. Na verdade, ele é freqüentemente benéfico, pois reduz a probabilidade de ocorrência do pensamento grupal. O conflito de tarefa estimula a discussão, promove a avaliação crítica de problemas e opções e pode conduzir a melhores decisões da equipe. Desta forma, as equipes eficazes são caracterizadas por um nível adequado de conflitos.

"Folga" Social Aprendemos no capítulo anterior que as pessoas podem se esconder dentro de um grupo. Podem se entregar à "folga" social e se aproveitar do esforço do grupo, já que as contribuições individuais não podem ser identificadas. As equipes eficazes não correm este risco porque seus membros se mantêm responsáveis, tanto no nível individual como no do grupo.

Equipes bem-sucedidas fazem com que seus membros sejam responsáveis, individual e conjuntamente, pelos propósitos, metas e abordagem da equipe.[55] Estas equipes deixam claro quais são as responsabilidades individuais e quais são aquelas do grupo como um todo.

Transformando indivíduos em membros de equipe

Até agora, falamos sobre a crescente popularidade e o valor das equipes. Mas muitas pessoas não se encaminham naturalmente para o trabalho em equipe. Elas são do tipo solitário ou pessoas que preferem ser reconhecidas por suas realizações individuais. Existe também um grande número de organizações que, historicamente, alimentam realizações pessoais. Elas criaram um ambiente de trabalho competitivo, no qual apenas os fortes sobrevivem. Se essas empresas adotarem o trabalho em equipe, o que fazer com os funcionários egoístas e egocêntricos que criaram? Finalmente, como discutimos no Capítulo 3, os países diferem em termos do valor que atribuem ao individualismo e ao coletivismo. As equipes se ajustam melhor a culturas coletivistas.[56] O que acontece se uma organização tenta implantar o trabalho em equipe em uma população de trabalhadores nascidos e criados em uma sociedade altamente individualista? Como tão bem colocou um autor ao descrever o papel das equipes nos Estados Unidos: "Os norte-americanos não cresceram aprendendo a funcionar em equipe. Na escola, nunca recebemos um boletim do grupo, nem aprendemos o nome dos marinheiros da tripulação de Cristóvão Colombo".[57] Essa limitação valeria também para países como Canadá, Inglaterra, Austrália e outros que têm sociedades altamente individualistas.

O desafio

Os pontos analisados anteriormente serviram para demonstrar que uma barreira substancial para a utilização das equipes é a resistência das pessoas. O sucesso do funcionário não é mais definido em termos de seu desempenho individual. Para ter um bom desempenho como membro de uma equipe, a pessoa precisa ser capaz de se comunicar aberta e honestamente, confrontar diferenças e resolver conflitos, bem como sublimar suas metas pessoais para o bem do grupo. Para muitos funcionários, esta é uma tarefa difícil — quando não impossível. O desafio de criar membros de equipes é maior quando (1) a cultura vigente é altamente individualista e (2) as equipes estão sendo introduzidas em uma organização que sempre valorizou as realizações individuais. Isto descreve as dificuldades enfrentadas, por exemplo, pelos dirigentes de empresas como AT&T, Ford, Motorola e outras grandes organizações nos Estados Unidos. Estas empresas prosperaram contratando e recompensando estrelas do mundo empresarial e criaram um clima competitivo que estimulava as conquistas e o reconhecimento individuais. Os funcionários destas organizações podem ficar abalados com uma súbita mudança que valorize o trabalho em equipe.[58] Um funcionário veterano de uma grande empresa, que fez sucesso trabalhando sozinho, descreve sua experiência de integrar-se a uma equipe da seguinte forma: "Estou aprendendo minha lição. Acabo de obter minha primeira avaliação de desempenho negativa em 20 anos de carreira".[59]

Por outro lado, o desafio enfrentado pelos executivos é menor quando a implantação de equipes ocorre em culturas nas quais os funcionários possuem fortes valores coletivistas — como no Japão ou no México —, ou em organizações novas, que utilizam equipes desde o início de sua estrutura de trabalho. A Saturn Corp., por exemplo, é uma subsidiária norte-ameircana da General Motors. A empresa foi projetada para funcionar com equipes desde o seu nascimento. Todos os contratados pela Saturn sabiam, desde o início, que iriam trabalhar em equipes. A capacidade de ser um bom membro de equipe era uma qualificação básica para a contratação.

Modelando os membros da equipe

As opções básicas que os executivos têm para tentar transformar indivíduos em membros de equipes vêm resumidas a seguir.

Seleção Algumas pessoas já possuem habilidades interpessoais para ser membros eficazes de equipes. Quando se contratam membros de equipes, além das habilidades técnicas requeridas pelo trabalho, deve-se assegurar que eles tenham condições de desempenhar seus papéis no grupo.[60]

Muitos candidatos não possuem habilidades para trabalhar em equipe. Isso é especialmente verdadeiro para aqueles habituados às contribuições individuais. Quando encontram esse tipo de candidato, os executivos têm três opções básicas. O candidato pode passar por um treinamento para se transformar em membro de equipe. Se isso não for possível, ou não funcionar, as duas outras opções são: transferi-lo para uma outra unidade da empresa que não trabalhe em equipe (caso exista) ou não contratá-lo. Nas organizações já existentes e que estão se reestruturando para o trabalho em equipe, pode-se esperar que alguns funcionários resistam a essa mudança e nem sequer possam ser treinados. Infelizmente, esses indivíduos acabam se tornando vítimas fatais da abordagem de equipes.

Treinamento Em uma visão mais otimista, uma grande parcela das pessoas habituadas aos valores individuais pode ser treinada para se transformar em membros de equipes. Especialistas em treinamento conduzem exercícios que permitem aos funcionários experimentar a satisfação que a equipe de trabalho pode proporcionar. Geralmente, isso é feito através de workshops para ajudar os funcionários a aprimorar suas habilidades de resolu-

Os programas de treinamento da Outward Bound oferecem às organizações a possibilidade de desenvolver membros de equipes. Ao vivenciar experiências como participar de um exercício de navegação de um veleiro, os funcionários aprendem o valor do trabalho conjunto e adquirem as habilidades práticas necessárias para o trabalho em equipe.

ção de problemas, comunicação, negociação, administração de conflitos e gerenciamento. Os funcionários aprendem também o modelo de cinco estágios de desenvolvimento do grupo, descrito no Capítulo 8. Na Verizon, por exemplo, o treinamento enfoca o processo de passagem da equipe pelos vários estágios até a sua consolidação. E durante todo o tempo os funcionários são lembrados da importância da paciência, pois as equipes levam mais tempo para tomar decisões do que os funcionários que trabalham individualmente.[61]

No Estado de Missouri, a Speciality Motor Division, da Emerson Electric, obteve um notável sucesso ao conseguir que os 650 membros de seu quadro de pessoal não apenas aceitassem, mas recebessem com entusiasmo o treinamento para trabalhar em equipe.[62] Foram trazidos consultores externos para ajudar a desenvolver habilidades práticas para o trabalho em equipe. Menos de um ano depois, os funcionários haviam aceitado entusiasticamente o valor do trabalho em equipe.

Recompensas   O sistema de recompensas precisa ser reformulado para estimular os esforços cooperativos, em vez dos competitivos.[63] Por exemplo, a Hallmark Cards instituiu um bônus anual para o alcance das metas de equipe, juntamente com seu sistema de incentivos individuais. A Trigon Blue Cross Blue Shield mudou seu sistema para recompensar qualquer diferença entre as metas individuais e os comportamentos de equipe.[64]

As promoções, os aumentos de salário e outras formas de reconhecimento devem ser dados aos indivíduos por sua eficácia como membros colaborativos das equipes. Isso não significa que se deva ignorar a contribuição individual; ela deve ser equilibrada com as contribuições altruístas para o bem da equipe. Exemplos de comportamentos que devem ser recompensados são o treinamento de novos colegas, o compartilhamento de informações, o auxílio para resolver conflitos e o desenvolvimento de novas habilidades necessárias à equipe.

Por último, não devemos esquecer as recompensas intrínsecas que os funcionários podem receber da própria equipe de trabalho. As equipes oferecem a camaradagem. É estimulante e gratificante fazer parte de uma equipe de sucesso. A oportunidade de se engajar em seu desenvolvimento pessoal e ajudar os colegas da equipe a crescer pode ser uma experiência muito gratificante e recompensadora para os funcionários.

As equipes e a gestão da qualidade

Como vimos no Capítulo 1, a questão da "melhoria da qualidade" tem recebido crescente atenção dos executivos nos últimos anos. Nesta seção, vamos demonstrar o importante papel que as equipes desempenham dentro dos programas de gestão da qualidade.

A essência da QM (*Quality Management*) é a melhoria dos processos, e o envolvimento dos funcionários é a principal engrenagem para que isso aconteça. Em outras palavras, a QM requer que os executivos estimulem os funcionários a compartilhar idéias e a usar na prática suas sugestões. Como bem colocou um autor: "Nenhum dos diversos processos e técnicas de QM pode ser aplicado fora das equipes de trabalho. Todos eles exigem altos níveis de comunicação e contato, resposta e adaptação, e coordenação e continuidade. Em suma, eles demandam um tipo de ambiente que só pode ser encontrado dentro das boas equipes de trabalho".[65]

Uma abordagem de equipe para a melhoria da qualidade é a palavra de ordem na Compaq. Cerca de 95 por cento dos funcionários na área de produção participam de equipes autogerenciadas, enquanto 75 por cento dos funcionários participam de equipes temporárias especiais. A Compaq dá autonomia às equipes para que encontrem soluções simples e de baixo custo para os problemas. Em um ano, 124 equipes para a melhoria contínua apresentaram projetos que reduziram custos com mão-de-obra, materiais e outros insumos em 2 milhões de dólares. A equipe temporária mostrada na foto soluciona um problema e se dissolve; seus membros, então, partem para formar outras equipes.

As equipes proporcionam o veículo natural para o compartilhamento de idéias e a implementação de melhorias. Como diz Gil Mosard, especialista em QM da Boeing-McDonnell Douglas: "Quando seu sistema de medição indica que o processo está fora de controle, é preciso uma equipe de trabalho para a resolução estruturada de problemas. Nem todo o mundo precisa saber fazer gráficos sofisticados de controle para monitorar o desempenho, mas todos precisam saber como anda seu processo para avaliar se ele está melhorando".[66] Os exemplos da Ford Motors Co. e da Amana Refrigeration ilustram como as equipes são utilizadas nos programas de QM.[67]

A Ford iniciou seus programas de QM tendo as equipes como mecanismo básico de organização. "Como esse negócio é muito complexo, não se pode implementá-lo sem uma abordagem de equipe", diz um executivo da empresa. Ao projetar suas equipes de solução de problemas de qualidade, os dirigentes identificaram cinco metas. As equipes deveriam (1) ser suficientemente pequenas para serem eficientes e eficazes; (2) ser adequadamente treinadas nas habilidades que seus membros iriam necessitar; (3) ter tempo suficiente para tratar dos problemas focados; (4) ter autoridade para solucionar os problemas e implementar as ações corretivas adequadas; e (5) ter cada qual um "campeão" designado, cuja função seria ajudar a equipe a superar as dificuldades que surgissem.

Na Amana, forças-tarefa multifuncionais, formadas por pessoas de diferentes níveis da empresa, são utilizadas para tratar dos problemas de qualidade que atravessam os limites departamentais. Cada uma destas equipes tem uma única área de responsabilidade para a solução de problemas. Por exemplo, uma trata dos produtos da fábrica, outra lida com questões que surgem fora da área de produção e uma outra cuida especificamente dos problemas com os fornecedores. A Amana declara que a utilização dessas equipes melhorou a comunicação horizontal e vertical na empresa e reduziu substancialmente o número de unidades que não atendem às especificações da organização, como também os problemas de serviço no campo.

Cuidado! Nem sempre as equipes são a solução

O trabalho em equipe costuma tomar mais tempo e consumir mais recursos do que o trabalho individual. As equipes têm, por exemplo, maiores demandas de comunicação, mais conflitos para serem administrados e mais reuniões para serem conduzidas. Assim, os benefícios da utilização de equipes precisam superar seus custos. E nem sempre este é o caso.[68] No entusiasmo de se valer dos benefícios das equipes, alguns executivos as adotaram em situações nas quais o trabalho é melhor realizado individualmente. Portanto, antes de implementar o trabalho em equipe, você deve avaliar cuidadosamente se o trabalho requer esforço coletivo ou se beneficia com ele.

Como saber se o trabalho seria melhor realizado em equipe? Sugerem-se três testes para determinar a adequação das equipes ao trabalho.[69] Primeiro, o trabalho pode ser melhor realizado por mais de uma pessoa? Um bom indicador aqui é a complexidade da tarefa e a necessidade de diferentes perspectivas. Tarefas simples, que não demandam diversidade de contribuições, podem ser melhor executadas por apenas um indivíduo. Segundo, a tarefa cria um propósito comum ou conjunto de metas para os membros da equipe maior do que a soma de seus objetivos individuais? Por exemplo, os departamentos de serviços de muitas concessionárias de automóveis introduziram equipes que interligam o pessoal de serviço ao cliente, mecânicos, especialistas em autopeças e representantes de vendas. Essas equipes conseguem administrar melhor a responsabilidade coletiva pelo atendimento às necessidades dos clientes. O teste final para a adoção de equipes é: os membros do grupo são interdependentes? As equipes fazem sentido quando existe interdependência entre as tarefas; quando o sucesso geral depende do sucesso de cada um *e* o sucesso de cada um depende do sucesso dos demais. O futebol, por exemplo, é um caso óbvio de esporte de *equipe*. O sucesso requer uma boa dose de coordenação entre jogadores interdependentes. Por outro lado, a não ser no caso de revezamento, a natação não é exatamente um esporte de equipe. Os grupos de nadadores são formados por atletas que têm desempenho individual e o resultado geral do grupo é apenas a soma dos resultados individuais.

Resumo e implicações para os executivos

Poucas tendências influenciaram tanto a situação dos funcionários como o movimento maciço de introdução de equipes no ambiente de trabalho. Na passagem do trabalho individual para o trabalho em equipe, o funcionário precisa aprender a cooperar com os outros, compartilhar informações, confrontar diferenças e sublimar seus interesses pessoais pelo bem da equipe.

As equipes eficazes possuem características em comum. As equipes contam com recursos adequados, liderança eficaz, clima de confiança e avaliação de desempenho com um sistema de recompensas que refletem as contribuições da equipe. As equipes possuem indivíduos com especialização técnica e habilidades para solução de problemas, tomada de decisões e relações interpessoais, além de elevado nível nas características de personalidade em termos de extroversão, amabilidade, consciência e estabilidade emocional. As equipes eficazes também tendem a ser pequenas — com menos de dez pessoas — preferencialmente sendo compostas por pessoas de formações e experiências diferentes. Seus membros se ajustam aos papéis demandados, são flexíveis e preferem integrar um grupo. O trabalho realizado por essas equipes oferece liberdade e autonomia, oportunidade para o aproveitamento de diferentes habilidades e talentos, a possibilidade de realizar parte de um todo em uma tarefa definida, e um trabalho que terá substancial impacto para os outros. Finalmente, as equipes eficazes têm membros comprometidos com um propósito comum, metas específicas da equipe, integrantes que acreditam na capacidade do grupo, um nível administrável de conflitos e um grau mínimo de "folga" social.

Como as sociedades e as organizações individualistas atraem e recompensam as conquistas pessoais, a formação de equipes nesses ambientes é mais difícil. Para fazer esta transição, os executivos devem tentar selecionar pessoas com boas habilidades interpessoais para que sejam membros eficazes da equipe, oferecer treinamento para melhorar estas habilidades e recompensar os indivíduos por seus esforços cooperativos.

PONTO ▶   ◀ CONTRAPONTO

Times esportivos são bons exemplos para as equipes nas empresas

Estudos envolvendo esportes como futebol, basquete, vôlei, hóquei e beisebol descobriram elementos que podem ser extrapolados para as equipes bem-sucedidas dentro das empresas.

As equipes bem-sucedidas integram cooperação com competição. Os técnicos dessas equipes estimulam seus atletas a se ajudar mutuamente, mas também a competir entre si pelo melhor desempenho. As equipes com melhores resultados nos campeonatos possuem técnicos que promovem um forte espírito de cooperação e um alto nível de competitividade saudável entre seus jogadores.

As equipes bem-sucedidas já começam ganhando o jogo. Um início vitorioso aumenta a confiança dos jogadores em sua capacidade como equipe. Pesquisas com equipes de hóquei mostram que a equipe que estava na frente no final do primeiro tempo ganhou a partida em 72 por cento dos jogos. Assim, os executivos devem inicialmente dar às suas equipes tarefas relativamente simples e que proporcionem "vitórias fáceis".

As equipes bem-sucedidas evitam "ondas" de fracassos. Perder pode tornar-se uma profecia auto-realizadora. Fracassos seguidos podem conduzir a um declínio no espírito da equipe, que se sente sem moral e acredita que a tendência ao fracasso é irreversível. Os executivos precisam restaurar a confiança dos membros da equipe de que são capazes de reverter situações adversas.

A prática leva à perfeição. As equipes bem-sucedidas executam nos dias de jogo, mas aprendem com seus erros nos treinos. O treino serve para tentar novos movimentos e cometer erros. O bom executivo arranja tempo para que sua equipe possa experimentar e aprender.

As equipes bem-sucedidas utilizam o intervalo entre os tempos da partida. Os melhores técnicos de futebol e basquete usam o intervalo entre os tempos da partida para avaliar o que está dando certo e o que não está. Os executivos também devem fazer este tipo de avaliação quando o projeto em que a equipe estiver trabalhando chegar à sua metade e descobrir o que pode ser melhorado.

As equipes vencedoras têm composição estável. A estabilidade melhora o desempenho. Por exemplo, estudos com times profissionais de basquete revelaram que, quanto mais tempo os mesmos jogadores permanecem na equipe, maior é a probabilidade de vitória nos jogos. Quanto maior o tempo de convivência entre os membros da equipe, maior a facilidade de antecipar os movimentos uns dos outros e de entender com clareza o papel de cada um.

As equipes bem-sucedidas fazem avaliações depois das derrotas e das vitórias. As melhores equipes assistem ao vídeo do jogo depois da partida. Da mesma maneira, as equipes nas organizações precisam sempre refletir sobre seus sucessos e fracassos para aprender com eles.

É um erro usar os esportes como exemplo para o desenvolvimento de equipes de trabalho eficazes. Aqui estão quatro problemas.

Nem todas as equipes esportivas são iguais. No beisebol, por exemplo, existe pouca interação entre os jogadores. Raramente há mais de dois ou três atletas envolvidos diretamente em uma jogada. O desenvolvimento do time é principalmente o resultado da soma dos desempenhos individuais. Em comparação, no basquete existe muito mais interdependência entre os jogadores. A distribuição geográfica é densa. Geralmente, todo o time participa de cada jogada, todos os jogadores devem ser capazes de agir a qualquer momento tanto no ataque como na defesa e a movimentação é contínua para todos, não apenas para quem tem a bola nas mãos. O desempenho da equipe é mais do que a soma dos desempenhos individuais. Assim, quando usar o esporte como padrão de referência, tenha certeza de fazer a comparação correta.

As equipes de trabalho são mais variadas e complexas. Na área de esportes, o desenho da tarefa, o desenho da equipe e o contexto do grupo varia muito pouco de time para time. Mas estes aspectos podem ter variações enormes nas equipes de trabalho. Assim, o papel do treinador é muito mais significativo nas equipes esportivas do que nas equipes de trabalho na organização. O desempenho destas últimas depende mais de se chegar às variáveis certas para a estrurura e o planejamento da equipe. Dessa forma, ao contrário do que acontece nos esportes, a gestão de equipes de trabalho deve ter seu foco na montagem de um grupo para o sucesso, e não em seu treinamento.

Muitos funcionários não entendem metáforas esportivas. Nem todos os membros das equipes de trabalho estão familiarizados com esportes. As mulheres, por exemplo, não costumam se interessar muito pelo assunto e não conhecem a terminologia esportiva. Além disso, os membros da equipe provenientes de outras culturas podem não conhecer as metáforas que você está usando.

Os resultados das equipes de trabalho não podem ser definidos facilmente em termos de vitória ou derrota. As equipes esportivas avaliam seu desempenho pelo resultado dos jogos. Este tipo de mensuração não é tão fácil quando se trata de avaliar o desempenho das equipes de trabalho. Quando o executivo tenta definir o desempenho em termos de vitória ou derrota, há uma inferência de que o ambiente organizacional seria eticamente idêntico ao de uma quadra de esporte, o que raramente é verdadeiro.

Fonte: Ambos os argumentos baseiam-se em N. Katz, "Sports teams as a model for workplace teams: lessons and liabilities", *Academy of Management Executive*, ago. 2001, p. 56-67.

Questões para revisão

1. Compare as equipes autogerenciadas com as equipes multifuncionais.
2. Compare as equipes virtuais com as do tipo face a face.
3. Liste e descreva nove papéis encontrados em equipes.
4. Como as equipes eficazes minimizam a "folga" social?
5. Como as equipes eficazes minimizam o pensamento grupal?
6. Liste e descreva as variáveis de processo associadas ao desempenho de empresas eficazes.
7. Sob quais condições o desafio de transformar indivíduos em membros de equipe é maior?
8. Qual o papel que as equipes desempenham na gestão da qualidade?
9. Compare os prós e os contras da diversidade nas equipes.
10. O que é demografia do grupo e por que ela é importante?

Questões para reflexão crítica

1. As equipes não geram conflitos? Os conflitos não são uma coisa ruim? Por quê, então, os executivos devem apoiar o conceito de equipe?
2. Existem fatores na sociedade japonesa que tornam as equipes mais aceitáveis no ambiente de trabalho do que em países como os Estados Unidos e o Canadá? Explique.
3. Que problemas podem surgir nas equipes em cada um dos cinco estágios do modelo de desenvolvimento do grupo?
4. Como você acha que as expectativas dos membros podem afetar o desempenho da equipe?
5. Você prefere trabalhar sozinho ou fazer parte de uma equipe? Por quê? Como você acha que sua opinião pode ser comparada com a de seus colegas?

Exercício de grupo

Tripulação de vôo fixa *versus* variável

Formem equipes de cinco pessoas. Seu grupo é um conselho indicado pela Agência Federal de Aviação Comercial dos Estados Unidos para avaliar os prós e contras das tripulações variáveis de vôo e deve chegar a uma recomendação sobre a continuidade ou não desta prática.

Quase todas as companhias aéreas comerciais hoje operam com tripulação variável. Pilotos, co-pilotos e comissários de bordo fazem suas propostas relativas a aeronaves (por exemplo, Boeing 737, 757 ou 767) com base em tempo de serviço. Depois, eles recebem um cronograma mensal com viagens que duram de 1 a 4 dias. Dessa forma, a tripulação de um determinado vôo fica junta durante alguns poucos dias. Por causa desta prática, freqüentemente um piloto de uma grande companhia aérea voa com um co-piloto diferente a cada mês. E um piloto e co-piloto que voaram juntos no mês de janeiro podem não mais trabalhar juntos pelo resto do ano.

Podem-se encontrar argumentos para endossar o sistema atual. Mas ele também tem sérias desvantagens. Cada equipe deve considerar cuidadosamente os dois lados da questão, considerando seu efeito sobre o desempenho e a segurança da companhia aérea, e então fazer sua escolha e preparar-se para justificá-la diante da classe.

Dilema ético

Pressão para se tornar um membro de equipe

"Está certo, eu admito. Eu não sou um membro de equipe. Eu trabalho melhor quando estou sozinho e sou deixado em paz", diz Zachery Sanders.

O empregador de Zachery, um fabricante de móveis para escritório, recentemente reorganizou a empresa em equipes de trabalho. Toda a produção da fábrica de Michigan agora é realizada por equipes. O departamento de design, onde Zachery trabalha, foi desmembrado em três equipes.

"Eu trabalho aqui há quatro anos. Sou muito bom no que faço. Minhas avaliações de desempenho confirmam o que digo. Minha pontuação anual é de 96 por cento ou mais. Mas agora tudo está mudando. Espera-se que eu faça parte de uma equipe de design de módulos para escritório. Minha avaliação e os aumentos salariais vão depender do desempenho da equipe. Além disso, 50 por cento da minha avaliação vai depender de o meu comportamento facilitar ou não o trabalho da equipe. Sinto-me frustrado e com o moral abalado. Eu fui contratado pelas minhas habilidades de designer. Todos sabiam que eu não sou um tipo social. Agora querem me obrigar a virar um membro de equipe. Isto não faz o meu gênero de forma alguma."

O empregador de Zachery está sendo ético ao forçá-lo a se tornar um membro de equipe? Com isto, a empresa estaria quebrando um acordo implícito firmado com ele no momento de sua contratação? Esse empregador tem obrigação de oferecer uma alternativa para que Zachery continue trabalhando de forma independente?

Estudo de caso

Uma equipe virtual na T.A. Stearns

A T.A. Stearns é um escritório de serviços contábeis cujo principal negócio é a assessoria fiscal para clientes pessoa física. A boa reputação da Stearns se deve à alta qualidade de seus pareceres e à excelência de seus serviços. Um fator-chave para a conquista desta reputação é o exemplar banco de dados que a empresa possui e as ferramentas de análise usadas por seu pessoal no atendimento aos clientes. Estes programas foram desenvolvidos por indivíduos altamente treinados. Eles são extremamente técnicos, tanto em termos da legislação tributária como em termos da linguagem em que foram escritos. Para empregar estes programas, é preciso que o usuário tenha grande habilidade como desenvolvedor, além de conhecimento legal. O conhecimento de novas leis, bem como a interpretação daquelas já existentes, precisam ser integrados de modo rápido e perfeito dentro das regulamentações vigentes e das ferramentas de análise.

O desenvolvimento destes programas é feito em um ambiente virtual por quatro programadores em torno da região metropolitana de Boston. Os quatro trabalham em suas residências e se conectam entre si e com a empresa por meio de e-mail, telefone e video-conferência. Reuniões formais e pessoais entre esses programadores só acontecem algumas poucas vezes ao ano, embora eles se encontrem ocasionalmente em situações informais. Aqui estão algumas informações curriculares sobre esses quatro funcionários.

Tom Andrews é advogado tributarista, formado pela Universidade de Maine, onde foi jogador de hóquei. Com 35 anos, Tom é o mais antigo do grupo e já trabalha com os programas há seis anos. Além de suas funções de desenvolvedor, ele é o principal elo do grupo com a Stearns. Tom também é o responsável pelo treinamento de novos membros. Solteiro, Tom trabalha em sua fazenda em Southern New Hampshire, onde, nas horas vagas, costuma caçar e pescar.

Cy Crane, um contador especializado em tributos e formado em ciências da computação pela Universidade de Massachusetts, tem 32 anos, é casado e tem dois filhos, um de 4 anos e o outro de 6 anos. Sua esposa trabalha em tempo integral em uma firma de advocacia no centro de Boston. Nas suas horas vagas, Cy gosta de andar de bicicleta e de pescar.

Marge Dector, advogada tributarista, formada pela Universidade do Estado da Pensilvânia, tem 38 anos, é casada e tem dois filhos, de 8 anos e de 10 anos. Seu marido é engenheiro eletricista e trabalha em tempo integral em uma empreiteira local. Os passatempos de Marge são o golfe e o esqui.

Megan Harris, contadora especializada em tributos formada pela Universidade de Indiana, tem 26 anos e é solteira. Ela se mudou recentemente para Boston e trabalha em seu apartamento no bairro de Back Bay.

Estas quatro pessoas trocam e-mails diversas vezes ao dia. Na verdade, não é raro que eles se afastem da família e dos amigos para se conectar entre si. Freqüentemente, seus e-mails falam também sobre assuntos gerais, e não apenas sobre o trabalho. Algumas vezes, quando, por exemplo, um prazo de encerramento está próximo e algum deles está com problemas em casa, eles se ajudam mutuamente. Tom já convidou os outros três para conhecerem sua fazenda; Marge e Cy já reuniram suas famílias em algumas ocasiões para jantar. Uma vez por mês, mais ou menos, os quatro se encontram em um almoço.

Todos os quatro são assalariados na Stearns e sua remuneração, consistentemente com os costumes da empresa, são negociados separadamente e em sigilo. Embora se exija que todos façam algum contato pelo menos uma vez por dia, ficou combinado no momento de sua contratação que eles poderiam trabalhar quando quisessem. Obviamente, a flexibilidade é um ponto alto de seus empregos. Quando estão juntos, eles costumam brincar a respeito dos gerentes e funcionários que permanecem nos escritórios da empresa, referindo-se a eles como os "cronometrados" e a si próprios como os "agentes livres".

Quando precisam fazer alguma mudança grande nos programas, costumam desenvolver para esta finalidade ferramentas, conhecidas como macros, que os ajudam a trabalhar com mais eficiência. Essas macros aumentam significativamente a velocidade com que se pode fazer uma mudança no programa. Cy, em particular, adora desenvolver macros. Em um projeto recente, por exemplo, ele ficou obcecado com a possibilidade de criar um atalho para economizar um tempo enorme de trabalho. Uma semana depois de codificar sua macro e enviar o código para a empresa, Cy foi a Tom e se gabou de ter criado um atalho que lhe poupou oito horas de trabalho nos últimos sete dias. Tom ficou um tanto cético de início, mas, depois de testar a macro, percebeu que ela de fato lhe poupou um bocado de tempo.

A Stearns possui um programa de sugestões dos funcionários que recompensa os que trazem inovações que resultam em economia para a empresa. Este programa dá ao funcionário o equivalente a 5 por cento da economia gerada por sua idéia inovadoradurante três meses. A empresa também tem um plano de participação nos lucros. Tom e Cy acharam que a quantia modesta que seria dada como recompensa não chegava aos pés do tempo livre que eles obtinham utilizando a nova macro. Eles queriam este tempo para lazer e para trabalhos de consultoria. Eles também temiam que o grupo pudesse ser prejudicado se a administração da empresa viesse a saber da macro. Com ela, três pessoas poderiam fazer o trabalho de quatro e uma deles perderia o emprego. Assim, eles não compartilharam a inovação com os dirigentes da empresa.

Embora não dividissem a novidade com os dirigentes, Tom e Cy sabiam que estava para começar a época de mais trabalho e logo todos os membros da equipe estariam sobrecarregados e estressados. Eles resolveram passar a macro para os outros dois membros, pedindo segredo sobre o fato.

Certo dia, conversando durante o almoço, os quatro resolveram estabelecer um nível de produção que não levantasse as supeitas dos dirigentes da empresa. Passaram-se vários meses em que eles utilizaram parte de seu tempo extra para melhorar ainda mais a qualidade de seu trabalho. Mas agora também tinham mais tempo para dedicar a seus interesses pessoais.

Dave Reagan, o gerente da equipe dentro da empresa, descobriu a inovação algumas semanas depois de implementada. Ele estava curioso para saber como se conseguiu reduzir um pouco o tempo de produção enquanto a qualidade do trabalho cresceu. Encontrou a primeira pista em um e-mail de Marge para Cy, em que ela agradecia pelo grande tempo poupado por sua "mente brilhante". Não querendo embaraçar seus funcionários, o gerente tentou uma abordagem sutil com Tom a respeito do que estava acontecendo, mas não obteve nenhuma informação. Ele não disse nada a seus superiores por pensar que, como a qualidade e a produtividade estavam excelentes, não havia motivo para seguir adiante com o caso.

Dave acaba de saber que Cy contou sobre o truque a um membro de outra equipe virtual da empresa. De repente, a situação saiu do controle. Dave resolveu chamar Cy para um almoço. Durante o encontro, Dave pediu que Cy explicasse o que estava acontecendo. Cy lhe contou sobre a macro, mas justificou o silêncio da equipe como forma de se proteger.

Dave sabe que logo a história toda chegará aos ouvidos de seus superiores,que vão querer algumas respostas — dele.

Questões

1. Por que este grupo é uma equipe?
2. Alguém nesta história está agindo contra a ética?
3. Que características de pensamento grupal foram manifestadas nesta equipe de trabalho?
4. Dave é um líder de equipe eficaz? Explique sua opinião.
5. O que Dave deve fazer agora?

Fonte: Adaptado de "The virtual environment work team", caso preparado por R. Andre, professor da Northeastern University. Com autorização.

CAPÍTULO 10

Comunicação

Depois de ler este capítulo, você será capaz de:

OBJETIVOS DO APRENDIZADO

1. Descrever o processo de comunicação.
2. Comparar as vantagens e desvantagens da comunicação oral *versus* a comunicação escrita.
3. Comparar a eficácia das redes tipo cadeia, roda e todos os canais.
4. Identificar fatores que afetam a utilização da rede de rumores.
5. Discutir como a informatização está mudando a comunicação organizacional.
6. Explicar a importância da riqueza do canal para a melhoria da eficácia da comunicação.
7. Listar barreiras comuns à comunicação eficaz.
8. Descrever os problemas potenciais na comunicação multicultural.

A compreensão errada de algumas palavras pode ser a diferença entre a vida e a morte? Isto acontece de verdade no setor de transporte aéreo. Diversos desastres com aviões foram atribuídos a falhas de comunicação.[1] Considere o seguinte:

O pior desastre da história da aviação ocorreu em 1977 na enevoada Tenerife, nas Ilhas Canárias. O comandante de um vôo da KLM pensou que o controle de tráfego aéreo havia liberado sua aeronave para decolagem, mas a torre havia apenas transmitido algumas instruções para a decolagem. Embora o idioma falado pelo comandante holandês e o controlador espanhol fosse o inglês, a confusão foi criada pelos fortes sotaques de ambas as partes e alguma terminologia inadequada. O Boeing 747 da KLM chocou-se com uma aeronave igual, da Pan Am, que estava aterrissando. Morreram 583 pessoas.

Em 1990, os pilotos de um avião da colombiana Avianca, depois de uma longa espera para aterrissar devido ao mau tempo, avisaram à torre do aeroporto Kennedy, em Nova York, que estavam "ficando sem combustível". Os controladores de tráfego, que ouviam essa expressão o tempo todo, não deram maior atenção. Embora os pilotos percebessem a gravidade da situação, não souberam se expressar corretamente com a frase "emergência de combustível", o que teria obrigado os controladores a darem prioridade para o seu pouso. As pessoas no aeroporto não entenderam qual era o real problema daqueles pilotos. O avião ficou sem combustível e caiu a cerca de 20 quilômetros dali. Setenta e três pessoas morreram.

Em 1993, pilotos chineses a bordo de uma MD-80, aeronave de fabricação norte-americana, tentaram aterrissar em meio a um forte nevoeiro em Urumqi, no noroeste da China. Eles foram enganados pelo sistema de alarme de proximidade do solo. Pouco antes do impacto, a caixa-preta do avião gravou um piloto dizendo para o outro, em chinês: "O que quer dizer 'pull up' (levantar em inglês)?". O avião atingiu uma linha de transmissão de energia e caiu, matando 12 pessoas.

Em setembro de 1997, um jato da Garuda Airline caiu na selva a apenas 35 quilômetros ao sul do aeroporto de Medan, na ilha de Sumatra. Todos as 234 pessoas a bordo morreram. O desastre aconteceu porque o piloto e o controlador de tráfego aéreo confundiram as palavras "direita" e "esquerda" quando o avião se aproximava da pista sob péssimas condições de visibilidade.

Em 31 de outubro de 2000, as condições de visibilidade também eram péssimas no aeroporto Chiang Kai Shek, em Taipé, por causa de um grande tufão que passava pela região de Taiwan. Os pilotos de um 747 da Singapore Airlines, que fazia escala em Taipé na rota entre Cingapura e Los Angeles, não leram o relatório da Aviação Civil de Taiwan que informava que a pista 05R estaria fechada para reparos entre 13 de setembro e 22 de novembro. Avisados pela torre de que deveriam usar a pista 05L para decolagem, os pilotos taxiaram na pista 05R, que corria paralela. Menos de 4 segundos depois de iniciar a decolagem, o avião bateu nas barreiras de concreto, escavadeiras e outros equipamentos que estavam na pista em obras.
A aeronave se partiu e 83 pessoas morreram.

O tempo ruim e a falha na comunicação se juntaram novamente para provocar mais um acidente em outubro de 2001, desta vez no aeroporto Linae, em Milão, Itália. A visibilidade estava péssima e os controladores de vôo não conseguiam estabelecer contato visual nem por radar com as aeronaves. A falta de comunicação entre a torre e os pilotos de um jato comercial da SAS e de um jatinho executivo Citation, associada à falta de visibilidade, fez com que os dois aviões colidissem na pista. Cento e dez pessoas morreram.

Estes exemplos ilustram, de maneira trágica, como falhas de comunicação podem ter conseqüências fatais. Neste capítulo, vamos mostrar (obviamente, não de forma tão dramática) que a boa comunicação é essencial para a eficácia de qualquer organização ou grupo.

As pesquisas indicam que as falhas de comunicação são as fontes mais freqüentemente citadas de conflitos interpessoais.[2] Como as pessoas passam cerca de 70 por cento de suas horas de vigília se comunicando — escrevendo, lendo, falando, escutando —, parece razoável afirmar que uma das principais forças que podem impedir o bom desempenho de um grupo é a falta de uma comunicação eficaz.

Nenhum grupo pode existir sem comunicação, ou seja, sem a transferência de significados entre seus membros. Apenas através da transferência de significados de uma pessoa para outra é que as informações e as idéias podem ser transmitidas. A comunicação, contudo, é mais do que simplesmente transmitir um significado. Ela precisa ser compreendida. Em um grupo em que um indivíduo fala apenas alemão e os demais não sabem o idioma, ele não conseguirá ser bem-compreendido. Portanto, a **comunicação** precisa incluir a *transferência e a compreensão do significado*.

Uma idéia, por melhor que seja, é inútil se não for transmitida e compreendida pelos outros. A comunicação perfeita, se é que ela é possível, existiria quando um pensamento ou idéia fosse transmitido de uma pessoa para outra de tal forma que a figura mental percebida pelo receptor fosse idêntica à do emissor. Embora um tanto elementar na teoria, a comunicação perfeita nunca é obtida na prática por razões que vamos examinar posteriormente.

Antes de passarmos às generalizações sobre comunicação e os problemas para se comunicar eficazmente, precisamos rever sucintamente as funções que a comunicação desempenha e descrever seu processo.

Funções da comunicação

A comunicação tem quatro funções básicas dentro de um grupo ou de uma organização: controle, motivação, expressão emocional e informação.[3]

A comunicação age no *controle* do comportamento das pessoas de diversas maneiras. As organizações possuem hierarquias e orientações formais que devem ser seguidas pelos funcionários. Quando estes são informados de que devem, por exemplo, comunicar qualquer problema de trabalho primeiramente a seu superior imediato ou seguir à risca suas instruções de trabalho, ou ainda adequar-se às políticas da empresa, a comunicação está desempenhando uma função de controle. Mas a comunicação informal também controla o comportamento. Quando um grupo de trabalho hostiliza ou reclama com um membro que está produzindo demais (e, assim, fazendo com que o resto do grupo pareça preguiçoso), esses indivíduos estão se comunicando informalmente e controlando o comportamento do colega.

A comunicação facilita a *motivação* por esclarecer aos funcionários o que deve ser feito, qual a qualidade do seu desempenho e o que fazer para melhorá-lo. Vimos esses conceitos em operação em nossa revisão sobre as teorias da fixação de metas e do reforço, no Capítulo 6. O estabelecimento de metas específicas, o feedback do progresso em relação a elas e o reforço do comportamento desejável estimulam a motivação e requerem comunicação.

Para muitos funcionários, seu grupo de trabalho é sua fonte primária de interação social. A comunicação que ocorre dentro do grupo é um mecanismo fundamental para que seus membros expressem suas frustrações ou sentimentos de satisfação. A comunicação, portanto, fornece o meio para a *expressão emocional* de sentimentos e para a satisfação de necessidades sociais.

A função final desempenhada pela comunicação se relaciona a seu papel como facilitadora de tomada de decisões. Ela proporciona as *informações* de que as pessoas e os grupos precisam para tomar decisões ao transmitir dados para que se identifiquem e avaliem alternativas.

Nenhuma destas quatro funções deve ser vista como mais importante do que as demais. Para que os grupos tenham um bom desempenho, eles precisam ter algum tipo de controle sobre seus membros, estimulá-los ao esforço, oferecer os meios para sua expressão emocional e para a tomada de decisões. Podemos partir do princípio de que praticamente toda interação de comunicação que ocorre dentro de um grupo ou organização exerce uma ou mais destas quatro funções.

O processo de comunicação

Antes que a comunicação se realize, é necessário um propósito, expresso na forma de mensagem a ser transmitida. Ele vai passar de uma fonte (o emissor) para um receptor. A mensagem é codificada (convertida em um formato simbólico) e transmitida através de uma mídia (canal) até o receptor, que traduz (decodifica) a mensagem iniciada pelo emissor. O resultado é a transferência de um significado de uma pessoa para outra.[4]

O Quadro 10-1 mostra o **processo de comunicação**. O modelo é composto de sete partes: (1) a fonte da comunicação, (2) a codificação, (3) a mensagem, (4) o canal, (5) a decodificação, (6) o receptor, (7) o ruído e (8) o feedback.

A *fonte* inicia a mensagem pela codificação de um pensamento. A *mensagem* é o produto físico *codificado* pelo emissor. Quando falamos, a fala é a mensagem. Quando escrevemos, o texto escrito é a mensagem. Quando gesticulamos, os movimentos de nossos braços e as expressões em nosso rosto são a mensagem. O *canal* é a mídia por onde a mensagem viaja. Ele é selecionado pelo emissor, que deve determinar qual canal é formal e qual é informal. Os **canais formais** são estabelecidos pela organização e transmitem mensagens que se referem às atividades relacionadas com o trabalho de seus membros. Tradicionalmente, eles seguem a rede de autoridade dentro da organização. Outras formas de mensagem, como as pessoais ou sociais, seguem os **canais informais** na organização. Estes canais informais são espontâneos e surgem como resposta às escolhas individuais.[5] O *receptor* é o sujeito a quem a mensagem se dirige. Antes que a mensagem seja recebida, seus símbolos precisam ser traduzidos em uma forma que possa ser compreendida pelo receptor. Isto é a *decodificação* da mensagem. O *ruído* é composto

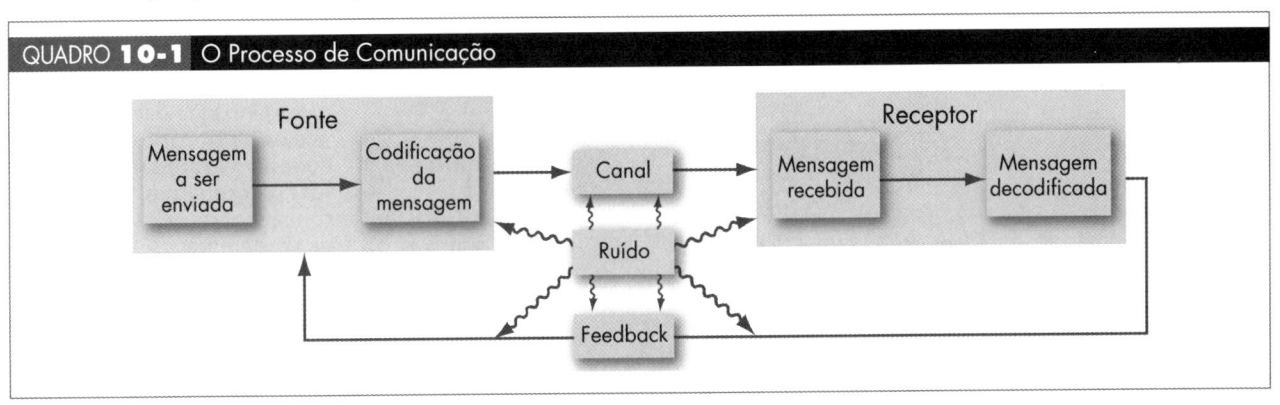

QUADRO 10-1 O Processo de Comunicação

pelas barreiras à comunicação que distorcem a clareza da mensagem. Exemplos de possíveis fontes de ruído incluem problemas de percepção, excesso de informações, dificuldades semânticas ou diferenças culturais. O elo final do processo de comunicação é o círculo de feedback. O feedback faz a verificação do sucesso na transmissão de uma mensagem como pretendida inicialmente. Ele determina se a compreensão foi ou não obtida.

Direção da comunicação

A comunicação pode fluir em sentido vertical ou horizontal. A dimensão vertical pode ser dividida em direções ascendente e descendente.[6]

Descendente

A comunicação, dentro de um grupo ou organização que flui dos níveis mais altos para os mais baixos é descendente. Quando pensamos na comunicação dos executivos com os funcionários, geralmente estamos pensando no padrão descendente. Ele é usado pelos executivos e líderes para atribuir tarefas, fornecer instruções de trabalho, informar aos subordinados sobre políticas e procedimentos, identificar problemas que necessitam de atenção e fornecer feedback sobre desempenho. Mas a comunicação descendente não precisa ser oral nem face a face. Quando a empresa manda uma correspondência para a casa de seus funcionários informando sobre a nova política de licença médica, está usando a comunicação descendente.

Ascendente

A comunicação ascendente é a que se dirige aos escalões mais altos do grupo ou da organização. É utilizada para fornecer feedback aos executivos, informá-los sobre os progressos em relação às metas e relatar os problemas que estão ocorrendo. A comunicação ascendente mantém os dirigentes informados sobre como os funcionários se sentem em relação ao seu trabalho, seus colegas e à organização em geral. Os executivos também contam com este tipo de comunicação para obter idéias sobre como as coisas podem ser melhoradas.

Alguns exemplos organizacionais de comunicação ascendente são os relatórios de desempenho, preparados pelas gerências para avaliação pelos dirigentes, as caixas de sugestões, as pesquisas sobre atitudes dos funcionários, os procedimentos de queixas, as discussões entre funcionários e executivos, e as sessões informais em que os funcionários têm oportunidade de identificar e discutir problemas com seus chefes ou com representantes da direção da empresa. Por exemplo, a FedEx se orgulha de seu programa informatizado de comunicação ascendente. Uma vez ao ano, todos os funcionários respondem a uma enquete sobre o clima organizacional e a avaliação da administração. Este programa foi citado como o principal ponto forte dos recursos humanos da FedEx pelos examinadores do Prêmio Nacional de Qualidade Malcolm Baldrige quando a empresa recebeu a premiação.

Dick Notebaert, presidente da Qwest Communications, valoriza a comunicação ascendente. Como novo comandante de uma empresa que enfrentava problemas financeiros, Notebaert (ao centro) convocou reuniões em todas as unidades da organização para que os funcionários pudessem expressar suas preocupações com a segurança de seus empregos e com seus planos de aposentadoria, bem como o direcionamento da empresa no futuro.

Lateral

Quando a comunicação se dá entre os membros de um mesmo grupo ou de grupos do mesmo nível, entre executivos do mesmo nível ou entre quaisquer pessoas que estão em um nível horizontal equivalente dentro da organização, dizemos que esta comunicação é lateral.

Por que há necessidade de comunicação horizontal dentro de um grupo quando a comunicação vertical da organização é eficaz? A resposta é que a comunicação horizontal geralmente é necessária para economizar tempo e facilitar a coordenação. Em alguns casos, essas relações laterais são estabelecidas formalmente. Com freqüência, elas são criadas informalmente para provocar um curto-circuito na hierarquia vertical e agilizar a ação. Assim, a comunicação lateral pode ser, do ponto de vista dos dirigentes da empresa, uma coisa boa ou ruim. Como a rígida adesão à estrutura vertical formal em toda comunicação pode impedir a transferência eficaz e acurada de informações, a comunicação lateral pode ser benéfica. Nesses casos, ela ocorre com o conhecimento e o apoio dos superiores. No entanto, a comunicação lateral pode criar conflitos disfuncionais quando os canais formais verticais são violados, quando os membros atropelam ou ultrapassam seus superiores hierárquicos para fazer com que as coisas sejam realizadas ou quando os chefes descobrem que foram iniciadas ações ou tomadas decisões sem o seu conhecimento.

Comunicação interpessoal

Como os membros do grupo trocam mensagens entre si? Existem três métodos básicos. As pessoas utilizam, essencialmente, a comunicação oral, a escrita e a não-verbal.

Comunicação oral

O principal meio de transmitir mensagens é a comunicação oral. As palestras, os debates formais entre duas pessoas ou em grupo e a rede informal de rumores são algumas formas comuns de comunicação oral.

As vantagens da comunicação oral são a rapidez e o feedback. Uma mensagem verbal pode ser emitida e receber uma resposta em um prazo muito curto de tempo. Se o receptor tiver dúvidas sobre a mensagem, o feedback será dado rapidamente, permitindo que o emissor corrija seus termos.

A principal desvantagem da comunicação oral surge nas organizações, ou sempre que uma mensagem tiver de ser transmitida para várias pessoas. Quanto maior o número de receptores, maior a probabilidade de distorções potenciais. Se você conhece a velha brincadeira do "telefone sem fio", você identificará o problema. Cada pessoa interpreta a mensagem de sua própria maneira. Quando o conteúdo chega ao destinatário, está muito modificado em relação ao original. Dentro de uma organização, onde as decisões e outros comunicados são transmitidos verbalmente ao longo da hierarquia, tanto no sentido descendente como ascendente, existem muitas chances de ocorrer distorção nas mensagens.

Comunicação escrita

A comunicação escrita engloba memorandos, cartas, e-mails, transmissões de fax, jornais internos, informativos em murais e qualquer outro meio que use a linguagem escrita ou simbólica para comunicar as informações.

Por que o emissor escolhe a comunicação escrita? Porque ela é tangível e verificável. Geralmente, tanto o emissor quanto o receptor mantêm registro das mensagens. Elas podem ficar armazenadas por muito tempo. Se houver dúvidas quanto a seu conteúdo, elas podem ser facilmente verificadas nos registros. Esse aspecto é particularmente importante quando se trata de mensagens complexas ou muito longas. O plano de marketing para um novo produto pode conter tarefas que se estendem por diversos meses. Ao colocar essas informações por escrito, os responsáveis pela implementação do plano podem buscar referências durante todo o seu desenrolar. Uma vantagem adicional da comunicação escrita está no seu próprio processo. Normalmente, somos mais cuidadosos na escolha das palavras quando escrevemos do que quando falamos. Prestamos mais atenção ao que queremos transmitir em uma mensagem escrita do que em uma mensagem oral. Por este motivo, a comunicação escrita costuma ser melhor elaborada, mais lógica e clara.

Evidentemente, as mensagens escritas têm suas desvantagens. Elas consomem mais tempo. Você pode transmitir muito mais informações ao seu professor em um exame oral de uma hora do que em um exame escrito com a mesma duração. Na verdade, um assunto que leva uma hora para ser redigido pode ser transmitido oralmente em 10 ou 15 minutos. Assim sendo, embora a comunicação escrita seja mais precisa, ela exige muito mais tempo. Outra desvantagem é a ausência de feedback. A comunicação oral permite que o receptor se manifeste imediatamente em relação à mensagem. A comunicação escrita não possui este mecanismo de feedback embutido em si. Conseqüentemente, o envio de um e-mail não é garantia de que ele seja recebido, nem de que, caso recebido, seja

Bill Gross, fundador e presidente da Idealab, administra sua empresa por escrito — mais especificamente, por e-mail. Com sede em Pasadena, Califórnia, a Idealab cria e opera uma rede de negócios ligados à tecnologia. Para Gross, o e-mail é uma maneira eficaz de se comunicar com seus funcionários e de gerir o pessoal, que está fisicamente disperso em múltiplas localidades.

compreendido pelo receptor da forma que o emissor pretendia. Esta questão de interpretação também é importante nos comunicados orais, mas, nesses casos, basta perguntar ao receptor o que ele entendeu da mensagem. Um resumo preciso do que foi dito pelo emissor fornece o feedback necessário para a garantia de que a mensagem foi recebida e compreendida.

Comunicação não-verbal

Todas as vezes em que transmitimos uma mensagem verbalmente, também enviamos junto uma mensagem não-verbal.[7] Em alguns casos, o componente não-verbal pode estar sozinho. Em uma boate ou barzinho de paquera, por exemplo, enviam-se mensagens por um olhar rápido, um olhar mais demorado, um sorriso, um franzir de sobrancelhas, um movimento provocante do corpo. Este exemplo mostra que nenhuma discussão sobre comunicação estaria completa sem uma análise da *comunicação não-verbal*, que inclui os movimentos do corpo, a entonação ou ênfase dada às palavras e o distanciamento físico entre o emissor e o receptor.

Existe quem argumente, inclusive, que todo e qualquer *movimento do corpo* tem um significado, nenhum deles acidental. Por meio da linguagem corporal, dizemos: "ajude-me, estou sozinho" ou "fique comigo, estou disponível", ou ainda "deixe-me só, estou deprimido". Raramente enviamos estas mensagens de forma consciente. Mostramos nosso estado de espírito através da linguagem não-verbal do corpo. Erguemos uma sobrancelha em sinal de descrédito. Coçamos a cabeça quando ficamos confusos. Cruzamos os braços para nos isolarmos ou nos protegermos. Levantamos os ombros com indiferença, piscamos um olho com intimidade, tamborilamos os dedos com impaciência ou batemos na testa quando nos damos conta de nosso esquecimento.[8]

As duas mensagens mais importantes enviadas pela linguagem corporal são (1) quanto uma pessoa gosta da outra e até que ponto está interessada em seus pontos de vista, e (2) o status relativo percebido entre emissor e receptor.[9] Por exemplo, temos maior probabilidade de nos colocarmos perto das pessoas de quem gostamos e de tocá-las mais freqüentemente. Da mesma forma, quando você percebe que tem um status maior que o de seu interlocutor, isto é demonstrado em seus gestos — como o de cruzar as pernas ou o de se sentar de maneira mais relaxada —, indicando sua posição de modo descontraído e casual.

A linguagem corporal se soma à comunicação verbal, geralmente complicando-a. Uma posição ou movimento do corpo por si só não tem um significado preciso ou universal, mas, quando somado à linguagem falada, completa a mensagem do emissor.

Se você ler a ata de uma reunião, não sentirá impacto sobre o que foi dito da mesma forma que sentiria se participasse dela ou se a assistisse em vídeo. Por quê? Faltam a entonação e a ênfase dada às palavras que foram ditas. O Quadro 10-2 ilustra como a entonação pode alterar o sentido de uma mensagem.

As *expressões faciais* também carregam uma mensagem. Uma expressão ríspida diz algo diferente de uma expressão risonha. As expressões faciais, ao lado das entonações de voz, podem mostrar arrogância, agressividade, medo, timidez e outras características que nunca seriam comunicadas se você apenas lesse uma transcrição do que foi dito.

A maneira como as pessoas se colocam no espaço em termos da distância física entre elas também traz uma mensagem. O que é considerado uma distância adequada entre duas pessoas que conversam depende muito das

QUADRO 10-2 Entonação: É a Forma Como Você Diz as Coisas!	
Mude seu tom e você mudará o significado do que está dizendo:	
Colocação da ênfase	**O que significa**
Por que eu não levo **você** para jantar hoje?	Pensava em levar outra pessoa.
Por que **eu** não levo você para jantar hoje?	Ao invés daquele sujeito com que você anda saindo.
Por que eu **não** levo você para jantar hoje?	Procurando um motivo para não fazê-lo.
Por que eu não levo você para jantar hoje?	Você tem algum problema em relação a mim?
Por que eu não **levo** você para jantar hoje?	Ao invés de você ir sozinho.
Por que eu não levo você para **jantar** hoje?	Ao invés de almoçar amanhã.
Por que eu não levo você para jantar **hoje**?	E não amanhã à noite.

Fonte: Baseado em M. Kiely, "When 'no' means 'yes'", *Marketing*, out. 1993, p. 7-9. Reproduzido em A. Huczynski e D. Buchanan, *Organizational behaviour*, 4 ed. Essex, Inglaterra: Pearson Education, 2001, p. 194.

normas culturais. Por exemplo, uma distância considerada formal em alguns países da Europa, nos Estados Unidos seria considerada como intimidade. Se alguém se aproxima fisicamente de você além do que é considerado adequado, isso pode significar agressividade ou interesse sexual. Se a distância permanece maior do que a esperada, pode significar desinteresse ou insatisfação com o que está sendo dito.

É importante que o receptor esteja atento para esses aspectos da comunicação. Você deve buscar os indícios não-verbais tanto quanto o entendimento do significado literal daquilo que é transmitido por um emissor. Você precisa estar particularmente consciente das possíveis contradições entre essas mensagens. O seu chefe pode lhe dizer que não há problema em conversar sobre o aumento de salário que você está querendo, mas você percebe sinais não-verbais de que não é o momento para discutir o assunto. Independentemente do que está sendo dito, uma pessoa que freqüentemente olha para o relógio está enviando uma mensagem de que gostaria de encerrar a conversa. Confundimos nosso interlocutor quando traduzimos em palavras uma convicção, tal como confiança, mas enviamos uma mensagem não-verbal contraditória, que sugere "Não confio em você".

Comunicação organizacional

Nesta seção, vamos passar da comunicação interpessoal para a comunicação organizacional. Nosso foco agora serão as redes formais, as redes de rumores e os meios eletrônicos utilizados pelas empresas para facilitar a comunicação.

MITO OU CIÊNCIA?

"Não é o que você diz, mas o que você faz"

Essa afirmação é quase verdadeira. As ações realmente falam mais alto que as palavras.[10] Quando percebem inconsistências entre as palavras e os atos, as pessoas tendem a dar maior crédito aos últimos. É o comportamento que conta! A implicação disto é que os executivos e os líderes se tornam modelos de papéis. Os funcionários vão imitar seus comportamentos e suas atitudes. Vão observar o que seus chefes fazem e imitar ou adaptar suas atitudes. Esta conclusão não significa que as palavras caem no vazio. As palavras também podem influenciar os outros.[11] Mas quando as palavras e as ações são divergentes, as pessoas preferem acreditar no que vêem em termos de comportamento.

Existe uma exceção óbvia a esta conclusão. Um número crescente de líderes (e seus parceiros) tem desenvolvido a habilidade de moldar palavras e manipular fatos para que as pessoas prestem mais atenção ao seu discurso do que a seu comportamento. Os políticos bem-sucedidos parecem ser adeptos dessa modalidade. Não está muito claro por que as pessoas acreditam nesses discursos, mesmo quando percebem um comportamento conflitante. Será que preferimos acreditar que nossos líderes não mentiriam para nós? Preferimos acreditar no que os políticos dizem, especialmente aqueles que admiramos? Ou será que damos a estas pessoas, a quem confiamos nosso voto, o benefício da dúvida quando nos confrontamos com seu mau comportamento? Pesquisas adicionais são necessárias para esclarecer estas questões. ■

Redes formais em pequenos grupos

As redes formais na organização podem ser muito complexas. Elas podem incluir, por exemplo, centenas de pessoas e dezenas de níveis hierárquicos. Para simplificar nossa discussão, condensamos estas redes em pequenos grupos, de cinco pessoas cada, em três tipos comuns (veja o Quadro 10-3). Essas redes são a tipo cadeia, a tipo roda e todos os canais. Embora tenham sido extremamente simplificadas, essas redes vão nos permitir descrever as características específicas de cada uma.

O tipo *cadeia* segue rigidamente a cadeia formal de comando. Esta rede é do tipo encontrado em uma organização de três níveis rígidos. O tipo *roda* depende do líder para agir como conduto central de toda a comunicação do grupo. Esta rede de comunicação pode ser encontrada em uma equipe com um líder forte. A rede de todos os canais permite que todos os membros do grupo se comuniquem ativamente uns com os outros. Este tipo de rede geralmente é encontrado na prática em equipes autogerenciadas, nas quais todos os membros do grupo têm liberdade para contribuir e ninguém assume o papel de líder.

Como o Quadro 10-4 demonstra, a eficácia de cada rede depende da variável dependente com a qual estamos preocupados. Por exemplo, a estrutura tipo roda facilita a emergência de um líder, a rede tipo todos os canais é a melhor para a satisfação dos membros e o tipo cadeia é o indicado quando o mais importante é a precisão. O Quadro 10-4 nos leva à conclusão de que nenhuma delas, isoladamente, é a melhor para todas as ocasiões.

Rede de rumores

O sistema formal não é o único sistema de comunicação dentro de um grupo ou organização. Existe também um sistema informal: a **rede de rumores**.[12] Embora seja informal, isto não significa que não seja uma importante fonte de informações. Por exemplo, uma pesquisa recente revelou que 75 por cento dos funcionários sabem primeiro das notícias através da rede de rumores.[13]

A rede de rumores tem três principais características.[14] Primeiro, ela não é controlada pela direção da empresa. Segundo, é tida pela maioria dos funcionários como mais confiável e fidedigna do que os comunicados formais vindos da cúpula da organização. E a terceira é que ela é largamente utilizada para servir aos interesses pessoais dos que a integram.

Um dos mais famosos estudos dedicados à rede de rumores investigou o padrão de comunicação vigente entre 67 trabalhadores com funções de gerência de uma pequena indústria manufatureira.[15] A abordagem básica utilizada nesse estudo foi a de descobrir com cada receptor como a mensagem havia sido recebida pela primeira vez e rastreá-la até a sua fonte original. Descobriu-se que, embora a rede de rumores fosse uma importante fonte de informações, apenas 10 por cento dos executivos agiam como elemento de ligação, ou seja, passavam a informação para mais de uma pessoa. Por exemplo, quando um dos executivos resolveu se aposentar para se dedicar ao

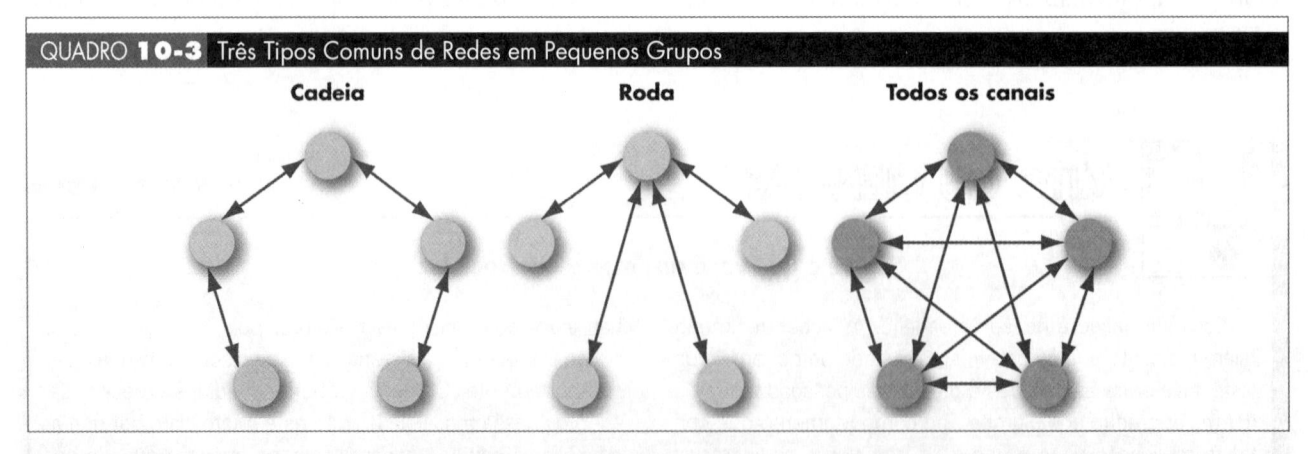

QUADRO 10-3 Três Tipos Comuns de Redes em Pequenos Grupos

QUADRO 10-4 Redes em Pequenos Grupos e o Critério da Eficácia

| | Redes | | |
Critério	Cadeia	Roda	Todos os canais
Velocidade	Moderada	Rápida	Rápida
Exatidão	Alta	Alta	Moderada
Emergência de um líder	Moderada	Alta	Nenhuma
Satisfação dos membros	Moderada	Baixa	Alta

ramo de seguros, 81 por cento de seus pares sabiam da notícia, mas apenas 11 por cento passaram a informação adiante.

Há outras duas outras conclusões deste estudo dignas de nota. As informações sobre eventos de interesse geral tendem a fluir entre os grupos funcionais principais (por exemplo, vendas ou produção) mais do que dentro deles. Além disso, não há evidências de que membros de qualquer um dos grupos costumem agir consistentemente como elementos de ligação. Na verdade, diferentes tipos de informações passam por meio de diferentes elos de ligação.

Uma tentativa de reproduzir esse estudo entre os funcionários de um pequeno órgão público descobriu que apenas um pequeno porcentual deles (10 por cento) agia como elemento de ligação.[16] Isto é muito interessante, uma vez que esse novo estudo incluía um amplo espectro de funcionários, desde os níveis hierárquicos mais baixos até os dirigentes do órgão. Nesse caso, porém, o fluxo de informações fluía mais no interior dos grupos funcionais do que entre eles. A explicação encontrada para isto é de que esta discrepância se deve ao fato de se comparar uma amostra que incluía apenas executivos com outra que englobava diversos níveis hierárquicos. Os executivos, por exemplo, em resposta à pressão para estarem sempre bem-informados, cultivavam fontes externas ao seu grupo funcional imediato. Além disso, no segundo estudo, ao contrário do primeiro, descobriu-se que havia um grupo consistente de indivíduos que atuavam como elementos de ligação transmitindo as informações dentro do órgão governamental.

As informações que fluem pela rede de rumores são exatas? As evidências indicam que cerca de 75 por cento delas são.[17] Quais as condições que alimentam uma rede de rumores? O que a mantém em funcionamento?

Freqüentemente se imagina que os rumores começam porque eles alimentam fofocas. Raramente este é o caso. Os rumores emergem como reação a situações *importantes* para as pessoas, quando há *ambigüidade*, e sob condições que despertam *ansiedade*.[18] As situações de trabalho geralmente contêm estes três elementos, o que explica por que os rumores florescem nas organizações. Os segredos e a competitividade que fazem parte da vida na organização — em torno de temas como a nomeação de novos chefes, a redistribuição das salas ou o realinhamento das atribuições de tarefas — criam as condições que estimulam e sustentam a rede de rumores. O rumor vai se manter enquanto os desejos e expectativas que geram a incerteza não forem atendidos, ou enquanto a ansiedade não for reduzida.

O que podemos concluir com esta discussão? Com certeza, a rede de rumores é uma parte importante do sistema de comunicação de qualquer grupo ou organização e merece ser bem compreendida.[19] Para os executivos, ela fornece um sentimento sobre o moral de sua organização, identifica os temas confusos que os funcionários consideram importantes e ajuda a canalizar a ansiedade dos funcionários. Funciona, portanto, como um mecanismo ao mesmo tempo de filtragem e de feedback, identificando os tópicos que os funcionários consideram relevantes. Para os executivos, a rede de rumores é particularmente importante por traduzir comunicações formais para a linguagem do próprio grupo. Ainda mais importante, também sob o ponto de vista dos executivos, é que parece possível analisar as informações na rede de rumores e prever seu fluxo, já que apenas uma pequena parcela de indivíduos (cerca de 10 por cento) passa ativamente as informações para mais de uma pessoa. Ao identificar qual elemento de ligação vai considerar relevante uma determinada informação, podemos aumentar nossa probabilidade de explicar e prever o padrão da rede de rumores.

Os executivos podem eliminar os rumores? Não! O que eles podem fazer, entretanto, é minimizar as conseqüências negativas dos rumores, limitando sua abrangência e seu impacto. O Quadro 10-5 oferece algumas sugestões para minimizar as conseqüências negativas.

Comunicação eletrônica

A comunicação nas organizações atuais vem sendo aprimorada e enriquecida pela tecnologia da computação. Isto inclui o correio eletrônico (ou e-mail), redes intranet e extranet, e a videoconferência. A utilização do correio eletrônico, por exemplo, reduziu significativamente o número de memorandos, cartas e telefonemas que os funcionários tradicionalmente usavam para se comunicar entre si ou com fornecedores, clientes e outros grupos externos de interesse.

QUADRO 10-5 Sugestões para Reduzir as Conseqüências Negativas dos Rumores

1. Anunciar um cronograma para a tomada de decisões importantes.
2. Explicar decisões e comportamentos que possam parecer inconsistentes ou misteriosos.
3. Enfatizar as desvantagens, bem como as vantagens, das decisões atuais e dos planos futuros.
4. Discutir abertamente as piores possibilidades — nada provoca mais ansiedade do que uma fantasia não-declarada.

Fonte: Adaptado de L. Hirschhorn, "Managing rumors", in L. Hirschhorn (org.), *Cutting back*. São Francisco: Jossey-Bass, 1983, p. 54-56. Com autorização.

E-mail O correio eletrônico (ou e-mail) utiliza a Internet para transmitir e receber textos e documentos gerados em computador. Seu crescimento tem sido impressionante. A maioria dos funcionários administrativos utiliza o e-mail regularmente hoje em dia. Embora haja uma percepção comum de que as pessoas recebem um número muito grande de e-mails, uma pesquisa recente nos Estados Unidos mostra que a maioria dos empregados que possuem acesso a esse tipo de comunicação no trabalho recebem apenas dez ou menos correspondências por dia. Apenas 6 por cento deles revelam receber mais de 50 mensagens por dia.[20] Como ferramenta de comunicação, o e-mail apresenta diversos benefícios. Suas mensagens podem ser escritas, editadas e armazenadas rapidamente. Elas podem ser transmitidas, para um receptor apenas ou para milhares, com um simples toque do mouse. Elas podem ser lidas, por inteiro, de acordo com a conveniência do receptor. E o custo da transmissão de um e-mail para diversos funcionários é apenas uma fração do necessário para imprimir, reproduzir e distribuir uma carta ou material impresso.

O e-mail, sem dúvida, também possui desvantagens.[21] Ele pode ser utilizado como uma distração do trabalho sério. Por exemplo, descobriu-se que um funcionário público nos Estados Unidos, durante um mês, havia mandado 400 e-mails pessoais e apenas 14 relacionados ao trabalho.[22] Outra grande desvantagem do e-mail é a ausência de conteúdo emocional. As pistas não-verbais de uma conversa pessoal ou da entonação de voz ao telefone transmitem informações importantes que não aparecem no correio eletrônico, apesar da tentativa de expressar emoções através de ícones (os emoticons, que aparecem no Quadro 10-6). Além disso, o e-mail tende a ser frio e impessoal. Por este motivo, não é o canal ideal para transmitir notícias como demissões, fechamento de unidades, ou outras mensagens que podem provocar reações emocionais e que exigem empatia e apoio social. Finalmente, o caráter remoto da comunicação por e-mail favorece uma "espiral de conflitos", que chega a duplicar os antagonismos quando comparado com a comunicação face a face. Muita gente parece sentir-se à vontade para escrever para outra pessoa certas coisas que jamais teria coragem de dizer pessoalmente.

Mensagens Instantâneas Isso não é mais exclusividade dos adolescentes. As mensagens instantâneas entre computadores, que são populares há mais de uma década entre os jovens, agora estão chegando ao mundo dos negócios.[23]

A mensagem instantânea nada mais é do que um e-mail em tempo real. Os funcionários fazem uma lista dos colegas e amigos com quem querem se comunicar. Depois, é só clicar um nome, digitar uma mensagem na caixa que se abre e ela vai aparecer imediatamente na tela do computador do destinatário.

O crescimento desta prática é espetacular. Em 2001, apenas 8 por cento dos trabalhadores norte-americanos a utilizavam. Em 2003, já eram 18 por cento. Os especialistas prevêem que em 2006 as pessoas estejam utilizando mais as mensagens instantâneas do que o e-mail como ferramenta básica na comunicação no trabalho.[24]

A mensagem instantânea é uma maneira rápida e barata de os executivos estarem em contato com seus funcionários e de os empregados estarem em contato entre si. Por exemplo, a loja de móveis Jennifer Convertibles usa mensagens instantâneas para se comunicar com os gerentes de suas mais de 200 unidades em todo os Estados Unidos.[25] Rhonda Sanderson, que mora no subúrbio de Chicago, consegue administrar sua empresa de relações públicas no centro da cidade praticamente só por meio de mensagens instantâneas. Com sete colaboradores, cada um com seu computador, ela está sempre a uma tecla de distância de qualquer um de seus funcionários.[26] E Jeff Wenger, vice-presidente da Tax Technologies, de contabilidade e informática, usa a mensagem instantânea para gerir uma equipe de desenvolvedores e testadores de software espalhados por todo o território norte-americano. Wenger diz que o uso da mensagem instantânea reduziu seu tempo ao telefone, de 3 horas para menos de 30 minutos por dia.[27]

A mensagem instantânea tem inúmeras vantagens se comparada ao e-mail. Não há espera, não há caixa postal lotada e nem incerteza quanto ao recebimento das mensagens. Os executivos também a consideram um meio eficiente de monitorar a presença física de seus funcionários diante dos terminais. "Com apenas uma olhada na lista de contatos podemos saber quem está conectado e disponível a qualquer momento".[28]

QUADRO 10-6 Emoticons: Expressando Emoções pelo E-mail

O correio eletrônico não precisa ser destituído de emoções. Com o passar do tempo, os usuários de e-mail desenvolveram uma série de símbolos (os emoticons) para demonstrar emoções. Por exemplo, o uso de letras maiúsculas em toda uma mensagem (como: ESTE PROJETO REQUER SUA ATENÇÃO IMEDIATA!) equivale a gritar. Veja alguns outros emoticons bastante comuns:

:)	Sorriso	:-e	Desapontamento
<g>	Sorriso irônico	:-@	Grito
:(	Olhar de reprovação	:-0	Berro
;)	Piscada	:-D	Choque ou surpresa
:-[	Expressão muito triste	:'(	Choro

A mensagem instantânea não vai substituir o e-mail. Este ainda é a melhor alternativa para mensagens longas e que precisem ser arquivadas. A mensagem instantânea é ideal para uma mensagem curta, que só iria se acumular em uma caixa postal já lotada. Por outro lado, alguns usuários consideram que esta tecnologia é intrusiva e desvia a atenção do trabalho. A presença contínua de mensagens na tela distrai a atenção e dificulta a concentração dos funcionários no trabalho. Os executivos também se mostram preocupados com o uso de mensagens instantâneas pelos funcionários para bater papo com os amigos e colegas sobre assuntos pessoais. Finalmente, como estas mensagens são muito vulneráveis, existe também uma preocupação com a segurança.[29]

Redes Intranet e Extranet As *intranets* são redes privadas, internas, que funcionam da mesma forma que a Internet, mas cujo acesso é limitado às pessoas da organização. Esse tipo de rede está se tornado o meio preferido de comunicação dentro das organizações. A IBM, por exemplo, recentemente reuniu 52 mil funcionários on-line em um evento que foi chamado de WorldJam.[30] Utilizando a intranet da IBM, os seus funcionários são capazes de trocar idéias sobre qualquer assunto, desde como reter trabalhadores até como trabalhar mais rápido sem comprometer a qualidade.

A última novidade nas intranets é o uso do acesso de alta velocidade sem fio (Wi-Fi) em chamadas telefônicas dentro da organização.[31] Essa tecnologia permite que os funcionários façam e recebam chamadas telefônicas através da mesma linha de banda larga usada para acessar a Internet. O BJ's Wholesale Club, por exemplo, está usando essa tecnologia para facilitar a comunicação entre seus funcionários, e também com clientes e fornecedores. Com lojas que dispõem de imensos espaços físicos, a transmissão de voz por Wi-Fi faz com que todos os funcionários da BJ estejam imediatamente disponíveis, independentemente do ponto em que estão na loja.

Além disso, as empresas estão criando redes de *extranet* para conectar o pessoal da organização com os principais fornecedores, clientes e parceiros estratégicos. Essa rede permite que os funcionários da GM, por exemplo, mandem mensagens eletrônicas para seus fornecedores de aço e borracha, bem como para seus revendedores. Da mesma forma, os responsáveis pelas compras da rede Wal-Mart estão conectados com seus fornecedores via extranet, o que lhes permite trocar informações e fazer o controle dos estoques na lojas.

Videoconferência A videoconferência é uma extensão dos sistemas de intranet e extranet. Ela permite que os funcionários de uma empresa realizem reuniões com pessoas em lugares diferentes. A imagem e o áudio possibilitam que as pessoas se vejam, se ouçam e conversem entre si. A tecnologia da videoconferência, na realidade, permite que as pessoas conduzam reuniões interativas sem a necessidade de estarem todas no mesmo espaço físico.

No final da década de 1990, a videoconferência era realizada em salas especiais, equipadas com câmaras de TV, dentro das instalações da empresa. Mais recentemente, as câmaras e microfones foram instalados nos próprios computadores, de modo a permitir que as pessoas participem da reunião sem sair de suas mesas. À medida que o custo desses equipamentos diminui, a videoconferência deve se tornar uma alternativa cada vez mais usada no lugar das viagens, caras e demoradas.

Resumo A tecnologia dos computadores está modificando as formas de comunicação dentro das organizações. Com as comunicações eletrônicas, não é mais necessário que você esteja à sua mesa ou diante de uma estação de trabalho para estar "disponível". O telefone celular, o pager e os palmtops permitem que você seja alcançado em qualquer lugar durante uma reunião, no horário de almoço, em visita a um cliente do outro lado

No BJ's Wholesale Club, os gerentes da lojas usam um sistema de comunicação sem fio para falar com funcionários e fornecedores. Como eles ficam a maior parte do tempo fora de suas salas, este sistema de comunicação ajuda a melhorar a produtividade e o atendimento ao cliente.

ENFOQUE NA MÍDIA

Gripe Sites na internet: um desafio para a administração?

Funcionários antigos e atuais do JPMorgan Chase estão usando seus computadores para compartilhar suas reclamações quanto ao trabalho na empresa. Suas queixas podem ser encontradas em www.chasebanksucks.com.

Os *gripe sites* (literalmente, sites de reclamações), são uma versão eletrônica das redes de rumores. Funcionários e ex-funcionários de centenas de empresas, incluindo Microsoft, Bank of America, The Limited, Merck, MTV Networks e Goldman Sachs, vertem sua fúria e frustração em mensagens não censuradas em sites como Vault-Reports. com Electronic WaterCooler.

Isso se configura como um problema nas comunicações eletrônicas, pois estes sites de reclamações são unilaterais e suas mensagens, geralmente anônimas, servem para denegrir a imagem das empresas. Por exemplo, uma análise dessas mensagens revela que elas abrangem tudo na vida organizacional, desde as políticas da empresa, as questões de remuneração, o moral interno até as práticas de seleção e contratação. Embora algumas mensagens tragam coisas positivas sobre as empresas, a grande maioria é mesmo de reclamações.

O que torna esta prática particularmente frustrante para os executivos é que não há parâmetros para avaliar se as reclamações são justas ou não. Aqui está uma situação em que o ditado que diz que "uma maçã estragada faz toda a cesta apodrecer" se confirma totalmente. Alguns poucos funcionários descontentes podem solapar o moral de toda o quadro de pessoal de uma empresa. E, como esses sites são acessíveis a qualquer um, a imagem da empresa também pode ficar comprometida diante do público em geral.

Algumas organizações estão conseguindo reverter os efeitos negativos dos *gripe sites* através de seu monitoramento para descobrir imediatamente quais são os "pontos quentes" indicados pelos empregados, como o moral dos funcionários ou a percepção da justiça nos procedimentos internos da empresa. Uma vez descobertos os pontos críticos, a administração pode intervir e realizar melhorias nas áreas problemáticas. De qualquer modo, muitos empresários vêem estes sites de reclamações como um ponto negativo da era da Internet.

---

da cidade ou descansando no clube aos sábados pela manhã. A linha divisória entre o trabalho e a vida pessoal do funcionário não é mais muito clara. Na era da eletrônica, todos os funcionários, teoricamente, podem estar "a postos para o trabalho" 24 horas por dia, sete dias por semana.

As fronteiras organizacionais tornam-se menos relevantes em conseqüência da comunicação eletrônica. As redes de computadores — ou seja, computadores conectados entre si — permitem que os funcionários saltem níveis verticais dentro da organização, trabalhem em período integral em suas próprias casas ou em qualquer outro lugar fora da empresa e mantenham comunicação constante com pessoas de outras organizações. O pesquisador de marketing que quer discutir um assunto com o diretor de marketing (que está três níveis hierárquicos acima dele) pode passar por cima dos intermediários e enviar um e-mail diretamente para ele. Ao fazer isso, o status hierárquico tradicional, determinado principalmente por nível e pelo acesso, é desconsiderado em sua essência. O mesmo pesquisador pode resolver ir morar nas Ilhas Cayman e, em vez de ficar no escritório da empresa em Chicago, trabalhar em casa conectado à empresa pelo computador. Quando o computador do funcionário se conecta ao do fornecedor e ao do cliente, as fronteiras que separam as organizações se tornam ainda mais confusas. Centenas de fornecedores, por exemplo, estão conectados aos computadores da Wal-Mart. Isso permite que as pessoas de empresas como a Levi Strauss possam monitorar o estoque de seu produto nas lojas da Wal-Mart e repor a mercadoria sempre que necessário, reduzindo a distinção entre funcionários de uma e de outra empresa.

Gestão do conhecimento

Nosso tópico final dentro da comunicação organizacional é a **gestão do conhecimento**. Trata-se de um processo de organização e distribuição do saber coletivo da empresa de maneira a fazer com que a informação certa chegue à pessoa certa, na hora certa.[32] Quando bem-executada, a gestão do conhecimento dá à empresa uma vantagem competitiva e um desempenho organizacional melhor, pois torna os funcionários mais preparados.

A Siemens, gigante internacional na área das telecomunicações, recentemente fechou um contrato de 460 mil dólares na Suíça para a implantação de um sistema de telecomunicações em dois hospitais, apesar de a sua proposta ser 30 por cento mais cara do que as da concorrência. O segredo da Siemens é o seu sistema de gestão do conhecimento.[33] Esse sistema permitiu que o pessoal da empresa na Holanda partisse de sua experiência e oferecesse a seus representantes de vendas na Suíça dados técnicos que provaram que o produto da Siemens era muito mais confiável do que o da concorrência.

A comunicação via computador permite que Carole Levin trabalhe em sua própria casa. Levin é gerente de vendas da Taconic, uma empresa fornecedora de pesquisa médica. Ela administra a distância uma equipe de vendedores por meio de telefones celulares, *palmtops* e *laptops*.

A Siemens faz parte de um crescente grupo de empresas — que inclui Cisco Systems, Ford, British Telecom, Johnson & Johnson, IBM, Whirpool, Intel, Volkswagen, Chevron Texaco e Royal Bank of Canada — que percebeu o valor da gestão do conhecimento. Uma pesquisa recente revelou que 81 por cento das principais empresas nos Estados Unidos e na Europa possuem algum sistema de gestão do conhecimento ou, pelo menos, estão estudando a implementação de um.[34]

A gestão do conhecimento torna-se cada vez mais importante por, no mínimo, três razões.[35] A primeira é que, para muitas organizações, os ativos intelectuais são hoje tão importantes quanto os ativos físicos e financeiros. As organizações que são capazes de utilizar as experiências e o conhecimento coletivos de seus funcionários de forma rápida e eficiente têm maior probabilidade de ser mais "inteligentes" que a concorrência. A segunda razão é que, na medida em que a geração dos Baby Boomers começa a deixar o mundo do trabalho, aumenta a consciência de que esses indivíduos representam uma riqueza de conhecimentos que ficará perdida se não houver uma tentativa de capturá-la. E, em terceiro lugar, um sistema de gestão do conhecimento bem-planejado reduz a redundância e torna a organização mais eficiente. Por exemplo, quando uma empresa inicia um novo projeto, seus funcionários não precisam começar do zero. Um bom sistema de gestão do conhecimento vai lhes dar acesso aos dados que outros funcionários aprenderam anteriormente para que eles não precisem perder tempo em abrir um caminho que já foi desbravado.

Como uma organização registra o conhecimento e as habilidades de seus funcionários e torna essas informações acessíveis? É preciso gerar um banco de dados informatizado que reúna as informações importantes para acesso fácil dos funcionários; é preciso criar uma cultura que apóie e recompense o compartilhamento de conhecimentos e é preciso desenvolver mecanismos que permitam que os funcionários que solidificaram habilidades e vivências valiosas compartilhem tudo isto com os demais.

A gestão do conhecimento começa com a identificação de quais são os conhecimentos importantes para a organização.[36] Os dirigentes da empresa devem avaliar seus processos para identificar os que mais agregam valor. Depois, é preciso desenvolver redes informatizadas e bancos de dados que tornem as informações rapidamente disponíveis para aqueles que mais necessitam delas. Mas nenhum sistema de gestão do conhecimento será bem-sucedido se a cultura da empresa não apoiar o compartilhamento das informações.[37] Como mostraremos no Capítulo 13, as informações que são importantes e escassas são uma potente fonte de poder. E as pessoas que detêm este poder geralmente relutam em compartilhá-lo com outros. Assim, a gestão do conhecimento requer uma cultura organizacional que promova, valorize e recompense o compartilhamento de informações. Finalmente, a gestão do conhecimento deve oferecer a motivação e os mecanismos necessários para que os funcionários compartilhem os conhecimentos que são úteis no trabalho e os ajudam a ter um desempenho melhor.[38] *Mais* conhecimento não significa necessariamente um conhecimento *melhor*. A sobrecarga de informação deve ser evitada por meio do planejamento de um sistema que capture apenas as informações pertinentes e as organize, depois, de modo que elas possam ser acessadas rapidamente pelas pessoas que delas necessitam. O Royal Bank of Canada, por exemplo, criou um sistema de gestão do conhecimento que personalizou cuidadosamente as listas de distribuição de e-mails, separadas por cargo, especialidade e área de interesse; e criou um site na intranet da empresa que funciona como uma biblioteca central de informações, além de outros sites separados que oferecem resumos das "lições aprendidas", onde os funcionários das diversas áreas podem trocar novas informações entre si.[39]

Escolha do canal de comunicação

Neal L. Patterson, presidente da fabricante de software para a área médica Cerner Corp., gosta muito de e-mails. Talvez até demais. Aborrecido com aspectos éticos do desempenho de seu pessoal, ele mandou recentemente um e-mail enraivecido para seus 400 gerentes.[40] Aqui seguem alguns trechos da mensagem:

"O inferno vai congelar antes que este presidente implemente OUTRO BENEFÍCIO PARA OS FUNCIONÁRIOS nesta cultura... Estamos tendo menos de 40 horas semanais de serviço de vários funcionários na sede de Kansas City. O estacionamento está quase vazio às 8 horas da manhã, o mesmo acontece às 5 horas da tarde. Como gerentes, ou vocês não sabem o que seus SUBORDINADOS fazem, ou não se IMPORTAM com isso... Você estão com um problema e vão solucioná-lo, ou eu vou substituir vocês... O que vocês vêm fazendo como executivos nesta empresa me deixa DOENTE."

O e-mail ainda sugere que os gerentes marquem reuniões para as 7 horas da manhã, para as 6 horas da tarde e para os sábados pela manhã; promete que o pessoal será reduzido em 5 por cento e que será instituído um relógio de ponto; e diz que se estuda descontar as faltas dos funcionários de suas férias remuneradas.

Depois de algumas horas, cópias deste e-mail já haviam sido mandadas para o site da Yahoo!. Em três dias, o preço das ações da Cerner tinha afundado 22 por cento. Embora possa se discutir se a reprimenda deveria ser dirigida a todos indistintamente, uma coisa é indiscutível: Peterson definitivamente escolheu o canal errado de comunicação para sua mensagem. Um assunto tão delicado e emocional deveria ser discutido em contato pessoal.

Por que as pessoas escolhem esse ou aquele canal de comunicação — por exemplo, um telefonema em vez de uma conversa face a face? Existe algum princípio geral no que se refere à escolha do canal de comunicação? A resposta é um definitivo "sim". Um modelo de riqueza de mídia foi desenvolvido para explicar a seleção de canais entre os executivos.[41]

As pesquisas mais recentes indicam que os canais diferem em relação à sua capacidade de transmitir informações. Alguns são valiosos por sua capacidade de (1) manejar diferentes sinais ao mesmo tempo, (2) facilitar um rápido feedback e (3) ser extremamente pessoal. Outros canais são pobres por serem fracos nestes três fatores. Como ilustra o Quadro 10-7, a conversa face a face tem a mais alta pontuação em **riqueza de canal**, pois oferece o máximo de informações transmitidas durante um episódio de comunicação. Ou seja, ela oferece múltiplos sinais de informação (palavras, posturas, expressão facial, gestos, entonações), feedback imediato (tanto verbal como não-verbal) e o toque pessoal de "estar ali". As mídias escritas impessoais, como boletins e relatórios em geral, são os canais menos ricos.

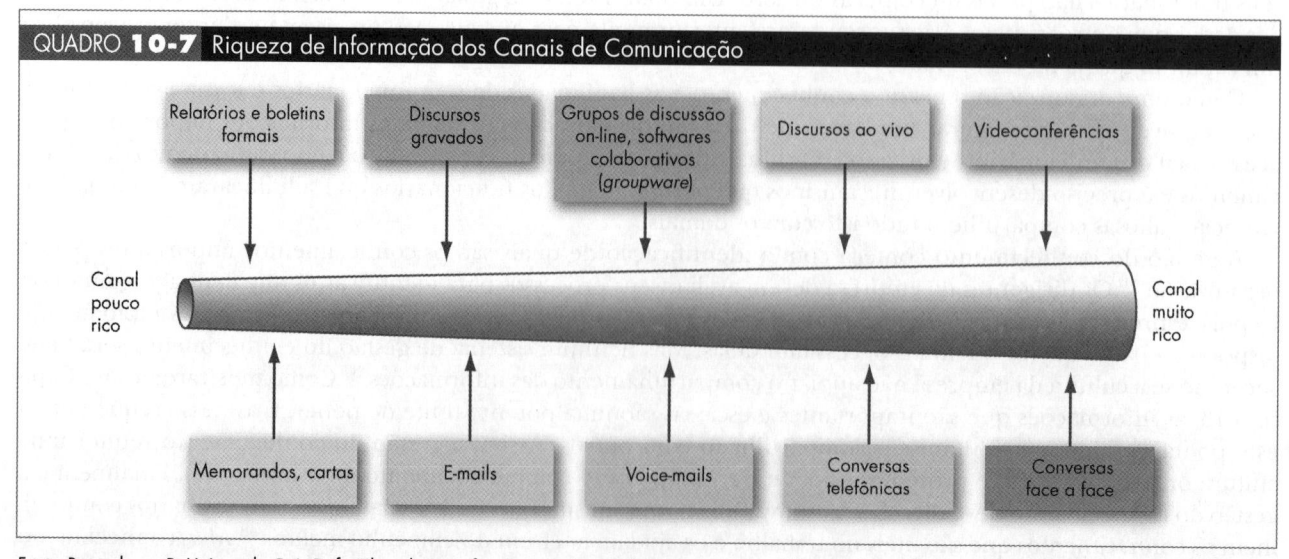

QUADRO 10-7 Riqueza de Informação dos Canais de Comunicação

Canal pouco rico → Canal muito rico

Canais (de menos rico para mais rico):
- Relatórios e boletins formais
- Discursos gravados
- Grupos de discussão on-line, softwares colaborativos (*groupware*)
- Discursos ao vivo
- Videoconferências

- Memorandos, cartas
- E-mails
- Voice-mails
- Conversas telefônicas
- Conversas face a face

Fonte: Baseado em R. H. Lengel e R. L. Daft, "The selection of communication media as an executive skill", *Academy of Management Executive*, ago. 1988, p. 225-232; e R. L. Daft e R. H. Lengel, "Organizational information requirements, media richness, and structural design", *Managerial Science*, mai. 1986, p. 554-572. Reproduzido de R. L. Daft e R. A. Noe, *Organizational behavior*. Fort Worth: Harcourt, 2001, p. 311.

Gordon Bethune, presidente da Continental Airlines, utilizou o rico canal da comunicação face a face para transformar a pior companhia aérea dos Estados Unidos na líder em atendimento aos clientes. Ele se encontra regularmente com seus comissários de bordo, pessoal de atendimento em terra, mecânicos e carregadores de bagagens. Ele instituiu uma política de "portas abertas" em que qualquer funcionário pode falar com ele, a qualquer hora, sobre qualquer assunto. Por meio de uma comunicação face a face sincera e honesta, Bethune construiu uma relação de confiança com seus funcionários.

A escolha de um canal depende de a mensagem ser rotineira ou não-rotineira. A mensagens rotineiras costumam ser diretas e apresentar um mínimo de ambigüidade. As não-rotineiras tendem a ser mais complicadas e podem levar a um erro de entendimento. Os executivos podem comunicar mensagens rotineiras eficientemente através de canais fracos em riqueza. Entretanto, a comunicação de mensagens não-rotineiras só será eficaz através de canais ricos. Com referência ao caso da Cerner, o problema de Neal Patterson foi, aparentemente, a utilização de um canal relativamente fraco em riqueza (e-mail) para transmitir uma mensagem que, por seu caráter não-rotineiro e sua complexidade, deveria ser veiculada por um canal rico em comunicação.

As evidências indicam que os executivos de alto desempenho costumam ter maior sensibilidade para a mídia do que os de baixo desempenho.[42] Isto quer dizer que eles têm mais habilidade para selecionar a riqueza de mídia adequada à ambigüidade envolvida na comunicação.

O modelo de riqueza da mídia é consistente com as tendências e práticas organizacionais da década passada. Não é uma simples coincidência que, cada vez mais, altos executivos estão utilizando as reuniões para facilitar a comunicação e deixem regularmente o santuário isolado de seus escritórios para "gerenciar enquanto circulam por aí". Esses executivos estão utilizando canais mais ricos de comunicação para transmitir as mensagens mais ambíguas. A última década se caracterizou pelo fato de as organizações fecharem unidades, demitirem em massa, promoverem reestruturações, passarem por fusões e aquisições, consolidarem-se e lançarem novos produtos e serviços em ritmo acelerado — e tudo isto através de mensagens não-rotineiras, com alto teor de ambigüidade, que requerem canais capazes de conduzir uma grande quantidade de informações. Não é surpreendente, portanto, que os executivos mais eficazes tenham expandido o uso dos canais mais ricos.

Barreiras para a comunicação eficaz

Diversas barreiras podem dificultar ou distorcer a comunicação eficaz. Nesta seção, vamos ressaltar as mais importantes delas.

Filtragem

A **filtragem** se refere à manipulação da informação pelo emissor para que ela seja vista de maneira mais favorável pelo receptor. Por exemplo, quando um executivo diz ao seu superior exatamente aquilo que acredita que o chefe quer ouvir, ele está filtrando a informação.

O principal determinante da filtragem é o número de níveis da estrutura da organização. Quanto maior o número de níveis verticais, mais oportunidades para a ocorrência da filtragem. Mas pode-se esperar que a filtragem ocorra sempre que houver diferenças de status. Fatores como o medo de dar más notícias ou o desejo de sempre agradar ao chefe levam os funcionários a dizer a seus superiores exatamente aquilo que eles acreditam que os chefes querem ouvir, distorcendo, assim, a comunicação ascendente.

Percepção seletiva

Já falamos sobre percepção seletiva neste livro. O assunto surge novamente porque o receptor no processo de comunicação vê e escuta seletivamente, com base em suas próprias necessidades, motivações, experiências, histórico e outras características pessoais. Os receptores também projetam seus interesses e expectativas quando decodificam as mensagens. O entrevistador que acredita que as mulheres sempre colocam a família antes do trabalho, ao selecionar novos funcionários verá essa tendência em todas as candidatas, quer elas pensem dessa forma ou não. Como dissemos no Capítulo 5, não vemos a realidade; interpretamos o que vemos e chamamos isso de realidade.

Sobrecarga de informação

As pessoas têm uma capacidade finita de processar informações. Quando as informações com que temos de trabalhar excedem nossa capacidade de processamento, o resultado é a **sobrecarga de informação**. Atualmente, as demandas para atender a e-mails, telefones, faxes, reuniões e leituras profissionais aumentam o potencial da sobrecarga de informações entre executivos e profissionais de alta qualificação.

O que acontece quando as pessoas têm mais informações do que conseguem organizar e utilizar? A tendência é selecionar, ignorar ou esquecer informações. Ou elas podem deixar de processar informações adicionais até que a sobrecarga seja superada. De qualquer maneira, o resultado é perda de informações e comunicação menos eficaz.

Emoções

A maneira como o receptor se sente no momento em que recebe a mensagem vai influenciar sua maneira de interpretá-la. Uma mesma mensagem pode ser interpretada por você de uma forma caso você se sinta aborrecido ou distraído, e de outra forma caso esteja feliz. Os estados emocionais mais extremos, como euforia ou depressão, têm mais probabilidade de impedir a comunicação eficaz. Nessas situações, tendemos a deixar de lado nossa racionalidade e objetividade para dar lugar apenas às nossas emoções.

Linguagem

As palavras têm significados diferentes para pessoas diferentes. A idade, a educação e o histórico cultural são as três variáveis mais óbvias que influenciam a linguagem usada por uma pessoa e as definições que ela dá às palavras.

Nas organizações, os funcionários geralmente provêm de origens diferentes e, portanto, possuem padrões diversos de linguagem. Além disso, o agrupamento de funcionários em departamentos cria especialistas que desenvolvem seu próprio jargão ou linguagem técnica. Nas grandes organizações, os funcionários costumam ficar geograficamente dispersos — às vezes, até em diferentes países — e utilizam termos e frases específicos do local onde se encontram. A existência de níveis verticais também pode trazer problemas de linguagem. Por exemplo, foram encontradas diferenças de sentido para palavras como *incentivos* e *cotas* em diferentes níveis hierárquicos. Os altos executivos sempre falam da necessidade de incentivos e cotas, embora tais termos sejam entendidos como manipulação e causem ressentimentos entre os executivos de escalão mais baixo.

A questão é que, embora duas pessoas falem um mesmo idioma, o uso da linguagem nem sempre é o mesmo. Se soubermos como cada um modifica a linguagem, as dificuldades de comunicação serão minimizadas. O problema é que, nas organizações, as pessoas geralmente não sabem como aquelas com quem interagem modificam a linguagem. O emissor tende a julgar que as palavras e termos usados por ele na transmissão da mensagem têm o mesmo significado para o receptor. Isso, evidentemente, nem sempre é verdadeiro, o que cria dificuldades na comunicação.

Medo da comunicação

Um outro grande obstáculo à comunicação eficaz é que algumas pessoas — estima-se que entre 5 e 20 por cento da população[43] — sofrem de um debilitante **medo da comunicação**, ou ansiedade. Embora a maioria deteste falar em público, o medo da comunicação é um problema bem mais sério porque afeta toda uma categoria de técnicas de comunicação. As pessoas que sofrem desse problema sentem tensão ou ansiedade, sem motivo aparente, em relação à comunicação oral ou escrita.[44] Por exemplo, o medo da comunicação oral pode tornar extremamente difícil uma conversa com outra pessoa ou provocar uma grande ansiedade apenas por falar ao telefone. Conseqüentemente, essas pessoas preferirão lançar mão de faxes ou memorandos para transmitir suas mensagens quando um simples telefonema seria muito mais rápido e adequado.

Os estudos indicam que as pessoas que temem a comunicação oral procuram evitar as situações em que ela é necessária.[45] É razoável esperar alguma auto-seleção de maneira que essas pessoas não busquem certas atividades, como o magistério, em que a comunicação oral seja o requisito predominante.[46] Mas quase todos os trabalhos requerem alguma comunicação oral. A principal preocupação aqui é a evidência de que as pessoas portadoras dessa disfunção tendem a distorcer as demandas de comunicação oral em seu trabalho de modo a minimizar a necessidade de comunicação.[47] É preciso estar consciente, portanto, de que nas organizações existem inúmeras pessoas com sérias limitações em sua comunicação oral e que tendem a racionalizar a questão dizendo a si mesmas que a comunicação não é tão importante para o exercício eficaz de suas funções.

Questões atuais na comunicação

Nesta seção, vamos discutir quatro questões atuais relacionadas com a comunicação nas organizações. Por que as pessoas freqüentemente sentem dificuldades para se comunicar com quem é do sexo oposto? Qual o papel do silêncio na comunicação? Quais as implicações do movimento do "politicamente correto" na comunicação dentro das organizações? Como as pessoas podem melhorar sua comunicação multicultural?

Barreiras de comunicação entre homens e mulheres

Uma pesquisa clássica realizada por Deborah Tannen oferece algumas informações importantes sobre as diferenças no estilo de conversação entre homens e mulheres.[48] Ela conseguiu explicar, particularmente, por que o sexo costuma gerar barreiras na comunicação oral.

A essência da pesquisa de Tannen é que os homens usam a conversa para reafirmar seu status, enquanto as mulheres a utilizam para criar conexão. Suas conclusões, evidentemente, não se aplicam a *todos* os homens, nem a *todas* as mulheres. Como ela mesma coloca, sua generalização abrange "uma grande parcela de mulheres ou de homens *enquanto grupo* que conversam de uma determinada maneira, ou de homens e mulheres, individualmente, que apresentam *maior probabilidade* de conversar desta ou daquela maneira."[49]

Tannen afirma que a comunicação é um ato de equilíbrio contínuo, que contrapõe as necessidades conflitantes de intimidade e independência. A intimidade enfatiza a proximidade e as coisas em comum. A independência enfatiza a distância e as diferenças. Aqui está a questão: as mulheres falam e ouvem a linguagem da conexão e da intimidade; os homens, a linguagem do status, do poder e da independência. Desta forma, para muitos homens, conversar é basicamente uma maneira de preservar a independência e manter o status em uma hierarquia social. Para muitas mulheres, a conversa é uma forma de negociar uma aproximação em que as pessoas buscam oferecer e receber confirmação e apoio. Os exemplos a seguir ilustram a tese de Tannen.

Os homens costumam se queixar de que as mulheres falam demais sobre seus problemas. As mulheres criticam os homens por não ouvirem o que elas dizem. O que acontece é que, quando os homens ouvem um problema, eles geralmente reafirmam seu desejo de independência e controle através da oferta de soluções. Por outro lado, muitas mulheres vêem o ato de contar um problema como um meio de promover a proximidade. As mulheres contam o problema para obter apoio e conexão, não para receber o conselho do homem. Uma compreensão mútua é simétrica, mas o aconselhamento é assimétrico — o conselheiro se coloca acima do aconselhado, como se tivesse mais conhecimento, melhor raciocínio e mais controle da situação. Isso contribui para afastar homens e mulheres em seus esforços de comunicação.

Os homens geralmente são mais diretos do que as mulheres. Um homem pode dizer: "Acho que você está errado em relação a esse assunto". Uma mulher pode dizer: "Você já verificou no departamento de marketing as pesquisas sobre esse assunto?" (a implicação seria que

> As pesquisas indicam que as mulheres usam a linguagem para criar conexões, enquanto os homens a utilizam para enfatizar status e poder. A conversa entre as duas executivas da foto ilustra que as mulheres falam e ouvem com uma linguagem de conexão e intimidade.

a pesquisa mostraria o erro de seu interlocutor). Os homens freqüentemente se referem à maneira indireta de as mulheres falarem como sendo dissimulação, mas elas não se preocupam como eles com a questão do status e da valorização pessoal que a conversa direta pode trazer.

As mulheres tendem a se vangloriar menos do que os homens. Elas freqüentemente disfarçam sua autoridade ou conquistas, para não parecerem arrogantes, e levam em conta os sentimentos das outras pessoas. Entretanto, muitas vezes os homens interpretam incorretamente essa postura ao concluir que as mulheres são menos autoconfiantes ou competentes.

Finalmente, os homens costumam criticar as mulheres porque elas parecem se desculpar o tempo todo. Os homens vêem a expressão "sinto muito" como uma fraqueza, pois entendem que a frase significa que a mulher está assumindo uma culpa que eles sabem que não é dela. A mulher também sabe que a culpa não é dela. A questão é que a frase geralmente é utilizada pelas mulheres para expressar pesar e restaurar o equilíbrio na conversa: "Sei que você deve estar se sentindo mal a esse respeito; também me sinto assim". Para a maioria das mulheres, "sinto muito" é uma forma de expressar compreensão e solidariedade com os sentimentos da outra pessoa, e não um pedido de desculpa.

Silêncio como comunicação

Certa vez, Sherlock Holmes solucionou um mistério sem se basear no que havia acontecido, mas com base no que *não* havia acontecido. Holmes comentou com seu assistente, Dr. Watson, sobre "o curioso incidente do cachorro durante a noite". Watson, surpreso, respondeu: "mas o cachorro não fez nada durante a noite". Ao que Holmes replicou: "é exatamente este o incidente curioso". Holmes concluiu que o assassino devia ser alguém com quem o cachorro estava familiarizado e, por isso, o cão de guarda não latiu.

O cachorro que não latiu na noite do crime é freqüentemente utilizado como metáfora de um evento que é significativo pela sua ausência. Esta história também é uma ilustração excelente da importância do silêncio na comunicação.

O silêncio — definido aqui como ausência de palavras ou de ruídos — tem sido ignorado como forma de comunicação no comportamento organizacional porque representa uma *in*ação ou não-comportamento. Mas ele não é necessariamente uma inação. Nem é, ao contrário do que muitos pensam, uma falha na comunicação. O silêncio pode, na verdade, ser uma forma poderosa de comunicação.[50] Ele pode significar que uma pessoa está pensando ou contemplando sobre a resposta para uma questão. Pode significar que a pessoa está ansiosa ou com medo de falar. Pode também ser um sinal de concordância, de divergência, de frustração ou de raiva.

Em termos de comportamento organizacional, podemos encontrar várias ligações entre o silêncio e o comportamento no trabalho. Por exemplo, o silêncio é um elemento crítico do pensamento grupal, que implica concordância com a maioria. Pode ser uma forma de os funcionários expressarem sua insatisfação, como acontece quando eles "sofrem em silêncio". Pode ser o sinal de que alguém está aborrecido, como ocorre quando uma pessoa muito falante se cala repentinamente — "O que há com ele? Ele está bem?". É uma ferramenta poderosa utilizada pelos executivos para sinalizar seu descontentamento, evitando ou ignorando o funcionário com um "gelo". E, evidentemente, é um elemento crucial na tomada de decisões em grupo, pois permite que as pessoas ouçam e ponderem aquilo que os demais estão dizendo.

Deixar de prestar atenção aos silêncios de uma conversa é perder uma parte vital da mensagem. Os comunicadores mais astutos observam as pausas, as hesitações e os tropeços. Eles ouvem e interpretam o silêncio. Eles entendem as pausas como a luz amarela do semáforo e prestam atenção ao que vem em seguida. Estaria a pessoa pensando, arquitetando uma resposta? A pessoa tem medo de se comunicar? Muitas vezes, a verdadeira mensagem na comunicação está escondida no silêncio.

A comunicação "politicamente correta"

Que palavras você usa para descrever um colega preso a uma cadeira de rodas? Que termos você usa para se dirigir a uma cliente do sexo feminino? Como você se comunica com um novo cliente muito diferente de você? As respostas erradas podem custar um cliente, um funcionário, uma ação judicial, uma queixa de assédio ou o emprego.[51]

A maioria de nós tem uma consciência muita clara de como nosso vocabulário foi modificado para se ajustar ao movimento do politicamente correto. Por exemplo, muitos de nós simplesmente eliminamos de nosso vocabulário palavras como *aleijado, cego* ou *velho* e as trocamos por *deficiente físico, deficiente visual* e *idoso*. O jornal *Los Angeles Times*, por exemplo, permite que seus jornalistas publiquem o termo *idade avançada*, mas desde que tenham o cuidado de perceber que esse conceito varia de "pessoa para pessoa" e que, em um grupo de indivíduos de 75 anos, nem todos são necessariamente velhos.[52]

Precisamos tomar cuidado com os sentimentos dos outros. Certas palavras expressam estereótipos, intimidam e ofendem as pessoas. Em uma força de trabalho cada vez mais diversificada, é preciso prestar atenção a palavras

QUADRO 10-8

THE FAR SIDE, de Gary Larson

"Bem, na verdade, Doreen, não gosto de ser chamado de 'monstro do pântano'... Prefiro o termo 'mutante das terras alagadas'."

Fonte: The Far Side de Gary Larson © 1994 Far Works, Inc. Todos os direitos reservados. Reproduzido com autorização.

que podem ser ofensivas. Mas existem algumas desvantagens no politicamente correto. Ele está encolhendo nosso vocabulário e tornando a comunicação mais difícil. Para exemplificar, você certamente sabe o significado destas quatro palavras: *morte, lixo, cotas* e *mulheres*. Pois cada uma delas foi considerada ofensiva a um ou mais grupos. Foram substituídas por termos como *resultado negativo para o paciente, material de sobra pós-consumo, eqüidade educacional* e *pessoas do sexo feminino*. A questão é que estes termos têm muito menos probabilidade de transmitir uma mensagem uniforme do que as palavras substituídas. Você sabe o que morte significa; eu também sei. Como podemos saber se "resultado negativo para o paciente" vai ser compreendido consistentemente como morte? Não podemos! A frase poderia significar que o paciente teria de ficar internado no hospital mais tempo do que o previsto, ou que seu plano de saúde não iria cobrir as despesas de seu tratamento.

Alguns críticos, por ironia, divertem-se levando o politicamente correto ao extremo. Mesmo aqueles com cabelos mais ralos, que não gostam muito de serem chamados de "carecas", não contêm o sarcasmo diante da expressão "capilarmente prejudicado". Mas nosso enfoque aqui é sobre como esta postura está contribuindo com uma nova barreira para a comunicação eficaz.

As palavras são o meio básico com o qual as pessoas se comunicam. Quando eliminamos palavras que podem ser consideradas ofensivas, reduzimos nossas opções para a transmissão de mensagens do jeito mais claro e acurado possível. De maneira geral, quanto maior o vocabulário utilizado pelo emissor e pelo receptor, maior a probabilidade de transmissão precisa das mensagens. Ao removermos algumas palavras de nosso vocabulário, dificultamos a transmissão acurada das mensagens. Quando, além disso, substituímos essas palavras por termos com significado menos claro, reduzimos a probabilidade de que nossas mensagens cheguem ao receptor da maneira como havíamos previsto.

Precisamos tomar cuidado com a escolha de nossas palavras para não ofendermos ninguém. Também temos de tomar cuidado para não mutilarmos nosso vocabulário a ponto de prejudicar a clareza da comunicação. Não existe uma solução simples para esse dilema. Precisamos estar conscientes disso e buscar o melhor equilíbrio possível.

Comunicação multicultural

A comunicação eficaz é difícil mesmo sob condições ideais. Os fatores multiculturais certamente têm o potencial de aumentar os problemas de comunicação. Isso é ilustrado no Quadro 10-9. Um gesto aceitável e corriqueiro em uma cultura pode se tornar sem sentido ou até ofensivo em outra.[53]

QUADRO 10-9 Gestos Manuais têm Significados Diferentes em Países Diferentes

O sinal de OK

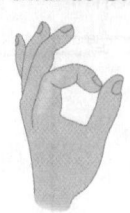

Este gesto, nos Estados Unidos, significa um sinal amigável de "tudo bem". Na Austrália e em alguns países islâmicos, tem um significado ofensivo e obsceno.

O "chifrinho"

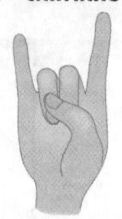

Este sinal é utilizado como encorajamento entre os atletas da Universidade do Texas, e é um sinal de boa sorte entre venezuelanos. Em algumas partes de África, é uma maldição. Na Itália, significa que a esposa de alguém está traindo o marido.

O "V" de vitória

Em diversas partes do mundo, este gesto significa "vitória" ou "paz". Na Inglaterra, quando feito com a palma da mão virada para dentro, especialmente com um movimento de erguer os dedos, é ofensivo, como "dane-se!".

O dedo erguido

Nos Estados Unidos, significa "venha aqui". Na Malásia, usa-se apenas para chamar animais. Na Indonésia e na Austrália, é usado para apontar "damas da noite".

Fonte: "What's A-O.K. in the U.S.A. is lewd and worthless beyond", *New York Times*, 18 ago. 1996, p. E7. De Roger E. Axtell, *Gestures: the do's and taboos of body language around the world*. Copyright © 1991. Este material foi reproduzido com autorização da John Wiley & Sons, Inc.

Barreiras Culturais Um autor identificou quatro problemas específicos relacionados às dificuldades de linguagem na comunicação multicultural.[54]

Primeiro, existem as *barreiras semânticas*. Como já mencionamos, as palavras significam coisas diferentes para pessoas diferentes. Isto é particularmente verdadeiro para pessoas de culturas diferentes. Algumas palavras, por exemplo, simplesmente não podem ser traduzidas para outros idiomas. A palavra *sisu* pode ajudar você a se comunicar com os finlandeses, mas não pode ser traduzida para a língua inglesa. Essa palavra significa algo semelhante a "coragem" ou "extrema persistência". Da mesma forma, os novos capitalistas da Rússia devem ter dificuldades para se comunicar com seus colegas ingleses ou canadenses já que termos como *eficácia*, *mercado livre* e *regulamentação* não podem ser traduzidos diretamente do inglês para o russo.

Segundo, há as *barreiras causadas pelas conotações*. As palavras têm implicações diversas em diferentes idiomas. As negociações entre executivos norte-americanos e japoneses, por exemplo, costumam ter problemas por causa do termo japonês *hai*, que é equivalente ao "sim" em inglês, mas com a conotação de "sim, estou ouvindo", e não de "sim, concordo".

Terceiro, existem as *barreiras causadas pelas diferenças de entonação*. Em algumas culturas, a linguagem é formal; em outras, informal. Às vezes, a entonação depende do contexto: as pessoas falam diferente quando estão em casa, numa festa ou no trabalho. A utilização de um tom pessoal e informal em uma situação que demanda um estilo mais formal pode causar embaraço e até constrangimento.

Quarto, há as *barreiras causadas pelas diferenças de percepção*. Pessoas que falam idiomas diferentes, na verdade, vêem o mundo de formas diferentes. Os esquimós percebem as diversas nuances da neve, tendo até diferentes nomes para cada uma. Os tailandeses percebem o "não" diferentemente dos demais povos já que essa palavra não existe no seu vocabulário.

Contexto Cultural Uma melhor compreensão das barreiras culturais e suas implicações para a comunicação multicultural pode ser obtida através dos conceitos de culturas de alto e de baixo contextos.[55]

As culturas diferem quanto à influência do contexto sobre o significado daquilo que é dito ou escrito. Países como a China, o Vietnã e a Arábia Saudita são exemplos de **culturas de alto contexto**. Eles utilizam amplamente os indícios não-verbais e sinais situacionais sutis na sua comunicação. Aquilo que *não* é dito pode ser mais significativo do que as palavras. O status oficial de uma pessoa, seu lugar na sociedade e sua reputação têm um peso considerável na comunicação. A Europa e a América do Norte, por outro lado, representam exemplos de **culturas de baixo contexto**. Contam essencialmente com as palavras para transmitir suas mensagens. A linguagem corporal e o status social são secundários à palavra falada ou escrita (veja o Quadro 10-10).

O que essas diferenças contextuais significam em termos de comunicação? Na verdade, muita coisa! A comunicação nas culturas de alto contexto exige consideravelmente mais confiança mútua entre os interlocutores. O que pode parecer apenas uma conversa casual e insignificante para um estrangeiro é, na verdade, um processo importante, que reflete o desejo de construir um relacionamento e gerar confiança. Os acordos verbais significam um forte comprometimento entre as partes nessas culturas. E quem você é — sua idade, seu cargo e seu tempo na organização — são dados altamente valorizados, que influenciam fortemente em sua credibilidade. Nas culturas de baixo contexto, em comparação, os acordos são feitos por escrito, com escolha precisa dos termos e com ênfase em seus aspectos legais. Essas culturas também valorizam a comunicação direta. Os executivos devem ser explícitos e precisos ao transmitir o significado que pretendem comunicar. É totalmente diferente do que ocorre nas culturas de alto contexto, em que os executivos tendem mais a "dar sugestões" do que a dar ordens explícitas.

Um Guia Cultural Ao nos comunicarmos com pessoas de diferentes culturas, o que podemos fazer para evitar erros de interpretação, de percepção e de avaliação? Podemos começar pela análise do contexto cultural. Provavelmente, teremos menos dificuldade se essas pessoas vierem de um contexto semelhante ao nosso. Além disso, estas quatro regras podem ser de alguma ajuda:[56]

1. *Suponha que haja diferenças até que a similaridade seja comprovada.* A maioria de nós tende a pressupor que as outras pessoas são mais parecidas conosco do que são na verdade. E as pessoas de outras nações freqüentemente são muito diferentes de nós. Portanto, é mais fácil evitar os enganos se considerarmos, em princípio, que elas são diferentes, e não o contrário.
2. *Procure se ater a aspectos descritivos, em vez de interpretações ou avaliações.* A interpretação ou a avaliação do que alguém acabou de dizer tem mais a ver com a cultura e o histórico do observador do que com a situação observada. Conseqüentemente, adie seu julgamento até que tenha tempo suficiente para observar e interpretar a situação sob as diferentes perspectivas das culturas envolvidas.
3. *Busque a empatia.* Antes de enviar uma mensagem, procure se colocar no lugar do receptor. Quais são seus valores, experiências e quadros de referência? O que você sabe sobre sua educação, sua criação e sua história de vida que pode ajudá-lo nessa compreensão? Tente ver a outra pessoa como ela realmente é.
4. *Trate suas interpretações como uma hipótese de trabalho.* Quando você achar que conseguiu uma explicação para uma situação nova ou que criou empatia com alguém de outra cultura, trate essa interpretação como uma hipótese que precisa de mais testes para ser comprovada. Analise cuidadosamente a reação dos receptores para ver se ela confirma sua hipótese inicial. Quando o teor da comunicação for importante, busque informações com outras pessoas que conheçam a cultura em questão para se assegurar de que suas interpretações estão corretas.

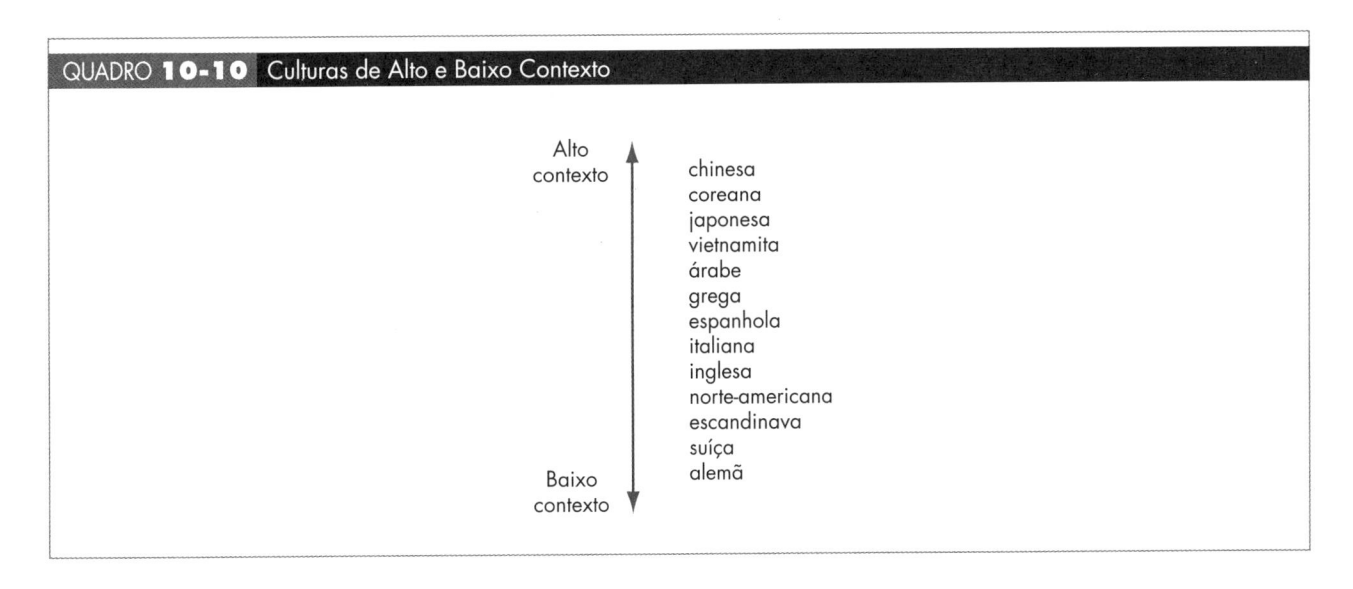

QUADRO 10-10 Culturas de Alto e Baixo Contexto

Alto contexto
- chinesa
- coreana
- japonesa
- vietnamita
- árabe
- grega
- espanhola
- italiana
- inglesa
- norte-americana
- escandinava
- suíça
- alemã

Baixo contexto

Resumo e implicações para os executivos

Uma revisão cuidadosa deste capítulo indicará um tema comum no que diz respeito à relação entre comunicação e satisfação do trabalhador: quanto menor a incerteza, maior a satisfação. As distorções, as ambigüidades e as inconsistências aumentam a incerteza e, portanto, têm um impacto negativo sobre a satisfação.[57]

Quanto menor a distorção na comunicação as metas, o feedback e outras mensagens dos dirigentes aos funcionários serão recebidos da forma mais próxima do pretendido.[58] Isso, por sua vez, vai reduzir a ambigüidade e deixar mais claras as tarefas dos grupos. O uso extensivo dos canais verticais, horizontais e informais aumenta o fluxo de comunicação, reduz as incertezas e melhora o desempenho e a satisfação do grupo. Em contrapartida, podemos esperar que as inconsistências entre a comunicação verbal e a não-verbal aumentem as incertezas e reduzam a satisfação.

As discussões deste capítulo também sugerem que a idéia da comunicação perfeita é inatingível. Mesmo assim, existem evidências que demonstram haver uma relação positiva entre a produtividade dos trabalhadores e a comunicação eficaz (que inclui fatores como percepção de confiabilidade, percepção de exatidão, desejo de interação, receptividade dos dirigentes e requisitos de informação ascendente).[59] A escolha do canal adequado, a escuta eficaz e a utilização do feedback podem ajudar muito a comunicação a se tornar mais eficaz. Mas o fator humano gera distorções que nunca conseguimos eliminar completamente. O processo de comunicação representa uma troca de mensagens, mas o significado delas pode, ou não, ser recebido da maneira que o emissor imagina. Independentemente da expectativa do emissor, a mensagem decodificada na mente do receptor representa a realidade deste. E é essa "realidade" que vai determinar o desempenho, juntamente com o nível de motivação e de satisfação do indivíduo. A questão da motivação é crítica, por isso vamos repassar rapidamente como a comunicação é fundamental para determinar o grau de motivação de uma pessoa.

Você deve estar lembrado de que, segundo a teoria da expectativa (veja o Capítulo 6), o grau de esforço exercido por uma pessoa depende de sua percepção acerca das relações entre esse esforço e o desempenho, entre o desempenho e a recompensa e entre a recompensa e a satisfação de objetivos. Se os indivíduos não receberem indicadores que mantenham estas relações fortes, sua motivação será reduzida. Se as recompensas não ficarem claras, se os critérios de determinação e mensuração do desempenho forem ambíguos, ou se os indivíduos não estiverem muito convencidos de que seus esforços levam a um desempenho satisfatório, seus esforços serão reduzidos. Dessa forma, a comunicação tem um papel significativo na determinação do nível de motivação dos funcionários.

Uma implicação final tirada da literatura sobre comunicação está relacionada à previsão da rotatividade. O uso de indicações realistas do cargo age como um veículo de comunicação para esclarecer as expectativas do papel (veja a seção "Contraponto" do Capítulo 5). Os funcionários que foram expostos a uma indicação realista do cargo possuem informações mais exatas acerca dele. A comparação entre as empresas que adotam a indicação realista e aquelas que não adotam, ou adotam apenas a indicação dos aspectos positivos do cargo, mostra que estas apresentam índices de rotatividade até 29 por cento mais altos.[60] Isso fornece um forte motivo para que os executivos transmitam informações honestas e precisas para os candidatos a um cargo durante o processo de recrutamento e seleção.

PONTO ▶   ◀ CONTRAPONTO

A administração transparente melhora o resultado final da empresa

A administração transparente busca fazer com que todos os funcionários pensem e se comportem como se fossem donos da empresa.[61] Isso acaba com a idéia de que os chefes gerenciam as coisas e os funcionários obedecem às ordens. Na abordagem da administração transparente, os funcionários recebem informações que tradicionalmente ficavam restritas aos escalões superiores.

Existem três elementos básicos em qualquer programa de administração transparente. Primeiro: a direção mostra todos os dados e compartilha com os funcionários informações financeiras e operacionais detalhadas. Se os funcionários não souberem como a empresa ganha dinheiro, o que poderão fazer para torná-la mais bem-sucedida? Segundo: é preciso ensinar os funcionários a compreender as informações financeiras da empresa. Isso significa que a direção deve proporcionar a eles um "curso básico" sobre como ler e interpretar informações sobre receitas, balanço e fluxo de caixa. E terceiro: a direção precisa mostrar aos funcionários como o trabalho deles influencia esses resultados financeiros. Aos lhes mostrar o impacto de seu trabalho sobre os resultado financeiros, a análise dessas informações se torna relevante.

Quem está adotando a administração transparente? Uma lista crescente de empresas, incluindo nomes como Springfield Remanufacturing Corp., Allstate Insurance, Amoco Canada, Rhino Foods e a divisão de sistemas para o governo norte-americano da Sprint.

Por que isso funciona? O acesso a informações financeiras detalhadas e a capacidade de compreender este dados fazem com que os funcionários se sintam como donos da empresa. E isso os induz a tomar decisões melhores para a organização, e não apenas para eles próprios.

Funciona mesmo? Muitas empresas que adotaram a administração transparente oferecem evidências de que ela ajudou substancialmente os negócios. Por exemplo, a Springfield Remanufacturing perdia 61 mil dólares a cada 16 milhões de dólares em vendas. Seus dirigentes atribuem o atual sucesso da empresa — lucros de 12 milhões de dólares em um ano de vendas de 160 milhões de dólares — a esse programa. Da mesma forma, o grupo Allstate Insurance utilizou o programa de administração transparente para elevar, em apenas três anos, seu retorno de capital líquido de 2,9 para 16,5 por cento.

Os proprietários da Optics 1 Inc., empresa de engenharia ótica do sul da Califórnia, com 23 funcionários e vendas de menos de 10 milhões de dólares por ano, resolveram implementar um programa de administração transparente. Depois de um certo tempo, o programa foi suspenso. Um dos proprietários explicou: "Os funcionários utilizaram as informações contra mim. Quando tínhamos algum lucro, eles exigiam bonificações maiores e novos computadores. Quando eu utilizava o lucro para financiar uma nova linha de produtos, todos diziam 'É muito bom, mas eu não levo nada?'. Se os seus funcionários fazem uma má interpretação das informações financeiras, isso é mais prejudicial do que se eles não tiverem informação nenhuma. Dei a eles os números gerais e administrativos. Em seguida, soube que eles andaram comparando os salários de todo o mundo e ouvi coisas do tipo 'Você paga 86 mil dólares para Fulano? Eu contribuo muito mais que ele!'".

Como este exemplo demonstra, um aspecto negativo da administração transparente é que os funcionários podem interpretar as informações e utilizá-las de uma maneira prejudicial para a empresa.[62] Um outro problema potencial é o vazamento de informações confidenciais para a concorrência. Nas mãos dos concorrentes, informações financeiras e operacionais detalhadas podem acabar com a vantagem competitiva de uma empresa.

Parece que há dois fatores quando a administração transparente tem sucesso. Primeiro: a empresa ou unidade em que o programa é implementado tende a ser pequena. É muito mais fácil implementar esse programa em uma empresa pequena e novata do que em uma grande organização, dispersa geograficamente, que já opera há anos da maneira tradicional e com pouco envolvimento dos funcionários. Segundo, é preciso existir um relacionamento de confiança mútua entre os funcionáros e os dirigentes da empresa. Nas culturas organizacionais em que os executivos não acreditam que os funcionários podem agir de maneira altruísta, ou nas quais os executivos e contadores foram treinados para manter todas as informações a sete chaves, a administração transparente dificilmente funciona. Também não funciona quando os funcionários acreditam que qualquer programa de mudança só serve para aumentar a sua manipulação e exploração em proveito da direção da empresa.

Questões para revisão

1. Descreva as funções que a comunicação desempenha dentro de um grupo ou de uma organização. Dê um exemplo de cada função.
2. Compare codificação e decodificação.
3. Compare comunicação descendente e comunidação ascendente.
4. O que é comunicação não-verbal? Ela ajuda ou prejudica a comunicação verbal?
5. Quais são as vantagens e desvantagens do e-mail? E das mensagens instantâneas?
6. O que é gestão do conhecimento? Como ela afeta a comunicação?
7. Quais as diferenças de estilo de comunicação entre homens e mulheres?
8. Qual é o significado da frase: "Muitas vezes, a verdadeira mensagem na comunicação está escondida no silêncio."?
9. Explique como o movimento do "politicamente correto" pode prejudicar a eficácia da comunicação.
10. Compare culturas de alto e baixo contextos. O que estas diferenças significam para a comunicação?

Questões para reflexão crítica

1. "A comunicação ineficaz é culpa do emissor." Você concorda com esta afirmação? Discuta.
2. O que você pode fazer para aumentar a probabilidade de que seus comunicados sejam recebidos e compreendidos da maneira que você pretende?
3. Como os executivos podem usar as redes de rumores em seu benefício?
4. Utilizando o conceito de riqueza de canal, dê exemplos de mensagens que podem ser transmitidas com melhor eficiência por e-mail, por comunicação face a face e pelo boletim informativo da empresa.
5. "A maioria das pessoas é má ouvinte". Você concorda com esta afirmação? Justifique sua opinião.

Exercício de grupo

Ausência de comunicação não-verbal

Este exercício visa ajudar na compreensão da importância da comunicação não-verbal nas relações interpessoais.

1. A classe deve ser dividida em pares, com um dos integrantes pertencente ao grupo denominado A e o outro ao B.
2. As pessoas do Grupo A devem escolher um tema entre os seguintes:
   a. A administração no Oriente Médio é significativamente diferente da administração na América do Norte.
   b. A rotatividade dos empregados pode ser funcional para a organização.
   c. Algum conflito dentro da organização é positivo.
   d. Os "dedo-duros" prejudicam mais do que ajudam a empresa.
   e. Todo empregador tem a responsabilidade de oferecer a seus funcionários um trabalho interessante e desafiador.
   f. Todo mundo deve votar.
   g. As empresas deviam exigir de todos os funcionários testes de uso de drogas.
   h. As pessoas que se formaram em administração ou economia são funcionários melhores do que aqueles que cursaram história ou letras.
   i. A instituição em que você se formou é mais importante para o sucesso de sua carreira do que aquilo que você aprendeu quando estudava lá.
   j. Não é ético um executivo manipular a comunicação para obter melhores resultados.
3. As pessoas do Grupo B devem, então, posicionar-se contra a afirmação escolhida por seus pares do Grupo A.
4. Os dois grupos terão 10 minutos para discutir o assunto. O importante é que só se comuniquem verbalmente. Eles *não podem* gesticular, fazer qualquer movimento de mãos ou de corpo, nem utilizar outra forma qualquer de comunicação não-

verbal. Pode-se pedir aos alunos que sentem sobre as mãos, para que se lembrem da restrição do exercício, e que mantenham uma expressão vazia.

5. Depois de encerrado o debate, formem grupos de seis a oito alunos, e discutam o seguinte por 15 minutos:

   a. Qual a eficácia da comunicação durante o debate?

   b. Quais as barreiras encontradas para a comunicação?

   c. Qual o propósito da comunicação não-verbal?

   d. Relacione o que foi apreendido neste exercício com problemas de comunicação que podem acontecer pelo telefone ou com o uso do e-mail.

Dilema ético

Definindo as fronteiras da tecnologia

Você trabalha em uma empresa que não possui políticas específicas quanto ao uso do computador e da Internet para assuntos não relacionados ao trabalho. Também não existem mecanismos de verificação do uso desses equipamentos pelos funcionários. Alguma das ações mencionadas a seguir é anti-ética? Justifique suas opiniões.

a. Utilizar o sistema de e-mail da empresa para assuntos pessoais durante o expediente.

b. Brincar com jogos no computador no horário de trabalho.

c. Usar o computador da empresa para fazer compras on-line durante o expediente.

d. Procurar companhia nos sites de encontros na Internet durante o expediente.

e. Visitar sites de "conteúdo adulto" durante o expediente.

f. Todas estas atividades acima, realizadas antes ou depois do expediente.

g. Para aqueles que trabalham à distância, usar o computador e a linha de acesso à Internet pagos pela empresa para assuntos pessoais durante os horários normais de trabalho.

Estudo de caso

James W. Caruso tem problemas de comunicação

James W. Caruso tem apenas quatro funcionários em sua firma de relações públicas, MediaFirst PR-Atlanta. Mas ele faz um ótimo trabalho para se indispor com eles.

De acordo com seus funcionários, Caruso, de 47 anos, é um sujeito brilhante que tem muito a aprender sobre como se comunicar. Seu estilo de comunicação é uma fonte constante de conflitos dentro da empresa. Caruso admite seu problema. "Provavelmente, eu não consigo expressar verbalmente meu apoio (como deveria) quando alguém está fazendo um bom trabalho. Eu sou uma pessoa muito autoconfiante. Não preciso que me digam que estou fazendo um bom trabalho, mas existem pessoas que precisam."

Os funcionários de Caruso são capazes de fazer uma lista das coisas que ele faz que são consideradas irritantes. Ele não respeita prazos; não consegue se comunicar direito com os clientes (o que, muitas vezes, coloca os funcionários em situações embaraçosas); não escuta o que os funcionários têm a dizer; seu tom de voz é freqüentemente condescendente; e ele é rápido para fazer críticas, mas mesquinho nos elogios.

Questões

1. Muitos chefes são acusados de serem "maus comunicadores". O que você pensa disto?

2. O que este caso sugere em termos da relação entre a teoria do reforço e a comunicação?

3. O que Caruso precisaria fazer, especificamente, para melhorar sua capacidade de comunicação?

4. Caso ele decidisse melhorar, que sugestões de estudo você lhe daria para que ele se tornasse um comunicador melhor?

Fonte: Este caso baseia-se em N.L. Torres, "Playing well with others", *Entrepreneur*, fev. 2003, p. 30.

CAPÍTULO 11

Abordagens básicas sobre liderança

Depois de ler este capítulo, você será capaz de:

OBJETIVOS DO APRENDIZADO

1. Comparar liderança e administração.
2. Resumir as conclusões das teorias dos traços.
3. Identificar as limitações das teorias comportamentais.
4. Descrever o modelo da contingência de Fiedler.
5. Explicar a teoria situacional de Hersey e Blanchard.
6. Resumir a teoria da troca entre líder e liderado.
7. Descrever a teoria da meta e do caminho.
8. Identificar as variáveis situacionais no modelo de participação e liderança.

Uma pessoa pode fazer diferença no desempenho de uma organização? Andrea Jung, presidente da Avon Products (foto), está provando que sim.[1] Jung entrou para a Avon em 1994, depois de ter trabalhado em empresas varejistas como a Neiman Marcus e a Bloomingdale's. Sua função original na Avon era criar uma marca internacional. E foi o que ela fez. Jung integrou e padronizou a logomarca, as embalagens e a propaganda da empresa para criar uma imagem uniforme. Ela deu força ao atual *slogan* da organização: "Uma empresa para as mulheres". Por causa de seu sucesso em melhorar o enfoque de marketing da Avon, Jung foi nomeada presidente da empresa pelo conselho de administração em novembro de 1999.

A empresa que Jung assumiu tinha sérios problemas. Os dias de glória pareciam ter ficado para trás. Cada vez menos mulheres se candidatavam a atuar como representantes da empresa e as vendas diminuíam. Mas, apenas quatro semanas depois de assumir o cargo, Jung pôs em marcha um plano para reverter a situação. A Avon iria lançar uma linha totalmente nova de negócios, desenvolver produtos de forte apelo, vender seus produtos em lojas de departamento e expandir significativamente suas vendas internacionais. Ela aumentou em 46 por cento o orçamento do setor de pesquisa e desenvolvimento para permitir que os novos produtos fossem comercializados logo. Isto levou ao lançamento do Retroactive, um creme de rejuvenescimento que se tornou um sucesso imediato de vendas, além de uma linha nova de vitaminas e óleos terapêuticos. Ela trouxe uma nova vida para as revendedoras Avon. Para reconstruir a força de vendas da empresa, Jung criou um programa de marketing que recompensa as revendedoras atuais que conseguirem novas representantes. Pela primeira vez em muitos anos, o número de representantes de vendas da Avon aumentou. Finalmente, após um movimento agressivo no mercado internacional, cerca de dois terços do faturamento de 6,2 bilhões de dólares da Avon hoje vêm de fora dos Estados Unidos.

Depois de quatro anos no cargo, a liderança de Jung realmente fez a diferença no desempenho da empresa. As vendas cresceram 4 por cento ao ano. Os lucros foram 20 por cento maiores em 2002. E o valor das ações da empresa subiu 99 por cento desde que Jung assumiu a presidência.

Como Andrea Jung demonstra na Avon, os líderes podem fazer toda a diferença. Neste capítulo, vamos analisar as três abordagens básicas para a determinação do que faz um líder eficaz e o que diferencia um líder de um não-líder. Primeiro, vamos apresentar as teorias dos traços. Elas dominaram os estudos sobre liderança até o final da década de 1940. Depois, discutiremos as teorias comportamentais, que foram populares até o final dos anos 60. Finalmente, falaremos das teorias contingenciais, que são a abordagem dominante no estudo atual da liderança. Mas, antes de tudo, vamos esclarecer o que significa o termo *liderança*.

O que é liderança?

Liderança e *administração* são dois termos que costumam ser confundidos. Qual é a diferença entre eles?

John Kotter, da Harvard Business School, argumenta que a administração diz respeito ao enfrentamento da complexidade.[2] A boa administração traz ordem e consistência por meio da elaboração de planos formais, do projeto de estruturas organizacionais rígidas e da monitoração dos resultados em comparação com os planos. A liderança, por outro lado, diz respeito ao enfrentamento da mudança. Os líderes estabelecem direções através do desenvolvimento de uma visão do futuro; depois, engajam as pessoas comunicando-lhes essa visão e inspirando-as a superar os obstáculos.

Robert House, da Wharton School da Universidade da Pensilvânia, concorda, em princípio, quando diz que o administrador utiliza a autoridade natural de sua posição na organização para obter o comprometimento dos membros.[3] A administração consiste na implementação da visão e da estratégia oferecidas pelos líderes, coordenando a organização e fornecendo-lhe recursos humanos, bem como tratando dos problemas do dia-a-dia.

Embora Kotter e House ofereçam definições separadas para os dois termos, tanto pesquisadores como executivos raramente fazem essa distinção. Precisamos, portanto, apresentar a liderança de um modo capaz de refletir como ela é utilizada na teoria e na prática.

Definimos **liderança** como a capacidade de influenciar um grupo para alcançar metas. A origem dessa influência pode ser formal, como a que é conferida por um alto cargo na organização. Como essas posições subentendem um certo grau de autoridade, uma pessoa pode assumir um papel de liderança apenas em função do cargo que ocupa. Nem todos os líderes são administradores e nem todos os executivos são líderes. O fato de a organização conferir a seus executivos alguns direitos formais não lhes assegura a capacidade de liderança eficaz. A liderança não sancionada — aquela capacidade de influenciar os outros que emerge fora da estrutura formal da organização — geralmente é tão importante quanto a influência formal, ou até mais. Em outras palavras, os líderes podem surgir naturalmente de dentro de um grupo ou por indicação formal.

Devemos notar que nossa definição não faz menção específica a uma visão, embora tanto Kotter quanto House usem o termo para diferenciar liderança de administração. Essa omissão é proposital. Embora a maioria das discussões atuais sobre o conceito de liderança (veja o Capítulo 12) inclua a articulação de uma *visão* em comum,[4] quase todos os trabalhos anteriores aos anos 80 não fazem qualquer referência a isto. Para que nossa definição possa abranger as duas abordagens de liderança, a histórica e a contemporânea, não fazemos uma referência explícita à visão.

Um último comentário antes de prosseguirmos: as organizações precisam de liderança forte e administração forte para atingir sua eficácia ótima. No mundo dinâmico de hoje, precisamos de líderes que desafiem o status quo, criem visões de futuro e sejam capazes de inspirar os membros da organização a querer realizar estas visões. Também precisamos de executivos para elaborar planos detalhados, criar estruturas organizacionais eficientes e gerenciar as operações do dia-a-dia.

Teorias dos traços

Quando Margaret Thatcher era primeira-ministra da Grã-Bretanha, costumava ser enaltecida por sua capacidade de liderança. Ela era descrita como confiante, portadora de uma vontade de ferro, determinada e decidida. Estes termos se referem a traços de personalidade. Ao utilizar estes traços para descrevê-la, seus críticos e defensores, talvez sem se darem conta, tornaram-se seguidores das teorias dos traços.

Há muito tempo, a mídia tem seguidores das **teorias dos traços de liderança** — que diferenciam líderes dos não-líderes com base nas qualidades e características pessoais. Eles identificam pessoas como Margaret Thatcher, Nelson Mandela, Richard Branson (presidente do Virgin Group), Steve Jobs (co-fundador da Apple), Rudolph Giuliani (ex-prefeito de New York) e Kenneth Chenault (presidente da American Express) como líderes e os descrevem usando termos como *carismáticos, entusiastas* e *corajosos*. A mídia não está sozinha nisso. A procura por traços sociais, físicos, intelectuais ou de personalidade que possam descrever os líderes e diferenciá-los dos demais remonta à década de 1930.

Muitas das pesquisas para identificar os traços responsáveis pela capacidade de liderança deram em nada. Por exemplo, uma revisão de 20 trabalhos nessa linha, feita no final dos anos 60, identificou quase 80 traços de liderança, mas apenas cinco eram comuns a quatro ou mais estudos.[5] Por volta dos anos 90, depois de muitos estudos e análises, o máximo que se poderia dizer é que os sete traços seguintes pareciam diferenciar os líderes dos não-líderes: ambição e energia, desejo de liderar, honestidade e integridade, autoconfiança, inteligência, elevado automonitoramento, e conhecimentos relevantes para o trabalho.[6] Mas a capacidade de prever a liderança a partir destes traços continua modesta.

Uma certa novidade surgiu quando os pesquisadores começaram a organizar os traços com base no modelo Big Five de personalidade (veja no Capítulo 4).[7] O que ficou claro é que a maioria dos vários traços identificados nas pesquisas sobre liderança podiam ser incluídos em cada uma das dimensões daquele modelo, e que o modelo Big Five dava apoio forte e consistente aos traços como previsores de liderança. Por exemplo, ambição e energia são parte da extroversão, e a autoconfiança é parte da estabilidade emocional.

Amplas revisões da literatura sobre liderança, quando organizadas com referência ao modelo Big Five, têm demonstrado que a extroversão é o traço mais importante do líder eficaz.[8] Mas os resultados mostram que a extroversão está mais associada à emergência do líder do que à sua eficácia. Isto não é surpreendente, já que as pessoas mais sociáveis e dominantes costumam se impor em situações de grupo. A consciência e a abertura para novas experiências também mostraram uma relação forte e consistente com a liderança, mas não tão forte quanto a extroversão. Os traços amabilidade e estabilidade emocional não parecem ser muito valiosos para indicar liderança.

Com base nas últimas descobertas, chegamos a duas conclusões. A primeira é que os traços podem indicar a liderança. Há vinte anos, as evidências apontavam para o contrário. Mas, provavelmente, isto deveu-se à ausência de uma estrutura válida para classificar e organizar os traços. O modelo Big Five resolveu a questão. A segunda con-

> As teorias dos traços no estudo da liderança baseiam-se nas características pessoais do líder. Por exemplo, ao descrever o presidente da American Express, Kenneth Chenault, a mídia usa termos como inteligente, sociável, autoconfiante, positivo, responsável, articulado, enérgico e ético.

ENFOQUE NA MÍDIA

Executivos falam sobre competências para a liderança

No outono de 2002, a revista *Training* e o Center for Creative Leadership realizaram uma pesquisa com mais de 250 executivos para identificar quais as competências que eles julgavam mais importantes para o desempenho da liderança. Entre os respondentes, 54 por cento eram homens e 46 por cento mulheres. Eles representavam todos os níveis na administração: por exemplo, 28 por cento eram altos executivos e 48 por cento estavam em posições de baixa ou média hierarquia.

A pesquisa revelou que todos consideravam que a ética, a integridade e os valores estavam no topo das competências exigidas. Isto não foi surpresa já que a pesquisa foi realizada logo depois da divulgação dos escândalos envolvendo executivos de empresas como Enron, Tyco, WorldCom e Arthur Andersen, indiciados por práticas antiéticas (e, em alguns casos, ilegais). Os respondentes acreditavam que, para serem eficazes, os líderes precisam ser respeitados. Eles têm de ser vistos como honestos e confiáveis. Por isso, a importância da ética, da integridade e dos valores. Em uma escala de 0 a 5, estas competências ficaram com uma pontuação média de 4,7.

A valorização de algumas competências variava de acordo com o nível hierárquico do respondente. Para os executivos de nível médio, a comunicação (4,7) ficava um pouco acima da ética (4,69) na escala de importância. Nos altos escalões, a competência mais importante era a habilidade de criar e articular uma visão clara para a organização (4,89), com a ética recebendo uma pontuação média de 4,8. Entre estes executivos, 90 por cento disseram que o desenvolvimento da visão era o mais importante, enquanto entre os escalões hierárquicos mais baixos apenas 19 por cento citaram a criação da visão entre as competências mais importantes.

Fonte: Baseado em J. Schettler, "Leadership in corporate America", *Training*, set. 2002, p. 66-77.

clusão é que os traços funcionam melhor para prever o surgimento da liderança do que para distinguir entre líderes *eficazes* e *ineficazes*.[9] O fato de um indivíduo apresentar determinados traços e ser considerado um líder pelos demais não significa, necessariamente, que ele será bem-sucedido em liderar seu grupo para o alcance dos objetivos.

Teorias comportamentais

As falhas dos primeiros estudos sobre traços levou os pesquisadores a seguir por outra direção do final dos anos 40 até a década de 1960. Eles começaram a analisar o comportamento exibido por certos líderes e procuravam descobrir se havia alguma coisa específica na maneira de se comportarem. Para utilizar exemplos atuais, Thomas Charlton, presidente da Tidal Software, e Tom Siebel, presidente da Siebel Systems, foram muito bem-sucedidos na liderança de suas organizações através de tempos difíceis.[10] E ambos possuem um estilo semelhante de liderança — incisivo, intenso e autocrático. Isto poderia ser uma sugestão de que o estilo autocrático seria o estilo preferencial para os líderes? Nesta seção, vamos examinar quatro diferentes **teorias comportamentais de liderança** para tentar responder a esta pergunta. Primeiro, porém, vamos considerar as implicações práticas da abordagem comportamental.

Se a abordagem comportamental tivesse sucesso, as implicações teriam sido completamente diferentes daquelas da abordagem dos traços. Se as teorias dos traços tivessem sido comprovadas, teriam proporcionado uma base para a *seleção* das pessoas "certas" para assumir posições formais em grupos e organizações que buscavam liderança. Em comparação, se a abordagem comportamental conseguisse identificar os determinantes críticos do comportamento dos líderes, então seríamos capazes de *treinar* as pessoas para a liderança. A diferença entre as abordagens dos traços e comportamental, em termos de aplicabilidade, está em suas premissas básicas. As teorias dos traços pressupõem que os líderes nascem com suas características de liderança, e não que eles se formam líderes. Por outro lado, se existissem comportamentos específicos que identificassem os líderes, a liderança poderia ser ensinada — poderíamos elaborar programas para implantar esses padrões comportamentais nos indivíduos que desejassem tornar-se líderes eficazes. Este seria um caminho muito mais estimulante, já que se presume que o grupo de líderes poderia estar sempre em expansão. Se o treinamento funcionasse, teríamos um celeiro inesgotável de líderes eficazes.

Estudos da Universidade Estadual de Ohio

As teorias comportamentais mais abrangentes e mais reproduzidas resultaram de uma pesquisa iniciada no final dos anos 40 na Universidade Estadual de Ohio.[11] Os pesquisadores buscaram identificar dimensões inde-

> Thomas Siebel, presidente da Siebel Systems, classifica-se bem em estrutura de iniciação. Depois de prever uma redução no mercado para seus softwares, ele logo redesenhou seu orçamento e um plano de cortes de custos. Demitiu 10 por cento de seus funcionários, cortou as despesas com viagens pela metade e reduziu os custos de recrutamento de 8 para 1 milhão de dólares. O estilo de liderança de Siebel enfatiza o corte de custos como forma de atingir as metas de lucratividade da empresa.

pendentes do comportamento do líder. Começando com mais de mil dimensões diferentes, foram afunilando a lista até chegar a duas categorias que são substancialmente responsáveis por boa parte do comportamento de liderança descrito por funcionários. Eles chamaram estas duas dimensões de *estrutura de iniciação* e *consideração*.

A **estrutura de iniciação** se refere à extensão em que um líder é capaz de definir e estruturar o seu próprio papel e o dos funcionários na busca do alcance dos objetivos. Isso inclui o comportamento que tenta organizar o trabalho, as relações de trabalho e as metas. O líder com alto grau de estrutura de iniciação pode ser descrito como alguém que "delega tarefas específicas aos membros do grupo", "espera que os trabalhadores mantenham padrões definidos de desempenho" e "enfatiza o cumprimento dos prazos". Thomas Charlton e Tom Siebel mostram esse tipo de comportamento em alto grau.

A **consideração** é descrita como a extensão em que uma pessoa é capaz de manter relacionamentos de trabalho caracterizados por confiança mútua, respeito às idéias dos funcionários e cuidado com os sentimentos deles. Esse líder demonstra preocupação pelo bem-estar, conforto, status e satisfação de seus liderados. Um líder com alto grau de consideração pode ser descrito como alguém que ajuda seus funcionários em seus problemas pessoais, é amigável e disponível e trata como iguais todos os subordinados. O presidente da AOL Time Warner, Richard Parsons, demonstra esse tipo de comportamento em alto grau. Seu estilo de liderança é voltado para as pessoas, enfatizando a cooperação dos funcionários e o consenso.

Muitas pesquisas baseadas nessas definições indicam que os líderes com alto grau de estrutura inicial e de consideração (um líder "alto–alto") costumam obter altos índices de desempenho e satisfação dos funcionários com maior freqüência do que aqueles com baixa pontuação em uma dessas dimensões ou em ambas. Contudo, o estilo "alto–alto" nem sempre tem conseqüências positivas. Por exemplo, o comportamento de liderança caracterizado pelo alto grau de estrutura de iniciação leva a maiores índices de reclamações, absenteísmo e rotatividade e a índices mais baixos de satisfação entre os trabalhadores que executam tarefas rotineiras. Outros estudos demonstram que o alto grau de consideração está negativamente relacionado à avaliação do desempenho do líder por seus superiores. Concluindo, os estudos da Universidade Estadual de Ohio sugerem que o estilo "alto–alto" geralmente traz resultados positivos, mas existem exceções suficientes para indicar que os fatores situacionais precisam ser integrados à teoria.

Estudos da Universidade de Michigan

Estudos sobre liderança realizados pelo Survey Research Center da Universidade de Michigan, contemporâneos àqueles da Universidade Estadual de Ohio, tiveram um objetivo similar de pesquisa: identificar as características comportamentais dos líderes que pudessem estar relacionadas com o desempenho eficaz.

O grupo de Michigan também chegou a duas dimensões do comportamento de liderança, que foram chamadas de **orientação para o funcionário** e **orientação para a produção**.[13] Os líderes vistos como orientados para os funcionários foram descritos como enfatizadores das relações interpessoais; demonstravam interesse pessoal nas necessidades de seus funcionários e aceitavam as diferenças entre os membros do grupo. Os líderes orientados para a produção, por seu lado, tendiam a enfatizar os aspectos técnicos e práticos do trabalho — sua principal preocupação estava na execução das tarefas do grupo e seus membros eram apenas o meio para se atingir um fim.

As conclusões a que chegaram os pesquisadores de Michigan foram extremamente favoráveis ao comportamento dos líderes orientados para os funcionários. Esse tipo de liderança estava associada a uma maior produtividade do grupo e a mais satisfação com o trabalho. Os líderes orientados para a produção estavam associados a índices mais baixos de produtividade e de satisfação.

O grid gerencial

A representação gráfica de uma visão bidimensional dos estilos de liderança foi desenvolvido por Blake e Mouton.[14] Eles propuseram um **Grid Gerencial** (por vezes também chamado de *grid da liderança*) baseado nos estilos "voltado às pessoas" e "voltado à produção", que representam, essencialmente, as dimensões encontradas tanto em Ohio como em Michigan.

O grid, exibido no Quadro 11-1, tem nove posições possíveis ao longo de cada eixo, criando, assim, 81 posições diferentes, nas quais se pode colocar o estilo de liderança. O grid não mostra os resultados produzidos, mas sim os fatores dominantes na forma de pensar do líder em relação à obtenção de resultados.

Com base nesses achados de Blake e Mouton, descobriu-se que os executivos têm melhor desempenho em um estilo 9,9, em comparação, por exemplo, com um estilo 9,1 (tipo autoritário) ou 1,9 (tipo *laissez-faire*).[15] Infelizmente, o grid oferece apenas uma melhor estrutura para a conceitualização do estilo de liderança, sem apresentar qualquer nova informação tangível para o esclarecimento da questão da liderança, já que há pouca evidência substancial para se afirmar que o estilo 9,9 é o mais eficaz em todas as situações.[16]

Estudos escandinavos

As três abordagens que acabamos de discutir foram desenvolvidas essencialmente entre o final da década de 1940 e o início dos anos 60. Elas evoluíram durante uma época em que o mundo era muito mais estável e previsível. Acreditando que esses estudos não conseguiram captar a realidade mais dinâmica dos dias atuais, pesquisadores da Finlândia e da Suécia começaram a reavaliar se existem mesmo apenas duas dimensões para capturar a essência do comportamento de liderança.[17] A premissa básica é que, em um mundo em mudanças, os líderes eficazes devem exibir um comportamento **orientado para o desenvolvimento**. Esses seriam líderes que valorizam a experimentação, buscam novas idéias, geram e implementam mudanças.

Os pesquisadores escandinavos fizeram uma revisão dos dados originais da pesquisa de Ohio. Descobriram que aqueles pesquisadores haviam incluído itens de desenvolvimento, tais como "busca de novas formas de fazer as coisas", "criar novas abordagens para os problemas" e "encorajar as pessoas a iniciar novas atividades". Mas esses itens, naquela época, não tinham muito a ver com a liderança eficaz. Segundo os pesquisadores escandinavos, isso se deve ao fato de o desenvolvimento de novas idéias e a implementação de mudanças não serem fatores críticos naquele tempo. No ambiente dinâmico de hoje, a realidade é outra e, por isso, os pesquisadores conduziram

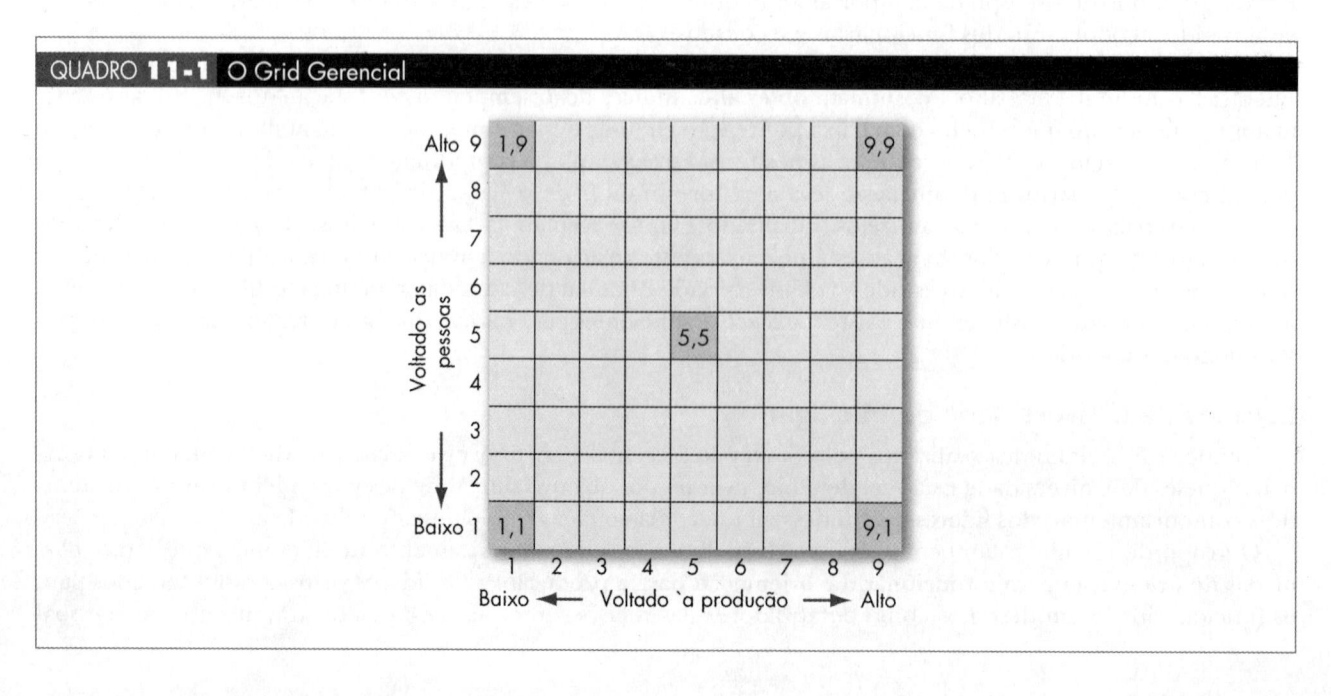

QUADRO 11-1 O Grid Gerencial

novos estudos para descobrir a existência de uma terceira dimensão — a orientação para o desenvolvimento — relacionada com a liderança eficaz.

Essa evidência é positiva. Trabalhando com amostras de líderes na Finlândia e na Suécia, os pesquisadores encontram embasamento significativo de que o comportamento de liderança orientado para o desenvolvimento é uma dimensão separada e independente. As abordagens anteriores que enfocavam apenas dois tipos de comportamento não mais capturavam adequadamente a liderança no século XXI. Além disso, embora as conclusões iniciais ainda precisem de mais evidências para confirmação, tudo indica que os líderes que exibem comportamento orientado ao desenvolvimento contam com funcionários mais satisfeitos e são vistos por estes como mais competentes.

Resumo das teorias comportamentais

As teorias comportamentais obtiveram um sucesso modesto na identificação de relações consistentes entre o comportamento de liderança e o desempenho do grupo. O que parece estar faltando é a consideração dos fatores situacionais que influenciam o sucesso ou o fracasso. Por exemplo, parece pouco provável que Martin Luther King pudesse ter sido o mesmo líder na luta pelos direitos civis se tivesse vivido nas primeiras décadas do século XX. Ralph Nader teria sido o mesmo ativista pelos direitos dos consumidores se, em vez de ter nascido em Connecticut em 1934, nascesse na Costa Rica em 1834? Parece pouco provável, embora as abordagens comportamentais que discutimos aqui não esclareçam fatores situacionais como esses.

Teorias das contingências

Linda Wachner tem a reputação de ser uma chefe extremamente rígida. E, durante muitos anos, seu estilo funcionou. Em 1987, ela se tornou presidente da Warnaco, uma empresa de confecções com receita anual de 425 milhões de dólares. Em um período de 14 anos, ela aumentou o faturamento da empresa para 2,2 bilhões de dólares, com produtos que vão dos jeans Calvin Klein até as roupas de banho Speedo. Apesar de seu estilo ríspido, que incluía freqüentes cenas de humilhação de funcionários diante de seus colegas e que resultava em uma rápida rotatividade de executivos, a maneira de Wachner administrar funcionou durante a maior parte dos anos 90. De fato, em 1993, a revista *Fortune* apontou-a como a "mais bem-sucedida mulher de negócios dos Estados Unidos". Mas os tempos mudaram e Wachner permaneceu a mesma.[18] No início de 1998, os negócios da empresa começaram a enfrentar dificuldades com a redução da demanda de seus produtos e uma perda acelerada de sua participação de mercado. A abordagem truculenta e as táticas agressivas de Wachner, que já haviam afastado vários executivos competentes, agora também distanciavam os credores e licenciadores, além dos funcionários. Em junho de 2001, a Warnaco foi obrigada a pedir concordata. Cinco meses depois, o comitê de reestruturação do conselho de administração da empresa decidiu demitir Wachner.

A ascensão e queda de Linda Wachner ilustra o que se torna cada vez mais claro para os que estudam o fenômeno da liderança há décadas: prever o sucesso da liderança é muito mais complexo do que identificar alguns poucos traços ou comportamentos preferenciais. O que funcionou na Warnaco nos anos 90 deixou de funcionar em 2000.

A impossibilidade de obter resultados consistentes levou os pesquisadores a enfocar as influências da situação. A relação entre estilo de liderança e eficácia sugere que, sob uma condição a, o estilo x pode ser adequado, enquanto o estilo y é mais indicado para a situação b, e o estilo z mais apropriado para a situação c. Mas o que seriam essas situações a, b e c? Uma coisa é dizer que a eficácia da liderança depende da situação, outra é ser capaz de identificar essas condições situacionais.

Algumas abordagens para a identificação de variáveis situacionais básicas tiveram mais sucesso que outras e, assim, receberam amplo reconhecimento. Vamos considerar cinco delas: o modelo de Fiedler, a teoria situacional de Hersey e Blanchard, a teoria da troca entre líder e liderados e os modelos de meta e caminho e de participação e liderança.

O modelo de Fiedler

O primeiro modelo contingencial abrangente de liderança foi desenvolvido por Fred Fiedler.[19] O **modelo da contingência de Fiedler** propõe que a eficácia do desempenho do grupo depende da adequação entre o estilo do líder e o grau de controle que a situação lhe proporciona.

Identificação do Estilo de Liderança Fiedler acredita que um fator essencial para o sucesso é o estilo de liderança do indivíduo. Assim, ele começa por tentar descobrir qual é o estilo básico. Fiedler elaborou o **questionário do colega menos preferido** (LPC*) para esse fim. Seu propósito é avaliar se uma pessoa é orientada para

---

* LPC = Least Preferred Co-worker (N. T.).

A ascensão e queda de Linda Wachner (na frente, na foto) no comando da Warnaco ilustra a relação entre o estilo de liderança e as influências situacionais. O estilo de Linda, orientado para a produção, foi eficaz para a empresa enquanto ela atravessava um período de robustez econômica. Mas, quando os negócios da Warnaco enfrentaram problemas, o estilo de liderança dela tornou-se um aspecto negativo.

os relacionamentos ou para as tarefas. O questionário LPC contém 16 adjetivos contrastantes (como agradável–desagradável, eficiente–ineficiente, aberto–reservado, apoiador–hostil). Pede-se aos respondentes que pensem em todos os colegas que já tiveram e selecionem aquele com quem *gostaram menos* de trabalhar, classificando-o em uma escala de 1 a 8 em todos os 16 pares de adjetivos. Fiedler acredita que, com base nessas respostas, pode-se determinar o estilo básico de liderança de cada pessoa. Se o colega menos querido for descrito com termos relativamente positivos (uma alta pontuação LPC), o respondente estará basicamente interessado em manter uma boa relação com ele. Se você descrever em termos favoráveis a pessoa com quem menos gostaria de trabalhar, Fiedler o rotulará de *orientado para o relacionamento*. Ao contrário, se o colega menos preferido for descrito em termos relativamente desfavoráveis (uma baixa pontuação LPC), o respondente estará basicamente interessado na produtividade e, assim, será rotulado como *orientado para a tarefa*. Cerca de 16 por cento dos respondentes pontuam na média.[20] Essas pessoas não podem ser classificadas em nenhuma das duas orientações, ficando, portanto, fora da previsão da teoria. Deste modo, o restante de nossa discussão refere-se apenas aos 84 por cento que se situam nos extremos de pontuação do LPC.

Fiedler parte do princípio de que o estilo de liderança de uma pessoa é fixo. Como mostraremos a seguir, isso é importante porque significa que, se uma situação requer um líder orientado para a tarefa e a pessoa na posição de liderança é orientada para o relacionamento, ou a situação terá de ser modificada ou o líder substituído para que se possa obter a eficácia ótima.

Definindo a Situação Depois que o estilo básico de liderança do indivíduo for avaliado por meio do questionário LPC, será necessário adequar a pessoa à situação. Fiedler identifica três dimensões contingenciais que, na sua opinião, definem os fatores situacionais básicos que determinam a eficácia da liderança. São elas as relações entre líder e liderados, a estrutura da tarefa e o poder da posição. Essas dimensões são definidas da seguinte maneira:

1. **Relação entre líder e liderados**: o grau de confiança, credibilidade e respeito que os membros do grupo têm em seu líder.
2. **Estrutura da tarefa**: O grau de procedimentos estabelecidos no trabalho (ou seja, se as tarefas são estruturadas ou não estruturadas).
3. **Poder da posição**: O grau de influência que um líder tem sobre as variáveis de poder, tais como o poder de contratar, demitir, tomar ações disciplinares, conceder promoções e aumentos salariais.

O passo seguinte no modelo de Fiedler é avaliar a situação em relação a essas três variáveis contingenciais. A relação entre líder e liderados é boa ou ruim, o grau de estrutura da tarefa é alto ou baixo e o poder da posição é forte ou fraco.

Segundo Fiedler, quanto melhor a relação líder–liderados, mais alto o grau da estrutura da tarefa e mais forte o poder da posição, mais controle o líder tem. Um exemplo de situação altamente favorável (na qual o líder possui um grande controle) pode ser a de uma gerente de pessoal respeitada por subordinados que confiam nela (boa relação líder–liderados), cujas atividades — como o preenchimento de formulários, o processamento da folha de pagamento e o preenchimento de cheques — são claras e específicas (alto grau de estrutura de tarefa) e ela tem considerável liberdade para recompensar e punir os subordinados (forte poder de posição). Por outro lado, poderíamos ilustrar uma situação desfavorável como a do chefe pouco estimado de uma equipe de voluntários que trabalham no levantamento de doações de fundos — situação em que o líder tem pouquíssimo controle. No conjunto, combinando as três variáveis contingenciais, temos oito situações potenciais ou categorias diferentes em que um líder pode se encontrar.

Adequando os Líderes às Situações Com os resultados do questionário LPC do indivíduo e a avaliação das variáveis contingenciais, o modelo de Fiedler propõe que se faça a adequação entre eles para se chegar ao máximo de eficácia na liderança.[21] Com base em sua pesquisa, Fiedler concluiu que os líderes orientados para a tarefa tendem a ter melhor desempenho em situações extremamente favoráveis ou extremamente desfavoráveis a eles (veja o Quadro 11-2). Ele prevê que esse tipo de líder tem melhor desempenho quando enfrenta situações das categorias I, II, III, VII ou VIII. Os líderes orientados para o relacionamento, entretanto, têm melhor desempenho em situações moderadamente favoráveis — categorias de IV a VI. Recentemente, Fiedler condensou essas oito categorias em apenas três.[22] Ele agora afirma que os líderes orientados para a tarefa têm melhor desempenho em situações de alto e baixo controle, enquanto os líderes orientados para o relacionamento têm melhor desempenho nas situações de controle moderado.

Tendo em vista essas descobertas de Fiedler, como você as aplicaria? Você procuraria adequar o líder à situação. Os resultados do questionário LPC vão determinar o tipo de situação para a qual o líder é mais indicado. A "situação" seria definida pela avaliação dos três fatores contingenciais, ou seja, a relação entre o líder e os liderados, a estrutura da tarefa e o poder da posição. Mas lembre-se de que Fiedler entende o estilo de liderança individual como uma coisa fixa. Portanto, existem, na verdade, apenas duas formas de melhorar a eficácia da liderança.

Primeiro, você pode mudar o líder para atender à situação. Em uma partida de futebol, o técnico pode escalar mais jogadores de ataque ou de defesa, dependendo do jogo. Assim, por exemplo, se a situação de um grupo é extremamente desfavorável e ele está sendo liderado por alguém orientado para o relacionamento, o desempenho do grupo pode melhorar se esse líder for substituído por alguém orientado para a tarefa. A segunda alternativa seria modificar a situação para adequá-la ao líder. Isso poderia ser feito através da reestruturação das tarefas, aumentando ou diminuindo o poder do líder para controlar fatores como salários, promoções e ações disciplinares.

Avaliação No geral, a revisão dos principais estudos que testaram a validade do modelo de Fiedler chegou a uma conclusão positiva. Existem evidências consideráveis para apoiar pelo menos uma parte substancial do modelo.[23] Se as previsões feitas a partir desse modelo usassem apenas três categorias, em vez das oito originais, haveria uma ampla evidência para apoiar as conclusões de Fiedler.[24] Mas o questionário LPC e a utilização prática do modelo têm alguns problemas que precisam ser examinados. Por exemplo, a lógica que norteia o LPC não é muito clara e alguns estudos revelaram que seus resultados não são estáveis.[25] Além disso, as variáveis contingenciais são complexas e difíceis de serem avaliadas na prática. Geralmente é complicado avaliar, na prática, se a relação líder–liderados é boa, como são estruturadas as tarefas e qual o poder de posição que o líder detém.[26]

Teoria do Recurso Cognitivo Recentemente, Fiedler e um colega, Joe Garcia, reconceitualizaram a teoria original.[27] Mais especificamente, eles se concentraram no papel do estresse como forma de desvantagem situacio-

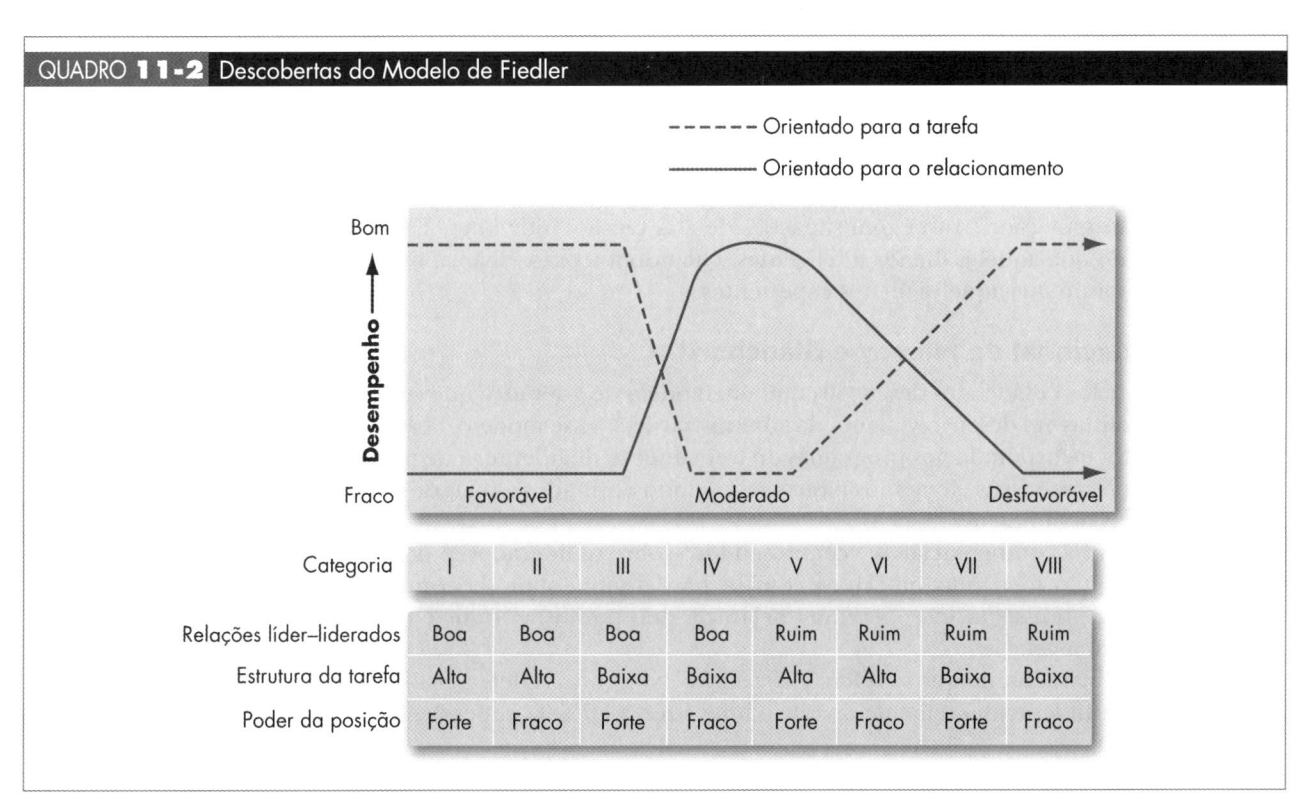

QUADRO 11-2 Descobertas do Modelo de Fiedler

------ Orientado para a tarefa
———— Orientado para o relacionamento

Categoria	I	II	III	IV	V	VI	VII	VIII
Relações líder–liderados	Boa	Boa	Boa	Boa	Ruim	Ruim	Ruim	Ruim
Estrutura da tarefa	Alta	Alta	Baixa	Baixa	Alta	Alta	Baixa	Baixa
Poder da posição	Forte	Fraco	Forte	Fraco	Forte	Fraco	Forte	Fraco

MITO OU CIÊNCIA?

"É a experiência que conta!"

A crença de que a experiência é um bom indicador da eficácia da liderança é bastante forte e amplamente aceita. Infelizmente, a experiência, por si só, não é um bom indicador da eficácia da liderança.[28] As empresas procuram cuidadosamente candidatos para os cargos mais altos com base em suas experiências. Da mesma forma, as empresas normalmente exigem vários anos de experiência em algum nível da organização antes de considerar a promoção de um indivíduo. Você alguma vez já fez uma entrevista de emprego em que *não* fosse perguntado sobre suas experiências profissionais? Obviamente, a administração acredita que a experiência é um dado importante. Mas a evidência não corrobora esta crença. Estudos envolvendo oficiais militares, equipes de pesquisa e desenvolvimento, supervisores de lojas, gerentes de agências de correio e diretores de escolas mostram que os executivos mais experientes não são mais eficazes do que aqueles com pouca experiência.

Uma das falhas na lógica do "a experiência é que conta" é o pressuposto de que o tempo passado em uma mesma função seja uma medida válida de experiência. O tempo nada revela da qualidade da experiência. O fato de uma pessoa estar no mesma função há 20 anos e outra há apenas dois não significa, necessariamente, que a primeira seja dez vezes mais experiente que a última. Muito freqüentemente, 20 anos de experiência significam apenas um ano de experiência repetido vinte vezes! Mesmo nos trabalhos mais complexos, o aprendizado real termina por volta do segundo ano. Nessa altura, praticamente todas as situações novas e específicas já foram vivenciadas. Portanto, um problema na tentativa de relacionar a experiência à capacidade de liderança está na falta de atenção dada à qualidade e à diversidade das experiências vividas.

Um segundo problema é que existe uma variabilidade entre as situações que influencia a transferência e a relevância das experiências. A situação em que a experiência foi obtida dificilmente será comparável à nova situação enfrentada. O trabalho difere, os recursos alocados diferem, a cultura organizacional difere, as características dos liderados diferem e assim por diante. Por isso, uma outra razão pela qual a experiência não é um bom indicador de capacidade de liderança é dada, sem dúvida, pela variabilidade das situações enfrentadas pelo líder. ■

---

nal e em como a inteligência e a experiência de um líder influenciam a sua reação ao estresse. Deram o nome de **teoria do recurso cognitivo** a essa reconceituação.

A essência da nova teoria é a de que o estresse é inimigo da racionalidade. É difícil para o líder (e para qualquer outra pessoa) pensar de forma lógica e analítica quando está sob forte tensão. Além disso, a importância da inteligência e da experiência do líder difere nas situações de alta e baixa tensão. Fiedler e Garcia descobriram que a inteligência do líder tem uma relação positiva com o desempenho sob baixa tensão, e negativa, sob alta tensão. Por outro lado, a experiência do líder tem uma relação negativa com o desempenho sob baixa tensão, e positiva, sob alta tensão. Assim, de acordo com Fiedler e Garcia, é o nível de estresse da situação que determina se a inteligência e a experiência do indivíduo vão contribuir para o desempenho da liderança.

Apesar de ser novidade, a teoria do recurso cognitivo já possui um embasamento significativo em pesquisas para a sua sustentação.[29] Isto é, em situações de alta tensão, indivíduos brilhantes têm um desempenho de liderança pior do que aqueles menos inteligentes. Quando a tensão é baixa, os indivíduos mais experientes têm desempenho pior do que aqueles menos experientes.

A teoria situacional de Hersey e Blanchard

Paul Hersey e Ken Blanchard desenvolveram um modelo de liderança que vem conquistando seguidores entre diversos especialistas em desenvolvimento da administração.[30] Esse modelo, chamado de **teoria da liderança situacional (SLT*)**, foi incorporado aos programas de treinamento de liderança de mais de 400 das 500 empresas listadas pela revista *Fortune*. Seus elementos básicos vêm sendo ensinados a mais de um milhão de executivos por ano nas mais variadas organizações.[31]

Essa é uma teoria contingencial que centra seu foco sobre os liderados. A liderança bem-sucedida é alcançada pela escolha do estilo adequado, que Hersey e Blanchard argumentam ser contingente ao nível de prontidão dos liderados. Antes de prosseguirmos, devemos esclarecer dois pontos: por que o enfoque nos liderados? O que eles querem dizer com *prontidão*?

A ênfase nos liderados, no que se refere à eficácia da liderança, reflete a realidade de que são eles que aceitam, ou não, um líder. Independentemente do que o líder fizer, a eficácia dependerá das ações de seus liderados. Essa

---

* SLT = Situational Leadership Theory (N. T.).

Kristen Cardwell é pesquisadora de doenças infecciosas no St. Jude's Children's Research Hospital, em Memphis, Estado de Tennessee. Cardwell e seus colegas, médicos pesquisadores do hospital, têm um alto nível de prontidão. Como funcionários experientes, responsáveis e maduros, eles se sentem dispostos e capazes de realizar suas tarefas sob uma liderança que lhes proporciona liberdade de tomar e implementar decisões. Esta relação líder–liderado é consistente com a teoria de liderança situacional de Hersey e Blanchard.

é uma dimensão importante que foi menosprezada ou pouco enfatizada na maioria das teorias sobre liderança. O termo *prontidão*, conforme a definição de Hersey e Blanchard, refere-se à habilidade e à disposição demonstradas pelas pessoas para a realização de uma determinada tarefa.

A teoria da liderança situacional percebe a relação líder–liderados de maneira análoga àquela existente entre pais e filhos. Da mesma forma que os pais devem reduzir o controle sobre os filhos quando estes se tornam mais maduros e responsáveis, o mesmo deve ser feito pelo líder. Hersey e Blanchard identificam quatro comportamentos específicos de líderes — do estilo mais diretivo ao mais *laissez-faire*. O comportamento mais eficaz depende da capacidade e da motivação dos liderados. De acordo com essa teoria, se os liderados forem *incapazes* ou estiverem *desmotivados* para executar uma tarefa, o líder precisará fornecer orientações claras e específicas; se os liderados forem *incapazes* mas estiverem *motivados*, o líder precisará oferecer muita orientação para a tarefa para compensar a falta de habilidade dos liderados, além de muita orientação de relacionamento para "conquistá-los". Se os liderados forem *capazes* mas estiverem *desmotivados*, o líder precisará usar um estilo apoiador e participativo; e, finalmente, se os liderados forem *capazes* e estiverem *motivados*, o líder não precisará fazer muita coisa.

A teoria da liderança situacional tem um apelo intuitivo. Ela reconhece a importância dos liderados e se baseia na lógica de que os líderes podem compensar as limitações motivacionais e de capacitação de seus seguidores. No entanto, os esforços feitos para testar e corroborar essa teoria foram, de modo geral, decepcionantes.[32] Qual o motivo? Algumas explicações possíveis são as ambigüidades e inconsistências internas do próprio modelo, bem como problemas com a metodologia de pesquisa para os testes da teoria. Portanto, apesar de seu apelo intuitivo e da ampla popularidade, qualquer engajamento entusiasmado deve ser evitado, pelo menos por enquanto.

A teoria da troca entre líder e liderados

As teorias sobre liderança que examinamos até aqui partem, basicamente, do princípio de que os líderes tratam da mesma maneira todos os seus liderados. Mas pense em suas experiências em grupos. Você já reparou que os líderes costumam agir de maneira diferente com pessoas diferentes? Eles tendem a ter seus favoritos, que formam um "grupo de dentro"? Se respondeu afirmativamente a essas duas questões, você acaba de reconhecer os fundamentos da teoria da troca entre líderes e liderados.[33]

A **teoria da troca entre líder e liderados (LMX*)** argumenta que, por causa das pressões do tempo, os líderes estabelecem um relacionamento especial com um pequeno grupo de seus liderados. Esses indivíduos constituem o "grupo de dentro" — têm toda a confiança, recebem uma parcela desproporcional de atenção do líder e costumam ser alvo de privilégios especiais. Os demais membros formam o "grupo de fora". Recebem menos tempo do líder, menos recompensas controladas por ele e seu relacionamento se baseia nas interações formais de autoridade.

---

* LMX = Leader-Member Exchange (N. T.).

A teoria propõe que, logo no início da história da interação entre um líder e um liderado, o líder implicitamente o categoriza como um "de dentro" ou um "de fora", e que esse relacionamento vai se manter relativamente estável no tempo.[34] Exatamente como o líder escolhe quem fica em qual categoria não é muito claro, mas há evidências de que os membros "de dentro" são escolhidos porque têm atitudes e características de personalidade semelhantes às do líder ou por possuírem um nível de competência superior ao dos demais membros[35] (veja o Quadro 11-3). A questão-chave a ser lembrada aqui é que, embora quem faça a escolha seja o líder, são as características dos liderados que conduzem a essa decisão.

As pesquisas têm oferecido boa sustentação a essa teoria. Mais especificamente, a teoria e as pesquisas oferecem evidências substanciais de que os líderes realmente diferenciam seus liderados; que essas diferenciações não são aleatórias; que os membros do "grupo de dentro", de maneira geral, recebem avaliações melhores e têm menos intenções de rotatividade e maior satisfação com seus superiores.[36] Essas descobertas não são exatamente surpreendentes se nos reportarmos à profecia auto-realizadora (ver o Capítulo 5). Os líderes investem seus recursos em quem acreditam que terá melhor desempenho. "Sabendo" que os membros do "grupo de dentro" são mais competentes, os líderes os tratam como tal e, inconscientemente, realizam sua profecia.[37]

A teoria da meta e do caminho

Atualmente, uma das mais respeitadas abordagens sobre liderança é a teoria da meta e do caminho. Desenvolvida por Robert House, ela é um modelo contingencial de liderança que extrai elementos da pesquisa da Universidade Estadual de Ohio sobre estrutura de iniciação e consideração, bem como da teoria das expectativas na motivação.[38]

A Teoria Essencialmente, a **teoria da meta e do caminho** argumenta que é função do líder ajudar os subordinados no alcance de suas metas, fornecendo orientação e/ou apoio necessário para assegurar que tais metas sejam compatíveis com os objetivos da organização. Os termos *meta* e *caminho* derivam da convicção de que os líderes eficazes abrem os caminhos para ajudar seus liderados a atingirem seus objetivos, tornando a jornada mais fácil ao reduzir os seus obstáculos.

Comportamentos do Líder House identifica quatro comportamentos de liderança. O *líder diretivo* faz com que os liderados saibam o que se espera deles, organiza o trabalho a ser feito e fornece instruções precisas sobre como as tarefas devem ser realizadas. O *líder apoiador* é amigável e demonstra sensibilidade às necessidades de seus subordinados. O *líder participativo* consulta os liderados e utiliza suas sugestões antes de tomar uma decisão. O *líder orientado para a conquista* estabelece metas desafiadoras e espera que os liderados ofereçam o melhor desempenho possível. Ao contrário de Fiedler, House parte do pressuposto de que os líderes são flexíveis, podendo mostrar qualquer um desses comportamentos, ou todos eles, dependendo da situação.

Variáveis Contingenciais e Previsões Como mostra o Quadro 11-4, a teoria da meta e do caminho propõe duas classes de variáveis contingenciais ou situacionais que moderam a relação entre o comportamento do líder e os resultados obtidos: aquelas ambientais, que estão fora do controle do funcionário (a estrutura da tarefa, o sistema formal de autoridade e o grupo de trabalho), e as que fazem parte das características pessoais do funcionário (centro de controle, experiência e capacidade percebida). Os fatores ambientais determinam o tipo de comportamento requerido do líder como um complemento para que os resultados atingidos pelos seguidores sejam maximizados, enquanto as características pessoais do funcionário determinam como o ambiente e o comportamento do líder são interpretados. Assim, a teoria propõe que o comportamento do líder será ineficaz quando for redundante em relação às fontes da estrutura ambiental ou incongruente com as características do funcionário. Como exemplo, veja a seguir algumas previsões baseadas na teoria da meta e do caminho:

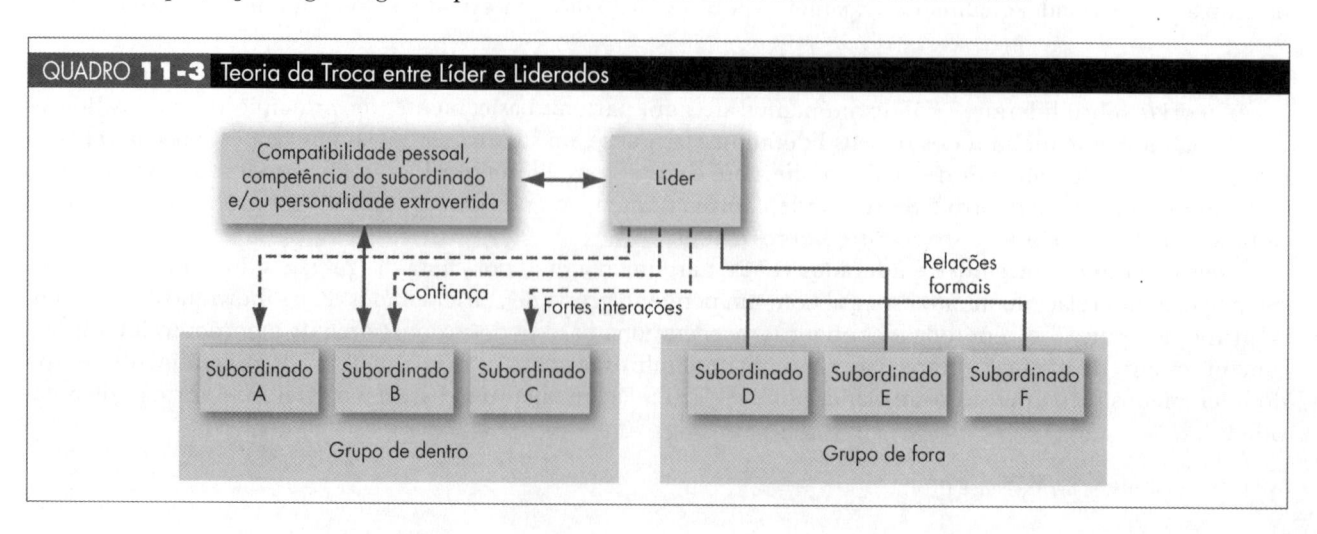

QUADRO 11-3 Teoria da Troca entre Líder e Liderados

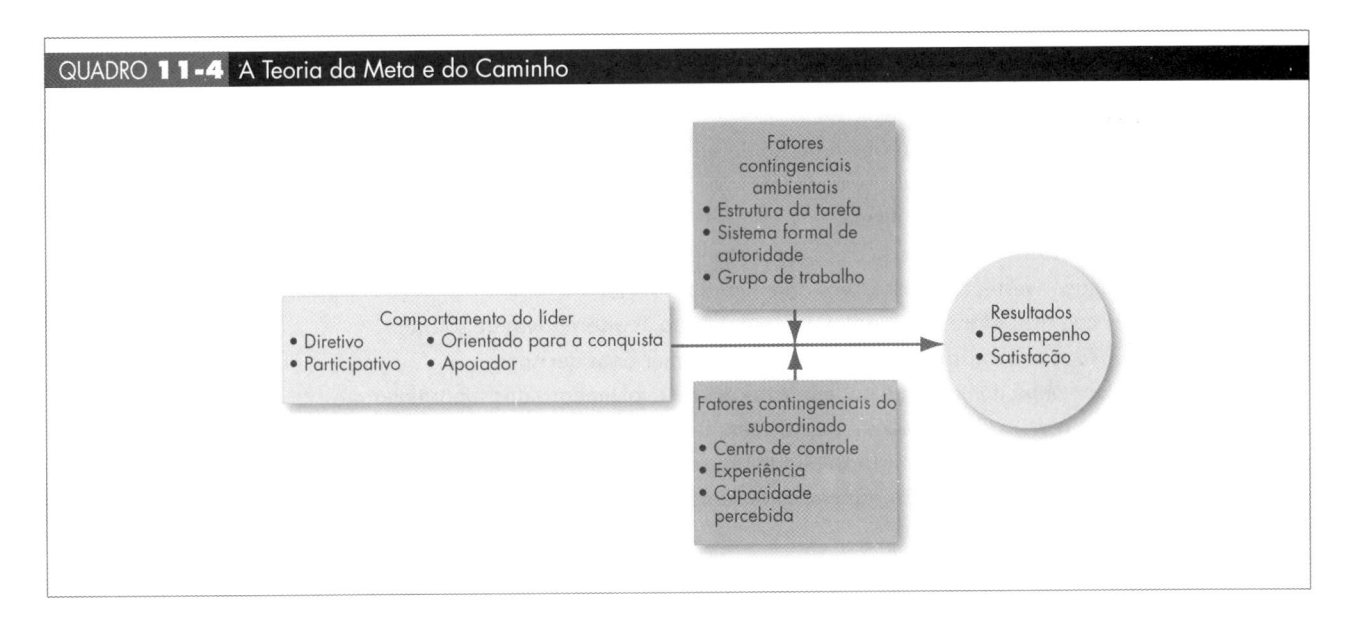

QUADRO 11-4 A Teoria da Meta e do Caminho

Comportamento do líder
- Diretivo
- Participativo
- Orientado para a conquista
- Apoiador

Fatores contingenciais ambientais
- Estrutura da tarefa
- Sistema formal de autoridade
- Grupo de trabalho

Fatores contingenciais do subordinado
- Centro de controle
- Experiência
- Capacidade percebida

Resultados
- Desempenho
- Satisfação

- A liderança diretiva leva a uma maior satisfação quando as tarefas são ambíguas ou estressantes do que quando são altamente estruturadas e planejadas.
- A liderança apoiadora leva a um melhor desempenho e a uma maior satisfação quando os funcionários realizam tarefas estruturadas.
- A liderança diretiva pode ser percebida como redundante entre funcionários com grande capacidade percebida ou com experiência considerável.
- Os funcionários com centro de controle interno ficam mais satisfeitos com o estilo participativo de liderança.
- A liderança orientada para a conquista aumenta as expectativas dos funcionários de que os esforços conduzirão a um melhor desempenho quando as tarefas forem estruturadas de maneira ambígua.

Avaliação As evidências pesquisadas geralmente corroboram a lógica que fundamenta esta teoria.[39] Ou seja, o desempenho e a satisfação do funcionário tendem a ser positivamente influenciados quando o líder oferece qualquer coisa que falte ao liderado ou ao ambiente de trabalho. Quando o líder perde tempo explicando tarefas já suficientemente claras ou quando o funcionário tem a experiência e a capacidade de cuidar delas sem interferência, ele provavelmente se tornará ineficaz, pois o liderado verá esse comportamento diretivo como redundante, ou até mesmo ofensivo.

O modelo de participação e liderança

Victor Vroom e Phillip Yetton desenvolveram o **modelo de participação e liderança**, que relaciona o comportamento de liderança com a participação no processo decisório.[40] Reconhecendo que as estruturas de tarefas possuíam demandas diferentes para as atividades rotineiras e as não-rotineiras, esses pesquisadores argumentavam que o comportamento do líder devia se ajustar à estrutura da tarefa. O modelo de Vroom e Yetton era normativo — oferecia uma seqüência de regras que deviam ser seguidas para a determinação da forma e do volume de participação no processo decisório, de acordo com os diferentes tipos de situação. O modelo era uma árvore decisória que incorporava sete contingências (cuja relevância podia ser identificada por escolhas entre "sim" ou "não") e cinco estilos alternativos de liderança.

Um trabalho mais recente de Vroom e Arthur Jago resultou em uma revisão desse modelo.[41] O novo modelo mantém os cinco estilos alternativos de liderança — desde o líder tomando as decisões sozinho até o compartilhamento do problema com o grupo e o desenvolvimento de uma decisão de consenso —, mas acrescenta uma série de problemas e aumenta o número de variáveis contingenciais para 12. Estas variáveis contingenciais estão listadas no Quadro 11-5.

As pesquisas que testaram tanto o modelo original como o revisado são encorajadoras, embora os índices do modelo revisado sejam mais altos em termos de eficácia.[42] As críticas têm focado as variáveis omitidas e a complexidade geral do modelo.[43] Outras teorias contingenciais demonstram que o estresse, a inteligência e a experiência são variáveis situacionais importantes. Mesmo assim, o modelo de participação e liderança não inclui esses fatores. Mas o mais importante, pelo menos sob o ponto de vista prático, é que esse modelo é complicado demais para ser usado pelo administrador típico em seu dia-a-dia. Embora Vroom e Jago tenham desenvolvido um programa de computador para guiar os executivos por todas as ramificações decisórias do modelo revisado, não é muito rea-

QUADRO 11-5 Variáveis Contingenciais do Modelo de Participação e Liderança Revisado

1. Importância da decisão.
2. Importância da obtenção do comprometimento do subordinado à decisão.
3. Se o líder tem uma quantidade suficiente de informações para tomar uma boa decisão.
4. Quão bem-estruturado está o problema.
5. Se uma decisão autocrática receberia o comprometimento dos subordinados.
6. Se os subordinados "vestem a camisa" dos objetivos da empresa.
7. Se pode haver conflitos entre os subordinados em relação às alternativas de solução.
8. Se os subordinados têm informações suficientes para tomar boas decisões.
9. As limitações de tempo do líder que podem restringir o envolvimento dos subordinados.
10. Se os custos para reunir subordinados geograficamente dispersos são justificáveis.
11. Importância para o líder de minimizar do tempo requerido para a tomada de decisões.
12. Importância do uso da participação como uma ferramenta para o desenvolvimento das habilidades decisórias dos subordinados.

lista esperar que um administrador, na prática, considere doze variáveis contingenciais, oito tipos de problema e cinco estilos de liderança antes de selecionar o processo decisório mais adequado a um determinado problema.

Obviamente, não fizemos justiça aqui à sofisticação desse modelo. O que se pode tirar desta breve discussão? Algumas novas inferências sobre variáveis contingenciais importantes. Vroom e seus associados nos fornecem algumas delas, específicas e empiricamente aprovadas, que você deve considerar quando for escolher um tipo de liderança.

Resumo e implicações para os executivos

A liderança tem um papel crucial para a compreensão do comportamento do grupo, pois é o líder quem, geralmente, oferece a direção para o alcance dos objetivos. Portanto, uma capacidade de previsão mais acurada pode ser valiosa para a melhoria do desempenho do grupo.

A busca original por um conjunto de traços universais para a liderança falhou. Contudo, estudos recentes usando o modelo Big Five de dimensões de personalidade trouxeram resultados bem mais animadores. Especificamente, os traços de extroversão, consciência e abertura para novas experiências mostraram uma relação forte e consistente com a liderança.

David Neeleman, fundador e presidente da JetBlue Airlines, é um líder orientado para a conquista. A meta de Neeleman é tornar a JetBlue a companhia aérea com maior eficiência de custos e com o melhor atendimento ao cliente. Para atingir seu objetivo, ele fomenta um sentimento de propriedade no sucesso da empresa enviando mensagens aos funcionários sobre a situação financeira da companhia e a colocação da concorrência no mercado, além de recompensar os funcionários com a participação nos lucros. Neeleman mostra como é vital o trabalho de cada funcionário para o sucesso da JetBlue ao ajudar pessoalmente em tarefas como a distribuição de lanches a bordo, o desembarque de bagagens e a limpeza das aeronaves.

A principal contribuição da abordagem comportamental foi a classificação da liderança em duas categorias: a orientada para a tarefa e a orientada para as pessoas. Mas nenhum estilo comprovou ser efetivo em todas as situações.

A maior novidade em nossa compreensão da liderança veio com o reconhecimento da necessidade de desenvolvimento de teorias da contingência que incluíssem os fatores situacionais. No momento, as evidências indicam que as variáveis situacionais relevantes devem incluir a estrutura da tarefa do trabalho; o nível de estresse situacional; o nível de apoio do grupo; a inteligência e a experiência do líder; e as características dos liderados, tais como personalidade, experiência, capacidade e motivação.

PONTO ▶ ◀ CONTRAPONTO

Os perigos do treinamento para a liderança

As empresas gastam bilhões de dólares em treinamento para a liderança a cada ano. Elas enviam seus executivos e aspirantes a executivos para uma série de atividades de treinamento para a liderança — programas formais de MBA, seminários sobre liderança, retiros de final de semana e até aventuras radicais. Elas nomeiam mentores e estabelecem "pistas rápidas" para os indivíduos com alto potencial, para que eles possam adquirir uma variedade de "tipos certos de experiências". Argumentamos que a maior parte desses esforços para treinar líderes provavelmente é um desperdício de dinheiro. Baseamos nossa argumentação na análise de duas das premissas básicas do treinamento para a liderança.[44]

A primeira premissa é que sabemos o que é liderança. Mas não sabemos. Os especialistas não chegaram a um acordo quanto ao fato de a liderança ser um traço, uma característica, um comportamento, um papel, um estilo ou uma capacidade. Eles não foram capazes, sequer, de entrar em acordo a respeito de os líderes fazerem ou não diferença para os resultados da empresa. Alguns especialistas chegaram a sugerir, persuasivamente, que a liderança não passa de uma atribuição feita para explicar os sucessos e os fracassos da organização, que, na verdade, acontecem por acaso. Os líderes são os indivíduos que levam crédito pelo sucesso e são culpados pelo fracasso, mas têm, na verdade, pouca influência sobre os resultados da empresa.

A segunda premissa básica é que podemos treinar as pessoas para a liderança. As evidências aqui não são muito encorajadoras. Parece possível ensinar as pessoas *sobre liderança*. Infelizmente, as descobertas indicam que não se pode ensiná-las a *liderar*. Existem diversas explicações possíveis. Como a personalidade é um elemento crítico para a liderança, algumas pessoas podem não possuir os traços necessários para isso.[45] Uma segunda explicação é que não há evidências de que as pessoas possam mudar substancialmente seu estilo básico de liderança.[46] Uma terceira possibilidade é que, mesmo se algumas teorias pudessem orientar de fato as pessoas em situações de liderança, e mesmo que as pessoas pudessem mudar seu estilo, a complexidade de tais teorias tornaria quase impossível para qualquer ser humano normal assimilar todas as variáveis e ser capaz de ostentar o comportamento correto em todas as situações.

O treinamento para a liderança existe e é uma indústria multibilionária porque funciona. O processo decisório, em sua maior parte, é racional. Uma empresa como a General Electric gastaria milhões de dólares todos os anos em treinamento para a liderança se não tivesse uma boa expectativa de retorno desse investimento? Achamos que não! A capacidade de liderar com sucesso é o motivo pelo qual uma empresa como a Forest Laboratories se dispôs a pagar para seu presidente, Howard Salomon, 148 milhões de dólares em 2001. Sob a liderança de Salomon, a empresa experimentou um crescimento espetacular — inclusive um ganho de 40 por cento para os acionistas apenas no ano de 2001.

Embora haja certamente algumas controvérsias em relação à exata definição de liderança, a maioria dos acadêmicos e dos executivos concorda que ela é um processo de influência pelo qual uma pessoa, por meio de suas ações, facilita o movimento de um grupo de indivíduos em direção ao alcance de um objetivo comum.

Os líderes afetam os resultados de uma empresa? Certamente que sim. Os líderes bem-sucedidos antecipam as mudanças, exploram vigorosamente as oportunidades, motivam seus liderados para níveis mais altos de produtividade, corrigem os desempenhos mais fracos e conduzem a organização para seus objetivos. Uma revisão da literatura, na verdade, levou dois pesquisadores a concluir que a pesquisa mostra "um efeito consistente da liderança como explicação de 20 por cento a 45 por cento da variância dos resultados relevantes das empresas."[47]

E o que dizer da eficácia dos programas de treinamento para a liderança? Como os programas são muito diversificados, sua eficácia também é. Além disso, as pessoas aprendem de maneiras diferentes. Alguns programas são melhores do que outros e, às vezes, as pessoas participam de programas que não são adequados às suas necessidades, nem ao seu estilo, o que dificulta a avaliação de sua eficácia. Por isso, os tomadores de decisões precisam ser muito cuidadosos na escolha das experiências de treinamento para a liderança oferecidas a seus administradores. Mas não se deve concluir que todo treinamento para a liderança é um desperdício de dinheiro.

Questões para revisão

1. Trace o desenvolvimento da pesquisa sobre liderança.
2. Que traços indicam a liderança?
3. O que é *estrutura de iniciação*? E *consideração*?
4. O que é o Grid Gerencial? Compare esta abordagem com aquelas das universidades de Ohio e de Michigan.
5. Qual foi a contribuição dos estudos escandinavos para a teorias comportamentais?
6. Quais são as três variáveis contingenciais do modelo de Fiedler?
7. Qual a contribuição da teoria do recurso cognitivo para o estudo da liderança?
8. Quais as implicações da teoria da troca entre líder e liderados para a prática da liderança?
9. Quais são as variáveis contingenciais da teoria da meta e do caminho?
10. Quais as implicações da inflexibilidade dos líderes para adequar seus estilos de liderança?

Questões para reflexão crítica

1. Faça uma revisão das teorias dos traços dentro de um contexto de "inato *versus* criado".
2. A abertura para novas experiências e o comportamento orientado para o desenvolvimento são a mesma coisa? Explique que relação pode haver entre os dois conceitos.
3. Desenvolva um exemplo em que você operacionalize o modelo de Fiedler.
4. Desenvolva um exemplo em que você operacionalize a teoria do caminho para a meta.
5. Desenvolva um exemplo em que você operacionalize a teoria da liderança situacional.

Exercício de grupo

Debate: a liderança realmente faz a diferença?

Divida a classe em grupos de dois alunos. Um aluno vai argumentar que "os líderes são o determinante básico do sucesso ou do fracasso de uma organização". O outro aluno defenderá a tese de que "os líderes não fazem diferença porque a maioria das coisas que determinam o sucesso ou o fracasso da organização estão fora de seu controle". Eles terão dez minutos para desenvolver a argumentação e dez minutos para o debate.

Depois de encerrados os debates, forme grupos de seis alunos. Em cada grupo, três tomarão a defesa do "pró" e três, a do "contra". Eles terão 15 minutos para discutir os argumentos e chegar a uma posição de consenso.

Depois de 15 minutos, cada grupo deve expor à classe sua posição consensual.

Dilema ético

Os fins justificam os meios?

O poder que provém da liderança pode ser usado para o bem ou para o mal. Quando se reconhecem os benefícios de ser um líder, também se considera uma carga ética. Mas muitos líderes bem-sucedidos utilizaram táticas questionáveis para atingir seus objetivos. Elas incluem manipulação, ataques verbais, intimidação física, mentiras, medo e controle. Considere alguns exemplos:

Bill Clinton governou com sucesso os Estados Unidos durante oito anos de expansão econômica. Seus seguidores eram leais e comprometidos. Mesmo assim, Clinton mentiu e manipulou a verdade.

Jack Welch, que foi o comandante da General Electric, representou a liderança que levou a GE a ser a empresa mais bem-sucedida da América. Ele também costumava demitir impiedosamente os 10 por cento do quadro de funcionários com pior desempenho a cada ano.

O ex-presidente da IBM, Lou Gerstner, supervisionou o renascimento da empresa com uma das mais importantes no mercado de computadores. Entretanto, não era fácil trabalhar com ele. Gerstner acreditava que nunca era preciso descansar e não deixava os outros aproveitarem a vida.

Poucos presidentes norte-americanos entenderam tão bem as relações internacionais dos Estados Unidos como Richard Nixon. Mas todas as realizações de seu governo foram contaminadas por mentiras, truques sórdidos e duplicidades.

Os líderes devem ser julgados apenas por suas conquistas? Ou as maldades também refletem suas características de liderança? Os empregadores, acionistas e a sociedade em geral costumam desculpar facilmente os meios escusos utilizados pelos líderes quando eles são bem-sucedidos? É impossível que um líder seja bem-sucedido *e* ético?

Fonte: Baseado em C.E. Johnson, *Meeting the ethical challenges in leadership*. Thousand Oaks: Sage, 2001, p. 4-5.

Estudo de caso

Cheryl Kahn, Rob Carlston e Linda McGee têm algo em comum. Todos foram promovidos a cargos de gerência em suas empresas. E cada um deles enfrentou a transição como um desafio.

Cheryl Kahn foi promovida a diretora de catering da rede de restaurantes Glazier Group em Nova York. Com a promoção, Cheryl percebeu que as coisas nunca mais seriam as mesmas. Ela nunca mais participaria da sessão de fofocas no cafezinho ou faria comentários sobre os constantes atrasos de algum colega. Ela confessa que achou seu novo papel assustador. "No início, eu parecia um trator passando por cima de todos, o que não foi bem-recebido. Eu dizia: é do meu jeito, ou rua. Eu esquecia que meus amigos também passavam por um período de transição." Cheryl admite que seu estilo afastou todos os que trabalhavam com ela.

Rob Carston, um gerente de área técnica da IBM na Califórnia, comenta as incertezas que se seguiram à sua promoção de programador júnior para gerente. "Foi meio desafiador de uma hora para outra dar ordens às pessoas que eram minhas colegas até o dia anterior. Você tenta ser cuidadoso para não ofender ninguém. É esquisito entrar em uma sala e perceber que a conversa das pessoas muda com a sua presença. As pessoas não querem mais se abrir com você depois que você vira o chefe."

De colega a supervisor

Linda McGee é agora a presidente da Medex Insurance Services, em Baltimore. Ela começou como representante de atendimento ao cliente, depois saltou sobre seus colegas em várias promoções. Sua ascensão fulminante criou problemas de relacionamento. Ela conta: "Meus colegas dizem: 'lá vem a poderosa'. Deus sabe o que eles falam de mim pelas costas."

Questões

1. Diversos novos executivos escolhem o estilo de liderança errado quando são promovidos a cargos de chefia. Por que você acha que isto acontece?

2. O que este caso diz com referência à liderança e ao treinamento para a liderança?

3. Quais teorias sobre liderança poderiam ajudar os novos chefes em seus processos de transição?

4. Você acha que é mais fácil assumir a liderança quando se é promovido dentro da empresa ou quando se é trazido de fora? Explique.

Fonte: Baseado em D. Koeppel, "A tough transition: friend to supervisor", *New York Times*, 16 mar. 2003, p. BU-12.

CAPÍTULO 12

Questões contemporâneas sobre liderança

Depois de ler este capítulo, você será capaz de:

OBJETIVOS DO APRENDIZADO

1. Identificar as cinco dimensões da confiança.
2. Descrever as qualidades do líder carismático.
3. Diferenciar os líderes transacionais dos líderes transformacionais.
4. Explicar como o enquadramento influencia a eficácia da liderança.
5. Identificar o quatro papéis desempenhados pelos líderes de equipe.
6. Explicar o papel do mentor.
7. Descrever como a liderança on-line difere da liderança face-a-face.
8. Identificar quando a liderança pode não ser necessária.
9. Explicar como encontrar e criar líderes eficazes.

A confiança em um líder é algo muito frágil. O presidente da American Airlines, Donald J. Carty (foto), aprendeu esta lição da pior maneira na primavera de 2003.[1]

Lutando para evitar a falência, os executivos da American Airlines pressionaram os três maiores sindicatos que representavam seus funcionários a um acordo para cortar custos em 1,62 bilhão de dólares ao ano. Os líderes sindicais, com certa má vontade, concordaram em levar a proposta para seus associados sob o argumento de que demissões e cortes salariais de 15 a 23 por cento seriam necessários para manter a companhia em condições de operar. Os associados votaram e aceitaram os cortes. Você pode imaginar a raiva e o embaraço de seus líderes quando, poucos dias depois, os jornais noticiaram que Carty e o conselho de administração da American haviam recompensado secretamente seus principais executivos (incluindo o próprio Carty) com gordas bonificações e planos especiais de aposentadoria. O arranjo oferecia aos executivos da empresa mais do que o dobro de sua remuneração básica se eles permanecessem nos cargos até janeiro de 2005, além de alocar 41 milhões de dólares para benefícios adicionais em seus planos de aposentadoria. De um momento para o outro, o apelo de Carty para o "sacrifício mútuo" da administração da empresa e dos trabalhadores perdeu toda a sua credibilidade.

Quando o plano secreto veio a público, os trabalhadores enfurecidos disseram que queriam votar as concessões de novo. Sentindo o perigo da situação, Carty desculpou-se repetidamente por não ter contado antes aos sindicalistas e aos funcionários sobre as vantagens concedidas aos executivos. Ele reconheceu seu erro, mas alegou que a revelação do arranjo poderia comprometer o acordo com os trabalhadores e levar a empresa à falência. Infelizmente para Carty, esta sua manobra destruiu a confiança que os funcionários tinham nele e minou sua capacidade de liderar a empresa. Os trabalhadores enraivecidos pediram sua cabeça. Depois de alguns dias, Carty foi obrigado a se demitir.

A queda de Donald Carty ilustra como a confiança é a pedra fundamental da liderança. As pessoas só seguem e se deixam influenciar por um líder em quem têm confiança. Neste capítulo, vamos descrever a confiança e o seu papel na liderança. Vamos discutir também outros tópicos contemporâneos sobre o tema, como o carisma, a inteligência emocional e a eficácia da liderança, os papéis atuais da liderança, a liderança ética e os desafios para a construção da liderança.

Confiança: a pedra fundamental da liderança

A confiança, ou a falta dela, é uma questão cada vez mais importante nas organizações hoje em dia.[2] Nesta seção, definimos o que é *confiança* e oferecemos algumas orientações para ajudar na construção da credibilidade e da confiança.

O que é confiança?

A **confiança** é uma expectativa positiva de que a outra pessoa não irá agir de maneira oportunista — seja por palavras, ações ou decisões.[3] Os dois elementos mais importantes implícitos em nossa definição são familiaridade e risco.

Na definição, a expressão *expectativa positiva* assume o conhecimento e a familiaridade entre as partes. A confiança é um processo que depende de uma história baseada em algumas experiência relevantes, mas limitadas.[4] É preciso tempo para que ela se forme, seja construída e acumulada. A maioria de nós considera muito difícil, se não impossível, confiar em alguém imediatamente, quando não sabemos nada sobre a pessoa. Em situações extremas, no caso de uma total ignorância sobre a pessoa, podemos apostar nela, mas não confiar.[5] À medida que conhecemos alguém e o relacionamento amadurece, começamos a acreditar na nossa capacidade de formar uma expectativa positiva.

A expressão "*de maneira oportunista*" se refere ao risco e à vulnerabilidade inerentes a qualquer relação de confiança. A confiança envolve a nossa vulnerabilidade, como acontece quando contamos segredos íntimos ou acreditamos nas promessas de alguém.[6] Por sua própria natureza, a confiança leva ao risco do desapontamento ou do abuso.[7] Mas a confiança não significa propriamente arriscar-se; ela é, principalmente, a *disposição* de assumir um risco.[8] Assim, quando confio em alguém, estou pressupondo que essa pessoa não tentará tirar vantagem disso. Essa disposição para assumir riscos é comum a todas as situações que envolvem confiança.[9]

Quais são as dimensões básicas que fundamentam o conceito de confiança? As evidências mais recentes indicam cinco delas: integridade, competência, consistência, lealdade e abertura[10] (veja o Quadro 12-1).

A *integridade* se refere a honestidade e a confiabilidade. De todas as cinco dimensões, esta parece ser a mais crítica na avaliação da confiança despertada por alguém.[11] Por exemplo, em uma pesquisa recente com 570 funcionários administrativos, de 28 atributos relacionados à liderança, a honestidade foi considerada a mais importante.[12]

A *competência* engloba as habilidades e conhecimentos técnicos e interpessoais do indivíduo. A pessoa sabe do que está falando? Você não vai dar ouvidos ou confiar em alguém cujas habilidades você não respeita. Você precisa acreditar que a pessoa possui as habilidades e capacidades necessárias para realizar aquilo que está prometendo.

A *consistência* está relacionada à segurança, previsibilidade e capacidade de julgamento que uma pessoa demonstra nas situações. "A inconsistência entre as palavras e as ações reduzem a confiança."[13] Esta dimensão é

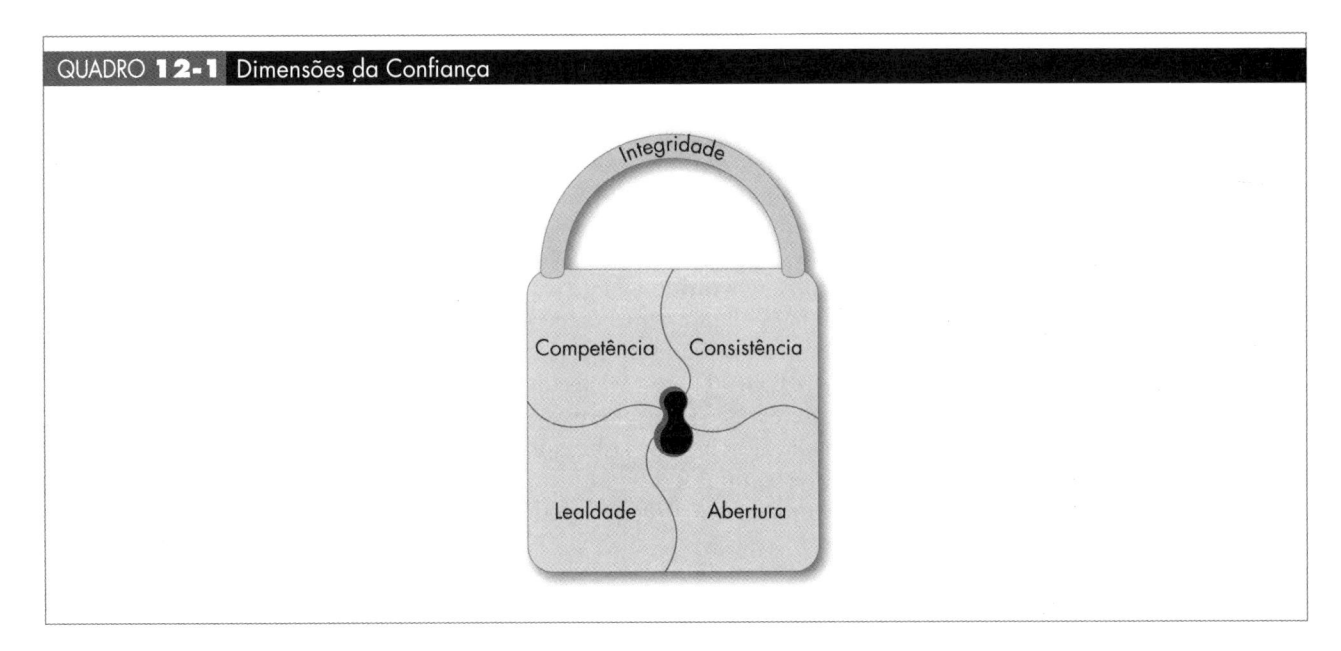

QUADRO 12-1 Dimensões da Confiança

[Diagrama em forma de cadeado com as dimensões: Integridade, Competência, Consistência, Lealdade, Abertura]

particularmente relevante para os executivos. "Nada é observado mais rapidamente... do que uma discrepância entre aquilo que os executivos pregam e aquilo que eles esperam que seus associados pratiquem."[14]

A *lealdade* é a disposição de proteger e defender uma outra pessoa. A confiança requer que você possa depender de alguém que não agirá de maneira oportunista.

A última dimensão da confiança é a *abertura*. Você acredita que a outra pessoa tem total confiança em você?

Confiança e liderança

A confiança parece ser um atributo essencial associado à liderança. Quando esta confiança é perdida, o desempenho do grupo pode sofrer efeitos adversos graves.[15] Vimos isto, por exemplo, em nossa discussão sobre traços no Capítulo 11: a honestidade e a integridade estavam entre os seis traços associados consistentemente à liderança. E Don Carty, da American Airlines, descobriu que você não pode liderar pessoas que não confiam em você.

Um autor afirma: "Parte da tarefa do líder é trabalhar com as pessoas para identificar e solucionar problemas, mas o seu acesso ao conhecimento e ao pensamento criativo necessários para a resolução dos problemas vai depender do quanto as pessoas confiam nele. A confiança e a credibilidade modulam o acesso do líder ao conhecimento e à cooperação".[16]

Quando os liderados confiam em seu líder, estão dispostos a se colocar em vulnerabilidade em razão das ações dele — sob a crença de que seus direitos e interesses não serão prejudicados.[17] As pessoas não seguem nem buscam orientação de alguém que elas percebem como uma pessoa desonesta ou capaz de levar vantagem sobre elas. A honestidade, inclusive, é apontada consistentemente como a principal característica admirada em um líder. "A honestidade é absolutamente essencial à liderança. Se as pessoas vão seguir alguém por vontade própria, seja em um campo de batalha ou na sala de reuniões da diretoria, elas querem primeiro se assegurar de que esse indivíduo é digno de sua confiança."[18]

A confiança nos líderes está diminuindo?

Podemos afirmar com segurança que hoje, mais que nunca, a liderança organizacional requer confiança. Acontecimentos recentes trouxeram às manchetes dos jornais a questão da confiança: "WorldCom frauda contabilidade em operações que somam quase 4 bilhõesde dólares". "Executivos da Enron manipulam informes financeiros da empresa". "Presidente da Tyco International é multado por fraude em impostos sobre faturamento". "Merrill Lynch paga 100 milhões de dólares de multa por enganar investidores". "Stanley Works tenta sonegar impostos criando empresa-fantasma nas Bermudas". "Martha Stewart é acusada de se beneficiar de informações sigilosas no mercado de ações, além de obstruir o trabalho da Justiça". "Centenas de padres católicos envolvidos em casos de abuso sexual".[19] Além disso, as práticas de reengenharia, *downsizing* e o crescente uso de mão-de-obra temporária vêm corroendo a confiança que os funcionários têm em seus empregadores. Todos estes eventos levantam uma questão: a confiança está diminuindo?

Diversos estudos foram realizados nos Estados Unidos recentemente sobre esta questão.[20] Um aspecto positivo: os norte-americanos têm confiança uns nos outros. Por exemplo, em 2000, 35 por cento disseram que a "maioria" das pessoas era confiável. Em 2002, este número subiu para 41 por cento. Quando se trata das grandes corporações e seus executivos, a resposta varia de acordo com a amostra: se de funcionários ou do público em geral. Este último segmento tem uma péssima opinião sobre os líderes empresariais. A confiança depositada neles era de apenas 28 por cento em 2000 e despencou para 13 por cento em 2003. Para se ter uma idéia, os bombeiros são considerados sete vezes mais confiáveis que os executivos, e a maioria diz confiar menos nos executivos do que nos advogados. Mas este clima de desconfiança parece reservado aos executivos das grandes empresas. A mesma pesquisa revelou que 75 por cento do público em geral tinha muita confiança nos pequenos empresários.

Já os funcionários mostram uma confiança bem maior em seus líderes empresariais. Entre 1995 e 1999, a porcentagem de funcionários que declarou confiar nos dirigentes de suas empresas manteve-se estável em torno de 36 por cento. Em 2003, este número cresceu para 43 por cento (veja o Quadro 12-2). O por quê de estes números serem tão mais altos do que o encontrado junto ao público em geral e as razões de seu aumento recente são questões pouco claras. Parte da resposta pode ser explicada em termos da dissonância cognitiva: os funcionários querem acreditar que seus líderes são mais confiáveis que os executivos em geral. E, em uma época em que é difícil conseguir emprego, como entre 2001 e 2003, os funcionários estavam dispostos a conceder o benefício da dúvida a seus dirigentes. Além disso, a divulgação dos escândalos das grandes corporações deu à confiança nos executivos uma indiscutível importância e fez com que muitos executivos se dedicassem com afinco a construir uma relação de confiança junto aos seus subordinados.

Os três tipos de confiança

Existem três tipos de confiança nas relações organizacionais: a baseada na *intimidação*, a baseada no *conhecimento* e a baseada na *identificação*.[21]

Confiança Baseada na Intimidação   As relações mais frágeis são aquelas estruturadas na **confiança baseada na intimidação**. Qualquer violação ou inconsistência pode destruir o relacionamento. Essa forma de confiança se baseia no medo de represálias. As pessoas que se encontram nesse tipo de relacionamento fazem o que dizem por medo das conseqüências no caso de não cumprirem suas obrigações.

A confiança baseada na intimidação só funciona quando a punição é possível, as conseqüências são claras e a punição é realmente aplicada depois que a confiança foi traída. Para que ela se sustente, o potencial de perda de interação futura com a outra parte precisa ser maior do que o ganho potencial obtido com a traição das expectativas. Mais ainda, a parte potencialmente prejudicada precisa estar disposta a revidar e a prejudicar o traidor da confiança (por exemplo, não vou hesitar em falar mal de você caso traia a minha confiança).

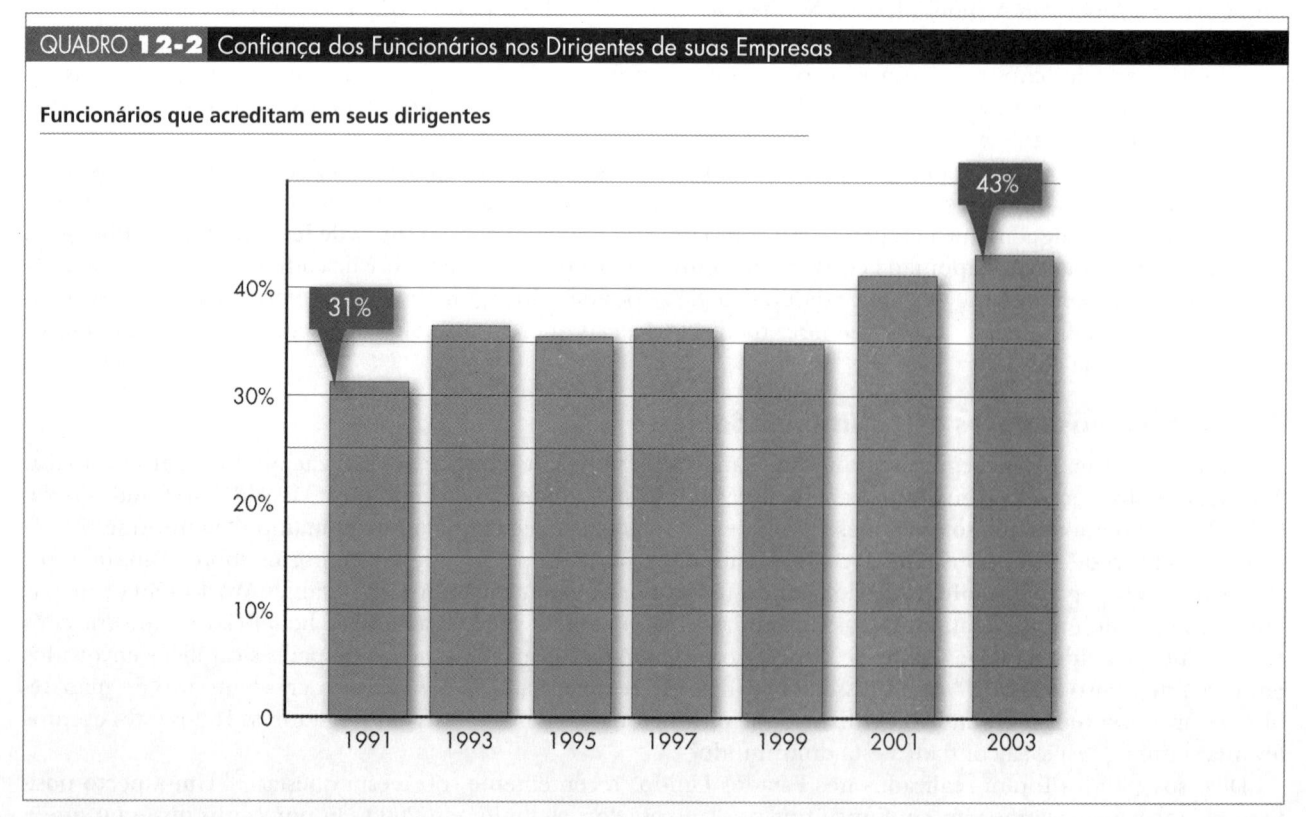

QUADRO 12-2 Confiança dos Funcionários nos Dirigentes de suas Empresas

Funcionários que acreditam em seus dirigentes

Ano	%
1991	31%
1993	36%
1995	35%
1997	36%
1999	35%
2001	41%
2003	43%

Fonte: Pesquisa Gantz Wiley. Reproduzida no *USA Today*, 12 fev. 2003, p. 7B.

Muitos dos novos relacionamentos começam na base da intimidação. Tomemos, por exemplo, uma situação em que você está vendendo seu carro para o amigo de um amigo. Você não conhece o comprador. Pode achar melhor não contar a ele todos os problemas que o carro apresenta. Esse comportamento, certamente, aumentaria suas chances de fechar o negócio a um preço mais alto. Mas você não esconde as informações. Conta tudo sobre os defeitos do carro. Por quê? Provavelmente, por medo de represálias. Se mais tarde o comprador desconfiar que você o enganou, ele certamente vai contar isso para o amigo que vocês têm em comum. Se você tivesse certeza de que ele não contaria nada, talvez ficasse tentado a tirar vantagem da situação. Se ficasse claro que ele contaria e seu amigo comum ficaria decepcionado com você, sua honestidade poderia ser explicada em termos da intimidação.

Outro exemplo de confiança baseada na intimidação é uma nova relação executivo–subordinado. Como funcionário, você tende a confiar em seu novo chefe, mesmo que haja pouca experiência para sustentar a confiança. O vínculo que gera essa confiança está na autoridade que o chefe possui e a punição que ele pode lhe impor caso você falte com suas obrigações de trabalho.

Confiança Baseada no Conhecimento A maioria das relações organizacionais tem sua raiz na **confiança baseada no conhecimento**. A confiança, nesse caso, tem por base a previsibilidade do comportamento que resulta de um histórico de interações. Isso acontece quando temos informações adequadas sobre alguém a ponto de podermos fazer previsões acuradas sobre seu comportamento.

A confiança baseada no conhecimento se apóia mais na informação do que na intimidação. O conhecimento da outra parte e a previsibilidade de seu comportamento substitui os contratos, penalidades e arranjos formais típicos da confiança baseada na intimidação. Esse conhecimento se desenvolve no decorrer do tempo, essencialmente em função da experiência que constrói a confiabilidade e a previsibilidade. Quanto melhor você conhece alguém, mais precisamente pode prever o que ele vai fazer. A previsibilidade aumenta a confiança — mesmo que a previsão seja de que a pessoa não é digna dela — porque as formas como o outro provavelmente violará os acordos podem ser previstas! Quanto maior a comunicação e a regularidade das interações que temos com alguém, mais essa forma de confiança pode ser desenvolvida e aplicada.

É interessante notar que, nesse nível de conhecimento, a confiança não é necessariamente quebrada por um comportamento inconsistente. Se você acredita que pode explicar ou compreender adequadamente a violação aparente do outro, você pode aceitá-la, perdoar a pessoa e dar continuidade ao relacionamento. No nível da intimidação, essa mesma violação acabaria destruindo irrevogavelmente a confiança.

No contexto organizacional, a maior parte das relações entre executivos e subordinados é baseada no conhecimento. Ambas as partes têm uma longa experiência de trabalhar juntas e sabem exatamente o que esperar uma da outra. Uma longa história de interações consistentemente abertas e honestas, por exemplo, dificilmente seria destruída permanentemente por uma única violação.

Confiança Baseada na Identificação O nível mais alto de confiança é atingido quando existe uma conexão emocional entre as partes. Essa **confiança baseada na identificação** permite que uma parte faça as vezes da outra e

Sob o comando de Anne Mulcahy, presidente da Xerox, as relações organizacionais são fundadas na confiança com base no conhecimento. A confiança em Mulcahy tem como fundamento os seus 26 anos de empresa, período em que ela ganhou a reputação de honesta, assertiva, inteligente, trabalhadora, disciplinada e completamente leal à organização. Crente na credibilidade de Mulcahy, o conselho de administração da Xerox a escolheu para conduzir a empresa, então à da beira da falência, para o caminho do crescimento e da lucratividade.

a substitua nas transações interpessoais. A confiança existe porque as partes entendem as intenções uma da outra e concordam com suas vontades e seus desejos. Essa compreensão mútua se desenvolve até o ponto de uma parte poder agir em nome da outra.

Os controles são mínimos nesse nível. Não há necessidade de monitoramento da outra parte, porque existe uma lealdade inquestionável.

O melhor exemplo de confiança baseada na identificação é um casamento longo e feliz. Um marido aprende o que é importante para sua esposa e antecipa essas ações. Ela, por seu lado, confia que ele antecipará o que é importante para ela sem que precise pedir. A crescente identificação os leva a pensar da mesma forma, sentir-se do mesmo jeito e reagir igualmente.

Podemos encontrar esse tipo de confiança ocasionalmente nas organizações entre pessoas que trabalham juntas há muito tempo e possuem tanta experiência comum que se conhecem mutamente por dentro e por fora. Esse é o tipo de confiança que os executivos buscam nas equipes. Os membros estão tão identificados e confiantes entre si que são capazes de antecipar as ações dos outros e agir livremente em seu nome. Em termos realistas, hoje, a maioria das grandes empresas quebrou os vínculos de confiança baseada na identificação que haviam sido construídos entre os funcionários de longa data. As promessas não cumpridas levaram a uma ruptura do que um dia foi um laço de inquestionável lealdade. Isso parece ter sido substituído pela confiança baseada no conhecimento.

Princípios básicos da confiança

As pesquisas nos permitem oferecer alguns princípios para uma melhor compreensão sobre a criação da confiança e da desconfiança.[22]

A desconfiança destrói a confiança. As pessoas confiantes demonstram sua confiança aumentando sua abertura em relação aos outros, passando informações relevantes e expressando sempre suas reais intenções. As pessoas que não confiam, agem diferente. Elas escondem informações e agem de modo oportunista para levar vantagem. Para se defender dessa exploração constante, as pessoas confiantes acabam se tornando desconfiadas. Ou seja, um pequeno grupo de desconfiados pode envenenar toda uma organização.

Confiança gera confiança. Da mesma forma que a desconfiança gera desconfiança, demonstrar confiança na outra pessoa pode criar reciprocidade. Os líderes eficazes vão construindo a confiança aos poucos e encorajam os liderados a responder da mesma maneira. Ao oferecer sua confiança aos poucos, os liderados reduzem os riscos no caso de sua confiança ser traída.

O crescimento muitas vezes mascara a desconfiança. O crescimento dá aos líderes a oportunidade de promoções rápidas, e também maior poder e responsabilidade. Neste contexto, os líderes tendem a enfrentar as dificuldades com medidas paliativas, que escapam da atenção imediata de seus superiores, e deixam os problemas que surgem da desconfiança para seus sucessores. Os líderes assumem esta atitude de curto prazo porque provavelmente não estarão mais por perto para enfrentar as conseqüências de suas decisões a longo prazo. Os efeitos duradouros da desconfiança tornam-se aparentes para os sucessores quando o ritmo do crescimento diminui.

A redução de pessoal (ou o downsizing) testa o mais alto grau de confiança. O corolário do princípio do crescimento, discutido acima, é que a redução (ou o *downsizing*) costuma ameaçar até o mais confiante dos ambientes. Demissões são assustadoras. Mesmo depois de terminados os cortes, aqueles que sobreviveram em seus empregos se sentem inseguros. Quando o empregador destrói o laço de lealdade, demitindo funcionários, há menos disposição entre os trabalhadores para confiar naquilo que seus dirigentes dizem.

A confiança aumenta a coesão. A confiança mantém as pessoas juntas. Confiança significa que as pessoas podem contar umas com as outras. Se uma pessoa precisa de ajuda ou de apoio, ela sabe que os outros virão em seu auxílio. Quando enfrentam adversidades, os membros de uma equipe que confiam uns nos outros trabalham juntos e são capazes de grandes esforços para atingir as metas do grupo.

A desconfiança destrói o grupo. O corolário do princípio anterior é que, quando os membros da equipe desconfiam uns dos outros, eles se repelem e se separam. Eles buscam seus objetivos pessoais em vez daqueles de interesse do grupo. Eles tendem a não acreditar uns nos outros, estão sempre alertas contra explorações e restringem sua comunicação. Estas atitudes tendem a prejudicar ou, até mesmo, a destruir o grupo.

A desconfiança geralmente reduz a produtividade. Embora não se possa afirmar que a confiança necessariamente *aumenta* a produtividade, ainda que isso geralmente aconteça, a desconfiança quase sempre *reduz* a produtividade. A desconfiança leva a um enfoque nos assuntos pessoais dos membros do grupo, dificultando uma visão do objetivo comum. As pessoas sonegam informações e buscam secretamente atender a seus próprios interesses. Quando enfrentam problemas, os funcionários evitam compartilhar com os outros, temendo ser prejudicados. O clima de desconfiança estimula formas disfuncionais de conflitos e dificulta a cooperação.

Enquadramento: usando as palavras para moldar significados e inspirar os outros

O famoso discurso de Martin Luther King iniciado com a frase "Eu tenho um sonho" contribuiu enormemente para a forma assumida pelo movimento pelos direitos civis. Suas palavras criaram um imaginário de como seria um país onde não mais existisse o preconceito racial. O que King fez foi *enquadrar* o movimento pelos direitos civis de modo que as outras pessoas pudessem ver a questão da mesma forma como ele a via.

O **enquadramento** é uma maneira de utilizar a linguagem para administrar significados.[23] É uma forma de os líderes influenciarem a maneira como os eventos serão vistos e compreendidos. Esse processo envolve a seleção e o destaque de um ou mais aspectos de um tema em detrimento dos demais.

O enquadramento é semelhante ao que um fotógrafo faz. A realidade visual que existe é essencialmente ambígua. Quando um fotógrafo dirige o foco de câmera para um determinado ponto, ele está enquadrando sua foto. As outras pessoas irão ver aquilo que ele quis mostrar. Elas enxergam sob o ponto de vista dele. É exatamente o que fazem os líderes quando enquadram um tópico. Eles escolhem quais os aspectos que devem ser focalizados e quais os que devem ser excluídos da observação.

Os advogados nos tribunais vivem de enquadrar questões. Os advogados de defesa, por exemplo, moldam seus argumentos de maneira que o júri veja seu cliente pelo ângulo mais favorável. Eles procuram incluir "fatos" que ajudam os jurados a acreditar que seu cliente "não é culpado". Eles excluem os fatos que podem incriminá-lo. E buscam interpretações alternativas para os "fatos" apresentados pela promotoria para provar que o réu é culpado.

Os grupos de lobby também são um bom exemplo do conceito de enquadramento. Os líderes da NRA (National Rifle Association — Associação Nacional dos Proprietários de Rifles dos Estados Unidos) têm conseguido evitar o controle da posse de armas no país com muito sucesso. E fazem isso sem enfocar tiros, mortes ou defesa própria. Eles conseguem enquadrar o tema com base na segunda emenda da Constituição americana, que trata sobre "liberdade". Como levam a opinião pública a entender a posse de armas como uma questão de liberdade do cidadão, eles conseguem apoio para evitar seu controle.

Então por que o conceito de enquadramento é importante para os líderes da atualidade? Porque no ambiente complexo e caótico em que a maioria dos líderes trabalha, existe um espaço de manobra considerável em relação aos "fatos". O que é verdade costuma ser aquilo que o líder diz ser verdade. O que é importante é aquilo que ele decide ser importante. Os líderes podem usar a linguagem para influenciar a percepção que seus seguidores terão do mundo, o significado dos acontecimentos, as crenças sobre causas e conseqüências e as visões do futuro. É por meio do enquadramento que os líderes determinam se as pessoas perceberão os problemas, como elas os entenderão e se lembrarão deles, e o que elas farão para solucioná-los.[24] Portanto, o enquadramento é uma arma poderosa para os líderes influenciarem seus liderados sobre como ver e interpretar a realidade.

O influente discurso de Martin Luther King que começa com a frase "Eu tive um sonho...", proferido nas escadarias do Lincoln Memorial em 1963, conseguiu colocar o tema dos direitos civis em uma linguagem viva e tocante que todos podiam entender. O enquadramento utilizado por King teve um efeito profundo na forma como as pessoas passaram a ver a questão da luta por justiça.

> ### ENFOQUE NA MÍDIA
>
> **A guerra e a arte do enquadramento**
>
> Durante a Segunda Guerra Mundial, a maioria das manobras militares não tinha nome, e as que tinham, não eram do conhecimento público — como uma manobra de desembarque que foi chamada "Operação Sledgehammer". Mas em anos mais recentes, os políticos e os militares aprenderam a utilizar a linguagem para enquadrar a terminologia de guerra de modo a conquistar o apoio da opinião pública e minimizar a oposição.
>
> A guerra contra o Iraque na primavera de 2003 foi chamada pelo governo Bush de "Operação de Libertação do Iraque". Este rótulo não foi escolhido arbitrariamente. Ele foi cuidadosamente selecionado para passar uma imagem de salvação, e não de aniquilamento, do povo iraquiano. Quando chegou o momento de listar as nações que apoiavam a invasão pelos Estados Unidos, o nome escolhido foi "Coalizão da Boa Vontade". O rótulo adotado ajudou a diferenciar as nações apoiadoras e cooperativas (como a Inglaterra) daquelas "sem boa vontade" (como a França).
>
> Frases adicionais como "armas de destruição em massa" ou "choque e horror" foram escolhidas cuidadosamente para induzir no público a imagem da ameaça iraquiana e da habilidade norte-americana para ganhar a guerra.
>
> A escolha do nome errado pode prejudicar uma manobra de guerra. Por exemplo, a operação da invasão do Afeganistão pelos norte-americanos deveria ser chamada de "Justiça Infinita". Mas logo ficou evidente a conotação religiosa da frase, como se os Estados Unidos quisessem afirmar que Deus estava do lado deles. Então a operação foi rapidamente rebatizada como "Liberdade Duradoura".
>
> A administração de George W. Bush não possui o monopólio deste jogo. Basta observar os nomes de outras operações de guerra. O Pentágono, por exemplo, chamou de "Justa Causa" sua operação no Panamá em 1989/90; "Escudo do Deserto", o conflito do Golfo em 1990/91; e "Restauração da Esperança", sua intervenção na Somália.
>
> *Fonte:* Baseado em R. Blumenstein e M. Rose, "Name that Op: how U.S. coins phrases of war", *Wall Street Journal*, 24 mar. 2003, p. B1; e M. Barone, "A knack for framing", *U.S. News & World Report*, 8 set. 2003, p. 23.

Abordagens inspirativas sobre liderança

Nesta seção, apresentaremos duas teorias contemporâneas sobre liderança, com um tema em comum. Elas vêem os líderes como indivíduos que inspiram seus seguidores por meio de suas palavras, idéias e comportamentos. Elas são as teorias de liderança carismática e transformacional.

Liderança carismática

John F. Kennedy, Martin Luther King, Bill Clinton, Mary Kay Ash (fundadora da Mary Kay Cosmetics), Steve Jobs (um dos fundadores da Apple Computer) e o ex-prefeito de Nova York Rudy Giuliani são indivíduos freqüentemente citados como líderes carismáticos. O que eles têm em comum?

O Que É a Liderança Carismática? A **teoria da liderança carismática** diz que os seguidores do líder atribuem a ele capacidades heróicas ou extraordinárias de liderança quando observam determinados comportamentos.[25] Diversos estudos tentaram identificar as características pessoais dos líderes carismáticos e o mais bem documentado entre eles identificou cinco características que diferenciam os carismáticos dos não-carismáticos: os carismáticos têm uma visão, estão dispostos a correr riscos por esta visão, são sensíveis tanto às limitações ambientais como às necessidades de seus liderados e exibem comportamentos fora do comum.[26] Estas características são descritas no Quadro 12-3.

Como os Líderes Carismáticos Influenciam seus Liderados Como os líderes carismáticos influenciam seus liderados? As evidências sugerem um processo de quatro etapas.[27] Ele começa com o líder articulando uma visão atraente. Essa visão oferece um sentido de continuidade para os liderados ao vincular o presente a um futuro melhor para a organização. O líder, então, comunica suas expectativas de alto desempenho e expressa a confiança de que seus liderados vão conseguir alcançá-las. Isso desperta a auto-estima e a autoconfiança dos liderados. Em seguida, o líder comunica, através de palavras e ações, um novo sistema de valores, oferecendo um exemplo de comportamento a ser seguido pelos liderados. Finalmente, o líder carismático se submete a auto-sacrifícios e se engaja em comportamentos não-convencionais para demonstrar coragem e convicção em relação à sua visão.

Como a visão é um componente crítico da liderança carismática, precisamos esclarecer exatamente o que se entende por este termo, identificar as qualidades específicas de uma visão eficaz e oferecer alguns exemplos.[28]

Uma revisão de várias definições sugere que uma visão se diferencia das demais formas de definir uma direção em inúmeros aspectos: "Uma visão tem uma imagem clara e instigante que oferece uma forma inovadora de

> **QUADRO 12-3** Características-Chave dos Líderes Carismáticos
>
> 1. Visão e articulação. Eles têm uma visão — expressa como uma meta idealizada — que propõe um futuro melhor que o status quo. São capazes de esclarecer a importância da visão em termos compreensíveis para os demais.
> 2. Risco pessoal. Estão dispostos a correr riscos pessoais, sofrer altos custos e submeter-se ao auto-sacrifício para atingir sua visão.
> 3. Sensibilidade ao ambiente. São capazes de fazer avaliações realistas das limitações ambientais e dos recursos necessários para a realização da mudança.
> 4. Sensibilidade para as necessidades dos liderados. São perceptivos em relação às capacidades dos outros e sensíveis às suas necessidades e sentimentos.
> 5. Comportamentos não-convencionais. Engajam-se em comportamentos que são percebidos como novidades e que vão contra as normas.

Fonte: Baseado em J. A. Conger e R. N. Kanungo, *Charismatic leadership in organizations*. Thousand Oaks: Sage, 1998, p. 94.

melhoria, que reconhece e se fundamenta nas tradições, e se conecta às ações que as pessoas podem realizar para fazer a mudança. A visão aproveita a energia e as emoções das pessoas. Se devidamente articulada, pode gerar o entusiasmo que as pessoas sentem pelos esportes e por outras atividades de lazer, trazendo essa energia e esse compromisso para o ambiente de trabalho."[29]

As propriedades essenciais de uma visão parecem ser as possibilidades inspiradoras, que são factíveis e centradas no valor, com um imaginário e uma articulação superiores.[30] As visões devem ser capazes de criar possibilidades inspiradoras e únicas e oferecer uma nova ordem capaz de produzir uma diferença para a organização. Uma visão não terá sucesso se não for capaz de oferecer à organização e a seus membros uma imagem clara e melhor do futuro. As visões promissoras se ajustam ao tempo e às circunstâncias, refletindo o caráter único da organização. As pessoas na organização precisam acreditar que a visão é factível. Ela deve ser percebida como desafiadora, mas não impossível. As visões mais claramente articuladas e com imaginário mais poderoso são aceitas e adotadas mais facilmente.

Que exemplos temos acerca de visões? Rupert Murdoch teve uma visão do futuro da indústria da comunicação ao combinar mídia e entretenimento. Com sua News Corporation, Murdoch integrou, com sucesso, uma rede de radiodifusão, canais de TV, estúdio de cinema, agência de publicidade e transmissão global via satélite. A visão da mulher empreendedora, que vende produtos que melhoram sua auto-imagem, deu ímpeto à empresa de cosméticos de Mary Kay Ash. Michael Dell criou a visão de um negócio que permite à Dell Computer vender e entregar um computador pessoal diretamente ao cliente em menos de oito dias.

Os Líderes Carismáticos Já Nascem Feitos ou Podem Ser Criados? Se o carisma é desejável, as pessoas podem aprender a ser líderes carismáticos? Ou esses líderes já nascem com essa qualidade?

Embora uma minoria ainda insista que o carisma não pode ser adquirido, muitos especialistas acreditam que as pessoas podem ser treinadas para ter comportamentos carismáticos e, desta forma, gozar dos benefícios de um "líder carismático".[31] Um grupo de autores propõe, por exemplo, que uma pessoa pode aprender a ser carismática seguindo um processo de três etapas.[32]

Primeiro, a pessoa precisa desenvolver uma aura de carisma mantendo uma visão otimista; usar a paixão como um catalisador para gerar entusiasmo; e comunicar-se com o corpo, não apenas através das palavras. Segundo, a pessoa atrai as outras por meio da criação de um vínculo que as inspire a segui-la. E terceiro, a pessoa traz à tona o potencial dos demais mexendo com suas emoções. Esta abordagem parece realmente funcionar, como foi evidenciado por pesquisadores que treinaram estudantes de administração para "fazer o papel" de carismáticos.[33] Os estudantes foram instruídos a articular uma meta abrangente, comunicar suas expectativas em relação ao alto desempenho, demonstrar confiança na capacidade dos liderados em atingir essas expectativas e mostrar empatia com as necessidades deles. Aprenderam a projetar uma presença poderosa, confiante e dinâmica, e praticaram usando um tom de voz cativante e aliciador. Para melhorar essa aura de energia e dinâmica do carisma, os estudantes foram treinados para evocar características carismáticas não-verbais: eles caminhavam e sentavam-se na borda das mesas dos liderados, curvavam-se para eles, sustentavam contato visual direto e mantinham uma postura relaxada e expressões faciais animadas. Os pesquisadores descobriram que esses estudantes foram capazes de aprender a projetar carisma. Além disso, os liderados desses estudantes exibiram desempenho mais alto nas tarefas, melhor adequação ao trabalho e melhor ajuste ao líder e ao grupo quando comparados com outros indivíduos que tinham líderes não-carismáticos.

Prós e Contras da Liderança Carismática Do lado positivo, existem cada vez mais pesquisas que revelam uma forte correlação entre a liderança carismática, o alto desempenho e a satisfação dos liderados.[34] As pessoas que trabalham para líderes carismáticos se sentem motivadas a fazer um esforço maior e, como gostam e respeitam seu líder, sentem mais satisfação no trabalho.

Contudo, muitas outras pesquisas indicam que o carisma pode não ser generalizável; ou seja, a eficácia pode ser situacional. Mais ainda, as crises recentemente ocorridas em empresas comandadas por líderes carismáticos sugerem que o carisma pode ter um lado perigoso, que tem o potencial de comprometer a organização.

A liderança carismática nem sempre é necessária para atingir altos níveis de desempenho dos funcionários. O carisma parece ser mais apropriado quando a tarefa dos liderados possui um componente ideológico ou quando o ambiente envolve um alto grau de incerteza ou tensão.[35] Isso explica por que, geralmente, o líder carismático surge na política, na religião ou em tempos de guerra, ou quando uma empresa está iniciando sua vida ou enfrentando uma crise. Na década de 1930, Franklin D. Roosevelt ofereceu uma visão para tirar os norte-americanos da Grande Depressão. No começo dos anos 70, quando a Chrysler estava à beira da falência, foi preciso um líder carismático como Lee Iacocca, com idéias não-convencionais, para reinventar a empresa. Em 1997, quando a Apple Computer estava em dificuldades e sem orientação, seu conselho de administração persuadiu Steve Jobs a voltar como presidente interino para inspirar a empresa a se redirecionar às suas origens inovadoras.

Além da ideologia e da incerteza ambiental, um outro fator situacional que limita o carisma é o nível na organização. Lembre-se, a criação de uma visão é um componente essencial do carisma. Mas uma visão se aplica à empresa como um todo ou a uma grande divisão dela. Ela tende a ser gerada pelos altos executivos. Por isto, o carisma ajuda a explicar o sucesso ou o fracasso de altos executivos mais do que de gerentes de nível médio. Portanto, mesmo que uma pessoa possua uma personalidade inspiradora, é mais difícil fazer uso dela se a posição na organização for subalterna. Os gerentes de nível médio *podem* gerar visões para liderar suas unidades. Apenas é mais difícil definir essas visões e alinhá-las com os objetivos da organização como um todo.

O fascínio do público e da mídia pelos líderes carismáticos chegou ao seu auge no final dos anos 90. Comandantes de empresas como Jeffrey Skilling, da Enron; Jack Welch, da GE; Dennis Kozlowski, da Tyco; Herb Kelleher, da Southwest Air; Jill Barad, da Matell; Percy Barnevik, da ABB; Michael Eisner, da Disney; Bernie Ebbers, da WorldCom; e Richard Scrushy, da HealthSouth, tornaram-se celebridades tão famosas como o jogador de basquete Shaquille O'Neal e a cantora Madonna. Toda empresa queria ter seu líder carismático. Para contratar estas pessoas, as organizações davam a elas autonomia e recursos sem precedentes. Esses executivos tinham jatinhos à sua disposição, apartamentos de 30 milhões de dólares, empréstimos sem juros para comprar casas de praia e objetos de arte, segurança particular paga pela empresa e outras mordomias dignas da realeza. Infelizmente, líderes carismáticos nem sempre agem visando o melhor para suas organizações.[36] Muitos destes líderes usaram seu poder para transformar suas empresas de acordo com sua própria imagem. Eles freqüentemente confundiram o que era de seu interesse pessoal com os interesses da empresa. Nos piores casos, seus interesses pessoais tornaram-se mais importantes do que os interesses da empresa. Intolerantes às críticas, estes líderes se cercaram de pessoas complacentes, pagas para agradar o chefe, e criaram um clima em que as pessoas tinham medo de questionar ou de se contrapor ao "rei" ou à "rainha" quando achavam que ele ou ela estava cometendo um erro. As conseqüências para empresas como Enron, Tyco, WorldCom e HealthSouth foi a ação de líderes que usaram irresponsavelmente os recursos da organização em benefício próprio e executivos que burlaram as leis e esqueceram a ética para gerar números financeiros que inflaram temporariamente o valor das ações da empresa, permitindo aos líderes embolsar ganhos astronômicos.

Um estudo recente com 29 empresas que tiveram seus resultados melhorados de bom para ótimo (seus dividendos foram pelo menos três vezes maior do que a média do mercado de ações nos últimos 15 anos) revelou uma *ausência* de líderes carismáticos egocêntricos.[37] Embora os líderes dessas empresas fossem muito ambiciosos, sua ambição era direcionada para o sucesso da organização e não para seus interesses pessoais. Eles conquistaram resultados impressionantes sem fazer muito alarde. Eles assumiram a responsabilidade pelo que deu errado e compartilharam o crédito do sucesso com outras pessoas. E se mostraram orgulhosos por ter criado seus sucessores, líderes fortes desenvolvidos dentro da organização, que poderão levar a empresa adiante depois de sua aposentadoria. Esses indivíduos têm sido chamados de **líderes de nível 5** porque possuem quatro qualidades básicas para a liderança — capacidade individual, habilidade para comandar equipes, competência administrativa e habilidade para estimular a excelência de desempenho nos liderados — somadas a uma quinta dimensão: uma paradoxal mistura de humildade e garra profissional. Os líderes de nível 5 canalizam suas necessidades pessoais para a conquista das metas de sua organização. Assim, apesar de serem executivos extremamente bem-sucedidos, eles são indivíduos de quem quase não se ouve falar, como é o caso de Orin Smith, da Starbucks; Kristine McDivitt, da Patagonia; John Whitehead, da Goldman Sachs; e Jack Brennan, da Vanguard. Este estudo é importante por confirmar que os líderes não precisam ser necessariamente carismáticos para serem eficazes, especialmente se o carisma vier acompanhado de um ego exagerado.

Depois de ter sido festejado como o líder carismático que transformou a Tyco International em uma das maiores empresas norte-americanas, Dennis Kozlowski aparece aqui entrando no tribunal para responder a um processo por corrupção. Kozlowski e seu diretor financeiro foram acusados de roubar 600 milhões de dólares da Tyco através da manipulação do valor das ações da empresa, da concessão de bonificações e de empréstimos para gastos pessoais com mansões, iates e jóias. Ele foi indiciado por furto, falsificação de documentos empresariais e violação de leis estaduais.

Liderança transformacional

Uma outra corrente de pesquisa é o recente interesse em diferenciar os líderes transformacionais e os líderes transacionais.[38] Como veremos, devido ao fato de os líderes transformacionais serem também carismáticos, há alguma sobreposição entre este tópico e aquele que discutimos anteriormente.

A maioria das teorias que apresentamos no capítulo anterior — por exemplo, os estudos da Universidade Estadual de Ohio, o modelo de Fiedler, a teoria da meta e do caminho e o modelo de participação e liderança — é voltada para o **líderes transacionais**. Esse tipo de líder conduz ou motiva seus seguidores na direção das metas estabelecidas por meio do esclarecimento dos papéis e das exigências das tarefas. Existe também o tipo de líder que inspira seus seguidores a transcender seus próprios interesses para o bem da organização e que é capaz de causar um efeito profundo e extraordinário sobre seus liderados. É o caso dos **líderes transformacionais**, como Andrea Jung, da Avon, e Richard Branson, do Virgin Group. Eles prestam atenção às preocupações e às necessidades de desenvolvimento de cada um de seus liderados; modificam a maneira de seus seguidores verem as coisas, ajudando-os a pensar nos velhos problemas de uma nova forma; e são capazes de entusiasmar, incitar e inspirar as pessoas a darem o máximo de si na busca dos objetivos do grupo. O Quadro 12-4 identifica sucintamente e define as quatro características que diferenciam esses dois tipos de líderes.

As lideranças transacionais e as transformacionais não devem ser vistas como abordagens opostas para se fazer com que as coisas sejam realizadas.[39] A liderança transformacional é construída *em cima* da liderança transacio-

---

QUADRO 12-4 Características dos Líderes Transacionais e Transformacionais

Líder Transacional

Recompensa contingente: negocia a troca de recompensas por esforço, promete recompensas pelo bom desempenho, reconhece as conquistas.

Administração por exceção (ativa): procura e observa desvios das regras e padrões, tomando as atitudes corretivas necessárias.

Administração por exceção (passiva): intervém apenas quando os padrões não são alcançados.

Laissez-faire: abdica das responsabilidades, evita a tomada de decisões.

Líder Transformacional

Carisma: oferece uma visão e o sentido da missão, estimula o orgulho, ganha o respeito e a confiança.

Inspiração: comunica suas altas expectativas, utiliza símbolos para focar os esforços, expressa propósitos importantes de maneira simples.

Estímulo intelectual: promove a inteligência, a racionalidade e a cuidadosa resolução de problemas.

Consideração individualizada: dá atenção personalizada, trata cada funcionário individualmente, aconselha, orienta.

Fonte: B. M. Bass, "From transactional to transformational leadership: learning to share the vision", *Organizational Dynamics*, inverno 1990, p. 22. Reproduzido com autorização dos editores. American Management Association, Nova York. Todos os direitos reservados.

nal — ela produz nos liderados níveis de esforço e de desempenho que vão além daqueles obtidos apenas na abordagem transacional. Além disso, a liderança transformacional é mais do que carisma. "O líder puramente carismático pode querer que seus liderados adotem a visão de mundo carismática, e param por aí. O líder transformacional tenta inculcar em seus seguidores a capacidade de questionar não apenas as visões já estabelecidas, mas até aquelas colocadas pelo próprio líder."[40]

As evidências que corroboram a superioridade da liderança transformacional sobre a transacional são esmagadoras. Por exemplo, diversos estudos com oficiais militares norte-americanos, canadenses e alemães, de todos os níveis, mostraram que os líderes transformacionais foram avaliados como mais eficazes do que aqueles transacionais.[41] Os gerentes da Federal Express indicados por seus subordinados como líderes transformacionais foram avaliados pelos supervisores imediatos como pessoas de melhor desempenho e maior probabilidade de promoção.[42] Em resumo, as evidências, de maneira geral, indicam que a liderança transformacional está mais fortemente correlacionada com índices mais baixos de rotatividade, maior produtividade e maior satisfação dos funcionários.[43]

Inteligência emocional e eficácia da liderança

Apresentamos o conceito de inteligência emocional (IE) em nossa discussão sobre emoções, no Capítulo 4. Voltaremos rapidamente ao tema aqui porque estudos recentes indicam que a IE — mais que o QI, os conhecimentos técnicos ou qualquer outro fator — é o melhor indicador de quem irá surgir como líder.[44]

O QI e as habilidades técnicas são "capacitações-limite". São necessários, mas não requisitos suficientes para a liderança. É a incorporação dos cinco componentes da inteligência emocional — autoconsciência, autogerenciamento, automotivação, empatia e habilidades sociais — que permite ao indivíduo se tornar um astro do desempenho. Sem a IE, uma pessoa pode ter um excelente treinamento, uma mente altamente analítica, uma visão de longo prazo e um inesgotável estoque de maravilhosas idéias sem que isso tudo faça dela um grande líder. Isso se torna especialmente verdadeiro à medida que o indivíduo sobe na hierarquia da organização. As evidências indicam que, quanto mais alto o escalão do indivíduo considerado como um astro do desempenho, mais as capacidades de IE parecem ser a razão de sua eficácia. Mais especificamente, quando comparamos esses astros com os executivos que estão na média, cerca de 90 por cento da diferença de sua eficácia pode ser atribuída mais aos fatores da IE do que à inteligência básica.

Exemplos de líderes com forte inteligência emocional são Colin Powell, Oprah Winfrey e Rudy Giuliani.[45] A habilidade intuitiva de Powell de se conectar com os outros fez dele um grande diplomata. A habilidade de Winfrey de ouvir, de se relacionar e de ajudar milhões de espectadores deu a ela um enorme poder de influência. Mas o exemplo mais interessante é o de como o amadurecimento da eficácia da liderança de Rudy Giuliani seguiu de perto o desenvolvimento de sua inteligência emocional.[46] Durante a maior parte de seus oito anos de mandato como prefeito de Nova York, Giuliani governou com mão-de-ferro. "Ele falava duro, comprava brigas e exigia resultados. A conseqüência foi uma cidade mais limpa, mais segura e melhor governada — mas também mais polarizada. Os críticos chamavam Giuliani de tirano insensível. Para muitos, faltava alguma coisa em seu estilo de liderar. Este algo mais, como reconhecem os críticos, veio à tona na tragédia de 11 de setembro de 2001, quando o World Trade Center foi destruído. Uma nova compaixão surgiu para complementar seu comando: um misto de

Meg Whitman, presidente da eBay, é uma líder com grande inteligência emocional. Desde que o fundador da eBay, Pierre Omidyar, escolheu Whitman para transformar seu empreendimento em uma empresa globalizada, ela despontou como uma estrela de primeira grandeza nesta função, que requer um alto grau de interação social com os funcionários e com os clientes em todo o mundo. Whitman costuma ser descrita como autoconfiante, confiável, culturalmente sensível, grande realizadora e perita na formação de equipes e na liderança para mudanças. Na foto, vemos Whitman interagindo com clientes em uma convenção da eBay Live.

solução, empatia e inspiração que trouxe conforto para milhões de pessoas."[47] É possível que a capacidade emocional e a compaixão pelos outros demonstradas por Giuliani tenham sido estimuladas por uma série de problemas pessoais — incluindo um câncer de próstata e o ruidoso final de seu casamento — que ele enfrentou menos de um ano antes do ataque terrorista.[48]

A inteligência emocional tem demonstrado estar positivamente relacionada ao desempenho no trabalho em todos os níveis, mas parece ser mais relevante nas funções que demandam um alto grau de interação social. Evidentemente, é isto o que constitui a liderança. Os grandes líderes demonstram sua inteligência emocional exibindo todos os cinco elementos-chave:

- *Autoconsciência:* demonstrada através da autoconfiança, da auto-avaliação realista e de um senso de humor voltado para a autocrítica.
- *Autogerenciamento:* demonstrado através da integridade e confiabilidade, da capacidade de lidar bem com a ambigüidade e da abertura para mudanças.
- *Automotivação:* demonstrada através da forte orientação para a conquista, do otimismo e de um alto comprometimento organizacional.
- *Empatia:* demonstrada através da habilidade de gerar e reter talentos, da sensibilidade multicultural e de serviços voltados aos clientes e consumidores.
- *Habilidades sociais:* demonstradas através da capacidade de liderar esforços para a mudança, da capacidade de persuasão e da competência na construção e liderança de equipes.

As evidências recentes deixam bem claro que a inteligência emocional é um elemento essencial para a liderança eficaz.

Papéis contemporâneos da liderança

Quais as demandas específicas que as equipes impõem aos líderes? Por que tantos líderes eficazes são também mentores ativos? Como eles podem desenvolver a capacidade de autoliderança em seus funcionários? Nesta seção, vamos examinar sucintamente estes três aspectos da liderança.

Liderança de equipes

A liderança vem acontecendo cada vez mais no contexto das equipes. À medida que as equipes crescem em popularidade, também aumenta a importância do papel do líder que orienta seus membros.[49] O papel de líder de equipe é diferente do papel tradicional de liderança exercido pelos supervisores de primeira linha. J. D. Bryant, supervisor de uma fábrica da Texas Instruments, em Dallas, descobriu isso.[50] Um dia, ele estava feliz supervisionando os 15 funcionários da linha de montagem de placas de circuitos. No dia seguinte, foi informado de que a empresa estava adotando o trabalho em equipe e de que ele deveria se tornar um "facilitador". "Espera-se que eu ensine à equipe tudo o que sei e depois deixe as pessoas tomarem suas próprias decisões", disse Bryant. Confuso com o novo papel, ele admitiu que não havia um plano claro sobre o que se esperava que ele fizesse. Nesta seção, vamos considerar o desafio de ser um líder de equipe e revisar os novos papéis assumidos por esses líderes.

Muitos líderes que surgiram na fase do individualismo não estão preparados para enfrentar a mudança para equipes. Como revela um proeminente consultor, "mesmo os executivos mais capazes enfrentam problemas com a transição, pois tudo aquilo que eles foram encorajados a fazer até então acerca de comando-e-controle tornou-se inapropriado. Não há mais sentido nessas habilidades e capacitações".[51] Este mesmo consultor estima que "provavelmente 15 por cento dos executivos são líderes de equipe naturais. Outros 15 por cento jamais o serão, pois isso vai contra a sua personalidade (eles não são capazes de sublimar seu estilo dominador para o bem da equipe). E aí sobra aquele grupo enorme no meio: a liderança de equipe não é natural para eles, mas eles podem aprender".[52]

O desafio enfrentando pela maioria dos executivos, portanto, é o de se tornar um líder de equipe eficaz. Eles precisam desenvolver habilidades como a paciência para compartilhar informações, confiar nos outros, abrir mão da autoridade e compreender o momento certo para intervir. Os líderes eficazes dominaram a dificuldade de agir com equilíbrio e saber quando deixar a equipe sozinha e quando se deve interceder. Os líderes novatos podem tentar manter controle demasiado quando a equipe precisa de mais autonomia ou deixar seus membros desamparados quando eles precisam de apoio e ajuda.[53]

Um estudo envolvendo 20 empresas que se reorganizaram em torno do trabalho em equipe descobriu algumas responsabilidades que todos os líderes têm de assumir. Isso inclui o aconselhamento, a facilitação, o trato com problemas disciplinares, a revisão dos desempenhos coeltivos ou individuais, o treinamento e a comunicação.[54] Muitas dessas responsabilidades são pertinentes aos executivos em geral. Uma maneira melhor de descrever o tra-

QUADRO 12-5

Fonte: Dilbert, reproduzido com permissão de United Features Syndicate, Inc.

balho de um líder de equipe é focando duas prioridades: administrar as fronteiras externas da equipe e facilitar o processo da equipe.[55] Subdividimos aqui essas duas prioridades em quatro papéis específicos.

Primeiro, os líderes de equipe são *elementos de ligação com os componentes externos*. Estes incluem a administração superior, as outras equipes internas, os clientes e os fornecedores. O líder representa a equipe diante desses grupos, assegura os recursos necessários, esclarece as expectativas dos outros acerca da equipe, colhe informações de fontes externas e as compartilha com os membros da equipe.

Segundo, os líderes de equipe são *solucionadores de problemas*. Quando os membros enfrentam dificuldades e pedem ajuda, os líderes se reúnem com eles em busca de soluções. Raramente se trata de questões técnicas ou operacionais, pois os membros da equipe costumam ter mais conhecimentos desse tipo do que o líder. A contribuição mais provável do líder será no aprofundamento das questões, na ajuda para fazer com que as pessoas falem sobre os problemas, bem como na busca de recursos externos. Por exemplo, quando uma equipe de uma indústria aeroespacial teve uma sobrecarga de trabalho, seu líder assumiu a responsabilidade de contratar mais pessoal. Levou o caso aos superiores e conseguiu a aprovação do departamento de recursos humanos da empresa.

Terceiro, os líderes de equipe são *administradores de conflitos*. Quando surgem as desavenças, eles ajudam a processar o conflito. Qual a fonte do conflito? Quem está envolvido? Quais são as questões envolvidas? Quais opções de solução estão disponíveis? Quais são as vantagens e as desvantagens de cada uma? Conseguindo que os membros se direcionem para essas perguntas, o líder minimiza os aspectos destrutivos dos conflitos internos da equipe.

Finalmente, os líderes de equipe são como *treinadores*. Eles definem os papéis e as expectativas, ensinam, apóiam, torcem e fazem o necessário para ajudar os membros a melhorar seu desempenho no trabalho.

Programas de mentores

Muitos líderes criam relacionamentos como mentores. Um **mentor** é um funcionário mais antigo que patrocina e apóia um funcionário menos experiente (um protegido). O papel do mentor inclui a instrução, o aconselhamento e o patrocínio.[56] Como instrutores, os mentores ajudam a desenvolver as habilidades de seus protegidos. Como conselheiros, oferecem apoio e ajuda para forjar a autoconfiança deles. E como patrocinadores, os mentores intervêm ativamente em prol de seus protegidos, buscando obter para eles atribuições de destaque e usando a política para lhes conseguir promoções e aumentos salariais.

Os mentores bem-sucedidos são bons professores. Eles conseguem apresentar as idéias com clareza, são bons ouvintes e mostram empatia com os problemas de seus protegidos. Eles também compartilham experiências, agem como modelos, dividem os contatos e orientam seus protegidos pelos meandros políticos da organização. Eles oferecem aconselhamento e orientação sobre como sobreviver e subir na empresa, além de atuar como uma caixa de ressonância para as idéias que seu protegido tem receio de apresentar ao seu superior imediato. Um mentor representa seu protegido, responde por ele junto à cúpula da organização e faz as apresentações necessárias.

Algumas organizações possuem programas formais de mentores para os novos funcionários ou para aqueles com grande potencial de crescimento. Por exemplo, na Edward Jones, empresa de prestação de serviços financeiros com 24 mil funcionários, são designados mentores para os recém-contratados depois que estes passam pelo programa de iniciação de dois meses e pelo seminário de cinco dias sobre serviços ao cliente.[57] Os novos funcionários acompanham seus mentores por três semanas para entender como funciona a empresa. Contudo, em contraste com este sistema formal da Edward Jones, a maioria das empresas conta com o mentor informal — quando os executivos mais antigos escolhem um funcionário e o adotam como seu protegido.

A relação entre mentor e protegido é mais eficaz quando eles não são chefe e subordinado.[58] O contexto chefe–subordinado apresenta um conflito inerente de interesses e uma certa tensão, especialmente porque o chefe avalia o desempenho do subordinado, o que limita a abertura e espontaneidade da comunicação.

Por que um líder decide ser um mentor? Existem benefícios pessoais para o líder, além dos benefícios para a organização. Esta relação dá ao mentor um acesso direto aos sentimentos e atitudes dos funcionários de nível hierárquico inferior. Os protegidos podem ajudar a evitar problemas potenciais ao trazer, antecipadamente, os primeiros sinais de perigo. Eles fornecem informações rápidas sobre o que acontece nos escalões inferiores. Desta forma, a relação mentor–protegido se torna um valioso canal de comunicação para que o mentor fique sabendo dos problemas primeiro, antes que eles fiquem evidentes para os dirigentes. Além disso, esta relação pode ser gratificante para o executivo por lhe oferecer a oportunidade de compartilhar o conhecimento e as experiências acumuladas durante anos.

Do ponto de vista da organização, os programas de mentores oferecem um sistema de apoio para os funcionários com alto potencial. Onde existem mentores, os protegidos costumam ser mais motivados, melhor articulados politicamente e têm menor probabilidade de sair da empresa. Uma pesquisa ampla recente revela, por exemplo, que estes programas oferecem benefícios substanciais para os protegidos.[59] Os funcionários que têm mentores ganham mais, são promovidos com mais freqüência e se mostram mais satisfeitos com suas carreiras do que os demais.

Todos os funcionários de uma empresa têm a mesma probabilidade de participar de um programa destes? Infelizmente, a resposta é não.[60] A evidência sugere que as mulheres e membros de grupos minoritário têm menos chances do que os homens brancos de serem escolhidos naturalmente como afilhados e, portanto, de se beneficiarem com os cuidados de um mentor. Os mentores tendem a escolher protegidos parecidos com eles próprios no que se refere a histórico de vida, educação, sexo, raça, etnia e religião. "As pessoas tendem naturalmente a se tornar mentoras e podem se comunicar mais facilmente com aqueles com quem se identificam mais intimamente."[61] Nos Estados Unidos, por exemplo, as posições mais altas na direção das empresas são tradicionalmente ocupadas por homens brancos, o que torna mais difícil que membros de minorias e mulheres sejam escolhidos

MITO OU CIÊNCIA?

"Os homens são líderes melhores do que as mulheres"

Essa afirmação é falsa. Não existem evidências que comprovem que os homens são líderes melhores que as mulheres.[62]

Até o final da de 1980, havia uma crença generalizada acerca de gênero e capacidade de liderança que defendia que os homens eram líderes melhores do que as mulheres. Este estereótipo tinha por base a convicção de que os homens eram inerentemente mais habilitados para a liderança por causa de seu maior enfoque no trabalho, menor emocionalidade e uma maior propensão para ser diretivo.

Ironicamente, na década seguinte esta "vantagem masculina" deu lugar a uma outra tese que defendia uma "vantagem feminina". Esta visão partiu de estudos que revelaram que as mulheres líderes, quando avaliadas por seus pares, subordinados e chefes, saíam-se melhor do que seus colegas homens em algumas dimensões críticas da liderança — incluindo a fixação de objetivos, a motivação de outras pessoas, a melhoria da comunicação, a produção de um trabalho de alta qualidade, a capacidade de ouvir os outros e de serem mentoras. Mais ainda, argumentava-se que as mulheres costumam adotar um estilo de liderança mais democrático — elas encorajam a participação, compartilham informações e poder, cuidam de seus liderados e preferem liderar por meio da inclusão; e que este estilo está mais adaptado às necessidades atuais das organizações em termos de flexibilidade, trabalho em equipe, confiança e compartilhamento de informações. Os homens, por outro lado, são mais propensos a empregar um estilo diretivo do tipo comando–e–controle, que funcionava melhor quando as organizações enfatizavam as estruturas rígidas, o individualismo competitivo, o controle e o sigilo.

As avaliações mais recentes destas evidências concluem que nenhum destes argumentos parece ter validade. Muitas das pesquisas que embasaram a tese da superioridade feminina provaram-se falhas, e amplas revisões dos dados não evidenciaram nenhum efeito significativo na diferença entre os sexos. Na realidade, os estilos são coincidentes em sua maior parte e as diferenças entre eles são muito pequenas. "Em resumo, não ficou demonstrado que um dos sexos tenha vantagem sobre o outro no desempenho na liderança. As defesas da superioridade masculina ou feminina não têm embasamento em dados reais."[63] ■

como protegidos. Além disso, quanto ao sexo, os mentores homens procuram escolher protegidos que também sejam do sexo masculino para evitar problemas de atração física ou de fofocas. As organizações responderam a essas questões com o aumento de programas formais de mentores e com a oferta de treinamento e instrução para mentores potenciais de grupos especiais, como mulheres e minorias.[64]

Autoliderança

É possível que uma pessoa lidere a si mesma? Muitas pesquisas sugerem que algumas pessoas conseguem fazer isto.[65] Os teóricos da **autoliderança** propõem a existência de uma série de processos através dos quais as pessoas controlam o seu próprio comportamento. E os líderes eficazes (chamados de *superlíderes* por seus defensores) ajudam seus seguidores a liderarem a si próprios. Eles fazem isso desenvolvendo a capacidade de liderança nos outros e dando a eles as condições para que não precisem mais de um líder formal para motivação e orientação.

Como criar indivíduos autoliderados? Algumas sugestões são listadas a seguir:[66]

1. *Seja um modelo de autoliderança.* Pratique a auto-observação, a auto-orientação e o auto-reforço e fixe metas pessoais desafiadoras. Demonstre tais comportamentos e encoraje os outros a fazer o mesmo.
2. *Estimule os funcionários a fixar metas próprias.* Ter metas quantitativas e específicas é fundamental para a autoliderança.
3. *Estimule o uso de auto-recompensas para fortalecer e encorajar comportamentos desejáveis.* Em contrapartida, a autopunição só deve ocorrer nas situações em que o funcionário tenha sido desonesto ou destrutivo.
4. *Crie padrões positivos de pensamento.* Encoraje os funcionários a pensar positivamente e a conversar com si mesmos para estimular a motivação.
5. *Crie um clima propício à autoliderança.* Replaneje o trabalho para aumentar as suas recompensas naturais e concentre-se nestes aspectos gratificantes do trabalho para aumentar a motivação.
6. *Encoraje a autocrítica.* Encoraje as pessoas a serem críticas acerca de seu próprio desempenho.

A premissa que baseia a tese da autoliderança é a de que as pessoas são responsáveis, capazes e podem exercer sua iniciativa sem a necessidade externa de chefes, regras ou regulamentos. Recebendo o apoio adequado, todos os indivíduos podem monitorar e controlar seu próprio comportamento.

A importância da autoliderança aumentou com a popularização do uso das equipes. Equipes autogerenciadas e autônomas precisam que seus membros sejam auto-orientados. Não se pode esperar que indivíduos que passaram toda a sua vida profissional sob uma liderança centralizadora repentinamente se ajustem a equipes autogerenciadas. Portanto, o treinamento para a autoliderança é um excelente meio de ajudar os funcionários a fazer a transição da dependência para a autonomia.

Liderança ética

O tópico sobre liderança e ética vem recebendo uma atenção surpreendentemente pequena. Apenas muito recentemente os pesquisadores começaram a considerar as implicações éticas da liderança.[67] Por que isso? Uma das razões pode ser o crescente interesse pela ética em todas as áreas da administração. Outra razão pode ser a descoberta, feita por biógrafos sérios, de que muitos dos nossos líderes do passado — como Martin Luther King Jr., John F. Kennedy e Franklin D. Roosevelt — sofreram alguns deslizes éticos. Os escândalos envolvendo o nome do presidente norte-americano Bill Clinton recentemente não ajudaram muito nesse aspecto. As práticas pouco éticas de executivos de empresas como Enron, WorldCom, HealthSouth, Arthur Andersen, Merrill Lynch e Tyco aumentaram a preocupação dos políticos e da sociedade sobre os padrões éticos no mundo empresarial norte-americano.

A ética toca a questão da liderança de diversas maneiras. Os líderes transformacionais, por exemplo, são acusados de enaltecer a virtude moral ao mesmo tempo que tentam manipular as atitudes e o comportamento de seus liderados.[68] O carisma também tem um componente ético. Os líderes carismáticos sem ética têm maior probabilidade de utilizar seu carisma para aumentar seu *poder sobre* os liderados, em proveito próprio. Os líderes éticos devem utilizar seu carisma de maneira socialmente construtiva, para servir aos outros.[69] Existe também a questão do abuso de autoridade quando, por exemplo, um líder recebe altos salários e gratificações ao mesmo tempo que, para cortar custos, demite funcionários com longo tempo de casa. E, é claro, o tópico da confiança trata explicitamente de honestidade e integridade na liderança. Como os altos executivos ditam o tom moral de uma organização, eles precisam estabelecer padrões éticos indiscutíveis, demonstrar o comprometimento com tais padrões em seu comportamento, bem como estimular e recompensar a integridade entre seus subordinados.

A eficácia da liderança precisa considerar os *meios* utilizados pelo líder para atingir suas metas tanto quanto o teor das metas em si. Bill Gates, por exemplo, conseguiu dominar o setor de software com a Microsoft por meio de uma cultura de trabalho extremamente agressiva. Seus concorrentes e o governo dos Estados Unidos identi-

Michael Capellas é o líder ético transformacional da MCI, o novo nome da WorldCom, a empresa de telefonia que faliu e admitiu sua culpa em uma das maiores fraudes financeiras da história dos Estados Unidos. Para restaurar a integridade da MCI e recuperar a confiança de seu pessoal, Capella reuniu-se com todos os funcionários e prometeu "nunca mentir" para eles. Ele nomeou um diretor para assuntos éticos, exigiu que todos os 55 mil funcionários da empresa passassem por um treinamento on-line sobre ética e que os 2 mil gerentes e trabalhadores da área financeira participassem de seminários sobre o tema.

ficaram essa cultura competitiva como a fonte de uma série de práticas antiéticas — desde o uso do controle de seu sistema operacional para favorecer a Microsoft e suas parceiras até o estímulo para que seus representantes de vendas "destruíssem" a concorrência. É importante ressaltar que a Microsoft espelha em sua cultura a personalidade de seu presidente e co-fundador, Gates. Além disso, a liderança ética também deve considerar o conteúdo das metas do líder. As mudanças que ele busca para a organização são moralmente aceitáveis? Um líder deve ser considerado eficaz se conseguir o sucesso da empresa através da comercialização de produtos que ameaçam a saúde de seus consumidores? Esta questão poderia ser endereçada aos executivos da indústria de cigarros ou da de lanches rápidos e pouco saudáveis. Um líder militar pode ser considerado bem-sucedido se vencer uma guerra que nem devia ter sido declarada?

A liderança não está isenta de critérios de valor. Antes de julgar a eficácia de um líder, devemos avaliar o conteúdo moral de seus objetivos, bem como dos meios que ele utiliza para atingi-los.

Liderança on-line

Como liderar pessoas que estão fisicamente separadas de você e com quem suas interações se limitam à comunicação digital escrita? Esta é uma questão que até agora não recebeu muita atenção dos estudiosos do comportamento organizacional.[70] As pesquisas sobre liderança têm se dirigido quase exclusivamente para situações face a face e verbais. Mas não se pode ignorar que, hoje em dia, os executivos e seus subordinados estão cada vez mais sendo ligados por redes de informação, sem proximidade física. Exemplos óbvios são os executivos que utilizam e-mails regularmente para se comunicar com seu pessoal, gerentes que supervisionam projetos ou equipes virtuais, além daqueles executivos cujos subordinados trabalham à distância e se conectam com a empresa apenas pelo computador.

Se a liderança é importante para inspirar e motivar os funcionários dispersos geograficamente, precisamos oferecer alguma orientação sobre como liderar nesse contexto. Lembre-se, contudo, que há muito pouca pesquisa sobre o assunto. Nossa intenção não é apresentar um guia definitivo sobre a liderança on-line. Queremos apenas introduzir este tema de crescente importância para levá-lo a refletir sobre como a liderança muda quando as relações são definidas por interações informatizadas.

Na comunicação face a face, as *palavras* mais duras podem ser suavizadas por ações não-verbais. Um sorriso e um gesto de conforto, por exemplo, podem minimizar o choque causado por termos como *desapontamento, insatisfatório, inadequado* ou *abaixo das expectativas*. Este componente não-verbal não existe nas interações on-line. A *estrutura* das palavras na comunicação digital também tem o poder de motivar ou desmotivar o receptor. A mensagem se compõe de períodos ou frases completos? As frases podem ser consideradas muito lacônicas e ameaçadoras. Da mesma forma, uma mensagem escrita só em letras maiúsculas é o equivalente a um discurso em gritos. O executivo que inadvertidamente enviar uma mensagem em frases curtas escritas em letras maiúsculas obterá uma resposta muito diferente do que se a mesma mensagem fosse composta de períodos completos em letras maiúsculas e minúsculas.

O líder precisa se certificar de que o *tom* da mensagem reflete as emoções que ele pretende expressar. A mensagem é formal ou informal? Ela combina com o estilo verbal do emissor? Ela transmite o nível apropriado de importância ou de urgência? O fato de que muitas pessoas têm um estilo de escrever diferente do que usam na comunicação oral é um problema potencial. Este autor já pôde observar várias vezes, por exemplo, líderes carismáticos e calorosos que não se sentem confortáveis com a palavra escrita e acabam escrevendo suas mensagens de uma maneira muito mais formal do que seu estilo de falar. Isto não apenas confunde os funcionários, mas também prejudica a eficácia da liderança como um todo.

Finalmente, os líderes on-line precisam escolher um *estilo*. Eles utilizam emoticons, abreviações ou jargões? Eles adaptam seu estilo à audiência? As observações sugerem que alguns executivos apresentam dificuldades para se adaptar à comunicação informatizada. Por exemplo, eles usam o mesmo estilo para escrever a seus superiores e a seus subordinados, com conseqüências imprevisíveis. Ou, então, usam a comunicação digital para se "esconder" ao dar más notícias.

Sabemos que uma mensagem transmite mais do que informações superficiais. Do ponto de vista da liderança, uma mensagem pode transmitir confiança ou desconfiança, status, orientações de trabalho ou sentimentos. Conceitos como estrutura do trabalho, comportamento apoiador e visão podem ser transmitidos tanto oralmente como por escrito. Pode ser possível transmitir carisma pela palavra escrita. Mas, para exercer a liderança on-line eficazmente, os executivos precisam entender que têm de fazer escolhas corretas sobre as palavras, a estrutura, o tom e o estilo de suas mensagens digitais. Eles também precisam desenvolver a habilidade de "ler nas entrelinhas" as mensagens que recebem. Da mesma forma que a inteligência emocional melhora a capacidade do sujeito de monitorar e avaliar as emoções das outras pessoas, os líderes on-line eficazes devem ser capazes de decifrar os componentes emocionais das mensagens.

Qualquer discussão sobre liderança on-line precisa contemplar a possibilidade de que a era digital pode transformar não-líderes em líderes. Alguns executivos, cujas habilidades de liderança face a face são reduzidas, podem brilhar on-line. Seus talentos podem residir em sua comunicação escrita e em sua capacidade de ler nas entrelinhas. Nada na literatura oficial sobre liderança discorre acerca dessa situação singular.

Propomos que os líderes on-line devem refletir cuidadosamente sobre as ações que suas mensagens digitais irão desencadear. Embora a comunicação informatizada seja relativamente nova, ela é um canal poderoso. Quando utilizada adequadamente, pode construir ou fortalecer a eficácia do líder. Mas, se mal utilizada, pode arruinar boa parte daquilo que o líder conquistaria por meio de suas ações verbais.

Além disto, os líderes on-line enfrentam desafios únicos, dos quais o maior é o desenvolvimento e a manutenção da confiança. A confiança baseada na identificação, por exemplo, é particularmente difícil de ser construída quando não há intimidade e interação interpessoal.[71] Já se observou também que as negociações on-line não funcionam, pois ambas as partes expressam níveis muito baixos de confiança.[72] No estágio atual, ainda não está claro se os funcionários conseguem se identificar com líderes com quem só se comunicam eletronicamente ou confiar neles.[73]

Esta discussão nos leva à conclusão parcial de que, para muitos executivos, as habilidades interpessoais precisam incluir a capacidade de comunicar apoio e liderança por meio da palavra escrita em um computador e a capacidade de ler as emoções nas mensagens recebidas dos outros. Neste "novo mundo" da comunicação, as habilidades de redação devem se tornar uma extensão das habilidades interpessoais.

Desafios para a conceituação de liderança

Um conhecido especialista em administração notou o papel onipresente atribuído ao conceito de liderança pelos acadêmicos, pelos executivos e pelo público em geral. Ele diz: "No século XVI, as pessoas atribuíam a Deus a responsabilidade por todos os eventos que não conseguiam explicar. Por que a colheita foi fraca? Foi porque Deus quis assim. Por que alguém morreu? Foi Deus o responsável. Agora a explicação para tudo é a liderança".[74] Ele comenta que, quando uma empresa faz sucesso, busca-se alguém para se dar o crédito. E, geralmente, essa pessoa é o presidente da empresa. Da mesma forma, quando as coisas não vão bem, é preciso alguém para levar a culpa. Novamente, o presidente desempenha esse papel. Mas muitas coisas que determinam o sucesso ou o fracasso de uma organização estão além da capacidade de controle de seu líder. Em muitos casos, o sucesso, ou o fracasso, depende apenas de se estar no lugar certo, ou errado, em um determinado momento. Isso pode ser ilustrado com o que ocorreu na Califórnia no verão de 2003.[75] A economia do Estado estava em má situação com um déficit de 28 bilhões de dólares. Aborrecidos e frustrados, os californianos precisavam de alguém para levar a culpa e o escolhido foi o governador Gray Davis. O índice de popularidade do governador caiu para menos de 21 por cento e os cidadãos pediram uma confirmação de seu mandato. Ele acabou sendo expulso e substituído pelo ator que virou político Arnold Schwarzenegger. Na verdade, Davis pouco podia fazer em relação ao déficit orçamentário. A maior parte do problema devia-se ao colapso das empresas "ponto-com", que haviam incrementado a economia do Estado nos anos 90, e à queda do mercado de ações entre 2000 e 2002. No período 2001-2002, por exemplo, a

> A população da Califórnia culpou seu governador pelo déficit orçamentário do Estado, um problema que não foi criado por ele. Para tentar manter seu mandato, Gray Davis fez uma maratona de discursos por todo o Estado, quando explicou que os problemas financeiros deviam-se a fatores fora de seu controle. Mas os eleitores decidiram que Gray era o responsável pelo mau desempenho econômico da Califórnia e elegeram outro líder.

receita do Estado caiu quase 17 por cento. Mas os californianos precisavam de um bode expiatório para sua raiva e frustração e Davis foi o escolhido para este papel. A pergunta essencial que deveria ser feita é: como a deposição de Davis vai ajudar a sanear o orçamento da Califórnia? A resposta é: não vai.

Nesta seção, apresentaremos duas perspectivas que questionam a crença amplamente aceita acerca da importância da liderança. A primeira argumenta que a liderança é mais uma questão de aparência do que de fato. Você não precisa *ser* um líder eficaz desde que você *pareça* sê-lo! A segunda perspectiva questiona diretamente a idéia de que algumas lideranças *serão sempre* eficazes, *independentemente* da situação. Este argumento defende que, em muitas situações, nada que o líder possa fazer será relevante.

Liderança como atribuição

Apresentamos a teoria da atribuição no Capítulo 5. Como você deve estar lembrado, ela trata da maneira como as pessoas tentam entender as relações de causa e efeito. Dissemos que, quando alguma coisa acontece, queremos atribuir o evento a alguém ou a outro evento. A **teoria da atribuição da liderança** diz que a liderança é simplesmente uma atribuição feita pelas pessoas acerca de outros indivíduos.[76] A abordagem da atribuição mostra que as pessoas caracterizam os líderes como possuidores de certos traços, como inteligência, personalidade extrovertida, grande poder de oratória, agressividade, compreensão e engenhosidade.[77] Da mesma forma, o líder com pontuação alta–alta (alta em ambas as dimensões: tarefa e pessoas), apresentado no capítulo anterior, é consistente com a atribuição que as pessoas fazem acerca do que é um bom líder.[78] Isto quer dizer que, independentemente da situação, um estilo de liderança alta–alta sempre será visto como o melhor. No nível da organização, a teoria da atribuição justifica as condições sob as quais as pessoas usam a liderança para explicar os resultados organizacionais. Estas condições são as situações extremas do desempenho da empresa. Quando o desempenho é extremamente bom ou extremamente ruim, as pessoas tendem a fazer atribuições de liderança para explicar os resultados.[79] Como foi mencionado anteriormente, esta tendência explica por que os presidentes de empresas (ou mandatários públicos) são considerados culpados quando suas instituições sofrem sérios revezes financeiros, mesmo que eles não tenham toda essa responsabilidade. Da mesma forma, se a instituição tem um desempenho financeiro excepcional, é seu líder que levará todo o crédito — independentemente do quanto ele tenha, de fato, contribuído para isso.

Uma das descobertas mais interessantes da literatura sobre o modelo de atribuição de liderança é a percepção de que os líderes eficazes geralmente são considerados como coerentes e assertivos em suas decisões.[80] Uma das explicações para que Ronald Reagan (em seu primeiro mandato como presidente) fosse percebido como um líder era porque ele se mostrava totalmente comprometido, firme e coerente com as decisões que tomava e as metas que fixava. Já o ex-presidente George Herbert Bush, durante seu mandato (1989-1993), comprometeu a percepção do público quanto à sua liderança ao aumentar as taxas do imposto de renda depois de passar toda a campanha presidencial afirmando: "Leiam meus lábios. Nada de novos impostos".

Na seqüência da teoria da atribuição da liderança, podemos dizer que o importante, para ser caracterizado como um "líder eficaz", é passar a *aparência* de líder eficaz, mais do que realizar as *conquistas propriamente ditas*. Os candidatos a líder podem tentar construir uma imagem de inteligência, personalidade, habilidade verbal, agressividade, trabalho e consistência. Ao fazer isto, eles aumentam a possibilidade de *serem vistos como* líderes eficazes por seus chefes, colegas e subordinados.

Variáveis substitutas e neutralizadoras da liderança

Ao contrário dos argumentos colocados neste capítulo e no anterior, a liderança pode não ser importante sempre. Um conjunto de dados provenientes de numerosos estudos demonstra que, em muitas situações, as ações dos líderes são irrelevantes. Certas variáveis individuais, organizacionais ou relativas ao trabalho em si podem funcionar como *substitutas* da liderança ou *neutralizar* a influência do líder sobre seus liderados.[81]

As neutralizadoras impossibilitam que o comportamento do líder faça qualquer diferença para seus subordinados. Elas negam a influência do líder. As variáveis substitutas, por sua vez, não apenas tornam a influência do líder impossível, como também desnecessária. Funcionam como um substituto da influência do líder. Por exemplo, características dos funcionários como sua experiência, treinamento, orientação "profissional" ou indiferença em relação às recompensas da organização podem substituir ou neutralizar os efeitos da liderança. A experiência e o treinamento, por exemplo, podem substituir a necessidade de apoio de um líder ou a capacidade para criar estrutura e reduzir a ambigüidade da tarefa. As atividades inerentemente rotineiras e de pouca ambigüidade, ou intrinsecamente satisfatórias, podem colocar menos demandas para a variável da liderança. Características organizacionais como metas explicitamente formalizadas, regras e procedimentos rígidos e grupos de trabalho coesos podem substituir a liderança formal (veja o Quadro 12-6).

O reconhecimento de que os líderes nem sempre têm um impacto sobre os resultados dos subordinados não chega a ser surpreendente. Afinal, apresentamos diversas variáveis — atitudes, personalidade, capacidade e normas grupais, apenas para citar algumas — que têm efeito sobre o desempenho e a satisfação dos funcionários. Mesmo assim, os defensores do conceito de liderança atribuem um peso muito grande a esta variável para explicar e prever comportamentos. É uma idéia muito simplista imaginar que os funcionários são guiados para a realização dos objetivos apenas pelas ações de um líder. É importante lembrar, portanto, que a liderança é simplesmente mais uma variável independente dentro de nosso modelo geral de comportamento organizacional. Em algumas situações, ela pode contribuir muito para explicar fatores como produtividade, absenteísmo, rotatividade, cidadania e satisfação, mas, em outras, pode oferecer pouca contribuição.

Encontrar e criar líderes eficazes

Cobrimos um grande número de assuntos nestes dois capítulos dedicados à liderança. Mas nosso objetivo final é responder à seguinte pergunta: como as organizações podem encontrar e criar líderes eficazes? Vamos tentar responder a esta questão.

QUADRO 12-6 Variáveis Substitutas e Neutralizadoras da Liderança

Características Definidoras	Liderança Orientada para o Relacionamento	Liderança Orientada para a Tarefa
Indivíduo		
Experiência/treinamento	Sem efeito	Substituta
Profissionalismo	Substituta	Substituta
Indiferença em relação a recompensas	Neutralizadora	Neutralizadora
Trabalho		
Tarefas altamente estruturadas	Sem efeito	Substituta
Oferece seu próprio feedback	Sem efeito	Substituta
Intrinsecamente satisfatório	Substituta	Sem efeito
Organização		
Metas formalizadas explicitamente	Sem efeito	Substituta
Regras e procedimentos rígidos	Sem efeito	Substituta
Grupos de trabalho coesos	Substituta	Substituta

Fonte: Baseado em S. Kerr e J. M. Jermier, "Substitutes for leadership: their meaning and measurement", *Organizational Behavior and Human Performance*, 1978, p. 378.

Seleção

Todo o processo pelo qual passa uma organização para preencher os cargos de chefia é, essencialmente, um exercício para identificar indivíduos que possam ser líderes eficazes. Essa busca pode começar pela revisão dos requisitos específicos para a posição a ser ocupada. Que conhecimentos, habilidades e capacidades são necessários? É preciso analisar a situação para encontrar o candidato mais adequado.

Os testes são úteis para identificar e selecionar líderes. Testes de personalidade podem ser usados para detectar traços associados à liderança — extroversão, consciência e abertura para novas experiências. Também é importante testar o potencial de automonitoramento do candidato a líder. Quanto mais automonitorado, mais indicado ele é porque esta característica o torna capaz de compreender melhor as situações e ajustar seu comportamento a elas. Também se pode avaliar a inteligência emocional. Dada a importância das habilidades sociais para a administração, as pessoas com alto grau de inteligência emocional podem levar vantagem, especialmente nas situações que requerem liderança transformacional.[82]

As entrevistas também oferecem uma oportunidade de avaliação dos candidatos a líderes. Por exemplo, sabemos que a experiência não é uma boa indicadora de liderança eficaz, mas a experiência em uma situação específica é relevante. Pode-se usar a entrevista para descobrir se a experiência anterior do candidato se adapta à situação em que ele vai ter de agir. Da mesma maneira, a entrevista é um veículo razoavelmente bom para se avaliar a existência de uma visão, de habilidades verbais para o enquadramento de questões, de uma presença carismática ou de traços como extroversão e autoconfiança.

Sabemos da importância dos fatores situacionais para o sucesso da liderança. E devemos usar este conhecimento para adequar o líder à situação. A situação requer alguém focado na mudança? Se este for o caso, busque um líder transformacional. Se não for, busque um líder transacional. Pode-se, inclusive, questionar: a liderança é importante para esta posição específica? Pode haver fatores situacionais que substituem ou neutralizam a liderança. Se este for o caso, o líder desempenhará apenas o papel simbólico de "figura de proa" e a importância de selecionar a pessoa "certa" não é particularmente crucial.

Treinamento

As empresas em seu conjunto gastam milhões de dólares, ienes e euros em treinamento e desenvolvimento de líderes.[83] Esses esforços tomam diversas formas — desde programas de liderança para executivos de 50 mil dólares, oferecidos por universidades como Harvard, até experiências com barcos à vela, oferecidas pela Outward Bound School. Embora boa parte desse dinheiro traga benefícios discutíveis, nossa revisão sugere que existem coisas que os dirigentes de uma organização podem fazer para maximizar os resultados de seus programas de treinamento de líderes.[84]

Um concerto de música clássica ajuda os líderes de empresas como Verizon, Unilever, Starbucks, Deutsche Bank e outras grandes corporações de todo o mundo a moldar seu comportamento e ganhar eficácia. Chamado de Paradigma da Música, este programa de treinamento oferecido pela Stamford Symphony usa a orquestra como metáfora de uma organização e envolve a audiência no aprendizado de declarações de missão, estratégia de negócios, comunicação, trabalho em equipe, inovação e mudança. Na foto, os corretores de imóveis da REMAX International aparecem em treinamento.

Devemos primeiro reconhecer o óbvio. As pessoas não são igualmente capazes de assimilar treinamentos. Qualquer tipo de treinamento para a liderança tende a ter mais sucesso se o indivíduo tiver um elevado grau de automonitoramento. Este tipo de pessoa possui flexibilidade para mudar seu próprio comportamento.

Que coisas uma pessoa pode aprender para melhorar a sua eficácia como líder? Seria utópico imaginar que se pode ensinar alguém a "criar uma visão", mas podem-se ensinar habilidades de implementação. Podemos treinar as pessoas para desenvolver "uma compreensão sobre conteúdos críticos para a visão eficaz".[85] Também podemos ensinar habilidades como a construção de confiança e a função de mentor. O mesmo acontece com a análise situacional. As pessoas podem aprender a avaliar as situações, modificá-las para que se ajustem melhor ao seu estilo, além de determinar qual comportamento de liderança é mais eficaz para cada situação.

Recentemente, diversas empresas vêm recorrendo aos treinadores de executivos para melhorar as habilidades de liderança de seus dirigentes.[86] Por exemplo, Charles Schwab, eBay, Pfizer, Unilever e American Express contrataram treinadores para atender a seus executivos individualmente e fazer com que eles aprimorem suas habilidades interpessoais e aprendam a agir de maneira menos autocrática.[87]

Um ponto positivo é o de que existem evidências de que o treinamento comportamental por meio de exercícios de dramatização pode melhorar a habilidade do indivíduo de exibir qualidades de liderança carismática. O sucesso dos pesquisadores mencionados anteriormente (ver Os Líderes Carismáticos Já Nascem Feitos ou Podem Ser Criados?) que treinaram estudantes de administração para "fazer o papel" de carismáticos são um bom exemplo disto.[88]

Resumo e implicações para os executivos

Hoje em dia, os executivos eficazes precisam desenvolver relacionamentos de confiança com aqueles que pretendem liderar. Por que isso? Porque, como as organizações tornaram-se menos estáveis e previsíveis, os laços fortes de confiança substituíram as regras burocráticas na definição dos relacionamentos e das expectativas. Executivos que não conquistam a confiança de seus subordinados têm pouca chance de serem líderes eficazes.

As empresas buscam cada vez mais executivos que possuam qualidades de liderança transformacional. Elas querem líderes com visão e com carisma para implementá-la. Enquanto a verdadeira eficácia da liderança pode ser o resultado da exibição dos comportamentos certos no momento certo, há fortes evidências de que as pessoas têm uma percepção mais ou menos uniforme de como um líder deve ser. Elas atribuem a "liderança" àqueles que são espertos, têm personalidade, habilidades verbais e assim por diante. À medida que um administrador é capaz de projetar tais qualidades, os outros tendem a ver nele um líder.

Para os dirigentes de empresa preocupados em preencher posições-chave em suas organizações com líderes eficazes, mostramos como testes e entrevistas podem ajudar a identificar pessoas com qualidades de liderança. Além de focar a seleção de líderes, os executivos devem também considerar o investimento em treinamento para a liderança. Muitos indivíduos com potencial de liderança podem aprimorar estas qualidades por meio de cursos, workshops, rodízio de responsabilidades, treinamento e programas de mentores.

PONTO ▶   ◀ CONTRAPONTO

A liderança é limitada pela cultura nacional

Os líderes precisam adaptar seus estilos às diferentes culturas nacionais. O que funciona na China, por exemplo, provavelmente não funcionará no Canadá ou na França. Você consegue imaginar, por exemplo, os executivos da grande rede canadense de lojas The Bay mostrando eficiência ao humilhar seus funcionários em público? Pois é o que acontece na Asia Department Store, na China.[89] Seus executivos gabam-se publicamente de praticar uma administração "impiedosa", inclusive exigindo que os novos funcionários passem por duas ou quatro semanas de um treinamento que se assemelha ao serviço militar para aumentar sua obediência, e realizando o treinamento interno em lugares públicos, onde os funcionários podem ser ridicularizados abertamente por seus erros.

A cultura nacional influencia o estilo de liderança por parte dos liderados. Os líderes não são livres para escolher o estilo que preferirem. Eles têm limites impostos pelas condições culturais que determinam as expectativas de seus liderados. Considere o seguinte: os líderes coreanos devem ser paternalistas com seus funcionários; os líderes árabes que demonstram gentileza ou generosidade sem serem solicitados a agir assim são vistos como fracos; os líderes japoneses devem mostar-se humildes e falar pouco.[90]

Consistentemente com a teoria das contingências, os líderes precisam adequar seus estilos aos aspectos peculiares da cultura de cada país. Por exemplo, os estilos manipulador e autocrático são compatíveis com um ambiente de grande distanciamento do poder, uma característica forte em países do Extremo Oriente, na Rússia, na Espanha, em nações árabes e na maioria dos países latinos. A distância do poder também pode ser um bom indicador para a disposição dos funcionários em aceitar a liderança participativa. A participação tende a ser mais eficaz em países onde a distância do poder é menor, como as culturas da Noruega, da Finlândia, da Dinamarca e da Suécia.

O projeto de pesquisa Globe, que foi apresentado no Capítulo 3, levantou dados de cerca de 18 mil executivos de nível médio em 825 organizações em 62 países. Este é o maior estudo já realizado sobre liderança multicultural. Portanto, seus resultados devem ser levados em consideração. É interessante notar que uma das descobertas dessa pesquisa é que existem alguns aspectos universais em relação à liderança. Mais especificamente, diversos elementos que compõem a liderança transformacional parecem estar relacionados à liderança eficaz, independentemente do país.[91] Esta conclusão é muito importante porque questiona a abordagem contingencial, que afirma que o estilo de liderança tem de se adaptar às diferenças culturais.

Que elementos da liderança transformacional parecem ser universais? Visão, cautela, encorajamento, credibilidade, dinamismo, positividade e proatividade. Estes resultados levaram dois participantes do projeto Globe a concluir que "os líderes empresariais eficazes, em qualquer país, devem oferecer a seus liderados uma visão poderosa e proativa para guiar a organização no futuro e possuir grande habilidade motivacional para inspirar todos os funcionários a buscar essa visão, além de ter excelentes habilidades de planejamento para ajudar na implementação da visão".[92]

O que pode explicar a universalidade destes atributos da liderança transformacional? Foi sugerido que as pressões para a adoção de tecnologias e de práticas administrativas comuns, consequência da competição globalizada e das influências multiculturais, podem tornar alguns aspectos da liderança universalmente aceitos. Se isso for verdade, talvez possamos selecionar e treinar líderes dentro de um estilo universal, o que elevará significativamente a qualidade das lideranças em todo o mundo.

Questões para revisão

1. Compare os três tipos de confiança. Relacione-os a suas próprias experiências de relacionamento pessoal.
2. O que você faria para ser visto pelos outros como um líder carismático?
3. Quando o carisma pode ser prejudicial?
4. Como um líder desenvolve a autoliderança em seus seguidores?
5. Como a inteligência emocional se relaciona à eficácia da liderança?
6. Como se tornar um líder de equipe eficaz?
7. Por que um líder desejaria se tornar um mentor?
8. Como a ética se relaciona à liderança?
9. Como a liderança pode ser considerada uma atribuição?
10. Compare substitutos e neutralizadores da liderança.

Questões para reflexão crítica

1. Em sua opinião, qual o papel que o treinamento pode ter na habilidade de um indivíduo para confiar nos outros? Por exemplo, a formação de advogados, de contadores, de agentes da lei ou de trabalhadores sociais têm abordagens diferentes quanto à confiança a ser depositada nas outras pessoas? Explique.
2. "Não é possível ser simultaneamente um chefe confiável e um líder político astuto. Uma coisa requer transparência e a outra, segredos." Você concorda com esta afirmação? Explique.
3. Sendo um novo funcionário na empresa, por que você gostaria de ter um mentor? Por que as mulheres e os membros de minorias têm mais dificuldade de conseguir um mentor do que os homens brancos?
4. Existe algum problema ético no fato de os líderes se preocuparem mais em parecerem líderes do que em sê-los realmente? Discuta.
5. "Os líderes fazem uma grande diferença para o desempenho de uma organização." Crie uma argumentação para apoiar esta afirmação e outra para refutá-la.

Exercício de grupo

Prática para ser carismático

As pessoas que possuem carisma costumam apresentar os seguintes comportamentos:

1. *Projetam uma presença poderosa, confiante e dinâmica.* Isso possui componentes verbais e não-verbais. As pessoas carismáticas utilizam um tom de voz cativante e animador. Transparecem confiança. Falam diretamente para as pessoas, mantendo contato visual e uma postura corporal que expressa uma grande segurança. Elas falam claramente, evitam gaguejar e procuram não utilizar expressões sem conteúdo, como "ahhh" ou "você sabe", em suas sentenças.
2. *Articulam uma meta abrangente.* Elas têm uma visão para o futuro, formas não-convencionais de realizar essa visão e a capacidade de comunicá-la às pessoas.

   A visão é uma mensagem clara sobre onde elas querem chegar e como farão isso. São capazes de persuadir os outros de que a realização dessa visão será em proveito deles. Elas buscam abordagens novas e radicalmente diferentes para os problemas. O caminho para a realização de sua visão é novo, mas totalmente apropriado ao contexto.

   Elas não apenas têm a visão, mas são capazes de conquistar a adesão dos outros para ela. A utilização de acontecimentos reais, metáforas e analogias pode trazer uma dimensão emocional à mensagem e aumentar sua força de persuasão.

3. *Comunicam suas expectativas de alto desempenho, bem como a confiança de que as pessoas são capazes de corresponder a essas expectativas.* Elas demonstram sua confiança nas pessoas estabelecendo metas ambiciosas para elas, tanto individualmente como em grupo. Expressam total convicção de que seus subordinados vão corresponder às expectativas.
4. *São sensíveis às necessidades de seus liderados.* Os líderes carismáticos conhecem seus liderados pessoalmente. Compreendem suas necessidades

individuais e são capazes de desenvolver relações intensamente pessoais com cada um deles. Eles fazem isso encorajando seus liderados a expressar seus pontos de vista, ficando à sua disposição, ouvindo sinceramente seus interesses, preocupando-se com eles e fazendo perguntas para que possam descobrir o que lhes é realmente importante.

Agora que já sabemos o que faz um líder carismático, podemos passar para a prática da projeção do carisma.

a. A classe deve ser dividida em pares.

b. A tarefa do estudante A será "liderar" o estudante B através de uma orientação para os calouros da sua faculdade. A preleção deverá durar de 10 a 15 minutos. Parta do princípio de que o estudante B é novo na escola e não conhece bem o câmpus. Lembre-se: o estudante A terá de passar uma imagem carismática.

c. Agora os papéis se invertem: o estudante B deve "liderar" um programa de 10 a 15 minutos para o estudante A acerca de como estudar mais eficazmente para as provas. Pense um pouco sobre o que funcionou com você e considere que o estudante A é um aluno novo, interessado em melhorar seus hábitos de estudo. Novamente, lembre-se de que o estudante B deve passar uma imagem carismática.

d. Depois da atuação de ambos, cada par deverá fazer uma avaliação de sua projeção de carisma e de como ela pode ser aprimorada.

Fonte: Este exercício baseia-se em J. M. Howell e P. J. Frost, "A laboratory study of charismatic leadership", *Organizational Behavior and Human Decision Process*, abr. 1989, p. 243-269; e A.J. Towler, "Effects of charismatic influence training on attitudes, behavior, and performance", *Personnel Psychology*, verão 2003, p. 363-381.

Dilema ético

Liderança ética, ou você trabalharia aqui?

Você aceitaria um alto cargo de executivo em uma grande indústria de cigarros, como a Phillip Morris ou a R.J. Reynolds? Faço esta pergunta para meus alunos há anos e cerca de 80 por cento respondem que "não".

Diz-se que o conteúdo de nossos objetivos tem ramificações éticas. Isso quer dizer que certos tipos de negócios são inerentemente antiéticos? Por exemplo, muitos alunos justificam suas posições alegando que estas empresas vendem produtos nocivos à saúde. Como *você* vê a questão? *Você* assumiria um cargo executivo na Phillip Morris ou na R.J. Reynolds? Faria diferença se o salário fosse de 300 mil dólares em vez de 75 mil dólares?

As indústrias de tabaco não são as únicas empresas que vendem produtos que fazem mal à saúde. Você trabalharia para a Anheuser-Busch, produtora da cerveja Budweiser? A primeira resposta dos meus alunos a esta questão é "sim". Mas a resposta acaba sendo questionada quando eles são informados que motoristas alcoolizados matam mais de 16 mil pessoas por ano só nos Estados Unidos, além de ferir meio milhão de pessoas. Muitos destes motoristas estavam embriagados por cerveja e a Anheuser-Busch tem 45 por cento do mercado. Portanto, milhares de pessoas morrem todos os anos em conseqüência dos produtos da Anheuser-Busch. Esta conclusão é justa? Isto modificaria sua disposição para trabalhar na Anheuser-Busch?

Doces e sorvetes são produtos que dificilmente podem ser considerados como saudáveis. Com seu alto teor de açúcar e gorduras, eles contribuem para problemas de saúde como obesidade, hipertensão arterial e altas taxas de colesterol. Você se sentiria ético como executivo da Keebler ou da Ben & Jerry?

Quais as empresas que você não trabalharia por considerar sua área de atuação antiética?

Estudo de caso

Anne Mulcahy e a Xerox

Anne Mulcahy é um modelo de lealdade. Ela entrou para a Xerox quando tinha 23 anos. Passou 16 anos na área de vendas, depois 8 anos em diversas posições administrativas — diretora de recursos humanos, chefe do então iniciante setor de informática e assistente do presidente. Ela nunca aspirou comandar a Xerox, nem tinha a intenção de ser chefe. Ela se surpreendeu, como todo mundo, quando o conselho de administração da empresa a escolheu para a presidência, em agosto de 2001. Ela aceitou o cargo com sentimentos controversos. A empresa estava em péssima situação financeira, com dívidas de 17,1 bilhões de dólares em e apenas 154 milhões de dólares em caixa. Iniciava-se um período de sete trimestres seguidos de perdas. A empresa havia demorado para mudar da copiagem analógica para a digital, e das copiadoras em preto e branco para as coloridas. Concorrentes japoneses, como a Canon e a Ricoh, já haviam conquistado uma boa fatia deste mercado. Os executivos anteriores tinham diversificado os negócios da empresa para o setor de serviços financeiros, mas nunca alavancaram a expertise da Xerox no setor de computadores pessoais. O preço das ações da empresa havia despencado, de quase 64 dólares em 2000, para 4,43 dólares. Mas Mulcahy sentia uma grande lealdade à empresa. Ela sentia ter a obrigação de fazer todo o possível para salvar a Xerox. Dever e lealdade a levaram a aceitar um cargo que, na verdade, ninguém queria, apesar de não ter nenhuma preparação para assumir o posto.

Dizer que Mulcahy não estava preparada para o cargo é pouco. Ela não sabia nada de análise financeira, por exemplo. Não possuía MBA e tinha graduação em letras e jornalismo. Ela, então, pediu ao diretor financeiro que lhe ensinasse algo sobre finanças e contabilidade. Ele a ajudou a compreender a estrutura das dívidas, a tendência dos estoques e os efeitos dos impostos e do câmbio. Isto permitiu que ela entendesse sobre como gerar caixa e como cada decisão sua afetaria o balanço da empresa. Mulcahy diz que a falta de treinamento foi sua grande aliada. Ela não tinha noções preconcebidas e nem teve tempo para desenvolver maus hábitos.

Mulcahy e sua equipe de executivos enfrentaram uma tarefa difícil logo de início. A Xerox é uma empresa conservadora e seu pessoal tem grande resistência a mudanças. O tempo de casa na empresa é de 14 anos em média, o dobro do registrado no setor. Embora todos soubessem que a empresa estava em dificuldades, poucos estavam dispostos a desafiar o convencional. Ela apelou para os funcionários com a dedicação de um missionário, em vídeos e pessoalmente, para que todos "economizassem cada dólar como se fosse seu". Ela recompensou quem respondeu positivamente, não apenas com a recusa de eliminar os aumentos salariais, mas também com gestos simbólicos: em 2002, por exemplo, ela deu a todos os funcionários folga no dia do aniversário. Seu estilo de pressão com gentileza se baseava em trabalho duro, mensurações dos resultados, falar sempre a verdade e ser extremamente honesta.

Em menos de dois anos como presidente, Mulcahy fez um enorme progresso para recuperar a Xerox. Os funcionários gostam de seu estilo assertivo e honesto. Eles também gostam do fato de ela se dispor a arregaçar as mangas para trabalhar lado a lado com seus subordinados. Como ela trabalhava tanto, todos se sentiam na obrigação de fazer o mesmo. Mas Mulcahy não é boazinha. Ela é inteligente, enérgica e durona, mas sensível. E mostrou que é capaz de tomar decisões difíceis. Por exemplo, ela cortou custos e boa parte da economia deveu-se à redução do pessoal da empresa em 30 por cento, além do fechamento da divisão de desktops. Ela supervisionou a agilização da produção e os novos investimentos em pesquisa e desenvolvimento, e reestruturou a área de vendas para que as difusas linhas de autoridade ficassem mais claras. Ele se reuniu com banqueiros e com clientes. Mais importante ainda, ela viajou muito. Mulcahy reanimou "as tropas" visitando os escritórios da Xerox — às vezes, em três cidades diferentes num só dia — para levar inspiração aos funcionários. Embora muita gente achasse que a empresa estava fadada à falência, ela jamais considerou esta opção. No verão de 2003, a Xerox acumulava quatro trimestres de lucros operacionais. As ações da empresa já alcançavam a cotação de 11 dólares. E, embora o futuro ainda seja incerto, pelo menos, parece que haverá um futuro para a empresa.

Questões

1. Como Anne Mulcahy conquistou a confiança dos funcionários depois de ser nomeada presidente?

2. Mulcahy tinha uma visão para a Xerox? Explique.

3. Que qualidades você acha que ajudaram Mulcahy a recuperar a Xerox?

4. O que este caso diz a respeito de experiências de liderança?

Fonte: B. Morris, "The accidental CEO", *Fortune*, 23 jun. 2003, p. 58-66.

CAPÍTULO 13

Poder e política

Depois de ler este capítulo, você será capaz de:

OBJETIVOS DO APRENDIZADO

1. Comparar liderança e poder.
2. Definir as sete bases do poder.
3. Esclarecer o que cria dependência nas relações de poder.
4. Listar nove táticas de influência e suas contingências.
5. Explicar por que o assédio sexual é um abuso de poder.
6. Descrever a importância de uma perspectiva política.
7. Listar os fatores individuais e organizacionais que estimulam o comportamento político.
8. Identificar sete técnicas para administrar a impressão que uma pessoa causa nos outros.
9. Explicar como os comportamentos defensivos podem proteger os interesses do indivíduo.
10. Listar as três questões que ajudam a determinar se uma ação política é ética.

Na Merrill Lynch, gigante do setor de valores mobiliários, a mensagem é clara: não tente usurpar a autoridade do chefe. Dois altos executivos — Thomas Patrick e Arshad Zakaria — tentaram isto e acabaram na rua.[1]

O chefe, no caso, é Stan O'Neal (foto), presidente da Merrill Lynch. O que tornou este caso tão rumoroso foi o fato de que Patrick e Zakaria eram os mais íntimos confidentes de O'Neal. Patrick era o vice-presidente e o segundo executivo mais poderoso da organização. Zakaria era diretor para mercados internacionais e bancos de investimento e protegido de Patrick. Ambos tiveram um papel importante para convencer o conselho de administração de que a empresa precisava de sérios cortes de custos e que O'Neal era a melhor pessoa para fazer isto.

O'Neal foi nomeado presidente interino em julho de 2001. Ele começou a limpar a empresa dos executivos que considerava como ameaças em potencial. Patrick e Zakaria tiveram papel destacado em ajudar O'Neal a cortar 23 mil empregos e a aumentar de modo espetacular a lucratividade da empresa. O sucesso fez com que O'Neal fosse nomeado presidente efetivo em dezembro de 2002.

De acordo com fontes internas da empresa, o erro fatal de Patrick e Zakaria foi fazer campanha junto aos membros do conselho de administração, no verão de 2003, para que Zakaria, de 41 anos, fosse indicado como sucessor de O'Neal, de 51 anos. O'Neal estava no cargo há menos de um ano e julgou a indicação de seu sucessor um tanto prematura. Quando Patrick disse a O'Neal que achava que Zacaria deveria ser o futuro presidente e apontado como seu herdeiro, O'Neal achou que ele tinha passado dos limites. Ele obrigou Patrick, de 60 anos, a se aposentar. Uma semana depois, demitiu Zakaria. A mensagem que este acontecimento transmitiu para toda a Merrill Lynch foi alta e clara: O'Neal estava no comando e não iria tolerar qualquer desafio à sua autoridade.

O poder tem sido considerado como o pior dos palavrões. Para a maioria das pessoas, é mais fácil falar em dinheiro do que em poder. As pessoas que detêm poder negam isso, aquelas que o desejam tentam não demonstrar o desejo, e as que conseguem obtê-lo não gostam de falar sobre como o conseguiram.[2]

Um dos principais temas deste capítulo é que o poder é um processo natural em qualquer grupo ou organização. Neste sentido, precisamos saber como ele é obtido e exercido para que possamos compreender o comportamento organizacional como um todo. Embora provavelmente você já deva ter ouvido a frase "o poder corrompe e o poder absoluto corrompe absolutamente", nem sempre o poder é uma coisa ruim. Como observou um autor, muitos remédios podem matar se ingeridos na quantidade errada, e milhares de pessoas morrem diariamente em acidentes automobilísticos, mas não deixamos de lado os medicamentos e os carros por causa dos perigos associados a eles. Pelo contrário, consideramos esses perigos um incentivo à busca de informações e treinamentos que nos ajudem a utilizar essas forças produtivamente.[3] O mesmo se aplica ao poder. Ele é parte da realidade da vida organizacional e não vai deixar de sê-lo. Além disso, ao aprender como o poder funciona nas organizações, você terá mais condições de usar seu conhecimento para ajudá-lo a se tornar um executivo mais eficaz.

Uma definição de poder

O **poder** diz respeito à capacidade que A tem de influenciar o comportamento de B, de maneira que B aja de acordo com a vontade de A.[4] Esta definição implica um *potencial* que não precisa ser realizado para ser eficaz e uma relação de *dependência*.

O poder pode existir mas não ser exercido. Ele é, portanto, uma capacidade ou potencial. Uma pessoa pode ter poder e não utilizá-lo.

Provavelmente, o aspecto mais importante do poder é o de ser uma função de **dependência**. Quanto maior a dependência de B em relação a A, maior o poder de A nesse relacionamento. A dependência, por sua vez, baseia-se no conjunto de alternativas percebidas por B e na importância que este dá às alternativas controladas por A. Uma pessoa só pode ter poder sobre você se ela controlar algo que você deseja. Se você quer seu diploma e, para tanto, precisa ser aprovado em uma disciplina que é ministrada por apenas um professor em sua faculdade, esse professor tem poder sobre você. Suas alternativas são muito limitadas e você dá muita importância ao diploma. Da mesma forma, se você cursa a universidade graças ao dinheiro de seus pais, certamente reconhece o poder que eles têm sobre você. Você é dependente deles financeiramente. Depois que se formar, arrumar um emprego e começar a ganhar o seu dinheiro, o poder deles será reduzido significativamente. Mesmo assim, quantos de nós já não ouvimos histórias de pessoas muito ricas que controlam o comportamento de todos os membros da família através da ameaça, velada ou explícita, de "tirá-los do testamento"?

Comparando liderança e poder

Uma comparação cuidadosa entre nossas descrições de poder, aqui, e de liderança, nos dois capítulos anteriores, revela que os dois conceitos estão inter-relacionados. Os líderes utilizam o poder como meio de atingir os objetivos do grupo. Eles atingem os objetivos, e o poder é um meio de facilitar suas conquistas.

Que diferenças existem entre os dois termos? Uma diferença se refere à compatibilidade de objetivos. O poder não requer a compatibilidade de objetivos, apenas a relação de dependência. A liderança, por outro lado, requer alguma congruência entre os objetivos do líder e os daqueles que são liderados. Uma segunda diferença se relaciona à direção em que a influência é exercida. A liderança enfoca a influência descendente do líder sobre o liderado. Ela minimiza a importância dos padrões ascendente e lateral de influência; o poder, não. Outra diferença diz respeito à ênfase dada pelas pesquisas. A pesquisa sobre liderança, em sua maior parte, enfatiza a questão do estilo. Busca respostas para perguntas como: "Quanto um líder deve ser apoiador?" ou "Quanto do processo decisório deve ser compartilhado com os liderados?". Já a pesquisa sobre poder se dedica a uma área mais ampla e foca as táticas de conquista da submissão. Ela vai além do indivíduo, pois o poder também pode ser exercido por grupos, para controlar outros grupos ou indivíduos.

As bases do poder

De onde emana o poder? O que dá a um indivíduo ou a um grupo a influência sobre os outros? A resposta a essas questões é obtida através da divisão das bases ou fontes de poder em dois grupos genéricos — formal e pessoal —, cada qual subdividido em categorias mais específicas.[5]

Poder formal

O poder formal baseia-se na posição que o indivíduo ocupa dentro da organização. O poder formal pode emanar da capacidade de coagir ou de recompensar, da autoridade formal ou do controle sobre as informações.

Poder Coercitivo   A base do **poder coercitivo** é dependente do medo. A pessoa reage a esse poder por medo das conseqüências negativas de seu comportamento. Ele emana da aplicação, ou da ameaça de aplicação, de sanções físicas como a imposição de dor, a frustração causada pelo impedimento de movimentação, ou controle, pela força, de necessidades básicas fisiológicas ou de segurança.

No nível organizacional, A possui poder coercitivo sobre B quando pode demitir, suspender ou rebaixar B, assumindo que este valoriza seu trabalho. Da mesma forma, se A pode infligir a B tarefas que este considera desagradáveis ou o trata de maneira constrangedora, A possui poder coercitivo sobre B.

Poder de Recompensa   O oposto do poder coercitivo é o **poder de recompensa**. Uma pessoa se submete à vontade ou às ordens de outra porque isso lhe trará algum benefício. Portanto, aquele que pode distribuir recompensas consideradas valiosas pelos outros tem poder sobre eles. Essas recompensas podem ser financeiras — como o controle de comissões, aumentos de salários e bônus — ou não financeiras — como reconhecimento, promoções, tarefas mais interessantes, colegas amigáveis ou a escolha de turnos de trabalho ou áreas de vendas mais atraentes.[6]

O poder coercitivo e o poder de recompensa são, na verdade, os dois lados de uma mesma moeda. Se você pode tirar algo de valor positivo ou infligir algo de valor negativo a alguém, exerce o poder coercitivo. Se você pode fornecer algo de valor positivo ou remover algo de valor negativo de alguém, exerce o poder de recompensa.

Poder Legítimo   Nos grupos formais e nas organizações, o acesso mais freqüente dos indivíduos a uma ou mais bases de poder provavelmente está em sua posição na estrutura. Isso é chamado de **poder legítimo**. Ele representa o poder que uma pessoa tem para usar e controlar os recursos da organização.

> Na Índia, Naina Lal Kidwai é uma poderosa executiva do mercado financeiro. Seu poder vem de seu cargo de vice-presidente da Corretora de Valores Mobiliários HSBC, pertencente ao grande conglomerado HongKong and Shanghai Banking Corporation. O poder formal de Kidwai baseia-se em sua posição na empresa.

As posições de autoridade incluem os poderes coercitivo e de recompensa. O poder legítimo, contudo, é mais amplo que o poder de coerção e o de recompensa. Especificamente, ele inclui a aceitação da autoridade de um cargo pelos membros da organização. Quando o diretor de uma escola, o presidente de um banco ou o comandante de um exército falam (considerando-se que seu discurso esteja dentro do espectro de sua autoridade formal), os professores, gerentes ou oficiais escutam e geralmente obedecem.

Poder de Informação A quarta fonte de poder formal — o **poder de informação** — emana do acesso e do controle sobre as informações. Na organização, as pessoas que detêm dados ou conhecimentos necessários para os outros podem fazer com que estes se tornem dependentes delas. Os gerentes, por exemplo, que têm acesso a informações privilegiadas sobre vendas, custos, salários, lucros e dados similares podem usar essas informações para controlar o comportamento de seus subordinados. De modo semelhante, uma área da empresa que possui informações críticas para o desempenho da organização em determinado momento — como acontece com o departamento jurídico quando a empresa está sendo processada ou com o departamento de recursos humanos durante uma negociação sindical — ganhará poder enquanto a situação se mantiver incerta.

Poder pessoal

Não é preciso ter uma posição formal na organização para deter poder. A maioria dos engenheiros que desenvolvem os chips da Intel, por exemplo, tem poder, embora eles não tenham cargos de chefia nem poder formal. O que eles têm é poder pessoal — o poder que emana das características únicas de um indivíduo. Nesta seção vamos examinar as três bases de poder pessoal — talento, respeito e admiração dos outros e carisma.

Poder de Talento O **poder de talento** é a influência que se exerce como resultado da perícia, da habilidade específica ou do conhecimento. À medida que o mundo passou a ser cada vez mais dependente da tecnologia, a perícia tornou-se uma das mais poderosas fontes de influência. As tarefas tornaram-se mais especializadas e, por isso, ficamos mais dependentes dos peritos para atingirmos nossos objetivos. Assim, embora todo o mundo concorde que os médicos são peritos, e por isso exercem poder — a maioria segue seus conselhos sem discussão —, devemos também reconhecer que os especialistas em computação, os peritos em tributação, os economistas, os psicólogos industriais e outros especialistas também exercem um poder resultante de seu talento específico.

QUADRO 13-1 Confiança dos Funcionários nos Dirigentes de suas Empresas

"Eu ia dizer: 'Bem, não sou eu quem faz as regras', mas, é claro, sou eu mesmo quem faz as regras."

Fonte: Charge de Leo Cullum, publicada na revista *New Yorker*. Copyright © 1986 by *New Yorker Magazine*. Reproduzido com autorização.

Poder de Referência   A base do **poder de referência** é a identificação com uma pessoa que possua recursos ou traços pessoais desejáveis. Se eu admiro e me identifico com alguém, essa pessoa exerce poder sobre mim porque quero agradá-la.

O poder de referência emana da admiração pelo outro e do desejo de se parecer com ele. De certo modo, é bem semelhante ao carisma. Se você admira alguém a ponto de modelar seu comportamento e atitudes a partir dos dele, esse indivíduo tem poder de referência sobre você. O poder de referência explica por que as celebridades recebem milhões de dólares para endossar produtos em comerciais. Pesquisas de marketing revelam que pessoas como Michael Jordan e Britney Spears têm o poder de influenciar a sua escolha de tênis e refrigerantes. Com um pouco de prática, eu e você talvez possamos incrementar as vendas como essas celebridades, mas acontece que os consumidores não se identificam conosco.

Poder Carismático   A última base de poder que examinaremos é o carisma. O **poder carismático** é, na verdade, uma extensão do poder de referência que emana da personalidade e do estilo de uma pessoa. Como foi comentado no capítulo anterior, o líder carismático conquista seus seguidores porque consegue articular visões atraentes, corre riscos pessoais, demonstra sensibilidade pelo ambiente e pelas pessoas, além de ser capaz de comportamentos considerados não-convencionais. Muitas organizações podem ter pessoas com essas qualidades, que, apesar de não ocuparem posições de liderança formal, são capazes de exercer influência sobre os outros devido à força destas características heróicas.

Dependência: a chave para o poder

No início deste capítulo, dissemos que o aspecto mais importante do poder provavelmente é o fato de ele ser uma função da dependência. Nesta seção, vamos demonstrar como a compreensão da dependência é crucial para nos aprofundarmos no entendimento do poder em si.

O postulado geral da dependência

Vamos começar com um postulado geral: *quanto maior a dependência de* B *em relação a* A, *maior o poder de* A *sobre* B. Quando você possui alguma coisa que os outros precisam, mas só você controla, você os transforma em

ENFOQUE NA MÍDIA

Na Universidade de Kansas: o treinador consegue demitir o chefe?

Você sabe que tem poder quando consegue fazer com que seu chefe seja demitido. Isto foi o que aconteceu, aparentemente, na Universidade de Kansas durante a primavera de 2003.

Roy Williams era o treinador do time masculino de basquete da universidade havia 15 anos. Durante aqueles anos, ele conquistou muitos seguidores. Ele tinha uma média de 28 vitórias em jogos por temporada e formava seus atletas. Os fãs do esporte e todos os alunos simplesmente o adoravam. Mas Williams era formado pela Universidade da Carolina do Norte, que, na primavera de 2003, procurava um novo treinador para seu time masculino de basquete. Nascido e criado na Carolina do Norte, Williams já havia sido assistente de treinador em sua universidade e era um candidato óbvio para o cargo. Mas a Universidade de Kansas estava determinada a mantê-lo em seu posto. O chanceler da universidade prometeu "fazer todo o possível para encorajar Williams a ficar". E isso incluía demitir o chefe dele, o diretor esportivo, Al Bohl.

Bohl foi contratado em 2001 para substituir o antigo diretor esportivo, Bob Frederick, que era amigo íntimo de Williams.

Bohl e Williams nunca se acertaram muito e sempre tiveram diversas desavenças. Por essa razão, a administração da Universidade de Kansas resolveu demitir Bohl, na esperança de que isso tornasse o cargo mais confortável para Williams e o convencesse a declinar do convite da outra universidade.

Bohl foi franco em sua declaração: "Eu acho que o treinador do time de basquete da universidade teve poder para manter o diretor esportivo em suas mãos, como um pássaro. Ele podia escolher entre me esmagar com seu poder de influência ou me deixar livre para voar, com minha visão de um programa total melhor. Ele optou por me esmagar."

Incidentalmente, a manobra não deu o resultado esperado. Williams recebeu a proposta da universidade de seu estado natal e, depois de muita ponderação, resolveu voltar para a Carolina do Norte.

Fonte: Baseado em "Kansas athletic director blames basketball coach for his dismissal", *New York Times*, 10 abr. 2003, p. C17; e S. Wieberg, "Williams, N. Carolina still talking", *USA Today*, 11 abr. 2003, p. 1C.

> Na United Technologies, cientistas como estes que aparecem em um anúncio da empresa são poderosos por causa de sua importância na conquista de inovações. A UT depende da criatividade e do talento destes cientistas e engenheiros de seu centro de pesquisas. Eles desenvolvem novas tecnologias e processos que ajudam a criar e a transformar mercados, a melhorar a situação financeira da empresa e a aumentar sua competitividade.

seus dependentes e, por isso, tem poder sobre eles.[7] A dependência, portanto, é inversamente proporcional às fontes alternativas de suprimento. Se alguma coisa for abundante, sua posse não aumentará o poder. Se todo o mundo for inteligente, a inteligência não trará nenhuma vantagem especial. Da mesma forma, o dinheiro não representa mais poder entre os milionários. Mas, como diz o ditado, "em terra de cego, quem tem um olho é rei". Se você puder criar um monopólio através do controle de informações, de prestígio ou de qualquer outra coisa que as pessoas desejem, elas se tornarão dependentes de você. No sentido inverso, quanto mais você expandir suas opções, menos poder deixará nas mãos dos outros. Isso explica por que, por exemplo, muitas empresas trabalham com diversos fornecedores, em vez de concentrar todos os seus negócios em apenas um. Explica também por que a maioria de nós aspira à independência financeira. A independência financeira reduz o poder que os outros podem ter sobre nós.

O que cria a dependência?

A dependência aumenta quando o recurso controlado é importante, escasso e não substituível.[8]

Importância Se ninguém quiser o que você possui, não haverá criação de dependência. Para que ela seja criada, aquilo que você controla tem de ser percebido como importante. Descobriu-se, por exemplo, que as organizações sempre procuram evitar as incertezas.[9] Podemos imaginar, portanto, que os indivíduos capazes de absorver as incertezas da organização serão percebidos como pessoas que controlam um recurso importante. Um estudo sobre organizações industriais revelou que os departamentos de marketing dessas empresas eram consistentemente classificados como os mais poderosos.[10] Os pesquisadores concluíram que a incerteza mais crítica enfrentada por aquelas empresas era a venda de seus produtos. Isso nos leva a supor que os engenheiros, enquanto grupo, são mais poderosos na Matsushita do que na Procter & Gamble. Essas inferências parecem ser válidas de maneira geral. Organizações como a Matsushita, cuja orientação é fundamentalmente tecnológica, dependem muito de seus engenheiros para manter a qualidade e o diferencial técnico de seus produtos. Por isso, os engenheiros formam um grupo evidentemente poderoso na Matsushita. Já na Procter & Gamble, o jogo é do marketing, que forma o grupo ocupacional com maior poder.

Escassez Como já mencionamos, se algo é abundante, sua posse não aumenta o poder. Um recurso precisa ser percebido como escasso para que ele possa gerar dependência.

Isso pode explicar por que membros de um escalão inferior em uma empresa, mas que detenham algum conhecimento importante, não-disponível para o alto escalão, podem ter poder sobre seus superiores. A posse de um recurso escasso — no caso, um conhecimento importante — faz com que o alto escalão dependa do escalão inferior. Isso ajuda a compreender certos comportamentos dos membros do escalão inferior que parecem ilógicos — como a destruição de manuais que explicam como um serviço é realizado, a recusa em treinar outras pessoas ou até mesmo em mostrar exatamente o que fazem, a criação de uma linguagem e de terminologia especializadas para evitar que os outros entendam seu trabalho e a operação escondida para fazer com que as tarefas pareçam mais complexas do que são na realidade. Ferruccio Lamborghini, o sujeito que criou os exóticos supercarros que continuam ostentando seu nome, entendeu a importância da escassez e a usou em proveito próprio durante a Segunda Guerra Mundial. Lamborghini estava com o exército italiano em Rhodes. Seus superiores estavam impressionados com suas habilidades mecânicas, com seu talento inacreditável para consertar tanques e outros veículos que ninguém mais conseguia reparar. Depois de terminada a guerra, ele admitiu que seu talento devia-se, em boa parte, ao fato de ter sido o primeiro na ilha a receber os manuais dos veículos, que ele decorou e, depois, destruiu, tornando-se indispensável.[11]

A relação entre escassez e dependência também pode ser observada no poder das categorias ocupacionais. Os indivíduos em ocupações cuja oferta de profissionais é menor que a demanda podem negociar acordos salariais e benefícios melhores do que aqueles em categorias com abundância de candidatos. Os executivos da educação não têm muita dificuldade para encontrar bons professores de idiomas, por exemplo. Já bons professores de contabilidade são escassos no mercado. Conseqüentemente, esses últimos levam vantagem na hora de negociar salários, carga horária e outros benefícios.

Não-substituição Quanto menos substitutos viáveis tem um recurso, maior o poder que seu controle proporciona. O ensino superior volta a fornecer um excelente exemplo. Nas universidades onde existe uma grande pressão para a publicação de trabalhos acadêmicos, podemos dizer que o poder dos chefes de departamentos é inversamente proporcional à quantidade de publicações dos professores. Quanto maior o reconhecimento que um professor obtém com suas publicações, maior sua mobilidade como profissional. Como as outras faculdades também desejam profissionais com muita publicação e visibilidade, haverá sempre uma grande demanda pelos seus serviços. Os professores com poucas, ou nenhuma, publicações acadêmicas tendem a ter menor mobilidade e ficam sujeitos a uma maior influência de seus superiores, embora o conceito de estabilidade possa alterar esta relação por restringir as alternativas do chefe de departamento.

Táticas de poder

Que **táticas de poder** as pessoas usam para transformar suas bases de poder em ações específicas? Ou seja, quais as opções que as pessoas têm para influenciar seus chefes, colegas ou funcionários? Algumas dessas opções são mais eficazes que as outras? Nesta seção, vamos revisar algumas opções táticas e as condições sob as quais umas podem ser mais eficazes que as outras.

As pesquisas identificam nove táticas de influência distintas:[12]

1. *Legitimidade.* Basear-se na autoridade da posição ou no fato de que a demanda está de acordo com as políticas ou regras da organização.
2. *Persuasão racional.* Apresentar argumentos lógicos e evidências factuais com o objetivo de demonstrar que a demanda é razoável.
3. *Apelo inspirativo.* Desenvolver um comprometimento emocional por meio do apelo a valores, necessidades, esperanças e aspirações do alvo de influência.
4. *Consulta.* Aumentar a motivação e apoio do alvo, envolvendo-o na decisão de como o plano ou mudança será implementado.
5. *Troca.* Recompensar o alvo com benefícios ou favores em troca do atendimento da demanda.
6. *Apelos pessoais.* Pedir apoio com base em amizade ou lealdade.
7. *Insinuação.* Usar bajulação, elogios e comportamento amigável antes de fazer o pedido.
8. *Pressão.* Usar avisos, repetição das solicitações ou ameaças.
9. *Coalizão.* Conseguir a ajuda de outros para persuadir o alvo, ou obter apoio de outras pessoas na organização para isto.

Algumas táticas geralmente são mais eficazes do que outras. As evidências indicam que, especificamente, a persuasão racional, o apelo inspirativo e a consulta tendem a ser as mais eficazes. Por outro lado, a pressão freqüentemente tem um efeito contrário e é a menos eficaz das nove táticas.[13] Você pode também aumentar suas chances de sucesso com o uso de táticas diferentes, simultaneamente ou seqüencialmente, desde que elas sejam compatíveis entre si.[14] Por exemplo, o uso combinado da legitimidade com a insinuação pode minimizar a reação negativa causada pelo uso do poder formal do chefe.

Mas algumas táticas funcionam melhor conforme a direção da influência.[15] Como mostra o Quadro 13-2, estudos revelaram que a persuasão racional é a única que é eficaz em todos os níveis da organização. O apelo inspirativo funciona melhor no sentido descendente, do chefe para os subordinados. Quando a pressão funciona, quase sempre encontra-se em uma influência descendente. O uso do apelo pessoal e da coalizão é mais eficaz nas tentativas de influência laterais. Além da direção da influência, outros fatores também afetam a eficácia das táticas. Podemos citar entre eles a seqüência das táticas, a habilidade da pessoa em usar a tática, o poder relativo da pessoa, o tipo de demanda e como ela é percebida, a cultura da organização e fatores culturais nacionais específicos.

É mais fácil ser eficaz quando se começa com táticas mais "suaves" baseadas no poder pessoal, como os apelos pessoal e inspirativo, a persuasão racional e a consulta. Se estas falharem, pode-se passar para as táticas mais "duras" (que enfatizam o poder formal e envolvem maiores riscos e custos), como a troca, a coalizão e a pressão.[16] É interessante notar que o uso de uma única tática "suave" é mais eficaz que o uso de uma única tática "dura"; e

QUADRO 13-2 Táticas de Poder Preferidas por Direção de Influência		
Influência Ascendente	**Influência Descendente**	**Influência Lateral**
Persuasão racional	Persuasão racional	Persuasão racional
	Apelo inspirativo	Consulta
	Pressão	Insinuação
	Consulta	Troca
	Insinuação	Legitimidade
	Troca	Apelo pessoal
	Legitimidade	Coalizões

que a combinação de duas táticas "suaves", ou de uma tática "suave" com a persuasão racional, é mais eficaz do que qualquer tática "dura" sozinha ou combinada.[17]

Estudos confirmam que uma tática "tem mais probabilidade de funcionar quando o alvo a percebe como uma forma socialmente aceitável de influência de comportamento, se o agente tem posição e poder pessoal suficientes para usar a tática, se a tática pode afetar as atitudes do alvo em relação à demanda, se ela é usada de maneira habilidosa, se é usada para uma demanda legítima, e se é consistente com os valores e necessidades pessoais do alvo."[18]

Sabemos que as culturas dentro das organizações variam significativamente — por exemplo, algumas são calorosas, relaxadas e apoiadoras; outras são formais e conservadoras. A cultura organizacional na qual a pessoa trabalha terá, portanto, grande influência na definição de que táticas serão consideradas apropriadas. Algumas culturas estimulam o emprego da participação e consulta; outras, encorajam o uso da razão; e outras ainda lançam mão da pressão. Dessa forma, a organização em si vai influenciar na definição de qual subconjunto de táticas de poder será visto como aceitável.

Finalmente, as evidências indicam que o uso das táticas difere de um país para outro.[19] Por exemplo, um estudo comparativo entre os Estados Unidos e a China revelou que os norte-americanos percebem a persuasão racional como a tática mais eficaz, enquanto os chineses preferem a coalizão.[20] Essas diferenças são consistentes com os valores de cada um destes países. A persuasão racional é coerente com a preferência norte-americana pela confrontação direta e o uso da razão para influenciar os outros e resolver as diferenças. Da mesma forma, a coalizão é coerente com a preferência dos chineses pelo uso de abordagens indiretas para as demandas difíceis ou controversas.

Poder em grupo: as coalizões

Aqueles que buscam tornar-se poderosos primeiro tentam fazê-lo individualmente. Por que repartir o espólio quando não há necessidade? Mas se isso se mostrar impraticável, a alternativa será a formação de uma **coalizão** — um agrupamento informal gerado pela busca de um único objetivo.[21] A lógica da coalizão? A força do número.

A maneira natural de se tornar influente é deter algum poder. Assim, aqueles que buscam poder devem tentar construir uma base individual de poder. Em muitas situações, isso pode ser difícil, arriscado, custoso ou, até, impossível. Nesses casos, tenta-se formar uma coalizão entre dois ou mais

Nas fábricas da Flextronics, na China, a administração usa táticas de poder para legitimar e estabelecer uma série de regras e de procedimentos rígidos para prevenção contra a ameaça da síndrome respiratória aguda (SARS). Os trabalhadores aceitam regras — como lavar as mãos duas vezes ao dia após fazer refeições no refeitório da empresa — porque entenderam que as ordens têm o sentido de protegê-los.

"sem poder", que, juntos, podem combinar seus recursos para aumentar seus ganhos individuais.[22] As coalizões bem-sucedidas costumam ser fluidas, capazes de se formarem com rapidez e, uma vez alcançado o objetivo, desaparecem imediatamente.[23]

Que previsões podemos fazer em relação à formação das coalizões?[24] Primeiro, as coalizões nas organizações geralmente procuram maximizar seu tamanho. Na teoria da ciência política, as coalizões fazem exatamente o contrário — tentam minimizar seu tamanho. Elas costumam ter apenas o tamanho suficiente para alcançar seus objetivos. Mas os órgãos legislativos são diferentes das organizações. Mais especificamente, o processo decisório nas organizações não termina com a simples seleção de uma alternativa. A decisão também precisa ser implementada. Nas organizações, a implementação e o comprometimento com as decisões são quase tão importantes quanto a decisão em si. Portanto, é necessário que as coalizões nas organizações tenham uma formação ampla que dê apoio a seus objetivos. Isso significa expandir a coalizão para englobar o máximo possível de interesses.

Outra previsão sobre as coalizões está relacionada ao grau de interdependência dentro da organização. Há mais probabilidade de criar coalizões onde existe bastante interdependência de tarefas e recursos. Por outro lado, haverá menos interdependência entre subunidades e menos coalizões formadas quando as subunidades forem muito auto-suficientes ou os recursos forem abundantes.

Finalmente, a formação de coalizões é influenciada pelas tarefas executadas pelos trabalhadores. Quanto mais rotineiras as tarefas, maior a probabilidade de coalizões. Quanto mais rotineiro o trabalho que as pessoas executam, maior a possibilidade de elas serem substituídas e, portanto, maior a sua dependência. Para superar essa dependência, as pessoas podem formar coalizões. Isto ajuda a explicar o histórico apelo exercido pelos sindicatos, especialmente entre os trabalhadores menos especializados. Estes trabalhadores têm maior capacidade de negociar salários, benefícios e condições de trabalho em coalizão do que agindo individualmente. Uma "greve individual" teria pouco poder sobre os dirigentes da empresa. Entretanto, se toda a força de trabalho da organização paralisar suas atividades, seus dirigentes terão um grande problema nas mãos.

Assédio sexual: desigualdade de poder no ambiente de trabalho

O assédio sexual é errado. E também pode ser oneroso para os empresários. Basta perguntar para os executivos da Philip Morris, Dial e UPS.[25] Um tribunal do Estado de Kentucky decidiu que a Philip Morris tinha de pagar uma indenização de 2 milhões de dólares a uma supervisora de fábrica que sofreu assédio sexual por parte de seus subordinados durante quase um ano. A Dial concordou em pagar 10 milhões de dólares para resolver uma série de incidentes ocorridos em sua fábrica de sabão em Aurora, Estado de Illinois. E uma ex-gerente da UPS ganhou um processo de 80 milhões de dólares por condições hostis de trabalho na empresa, que não escutou suas reclamações contra assédio sexual.

O **assédio sexual** é definido como qualquer atividade indesejada de caráter sexual que afeta a relação de emprego de uma pessoa. A Suprema Corte dos Estados Unidos ajudou a esclarecer essa definição ao acrescentar que o teste-chave para a determinação da ocorrência do assédio sexual é verificar se comentários ou comportamentos no ambiente de trabalho "são percebidos e, se percebidos, são hostis ou abusivos".[26] Mas continuam as controvérsias sobre o que constitui, *especificamente*, o assédio sexual. Na última década, as organizações, de maneira geral, conseguiram um considerável progresso no sentido de coibir formas de assédio sexual. Isso inclui

Um tribunal federal dos Estados Unidos deu ganho de causa, com uma indenização no valor de 3,2 milhões de dólares, a Marion Shaub, ex-motorista da Federal Express Corp., unidade da FedEx, depois de julgar a empresa culpada em um processo de assédio sexual. Única mulher entre os motoristas da empresa, Shaub alegou que foi assediada por seus colegas por meio de comentários machistas e intimidada com a adulteração dos freios de seu veículo. Ela deu queixa ao seu superior, mas nada foi feito. O tribunal culpou a empresa por manter um ambiente de trabalho hostil.

contatos físicos indesejáveis, convites reiterados para encontros quando a mulher manifesta seu desinteresse e ameaças coercitivas de perda de emprego em caso de recusa a aceitar propostas de cunho sexual. O problema hoje está mais centrado nas formas mais sutis de assédio — olhares ou comentários indesejados; piadinhas de baixo calão; objetos de cunho sexual no ambiente de trabalho, como calendários com fotos de nus; e a determinação do limite exato onde termina o "ser amigo" e começa o assédio.

A maioria dos estudos confirma que o conceito de poder é fundamental para a compreensão do assédio sexual.[27] Isso parece ser verdade independentemente de o assédio partir de um chefe, de um colega ou de outro funcionário.

O caso chefe–subordinado é o que melhor caracteriza uma relação desigual de poder, em que o poder formal dá ao chefe a capacidade de recompensar e coagir. Os chefes delegam as tarefas aos subordinados, avaliam seu desempenho, fazem recomendações sobre aumentos de salário e promoções e até decidem se eles permanecem ou não no emprego. Essas decisões lhes dão poder. Como os subordinados querem avaliações favoráveis de desempenho, aumentos salariais e assim por diante, fica claro que os chefes controlam recursos que a maioria deles considera importantes e escassos. Devemos observar também que os indivíduos que estão em papéis de status mais elevado (como as posições de chefia) às vezes acreditam que assediar sexualmente suas subordinadas é uma mera extensão de seus direitos de fazer exigências àqueles de status inferior. Por causa do desequilíbrio de poder, o assédio sexual de um chefe costuma criar enormes dificuldades para quem está sendo assediado. Se não houver testemunhas, fica a palavra de um contra a do outro. Haveria outras vítimas desse mesmo chefe e, em caso positivo, elas estariam dispostas a se manifestar? Como o chefe controla os recursos, muitas da suas vítimas de assédio têm medo de falar e, em seguida, sofrer retaliações.

Embora os colegas não ocupem posições de poder, eles podem ter influência e usá-la para assediar sexualmente seus pares. Na verdade, embora os colegas pareçam participar de formas de assédio menos graves do que as praticadas pelos supervisores, eles são os assediadores mais freqüentes nas organizações. Como os colegas exercem o poder? Na maioria das vezes, oferecendo ou negando informações, cooperação e apoio. Por exemplo, o desempenho eficaz da maioria das tarefas requer a interação e o apoio dos colegas. Isso é especialmente verdadeiro nos dias de hoje, com as equipes de trabalho. Por meio da ameaça de não fornecer as informações necessárias para o bom desempenho de seu trabalho, seus colegas podem exercer poder sobre você.

Embora não receba a mesma atenção que o assédio perpetrado por um chefe, há casos de mulheres em posição de comando que podem ser sexualmente assediadas por homens que ocupam posições menos poderosas dentro da organização, como aconteceu na Philip Morris. Isso geralmente acontece quando o funcionário desvaloriza a mulher através de estereótipos tradicionais (como fragilidade, passividade, falta de comprometimento com a carreira), que têm um reflexo negativo sobre a mulher no poder. Um funcionário pode lançar mão dessas práticas para obter algum poder sobre a mulher em posição superior à dele ou para minimizar as diferenças de poder entre eles.

A questão do assédio sexual é uma questão de poder. Tem a ver com um indivíduo controlando ou ameaçando outro. É errado. Mais ainda, é ilegal. Mas podemos entender como o assédio ocorre nas organizações quando analisamos essa questão sob o ponto de vista do poder.

Política: o poder em ação

Quando as pessoas se agregam em grupos, o poder é exercido. As pessoas procuram criar um nicho para, a partir dele, exercer influência, receber prêmios e avançar em suas carreiras.[28] Nas organizações, quando os funcionários traduzem seu poder em ações, dizemos que estão fazendo política. Aqueles com boas habilidades políticas são capazes de utilizar eficazmente suas bases de poder.[29]

Definição

Não existe escassez de definições de política organizacional. Contudo, elas essencialmente enfocam o uso do poder para influenciar o processo decisório ou os comportamentos por parte de indivíduos que buscam seus próprios interesses e não são sancionados pela organização.[30] Para nossos propósitos, vamos definir o **comportamento político** nas organizações como aquelas atividades que não são requeridas como parte do papel formal na organização, mas que influenciam, ou tentam influenciar, a distribuição de vantagens e desvantagens dentro dela.[31]

Essa definição engloba os elementos básicos aos quais a maioria das pessoas se refere quando fala de política organizacional. O comportamento político está fora dos requisitos específicos do trabalho de alguém. Esse comportamento demanda uma tentativa de utilização das bases de poder de cada um. Além disso, nossa definição engloba os esforços para influenciar os objetivos, os critérios ou o *processo decisório*, quando afirmamos que a política está voltada para a "distribuição de vantagens e desvantagens dentro da organização". Nossa definição é suficientemente ampla para incluir vários comportamentos políticos, como a retenção de informações-chave para os tomadores de decisões; a denúncia de colegas; a divulgação de boatos; o vazamento de informações confidenciais sobre as atividades da empresa para a mídia; a troca de favores com outras pessoas na organização para benefício mútuo; e o *lobby* a favor de um determinado indivíduo ou de uma decisão dentro da empresa.

Um último comentário relaciona-se com o que é tido como a dimensão "legitimidade–ilegitimidade" do comportamento político.[32] O **comportamento político legítimo** se refere à política normal do dia-a-dia — reclamar com o chefe; ultrapassar a cadeia de comando; formar coalizões; obstruir as políticas ou decisões organizacionais por meio de inação ou de apego excessivo às regras; e o desenvolvimento de contatos fora da empresa por meio das atividades profissionais. De outro lado, temos os **comportamentos políticos ilegítimos**, que violam as regras estabelecidas do jogo. Aqueles que se dedicam a essas atividades extremas são geralmente descritos como indivíduos que "jogam sujo". As atividades ilegítimas incluem sabotagens, denúncias de colegas, protestos simbólicos como o uso de roupas inadequadas ou *buttons* de protesto, e grupos de funcionários que se declaram simultaneamente doentes.

A vasta maioria das ações políticas nas organizações é de natureza legítima. As razões são práticas: as formas extremas de atividades políticas ilegítimas trazem um grande risco de sérias sanções, ou até de demissão, para aqueles que as exercitam e descobrem que não têm poder suficiente para fazê-las funcionar.

A realidade da política

A política é um fato da vida nas organizações. As pessoas que ignoram esse fato da vida o fazem por sua conta e risco. Mas, você pode se perguntar, por que a política tem de existir? Não é possível que uma organização funcione sem política? *Possível*, talvez, mas muito improvável.

As organizações são formadas por pessoas e grupos com diferentes valores, metas e interesses.[33] Isso estabelece uma base de conflitos potenciais em relação aos recursos. Orçamentos departamentais, alocação de espaço físico, responsabilidade sobre projetos e ajustes salariais são apenas alguns exemplos dos recursos sobre os quais pode haver divergências.

Os recursos nas organizações são também limitados, o que geralmente transforma os conflitos potenciais em reais.[34] Se os recursos fossem abundantes, todos os membros da organização poderiam satisfazer seus próprios objetivos. Como são limitados, nem todos os interesses se concretizam. Além disso, os ganhos de um indivíduo ou grupo são freqüentemente *percebidos* pelos demais como vantagens em detrimento de outros na organização, independentemente de isso ser ou não verdade. Essas forças criam uma competição entre os membros pelos recursos limitados entre os membros.

Provavelmente, o fator mais importante que leva à política na organização é a percepção de que a maioria dos "fatos" utilizados para alocar os recursos limitados é passível de diferentes interpretações. O que é, por exemplo, um *bom* desempenho? O que é uma melhoria *adequada*? O que constitui um trabalho *insatisfatório*? Uma ação que é vista por alguém como um "esforço altruísta em benefício da organização" pode ser vista por outra pessoa como uma "tentativa óbvia de favorecer seus interesses pessoais".[35] O técnico de qualquer grande time de beisebol sabe que um rebatedor com média de 400 é bom e que um com média de 125 é fraco. Não é preciso ser um gênio nesse esporte para escalar o primeiro para sua equipe. Mas o que acontece se você tivesse de escolher entre dois rebatedores que têm médias de 280 e 290, respectivamente? Nesse caso, outros fatores — menos objetivos — iriam pesar: o domínio da bola, a atitude, o potencial, o desempenho em momentos de tensão, a lealdade ao time e assim por diante. Muitas das decisões administrativas lembram mais essa escolha entre médias de 280 ou de 290 do que aquela entre uma média de 400 e outra de 125. É nesse amplo e ambíguo terreno da média da organização — onde os fatos *não* falam por si mesmos — que a política floresce (veja o Quadro 13-3).

Finalmente, como a maioria das decisões precisa ser tomada em um clima de ambigüidade — em que os fatos raramente são objetivos e, portanto, são passíveis de diferentes interpretações —, as pessoas nas organizações usam toda e qualquer influência ao seu alcance para torcer os fatos em prol de suas metas e interesses. Isso, evidentemente, gera as atividades que chamamos de *fazer política*.

Assim, respondendo àquela pergunta inicial, se uma organização pode existir sem política, poderíamos dizer: sim, se todos os membros da organização compartilharem as mesmas metas e interesses, se os recursos organizacionais não forem escassos e se os resultados dos desempenhos forem totalmente claros e objetivos. Mas isso não se aplica ao mundo organizacional em que vivemos.

Fatores que contribuem para o comportamento político

Nem todos os grupos e organizações são igualmente políticos. Em algumas organizações, por exemplo, fazer política é uma atividade explícita e exuberante, enquanto em outras a política tem apenas um papel secundário

QUADRO 13-3 A Política Está nos Olhos do Observador

Um comportamento que uma pessoa chama de "política organizacional" pode ser caracterizado por outra como um exemplo de "administração eficaz". O fato não é que a administração eficaz seja necessariamente política, embora, em alguns casos, ela possa ser. Na verdade, o ponto de referência de uma pessoa é que determina o que ela classifica como política organizacional. Veja os seguintes rótulos, utilizados para descrever os mesmos fenômenos. Isso sugere que assim como a beleza, a política está nos olhos do observador.

Rótulo: "Política"	Rótulo: "Administração Eficaz"
1. Colocar a culpa nos outros	1. Atribuir responsabilidades
2. Bajulação	2. Desenvolver relacionamento de trabalho
3. "Dourar a pílula"	3. Demonstrar lealdade
4. Passar o "abacaxi"	4. Delegar autoridade
5. Defender a sua retaguarda	5. Documentar as decisões
6. Gerar conflitos	6. Estimular a mudança e a inovação
7. Formar coalizões	7. Facilitar o trabalho em equipe
8. "Dedurar"	8. Melhorar a eficiência
9. Conspirar	9. Planejar com antecedência
10. Exceder nas realizações	10. Ser competente e capaz
11. Ser ambicioso	11. Mostrar preocupação com a carreira
12. Ser oportunista	12. Ser esperto
13. Ser astuto	13. Ser prático
14. Ser arrogante	14. Ser autoconfiante
15. Ser perfeccionista	15. Ser atento aos detalhes

Fonte: Baseado em T. C. Krell, M. E. Mendenhall e J. Sendry, "Doing research in the conceptual morass of organizational politics", trabalho apresentado na Western Academy of Management Conference, Hollywood, abr. 1987.

na influência dos resultados. Por que acontece essa variação? Pesquisas e observações recentes identificaram alguns fatores que parecem incentivar o comportamento político. Alguns são características individuais, originadas das qualidades únicas das pessoas empregadas na organização; outros são resultado da cultura organizacional ou do ambiente interno da empresa. O Quadro 13-4 ilustra como os fatores individuais e organizacionais podem estimular o comportamento político e fornecer resultados favoráveis (aumento das recompensas e redução das punições), tanto para os indivíduos como para os grupos dentro da organização.

MITO OU CIÊNCIA?

"Não é *o que* você sabe, mas *quem* você conhece"

Essa afirmação contém alguma verdade. Embora o conhecimento dos *fatos* seja uma fonte de poder cada vez mais importante em uma sociedade baseada na informação, o conhecimento das *pessoas certas* aumenta a sua possibilidade de sucesso.

Networking é o termo utilizado para descrever o estabelecimento de relações eficazes com pessoas-chave, tanto dentro como fora da organização. E descobriu-se que o *networking* era a atividade mais importante desenvolvida pelos executivos que foram promovidos mais rapidamente.[36]

Um estudo sobre altos executivos revelou que eles compreendiam perfeitamente a importância do *networking*.[37] Eles estabeleciam uma ampla rede política de pessoas-chave, tanto dentro como fora de suas organizações. Essa rede lhes proporcionava as informações e estabelecia as relações cooperativas que poderiam alavancar suas carreiras. Eles faziam favores para esses contatos, enfatizavam as obrigações desses contatos para com eles e depois "cobravam" quando precisavam de apoio.

A pesquisa também indicou que a posição de uma pessoa dentro da organização é um determinante essencial para a sua influência.[38] Estar no lugar certo aumenta sua possibilidade de conhecer as "pessoas certas". Isso corrobora a tese de que, para obter influência, os contatos são mais importantes do que o conhecimento dos fatos.

Essas evidências não devem ser interpretadas como uma rejeição ao talento relevante para as tarefas. Na verdade, isso indica que "quem você conhece" é um fator *adicional* importante na vida organizacional. As pessoas que almejam subir na carreira e desenvolver seu poder dentro da organização devem dedicar tempo e esforço para criar uma rede de contatos. ∎

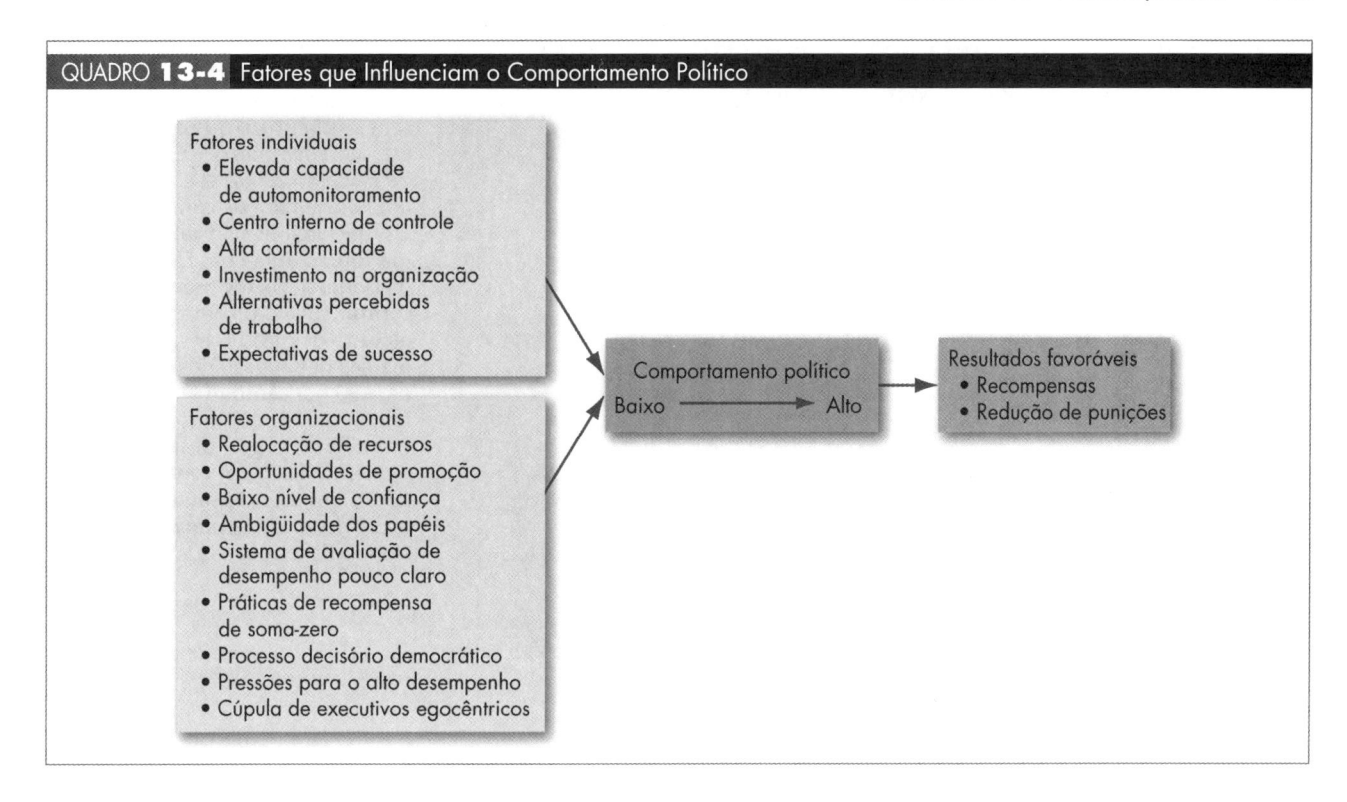

QUADRO 13-4 Fatores que Influenciam o Comportamento Político

Fatores individuais
- Elevada capacidade de automonitoramento
- Centro interno de controle
- Alta conformidade
- Investimento na organização
- Alternativas percebidas de trabalho
- Expectativas de sucesso

Fatores organizacionais
- Realocação de recursos
- Oportunidades de promoção
- Baixo nível de confiança
- Ambigüidade dos papéis
- Sistema de avaliação de desempenho pouco claro
- Práticas de recompensa de soma-zero
- Processo decisório democrático
- Pressões para o alto desempenho
- Cúpula de executivos egocêntricos

→ Comportamento político: Baixo ⟶ Alto → Resultados favoráveis
- Recompensas
- Redução de punições

Fatores Individuais No nível individual, os pesquisadores identificaram certos traços de personalidade, necessidades e outros fatores que parecem estar relacionados com o comportamento político. Em relação aos traços de personalidade, descobriu-se que os funcionários com elevada capacidade de automonitoramento, com centro interno de controle e com grande necessidade de poder têm maior probabilidade de se engajar em comportamentos políticos.[39]

Aqueles com elevada capacidade de automonitoramento são mais sensíveis às sinalizações sociais, exibem níveis maiores de conformidade social e costumam ser mais habilidosos que os demais no comportamento político. Os indivíduos com centro interno de controle, por acreditarem que podem controlar seu ambiente, têm mais tendência a uma postura proativa e a tentar manipular as situações a seu favor. Não surpreende, portanto, que a personalidade maquiavélica — caracterizada pelo desejo de manipulação e de poder — sinta-se confortável em utilizar a política como meio de atender a seus próprios interesses.

Além disso, o investimento individual na organização, as alternativas percebidas e as expectativas de sucesso vão influenciar o grau em que uma pessoa busca meios ilegítimos de ação política.[40] Quanto mais a pessoa tiver investido na organização em termos de expectativas de futuros benefícios, mais ela terá a perder se for desligada e menor será a probabilidade de ela se envolver com meios ilegítimos. Quanto mais alternativas de oportunidades de trabalho uma pessoa tiver — seja pelo mercado favorável ou por possuir talentos ou conhecimentos raros, uma boa reputação ou contatos influentes fora da organização —, maior será a probabilidade de ela se arriscar em ações políticas ilegítimas. Finalmente, se a pessoa tiver baixa expectativa de sucesso com a prática de meios ilegítimos, é improvável que ela siga por esse caminho. A alta expectativa de sucesso no uso de práticas ilegais é maior tanto entre os indivíduos experientes e poderosos, com sofisticadas habilidades políticas, como entre os funcionários inexperientes e ingênuos, que calculam mal as suas chances.

Fatores Organizacionais A atividade política é, provavelmente, uma função mais das características organizacionais do que das variáveis das diferenças individuais. Por quê? A maioria das organizações possui um grande número de funcionários com as características individuais que acabamos de listar e, mesmo assim, a extensão do comportamento político varia amplamente.

Embora reconheçamos o papel que as diferenças individuais podem ter em fomentar as atividades políticas, as evidências indicam mais fortemente que são certas situações e culturas que promovem a política. Mais especificamente, é mais provável que a política venha à tona quando os recursos de uma organização estão declinando, quando o padrão existente de recursos está mudando e quando existe oportunidade de promoções.[41] Além disso, culturas caracterizadas por baixo nível de confiança, ambigüidade de papéis, sistemas pouco claros de avaliação de desempenho, práticas de alocação de recompensa de soma-zero, processo decisório democrático, pressão para o alto desempenho e cúpula de executivos oportunistas vão gerar condições para o surgimento das atividades políticas.[42]

Os dizeres e a ilustração na camiseta desta operária *(Você sente o cheiro do que os ratos estão preparando? — Contrato de trabalho 2003)* revelam uma óbvia falta de confiança. Os funcionários sindicalizados (na foto) de uma das fábricas da General Electric protestam contra o plano da empresa de elevar a dedução com assistência médica de seus salários de 20 para 30 por cento. A GE tenta mudar seu compromisso com os trabalhadores por causa de um aumento de 60 por cento nos custos dos seguros-saúde. Mas os trabalhadores querem manter o acordo da maneira que está.

Quando as organizações fazem enxugamento para melhorar a eficiência, é preciso fazer reduções nos recursos. Ameaçadas pela falta de recursos, as pessoas podem se engajar em atividades políticas para tentar salvaguardar aquilo que têm. Quaisquer mudanças, especialmente aquelas que impliquem em significativa realocação de recursos dentro da organização, são capazes de estimular o conflito e aumentar a atividade política.

As decisões sobre promoções têm sido consistentemente apontadas como as ações mais políticas nas organizações. As oportunidades de promoção ou de progresso estimulam as pessoas a competir por recursos limitados e a tentar influenciar positivamente o resultado da decisão.

Quanto mais baixo o nível de confiança dentro da organização, mais alto o nível de comportamento político, e maior a probabilidade de que este seja do tipo ilegítimo. Assim, um clima de grande confiança reduz o comportamento político, de maneira geral, e inibe as ações ilegítimas, em particular.

A ambigüidade de papéis significa que o comportamento esperado dos funcionários não é claro. Existem, portanto, poucos limites para o escopo e para as funções das ações políticas dos funcionários. Uma vez que as atividades políticas são definidas como não sendo parte das atribuições do papel formal do funcionário, quanto maior a ambigüidade do papel, maior a probabilidade de ele se engajar nessas atividades sem se tornar muito visível.

A prática da avaliação de desempenho está longe de ser uma ciência exata. Quanto mais as organizações utilizarem critérios subjetivos, enfatizarem uma única medida de resultado ou permitirem a passagem de um grande intervalo de tempo entre a ação e a sua avaliação, maior será a probabilidade de os funcionários recorrerem à política. Os critérios subjetivos de avaliação geram ambigüidade. O uso de uma única medida de resultado encoraja o funcionário a fazer tudo o que for preciso para "se sair bem" nesse quesito em detrimento de outras partes importantes do trabalho, que não estão sendo avaliadas. O intervalo de tempo entre uma ação e a sua avaliação também é um fator relevante. Quanto maior o período, menor a probabilidade de que o funcionário seja responsabilizado por seus comportamentos políticos. Quanto mais uma cultura organizacional enfatizar a abordagem do tipo soma-zero, ou perdas e ganhos, para alocar suas recompensas, mais os funcionários ficarão motivados a se engajar em atividades políticas. A abordagem de soma-zero trata o "bolo" das recompensas como algo fixo, fazendo com que qualquer ganho de um indivíduo ou grupo signifique perdas para os demais. Se eu ganho, você perde! Se 15 mil dólares em aumentos salariais devem ser distribuídos entre cinco funcionários, qualquer um que receber mais de 3 mil dólares estará tirando dinheiro dos outros colegas. Essa prática estimula o funcionário a tentar comprometer a imagem dos colegas e aumentar a visibilidade do que faz.

Nos últimos 25 anos, um movimento amplo na América do Norte e na maioria dos países desenvolvidos vem buscando tornar as organizações menos autocráticas. Os executivos têm sido estimulados a agir de maneira mais democrática. Eles são encorajados a permitir que seus funcionários dêem opiniões e a delegar boa parte do processo decisório ao escrutínio dos grupos. Esses avanços em direção à democracia, contudo, não são adotados por todos os administradores. Vários deles buscaram as posições que ocupam apenas para ter o poder legítimo de tomar decisões unilaterais. Eles lutaram muito e pagaram um alto preço pessoal para chegar a essas posições de influência. Compartilhar seu poder com os outros é algo que contraria diretamente suas expectativas. O resultado é que os administradores, especialmente aqueles que iniciaram suas carreiras nas décadas de 1960 e 1970, acabam utilizando os comitês, as conferências e as reuniões de grupo de uma forma superficial, apenas como uma arena para manobras e manipulação.

Quanto maior a pressão que um funcionário sente para apresentar bom desempenho, maior a probabilidade de que ele se engaje em atividades políticas. Quando as pessoas são responsabilizadas estritamente por resultados, elas se sentem muito pressionadas para "parecer bem". Se uma pessoa percebe que todo o futuro de sua carreira está nos resultados das vendas do trimestre seguinte ou no relatório mensal de produtividade da fábrica, ela terá motivação para fazer o que for preciso no sentido de assegurar que os números lhe sejam favoráveis.

Finalmente, quando os funcionários percebem que as pessoas na cúpula da empresa estão engajadas em atividades políticas, especialmente quando são bem-sucedidas e recompensadas por isso, cria-se um clima que favorece a atividade política. Essa prática na cúpula da organização, de certa forma, dá a permissão para que os escalões inferiores façam o mesmo por sugerir que tal comportamento é aceitável.

Como as pessoas respondem à política na organização?

Trish O'Donnell adora seu trabalho de roteirista de um programa humorístico semanal de TV, mas odeia a política interna. "Alguns roteiristas passam mais tempo bajulando o produtor do que escrevendo seus textos. E nosso roteirista principal não esconde que tem seus favoritos. Embora me paguem muito bem e eu possa realmente exercitar minha criatividade, estou cansada de ter de estar sempre alerta contra traições e a fazer alarde de minhas contribuições. Estou cansada de fazer a maior parte do trabalho e receber apenas um pouquinho do crédito."

Estes comentários de Trish O'Donnell são típicos de pessoas que trabalham em ambientes altamente politizados? Todos conhecemos pessoas que reclamam da política das empresas em que trabalham. Mas como as pessoas reagem, de uma maneira geral, à política na organização? Vamos examinar as evidências.

Em nossa discussão anterior, neste capítulo, sobre os fatores que contribuem para o comportamento político, focamos os resultados favoráveis obtidos pelos indivíduos que conseguem ser bem-sucedidos fazendo política. Mas os resultados costumam ser predominantemente negativos para muitas pessoas — que não possuem habilidade política ou que não estão dispostas a participar de jogos políticos. O Quadro 13-5 resume uma extensiva pesquisa sobre a relação entre a percepção da política na organização e os resultados individuais.[43] Existe, por exemplo, forte evidência de que a percepção da política na organização está negativamente relacionada com a satisfação no trabalho.[44] A percepção da política também tende a aumentar a ansiedade e o estresse. Isto parece dever-se ao fato de que o indivíduo sente que pode estar perdendo terreno dentro da empresa por não fazer política ou, pelo contrário, por sentir a pressão adicional de estar competindo na arena política.[45] Não é surpreendente, portanto, que, quando a política se torna excessiva, ela pode levar o funcionário a se demitir.[46] Finalmente, existem evidências preliminares de que a política na organização pode levar ao declínio do desempenho do funcionário.[47] A percepção da política na empresa parece ter um efeito desmotivador sobre as pessoas, o que leva, portanto, ao declínio dos níveis de desempenho.

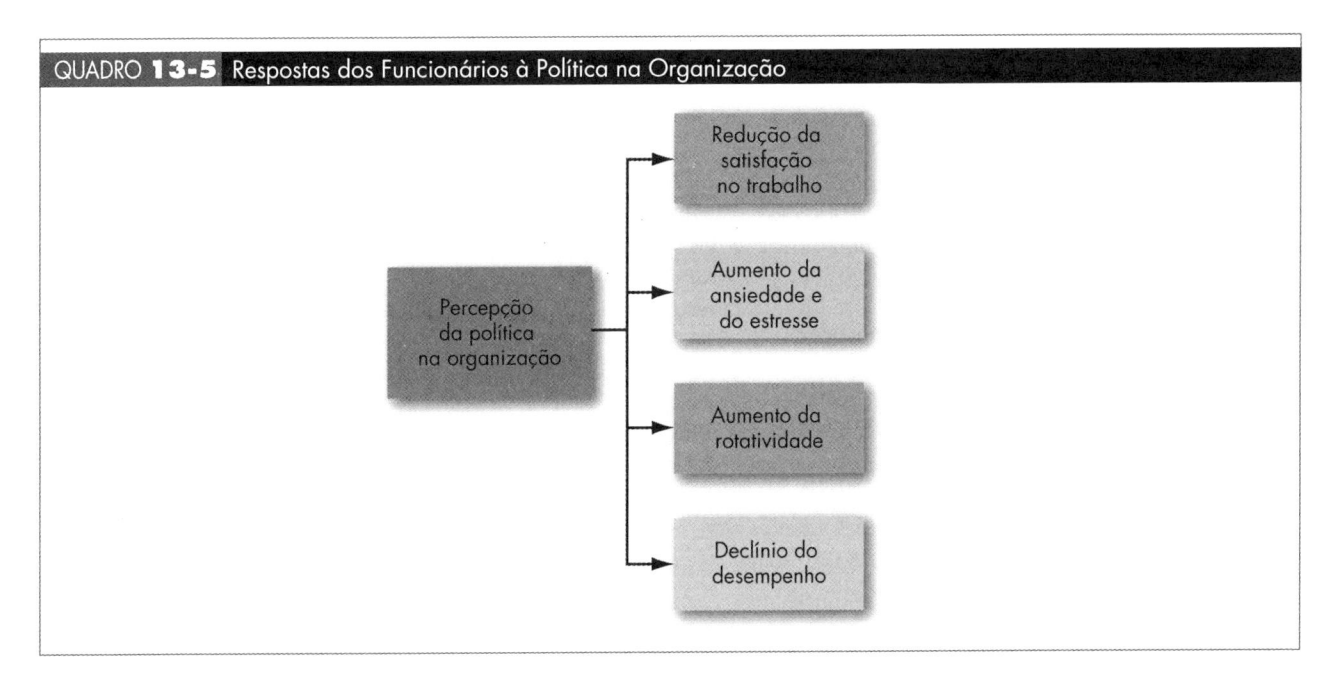

QUADRO 13-5 Respostas dos Funcionários à Política na Organização

Percepção da política na organização →
- Redução da satisfação no trabalho
- Aumento da ansiedade e do estresse
- Aumento da rotatividade
- Declínio do desempenho

Além destas conclusões, foram notados diversos qualificadores interessantes. Primeiro, a relação entre política e desempenho parece ser moderada pelo entendimento que o indivíduo tem dos "comos" e "porquês" da política na organização. "Uma pessoa que tem um claro entendimento de quem é o responsável pela tomada de decisões, e do porquê deste indivíduo ter sido selecionado para a função, consegue compreender melhor como e por que as coisas acontecem daquele jeito quando comparado a alguém que não tem esse entendimento sobre o processo decisório".[48] Quando a compreensão é grande e a política também, o desempenho tende a subir, pois a pessoa verá a atividade política como uma oportunidade. Isto é consistente com o que geralmente se espera dos indivíduos com grande habilidade política. Mas quando a compreensão é pequena, a política tende a ser encarada como uma ameaça, o que terá um efeito negativo sobre o desempenho.[49] Segundo, quando a política é vista como uma ameaça e desperta atitudes defensivas, os resultados negativos têm maior probabilidade de vir à tona. Quando as pessoas percebem a política como uma ameaça, e não como oportunidade, elas geralmente respondem com **comportamentos defensivos** — comportamentos reativos e protetores para evitar a ação, a culpa ou a mudança.[50] (O Quadro 13-6 apresenta alguns exemplos desses comportamentos defensivos.) Os comportamentos defensivos estão geralmente associados a sentimentos negativos em relação ao trabalho e a seu ambiente.[51] No curto prazo, a utilização das práticas defensivas pode atender ao interesse pessoal de quem as emprega. No longo prazo, freqüentemente isso acaba se tornando uma dificuldade. As pessoas que lançam mão desses artifícios constantemente acham que essa é a única forma possível de comportamento. Acabam perdendo a confiança e o apoio de seus colegas, chefes, subordinados e clientes.

Essas conclusões sobre respostas à política na organização são válidas em escala global? Podemos esperar, por exemplo, que as reações dos funcionários sejam as mesmas em Israel e nos Estados Unidos? A maior parte dos estudos sobre este tema foi realizada na América do Norte. Os poucos estudos que incluíram outras regiões sugerem pequenas modificações.[52] Os israelenses e os ingleses, por exemplo, parecem responder da mesma forma que os norte-americanos. Isto é, a percepção da política entre os trabalhadores desses países está relacionada com redução de satisfação no trabalho e aumento de rotatividade.[53] Mas em países politicamente mais instáveis, como Israel, os trabalhadores mostram mais tolerância aos processos políticos dentro da organização. Isso se deve, provavelmente, ao fato de que essas pessoas estão habituadas com lutas políticas e já têm experiência em lidar com

---

QUADRO 13-6 Comportamentos Defensivos

Evitar Ação

Superconformação. Interpretação estrita de suas responsabilidades ao dizer coisas como "As regras dizem claramente que ..." ou "Essa é a maneira como sempre fizemos isso".

Transferência de responsabilidade. Você transfere a outra pessoa a responsabilidade pela execução de uma tarefa ou pela tomada de uma decisão.

Fazer-se de bobo. Você evita a tarefa indesejada fingindo ignorância ou incapacidade.

Esticar. Prolongar uma tarefa para parecer sempre ocupado — transformando, por exemplo, uma tarefa de duas semanas em um trabalho de quatro meses.

Simulação. Parecer razoavelmente apoiador em público enquanto nada ou pouco faz em particular.

Evitar Culpa

Formalização. Esta é uma forma delicada de dizer "defender a retaguarda". Refere-se à prática de documentar rigorosamente as atividades para projetar uma imagem de competência e seriedade.

Segurança. Evadir-se de situações que podem ter reflexos desfavoráveis. Inclui aceitar apenas projetos que apresentem grande probabilidade de sucesso, conseguir aprovação dos superiores sempre que uma decisão contiver riscos, qualificar as expressões de julgamento e assumir neutralidade nos conflitos.

Justificativas. Desenvolver explicações que reduzam sua responsabilidade por um resultado negativo e/ou pedir desculpas para demonstrar seu arrependimento.

Bode expiatório. Colocar a culpa por um resultado negativo em fatores externos que não são completamente responsáveis pelo ocorrido.

Falsificação de imagem. Manipulação de informações por meio de distorção, embelezamento, fraude, apresentação seletiva ou ofuscação.

Evitar mudança

Prevenção. Evitar que uma mudança ameaçadora venha a acontecer.

Autoproteção. Agir de maneira a proteger seus interesses durante um processo de mudança, retendo informações ou outros recursos.

elas.[54] Isto sugere que em países politicamente turbulentos, como os do Oriente Médio e da América Latina, as pessoas podem ser mais receptivas à política na organização, e até dispostas a usar táticas mais agressivas, se comparadas com indivíduos de países como a Inglaterra e a Suíça.

Administração da impressão

Sabemos que as pessoas têm um interesse constante na maneira como são percebidas e avaliadas pelos outros. Por exemplo, os norte-americanos gastam bilhões de dólares em dietas, academias de ginástica, cosméticos e cirurgias plásticas — para se tornarem mais atraentes.[55] Ser visto de maneira positiva pelos outros pode trazer benefícios para as pessoas nas organizações. Isso pode, inicialmente, permitir que a pessoa consiga a posição que deseja na empresa e, uma vez contratada, obtenha avaliações favoráveis, aumentos de salário maiores e promoções mais rápidas. Em um contexto político, pode ajudar a inclinar a distribuição de vantagens a seu favor.

O processo pelo qual os indivíduos tentam controlar a impressão que os outros formam a seu respeito é chamado de **administração da impressão**.[56] Este é um tema que só começou a atrair a atenção dos pesquisadores do comportamento organizacional recentemente.[57]

Todo o mundo se preocupa com a administração da impressão? Não! Quem se envolve mais facilmente com isso? Não há surpresas aqui. É o nosso velho amigo com elevado nível de automonitoramento.[58] As pessoas com baixo nível de automonitoramento tendem a mostrar uma imagem consistente com sua personalidade, independentemente dos efeitos benéficos ou prejudiciais que isto possa ter. Em comparação, os automonitorados são hábeis na leitura de situações e sabem moldar sua aparência e comportamento para se adequarem a cada circunstância.

Se você quisesse controlar a impressão que os outros formam a seu respeito, que técnicas utilizaria? O Quadro 13-7 resume algumas das mais populares e fornece um exemplo de cada uma.

QUADRO 13-7 Técnicas de Administração da Impressão

Conformidade

Concordar com a opinião de alguém para conquistar a sua aprovação.
Exemplo: Um gerente diz a seu chefe: "O senhor está absolutamente certo em seu plano para a reorganização do escritório regional do Oeste. Concordo plenamente com o senhor".

Justificações

Explicações sobre um evento e suas conseqüências de maneira a minimizar a seriedade da situação.
Exemplo: Gerente de vendas para o chefe: "Não conseguimos inserir nosso anúncio no jornal dentro do prazo, mas, de qualquer forma, ninguém responde a esses anúncios".

Desculpas

Admitir a responsabilidade por um evento indesejado enquanto procura obter o perdão.
Exemplo: Funcionário para o chefe: "Sinto muito por ter cometido um engano no relatório. Peço desculpas por isso".

Autopromoção

Ressaltar as próprias maiores qualidades, minimizar as falhas e tentar chamar a atenção para as realizações.
Exemplo: Um vendedor diz para seu chefe: "Matt tentou durante três anos conquistar este cliente, sem sucesso. Eu fechei o negócio em seis semanas. Eu sou o melhor vendedor desta empresa."

Bajulação

Elogiar os outros por suas virtudes em um esforço para parecer perceptivo e amável.
Exemplo: Novo trainee de vendas para seu colega: "Você lidou tão bem com a reclamação daquele cliente! Eu nunca teria conseguido lidar com aquilo tão bem".

Favores

Fazer alguma coisa simpática a alguém para conquistar a sua aprovação.
Exemplo: Vendedor para cliente potencial: "Tenho dois ingressos para o teatro hoje à noite e não poderei usá-los. Fique com eles. Considere como um agradecimento por ter gasto parte do seu tempo comigo".

Associação

Melhorar ou proteger a imagem de alguém por meio do uso de informações sobre pessoas ou coisas a ele associados.
Exemplo: Um candidato a emprego diz para o entrevistador: "Que coincidência. Seu chefe e eu fomos colegas de quarto nos tempos da faculdade".

Fonte: Baseado em B. R. Schlenker, *Impression management*. Monterey, CA: Brooks/Cole, 1980; W. L. Gardner e M. J. Martinko, "Impression management in organizations", *Journal of Management*, jun. 1988, p. 332; e R. B. Cialdini, "Indirect tatics of image management: beyond basking", em R. A. Giacalone e P. Rosenfeld (orgs.), *Impression management in the organization*. Hillsdale: Lawrence Erlbaum Associates, 1989, p. 45-71.

Tenha em mente que a administração da impressão não significa que as imagens que as pessoas exibem sejam necessariamente falsas (embora, evidentemente, às vezes sejam).[59] Desculpas, por exemplo, podem ser sinceras. Com referência aos exemplos do Quadro 13-7, você pode *realmente* acreditar que os anúncios pouco contribuem para as vendas na sua região. Mas a falsidade pode ter um alto preço. Se a imagem autoproclamada não for verdadeira, a pessoa poderá ficar desacreditada.[60] Se você gritar "lobo" com muita freqüência, ninguém vai acreditar quando o lobo estiver realmente por perto. Assim, a administração da impressão deve ser feita com cuidado para que a pessoa não seja vista como mentirosa ou manipuladora.[61]

Existem *situações* em que as pessoas têm mais probabilidade de falsear sua imagem ou de se deixar levar por essa imagem criada? Sim. São situações caracterizadas por muita incerteza ou ambigüidade, que oferecem poucas informações para testar uma imagem falsa e reduzem os riscos associados à impressão fraudulenta.[62]

A maioria dos estudos realizados para testar a eficácia das técnicas de administração da impressão se limitou a determinar se esse comportamento está ou não relacionado com o sucesso nas entrevistas de emprego. Essas entrevistas são uma área particularmente relevante de estudo, já que os candidatos tentam apresentar claramente imagens positivas de si mesmos e existem medidas relativamente objetivas dos resultados (avaliações por escrito e, principalmente, as recomendações para a contratação ou a não-contratação).

As evidências indicam que a maioria dos candidatos a emprego utiliza as técnicas da administração da impressão[63] e que elas, quando usadas, funcionam.[64] Em um dos estudos, durante um processo de seleção de representantes de serviços aos clientes, os entrevistadores perceberam que os candidatos que utilizaram técnicas de administração da impressão se saíram melhor na entrevista.[65] Mais ainda, quando os pesquisadores consideraram as credenciais dos candidatos, concluíram que foram apenas as técnicas de administração da impressão que haviam influenciado os entrevistadores. O fato de a qualificação dos candidatos ser boa ou fraca não fez muita diferença. Bastou que eles usassem as técnicas de administração da impressão para se darem bem na entrevista.

Outro estudo sobre entrevistas de emprego procurou investigar se certas técnicas da administração da impressão funcionavam melhor do que outras.[66] Os pesquisadores compararam os candidatos que utilizavam técnicas que centravam a conversa em si mesmos (chamadas de *estilo controlador*) com outros que utilizavam técnicas que focavam o entrevistador (chamadas de *estilo de submissão*). Eles partiram da hipótese de que os candidatos que utilizavam o primeiro estilo seriam mais eficazes em razão das expectativas implícitas inerentes às entrevistas de emprego. Espera-se que, em uma entrevista, os candidatos a emprego procurem valorizar-se, autopromover-se e utilizar outras técnicas de controle porque isso revela autoconfiança e iniciativa. Os pesquisadores previam que funcionaria melhor para os candidatos o uso de técnicas de controle do que técnicas de submissão, como conformar-se às opiniões dos entrevistadores ou oferecer-lhes favores. Os resultados confirmaram as previsões. Os candidatos de estilo controlador foram melhor classificados pelos entrevistadores em fatores como motivação, entusiasmo e até em habilidades técnicas — e receberam mais ofertas de trabalho. Um estudo recente corrobora essa superioridade do estilo controlador sobre o de submissão.[67] Mais especificamente, os universitários recém-formados que utilizaram táticas de autopromoção conseguiram melhores avaliações dos entrevistadores e mais respostas nas visitas aos possíveis empregadores, mesmo depois do ajuste dos resultados em termos de média de desempenho escolar, sexo e tipo de emprego.

A ética no comportamento político

Concluímos nossa discussão sobre política oferecendo algumas orientações quanto à ética desse tipo de comportamento. Embora não existam critérios absolutos para diferenciar as ações políticas éticas das antiéticas, há algumas questões que merecem ser consideradas.

O Quadro 13-8 ilustra uma árvore de decisões para guiar as ações éticas.[68] Esta árvore está baseada nos três critérios éticos de decisão — utilitarismo, direitos e justiça — apresentados no Capítulo 5. A primeira questão a ser respondida diz respeito ao confronto de interesse pessoal *versus* objetivos organizacionais. As ações éticas têm de ser consistentes com as metas da organização. Espalhar um boato sobre problemas de segurança em um novo produto lançado pela empresa para prejudicar a equipe que o desenvolveu é antiético. Entretanto, não há nada de antiético na situação em que o chefe de um departamento troca favores com o gerente de compras para que um contrato crítico seja agilizado.

A segunda questão se relaciona com os direitos das outras partes. Se o chefe de departamento descrito no parágrafo acima for até a recepção para "xeretar" a correspondência do gerente de compras com o objetivo de encontrar algo que ele possa usar como pressão, estará agindo de maneira antiética. Estará violando o direito à privacidade do gerente de compras.

A questão final que precisa ser examinada refere-se ao fato de as atividades políticas estarem, ou não, em conformidade com os padrões de eqüidade e justiça. O chefe de departamento que melhora a avaliação de desem-

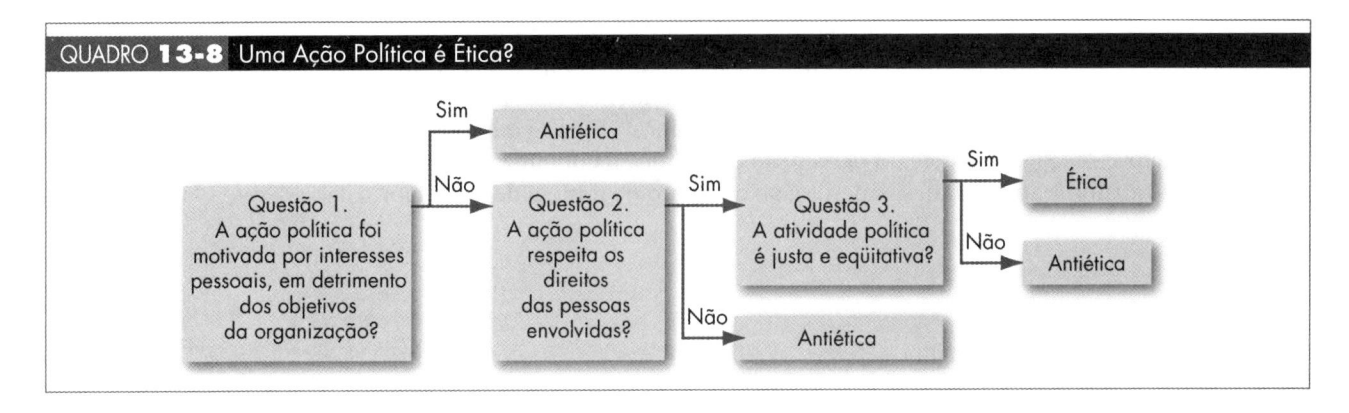

QUADRO 13-8 Uma Ação Política é Ética?

- **Questão 1.** A ação política foi motivada por interesses pessoais, em detrimento dos objetivos da organização?
  - Sim → Antiética
  - Não → **Questão 2.** A ação política respeita os direitos das pessoas envolvidas?
    - Não → Antiética
    - Sim → **Questão 3.** A atividade política é justa e eqüitativa?
      - Sim → Ética
      - Não → Antiética

penho de um funcionário querido e piora a de quem não gosta — utilizando essas avaliações para justificar um aumento de salário para o primeiro e nada para o segundo — está cometendo uma injustiça com este.

Infelizmente, as respostas dadas às perguntas do Quadro 13-8 costumam ser articuladas de maneira a fazer com que práticas antiéticas pareçam éticas. Pessoas poderosas, por exemplo, podem se tornar mestras em discursos que explicam seus comportamentos e interesses pessoais como sendo o interesse da organização. Da mesma forma, elas conseguem persuadir os outros de que ações injustas são, na verdade, justas e corretas. O ponto aqui é mostrar que pessoas imorais podem tentar justificar qualquer comportamento. Os poderosos, articulados e persuasivos são os mais propensos a um comportamento contrário à ética pois conseguem se safar com sucesso de suas práticas antiéticas. Quando enfrentar um dilema ético, procure responder às questões apresentadas no Quadro 13-8 com o máximo de sinceridade. Se você possui uma forte base de poder, reconheça que o poder pode corromper. Lembre-se: é muito mais fácil agir de modo ético para aqueles que detêm pouco poder, se não por outras razões, pelo fato de quase não terem influência política a ser explorada.

Resumo e implicações para os executivos

Se deseja que as coisas sejam executadas em um grupo ou organização, você precisa ter poder. Como um executivo que pretende maximizar seu poder, você procurará aumentar a dependência dos outros em relação a você. Você pode, por exemplo, aumentar seu poder sobre o seu chefe desenvolvendo conhecimentos ou talentos de que ele necessita e para os quais não tem um substituto à altura. Mas o poder é uma via de mão dupla. Você não estará sozinho nessa tentativa de construir suas bases de poder. Outros, especialmente seus colegas e subordinados, vão procurar torná-lo dependente deles. O resultado é uma batalha constante. Enquanto você busca maximizar a dependência dos outros em relação a você, busca também minimizar sua dependência em relação a eles. E, evidentemente, os outros estarão fazendo o mesmo.

Poucos funcionários são indiferentes ao fato de não deterem poder em seu trabalho e na organização. Costuma-se argumentar, por exemplo, que, quando as pessoas nas organizações se tornam difíceis, discordantes e temperamentais, a causa pode ser o fato de ocuparem posições sem poder, em que as expectativas de desempenho excedem seus recursos e capacidades.[69] Existem evidências de que as pessoas respondem diferentemente às diversas bases de poder.[70] As bases de poder de talento e de referência derivam principalmente das qualidades pessoais do indivíduo. Já as bases de coerção, recompensa e legitimidade são essencialmente derivadas da organização. Como as pessoas tendem a aceitar e a se comprometer mais entusiasticamente com um indivíduo que admiram e cujo talento respeitam (mais do que com alguém que utiliza seu cargo para recompensá-los ou coagi-los), o uso efetivo das bases de poder do talento e da referência podem conduzir a níveis mais altos de desempenho, compromisso e satisfação dos funcionários.[71] A competência parece especialmente atraente, e seu uso como base de poder resulta em melhor desempenho para os membros do grupo. A mensagem para os executivos então é: desenvolvam e utilizem sua base de poder do talento!

O poder de seu chefe também pode ter um papel na determinação da sua satisfação no trabalho. "Um dos motivos pelos quais gostamos de trabalhar para e com pessoas poderosas é que geralmente elas são mais agradáveis — não em função de sua natureza, mas porque a reputação e o poder lhes permitem mais discernimento e maior capacidade para delegar tarefas".[72]

O executivo eficaz aceita a natureza política das organizações. Avaliando o comportamento dentro de uma perspectiva política, você é mais capaz de prever as ações dos outros e de utilizar essas informações para formular estratégias políticas que possam trazer vantagens para você e para sua unidade de trabalho.

Algumas pessoas são, de maneira bem significativa, mais "politicamente astutas" do que as outras. Aqueles que são bons em fazer política conseguem melhores avaliações de desempenho e, por isso, maiores aumentos salariais e mais promoções do que os funcionários politicamente menos hábeis ou mais ingênuos.[73] Os politicamente astutos também parecem exibir maior satisfação no trabalho.[74] Para os menos hábeis politicamente ou os que não querem participar dos jogos políticos, a percepção da política na organização geralmente está relacionada à baixa satisfação no trabalho e ao baixo desempenho, ao aumento de ansiedade e à maior rotatividade.

PONTO ▶ ◀ CONTRAPONTO

"Acordos especiais" para "funcionários especiais"

Em países como a França, Bélgica e Holanda, os acordos trabalhistas geralmente são regidos por lei e, por isso, altamente padronizados. Em comparação, em países como os Estados Unidos, Inglaterra e Nova Zelândia, os empresários têm considerável liberdade para negociar acordos especiais com seus funcionários. E nestes últimos, os executivos vêm usando, cada vez mais, essa liberdade para personalizar o tratamento dado a indivíduos "especiais".

Duas tendências ajudam a explicar o crescimento desses acordos especiais. Em primeiro lugar, a demanda por profissionais com competências distintivas em um mercado competitivo faz com que estes tenham poder para negociar condições de trabalho de acordo com suas preferências. Segundo, o declínio da sindicalização e o enfraquecimento do modelo de carreira organizacional baseado na segurança no emprego reduziram a padronização das condições de emprego.

Para conseguir contratar, motivar e manter trabalhadores altamente capacitados, os executivos negociam tratamentos especiais para alguns funcionários. Alguns exemplos desses acordos incluem maior remuneração por trabalho similar, permissão para trabalhar em casa a maior parte do tempo, permissão para sair mais cedo da empresa para tratar de assuntos familiares, melhoria das condições de viagens de negócios e permissão para usar o tempo na empresa para tratar de interesses particulares.

O que esses funcionários têm de diferente que lhes permite tais acordos personalizados? Pode ser credenciais únicas, talentos especiais, alto status, excelentes contatos ou grande empregabilidade. Mas também é preciso que o próprio funcionário se manifeste e peça o tratamento especial. Esses acordos normalmente são firmados já na fase de contratação, como parte da negociação, ou depois de algum tempo no emprego, quando já foi construído um clima de confiança e o funcionário se tornou um colaborador valioso para a empresa.

Esses acordos especiais trazem vantagens tanto para o empregado quanto para o empregador. Eles oferecem maiores recompensas para o funcionário e permitem que ele ajuste suas condições de trabalho da maneira que lhe for mais conveniente. Eles também dão aos executivos maior condição para motivar estes funcionários e flexibilidade para se adpatar a circunstâncias mutáveis.

Fonte: Este texto baseia-se amplamente em D.M. Rousseau, "The idiosyncratic deal: flexibility versus fairness?". *Organizational Dynamics*, primavera 2001, p. 260-273.

Os acordos especiais com alguns funcionários colocam em risco todo o clima de confiança da organização. Embora os executivos possam querer maior flexibilidade no relacionamento com os funcionários, as práticas padronizadas são mais adequadas para obter a aparência de eqüidade necessária para a criação do clima de confiança. A personalização das relações com os funcionários, sob o disfarce de flexibilização, apenas aumenta a politicagem dentro da empresa.

Existe uma abundância de argumentos contra os acordos especiais. Aqui estão alguns deles.

- *Os acordos especiais dão poder excessivo para os administradores.* Esse sistema permite que os executivos façam acordos especiais com os funcionários de sua preferência, aumentando a política no ambiente de trabalho.
- *Os acordos especiais dificilmente serão vistos como justos por aqueles que não fazem parte deles.* O que um vê como mérito, o outro entende como favoritismo.
- *Os acordos especiais recompensam comportamentos errados.* Eles estimulam a bajulação dos chefes e o tratamento de qualquer tentativa de obtenção de aumentos salariais ou de folgas remuneradas como oportunidade para barganhas.
- *Os acordos especiais tendem a ficar com os funcionários mais agressivos, sejam eles mais produtivos ou não.* Os indivíduos mais quietos, tímidos e introvertidos, mas que têm excelente desempenho, acabam ficando fora dos acordos.
- *Os acordos especiais não são isentos de custos.* O ganho de um funcionário freqüentemente acontece com a perda de outro. Se um funcionário tem permissão de sair duas horas mais cedo às quintas-feiras para pegar seu filho na escola, alguém de seu departamento terá de fazer o trabalho dele. Isso tem o potencial de gerar conflitos. Por exemplo, as evidências indicam que os funcionários solteiros ou sem filhos sentem-se prejudicados pelos benefícios "familiares" — como a ajuda-desemprego para cônjuges ou o pagamento de creche creditado em folha — que muitas empresas oferecem aos seus funcionários com dependentes.

Nossa opinião é que os acordos especiais prejudicam o clima de confiança e de cooperação. Levamos quase um século para desenvolver um sistema formal de administração de recursos humanos que assegurasse um tratamento consistente da força de trabalho. Este sistema é fundamental para a promoção da equidade, da cooperação e da eficiência. A utilização de acordos personalizados é um grande passo para a ruína deste sistema.

Questões para revisão

1. O que é poder? Como se consegue obtê-lo?
2. Compare as táticas de poder com as bases de poder. Quais são as principais variáveis contingenciais a determinar as táticas que o detentor de poder provavelmente usará?
3. Quais as bases de poder que emanam do indivíduo? Quais são as derivadas da organização?
4. Exponha o postulado geral da dependência. O que ele significa?
5. O que gera dependência? Dê um exemplo prático.
6. O que é coalizão? Quando ela tem maior probabilidade de surgir?
7. Como o poder e a política se relacionam?
8. Defina *comportamento político*. Por que a política é um fato na vida das organizações?
9. Quais são os fatores que contribuem para a atividade política?
10. O que é administração da impressão? Qual o tipo de pessoa com maior probabilidade de lançar mão dessa prática?

Questões para reflexão crítica

1. Com base nas informações apresentadas neste capítulo, o que você, como um recém-formado sendo contratado para um emprego, faria para maximizar seu poder e acelerar o progresso de sua carreira?
2. "A política não é inerentemente ruim. É apenas uma maneira de fazer com que as coisas sejam realizadas dentro das organizações." Você concorda com isso? Defenda sua posição.
3. Você é representante de vendas de uma empresa internacional de software. Depois de quatro anos excelentes, as vendas de sua área de atuação caíram 30 por cento este ano. Cite três respostas defensivas que você poderia usar para reduzir as conseqüências negativas potenciais da queda nas vendas.
4. "O assédio sexual não deve ser tolerado no ambiente de trabalho." "Os romances surgidos no ambiente de trabalho são uma ocorrência natural nas organizações." Ambas as afirmações são verdadeiras? Elas podem ser conciliadas?
5. Quais técnicas de administração de impressão você usa? Quais as implicações éticas da utilização da administração da impressão?

Exercício de grupo

Compreendendo a dinâmica do poder

1. Criação dos grupos Cada aluno deve dar ao professor uma nota de 1 real. Em seguida, os estudantes são divididos em três grupos (de acordo com os critérios estabelecidos pelo professor), posicionados em seus lugares e instruídos a ler as seguintes regras e tarefas. O dinheiro será dividido em três partes, sendo que dois terços ficarão com o grupo superior, um terço com o grupo intermediário e nada para o grupo inferior.

2. Condução do exercício Os grupos vão para as suas posições estabelecidas e têm 30 minutos para completar suas tarefas.

Regras
a. Os membros do grupo superior têm liberdade para entrar no espaço dos dois outros grupos sempre que quiserem, para comunicar o que quiserem. Os membros do grupo intermediário podem entrar no espaço do grupo inferior quando quiserem, mas precisam de autorização para entrar no espaço do grupo superior (o que pode ser recusado). Os membros do grupo inferior não devem incomodar o grupo superior em nenhuma hipótese, a menos que sejam convidados. Eles têm, no entanto, permissão para bater à porta do grupo intermediário e pedir autorização para conversar (o que também pode ser recusado).
b. Os membros do grupo superior têm autoridade para fazer quaisquer mudanças nas regras que desejarem, a qualquer momento, com ou sem aviso prévio.

Tarefas
- **a.** *Grupo Superior*: Ser responsável pela eficácia geral e pelo aprendizado com o exercício, e decidir como usar o seu dinheiro.
- **b.** *Grupo Intermediário*: Ajudar o grupo superior no bom funcionamento da organização, e decidir como usar o seu dinheiro.
- **c.** *Grupo Inferior*: Identificar seus recursos e decidir a melhor forma de garantir o aprendizado e a eficácia geral da organização.

3. Procedimento — Cada grupo escolhe dois representantes para ir para a frente da sala e discutir as seguintes questões:
- **a.** Resumir o que ocorreu dentro de cada grupo e entre eles.
- **b.** Quais as diferenças entre estar no grupo superior e estar no inferior?
- **c.** O que podemos aprender sobre o poder com este exercício?
- **d.** O quanto você acha que este exercício reflete com precisão o processo decisório de alocação de recursos nas grandes organizações?

Fonte: Esse exercício foi adaptado de L. Bolman e T. E. Deal, *Exchange*, vol. 3, n. 4, 1979, p. 38-42. Reproduzido com autorização da Sage Publications, Inc.

Dilema ético

Trocando favores pessoais?

Jack Grubman era um sujeito poderoso em Wall Street. Como analista principal de empresas de telecomunicação para a unidade Salomon Smith Barney do Citigroup, suas recomendações tinham grande peso junto aos investidores.

Durante anos, Grubman sempre teve uma atitude negativa diante das ações da AT&T. Mas sua opinião mudou em novembro de 1999. Com base em evidências encontradas em sua correspondência eletrônica, a mudança de opinião não se deveu à análise do mercado, mas a outras circunstâncias.

Naquela época, seu chefe no Citigroup, Stanford Weill, estava em meio a uma luta de poder com o outro comandante da empresa, John Reed, para se tornar o único presidente. Enquanto isso, a Salomon buscava novos negócios para aumentar sua receita. Conseguir a conta dos investimentos bancários da AT&T poderia ser de grande ajuda. A possibilidade de conquistar essa conta seria bem maior se a opinião de Grubman sobre as ações da AT&T mudasse. Além disso, a mudança de opinião de Grubman também melhoraria a relação de Weill com Michael Armstrong, presidente da AT&T, que fazia parte do conselho de administração do Citigroup. Weill queria o apoio de Armstrong para derrotar Reed.

Grubman tinha os seus próprios problemas. Apesar de ganhar dezenas de milhões de dólares anualmente, vinha de uma infância modesta. Ele era filho de um funcionário público da Filadélfia. E desejava o melhor para suas duas filhas gêmeas, incluindo uma exclusiva escola de Nova York, a mesma que recentemente havia recusado matrícula para a filha de Madonna. Weill deu um telefonema para a escola intercedendo por Grubman e oferecendo uma doação de 1 milhão de dólares por parte do Citigroup. Mais ou menos ao mesmo tempo, Weill pediu a Grubman que "desse uma nova olhada" em sua posição sobre as ações da AT&T. Logo em seguida, Grubman mudou sua opinião, aumentou a estimativa de valor das ações e a AT&T fechou um contrato com a Salomon no valor de 45 milhões de dólares. Stanford Weill agiu de maneira antiética? E Jack Grubman? Qual sua opinião?

Fonte: Baseado em D. Kadlec, "Did sandy play dirty?", *Time Online Edition*, 25 nov. 2002.

Estudo de caso

Bill Fowler e a Blackmer/Dover Resources Inc.

A fábrica da Blackmer/Dover Resources em Grand Rapids, Estado de Michigan, produz dutos para o transporte de produtos como petróleo refinado ou chocolate. A fábrica emprega 160 funcionários.

Tradicionalmente, a administração da empresa atribuía a cada funcionário a operação de uma mesma máquina por meses ou anos. Dessa forma, cada operário tornava-se intimamente habituado a uma tarefa específica. E eles usavam a prática adquirida para aumentar seus rendimentos. Até 1997, metade dos operários já havia ganho um prêmio que era calculado sobre seu salário com base na sua produtividade. Esse sistema lhes dava fortes incentivos para esconder truques que aumentavam a produtividade, até mesmo de seus colegas.

Hoje em dia, os funcionários recebem apenas o salário. Para aumentar a flexibilidade da produção, os operários são encorajados a aprender tarefas diferentes e a fazer rodízio por diversos setores do chão de fábrica. Muitos dos funcionários mais antigos, contudo, não receberam essas mudanças de braços abertos. Um deles é Bill Fowler.

Fowler tem 56 anos e trabalha na empresa há 24. Ele não gosta de mudar de tarefa nem de dizer a ninguém o que faz. "Não quero ficar mudando toda hora", diz ele, "porque adoro minha rotina, ela me ajuda a passar o dia".

O trabalho de Fowler é cortar chapas de metal para a fabricação dos dutos. É uma tarefa que exige precisão: um pequeno erro pode custar um duto inteiro. E Fowler é impecável nessa tarefa. Ele é famoso pela precisão de seus cortes. Seu chefe reconhece que ele é muito mais rápido do que os outros na tarefa de modificar o programa das máquinas para diferentes cortes de chapa. A administração adoraria incorporar seu know-how ao processo de manufatura, mas Fowler se recusa a compartilhar seu segredo, mesmo com seus companheiros operários. "Se eu entregar meus truques, os executivos vão usá-los para apressar as coisas e me manter em passo acelerado durante todo o dia", diz ele.

Pessoas como Fowler se preocupam quando ouvem dizer que as empresas solicitam a colaboração dos funcionários, de seus talentos e experiências, para melhorar seus processos de produção e tornar as fábricas mais competitivas e, depois, acabam se mudando para locais onde os salários da mão-de-obra são mais baixos. Os dirigentes da Blackmer, entretanto, garantem não ter qualquer plano desta natureza. Eles apenas querem somar o conhecimento de todos os operários para fortalecer a fábrica. Como diz o presidente da empresa: "Percebemos que, para sermos competitivos, temos de começar perguntando aos nossos operários o que eles sabem."

Questões

1. Explique o comportamento de Fowler em termos de poder.
2. Como este caso se relaciona com os conceitos de confiança e poder?
3. O que este caso diz sobre a implementação de sistemas de gestão do conhecimento?
4. O que a administração da empresa poderia, se é que pode, fazer para mudar a atitude de Fowler?

Fonte: Este caso baseia-se em T. Aeppel, "On factory floors, top workers hide secrets to success", *Wall Street Journal*, 1 jul. 2002, p. A1.

CAPÍTULO 14

Conflito e negociação

Depois de ler este capítulo, você será capaz de:

OBJETIVOS DO APRENDIZADO

1. Definir conflito.
2. Diferenciar as visões tradicionais, de relações humanas e interacionista sobre conflito.
3. Comparar os conflitos de tarefa, de relacionamento e de processo.
4. Fazer um esboço do processo de conflito.
5. Descrever as cinco intenções de tratamento de conflitos.
6. Comparar barganha distributiva e barganha integrativa.
7. Identificar os cinco estágios do processo de negociação.
8. Descrever as diferenças culturais nas negociações.

No dia 30 de janeiro de 2002, o conselho de diretores da Viacom disse ao diretor-executivo da empresa, Mel Karmazin, que parasse de reclamar e cumprisse seu contrato de trabalho, que ia até o final de 2003.[1] Ao mesmo tempo, recomendou que ele e Sumner Redstone (foto), presidente da empresa, resolvessem suas diferenças e se concentrassem em dirigir a segunda maior empresa de entretenimento do mundo. No final de 2003, Karmazin assinou um novo contrato por mais três anos, mas insistiu em uma cláusula de escape. Infelizmente, mesmo com este novo contrato, o cabo de guerra entre Karmazin e Redstone continuou. Dois homens com egos gigantescos podem compartilhar o poder sem que um tente enlouquecer o outro?[2] Aparentemente, não. Em junho de 2004, Karmazin utilizou a cláusula de escape e deixou a empresa.

Embora a mídia comparasse os dois às personagens do seriado "Dois velhos rabugentos", Karmazin e Redstone nada tinham em comum com Felix e Oscar. Karmazin, ex-presidente da CBS, obteve o controle operacional da Viacom em maio de 2000, quando as duas empresas se juntaram. Mas Redstone detinha 68 por cento das ações com direito a voto na Viacom. E, apesar de seus 81 anos, ele não tinha a intenção de ser o segundo violino da orquestra. Na primavera de 2003, Redstone deixou claro que, embora não desejasse a saída de Karmazin, gostaria que ele tivesse seus poderes reduzidos. Resdstone queria recuperar alguns dos poderes dados a Karmazin quando do primeiro contrato. Mas a afeição dos investidores por Karmazin garantiu a ele o poder de negociar seu novo contrato como se fosse o presidente, ainda que formalmente este título fosse de Redstone.

Karmazin, de 60 anos, aparentemente nunca conseguiu se adaptar à interferência de Redstone na gestão da empresa; e Redstone não gostava do estilo agressivo de Karmazin nem de toda a atenção que a mídia lhe dava. Ao final, este conflito foi o principal motivo pelo qual a Viacom perdeu seu principal executivo e um sucessor extremamente eficaz para o já idoso Redstone.

O conflito pode ser um problema sério em uma organização. Ele é capaz de gerar condições caóticas que tornam praticamente impossível que os funcionários trabalhem em conjunto. Por outro lado, o conflito também tem um lado positivo, menos conhecido. Neste capítulo, vamos explicar as diferenças entre os conflitos positivos e os negativos e oferecer um guia para que você compreenda como eles se desenvolvem. Também vamos apresentar um tópico intimamente ligado aos conflitos: a negociação. Mas, primeiro, vamos esclarecer o que entendemos por conflito.

Uma definição de conflito

Existem muitas definições de conflito.[3] Apesar dos diferentes sentidos que o termo adquiriu, vários temas comuns estão presentes na maioria das definições. O conflito precisa ser percebido pelas partes envolvidas; a existência ou não do conflito é uma questão de percepção. Se ninguém tiver noção da existência do conflito, há um acordo geral de que ele não existe. Outros aspectos comuns nas definições são a oposição ou incompatibilidade e alguma forma de interação.[4] Esses fatores estabelecem as condições que determinam o ponto inicial do processo de conflito.

Podemos definir **conflito**, então, como um processo que tem início quando uma das partes percebe que a outra parte afeta, ou pode afetar, negativamente alguma coisa que a primeira considera importante.[5]

Essa definição é propositalmente ampla. Descreve aquele ponto em qualquer atividade quando a interação "passa dos limites" e se torna um conflito entre as partes envolvidas. Engloba um amplo escopo de conflitos experimentados pelas pessoas nas organizações — incompatibilidade de objetivos, diferenças de interpretação dos fatos, desacordos baseados em expectativas de comportamento e assim por diante. Finalmente, nossa definição é suficientemente flexível para incluir todos os níveis de conflitos — dos atos explícitos e violentos até as formas mais sutis de desacordo.

Transições na conceituação de conflito

Seria totalmente apropriado dizer que há "conflitos" com relação ao papel do conflito nos grupos e organizações. Uma escola de pensamento argumenta que o conflito deve ser evitado — ele seria a indicação de que alguma coisa não está funcionando direito dentro do grupo. Esta é a chamada visão *tradicional*. Outra escola, a visão de *relações humanas*, argumenta que o conflito é uma conseqüência natural e inevitável em qualquer grupo, não sendo necessariamente ruim, podendo mesmo ter o potencial de ser uma força positiva na determinação do desempenho do grupo. A terceira e mais recente perspectiva propõe não apenas que o conflito *pode* ser uma força positiva, como defende abertamente a tese de que um mínimo de conflito é *absolutamente necessário* para o desempenho eficaz de um grupo. Chamamos esta terceira escola de abordagem *interacionista*. Vamos examinar detalhadamente cada uma dessas abordagens.

A visão tradicional

A abordagem mais antiga sobre o conflito parte do princípio de que todo conflito é ruim. Ele é visto como contraproducente e usado como sinônimo de *violência, destruição* e *irracionalidade* para reforçar seu aspecto negativo. O conflito, por definição, é danoso e deve ser evitado, segundo esta visão.

A visão **tradicional** é consistente com as atitudes sobre comportamento de grupo que prevaleciam nas décadas de 1930 e 1940. O conflito era visto nesse contexto como uma disfunção resultante de falhas de comunicação, falta de abertura e de confiança entre as pessoas e fracasso dos executivos em atender às necessidades e aspirações de seus funcionários.

Essa conceituação de que todo confito é ruim certamente oferece uma abordagem para analisar o comportamento das pessoas que criam o conflito. Como todo conflito deve ser evitado, precisamos apenas prestar atenção às suas causas e corrigir o mau funcionamento para melhorar o desempenho do grupo e da organização. Embora as pesquisas recentes refutem a idéia de que a redução dos conflitos resulta em melhor desempenho dos grupos, muitos de nós ainda avaliamos as situações de conflito utilizando esse modelo ultrapassado.

A visão de relações humanas

A conceituação de **relações humanas** argumenta que o conflito é uma ocorrência natural nos grupos e organizações. Por ser inevitável, essa escola defende a sua aceitação. Seus seguidores racionalizam a existência do conflito: ele não pode ser eliminado e há ocasiões em que ele pode ser até benéfico para o desempenho do grupo. A visão de relações humanas dominou a teoria sobre conflitos do final dos anos 40 até a metade da década de 1970.

A visão interacionista

Enquanto a abordagem de relações humanas aceita o conflito, a visão **interacionista** o encoraja, no sentido de que um grupo harmonioso, pacífico, tranqüilo e cooperativo está na iminência de tornar-se estático, apático e insensível à necessidade de mudança e inovação.[6] A principal contribuição desta abordagem, portanto, é encorajar os líderes de grupos a manter constantemente um nível mínimo de conflito — o suficiente para fazer com que o grupo continue viável, autocrítico e criativo.

Em função dessa visão interacionista — que é a que adotaremos neste capítulo —, fica evidente que dizer que todos os conflitos são bons ou ruins é ingênuo e inapropriado. O que torna um conflito bom ou ruim é a sua natureza.

Conflito funcional *versus* conflito disfuncional

A visão interacionista não propõe que todos os conflitos sejam bons. Na verdade, alguns conflitos apóiam os objetivos do grupo e melhoram seu desempenho; estes são os **conflitos funcionais**, formas construtivas de conflito. Por outro lado, existem conflitos que atrapalham o desempenho do grupo; são formas destrutivas ou **disfuncionais** de conflito.

O que diferencia um conflito funcional de um disfuncional? As evidências indicam que precisamos observar o *tipo* de conflito.[7] Existem três tipos de conflito: de tarefa, de relacionamento e de processo.

O **conflito de tarefa** está relacionado ao conteúdo e aos objetivos do trabalho. O **conflito de relacionamento** se refere às relações interpessoais. O **conflito de processo** relaciona-se à maneira como o trabalho é realizado. Os estudos demonstram que os conflitos de relacionamento são quase sempre disfuncionais. Por quê? Aparentemente, o atrito e as hostilidades interpessoais inerentes aos conflitos de relacionamento aumentam os choques de personalidades e reduzem a compreensão mútua, o que impede a realização das tarefas organizacionais. Por outro lado, níveis reduzidos de conflito de processo e níveis de baixos a moderados de conflito de tarefa são funcionais. Para que o conflito de processo seja produtivo, seu nível tem de ser baixo. A discussão intensa sobre quem deve fazer o quê torna-se disfuncional quando gera incertezas sobre os papéis de cada um, aumenta o tempo de realização das tarefas e leva os membros a trabalhar com propósitos difusos. Um nível baixo a moderado de conflito de tarefa demonstra consistentemente um efeito positivo no desempenho do grupo por estimular a discussão de idéias que ajudam o trabalho em equipe.

O processo do conflito

O **processo do conflito** pode ser visto como um processo de cinco estágios: oposição potencial ou incompatibilidade, cognição e personalização, intenções, comportamento e conseqüências. O diagrama desse processo aparece no Quadro 14-1.

Estágio I: oposição potencial ou incompatibilidade

O primeiro passo do processo do conflito é a presença de condições que criam oportunidades para o seu surgimento. Elas *não precisam* levar diretamente ao conflito, mas uma delas deve existir para que ele apareça. Para efeito de simplificação, essas condições (que também podem ser consideradas como fontes ou causas dos conflitos) foram condensadas em três categorias gerais: comunicação, estrutura e variáveis pessoais.[8]

Comunicação   Susan trabalha no departamento de compras da Bristol-Myers Squibb há três anos. Ela gostava de seu emprego principalmente porque o antigo chefe, Tim McGuire, era um excelente sujeito. Há seis meses,

QUADRO 14-1 O Processo do Conflito

Estágio I	Estágio II	Estágio III	Estágio IV	Estágio V
Oposição potencial ou incompatibilidade	Cognição e personalização	Intenções	Comportamento	Conseqüências

Condições antecedentes
- Comunicação
- Estrutura
- Variáveis pessoais

→ Conflito percebido
→ Conflito sentido

Intenções para a administração do conflito
- Competição
- Colaboração
- Compromisso
- Não-enfrentamento
- Acomodação

Conflito aberto
- Comportamento das partes
- Reação dos outros

→ Melhora do desempenho do grupo
→ Piora do desempenho do grupo

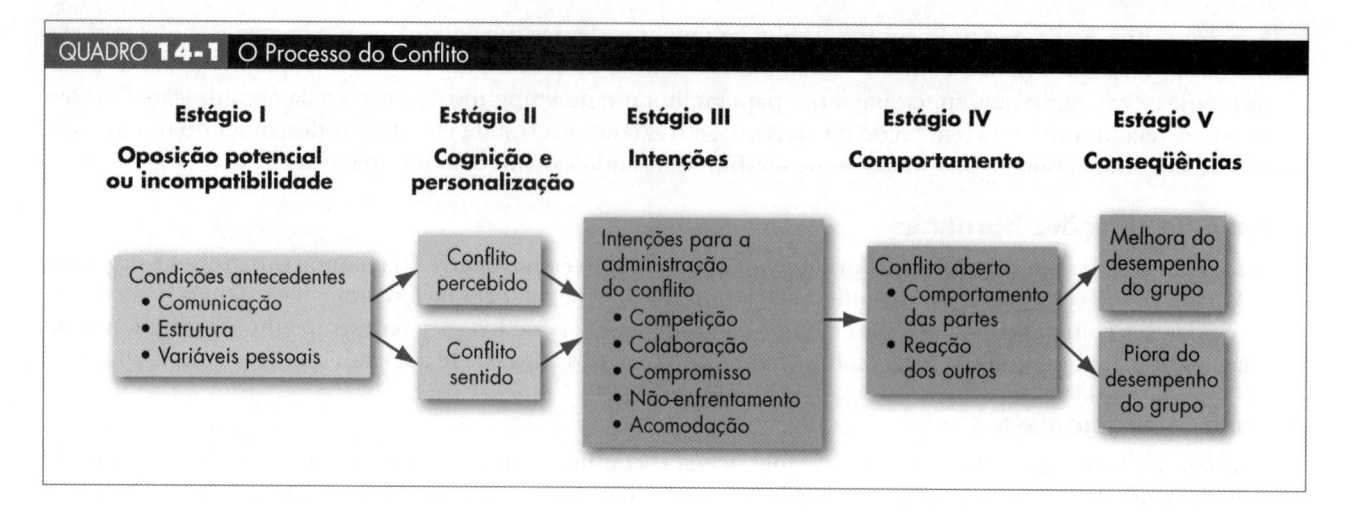

Tim foi promovido e Chuck Benson ficou em seu lugar. Susan diz que seu trabalho agora se tornou bem mais frustrante. "Tim e eu tínhamos uma empatia natural. Isso não acontece em relação ao Chuck. Ele me diz para fazer alguma coisa e eu faço. Aí, ele diz que fiz do jeito errado. Acho que ele pensa uma coisa, mas fala outra. É assim desde o dia em que ele chegou. Não há um único dia em que ele não grite comigo por alguma bobagem. Sabe, há gente com quem é fácil de se comunicar. Mas Chuck certamente não é uma dessas pessoas!"

Os comentários de Susan ilustram como a comunicação pode ser uma fonte de conflitos. Eles representam as forças opostas que surgem das dificuldades semânticas, dos erros de compreensão e do "ruído" nos canais de comunicação. Boa parte dessa discussão pode ser relacionada àquilo que falamos sobre comunicação no Capítulo 10.

Uma revisão da pesquisa sugere que as diferentes conotações das palavras, os jargões, a troca insuficiente de informações e os ruídos no canal de comunicação são obstáculos para a comunicação e potenciais condições antecedentes para os conflitos. As evidências demonstram que as dificuldades semânticas são resultado de diferenças de treinamento, de percepção seletiva e de informações inadequadas sobre os outros. As pesquisas encontraram outro dado surpreendente: o potencial de conflito aumenta quando há escassez ou excesso de comunicação. Aparentemente, um aumento na comunicação pode ser funcional, mas só até um certo ponto, a partir do qual pode haver um excesso que aumenta o potencial de conflito. Informação de mais, tanto quanto informação de menos, pode ser fonte de conflitos. Além disso, o canal escolhido para a comunicação pode influenciar o estímulo à oposição. O processo de filtragem que ocorre quando a informação é passada de um membro para outro e a divergência de comunicação por canais formais ou previamente estabelecidos oferecem oportunidades potenciais de surgimento de conflitos.

Estrutura Charlotte e Teri trabalham na Portland Furniture Mart — uma grande loja de departamentos especializada em mobília. Charlotte é vendedora da loja; Teri, gerente de crédito. As duas se conhecem há muitos anos e têm muitas coisas em comum — são vizinhas de bairro e suas filhas mais velhas são colegas de escola e amigas íntimas. Na verdade, se Charlotte e Teri tivessem empregos diferentes, até poderiam ser amigas, mas elas estão constantemente em guerra uma com a outra. O trabalho de Charlotte é vender móveis e ela é excelente nisso. Mas a maioria de suas vendas é feita a crédito. Como a função de Teri é minimizar as possíveis perdas da empresa com os crediários, freqüentemente ela recusa os pedidos de crédito dos clientes de Charlotte. Não há nada pessoal nessa disputa, apenas as exigências dos cargos é que são uma fonte de conflitos.

Os conflitos entre Charlotte e Teri são de natureza estrutural. O termo *estrutura* é utilizado nesse contexto para incluir variáveis como tamanho do grupo, grau de especialização nas tarefas delegadas aos membros do grupo, clareza de jurisdição, compatibilidade entre membros e metas, estilos de liderança, sistemas de recompensa e o grau de dependência entre os grupos.

As pesquisas indicam que o tamanho e a especialização agem como estimulantes do conflito. Quanto maior o grupo e mais especializadas suas atividades, maior a probabilidade de conflitos. O tempo de casa e os conflitos parecem estar inversamente relacionados. O potencial de conflito parece maior quando os membros do grupo são mais jovens e quando a rotatividade é grande.

Quanto maior a ambigüidade na definição das responsabilidades pelas ações, maior o potencial de conflito. Essas ambigüidades de jurisdição aumentam a luta interna no grupo pelo controle de recursos e de território.

Os grupos dentro das organizações possuem metas diferentes. Por exemplo, a área de compras está preocupada com a aquisição de insumos em tempo hábil e a preços baixos; a área de marketing está preocupada com a

> O gerente da Hewlett-Packard, Tom Alexander, fica em pé sobre uma impressora durante uma reunião de engenheiros da empresa para mostrar seu ponto de vista sobre metas incompatíveis.
> O objetivo da HP é desenvolver impressoras leves e baratas para competir no mercado de usuários domésticos. O objetivo dos engenheiros é continuar desenvolvendo impressoras sofisticadas e caras. O "ato do Alexandre" ajudou a encontrar uma compatibilidade das metas ao dramatizar para os engenheiros que os clientes não precisam de, nem querem, máquinas suficientemente resistentes para agüentar o peso de um homem.

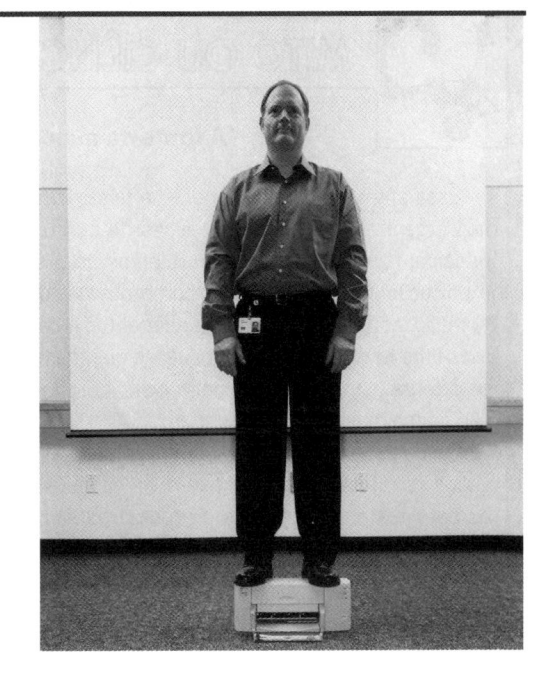

colocação dos produtos no mercado e com o aumento da receita; a área de controle de qualidade está preocupada em melhorar a qualidade e em assegurar que os produtos da empresa atinjam os padrões; e a área de produção busca a eficiência das operações mantendo constante o fluxo da produção. Essa diversidade de objetivos entre os grupos é uma grande fonte de conflitos. Quando os grupos buscam metas diversas, algumas explicitamente divergentes — como no exemplo de Charlotte e Teri —, o potencial de conflito cresce muito.

Existem algumas indicações de que um estilo mais rígido de liderança — observação atenta e constante, aliada ao controle do comportamento das pessoas — aumenta o potencial de conflito, mas as evidências não são particularmente fortes. Um modelo excessivamente participativo também estimula o conflito. As pesquisas tendem a confirmar que a participação e o conflito estão altamente correlacionados, talvez porque a participação encoraje a promoção das diferenças. Os sistemas de recompensa também podem gerar conflitos quando o ganho de um se dá com a perda de outro. Finalmente, se um grupo depende de outro (em vez de serem ambos interdependentes), ou se a interdependência permite que um grupo tenha ganhos à custa de outro, as forças de oposição são estimuladas.

Variáveis Pessoais Você já conheceu alguém de quem não gostou logo de cara? Você discordou da maioria das opiniões dessa pessoa. Tudo nela o desagradou, até características como o som da voz, o jeito de sorrir e a personalidade. Todos passamos por isso. Quando temos de trabalhar com alguém assim, geralmente isso é uma fonte potencial de conflitos.

Nossa última categoria de fontes potenciais de conflitos é aquela representada pelas variáveis pessoais. Como indicado, ela inclui o sistema de valores de cada pessoa e as características de personalidade responsáveis pelas idiossincrasias e diferenças entre os indivíduos.

As evidências indicam que determinados tipos de personalidade — por exemplo, indivíduos muito autoritários ou dogmáticos ou aqueles com auto-estima baixa — tendem a causar conflitos. Ainda mais importantes, e provavelmente uma das variáveis mais observadas no estudo dos conflitos sociais, são os diferentes sistemas de valores. As diferenças de valores são a melhor explicação para diversas questões, como preconceitos, desacordos sobre a contribuição de alguém para o grupo e a recompensa merecida, ou a avaliação da qualidade de um determinado livro. Há julgamento de valores quando John não gosta de negros e Dana considera essa posição fruto da ignorância dele, ou quando um funcionário acha que deveria ganhar 55 mil dólares por ano e seu chefe considera que ele merece 50 mil no máximo, ou quando Ann acha um livro maravilhoso enquanto Jennifer pensa que é um lixo. As diferenças em sistemas de valores são uma fonte importante de conflitos potenciais.

Estágio II: cognição e personalização

Se as condições citadas no Estágio I afetam negativamente o interesse de uma das partes, o potencial de oposição ou de incompatibilidade se realiza neste segundo estágio. As condições antecedentes só levam ao conflito se uma ou mais partes envolvidas forem afetadas por ele e estiverem conscientes disso.

Como notamos em nossa definição de conflito, é preciso haver a percepção. Portanto, uma ou mais partes envolvidas precisam estar conscientes da existência das condições antecedentes. Contudo, o fato de um conflito ser **percebido** não significa que será personalizado. Em outras palavras, "A pode estar consciente que A e B estão seriamente em desacordo... mas isso pode não deixar A tenso nem ansioso, e pode não ter nenhum impacto sobre

MITO OU CIÊNCIA?

"A fonte da maioria dos conflitos é a falta de comunicação"

Essa afirmação provavelmente é falsa. Um mito popular nas organizações diz que as falhas de comunicação são a principal fonte de conflitos. Problemas no processo de comunicação certamente agem como obstáculos para a colaboração, estimulam os desentendimentos e geram conflitos, mas uma revisão da literatura sugere que, nas organizações, os fatores estruturais e as diferenças individuais de valores são as maiores fontes de conflitos.[9]

Os conflitos nas organizações são, com freqüência, derivados estruturalmente. Por exemplo, na indústria do cinema os conflitos entre diretores e produtores são sempre devidos a metas diferentes. Os diretores querem criar filmes artísticos, apesar dos custos. Os produtores querem realizar filmes rentáveis, minimizando os custos. Quando as pessoas precisam trabalhar em conjunto, mas buscam metas diferentes, os conflitos aparecem. Da mesma forma, o tamanho crescente da organização, a rotinização, a especialização do trabalho e os sistemas de recompensa de soma-zero são exemplos de fatores estruturais que podem conduzir a conflitos.

Quando examinamos melhor conflitos atribuídos a falhas de comunicação, percebemos que muitos deles são causados por diferenças de valores. Por exemplo, o preconceito é uma fonte de conflito baseada em valores individuais. Quando os executivos tratam um conflito causado por diferenças de valor como se fosse causado por falhas de comunicação, o conflito raramente é eliminado. Os esforços para melhorar a comunicação, pelo contrário, só reforçam e cristalizam as diferenças. "Antes de nossa conversa, eu *achava* que você era um conservador. Agora *sei* que você é!"

As falhas de comunicação *podem* ser uma fonte de conflitos. Mas os executivos devem procurar primeiro identificar explicações estruturais ou baseadas em diferenças de valores, já que elas costumam ser predominantes nas organizações. ■

a afeição de *A* por *B*".[10] É no nível do **sentimento**, quando as pessoas se envolvem emocionalmente, que as partes experimentam ansiedade, tensão, frustração ou hostilidade.

Tenha em mente dois pontos. Primeiro, o Estágio II é importante por ser onde as questões do conflito costumam ser definidas. É a parte do processo em que os envolvidos decidem sobre o que é o conflito.[11] Essa "definição de sentido" é crítica porque a maneira como o conflito é definido acabará determinando as conseqüências que ele pode acarretar. Por exemplo, se eu definir nosso desacordo salarial como uma situação de soma-zero (ou seja, se você conseguir o aumento que deseja, a quantia não estará disponível para mim), estarei muito menos disposto a colaborar do que se eu entender o conflito como uma situação potencial de ganha-ganha (ou seja, o total de recursos para os salários pode ser ampliado para que ambos possamos receber nossos aumentos). Assim, a definição de um conflito é importante porque delineia o conjunto das possíveis conseqüências. O segundo ponto é que as emoções têm um papel preponderante na configuração das percepções.[12] Por exemplo, descobriu-se que emoções negativas produzem um excesso de simplificação das questões, diminuição da confiança e interpretações negativas do comportamento do outro.[13] Em vez disso, os sentimentos positivos aumentam a tendência a enxergar o potencial de relações entre os elementos de um problema, a ter uma visão mais ampla da situação e a desenvolver soluções mais inovadoras.[14]

Estágio III: intenções

As **intenções** ficam entre as percepções e emoções e o comportamento explícito das pessoas. Elas são decisões de agir de uma determinada maneira.[15]

Por que as intenções foram separadas em um estágio próprio? Porque precisamos inferir as intenções dos outros para sabermos como responder ao seu comportamento. Muitos conflitos são provocados simplesmente porque uma das partes infere erroneamente as intenções da outra. Além disso, costuma haver um certo lapso entre intenções e comportamento, de maneira que o comportamento nem sempre reflete fielmente as intenções de uma pessoa.

O Quadro 14-2 representa o esforço de um autor para identificar as intenções primárias na administração dos conflitos. Com o uso de duas dimensões — *cooperação* (o grau em que uma das partes tenta satisfazer os interesses da outra) e *afirmação* (o grau em que uma das partes tenta satisfazer os seus próprios interesses) —, podem-se identificar cinco intenções para a administração de conflitos: *competir* (afirmativa e não cooperativa), *colaborar* (afirmativa e cooperativa), *evitar* (não afirmativa e não cooperativa), *acomodar-se* (não afirmativa e cooperativa) e *conceder* (entre as duas dimensões).[16]

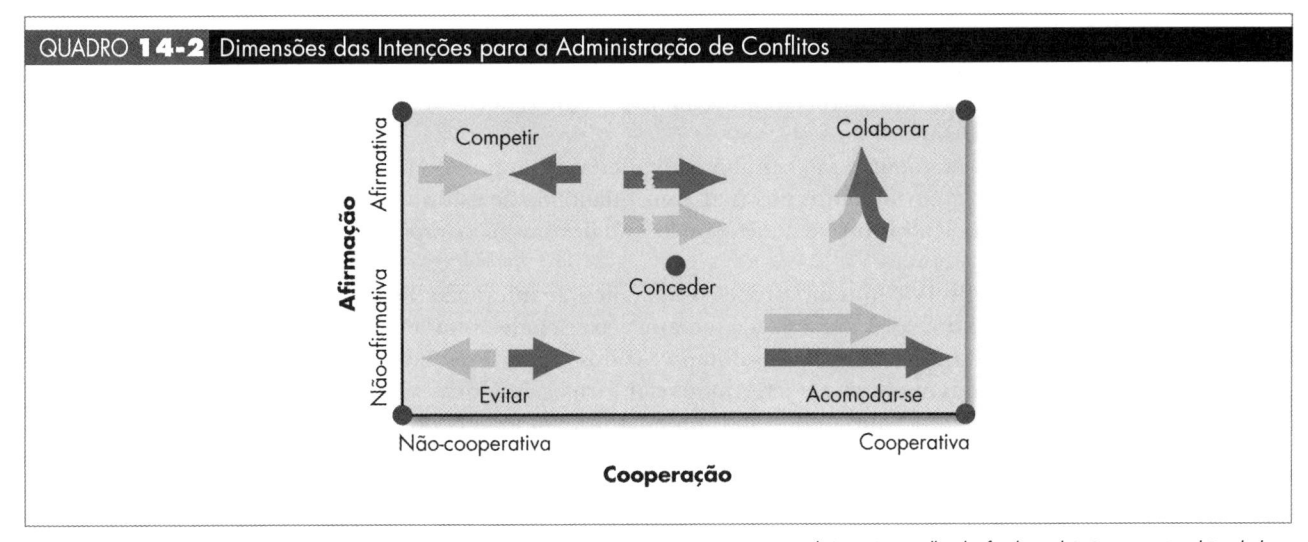

QUADRO 14-2 Dimensões das Intenções para a Administração de Conflitos

![Diagrama com eixos Afirmação (vertical: Afirmativa/Não-afirmativa) e Cooperação (horizontal: Não-cooperativa/Cooperativa), mostrando as cinco intenções: Competir, Colaborar, Conceder, Evitar, Acomodar-se]

Fonte: K. Thomas, "Conflict and negotiation process in organizations", em M. D. Dunnette e L. M. Hough (orgs.). *Handbook of Industrial & Organizational Psychology*, 2 ed., vol. 3. Palo Alto: Consulting Psychologists Press, 1992, p. 668. Com autorização.

Competir Quando uma pessoa busca a satisfação de seus próprios interesses, independentemente do impacto que isso terá sobre as outras partes em conflito, ela está **competindo**. Exemplos incluem a tentativa de atingir suas metas em detrimento das metas dos outros, a tentativa de convencer o outro de que você está certo e ele errado, e a tentativa de imputar a culpa de um problema a outra pessoa.

Colaborar Quando as partes conflitantes desejam satisfazer os interesses de ambas, temos uma situação de cooperação e busca de resultados mutuamente benéficos. Nesse caso, a intenção é de **colaborar.** As partes preferem solucionar o problema esclarecendo as diferenças em vez de tentar acomodar diversos pontos de vista. Exemplos desse tipo de intenção são a busca de uma solução ganha-ganha, que permita que ambas as partes alcancem suas metas, e a busca de uma conclusão que incorpore as perspectivas de ambas as partes.

Evitar A pessoa reconhece que o conflito existe e tenta suprimi-lo ou livrar-se dele. Exemplos dessa intenção incluem a tentativa de simplesmente ignorar um conflito e a de evitar pessoas com quem se tem discordâncias.

Acomodar-se Quando uma das partes procura apaziguar a outra, pode se dispor a colocar os interesses dela antes dos seus. Em outras palavras, uma das partes pode se sacrificar para que o relacionamento se mantenha. Fazemos referência a essa situação como uma intenção de **acomodar-se**. Exemplos disso são a disposição de sacrificar o seu objetivo para que a outra parte possa atingir o dela, o apoio para a opinião de alguém sem concordar totalmente com ela, e o perdão dado a alguém por uma infração, permitindo assim que outras ocorram subseqüentemente.

Conceder Quando cada parte em conflito abre mão de algo, acontece um compartilhamento, que desemboca em um resultado de compromisso. Nessa intenção de **conceder**, não há exatamente vencedores e vencidos. O que há é uma disposição de fracionar o objeto do conflito e aceitar uma solução que satisfaça parcialmente os interesses de ambas as partes. A característica mais importante dessa intenção é, portanto, a disposição de cada uma das partes abrir mão de algo. Exemplos disso podem ser a disposição de aceitar um aumento de 2 dólares por hora em vez dos 3 reivindicados, uma concordância parcial com determinado ponto de vista e o reconhecimento de parte da culpa por uma infração.

As intenções oferecem uma orientação geral para as partes envolvidas em uma situação de conflito. Elas definem o propósito de cada uma das partes. Mas as intenções das pessoas não são imutáveis. Durante um conflito, as intenções podem mudar, seja por uma reconceituação, seja pela reação emocional ao comportamento da outra parte. Entretanto, as pesquisas indicam que as pessoas têm uma disposição básica para administrar conflitos de uma determinada maneira.[17] Mais especificamente, elas têm preferências entre os cinco tipos de intenções para administração de conflitos aqui descritos. Podemos confiar nessas preferências com bastante segurança, e, assim, as intenções de uma pessoa podem ser razoavelmente previstas a partir de uma combinação entre características intelectuais e de personalidade. Seria, portanto, mais adequado encarar as cinco intenções para a administração de conflitos como razoavelmente fixas, e não como um conjunto de alternativas que as pessoas escolhem para atender a situações específicas. Isso quer dizer que, quando confrontadas com uma situação de conflito, algumas pessoas sempre querem ganhar a qualquer preço, outras procuram uma solução ótima, algumas tentam fugir do conflito, outras tentam se acomodar e há as que procuram "repartir a diferença".

Estágio IV: comportamento

Quando a maioria das pessoas pensa em conflito, tende a pensar neste Estágio IV. Por quê? Porque é aqui que os conflitos se tornam visíveis. O estágio do comportamento inclui as declarações, as ações e as reações das partes envolvidas no conflito.

Geralmente, esses comportamentos são tentativas explícitas de implementar as intenções de cada uma das partes conflitantes. Mas os comportamentos possuem uma qualidade de estímulo que os diferencia das intenções. Como resultado de cálculos errados ou de ações pouco habilidosas, os comportamentos explícitos às vezes são desviados de suas intenções originais.[18]

Podemos pensar no Estágio IV como um processo dinâmico de interação. Por exemplo: você me faz uma exigência; eu respondo discutindo; você me ameaça; eu ameaço você de volta; e assim por diante. O Quadro 14-3 oferece uma visualização do comportamento conflitante. Todos os conflitos existem em algum ponto desse continuum. Na parte inferior, temos conflitos caracterizados por formas de tensão sutis, indiretas e muito controladas. Um exemplo seria o de um aluno que questionar em aula um comentário que o professor acabou de fazer. A intensidade dos conflitos vai crescendo à medida que subimos no continuum até chegar às formas altamente destrutivas. As greves, as revoltas e as guerras estão claramente nesse patamar. De maneira geral, podemos dizer que os conflitos que atingem o patamar mais alto quase sempre são disfuncionais. Os conflitos funcionais geralmente estão confinados nos patamares mais baixos.

Se um conflito é disfuncional, o que as partes envolvidas podem fazer para diminuir sua intensidade? Ou, ao contrário, o que pode ser feito para aumentar a intensidade de um conflito muito fraco? Isso nos leva às técnicas de **administração de conflitos**. O Quadro 14-4 mostra as principais técnicas de resolução e de estímulo que os executivos podem utilizar para controlar os níveis de conflito. Repare que várias delas foram descritas anteriormente como intenções para a administração de conflitos. Isso, evidentemente, não surpreende. Sob as condições ideais, as intenções de uma pessoa se traduziriam em comportamentos comparáveis.

Estágio V: conseqüências

O jogo de ação e reação entre as partes de um conflito resulta em conseqüências. Como demonstra nosso modelo (veja o Quadro 14-1), essas conseqüências podem ser funcionais, quando resultam em melhoria do desempenho do grupo; ou disfuncionais, quando atrapalham o seu desempenho.

Conseqüências Funcionais De que maneira o conflito pode funcionar como uma força para melhorar o desempenho do grupo? É difícil visualizar uma situação em que a agressividade explícita ou violenta possa ser funcional. Mas existem inúmeros exemplos de situações em que níveis baixos ou moderados de conflito podem melhorar a eficácia do grupo. Como a maioria das pessoas tem dificuldades para pensar em conflito como algo construtivo, vamos examinar alguns exemplos e rever as evidências das pesquisas. Note que todos os exemplos são de conflitos de tarefa ou de processo e não incluem aqueles de relacionamento.

Os conflitos são construtivos quando aumentam a qualidade das decisões, estimulam a criatividade e a inovação, encorajam o interesse e a curiosidade dos membros do grupo, oferecem um canal para o arejar os problemas e liberar as tensões, e fomentam um ambiente de auto-avaliação e de mudança. As evidências sugerem que o conflito pode melhorar a qualidade do processo decisório por permitir que todos os pontos sejam avaliados nas decisões importantes, especialmente aqueles que não são usuais ou que são defendidos por minorias.[19] O conflito

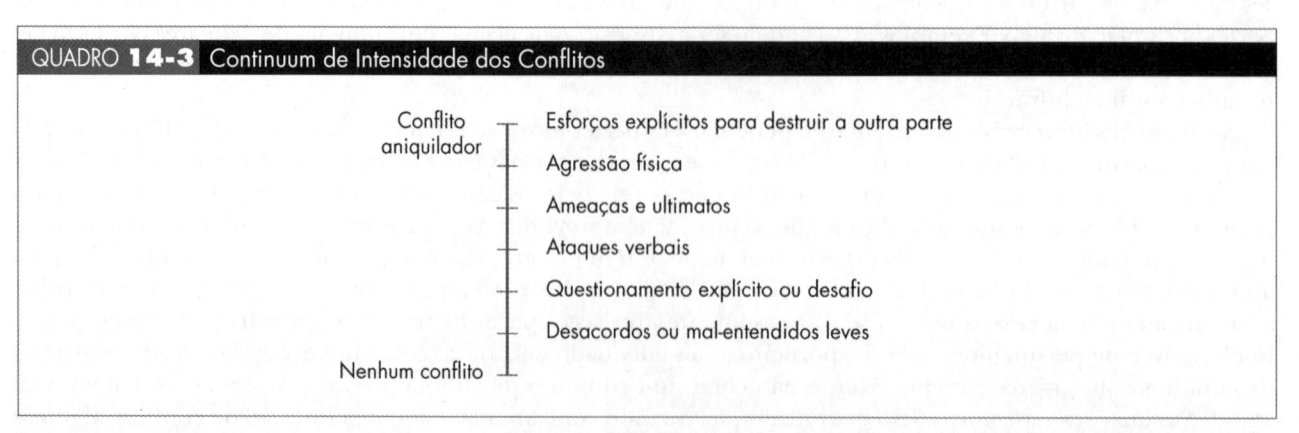

QUADRO 14-3 Continuum de Intensidade dos Conflitos

Conflito aniquilador
- Esforços explícitos para destruir a outra parte
- Agressão física
- Ameaças e ultimatos
- Ataques verbais
- Questionamento explícito ou desafio
- Desacordos ou mal-entendidos leves

Nenhum conflito

Fonte: Baseado em S. P. Robbins, *Managing organizational conflict: a nontraditional approach*. Upper Saddle River: Prentice Hall, 1974, p. 93-97 e F. Glasi, "The process of conflict escalation and the roles of third parties", em G. B. J. Bomers e R. Peterson (orgs.), *Conflict management and industrial relations*. Boston: Kluwer-Nijhoff, 1982, p. 119-140.

QUADRO 14-4 Técnicas de Administração de Conflitos

Técnicas de Resolução de Conflitos

Resolução de problemas	Encontros entre as partes conflitantes com o propósito de identificar o problema e resolvê-lo por meio de uma discussão aberta.
Metas superordenadas	Criação de uma meta compartilhada que não possa ser atingida sem a cooperação entre as partes conflitantes.
Expansão de recursos	Quando o conflito é causado pela escassez de um recurso — digamos, dinheiro, oportunidades de promoção ou espaço físico de trabalho —, a expansão desse recurso pode criar uma solução ganha-ganha.
Não-enfrentamento	Suprimir o conflito ou evadir-se dele.
Suavização	Minimizar as diferenças entre as partes conflitantes ao enfatizar seus interesses comuns.
Concessão	Cada uma das partes abre mão de algo valioso.
Comando autoritário	A administração usa sua autoridade formal para resolver o conflito e depois comunica seu desejo às partes envolvidas.
Alteração de variáveis humanas	Utilização de técnicas de mudança comportamental, como treinamento em relações humanas, para alterar atitudes e comportamentos que causam conflitos.
Alteração de variáveis estruturais	Mudanças na estrutura formal da organização e nos padrões de interação entre as partes conflitantes, através de redesenho de atribuições, transferências, criação de posições coordenadas etc.

Técnicas de Estimulação de Conflitos

Comunicação	Utilização de mensagens ambíguas ou ameaçadoras para aumentar os níveis de conflito.
Inclusão de estranhos	Incluir nos grupos de trabalho funcionários com históricos, valores, atitudes ou estilos gerenciais diferentes daqueles dos seus membros.
Reestruturação da organização	Realinhamento dos grupos de trabalho, alteração de regras e regulamentos, aumento da interdependência e outras mudanças estruturais similares que rompam o status quo.
Nomeação de um advogado do diabo	Designação de um crítico que discuta, propositalmente, as posições defendidas pela maioria do grupo.

Fonte: Baseado em S. P. Robbins, *Managing organizational conflict: a nontraditional approach*. Upper Saddle River: Prentice Hall, 1974, p. 59-89.

é um antídoto para o pensamento grupal. Ele evita que o grupo passivamente "assine embaixo" de decisões que podem estar baseadas em premissas fracas, em consideração inadequada das alternativas relevantes ou em outras debilidades. O conflito desafia o status quo e, por isso, estimula a criação de novas idéias, promove a reavaliação das metas e das atividades do grupo e aumenta a probabilidade de que este responda às mudanças.

Para termos um exemplo de uma empresa que sofreu por causa de um nível muito baixo de conflitos funcionais, basta olhar para a gigante do setor automobilístico General Motors (GM).[20] Muitos dos problemas enfrentados pela GM nas três últimas décadas podem ser explicados pela ausência de conflitos funcionais. A empresa contratou e promoveu indivíduos que eram "vaquinhas de presépio", leais à GM a ponto de nunca questionar nenhuma das ações da organização. Seus executivos, na maioria, eram homens brancos, anglo-saxões, nascidos no Meio-Oeste dos Estados Unidos, conservadores e resistentes a mudanças — eles preferiam olhar para os sucessos do passado a buscar novos desafios no futuro. Eles eram quase dogmáticos em sua convicção de que aquilo que havia funcionado no passado continuaria a funcionar no futuro. Além disso, ao mantê-los nos escritórios de Detroit e encorajá-los a conviver apenas com seus pares nos domínios da empresa, a GM isolou seus executivos de qualquer perspectiva de conflito.

Mais recentemente, a Yahoo! forneceu um exemplo de empresa que sofreu por ter escassez de conflitos funcionais.[21] Fundada em 1994, a Yahoo! já era uma das marcas mais conhecidas da Internet em 1999. Em seguida, aconteceu a implosão das empresas "ponto-com". Em meados de 2001, as vendas de publicidade andavam mal e as ações da empresa haviam perdido 92 por cento do valor que tinham em seu auge, pouco tempo antes. Foi nesse

Terry Semel, um ex-executivo da Warner Brothers, trouxe sua habilidade em administrar conflitos para a Yahoo! ao assumir o comando da empresa. Semel, nomeado em 2001 para substituir Tim Koogle, reanimou a empresa trocando sua cultura sem conflitos por controles rígidos e conflitos funcionais. Ele reduziu o número de unidades de negócio de 44 para 5, eliminando muitos projetos que eram queridos por certos gerentes. Em vez de contar apenas com a geração interna de idéias para crescer, Semel vem adquirindo outras empresas e formando parcerias para expandir as receitas e os lucros.

momento que o problema crítico da Yahoo! veio à tona: a empresa estava muito isolada e desprovida de conflitos funcionais. Ela não conseguia responder à mudança. Chefes e subordinados estavam em tamanha harmonia que ninguém queria mudar nada. Isso impedia que novas idéias se infiltrassem em sentido ascendente e mantinha a dissidência no seu nível mínimo. A fonte do problema estava no presidente da empresa, Tim Koogle. Ele estabelecera o tom de não-confrontação. A Yahoo! só começou a resolver seus problemas quando Koogle foi substituído, em 2001, por um novo presidente que desafiou abertamente esse clima de ausência de conflitos.

As pesquisas desenvolvidas em diferentes setores confirmam a funcionalidade dos conflitos. Considere as seguintes descobertas.

Uma comparação entre as seis principais decisões tomadas durante as gestões de quatro diferentes presidentes dos Estados Unidos indica que os conflitos reduziram as chances de que o pensamento grupal prevalecesse. O estudo mostrou que a conformidade entre os conselheiros presidenciais estava relacionada a decisões fracas, enquanto uma atmosfera de conflito construtivo e pensamento crítico estava por trás das decisões mais bem desenvolvidas.[22]

Também existem evidências que indicam que os conflitos podem estar positivamente relacionados à produtividade. Por exemplo, ficou demonstrado que, em grupos estabelecidos, o desempenho tende a melhorar quando há conflito entre os membros do que quando eles estão de pleno acordo. Os investigadores observaram que, quando os grupos analisam decisões tomadas por seus membros individualmente, a média de progresso nos grupos com alto nível de conflito é 73 por cento maior do que nos grupos caracterizados por condições de conflito reduzido.[23] Outros pesquisadores chegaram a resultados semelhantes: grupos compostos por indivíduos com interesses diferentes tendem a produzir soluções de melhor qualidade para uma variedade de problemas se comparados com grupos mais homogêneos.[24]

O que vimos até aqui nos leva a presumir que a crescente diversidade cultural da força de trabalho pode trazer benefícios para as organizações. E é exatamente o que as evidências sugerem. As pesquisas demonstram que a heterogeneidade entre membros de grupos e de organizações pode aumentar a criatividade, melhorar a qualidade das decisões e facilitar as mudanças, por acentuar a flexibilidade das pessoas.[25] Por exemplo, pesquisadores compararam grupos de decisão formados apenas por indivíduos anglo-saxões com outros que também incluíam membros asiáticos, latino-americanos e negros. Os grupos com diversidade étnica produziram idéias mais eficazes e viáveis, e as idéias originais desse grupo eram de melhor qualidade que as idéias criativas do grupo dos anglo-saxões.

De maneira semelhante, estudos com categorias profissionais — analistas de sistemas e cientistas de pesquisa e desenvolvimento — corroboram o valor construtivo dos conflitos. Uma investigação com 22 equipes de analistas de sistemas descobriu que, quanto mais os grupos são incompatíveis, mais produtivos eles tendem a ser.[26] Os cientistas de pesquisa e desenvolvimento mostraram-se mais produtivos quando havia um certo nível de conflito intelectual.[27]

Conseqüências Disfuncionais As conseqüências destrutivas dos conflitos sobre o desempenho de um grupo ou organização são bastante conhecidas. Consideremos este pequeno resumo: a oposição fora de controle leva ao descontentamento; que age para a dissolução dos laços comuns; que, por sua vez, acaba causando a destruição do grupo. Existe também, evidentemente, muita literatura que documenta como os conflitos — do tipo disfuncional — podem reduzir a eficácia dos grupos.[28] Entre as conseqüências mais indesejáveis estão um descompasso na comunicação, a redução da coesão do grupo e a subordinação das metas do grupo às prioridades das lutas entre seus componentes. Em situações extremas, o conflito pode paralisar o grupo e até ameaçar potencialmente sua sobrevivência.

A morte de uma organização por causa de excesso de conflitos não é tão rara quanto parece. Um dos escritórios de advocacia mais conhecidos de Nova York, Shea & Gould, por exemplo, fechou suas portas simplesmente porque seus 80 associados não conseguiam conviver entre si.[29] Um consultor jurídico conhecedor da empresa disse: "Era uma empresa cujos sócios tinham diferenças básicas e de princípios, que eram, essencialmente, irreconciliáveis". Esse mesmo consultor alertou os sócios da empresa em sua última reunião: "Vocês não têm um problema econômico, mas sim um problema de personalidade. Vocês se odeiam!".

Criando Conflitos Funcionais Mencionamos rapidamente o estímulo ao conflito como parte do Estágio IV do processo do conflito. Nesta seção, perguntamos: se os executivos adotarem a visão interacionista de conflito, o que poderão fazer para encorajar os conflitos funcionais em suas organizações?[30]

Parece haver um consenso geral de que a criação de conflitos funcionais é um trabalho árduo, especialmente nas grandes empresas norte-americanas. Como comentou um consultor, "uma grande parcela daqueles que chegam ao topo é do tipo que evita conflitos. Eles não gostam de ouvir nem de dizer um *não*, e menos ainda de pensar em coisas negativas. Geralmente, uma das razões pelas quais eles chegam lá em cima é que não irritam as outras pessoas em sua subida". Outro consultor sugere que sete entre dez executivos nos Estados Unidos se calam quando suas opiniões são diferentes das de seus superiores, permitindo que estes cometam erros quando poderiam ser alertados.

Essas culturas anticonflitos podem ter sido toleradas no passado, mas não o são hoje em dia, em um cenário de competição feroz na economia globalizada. Empresas que não apóiam e estimulam dissidências podem ter sua sobrevivência ameaçada. Vamos dar uma olhada em algumas abordagens que as organizações estão utilizando para encorajar seu pessoal a desafiar o sistema e desenvolver novas idéias.

A Walt Disney Company estimula grandes reuniões espontâneas e destituídas de regras com o propósito de criar atritos que levem a novas idéias criativas. A Hewlett-Packard recompensa os divergentes reconhecendo os indivíduos "quixotescos", aqueles que sustentam suas idéias mesmo quando elas são rejeitadas pela direção da empresa. A Herman Miller, fabricante de móveis para escritório, possui um sistema formal pelo qual os funcionários avaliam e criticam seus chefes. A IBM também tem um sistema formal que encoraja a dissensão. Os funcionários podem questionar seus chefes impunemente. Se o desacordo for passível de resolução, o sistema oferece um mediador para o conflito.

O grupo Shell, a General Electric e a Anheuser-Busch utilizam a figura do "advogado do diabo" em seus processos decisórios. Quando o comitê de política da Anheuser-Busch, por exemplo, estuda uma mudança importante — como entrar ou sair de um setor de negócios, ou realizar um grande investimento de capital —, geralmente é criado um grupo para desenvolver argumentações pró e contra a decisão. Esse processo freqüentemente resulta em decisões e alternativas que ainda não haviam sido consideradas.

Um ingrediente comum nas organizações que têm sucesso em criar conflitos funcionais é que elas recompensam os divergentes e punem aqueles que evitam o conflito. O verdadeiro desafio para os executivos é ouvir notícias que eles não querem escutar. As notícias podem fazer seu sangue ferver ou arruinar suas esperanças, mas eles não podem demonstrar isso. Precisam aprender a receber notícias ruins sem vacilar. Sem discursos, sem sarcasmos, sem olhos virados nem ranger de dentes. Os executivos devem propor calmamente questões equilibradas: "Você poderia me explicar melhor o que aconteceu?", "O que você acha que deveríamos fazer agora?". Um sincero "Obrigado por me avisar" provavelmente reduzirá as chances de o executivo ser poupado desse tipo de comunicação no futuro.

Negociação

A negociação permeia as interações de praticamente todo o mundo em grupos e em organizações. Há a negociação do tipo mais óbvio: sindicatos negociam com empresas. Há as que não são tão óbvias: executivos negociam com funcionários, colegas e chefes; vendedores negociam com clientes; agentes de compras negociam com fornecedores. E há, ainda, a negociação sutil: um funcionário aceita fazer o trabalho de seu colega por alguns minutos em troca de algum benefício futuro. Hoje, nas organizações baseadas no trabalho em equipe, em que os membros precisam trabalhar com colegas sobre os quais não têm nenhuma autoridade e com quem não podem sequer compartilhar a chefia, as habilidades de negociação tornam-se críticas.

Vamos definir **negociação** como o processo pelo qual duas ou mais partes trocam bens ou serviços e buscam um acordo sobre as vantagens dessa troca para elas.[31] Repare que usamos os termos *negociação* e *barganha* com a mesma conotação.

Nesta seção, vamos comparar duas estratégias de barganha, oferecer um modelo de processo de negociação, apurar o papel dos traços de personalidade no processo de barganha, revisar as diferenças culturais na negociação e examinar sucintamente as negociações com uma terceira parte.

Estratégias de barganha

Existem duas abordagens gerais para a negociação — a *barganha distributiva* e a *barganha integrativa*.[32] Elas são comparadas no Quadro 14-5.

Barganha Distributiva Você vê, em um jornal, o anúncio de um carro usado. Parece ser exatamente o que você procura. Você vai ver o carro. Ele está em ótimo estado e você quer ficar com ele. O proprietário diz o preço. Você não quer pagar tanto assim. Vocês dois, então, negociam o preço. Essa estratégia de negociação é chamada de **barganha distributiva**. Sua principal característica é que ela opera em condições de soma-zero: tudo o que eu conseguir ganhar será à sua custa e vice-versa. Com referência ao exemplo do carro usado, cada centavo que o vendedor tirar do preço será um centavo que o comprador poupará. Por outro lado, cada centavo a mais no preço será um centavo de prejuízo para o comprador. Assim, a essência da barganha distributiva é a negociação sobre o tamanho da fatia que cada um consegue obter de uma única torta.

O exemplo mais citado de barganha distributiva é, provavelmente, a negociação salarial nas empresas. Normalmente, os representantes dos trabalhadores vão para a mesa de negociação determinados a conseguir o máximo possível de dinheiro da empresa. Uma vez que cada centavo cedido aos funcionários significa um aumento de despesas para a empresa, as partes barganham agressivamente e uma trata a outra como um oponente que precisa ser vencido.

A essência da barganha distributiva é apresentada no Quadro 14-6. As partes *A* e *B* representam dois negociadores. Cada um possui um *ponto-alvo* que define o que ele quer conseguir. Cada um tem também um *ponto de resistência*, que marca o pior resultado aceitável — o ponto mínimo abaixo do qual é melhor sair da negociação do que aceitar um acordo. A área entre esses dois pontos é o espectro de aspiração de cada um. Como existe uma intersecção entre essas áreas, há um espaço de manobra no qual as aspirações de cada um podem ser atendidas.

Na barganha distributiva, a tática usada é tentar fazer com que o oponente concorde com seu ponto-alvo, ou chegue o mais perto possível dele. Exemplos dessa tática são as tentativas de convencer seu oponente de que o alvo dele não pode ser atingido e a melhor solução é um acordo próximo do seu alvo; de convencê-lo de que o seu alvo é justo e o dele, injusto; e de persuadir o oponente a sentir-se emocionalmente generoso e, assim, aceitar um resultado próximo do seu alvo.

Barganha Integrativa O representante de vendas de uma confecção de roupas esportivas femininas fecha um contrato de venda de 15 mil dólares com um pequeno varejista. O representante envia o pedido para o departa-

As habilidades de negociação são fundamentais nas relações de compra e venda. Nesta feira livre em Alkmaar, Holanda, dois compradores de alimentos testam uma amostra de queijo Edam antes de negociar os preços com o vendedor.

QUADRO 14-5 Barganha Distributiva X Barganha Integrativa

Característica da Barganha	Característica Distributiva	Característica Integrativa
Recursos disponíveis	Quantidade fixa dos recursos a serem divididos	Quantidade variável dos recursos a serem divididos
Motivações primárias	Eu ganho, você perde	Eu ganho, você ganha
Interesses primários	Oposição de um ao outro	Convergência ou congruência com o outro
Foco do relacionamento	Curto prazo	Longo prazo

Fonte: Baseado em R. J. Lewicki e J. A. Litterer, *Negotiation*. Homewood: Irwin, 1985, p. 280.

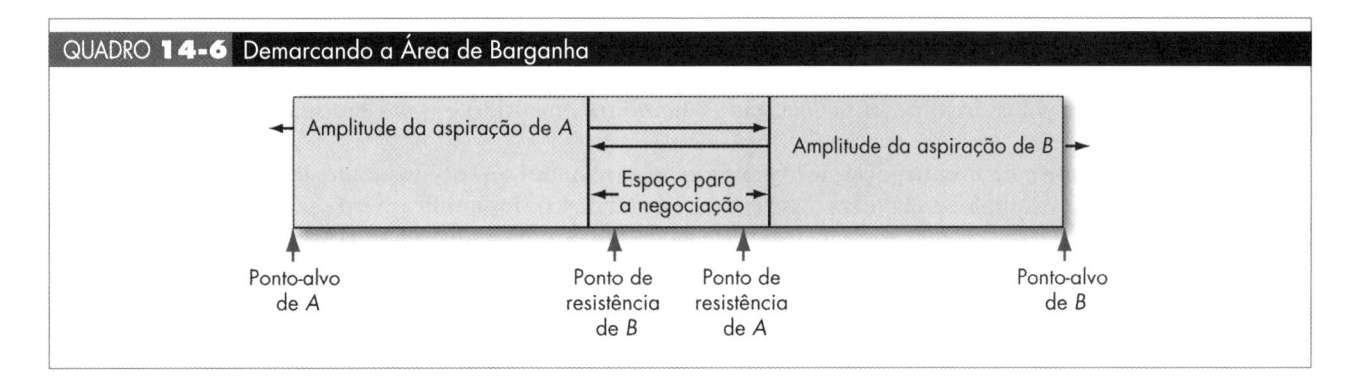

QUADRO 14-6 Demarcando a Área de Barganha

mento de crédito de sua empresa. É informado, então, de que a empresa não aprovaria o crédito por causa do histórico de mau pagador do cliente. No dia seguinte, o representante e o gerente de crédito se reúnem para discutir o problema. O representante não quer perder o negócio. O gerente de crédito também não quer, mas tem medo de trabalhar com um cliente inadimplente. Eles examinam suas posições abertamente. Depois de muita discussão, chegam a uma solução que favorece ambos: o gerente de crédito aprova a venda, mas o dono da loja terá de oferecer uma garantia bancária que assegure o pagamento caso o débito não seja saldado em 60 dias.

Essa negociação é um exemplo de **barganha integrativa**. Ao contrário da barganha distributiva, a resolução de problemas de maneira integrativa opera sob a premissa de que há um ou mais acordos que podem gerar uma solução ganha-ganha.

Em termos do comportamento intra-organizacional, se tudo se mantiver estável, a barganha integrativa é preferível à barganha distributiva. Por quê? Porque a primeira constrói relacionamentos de longo prazo e facilita o

O executivo chefe da General Motors, Rick Wagoner (em pé, à esquerda), e Ron Gettelfinger, presidente do United Auto Workers (o sindicato dos funcionários de montadoras nos Estados Unidos), apertam as mãos ao iniciar as negociações trabalhistas. Ao buscar uma barganha integrativa, a empresa e o sindicato tentam deixar a mesa de negociações com um contrato do tipo ganha-ganha que dê a ambos os lados a sensação de vitória. Este esforço de barganha integrativa contrasta com as negociações anteriores entre ambos, que costumavam ser distributivas em sua natureza.

trabalho conjunto no futuro. Ela une os negociadores e todos saem da mesa de barganha sentindo-se vitoriosos. A barganha distributiva, por seu lado, deixa uma das partes sentindo-se como a perdedora. Acaba gerando animosidades e aprofunda as divisões entre pessoas que precisam trabalhar juntas constantemente.

Por que razão, então, não vemos mais barganhas integrativas dentro das organizações? A resposta está nas condições necessárias para que esse tipo de negociação aconteça. As partes envolvidas precisam ser francas em suas informações e preocupações, ter sensibilidade em relação às necessidades mútuas, ter a capacidade de confiar umas nas outras e mostrar disposição de manter uma certa flexibilidade.[33] Como essas condições raramente são encontradas nas organizações, não é surpreendente que as negociações tenham geralmente uma dinâmica do tipo ganhar-a-qualquer-custo.

O processo de negociação

O Quadro 14-7 oferece um modelo simplificado do processo de negociação. Segundo ele, a negociação compreende cinco passos: (1) preparação e planejamento; (2) definição das regras básicas; (3) esclarecimentos e justificativas; (4) barganha e solução de problemas; e (5) conclusão e implementação.[34]

Preparação e Planejamento Antes de começar a negociação, você precisa fazer a lição de casa. Qual é a natureza do conflito? Qual o histórico dessa negociação? Quem está envolvido e quais são suas percepções sobre o conflito?

O que você pretende com essa negociação? Quais são as *suas* metas? Se você fosse um gerente de suprimentos da Dell Computer, por exemplo, e sua meta fosse conseguir um desconto significativo de seu fornecedor de teclados, você deveria certificar-se de que esse objetivo fosse a coisa mais importante na sua discussão, não permitindo que outros assuntos tomassem importância maior. Ajuda muito colocar no papel as metas seguidas por um conjunto de resultados possíveis — do "mais desejável" até o "mínimo aceitável" — para manter sua atenção focada.

Você também pode preparar uma avaliação daquilo que acredita serem as metas da outra parte. O que provavelmente ela irá querer? Qual a firmeza das posições assumidas por ela? Qual a possível agenda oculta dela? Quais seriam os acordos aceitáveis para ela? Quando você consegue antecipar a posição do seu oponente, está mais preparado para contra-argumentar com fatos ou números que embasem sua posição.

A importância de dimensionar a outra parte em uma negociação pode ser ilustrada pela experiência de Keith Rosenbaum, sócio de um grande escritório de advocacia de Los Angeles. "Certa vez, ao negociar a compra de uma empresa, descobrimos que o proprietário estava passando por um divórcio litigioso. Tínhamos um bom entendimento com a esposa do advogado e conhecíamos a tática do vendedor. No Estado da Califórnia, os casamentos são feitos em comunhão de bens e, por isso, ele teria de entregar à esposa metade de tudo. Conhecíamos seus prazos. Sabíamos o que ele estava disposto a ceder e o que não estava. Sabíamos muito mais do que ele gostaria que soubéssemos. Estávamos prontos para apertá-lo mais um pouco e conseguir um preço melhor."[35]

Após reunir as informações necessárias, você as utiliza para elaborar uma estratégia. Como os bons jogadores de xadrez, o negociador deve ter uma estratégia. Precisa antecipar a resposta para qualquer situação que aparecer. Como parte de sua estratégia, você precisa determinar a melhor alternativa para um acordo negociado (**BATNA***)[36] Sua BATNA determina o menor valor aceitável para negociar um acordo. Qualquer oferta que esteja acima de sua BATNA é melhor que o impasse. Por outro lado, você não deve esperar sucesso na negociação se não for capaz de oferecer à outra parte uma proposta mais atraente que a BATNA dela. Se partir para a negociação tendo uma boa idéia sobre a BATNA do oponente, mesmo que não seja capaz de satisfazê-la, você poderá conseguir que ele a modifique.

Definição das Regras Básicas Depois de ter feito seu planejamento e elaborado sua estratégia, você estará pronto para definir, com seu oponente, as regras e procedimentos que guiarão a negociação. Quem serão os negociadores? Onde a negociação será realizada? Quais as limitações de tempo existentes? A quais questões a negociação estará limitada? Haverá algum procedimento a ser seguido caso se chegue a um impasse? Durante essa fase, as partes também exporão suas propostas ou demandas.

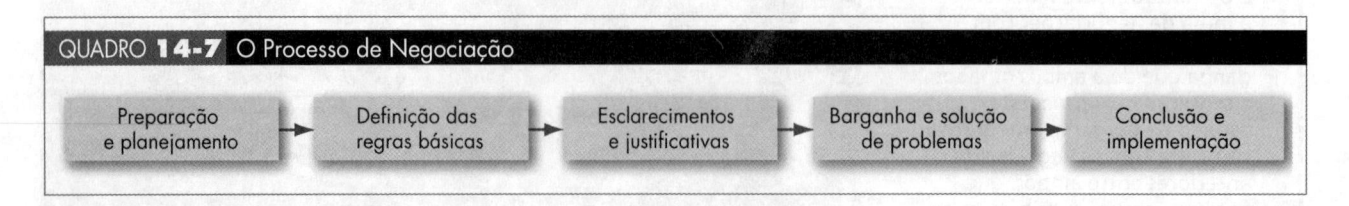

QUADRO 14-7 O Processo de Negociação

Preparação e planejamento → Definição das regras básicas → Esclarecimentos e justificativas → Barganha e solução de problemas → Conclusão e implementação

---

* BATNA - Best Alternative To a Negotiated Agreement (N. T.).

Esclarecimento e Justificativa Depois que as posições iniciais forem estabelecidas, ambas as partes começarão a explicar, ampliar, esclarecer, reforçar e justificar suas demandas originais. Não é preciso haver confronto. Na verdade, esta é mais uma oportunidade de explicar e informar a outra parte sobre as questões envolvidas, por que elas são importantes e como cada um chegou às demandas iniciais. Neste momento, pode ser interessante oferecer à outra parte algum material informativo que ajude você a fundamentar a sua posição.

Barganha e Solução de Problemas A essência do processo de negociação é o verdadeiro toma-lá-dá-cá na tentativa de se chegar a um acordo. Ambas as parte terão, inevitavelmente, de fazer algumas concessões.

Conclusão e Implementação O passo final do processo de negociação é a formalização do acordo alcançado e o desenvolvimento de quaisquer procedimentos necessários para sua implementação e monitoramento. Em grandes negociações — que podem incluir acordos trabalhistas, barganhas sobre aluguéis, compras de imóveis ou a discussão dos termos de uma oferta de trabalho em uma empresa —, o acordo deve ser fechado com todas as especificidades expressas em um contrato formal. Em muitos casos, entretanto, o fechamento da negociação nada mais é do que um aperto de mãos.

Questões da negociação

Vamos concluir nossa discussão sobre negociação revendo quatro questões atuais sobre o assunto: o papel dos traços de personalidade, as diferenças quanto ao gênero na negociação, os efeitos das diferenças culturais nos estilos de negociação e a utilização de terceiros para ajudar a resolver as diferenças.

O Papel dos Traços de Personalidade na Negociação Você seria capaz de prever as táticas de negociação de seu oponente se soubesse alguma coisa sobre sua personalidade? A resposta mais tentadora aqui seria sim. Por exemplo, poderíamos pressupor que as pessoas que correm mais riscos são negociadoras mais agressivas e dispostas a menos concessões. Na verdade, surpreendentemente, as evidências não corroboram essa intuição.[37]

Diversos estudos sobre a relação entre personalidade e negociação indicam que não há efeitos diretos significativos dos traços de personalidade sobre o processo de barganha nem sobre os resultados da negociação. Essa conclusão é importante porque sugere que devemos nos concentrar nos assuntos e fatores situacionais de cada barganha, e não na personalidade do oponente.

Diferenças Quanto ao Gênero na Negociação Homens e mulheres negociam de maneiras diferentes? O gênero influencia o resultado das negociações? A resposta para a primeira pergunta aparentemente é não[38]. Já a resposta para a segunda é, definitivamente, sim.[39]

Um estereótipo comum define as mulheres como mais cooperativas, agradáveis e voltadas para o relacionamento nas negociações quando comparadas aos homens. As evidências não corroboram essa crença. Entretanto, os homens tendem a conseguir melhores resultados nas negociações, ainda que a diferença seja pequena. Já se postulou que essa diferença se deve ao fato de que homens e mulheres atribuem valores diferentes aos resultados. "Pode ser que um aumento salarial ou uma sala mais ampla sejam menos importantes para as mulheres do que a construção e manutenção de uma boa relação interpessoal."[40]

A crença de que as mulheres são mais "boazinhas" do que os homens na negociação provavelmente se deve à confusão entre o gênero e a falta de poder que geralmente as mulheres detêm na maioria das grandes empresas. As pesquisas indicam que os executivos com menos poder costumam ser mais pacificadores com seus oponentes, usando táticas de persuasão mais do que confronto direto ou ameaças. Quando homens e mulheres possuem bases de poder semelhantes, não há diferenças significativas em seus estilos de negociação.

As evidências sugerem que as atitudes das mulheres em relação à negociação e a si mesmas enquanto negociadoras são bem diferentes das dos homens. As administradoras são menos confiantes na antecipação da negociação e se mostram menos satisfeitas com seu desempenho depois de encerrado o processo, independentemente de o desempenho e os resultados terem sido semelhantes aos dos homens.

Essa conclusão sugere que as mulheres se penalizam indevidamente evitando entrar em negociações, mesmo quando tais ações seriam de seu maior interesse.

Diferenças Culturais nas Negociações Embora não pareça haver uma relação direta significativa entre a personalidade de uma pessoa e o estilo de negociação, a bagagem cultural parece ser relevante. Os estilos de negociação variam claramente de acordo com a cultura do país.[41]

Os franceses gostam do conflito. Eles freqüentemente conquistam reconhecimento e constroem sua reputação pensando e agindo contra os outros. Em conseqüência, levam muito tempo para negociar seus acordos e não se mostram muito preocupados com o fato de seus oponentes gostarem ou não deles.[42] Os chineses também alongam as negociações, mas porque acreditam que elas são um processo interminável. No momento em que você pensa que discutiu todos os detalhes e chegou a uma solução com um executivo chinês, ele pode exibir um

Ao negociar com o governo a criação de um parque temático na França, a Walt Disney Company aprendeu muito sobre diferenças culturais. Na França, um país fortemente hierarquizado, as decisões são tomadas na cúpula. Assim, o dirigente máximo do país, o falecido primeiro-ministro François Mitterrand, esteve envolvido pessoalmente na negociação da EuroDisney. Para navegar entre os vários níveis da hierarquia, a Disney contratou negociadores franceses, mais acostumados com as regras locais para a tomada de decisões, a fim de assegurar a aprovação oficial ao projeto.

sorriso e simplesmente iniciar todo o processo novamente. Como os japoneses, os chineses usam a negociação, mais do que para ajustar pontas soltas em um acordo, para construir um relacionamento e um comprometimento visando ao trabalho conjunto.[43] Os norte-americanos são internacionalmente conhecidos por sua impaciência e pelo desejo de ser apreciado.[44] Os negociadores mais astutos de outros países costumam usar essas características para levar vantagens, alongando as negociações e criando condicionantes de amizade no acordo final. O Quadro 14-8 oferece algumas idéias sobre as razões das dificuldades dos executivos norte-americanos em negociações multiculturais.

O contexto cultural influencia significativamente a quantidade e o tipo de preparo para a barganha, a ênfase relativa dada à tarefa em relação à dada às relações interpessoais, as táticas a serem utilizadas e até o local onde a negociação deve ocorrer. Para ilustrar um pouco mais essas diferenças, vamos examinar dois estudos comparativos sobre a influência da cultura nas negociações empresariais.

O primeiro estudo comparou norte-americanos, árabes e russos.[45] Entre os fatores considerados estavam os estilos de negociação, a maneira de reagir aos argumentos dos oponentes, o modo de fazer concessões e como eles lidavam com prazos finais. Os norte-americanos tentavam persuadir com base nos fatos e apelando para a lógica; contrapunham os argumentos da outra parte com fatos objetivos; faziam pequenas concessões logo no início do processo para gerar um relacionamento e, geralmente, eram recíprocos às concessões do oponente; e encaravam os prazos finais como muito importantes. Os árabes tentavam persuadir apelando para as emoções; contrapunham os argumentos dos oponentes com sentimentos subjetivos; faziam concessões durante toda a barganha e quase sempre eram recíprocos às concessões da outra parte; e não consideravam os prazos finais com muita seriedade. Os russos baseavam seus argumentos em ideais declarados; faziam poucas (ou não faziam) concessões; as concessões feitas pelos oponentes eram vistas como sinais de fraqueza e eles nunca se mostravam recíprocos a elas; e, simplesmente, ignoravam os prazos finais.

QUADRO 14-8 Por Que os Executivos Norte-americanos Podem Ter Problemas em Negociações Multiculturais

- Italianos, alemães e franceses não elogiam os executivos antes de criticá-los. Os norte-americanos têm esse hábito, que é visto por muitos europeus como manipulação.

- Os israelenses, acostumados a reuniões muito rápidas, não têm paciência com a conversa sem relevância dos norte-americanos.

- Os executivos ingleses costumam se queixar de que os norte-americanos conversam demais.

- Os executivos indianos têm o costume de interromper o que o outro está falando. Quando os norte-americanos ouvem tudo, sem interromper nem fazer perguntas, os indianos acham que eles não estão prestando atenção.

- Os norte-americanos costumam misturar sua vida profissional com a pessoal. Para eles, é absolutamente normal perguntar a um colega, por exemplo, como foi seu fim de semana. Em algumas culturas, essa pergunta pode parecer intrusiva pois existe uma separação total entre o lado profissional e o privado.

Fonte: Adaptado de L. Khosla, "You say tomato". *Forbes,* 21 maio 2001, p. 36.

O segundo estudo foi dedicado às táticas verbais e às não-verbais utilizadas por norte-americanos, japoneses e brasileiros durante sessões de negociação com duração de meia-hora.[46] Algumas diferenças são particularmente interessantes. Por exemplo, os brasileiros usaram a palavras "não" 83 vezes, em média, contra cinco dos japoneses e nove dos norte-americanos. Os japoneses impuseram mais de cinco períodos de silêncio com duração superior a dez segundos no espaço da meia-hora de negociação. Os norte-americanos impuseram, em média, 3,5 períodos destes; os brasileiros, nenhum. Os japoneses e norte-americanos interromperam seus oponentes o mesmo número de vezes, enquanto os brasileiros o fizeram de 2,5 a três vezes mais. Finalmente, os norte-americanos e os japoneses não tiveram nenhum contato físico com os oponentes, exceto os apertos de mãos de praxe, enquanto os brasileiros tocaram os oponentes cerca de cinco vezes em cada sessão de meia hora.

Negociações por Meio de uma Terceira Parte Até agora, discutimos a barganha em termos de negociação direta. Ocasionalmente, entretanto, as partes podem atingir uma situação de impasse, quando são incapazes de resolver suas diferenças por meio da negociação direta. Nesses casos, elas podem optar pela utilização de uma terceira parte capaz de ajudar a encontrar uma solução. Existem quatro papéis básicos da terceira parte: mediador, árbitro, conciliador e consultor.[47]

Um **mediador** é um terceiro neutro que facilita uma solução negociada por meio do emprego da razão e da persuasão, da sugestão de alternativas e assim por diante. Os mediadores são muito utilizados em negociações trabalhistas e em disputas jurídicas cíveis.

A eficácia das negociações mediadas é, em geral, bastante expressiva. O índice de acordos é de aproximadamente 60 por cento, com a satisfação dos negociadores ficando em torno de 75 por cento. Mas a situação é a chave para definir o sucesso do uso do mediador, já que as partes envolvidas precisam estar motivadas para a barganha e para a solução do conflito. Além disso, a intensidade do conflito não pode ser muito alta pois a mediação funciona melhor sob níveis moderados de conflito. Finalmente, as percepções em relação ao mediador são importantes; para ser eficaz, ele precisa ser visto como neutro e não coercitivo.

Um **árbitro** é um terceiro com autoridade para ditar um acordo. A arbitragem pode ser voluntária (requerida pelas partes) ou compulsória (imposta por lei ou contrato).

A autoridade do árbitro varia de acordo com as regras estabelecidas pelos negociadores. Por exemplo, ele pode estar limitado a escolher uma das últimas ofertas de um dos negociadores ou sugerir um ponto de acordo que não seja comprometedor, ou pode ser livre para fazer qualquer julgamento que considerar correto.

O principal benefício da arbitragem em relação à mediação é que ela sempre resulta em uma solução. Se há ou não um lado negativo, depende do "peso da mão" do árbitro. Se uma das partes se sentir completamente derrotada, é claro que, insatisfeita, provavelmente não aceitará de bom grado a decisão do árbitro. Desta forma, o conflito poderá ressurgir mais adiante.

ENFOQUE NA MÍDIA

Uma experiência de negociação eficaz

Depois que a Russ Berrie & Co. adquiriu a empresa que detinha a marca de bolas Koosh, passou a ser tarefa de Bernie Tenenbaum aumentar as vendas e a lucratividade. As bolas eram produzidas na Ásia, e Bernie foi para Hong Kong para se reunir com o fabricante.

Antes dessa reunião, contudo, ele fez contato com outro produtor para obter preços mais baixos. Este ofereceu 3 centavos a menos por unidade produzida. Tenenbaum já sabia, então, que havia espaço de manobra para negociar com o fabricante atual.

Chegando a Hong Kong, Tenenbaum e seus executivos participaram de um suntuoso jantar com o dono da fábrica e toda a sua família, durante o qual tentaram descobrir se havia possibilidade de negociar o preço das bolas. Tenenbaum diz que tinha três objetivos naquele jantar. "Primeiro, queríamos estabelecer boas relações. Na China, em especial, a palavra de uma pessoa vale muito, e a honra que se presta a um parceiro é tudo. Se tivéssemos chegado dizendo de cara que tínhamos um produtor alternativo com uma oferta de preço melhor, ele teria se retirado pois nós o deixaríamos embaraçado. Segundo, queríamos que ele soubesse que nossa empresa estava crescendo e que havia possibilidade de sua empresa aumentar os negócios conosco. Terceiro, queríamos pedir ajuda. Nunca dissemos que ele tinha de baixar seu preço; perguntamos se havia alguma coisa que ele pudesse fazer para nos ajudar. Ele entendeu a mensagem e fez uma oferta de preço ainda menor do que a do fabricante alternativo."

Fonte: Baseado em "How to treat your adversary with respect – and win". *INC*, ago. 2003, p. 77.

Um **conciliador** é um terceiro confiável que estabelece uma comunicação informal entre as partes oponentes. Essa personagem ficou famosa na pele de Robert Duval no primeiro filme da saga *O Poderoso Chefão*. Como filho adotivo de Don Corleone e advogado por formação, a personagem de Duval agia como intermediária entre a família Corleone e as outras famílias da Máfia.

A conciliação é amplamente empregada em disputas internacionais, trabalhistas, comunitárias e familiares. A comparação entre a sua eficácia e a da mediação é difícil, pois ambas se sobrepõem em muitos aspectos. Na prática, os conciliadores têm um papel que vai além do simples elemento de ligação da comunicação. Eles também se dedicam a levantar os fatos, a interpretar as mensagens e a persuadir os oponentes a chegar a um acordo.

Um **consultor** é um terceiro habilitado e imparcial que busca facilitar a resolução de um problema por meio da comunicação e da análise, apoiado por seu conhecimento sobre administração de conflitos. Diferentemente dos papéis anteriores, o papel do consultor não é o de chegar ao acordo em si, mas o de melhorar as relações entre as partes conflitantes para que elas mesmas cheguem ao acordo. Em vez de apresentar soluções específicas, o consultor tenta ajudar as partes a se compreender e trabalhar umas com as outras. Portanto, essa abordagem tem um enfoque de longo prazo: construir percepções e atitudes novas e positivas entre as partes conflitantes.

Resumo e implicações para os executivos

Muitas pessoas presumem automaticamente que os conflitos estão relacionados ao mau desempenho dos grupos e das organizações. Este capítulo procurou demonstrar que essa idéia freqüentemente está incorreta. O conflito pode ser tanto construtivo como destrutivo para o funcionamento de um grupo ou unidade. Como mostra o Quadro 14-9, os níveis de conflito podem ser altos demais ou excessivamente baixos. Ambos os extremos prejudicam o desempenho. O nível ótimo seria aquele em que há conflito suficiente para evitar a estagnação, estimular a criatividade, permitir que as tensões sejam liberadas e o processo de mudanças seja iniciado, mas insuficiente para ser destrutivo ou prejudicar a coordenação das atividades.

Níveis muito altos ou inadequados de conflito podem prejudicar a eficácia do grupo ou da organização, resultando em baixa satisfação de seus membros, aumento das taxas de rotatividade e de absenteísmo e, eventualmente, perda de produtividade. Por outro lado, quando o conflito está no nível ótimo, a complacência e a apatia são minimizadas, a motivação é melhorada por meio da criação de um ambiente desafiador e questionador, cuja vitalidade torna o trabalho mais interessante, e há o índice de rotatividade necessário para livrar a organização dos funcionários mais fracos.

Que conselhos poderíamos dar aos executivos que enfrentam níveis excessivos de conflitos e precisam reduzi-los? Não pense que existe uma única intenção de administração de conflitos que é sempre a melhor! Você precisa escolher uma intenção apropriada para cada situação. Os parágrafos a seguir oferecem algumas orientações.[48]

Utilize a *competição* quando uma ação rápida e decisiva for vital (em emergências); em assuntos importantes, quando ações impopulares precisam ser implementadas (na redução de custos, no reforço a regras impopulares e à disciplina); em aspectos vitais para o bem da organização, quando você sabe que está certo; e contra as pessoas que tiram vantagem do comportamento não-competitivo.

Utilize a *colaboração* para encontrar uma solução integrativa, quando ambas as partes tiverem interesses importantes demais para serem comprometidos; quando seu objetivo for aprender; para fundir percepções de pessoas com perspectivas diferentes; para obter comprometimento incorporando interesses dentro de um consenso; e para trabalhar sentimentos que estão interferindo em um relacionamento.

Utilize o *não-enfrentamento* quando o assunto for trivial ou houver outros tópicos mais urgentes; quando perceber que não há maneira de satisfazer seus interesses; quando um potencial rompimento puder exceder os benefícios de uma solução; para deixar que as pessoas se acalmem e ganhem uma nova perspectiva; quando o levantamento de informações substituir a decisão imediata; quando outras pessoas forem capazes de solucionar o conflito mais eficazmente; e quando a questão parecer tangencial ou for sintoma de outros problemas.

Utilize a *acomodação* quando perceber que você está errado e para permitir que uma posição melhor seja ouvida, para aprender e mostrar sua racionalidade; quando a questão for mais importante para os outros do que para você e para satisfazê-los, garantindo sua cooperação; para ganhar créditos sociais a serem usados mais tarde; para minimizar os danos quando você estiver perdendo a disputa; quando a harmonia e a estabilidade forem especialmente importantes; e para permitir que os funcionários se desenvolvam aprendendo com os próprios erros.

Utilize a *concessão* quando as metas, apesar de importantes, não justificam uma ruptura de abordagens mais afirmativas; quando os oponentes com igual poder estão comprometidos com metas mutuamente exclusivas; para obter acordos temporários em relação a assuntos complexos; para chegar a soluções rápidas sob pressão de prazos; ou como último recurso quando a colaboração ou a competição não tiverem funcionado.

QUADRO 14-9 Conflito e Desempenho da Unidade

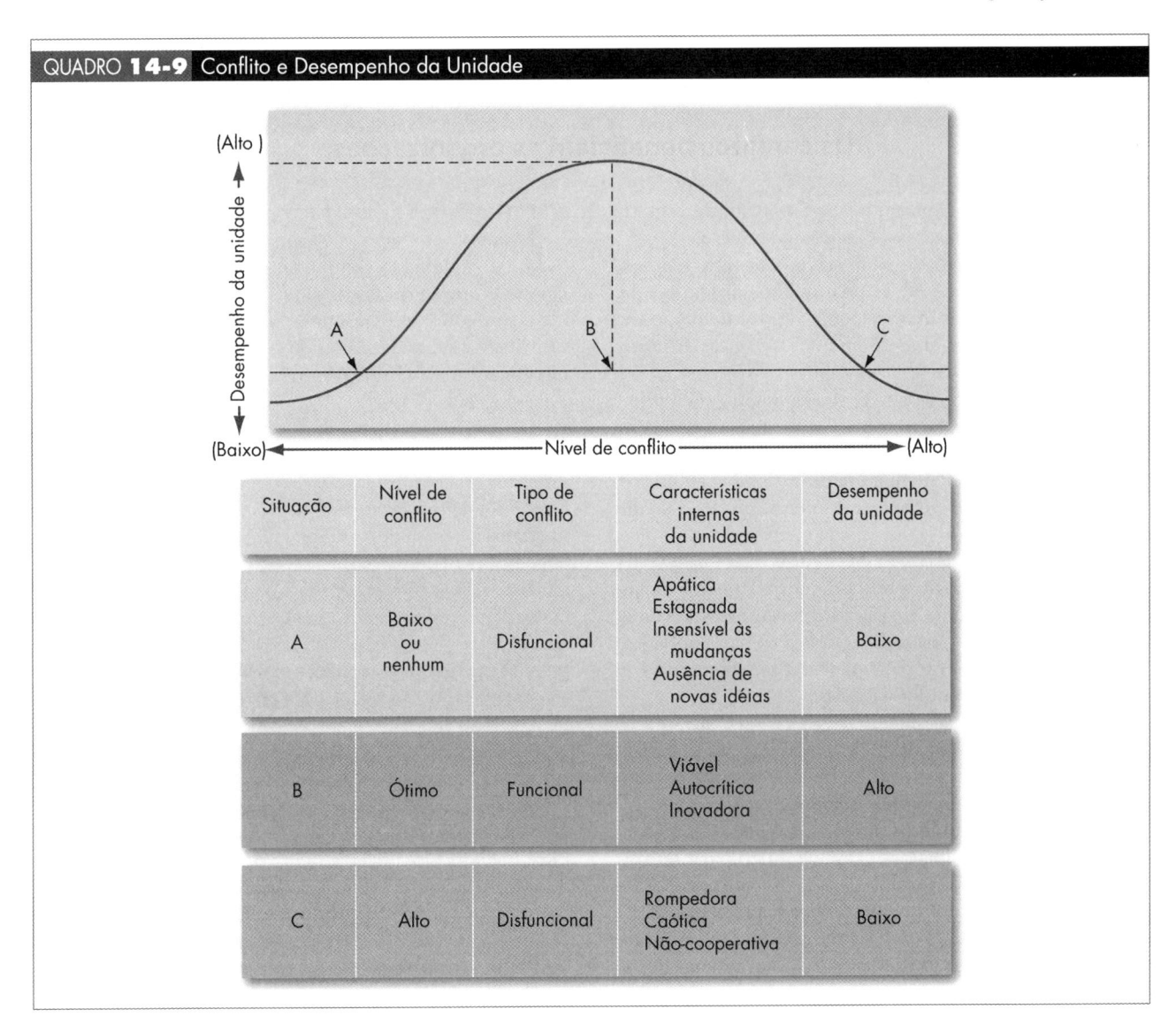

Situação	Nível de conflito	Tipo de conflito	Características internas da unidade	Desempenho da unidade
A	Baixo ou nenhum	Disfuncional	Apática Estagnada Insensível às mudanças Ausência de novas idéias	Baixo
B	Ótimo	Funcional	Viável Autocrítica Inovadora	Alto
C	Alto	Disfuncional	Rompedora Caótica Não-cooperativa	Baixo

A negociação é uma atividade contínua nos grupos e nas organizações. A barganha distributiva pode solucionar as disputas, mas geralmente tem um efeito negativo sobre a satisfação dos negociadores por estar focada no curto prazo e ser confrontadora. A barganha integrativa, por seu lado, tende a oferecer resultados que satisfazem todos os envolvidos, além de construir relações de longa duração.

PONTO ▶   ◀ CONTRAPONTO

Os conflitos beneficiam as organizações

Vamos revisar sucintamente como os conflitos estimulantes podem trazer benefícios à organização.

O conflito é uma forma de introduzir mudanças radicais. Trata-se de um artifício eficaz pelo qual os dirigentes da empresa podem mudar drasticamente a estrutura de poder existente, o padrão vigente de interação e certas atitudes cristalizadas.

O conflito facilita a coesão do grupo. Enquanto o conflito aumenta a hostilidade entre os grupos, as ameaças externas unem internamente o grupo como uma unidade. Os conflitos intergrupais aumentam a identificação dos membros com o grupo ao qual pertencem, intensificando o sentimento de solidariedade.

O conflito melhora a eficácia do grupo e da organização. O estímulo ao conflito dá início à busca de novos rumos e metas e abre caminho para a inovação. A solução bem-sucedida de um conflito leva a uma maior eficácia, a mais confiança e abertura, a uma maior proximidade entre os membros e à despersonalização de conflitos futuros.

O conflito faz surgir um nível de tensão um pouco mais alto e mais construtivo. Quando o nível de tensão está muito baixo, as partes não se sentem suficientemente motivadas para fazer alguma coisa em relação ao conflito.

Os grupos e as organizações isentas de conflitos tendem a sofrer de apatia, estagnação, pensamento grupal e outros males debilitantes. Na verdade, muitas organizações fracassam por *falta* de conflitos, e não por excesso deles. Dê uma olhada na lista de grandes empresas que fracassaram ou passaram por sérias dificuldades nas duas últimas décadas. Você encontrará nomes como Smith Corona, Western Union, Kmart, Montgomery Ward, Morrison Knudsen, Greyhound e Digital Computer. O traço comum entre todas elas foi a estagnação. Seus dirigentes tornaram-se complacentes e incapazes, ou sem vontade, de facilitar as mudanças. Essas organizações teriam se beneficiado com o conflito funcional.

Talvez seja verdade que o conflito é parte inerente de qualquer grupo ou organização. Pode não ser possível eliminá-lo completamente. Contudo, o simples-fato de existirem conflitos, não é motivo para que eles sejam endeusados. Todos os conflitos são disfuncionais e uma das principais responsabilidades da administração é manter sua intensidade a mais baixa possível. Alguns pontos corroboram essa posição.

As conseqüências negativas de um conflito podem ser devastadoras. A lista de aspectos negativos associados aos conflitos é assustadora. Os mais óbvios são o aumento da rotatividade, a redução da satisfação dos funcionários, a ineficiência nas unidades de trabalho, a sabotagem, as queixas trabalhistas, as greves e, até mesmo, a agressão física.

Os executivos eficazes constroem equipes. Um bom executivo constrói uma equipe coordenada. O conflito trabalha contra esse objetivo. Um grupo de trabalho bem-sucedido é como uma equipe esportiva vencedora: cada membro conhece o seu papel e apóia seus colegas. Quando um grupo funciona bem, o todo se torna maior do que a soma de suas partes. A administração cria equipes de trabalho, minimizando os conflitos internos e facilitando a coordenação interna.

Os executivos que aceitam e estimulam os conflitos não sobrevivem nas organizações. A argumentação sobre o valor dos conflitos pode ser discutível já que a maioria dos altos executivos nas empresas tem uma visão bem tradicional do assunto. Nessa visão tradicional, todo conflito é visto como ruim. Como a avaliação do desempenho de um executivo é feita pelo alto escalão, aqueles que não conseguirem eliminar os conflitos serão avaliados negativamente. Isso, conseqüentemente, reduz as oportunidades de progresso. Qualquer executivo que pretende subir nesse ambiente empresarial deve ter o cuidado de seguir a visão tradicional e eliminar os vestígios mais visíveis de conflitos. Ignorar esse conselho pode resultar na eliminação prematura do administrador.

Questões para revisão

1. Quais são as desvantagens dos conflitos? E as vantagens?
2. Qual é a diferença entre conflito funcional e conflito disfuncional? O que determina a sua funcionalidade?
3. Em quais condições o conflito pode ser benéfico para um grupo?
4. Quais são os componentes do modelo de processo do conflito? A partir de sua própria experiência, dê um exemplo de como um conflito passa por essas cinco etapas.
5. Como um executivo pode estimular o conflito em seu departamento?
6. O que define o escopo de um acordo na barganha distributiva?
7. Por que a barganha integrativa não é praticada com maior freqüência nas organizações?
8. Como os homens e as mulheres diferem quanto às suas abordagens de negociação?
9. Quais os problemas enfrentados pelos norte-americanos em negociações com pessoas oriundas de culturas coletivistas, como o Japão e a China?
10. O que você pode fazer para melhorar sua eficácia como negociador?

Questões para reflexão crítica

1. Você acha que competição e conflito são coisas diferentes? Explique.
2. "A participação é um método excelente para identificar diferenças e solucionar conflitos." Você concorda com isso? Discuta.
3. A partir de sua própria experiência, descreva uma situação de conflito disfuncional em que você esteve envolvido. Descreva em seguida uma outra situação, agora com conflito funcional. Analise como as outras partes, em ambos os conflitos, provavelmente interpretaram a situação quanto ao fato de os conflitos serem funcionais ou disfuncionais.
4. Imagine que um canadense precisa negociar um contrato com alguém na Espanha. Que problemas ele poderá enfrentar? Que sugestões você lhe daria para facilitar o acordo?
5. Michael Eisner, presidente da Walt Disney Co., quer estimular o conflito dentro da empresa. Mas ele pretende minimizar os conflitos com partes externas — agentes, empresários, sindicatos etc. O que isso significa em termos de níveis de conflito, conflito funcional *versus* conflito disfuncional e administração de conflitos?

Exercício de grupo

Dramatização de uma negociação

Essa dramatização foi elaborada para ajudá-lo a desenvolver suas habilidades de negociador. A classe deve ser dividida em pares. Uma pessoa fará o papel de Alex, o supervisor do departamento. Outra pessoa será C. J., o chefe de Alex. Ambos os participantes devem ler os trechos intitulados A Situação e A Negociação. O texto de cada personagem deve ser lido *apenas* pela pessoa que irá desempenhar o papel.

A Situação

Alex e C. J. trabalham na Nike em Portland, Estado de Oregon. Alex supervisiona um laboratório de pesquisa; C. J. é o gerente de pesquisa e desenvolvimento. Alex e C. J. foram colegas de universidade e trabalham na Nike há seis anos. C. J. é chefe de Alex há dois anos. Um dos subordinados de Alex o tem impressionado bastante. Trata-se de Lisa Roland. Ela foi contratada há 11 meses. Tem 24 anos e mestrado em Engenharia Mecânica. Seu salário inicial é de 42,5 mil dólares por ano. Terry disse a Lisa que, de acordo com a política da empresa, ela passaria por uma avaliação inicial de desempenho depois de seis meses e por uma revisão mais completa ao final do primeiro ano. Então, com base nos registros de seu desempenho, ela poderia esperar um ajuste salarial.

A avaliação de Alex sobre o desempenho de Lisa nos primeiros seis meses foi muito positiva. Ele destacou o tempo de dedicação de Lisa, seu espírito cooperativo, o fato de todos no laboratório gostarem de trabalhar com ela e como ela causou um impacto positivo imediato no projeto para o qual foi designada. Agora que a revisão anual se aproxima, Alex volta a avaliar seu desempenho. Ele acha que Lisa pode ser o melhor funcionário novato que o departamento de P&D já contratou. Em apenas um ano, seu desempenho foi classificado em terceiro lugar em um departamento de 11 pessoas.

Os salários no departamento variam muito. Alex, por exemplo, tem um salário-base de 72 mil dólares por ano, além da possibilidade de uma remuneração variável que pode ficar entre 6 mil e 10 mil dólares anuais. Os demais salários do departamento variam entre 35.400 dólares e 61.350 dólares por ano. O menor salário é o de um recém-contratado formado em Física. Os dois funcionários que ficam na frente de Lisa na classificação por desempenho ganham 57.700 dólares e 61.350 dólares por ano. Eles têm 27 anos. Um está na empresa há três anos e outro, há quatro. A média salarial do departamento de Alex é de 51.660 dólares.

Papel de Alex

Você quer dar a Lisa um grande aumento de salário. Apesar de ser tão jovem, ela provou ser uma excelente aquisição para o departamento. Você não quer perdê-la. Além disso, ela sabe quanto as outras pessoas do departamento ganham e sente que está sendo mal paga. A empresa costuma dar um aumento de 5 por cento ao final de um ano, sendo relativamente comum este reajuste chegar a 10 por cento, com casos de aprovação de aumentos entre 20 e 30 por cento. Você gostaria de dar a Lisa o maior aumento que C. J. possa aprovar.

Papel de C. J.

Todos os supervisores subordinados a você tentam arrancar o máximo de dinheiro para o seu pessoal. Você compreende isso, pois fazia a mesma coisa quando era supervisor, mas seu chefe quer os custos sob controle. Ele quer que você mantenha os aumentos dos novos funcionários entre 5 e 8 por cento. Na verdade, ele até enviou um memorando a todos os gerentes e supervisores dizendo isso. Entretanto, seu chefe também se preocupa bastante com a eqüidade e com a remuneração justa de acordo com o que as pessoas merecem. Você tem certeza de que ele acatará qualquer recomendação sua sobre salário, desde que bem justificada. Sua meta, consistente com a redução de custos, é manter o nível dos aumentos salariais o mais baixo possível.

A Negociação

Alex tem uma reunião agendada com C. J. para discutir a avaliação de desempenho de Lisa e seu aumento de salário. Gaste alguns minutos para pensar nos fatos mostrados neste exercício e prepare sua estratégia. Depois, você terá 15 minutos para conduzir sua negociação. Quando a negociação for concluída, a classe irá comparar as estratégias utilizadas e avaliar os resultados.

Dilema ético

É antiético mentir e enganar durante uma negociação?

No Capítulo 10, falamos da mentira dentro do contexto da comunicação. Voltamos agora ao tema, sob o ponto de vista específico da negociação. Achamos o assunto interessante porque muita gente pensa que não existe mentira quando se trata de negociar alguma coisa.

Costuma-se dizer que a negociação, em si, é ambígua no que se refere à ética: para se ter sucesso, é preciso enganar o outro. Seria isto verdade? Aparentemente, muita gente acha que sim. Por exemplo, um estudo revelou que 28 por cento dos negociadores mentiram sobre assunto de interesse comum durante a negociação. Outro estudo mostrou que 100 por cento dos negociadores esconderam a verdade ou mentiram abertamente sobre algum tópico em uma negociação porque nada lhes foi perguntado especificamente sobre o assunto.

É possível que uma pessoa mantenha elevados padrões éticos enquanto precisa negociar diariamente com chefes, colegas, subordinados, pessoas de outras empresas, amigos e até membros da família?

Todos provavelmente concordam que é errado mentir descaradamente durante uma negociação. Pelo menos, os mais éticos concordam. O grande dilema está nas pequenas mentiras — as omissões, evasivas e ocultações que, freqüentemente, são necessárias para se vencer o oponente.

Em uma situação de negociação, quando uma mentira é uma *mentira*? Seria quando há exagero das qualidades, minimização dos problemas, ocultação das falhas, ou quando se diz "não sei" enquanto, na verdade, se sabe? Quando se diz: "Esta é a minha última oferta, sem mais negociações", mas se pretende continuar a discutir, trata-se de uma mentira? Quando se finge alguma concessão, já pré-calculada, isso é mentira? Todas estas práticas costumam ser vistas não como mentiras, mas como exibição dos talentos do negociador, considerado forte, inteligente e astuto.

Quando as respostas evasivas e enganadoras ultrapassam o limite? É ingenuidade abrir a alma e ser totalmente honesto durante uma negociação? Será que a única regra nas negociações é: qualquer tática que aumente suas chances de ganhar é aceitável?

Fonte: Baseado em M.E. Schweitzer, "Deception in negotiation", em S.J. Hoch e H.C. Kunreuther (orgs.). *Wharton on making decisions*. New York: Wiley, 2001, p. 187-200; e M. Diener, "Fair enough". *Entrepreneur*, jan. 2002, p. 100-102.

Estudo de caso

Schneider National

A Schneider National é uma empresa de transporte e logística sediada em Green Bay, Estado de Wisconsin. Fundada em 1935, a empresa hoje opera com mais de 50 mil veículos que transportam cargas por quase 8 milhões de quilômetros todos os dias. Sua receita é de aproximadamente 2,4 bilhões de dólares por ano.

A empresa teve apenas três líderes. O primeiro foi seu fundador; o segundo, seu filho, Donald; e, em agosto de 2002, Chris Lofgren, que não é da família, foi nomeado para substituir Schneider, de 67 anos, na presidência. Não que a empresa fosse tomada de surpresa com esta contratação. Em 1988, Don Schneider comunicou ao seu conselho de diretores que sua tarefa prioritária era encontrar um sucessor. Lofgren entrou na empresa em 1994 como diretor-geral e, depois, tornou-se o principal executivo operacional em 2000. Nessa época, ele começou a construir a equipe de seis membros que hoje comanda as estratégias da empresa.

Todos que conhecem Don Schneider sabem que é difícil substituí-lo. "Don é um ícone", diz um executivo da empresa. "Ele é, provavelmente, quem mais entende de transporte e logística em todo o setor." Lofgren declara: "Nossa abordagem foi a de reunir uma equipe de executivos com talentos, perspectivas e experiências que, juntos, sejam mais abrangentes e maiores que os de Don Schneider." A idéia, de acordo com Lofgren, é ter indivíduos focados em uma linha de produtos ou função ao mesmo tempo que supervisionam suas áreas, desenvolvendo um senso de responsabilidade pelo desempenho financeiro da empresa como um todo.

"Se você tem pessoas que não pensam a empresa como um todo, apenas se responsabilizam por um setor ou função, terá de haver alguém que assuma o arbítrio sobre os pontos de tensão." Lofgren não tem a menor intenção de fazer este papel.

Para mediar os pontos de conflito, o grupo de executivos teve de aprender a trabalhar em conjunto. Eles até contrataram um consultor externo para ajudá-los a ouvir uns aos outros e a se compreender melhor, bem como a focar o debate em aspectos críticos. "O conflito entre pessoas ou entre grupos não é positivo. Mas o conflito sobre questões de negócios é uma coisa maravilhosa e saudável", diz Lofgren. "Qualquer negócio que não tenha alguma tensão cairá no mais baixo nível de seu desempenho."

Questões

1. Que tipo de visão de conflito Lofgren apóia? Explique.
2. Explique por que a transição entre Don Schneider e Lofgren se deu relativamente sem conflitos.
3. Como a organização do grupo de executivos gera os conflitos? Como os reduz?
4. Como Lofgren administra os conflitos?

Fonte: Baseado em D. Drickhamer, "Rolling on". *Industry Week*, 1 dez. 2002.

PARTE IV — O SISTEMA ORGANIZACIONAL

CAPÍTULO 15

Fundamentos da estrutura organizacional

Depois de ler este capítulo, você será capaz de:

OBJETIVOS DO APRENDIZADO

1. Identificar os seis elementos básicos que definem a estrutura de uma organização.
2. Explicar as características de uma burocracia.
3. Descrever uma organização matricial.
4. Explicar as características de uma organização virtual.
5. Resumir por que os executivos querem criar organizações sem fronteiras.
6. Comparar os modelos da estrutura mecanicista e da orgânica.
7. Listar os fatores que provocam as diferentes estruturas organizacionais.
8. Explicar as implicações dos diferentes tipos de estrutura organizacional sobre o comportamento.

É raro passar-se um mês sem que surja algum escândalo envolvendo equipes esportivas universitárias nos Estados Unidos. Por exemplo, departamentos esportivos das universidades admitem que alteram documentos de alguns atletas para não perdê-los; treinadores são acusados de quebrar as regras de recrutamento; e ex-alunos oferecem carros e até pagamentos em dinheiro aos atletas de sua preferência. Os críticos argumentam que os programas de futebol e basquete nas principais universidades estão fora de controle e que o tratamento especial dado às equipes esportivas das instituições facilita a corrupção. Embora estas questões venham sendo discutidas há décadas, poucas mudanças foram realizadas de fato. Por quê? Existe muito prestígio e dinheiro envolvidos e os executivos das universidades preferem fingir que não sabem de nada para não atrapalhar o sistema.

Uma exceção é Gordon Gee (foto), chanceler da Universidade de Vanderbilt. Em setembro de 2003, ele "declarou guerra" à cultura do esporte universitário.[1] "O esporte universitário foi segregado da essência da missão da universidade há muito tempo", diz Gee. "Em conseqüência disso, criamos uma cultura, tanto neste câmpus como nacionalmente, que é incoerente com os estudantes, professores e demais componentes da instituição, onde a responsabilidade é difusa, o potencial de fraude é considerável, e os custos — tanto financeiros como acadêmicos — são insustentáveis." Gee anunciou um grande programa de reestruturação na universidade, que incluía a eliminação do departamento esportivo.

Embora Vanderbilt continue participando de atividades esportivas, inclusive disputando campeonatos, Gee determinou que o os departamentos que cuidam dos times esportivos e das atividades esportivas dentro do câmpus seriam fundidos e colocados sob o controle da administração central da universidade. O cargo de diretor de esportes seria eliminado e seria criado um novo posto, de Chefe de Esportes, Recreação e Bem-Estar dos Estudantes, responsável pela supervisão de 14 modalidades esportivas, 37 ligas de esportes e todos os jogos internos. Este novo cargo ficaria subalterno à diretoria acadêmica da universidade. A intenção de Gee era harmonizar as atividades esportivas, acadêmicas e sociais dos alunos; integrar as atividades esportivas com as atividades acadêmicas; e sanar as distorções em relação aos esportes universitários.

Gordon Gee está usando uma mudança na estrutura da organização como meio de mudar o comportamento de treinadores, atletas e outras pessoas dentro da universidade. Este é o tema deste capítulo: a estrutura da organização *pode* influenciar atitudes e comportamentos. Nas páginas seguintes vamos definir os componentes básicos de uma estrutura organizacional, apresentar um leque de opções de estruturas que os executivos podem escolher, identificar os fatores contingenciais que tornam certas estruturas preferíveis em algumas situações e, finalmente, considerar os diferentes efeitos que as diversas estruturas organizacionais provocam sobre o comportamento dos funcionários.

O que é estrutura organizacional?

Uma **estrutura organizacional** define como as tarefas são formalmente distribuídas, agrupadas e coordenadas. Os executivos precisam ter em mente seis elementos básicos quando projetam a estrutura das suas organizações. Esses elementos são a especialização do trabalho, a departamentalização, a cadeia de comando, a amplitude de controle, a centralização e descentralização e a formalização.[2] O Quadro 15-1 mostra cada um desses elementos como respostas a importantes questões estruturais. As seções seguintes deste capítulo descrevem esses seis elementos da estrutura.

Especialização do trabalho

No início do século XX, Henry Ford tornou-se rico e famoso por fabricar automóveis em uma linha de montagem. Cada um de seus funcionários recebia uma tarefa específica e repetitiva. Uma pessoa ficava exclusivamente encarregada de, por exemplo, instalar a roda dianteira direita, e outra, de instalar a porta dianteira direita. Ao dividir o trabalho em pequenas tarefas padronizadas, que podiam ser repetidas muitas vezes, Ford tornou-se capaz de produzir um carro a cada 10 segundos, mesmo empregando trabalhadores com habilidades relativamente limitadas.

Ford demonstrou que o trabalho pode ser realizado de forma mais eficiente se os funcionários se tornarem especializados em cada tarefa. Hoje em dia, usamos o termo **especialização do trabalho**, ou *divisão do trabalho*, para descrever o grau em que as tarefas dentro da organização são subdivididas em funções isoladas.

A especialização do trabalho, em sua essência, faz com que uma atividade, em vez de ser realizada inteiramente por uma única pessoa, seja dividida em um certo número de etapas, cada uma das quais será realizada por um indivíduo diferente. Essencialmente, ela faz com que os indivíduos se especializem em realizar parte de uma atividade em vez de realizar a atividade inteira.

Em meados da década de 1940, a maioria das atividades nas fábricas dos países industrializados era realizada através de uma intensa especialização de trabalho. A administração via esse processo como o jeito de fazer o uso mais eficaz das habilidades de seus funcionários. Na maioria das organizações, algumas tarefas requerem habilidades altamente desenvolvidas enquanto outras podem ser executadas por funcionários menos treinados. Se todos os funcionários estão engajados em cada uma das etapas do processo de fabricação de um produto, todos

QUADRO 15-1 As Seis Questões Básicas às Quais os Executivos Devem Responder ao Planejar a Estrutura Organizacional Apropriada

A pergunta-chave	A resposta é dada por
1. Até que ponto as atividades podem ser subdivididas em tarefas separadas?	Especialização do trabalho
2. Qual a base para o agrupamento das tarefas?	Departamentalização
3. A quem os indivíduos e os grupos vão se reportar?	Cadeia de comando
4. Quantas pessoas cada executivo pode dirigir com eficiência e eficácia?	Amplitude de controle
5. Onde fica a autoridade no processo decisório?	Centralização e descentralização
6. Até que ponto haverá regras e regulamentações para dirigir os funcionários e os executivos?	Formalização

deverão ter a capacitação necessária para realizar tanto as tarefas mais demandantes quanto as menos demandantes. Conseqüentemente, eles trabalham abaixo do seu nível de competência quando não realizam as tarefas mais complexas e especializadas. Como os funcionários mais capacitados ganham mais, e sua remuneração tende a refletir a capacitação elevada, pagar trabalhadores altamente especializados para realizar tarefas pouco complexas representa uma utilização ineficiente dos recursos organizacionais.

Os executivos observaram também outras eficiências que podiam ser obtidas por meio da especialização do trabalho. A habilidade de um funcionário na execução bem-sucedida de uma tarefa aumenta com a repetição. Poupa-se o tempo dispendido em mudanças de tarefa, em colocar de lado as ferramentas de uma etapa concluída e pegar as da próxima, de se preparar para continuar o processo de trabalho. Igualmente importante, sob o ponto de vista da organização, o treinamento para a especialização é mais eficiente. É mais fácil e mais barato encontrar e treinar trabalhadores para realizar tarefas específicas e repetitivas. Isso é particularmente verdadeiro quando se trata de operações altamente complexas e sofisticadas. Por exemplo, a Cessna poderia fabricar um jato Citation em um ano se um indivíduo tivesse de construir o avião sozinho? Seria pouco provável! Finalmente, a especialização do trabalho aumenta a eficiência e a produtividade, estimulando a criação de maquinaria e invenções especiais.

Durante boa parte da primeira metade do século XX, a especialização do trabalho foi vista pelos executivos como uma fonte inesgotável de aumento de produtividade. E, provavelmente, eles estavam certos. Como a especialização não era a regra geral, quando era adotada gerava sempre uma produtividade maior. Na década de 1960, tornou-se evidente que uma coisa boa também tem os seus limites. Em determinados trabalhos, chegou-se a um ponto em que as deseconomias humanas decorrentes da especialização — que se manifestavam como tédio, fadiga, estresse, baixa produtividade, perda de qualidade, aumento do absenteísmo e da rotatividade — superavam em muito as suas vantagens econômicas (veja o Quadro 15-2). Nesses casos, a produtividade poderia ser aumentada por meio da ampliação do escopo das tarefas em vez de sua redução. Muitas empresas descobriram que dar aos funcionários diversas tarefas, permitindo que eles realizassem uma atividade completa, e colocá-los em equipes com habilidades intercambiáveis, geralmente levava a resultados melhores e ao aumento da satisfação com o trabalho.

A maioria dos executivos hoje em dia não vê a especialização do trabalho nem como uma coisa obsoleta nem como uma fonte inesgotável de aumento de produtividade. Sabe-se que ela pode gerar economias em certos tipos de trabalho e problemas quando levada a extremos. Você observará uma alta especialização de trabalho sendo

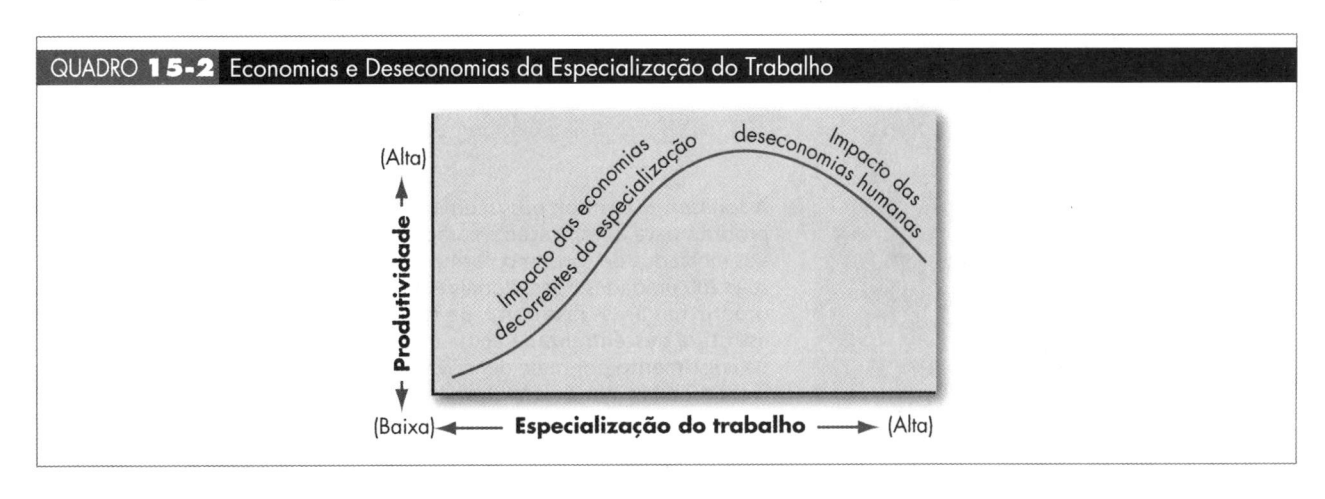

QUADRO 15-2 Economias e Deseconomias da Especialização do Trabalho

adotada, por exemplo, pela rede McDonald's, para fazer e vender sanduíches e batatas fritas, ou por médicos especialistas de muitas empresas do setor de saúde. Por outro lado, empresas como a Saturn Corporation têm obtido sucesso ampliando o escopo das tarefas e reduzindo a especialização.

Departamentalização

Depois de dividir o trabalho por meio da especialização, você precisa agrupar as atividades para que as tarefas comuns possam ser coordenadas. A base para agrupar as tarefas é chamada de **departamentalização**.

Uma das formas mais populares de agrupamento de atividades se dá pelas *funções* desempenhadas. O gerente de uma fábrica pode organizar sua unidade separando, em departamentos específicos, as atividades de engenharia, contabilidade, linha de produção, recursos humanos e compras. Evidentemente, a departamentalização por função pode ser adotada por qualquer empresa. Mudam apenas as funções, que vão refletir os objetivos e atividades de cada organização. Um hospital pode ter departamentos voltados para pesquisa, atendimento ao paciente, contabilidade e assim por diante. Uma equipe profissional de futebol pode ter departamentos para cuidar dos atletas, da venda de ingressos e das passagens e acomodações durante viagens. A principal vantagem desse tipo de agrupamento é a de obter eficiência por colocar tais especialistas juntos. A departamentalização funcional busca a economia de escala ao juntar pessoas com habilidades e orientações comuns em uma mesma unidade.

As tarefas também podem ser departamentalizadas de acordo com o *produto* que a organização gera. A Johnson & Johnson, por exemplo, recentemente se reorganizou dessa maneira. Cada um dos seus principais produtos — como Acuvue, Neutrogena, Tylenol e Band-Aid — fica sob a autoridade de um executivo, que tem total responsabilidade por aquele produto. A principal vantagem desse tipo de agrupamento é uma maior responsabilidade final pelo desempenho do produto, já que todas as atividades relacionadas a ele ficam sob a direção de um único administrador. Se a empresa for de serviços, cada tipo de serviço deverá ser agrupado. Por exemplo, a Automatic Data Processing, empresa de processamento de dados, tem um departamento para cada serviço — folhas de pagamento, controle de benefícios, gerenciamento de despesas, impostos e assim por diante. Cada qual oferece uma espécie de serviço, sob a direção de um gerente de produto ou de serviço.

Outra forma de departamentalização ocorre com base em critérios *geográficos* ou territoriais. A função de vendas, por exemplo, pode ter regionais Sul, Sudeste, Centro-Oeste, Norte e Nordeste. Cada uma dessas regionais é, na verdade, um departamento organizado com base geográfica. Se a clientela de uma empresa está dispersa por uma área muito grande e possui interesses comuns em função de sua localização, essa forma de departamentalização pode ser a mais indicada.

Na fábrica de tubulações de alumínio da Alcoa em Nova York, a produção está organizada em cinco departamentos: fundição, prensagem, modelagem, acabamento e inspeção, embalagem e expedição. Esse é um exemplo de departamentalização por *processo* porque cada departamento é especializado em uma fase específica do processo de produção dos tubos de alumínio. O metal é fundido em grandes fornos; enviado ao departamento de prensagem, de onde sai na forma de canos de alumínio; transferido para o departamento de modelagem, onde é transformado em tubos de diversos tamanhos e formatos; passa para o acabamento, onde é cortado e polido; e, finalmente, chega ao departamento de inspeção, embalagem e expedição. Uma vez que cada processo requer habilidades diferentes, esse método oferece uma base para a categorização homogênea das atividades.

A departamentalização por processo também pode ser utilizada para o processamento dos clientes, em vez dos produtos. Quem tem carteira de habilitação nos Estados Unidos certamente passou

A Johnson & Johnson possui uma estrutura organizacional por produto para a fabricação e comercialização de produtos voltados aos mercados de consumo, farmacêutico e profissional. Cada uma das suas 200 unidades operacionais é bastante autônoma, com pessoal próprio nas áreas financeira, de recursos humanos e outras. Essa estrutura descentralizada apóia a estratégia da Johnson & Johnson de crescimento por meio de inovação, em que cada unidade se responsabiliza por desenvolver linhas lucrativas de produtos, como o novo Band-Aid com tratamento anticicatriz.

por diversos departamentos antes de recebê-la. Em alguns Estados, os candidatos precisam cumprir três etapas, cada qual administrada por um departamento diferente: (1) validação pela divisão de veículos motorizados; (2) processamento pelo departamento de licenciamento; e (3) pagamento das taxas no departamento de tesouraria.

Uma categoria final de departamentalização tem como foco o tipo específico de *cliente* que a organização deseja atingir. A Microsoft, por exemplo, recentemente se reorganizou em termos de quatro mercados-alvo: consumidores, grandes empresas, desenvolvedores de softwares e pequenos negócios. A premissa por trás dessa departamentalização é que cada grupo de clientes possui problemas e necessidades comuns, que podem ser mais bem atendidos pelos especialistas de cada departamento.

As grandes organizações podem utilizar todos esses tipos de departamentalização. Uma grande empresa japonesa de eletrônicos, por exemplo, organiza cada uma de suas divisões em termos de funções, e suas fábricas, em termos de processos; departamentaliza suas vendas em sete regiões geográficas e divide cada uma delas em quatro tipos de clientes. Esta é uma forte tendência que se desenvolveu na última década entre as empresas de todos os tamanhos. A departamentalização rígida e funcional vem sendo cada vez mais complementada pela adoção de equipes que ultrapassam as linhas divisórias tradicionais. Como mencionamos no Capítulo 9, à medida que as tarefas se tornam mais complexas e sua realização exige habilidades mais diversificadas, a administração se volta para a adoção de equipes multifuncionais.

Cadeia de comando

Há trinta e cinco anos, o conceito de cadeia de comando era o alicerce fundamental no modelo de uma organização. Como veremos, ele é bem menos importante hoje em dia.[3] Mas os atuais executivos devem continuar considerando suas implicações ao decidir qual a melhor estrutura para suas organizações.

A **cadeia de comando** é uma linha única de autoridade, que vai do topo da organização até o escalão mais baixo e determina quem se reporta a quem na empresa. Ela responde a perguntas dos funcionários do tipo "Se eu tiver um problema, com quem devo falar?" ou "Por quem sou responsável?".

Não podemos discutir a cadeia de comando sem discutir dois conceitos complementares: *autoridade* e *unidade de comando*. A **autoridade** se refere aos direitos inerentes a uma posição administrativa para dar ordens e esperar que elas sejam obedecidas. Para facilitar a coordenação, cada posição administrativa é colocada em um lugar na cadeia de comando e cada executivo recebe um grau de autoridade para realizar suas responsabilidades. O princípio da **unidade de comando** ajuda a preservar o conceito da linha única de autoridade. Ele determina que cada pessoa deve ter apenas um superior a quem se reportar diretamente. Se a unidade de comando for quebrada, o funcionário pode ter de enfrentar demandas ou prioridades conflitantes vindas de diferentes chefias.

Os tempos mudam, assim como os dogmas do planejamento organizacional. Os conceitos de cadeia de comando, autoridade e unidade de comando têm hoje uma relevância substancialmente menor por causa dos avanços da tecnologia de computação e da tendência de autonomia dos funcionários. Hoje, um funcionário dos escalões mais baixos pode, por exemplo, acessar em segundos informações que há 25 anos eram disponíveis apenas para a cúpula da empresa. Da mesma forma, a tecnologia da informática permite que os funcionários dentro da empresa, em qualquer posição, comuniquem-se entre si sem utilizar os canais formais. Além disso, os conceitos de autoridade e de manutenção da cadeia de comando tornam-se cada vez mais irrelevantes à medida que os funcionários ganham autonomia para tomar decisões que anteriormente eram reservadas aos executivos. Some-se a isso a popularidade das equipes autogerenciadas e multifuncionais e a criação de novos modelos estruturais que incluem chefia múltipla, o que torna o conceito de unidade de comando menos relevante. Evidentemente, muitas organizações ainda acreditam que ficam mais produtivas quando reforçam sua cadeia de comando, mas elas parecem estar se tornando minoria.

Amplitude de controle

Quantos funcionários um executivo consegue dirigir com eficiência? Essa questão da **amplitude de controle** é importante porque, em boa parte, é ela que vai determinar o número de escalões de chefia que uma empresa terá. Se tudo se mantiver estável, quanto maior a amplitude, mais eficiente será a organização. Um exemplo pode ilustrar a validade disso.

Imaginemos duas organizações, cada qual com cerca de 4.100 operários. Como mostra o Quadro 15-3, se uma tiver uma amplitude uniforme de quatro e a outra de oito, a amplitude maior gerará dois níveis a menos, com quase 800 executivos a menos. Se o salário médio de cada executivo for de 50 mil dólares anuais, a maior amplitude resultará em uma economia de 40 milhões de dólares por ano! Obviamente, as amplitudes maiores são mais eficientes em termos de custos; contudo, depois de certo ponto, a amplitude grande começa a reduzir a eficácia. Quando a amplitude se torna grande demais, o desempenho dos funcionários é prejudicado pois os chefes não têm mais tempo para oferecer o apoio e a liderança necessários a todos.

QUADRO 15-3 Comparação entre Amplitudes de Controle

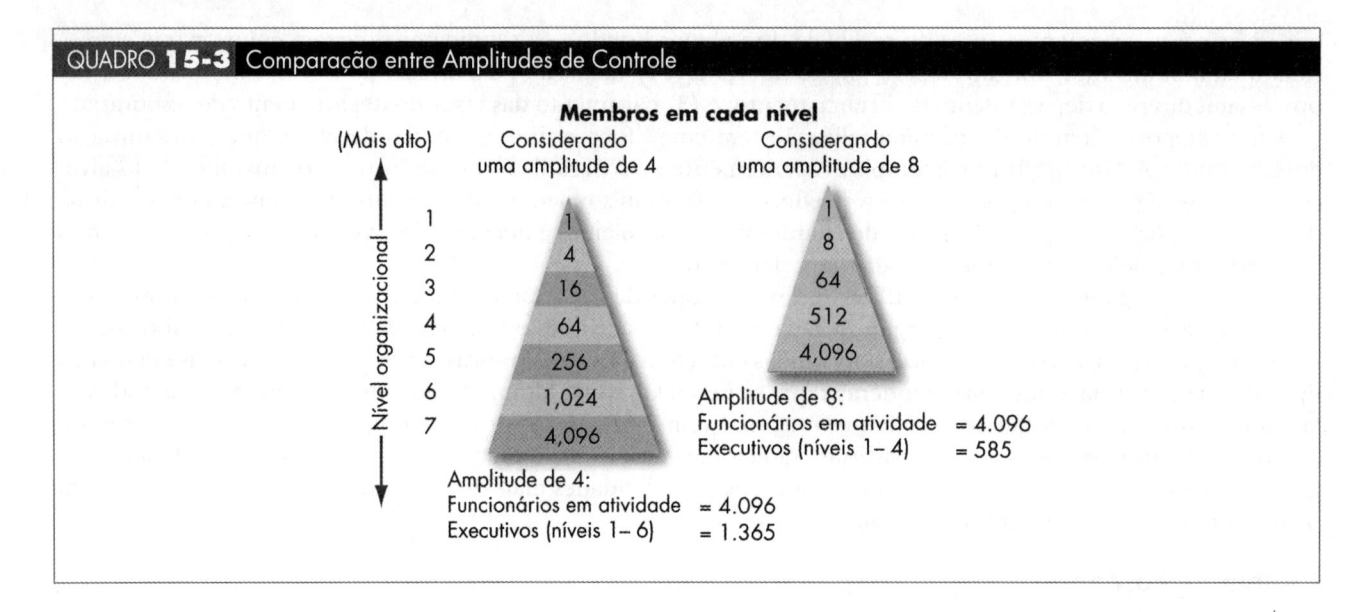

Membros em cada nível

(Mais alto) — Considerando uma amplitude de 4:
Nível 1: 1
Nível 2: 4
Nível 3: 16
Nível 4: 64
Nível 5: 256
Nível 6: 1.024
Nível 7: 4.096

Amplitude de 4:
Funcionários em atividade = 4.096
Executivos (níveis 1– 6) = 1.365

Considerando uma amplitude de 8:
Nível 1: 1
Nível 2: 8
Nível 3: 64
Nível 4: 512
Nível 5: 4.096

Amplitude de 8:
Funcionários em atividade = 4.096
Executivos (níveis 1– 4) = 585

As pequenas amplitudes de controle têm seus defensores. Mantendo a amplitude em cinco ou seis funcionários, um executivo pode manter um controle mais próximo.[4] Mas a amplitude pequena tem três principais desvantagens. A primeira é que, como já foi mencionado, ela é onerosa por aumentar os escalões de administração. A segunda é que ela torna a comunicação vertical na empresa mais complicada. Os níveis hierárquicos intermediários retardam o processo decisório e tendem a isolar a cúpula da empresa. A terceira desvantagem é que a amplitude de controle pequena promove uma supervisão muito rígida, desestimulando a autonomia dos subordinados.

A tendência nos últimos tempos vai em direção a amplitudes maiores.[5] Elas são consistentes com os esforços recentes de redução de custos, corte de "gorduras", agilização do processo decisório, aumento da flexibilidade, aproximação dos clientes e autonomia dos funcionários. Entretanto, para assegurar que o desempenho não será prejudicado por esta amplitude maior, as empresas têm investido pesadamente no treinamento de seus funcionários. Os executivos reconhecem que podem gerenciar um número maior de subordinados quando eles conhecem bem o seu trabalho ou, no caso de dúvidas, são capazes de se aconselhar com os colegas.

Centralização e descentralização

Em algumas organizações, os altos executivos tomam todas as decisões. Os executivos de escalões inferiores simplesmente cumprem as ordens dos altos executivos. No outro extremo, existem organizações em que as decisões são levadas até os executivos de escalões mais baixos, que estão mais próximos da ação. As primeiras empresas são altamente centralizadas; as últimas, descentralizadas.

O termo **centralização** se refere ao grau em que o processo decisório está concentrado em um único ponto da organização. O conceito inclui apenas a autoridade formal, ou seja, os direitos inerentes de uma posição. Normalmente, dizemos que uma organização é centralizada quando sua cúpula toma todas as decisões essenciais com pouca ou nenhuma participação do pessoal dos escalões inferiores. Por outro lado, quanto maior a participação dos escalões inferiores no processo decisório, maior a descentralização.

Uma organização caracterizada pela centralização é estruturalmente diferente daquela caracterizada pela descentralização. Nesta, as ações para solucionar problemas podem ser mais rápidas, mais pessoas participam das decisões e os funcionários se sentem menos distantes daqueles que tomam decisões que afetam a sua vida.

Consistente com os esforços recentes no sentido de tornar as organizações mais flexíveis e responsivas, está surgindo uma tendência marcante rumo à descentralização do processo decisório. Nas grandes empresas, as gerências de escalão mais baixo estão muito mais "próximas da ação" e têm mais informações sobre os problemas do que a cúpula dirigente. Grandes varejistas, como Sears e JCPenney, vêm dando considerável autonomia a seus gerentes de loja para decidirem que mercadorias estocar. Isso também permite a essas lojas competir mais eficazmente com seus concorrentes locais.

Formalização

A **formalização** se refere ao grau em que as tarefas dentro da organização são padronizadas. Quando uma tarefa é muito padronizada, seu responsável tem pouca autonomia para decidir o que, quando e como deve ser

ENFOQUE NA MÍDIA

Poucos empreendedores compreendem a amplitude de controle

Pat Harpell aprendeu, com sua experiência, uma lição que poucos empreendedores conseguem aprender: ter pessoas demais se reportando diretamente a você pode prejudicar o seu desempenho.

Harpell dirige a Harpell Inc., empresa de serviços de marketing fundada por ela em 1982, em Maynard, Estado de Massachusetts. À medida que a empresa crescia, ela contratava mais funcionários. No final, contava com 18 pessoas, todas se reportando diretamente a ela. Levou alguns anos, mas, finalmente, ela reconheceu que tinha de reduzir esse número. "Eu percebi que estava me tornando um gargalo", diz Harpell. "Ao limitar o número de funcionários que se reportam a mim, consegui enxergar além do dia-a-dia e pude me focar na construção de uma marca e uma posição exclusivas para minha empresa." Hoje, Pat Harpell tem seis funcionários que se reportam a ela e tempo para se dedicar a assuntos importantes.

A experiência de Harpell não é comum entre os empreendedores. De maneira geral, eles tendem a querer fazer tudo, supervisionar todo mundo e tomar todas as decisões. Um estudo realizado com empreendedores revelou que, entre uma dúzia dos mais populares princípios de administração, a amplitude de controle é o que eles menos apreciam. Apenas 23 por cento dos respondentes concordaram que "a amplitude de controle não pode ser muito grande" e só 16 por cento acreditam que "o principal executivo não pode tratar pessoalmente de todos os problemas".

Fonte: Baseado em M. Henricks, "Span control". *Entrepreneur*, jan. 2001, p. 97-98.

---

feito. Espera-se que os funcionários transformem o mesmo insumo, sempre da mesma forma, produzindo um resultado consistente e uniforme. Em organizações altamente formalizadas existem descrições explícitas de tarefas, muitas regras organizacionais e procedimentos claramente definidos sobre os processos de trabalho. Quando a formalização é baixa, os comportamentos são relativamente não-programados e os funcionários têm uma boa dose de liberdade para decidir sobre o trabalho.

Como a autonomia individual é inversamente proporcional à programação do comportamento pela organização, quanto maior a padronização, menor a interferência do funcionário sobre o modo como seu trabalho deve

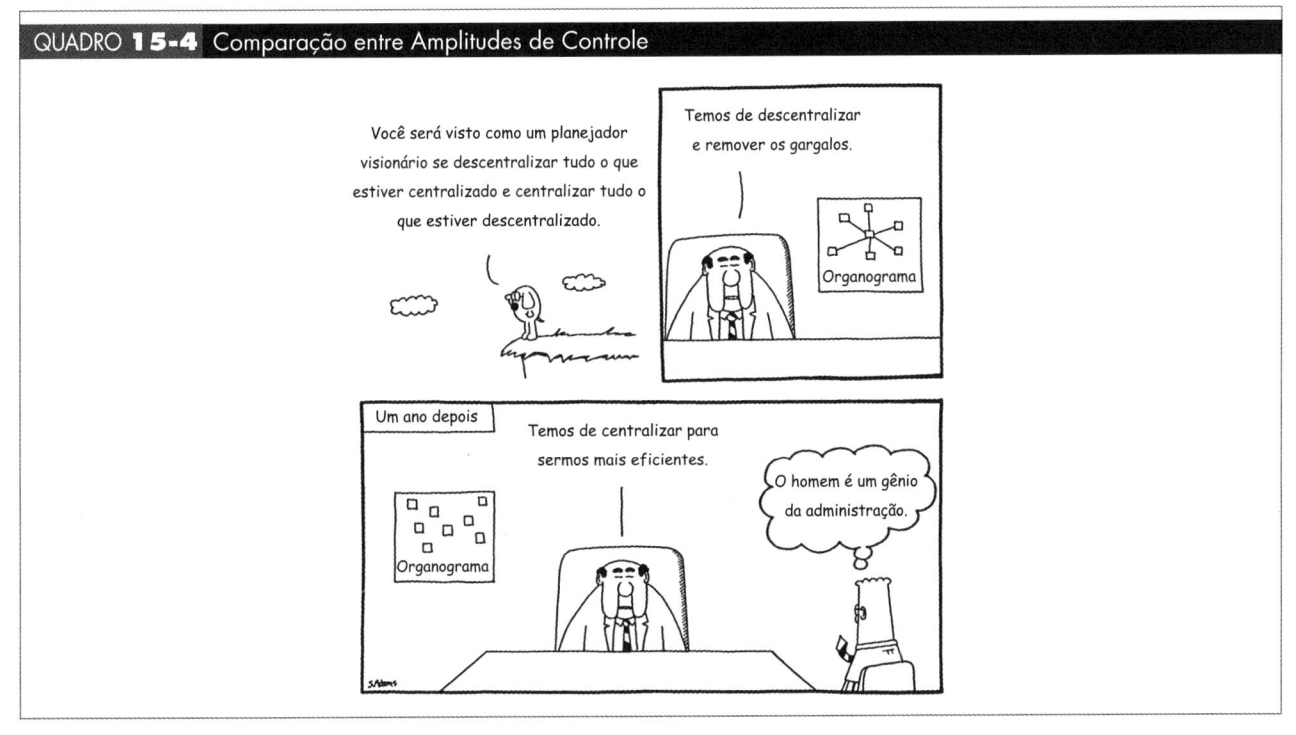

QUADRO 15-4 Comparação entre Amplitudes de Controle

Fonte: S. Adams, *Dogbert's Big Book of Business*, Dilbert, reproduzido com autorização do United Features Syndicate, Inc.

ser realizado. A padronização não apenas elimina a possibilidade de os funcionários adotarem comportamentos alternativos, como também elimina a necessidade de eles buscarem alternativas.

O grau de formalização pode variar muito entre as organizações e dentro de uma mesma empresa. Certas funções são conhecidas por sua baixa formalização. Os representantes de editoras, por exemplo, — que visitam universidades para divulgar entre os professores os últimos lançamentos — possuem uma grande dose de liberdade em seu trabalho. Eles não têm uma "lábia" padronizada de vendedor e as únicas regras que governam seu comportamento são a necessidade de apresentar um relatório semanal de vendas e algumas sugestões sobre o que enfatizar nos novos títulos. No outro extremo, dentro dessas mesmas editoras, estão as funções administrativas, cujos responsáveis têm de estar no trabalho pontualmente às 8 horas da manhã e ficar diante de seus computadores, seguindo estritamente as regras ditadas pela administração.

Modelos organizacionais mais comuns

Vamos agora descrever três dos modelos mais comuns de estrutura organizacional em uso: a *estrutura simples*, a *burocracia* e a *estrutura matricial*.

A estrutura simples

O que têm em comum uma pequena loja de varejo, uma empresa de eletrônicos dirigida por um empresário de mão firme e uma companhia aérea em meio a uma greve de pilotos? Provavelmente todas elas adotam a **estrutura simples**.

A estrutura simples costuma ser caracterizada mais pelo que ela não é do que pelo que é. Ela não é elaborada.[6] Possui baixo grau de departamentalização, grande amplitude de controle, autoridade centralizada em uma única pessoa e pouca formalização. A estrutura simples é uma organização "achatada": geralmente possui apenas dois ou três níveis verticais, um grupo pouco ordenado de funcionários e um indivíduo que concentra toda a autoridade do processo decisório.

A estrutura simples é mais freqüente nos pequenos negócios, em que o proprietário é também o principal dirigente. Isso está ilustrado no Quadro 15-5, que mostra o organograma de uma loja de roupas masculinas. Jack Gold é o proprietário e dirigente da empresa. Embora empregue cinco vendedores em tempo integral, um caixa e funcionários temporários para os fins de semana e feriados, é ele quem "comanda o espetáculo". As grandes empresas podem se tornar estruturas simples temporariamente em tempos de crise. A IBM, por exemplo, tornou-se uma estrutura simples no início dos anos 90 durante mais de um ano.[7] Quando Louis Gerstner foi contratado como presidente, em 1993, ele imediatamente colocou a empresa no que chamou de "modo de sobrevivência". "Tínhamos de cortar 9 bilhões de dólares em despesas por ano. Precisávamos trazer a empresa de volta da morte, literalmente". Por isto, Gerstner implementou um estilo de liderança e de organização altamente centralizado e personalizado. "Era uma ditadura benevolente, cujo ditador era eu", diz Gerstner.

O principal ponto forte da estrutura simples está exatamente em sua simplicidade. Ela é ágil, flexível, de manutenção barata e torna claras as responsabilidades. Seu principal ponto fraco é que ela dificilmente pode ser mantida em qualquer empresa que não seja pequena. A estrutura simples vai se tornando cada vez mais inadequada à medida que a empresa cresce porque sua baixa formalização e sua alta centralização tendem a gerar uma sobrecarga de informações no topo. Quando o tamanho aumenta, o processo decisório torna-se mais lento, podendo até paralisar, se o dirigente insistir em tomar todas as decisões sozinho. Isso tem sido a causa de paralisação de muitos negócios. Quando a organização começa a empregar entre 50 e 100 funcionários, fica muito difícil para o dirigente continuar a tomar todas as decisões. Se a estrutura não for modificada e mais elaborada, a empresa perde o "pique" e pode até falir. Outro ponto fraco da estrutura simples é que ela traz riscos — tudo depende de apenas uma pessoa. Um ataque cardíaco pode, literalmente, destruir o centro de informações e de decisões da empresa.

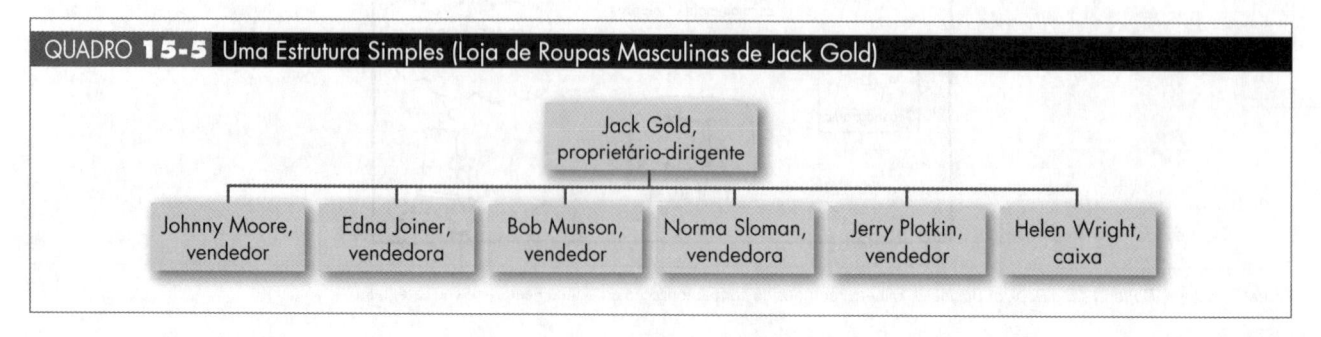

QUADRO **15-5** Uma Estrutura Simples (Loja de Roupas Masculinas de Jack Gold)

```
                    Jack Gold,
                proprietário-dirigente
   ┌──────┬──────┬──────┬──────┬──────┐
Johnny    Edna   Bob    Norma  Jerry   Helen
Moore,    Joiner, Munson, Sloman, Plotkin, Wright,
vendedor  vendedora vendedor vendedora vendedor caixa
```

Os correios norte-americanos utilizam processos padronizados de trabalho para coordenação e controle. Os funcionários seguem regras e regulamentos formais na realização de suas tarefas operacionais rotineiras. A burocracia do sistema permite que os funcionários desempenhem atividades padronizadas de maneira altamente eficiente. Os funcionários do centro de processamento e distribuição de correio da região de São Francisco, por exemplo, conseguem processar diariamente mais de 2,5 milhões de correspondências durante o movimentado período de Natal.

A burocracia

Padronização! Esse é o conceito básico que sustenta a burocracia. Dê uma olhada no banco em que você tem conta, na loja de departamentos onde você faz compras ou nos órgãos governamentais que cobram seus impostos, fiscalizam as normas de saúde ou de proteção contra incêndios. Todos eles adotam processos padronizados de trabalho para a coordenação e o controle.

A **burocracia** é caracterizada por tarefas operacionais extremamente rotineiras, realizadas através de especialização, regras e regulamentos muito formalizados, tarefas que são agrupadas em departamentos funcionais, autoridade centralizada, pequena amplitude de controle e processo decisório que acompanha a cadeia de comando.

O principal ponto forte da burocracia é a sua capacidade de realizar atividades padronizadas de maneira muito eficiente. Reunir as especializações afins em departamentos funcionais traz economia de escala, duplicação mínima de pessoal e de equipamentos e ainda dá aos funcionários a oportunidade de "falar a mesma língua" de seus colegas. Além disso, a burocracia consegue se sair bem com executivos menos talentosos — e, portanto, menos onerosos — nos níveis médio e inferior de gerência. A onipresença das regras e regulamentos substitui as decisões dos executivos. As operações padronizadas, junto com a alta formalização, permitem que o processo decisório seja centralizado. Assim, há pouca necessidade de tomadores de decisões experientes e inovadores abaixo da cúpula dirigente.

Um dos principais pontos fracos da burocracia pode ser ilustrado pelo seguinte diálogo entre quatro executivos de uma empresa: "Você sabe, nada acontece nesta empresa até que a gente *produza* alguma coisa", diz o executivo de produção. "Errado", diz o gerente de pesquisa e desenvolvimento, "nada acontece até que a gente *projete* alguma coisa!" "Do que você está falando?", pergunta o gerente de marketing. "Nada acontece até que a gente *venda* alguma coisa." Finalmente, o exasperado gerente-financeiro responde: "Não interessa o que vocês produzem, projetam ou vendem. Ninguém sabe o que está acontecendo até que nós *mostremos os resultados finais*!". Essa conversa ressalta o fato de que a especialização gera conflitos entre as unidades. As metas das unidades funcionais podem se sobrepor às metas da organização como um todo.

Outro ponto fraco da burocracia é algo que todos nós já vivenciamos quando tivemos de tratar com pessoas que trabalham nesse tipo de organização: a obsessão da obediência às regras. Quando surgem casos que não se ajustam exatamente às regras, não há espaço para manobras. A burocracia só é eficiente enquanto seus funcionários enfrentam problemas já conhecidos e para os quais já se tenham estabelecido regras programadas de decisão.

A estrutura matricial

Outro modelo organizacional popular é a **estrutura matricial**. Você pode encontrá-la em agências de propaganda, empresas de aeronáutica, laboratórios de pesquisa e desenvolvimento, construtoras, hospitais, agências governamentais, universidades, empresas de consultoria administrativa e empresas de entretenimento.[8] Essencialmente, a estrutura matricial combina duas formas de departamentalização: funcional e por produto.

O principal ponto forte da departamentalização funcional é agrupar especialistas, o que minimiza o número necessário deles, ao mesmo tempo que permite o compartilhamento dos recursos especializados entre os diversos produtos. Seu principal ponto fraco é a dificuldade de coordenar as tarefas dos diversos especialistas funcionais de modo que as atividades sejam concluídas dentro do orçamento e dos prazos. A departamentalização por produto, por seu lado, oferece exatamente o contrário. Ela facilita a coordenação entre os especialistas para o atendimento de prazos e limitações orçamentárias. Além disso, proporciona uma clara responsabilidade pelas tarefas relacionadas a cada produto, mas com duplicação de atividades e de custos. A estrutura matricial tenta aproveitar os pontos fortes de cada uma das formas de departamentalização e evitar as suas desvantagens.

A característica mais óbvia da estrutura matricial é que ela rompe com o conceito de unidade de comando. Os funcionários dessas organizações têm dois chefes — o gerente do departamento funcional e o gerente do departamento de produto. Portanto, a estrutura matricial possui uma dupla cadeia de comando.

O Quadro 15-6 mostra o modelo matricial utilizado em uma faculdade de Administração de Empresas. Os departamentos acadêmicos de Contabilidade, Economia, Marketing e outros são unidades funcionais. Os programas específicos (os "produtos") são combinados com as funções. Dessa forma, os membros da estrutura matricial têm uma dupla atribuição — com seu departamento funcional e com seus grupos de produtos. Por exemplo, um professor de Contabilidade que esteja ministrando um curso na graduação está subordinado ao coordenador da graduação, bem como ao chefe de departamento de Contabilidade.

O ponto forte da estrutura matricial está em sua capacidade de facilitar a coordenação quando a organização realiza uma multiplicidade de tarefas complexas e interdependentes. À medida que uma organização cresce, sua capacidade de processamento de informações pode ficar sobrecarregada. Em uma burocracia, a complexidade resulta em aumento de formalização. No modelo matricial, o contato direto e freqüente entre os diferentes especialistas melhora a comunicação e aumenta a flexibilidade. A informação permeia a organização e atinge mais rapidamente as pessoas que dela necessitam. Além disso, a estrutura matricial minimiza as "buropatologias", pois a linha dual de autoridade reduz a tendência de os membros dos departamentos se tornarem tão ocupados em proteger seus "mundos pequenos" a ponto de passarem as metas da organização para o segundo plano.

Existe outra vantagem da estrutura matricial. Ela facilita a alocação eficiente de especialistas. Quando indivíduos altamente especializados ficam restritos a um único departamento funcional ou de produto, seus talentos são monopolizados e subutilizados. A estrutura matricial consegue as vantagens da economia de escala ao oferecer à organização tanto os melhores recursos quanto uma maneira efetiva de assegurar sua utilização eficiente.

As principais desvantagens da estrutura matricial são a confusão que ela provoca, a sua propensão a estimular lutas pelo poder e o estresse que causa nos indivíduos.[9] Quando se abre mão do conceito de unidade de comando, a ambigüidade cresce e, geralmente, gera algum conflito. Nem sempre fica muito claro, por exemplo, quem se reporta a quem, e não é incomum ver gerentes de produtos brigar para ter os melhores especialistas designados para seus departamentos. A confusão e a ambigüidade também plantam as sementes da luta pelo poder. A burocracia reduz a busca do poder pela definição das regras do jogo. Quando essas regras se transformam em "quem

QUADRO 15-6 Estrutura Matricial de uma Faculdade de Administração de Empresas

Departamentos acadêmicos \ Programas	Graduação	Mestrado	Doutorado	Pesquisa	Desenvolvimento de executivos	Prestação de serviços
Contabilidade						
Administração geral						
Finanças						
Ciências da informação e de decisão						
Marketing						
Comportamento organizacional						
Métodos quantitativos						

CAPÍTULO 15 Fundamentos da estrutura organizacional

chegar primeiro, leva", começa a luta pelo poder entre os gerentes funcionais e os de produtos. Para as pessoas que gostam de segurança e refutam a ambigüidade, esse clima de trabalho pode produzir estresse. Reportar-se a mais de um chefe produz conflito de papéis, e expectativas pouco claras produzem ambigüidade de papéis. O conforto da previsibilidade burocrática desaparece e é substituído pela insegurança e pelo estresse.

Opções de novos modelos

Nas últimas décadas, os dirigentes de muitas organizações vêm trabalhando para desenvolver novas opções estruturais que possam ajudar suas empresas a competir mais eficazmente. Nesta seção, vamos descrever três desses modelos de estrutura: a *estrutura de equipe*, a *organização virtual* e a *organização sem fronteiras*.

A estrutura de equipe

Como mencionamos no Capítulo 9, as equipes se tornaram uma forma muito popular de organizar as atividades de trabalho. Quando a administração utiliza as equipes como meio básico de coordenação, temos uma **estrutura de equipe**.[10] A principal característica da estrutura de equipe é que ela desmonta as barreiras departamentais e descentraliza o processo decisório no nível das equipes de trabalho. A estrutura de equipe também requer que os funcionários sejam tanto generalistas quanto especialistas.[11]

Nas empresas menores, a estrutura de equipe pode definir a organização inteira. Por exemplo, a Imedia, empresa de marketing de Nova Jersey com 30 funcionários, é totalmente organizada em equipes que têm completa responsabilidade pela maioria das questões operacionais e pelos serviços para o cliente.[12] A Whole Foods Market, a maior comerciante de alimentos naturais dos Estados Unidos, é estruturada inteiramente em torno de equipes.[13] Cada uma das lojas do grupo é um centro de lucros autônomo, composto por uma média de dez equipes autogerenciadas, cada qual com um líder designado. Os líderes das equipes de cada loja formam uma equipe; os líderes das lojas de cada região formam uma equipe; e os seis presidentes regionais formam também uma equipe.

Mais freqüentemente, em especial no caso das empresas maiores, a estrutura de equipe complementa o que seria uma burocracia típica. Isso permite que a organização obtenha a eficiência da padronização burocrática ao mesmo tempo que consegue a flexibilidade proporcionada pelas equipes. Para melhorar a produtividade no nível operacional, empresas como DaimlerChrysler, Saturn, Motorola e Xerox têm feito uso extensivo das equipes autogerenciadas. Por outro lado, quando empresas como Boeing e Hewlett-Packard precisam desenvolver novos produtos ou coordenar projetos importantes, elas estruturam as atividades em torno de equipes.

A organização virtual

Por que ser proprietário se você pode alugar? Essa questão reflete a essência da **organização virtual** (algumas vezes chamada de organização *em rede* ou *modular*), tipicamente uma organização pequena que terceiriza a maior

Três médicos e um empreendedor da área de saúde criaram uma organização virtual de pesquisa clínica chamada "1747", para testar medicamentos que já foram aprovados pelo governo norte-americano, mas que ainda necessitam de resultados relatados pelos próprios pacientes. A empresa usa e-mail e Internet para coordenar a triagem de pacientes, o envio de medicamentos e o registro das reações dos pacientes. Não há escritório, mas apenas duas funcionárias (foto), que trabalham em casa ou dentro do carro. Como organização virtual, a 1747 oferece uma alternativa econômica para a pesquisa clínica tradicional.

parte das funções de negócios.[14] Em termos de estrutura, a organização virtual é altamente centralizada, com pouca ou nenhuma departamentalização.

O protótipo da estrutura virtual é a empresa produtora de cinema atual. Nos anos dourados de Hollywood, os filmes eram produzidos por corporações enormes, integradas verticalmente. Grandes organizações como MGM, Warner Brothers e 20th Century Fox eram proprietárias de enormes estúdios e empregavam milhares de especialistas em tempo integral — cenógrafos, câmeras, editores, diretores e até atores. Hoje em dia, a maioria dos filmes é feita por um conjunto de indivíduos e pequenas empresas que se unem para realizar um único projeto de cada vez.[15] Esse formato estrutural permite que cada projeto conte com os talentos especialmente adequados àquele filme, em vez de eles serem escolhidos obrigatoriamente entre os funcionários estáveis de um estúdio. Isso minimiza as despesas burocráticas, já que não existe uma organização fixa a ser mantida. Além disso, essa estrutura elimina os riscos de longo prazo, pois não há longo prazo — uma equipe é montada para um projeto com tempo definido e depois é extinta.

Ancle Hsu e David Ji administram uma organização virtual. Sua empresa, Apex Digital, com sede no Estado da Califórnia, é uma das maiores fabricantes de DVD players do mundo, embora não possua uma só fábrica nem conte com engenheiros em sua equipe. Eles terceirizam tudo em empresas na China. Com um investimento mínimo, a Apex cresceu do nada para 500 milhões de dólares anuais em vendas em apenas três anos. Da mesma forma, a empresa de alimentos de Paul Newman, a Newman's Own, vende cerca de 190 milhões de dólares ao ano em produtos e possui apenas 18 funcionários. Isso porque terceiriza praticamente tudo — produção, suprimentos, expedição e controle de qualidade.

Quando as grandes empresas adotam a estrutura virtual, geralmente fazem isso para terceirizar a manufatura. Empresas como Nike, Reebok, L. L. Bean e Cisco Systems são apenas algumas entre as milhares que perceberam que podem faturar centenas de milhões de dólares sem precisar ter fábricas próprias. A Cisco, por exemplo, é essencialmente uma empresa de pesquisa e desenvolvimento que utiliza fornecedores externos e fabricantes independentes para montar os roteadores para Internet projetados por seus engenheiros. A National Steel terceiriza suas operações de correspondência; a Procter & Gamble terceiriza seus serviços de tecnologia de informação; e a ExxonMobil terceirizou as operações de manutenção de suas refinarias.

O que está acontecendo aqui? Uma busca pela flexibilidade máxima. Essas organizações virtuais criaram uma rede de relacionamentos que lhes permite contratar a prestação de serviços de manufatura, distribuição, marketing ou qualquer outra função sempre que seus dirigentes percebem que os outros podem fazer o serviço melhor ou mais barato.

A organização virtual faz um contraste extremo com a burocracia típica, que tem diversos níveis gerenciais e onde o controle é exercido por meio da propriedade. Nas organizações burocráticas, a pesquisa e o desenvolvimento são feitos internamente, a produção acontece nas fábricas da empresa e as vendas e o marketing são realizados por funcionários próprios. Para dar apoio a tudo isso, a empresa precisa contratar mais pessoal, incluindo contadores, especialistas em recursos humanos e advogados. A organização virtual, por seu lado, terceiriza muitas dessas funções e se concentra naquilo que pode fazer melhor. Para a maioria das empresas norte-americanas, isso significa focar em projeto ou marketing.

O Quadro 15-7 mostra uma organização virtual que terceiriza todas as funções básicas do negócio. A essência da organização é um pequeno grupo de executivos, cujo trabalho é supervisionar diretamente as atividades internas e coordenar as relações com os terceirizados, que respondem pela manufatura, distribuição e outras funções cruciais para a organização virtual. As linhas pontilhadas representam essas relações, geralmente acertadas em contratos. Os executivos das organizações virtuais passam a maior parte do tempo essencialmente coordenando e controlando relações externas, geralmente por meio do computador.

A principal vantagem da organização virtual é a sua flexibilidade. Ela permite, por exemplo, que gente com idéias inovadoras e pouco dinheiro, como Ancle Hsu e David Ji, possa competir com sucesso com grandes organizações, como a Sony, a Hitachi e a Sharp Electronics. A principal desvantagem desse tipo de estrutura é que ela reduz o controle dos dirigentes sobre pontos-chave do seu negócio.

A organização sem fronteiras

O ex-presidente da General Electric, Jack Welch, cunhou o termo **organização sem fronteiras** para descrever sua idéia do que a GE seria no futuro. Welch queria transformar a empresa em "um armazém".[16] Apesar do tamanho gigantesco da empresa (as receitas em 2004 ultrapassaram 135 bilhões de dólares), ele queria eliminar as fronteiras *verticais* e *horizontais* no interior da empresa e quebrar as barreiras *externas* entre a companhia e seus fornecedores e clientes. A organização sem fronteiras busca eliminar a cadeia de comando, ter amplitude ilimitada de controle e substituir os departamentos por equipes autônomas. Como esse modelo se apóia fundamentalmente na tecnologia da informação, alguns preferem chamar essa estrutura de organização de *formato-T* (ou baseada em tecnologia).[17]

QUADRO 15-7 Uma Organização Virtual

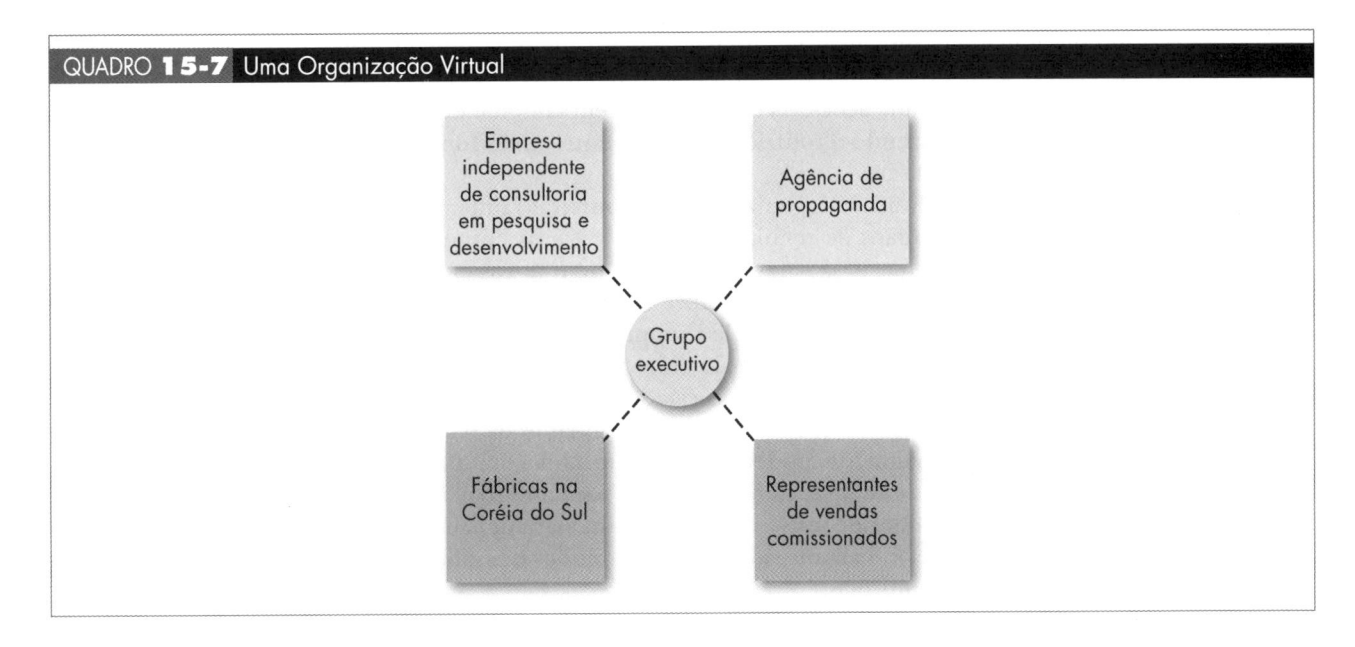

- Empresa independente de consultoria em pesquisa e desenvolvimento
- Agência de propaganda
- Grupo executivo
- Fábricas na Coréia do Sul
- Representantes de vendas comissionados

Embora a GE ainda não tenha alcançado o estágio em que possa ser considerada sem fronteiras — e provavelmente nunca alcançará —, ela fez grandes progressos nesse sentido. Pode-se dizer o mesmo de outras empresas, como a Hewlett-Packard, a AT&T, a Motorola e a Oticon A/S. Vamos examinar o que seria uma organização sem fronteiras e o que algumas empresas fazem para tornar isso uma realidade.[18]

Ao remover as fronteiras verticais, a administração "achata" a hierarquia. Os cargos e status perdem a importância. As equipes multi-hierárquicas (que incluem altos executivos, gerentes de nível médio, supervisores e operários), as práticas de tomada de decisões participativas e o uso das avaliações de desempenho de 360 graus (em que os colegas, os superiores e os subordinados de um funcionário avaliam o seu desempenho) são alguns exemplos do que a GE fez para eliminar as fronteiras verticais. Na Oticon A/S, fabricante dinamarquesa de aparelhos auditivos com faturamento de 160 milhões de dólares ao ano, todos os resquícios de hierarquia foram eliminados. Todos os funcionários trabalham em estações de trabalho móveis iguais. E a coordenação do trabalho fica a cargo de equipes de projeto, e não de funções ou de departamentos.

Os departamentos funcionais criam fronteiras horizontais. Essas fronteiras dificultam a interação entre as funções, as linhas de produtos e as unidades. A forma de reduzir essas barreiras é substituir os departamentos funcionais por equipes multifuncionais e organizar as atividades em torno de processos. A Xerox, por exemplo, agora desenvolve seus novos produtos por meio de equipes multidisciplinares que trabalham em um único pro-

As redes de computadores estão transformando as organizações burocráticas dos hospitais em operações sem fronteiras. No Indiana Heart Hospital, em Indianápolis, 650 computadores em rede permitem que os funcionários compartilhem informações sobre os pacientes. As informações são colocadas no sistema quando o paciente entra no hospital e são gravadas digitalmente em uma pulseira que ele usará durante sua internação. Esses registros digitais eliminaram os postos de enfermagem, as pranchetas de presições e até o departamento de registros médicos. Os médicos utilizam notebooks conectados sem fio para verificar os relatórios de seus pacientes em qualquer lugar, como o profissional da foto, que trabalha em sua casa.

cesso, em vez de tarefas funcionais limitadas. Da mesma maneira, algumas unidades da AT&T estão fazendo seus orçamentos anuais com base não mais em funções ou departamentos, mas em processos como a manutenção de uma rede internacional de telecomunicações. As empresas podem também eliminar as barreiras horizontais utilizando as transferências laterais e fazendo o rodízio de pessoas entre áreas funcionais diferentes. Essa abordagem transforma especialistas em generalistas.

Quando totalmente operacionalizada, a organização sem fronteiras também supera as barreiras com entidades externas (fornecedores, clientes, órgãos de regulamentação etc.) e os limites criados pela geografia. Globalização, alianças estratégicas e telecomutação são alguns exemplos de práticas que reduzem as fronteiras externas. A Coca-Cola, por exemplo, vê a si mesma como uma empresa internacional, e não uma empresa norte-americana ou de Atlanta. Empresas como NEC, Boeing e Apple Computer formam alianças estratégicas ou parcerias com dezenas de outras. Essas alianças diminuem a distinção entre uma organização e outra quando seus funcionários trabalham em projetos conjuntos. Algumas empresas estão permitindo que os clientes desempenhem funções anteriormente restritas aos executivos. Por exemplo, algumas unidades da AT&T recebem bonificações com base na avaliação feita pelos clientes. Finalmente, podemos dizer que a telecomutação está ajudando a apagar as fronteiras das organizações. O analista de segurança que trabalha para a Merrill Lynch morando em um rancho no Estado de Montana, ou o desenvolvedor de softwares que trabalha para uma empresa de São Francisco, mas mora em Boulder, no Estado de Colorado, são alguns exemplos dos milhões de trabalhadores que exercem suas atividades fora dos limites físicos de suas empresas.

A base tecnológica que torna possível a existência dessas organizações sem fronteiras é contituída pelos computadores ligados em redes. Eles permitem que as pessoas se comuniquem através das fronteiras internas e externas às organizações.[19] O correio eletrônico, por exemplo, possibilita que centenas de funcionários compartilhem informações simultaneamente e que operários de escalão inferior se comuniquem diretamente com os dirigentes da empresa. Além disso, muitas grandes organizações, como Federal Express, AT&T e 3M, desenvolveram redes privadas ou intranets. As redes interorganizacionais permitem que fornecedores da cadeia varejista Wal-Mart, como a Procter & Gamble e a Levi Strauss, monitorem diretamente seus estoques de, respectivamente, sabão em pó e calças jeans, já que seus sistemas informatizados estão conectados por rede ao sistema da Wal-Mart.

Por que as estruturas diferem entre si?

Nas seções anteriores, descrevemos uma variedade de modelos organizacionais que vão desde a burocracia altamente estruturada e padronizada até a organização sem fronteiras, solta e amorfa. Os outros modelos que descrevemos situam-se em algum ponto entre esses dois extremos.

O Quadro 15-8 reconceitua nossas discussões prévias ao apresentar dois modelos extremos de estrutura organizacional. Vamos chamar um dos extremos de **modelo mecanicista**. Ele geralmente é sinônimo de burocracia, com extensa departamentalização, alta formalização, rede limitada de informações (principalmente com comunicação descendente) e pouca participação dos baixos escalões no processo decisório. No outro extremo está o **modelo orgânico,** que lembra bastante a organização sem fronteiras. Ele é "achatado", utiliza equipes multifuncionais e multi-hierárquicas, tem baixa formalização, possui uma ampla rede de informações (utilizando a comunicação lateral e ascendente, além da descendente) e envolve uma grande participação no processo decisório.[20]

Com esses dois modelos em mente, agora estamos preparados para responder à questão: por que algumas organizações são estruturadas em termos mecanicistas enquanto outras seguem características orgânicas? Quais são as forças que influenciam essas escolhas? Nas próximas páginas, discutiremos as principais forças identificadas como causas ou determinantes de uma estrutura organizacional.[21]

Estratégia

A estrutura de uma organização é um meio para ajudar a administração a conquistar seus objetivos. Como os objetivos derivam da estratégia geral da organização, é absolutamentee lógico que a estratégia e a estrutura devem estar intimamente relacionadas. Mais especificamente, a estrutura deve seguir a estratégia. Se a administração fizer uma mudança significativa na estratégia da empresa, sua estrutura precisará ser modificada para acomodar e apoiar a mudança.[22]

A maioria dos modelos estratégicos de hoje foca três dimensões da estratégia — inovação, minimização de custos e imitação — e o sistema estrutural mais adequado para cada uma delas.[23]

Até que ponto uma organização procura lançar importantes novidades em termos de produtos ou serviços? Uma **estratégia de inovação** não é uma estratégia só para pequenas mudanças cosméticas no que já é oferecido, mas uma orientação para novidades realmente singulares. Obviamente, nem todas as empresas buscam a ino-

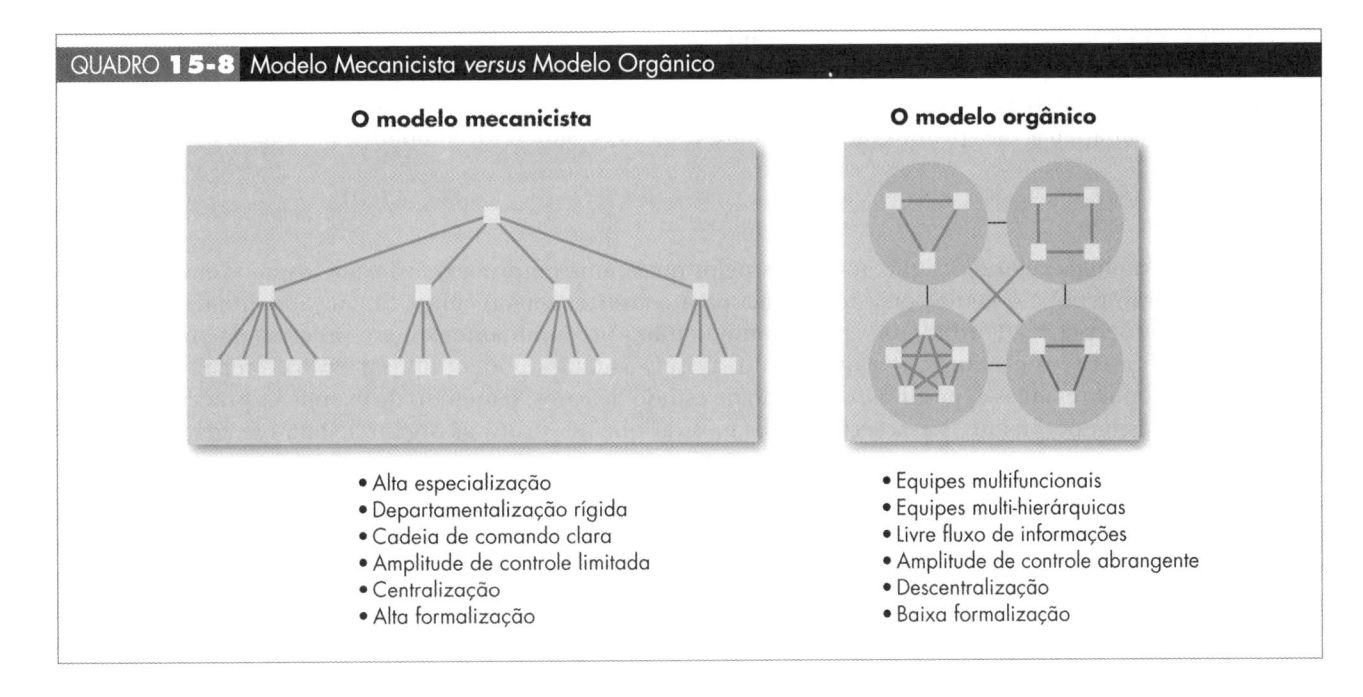

QUADRO 15-8 Modelo Mecanicista *versus* Modelo Orgânico

O modelo mecanicista
- Alta especialização
- Departamentalização rígida
- Cadeia de comando clara
- Amplitude de controle limitada
- Centralização
- Alta formalização

O modelo orgânico
- Equipes multifuncionais
- Equipes multi-hierárquicas
- Livre fluxo de informações
- Amplitude de controle abrangente
- Descentralização
- Baixa formalização

vação. Essa estratégia pode caracterizar a 3M ou a Apple, mas não uma empresa conservadora como a varejista Marks & Spencer.

Uma organização que busca uma estratégia de **minimização de custos** controla rigidamente seus custos, limita os gastos com inovações desnecessárias ou esforço de marketing e reduz o preço de venda de produtos básicos. Esta é a descrição da estratégia da rede Wal-Mart ou de empresas que comercializam produtos alimentícios.

As organizações que adotam uma **estratégia de imitação** tentam capitalizar as vantagens das duas anteriores. Elas buscam minimizar riscos e maximizar as oportunidades de lucro. Sua estratégia é entrar em novos mercados ou lançar novos produtos só depois que a viabilidade deles tiver sido testada pelos inovadores. Elas tomam as idéias dos inovadores e as copiam. Os fabricantes de artigos de moda em massa, que "roubam" as idéias dos estilistas, seguem essa estratégia. Esse rótulo talvez caracterize empresas conhecidas, como a IBM e a Caterpillar. Elas seguem seus concorrentes menores e mais inovadores com produtos melhores, mas somente depois que os concorrentes demonstraram que há mercado para esses produtos.

O Quadro 15-9 descreve a opção estrutural que melhor se adapta a cada estratégia. Os inovadores precisam da flexibilidade da estrutura orgânica, enquanto os minimizadores de custos buscam a eficiência e a estabilidade da estrutura mecanicista. Os imitadores combinam ambas as estruturas: adotam um modelo mecanicista para manter controles rígidos e custos baixos em suas atividades vigentes e, ao mesmo tempo, criam subunidades orgânicas voltadas à busca de novidades.

Tamanho da organização

Existem evidências consideráveis de que o tamanho da organização influencia significativamente sua estrutura.[24] Por exemplo, as grandes organizações — aquelas que empregam 2.000 ou mais pessoas — tendem a ter mais especialização, maior departamentalização, mais níveis verticais e mais regras e regulamentos do que as empresas pequenas. Contudo, essa relação não é linear. Na verdade, o tamanho afeta a estrutura de maneira

QUADRO 15-9 A Relação Estratégia-Estrutura

Estratégia	Estrutura
Inovação	**Orgânica:** estrutura solta; baixa especialização, baixa formalização, descentralização
Minimização de custos	**Mecanicista:** controle rígido; especialização extensiva do trabalho, alta formalização, alta centralização
Imitação	**Mecanicista e orgânica:** misto de características de rigidez e informalidade; controle rígido sobre as atividades vigentes e controle menos rígido para as novidades

decrescente. O impacto do tamanho diminui na medida em que a organização se expande. Por que isso acontece? Essencialmente, quando uma empresa tem cerca de 2.000 funcionários, já é bastante mecanicista. Um adicional de 500 funcionários não fará muita diferença. Por outro lado, acrescentar 500 funcionários a uma empresa que tem apenas 300 provavelmente resultará na necessidade de mudança para uma estrutura mais mecanicista.

Tecnologia

O termo **tecnologia** refere-se, aqui, aos meios pelos quais uma empresa transforma insumos em resultados. Toda organização tem pelo menos uma tecnologia para converter seus recursos financeiros, humanos e físicos em produtos ou serviços. A Ford Motors, por exemplo, utiliza predominantemente o processo da linha de montagem para fabricar seus produtos. Por outro lado, as universidades podem utilizar diversas técnicas didáticas — as sempre populares aulas expositivas, o método de estudo de casos, o método de exercícios práticos, o ensino programado e assim por diante. Nesta seção vamos mostrar que as estruturas organizacionais se adaptam às suas tecnologias.

Muitos estudos foram dedicados à relação entre estrutura e tecnologia.[25] Os detalhes desses estudos são bastante complexos e, por isso, vamos "diretamente ao ponto" tentando resumir o que sabemos.

O tema comum da diferenciação de tecnologias é seu *grau de rotinização*. Isso significa que as tecnologias tendem para atividades rotineiras ou não-rotineiras. No primeiro caso, as operações são automatizadas e padronizadas. As atividades não-rotineiras são personalizadas. Elas incluem atividades variadas, como restauro de móveis, confecção sob medida e pesquisa genética.

Que relações existem entre a tecnologia e a estrutura? Embora não seja uma relação muito forte, descobriu-se que as tarefas rotineiras estão associadas a estruturas mais verticalizadas e departamentalizadas. A relação entre tecnologia e formalização, no entanto, é bastante acentuada. Estudos mostram consistentemente que a rotina está associada à presença de manuais de regras, descrição de tarefas e outras documentações formais. Finalmente, descobriu-se que há uma relação interessante entre tecnologia e centralização. Parece lógico que as tecnologias rotinizadas estejam associadas às estruturas centralizadas enquanto as não-rotinizadas, que dependem do conhecimento dos especialistas, são vinculadas à delegação da autoridade decisória. Essa posição tem obtido algum apoio, mas uma conclusão mais genérica sobre o assunto sugere que a relação entre tecnologia e centralização é moderada pelo grau de formalização. A regulamentação formal e o processo decisório centralizado são mecanismos de controle, e os executivos podem substituir uma pelo outro e vice-versa. As tecnologias rotinizadas devem ser associadas a um controle centralizado quando houver um mínimo de regras e regulamentos. Contudo, se a formalização for alta, a tecnologia rotinizada poderá ser acompanhada de descentralização. Assim, podemos prever que a tecnologia rotinizada leva à centralização, mas apenas quando a formalização é baixa.

Os fabricantes de automóveis utilizam a tecnologia da linha de montagem para a produção de carros em massa. Na fábrica da Volkswagen em Wolfsburg, Alemanha, são utilizados robôs para as tarefas rotineiras, como estes robôs-soldadores, aqui na linha de montagem do Golf V.

Ambiente

O **ambiente** de uma organização é composto pelas instituições ou forças externas que têm o potencial de afetar o seu desempenho. Elas incluem, tipicamente, fornecedores, clientes, concorrentes, agências regulatórias do governo, grupos de opinião pública e outros.

Por que a estrutura de uma organização é afetada pelo seu ambiente? Por causa das incertezas desse ambiente. Algumas organizações enfrentam ambientes relativamente estáveis — neles, poucas forças estão em mutação. Não há, por exemplo, novos concorrentes, nenhuma inovação tecnológica por parte da atual concorrência nem atividades de grupos de opinião pública que possam influenciar a organização. Outras empresas enfrentam ambientes muito dinâmicos — mudanças rápidas de legislação que afetam seus negócios, novos concorrentes, dificuldades na aquisição de matéria-prima, mudança constante nas preferências dos consumidores e assim por diante. Os ambientes estáveis geram bem menos incertezas do que os dinâmicos. Como a incerteza é uma ameaça à eficácia da organização, os executivos farão de tudo para minimizá-la. Uma das formas de reduzir a incerteza ambiental é fazer ajustes na estrutura da organização.[26]

Pesquisas recentes ajudaram a esclarecer o que significa incerteza ambiental. Foram identificadas três dimensões no ambiente de uma organização: a capacidade, a volatilidade e a complexidade.[27]

A *capacidade* de um ambiente refere-se ao grau em que ele consegue sustentar o crescimento. Ambientes ricos e em crescimento geram recursos abundantes, que podem ajudar a organização em tempos de relativa escassez. A capacidade abundante abre espaço para que a organização cometa erros, o que não acontece quando a capacidade é escassa. No ano 2004, por exemplo, as empresas que operavam com software empresarial multimídia tinham ambientes relativamente abundantes, enquanto as organizações de intermediação de negócios enfrentavam uma escassez relativa.

O grau de instabilidade de um ambiente é capturado na dimensão da *volatilidade*. Onde existe um alto grau de mudança imprevisível, o ambiente é dinâmico. O ambiente dinâmico atrapalha quando os executivos têm de fazer previsões acuradas sobre as probabilidades associadas a diversas alternativas de decisão. No outro extremo, está o ambiente estável. As mudanças ocorridas na década de 1990 nos países do Leste Europeu e o fim da Guerra Fria tiveram um efeito avassalador sobre a indústria armamentista norte-americana. Isso transformou o ambiente das principais empresas do setor — como Lockheed Martin, General Dynamics e Northrop Grumman —, que passou de relativamente estável para dinâmico.

Finalmente, o ambiente deve ser avaliado em termos de sua *complexidade*, ou seja, o grau de heterogeneidade e de concentração dos elementos ambientais. Os ambientes simples são homogêneos e concentrados. Isso pode descrever a indústria do tabaco, pois há relativamente poucos participantes. Para essas empresas, é fácil manter vigilância sobre a concorrência. Em comparação, os ambientes caracterizados pela heterogeneidade e pela dispersão são chamados de complexos. É o caso das empresas que atuam com a Internet. Todos os dias parece surgir um "vizinho novo no bairro", que concorrerá com os provedores em atividade.

O Quadro 15-10 resume nossa definição de ambiente ao longo de suas três dimensões. As setas na figura indicam o movimento em direção a uma incerteza maior. Assim, as empresas que atuam em ambientes caracterizados por escassez, dinâmica e complexidade enfrentam a maior incerteza. Por quê? Porque elas têm pouco espaço para o erro, lidam com alta imprevisibilidade e têm um conjunto de elementos muito diversos para monitorar constantemente.

A partir dessa definição tridimensional de ambiente, podemos chegar a algumas conclusões. Existem evidências que relacionam os graus de incerteza ambiental a diferentes arranjos estruturais. Mais especificamente,

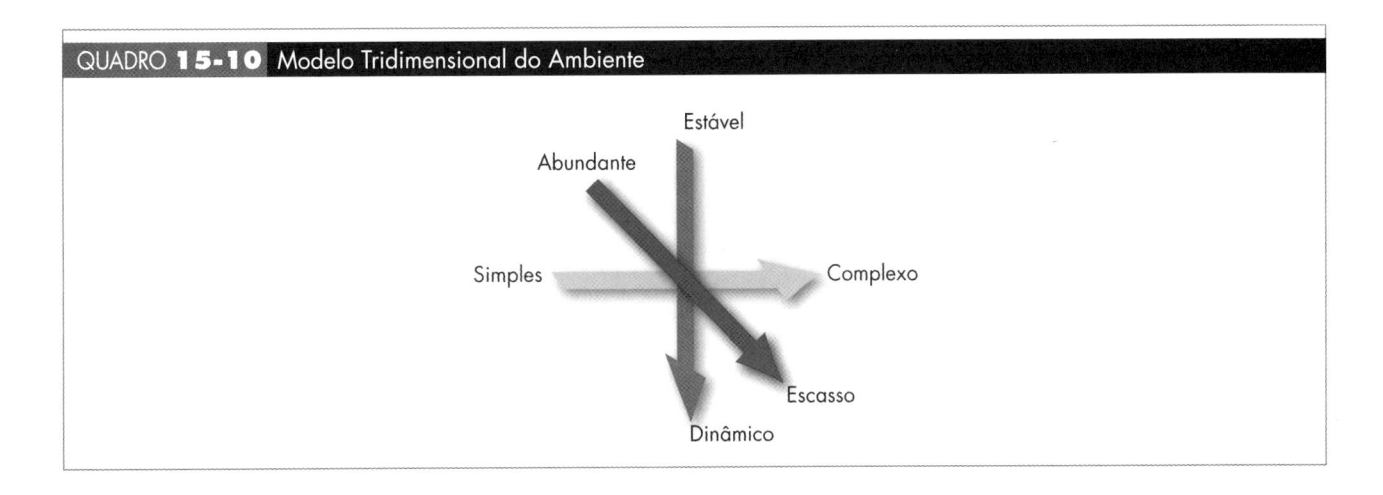

QUADRO 15-10 Modelo Tridimensional do Ambiente

MITO OU CIÊNCIA?

"A burocracia está morta"

Este argumento é falso. Algumas características da burocracia encontram-se em declínio. Esse modelo está passando por evidentes mudanças, mas está longe de ser considerado morto.

A burocracia tem como características a especialização, a formalização, a departamentalização, a centralização, a reduzida amplitude de controle e a adoção da cadeia de comando. Essas características desapareceram nas organizações modernas? Não. Apesar do crescente emprego das equipes autônomas e das estruturas "achatadas", certos aspectos permanecem.[28] (1) O tamanho grande prevalece. As organizações que fazem sucesso e sobrevivem tendem a crescer em tamanho e a burocracia é eficiente nesse caso. As organizações pequenas e suas estruturas não-burocráticas têm maior probabilidade de fracassar e assim, com o passar do tempo, essas organizações vêm e vão, enquanto as grandes burocracias permanecem. Além disso, embora a média das empresas hoje em dia tenha um número consideravelmente menor de funcionários do que há 30 anos, cada vez mais esses pequenos negócios são peças de organizações maiores e geograficamente dispersas, com recursos financeiros e tecnológicos para competir no mercado globalizado. (2) A turbulência ambiental pode ser administrada. O impacto das incertezas ambientais sobre a organização pode ser substancialmente reduzido por meio de estratégias administrativas como rastreamento do ambiente, alianças estratégicas, propaganda e prática de *lobby*. Isso permite que organizações que enfrentam ambientes dinâmicos mantenham a estrutura burocrática e continuem a ser eficientes. (3) A meta burocrática de padronização pode ser cada vez mais atingida pela contratação de pessoas que tenham passado por extensivo treinamento educacional. A disciplina racional, em vez de ser imposta por regras e regulamentos, é assimilada pela contratação de profissionais com formação em nível superior. Eles chegam pré-programados. Além disso, as culturas sólidas ajudam a alcançar a padronização por substituírem a alta formalização. (4) Finalmente, a tecnologia mantém o controle. As redes de computadores permitem que os executivos monitorem as ações dos funcionários sem necessidade de centralização ou de amplitude de controle reduzida. A tecnologia substituiu algumas das características da burocracia sem nenhuma perda do controle por parte da administração.

Apesar de algumas mudanças, a burocracia continua viva e com boa saúde em muitos lugares. Continua a ser a forma estrutural dominante na indústria manufatureira, no setor de serviços, em hospitais, escolas e universidades, bem como nas associações civis e militares. Por quê? Ela ainda é a maneira mais eficiente de organizar as atividades em larga escala. ∎

---

quanto mais escasso, dinâmico e complexo o ambiente, mais orgânica a estrutura deve ser. Por outro lado, quanto mais abundante, estável e simples o ambiente, mais adequada será a estrutura mecanicista.

Os modelos organizacionais e o comportamento do funcionário

Começamos este capítulo afirmando que a estrutura da organização pode ter efeitos significativos sobre seus membros. Nesta seção, vamos avaliar diretamente quais são esses efeitos.

Uma revisão das evidências que ligam as estruturas organizacionais ao desempenho e à satisfação dos funcionários nos conduz a uma conclusão bastante clara: não se pode generalizar! Não é todo mundo que prefere a liberdade e a flexibilidade das estruturas orgânicas. Algumas pessoas se sentem mais satisfeitas e são mais produtivas quando seu trabalho é padronizado e a ambiguidade é minimizada — ou seja, sob uma estrutura mecanicista. Assim, qualquer discussão relativos aos efeitos do modelo organizacional sobre o comportamento dos funcionários precisa considerar as diferenças individuais. Para ilustrar este ponto, vamos considerar as preferências dos funcionários pela especialização do trabalho, amplitude de controle e centralização.[29]

As evidências indicam que, de modo geral, a *especialização do trabalho* contribui para uma maior produtividade do funcionário, mas o preço é a redução de sua satisfação no trabalho. Contudo, essa afirmação ignora as diferenças individuais e o tipo de trabalho que cada pessoa realiza.

Como já mencionamos, a especialização do trabalho não é uma fonte inesgotável de produtividade mais alta. Os problemas começam a surgir, e a produtividade a cair, quando as deseconomias de realizar tarefas repetitivas e limitadas superam as economias da especialização. Como a força de trabalho tornou-se mais educada e desejosa de trabalhos que sejam intrinsecamente recompensadores, o ponto em que a produtividade começa a declinar parece ser alcançado mais rapidamente hoje do que em décadas passadas.

As tarefas destas mulheres que trabalham na linha de montagem de panelas de pressão, em uma fábrica em São Paulo, são altamente padronizadas. As diferenças individuais influenciam a maneira como elas reagem a este trabalho super-especializado. Muitas podem apreciar a rotina e a repetitividade de suas tarefas porque trabalhar ao lado das colegas lhes dá a possibilidade de criar vínculos sociais no serviço.

Embora mais gente hoje em dia rejeite as tarefas superespecializadas do que as gerações anteriores, seria ingênuo ignorar a realidade de que uma parcela da força de trabalho ainda prefere a rotina e a repetição de trabalhos superespecializados. Algumas pessoas querem um serviço que exija o mínimo de sua capacidade intelectual e que ofereça a segurança da rotina. Para esses indivíduos, a alta especialização do trabalho é fonte de satisfação. A questão empírica que se coloca é, evidentemente, se esta parcela representa 2 ou 52 por cento dos trabalhadores. Como existe uma certa auto-seleção na escolha das carreiras, podemos concluir que os resultados comportamentais negativos da alta especialização têm maior probabilidade de aparecer em carreiras de profissionais com alta qualificação, almejadas por indivíduos com grande necessidade de crescimento pessoal e de diversidade.

Uma revisão das pesquisas indica que não há evidência suficiente para corroborar uma relação entre a *amplitude de controle* e o desempenho do funcionário. Embora seja intuitivamente atraente argumentar que uma grande amplitude de controle pode levar a um desempenho melhor do funcionário por permitir uma distância maior da supervisão e dar mais oportunidade para a iniciativa pessoal, as pesquisas não corroboram essa posição. Até hoje, não é possível afirmar que qualquer amplitude de controle seja a melhor para gerar bom desempenho e alta satisfação no trabalho. O motivo, novamente, pode ser imputado às diferenças individuais: alguns preferem ficar sós, enquanto outros preferem a segurança de um chefe sempre presente. Consistentemente com as diversas teorias contingenciais sobre liderança que discutimos no Capítulo 11, podemos esperar que fatores como as experiências e as capacidades dos funcionários, bem como a estrutura de suas tarefas, possam explicar quando uma amplitude de controle grande ou pequena contribuirá para seu desempenho e satisfação. Contudo, existe alguma evidência de que a satisfação de um executivo aumenta conforme o crescimento do número de subordinados sob sua supervisão.

Encontramos evidências suficientemente fortes que relacionam a *centralização* e a satisfação ao trabalho. De maneira geral, as organizações menos centralizadas possuem uma quantidade maior de participação no processo decisório. As evidências indicam que a participação no processo decisório está positivamente relacionada à satisfação no trabalho, mas, novamente, surgem diferenças individuais. A relação entre descentralização e satisfação é mais forte entre os funcionários com baixa auto-estima. Como esses indivíduos têm menos confiança em suas próprias habilidades, eles preferem compartilhar as decisões, o que significa não ter de enfrentar sozinhos a responsabilidade pelos resultados.

Nossa conclusão: para maximizar o desempenho e a satisfação dos funcionários, deve-se levar em consideração as diferenças individuais — como experiência, personalidade e tarefa. A cultura nacional também influencia a preferência pela estrutura e, por isso, deve ser levada em conta.[30] As organizações que trabalham com pessoas oriundas de países com culturas de grande distância do poder — com é o caso da Grécia, da França e da maioria dos países latino-americanos — terão funcionários muito mais propensos a aceitar o modelo mecanicista do que as que empregam gente que vem de países com pouca distância do poder. Assim, é preciso considerar as diferenças culturais juntamente com as diferenças individuais ao fazer previsões sobre como a estrutura afetará o desempenho e a satisfação dos funcionários.

Um comentário um tanto óbvio precisa ser feito antes de encerrarmos este tópico. As pessoas não selecionam seus empregadores de maneira aleatória. Existem evidências substanciais de que os indivíduos são atraídos, selecionados e permanecem em organizações que se ajustam às suas características pessoais.[31] Os candidatos que preferem a previsibilidade, por exemplo, provavelmente buscarão emprego em estruturas mecanicistas, enquanto os que gostam de autonomia tenderão mais para os modelos orgânicos. Dessa forma, os efeitos da estrutura sobre o comportamento do funcionário são indubitavelmente reduzidos quando o processo de seleção facilita a adequação das características individuais com as da organização.

Resumo e implicações para os executivos

O tema deste capítulo é o fato de a estrutura interna da organização contribuir para explicar e prever o comportamento. Além dos fatores individuais e de grupo, as relações estruturais em que as pessoas trabalham têm influência sobre as atitudes e os comportamentos dos funcionários.

Quais são as bases da afirmação de que a estrutura tem impacto tanto sobre as atitudes como sobre o comportamento? À medida que a estrutura organizacional reduz a ambigüidade para os funcionários — esclarecendo questões como "O que devo fazer?", "Como devo fazê-lo?", "A quem devo me reportar?" e "Quem devo procurar se tiver um problema?" —, ela molda suas atitudes e lhes fornece motivação e facilidades para obter melhores níveis de desempenho.

Evidentemente, a estrutura também restringe os funcionários, limitando e controlando o que eles fazem. Por exemplo, organizações estruturadas com altos níveis de formalização e de especialização, estrita adoção de cadeia de comando, pouca delegação de autoridade e pequena amplitude de controle proporcionam muito pouca autonomia a seus funcionários. O controle nessas empresas é rígido e o comportamento tem pouco espaço para variação. Por outro lado, as organizações estruturadas com pouca especialização, baixa formalização, grande amplitude de controle, e assim por diante, oferecem maior liberdade a seus funcionários e, por isso, apresentam uma variação muito maior de comportamentos.

O Quadro 15-11 faz um resumo visual do que discutimos neste capítulo. A estratégia, o tamanho, a tecnologia e o ambiente determinam o tipo de estrutura de uma organização. Para efeito de simplificação, vamos classificar os modelos estruturais em duas categorias: mecanicista e orgânico. Os efeitos específicos do modelo estrutural sobre o desempenho e a satisfação dos funcionários serão moderados pelas preferências individuais e pelas normas culturais.

Um último ponto: os executivos precisam lembrar que as variáveis estruturais — tais como especialização do trabalho, amplitude de controle, formalização e centralização — são características objetivas que podem ser medidas pelos pesquisadores. Os achados e conclusões oferecidos neste capítulo são, de fato, resultado direto do trabalho desses estudiosos. Mas os funcionários não medem de forma objetiva essas características estruturais! Eles observam as coisas a seu redor de maneira inconsciente e formam os seus próprios modelos implícitos do que parece ser a estrutura da organização. Quantas pessoas o entrevistaram antes que o emprego lhe fosse oferecido? Quantas pessoas trabalham no mesmo departamento ou no mesmo edifício? Existe um manual das políticas da empresa? O manual está facilmente disponível e as pessoas o seguem de verdade? Como a empresa e seus dirigentes costumam ser descritos na imprensa? As respostas a essas perguntas, somadas às experiências anteriores e aos comentários dos colegas, levam o funcionário a formar uma imagem genérica e subjetiva da estrutura da organização. Essa imagem, contudo, pode não ter nada que ver com as reais características objetivas da estrutura organizacional.

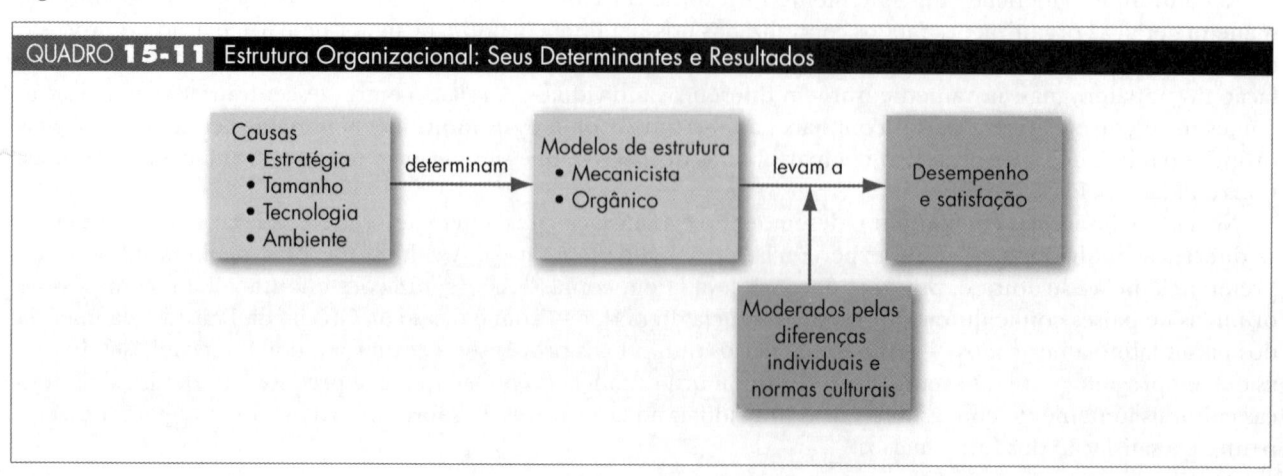

QUADRO 15-11 Estrutura Organizacional: Seus Determinantes e Resultados

Causas
- Estratégia
- Tamanho
- Tecnologia
- Ambiente

determinam

Modelos de estrutura
- Mecanicista
- Orgânico

levam a

Desempenho e satisfação

Moderados pelas diferenças individuais e normas culturais

A importância desses **modelos implícitos de estrutura organizacional** não deve ser menosprezada. Como vimos no Capítulo 5, as pessoas respondem às suas percepções como se elas fossem a realidade objetiva. Por exemplo, a pesquisa sobre as relações entre muitas das variáveis estruturais e os subseqüentes níveis de desempenho e satisfação no trabalho estão longe de ser consistentes. Explicamos essas discrepâncias em função das diferenças individuais. Contudo, outra causa para essas inconsistências pode ser a diferença de percepção das características objetivas. Os pesquisadores sempre focam os níveis reais dos vários componentes estruturais, mas isso pode ser irrelevante se as pessoas interpretarem componentes similares de maneiras diferentes. A questão fundamental, portanto, é entender como os funcionários interpretam a estrutura de sua organização. Isso seria capaz de oferecer um indicador mais preciso do seu comportamento do que as características objetivas em si.

PONTO ▶   ◀ CONTRAPONTO

A tecnologia está transformando as organizações

No mundo de hoje, caótico, imprevisível e intensamente tecnológico, existe apenas um modelo organizacional que vai sobreviver: é a organização orgânica configurada eletronicamente.[32]

Estamos entrando em uma segunda revolução industrial que vai mexer com todos os aspectos da vida das pessoas. As mudanças que as grandes corporações levavam décadas para implementar agora ocorrem em dois ou três anos. As empresas bem-sucedidas serão projetadas para prosperar em meio a mudanças. E as estruturas dessas organizações terão características comuns.

Daqui a dez anos, só existirão as organizações eletrônicas. As empresas de "carne e osso" não vão desaparecer, mas terão de aprender a "clicar" para sobreviver. Além disso, as empresas precisarão "sentir o pulso" de seus clientes constantemente. As prioridades dos clientes vão mudar muito rapidamente. As coisas que suscitarem o desejo dos consumidores imediatamente se tornarão itens comercializáveis e aqueles que perderem o contato com os desejos dos clientes serão candidatos à extinção. Os consumidores estão se habituando a fazer comparações dos preços de centenas de concorrentes, e não apenas de dois ou três deles. Isso deve levar a uma redução dramática dos preços. Se as empresas não melhorarem sua produtividade para enfrentar esta queda de preços, estarão fora do mercado.

A tecnologia ajuda a empresa a se aproximar de seus clientes, a transferir empregos para locais onde os custos são menores e a tomar decisões muito mais rapidamente. Por exemplo, os executivos da Cisco Systems conseguem monitorar em tempo real as despesas, as margens de lucro, a cadeia de suprimentos e a lucratividade. Não há mais surpresas. Qualquer funcionário pode tomar decisões que, há alguns anos, teriam de vir da cúpula da empresa. A cada trimestre, os gerentes de produto da Cisco podem avaliar o desempenho de seus produtos, as suas margens de lucro, saber se elas estão abaixo da expectativas e determinar a causa de qualquer discrepância. A tomada de decisões rápidas nos escalões inferiores se traduz em maior lucratividade. Assim, em vez de o presidente ou o diretor financeiro tomar 50 ou 100 decisões por trimestre, gerentes espalhados por toda a organização tomarão milhões de decisões. As empresas que não desenvolverem esta capacidade não serão competitivas.

Existe um velho ditado que diz que cada nova geração acha que inventou o sexo. Parece ser este o caso em relação à tecnologia e ao modo como ela mudará completamente o mundo.

A tecnologia vai mudar a estrutura das organizações em um ritmo muito mais lento do que alguns acreditam.[33] Por exemplo, podemos voltar ao passado e perguntar se as ferrovias mudaram o mundo. Houve mudanças óbvias no comércio e na indústria. Mas a vida continuou a mesma e a forma de as pessoas se relacionarem, também.

Existem mudanças em curso que vão influenciar a organização dos negócios. Mas essas mudanças são, e continuarão sendo, graduais. Poderá haver alguma agilização, mas não passaremos por uma revolução no desenho das organizações. Vejamos o caso da globalização. Ela é significativa, mas também evolucionária. A formação da União Européia aboliu as fronteiras entre os países que integram a maior sociedade do ocidente? Não. A França ainda é a França, a Alemanha ainda é a Alemanha. As coisas mudaram, mas também continuaram as mesmas.

A ênfase na velocidade tem seus limites. Os cérebros não aceleram. A troca de idéias não se acelera realmente, apenas a forma de sua veiculação é que se torna mais rápida. Quando examinamos a essência do conhecimento no trabalho, vemos que o século XXI funciona da mesma maneira que o século XX. As pessoas hoje podem ficar conectadas 24 horas por dia, mas não pensam melhor ou mais rápido apenas por causa disto. O receber e transmitir informações continua a ser um fator limitante.

A organização virtual também tem suas limitações. Quando você terceiriza o seu processamento de dados, a sua manufatura e outras funções, coloca suas capacidades disponíveis para a concorrência. Assim, a virtualização do trabalho reduz a vantagem competitiva. Ela leva a uma rápida padronização de tudo. Não se pode terceirizar qualquer diferencial que uma empresa use para obter vantagem competitiva.

Dê uma olhada nos últimos 40 anos. As pessoas não mudaram. E a organização fundamental também não mudou. No máximo, podemos dizer que houve um certo relaxamento das organizações. Pouca coisa foi modificada além disso. As mudanças que vemos serão lentas e graduais. E este ritmo deve se manter no futuro.

Questões para revisão

1. Por que a especialização do trabalho não é uma fonte inesgotável de aumento de produtividade?

2. Se todas as condições se mantiverem estáveis, o que é mais eficiente: uma pequena ou grande amplitude de controle? Por quê?

3. Que maneiras a administração pode usar para fazer a departamentalização?

4. O que é uma estrutura matricial? Quando ela deve ser adotada?

5. Compare a organização virtual com a organização sem fronteiras.

6. Que tipo de estrutura funciona melhor com uma estratégia inovadora? Uma estratégia de minimização de custos? Uma estratégia de imitação?

7. Resuma a relação entre tamanho e estrutura.

8. Defina o termo *tecnologia* e dê um exemplo.

9. Resuma a relação entre ambiente e estrutura.

10. Explique a importância desta afirmação: "Os funcionários criam modelos implícitos de estrutura organizacional".

Questões para reflexão crítica

1. Como a típica grande empresa está organizada hoje, em comparação ao que era na década de 1960?

2. Você acredita que a maioria dos funcionários prefere a alta formalização? Justifique sua posição.

3. Se você fosse um funcionário em uma estrutura matricial, que vantagens você acha que ela ofereceria? E que desvantagens?

4. Que previsões você faria sobre o comportamento de pessoas que trabalham em organizações "puramente" sem fronteiras (caso elas fossem possíveis)?

5. A Pfizer compra a Warner-Lambert. A Alcoa compra a Reynolds Metas. A Nestlé S.A funde-se com a Ralston Purina. Cada um desses casos é um exemplo de grandes empresas que se juntam entre si. Isso significa que ser pequeno não é bom? O modelo mecanicista está vencendo a guerra da "sobrevivência do mais apto"? Para o comportamento organizacional, quais são as implicações dessa tendência de consolidação?

Exercício de grupo

Figuras de autoridade

Finalidade — Conhecer a experiência e os sentimentos individuais em relação à autoridade.

Tempo para realização — Cerca de 75 minutos

Procedimentos

1. Seu professor vai separar a classe com base em informações familiares dos alunos. Os grupos serão formados por "filhos únicos", "mais velhos", "do meio" e "caçulas", conforme a posição de cada um em sua família. Os grupos maiores serão subdivididos em outros, com quatro ou cinco membros, para permitir uma conversa mais livre.

2. Cada membro deverá falar sobre sua "reação típica à autoridade dos outros". Devem-se focar situações específicas que ofereçam informações gerais sobre como as pessoas lidam com a figura da autoridade (por exemplo, chefes, professores, pais ou treinadores). O grupo terá 25 minutos para escrever uma lista das maneiras como o conjunto de seus membros lida com a autoridade. Tenha cuidado em separar as tendências compartilhadas pelos membros daquelas que não são compartilhadas.

3. Repita a etapa 2, mas desta vez discutindo como os membros do grupo "agem tipicamente enquanto figuras de autoridade". Novamente, faça uma lista das características compartilhadas.

4. Cada grupo vai compartilhar suas conclusões gerais com o restante da classe.

5. A discussão da classe focará questões como:
   a. Quais os padrões de diferenças que surgiram entre os grupos?
   b. O que pode explicar tais diferenças?

c. Quais as hipóteses que podem explicar a conexão entre a reação à autoridade e o comportamento delas como figuras de autoridade?

Fonte: Esse exercício foi adaptado de W. A. Kahn, "An exercise of authority", *Organizational Behavior Teaching Review*, vol. XIV, n. 2, 1989-1990, p. 28-42. Reproduzido com autorização.

Dilema ético

Apenas cumprindo ordens

Em 1996, Betty Vinson arrumou um emprego como contadora de nível médio em uma pequena empresa de telefonia em Jackson, Estado de Mississippi. Seu salário era de 50 mil dólares por ano. Depois de cinco anos, a pequena empresa havia se tornado a gigante WorldCom.

Trabalhadora e diligente, Vinson foi promovida depois de dois anos a gerente-geral da divisão de Contabilidade da WorldCom. Nessa nova função, Vinson ajudava a compilar os resultados trimestrais da empresa, com 10 funcionários que se reportavam a ela. Logo depois de assumir o novo cargo, seu chefe lhe pediu que falsificasse alguns números. No início, ela se negou a fazer isto. Mas a contínua pressão acabou por convencê-la. Ela tomou sua decisão porque seu chefe lhe disse que assumia total responsabilidade pela falsificação.

Durante seis trimestres, Vinson falsificou dados contábeis para melhorar os lucros da WorldCom a pedido de seus superiores. No final de 18 meses, ela havia ajudado a falsificar números que indicavam pelo menos 3,7 bilhões de dólares de lucros inexistentes. Como se sabe, todo esse esquema foi descoberto em 2002, e o caso se tornou uma das maiores fraudes da história empresarial.

Vinson admitiu sua culpa em dois crimes, de conspiração e fraude, que podem lhe render uma sentença de até 15 anos de prisão. No verão de 2003, ela aguardava sua sentença.

O que você faria no lugar de Betty Vinson? "Cumprir ordens" pode ser uma desculpa para burlar a lei? Se sua sobrevivência estiver em jogo, você diz não a um chefe poderoso? O que as organizações podem fazer para evitar que os funcionários cedam às pressões antiéticas de seus chefes?

Fonte: Baseado em S. Pulliam, "A staffer ordered to commit fraud balked, then caved", *Wall Street Journal*, 23 jun. 2003, p. A1.

Estudo de caso

"Eu detesto burocracia"

Greg Strakosch, fundador e presidente de uma empresa de mídia interativa, a TechTarget, odeia burocracia. Por isso, ele criou um ambiente de trabalho no qual seus 210 funcionários podem chegar e sair quando lhes aprouver. Não existem políticas para determinação de horário de trabalho ou de abono de faltas, nem de período de férias. Os funcionários podem sair de férias sempre que quiserem e trabalhar apenas nas horas em que se sentem mais produtivos, mesmo que seja de madrugada. Você precisa de um dia de folga para sair com seu filho? Sem problemas. Strakosch acha que a determinação de limites para dias de folga "parece uma coisa arbitrária e idiota". Ele acredita no senso de responsabilidade de seus funcionários.

Strakosch gosta de lembrar que "isto não é um clube de campo". Um processo elaboradíssimo de seleção busca apenas aqueles que têm maior espírito de autonomia. Os gerentes estabelecem metas ambiciosas a cada trimestre, e os funcionários têm total independência para alcançá-las. Mas a tolerância com o fracasso é mínima. Nos últimos 12 meses, Strakosch demitiu 7 por cento de seu pessoal por causa do desempenho fraco. Embora os horários sejam flexíveis, os funcionários costumam trabalhar 50 horas por semana, pelo menos. Além disso, independentemente das horas trabalhadas, todos têm de estar constantemente acessíveis por telefone celular, e-mail ou mensagem instantânea.

A abordagem de Strakosch parece funcionar. Fundada em 1999, a expectativa de vendas para 2003 chega a 35 milhões de dólares, quase 30 por cento a mais do que em 2002.

Questões

1. Que tipo de organização é essa?
2. O que faz a TechTarget?
3. Até que ponto essa estrutura pode ser transferida para outras organizações?
4. Você gostaria de trabalhar na TechTarget? Por quê?

Fonte: Baseado em P.J. Sauer, "Open-door management", *INC.*, jun. 2003, p. 44.

CAPÍTULO 16

Cultura organizacional

Depois de ler este capítulo, você será capaz de:

OBJETIVOS DO APRENDIZADO

1. Descrever a institucionalização e sua relação com a cultura organizacional.
2. Definir as características comuns que formam a cultura organizacional.
3. Comparar culturas fortes com culturas fracas.
4. Identificar os efeitos funcionais e disfuncionais da cultura organizacional sobre as pessoas e a organização.
5. Explicar os fatores determinantes da cultura organizacional.
6. Listar os fatores que mantêm uma cultura organizacional.
7. Esclarecer como a cultura é transmitida aos funcionários.
8. Esboçar as diversas alternativas de socialização disponíveis para os executivos.
9. Descrever uma cultura voltada para o cliente.
10. Identificar as características de uma cultura espiritualista.

A Wal-Mart é a maior e mais bem-sucedida rede de lojas de varejo do mundo. Iniciada como uma pequena loja de miudezas em 1945, a rede hoje conta com 4 mil estabelecimentos, 1,4 milhão de funcionários e um volume de vendas que ultrapassa 250 bilhões de dólares por ano.[1]

A característica que diferencia a Wal-Mart da maioria das outras empresas da lista das 100 maiores da revista *Fortune* é que ela manteve sua cultura de pequeno negócio. A empresa continua empreendedora e agressiva como há 50 anos. Ao contrário de muitas grandes companhias, a Wal-Mart nunca perdeu de vista o objetivo de seu fundador, Sam Walton. Ele acreditava que sua empresa existia para proporcionar às pessoas de baixa renda a possibilidade de adquirir produtos que antes eram acessíveis apenas aos mais abastados. Hoje em dia,

os funcionários da empresa (foto) continuam nessa missão de bater os preços da concorrência.

Quando empresas bem-sucedidas crescem, elas tendem a seguir um padrão similar. Ao atingir um nível de receitas entre 10 bilhões e 20 bilhões de dólares, elas começam a perder o espírito empreendedor que foi o responsável pelo seu sucesso. Ao alcançar o patamar dos 50 bilhões de dólares, as empresas geralmente já se tornaram pesadas burocracias, atoladas em regras e regulamentos, com dirigentes que evitam correr riscos e com a arrogância da superioridade. Esse cenário, por sua vez, conduz à inércia e a um círculo vicioso de mediocridade. Empresas como a General Motors, Sears e Kmart seguiram esse padrão e acabaram sofrendo as conseqüências disso.

A Wal-Mart, ao contrário, manteve seu espírito empreendedor porque nunca perdeu de vista os seus valores essenciais. Ela continuou se orientando pelos valores de seu criador, de buscar sempre a redução dos custos e repassar essa economia para os clientes sob a forma de preços menores. Além disso, os executivos da Wal-Mart estão sempre dispostos a correr riscos e a experimentar coisas novas — que vão desde a construção de supermercados gigantescos até a venda de carros. O que dá certo é mantido, funciona e o que não dá é descartado. Diferentemente de outras empresas, a Wal-Mart cresce sem se acomodar. Pelo contrário, seus dirigentes estão sempre preocupados com o fato de não terem aproveitando todo o seu potencial. Como diz um de seus executivos: "Estamos sempre preocupados com o nosso futuro. Somos a maior empresa do mundo com o maior complexo de inferioridade do globo".

Uma forte cultura organizacional como a da Wal-Mart dá direção à empresa. Também fornece direção aos funcionários. Ajuda a formar uma compreensão clara acerca da "maneira como as coisas são feitas aqui". Além disso, ela oferece estabilidade à organização. Mas, para algumas empresas, uma cultura forte pode se tornar um grande obstáculo às mudanças. Neste capítulo, mostraremos que cada organização tem uma cultura e que, dependendo de sua força, ela pode ter uma influência significativa sobre o comportamento e as atitudes de seus membros.

Institucionalização: uma sinalização da cultura

A idéia de enxergar as organizações como culturas — nas quais existe um sistema de convicções compartilhado por todos os membros — é um fenômeno relativamente recente. Até meados da década de 1980, as organizações eram vistas, quase sempre, apenas como uma forma racional de coordenar e controlar um grupo de pessoas. Possuíam níveis verticais, departamentos, relações de autoridade e assim por diante. Mas as organizações são mais do que isso. Elas têm personalidade própria, assim como as pessoas. Podem ser rígidas ou flexíveis, hostis ou apoiadoras, inovadoras ou conservadoras. As instalações e as pessoas da General Electric *são* diferentes das instalações e pessoas da General Mills. Harvard e MIT estão no mesmo negócio — educação — e ambas as instituições estão localizadas em Cambridge, Estado de Massachusetts, mas cada qual possui caráter e sentimento únicos, que vão além de suas características estruturais. Os estudiosos da teoria das organizações admitem esse fato ao reconhecer o importante papel que a cultura desempenha na vida dos membros das organizações. É interessante notar, entretanto, que a origem da cultura como uma variável independente que afeta as atitudes e o comportamento dos funcionários remonta há mais de 50 anos, a partir da noção de **institucionalização**.[2]

Quando uma organização se institucionaliza, ela assume uma vida própria, independente de seus fundadores ou de qualquer um de seus membros. Ross Perot criou a Electronic Data Systems (EDS) no início da década de 1960, mas a abandonou em 1987 para fundar uma nova empresa, a Perot Systems. Apesar de sua saída, a EDS continuou o seu caminho. Sony, Gillette, McDonald's e Disney são alguns exemplos de organizações que sobreviveram aos seus fundadores e a qualquer um de seus membros.

Além disso, quando uma organização se institucionaliza, passa a ter um valor por si mesma, independentemente dos bens e serviços que produz. Ela adquire imortalidade. Se seus objetivos iniciais não são mais relevantes, ela não fecha suas portas; ao contrário, ela se redefine. Um exemplo clássico disto é a March of Dimes. Ela foi criada originalmente para custear a batalha contra a poliomielite. Quando a doença foi praticamente erradicada na década de 1950, a instituição não encerrou suas atividades. Ela redefiniu seus objetivos como um fundo de pesquisa para a redução da mortalidade infantil e da malformação fetal.

A institucionalização opera para produzir uma compreensão comum entre os membros da organização acerca do que é o comportamento apropriado e, fundamentalmente, significativo.[3] Assim, quando uma organização assume uma permanência institucional, os modos aceitáveis de comportamento se tornam amplamente autoevidenciados para seus membros. Como veremos, isso é o que a cultura organizacional essencialmente faz. Dessa forma, compreender em que consiste a cultura de uma organização, como ela é criada, sustentada e aprendida pode melhorar nossa capacidade de explicar e prever o comportamento das pessoas no trabalho.

O que é cultura organizacional?

Há muitos anos, perguntei a um executivo o que ele achava que era *cultura organizacional*. Ele respondeu com a mesma declaração utilizada pela Suprema Corte dos Estados Unidos na tentativa de definir pornografia: "Não consigo definir o que é, mas a reconheço quando a vejo". Essa abordagem não é aceitável para os nossos propósitos. Precisamos de uma definição básica que sirva como ponto de partida para nossa missão de conhecer melhor esse fenômeno. Nesta seção, propomos uma definição específica e revemos diversos assuntos periféricos em torno dela.

Uma definição

Parece que todos concordam que **cultura organizacional** se refere a um sistema de valores compartilhado pelos membros que diferencia uma organização das demais.[4] Esse sistema é, em última análise, um conjunto de características-chave que a organização valoriza. As pesquisas sugerem que existem sete características básicas que, em seu conjunto, capturam a essência da cultura de uma organização.[5]

1. *Inovação e assunção de riscos.* O grau em que os funcionários são estimulados a inovar e a assumir riscos.
2. *Atenção aos detalhes.* O grau em que se espera que os funcionários demonstrem precisão, análise e atenção aos detalhes.
3. *Orientação para os resultados.* O grau em que os dirigentes focam mais os resultados do que as técnicas e os processos empregados para o seu alcance.
4. *Orientação para as pessoas.* O grau em que as decisões dos dirigentes levam em consideração o efeito dos resultados sobre as pessoas dentro da organização.
5. *Orientação para a equipe.* O grau em que as atividades de trabalho são mais organizadas em termos de equipes do que de indivíduos.
6. *Agressividade.* O grau em que as pessoas são competitivas e agressivas, em vez de dóceis e acomodadas.
7. *Estabilidade.* O grau em que as atividades organizacionais enfatizam a manutenção do status quo em contraste com o crescimento.

Cada uma dessas características existe dentro de um continuum que vai de um grau baixo até um grau elevado. A avaliação da organização em termos dessas sete características revela, portanto, uma ilustração complexa da cultura

A cultura da companhia aérea irlandesa Ryanair pode ser descrita como altamente competitiva e agressiva. Michael O'Leary (foto), fundou a empresa como uma alternativa às grandes companhias aéreas, como a British Airways, de tarifas mais altas. O objetivo de O'Leary é tornar sua empresa a líder na Europa oferecendo tarifas menores e mantendo os custos no mínimo possível.

organizacional. Esse quadro se torna a base dos sentimentos de compreensão compartilhada que os membros têm a respeito da organização, de como as coisas são feitas e a forma como eles devem se comportar. O Quadro 16-1 mostra como essas características podem ser combinadas para criar organizações extremamente diferentes.

Cultura é um conceito descritivo

A cultura organizacional se refere à maneira pela qual os funcionários percebem as características da cultura da empresa, e não ao fato de eles gostarem ou não delas. Trata-se de um conceito descritivo. Isso é importante porque diferencia esse conceito daquele da satisfação com o trabalho.

As pesquisas sobre cultura organizacional têm buscado medir como os funcionários vêem sua organização: ela estimula o trabalho em equipe? Recompensa a inovação? Reprime as iniciativas?

Por sua vez, a satisfação com o trabalho procura medir a resposta afetiva ao ambiente de trabalho. Ela se refere à maneira como os funcionários se sentem em relação às expectativas da organização, às práticas de recompensas e a outros aspectos. Embora os dois conceitos tenham, sem dúvida, certos pontos de intersecção, tenha sempre em mente que o conceito de *cultura organizacional* é descritivo enquanto o de *satisfação com o trabalho* é voltado para a avaliação.

As organizações possuem culturas uniformes?

A cultura organizacional representa uma percepção comum mantida pelos membros da organização. Isso ficou explícito quando definimos cultura como um sistema *compartilhado* de valores. Devemos esperar, portanto, que indivíduos com diferentes históricos e em níveis diversos dentro da organização descrevam a cultura organizacional em termos semelhantes.[6]

O reconhecimento de que a cultura organizacional possui propriedades comuns não significa, contudo, que não possa haver subculturas dentro da organização. A maioria das grandes organizações possui uma cultura dominante e diversos nichos de subculturas.[7]

QUADRO 16-1 Comparando Culturas Organizacionais

Organização A

Essa empresa é uma indústria manufatureira. Espera-se que os executivos documentem completamente todas as suas decisões. Os "bons administradores" são aqueles capazes de oferecer dados detalhados que dêem sustentação às suas recomendações. As decisões criativas, que incorrem em mudanças significativas ou em riscos, não são encorajadas. Como os responsáveis por projetos fracassados são abertamente criticados e punidos, os executivos procuram não implementar idéias que se desviem muito do status quo. Um gerente de nível hierárquico mais baixo cita uma expressão freqüentemente usada na empresa: "Se não estiver quebrado, não tente consertar".

Existem vários regulamentos e regras que devem ser obedecidos pelos funcionários. Os chefes supervisionam os subordinados bem de perto para garantir que não haja desvios. Os dirigentes estão preocupados com a produtividade, independentemente do impacto que isso tenha sobre o moral dos funcionários ou sobre o índice de rotatividade.

As atividades de trabalho são planejadas para os indivíduos. Existem departamentos distintos e linhas de autoridade e espera-se que os funcionários tenham pouco contato com colegas que ficam fora de sua área funcional ou linha de comando. A avaliação do desempenho e as recompensas enfatizam o esforço individual; entretanto, a antiguidade na empresa tende a ser o fator básico na determinação de aumentos salariais e promoções.

Organização B

Essa empresa também é uma indústria manufatureira. Aqui, contudo, os dirigentes estimulam e recompensam a mudança e a assunção de riscos. As decisões baseadas na intuição têm o mesmo valor que aquelas consideradas totalmente racionais. Os dirigentes se orgulham de sua história de experimentação de novas tecnologias e de seu sucesso no lançamento regular de produtos inovadores. Executivos ou funcionários que tiverem uma boa idéia são encorajados a "levá-la adiante". Os fracassos são tratados como "experiências de aprendizagem". A empresa se orgulha de ser orientada para o mercado e de responder rapidamente às mudanças nas necessidades de seus consumidores.

Existem poucas regras e regulamentos a serem seguidos e a supervisão é frouxa, pois os executivos acreditam que seus funcionários são esforçados e confiáveis. Os dirigentes se preocupam com a alta produtividade, mas acreditam que ela é obtida por meio do correto tratamento dispensado ao seu pessoal. A empresa se orgulha de sua reputação como um bom lugar para trabalhar.

As atividades de trabalho são planejadas em torno de grupos e seus membros são estimulados a interagir com outras pessoas em outras funções e em níveis de autoridade diferentes. Os funcionários falam positivamente sobre a competição saudável entre as equipes. As pessoas e as equipes possuem suas metas e os bônus se baseiam na realização desses resultados. Os funcionários desfrutam de considerável autonomia para escolher a maneira de atingir seus objetivos.

A **cultura dominante** expressa os valores essenciais compartilhados pela maioria dos membros da organização. Quando falamos em cultura de uma organização, estamos nos referindo à sua cultura dominante. É essa visão macro de cultura que confere à organização sua personalidade distinta.[8] As **subculturas** tendem a ser desenvolvidas nas grandes organizações para refletir problemas, situações ou experiências comuns a alguns de seus membros. Essas subculturas podem ser definidas por designações de departamentos e separação geográfica. O departamento de compras, por exemplo, pode ter uma subcultura compartilhada unicamente por seus membros. Ela incluirá os **valores essenciais** da cultura dominante acrescidos dos valores específicos daquele departamento. Da mesma forma, um escritório ou unidade separado fisicamente do restante da organização pode assumir uma personalidade diferente. Mais uma vez, os valores essenciais são mantidos, mas eles também são modificados para refletir a situação específica dessa unidade.

Se as organizações não tivessem uma cultura dominante e fossem compostas apenas de diversas subculturas, o valor da cultura organizacional como variável independente seria sensivelmente reduzido pois não haveria uma interpretação uniforme acerca do que os comportamentos apropriados e os não-apropriados representam. É o aspecto do "valor compartilhado" que torna a cultura organizacional um instrumento poderoso para orientar e modelar o comportamento. É isso o que nos permite dizer, por exemplo, que a cultura da Microsoft valoriza a agressividade e a assunção de riscos,[9] e, então, utilizar essa informação para entender melhor o comportamento dos executivos e dos funcionários daquela empresa. Mas não devemos ignorar que muitas organizações possuem subculturas capazes de influenciar o comportamento de seus membros.

Culturas fortes *versus* culturas fracas

Tem se tornando comum a prática de diferenciar culturas fortes de culturas fracas.[10] O argumento aqui é que as culturas fortes têm um impacto maior sobre o comportamento dos funcionários e estão mais diretamente relacionadas à redução da rotatividade.

Em uma **cultura forte**, os valores essenciais da organização são intensamente acatados e amplamente compartilhados.[11] Quanto mais membros aceitarem os valores essenciais e quanto maior seu comprometimento com eles, mais forte será a cultura. Consistentemente com esta definição, uma cultura forte terá uma influência maior sobre o comportamento de seus membros por causa do grau de compartilhamento e intensidade, que cria um clima interno de alto controle comportamental. Por exemplo, a empresa Nordstrom, sediada em Seattle, criou uma das mais fortes culturas de serviços do setor varejista. Os funcionários da Nordstrom sabem exatamente, em termos muito precisos, o que se espera deles, e essa expectativa acaba por moldar seu comportamento.

Um resultado específico da cultura forte é um índice mais baixo de rotatividade da força de trabalho. Uma cultura forte demonstra um elevado grau de concordância entre seus membros sobre os pontos de vista da organização. Essa unanimidade de propósitos gera coesão, lealdade e comprometimento organizacional. Tais qualidades, por sua vez, reduzem a propensão dos funcionários a deixar a organização.[12]

Cultura *versus* formalização

Uma cultura organizacional forte aumenta a consistência do comportamento. Nesse sentido, podemos dizer que uma cultura forte funciona como um substituto da formalização.[13]

No capítulo anterior, examinamos como as regras e regulamentações da formalização agem para controlar o comportamento dos funcionários. Uma formalização intensa na organização gera previsibilidade, ordem e consistência. Nosso ponto aqui é que uma cultura organizacional forte pode fazer o mesmo sem necessidade de documentação escrita. Portanto, podemos encarar a cultura organizacional forte e a formalização como dois caminhos diversos para se chegar ao mesmo fim. Quanto mais forte a cultura organizacional, menos os executivos precisam se preocupar em desenvolver regras e regulamentos para orientar o comportamento dos funcionários. Essa orientação é introjetada pelos funcionários à medida que eles aceitam a cultura organizacional.

Cultura organizacional *versus* cultura nacional

No decorrer de todo este livro, argumentamos que as diferenças nacionais — ou seja, a cultura de cada país — precisam ser levadas em consideração para que se possa prever com maior exatidão o comportamento organizacional em várias nações. Mas a cultura do país se sobrepõe à cultura organizacional? Uma unidade da IBM na Alemanha, por exemplo, reflete mais a cultura alemã ou a cultura organizacional da IBM?

As pesquisas indicam que a cultura do país tem um impacto maior sobre os funcionários do que a cultura organizacional.[14] Os funcionários da IBM em Munique, portanto, são mais influenciados pela cultura alemã do que pela cultura organizacional da IBM. Isso quer dizer que, por mais forte que seja a cultura organizacional na modelagem do comportamento dos funcionários, a cultura do país sempre será mais influente.

Essa conclusão precisa ser qualificada para refletir a auto-seleção que ocorre durante o estágio de contratação dos funcionários.[15] Uma empresa multinacional de origem britânica, por exemplo, está menos preocupada em contratar um "italiano típico" para suas instalações na Itália do que em contratar um italiano que se ajuste à forma como a organização trabalha. Podemos esperar, portanto, que o processo de seleção seja utilizado pelas multinacionais para encontrar e contratar candidatos que se ajustem à sua cultura dominante, mesmo que eles sejam, de certa forma, atípicos em relação a seus conterrâneos.

O que fazem as culturas?

Fizemos referência ao impacto da cultura organizacional sobre o comportamento. Também argumentamos, explicitamente, que uma cultura forte está associada à redução da rotatividade de funcionários. Nesta seção, vamos examinar mais detalhadamente as funções desempenhadas pela cultura e avaliar se ela pode ser considerada como um passivo para a organização.

Funções da cultura

A cultura desempenha diversas funções dentro de uma organização. Em primeiro lugar, ela tem o papel de definidora de fronteiras, ou seja, cria distinções entre uma organização e as outras. Segundo, ela proporciona um senso de identidade aos membros da organização. Terceiro, facilita o comprometimento com algo maior do que os interesses individuais de cada um. Quarto, estimula a estabilidade do sistema social. A cultura é a argamassa social que ajuda a manter a organização coesa, fornecendo os padrões adequados para aquilo que os funcionários vão fazer ou dizer. Finalmente, a cultura serve como sinalizador de sentido e mecanismo de controle que orienta e dá forma às atitudes e comportamentos dos funcionários. É essa última função que nos interessa particularmente.[16] Como deixa bem claro a citação a seguir, a cultura define as regras do jogo:

> A cultura é, por definição, sutil, intangível, implícita e sempre presente. Mas toda organização desenvolve um conjunto básico de premissas, convicções e regras implícitas que governam o comportamento no dia-a-dia do trabalho... Até que os recém-chegados aprendam as regras, eles não são considerados membros plenos da organização. As transgressões cometidas pelos altos executivos ou pelos funcionários da linha de frente são desaprovadas unanimemente e punidas severamente. A conformidade às regras torna-se a base fundamental para a recompensa e a mobilidade ascendente.[17]

O papel da cultura na influência do comportamento dos funcionários parece ganhar importância cada vez maior no atual ambiente de trabalho.[18] À medida que as organizações expandiram a amplitude de controle, "achataram" a estrutura, introduziram o trabalho em equipe, reduziram a formalização e deram mais autonomia aos funcionários, os *valores compartilhados*, decorrentes de uma cultura organizacional forte, asseguraram que todas as pessoas caminhassem para a mesma direção.

Como veremos neste capítulo, as decisões sobre quem recebe um convite para se juntar a uma organização, quem tem o desempenho avaliado como excelente e quem ganha uma promoção são fortemente

Durante as reuniões realizadas todas as sextas-feiras, Arunus Chesonis, principal executivo da PaeTec Communications, compartilha com seus funcionários informações sobre a situação financeira da empresa, seus planos de aquisição e lucros. Chesonis fundou sua empresa de serviços digitais com base no respeito pelos funcionários e uma forte cultura de colaboração e compartilhamento de conhecimento. Para ele, o compartilhamento quebra barreiras entre os colegas de trabalho e entre funcionários e clientes, resultando na prestação de serviços de alta qualidade que mantém o crescimento da PaeTec.

ENFOQUE NA MÍDIA

Uma cultura forte mantém os executivos dentro da Bubba Gump Shrimp Co.

No setor de restaurantes é muito comum uma alta rotatividade, mesmo no alto escalão. Por isso, o fato de a Bubba Gump Shrimp Co., uma rede de restaurantes especializados em frutos do mar, não ter perdido um gerente sequer no ano de 2002 foi uma verdadeira proeza. Como eles conseguem isso? O presidente da empresa, Scott Barnett, credita esse fato à forte cultura da organização.

"Acreditamos que as pessoas é que fazem a diferença. Quase todas as nossas decisões são orientadas para as pessoas. Embora alguns achem que esse tema de orientação para as pessoas já foi discutido demais, para nós é fundamental ter as pessoas nos lugares certos."

A empresa tem uma verdadeira obsessão em encontrar indivíduos que abracem sua forte devoção pela comida e pelo respeito às pessoas. "Tentamos criar uma atmosfera na qual as pessoas se sintam respeitadas umas pelas outras... As pessoas precisam sentir que podem fazer a diferença. Então elas se tornam mais autônomas, o que conta bastante. É necessário que haja integridade na empresa. As pessoas devem se sentir animadas por trabalhar aqui. Se elas sentirem que estão conquistando algo, que estão fazendo o que gostam e têm o apoio da empresa... questões como dias cansativos de trabalho e outros problemas perdem a importância."

A ferramenta mais poderosa para a contratação das pessoas certas na Bubba Gump é a entrevista de seleção. A empresa chama o processo de "entrevista-trabalho". Os candidatos são testados nos restaurantes. Eles recebem os clientes, ajudam no serviço de mesa, aprendem como a cozinha opera e têm uma idéia de como é trabalhar em um restaurante. Isso dá aos funcionários potenciais uma visão realista da cultura da empresa e do trabalho que irão realizar. E também oferece aos executivos a oportunidade de avaliar a adequação do candidato aos demais funcionários e aos clientes.

Fonte: Baseado em D. Berta, "Q&A with Scott Barnett: culture keeps managers board at Bubba Gump Shrimp Co.". *Nation's Restaurant News*, 21 jul. 2003, p. 18.

---

influenciadas pelo ajuste entre indivíduo e organização — ou seja, se as atitudes e os comportamentos dos candidatos ou funcionários se mostram compatíveis com a cultura organizacional. Não é uma coincidência que os funcionários dos parques temáticos da Disney pareçam todos saudáveis, atraentes e arrumados, com um sorriso brilhante. Essa é a imagem que a Disney quer passar. A empresa contrata funcionários que ajudam a manter essa imagem. Depois de contratados, uma forte cultura organizacional, sustentada por regras e regulamentos formais, assegura que todos eles vão se comportar de maneira relativamente uniforme e previsível.

A cultura como um passivo

Estamos falando de cultura sem julgamento de valores. Não dissemos que ela é boa ou ruim, apenas que existe. Boa parte de suas funções, como vimos, é favorável tanto à organização como a seus funcionários. A cultura melhora o comprometimento organizacional e aumenta a consistência do comportamento dos funcionários. Esses são aspectos claramente benéficos à organização. Do ponto de vista do funcionário, a cultura é positiva porque reduz a ambigüidade. Ela diz ao funcionário como as coisas devem ser feitas e o que é importante. Mas não devemos ignorar os aspectos potencialmente disfuncionais da cultura, especialmente de culturas fortes, que afetam a eficácia da organização.

Barreira a Mudanças A cultura se torna um passivo quando os valores compartilhados não estão em concordância com aqueles que podem melhorar a eficácia da organização. Isso tem maior probabilidade de ocorrer quando a organização está em um ambiente dinâmico.[19] Quando o ambiente passa por rápidas mudanças, uma cultura arraigada pode não ser mais adequada. Assim, a consistência do comportamento é um ativo quando a empresa lida com um ambiente estável, entretanto, isso pode se tornar um fardo e dificultar a resposta às mudanças no ambiente. Isso ajuda a explicar os desafios que os executivos de empresas como Mitsubishi, Eastman Kodak, Xerox e Boeing, e até de órgãos governamentais como o FBI, enfrentaram há pouco tempo para se adaptar às novidades em seus ambientes.[20] Essas organizações possuem culturas fortes que funcionaram bem no passado, mas a cultura forte se transformou em uma barreira a mudanças quando "trabalhar da mesma forma de sempre" deixou de ser eficaz.

Barreira a Diversidade A contratação de novos funcionários que não se pareçam com a maioria dos membros da organização — por causa de raça, sexo, deficiências ou outras diferenças — cria um paradoxo.[21] A administração quer que os novos funcionários aceitem os valores essenciais da cultura organizacional; caso contrário, eles não se ajustarão à organização nem serão aceitos pelos demais. Ao mesmo tempo, a administração quer aprovar abertamente e apoiar as diferenças que esses trabalhadores levam para dentro da empresa.

As culturas fortes exercem uma pressão considerável sobre a conformidade dos funcionários. Elas limitam a amplitude da variação dos valores e estilos que podem ser aceitos. Em algumas ocasiões, como no amplamente divulgado caso da Texaco, em que altos executivos fizeram comentários desrespeitosos sobre minorias (e 1.400 funcionários ganharam na Justiça uma indenização de 176 milhões de dólares), uma cultura forte conivente com o preconceito pode até mesmo solapar as políticas formais da empresa em relação à diversidade.[22]

As organizações procuram e contratam pessoas diferentes por causa das forças alternativas que elas levam para o ambiente de trabalho. Essas forças e comportamentos diversos, no entanto, tendem a ser minimizados em culturas fortes à medida que as pessoas tentam se adequar a elas. As culturas fortes, portanto, podem se tornar um passivo quando eliminam as diferenças que as pessoas com históricos diversos levam para a organização. Mais ainda, elas são um passivo quando sustentam vieses institucionais ou se tornam insensíveis às pessoas que são diferentes.

Barreira a Aquisições e Fusões Tradicionalmente, os fatores básicos que norteavam as decisões sobre aquisições e fusões estavam relacionados a vantagens financeiras ou a sinergia de produtos. Agora, a maior preocupação é a compatibilidade cultural.[23] Embora um demonstrativo financeiro favorável ou uma boa linha de produtos possa representar o atrativo inicial para um candidato à aquisição, a possibilidade de o negócio dar certo está mais relacionada ao grau em que as duas culturas são compatíveis entre si.

Muitas das aquisições consumadas nos anos 90 já fracassaram. A principal causa desses fracassos foi o conflito entre as culturas organizacionais.[24] Por exemplo, a aquisição da NCR pela AT&T, em 1991, foi um desastre. Os funcionários sindicalizados da AT&T se recusaram a trabalhar no mesmo prédio que os funcionários não-sindicalizados da NCR. Por outro lado, a cultura conservadora e centralizadora da NCR não aceitou a insistência da AT&T em chamar os supervisores de "treinadores" e remover as portas das salas dos executivos. Quando a AT&T finalmente vendeu a NCR, já tinha pago mais de 3 bilhões de dólares pelo fracasso. Em 1998, a Daimler-Benz

MITO OU CIÊNCIA?

"Sucesso gera mais sucesso"

Essa afirmação nem sempre é verdadeira. De modo geral, o sucesso cria um momento positivo. As pessoas gostam de estar associadas a uma equipe ou organização bem-sucedida, o que lhes permite obter os melhores recrutas. O incrível sucesso da Microsoft na década de 1990 tornou a empresa um local de trabalho muito desejado. Seus dirigentes tinham à disposição os "melhores e mais brilhantes" candidatos quando faziam a seleção para alguma vaga. O sucesso levava a mais sucesso. A experiência da Microsoft pode ser generalizada para outras empresas em outras épocas. Na década de 1960, quando a General Motors controlava cerca de 50 por cento do mercado automobilístico dos Estados Unidos, ela era o objeto de desejo de todos os executivos pós-graduados. No início dos anos 90, a Motorola era rotineiramente descrita como uma das empresas mais bem-sucedidas e bem-administradas da América e conseguia atrair os melhores e mais brilhantes engenheiros e profissionais qualificados do mercado.

Mas, freqüentemente, o sucesso gera fracasso, especialmente em organizações com culturas muito fortes.[25] As organizações que experimentam um sucesso muito grande começam a acreditar em sua própria invulnerabilidade. Muitas vezes, elas se tornam arrogantes. Perdem sua visão de competitividade. Sua cultura forte reforça as práticas dos passado e dificulta as mudanças. "Por que mudar? Isso já funcionou antes. Se não está quebrado, não tente consertar."

O cenário empresarial está cheio de organizações cuja arrogância solapou o seu sucesso anterior. As empresas JC Penney e Sears foram líderes no mercado de lojas de departamentos. Seus executivos acreditavam que esse mercado era imune à concorrência. Em meados da década de 1970, a iniciante Wal-Mart conseguiu humilhar os executivos daquelas empresas. Os executivos da GM, enclausurados e seguros em seus escritórios em Detroit, ignoraram os esforços agressivos das empresas japonesas para penetrar no mercado automobilístico dos Estados Unidos. O resultado? A participação da GM no mercado caiu continuamente durante três décadas. A Motorola foi o grande sucesso da alta tecnologia no início da década de 1990, quando dominou o mercado internacional de semicondutores e telefones celulares analógicos, mas acabou se tornando arrogante. Tropeçou feio no mercado digital, não conseguiu entender as necessidades de seus clientes e expandiu-se demasiadamente na Ásia. Em 2003, na tentativa de recuperar as perdas, a empresa demitiu o seu presidente de longa data e o substitui pelo ex-presidente da Sun Microsystems.[26] ■

pagou 36 bilhões de dólares pela Chrysler. Mas a cultura da Daimler era voltada para a engenharia de precisão enquanto o ponto forte da Chrysler era sua força de vendas. A sinergia e economia de custos esperadas simplesmente não aconteceram e a fusão não funcionou. A fusão acabou jogando fora 60 bilhões de dólares enquanto a Chrysler passou da mais lucrativa para a mais endividada fabricante de carros nos Estados Unidos.

Criação e manutenção da cultura

A cultura organizacional não surge do nada. Uma vez estabelecida, ela raramente se desfaz. Que forças influenciam a criação de uma cultura? O que sustenta e reforça esses fatores depois de a cultura ter sido estabelecida? Vamos responder a essas questões nesta seção.

Como uma cultura começa

Os costumes, as tradições e a maneira usual de se fazer as coisas em uma organização dependem muito do que foi feito antes e do grau de sucesso que foi então alcançado. Isso nos leva à fonte primordial da cultura organizacional: os fundadores da empresa.[27]

Tradicionalmente, os fundadores de uma empresa são os que têm maior impacto sobre a cultura inicial da organização. Eles têm uma visão daquilo que a organização deve ser. Não estão limitados por costumes ou ideologias anteriores. O tamanho pequeno que costuma caracterizar empresas novas também facilita a imposição da visão de seu fundador sobre todos os membros da organização.

O processo de criação de uma cultura ocorre de três maneiras.[28] Primeiro, os fundadores só contratam e mantêm funcionários que pensem e sintam as coisas da mesma forma que eles. Segundo, eles doutrinam e socializam esses funcionários de acordo com sua forma de pensar e de sentir. Finalmente, o comportamento dos fundadores age como um modelo que encoraja os funcionários a se identificar com eles e, dessa forma, a introjetar seus valores, convicções e premissas. Quando a empresa tem sucesso, a visão dos fundadores passa a ser vista como o principal determinante desse sucesso. Nesse momento, toda a personalidade dos fundadores se torna uma parte integrante da cultura da organização.

A cultura da Hyundai, o gigantesco conglomerado coreano, reflete muito da personalidade de seu fundador, Chung Ju Yung. O estilo agressivo e competitivo da Hyundai e sua natureza disciplinada e autoritária são características geralmente usadas para descrever a personalidade de Chung. Outros exemplos contemporâneos de fundadores que tiveram enorme impacto nas culturas de suas organizações são Bill Gates na Microsoft, Ingvar Kamprad na IKEA, Herb Kelleher na Southwest Airlines, Fred Smith na Federal Express, Mary Kay na Mary Kay Cosmetics e Richard Branson no Virgin Group.

Mantendo a cultura viva

Depois que uma cultura foi estabelecida, encontram-se na organização práticas que visam a mantê-la, dando aos funcionários um conjunto de experiências similares.[29] Por exemplo, muitas das práticas de recursos humanos

> Ingvar Kamprad, fundador da IKEA, foi criado em uma região pobre da Suécia, onde as pessoas trabalhavam duro e viviam com pouco. Ele combina essas lições de infância com sua visão de ajudar as pessoas a ter uma vida doméstica melhor ao oferecer móveis funcionais, confortáveis e com preços razoáveis. O nome da empresa traz suas iniciais, mais as letras E e A, que remetem a Elmtaryd e Agunnaryd, a fazenda e a cidade onde Ingvar cresceu. O sucesso da IKEA, com 190 lojas em 30 países, provém da visão de Kamprad.

discutidas no capítulo anterior reforçam a cultura organizacional. O processo de seleção, os critérios de avaliação de desempenho, as atividades de treinamento e desenvolvimento de carreira e os procedimentos de promoção asseguram que os contratados se ajustam à cultura, recompensam quem a adota e penalizam (ou até expulsam) aqueles que a desafiam. Três forças têm um papel particularmente importante na manutenção da cultura: as práticas de seleção, as ações dos dirigentes e os métodos de socialização. Vamos examiná-las mais detalhadamente.

Seleção O objetivo explícito do processo de seleção é identificar e contratar indivíduos que tenham o conhecimento, as habilidades e as capacidades necessárias para o desempenho bem-sucedido das atividades dentro da organização. Geralmente, identificam-se mais de um candidato que preenche os requisitos. Quando isso acontece, é óbvio que a decisão final sobre quem será contratado será significativamente influenciada pelo julgamento de quem parece mais bem-ajustado à organização. Essa tentativa de ajuste, seja ela intencional ou não, resulta na contratação de pessoas que possuem valores consistentes com os da organização ou, ao menos, com parte deles.[30] Além disso, o processo de seleção fornece aos candidatos informações sobre a organização. Os candidatos recebem essas informações e, caso percebam algum conflito entre seus valores pessoais e os da empresa, podem se retirar voluntariamente do processo. A seleção, dessa forma, é uma via de duas mãos, em que tanto a empresa como os candidatos podem desistir do "casamento" se ele parecer fadado ao fracasso. Dessa maneira, o processo de seleção sustenta a cultura organizacional por deixar de fora os indivíduos que poderiam desafiar ou atacar os valores essenciais da organização.

Por exemplo, a W.L. Gore & Associates, fabricante do tecido Gore-Tex usado em agasalhos, tem orgulho de sua cultura democrática e orientada para o trabalho em equipe. Não existem cargos oficiais na empresa, nem chefes ou cadeias de comando. Todo o trabalho é feito em equipe. No processo de seleção, as equipes entrevistam os candidatos a fundo para identificar sua capacidade de lidar com a incerteza, a flexibilidade e o trabalho em grupo, que são características da Gore. Os que não se adaptam a esse cenário não são selecionados.[31]

Os Dirigentes As ações dos dirigentes também têm um grande impacto sobre a cultura organizacional.[32] Pela sua maneira de se comportar, os altos executivos estabelecem normas que se difundem pela organização acerca de aspectos como: que riscos devem assumidos, quanta liberdade deve ser concedida aos funcionários, qual a forma correta de se vestir, que ações podem reverter em recompensas e assim por diante.

Por exemplo, Robert A. Keirlin já foi chamado de o "presidente de empresa mais barato da América".[33] Keirlin é presidente da Fastenal, a maior rede varejista de pregos e parafusos dos Estados Unidos, que conta com 6.500 funcionários. Seu salário é de 60 mil dólares por ano. Ele tem apenas três ternos, e todos eles já eram usados quando foram comprados. Ele coleciona cupons de desconto, dirige um carro popular e, quando viaja a negócios, hospeda-se nos hotéis mais baratos. Keirlin precisa fazer toda esta economia? Não. Sua participação acionária na empresa está cotada em cerca de 300 milhões de dólares. Mas o homem prefere um estilo de vida frugal. E prefere o mesmo estilo em se tratando da empresa. Keirlin argumenta que seu comportamento envia uma mensagem para todos os funcionários: ninguém desperdiça nada nesta empresa. Ele se considera um modelo de frugalidade e os funcionários da Fastenal aprenderam a seguir seu exemplo.

Socialização Independentemente da qualidade do processo de recrutamento e seleção, os novos funcionários ainda não estão totalmente doutrinados na cultura organizacional quando começam a trabalhar na empresa. O pior, contudo, é que eles, por não estarem ainda familiarizados com a cultura, podem criar problemas em relação às convicções e costumes vigentes na empresa. A organização precisa, por isso, ajudá-los a se adaptar à nova cultura. Esse processo de adaptação é chamado de **socialização**.[34]

Todos os fuzileiros navais norte-americanos precisam passar pelos campos de treinamento para "provar" seu comprometimento. Ao mesmo tempo, evidentemente, os instrutores do campo doutrinam os recrutas sobre o "estilo naval". Os novos funcionários da Neumann Homes, em Warrenville, Estado de Illinois, passam por um programa de orientação de 40 horas.[35] Eles são apresentados aos valores e à cultura da organização por meio de uma série de atividades — incluindo a de servir um almoço aos clientes, um evento interativo dos departamentos e apresentações feitas por grupos de novos contratados para o presidente sobre os valores essenciais da empresa. Para os funcionários que já entram nas empresas em cargos de escalão mais alto, dedica-se maior esforço e tempo nesse processo de socialização. Na The Limited, os vice-presidentes e diretores regionais recém-contratados passam por um programa intensivo de um mês chamado de "integração", que é desenhado para imergir esses executivos na cultura da empresa.[36] Durante esse primeiro mês, eles não assumem nenhuma responsabilidade direta relacionada a seu novo cargo. Apenas passam o tempo reunidos com líderes e mentores da empresa para avaliar o funcionamento das lojas, compreender o comportamento dos funcionários e dos clientes, investigar a concorrência e estudar as operações passadas e atuais da The Limited.

Quando falamos em socialização, tenha em mente que a fase mais crítica desse processo é o momento de ingresso na organização. É nessa hora que a empresa tenta moldar o recruta para torná-lo um funcionário "bem-

Os funcionários das unidades internacionais da Starbucks viajam para a matriz em Seattle para uma imersão na cultura da empresa de cuidar dos funcionários, dos consumidores, da comunidade e do meio ambiente. Ao socializar funcionários de outros países, a Starbucks sustenta sua cultura de tratar todos com respeito, adotar a diversidade e conseguir clientes satisfeitos. Nesta foto aparecem funcionários de Porto Rico, Kuwait, China e Austrália, aprendendo sobre o alto padrão de qualidade do café servido pela rede, durante uma sessão de degustação.

posicionado". Os que não conseguem assimilar os comportamentos essenciais e cruciais da empresa correm o risco de serem identificados como "rebeldes" ou "desajustados", o que geralmente termina em sua expulsão. Mas a organização continuará socializando seus funcionários durante toda a sua carreira na empresa, embora de maneira menos explícita. Essa manutenção contribui para a sustentação da cultura organizacional.

A socialização pode ser conceituada como um processo formado de três estágios: pré-chegada, encontro e metamorfose.[37] O primeiro estágio se refere a todo o aprendizado ocorrido antes que o novo membro se junte à organização. No segundo estágio, o novo funcionário vê o que a empresa é de verdade e se confronta com a possibilidade de que as expectativas e a realidade venham a divergir. No terceiro estágio, as mudanças relativamente duradouras acontecem. O novo funcionário domina as habilidades necessárias para seu trabalho, desempenha com sucesso seus papéis e faz os ajustes devidos para se adaptar aos valores e às normas de seu grupo.[38] Esse processo de três estágios tem um impacto sobre a produtividade do novo funcionário, sobre seu comprometimento com os objetivos da organização e sobre sua decisão final acerca de permanecer no emprego. O Quadro 16-2 ilustra esse processo.

O **estágio de pré-chegada** reconhece explicitamente que cada indivíduo chega com um conjunto de valores, atitudes e expectativas. Isso se refere tanto ao trabalho a ser realizado como à organização propriamente dita. Por exemplo, em muitos casos, especialmente em profissões liberais, os recém-chegados têm de passar por uma socialização prévia considerável, em treinamento na empresa e na universidade. Um dos principais propósitos de uma escola de Administração, por exemplo, é socializar os alunos em termos dos comportamentos e das atitudes requeridos pelas empresas. Se os executivos das empresas acreditam que os bons funcionários devem valorizar a ética do lucro, ser leais, trabalhar bastante e desejar a realização, eles podem buscar indivíduos que apresentem esses padrões mesmo fora das escolas de Administração. Mas a socialização na fase de pré-chegada ultrapassa a formação específica para o trabalho. O processo de seleção é utilizado na maioria das empresas para informar os eventuais funcionários sobre a organização como um todo. Além disso, como já mencionamos, o processo de seleção serve também para assegurar a inclusão dos "tipos certos" — aqueles que se ajustam. "Na verdade, a capacidade do indivíduo para apresentar a imagem certa durante o processo de seleção determina, em primeiro lugar,

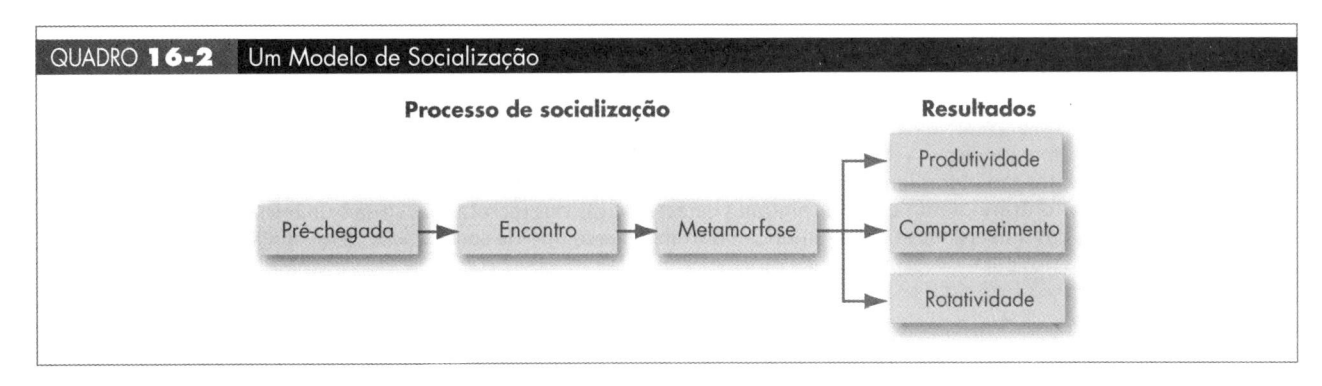

QUADRO 16-2 Um Modelo de Socialização

Processo de socialização → **Resultados**

Pré-chegada → Encontro → Metamorfose → Produtividade / Comprometimento / Rotatividade a sua capacidade para se movimentar pela organização. Assim, o sucesso depende do grau em que o aspirante é capaz de antecipar corretamente as expectativas e desejos dos encarregados da seleção dentro da organização."[39]

Depois de entrar para a organização, o novo membro passa para o **estágio do encontro**. Nesse momento, o indivíduo confronta a possível dicotomia entre suas expectativas — sobre o trabalho, os colegas, o chefe e a organização de maneira geral — e a realidade. Quando as expectativas são mais ou menos precisas, o estágio do encontro serve apenas para reafirmar as percepções já existentes. Mas nem sempre é esse o caso. Quando as expectativas e a realidade divergem, o novo funcionário precisa passar pela socialização, que substituirá as impressões anteriores por um novo conjunto de premissas consideradas desejáveis pela organização. Em casos extremos, o novo membro pode ficar totalmente desiludido com a realidade de seu trabalho e desistir do emprego. Um processo adequado de seleção pode reduzir a probabilidade de isso acontecer.

Finalmente, o novo membro precisa resolver os possíveis problemas surgidos no estágio do encontro. Isso significa passar por mudanças; por essa razão, esse estágio é chamado de **metamorfose**. As opções apresentadas no Quadro 16-3 são alternativas elaboradas para realizar a metamorfose desejada. Repare que, por exemplo, quanto mais a empresa adotar programas de socialização formais, coletivos, fixos, seriais e que enfatizem o despojamento, maior será a probabilidade de que as diferenças e perspectivas dos recém-chegados sejam substituídas por comportamentos padronizados e previsíveis. A seleção cuidadosa das práticas utilizadas na socialização dos novos funcionários determinará nos casos extremos se eles serão conformistas que manterão as tradições e os costumes, ou inovadores individualistas, para quem nenhuma prática organizacional é sagrada.

Podemos dizer que a metamorfose e o processo de socialização estão completos quando o novo membro se sente totalmente confortável com o seu trabalho e com a organização. Ele introjetou as normas da organização e de seu grupo de trabalho, compreendendo-as e aceitando-as. O novo membro se sente aceito por seus pares como um indivíduo valioso e confiável, sente-se seguro de poder realizar seu trabalho com sucesso e compreende o sistema — não apenas no tocante às suas próprias tarefas, mas também a todas as regras, procedimentos e práticas aceitos informalmente. Finalmente, ele saberá como vai ser avaliado, ou seja, quais os critérios utilizados para medir e julgar o seu trabalho. Ele sabe o que se espera dele e o que constitui um "bom trabalho". Como mostra o Quadro 16-3, a metamorfose bem-sucedida deve ter um impacto positivo sobre a produtividade e o comprometimento com a organização, além de reduzir a propensão do funcionário a deixar a empresa.

Resumo: Como se Formam as Culturas

O Quadro 16-4 resume como uma cultura organizacional é estabelecida e sustentada. A cultura original deriva da filosofia do fundador da empresa. Isso, por sua vez, influencia fortemente os critérios utilizados na contratação da força de trabalho. As ações dos dirigentes estabelecem o clima geral que define quais comportamentos são

---

QUADRO 16-3   Opções de Práticas de Socialização

Formal versus Informal   Quanto mais o novo funcionário for segregado do ambiente normal do trabalho e for diferenciado de alguma forma para explicitar seu papel de recém-chegado, mais formal será a socialização. Programas de treinamento e de orientação específicos são exemplos disto. A socialização informal coloca o novo funcionário diretamente em seu trabalho, sem muita atenção especial.

Individual versus Coletiva   Os novos membros podem ser socializados individualmente. Isso é o que acontece em muitas empresas. Eles também podem ser agrupados e expostos às mesmas experiências simultaneamente, como nos campos de treinamento militar.

Fixa versus Variável   Refere-se ao cronograma dentro do qual os recém-chegados devem fazer a transição de "de fora" para "de dentro". Um cronograma fixo estabelece estágios padronizados de transição. Isso caracteriza os programas treinamento rotativo. Inclui também os períodos de aprovação, como o tempo em que uma pessoa fica no estágio de "associada" antes de ser aceita como sócia, como é comum em escritórios de advocacia e contabilidade. O sistema variável não utiliza um cronograma. Um exemplo típico é o sistema de promoções em que o próximo estágio não é noticiado até que o indivíduo esteja "pronto" para ele.

Seriada versus Aleatória   A socialização seriada é caracterizada pela utilização dos modelos de papéis que treinam e encorajam o novato. Os programas de aprendizes e de mentores são exemplos disto. Na socialização aleatória, os modelos são deliberadamente recusados. O novo funcionário é deixado sozinho para resolver como fazer as coisas.

Investidura versus Despojamento   A socialização do tipo investidura parte do princípio de que as qualidades e qualificações dos novatos são ingredientes necessários ao sucesso e, por isso, são confirmadas e apoiadas. A socialização de despojamento, ao contrário, tenta eliminar algumas características dos recrutas. Os rituais de iniciação das fraternidades típicas das universidades norte-americanas utilizam esse tipo de socialização de despojamento para enquadrar os novatos nos papéis desejados.

Fonte: Baseado em J. Van Maanen, "People pocessing: strategies of organizational socialization". *Organizational Dynamics*, verão 1978, p. 19-36; e E. H. Schein, "Organizational culture". *American Psychologist*, fev. 1990, p. 116.

QUADRO 16-4 Como se Formam as Culturas Organizacionais

Filosofia dos fundadores da organização → Critérios de seleção → Dirigentes / Socialização → Cultura Organizacional

aceitáveis e quais não são. A maneira como os funcionários serão socializados dependerá tanto do sucesso obtido no processo de seleção, em relação à adequação entre os valores dos recém-chegados e os da organização, como da preferência dos dirigentes quanto aos métodos de socialização.

Como os funcionários aprendem a cultura

A cultura é transmitida aos funcionários de diversas maneiras, e as mais poderosas são as histórias, os rituais, os símbolos e a linguagem.

Histórias

No tempo em que Henry Ford II era o presidente da Ford Motor Co., era praticamente impossível encontrar um executivo que não houvesse escutado a história sobre o que ele dizia para seus executivos quando eles se tornavam muito arrogantes: "É o meu nome que está no prédio". A mensagem era bastante clara: Henry Ford II dirigia a empresa!

A Nike tem alguns altos executivos que passam boa parte de seu tempo contando histórias da empresa. E essas histórias pretendem passar a mensagem do que é a Nike.[40] Quando eles contam a história sobre como um dos fundadores da empresa, Bill Bowerman (treinador de atletismo no Estado de Oregon), colocou borracha na máquina de fazer waffles de sua mulher para conseguir um sapato mais apropriado para corridas, eles estão falando do espírito de inovação da Nike. Quando os novatos escutam as história de Steve Prefontaine, atleta carismático que lutou para fazer da corrida um esporte profissional e por melhores equipamentos, eles estão aprendendo sobre o comprometimento da Nike com a ajuda aos atletas. Histórias desse tipo circulam em diversas organizações. Elas geralmente se referem a eventos ocorridos com fundadores de empresas, quebras de regras, sucessos estrondosos, reduções de força de trabalho, recolocações de funcionários, reações a antigos erros, lutas organizacionais.[41] Essas narrativas vinculam o presente com o passado e oferecem explicação e legitimidade para as práticas vigentes.

Rituais

Os **rituais** são seqüências repetitivas de atividades que expressam e reforçam os valores fundamentais da organização — quais objetivos são os mais importantes, que pessoas são importantes e quais pessoas são dispensáveis.[42]

Um dos rituais mais conhecidos da Wal-Mart é o grito de guerra da empresa. Criado pelo seu fundador, Sam Walton, como uma forma de motivar e unir a força de trabalho, esse grito, semelhante aos das torcidas esportivas, serve para unir os funcionários e reforçar a crença, apresentada por Walton, de que eles são importantes para o sucesso da empresa. Rituais semelhantes são utilizados pela IBM, Ericsson, Novell, Deutsche Bank e Pricewaterhouse-Coopers.[43]

Símbolos materiais

Os escritórios centrais da Alcoa não se parecem em nada com a matriz de uma empresa tradicional. Existem poucas salas individuais, mesmo para os altos executivos. As instalações da empresa são constituídas, essencialmente, por cubículos, áreas comuns e salas de reuniões. Esse visual informal sinaliza para os funcionários que a Alcoa valoriza a abertura, a igualdade, a criatividade e a flexibilidade.

Algumas empresas oferecem a seus altos executivos limusines com motorista e livre acesso aos jatos da companhia para suas viagens. Outros não gozam de tantos benefícios, mas ainda podem dispor de um carro para uso pessoal e passagens aéreas pagas pela empresa. Mas o carro é um veículo comum de passeio (sem o motorista) e a viagem aérea é na classe turística de uma companhia aérea comercial.

O espaço físico da empresa, o tipo de carro disponível para os executivos ou a forma como eles fazem suas viagens aéreas são apenas alguns exemplos de símbolos materiais. Outros poderiam incluir o tamanho da sede, a elegância do mobiliário e a aparência e vestuário dos executivos.[44] Esses símbolos materiais sinalizam para os funcionários quem é importante, qual o grau de igualdade almejada pelos dirigentes e o tipo de comportamento considerado apropriado (como assunção de riscos, conservadorismo, autoritarismo, participação, individualismo etc.).

Linguagem

Muitas organizações e unidades dentro de organizações utilizam a linguagem como forma de identificação dos membros de sua cultura ou subcultura. Ao aprender essa linguagem, os membros demonstram sua aceitação da cultura e, assim fazendo, ajudam a preservá-la.

Na Knight-Ridder Information, empresa de redistribuição de informações econômicas sediada na Califórnia, os funcionários usam um jargão próprio que inclui *número de acesso* (indicando o número atribuído a cada indivíduo no banco de dados), *KWIC* (referente à sigla de *key-words-in-context*, ou palavras-chave no contexto, em português) e *operador relacional* (procura, em um banco de dados, por nomes ou palavras-chave sob algum critério determinado). Se você é um funcionário novo na Boeing, terá de aprender termos como Bold, Catia, Maids, Pop e SLO*, siglas indecifráveis para quem não trabalha na empresa.[45]

As organizações costumam desenvolver, com o passar do tempo, termos próprios para descrever equipamentos, escritórios, pessoas-chave, fornecedores, clientes ou produtos relacionados a seu negócio. No começo, os novos funcionários se perdem no meio de tantas siglas e jargões, mas, depois de seis meses na empresa, aqueles termos se tornam parte integrante de sua própria linguagem. Após ser assimilada, essa terminologia funciona como um denominador comum, que une os membros de uma cultura ou subcultura.

Criando uma cultura organizacional ética

A força e o conteúdo da cultura de uma organização têm influência sobre o clima e o comportamento ético de seus membros.[46]

A cultura organizacional com maior probabilidade de atingir um alto padrão ético é aquela que tem alta tolerância aos riscos, agressividade entre baixa e moderada e é voltada tanto para os fins como para os meios. Os executivos que atuam nessas organizações recebem apoio para correr riscos e ser inovadores, são desestimulados a agir de modo excessivamente competitivo e prestam atenção a *quais* objetivos foram alcançados, tanto quanto à maneira *como* eles foram atingidos.

O ambiente físico da empresa Thomson Legal and Regulatory Group foi desenhado para sustentar sua cultura de flexibilidade, agilidade, abertura e trabalho em equipe. Para promover a colaboração entre os funcionários, a empresa possui áreas com poltronas confortáveis, onde eles podem se reunir, sempre que quiserem, para trabalhar em equipe. A Thomson projetou cubículos para equilibrar a necessidade de privacidade dos funcionários com a habilidade de mover cadeiras rapidamente e criar um ambiente de equipe.

* Bold (Boeing on-line data); Catia (computer-aided, three-dimensional interactive application); Maids (manufacturing assembly and installation data system); Pop (purchased outside production) e SLO (service-level objectives).

Uma cultura organizacional forte sempre exercerá uma influência maior sobre os funcionários do que uma cultura mais fraca. Se a cultura é forte e adota padrões éticos elevados, terá uma influência forte e positiva sobre o comportamento dos funcionários. A Johnson & Johnson (J&J), por exemplo, possui uma cultura forte que enfatiza as obrigações da empresa para com os clientes, os funcionários, a comunidade e os acionistas, nesta ordem. Quando o Tylenol causou problemas aos usuários, funcionários da J&J em todo o território norte-americano, agindo de modo independente, retiraram o produto das farmácias antes mesmo de os dirigentes da empresa emitirem o comunicado acerca da falsificação. Ninguém precisou dizer a essas pessoas o que era moralmente certo; eles sabiam o que a organização esperava delas naquele momento. Por outro lado, uma cultura forte que encoraje a ultrapassagem de limites pode estimular comportamentos antiéticos. A cultura da Enron, por exemplo, de incessante pressão sobre os executivos para aumentar os lucros, estimulou desvios éticos e acabou contribuindo para o colapso da empresa.[47]

O que os executivos podem fazer para criar uma cultura organizacional mais ética? Sugerimos a combinação das seguintes práticas:

- *Seja um modelo visível.* Os funcionários observam o comportamento dos executivos de alto escalão como um ponto de referência para o seu próprio comportamento. Quando percebem que esses modelos agem de maneira ética, tiram disso uma mensagem positiva.
- *Comunique expectativas éticas.* As ambigüidades éticas podem ser minimizadas com a criação e divulgação de um código da ética organizacional. Ele deve conter os valores essenciais da organização e estabelecer as regras éticas que os funcionários precisam respeitar.
- *Ofereça treinamento ético.* Organize seminários, workshops e outros programas de treinamento ético. Aproveite essas seções de treinamento para reforçar os padrões de conduta desejáveis, para esclarecer que práticas são, e quais não são, admissíveis, e para tratar de possíveis dilemas éticos.
- *Seja bastante claro ao recompensar as atitudes éticas e punir as antiéticas.* As avaliações de desempenho dos executivos devem analisar detalhadamente o quanto as suas decisões estão à altura do código de ética da organização. Essas avaliações devem considerar tanto os fins como os meios. As pessoas cujo comportamento sempre foi ético devem ser recompensadas publicamente. Da mesma forma, aquelas que transgredirem o código devem ser punidas exemplarmente.
- *Forneça mecanismos de proteção.* A organização precisa fornecer mecanismos formais para que os funcionários possam discutir os dilemas éticos e reportar as eventuais transgressões sem medo de reprimendas. Isso pode incluir a criação de conselhos de ética, de executivos encarregados de ética ou do cargo de ombudsman.

Criando uma cultura voltada para o cliente

Os comerciantes franceses têm uma sólida reputação de indiferença para com o cliente.[48] Os balconistas, por exemplo, deixam claro aos clientes que não pretendem interromper sua conversa ao telefone. Conseguir atenção de qualquer vendedor francês é um verdadeiro desafio. E ninguém na França se surpreende com a declaração de um comerciante que se queixa de não ter tempo para fazer sua contabilidade por ser importunado a todo momento pelos *fregueses*!

A maioria das empresas hoje em dia se esforça para ser diferente do modelo francês. Elas buscam criar uma cultura voltada para o cliente, pois sabem que este é o caminho para a conquista de sua fidelidade e da lucratividade duradoura. As empresas que criaram esse tipo de cultura — como Southwest Airlines, FedEx, Johnson & Johnson, Nordstrom, Olive Garden, parques temáticos da Walt Disney, Entreprise-Rent-A-Car, Whole Foods e L.L. Bean — construíram uma base de clientes sólida e fiel, e quase sempre ultrapassaram a concorrência em termos de crescimento de receita e desempenho financeiro. Nesta seção, vamos identificar sucintamente as variáveis que caracterizam as culturas voltadas ao cliente e oferecer algumas sugestões que os executivos podem seguir para criar tais culturas.

Variáveis básicas que caracterizam a cultura voltada para o cliente

Uma revisão das evidências sugere que algumas poucas variáveis são comumente identificadas com a cultura voltada para o cliente.[49]

A primeira é o tipo de funcionário em si. As organizações bem-sucedidas que são orientadas para o serviço contratam pessoas extrovertidas e amáveis. A segunda é a baixa formalização. As pessoas que trabalham com serviços precisam de liberdade para se adaptar às mudanças nas demandas dos clientes. Regras, procedimentos e regulamentações rígidos tornam estas adaptações mais difíceis. A terceira variável é uma extensão da formalização reduzida: o amplo uso da autonomia. Os funcionários com autonomia podem tomar decisões para fazer o que for preciso para agradar o cliente. Quarta, bons ouvintes. Os funcionários em uma cultura voltada para o cliente

Rackspace, uma empresa de San Antonio voltada para o gerenciamento de sites Web, tem verdadeira obsessão pela dedicação ao cliente. Para oferecer um atendimento fanático, a empresa está organizada em pequenas equipes, com autonomia e responsabilidade totais em relação a clientes específicos. O líder de equipe Joey Parsons, na foto, recebeu recentemente o Prêmio "Camisa de Força", a mais importante distinção da empresa.

devem saber ouvir e entender o que os consumidores querem. A quinta variável é a clareza dos papéis. Os funcionários da área de serviços agem como "negociadores de fronteiras" entre a empresa e os clientes. Eles precisam atender às necessidades de ambos os lados. Isto pode gerar muita ambigüidade e conflitos de papéis, que reduzem a satisfação do funcionário e podem prejudicar seu desempenho. As empresas de serviços bem-sucedidas buscam reduzir as dúvidas dos funcionários sobre a melhor maneira de realizar o trabalho e a importância de cada atividade. Finalmente, as culturas voltadas para o cliente têm funcionários que demonstram comportamento de cidadania organizacional. Eles são conscientes em seu desejo de agradar o cliente. E estão sempre prontos a tomar iniciativas para satisfazer as necessidades do cliente, mesmo que isso extrapole suas funções normais.

Em resumo, as culturas voltadas ao cliente contratam pessoas orientadas para os clientes, com habilidade de ser bons ouvintes e disposição de fazer tudo o que estiver ao alcance para satisfazer o consumidor. A estes funcionários são dadas orientações claras sobre seus papéis, liberdade para se adaptarem às mudanças demandadas pelos clientes, minimizando regras e regulamentos, além de poder para tomar as decisões que considerarem mais adequadas.

Ações da administração

Com base nas características identificadas anteriormente, podemos sugerir algumas ações que os executivos podem empreender para tornar a cultura de sua empresa mais voltada para o cliente. Estas ações são planejadas para criar funcionários com habilidade, competência e disposição necessárias para solucionar os problemas dos clientes, sempre que surgirem.

Seleção O ponto inicial da construção de uma cultura voltada para o cliente é a contratação de pessoas com personalidade e atitudes consistentes com a orientação para o cliente. A Southwest Airlines é um bom exemplo de empresa que focou o seu processo de seleção na eliminação de candidatos que não possuem uma personalidade sociável. Os candidatos passam por diversas entrevistas para que seus potenciais futuros colegas e executivos avaliem cuidadosamente sua personalidade em busca de traços como extroversão e jovialidade, necessários a todos os funcionários da empresa.

Estudos confirmam que a afabilidade, o entusiasmo e a atenção dos funcionários afetam positivamente a percepção que os clientes têm da qualidade do serviço.[50] Portanto, buscam-se essas qualidades nos candidatos. Além disso, eles também devem demonstrar habilidade para ouvir, paciência e preocupação com os outros, características associadas à personalidade orientada para as pessoas.

Treinamento e Socialização Nem sempre as organizações que buscam se tornar voltadas para o cliente têm a possibilidade de renovar toda a sua força de trabalho. É mais comum que elas precisem enfrentar o desafio de tornar os seus funcionários efetivos mais orientados para o cliente. Nesse caso, o foco estará no treinamento e não na contratação. Isso descreve o dilema enfrentado pelos dirigentes de empresas como General Motors, Shell e JPMorgan na última década, quando elas tentaram mudar o foco dos produtos. O conteúdo desses programas de treinamento varia bastante, mas sempre engloba a melhoria do conhecimento do produto, escuta ativa, demonstração de paciência e de emoções.

Além disso, até os funcionários novos dotados de atitudes amigáveis para com os clientes talvez necessitem entender as expectativas dos dirigentes. Dessa maneira, todos os novos contratados devem ser socializados dentro das metas e dos valores da organização. Por último, mesmo o mais focado funcionário pode perder o rumo uma vez ou outra. Para que isso não aconteça, os treinamentos devem ser constantemente atualizados para reforçar sempre os valores e a orientação para o cliente.

Desenho da Estrutura A estrutura da organização deve oferecer mais controle aos funcionários. Isso pode ser conseguido por meio da redução das regras e dos regulamentos. Os funcionários têm maior probabilidade de satisfazer os clientes se tiverem maior controle sobre a prestação dos serviços. Portanto, a administração deve permitir que eles ajustem seu comportamento para atender às mudanças nas demandas dos clientes. O que o cliente *não* quer ouvir é uma frase como "eu não posso resolver isso, você precisa falar com outra pessoa", ou "isso é contra as políticas da empresa". Além disso, o uso de equipes multifuncionais pode melhorar o atendimento porque a prestação de serviços freqüentemente requer um esforço coordenado entre diferentes funções.

Autonomia A delegação de maior autonomia aos funcionários, para que eles possam tomar decisões sobre as tarefas do dia-a-dia, é coerente com a baixa formalização. A autonomia é um componente necessário em uma cultura voltada para o cliente porque permite que o funcionário possa tomar decisões no momento do atendimento ao cliente, satisfazendo-o plenamente.[51] A Entreprise-Rent-A-Car, por exemplo, descobriu que a satisfação do cliente não está totalmente livre de problemas. O cliente "plenamente satisfeito" é aquele que teve um problema e considerou que ele foi solucionado pelo funcionário com rapidez e cortesia. Essa autonomia dos funcionários, com o poder de tomar decisões na hora em que o problema surge, resultou em melhores índices de satisfação dos clientes para a Entreprise.[52]

Liderança Os líderes expressam a cultura da organização tanto por suas palavras como por seus atos. Os líderes em culturas voltadas para o cliente devem expressar uma visão focada no cliente e demonstrar, por meio de seu comportamento constante, seu comprometimento com os clientes.

Na maioria das empresas bem-sucedidas na implementação desse tipo de cultura, foi o principal executivo foi quem serviu de modelo na difusão da mensagem. A fabricante de microchips United Microelectronics, de Taiwan, por exemplo, recentemente contratou Jackson Hu como presidente exatamente por causa de seu sucesso anterior em mudar a cultura de uma empresa, levando os funcionários a entender melhor as necessidades dos clientes e a melhorar a qualidade do serviço.[53]

Avaliação de Desempenho Existem muitas evidências de que as avaliações de desempenho com base no comportamento são consistentes com a melhoria do atendimento ao cliente.[54] A avaliação com base no comportamento considera o desempenho do funcionário em termos de suas atitudes — em critérios como esforço, comprometimento, trabalho em equipe, sociabilidade e capacidade de resolver os problemas do cliente — em vez de avaliar os resultados mensuráveis que ele obtém. Por que a avaliação do comportamento é superior a dos resultados para a melhoria do serviço? Porque incentiva o funcionário a adotar comportamentos que levam à melhoria da qualidade dos serviços e lhe dá maior controle sobre as condições que afetam a avaliação de seu desempenho.[55]

Além disso, uma cultura voltada ao cliente será reforçada por avaliações que incluem a opinião dos consumidores. Por exemplo, a avaliação dos gerentes de contas da PeopleSoft baseia-se na satisfação do cliente com a utilização dos softwares da empresa.[56] Apenas o fato de os funcionários saberem que parte de sua avaliação será feita pelos clientes já faz com que eles se preocupem em melhorar a qualidade de seu atendimento. Evidentemente, esse tipo de avaliação só pode ser usado com funcionários que têm contato direto com os clientes.

Sistema de Recompensa Finalmente, se a administração espera que os empregados ofereçam bons serviços, é preciso que isto seja recompensado. É preciso reconhecer aqueles funcionários que despendem grandes esforços para satisfazer os clientes e que foram apontados por estes como "particularmente diligentes" no atendimento. E, além disso, é preciso vincular os pagamentos e as promoções à excelência do serviço prestado ao cliente.

Cultura organizacional e espiritualidade

O que as empresas Southwest Airlines, Hewlett-Packard, Men's Wearhouse, AES, Wetherill Associates e Tom's of Maine têm em comum? Elas estão entre o número crescente de organizações que adotam a espiritualidade no ambiente de trabalho.

O que é espiritualidade?

A espiritualidade no ambiente de trabalho nada tem que ver com práticas religiosas. Nem com Deus ou teologia. A **espiritualidade no ambiente de trabalho** apenas reconhece que as pessoas possuem uma vida interior, que alimenta e é alimentada por um trabalho com significado, realizado dentro do contexto de uma comunidade.[57] As organizações que promovem uma cultura espiritual reconhecem que as pessoas possuem mente e espírito, que elas buscam sentido e propósito no trabalho realizado e que procuram se conectar com outros seres humanos, fazendo parte de uma comunidade.

Por que espiritualidade agora?

Os modelos tradicionais de administração e comportamento organizacional não dão muito espaço para a espiritualidade. Como vimos em nossa discussão sobre emoções, no Capítulo 4, o mito da racionalidade assume que uma organização bem-administrada deve eliminar os sentimentos. Da mesma forma, preocupações com a vida interior dos funcionários não têm lugar dentro do modelo absolutamente racional. Mas, como descobrimos que o estudo das emoções melhora nossa compreensão do comportamento organizacional, o reconhecimento da espiritualidade poderá nos ajudar a entender o comportamento dos trabalhadores do século XXI.

Evidentemente, os trabalhadores sempre possuíram uma vida interior. Por que, então, essa busca de sentido e propósito no trabalho só emergiu agora? Existem muitas razões. Elas aparecem resumidas no Quadro 16-5.

Características de uma organização espiritual

O conceito de espiritualidade no ambiente de trabalho remete às discussões anteriores sobre temas como valores, ética, motivação, liderança e equilíbrio entre vida profissional e vida pessoal. Como veremos, as organizações espirituais se preocupam em ajudar as pessoas a desenvolver e alcançar seu pleno potencial. Isso lembra bastante a descrição feita por Maslow da necessidade de auto-realização, que abordamos na discussão sobre motivação. Da mesma maneira, as organizações preocupadas com a espiritualidade dão mais atenção direta aos problemas gerados pelos conflitos entre vida profissional e vida pessoal.

O que diferencia uma organização que adota a espiritualidade no ambiente de trabalho das demais? Embora as pesquisas sobre esse assunto ainda sejam preliminares, nossa revisão identificou cinco características culturais que parecem ser evidentes nessas organizações.[58]

Forte Sentido de Propósito As organizações espirituais constroem sua cultura em torno de um propósito significativo. Embora os lucros sejam importantes, não são o valor essencial da empresa. A maximização dos lucros pode ser a meta dos investidores, mas ela não desperta as emoções e a imaginação dos funcionários. As pessoas desejam ser inspiradas por propósitos em que elas acreditam ser importantes e valiosos. A Southwest Airlines, por exemplo, está profundamente comprometida em oferecer tarifas mais baixas, pontualidade de vôos e um serviço agradável para os passageiros. A Tom's of Maine se esforça para vender produtos de limpeza e higiene feitos com ingredientes naturais e ecologicamente corretos. A AES, maior companhia independente de energia do mundo, busca fornecer eletricidade para todo o mundo e mudar radicalmente a vida das pessoas e o seu bem-estar econômico.

Foco no Desenvolvimento Individual As organizações espirituais valorizam o ser humano. Elas não são meras fornecedoras de empregos. Buscam criar culturas em que as pessoas possam aprender e crescer continuamente. A Men's Wearhouse, por exemplo, acredita que o sucesso está em liberar todo o potencial humano de seus funcionários. Para chegar a isso, o treinamento da empresa vai muito além de ensinar as pessoas a vender itens de vestuário masculino. Ele também inclui sessões sobre como ser uma pessoa melhor, mais acessível e mais disponível para os amigos, familiares e colegas.

Confiança e Respeito As organizações espirituais são caracterizadas pela confiança mútua entre seus membros, pela honestidade e pela transparência. Seus executivos não temem admitir os próprios erros. Eles tratam as pessoas com dignidade e respeito, criando um ambiente livre de medo e de abusos. Os dirigentes dessas organizações costumam ser extremamente sinceros com seus funcionários, clientes e fornecedores. O presidente da Wetherill Associates, uma indústria de autopeças muito bem-sucedida, diz: "Não dizemos mentiras aqui. E todo mundo sabe

---

QUADRO 16-5 Razões para o Crescente Interesse na Espiritualidade

- Como uma contrapartida para as pressões e o estresse de um ritmo de vida agitado. Os estilos de vida contemporâneos – com pais e mães solteiros, mobilidade geográfica, natureza temporária do trabalho, novas tecnologias que distanciam as pessoas... — acentuam a falta que muitas pessoas sentem de laços comunitários e aumenta a necessidade de envolvimento e conexão.
- As religiões instituídas não dão conta das necessidades de muitas pessoas, que seguem buscando outras referências para substituir a ausência de uma crença e para preencher o crescente vazio que sentem com a vida.
- As demandas da profissão transformaram a atividade profissional em um aspecto dominante da vida das pessoas, que ainda questionam o sentido de seu trabalho.
- O desejo de integrar os valores pessoais com os valores profissionais.
- Um número crescente de pessoas está descobrindo que a busca de mais aquisições materiais não lhe traz satisfação.

disso. Costumamos ser específicos e honestos em relação à qualidade e à adequação de nossos produtos às necessidades dos nossos clientes, mesmo sabendo que eles não conseguirão encontrar problema algum".[59]

Práticas Humanistas de Trabalho O clima de confiança nas organizações espirituais, quando combinado com o desejo de promoção do aprendizado e de crescimento dos funcionários, leva à implementação de diversas práticas humanistas de trabalho. Isso inclui os esquemas flexíveis de horários, sistemas de recompensas coletivos ou organizacionais, limitação de diferenças salariais e de status, garantia dos direitos trabalhistas, autonomia dos funcionários e estabilidade no emprego.

Os executivos dessas empresas costumam delegar autoridade aos funcionários ou equipes. Eles acreditam que seus subordinados são capazes de tomar decisões conscientes e sensatas. Por exemplo, os funcionários da Southwest Airlines — incluindo os comissários de bordo, despachantes e pessoal de apoio — são encorajados a tomar qualquer decisão que lhes pareça ser do interesse dos clientes ou com o propósito de ajudar um colega, mesmo que ela contrarie as políticas da organização.

Ao reconhecer a importância das pessoas, essas empresas também procuram oferecer estabilidade de emprego. A Hewlett-Packard, por exemplo, vai a extremos para minimizar os efeitos das crises econômicas sobre seu pessoal. A empresa procura driblar as crises temporárias por meio de redução da semana de trabalho (compartilhada por todos) e afastamentos voluntários; e busca lidar com crises de longo prazo recorrendo a aposentadorias e ao resgate de aquisições.

Tolerância com Manifestações de Funcionários A característica final que diferencia a organização espiritual é que ela não impede a expressão das emoções de seus funcionários. Elas permitem que as pessoas sejam autênticas, que expressem seus estados de humor e sentimentos sem culpa nem medo de reprimenda. Os funcionários da Southwest Air, por exemplo, são encorajados a expressar o seu senso de humor, a agir espontaneamente e a tornar o trabalho mais divertido.

Críticas ao movimento da espiritualidade

Os críticos do movimento da espiritualidade nas organizações apontam dois problemas. Primeiro, a questão da legitimidade. Mais especificamente, as organizações teriam o direito de impor valores espirituais a seus funcionários? Segundo, uma questão econômica. A espiritualidade e a lucratividade são compatíveis entre si?

Quanto à primeira questão, existe claramente a possibilidade de que a ênfase em aspectos espirituais não seja bem-recebida por alguns funcionários. Os críticos podem argumentar que instituições leigas, como empresas comerciais, não devem tentar impingir valores espirituais a seus funcionários. Essa crítica tem uma validade indiscutível quando se entende a espiritualidade como a prática de uma determinada religião.[60] Contudo, essa crítica perde a força quando o objetivo for apenas ajudar as pessoas a encontrar um sentido em seu trabalho. Se as questões citadas no Quadro 16-5 realmente caracterizam um segmento crescente da força de trabalho, talvez seja o momento certo de as organizações ajudarem seus funcionários a encontrar significado e propósito em seu trabalho e a usar o seu ambiente como fonte de espírito comunitário.

A questão da compatibilidade entre espiritualidade e lucro é certamente relevante para executivos e investidores. As evidências, ainda que limitadas, indicam que ambos os objetivos podem ser perfeitamente convergentes.

A Timberland Company, empresa que comercializa calçados, equilibra seus objetivos de mercado com um forte senso de propósito ao criar mudanças positivas nos serviços para a comunidade. A empresa incentiva os funcionários a falar abertamente sobre a cultura de doações da empresa e a formar diversos grupos envolvidos em projetos de serviços. A Timberland cede aos funcionários quarenta horas remuneradas ao ano para a realização de trabalhos voluntários. Nesta foto, um funcionário participa de um projeto de doação de calçados masculinos em uma missão assistencial.

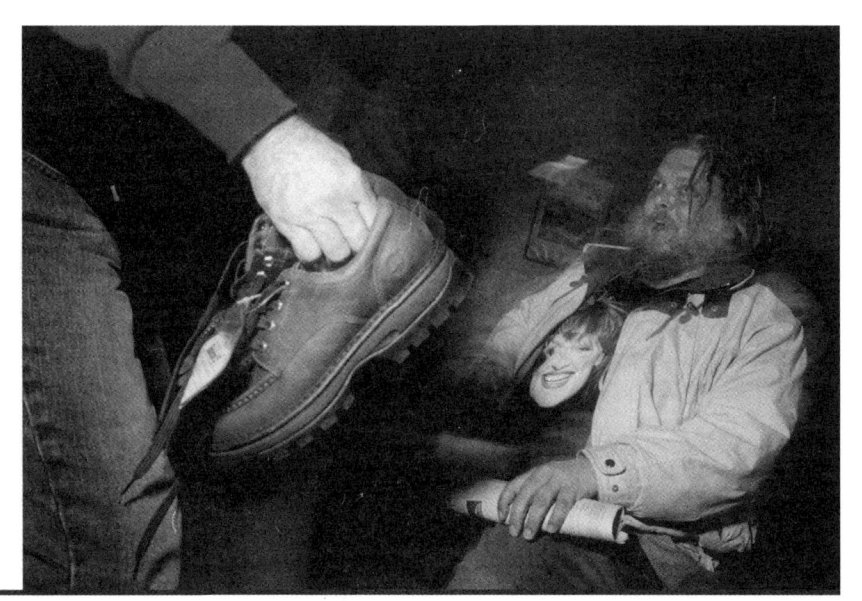

Uma pesquisa realizada por uma importante empresa de consultoria revelou que as organizações que adotaram a abordagem espiritualista melhoraram sua produtividade e reduziram significativamente a rotatividade.[61] Um outro estudo revelou que as empresas que oferecem a seus funcionários oportunidades de crescimento espiritual tiveram um desempenho melhor do que as outras.[62] Outros estudos também indicam que a espiritualidade nas organizações está positivamente relacionada à criatividade, à satisfação do funcionário, ao desempenho de equipe e ao comprometimento organizacional.[63] E, se procurarmos um caso específico para dar embasamento à questão da espiritualidade, o melhor, sem dúvida, é o da Southwest Air. A empresa apresenta um dos menores índices de rotatividade do setor; o menor custo trabalhista por milha de vôo entre as grandes do setor; sempre consegue bater a concorrência em termos de pontualidade e de satisfação dos clientes; e repetidamente destaca-se como a empresa aérea de maior lucratividade nos Estados Unidos.[64]

Resumo e implicações para os executivos

O Quadro 16-6 mostra a cultura organizacional como uma variável interveniente. Os funcionários formam uma percepção geral subjetiva da organização com base em fatores como o grau de tolerância aos riscos, a ênfase nas equipes e o apoio às pessoas. Essa percepção genérica torna-se efetivamente a cultura ou a personalidade da organização. As percepções favoráveis ou desfavoráveis afetam, então, o desempenho e a satisfação dos funcionários e, quanto mais forte for a cultura, maior será o seu impacto.

A personalidade das pessoas tende a ser estável ao longo do tempo e o mesmo acontece com as culturas mais fortes. Por isso, os executivos têm dificuldade para mudar culturas fortes. Quando uma cultura não se ajusta mais ao seu ambiente, os executivos tentam modificá-la. Mas, como discutiremos na seção Ponto e Contraponto, mudar uma cultura organizacional é um processo longo e complicado. Conseqüentemente, os executivos devem tratar a cultura de suas organizações como relativamente fixas, pelo menos a curto prazo.

Uma das principais implicações da cultura organizacional sobre a administração está relacionada às decisões sobre seleção de pessoal. A contratação de pessoas com valores que não se ajustam aos da empresa geralmente resulta em funcionários com pouca motivação e baixo comprometimento, que se sentem insatisfeitos com seu trabalho e com a organização.[65] Não surpreende, portanto, o fato de que os funcionários "desajustados" apresentam índices de rotatividade muito mais altos do que os que se sentem bem integrados na empresa.[66]

Também não devemos negligenciar a influência que a socialização tem sobre o desempenho do funcionário. O desempenho depende, consideravelmente, daquilo que ele sabe acerca do que pode ou não fazer. A compreensão a respeito da maneira correta de se executar uma tarefa indica que houve uma socialização adequada. Além disso, a avaliação de desempenho de um funcionário inclui sua adequação à organização. Ele se dá bem com os colegas? Tem bons hábitos de trabalho e demonstra as atitudes corretas? Essas qualidades são diferentes conforme o trabalho ou a organização. Em algumas atividades, por exemplo, os funcionários são mais bem avaliados se demonstrarem agressividade e explicitarem suas ambições. Em outras atividades na mesma organização, ou na mesma atividade em uma organização diversa, essa demonstração pode ter uma avaliação negativa. Conseqüentemente, a socialização adequada se torna um fator importante a influenciar tanto o desempenho real como a maneira pela qual ele é percebido pelos demais.

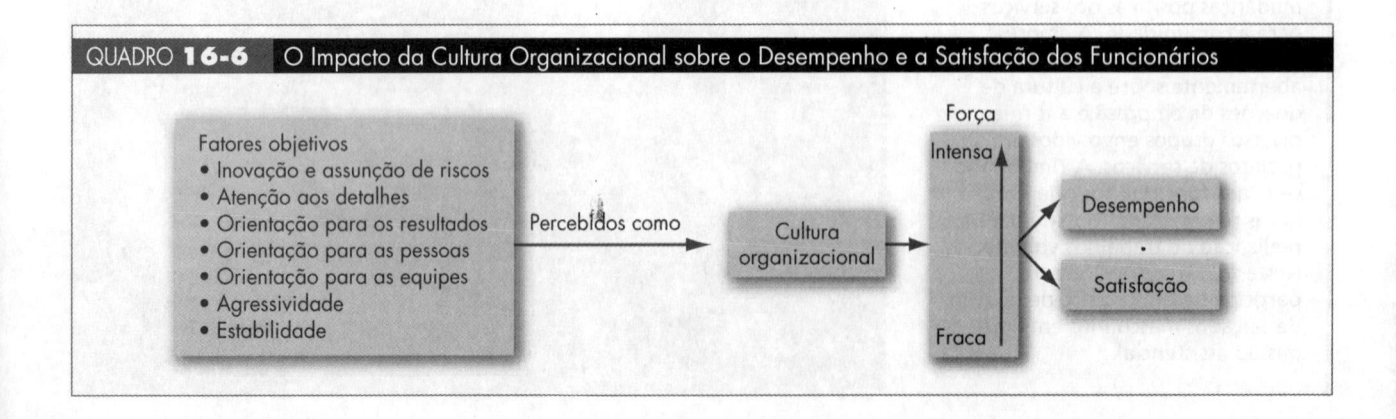

QUADRO 16-6 O Impacto da Cultura Organizacional sobre o Desempenho e a Satisfação dos Funcionários

Fatores objetivos
- Inovação e assunção de riscos
- Atenção aos detalhes
- Orientação para os resultados
- Orientação para as pessoas
- Orientação para as equipes
- Agressividade
- Estabilidade

Percebidos como → Cultura organizacional

Força
Intensa → Desempenho
        → Satisfação
Fraca

PONTO ▶ ◀ CONTRAPONTO

As culturas organizacionais não podem ser mudadas

Uma cultura organizacional é formada por características relativamente estáveis. Ela se desenvolve ao longo de muitos anos e tem suas raízes em valores profundamente arraigados, com os quais os funcionários sentem um forte comprometimento. Além disso, há diversas forças que operam continuamente para manter essa cultura. Elas podem incluir declarações escritas sobre a missão e a filosofia da empresa, o projeto físico dos edifícios e instalações, o estilo de liderança dominante, os critérios de contratação de pessoal, as práticas de promoções anteriormente usadas, os rituais, as histórias populares sobre pessoas e eventos, os critérios tradicionais de avaliação de desempenho e a estrutura formal da organização.

As políticas de seleção e promoção são instrumentos particularmente importantes que atuam contra as mudanças culturais. Os funcionários escolhem a organização por sentir que seus valores vão se adequar a ela. Eles se sentem confortáveis com esses valores e oporão forte resistência aos esforços que perturbem esse equilíbrio. As enormes dificuldades para remodelar cultura organizacional, que empresas como a General Motors e a AT&T e o Serviço Postal dos Estados Unidos enfrentam, atestam esse dilema. Essas organizações sempre atraíram indivíduos que buscavam situações estáveis e altamente estruturadas. Os que comandam organizações também escolherão executivos que preservem a cultura vigente. As tentativas de trazer altos executivos de fora da organização para facilitar o processo de mudança da cultura não costumam ser eficazes. As evidências indicam que é mais provável que a cultura modifique esse executivo, e não o contrário.

Nossa argumentação não deve ser entendida como uma afirmação de que a cultura organizacional *jamais* pode ser modificada. No caso raro de a organização enfrentar uma crise de sobrevivência — uma crise vista por todos como uma verdadeira situação de vida ou morte —, seus membros reagirão positivamente a uma mudança cultural. Contudo, dificilmente algo menos grave que uma crise será capaz de efetivamente provocar uma mudança cultural.

Modificar a cultura de uma organização é extremamente difícil, mas as culturas *podem* ser modificadas. As evidências sugerem que as mudanças são mais prováveis quando existem todas as seguintes situações ou, pelo menos, a maioria delas:

- *Uma crise dramática.* Um choque que desestabilize o status quo e exija o questionamento da relevância da cultura vigente. Exemplos desse tipo de crise são a ocorrência de um enorme prejuízo financeiro, a perda de um dos principais clientes ou um salto tecnológico importante realizado por um concorrente.
- *Troca de liderança.* Uma nova liderança, que proponha um novo esquema de valores, pode ser percebida como mais capaz de responder à crise.
- *Organizações jovens e pequenas.* Quanto mais jovem a organização, menos enraizada será sua cultura. Da mesma forma, é mais fácil comunicar novos valores quando a empresa é pequena.
- *Cultura fraca.* Quanto mais compartilhada uma cultura e quanto maior a concordância entre os membros em relação a seus valores, mais difícil será modificá-la. Conseqüentemente, as culturas mais fracas podem ser mudadas mais facilmente do que as mais fortes.

Se essas condições existirem, as seguintes ações gerenciais poderão conduzir a uma mudança: histórias e rituais novos devem substituir os anteriores; os critérios de seleção e de promoção devem beneficiar aqueles que comungam com os novos valores; o sistema de recompensas deve ser modificado para refletir os novos valores; e as subculturas vigentes devem ser desmobilizadas por meio de transferências, rodízio de funções ou até demissões. Mesmo sob as melhores condições, essas ações não resultarão em mudanças imediatas na cultura organizacional. Em última análise, a mudança cultural é um longo processo — que se mede em anos e não em meses. Mas as culturas podem ser mudadas. O sucesso obtido por novas lideranças em transformar a cultura em empresas como a Harley-Davidson, IBM e Electronic Data Systems atestam esta afirmação.

Questões para revisão

1. Qual a diferença entre satisfação no trabalho e cultura organizacional?
2. Um funcionário pode sobreviver em uma organização cujos valores essenciais ele rejeita? Explique.
3. O que define as subculturas de uma organização?
4. Compare a cultura organizacional com a cultura de um país.
5. Como a cultura pode ser um passivo para a organização?
6. Como uma cultura forte afeta os esforços de uma organização em lidar melhor com a questão da diversidade?
7. Quais os benefícios que a socialização oferece para a organização? E para os novos funcionários?
8. Como a linguagem está relacionada com a cultura organizacional?
9. Como a administração pode criar uma cultura ética?
10. Que críticas têm sido feitas sobre a espiritualidade no ambiente de trabalho?

Questões para reflexão crítica

1. Socialização é o mesmo que lavagem cerebral? Explique.
2. Se os executivos buscam criar uma cultura caracterizada como inovadora e autônoma, como deverá ser o seu programa de socialização?
3. Você consegue identificar um conjunto de características que descreva a cultura de sua faculdade? Compare o conjunto que você identificou com o de seus colegas. Em que eles se assemelham?
4. Atualmente, a força de trabalho é cada vez mais composta por trabalhadores temporários ou de meio período. A cultura organizacional tem a mesma importância quando a maioria dos funcionários é composta por trabalhadores temporários?
5. "Devemos nos opor à manipulação dos indivíduos em benefício da organização, mas um certo grau de uniformidade social permite que a empresa trabalhe melhor." Você concorda com essa frase? Quais são as suas implicações para a cultura organizacional? Discuta.

Exercício de grupo

Classifique a cultura de sua classe

Listamos aqui 14 afirmações. Utilizando uma escala de cinco graus de avaliação (que vai de concordo totalmente até discordo totalmente), dê sua avaliação para cada afirmação circulando o número que melhor representa a sua opinião.

	concordo totalmente	concordo	neutro	discordo	discordo totalmente
1. Sinto-me à vontade para questionar afirmações feitas por meu professor.	5	4	3	2	1
2. Meu professor aplica punições severas quando os deveres não são entregues no prazo.	1	2	3	4	5
3. Meu professor acredita que "o resultado final é o que conta".	1	2	3	4	5
4. Meu professor é sensível aos meus problemas e necessidades pessoais.	5	4	3	2	1
5. Boa parte da minha avaliação depende do quanto eu trabalho bem com meus colegas.	5	4	3	2	1
6. Freqüentemente, sinto-me nervoso e tenso quando chego para a aula.	1	2	3	4	5

7. Meu professor parece preferir a estabilidade à mudança.	1	2	3	4	5
8. Meu professor me estimula a desenvolver idéias novas e originais.	5	4	3	2	1
9. Meu professor tem pouca tolerância a idéias superficiais.	1	2	3	4	5
10. Meu professor se preocupa mais com a maneira pela qual chego a uma conclusão do que com a conclusão em si.	5	4	3	2	1
11. Meu professor trata todos os alunos da mesma forma.	1	2	3	4	5
12. Meu professor desaprova colegas que ajudam outros a fazer seus deveres.	1	2	3	4	5
13. Pessoas mais agressivas e competitivas têm uma grande vantagem nesta classe.	1	2	3	4	5
14. Meu professor me estimula a olhar o mundo de uma maneira diferente.	5	4	3	2	1

Calcule sua pontuação total somando os números que você circulou. Ela ficará entre 14 e 70 pontos.

Uma pontuação alta (com 49 ou mais pontos) descreve uma cultura aberta, que estimula os riscos, apoiadora, humanista, orientada para a equipe, de fácil convivência e voltada para o crescimento. Uma pontuação baixa (com 35 ou menos pontos) indica uma cultura fechada, estruturada, orientada para a tarefa, individualista, tensa e voltada para a estabilidade. As diferenças na pontuação contam. Um resultado de 60 pontos indica uma cultura mais aberta do que um resultado de 50 pontos. Lembre-se de que uma cultura não é melhor do que a outra. A cultura "certa" dependerá de você e de quais são as suas preferências em relação ao ambiente de aprendizagem.

Formem equipes de cinco a sete membros cada uma. Comparem as pontuações. Elas são parecidas? Discutam e resolvam as discrepâncias. Com base na análise de sua equipe, que tipo de estudante deverá ter melhor desempenho nessa classe?

Dilema ético

O treinamento ético involuntário é antiético?

Muitas empresas acreditam no treinamento como parte essencial de seu esforço para criar uma cultura ética. Em alguns casos, este treinamento não toma muito tempo, nem requer um grande investimento emocional dos funcionários. Por exemplo, pode se tratar da simples leitura de um panfleto que fala sobre o código de ética da empresa, seguida de um pequeno questionário on-line para verificar a compreensão do funcionário. Por sua vez, outras empresas realizam treinamentos longos, nos quais os funcionários devem fazer profundos questionamentos sobre seus valores e princípios e, depois, compartilhar os resultados com os demais. O programa de treinamento da Boeing, por exemplo, chamado de "Questões de Integridade: o desafio ético", é conduzido dentro de um grupo de trabalho. Liderados pelo supervisor, os funcionários discutem diversas situações éticas. Cada uma delas possui quatro alternativas de solução. Depois da discussão do tópico, as alternativas são apresentadas e cada funcionário deve fazer a sua escolha segurando uma carta com a letra equivalente à resposta selecionada. O supervisor, então, diz qual alternativa é a "eticamente correta".

Muitas evidências indicam que, para que o treinamento ético seja eficaz, ele precisa ser reforçado de forma intensiva e freqüente. Por isso, alguns programas exigem que os participantes invistam vários dias, todos os anos, em discussões e exercícios destinados a esclarecer as expectativas éticas da organização.

Seria antiético pedir para os empregados compartilharem com seus chefes e colegas os seus mais profundos valores pessoais sobre o certo e o errado? Os trabalhadores deveriam ter o direito de se recusar a participar de programas de treinamento que exigem que eles expressem publicamente seus padrões éticos, seus princípios religiosos ou outras convicções pessoais?

Estudo de caso

A Southwest Airlines enfrenta novos desafios

A Southwest Airlines usou a mesma fórmula durante 32 anos para manter sua posição de companhia aérea mais lucrativa dos Estados Unidos. Ela tem tarifas baixas, muitos vôos e bons serviços; todas as suas aeronaves são Boeings 737; ela não oferece vôos com conexão ou lugares marcados, nem serviço de bordo; costuma utilizar aeroportos secundários, mais baratos, e se orgulha de ter os funcionários mais trabalhadores e produtivos do setor. A empresa acredita que sua verdadeira vantagem competitiva é a sua mão-de-obra.

Na maioria das companhias aéreas norte-americanas o custo do assento por milha é quase o dobro do custo da Southwest. A empresa consegue esta economia pagando aos seus pilotos e comissários de bordo bem menos do que a concorrência, além de fazê-los voar mais. O baixo salário é compensado por generosos planos de participação nos lucros e nas ações da empresa. Além disso, como a empresa está sempre crescendo, ela pode oferecer um diferencial único no setor: estabilidade no emprego. Como uma grande parte da remuneração dos funcionários vem da participação acionária, eles trabalham muito e têm mais flexibilidade do que a maioria de seus colegas que trabalham em outras companhias. Por exemplo, os pilotos da Southwest freqüentemente ajudam o pessoal de terra a descarregar as bagagens ou fazem horas-extras para aumentar o número de vôos. Além disso, alguns funcionários não deixam a empresa por causa de seu clima divertido. A Southwest estimula o trabalho duro, mas também o divertimento. O senso de humor, por exemplo, há muito tempo é um critério na seleção dos novos funcionários.

Nos últimos anos, o cenário vem mudando para a Southwest. Em primeiro lugar, estão surgindo pequenas companhias aéreas em muitos de seus mercados. Novas empresas como JetBlue, Frontier, AirTrans, Song e Ted oferecem tarifas semelhantes, mas com outros benefícios, como lugares marcados e TV por satélite. Elas conseguem fazer isso porque possuem aeronaves mais modernas e econômicas, além de mão-de-obra jovem que recebe baixos salários. Os aviões e os serviços da Southwest parecem velhos em alguns mercados. Em segundo lugar, a crise das bolsas de valores em 2001/02 tirou um pouco do fôlego das ações da Southwest. E o plano de participação acionária da empresa perdeu um pouco de seu poder de atração. Terceiro, a Southwest precisa lidar com a realidade de que não é mais uma empresa "alternativa". Durante décadas, seus funcionários adoraram competir com as "grandes" — como a United, a American, a Delta e outras. Eles adoravam fazer o papel de "alternativos" e ter de trabalhar mais para sobreviver. Agora, eles começam a exigir melhores salários e menos horas de vôo. No passado, eles se esforçavam em ultrapassar seus deveres para ajudar a empresa. Está cada vez mais difícil motivá-los com esse perfil de "alternativo". Finalmente, à medida que a empresa cresceu e amadureceu, seus dirigentes se afastaram do pessoal de linha de frente. Quando a companhia contava com poucas centenas de funcionários, era fácil para a administração enviar a sua mensagem. Agora, com 35.000 funcionários, é muito mais difícil.

Os dirigentes da Southwest perceberam que os tempos mudaram. Eles agora precisam decidir se fazem grandes mudanças em sua estratégia básica e, em caso positivo, quais conseqüências as mudanças trarão para a cultura organizacional. No segundo semestre de 2003, por exemplo, a empresa considerava a possibilidade de ter entretenimento a bordo, embora isto tenha um custo altíssimo; e analisava a compra de jatos menores para manter-se competitiva em mercados pequenos. O custo operacional das aeronaves menores seria de 15 a 25 por cento maior do que o dos aviões atuais.

Questões

1. O que sustentou a cultura da Southwest?
2. Você acha que as companhias aéreas iniciantes conseguirão copiar esta cultura?
3. Agora que não é mais a companhia "alternativa", o que a Southwest pode fazer para manter sua cultura de alta produtividade?
4. O que este caso diz sobre a manutenção de uma cultura organizacional em um cenário em mudança?

Fonte: Este caso baseia-se em S.B. Donnelly, "One airline's magic". *Time*, 28 out. 2002, p. 45-47; M. Trottman, "Inside Southwest Airlines, storied culture feels strains" *Wall Street Journal*, 11 jul. 2003, p. A1; M. Trottman, "Southwest Air considers shift in its approach". *Wall Street Journal*, 23 dez. 2003, p. B1; M. Maynard, "Low-fare airlines decide frills maybe aren't so bad after all". *New York Times*, 7 jan. 2004, p. C1; e J. Helyar, "Southwest finds trouble in the air". *Fortune*, 9 ago. 2004, p. 28.

CAPÍTULO **17**

Políticas e práticas de recursos humanos

Depois de ler este capítulo, você será capaz de:

OBJETIVOS DO APRENDIZADO

1. Descrever quatro carreiras para as quais a entrevista seja um instrumento eficaz de seleção.
2. Listar as vantagens dos testes de simulação do desempenho sobre os testes escritos.
3. Definir quatro categorias gerais de habilidades.
4. Identificar quatro tipos de treinamento de funcionários.
5. Explicar os propósitos da avaliação de desempenho.
6. Identificar quem, além do chefe imediato, pode realizar avaliações de desempenho.
7. Descrever ações que podem melhorar o processo de avaliação de desempenho.
8. Identificar o conteúdo de um típico programa de treinamento para a diversidade.

Como mencionamos no Capítulo 4, boa parte da personalidade do indivíduo é determinada pela hereditariedade. Por isso, muitas empresas que desejam funcionários extrovertidos e sociáveis focam seu processo de seleção na busca de candidatos com esses traços. Elas perceberam que é muito mais vantajoso contratar pessoas com os traços de personalidade desejados do que selecionar os candidatos com base na competência técnica e depois tentar mudar suas atitudes por meio de treinamento. Uma dessas empresas é a Song, uma nova subsidiária da Delta Airlines, voltada para o mercado de tarifas mais baixas.[1]

A Song pretende se diferenciar da concorrência por meio da eficiência e do entretenimento oferecido em seus vôos. Ela procura comissários de bordo com senso de humor e com um jeito diferente de encarar as coisasr. Seu processo de seleção busca essas características. Os candidatos têm de passar por "testes" em que eles cantam, dançam, recitam poemas ou até mesmo passam por situações de humilhação. Um dos comissários, por exemplo, só foi contratado depois de 15 minutos de apresentação da canção "Mustang Sally".

Embora esses testes possam parecer absurdos, os dirigentes da Song os levam muito a sério. O presidente da empresa, John Selvaggio, os vê como um elemento vital de sua estratégia para tornar a nova empresa lucrativa. Ao contratar uma força de trabalho animada, ele espera que a Song se torne tão popular que não terá necessidade de gastar muito com propaganda, e acredita que funcionários simpáticos convencem os passageiros a se tornar clientes regulares.

A mensagem deste capítulo é que as políticas e práticas de recursos humanos — tais como seleção de funcionários, treinamento e avaliação de desempenho — influenciam a eficácia da organização.[2] Vamos iniciar nossa discussão com a questão das contratações.

Práticas de seleção

O objetivo da seleção eficaz é adequar as características individuais (capacidade, experiência etc.) aos requisitos do trabalho.[3] Quando a administração fracassa na adequação correta, tanto o desempenho como a satisfação do funcionário são prejudicados.

Instrumentos para a seleção

O que os formulários de admissão, as entrevistas, os testes para emprego, as verificações de históricos e as cartas pessoais de recomendação têm em comum? Todos são instrumentos com os quais se obtém informações sobre um candidato a emprego, e que podem ajudar a organização a determinar se o indivíduo possui as habilidades, os conhecimentos e as capacidades apropriadas para o trabalho em questão. Nesta seção, vamos rever os mais importantes instrumentos de seleção: entrevistas, testes escritos e testes de simulação de desempenho.

Entrevistas Na Coréia, no Japão e em muitos outros países asiáticos, as entrevistas com candidatos a emprego tradicionalmente não fazem parte do processo de seleção. As decisões são tomadas quase inteiramente com base em pontuação de exames, conquistas acadêmicas e cartas de recomendação. Mas não é este o caso da maioria dos demais países. Entre todos os instrumentos que uma organização utiliza para diferenciar candidatos a emprego, a entrevista continua a ser o mais freqüente.[4] Até as empresas asiáticas começam a utilizá-las como método de triagem.[5]

As entrevistas não são apenas largamente utilizadas, elas também parecem ter um grande peso nas decisões. Seus resultados tendem a ter uma influência desproporcional no processo de seleção. O candidato que se sai mal na entrevista em geral é cortado da seleção, independentemente de sua experiência, dos resultados nos testes ou de suas cartas de recomendação. Por outro lado, "muito freqüentemente, a pessoa mais tarimbada nas técnicas de busca de emprego, em especial nas entrevistas, acaba sendo contratada, ainda que ela possa não ser a mais adequada para a posição entre os candidatos".[6]

Essas descobertas são importantes por causa da maneira não estruturada com que as entrevistas de seleção geralmente são conduzidas.[7] As entrevistas não estruturadas — de curta duração, causais e compostas de perguntas aleatórias — provaram ser um instrumento ineficaz de seleção.[8] Os dados coletados nesse tipo de entrevista costumam ser tendenciosos e freqüentemente não têm relação com o futuro desempenho na função. Sem a estruturação, diversos vieses podem distorcer os resultados. Esses vieses podem incluir o favorecimento de candidatos com perfil semelhante ao do entrevistador, um peso excessivo dado a informações negativas e a possibilidade de que a ordem em que as entrevistas são realizadas influencie as avaliações.[9] O uso de um conjunto padronizado de perguntas, o emprego de um método uniforme de registro das informações e a padronização da classificação das qualificações dos candidatos podem ajudar a reduzir a variabilidade dos resultados e a melhorar a validade da entrevista como instrumento de seleção. Além disso, a eficácia desse instrumento aumenta com o uso de entrevistas comportamentais estruturadas.[10] Esta técnica requer que o candidato descreva como costumava enfrentar determinados problemas e situações em seus empregos anteriores. Ela se baseia no pressuposto de que o comportamento anterior é o melhor previsor para o comportamento futuro.

As evidências revelam que as entrevistas são mais indicadas para avaliar a inteligência, o nível de motivação e as habilidades interpessoais dos candidatos.[11] Quando essas qualidades estão relacionadas ao desempenho no trabalho, a validade da entrevista como instrumento de seleção é maior. Por exemplo, tais qualidades se mostram relevantes para o desempenho em altas posições na administração. Isso pode explicar por que os candidatos a esses cargos geralmente fazem dezenas de entrevistas com recrutadores de executivos, membros do conselho e outros executivos da empresa antes que se tome uma decisão. Pode explicar também por que as empresas que organizam o trabalho em equipes exigem dos candidatos um número muito grande de entrevistas.

Na prática, muitas organizações utilizam as entrevistas não só como instrumento de "previsão de desempenho".[12] Empresas tão diferentes quanto a Southwest Airlines, a Disney, o Bank of America, a Microsoft, a Procter & Gamble e a Harrah's Entertainment as usam para avaliar a adequação entre o candidato e a organização. Dessa forma, além de habilidades específicas e relevantes para o trabalho em si, as organizações procuram nos candidatos características de personalidade, valores pessoais e outros traços semelhantes para encontrar indivíduos que se ajustem à cultura e à imagem da empresa.

Testes Escritos Os testes escritos mais típicos incluem os de inteligência, aptidão, habilidade, interesse e integridade. Instrumentos de seleção muito populares durante longo tempo, os testes escritos tiveram sua utilização reduzida a partir do final da década de 1960, especialmente nos Estados Unidos. O motivo é que eles eram freqüentemente caracterizados como discriminatórios, e muitas organizações não os validaram, ou não puderam validá-los, por não considerá-los relacionados com o trabalho. Nos últimos vinte anos, contudo, verifica-se uma retomada desse instrumento. Estima-se que a maioria das empresas listadas na *Fortune* 1000, bem como mais de 60 por cento de todas as organizações norte-americanas, faça uso deste tipo de teste de seleção.[13] Os executivos reconheceram que existem testes confiáveis disponíveis e que eles podem prever quem vai se sair bem no serviço.[14]

Testes de habilidade intelectual, de habilidades espacial e mecânica, de precisão de percepção e de habilidade motora demonstram ser indicadores moderadamente válidos para muitas funções operacionais não especializadas ou semi-especializadas em organizações industriais.[15] Os testes de inteligência têm se mostrado indicadores particularmente bons para atividades que requerem complexidade cognitiva.[16] Quando contratam pessoal para fábricas instaladas nos Estados Unidos, as indústrias automobilísticas japonesas se apóiam fortemente nos testes escritos para prever que candidatos terão melhor desempenho.[17] Conseguir um emprego na Toyota, por exemplo, pode demandar três dias de testes e entrevistas. Os testes escritos geralmente focam habilidades como leitura, matemática, destreza mecânica e habilidade para trabalhar com outras pessoas.

À medida que os problemas éticos aumentaram nas organizações, os testes de integridade cresceram em popularidade. São testes escritos que procuram mensurar fatores como confiabilidade, atenção, responsabilidade e honestidade. Há evidências fortes de que esses testes podem prever a avaliação de controle de desempenho e comportamentos contraprodutuentes dos funcionários, como roubos, problemas disciplinares e excesso de absenteísmo.[18]

Testes de Simulação de Desempenho Para descobrir se um candidato pode realizar um trabalho com sucesso, que fórmula seria melhor do que colocá-lo para trabalhar? Essa é, precisamente, a lógica dos testes de simulação de desempenho.

Apesar de os testes de simulação de desempenho serem mais complicados de desenvolver e mais difíceis de administrar do que os testes escritos, sua popularidade aumentou nas últimas décadas. Isso parece se dever ao fato de que eles focam mais diretamente os requisitos relacionados ao trabalho do que a maioria dos testes escritos.

A fábrica da Honda no Alabama usa a amostragem do trabalho para avaliar a capacidade dos candidatos a emprego. Assessores observam os candidatos realizando tarefas como pintura e calafetagem para determinar sua habilidade no trabalho, bem como sua rapidez, perfeição e capacidade de seguir instruções.

Os dois testes de simulação de desempenho mais conhecidos são a amostragem do trabalho e os centros de avaliação. O primeiro é mais indicado para trabalhos rotineiros, enquanto o segundo é mais relevante para o pessoal administrativo.

Os testes de **amostragem do trabalho** são simulações de parte do trabalho, ou de todo ele, que devem ser realizadas pelos candidatos. Ao elaborar cuidadosamente amostras do trabalho baseadas em tarefas específicas do cargo, a administração determina os conhecimentos, as habilidades e as capacidades necessários para cada função. Cada amostra de trabalho é, então, combinada com um elemento de desempenho correspondente. Esse tipo de teste é amplamente utilizado para a contratação de mão-de-obra especializada, como soldadores, operadores de máquina, carpinteiros e eletricistas. Os candidatos a vagas para operários na fábrica da BMW na Carolina do Sul realizam testes de amostragem do trabalho.[19] Eles têm 90 minutos para executar uma variedade de tarefas típicas em uma linha de montagem simulada, construída especialmente para esse fim.

Os resultados dos experimentos com a amostragem do trabalho são impressionantes. Praticamente todos os estudos demonstram que esses testes conseguem validade superior à obtida pelos testes escritos de personalidade e de aptidão.[20]

Um conjunto mais elaborado de testes de simulação do desempenho, desenhado especificamente para avaliar o potencial administrativo de um candidato, é ministrado em **centros de avaliação**. Neles, executivos de linha, supervisores e/ou psicólogos treinados avaliam candidatos, durante vários dias, à medida que eles passam por exercícios que simulam os problemas reais que poderão enfrentar na prática de seu trabalho.[21] Com base em uma lista descritiva das dimensões às quais o candidato precisa atender, as atividades podem incluir entrevistas, exercícios de solução de problemas, discussões de grupo sem liderança e jogos empresariais. Por exemplo, um candidato pode fazer o papel de um executivo que precisa decidir como serão as respostas a dez memorandos em um período de duas horas.

Qual a validade dos centros de avaliação como instrumentos de seleção? As evidências da eficácia desses centros são impressionantes. Eles consistentemente demonstram resultados que prevêem o desempenho futuro em posições gerenciais.[22]

Programas de treinamento e desenvolvimento

Funcionários competentes não permanecem competentes para sempre. As habilidades se deterioram e podem se tornar obsoletas. É por isso que as organizações gastam bilhões de dólares todo ano em treinamento formal. Por exemplo, recentemente foi divulgado que as empresas norte-americanas com mais de cem funcionários gas-

MITO OU CIÊNCIA?

"A primeira impressão é a que conta"

Esta afirmação é verdadeira. Quando nos encontramos pela primeira vez com alguém, reparamos em diversas coisas na pessoa — características físicas, roupas, firmeza do aperto de mãos, gestos, tom de voz etc. Usamos essas impressões para classificar a pessoa em categorias preestabelecidas. Essa categorização preliminar, feita rapidamente e com base em informações mínimas, tende a ter um peso maior do que as impressões e informações recebidas posteriormente.

A melhor evidência sobre a primeira impressão vem das pesquisas sobre entrevistas de emprego. As descobertas demonstram claramente que a primeira impressão é a que conta. O efeito da primazia é poderoso: por exemplo, a primeira informação apresentada afeta mais o julgamento posterior do que as informações apresentadas depois.[23]

As pesquisas sobre a aparência dos candidatos confirmam o poder da primeira impressão.[24] Os estudos examinaram as avaliações acerca dos candidatos feitas antes da entrevista — aquele breve período em que o candidato entra na sala do entrevistador, cumprimenta-o, senta-se e inicia uma conversa superficial. As evidências indicam que a forma de andar, falar, vestir e se apresentar têm grande impacto sobre a avaliação que o entrevistador faz das qualificações do candidato. A atração física parece ser particularmente influente. Os candidatos mais atraentes são avaliados como mais qualificados do que os demais.

Outro grupo de estudos confirmativos mostra que as avaliações feitas após a entrevista estão, significativamente, em conformidade com as primeiras impressões dos entrevistadores.[25] Aquelas primeiras impressões têm um peso considerável na avaliação final do entrevistador, independentemente do que com efeito se passou na entrevista em si. Essa conclusão pressupõe que a entrevista não traz à tona nenhuma informação altamente negativa. ∎

taram mais de 51 bilhões em um ano em treinamento formal.[26] IBM, Accenture, Intel e Lockheed Martin gastam, cada uma, mais de 300 milhões de dólares todo ano no treinamentos de seus funcionários.[27]

Tipos de treinamento

O treinamento pode incluir tudo, desde o ensino básico de leitura até cursos avançados de liderança empresarial. A seguir, vamos resumir quatro categorias genéricas de habilidades — linguagem, técnica, interpessoal e de solução de problemas. Além disso, vamos discutir sucintamente o treinamento ético.

Habilidades de Linguagem Um relatório recente da Organização para a Cooperação e Desenvolvimento Econômico (OCDE) revelou que 50 por cento da população dos Estados Unidos é semi-alfabetizada, e cerca de 90 milhões de norte-americanos adultos são analfabetos funcionais.[28] As estatísticas também mostram que cerca de 40 por cento do total da mão-de-obra dos Estados Unidos, e mais de 50 por cento dos que têm segundo grau completo, não possuem as qualificações necessárias para atuar no mercado de trabalho de hoje.[29] O National Institute of Learning estima que esse problema custa para as empresas norte-americanas cerca de 60 bilhões de dólares por ano em perda de produtividade.[30] Trata-se de um problema que não atinge apenas os Estados Unidos, evidentemente. É um problema internacional, que afeta desde os países mais desenvolvidos até os menos desenvolvidos.[31]

Em muitos países do Terceiro Mundo, poucos trabalhadores são alfabetizados ou concluíram o primeiro grau, situação que diminui muito as chances dessas nações na competição em uma economia globalizada.

As organizações precisam oferecer, com freqüência cada vez maior, treinamento básico de linguagem e matemática para seus funcionários. Por exemplo, o trabalho na fábrica da Smith and Wesson de Springfield, em Massachusetts, está se tornando cada vez mais complexo.[32] Os funcionários precisam de mais conhecimentos de matemática para compreender os equipamentos de controle numérico, melhor capacidade de leitura para interpretar as planilhas de processos e melhores habilidades de comunicação verbal para o trabalho em equipe. Uma auditoria revelou que os funcionários teriam de possuir um nível de compreensão de textos equivalente ao do primeiro grau completo para realizar as suas tarefas na empresa. E cerca de 30 por cento dos 676 funcionários sem diploma universitário registraram pontuação abaixo das necessidades mínimas de conhecimento de linguagem e de matemática. Eles foram avisados de que não seriam demitidos, mas teriam de retomar os estudos básicos, em aulas pagas pela empresa e ministradas durante o horário de trabalho. Depois do primeiro período de aulas, 70 por cento dos funcionários já tinham atingido o nível mínimo necessário. Essa melhora no patamar de conhecimentos os ajudou a melhorar seu desempenho. Eles demonstraram mais facilidade para redigir e compreender gráficos, tabelas e boletins e para trabalhar com frações e números decimais, além de melhorar a capacidade de comunicação e exibir um significativo aumento de autoconfiança.

Habilidades Técnicas A maioria dos treinamentos visa à atualização e ao aperfeiçoamento das habilidades técnicas dos funcionários. O treinamento técnico vem se tornando cada vez mais importante por duas razões: novas tecnologias e novos modelos de estruturas organizacionais.

Os profissionais da área de saúde continuamente atualizam seus conhecimentos técnicos para oferecer aos pacientes o tratamento adequado. Por causa do aumento do risco de armas químicas, os paramédicos aprendem novas técnicas para enfrentar emergências médicas em caso de ataques terroristas. No Montefiore Hospital, no bairro do Bronx, em Nova York, os plantonistas de emergência participam de um programa de treinamento que utiliza um manequim controlado por computador que simula diversas situações de contaminação.

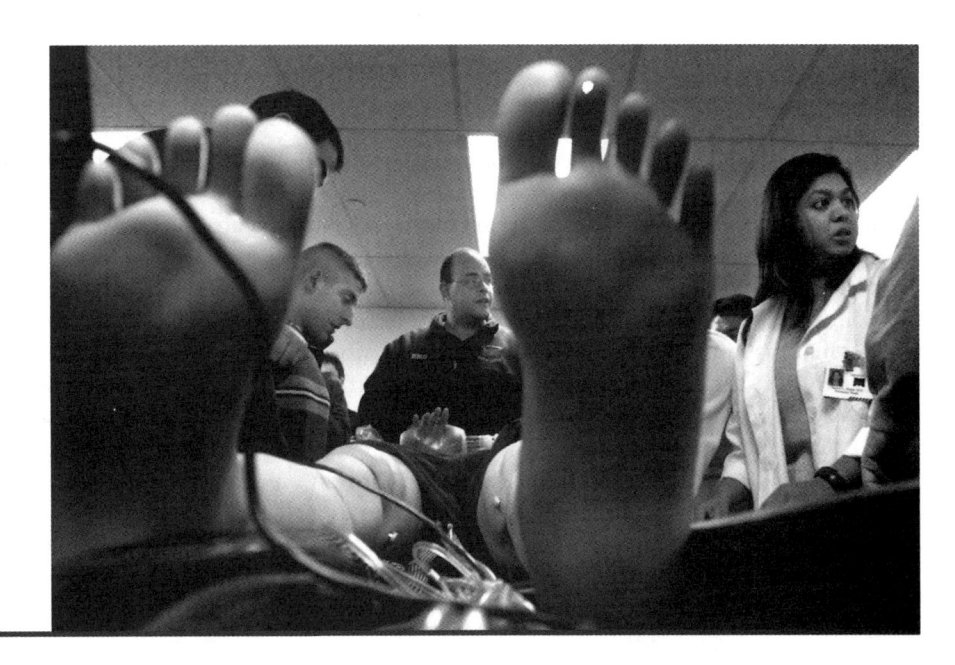

O trabalho se modifica em função das novas tecnologias e da melhoria dos métodos. Por exemplo, o pessoal que trabalha em oficinas mecânicas precisou passar por um treinamento extensivo para aprender a lidar com os modelos mais recentes de automóveis, dotados de motores monitorados por computador, sistemas eletrônicos de estabilização e outras inovações. Da mesma forma, os equipamentos controlados por computador exigiram que milhões de operários aprendessem novas habilidades.[33]

Além disso, o treinamento técnico cresce em importância por causa das mudanças no modelo organizacional. À medida que a organização se "achata", expandindo a utilização das equipes e derrubando as barreiras tradicionais dos departamentos, os funcionários precisam aprender uma ampla variedade de tarefas e ter uma melhor compreensão de como a organização opera. Por exemplo, a reestruturação da Miller Brewing em torno de equipes autogerenciadas levou seus dirigentes a implantar um abrangente programa de aprendizado básico de negócios para ajudar os funcionários a compreender melhor questões como a competição, a situação da indústria de cervejas, a origem das receitas da empresa, o cálculo de custos e a sua posição dentro da cadeia de valores da organização.[34]

Habilidades Interpessoais Praticamente todos os funcionários pertencem a uma unidade de trabalho. Até certo ponto, seu desempenho depende da habilidade de interagir eficazmente com seus colegas e chefes. Alguns funcionários possuem excelentes habilidades interpessoais, mas outros precisam de treinamento para melhorá-las. Isso inclui aprender a ouvir, a comunicar as idéias de maneira mais clara e a ser um membro mais eficaz na equipe.

Habilidades para a Solução de Problemas Os executivos, bem como muitos funcionários que realizam tarefas não rotineiras, precisam solucionar problemas em seu trabalho. Quando essas habilidades são exigidas, mas o funcionário não as possui muito desenvolvidas, ele pode participar de um treinamento para a solução de problemas. Isso inclui atividades para desenvolver a lógica, o raciocínio e a habilidade de definição de problemas, além da capacidade de identificar causas, desenvolver alternativas, analisar alternativas e selecionar soluções. Este tipo de treinamento tornou-se uma parte básica de quase todos os esforços organizacionais para a introdução das equipes autogerenciadas ou para a implementação da gestão da qualidade.

O Que Dizer do Treinamento Ético? Uma pesquisa recente revelou que cerca de 75 por cento dos funcionários das mil maiores empresas norte-americanas recebem algum tipo de treinamento ético.[35] Esse treinamento pode ser incluído no programa de orientação dos novos funcionários; fazer parte de um programa contínuo de treinamento para o desenvolvimento; ou ser oferecido periodicamente como um reforço dos princípios éticos.[36] Mas ainda não há evidências claras de que é possível ensinar ética.[37]

Os críticos argumentam que a ética se baseia em valores, e o sistema de valores é determinado ainda na infância. Quando as pessoas entram no mercado de trabalho, seus valores éticos já estão estabelecidos. Os críticos também afirmam que a ética não pode ser "ensinada" formalmente, pois tem de ser aprendida por meio do exemplo.

Os defensores do treinamento ético argumentam que os valores podem ser modificados e aprendidos na idade adulta. E, mesmo que isso não fosse possível, o treinamento ético seria eficaz por ajudar os funcionários a identificar dilemas éticos e a tornar-se mais conscientes das questões éticas que fundamentam suas ações, além de reafirmar a expectativa da organização de que seus membros ajam eticamente.

Métodos de treinamento

Os métodos de treinamento costumam ser classificados como formais ou informais, e no trabalho ou fora do trabalho.

Historicamente, o significado de treinamento se restringia ao *treinamento formal*, planejado com antecedência e com formato estruturado. Contudo, evidências recentes indicam que 70 por cento do aprendizado para o trabalho é constituído de *treinamento informal* — não estruturado, não planejado e facilmente adaptável às situações e aos indivíduos — para ensinar habilidades e manter os funcionários atualizados.[38] Na verdade, a maioria dos treinamentos informais nada mais é do que fazer os funcionários ajudarem uns aos outros. Eles compartilham informações e solucionam problemas de trabalho em conjunto. Provavelmente, a principal conseqüência dessa tendência é que muitos executivos hoje apóiam o que costumava ser chamado de "conversa fiada". Na fábrica da Siemens da Carolina do Norte, por exemplo, a administração reconhece que, para trabalhar, as pessoas não precisam estar na linha de produção.[39] As conversas ao redor do bebedouro ou na cantina da empresa não tratam, como acreditavam os executivos, de assuntos estranhos ao trabalho, como esportes ou política. A maioria delas é voltada para a busca de soluções para problemas do serviço. Por isso, a Siemens agora encoraja esses encontros casuais.

O *treinamento no trabalho* inclui rodízio de tarefas, programas de aprendizagem, preparação de substitutos eventuais e programas formais de mentores. A principal desvantagem desse tipo de treinamento é que ele gera uma

Mais de 65 mil gerentes de lanchonete já passaram pela Universidade do Hambúrguer do grupo McDonald's, o centro de treinamento instalado na sede da empresa em Oak Brook, Illinois. Com um corpo docente fixo de 30 professores, o centro de treinamento ensina aos gerentes tudo sobre as operações básicas da empresa, em um ambiente escolar. Como a McDonald's é uma empresa internacional, existem intérpretes e equipamentos eletrônicos que possibilitam aos professores dar aulas em 22 idiomas diferentes simultaneamente.

ruptura no ambiente de trabalho, por isso, as organizações investem em *treinamento fora do trabalho*. Os 51 bilhões de dólares investidos em treinamento, aos quais nos referimos anteriormente, são quase todos destinados a treinamento formal fora do trabalho. Quais os tipos de treinamento que se incluem nessa categoria? O mais comum continua a ser as palestras ao vivo. Mas isso também pode incluir sessões de vídeo, seminários, programas de autoaprendizado, cursos pela Internet, aulas com transmissão por TV via satélite e atividades em grupo que utilizam dramatizações e estudos de casos.

Nos últimos anos, o método de treinamento que provavelmente mais tem crescido é o informatizado, ou *e-training*.[40]

A rede Kinko's, por exemplo, criou uma rede interna que permite a seus 20 mil funcionários acesso a cursos on-line sobre tudo o que diz respeito à empresa, dos produtos às políticas organizacionais.[41] A Cisco Systems oferece o currículo de cursos em sua intranet, com o conteúdo organizado por cargos, tecnologias específicas e produtos.[42] Embora mais de 5 mil empresas atualmente ofereçam parte de seu treinamento, ou todo ele, por meio de informatização, ainda não está muito claro o quanto este método é eficaz. Pelo lado positivo, a informatização permite que a empresa tenha flexibilidade para levar o treinamento até o funcionário em qualquer lugar, a qualquer hora. Também parece ser um método rápido e eficiente. Por outro lado, o desenvolvimento de programas personalizados on-line é caro, muitos funcionários sentem falta da interação pessoal existente nas salas de aula, a possibilidade de distração é maior na frente de um computador e não existe nenhuma garantia de que os funcionários estão realmente aprendendo alguma coisa.[43]

Individualização do treinamento formal para ajustar-se ao estilo de aprendizado do funcionário

A maneira pela qual as pessoas processam, internalizam e memorizam coisas novas e difíceis não é necessariamente a mesma para todas. Esse fato significa que o treinamento formal efetivo deve ser individualizado para refletir o estilo de aprendizado de cada funcionário.[44]

Alguns exemplos de diferença de estilo podem ser observados na leitura, observação, escuta e participação. Algumas pessoas absorvem melhor as informações quando as lêem. É o tipo de gente capaz de aprender a lidar com computadores lendo um manual em uma sala. Outras pessoas aprendem melhor observando. Elas observam os outros e imitam o comportamento observado. Observam alguém utilizando o computador e fazem o mesmo depois. Os bons ouvintes dependem basicamente de sua capacidade de ouvir para absorver as informações. Podem preferir aprender a lidar com um computador por meio de uma aula gravada em fita de áudio. As pessoas com estilo participativo aprendem fazendo. Querem sentar-se diante do computador e aprender na prática.

Podemos traduzir esses estilos em diferentes métodos de aprendizagem. Para maximizar o aprendizado, os leitores devem receber livros ou outros materiais impressos; os observadores devem ter oportunidade de observar outras pessoas, pessoalmente ou em vídeo; os ouvintes são beneficiados com palestras ou fitas de áudio; os participativos são mais beneficiados com oportunidades de experiências em que possam simular e praticar as novas habilidades.

Esses estilos de aprendizado não são, é evidente, mutuamente excludentes. Na verdade, os bons professores reconhecem que seus alunos aprendem de maneiras diferentes e, por isso, empregam múltiplos métodos de ensino. Recomendam leituras para antes das aulas; dão aulas expositivas; utilizam meios audiovisuais para ilustrar conceitos; levam os estudantes a participar de projetos de grupo, análises de casos, dramatizações e exercícios de experimentação. Se você souber qual o estilo de aprendizado dos seus funcionários, pode elaborar um programa de treinamento formal de modo a maximizar essas preferências. Caso não conheça as preferências, é melhor elaborar um programa que utilize uma variedade de estilos diferentes. A ênfase em um determinado método pode prejudicar aqueles que não têm muita afinidade com ele.

Avaliação de desempenho

Você estudaria de maneira diferente ou dedicaria um esforço maior a um curso cuja avaliação fosse da letra A até a F do que a outro em que houvesse apenas aprovação ou reprovação? Quando faço essa pergunta a estudantes, costumo receber sempre respostas afirmativas. Os alunos dizem que, quando a avaliação tem diversos níveis, eles estudam mais. Quando a questão é apenas ser aprovado ou reprovado, estudam apenas o suficiente para a aprovação.

Isso ilustra como os sistemas de avaliação de desempenho influenciam o comportamento. Os principais determinantes de seu comportamento em sala de aula e de sua dedicação aos estudos são os critérios e técnicas que os professores utilizam para avaliar seu desempenho escolar. Obviamente, o que se aplica a estudantes também se aplica aos funcionários de uma empresa. Nesta seção, mostraremos como a escolha de um sistema de avaliação de desempenho — e a forma como ele é administrado — pode ser uma importante força a influenciar o comportamento dos funcionários.

Propósitos da avaliação de desempenho

A avaliação de desempenho serve a diversos propósitos dentro das organizações.[45] Os executivos utilizam as avaliações para diversas *decisões de recursos humanos*. As avaliações oferecem informações para decisões importantes, como promoções, transferências e demissões. As avaliações *identificam necessidades de treinamento e desenvolvimento*: identificam as habilidades e competências dos funcionários que se encontram inadequadas e para as quais podem ser desenvolvidos programas de melhoria. As avaliações de desempenho podem ser usadas como *critérios de validação de programas de seleção e desenvolvimento*. Os funcionários recém-contratados que não estejam apresentando bom desempenho podem ser identificados pela avaliação. De maneira semelhante, a eficácia dos programas de treinamento e desenvolvimento pode ser determinada por intermédio dos resultados da avaliação de desempenho dos funcionários que deles participaram. As avaliações também atendem ao propósito de *fornecer feedback aos funcionários* sobre como a organização vê o trabalho deles. Além disso, são usadas como *base para a alocação de recompensas*. Decisões sobre quem receberá aumento de remuneração por mérito e outras recompensas desse tipo costumam ser tomadas com base nas avaliações de desempenho.

Cada uma dessas funções da avaliação de desempenho é igualmente importante. Mas sua importância relativa depende da perspectiva em que são consideradas. Várias delas são obviamente relevantes para as decisões da área de recursos humanos. Nosso interesse aqui, no entanto, está no comportamento organizacional. Conseqüentemente, vamos enfatizar a avaliação de desempenho como mecanismo de fornecimento de feedback e como determinante da alocação de recompensas.

Avaliação de desempenho e motivação

No Capítulo 6, demos considerável atenção ao modelo de motivação da expectativa. Argumentamos que esse modelo é o que oferece atualmente as melhores explicações sobre o que influencia a quantidade de esforço que uma pessoa dedica ao seu trabalho. Um componente vital desse modelo é o desempenho — especificamente, as relações entre esforço e desempenho e entre desempenho e recompensa.

Mas o que define o *desempenho*? No modelo da expectativa, é a avaliação individual de desempenho. Para maximizar a motivação, as pessoas precisam perceber que os esforços que elas realizam conduzem a uma avaliação de desempenho favorável e que essa avaliação vai resultar em recompensas às quais dão valor.

De acordo com esse modelo, podemos esperar que as pessoas trabalharão em um nível bem abaixo de seu potencial se os objetivos que elas devem atingir forem pouco claros, se os critérios de mensuração desses objetivos forem vagos, se os funcionários não acreditam que seus esforços conduzirão a uma avaliação satisfatória de seu desempenho ou se pensarem que haverá uma recompensa insatisfatória quando tais objetivos forem conquistados.

No mundo real das organizações, uma das explicações para a falta de motivação dos funcionários é que a avaliação de desempenho costuma ser mais política do que objetiva. Muitos executivos colocam a objetividade depois de seus interesses pessoais — manipulando deliberadamente as avaliações para obter os resultados que desejam.[46]

O que avaliamos?

Os critérios de avaliação que a administração escolhe para julgar o desempenho dos funcionários terão muita influência sobre o comportamento deles. Dois exemplos podem ilustrar esta questão.

Em uma agência governamental de empregos, onde empregadores buscam funcionários e trabalhadores buscam empregos, os entrevistadores são avaliados pelo número de atendimentos que realizam. Consistentemente com a tese de que o critério de avaliação influencia o comportamento, os entrevistadores enfatizam o *número* de entrevistas conduzidas, e não a *colocação* dos candidatos nas vagas de emprego.[47]

Um consultor especializado em pesquisa sobre o trabalho da polícia percebeu que, em uma comunidade, os policiais chegavam para trabalhar, entravam nas viaturas e ficavam dando voltas pela principal avenida da cidade durante todo o turno. Obviamente, esse tráfego incessante pouco tem a ver com um bom trabalho de policiamento, mas tal comportamento tornou-se facilmente compreensível quando o consultor descobriu que a prefeitura utilizava a quilometragem das viaturas policiais como base para avaliar a eficácia do trabalho da instituição.[48]

Esses exemplos demonstram a importância dos critérios na avaliação de desempenho. E isso, evidentemente, leva à seguinte questão: o que a administração deve avaliar? As três categorias de critérios mais comuns são os resultados individuais da tarefa, os comportamentos e os traços.

Resultados Individuais da Tarefa Se os fins justificam os meios, os executivos devem avaliar os resultados das tarefas dos funcionários. Utilizando este critério, o gerente de uma fábrica seria avaliado com base em aspectos como volume de produção, quantidade de resíduos e custo unitário de produção. Um vendedor seria avaliado pelo volume geral de vendas de seu território, o aumento da receita de vendas e o número de novos clientes.

Comportamentos Em muitas situações, é difícil identificar resultados específicos que possam ser atribuídos diretamente às ações de um funcionário. Isso é particularmente verdadeiro para os funcionários administrativos ou aqueles cujas atribuições são parte intrínseca de um esforço de grupo. Neste último caso, o desempenho do grupo pode ser prontamente avaliado, mas pode ser difícil, ou até impossível, determinar a contribuição de cada membro. Nessas circunstâncias, não é raro que os executivos avaliem o comportamento dos funcionários. Usando os exemplos citados acima, no caso do gerente da fábrica, os comportamentos avaliados poderiam incluir a rapidez na entrega dos relatórios mensais ou o seu estilo de liderança. No caso do vendedor, poderia-se avaliar o número de contatos feitos por dia ou o número de dias livres por motivo de saúde usados no ano.

Repare que esses comportamentos não precisam estar diretamente relacionados à produtividade individual.[49] Como mencionamos em nossa discussão sobre cidadania organizacional (veja, especificamente, os capítulos 1 e 4), ajudar os outros, fazer sugestões para melhorias e oferecer-se voluntariamente para atribuições extraordinárias são ações que tornam os grupos de trabalho e as organizações mais eficazes. Dessa forma, a inclusão de fatores subjetivos ou contextuais em uma avaliação de desempenho — desde que tais fatores contribuam para a eficácia

O comportamento é um elemento importante na avaliação de desempenho de ajudantes em uma casa de repouso. Além do resultado das tarefas normais, esta ajudante de uma casa de repouso na Pensilvânia é avaliada por seu comportamento em relação a atitudes como ajudar os outros e criar um clima de confiança e carinho entre os idosos e suas famílias. Esses fatores subjetivos contribuem para a eficiência da instituição e para a sua reputação de ser um local onde os idosos são tratados com respeito e carinho.

da organização — não apenas faz sentido como pode também melhorar a coordenação, o trabalho de equipe, a cooperação e o desempenho geral da empresa.

Traços A categoria mais fraca de critérios, embora ainda seja amplamente utilizada pelas organizações, é a dos traços individuais.[50] Dizemos que esta categoria é a mais fraca, em comparação com as duas anteriores, porque está mais distante do desempenho real no trabalho. Traços como demonstrar uma "boa atitude", mostrar "confiança", ser "confiável", parecer "ocupado" ou possuir "riqueza de experiências" podem ou não estar relacionados com resultados positivos no trabalho, mas todos sabemos que esses aspectos são freqüentemente utilizados nas empresas como critérios de avaliação de desempenho.

Quem deve fazer a avaliação?

Quem deve avaliar o desempenho dos funcionários? A resposta mais óbvia seria o chefe imediato. Tradicionalmente, a autoridade de um executivo inclui a avaliação do desempenho de seus subordinados. A lógica que sustenta essa tradição parece ser a de que, já que o executivo é o responsável pelo desempenho de seus funcionários, é ele quem deve fazer tal avaliação. Mas essa lógica pode não estar correta. Outras pessoas podem estar mais habilitadas para realizar melhor essa tarefa.

Superior Imediato O chefe imediato do funcionário costumava ser a fonte mais comum de avaliação de desempenho, mas isso não acontece mais, principalmente por causa das sérias limitações deste método. Muitos chefes não se sentem qualificados para avaliar as contribuições específicas de cada um de seus funcionários. Outros não querem a sensação de responsabilidade sobre a carreira dos subordinados. Além disso, como muitas empresas utilizam equipes autogerenciadas, telecomutação e outras ferramentas organizacionais que distanciam os chefes dos subordinados, o superior imediato de um funcionário pode não ser o juiz mais confiável para avaliar o desempenho dele.

Colegas As avaliações feitas pelos colegas constituem uma das fontes mais confiáveis de julgamento. Por quê? Primeiro porque os colegas estão perto da ação. As interações diárias oferecem uma visão abrangente do desempenho de um funcionário. Segundo, utilizar os colegas como juízes resulta em diversos julgamentos independentes. Um chefe pode oferecer uma única avaliação, mas os colegas oferecem múltiplas avaliações. E a média entre as diversas avaliações geralmente é mais confiável do que apenas um julgamento individual. Por outro lado, os aspectos negativos disso podem ser a indisposição para julgar o trabalho de um colega e os vieses resultantes das relações de amizade ou de animosidade.

Auto-avaliação Fazer com que os funcionários avaliem o próprio desempenho é consistente com valores como o autogerenciamento e a autonomia deles. A auto-avaliação é bem recebida pelos funcionários. Este processo costuma atenuar a postura defensiva deles em relação à avaliação e é um veículo excelente para estimular as discussões sobre desempenho no trabalho entre funcionários e seus superiores. Isso explica a sua crescente popularidade. Uma pesquisa recente revelou que atualmente cerca de metade dos executivos e 53 por cento dos funcionários participam diretamente de seus processos de avaliação.[51]

Contudo, como se pode imaginar, esse processo sofre com o risco de vieses autocondescendentes e superestimados. Além disso, a auto-avaliação raramente concorda com a avaliação dos superiores.[52] Por causa dessas sérias desvantagens, a auto-avaliação é mais indicada para propósitos de desenvolvimento do que de avaliação, ou combinada com outros métodos para reduzir a margem de erros.

Subordinados Imediatos Uma quarta fonte de julgamento são os subordinados imediatos de um chefe. Seus defensores argumentam que levar em conta essas opiniões é consistente com as recentes tendências de valorização da honestidade, da transparência e da autonomia dos funcionários.

As avaliações feitas pelos subordinados imediatos podem oferecer informações precisas e detalhadas sobre o comportamento do administrador, pois os avaliadores estão em contato freqüente com o avaliado. O problema óbvio desse sistema é o medo de represálias em virtude de avaliação negativa dada ao chefe. Por esse motivo, a garantia de anonimato é crucial para que este tipo de avaliação seja preciso.

Avaliações de 360 Graus A última abordagem para julgar o desempenho é a avaliação de 360 graus.[53] Ela fornece um feedback acerca do desempenho dado por todos aqueles que formam o círculo de contatos diários do funcionário, desde o pessoal da correspondência até os chefes e colegas (veja o Quadro 17-1). O número de avaliações pode ir de apenas três ou quatro e chegar até mais de 25; na maioria das organizações, esse número fica entre cinco e dez por funcionário.

Uma pesquisa recente indica que cerca de 21 por cento das organizações norte-americanas estão utilizando este tipo de programa.[54] Entre as empresas que adotaram esta abordagem estão a Alcoa, a Du Pont, a Levi Strauss, a Honeywell, a UPS, a Sprint, a Amoco, a AT&T e a W. L. Gore & Associates.

QUADRO 17-1 Avaliações de 360 Graus

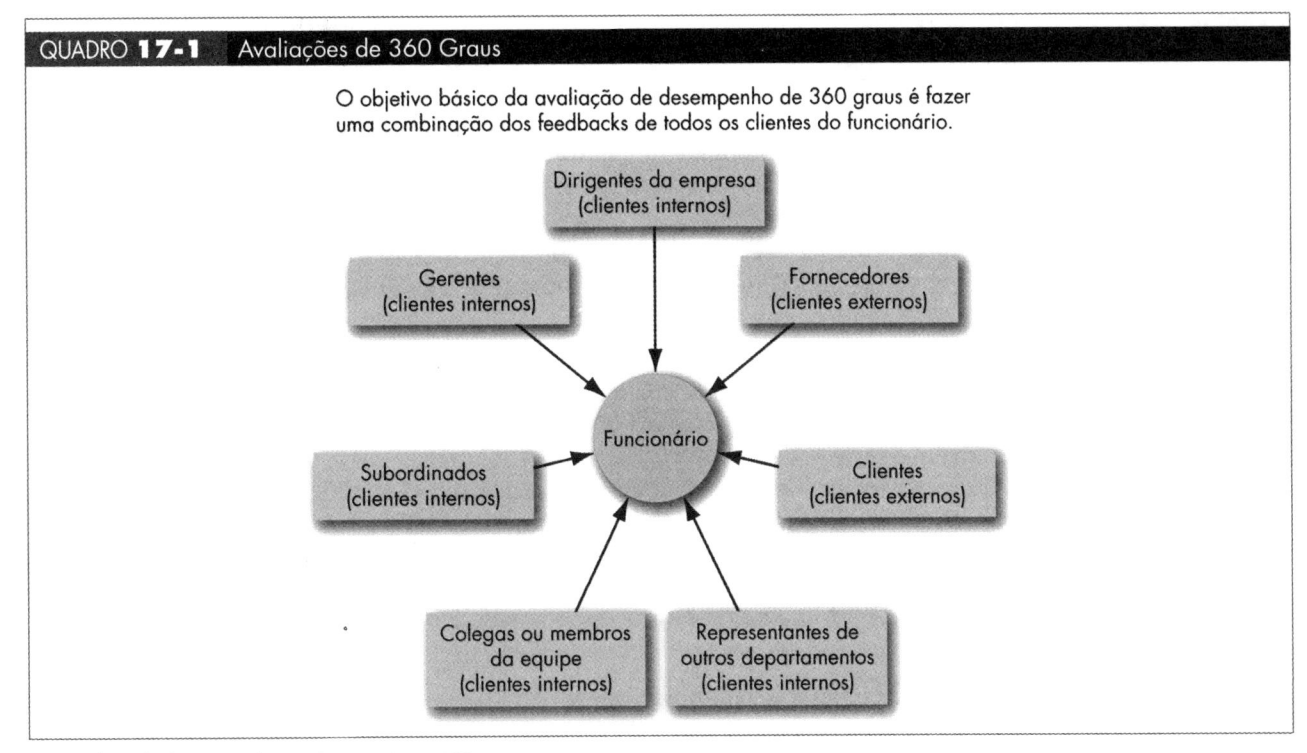

O objetivo básico da avaliação de desempenho de 360 graus é fazer uma combinação dos feedbacks de todos os clientes do funcionário.

- Dirigentes da empresa (clientes internos)
- Gerentes (clientes internos)
- Fornecedores (clientes externos)
- Subordinados (clientes internos)
- Funcionário
- Clientes (clientes externos)
- Colegas ou membros da equipe (clientes internos)
- Representantes de outros departamentos (clientes internos)

Fonte: Adaptado de *Personnel Journal*, nov. 1994, p. 100.

Qual o atrativo das avaliações de 360 graus? Elas se inserem bem nas organizações que adotam equipes de trabalho, envolvimento dos funcionários e programas de qualidade total. Ao contar com o feedback de colegas, clientes e subordinados, essas organizações esperam dar a cada indivíduo um sentimento maior de participação no processo de revisão e obter uma leitura mais precisa do desempenho dos funcionários. Em relação a este último ponto, as avaliações de 360 graus são consistentes com as evidências de que o desempenho deles varia de acordo com o contexto e que as pessoas se comportam de maneira diversa com diferentes interlocutores.[55] O uso de diversas fontes, portanto, traz uma possibilidade maior de conseguir capturar todos os aspectos do comportamento.

As evidências sobre a eficácia das avaliações de 360 graus são controversas.[56] Este método oferece aos funcionários uma perspectiva mais ampla de seu próprio desempenho. Mas também pode ser mal utilizado. Por exemplo, algumas organizações, por questão de economia, não treinam os avaliadores sobre como fazer críticas construtivas. Outros problemas incluem a permissão para o funcionário escolher os colegas e subordinados que farão a avaliação, o que pode influir nos resultados; e a dificuldade de conciliar as possíveis contradições entre os grupos de avaliação.

Métodos de avaliação de desempenho

Nas seções anteriores, explicamos *o que* deve ser avaliado e *quem* deve ser o avaliador. Agora perguntamos: *como* avaliamos o desempenho de um funcionário? Ou seja, quais são as técnicas específicas para essa avaliação? Esta seção examina os principais métodos de avaliação de desempenho.

Relatórios Escritos Provavelmente, o método mais simples de avaliação é fazer um relato descrevendo os pontos fortes e fracos do funcionário, seu desempenho anterior, seu potencial e sugestões para aperfeiçoamentos. O relatório escrito não requer formulários complexos nem treinamento intenso, mas os resultados geralmente refletem a habilidade de quem o escreveu. Uma avaliação pode ser boa ou má graças tanto às habilidades de escrita do avaliador como ao nível real do desempenho da pessoa que é avaliada.

Incidentes Críticos Os **incidentes críticos** focam a atenção do avaliador naqueles comportamentos que são o divisor de águas entre a realização eficaz ou ineficaz de um trabalho. O avaliador descreve, por escrito, as coisas feitas pelo funcionário que foram especialmente eficazes ou ineficazes. A questão aqui é que são citados apenas comportamentos específicos, o que exclui traços de personalidade vagamente definidos. Uma lista de incidentes críticos oferece um rico conjunto de exemplos para mostrar ao funcionário quais são os comportamentos desejáveis e quais são os que precisam ser melhorados.

Escalas Gráficas de Mensuração Um dos métodos mais antigos e populares de avaliação é o uso das **escalas gráficas de mensuração**. Nesse método, lista-se uma série de fatores de desempenho, como qualidade e quantidade do trabalho, profundidade do conhecimento, cooperação, lealdade, comparecimento, honestidade e iniciativa. O avaliador examina a lista e classifica o funcionário em cada fator, de acordo com uma escala incremental. As escalas geralmente têm cinco pontos e um fator como *conhecimento da tarefa* pode receber de 1 ("pouco informado sobre as suas atribuições") até 5 pontos ("total mestria em relação a todas as fases da tarefa").

Por que este método é tão popular? Embora não produza informações tão aprofundadas quanto as do relatório escrito e as dos incidentes críticos, ele permite elaboração e administração rápidas, além de análise e comparação quantitativas.

Escalas de Mensuração com Âncora Comportamental As **escalas de mensuração com âncora comportamental** combinam os principais elementos dos incidentes críticos e da abordagem das escalas gráficas de mensuração. O avaliador dá notas ao funcionário com base em uma série de itens, mas a pontuação reflete o comportamento real no trabalho, e não descrições ou traços gerais.

Essa escala identifica comportamentos específicos, observáveis e mensuráveis relativos ao trabalho. Podemos colher exemplos de comportamentos relacionados ao trabalho e de dimensões do desempenho pedindo aos participantes que dêem descrições específicas de comportamentos eficazes e ineficazes para cada dimensão do desempenho. Esses exemplos comportamentais são, então, traduzidos em uma série de dimensões de desempenho, cada uma com diversos níveis. Os resultados desse processo são descrições comportamentais, como *antecipa, planeja, executa, resolve problemas imediatos, cumpre ordens* e *enfrenta situações de emergência*.

Comparações Multipessoais As **comparações multipessoais** avaliam o desempenho de um indivíduo em comparação com o desempenho de uma ou mais pessoas. É um instrumento de medição mais relativo que absoluto. As duas comparações mais populares são a classificação por grupo e a classificação individual.

ENFOQUE NA MÍDIA

Ascensão e queda das comparações multipessoais

Até 2002, este era o método mais adotado para a avaliação de desempenho. Nomes como Ford, GE, Microsoft, Sun Microsystems e Conoco estavam entre os 33 por cento das empresas que classificavam seus funcionários do melhor ao pior e utilizavam essa classificação para definir remuneração, demissões e outras práticas de recursos humanos.

O método de comparações multipessoais, ou o que seus críticos costumavam chamar de "classifique e despache", foi criado porque os executivos estavam insatisfeitos com o fato de seus gerentes avaliarem todos os subordinados como "acima da média". Além disso, os executivos queriam um método que incentivasse a competitividade dentro da organização, recompensando os melhores e levando os piores a se demitir.

Todos os 18 mil gerentes da Ford, por exemplo, passaram por esse processo. Eles foram divididos em grupos de 30 a 50 indivíduos e, então, classificados. Em cada grupo, 10 por cento tirariam A, 80 por cento tirariam B e 10 por cento, C. Aqueles que recebessem a nota C não receberiam aumento salarial e, caso a nota se repetisse por dois anos consecutivos, seriam demitidos.

O programa mais conhecido de "classifique e despache" é o "Plano 20-70-10", da GE. A empresa obriga os líderes de cada uma de suas divisões a avaliar todos os funcionários e a identificar, em todos os escalões, os 20 melhores, os 70 intermediários e os 10 piores. A empresa se esforça para manter e recompensar os 20 melhores e demite os 10 piores. Segundo o presidente da GE, "uma empresa que aposta seu futuro em seu pessoal precisa remover os 10 por cento piores e continuar este processo todos os anos, sempre aumentando a nota de corte e melhorando a qualidade de suas lideranças".

Este método cresceu em popularidade porque era visto como uma maneira de aperfeiçoar continuamente a mão-de-obra da empresa e recompensar os mais merecedores. Mas muitas empresas que adotaram o método acabam de abandoná-lo. Elas chegaram à conclusão de que ele é prejudicial para o moral dos funcionário e cria um "jogo de soma zero", que desestimula a cooperação e o trabalho de equipe. Além disso, algumas empresas foram processadas por ex-funcionários, que alegam que o método é discriminatório contra os mais velhos. A Ford, por exemplo, desistiu do método depois de perder um processo de 10,6 milhões de dólares.

Fonte: Baseado em R. Abelson, "Companies turn to grades, and employees go to court", *New York Times*, 19 mar. 2001, p. A1; D. Jones, "More firms cut workers ranked at bottom to make way for talent", *USA Today*, 30 maio 2001, p. 1B; e D. Sears e D. McDermott, "The rise and fall of rank and yank", *Information Strategy*, primavera 2003, p. 6.

A **classificação por grupo** requer que o avaliador coloque cada funcionário dentro de uma determinada faixa, como entre os primeiros 20 por cento ou entre os segundos 20 por cento. Esse método é freqüentemente utilizado quando se recomendam estudantes para cursos de pós-graduação. Os avaliadores perguntam se o estudante está entre os 5 por cento melhores da classe, os 5 por cento seguintes, os 15 por cento seguintes, e assim por diante. Quando utilizado pelos gerentes para avaliar seus funcionários, eles avaliam todos os subordinados. Por isso, se a classificação cobre 20 funcionários, apenas quatro podem estar nos primeiros 20 por cento e, evidentemente, quatro terão de ficar entre os últimos 20 por cento.

A **classificação individual** ordena os funcionários do melhor ao pior. Se um executivo precisa avaliar 30 funcionários, essa abordagem assume que a diferença existente entre o primeiro e o segundo colocados será a mesma existente entre o vigésimo primeiro e o vigésimo segundo. Ainda que alguns deles fiquem bem próximos entre si, esse método não permite o empate. O resultado é uma classificação clara dos funcionários, indo do melhor desempenho até o pior.

Os métodos de comparações multipessoais podem ser combinados entre si para a obtenção de resultados tanto no padrão absoluto como no relativo. Por exemplo, estudos recentes realizados nas universidades da Ivy League revelaram fortes evidências de inflação das notas.[57] Em anos recentes, 46 por cento de todas as notas dos estudantes de Harvard foi A. Em Princeton, 43 por cento das notas de todos os estudantes também foram A, com apenas 12 por cento com notas B. Um meio para esses universitários lidarem com o problema seria solicitar aos professores que incluíssem, além da letra representando a nota absoluta, dados relacionados com o tamanho da classe e uma classificação geral. Assim, um empregador potencial ou uma escola graduada poderiam olhar para dois estudantes que receberam "A" no curso de geologia física e tecer diferentes conclusões sobre cada um porque ao lado de cada nota estará registrado que se trata do "2º de 26", enquanto ao lado da nota de outra estará "14º de 30". Obviamente, o primeiro estudante se saiu melhor do que o segundo.

Sugestões para a melhoria das avaliações de desempenho

O processo de avaliação de desempenho é um campo potencial de problemas. Por exemplo, os avaliadores podem cometer erros como o efeito de halo, leniência ou similaridade, ou utilizar o processo com propósitos políticos. Eles podem, inconscientemente, superestimar a avaliação (leniência positiva), subestimar o desempenho (leniência negativa) ou permitir que o julgamento de uma característica afete indevidamente o julgamento de outra (o efeito de halo). Alguns avaliadores tornam seus julgamentos tendenciosos por favorecer, inconscientemente, pessoas que têm qualidades ou traços semelhantes aos seus (erro de similaridade). E, evidentemente, existem aqueles que vêem o processo de avaliação como uma oportunidade política para abertamente recompensar ou punir funcionários. Embora não existam salvaguardas que *garantam* a precisão das avaliações, as sugestões a seguir podem ajudar significativamente a tornar o processo mais objetivo e justo.

Enfatizar Mais os Comportamentos do Que os Traços Muitos dos traços freqüentemente considerados relevantes para o desempenho podem não ter qualquer relação com a prática do trabalho. Por exemplo, traços como lealdade, iniciativa, coragem, confiabilidade e auto-expressão são intuitivamente vistos como características desejáveis nos funcionários, mas a questão relevante é a seguinte: os indivíduos que possuem tais traços apresentam realmente um desempenho melhor? Não é fácil responder a essa pergunta. Sabemos que há funcionários com tais traços e que não têm bom desempenho, e vice-versa. A conclusão que se tira é que os executivos podem premiar traços como lealdade e iniciativa, mas não existem evidências de que certos traços sejam sinônimo de bom desempenho em uma grande gama de funções.

Outro ponto fraco da avaliação de traços é o julgamento em si. O que é "lealdade"? Quando um funcionário pode ser considerado "confiável"? O que é "lealdade" para você pode não ser para mim. Portanto, os traços apresentam a dificuldade de raramente conquistarem unanimidade de opiniões.

Documentar os Comportamentos de Desempenho em um Diário Os diários ajudam os avaliadores a organizar melhor as informações em sua memória. As evidências indicam que, com a manutenção de um diário dos incidentes críticos de cada funcionário, as avaliações tendem a ser mais precisas e menos propensas a erros de interpretação.[58] Os diários costumam reduzir, por exemplo, os erros de leniência e de halo porque mantêm o foco do avaliador nos comportamentos relacionados ao desempenho, e não nos traços do funcionário.

Utilizar Múltiplos Avaliadores À medida que cresce o número de avaliadores, aumenta a probabilidade de se obter informações mais precisas. Se os erros de avaliação tendem a seguir uma curva normal, um aumento do número de avaliadores vai provocar uma concentração da maioria no meio. Esse tipo de avaliação é utilizado em competições esportivas como saltos ornamentais ou ginástica. Um conjunto de avaliadores julga as apresentações, a nota mais alta e a mais baixa são descartadas e a pontuação final resulta da soma das notas dos outros juízes. A lógica dos múltiplos avaliadores também se aplica às organizações.

Se um funcionário que tem dez supervisores é considerado excelente por nove deles e fraco pelo restante, essa última avaliação pode ser descartada. Portanto, ao movimentar o funcionário pela organização para que obtenha diferentes avaliações, ou ao utilizar diversos avaliadores (como no método da avaliação de 360 graus), é maior a probabilidade de se obter avaliações mais válidas e confiáveis.

Avaliar Seletivamente Os avaliadores só devem fazer julgamentos nas áreas em que tenham bom conhecimento.[59] Quando isso acontece, a concordância dos julgamentos aumenta e o processo da avaliação se torna mais válido. Essa abordagem também reconhece que os diferentes níveis organizacionais oferecem orientações diversas para os avaliados e os observam em diferentes contextos. De maneira geral, portanto, recomenda-se que os avaliadores estejam o mais próximo possível do avaliado, em termos de nível organizacional. Quanto maior essa distância, menores as oportunidades de o avaliador observar o comportamento do avaliado e, portanto, maior a probabilidade de que erros sejam cometidos.

Treinar os Avaliadores Se você não consegue *encontrar* bons avaliadores, a alternativa é *criá-los*. Há evidências substanciais de que os avaliadores treinados se tornam juízes mais eficazes.[60]

Erros comuns, como efeitos de halo e leniência, foram minimizados ou eliminados em workshops nos quais os executivos praticaram a observação e o julgamento de comportamentos. Esses workshops geralmente duram de um a três dias, embora nem sempre seja necessário alocar muitas horas de treinamento. Na literatura, cita-se um caso em que os efeitos de halo e leniência foram reduzidos imediatamente após os avaliadores terem participado de sessões de apenas cinco minutos de treinamento explanatório.[61] Mas os efeitos do treinamento parecem diminuir com o passar do tempo.[62] Isso sugere a necessidade de atualizações regulares.

Oferecer aos Funcionários um Processo Legal O conceito de *processo legal* pode ser aplicado na avaliação para aumentar a percepção de que os funcionários estão sendo tratados com justiça.[63] Três aspectos caracterizam os sistemas de processos legais: (1) as pessoas são informadas adequadamente sobre o que se espera delas; (2) qualquer evidência de violação é divulgada de maneira justa, para que todos os envolvidos possam se manifestar; e (3) a decisão final é baseada nas evidências e livre de tendências.

Existem muitas indicações de que esse sistema não costuma ser respeitado nas avaliações, pois os funcionários recebem feedback insuficiente e eventual acerca de seu desempenho, o que lhes dá pouca chance de contribuir para o processo de avaliação, além dos conhecidos vieses introduzidos nos julgamentos. Quando o processo legal faz parte do sistema de avaliação, os funcionários manifestam reações positivas a ele, percebem os resultados da avaliação como mais precisos e mostram crescente intenção de permanecer na organização.

Oferecendo feedback do desempenho

Para muitos executivos, poucas atividades são tão desagradáveis quanto proporcionar feedback de desempenho aos funcionários.[64] Na realidade, a menos que sejam pressionados pela política e por controles organizacionais, a maioria prefere ignorar essa responsabilidade.[65]

Por que existe essa relutância? Parece haver pelo menos três razões. A primeira é que os executivos se sentem desconfortáveis ao discutir um desempenho fraco diretamente com o funcionário. Como quase todo funcionário pode apresentar resistência à melhoria em algumas áreas, os executivos temem um confronto quando apresentam um feedback negativo. Isso parece se aplicar até mesmo a casos em que as pessoas apresentam um feedback negativo para um computador! Bill Gates conta que a Microsoft realizou um projeto em que pedia às pessoas que avaliassem suas experiências com um computador. "Quando o computador com o qual a pessoa havia trabalhado

Muitos executivos acham difícil fornecer feedback de desempenho. A solução é treiná-los para que passem informações construtivas a seus funcionários e os motivem a aprimorar seu desempenho. Durante esses encontros, o executivo deve agir como um conselheiro que oferece um feedback para orientar o desenvolvimento do funcionário, e não como um avaliador que julga os resultados do trabalho e do comportamento.

pedia a ela que avaliasse o desempenho dele, as respostas tendiam a ser positivas. Mas quando um segundo computador fazia a mesma pergunta, as pessoas se mostravam muito mais críticas em relação à máquina com a qual haviam trabalhado. A relutância em criticar o primeiro computador 'na cara dele' sugere que havia uma preocupação em não ferir seus sentimentos, mesmo sabendo tratar-se apenas de uma máquina."[66] Segundo, muitos funcionários se colocam na defensiva quando seus pontos fracos são apontados. Em vez de aceitar o feedback como construtivo e fundamental para a melhoria do desempenho, eles desafiam a avaliação criticando o executivo ou colocando a culpa em outra pessoa. Uma pesquisa, realizada com 151 gerentes de área na Filadélfia, revelou que 98 por cento deles enfrentaram algum tipo de agressão depois de oferecer feedback negativo aos subordinados.[67]

Por último, os funcionários costumam superestimar o próprio desempenho. Estatisticamente falando, metade da força de trabalho é composta por pessoas com desempenhos abaixo da média. Mas as evidências sugerem que a maioria dos funcionários se considera com um nível de desempenho em torno do 75º percentil.[68] Assim, mesmo diante de uma avaliação positiva, os funcionários tendem a não considerá-la suficientemente boa.

A solução para esse problema não é ignorar o feedback, mas treinar os executivos para que saibam conduzir sessões construtivas de avaliação. Uma avaliação eficaz — aquela em que o funcionário percebe o julgamento como justo, percebe a sinceridade do chefe e o clima como construtivo — pode resultar na elevação do moral do funcionário, com a indicação das áreas de seu desempenho que precisam ser melhoradas e com o funcionário determinado a corrigir suas deficiências.[69] Além disso, a revisão de desempenho deve ser programada para ser mais uma atividade de aconselhamento do que de julgamento. Isso pode ser obtido quando se permite que a revisão evolua a partir da auto-avaliação do funcionário.

O que dizer da avaliação de desempenho de grupos?

Os conceitos de avaliação de desempenho foram desenvolvidos quase exclusivamente com foco em funcionários individuais. Isso reflete a crença tradicional de que os indivíduos são as peças fundamentais na construção das organizações. Mas, como já mencionamos diversas vezes neste livro, cada vez mais as organizações estão se reestruturando em torno do trabalho em equipe. Como deve ser avaliado o desempenho nessas organizações? Oferecemos a seguir quatro sugestões para a elaboração de um sistema que apóie e aperfeiçoe o desempenho das equipes.[70]

1. *Vincule os resultados da equipe às metas da organização.* É importante encontrar medidas que se apliquem às metas importantes que a equipe deve atingir.
2. *Comece com os clientes da equipe e o processo de trabalho que a equipe adota para satisfazer as necessidades desses clientes.* O produto final recebido pelo cliente pode ser avaliado em termos da expectativa dele. As transações entre equipes podem ser avaliadas em termos de entrega e qualidade. Os passos do processo podem ser avaliados em termos de desperdício e ciclo de tempo.
3. *Meça o desempenho tanto da equipe como do indivíduo.* Defina os papéis de cada membro da equipe em termos das realizações que apóiem o processo de trabalho do grupo. Depois, avalie a contribuição de cada um e o desempenho geral da equipe. Lembre que as habilidades individuais são necessárias para o sucesso da equipe, mas não suficientes para o bom desempenho do grupo.[71]
4. *Treine a equipe para criar suas próprias medidas.* Fazer com que a equipe defina seus objetivos e as metas de cada membro assegura que todos compreendam seus papéis e ajuda o grupo a se desenvolver como uma unidade coesa.

Práticas internacionais de recursos humanos: questões selecionadas

Muitas das políticas e das práticas de recursos humanos discutidas neste capítulo têm sido modificadas para refletir diferenças entre sociedades.[72] Para ilustrar esse ponto, vamos examinar sucintamente o problema da seleção de executivos para missões no exterior e a importância da avaliação de desempenho em diferentes culturas.

Seleção

Um estudo recente com 300 grandes organizações em 22 países demonstrou que as práticas de seleção diferem de uma nação para outra.[73] Foram encontrados, contudo, alguns procedimentos comuns. Por exemplo, o uso das qualificações educacionais na triagem dos candidatos parece ser uma prática universal. No mais, cada país tende a enfatizar diferentes técnicas de seleção. As entrevistas estruturadas, por exemplo, são comuns em alguns países e simplesmente inexistem em outros. Segundo os autores do estudo, "certas culturas parecem considerar este tipo de entrevista antiético em vista de crenças acerca de como uma interação interpessoal deve ser conduzida ou sobre até que ponto se deve confiar no julgamento do entrevistador".[74]

Apesar do fracasso dos sistemas de avaliação por comparação em empresas japonesas como a Fujitsu, a Mitsubishi Motors abandonou seu sistema de gratificação por antiguidade e implementou um sistema de avaliação de desempenho para os executivos, para o pessoal administrativo e para os operários em suas fábricas no Japão, como esta da foto, em Nagoya. Com o novo sistema sendo usado para determinar promoções e demissões, a Mitsubishi agora classifica seus funcionários em relação a comportamentos, resultados e competência.

Esse estudo, ao lado de pesquisas mais recentes, revela que não há práticas de seleção universalmente aceitas. Por isso, as empresas globalizadas que tentaram padronizar seus métodos de seleção encontraram resistência nos diferentes países. As políticas e práticas de recursos humanos precisam ser adaptadas para refletir as normas culturais e os valores sociais, bem como as diferenças legais e econômicas entre as nações.

Avaliação de desempenho

Examinamos previamente o papel que a avaliação de desempenho representa para a motivação e o comportamento. Deve-se tomar muito cuidado, contudo, ao fazer generalizações multiculturais. Por quê? Porque muitas culturas não se preocupam especificamente com a avaliação de desempenho, ou o fazem de maneira distinta daquilo que acontece, por exemplo, nos Estados Unidos ou no Canadá.

Vamos examinar quatro dimensões culturais: individualismo/coletivismo, relação pessoal com o ambiente, orientação temporal e foco de responsabilidade.

Culturas individualistas, como a dos Estados Unidos, enfatizam sistemas formais de avaliação de desempenho em detrimento dos sistemas informais. Elas defendem, por exemplo, o uso de avaliações escritas a intervalos regulares, cujos resultados são compartilhados com os funcionários e servem de base para a determinação de recompensas. Por outro lado, as culturas coletivistas, dominantes na Ásia e em parte da América Latina, são caracterizadas por sistemas mais informais — que menosprezam o feedback escrito e desvinculam a alocação de recompensas das avaliações de desempenho. A Fujitsu, gigante japonesa de tecnologia, por exemplo, introduziu um sistema formal de avaliação com base no desempenho em meados da década de 1990. Recentemente, contudo, a empresa abandonou o sistema reconhecendo que ele "não deu certo porque não se ajustou à cultura empresarial japonesa (coletivista)".[75]

As empresas norte-americanas e canadenses delegam aos indivíduos a responsabilidade por suas ações porque as pessoas desses países acreditam que podem dominar seu ambiente. No Oriente Médio, por outro lado, as avaliações de desempenho não são amplamente utilizadas, já que naquele países os executivos acreditam que as pessoas são dominadas pelo ambiente.

Alguns países, como os Estados Unidos, possuem uma orientação de curto prazo. As avaliações de desempenho tendem a ser freqüentes nesse tipo de cultura — são realizadas, pelo menos, uma vez ao ano. No Japão, onde se pensa em prazos mais longos, as avaliações de desempenho podem ocorrer apenas uma vez a cada cinco ou dez anos.

Israel valoriza muito mais as atividades de grupo do que os Estados Unidos ou o Canadá. Assim, enquanto os executivos norte-americanos enfatizam o indivíduo na avaliação de desempenho, seus colegas israelenses tendem a enfatizar as contribuições e o desempenho do grupo.

Administrando a diversidade nas organizações

David Morris e seu pai, Saul, fundaram a Habitat International em 1981. Sediada em Rossville, na Geórgia, a empresa fabrica grama sintética em forma de carpete, para uso em áreas internas e externas. Desde o início, os Morris contrataram refugiados do Camboja, da Bósnia e do Laos, muitos dos quais nem falavam inglês. Quando

> Por meio de uma iniciativa denominada Intercâmbio de Bem-Estar, a Goldman Sachs ajuda seus funcionários a equilibrar suas responsabilidades com o trabalho e com a família. O banco de investimento oferece 16 semanas remuneradas de licença-maternidade, além de diversos serviços de assistência à criança. Os esquemas de horários flexíveis permitem que pessoas como Mark Diorio, que faz parte da equipe do banco de dados da empresa, trabalhem em casa às segundas-feiras e alternem as sextas-feiras para ficar mais tempo com os filhos.

um assistente social sugeriu, em 1984, que eles contratassem pessoas com deficiência mental, Saul vacilou. Contratar um portador de síndrome de Down, por exemplo, parecia muito arriscado. Mas David tinha outra opinião. Pediu ao pai que considerasse a idéia.[76]

O primeiro grupo de oito portadores de deficiência mental chegou acompanhado de um responsável do serviço social e foi imediatamente trabalhar na seção de embalagens. Duas semanas mais tarde, conta Saul, alguns funcionários foram procurá-lo para perguntar por que a empresa "não contratava mais pessoas como aquelas, que faziam seu trabalho com cuidado, orgulho e sempre sorrindo".

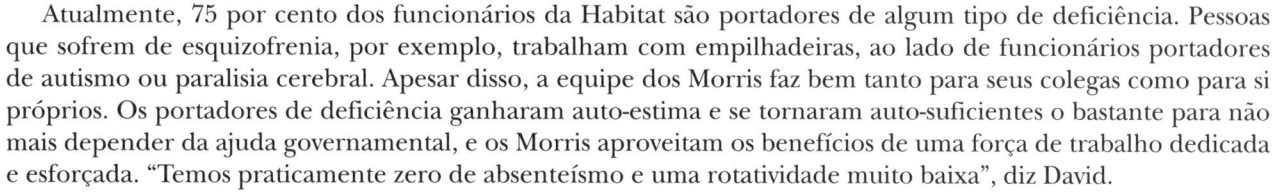

Atualmente, 75 por cento dos funcionários da Habitat são portadores de algum tipo de deficiência. Pessoas que sofrem de esquizofrenia, por exemplo, trabalham com empilhadeiras, ao lado de funcionários portadores de autismo ou paralisia cerebral. Apesar disso, a equipe dos Morris faz bem tanto para seus colegas como para si próprios. Os portadores de deficiência ganharam auto-estima e se tornaram auto-suficientes o bastante para não mais depender da ajuda governamental, e os Morris aproveitam os benefícios de uma força de trabalho dedicada e esforçada. "Temos praticamente zero de absenteísmo e uma rotatividade muito baixa", diz David.

O caso da Habitat International ilustra o papel que a seleção de funcionários pode ter para aumentar a diversidade. Mas os programas eficazes de diversidade vão muito além da simples contratação de uma força de trabalho diversificada. Eles incluem a administração de conflitos no ambiente de trabalho e daqueles próprios da vida e treinamento para a diversidade. Essas parecem ser características comuns às principais organizações que construíram uma reputação de líder da diversidade — empresas como Avon, McDonald's, Fannie Mae, PepsiCo, Xerox, Safeway e Hilton Hotels.[77]

Conflitos entre a vida profissional e a vida pessoal

No Capítulo 1, falamos do equilíbrio entre a vida profissional e a pessoal e discutimos as forças que vêm diluindo as fronteiras entre ambas. Nesta seção, vamos elaborar melhor o tema — especialmente no que se refere ao que as empresas podem fazer para ajudar a resolver esses conflitos.

Os conflitos entre vida profissional e pessoal começaram a chamar a atenção dos executivos na década de 1980, principalmente por causa do aumento do número de mulheres com filhos que entravam no mercado de trabalho. Em resposta, a maioria das grandes empresas empreendeu ações para tornar seus ambientes de trabalho mais amigáveis para as famílias.[78] Elas introduziram programas como creche no local de trabalho, acampamentos, horários flexíveis, emprego compartilhado, abonos para comparecimento na escola dos filhos, telecomutação e empregos de meio período. Mas as empresas logo perceberam que esses conflitos não são exclusivos das mulheres com filhos. Os funcionários e as funcionárias sem filhos também têm problemas. A carga de trabalho excessiva e a grande demanda por viagens a trabalho, por exemplo, crescentemente dificultam o ajuste entre as demandas profissionais e as responsabilidades pessoais para muitos trabalhadores. Um estudo da Universidade de Harvard, por exemplo, revelou que 82 por cento dos homens com idade entre 20 e 39 anos consideravam os programas "amigáveis para as famílias" o critério mais importante na escolha de um emprego.[79] Mesmo aqueles funcionários que parecem "dar conta de tudo" estão começando a sentir culpa ou estresse.[80]

O ambiente de trabalho está se modificando progressivamente para acomodar as diferentes necessidades de uma força de trabalho diversificada. Isso inclui a oferta de vários tipos de esquemas de horário de trabalho e de benefícios que lhes dêem maior flexibilidade e mais oportunidade de equilibrar a vida profissional e a pessoal. Os funcionários dos escritórios centrais da rede varejista Eddie Bauer, por exemplo, têm horários flexíveis, e um amplo cardápio de serviços à sua disposição, como entrega e recolhimento de lavanderia, caixas eletrônicos, uma academia de ginástica com *personal trainers*, vacinação contra gripe, reuniões dos Vigilantes do Peso e seminários sobre finanças.[81] O Quadro 17-2 mostra alguns exemplos de iniciativas que foram tomadas pelas empresas para ajudar seus funcionários a reduzir os conflitos entre a vida profissional e a pessoal.

Pesquisas recentes sobre o assunto trouxeram novas informações sobre o que funciona e quando. Por exemplo, as evidências indicam que as pressões de tempo não são o problema principal.[82] O que importa é a interferência psicológica da vida profissional na vida familiar, e vice-versa. As pessoas se preocupam com a família durante o trabalho e pensam no trabalho quando estão em casa. Assim, o pai pode estar fisicamente presente à mesa do jantar, mas sua mente está longe. Isso sugere que as empresas não devem se preocupar tanto com a questão dos horários de trabalho, mas sim em ajudar seus funcionários a segmentar melhor suas vidas. Manter cargas de trabalho razoáveis, diminuir o número de viagens de negócios e oferecer creche de qualidade na empresa são algumas práticas que podem auxiliar. Além disso, descobriu-se que as pessoas diferem em suas preferências quanto às opções de

QUADRO 17-2 Iniciativas para Reduzir Conflitos entre a Vida Profissional e a Vida Pessoal

Estratégia	Programa ou política	Exemplo
Estratégias com base no tempo	Horários flexíveis Compartilhamento de tarefas Trabalho de meio período Licença-maternidade ou paternidade Telecomutação Fechamento de unidades para celebrações especiais	Na Mentor Graphics, 98 por cento dos funcionários utilizam horários flexíveis; a IBM concede licença-maternidade ou paternidade de até 3 anos com garantia no emprego; a J.M. Smuckers fecha sua fábrica no primeiro dia da temporada de caça nos locais onde o esporte é praticado.
Estratégias com base na informação	Site na intranet sobre o equilíbrio entre vida profissional e pessoal Assistência a recolocação Recursos para programas de terceira idade	A Ernst & Young oferece sites em sua intranet com informações sobre como redigir pedidos de horários flexíveis, encontrar parceiro para emprego compartilhado etc.
Estratégias financeiras	Convênios com creches Benefícios flexíveis Assistência para a adoção Convênios com instituições de ensino Licenças remuneradas	Na Lucent Technologies, os funcionários com mais de 6 meses de casa podem tirar licença-maternidade ou paternidade de até 52 semanas com metade do salário.
Serviços diretos	Creche Cuidados emergenciais Salão de estética/saúde Serviços de atendimento	A S.C. Johnson oferece serviços subsidiados de atendimento para compras, oficinas mecânicas etc. A AFLAC possui duas creches. A Genentech possui salão de beleza. A Stratus Technologies oferece mamografia e exames de câncer de pele. As maiores unidades da Johnson & Johnson possui academia de ginástica.
Estratégias de mudança de cultura	Treinamento para os executivos ajudarem seus subordinados a enfrentar os conflitos entre a vida profissional e a vida pessoal Remuneração dos executivos vinculada à satisfação dos funcionários Foco no desempenho real dos funcionários e não no cumprimento de horários	Lucent, Marriott, Merck, Pfizer, Prudential e Xerox são algumas da empresas que vinculam a remuneração de seus executivos à satisfação dos funcionários.

Fonte: Baseado em C.A. Thompson, "Managing the work-life balancing act: an introductory exercise", *Journal of Management Education*, abr. 2002, p. 210; e R. Levering e M. Moskowitz, "The best in the worst of times", *Fortune*, 4 fev. 2002, p. 60-90.

benefícios, o que não é surpreendente.[83] Alguns preferem iniciativas da empresa que separem melhor o trabalho de suas vidas pessoais. Outras, que se facilite essa integração. Por exemplo, os horários flexíveis atendem ao primeiro grupo, pois o funcionário pode escolher o horário menos conflitante com seus afazeres pessoais. Por outro lado, a creche ajuda na integração por diluir as barreiras entre o trabalho e as responsabilidades familiares. Os adeptos da segmentação preferem iniciativas como horários flexíveis, compartilhamento de tarefas e trabalho em período parcial. Aqueles que preferem a integração respondem mais positivamente a iniciativas como creches, academias de ginástica e atividades de lazer com os familiares.

Treinamento para a diversidade

O ponto central da maioria dos programas para a diversidade é o treinamento. Por exemplo, uma pesquisa recente revelou que, entre as empresas que adotam qualquer iniciativa desse tipo, 93 por cento utilizam o treinamento como parte do programa.[84] Os programas de treinamento para a diversidade são geralmente voltados para o aumento da consciência e para o exame dos estereótipos. Os participantes aprendem a valorizar as diferenças individuais, aumentam sua compreensão multicultural e confrontam estereótipos.[85] Na atual economia globalizada, e após os ataques terroristas de 11 de setembro, o treinamento para a diversidade é fundamental para incrementar a cooperação entre equipes multinacionais, facilitar o aprendizado dos grupos e reduzir atritos culturais.[86]

Um programa típico dura entre meio dia até três dias e inclui exercícios de dramatização, palestras, discussões e experiências em grupos. Um exercício de treinamento na Hartford Insurance que buscava aumentar a sensibilidade para a questão do envelhecimento, por exemplo, colocou quatro perguntas para os participantes: (1) Se você não soubesse sua idade, quantos anos acha que teria? Em outras palavras, qual a idade que você sente ter? (2) Quando eu tinha 18 anos, achava que a meia-idade começava aos .... (3) Hoje, acredito que a meia-idade começa aos .... (4) Qual seria sua primeira reação se alguém se referisse a você como um "funcionário mais velho"?[87] As respostas foram então utilizadas para a análise dos estereótipos relacionados ao envelhecimento. Em outro programa que visava melhorar a consciência em relação ao poder dos estereótipos, cada participante devia fazer uma redação anônima, detalhando todos os estereótipos que eles relacionavam a grupos — mulheres, cristãos renascidos, negros, homossexuais, latinos ou homens.[88] Pedia-se também aos participantes que explicassem as causas dos problemas surgidos na convivência com determinados grupos no passado. Com base nas respostas, foram convidados palestrantes para falar sobre cada um desses estereótipos. Em seguida, foi aberta uma ampla discussão sobre o tema.

Resumo e implicações para os executivos

As políticas e práticas de recursos humanos de uma organização representam forças importantes para a modelagem das atitudes e dos comportamentos dos funcionários. Neste capítulo, discutimos especificamente as práticas de seleção, os programas de treinamento e desenvolvimento e os sistemas de avaliação de desempenho.

Práticas de seleção

As práticas de seleção de uma organização determinam quem será contratado. Se forem elaboradas adequadamente, podem identificar candidatos competentes e ajustá-los apropriadamente às suas atribuições e à organização. A utilização dos aparatos de seleção adequados aumenta a probabilidade de que a pessoa certa seja escolhida para preencher uma vaga.

Embora a seleção de funcionários não seja uma ciência, algumas organizações não conseguem criar seu sistema de seleção de maneira a maximizar a probabilidade de adequação entre a pessoa e o trabalho. Quando se comete esse erro, o desempenho do candidato escolhido pode ficar abaixo das expectativas. Pode haver necessidade de treinamento para melhorar as habilidades dele. No pior dos cenários, ele pode revelar-se totalmente inadequado e precisar ser logo substituído. Da mesma forma, quando o processo de seleção resulta na contratação de candidatos pouco qualificados ou que não se ajustam à organização, eles provavelmente vão se sentir ansiosos, tensos e pouco confortáveis. Isso, por sua vez, pode aumentar a insatisfação com o trabalho.

Programas de treinamento e desenvolvimento

Os programas de treinamento podem afetar o comportamento no trabalho de duas maneiras. A mais óbvia é pelo aperfeiçoamento das habilidades necessárias para que o funcionário realize suas tarefas com sucesso. Isso aumenta o potencial de desempenho de alto nível. Evidentemente, a realização desse potencial é, em grande parte, uma questão de motivação.

Um segundo benefício do treinamento é que ele melhora a auto-eficácia do funcionário. Como já mencionamos no Capítulo 6, a auto-eficácia é a expectativa que o indivíduo tem em relação a ser capaz de executar os comportamentos necessários para chegar a um certo resultado.[89] Para os funcionários, esses comportamentos são as tarefas do trabalho, e o resultado é um desempenho eficaz. Os funcionários com elevada auto-eficácia possuem fortes expectativas em relação às suas habilidades para ter um bom desempenho em situações novas. São confiantes e contam com o seu sucesso. O treinamento, portanto, é um meio de influenciar positivamente a auto-eficácia por fazer com que os funcionários se tornem mais dispostos a enfrentar as tarefas e a se esforçarem mais no trabalho. Em termos de expectativas (veja o Capítulo 6), os indivíduos têm maior probabilidade de perceber seus esforços como um meio para melhorar o desempenho.

Avaliação de desempenho

Uma das principais metas da avaliação de desempenho é analisar cuidadosamente a contribuição do desempenho de um indivíduo como base para decisões sobre alocação de recompensas. Se o processo de avaliação enfatizar os critérios errados ou avaliar imprecisamente o desempenho real no trabalho, os funcionários poderão receber recompensas abaixo ou acima do merecido. Como demonstramos no Capítulo 6, na discussão sobre a teoria da eqüidade, isso pode levar a conseqüências negativas, como a redução do esforço, o aumento do absenteísmo ou a busca de alternativas de trabalho fora da empresa. Além disso, há evidências de que o conteúdo do sistema de avaliação influencia o desempenho e a satisfação dos funcionários.[90] Mais especificamente, o desempenho e a satisfação melhoram quando a avaliação é baseada em critérios comportamentais e orientados para resultados, quando as questões do desempenho e da carreira são abertamente discutidas e quando o funcionário tem a oportunidade de participar do processo de avaliação.

PONTO ▶ ◀ CONTRAPONTO

Está na hora de abolir as avaliações de desempenho

As avaliações de desempenho fracassaram. Elas tomam muito tempo e esforço dos executivos. E, em vez de resultarem em informações válidas e confiáveis para as decisões de recursos humanos, elas nada mais fazem do que desmotivar os funcionários. Da forma como são praticadas hoje, as avaliações de desempenho oferecem apenas dados sem nenhum valor e deixam os funcionários aborrecidos, desconfiados e cínicos.

Existem muitas razões para eliminar as avaliações de desempenho.[91] O processo todo, por exemplo, é essencialmente político. Ele é usado pela administração com propósitos ocultos — para se defender de processos jurídicos, para justificar diferenças de níveis de remuneração, para recompensar aliados ou para punir inimigos. Os funcionários percebem o processo como uma fraude que pode ser manipulada para fins políticos. Por isso, a maioria não vê valor algum nem no processo, nem nos seus resultados finais.

As avaliações de desempenho são subjetivas. Apesar dos esforços para formalizar e sistematizar o processo, os erros de avaliação continuam a comprometer a confiabilidade dos resultados. Esses resultados costumam, também, ser inflacionados e não diferenciadores. Normalmente, cerca de 80 por cento dos funcionários são avaliados como acima da média de desempenho. Isso supervaloriza a contribuição de muitos, ao mesmo tempo que não identifica os desempenhos mais fracos.

Os funcionários não estão imunes à influência das avaliações periódicas de desempenho. Mesmo não acreditando no processo, todos querem uma avaliação positiva. Freqüentemente, isso os leva a desviar seus esforços para as áreas que eles sabem que serão objeto de avaliação. É o que explica, evidentemente, alguns comportamentos que prejudicam o desempenho geral da organização — como seguir regras sem sentido ou investir em práticas sem nenhuma conseqüência de longo prazo, mas que trazem pequenas compensações de imediato.

As avaliações de desempenho eram adequadas ao mundo empresarial das décadas de 1950 e 1960 — um mundo de organizações burocráticas, administradas por dirigentes do tipo comando-e-controle. No cenário atual, de trabalho em equipe e maior autonomia, elas se tornaram obsoletas e devem ser abolidas.

Ninguém pode negar que as avaliações de desempenho têm suas falhas. Mas não existe motivo para que elas sejam abolidas.

Se você eliminar as avaliações, o que vai tomar o lugar delas? Vamos continuar precisando de um tipo de mensuração da contribuição dos funcionários. Precisamos manter as pessoas responsáveis pelos compromissos assumidos com seus grupos de trabalho e com a organização; e os funcionários precisam de algum tipo de feedback sobre sua contribuição e sobre como aprimorá-la quando necessário.

Muitos dos aspectos negativos da avaliação de desempenho podem ser sanados se seguirmos o que já aprendemos acerca do que torna um julgamento mais válido e confiável e se focarmos mais o desenvolvimento do que a avaliação.

Boa parte das críticas refere-se à maneira como o processo é realizado. Por isso, fazer com que os funcionários participem da fixação de suas metas e realizem auto-avaliações torna o processo mais democrático e menos ameaçador. A utilização de avaliações comparativas pode reduzir a inflação dos resultados. O uso de diversos avaliadores diminui a probabilidade da influência política e aumenta a validade dos resultados.

Além disso, a avaliação de desempenho deve servir para mais do que um simples julgamento. Ou seja, deve servir para algo mais do que descobrir o que está errado. Ela deve ser usada para o desenvolvimento — para ajudar os funcionários a aprender como melhorar. Quando o processo está mais focado no desenvolvimento do que na avaliação, boa parte das críticas perde o sentido. No papel de desenvolvedores, os executivos não precisam mais "brincar de Deus". Ao contrário, eles se tornam treinadores que ajudam os subordinados a melhorar seu desempenho.

Os argumentos contra a avaliação de desempenho são utilizados da maneira errada. O conceito é sólido. O que precisa ser abolido são os erros na administração do processo. Ao se enfatizar o desenvolvimento, e não o julgamento, e se certificar de que serão utilizadas as melhores práticas, a avaliação de desempenho pode ser uma ferramenta valiosa para o aperfeiçoamento tanto dos funcionários como da organização.

Questões para revisão

1. O que são centros de avaliação? Por que você diria que eles podem ser mais eficazes na seleção de executivos do que os testes escritos tradicionais?
2. Compare o treinamento formal com o informal.
3. As organizações podem ensinar ética aos funcionários por meio de treinamento?
4. Qual a relação entre os estilos de aprendizagem e a eficácia do treinamento?
5. Por que as organizações avaliam seus funcionários?
6. Quais são as vantagens e as desvantagens dos seguintes métodos de avaliação de desempenho? (1) Relatórios escritos. (b) Escalas gráficas de mensuração. (c) Escalas de mensuração com âncora comportamental.
7. Que problemas, na sua opinião, podem surgir com a utilização das avaliações de 360 graus?
8. Como os executivos podem avaliar efetivamente os indivíduos quando eles fazem parte de uma equipe de trabalho?
9. Como o sistema de avaliação de desempenho da organização pode afetar o comportamento dos funcionários?
10. O que é o treinamento para a diversidade? Você acha que ele pode ser eficaz?

Questões para reflexão crítica

1. Como a frase "o melhor indicador do comportamento futuro é o comportamento passado" pode orientar você no gerenciamento dos recursos humanos?
2. Por que você acha que os empregadores dão tanta importância às entrevistas como ferramenta de seleção?
3. Descreva o programa de treinamento que você elaboraria para ajudar os funcionários a desenvolverem suas habilidades interpessoais. Em que esse programa seria diferente de outro que você desenharia para melhorar o comportamento ético dos funcionários?
4. A GE se orgulha de elevar continuamente o nível de desempenho dos funcionários demitindo todos os anos os 10 por cento mais fracos. Por outro lado, a Lincoln Electric, de Cleveland, orgulha-se de sua política sem demissões. A empresa oferece garantia de emprego desde 1958. Como duas empresas bem-sucedidas podem ter posturas tão diferentes em relação à garantia de emprego? Como essas duas abordagens podem funcionar? Quais as implicações que você vê no sucesso dessas diferentes práticas?
5. "Os programas para a redução de conflitos entre a vida profissional e a vida pessoal discriminam os funcionários solteiros." Você concorda com esta afirmação? Explique.

Exercício de grupo

Avaliação de desempenho e fornecimento de feedback

Objetivo — Experimentar na prática a avaliação de desempenho e observar o fornecimento de feedback sobre o desempenho.

Duração — Aproximadamente 30 minutos.

Procedimentos — Seleciona-se um líder na classe. Pode ser algum voluntário ou alguém indicado pelo professor. Esse líder presidirá a discussão e fará o papel do executivo no processo de avaliação.

O professor sai da sala. O líder tem até 15 minutos para ajudar a classe a avaliá-lo. O professor tem noção de que se trata somente de um exercício e está preparado para aceitar as críticas (ou algum elogio que queiram fazer). Ele também sabe que a avaliação feita pelo líder é a soma das avaliações dos diversos estudantes. Portanto, seja honesto e aberto e acredite que o professor não irá guardar rancores.

As pesquisas identificam sete dimensões de desempenho para o trabalho do professor: (1) conhecimento, (2) procedimentos de testes, (3) relação entre o professor e os alunos, (4) habilidades organizacionais, (5) habilidades de comunicação, (6) relevância do assunto e (7) utilidade das tarefas atribuídas. A discussão sobre o desempenho do professor deve focar essas sete dimensões. O líder pode tomar notas para seu próprio uso, mas não há necessidade de entregar ao professor qualquer documentação por escrito.

Quando os 15 minutos de discussão terminarem, o líder convidará o professor a voltar à sala. A avaliação terá início assim que ele passar pela porta. O líder faz o papel de executivo e o professor, dele mesmo.

Terminada a avaliação, a discussão deverá focar os critérios da avaliação de desempenho e como o líder se saiu ao fornecer o feedback de desempenho.

Dilema ético

É antiético "enfeitar" o currículo?

Quando dar uma "incrementada" nas suas realizações se torna uma fraude ou uma mentira? Um currículo deve ser 100 por cento verdadeiro? Aparentemente, muita gente não pensa assim. Uma pesquisa recente com 2,6 milhões de candidatos a emprego revelou que 44 por cento dos currículos continham alguma mentira.[92] Para ajudar a esclarecer os aspectos éticos dessa questão, vamos considerar três situações.

Sean saiu de um emprego em que seu cargo era "assistente de crédito". Ao procurar um novo emprego, ele descreveu seu cargo anterior como "analista de crédito". Ele achou que esse título causava uma impressão melhor. Essa mudança de título é desonesta?

Há cerca de oito anos, Emily deixou seu emprego e tirou nove meses para viajar pelo mundo. Com medo que isso pudesse dar a impressão de que ela seria uma pessoa instável ou sem motivação profissional, no currículo ela se referiu a esse período como de "atividades independentes de consultoria". Isso está errado?

Michael tem 50 anos e uma carreira brilhante. Há 30 anos, ele estudou por um período de cinco anos na universidade, mas nunca se formou. Ele está sendo cogitado para o cargo de vice-presidente de outra empresa, com salário de 175 mil dólares por ano. Michael sabe que tem a competência e a capacitação para o cargo, mas está ciente de que não será escolhido se confessar que não concluiu o curso superior. Ele também sabe que, a essa altura de sua carreira, há pouca probabilidade de alguém verificar os registros da universidade para saber se ele tem diploma. Michael deve colocar no seu currículo que é diplomado?

Estudo de caso

Um programa único de treinamento na UPS

Mark Colvard, gerente de uma unidade da UPS em San Ramon, na Califórnia, enfrentou uma decisão difícil recentemente. Um de seus motoristas pediu duas semanas de folga para ajudar um parente em dificuldades. Mas, pelas regras da empresa, esse motorista não podia ter tal folga. Se Colvard seguisse as regras, o motorista provavelmente se ausentaria de qualquer maneira e acabaria demitido. Por outro lado, Colvard certamente seria criticado pelos demais motoristas se abrisse uma exceção. Ele decidiu conceder a folga. Apesar de passar por alguns maus momentos por causa disso, Colvard manteve um bom funcionário na empresa.

Se essa situação tivesse ocorrido seis meses antes, Colvard diz que teria agido de outra forma. O que mudou sua opinião foi o período de um mês em que ele viveu em McAllen, no Texas, onde participou de um programa de treinamento de gerentes da UPS chamado Community Internship Program (CIP). Durante o período em McAllen, Colvard ajudou a construir casas populares, recolheu roupas para o Exército da Salvação e trabalhou em um centro de reabilitação para dependentes químicos. Colvard credita a esse programa o fato de agora conseguir empatia com seus subordinados que sofrem com problemas em casa. Ele diz que o treinamento fez dele um gerente melhor. "Minha meta era fazer números e, em muitos casos, isso significava ignorar o indivíduo e apenas cuidar dos resultados financeiros. Depois do treinamento, passei imediatamente a me relacionar de outra maneira com as pessoas."

Esse programa foi implementado pela UPS no final da década de 1960 para conscientizar seus gerentes, na maioria brancos de classe média, sobre a pobreza e as desigualdades presentes em muitas cidades norte-americanas. Atualmente, a cada verão o programa escolhe 50 dos mais promissores executivos da empresa e os envia a pequenas cidades por todo o país. Lá, eles cuidam de uma grande variedade de desafios, como moradia, transporte, educação e saúde pública. O objetivo da empresa é conscientizar os executivos sobre os problemas enfrentados por seus subordinados, bem como fazer uma ponte cultural entre indivíduos de etnias diferentes ou provenientes de estratos socioeconômicos diversos.

Questões

1. Você acha que uma pessoa pode aprender empatia em um treinamento com duração de um mês? Explique.

2. Como o programa da UPS pode ajudar a empresa a administrar melhor a questão dos conflitos entre a vida profissional e a vida pessoal?

3. Como o programa pode ajudar no trato da questão da diversidade?

4. Quais as conseqüências negativas que podem resultar de um programa como esse?

5. A UPS tem 2.400 gerentes. O programa de treinamento é destinado a apenas 50 deles. Como o programa pode fazer alguma diferença se inclui apenas 2 por cento dos executivos? Essa porcentagem não pode indicar que se trata mais de um programa de relações públicas do que de treinamento?

6. Como a UPS justifica o custo de um programa desses quando a concorrência — como a FedEx, a DHL e os próprios correios dos Estados Unidos — não oferece nada parecido? O programa não aumenta os custos ou reduz a lucratividade da UPS?

Fonte: Baseado em L. Lavelle, "For UPS managers, a school of hard knocks", *Business Week*, 22 jul. 2002.

PARTE V — A DINÂMICA ORGANIZACIONAL

CAPÍTULO 18

Mudança organizacional e administração do estresse

Depois de ler este capítulo, você será capaz de:

OBJETIVOS DO APRENDIZADO

1. Descrever as forças que atuam como estímulos à mudança.
2. Resumir as fontes de resistência à mudança, tanto individuais como organizacionais.
3. Resumir o modelo de mudança de três etapas de Lewin.
4. Explicar os valores que embasam as principais atividades de desenvolvimento organizacional (DO).
5. Identificar as características das organizações inovadoras.
6. Listar as características das organizações que aprendem (*learning organizations*).
7. Descrever as fontes potenciais de estresse.
8. Explicar as variáveis de diferenças pessoais que moderam a relação estresse-desempenho.

No dia 7 de junho de 1993, o presidente da Samsung, Kun-Hee Lee (foto), anunciou oficialmente sua política de "Nova Administração". Sua meta? Fazer uma revisão completa na organização da Samsung. Em vez de se concentrar na fabricação de produtos baratos, que eram cópias pioradas de produtos desenhados por outros, Lee desafiou sua equipe a transformar a Samsung em uma empresa realmente inovadora, aplicando tecnologia de ponta.[1]

Uma década depois, Lee atingiu sua meta. Hoje, por exemplo, a empresa sul-coreana é líder mundial na produção de chips de memória, LCDs, monitores e tubos de raios catódicos. E a Samsung introduziu alguns produtos inovadores, como celulares que também são palmtops, televisores de tela plana e laptops ultrafinos.

Depois de seu anúncio, Lee enfrentou uma série de barreiras para implementar suas mudanças. Duas delas foram particularmente complexas. Uma era o descaso com a qualidade. O enfoque histórico da empresa em volume de produção estimulava os funcionários a priorizar a quantidade em detrimento da qualidade. Assim, produtos defeituosos eram vistos como um "mal necessário" decorrente do grande volume de produção. A outra barreira era o medo que os funcionários tinham de se expressar. A cultura hierarquizada e respeitosa da Samsung desencorajava os funcionários a questionar a autoridade dos chefes ou a pensar de maneira inovadora.

Para superar essas barreiras, Lee introduziu diversas mudanças radicais. Para melhorar a qualidade, ele implantou um sistema pelo qual qualquer operário pode interromper a linha de produção caso perceba algum defeito, adotou um programa de controle de qualidade que estabelece um máximo de 3,4 defeitos por milhão de unidades ou procedimentos e introduziu diversos outros métodos de controle de qualidade. Para tirar os operários da apatia, Lee os desafiou a "mudar tudo, menos os cônjuges e os filhos". E, para sacudir a cultura da Samsung, os operários receberam autonomia muito maior na tomada de decisões; os altos executivos tiveram de deixar suas salas e visitar as fábricas com mais constância; regras desnecessárias ou incoerentes foram eliminadas; as tarefas foram reestruturadas de modo que engenheiros e designers foram obrigados a trabalhar juntos nos projetos e, quebrando a tradição de emprego vitalício da empresa, altos executivos foram demitidos para dar lugar a líderes mais jovens e de estilo mais agressivo.

Enquanto boa parte de seus concorrentes — como Fujitsu, Hitachi, Matsushita, Toshiba, Ericcson e Gateway — estão perdendo dinheiro ou realizando lucros baixos, a Samsung continua solidamente lucrativa. Em 2003, por exemplo, o lucro da empresa foi de 5 bilhões de dólares, com vendas de 36 bilhões de dólares. Este sucesso em um mercado altamente globalizado se deve, em grande parte, à nova administração de Lee e a um comprometimento constante com as mudanças.

A Este capítulo trata da mudança e do estresse. Descreveremos forças ambientais que estão exigindo que os executivos implementem programas abrangentes de mudanças. Examinaremos, também, por que as pessoas e as organizações freqüentemente resistem a mudanças, bem como as maneiras de superar essas resistências. Vamos revisar diversos processos para administrar a mudança organizacional. Também discutiremos aspectos contemporâneos da mudança para os executivos de hoje. Depois, falaremos do estresse. Vamos comentar suas fontes e suas conseqüências. Finalmente, concluiremos o capítulo com uma discussão sobre o que os indivíduos e as organizações podem fazer para administrar melhor os níveis de estresse.

Forças para a mudança

Até o final da década de 1990, as redes varejistas de música Wherehouse Entertainment e Tower Records eram empresas com rápido crescimento e alta lucratividade nos Estados Unidos. Os jovens corriam para megalojas atrás de uma grande variedade de títulos e de preços competitivos. Mas o mercado mudou, e essas redes sofreram as conseqüências.[2] A prática de baixar músicas pela Internet, de forma legal ou ilegal, reduziu drasticamente o volume de vendas de CDs. A concorrência de empresas eletrônicas como a Amazon.com e de outras redes que passaram a comercializar esses produtos, como a Wal-Mart e a Target, roubou mais uma fatia de seu mercado. Em janeiro de 2003, a Wherehouse foi à falência. No ano seguinte, foi a vez da Tower.

As organizações de hoje enfrentam um ambiente cada vez mais dinâmico e mutável. Isso exige que elas se adaptem às novas condições. "Mude ou morra!" é o grito de guerra que hoje corre entre os executivos em todo o mundo. O Quadro 18-1 resume seis forças específicas que estimulam a mudança.

Em diversos pontos deste livro, mencionamos a *natureza mutável da força de trabalho*. Por exemplo, quase todas as organizações hoje têm de se ajustar a um ambiente multicultural. As políticas e práticas de recursos humanos tiveram de mudar para conseguir atrair e reter essa força de trabalho mais diversa. Várias empresas hoje estão precisando investir muito em treinamento para melhorar leitura, cálculo, computação e outras habilidades de seus funcionários.

A *tecnologia* está mudando o trabalho e as organizações. Por exemplo, os computadores agora são comuns em todas as empresas; telefone celular está se tornando um artigo de primeira necessidade para grande parcela da população. As redes de computadores estão remodelando setores inteiros da economia. A indústria fonográfica, como mencionamos em nosso exemplo, tem de enfrentar as conseqüências econômicas da popularização do compartilhamento de músicas pela Internet. A longo prazo, as pesquisas genéticas capacitarão a indústria farmacêutica a desenvolver medicamentos personalizados, criando um dilema para as empresas seguradoras sobre quem pode ser ou não segurado.

QUADRO 18-1 Forças para a Mudança

Força	Exemplos
Natureza da força de trabalho	Maior diversidade cultural Envelhecimento da população Muitos recém-contratados com habilidades inadequadas
Tecnologia	Computadores mais rápidos, mais baratos e portáteis Compartilhamento de músicas on-line Pesquisas na área de genética humana
Choques econômicos	Ascensão e queda das empresas "ponto-com" Colapso no mercado de ações em 2000-2002 Taxas de juros historicamente baixas
Competição	Concorrência globalizada Fusões e consolidações Crescimento do comércio eletrônico
Tendências sociais	Salas de bate-papo na Internet Aposentadoria da geração dos Baby Boomers Expansão das grandes redes varejistas
Política internacional	Invasão do Iraque Abertura de mercados na China Guerra ao terrorismo após a tragédia de 11 de setembro

Vivemos em uma "era de descontinuidade". Nas décadas de 1950 e 1960, o passado representava um prólogo aceitável para o futuro. O amanhã era essencialmente a extensão das tendências do ontem. Isso não é mais verdade. Desde o início dos anos 70, quando o preço do petróleo nos mercados internacionais quadruplicou da noite para o dia, *choques econômicos* vêm impondo contínuas mudanças às organizações. Em anos mais recentes, por exemplo, novas empresas "ponto-com" foram criadas, produziram algumas dezenas de milhares de milionários instantâneos e, em seguida, quebraram. O declínio do mercado de ações entre 2000 e 2002 erodiu cerca de 40 por cento das poupanças dos trabalhadores norte-americanos, obrigando muitos deles a adiar a aposentadoria. O nível extremamente baixo dos juros estimulou um rápido aumento nos valores dos imóveis, o que ajudou a sustentar os gastos dos consumidores e provocou um salto na demanda por serviços de construção civil, decoração, varejo de móveis, hipotecas e outros setores relacionados a moradia.

A *competição* está mudando. A economia globalizada significa que a concorrência pode estar do outro lado da cidade ou do outro lado do mundo. O aumento da competição significa também que as organizações já estabelecidas precisam se defender tanto dos concorrentes tradicionais, que desenvolvem novos produtos e serviços, como das empresas pequenas e empreendedoras, que surgem com ofertas inovadoras. As organizações bem-sucedidas serão aquelas capazes de mudar para responder à concorrência. Elas terão de ser ágeis, desenvolver novos produtos rapidamente e colocá-los prontamente no mercado. Terão de contar com processos de produção mais curtos, ciclos menores nos produtos e uma linha contínua de novidades. Em outras palavras, terão de ser flexíveis. Terão de contar, também, com uma força de trabalho igualmente flexível, que consiga se adaptar às condições de mudanças rápidas e, às vezes, radicais.

As *tendências sociais* também se modificam. Em comparação com 15 anos atrás, por exemplo, agora as pessoas conversam e trocam informações nas salas de bate-papo da Internet; a geração dos Baby Boomers começa a se aposentar e os consumidores preferem fazer compras em hipermercados ou grandes redes varejistas.

Neste livro, tentamos dar uma visão do comportamento organizacional dentro de um contexto global. Embora as escolas de Administração já façam referências a uma perspectiva global desde o início dos anos 80, ninguém — nem mesmo os mais exaltados defensores da globalização — poderia imaginar como a *política internacional* iria se modificar nos últimos anos. Vimos o colapso da União Soviética; a abertura da África do Sul e da China; explosões quase diárias de homens-bomba no Oriente Médio e, obviamente, o levante do fundamentalismo islâmico. A invasão do Iraque pelos Estados Unidos é seguida por uma onerosa reconstrução daquele país, além de um clima de antiamericanismo em todo o mundo. Os ataques terroristas de 11 de setembro de 2001 em Nova York e Washington causaram mudanças em práticas administrativas relacionadas à criação sistemas de backup, à segurança dos funcionários, a questões de biografia e rotulagem dos funcionários, e a uma ansiedade pós-terrorismo generalizada.

Administrando a mudança planejada

Um grupo de funcionários de um pequena empresa de limpeza desafiou seu empregador: "É muito difícil, para a maioria de nós, manter um esquema rígido de trabalho das 7h às 16h", disse o porta-voz. "Todos temos importantes responsabilidades familiares e pessoais. Um horário rígido de trabalho não nos convém. Vamos procurar outro emprego se não conseguirmos um horário flexível em sua empresa." O proprietário ouviu atentamente esse ultimato e concordou com a reivindicação. No dia seguinte, apresentou um plano de flexibilização de horário.

Uma grande indústria automobilística investiu bilhões de dólares para instalar um sistema robotizado ultramoderno. Uma das áreas que deveriam receber o novo equipamento era o controle de qualidade. Seria instalado um sofisticado equipamento controlado por computador, que melhoraria significativamente a capacidade da empresa para detectar e corrigir defeitos. Como o novo equipamento iria mudar drasticamente o trabalho das pessoas do setor de controle de qualidade, e como a administração sabia que os funcionários iriam resistir a isso, os executivos desenvolveram um programa para ajudar as pessoas a se familiarizar com o novo aparato e a lidar com as possíveis ansiedades causadas pela situação.

Ambos os cenários são exemplos de **mudança,** ou seja, referem-se a fazer as coisas de maneira diferente. Contudo, apenas o segundo cenário descreve uma **mudança planejada**. Muitas mudanças nas organizações são como aquela ocorrida na empresa de limpeza — elas apenas acontecem. Algumas organizações tratam todas as mudanças como ocorrências acidentais. Entretanto, estamos preocupados com as mudanças de atividades que sejam proativas e significativas. Neste capítulo, vamos falar da mudança como uma atividade intencional e orientada para resultados.

Quais são os objetivos da mudança planejada? Essencialmente dois. Primeiro, ela busca melhorar a capacidade da organização de se adaptar às mudanças em seu ambiente; segundo, visa mudar o comportamento dos funcionários.

Para que uma organização sobreviva, ela tem de responder às mudanças em seu ambiente. Quando a concorrência lança novos produtos ou serviços, quando o governo baixa novas leis, quando importantes fontes de insumos saem do mercado ou quando qualquer outra mudança ambiental desse tipo acontece, a organização precisa adaptar-se ao novo cenário. Esforços para estimular a inovação, programas de autonomia para os funcionários e adoção do trabalho em equipes são alguns exemplos de atividades de mudança planejada, voltadas para responder às mudanças ocorridas no ambiente da empresa.

Como o sucesso, ou o fracasso, de uma empresa se deve essencialmente às coisas que seus funcionários são ou não capazes de realizar, a mudança planejada também está voltada para a mudança do comportamento das pessoas e dos grupos dentro da organização. Neste capítulo, vamos rever algumas técnicas que as organizações podem utilizar para fazer com que as pessoas a se comportem de modo diferente em seu trabalho e em sua interação com as demais.

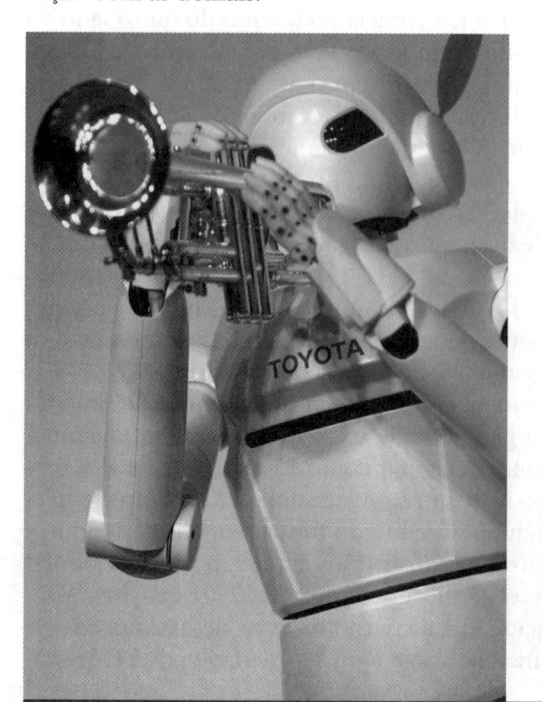

Quem é responsável pela administração das atividades de mudança dentro da organização? A resposta é: os **agentes de mudança**.[3] Eles podem ser executivos ou não, funcionários da organização ou consultores externos. Um exemplo atual de agente de mudança interno é Lawrence Summers, reitor da Universidade de Harvard.[4] Desde que assumiu o posto em 2001, Summers tem buscado agressivamente modificar a cultura apática da universidade liderando uma batalha pela melhoria dos currículos, propondo maior participação da universidade nos problemas de

A Toyota Motors Corporation está assumindo uma posição proativa para a mudança ao desenvolver "robôs parceiros" projetados para trabalhar nas áreas de assistência humana, cuidados com idosos, manufatura e mobilidade. Com os baixos índices de natalidade e o rápido envelhecimento da população no Japão, a Toyota percebeu que é preciso assegurar uma mão-de-obra estável para o futuro, de modo que o país possa gozar de padrões de vida confortáveis. O robô da foto ao lado possui lábios artificiais que o permitem tocar o trompete.

educação e saúde pública e reorganizando a instituição para concentrar mais poder em suas mãos. Apesar de seus críticos dizerem que Summers "tem ofendido quase todo o mundo", ele conseguiu implementar mudanças revolucionárias que muitos consideravam impossíveis.

Em alguns casos, os executivos da empresa contratarão os serviços de consultores externos a fim de obter consultoria e auxílio para implementação de grandes mudanças. Como são externos à organização, esses consultores geralmente podem oferecer uma perspectiva mais objetiva em comparação com os agentes internos. Entretanto, apresentam certa desvantagem porque usualmente têm uma compreensão inadequada sobre a história, a cultura, os procedimentos operacionais e as pessoas na organização. Os consultores externos também se mostram propensos a iniciar mudanças mais drásticas — o quê pode ser um benefício ou uma desvantagem — porque não precisam conviver com as repercussões do processo. por outro lado, quando os executivos ou especialistas internos atuam como agentes de mudança, costumam se mostrar mais ponderados (e possivelmente mais cautelosos), porque terão de conviver com as conseqüências de suas ações.

Resistência à mudança

Uma das descobertas mais bem-documentadas nas pesquisas sobre comportamento organizacional e de pessoas é que as organizações e seus membros resistem à mudança. Em certo sentido, isso é positivo: oferece um grau de estabilidade e previsibilidade ao comportamento. Se não houvesse alguma resistência, o comportamento organizacional teria uma aleatoriedade caótica. A resistência à mudança pode ser também uma fonte de conflitos funcionais. Por exemplo, a resistência a um plano de reorganização ou a uma mudança em uma linha de produtos pode estimular uma discussão saudável sobre os méritos da idéia e resultar em uma melhor decisão. Mas existe uma inequívoca desvantagem na resistência. Ela dificulta a adaptação e o progresso.

A resistência à mudança nem sempre aparece de maneira padronizada. Ela pode ser aberta, implícita, imediata ou protelada. É mais fácil para os executivos enfrentar a resistência quando ela é aberta e imediata. Por exemplo, uma mudança é proposta e os funcionários logo se manifestam contrariamente, fazendo protestos, diminuindo o ritmo do trabalho ou ameaçando entrar em greve. O maior desafio é administrar a resistência quando ela é implícita ou protelada. Os traços da resistência implícita são mais sutis — perda de lealdade à organização, perda de motivação para o trabalho, aumento dos erros e defeitos, aumento do absenteísmo por "questões de saúde" — e, portanto, mais difíceis de identificar. De maneira semelhante, as ações proteladas podem ser uma ligação entre a fonte da resistência e a reação a ela. Uma mudança pode aparentemente causar apenas uma reação mínima no momento de sua implementação, mas a resistência acaba vindo à tona depois de semanas, meses ou até anos. Uma pequena mudança que causaria pouco impacto pode tornar-se a gota d'água que faz o copo transbordar. A resistência pode então explodir em alguma reação aparentemente fora de proporção. Evidentemente, o que aconteceu é que a resistência foi protelada e armazenada. O que vem à tona é o acúmulo das reações causadas pelas mudanças anteriores.

O Quadro 18-2 resume as principais fontes de resistência à mudança, que estão divididas em duas categorias: individuais e organizacionais. As fontes de resistência individual à mudança residem nas características humanas básicas, como percepção, personalidade e necessidades. As fontes organizacionais residem na própria estrutura da organização.

Superando a resistência à mudança

Sugerimos seis táticas que podem ser usadas pelos agentes de mudança para enfrentar resistências.[5] Vamos examiná-las sucintamente.

Educação e Comunicação A resistência pode ser minimizada por meio da comunicação com os funcionários, para ajudá-los a compreender a lógica da mudança. Esta tática pressupõe basicamente que a fonte da resistência é a falta de comunicação ou a pouca informação: se os funcionários forem informados sobre todos os fatos e tiverem suas dúvidas esclarecidas, a resistência cessará. A comunicação pode ser realizada por meio de discussões individuais, memorandos, apresentações em grupo ou relatórios. Isso funciona? Pode funcionar, se a fonte da resistência for mesmo uma falha de comunicação e se as relações entre a administração e os funcionários forem caracterizadas pela confiança mútua e a pela credibilidade. Se essas condições não existirem, dificilmente a mudança terá sucesso.

Participação É difícil que uma pessoa resista a uma mudança se tiver participado de sua decisão. Antes que a mudança seja feita, deve-se inserir no processo decisório os que se opõem a ela. Contanto que os participantes tenham competência para dar uma contribuição significativa, seu envolvimento poderá reduzir a resistência, gerar comprometimento e melhorar a qualidade da decisão final. Contudo, existe um lado negativo: o potencial para uma solução de baixa qualidade e grande consumo de tempo.

QUADRO 18-2 Fontes de Resistência à Mudança

Fontes da Resistência Individual

Hábitos: criamos hábitos ou respostas programadas para enfrentar a complexidade da vida. Quando defrontamos com a mudança, esta tendência de responder de acordo com o costume transforma-se em fonte de resistência.

Segurança: as pessoas com elevada necessidade de segurança costumam resistir à mudança por se sentirem ameaçadas.

Fatores econômicos: as mudanças nas tarefas ou rotinas estabelecidas podem suscitar temor em relação às finanças quando uma pessoa acha que não será capaz de apresentar o mesmo desempenho de antes, especialmente quando a remuneração é vinculada à produtividade.

Medo do desconhecido: a mudança faz o conhecido ser trocado pela ambigüidade e pela incerteza.

Processamento seletivo de informações: as pessoas processam seletivamente as informações para manter suas percepções intactas. Elas só ouvem o que querem ouvir. Ignoram informações que possam desafiar o mundo que construíram.

Fontes da Resistência Organizacional

Inércia estrutural: as organizações possuem mecanismos internos — como seu processo de seleção e as regras formais — que produzem estabilidade. Quando uma organização se confronta com a mudança, essa inércia estrutural age como um contrapeso para sustentar a estabilidade.

Foco limitado de mudança: as organizações são formadas por diversos subsistemas interdependentes. Você não pode fazer mudanças em um deles sem afetar os demais. Dessa forma, mudanças limitadas aos subsistemas tendem a ser anuladas pelo sistema mais amplo.

Inércia de grupo: mesmo que os indivíduos queiram mudar seu comportamento, as normas de grupo atuam de forma limitadora.

Ameaça à especialização: as mudanças nos padrões organizacionais podem ameaçar a exclusividade de alguns grupos especializados.

Ameaça às relações de poder estabelecidas: qualquer redistribuição de autoridade para a tomada de decisões pode ameaçar as relações de poder já estabelecidas dentro da organização.

Ameaça às alocações de recursos estabelecidas: nas organizações, os grupos que controlam recursos consideráveis freqüentemente vêem a mudança como uma ameaça. Eles costumam se contentar com as coisas do jeito que estão.

Facilitação e Apoio Os agentes de mudança podem oferecer uma série de esforços apoiadores para reduzir a resistência. Quando o funcionário demonstra muito medo e ansiedade, o aconselhamento e a terapia, o treinamento em novas habilidades ou uma pequena licença remunerada pode facilitar o ajuste. A desvantagem aqui, novamente, é o consumo de tempo. Além disso, é um procedimento oneroso e sua implementação não garante o sucesso.

Negociação Outra forma de o agente de mudança lidar com a resistência potencial é trocar algo valioso pelo afrouxamento da resistência. Por exemplo, se a resistência estiver centralizada em alguns indivíduos poderosos, pode-se negociar um pacote específico de recompensas que atenda a suas necessidades individuais. A negociação como tática pode ser necessária quando a resistência vem de uma fonte poderosa. Mesmo assim, não devemos ignorar seu alto custo potencial. Existe ainda o risco de, ao negociar com um grupo para evitar a resistência, o agente de mudança ficar vulnerável a chantagens por parte de outros indivíduos em posição de poder.

Manipulação e Cooptação A *manipulação* se refere a tentativas de influência disfarçada. A distorção de fatos para torná-los mais atraentes, a sonegação de informações indesejáveis e a criação de falsos rumores para induzir os funcionários a aceitar as mudanças são alguns exemplos de manipulação. Se uma empresa ameaça fechar uma de suas unidades caso seus funcionários não aceitem um corte nos salários, os dirigentes estão lançando mão da manipulação. A *cooptação*, por outro lado, é uma mistura de manipulação com participação. É uma tentativa de "conquistar" os líderes dos grupos de resistência oferecendo-lhes papéis-chave nas decisões sobre as mudanças. Busca-se a opinião desses líderes não porque isso vá resultar em uma decisão melhor, mas apenas para obter sua aquiescência. Tanto a manipulação como a cooptação são formas relativamente baratas e fáceis de obter o apoio dos adversários à mudança, mas podem se voltar contra o agente se as pessoas-alvo perceberem que estão sendo usadas. Caso isto aconteça, a credibilidade do agente cairá a zero.

Coerção A última das táticas é a coerção, ou seja, o uso de ameaças diretas ou de força sobre os resistentes. Voltemos ao exemplo da ameaça de fechamento de uma unidade da empresa caso os funcionários não aceitem a redução salarial. Se isso realmente acontecer, a tática será rotulada de coerção. Outros exemplos de coerção são ameaças de transferências, perdas de promoções, avaliações negativas de desempenho e cartas de recomendação desabonadoras. As vantagens e desvantagens da coerção são semelhantes àquelas citadas no caso da manipulação e da cooptação.

As políticas da mudança

Nenhuma discussão sobre a resistência à mudança poderia estar completa sem uma menção às políticas da mudança. Como a mudança invariavelmente ameaça o status quo, ela implica, inerentemente, atividade política.[6]

Os agentes internos de mudança geralmente são indivíduos dos altos escalões da empresa e têm muito a perder. Na verdade, eles chegaram aonde estão por meio do desenvolvimento de habilidades e padrões de comportamento que são favorecidos pela organização. A mudança representa uma ameaça a essas habilidades e padrões. E se eles deixarem de ser o tipo valorizado pela empresa? Isso aumenta a chance de outras pessoas ganharem poder à custa deles.

A política sugere que o ímpeto para a mudança vem provavelmente de agentes externos de mudança, de novos funcionários (que têm menor investimento no status quo) ou de executivos ligeiramente deslocados da estrutura de poder central. Executivos que fizeram sua carreira toda dentro da organização e finalmente chegaram a uma posição de poder na hierarquia costumam ser um grande obstáculo à mudança. A mudança, em si, representa uma ameaça bem concreta ao seu status e à sua posição. Mesmo assim, pode-se esperar que eles implementem mudanças, até para provar que são mais do que meros zeladores de uma situação. Ao atuar como agentes de mudança, podem sinalizar para vários grupos — acionistas, fornecedores, funcionários e clientes — que eles têm o domínio dos problemas e se adaptam a um ambiente dinâmico. Evidentemente, como é fácil adivinhar, quando forçados a introduzir mudanças, esses poderosos de longa data tendem a implementar mudanças marginais. Mudanças radicais são excessivamente ameaçadoras.

As lutas pelo poder dentro da organização determinarão, em grande parte, a velocidade e o volume das mudanças. Pode-se esperar que os executivos de longa carreira na empresa serão fonte de resistência. Isso explica incidentalmente por que os conselhos de administração, quando reconhecem a necessidade de mudanças radicais em suas organizações, freqüentemente buscam uma nova liderança em candidatos de fora da empresa.[7]

Abordagens para administrar a mudança organizacional

Vamos agora examinar diversas abordagens para a administração da mudança: o modelo clássico de três etapas de Lewin; o plano de oito passos de Kotter; a pesquisa-ação e o desenvolvimento organizacional.

Modelo de três etapas de Lewin

Kurt Lewin argumentava que as mudanças bem-sucedidas nas organizações deviam seguir três etapas: **descongelamento** do status quo, *movimento* para uma nova condição e **recongelamento** da mudança para torná-la permanente.[8] (Veja o Quadro 18-3.) O valor desse modelo pode ser percebido no exemplo a seguir, de uma grande empresa de petróleo que decidiu reorganizar sua ação de marketing no Oeste dos Estados Unidos.

A empresa tinha três divisões na região Oeste, localizadas em Seattle, São Francisco e Los Angeles. A mudança visava consolidar essas divisões em um único escritório regional sediado em São Francisco. Essa reorganização implicava a transferência de mais de 150 funcionários, a eliminação de alguns cargos gerenciais duplicados e a instituição de uma nova hierarquia de comando. Como se pode imaginar, seria difícil manter em segredo uma mudança dessa magnitude. Os rumores precederam em diversos meses o anúncio oficial. A decisão foi tomada unilateralmente — chegou pronta dos escritórios de Nova York. As pessoas afetadas por ela não tiveram a chance de dar nenhuma opinião. Para os funcionários de Seattle e Los Angeles que poderiam não ter gostado da decisão e de suas conseqüências — os problemas de uma mudança para outra cidade, como trocar os filhos de escola, fazer novas amizades, ter novos colegas e assumir novas responsabilidades — não restou recurso senão o de pedir demissão. Na verdade, pouco menos de 10 por cento deles o fizeram.

O status quo pode ser considerado como um estado de equilíbrio. Para sair desse equilíbrio — superar as pressões tanto das resistências individuais como da conformidade do grupo —, é necessário o descongela-

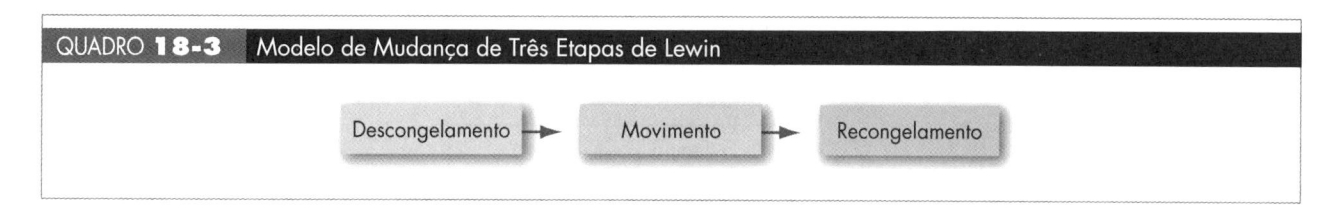

QUADRO 18-3 Modelo de Mudança de Três Etapas de Lewin

Descongelamento → Movimento → Recongelamento

mento. Isto pode ser conseguido de três maneiras. (Veja o Quadro 18-4.) Podem-se estimular as **forças propulsoras**, que dirigem o comportamento no sentido contrário ao do status quo. Podem-se reduzir as **forças restritivas**, que impedem o movimento para fora do equilíbrio. Uma terceira alternativa é a combinação destas duas abordagens.

A empresa petrolífera poderia esperar a resistência dos funcionários à consolidação. A fim de enfrentar a resistência, os administradores poderiam utilizar incentivos positivos para estimular os funcionários a aceitar a mudança. Por exemplo, um aumento de remuneração poderia ser oferecido àqueles que aceitassem a transferência. As despesas para a mudança poderiam ser bem generosas. Também poderiam ser criadas linhas de crédito especiais para facilitar a compra de novos imóveis em São Francisco. Obviamente, os dirigentes também poderiam considerar o descongelamento do status quo por meio da eliminação das forças restritivas. Os funcionários poderiam receber aconselhamento individual. As preocupações e apreensões de cada um seriam ouvidas e esclarecidas individualmente. Presumindo que a maioria delas seria injustificada, o conselheiro poderia garantir aos funcionários que não havia nada a temer, e demonstrar, através de evidências tangíveis, que as forças restritivas eram injustificadas. Quando a resistência é muito grande, os executivos podem ter de recorrer tanto à redução da resistência quanto ao aumento da atratividade para que o descongelamento tenha sucesso.

Implementada a mudança da consolidação, a nova situação precisa ser recongelada para poder manter-se através do tempo. Se esta etapa não for realizada, há grande chance de que a mudança seja apenas um fenômeno temporário, e que os funcionários tentem reverter a situação de equilíbrio anterior. O objetivo do recongelamento, portanto, é estabilizar a mudança por meio do equilíbrio entre as forças propulsoras e restritivas.

Como a empresa de petróleo poderia recongelar a mudança da consolidação? Substituindo, sistematicamente, forças temporárias por forças permanentes. Por exemplo, os executivos podem decretar uma elevação permanente dos salários. As regras e os regulamentos que orientam o comportamento das pessoas afetadas pela mudança também deveriam ser revistos para reforçar a nova situação. Com o passar do tempo, é claro, as normas do próprio grupo iriam se desenvolver no sentido de sustentar o novo equilíbrio, mas, até que chegasse esse momento, os executivos precisariam de mecanismos mais formais.

Plano de oito passos para a implementação de mudança, de Kotter

John Kotter, da Escola de Administração de Harvard, tomou por base o modelo de Lewin para criar uma abordagem mais detalhada para a implementação de mudança.[9]

Kotter começou listando os erros mais comuns que acontecem quando os executivos iniciam um processo de mudança. Entre eles, a inabilidade para criar um senso de urgência para a necessidade da mudança; a incapacidade de criar uma coalizão para administrar a mudança; a ausência de uma visão para a mudança e a ineficácia de sua comunicação; a incapacidade de remover obstáculos para a conquista da visão; o fracasso na fixação de metas de curto prazo factíveis; a tendência a declarar a vitória cedo demais; e a falta de ancoragem da mudança na cultura da organização.

Kotter estabeleceu, então, oito passos seqüenciais para a superação desses problemas. Eles estão listados no Quadro 18-5.

Repare como este quadro remete ao modelo de Lewin. Os primeiros 4 passos são uma extensão do estágio de "descongelamento". Os passos 5, 6 e 7, representam o "movimento". E o passo final é o "recongelamento". A contribuição de Kotter, portanto, é oferecer aos executivos e agentes de mudança uma orientação mais detalhada para a implementação bem-sucedida de mudanças.

QUADRO 18-4 Descongelando o Status Quo

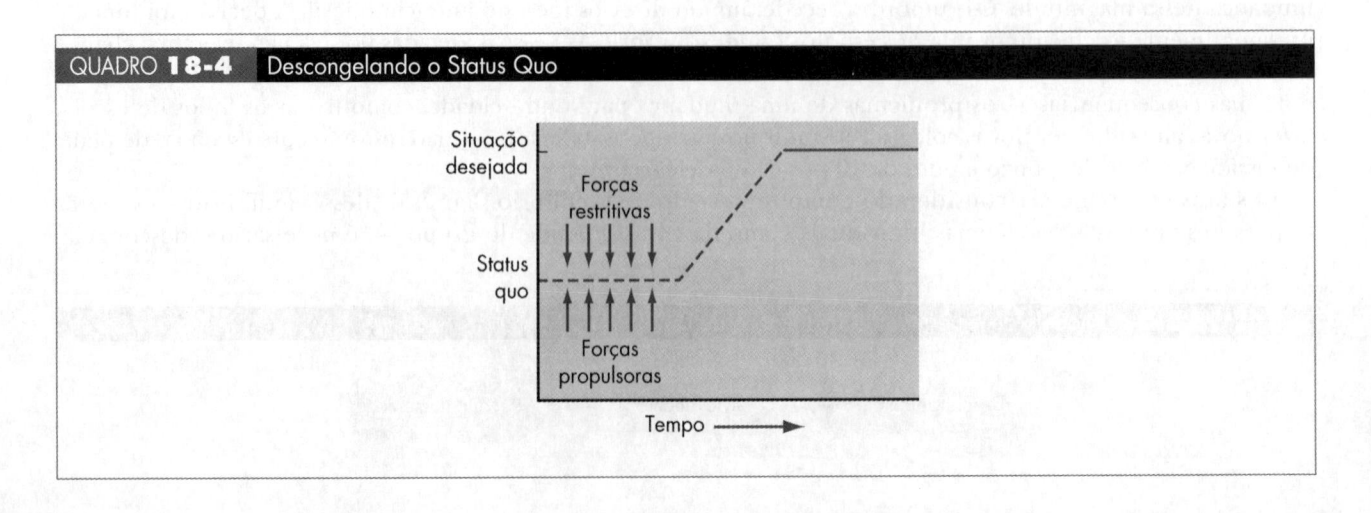

> **QUADRO 18-5** Plano de Oito Passos para a Implementação de Mudança, de Kotter
>
> 1. Estabelecer um senso de urgência para gerar uma razão motivadora pela qual a mudança seria necessária.
> 2. Formar uma coalizão com força suficiente para liderar a mudança.
> 3. Criar uma nova visão para direcionar a mudança e de estratégias para que ela seja conquistada.
> 4. Comunicar a visão em toda a organização.
> 5. Dar autonomia aos outros para a busca da visão, removendo barreiras e encorajando as pessoas a assumir riscos e soluções criativas para os problemas.
> 6. Criar, planejar e recompensar metas de curto prazo que encaminhem a organização para a nova visão.
> 7. Consolidar as melhorias, reavaliar as mudanças e fazer os ajustes necessários nos novos programas.
> 8. Reforçar as mudanças por meio da demonstração do relacionamento entre os novos comportamentos e o sucesso da organização.

Fonte: J.P. Kotter, *Leading change* Harvard Business School Press, 1996.

Pesquisa-ação

A **pesquisa-ação** se refere a um processo de mudança baseado na coleta sistemática de dados, seguida da seleção de uma ação de mudança com base no que os dados analisados indicam.[10] Sua importância reside em oferecer uma metodologia científica para a administração da mudança planejada.

O processo da pesquisa-ação consiste em cinco etapas: diagnóstico, análise, feedback, ação e avaliação. Você notará que essas etapas se assemelham ao método científico.

O agente de mudança, quase sempre um consultor externo no caso da pesquisa-ação, começa levantando informações sobre os problemas, as preocupações e as necessidades de mudanças junto aos membros da organização. Esse *diagnóstico* é semelhante àquele feito por um médico para descobrir o que aflige um paciente. Na pesquisa-ação, o agente de mudança faz perguntas, entrevista funcionários, examina registros e ouve as preocupações de todos.

O diagnóstico é seguido da *análise*. Quais problemas todos parecem compartilhar? Quais padrões eles parecem ter? O agente de mudança sintetiza essas informações em questões básicas, áreas de problema e ações possíveis.

A pesquisa-ação inclui um extensivo envolvimento dos alvos da mudança, isto é, as pessoas envolvidas em qualquer programa de mudança devem estar ativamente envolvidas em identificar o problema e em participar da criação de sua solução. Assim, a terceira etapa — o *feedback* — determina o compartilhamento, com os funcionários, das descobertas das duas etapas anteriores. Com a ajuda do agente de mudança, os funcionários desenvolvem planos de ação para realizar qualquer mudança necessária.

Agora é a vez de entrar em cena a *ação*. Os funcionários, em conjunto com o agente de mudança, realizam as ações específicas para corrigir os problemas identificados.

A etapa final, consistente com o formato científico da pesquisa-ação, é a *avaliação* da eficácia dos planos de ação. Utilizando-se como pontos de referência os dados levantados no diagnóstico, as mudanças realizadas devem ser comparadas e avaliadas.

A pesquisa-ação oferece pelo menos dois benefícios específicos para a organização. O primeiro é que ela está centrada no problema. O agente de mudança busca objetivamente problemas, e é o tipo de problema que determinará o curso da ação de mudança. Embora isso pareça um tanto óbvio, muitas atividades de mudança não são feitas dessa forma. Ao contrário, elas são centradas na solução. O agente de mudança tem uma solução favorita — por exemplo, implementar horários flexíveis, trabalho em equipes ou um programa de administração por objetivos — e sai em busca de problemas que justifiquem sua solução. A segunda vantagem é que, como a pesquisa-ação envolve intensamente os funcionários no processo, a resistência à mudança fica reduzida. De fato, depois que os funcionários participam ativamente da etapa do feedback, o processo de mudança parece seguir sozinho. Os funcionários e os grupos que estiveram envolvidos no processo tornam-se uma fonte interna de pressão sustentada para trazer a mudança.

Desenvolvimento organizacional

Nenhuma discussão sobre administração da mudança estaria completa sem incluir o desenvolvimento organizacional. O **desenvolvimento organizacional (DO)** não é um conceito de fácil definição. Na realidade, é um termo utilizado para englobar uma série de intervenções de mudança planejada, com base em valores humanos e democráticos, que buscam melhorar a eficácia organizacional e o bem-estar dos funcionários.[11]

O paradigma do DO valoriza o crescimento humano e organizacional, os processos colaborativos e participativos e o espírito investigativo.[12] O agente de mudança pode ser o orientador no desenvolvimento organizacional; contudo, há uma forte ênfase na colaboração. Os valores que embasam esse conceito podem ser identificados a seguir.

1. *Respeito pelas pessoas.* As pessoas são vistas como responsáveis, conscientes e dedicadas. Devem ser tratadas com dignidade e respeito.
2. *Confiança e apoio.* A organização eficaz e saudável se caracteriza por um clima de confiança, autenticidade, abertura e apoio.
3. *Equalização do poder.* A organização eficaz não enfatiza a autoridade e o controle hierárquicos.
4. *Confrontação.* Os problemas não devem ser varridos para baixo do tapete. Devem ser confrontados abertamente.
5. *Participação.* Quanto mais as pessoas afetadas por uma mudança participarem das decisões relacionadas a esse processo, mais elas se comprometerão com a sua implementação.

Quais seriam algumas das técnicas ou intervenções do DO para a realização das mudanças? Nas páginas a seguir, apresentaremos cinco intervenções que podem ser consideradas pelos agentes de mudança.

Treinamento de Sensibilidade   Isso pode receber diversos nomes — treinamento de laboratório, **treinamento de sensibilidade**, grupos de encontro ou grupos T (grupos de treinamento) —, mas sempre se refere a um método de mudança de comportamento por meio de uma interação de grupo não estruturada.[13] Os membros são reunidos em um ambiente livre e aberto no qual, com a facilitação de um cientista do comportamento, discutem sobre seus processos interativos e sobre si mesmos. O grupo é orientado para o processo, ou seja, as pessoas aprendem por meio da observação e da participação, e não por meio de instruções recebidas. O facilitador cria oportunidades para que os participantes expressem suas idéias, convicções e atitudes. Ele não aceita — na verdade, rejeita ostensivamente — o papel de liderança.

Os objetivos desses grupos de treinamento são oferecer aos participantes uma melhor consciência de seu próprio comportamento e de como ele é percebido pelos outros, reforçar a sensibilidade em relação ao comportamento dos outros e aumentar a compreensão dos processos do grupo. Os resultados específicos buscados aqui incluem a capacidade de empatia com os outros, a melhoria da capacidade de ouvir as pessoas, maior abertura, aumento da tolerância em relação às diferenças individuais e aperfeiçoamento das habilidades de solução de conflitos.

Se os indivíduos não conseguem perceber claramente como são vistos pelos outros, esse tipo de treinamento de grupo pode conduzir a uma autopercepção mais realista, à maior coesão do grupo e à redução de conflitos interpessoais disfuncionais. Melhor ainda, também pode levar a uma maior integração entre os indivíduos e a organização.

Levantamento de Feedback   Uma ferramenta para avaliar atitudes assumidas pelos membros da organização, identificar discrepâncias entre as percepções das pessoas e solucionar estas diferenças é a abordagem do **levantamento de feedback**.[14]

Como diretora de eficácia organizacional da fabricante de brinquedos Hasbro, Kim Janson (na frente, à esquerda) utilizou pesquisas de feedback para avaliar as atitudes dos funcionários em relação ao treinamento para a diversidade. Muitos resistiam à idéia. Mas, com base em uma pesquisa de opinião, ela e sua equipe desenharam um programa de treinamento usando jogos focados nos "valores lúdicos" da empresa: comunidade, inovação, comunicação, competitividade e alegria. Levando os funcionários a participar dos jogos, ela os ajudou a compreender o impacto positivo da diversidade.

Todos na organização podem participar dessa pesquisa, porém o mais importante é que a família organizacional — o executivo de uma unidade e os funcionários que se reportam diretamente a ele — participe. Geralmente, todos na unidade ou na organização respondem a um questionário. Pode-se pedir aos participantes que sugiram questões, ou pode-se entrevistá-los para determinar quais assuntos são importantes. O questionário normalmente pergunta sobre as percepções e atitudes dos participantes em relação a diversos tópicos, como as práticas decisórias, a eficácia da comunicação, a coordenação entre as unidades e a satisfação com a organização, o trabalho, os colegas e o chefe imediato.

Os dados do questionário são tabulados com os dados relativos à "família" específica de cada pessoa e a toda a organização e, então, são distribuídos para os funcionários. Esses dados se tornam o ponto de partida para identificar problemas e esclarecer as questões que podem estar criando dificuldades para as pessoas. Uma atenção especial é dada à importância do estímulo para a discussão, garantindo que esta seja focada nas idéias, e não em ataques pessoais.

Finalmente, a discussão do grupo deve resultar na identificação das possíveis implicações das descobertas do questionário. As pessoas são capazes de ouvir? Novas idéias estão surgindo? O processo decisório, as relações interpessoais ou as atribuições de tarefas podem ser melhorados? Espera-se que as respostas a essas perguntas resultem na concordância do grupo em se comprometer com algumas ações que possam solucionar os problemas identificados.

Consultoria de Processo Nenhuma organização opera perfeitamente. Com freqüência, os executivos percebem que o desempenho de suas unidades pode ser melhorado, mas nem sempre conseguem identificar o que pode ser melhorado ou como fazer isto. O propósito da **consultoria de processo** é fazer com que um consultor externo ajude um cliente (muitas vezes, um gerente) a "perceber, compreender e agir em relação aos eventos dos processos" com os quais precisa lidar.[15] Esses processos podem incluir o fluxo do trabalho, as relações informais entre os membros da unidade e os canais formais de comunicação.

A consultoria de processo é similar ao treinamento de sensibilidade em sua premissa de que a eficácia organizacional pode ser melhorada quando tratamos dos problemas interpessoais e em sua ênfase no envolvimento. A consultoria de processo, no entanto, é mais direcionada para a tarefa.

Os consultores de processo têm como função "dar ao cliente uma compreensão do que acontece ao seu redor, em seu interior e entre ele e os outros".[16] Eles não solucionam os problemas da organização. Em vez disso, agem como instrutores que aconselham sobre o processo, ajudando o cliente a resolver seus próprios problemas.

O consultor trabalha com o cliente para que, *juntos*, possam diagnosticar quais processos precisam de melhorias. A ênfase em *juntos* aparece porque o cliente desenvolve a habilidade de analisar processos sob sua responsabilidade, a qual pode ser utilizada continuamente depois que o consultor não está mais na empresa. Além disso, se o cliente participa ativamente do diagnóstico e do desenvolvimento de alternativas, há maior compreensão do processo e da solução proposta e menor resistência ao plano de ação selecionado.

É importante lembrar que esse consultor não precisa ser um especialista na solução do problema identificado. Sua especialidade está em realizar o diagnóstico e desenvolver uma relação de ajuda. Se o problema descoberto necessita da capacitação de um especialista técnico, o consultor ajuda o cliente a localizar um profissional e a tirar o máximo proveito desse recurso.

Construção de Equipes Como mencionamos em diversos pontos deste livro, as organizações cada vez mais usam equipes para realizar o trabalho. A **construção de equipes** utiliza atividades grupais de alta interatividade para aumentar a confiança e a abertura entre os membros.[17]

A construção de equipes pode ser aplicada dentro dos grupos ou no nível intergrupo, em que as atividades são interdependentes. Para nossa discussão, vamos focar o nível intragrupo e deixar o desenvolvimento entre grupos para a próxima seção. Conseqüentemente, nosso interesse está voltado para as famílias organizacionais (grupos de comando), bem como para os comitês, as equipes de projeto, as equipes autogerenciadas e os grupos de tarefa.

A construção de equipes é aplicável quando as atividades do grupo são interdependentes. O objetivo é melhorar a coordenação dos esforços dos membros, o que resulta em melhoria do desempenho da equipe.

As atividades que fazem parte da construção da equipe normalmente incluem a fixação de objetivos, o desenvolvimento das relações interpessoais entre os membros, a análise de papéis para esclarecer o papel e as responsabilidades de cada um e a análise do processo de equipe. Evidentemente, a construção da equipe pode enfatizar ou excluir certas atividades dependendo do propósito dos esforços de desenvolvimento e dos problemas específicos que cada equipe confronta. Basicamente, contudo, a construção da equipe procura utilizar a alta interação entre os membros para aumentar a confiança e a abertura.

Uma boa idéia é começar com os esforços dos membros para definir as metas e prioridades da equipe. Isso pode trazer à tona percepções diferentes daquilo que seria o propósito da equipe. Seguindo este caminho, os membros podem avaliar o desempenho da equipe (ela é eficaz na estruturação das prioridades e na conquista de suas metas?). Isso pode conduzir à identificação de áreas problemáticas. Essa discussão autocrítica sobre meios e fins pode ser conduzida com a presença de todos os membros da equipe ou, se o seu tamanho impedir a troca de idéias entre todos, com apenas alguns membros, que depois compartilharão os resultados com os demais.

A construção da equipe também pode servir para esclarecer o papel de cada membro dentro do grupo. Cada papel pode ser identificado e esclarecido. Ambigüidades pendentes podem vir à tona. Para alguns indivíduos, isto pode ser uma das raras oportunidades para pensar profundamente em seu trabalho e em que tarefas específicas se espera que eles cumpram para que a equipe consiga otimizar sua eficácia.

A construção da equipe pode também ter uma atividade semelhante àquela do consultor de processo: analisar os processos-chave que acontecem no grupo para determinar como o trabalho é feito e como estes processos podem ser melhorados para tornar a equipe mais eficaz.

Desenvolvimento Intergrupal No desenvolvimento organizacional, uma das principais áreas de atenção é o conflito disfuncional que pode existir entre os grupos. Isso explica por que este é um assunto para o qual os esforços de mudança têm sido dirigidos.

O **desenvolvimento intergrupal** visa à mudança de atitudes, de estereótipos e de percepções que os grupos têm uns em relação aos outros. Por exemplo, em uma empresa, os engenheiros podem ver o departamento de contabilidade como um antro de indivíduos tímidos e conservadores, e o departamento de recursos humanos, como um "bando de ultraliberais, mais preocupados em não ferir os sentimentos de um grupo protegido de funcionários do que com a lucratividade da empresa". Tais estereótipos podem ter um impacto obviamente negativo sobre a coordenação do trabalho entre os departamentos.

Embora existam diversas abordagens para a melhoria das relações intergrupais[18], um dos métodos mais populares enfatiza a solução de problemas.[19] Neste método, cada grupo faz uma reunião para listar as percepções que ele tem de si mesmo, do outro grupo e de como acredita que é visto pelo outro grupo. A partir daí, os grupos comparam as listas, discutindo as semelhanças e diferenças. As diferenças são claramente articuladas e os grupos buscam as causas das disparidades.

Os objetivos dos grupos são concorrentes? Quais percepções estão distorcidas? Qual a base para a criação dos estereótipos? Existem diferenças causadas por intenções mal-interpretadas? Existem conceitos e termos definidos diferentemente em cada grupo? As respostas a perguntas desse tipo podem esclarecer a natureza exata do conflito. Quando as causas das dificuldades forem identificadas, os grupos podem passar para a fase da integração e trabalhar na elaboração de soluções para melhorar as relações entre eles.

Nesse momento, podem-se criar subgrupos formados por membros de cada grupo em conflito, para prosseguir no diagnóstico e começar a formular possíveis ações alternativas para a melhoria do relacionamento.

Investigação Apreciativa A maioria das abordagens do desenvolvimento organizacional são centradas em problemas. Elas identificam os problemas e, então, buscam uma solução. A **investigação apreciativa** acentua os pontos positivos.[20] Em vez de procurar problemas que devam ser solucionados, essa abordagem busca identificar as qualidades únicas e as forças especiais de uma organização, que podem servir de ponto de partida para a melhoria do desempenho. Ou seja, ela foca os sucessos da organização, e não suas dificuldades.

Os defensores da investigação apreciativa argumentam que as abordagens de solução de problemas requerem que as pessoas voltem ao passado para examinar os erros cometidos, com foco nas falhas, e raramente produzem novas visões. Em vez de criar um clima para a mudança positiva, a pesquisa-ação e outras técnicas de desenvolvimento organizacional, como levantamento de feedback e consultoria de processo, acabam encontrando culpados e gerando defesas. Os defensores da investigação apreciativa argumentam que faz muito mais sentido aprimorar aquilo que a organização já faz bem. Isso permite que a organização mude atuando em seus pontos fortes e em sua vantagem competitiva.

O processo da investigação apreciativa consiste, essencialmente, em quatro passos, geralmente realizados em uma grande reunião com dois ou três dias de duração e supervisionados por um agente de mudança treinado. O primeiro passo é a *descoberta*. A meta aqui é descobrir o que as pessoas acreditam ser os pontos fortes da organização. Por exemplo, os funcionários devem citar as ocasiões em que a empresa teve o melhor desempenho ou em que eles sentiram maior satisfação no trabalho. O segundo passo é o *sonho*. As informações da etapa anterior servem de partida para a especulação acerca de futuros possíveis para a organização. Por exemplo, as pessoas devem dizer como imaginam a empresa dali a cinco anos e descrever o que ela terá de diferente. O terceiro passo é o *desenho*. Com base nos sonhos, os participantes se focam na busca de uma visão comum para a organização e em chegar a um acordo sobre suas qualidades específicas. O quarto passo procura definir o *destino* da organização. Nesse passo final, os participantes discutem como o sonho será transformado em realidade. Essa fase costuma incluir a elaboração de planos de ação e o desenvolvimento de estratégias de implementação.

A investigação apreciativa provou ser uma estratégia eficaz para a mudança em empresas como a GTE e a Roadway Express e na Marinha dos Estados Unidos. Durante um seminário de três dias com os funcionários da transportadora Roadway, realizado na Carolina do Norte, por exemplo, os trabalhadores tiveram de recordar suas melhores experiências no trabalho — quando eles foram tratados com respeito, quando os caminhões foram carregados corretamente ou cumpriram os horários. Reunidos em nove grupos, os trabalhadores passaram, então, a imaginar formas de fazer economia. Uma equipe chegou a elaborar 12 sugestões para cortes de custo e geração de receitas; uma das idéias conseguia, sozinha, gerar 1 milhão de dólares de lucros adicionais.[21]

Questões atuais sobre mudança para os executivos de hoje

Nesta seção, vamos discutir quatro questões atuais relacionadas a mudança. Primeiro, *como as mudanças na tecnologia afetam a vida profissional dos trabalhadores?* Segundo, *o que os executivos podem fazer para ajudar sua organização a se tornar mais inovadora?* Terceiro, *como os executivos podem criar organizações que aprendem e se adaptam continuamente?* E, quarto, *como a cultura afeta a administração da mudança?*

Tecnologia no ambiente de trabalho

Os recentes avanços da tecnologia estão modificando o ambiente de trabalho e afetando a vida profissional dos trabalhadores. Nesta seção, examinaremos dois aspectos específicos relacionados a processos tecnológicos e ao trabalho: os processos de melhoria contínua e a reengenharia dos processos de trabalho.

Processos de Melhoria Contínua No Capítulo 1, descrevemos a gestão da qualidade como uma filosofia de administração voltada à constante satisfação do cliente através do aprimoramento contínuo de todos os processos organizacionais. Essa busca pela melhoria contínua reconhece que o *bom* não é *bom o suficiente* e que até um desempenho excelente pode, e deve, ser aprimorado. Por exemplo, um desempenho com 99,9 por cento de acerto parece ser o mais elevado padrão de excelência. Mas isso não soa de modo tão impressionante quando descobrimos que esse padrão significaria o extravio de 2.000 correspondências por hora no correio norte-americano ou dois choques de aviões por dia no aeroporto O'Hare, em Chicago![22]

Os programas de gestão da qualidade procuram obter a melhoria constante dos processos para que a variabilidade seja continuamente reduzida. Quando reduzimos as variações, aumentamos a uniformidade do produto ou serviço. Isto, por sua vez, resulta em custos menores e maior qualidade.

Dezenas de milhares de organizações vêm adotando a melhoria contínua dos processos, mas o que isso significa para os funcionários e suas atribuições? Significa que eles não podem mais viver das glórias já alcançadas. Assim, algumas pessoas podem sentir um aumento de estresse causado por um clima de trabalho que não tem mais complacência com o status quo. Uma corrida sem linha de chegada significa uma competição em que não há ganhadores e cria tensão constante. Embora essa tensão possa ser positiva para a organização (lembre-se do *conflito funcional* discutido no Capítulo 14), as pressões de uma busca incessante pela melhoria dos processos pode causar ansiedade e estresse em alguns funcionários. A implicação mais significativa para os trabalhadores provavelmente será o fato de que a administração vai encará-los com a fonte primária de idéias para melhorias. Os programas de envolvimento dos funcionários, portanto, são parte indispensável da melhoria contínua dos processos. As equipes de trabalho com maior autonomia, que têm envolvimento direto com a melhoria dos processos, por exemplo, são amplamente empregadas nas organizações que adotam programas de qualidade.

Reengenharia de Processos A reengenharia também foi apresentada no Capítulo 1. Descrevemos este conceito como a maneira pela qual faríamos as coisas se estivéssemos começando do zero. O termo *reengenharia* vem do processo de tomar um produto eletrônico e projetar uma versão melhor dele. No que se refere às organizações, a reengenharia significa recomeçar do início — repen-

Embora um desempenho com 99,9 por cento de acertos pareça o mais elevado padrão de excelência, ainda assim ele resultaria na perda de 2.000 correspondências por hora para o correio dos Estados Unidos.

sar e redesenhar os processos pelos quais a empresa gera valor e faz seu trabalho, livrando-a das operações que se tornaram obsoletas na era da informatização.[23] Os três elementos-chave da reengenharia são a identificação das competências distintivas de uma organização, a avaliação dos processos essenciais, e a reorganização horizontal por processo.

As competências distintivas de uma organização definem aquilo que a empresa é capaz de fazer melhor do que a concorrência. Exemplos disso podem ser lojas mais bem localizadas, um sistema de distribuição mais eficiente, produtos de melhor qualidade, pessoal de vendas mais treinado ou melhor suporte técnico para os clientes. A Dell Computer, por exemplo, se diferencia de seus concorrentes por sua ênfase em hardware de alta qualidade, serviços e suporte técnico abrangentes e preços baixos. Por que a identificação das competências distintivas é tão importante? Porque ela orienta as decisões sobre quais são as atividades cruciais para o sucesso da organização.

A administração também precisa avaliar os processos essenciais que claramente agregam valor às competências distintivas da organização. Estes são os processos que transformam material, capital, informação e mão-de-obra em produtos e serviços valorizados pelos consumidores. Quando a organização é vista como uma série de processos, que vão desde o planejamento estratégico até o suporte pós-venda, a administração pode determinar qual o valor que cada um deles agrega. É compreensível, portanto, que essa análise de valor do processo geralmente acabe identificando uma série de atividades que não agregam valor algum, ou que somam muito pouco, e cuja única justificativa é "sempre fizemos desse jeito".

A reengenharia requer que a administração reorganize a empresa em torno dos processos horizontais. Isto significa trabalhar com equipes multifuncionais e autogerenciadas. Significa foco nos processos, e não nas funções. Também significa eliminar camadas intermediárias de gerência.

A reengenharia de processos se popularizou a partir do início da década de 1990. Quase todas as grandes empresas nos Estados Unidos, Ásia e Europa já passaram por esse processo, pelo menos parcialmente. Como resultado, muitas pessoas perderam o emprego. Os cargos de apoio, especialmente no nível médio de gerência, têm sido mais vulneráveis. O mesmo pode-se dizer das funções administrativas nas empresas de serviços.

Aqueles que mantiveram seus empregos depois de concluído o processo de reengenharia percebem que seu trabalho não é mais o mesmo. Suas novas atribuições geralmente requerem mais habilidades, incluem mais interações com os clientes e fornecedores, oferecem desafios maiores, implicam mais responsabilidades e proporcionam maior remuneração. Contudo, o período de implementação da reengenharia, geralmente de três a cinco anos, costuma ser difícil para os funcionários. Eles sofrem com a ansiedade e as incertezas associadas às novas tarefas e por ter de abandonar antigas práticas de trabalho e redes sociais formais.

Estimulando a inovação

Como uma organização pode se tornar mais inovadora? Um excelente modelo é a W. L. Gore, fabricante do tecido Gore-Tex, que fatura 1,4 bilhão de dólares por ano.[24] A Gore conquistou a reputação de ser uma das empresas mais inovadoras dos Estados Unidos ao desenvolver um leque de produtos diversos — que inclui cordas para violões, fio dental e artigos médicos.

Qual o segredo do sucesso da Gore? O que as outras empresas podem fazer para seguir o mesmo caminho de inovação? Embora não exista uma fórmula precisa, algumas características costumam vir consistentemente à tona quando os pesquisadores estudam organizações inovadoras. Agrupamos essas características nas categorias estrutural, cultural e de recursos humanos. Nossa mensagem para os agentes de mudança é: procurem introduzir essas características em suas organizações para criar um clima de inovação. Porém, antes de examinar estas características, vamos primeiro esclarecer o que entendemos por inovação.

Definição Dissemos que a mudança se refere a fazer as coisas de maneira diferente. A **inovação** é o tipo mais especializado de mudança; é uma idéia nova aplicada para criar ou melhorar um produto, processo ou serviço.[25] Assim, toda inovação envolve mudança, mas nem toda mudança envolve idéias novas ou conduz a melhorias significativas. As inovações podem envolver desde pequenas melhorias incrementais, como a extensão da linha Oreo da RJR Nabisco para incluir outros sabores do biscoito, até novidades radicais, como a idéia de Jeff Bezo de criar uma livraria on-line (Amazon.com) em 1994. Embora nossos exemplos sejam de produtos novos, tenha em mente que a inovação também pode incluir novas tecnologias de processo de produção, novas estruturas ou sistemas administrativos e novos planos ou programas relativos a membros da organização.

Fontes de Inovação As *variáveis estruturais* têm sido as mais estudadas fontes potenciais de inovação.[26] Uma revisão abrangente da relação entre estrutura e inovação leva às conclusões a seguir.[27] Primeiro, as estruturas orgânicas influenciam positivamente a inovação. Como têm menos diferenciação vertical, formalização e centralização, as organizações de estrutura orgânica propiciam a flexibilidade, a adaptação e a multifertilização que tornam mais fácil a adoção de uma inovação. Segundo, uma experiência longa em administração está associada

A L'Oreal é uma organização inovadora que encoraja a experimentação. Foi a inovação que transformou a pequena firma francesa na maior empresa de cosméticos e produtos para cabelo do mundo. Lindsay Owen-Jones, que comanda a empresa há 20 anos, diz que a L'Oreal tem de ser cada vez mais inovadora à medida que avança em novos mercados. Na esteira da expansão no mercado de cosméticos étnicos nos Estados Unidos, as pesquisadoras, mostradas aqui no instituto da empresa em Chicago, testam novos produtos voltados para as consumidoras negras.

à inovação. A experiência parece proporcionar legitimidade e conhecimento acerca de como realizar tarefas e obter os resultados desejados. Terceiro, a inovação viceja onde existe abundância de recursos. A disponibilidade de recursos permite que a organização adquira inovações, assuma os custos de gerar inovações e absorva os possíveis fracassos. Finalmente, a comunicação interna entre as unidades é grande nas organizações inovadoras.[28] Essas organizações fazem amplo uso de comitês, forças-tarefa, equipes multifuncionais e outros mecanismos que facilitam a interação entre as linhas departamentais.

As organizações inovadoras tendem a possuir *culturas* semelhantes. Elas estimulam a experimentação. Recompensam tanto o sucesso como o fracasso. Aplaudem os enganos. Infelizmente, em muitas organizações, as pessoas são recompensadas mais pela ausência do fracasso do que pela presença do sucesso. Essas culturas eliminam os riscos e também a inovação. As pessoas só apresentam idéias novas onde não são penalizadas por esse comportamento. Os executivos das organizações inovadoras sabem que o fracasso pode ser um subproduto de se aventurar pelo desconhecido. Quando Babe Ruth, o grande jogador de beisebol, quebrou o recorde de *home runs* em uma temporada, ele também liderou o campeonato em *strikeouts*. E ele é lembrado pelo primeiro feito, não pelo segundo!

Dentro da categoria de *recursos humanos*, descobrimos que as organizações inovadoras promovem ativamente o treinamento e o desenvolvimento de seus membros para que eles se mantenham atualizados, garantem sua empregabilidade para que não tenham medo de cometer erros, e encorajam os indivíduos a se tornarem campeões da mudança. Assim que uma nova idéia é desenvolvida, os **campeões de idéias** a promovem de forma ativa e entusiasta, conseguem apoio, vencem as resistências e asseguram que a inovação seja implementada.[29] As evidências sugerem que esses campeões possuem características comuns de personalidade: extrema autoconfiança, persistência, energia e uma tendência a correr riscos. Os campeões de idéias também apresentam características associadas à liderança transformacional. Eles inspiram e energizam os outros por meio de sua visão do potencial de uma inovação e pela forte convicção que têm em sua missão. Também são bons para conseguir o comprometimento dos outros para apoiar sua missão. Além disso, os campeões de idéias estão em posições que lhes proporcionam considerável autonomia decisória. Essa autonomia os ajuda a introduzir e implementar inovações nas organizações.[30]

Resumo Devido ao status da Gore como uma inovadora de produtos de primeira linha, podemos esperar que ela possua a maioria das propriedades aqui identificadas. É realmente o que acontece. A empresa tem uma estrutura altamente orgânica. Cada uma de suas fábricas conta com, no máximo, 200 pessoas. E quase tudo é feito em equipe. A cultura estimula a experimentação. Os funcionários têm liberdade para escolher em que projetos querem trabalhar com base no que acreditam ser mais compensador para dedicar seu tempo e que possa contribuir mais para o sucesso da empresa. Além disso, todos os pesquisadores são encorajados a dedicar 10 por cento de seu horário de trabalho ao desenvolvimento de suas próprias idéias. Finalmente, as políticas de recursos humanos da Gore estimulam os funcionários a expandir suas competências e responsabilidades e a ajudar os colegas a fazer o mesmo.

Criando uma organização que aprende

A organização que aprende se tornou o principal foco de interesse dos executivos e dos cientistas organizacionais que buscam novas formas de responder com sucesso a um mundo de mudanças e de interdependência.[31] Nesta seção, vamos descrever o que é uma organização que aprende e os métodos para sua administração.

O Que É uma Organização que Aprende? Uma **organização que aprende** é aquela que desenvolve a capacidade de mudar e de se adaptar continuamente. Da mesma forma que as pessoas, as organizações também podem aprender. "Todas as organizações aprendem, voluntariamente ou não — este é um requisito fundamental para sua existência sustentável."[32] Entretanto, algumas conseguem fazer isto melhor do que as outras, como é o caso da Corning, da FedEx, da Electronic Arts, da GE, da Wal-Mart e do Exército dos Estados Unidos.

Muitas organizações se engajam naquilo que costuma ser chamado de **aprendizado de círculo simples**.[33] Quando ocorrem erros, o processo de correção se baseia nas rotinas prévias e nas políticas vigentes. Por outro lado, as organizações que aprendem utilizam o **aprendizado de círculo duplo**. Quando um erro é detectado, ele é corrigido de maneira a envolver modificações nos objetivos, nas políticas e nas rotinas padronizadas da organização. O aprendizado de círculo duplo desafia convicções e normas profundamente arraigadas dentro da organização. Dessa maneira, oferece oportunidade de soluções radicalmente diferentes para os problemas e permite grandes saltos de melhoria.

O Quadro 18-6 resume as cinco características básicas da organização que aprende. Trata-se de uma organização na qual as pessoas abrem mão de suas velhas idéias, aprendem a ser abertas umas com as outras, compreendem como sua organização realmente funciona, formam um plano ou visão com o qual todos concordam e, depois, trabalham em conjunto para conquistar essa visão.[34]

Os defensores da organização que aprende argumentam que ela é um remédio para três problemas fundamentais inerentes às organizações tradicionais: fragmentação, competição e reatividade.[35] Primeiro, a *fragmentação* baseada na especialização cria "paredes" e "chaminés" que separam as diferentes funções em territórios independentes e, freqüentemente, inimigos. Segundo, uma ênfase muito grande na *competição* costuma prejudicar a colaboração. Os membros da equipe dirigente competem entre si para mostrar quem está certo, quem sabe mais ou quem é mais persuasivo. As divisões competem entre si quando deveriam estar cooperando para compartilhar o conhecimento. Os líderes de projeto competem para provar quem é o melhor administrador. E terceiro: a *reatividade*, em vez de buscar a criatividade, muda o foco da atenção da administração para a solução de problemas. O responsável pela solução de problemas tenta fazer com que alguma coisa continue funcionando, enquanto o criador tenta trazer algo novo para a situação. Uma ênfase na reatividade impede a inovação e a melhoria contínua e, em seu lugar, coloca as pessoas para "apagar incêndios".

Talvez você compreenda melhor o que é uma organização que aprende se pensar nela como um modelo *ideal* que se baseia em diversos conceitos prévios do comportamento organizacional. Nenhuma empresa consegue ostentar todas as características descritas no Quadro 18-6. Assim, devemos pensar na organização que aprende como um conceito ideal para o qual devemos nos dirigir, e não como a descrição de uma atividade estruturada real. Repare, também, como este conceito se fundamenta em outros conceitos prévios do comportamento organizacional, como a gestão da qualidade, a cultura organizacional, a organização sem fronteiras, o conflito funcional e a liderança transformacional. Por exemplo, a organização que aprende adota o compromisso da gestão da qualidade com a melhoria contínua. Ela também é caracterizada por uma cultura organizacional que valoriza a assunção de riscos, a abertura e o crescimento. Busca "o fim das fronteiras", eliminando as barreiras criadas pelos níveis hierárquicos e pela departamentalização fragmentada. Uma organização que aprende sustenta a importância dos desacordos, da crítica construtiva e de outras formas de conflito funcional. A liderança transformacional é necessária para a implementação da visão compartilhada.

QUADRO 18-6 Características de uma Organização que Aprende

1. Existe uma visão compartilhada com a qual todos concordam.
2. As pessoas abrem mão de suas velhas idéias e das rotinas padronizadas que utilizam para solucionar problemas ou para realizar o seu trabalho.
3. As pessoas pensam todos os processos, atividades, funções organizacionais e interações com o ambiente como sendo parte de um sistema de inter-relacionamentos.
4. As pessoas se comunicam abertamente (vertical e horizontalmente), sem medo de críticas ou de punições.
5. As pessoas sublimam os seus interesses pessoais e os de seus departamentos fragmentados em prol do trabalho conjunto para alcançar a visão compartilhada da organização.

Fonte: Baseado em P. M. Senge, *The fifth discipline*. Nova York: Doubleday, 1990.

Administração do Aprendizado Como mudar uma organização para transformá-la em um aprendiz permanente? O que os executivos podem fazer para transformar suas empresas em organizações que aprendem?

Estabelecer uma estratégia. Os dirigentes precisam explicitar seu compromisso com a mudança, a inovação e a melhoria contínua.

Redeplanejar a estrutura da organização. A estrutura formal pode ser um sério obstáculo ao aprendizado. Ao se achatar a estrutura, eliminar ou combinar os departamentos e aumentar o uso de equipes multifuncionais, a interdependência é reforçada e as barreiras entre as pessoas são reduzidas.

Remodelar a cultura da organização. Como mencionado anteriormente, as organizações que aprendem são caracterizadas pela assunção de riscos, pela abertura e pelo crescimento. Os dirigentes estabelecem o tom da cultura organizacional tanto pelo que dizem (estratégias) como pelo que fazem (comportamento). Os executivos precisam demonstrar, por seus atos, que correr riscos e admitir fracassos são coisas desejáveis. Isto significa recompensar aqueles que tentam alguma coisa e cometem erros. Os dirigentes precisam também encorajar o conflito funcional. "O segredo para conseguir uma real abertura no trabalho", diz um especialista em organizações que aprendem, "é ensinar às pessoas a desistir de estar sempre de acordo. Damos valor demais à concordância. Quem se importa? Precisamos trazer à tona os paradoxos, os conflitos e os dilemas para que consigamos ser mais inteligentes juntos do que individualmente."[36]

Um excelente exemplo de organização que aprende é o Exército dos Estados Unidos.[37] O cenário desta instituição mudou muito nas últimas décadas. Uma das razões foi o final da Guerra Fria, a principal justificativa para a corrida armamentista que se seguiu à Segunda Guerra Mundial, com o colapso da União Soviética. Hoje, os militares norte-americanos têm outras missões, como ajudar a combater incêndios florestais na Costa Oeste dos Estados Unidos. O comando das Forças Armadas replanejou sua estrutura para refletir a nova missão. Aquela estrutura de comando e controle rígida, hierárquica e voltada ao combate está adotando uma estrutura mais flexível e adaptável para atingir os objetivos mais diversificados de hoje. Além disso, todos os seus componentes, dos soldados rasos aos generais, passam por um treinamento de equipe que busca tornar a cultura do exército mais igualitária. Os soldados agora aprendem, por exemplo, a tomar decisões em campo e até mesmo a questionar a autoridade. O "novo exército" está desenvolvendo soldados e oficiais que conseguem adaptar-se rapidamente a diferentes tarefas e missões — combate, manutenção da paz, resgate humanitário e outros — e são capazes de improvisar com agilidade em meio a situações complexas e ambíguas.

Administração da mudança: uma questão de cultura

Diversos aspectos da mudança discutidos aqui são uma questão de cultura. Para ilustrar esta argumentação, vamos examinar sucintamente cinco questões: (1) as pessoas acreditam que a mudança é possível? (2) Nesse caso, quanto tempo leva para que ela aconteça? (3) A resistência à mudança é maior em certas culturas? (4) A cultura influencia a maneira como a mudança é implementada? (5) Os campeões de idéias agem diferentemente em culturas distintas?

As pessoas acreditam que a mudança é possível? Lembre-se que as culturas diferem com relação à crença sobre sua capacidade de controlar o ambiente. Nas culturas em que as pessoas acreditam poder dominar o ambiente, os indivíduos têm uma visão proativa da mudança. Essa situação pode ser ilustrada pelos Estados Unidos e pelo Canadá. Em outros países, como o Irã e a Arábia Saudita, onde as pessoas acreditam ser subjugadas pelo ambiente, elas tendem a assumir uma postura passiva diante da mudança.

Se a mudança é possível, quanto tempo leva para que ela aconteça? A orientação de tempo de cada cultura pode nos ajudar a responder a essa pergunta. As sociedades que pensam a longo prazo, como é o caso do Japão, demonstram considerável paciência para esperar os resultados positivos de uma mudança. Já naquelas voltadas para o curto prazo, como os Estados Unidos e o Canadá, as pessoas esperam melhorias rápidas e buscam programas que prometem resultados imediatos.

A resistência à mudança é maior em algumas culturas? Essa resistência é influenciada pelo apego à tradição. Os italianos, por exemplo, enfatizam seu passado, enquanto os norte-americanos se voltam mais para o presente. Os italianos, conseqüentemente, tendem a ser mais resistentes às mudanças do que os norte-americanos.

A cultura influencia a maneira como a mudança é implementada? A questão da distância do poder pode esclarecer este tópico. Em culturas com grande distância de poder, como as Filipinas ou a Venezuela, os esforços de mudança tendem a ser impostos de modo autocrático pela direção das empresas. Por outro lado, culturas com menor distância de poder valorizam os métodos democráticos. Podemos prever, portanto, uma utilização maior da participação em países como a Dinamarca e Holanda.

Finalmente, os campeões de idéias agem diferentemente em culturas distintas? As evidências indicam que sim.[38] Pessoas inseridas em culturas coletivistas, em comparação com aquelas inseridas em culturas individualistas, preferem apelar ao apoio multifuncional para os esforços de inovação; nas culturas com grande distância

Os países do Oriente Médio costumam adotar uma abordagem passiva em relação às mudanças. Em centros financeiros como Bahrain, no Golfo Pérsico, a cultura determina a separação dos sexos, o que faz com que os bancos mantenham espaços privativos para o atendimento às mulheres.

de poder, as pessoas preferem que os campeões trabalhem próximo aos detentores da autoridade para que as atividades inovadoras sejam aprovadas antes de ser conduzidas por elas; nas culturas que evitam as incertezas, os campeões precisam agir de acordo com normas e procedimentos para desenvolver as inovações. Estas descobertas sugerem que os executivos eficazes devem alterar suas estratégias para refletir os valores culturais. Assim, enquanto os campeões de idéias podem trabalhar ignorando os limites orçamentários ou outros procedimentos na Rússia, terão mais eficácia ao seguir os orçamentos e outras regulamentações em países como Áustria, Dinamarca, Alemanha e em outras culturas que evitam as incertezas.

O estresse no trabalho e sua administração

Todos sabemos que o estresse dos funcionários vem se tornando um problema cada vez maior nas organizações. Amigos se queixam de que estão trabalhando muito mais, com cargas e horários cada vez maiores, por causa do "enxugamento" de suas empresas (veja o Quadro 18-7). Os mais velhos se queixam da falta de estabilidade no mundo de hoje, saudosos do tempo em que um emprego em uma grande empresa significava segurança para toda a vida. Lemos pesquisas em que os funcionários reclamam do estresse criado pela necessidade de equilibrar as responsabilidades do trabalho com as da família.[39] Nesta seção, vamos examinar as causas e as conseqüências do estresse e, depois, considerar o que as pessoas e as organizações podem fazer para reduzi-lo.

O que é estresse?

O **estresse** é uma condição dinâmica na qual um indivíduo é confrontado com uma oportunidade, limitação ou demanda em relação a alguma coisa que ele deseja e cujo resultado é percebido, simultaneamente, como importante e incerto.[40] Esta é uma definição complexa. Vamos examinar mais detalhadamente os seus componentes.

QUADRO 18-7 Muito trabalho, Pouco Tempo

Com a onda de *downsizing* nas empresas, os funcionários remanescentes acham que seu trabalho demanda cada vez mais tempo e energia. Uma pesquisa com trabalhadores norte-americanos revelou que eles:

Acham que têm excesso de carga de trabalho	54%
Estão subjugados pelo excesso de trabalho	55%
Não têm tempo para refletir	59%
Não têm tempo para concluir suas tarefas	56%
Precisam realizar muitas tarefas diferentes ao mesmo tempo	45%

Fonte: Business Week, 16 jul. 2001, p. 12.

QUADRO 18-8

THE FAR SIDE, por Gary Larson

Fonte: The Far Side, de Gary Larson © 1990 & 1991 Farworks, Inc. Distribuído por Universal Press Syndicate. Reproduzido com autorização. Todos os direitos reservados.

O estresse não é necessariamente ruim. Embora normalmente seja discutido dentro de um contexto negativo, também tem o seu lado positivo.[41] Ele deve ser visto como uma oportunidade quando oferece um potencial de ganho. Considere, por exemplo, o desempenho superior demonstrado por um atleta ou um ator quando exposto a uma situação "limite". Essas pessoas geralmente utilizam o estresse para dar o máximo de si. Da mesma forma, muitos profissionais vêem as pressões do excesso de carga de trabalho e do cumprimento de prazos como um desafio positivo que melhora a qualidade de seu trabalho e aumenta a sua satisfação profissional.

Mais tipicamente, o estresse aparece associado aos **limites** e às **demandas**. Os limites impedem que você faça o que deseja. As demandas se referem à perda de alguma coisa desejada. Assim, quando você faz suas provas na escola ou passa pelo processo de avaliação de desempenho em seu trabalho, sente o estresse por estar confrontando oportunidades, limitações e demandas. Um bom desempenho pode levar a uma promoção, a maiores responsabilidades e a um salário mais alto. Um mau desempenho pode impedi-lo de conseguir a promoção. Se a avaliação for muito ruim, pode até significar a sua demissão.

Duas condições são necessárias para que o estresse potencial se torne real.[42] É preciso haver incerteza em relação ao resultado, e este deve ser importante. Independentemente das condições, o estresse só acontece quando existe incerteza ou dúvida a respeito de oportunidade ser aproveitada, as limitações serem superadas ou a perda ser evitada. Assim, o estresse é maior para as pessoas que não conseguem saber se vão perder ou ganhar, e menor para aquelas que têm certeza da perda ou do ganho. Mas a importância do resultado também é crítica. Se perder ou ganhar não for um aspecto relevante para você, não haverá estresse. Se manter seu emprego ou receber uma promoção não fizerem muita diferença, não haverá por que ficar estressado com sua avaliação de desempenho.

Compreendendo o estresse e suas conseqüências

O que causa o estresse? Quais são as suas conseqüências para os funcionários, individualmente? Por que determinadas condições criam estresse para algumas pessoas e parecem não ter nenhum efeito sobre outras? O Quadro 18-9 oferece um modelo que pode ajudar a responder a perguntas desse tipo.[43]

O modelo identifica três conjuntos de fatores — ambientais, organizacionais e individuais — que agem como fontes *potenciais* de estresse. Se o estresse vai se *concretizar* ou não, dependerá de diferenças individuais, como experiência no trabalho e personalidade. Quando uma pessoa passa por uma situação de estresse, seus sintomas podem ser físicos, psicológicos ou comportamentais.

Fontes potenciais de estresse

Como mostra o modelo do Quadro 18-9, existem três categorias de estresse potencial: ambiental, organizacional e individual. Vamos examinar cada uma delas.[44]

Fatores Ambientais Da mesma forma que as incertezas ambientais influenciam o modelo da estrutura organizacional, elas influenciam os níveis de estresse dos funcionários da organização. As mudanças nos ciclos dos negócios geram *incertezas econômicas*. Quando a economia entra em recessão, por exemplo, as pessoas se tornam mais ansiosas em relação à sua segurança. As *incertezas políticas* não costumam atingir tanto os norte-americanos como os indivíduos de países como o Haiti ou o Venezuela. O motivo óbvio é que a América do Norte possui sistemas políticos estáveis, nos quais as mudanças são implementadas de maneira ordenada. De qualquer forma, as mudanças ou ameaças políticas, mesmo em países como os Estados Unidos e o Canadá, podem induzir ao estresse. Por exemplo, as ameaças de separação da Província de Quebec do restante do Canadá, a fim de se tornar um país independente de língua francesa, causam estresse em muitos canadenses, especialmente nos residentes de Quebec que não falam francês. As *incertezas tecnológicas* formam o terceiro grupo de fatores causadores de estresse. Como as inovações podem tornar obsoletas as habilidades dos trabalhadores em um período muito curto de tempo, os computadores, os robôs, a automação e outras formas de novidades tecnológicas significam uma ameaça para muita gente e podem ser causas de estresse. O *terrorismo* está se tornando uma poderosa fonte de estresse no século XXI. Os trabalhadores de Israel, por exemplo, enfrentam esse problema há muito tempo e aprenderam a conviver com ele. Já para os norte-americanos, os ataques de 11 de setembro de 2001, e os subseqüentes estados de alerta, criaram uma nova fonte de estresse relacionado a trabalhar em arranha-céus ou a participar de grandes eventos públicos, além de aumentarem as preocupações com segurança.

Fatores Organizacionais Não são poucos os fatores que podem ser fontes de estresse dentro de uma organização. Alguns exemplos são as pressões para evitar erros ou cumprir prazos, a excessiva carga de tarefas, um chefe exigente e insensível, e colegas desagradáveis. Categorizamos esses fatores em torno das demandas de tarefas, de papéis e interpessoais; da estrutura organizacional; da liderança organizacional; e do estágio de vida da organização.[45]

As *demandas de tarefas* são fatores relacionados ao trabalho das pessoas. Incluem as características de cada atividade (autonomia, variedade de tarefas, grau de automação), as condições de trabalho e o ambiente físico. As linhas de montagem, por exemplo, podem ser estressantes quando as pessoas as percebem como excessivamente rápidas. Da mesma forma, trabalhar em uma sala muito cheia ou em um lugar público, onde as interrupções são constantes, pode aumentar a ansiedade e o estresse.

As *demandas de papéis* se relacionam à pressão sofrida por uma pessoa em função do papel desempenhado na organização. Os conflitos entre papéis diferentes criam expectativas que podem ser difíceis de conciliar ou satisfazer. A sobrecarga é vivenciada quando se espera que um funcionário faça mais coisas do que o tempo permite. A

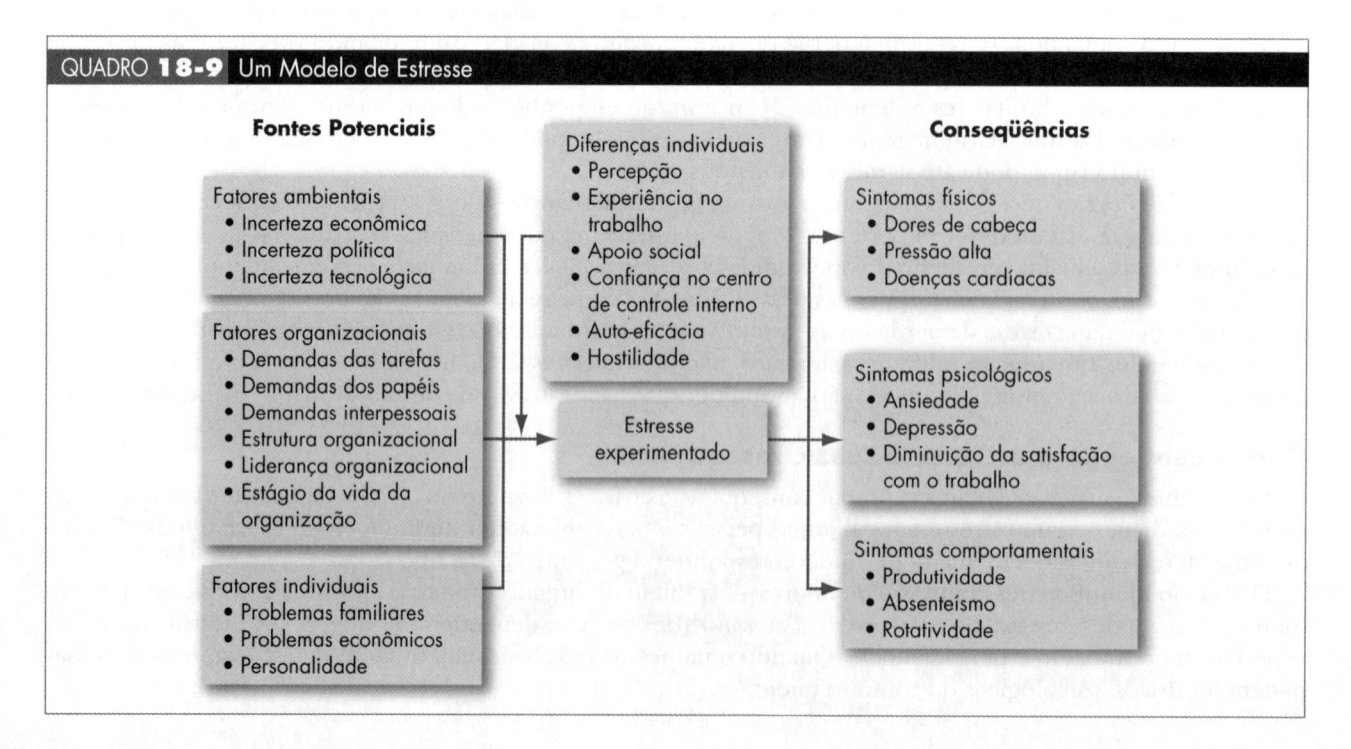

QUADRO 18-9 Um Modelo de Estresse

Fontes Potenciais

Fatores ambientais
- Incerteza econômica
- Incerteza política
- Incerteza tecnológica

Fatores organizacionais
- Demandas das tarefas
- Demandas dos papéis
- Demandas interpessoais
- Estrutura organizacional
- Liderança organizacional
- Estágio da vida da organização

Fatores individuais
- Problemas familiares
- Problemas econômicos
- Personalidade

Diferenças individuais
- Percepção
- Experiência no trabalho
- Apoio social
- Confiança no centro de controle interno
- Auto-eficácia
- Hostilidade

→ Estresse experimentado →

Conseqüências

Sintomas físicos
- Dores de cabeça
- Pressão alta
- Doenças cardíacas

Sintomas psicológicos
- Ansiedade
- Depressão
- Diminuição da satisfação com o trabalho

Sintomas comportamentais
- Produtividade
- Absenteísmo
- Rotatividade

ambigüidade é criada quando as expectativas não são claramente compreendidas pelo funcionário e ele não tem certeza do que deve fazer.

As *demandas interpessoais* são as pressões exercidas pelos outros funcionários. A falta de apoio social por parte dos colegas ou relações interpessoais insatisfatórias podem provocar um estresse considerável, especialmente para aqueles com elevada necessidade social.

A *estrutura organizacional* define o nível de diferenciação dentro da organização, a quantidade de regras e regulamentações e onde as decisões são tomadas. Um número excessivo de regras e a falta de participação em decisões que afetam os funcionários são exemplos de variáveis estruturais que podem se tornar fontes de estresse.

A *liderança organizacional* se refere ao estilo gerencial dos dirigentes da empresa. Alguns altos executivos geram uma cultura caracterizada pela tensão, pelo medo e pela ansiedade. Eles estabelecem pressões irrealistas para o desempenho a curto prazo, impõem controles muito rígidos e rotineiramente demitem funcionários que "não alcançam os padrões".

As organizações passam por um ciclo. Elas se estabelecem, crescem, tornam-se maduras e, finalmente, declinam. O *estágio de vida de uma organização* — isto é, em qual dos quatro estágios ela se encontra — cria diferentes problemas e pressões sobre os funcionários. Os estágios de estabelecimento e de declínio são particularmente estressantes. O primeiro se caracteriza por grande excitação e incertezas, enquanto o último geralmente requer cortes, demissões e outros tipos de incertezas. O estresse tende a ser menor durante a fase da maturidade, quando as incertezas estão em seu ponto mais baixo.

Fatores Individuais As pessoas trabalham, em média, de 40 a 50 horas por semana. Mas as experiências e os problemas vividos no restante do tempo podem ter efeitos no trabalho. Nossa categoria final, portanto, se refere a fatores da vida pessoal dos funcionários. Basicamente, esses fatores incluem questões familiares, problemas econômicos e características de personalidade.

As pesquisas mostram consistentemente que as pessoas prezam muito seus relacionamentos *familiares* e pessoais. As dificuldades no casamento, o rompimento de uma relação ou problemas disciplinares com os filhos são exemplos de questões de relacionamento causadoras de estresse nos funcionários que não conseguem deixar tais dificuldades de lado no horário de trabalho.

Os problemas *econômicos* enfrentados pelos indivíduos que sempre gastam mais do que têm são outra fonte de dificuldades que podem gerar estresse e desviar a atenção do trabalho. Independentemente da faixa salarial — há quem ganha 80 mil dólares por ano e tem mais dificuldade de viver dentro do orçamento do que outros que ganham apenas 18 mil dólares. Algumas pessoas são péssimas administradoras de seu dinheiro ou sempre querem ter o que não podem pagar.

Estudos conduzidos em três organizações diferentes concluíram que os sintomas de estresse relatados antes do início de um trabalho eram responsáveis pela maior parte da variância nos sintomas verificados nove meses depois.[46] Essa descoberta levou os pesquisadores à conclusão de que algumas pessoas parecem ter uma tendência inerente a acentuar os aspectos negativos da vida. Se isto for verdadeiro, um fator individual significativo que influencia o estresse seria uma disposição básica natural da pessoa, ou seja, os sintomas de estresse expressados no trabalho teriam origem, na verdade, na própria *personalidade* do indivíduo.

Os Fatores de Estresse São Cumulativos Um fato que costuma ser menosprezado é que os fatores de estresse são um fenômeno cumulativo.[47] O estresse se intensifica. Cada fator novo e persistente faz crescer o nível de estresse do indivíduo. Assim, um determinado fator pode ser de pouca importância quando observado isoladamente, mas pode se tornar "a gota d'água" quando somado a um nível de estresse já alto. Para avaliar o nível real de estresse enfrentado por alguém, temos de somar todos os fatores de oportunidade, de limitações e de demandas.

Diferenças individuais

Algumas pessoas são capazes de reagir a situações estressantes, enquanto outras parecem ser abatidas por elas. O que diferencia as pessoas em relação à sua capacidade de lidar com o estresse? Quais são as variáveis de diferenças individuais que moderam a relação entre o estresse *potencial* e o *realmente* experimentado? Pelo menos cinco variáveis — percepção, experiência de trabalho, apoio social, confiança no centro de controle interno e hostilidade — costumam ser apontadas como moderadoras relevantes.

No Capítulo 5, mostramos que os funcionários reagem em resposta às suas percepções da realidade, mais do que à realidade em si. A *percepção*, portanto, modera a relação entre uma condição potencial de estresse e a reação do funcionário a ela. Por exemplo, o medo que uma pessoa tem de perder o emprego porque a empresa está demitindo muita gente pode ser percebido por outra pessoa como uma oportunidade de receber uma boa indenização e iniciar o seu próprio negócio. Assim, o potencial de estresse não está na condição objetiva, mas na interpretação que o funcionário faz desta condição.

As evidências indicam que a *experiência* no trabalho tende a estar negativamente relacionada com o estresse. Por quê? Há duas explicações.[48] A primeira é a da seleção natural. A rotatividade voluntária é mais provável entre as pessoas que sofrem mais com o estresse. Assim, as pessoas que permanecem mais tempo na empresa são as que têm mais traços de resistência ao estresse ou que resistem melhor às características estressantes da organização. A segunda explicação é que as pessoas acabam desenvolvendo mecanismos para enfrentar o estresse. Como isso leva algum tempo, os funcionários mais antigos estão mais bem adaptados e sofrem menos com o estresse.

Existem evidências cada vez maiores de que o *apoio social* — a relação amigável com os colegas e chefes — pode amenizar o impacto do estresse.[49] A lógica que fundamenta essa variável moderadora é que o apoio social serve como um paliativo, minimizando os efeitos negativos até dos trabalhos mais estressante.

O *centro de controle* foi apresentado no Capítulo 4 como um atributo de personalidade. Aqueles que possuem um centro de controle interno acreditam que podem controlar o próprio destino; os que têm um centro de controle externo acham que sua vida é controlada por forças externas. As evidências indicam que os primeiros percebem seu trabalho como menos estressante do que os últimos.[50] Quando os internos e os externos se confrontam com uma situação de estresse semelhante, os primeiros costumam pensar que podem exercer uma influência significativa sobre os resultados. Agem, portanto, para tentar controlar o evento. Já os externos tendem a ser mais passivos e a sentir-se desamparados.

A *auto-eficácia* também mostrou ter influência sobre os resultados do estresse. Você se lembrará deste termo apresentado no Capítulo 6, que significa a convicção que a pessoa tem de que é capaz de realizar uma tarefa. Evidências recentes indicam que pessoas com grande auto-eficácia reagem menos negativamente do que as demais à pressão gerada por longas jornadas e grandes cargas de trabalho.[51] Ou seja, a confiança na própria capacidade parece reduzir o estresse. Como no caso do centro de controle interno, a auto-eficácia confirma a tese da autoconfiança como moderador dos efeitos das situações de grande pressão.

Algumas pessoas têm uma personalidade que inclui um alto grau de hostilidade e raiva. Elas constantemente desconfiam das outras. As evidências indicam que essa *hostilidade* aumenta significativamente o estresse enfrentado e o risco de uma doença cardíaca.[52] Mais especificamente, as pessoas que se irritam com facilidade, que mantém sempre um ar hostil e que demonstram uma desconfiança crônica em relação aos outros tendem a experimentar um estresse maior.

Conseqüências do estresse

O estresse se faz notar de diversas maneiras. Por exemplo, uma pessoa que esteja experimentando um nível muito alto de estresse pode apresentar pressão alta, úlceras, irritabilidade, dificuldade para tomar decisões rotineiras, perda de apetite, propensão a acidentes etc. Isso tudo pode ser resumido em três categorias gerais: sintomas físicos, psicológicos e comportamentais.[53]

Sintomas Físicos As primeiras preocupações com o estresse estavam dirigidas aos sintomas físicos. Isso se deveu predominantemente ao fato de que o assunto era pesquisado por profissionais da saúde e da medicina. As pesquisas levaram à conclusão de que o estresse poderia ser a causa de mudanças no metabolismo, aumento dos ritmos cardíaco e respiratório, aumento da pressão sanguínea, dores de cabeça e até ataques do coração.

Um clima jovial reina na sede da Yahoo! em Paris, França, onde os funcionários e os supervisores freqüentemente almoçam juntos em um café do outro lado da rua. A unidade francesa criou um clima de apoio social, no qual estações de trabalho compartilhadas estimulam a cooperação e ajudam a reduzir os efeitos negativos dos estresse do trabalho. O Yahoo! France, primeiro portal a oferecer serviços de qualidade em francês na Internet, luta para manter sua liderança depois que a France Telecom entrou na concorrência dos portais.

ENFOQUE NA MÍDIA

Os Níveis de Estresse Atingem o Auge

Há alguns anos, os especialistas atribuíram toda a atenção dedicada ao estresse apenas à conscientização das pessoas em relação ao tema. Hoje não se pensa mais assim. As evidências de que o estresse no ambiente de trabalho é real e está aumentando são poderosas demais para serem ignoradas. Consideremos as seguintes evidências:

- De acordo com um estudo recente do Instituto Nacional de Saúde e Segurança Ocupacionais dos Estados Unidos, mais da metade dos trabalhadores norte-americanos vê o estresse como um problema sério em sua vida. Isso é mais do que o dobro do que foi levantado em uma pesquisa do início dos anos 90.
- O número de pessoas que falta ao trabalho por motivo de saúde triplicou entre 1999 e 2002.
- O resultado de uma pesquisa realizada anualmente indicou em 2002 que 29 por cento das pessoas se encaixavam na categoria de estresse mais crítico, a maior porcentagem nos seis anos de realização deste levantamento.
- O Instituto Americano de Estresse estima que o estresse e suas conseqüências — absenteísmo, esgotamento e problemas psicológicos — custam mais de 300 bilhões de dólares por ano aos Estados Unidos.
- A Comunidade Européia reconhece oficialmente o estresse como sendo o segundo maior problema de saúde ocupacional enfrentado pelos trabalhadores europeus.

Fonte: Baseado em M. Lewis, "The last taboo", *Fortune*, 28 out. 2002, p. 137-144.

A ligação entre o estresse e cada sintoma físico não é clara. Existem poucas relações consistentes.[54] Isto é atribuído à complexidade dos sintomas e à dificuldade de sua mensuração. Mas o relevante aqui é que os sintomas físicos não têm grande importância dentro do estudo do comportamento organizacional. Nossa preocupação volta-se para o comportamento e as atitudes. Assim, as duas outras categorias de sintomas é que são importantes para nosso estudo.

Sintomas Psicológicos O estresse pode causar insatisfação. Quando está relacionado ao trabalho, pode levar à insatisfação no trabalho, que, na verdade, é "o efeito psicológico mais simples e óbvio" do estresse.[55] Mas o estresse também se apresenta em outros estados psicológicos — por exemplo, tensão, ansiedade, irritabilidade, tédio e procrastinação.

As evidências indicam que, quando as pessoas estão envolvidas em trabalhos que apresentam demandas múltiplas e conflitantes, ou quando não há clareza sobre os deveres, a autoridade e a responsabilidade de cada um, tanto o estresse como a insatisfação podem aumentar.[56] Da mesma forma, quanto menor o controle do indivíduo sobre o ritmo de seu trabalho, maiores são o estresse e a insatisfação. Embora sejam necessárias mais pesquisas para determinar essas relações, as evidências sugerem que trabalhos que oferecem baixos níveis de variedade, significância, autonomia, feedback e identidade geram estresse e reduzem o envolvimento e a satisfação do trabalhador.[57]

Sintomas Comportamentais Os sintomas comportamentais do estresse incluem mudanças na produtividade, absenteísmo e rotatividade, bem como mudanças nos hábitos de alimentação, aumento do consumo de álcool ou tabaco, fala mais rápida, inquietação e distúrbios do sono.

Existe uma quantidade significativa de pesquisas investigando a relação entre desempenho e estresse. O padrão mais estudado e documentado é a relação do U invertido,[58] mostrada no Quadro 18-10.

A lógica que fundamenta o padrão do U invertido é que níveis baixos a moderados de estresse estimulam o corpo e aumentam a sua capacidade de reagir. Nessas situações, os indivíduos geralmente realizam suas tarefas com mais qualidade, mais intensidade ou mais rapidez. Mas o excesso de estresse impõe demandas ou limitações inalcançáveis, o que resulta em piora do desempenho. Esse padrão do U invertido também pode ser usado para explicar a reação ao estresse ao longo do tempo e as mudanças na intensidade do estresse. Mesmo os níveis moderados de estresse podem ter uma influência negativa sobre o desempenho a longo prazo, quando a intensidade contínua consome o indivíduo e reduz suas fontes de energia. Um atleta pode ser capaz de utilizar os efeitos positivos do estresse para chegar a um alto desempenho a cada sábado da temporada de jogos, ou um executivo pode ser capaz de dar tudo de si em sua apresentação em um congresso nacional. Mas um nível moderado de estresse vivenciado continuamente, como é o caso de um pronto-socorro de um grande hospital urbano, pode resultar em fraco desempenho. Isso explica por que o quadro de pessoal dos serviços de pronto-atendimento sempre muda e

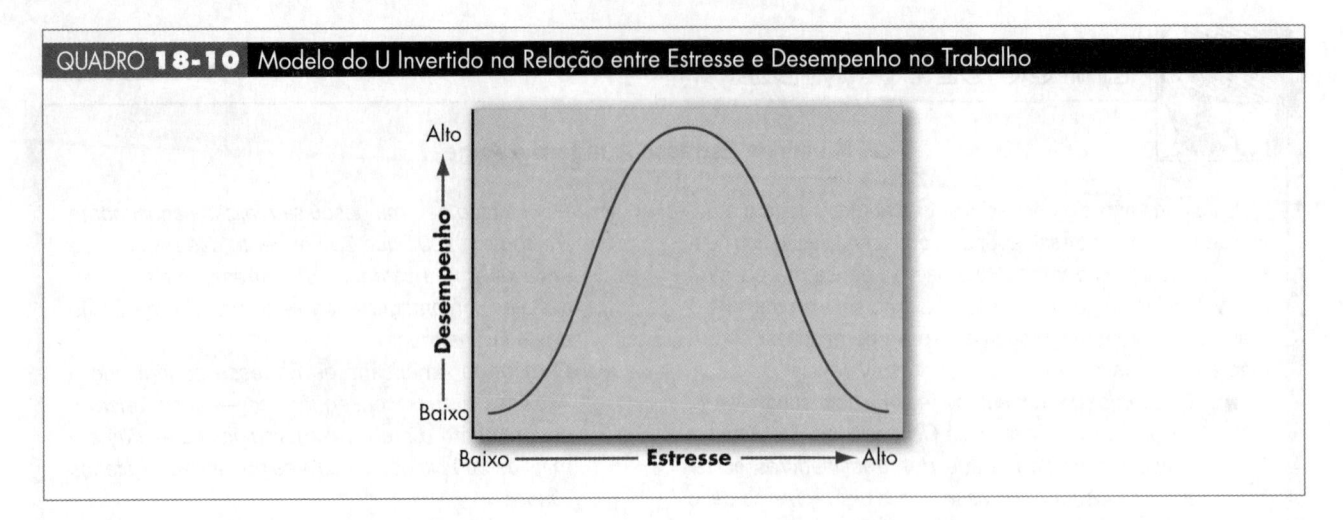

QUADRO 18-10 Modelo do U Invertido na Relação entre Estresse e Desempenho no Trabalho

por que praticamente ninguém passa toda a sua carreira nesse tipo de ambiente. De fato, tal situação colocaria a pessoa sob o risco de um "esgotamento profissional".

Apesar da popularidade e do apelo intuitivo do modelo do U invertido, ele não apresenta muita sustentação empírica.[59] Até o presente momento, os executivos devem tomar cuidado ao presumir que esse modelo ilustra com precisão a relação estresse–desempenho.

Administrando o estresse

Do ponto de vista da organização, os executivos não precisam se preocupar quando os funcionários experimentam níveis de baixos a moderados de estresse. Como vimos anteriormente, estes níveis de estresse podem ser funcionais e levar a um desempenho melhor dos funcionários. Mas níveis de estresse altos, ou mesmo níveis baixos, mantidos durante um período muito longo, podem ameaçar o desempenho dos funcionários e, por isso, requerem ações dos executivos.

Embora uma quantidade limitada de estresse possa beneficiar o desempenho de um funcionário, não espere que ele veja a situação desta maneira. Do ponto de vista do indivíduo, até mesmo um nível baixo de estresse é percebido como indesejável. Por essa razão, é provável que os executivos e os funcionários tenham opiniões diferentes quanto ao nível de estresse aceitável no trabalho. O que os executivos consideram "um estímulo positivo, que mantém a adrenalina" pode ser visto pelos funcionários como "uma pressão excessiva". Tenha isso em mente enquanto discutimos as abordagens individuais e organizacionais da administração do estresse.[60]

Abordagens Individuais Um funcionário pode assumir a responsabilidade de reduzir seu próprio nível de estresse. As estratégias individuais que se mostraram eficazes incluem implementação de técnicas de administração do tempo, aumento de exercícios físicos, treinamento para o relaxamento e expansão da rede de apoio social.

Muita gente não sabe administrar o próprio tempo. As coisas que devem ser feitas em um dia ou uma semana podem ficar inconclusas se o tempo for mal-administrado. Um funcionário organizado, da mesma forma que um estudante organizado, pode fazer o dobro de coisas que um desorganizado faz. A compreensão e utilização dos princípios básicos de *administração do tempo* podem ajudar as pessoas a lidar melhor com as tensões causadas pelas demandas do trabalho.[61] Alguns do mais conhecidos princípios são: (1) fazer uma lista das atividades que devem ser realizadas no dia; (2) priorizar as atividades por importância e urgência; (3) agendar as atividades de acordo com as prioridades; e (4) conhecer seu biorritmo diário e agendar as atividades mais demandantes para o período em que você esteja mais alerta e produtivo.[62]

Há tempos os médicos aconselham a prática de exercícios físicos não-competitivos — aeróbica, caminhar, correr, nadar, andar de bicicleta — como forma de lidar com altos níveis de estresse. Estas modalidades de *exercícios físicos* aumentam a capacidade cardíaca, diminuem o ritmo cardíaco em repouso, oferecem uma distração dos problemas do trabalho e são uma forma de "extravasar a pressão".[63]

As pessoas podem aprender a reduzir a tensão por meio de *técnicas de relaxamento*, como meditação, hipnose e biofeedback. O objetivo é atingir um estado de profundo relaxamento, quando a pessoa se sente fisicamente relaxada, como que distante do ambiente imediato e livre das sensações do corpo.[64] Períodos de 15 a 20 minutos diários de relaxamento profundo aliviam as tensões e dão à pessoa uma intensa sensação de paz. É importante ressaltar que diferenças significativas no ritmo cardíaco, na pressão arterial e em outros fatores psicológicos podem ser obtidas através do relaxamento profundo.

A BMC Software, em Houston, Estado do Texas, encoraja seus funcionários a assumir a responsabilidade por sua saúde física e mental. A empresa dá facilidades para que os funcionários mantenham a forma física e reduzam o estresse ao oferecer instalações para a prática de basquete, natação, golfe, vôlei de praia, massagem terapêutica e outras. A BMC também coloca à disposição dos funcionários, gratuitamente, em todas as suas unidades, lanches saudáveis, como frutas e pipoca.

Como mencionamos no início deste capítulo, ter amigos, parentes ou colegas com quem conversar oferece uma válvula de escape quando o estresse se torna excessivo. A expansão da *rede de apoio social*, portanto, pode ser uma maneira de reduzir a tensão. Ela traz a possibilidade de ter alguém para ouvir seus problemas e oferecer uma perspectiva mais objetiva da situação.

Abordagens Organizacionais Diversos fatores causadores do estresse — particularmente as demandas de tarefas e de papéis, além da estrutura organizacional — são controlados pelos executivos. Podem, portanto, ser modificados. Algumas estratégias que podem ser utilizadas pelos executivos incluem a melhoria do processo de seleção e colocação de pessoal, a fixação de objetivos realistas, o replanejamento do trabalho, o aumento do envolvimento dos funcionários, a melhoria da comunicação organizacional e a implantação de programas corporativos de bem-estar.

Ainda que certos trabalhos sejam mais estressantes do que outros, vimos neste capítulo que as pessoas diferem em suas respostas a situações de estresse. Sabemos, por exemplo, que as pessoas com pouca experiência ou centro de controle externo tendem a ser mais vulneráveis ao estresse. As decisões de *seleção e colocação de pessoal* devem levar em consideração estas características. Obviamente, embora a empresa não possa se restringir a contratar apenas indivíduos experientes e com centro de controle interno, são eles os que melhor se adaptam aos trabalhos mais estressantes e os que conseguem melhor desempenho nessas situações. Da mesma forma, o *treinamento* pode aumentar a auto-eficácia do funcionário e reduzir o estresse do trabalho.

Discutimos a *fixação de objetivos* no Capítulo 6. Com base em extensivas pesquisas, concluímos que as pessoas têm melhor desempenho quando possuem metas específicas e desafiadoras e recebem feedback sobre seu progresso em relação a elas. A utilização dos objetivos pode reduzir o estresse, além de aumentar a motivação. Metas específicas, vistas como factíveis, esclarecem as expectativas em relação ao desempenho. Além disso, o feedback reduz as incertezas em relação ao desempenho real. Os resultados são menos frustração para os funcionários, menor ambigüidade de papéis e menos estresse.

O *replanejamento do trabalho* para dar aos funcionários mais responsabilidades, tarefas mais significativas, mais autonomia e mais feedback pode reduzir o estresse porque lhes oferece maior controle sobre suas atividades e mais independência em relação aos outros. Mas, como comentamos em nossa discussão sobre planejamento do trabalho, nem todos os funcionários querem o enriquecimento de tarefas. O replanejamento ideal para os funcionários com baixa necessidade de crescimento, portanto, pede a busca de menos responsabilidades e mais especialização. Se os indivíduos preferem estrutura e rotina, a redução da variedade de tarefas pode ajudar a diminuir os níveis de incertezas e estresse.

O estresse relacionado com os papéis é muito prejudicial em função da incerteza em relação às metas, às expectativas e à forma de avaliação do funcionário. Ao oferecer aos funcionários informações sobre as decisões que afetam diretamente seu desempenho, os executivos podem aumentar o controle de cada um e reduzir o estresse do papel. Para isso, os executivos devem considerar o *aumento do envolvimento dos funcionários* no processo decisório.[65]

A melhoria da *comunicação organizacional* formal com os funcionários reduz as incertezas por diminuir a ambigüidade e os conflitos de papéis. Dada a importância que a percepção tem na moderação da relação entre o estresse e a resposta que ele provoca, os executivos podem utilizar a comunicação efetivamente para moldar a percepção dos funcionários. Lembre-se de que aquilo que o funcionário entende como demanda, ameaça ou oportunidade é apenas a interpretação dele, e esta pode ser afetada pelos símbolos e ações comunicados pelos dirigentes da empresa.

O que alguns funcionários precisam é de uma escapada ocasional do ritmo frenético de seu trabalho. Recentemente, empresas como Charles Schwab, DuPont, L.L. Bean, Nike e 3Com passaram a proporcionar períodos de licença mais amplos.[66] Estes períodos *sabáticos* — que podem durar de algumas semanas até diversos meses — permitem que os funcionários viajem, relaxem ou se dediquem a projetos pessoais que consomem mais tempo do que o período normal de férias. Os defensores dessa prática argumentam que os períodos sabáticos podem rejuvenescer o trabalhador, que de outra forma estaria fadado ao esgotamento.

Nossa última sugestão é a oferta de **programas de bem-estar** patrocinados pela organização. Esses programas enfocam as condições físicas e mentais dos funcionários.[67] Geralmente, oferecem workshops para ajudá-los a deixar de fumar, controlar o consumo de álcool, perder peso, habituar-se a uma alimentação mais saudável e desenvolver um programa regular de exercícios físicos. A premissa básica da maioria desses programas é que os funcionários precisam assumir a responsabilidade pela sua saúde física e mental. A organização é apenas um meio facilitador para este fim.

As organizações, evidentemente, não são altruístas. Elas esperam um retorno desses programas de bem-estar. A maioria das empresas que investe nesse tipo de programa tem descoberto que eles realmente trazem benefícios significativos. Por exemplo, um estudo envolvendo oito empresas canadenses revelou que cada dólar investido em seus programas de bem-estar gerou um retorno de 1,64 dólar e, no caso de funcionários de alto risco, como os fumantes, o retorno chegou a quase 4 dólares.[68]

Resumo e implicações para os executivos

A necessidade de mudança ficou implícita em todo o texto. "Uma reflexão rápida sobre a mudança indicará que ela engloba quase todos os conceitos encontrados na literatura sobre comportamento organizacional".[69] Pense a respeito de atitudes, motivação, trabalho em equipe, comunicação, liderança, estrutura organizacional, práticas de recursos humanos e cultura organizacional. A mudança é parte integral de cada um destes tópicos.

Se o ambiente fosse perfeitamente estático, se as habilidades e os talentos dos funcionários estivessem sempre atualizados e nunca se deteriorassem e se o amanhã fosse igual ao hoje, a mudança organizacional não teria muita relevância para os executivos. Mas o mundo real é turbulento e exige que as organizações e seus membros passem por mudanças dinâmicas para que continuem competitivos.

Os executivos são os principais agentes de mudança na maioria das organizações. Por meio de suas decisões e do modelo de seu comportamento, eles dirigem a mudança da cultura organizacional. Por exemplo, as decisões sobre o modelo de estrutura, os fatores culturais e as políticas de recursos humanos determinam, em grande parte, o nível de inovação dentro uma organização. Da mesma forma, as decisões, políticas e práticas dos executivos determinarão o grau em que a organização aprende e se adapta aos fatores ambientais em transformação.

Descobrimos que a existência do estresse no trabalho não é, por si só, um fator que implica redução do desempenho. As evidências indicam que o estresse pode exercer uma influência positiva ou negativa sobre o desempenho dos funcionários. Para muitas pessoas, um nível baixo ou moderado de estresse pode capacitá-las a trabalhar melhor por aumentar a intensidade de seu trabalho, a sua atenção e a sua capacidade de reagir. Contudo, um alto nível de estresse, ou mesmo um nível moderado que seja constante e duradouro, pode levar a uma queda do desempenho. O impacto do estresse sobre a satisfação no trabalho é bem mais direto. As tensões relacionadas ao trabalho tendem a reduzir a satisfação geral do funcionário.[70] Mesmo quando um nível de baixo a moderado de estresse pode melhorar o desempenho, os funcionários o consideram desagradável.

PONTO ▶ ◀ CONTRAPONTO

Administração da mudança é uma atividade episódica

A mudança organizacional é uma atividade episódica. Isto significa que ela começa em algum ponto, passa por diversas etapas e culmina em um resultado visto por todos os envolvidos como uma melhoria em relação ao ponto de partida. Ela tem um início, um meio e um fim.

O modelo de três etapas de Lewin representa uma ilustração clara dessa perspectiva. A mudança é vista como uma quebra no equilíbrio da organização. O status quo foi rompido e a mudança é necessária para estabelecer um novo estado de equilíbrio. O objetivo do recongelamento é estabilizar a nova situação por meio do equilíbrio entre as forças propulsoras e as forças restritivas.

Alguns especialistas argumentam que a mudança organizacional deve ser vista como o equilíbrio de um sistema constituído por cinco variáveis interativas dentro da organização — pessoas, tarefas, tecnologia, estrutura e estratégia. Uma mudança em qualquer uma delas repercutirá nas outras. Essa perspectiva é episódica na medida em que trata a mudança organizacional essencialmente como um esforço de sustentação do equilíbrio. Uma mudança em uma variável inicia uma cadeia de eventos que, se adequadamente administrada, exige ajustes nas demais variáveis para se obter um novo estado de equilíbrio.

Outra forma de conceituar essa visão episódica da mudança é pensar na administração da mudança de maneira análoga ao comando de um navio. A organização se assemelha a um grande navio navegando em direção a um porto específico nas calmas águas do mar Mediterrâneo. O capitão já fez essa viagem centenas de vezes, com a mesma tripulação. De vez em quando, contudo, acontece uma tormenta e a tripulação tem de responder à crise. O capitão faz os ajustes necessários — ou seja, implementa mudanças — e, manobrando através da tempestade, faz o navio retornar para águas calmas. Da mesma forma, a administração de uma empresa deve ser vista como uma jornada, com um começo e um fim, e a implementação de mudanças, como uma resposta à quebra do status quo, necessária apenas em determinadas ocasiões.

A abordagem episódica pode ser o paradigma dominante da administração da mudança organizacional, mas começa a se tornar obsoleta. Ela se aplica a um mundo de certezas e previsibilidade. Desenvolvida nos anos 50 e 60, reflete o ambiente daquela época e trata a mudança como um distúrbio ocasional em um mundo normalmente pacífico. Entretanto, esse paradigma pouco tem que ver com o ambiente de hoje, em constante e caótica mudança.[71]

Se você quer entender o que é administrar a mudança nas organizações de hoje, pense nisto como um constante rafting.[72] A organização não se assemelha a um grande navio, mas sim a um bote para ultrapassar corredeiras. Em vez de singrar mares de águas calmas, esse bote precisa atravessar um perigoso rio, cheio de pequenas e ininterruptas cachoeiras. Para tornar as coisas ainda mais difíceis, o bote é manejado por 10 pessoas que nunca fizeram essa viagem juntas, a maior parte da travessia é feita no escuro, o rio é cheio de curvas e obstáculos inesperados, o destino não é muito claro, e em várias ocasiões o bote precisa atracar na margem para deixar que alguns tripulantes saiam e outros entrem. A mudança é um estado natural e sua administração é um processo contínuo. Em outras palavras, os executivos nunca podem se dar ao luxo de escapar das corredeiras.

A estabilidade e a previsibilidade caracterizadas na abordagem episódica não refletem mais a realidade do mundo de hoje. As interrupções do status quo não são ocasionais, temporárias e seguidas pelo retorno ao estado de equilíbrio. Na verdade, não existe um estado de equilíbrio. Os executivos de hoje enfrentam mudanças constantes, beirando ao caos. Eles são obrigados a participar de um jogo que jamais jogaram antes, com regras que são criadas à medida que o jogo acontece.

Questões para revisão

1. O que significa a frase "vivemos em uma era de descontinuidade"?
2. "A resistência à mudança é uma resposta irracional." Você concorda com esta frase? Explique.
3. Por que a participação é considerada uma técnica tão eficaz para superar a resistência que as pessoas têm à mudança?
4. Por que a mudança se torna tão freqüentemente uma questão política nas organizações?
5. Como o plano de oito passos de Kotter trata a resistência à mudança?
6. Que mudanças uma organização que possui uma tradição de "seguir a liderança" pode fazer para estimular a inovação?
7. "As organizações que aprendem atacam a fragmentação, a competitividade e a reatividade." Explique esta afirmação.
8. Por que a mudança é uma questão de cultura?
9. Como as oportunidades, as limitações e as demandas estão relacionadas ao estresse? Dê um exemplo de cada.
10. O que as organizações podem fazer para reduzir o estresse de seus funcionários?

Questões para reflexão crítica

1. Como as mudanças verificadas nos últimos 25 anos na força de trabalho têm afetado as políticas organizacionais?
2. Todos os executivos são agentes de mudança? Discuta.
3. Discuta a relação entre as teorias de aprendizagem, examinadas no Capítulo 2, e a questão da mudança organizacional.
4. Você acha que o ambiente de trabalho hoje é mais estressante do que era nos anos 70? Explique.

Exercício de grupo

Poder e o ambiente em mudança

Objetivos

1. Descrever a influência das forças para a mudança nas diferenças de poder nas relações organizacionais e interpessoais.

2. Compreender o efeito das mudanças tecnológicas, legais, políticas e sociais sobre o poder das pessoas dentro de uma organização.

A situação

Sua empresa fabrica carrinhos de golfe e os vende para clubes de campo, escolas de golfe e diretamente para os consumidores. A tarefa de sua equipe é avaliar como as mudanças no ambiente afetarão o poder de cada indivíduo dentro da organização. Leia a descrição dos cinco cenários identifique, em cada um, os cinco membros da organização que terão seu poder fortalecido em função das condições ambientais.

(h) = homem   (m) = mulher

Especialista em propaganda (h)
Diretor financeiro (m)
Analista financeiro (h)
Gerente de operações (m)
Chefe de treinamento (h)
Contador (h)
Gerente-geral (h)
Gerente de marketing (m)

Programador de computador (m)
Engenheiro industrial (h)
Projetista de produtos (h)
Consultor interno (h)
Especialista em relações públicas (h)
Gerente de recursos humanos (m)
Químico (h)

1. Uma nova tecnologia de manufatura computadorizada será introduzida na empresa dentro de dois meses e sua implantação só será concluída daqui a 18 meses.

2. O Congresso está votando uma nova legislação contábil.
3. As vendas estão em queda, e o setor parece encolher.
4. A empresa planeja expandir-se internacionalmente dentro de 12 a 18 meses.
5. Uma comissão do Ministério do Trabalho criada para melhorar a distribuição de cargos entre homens e mulheres começa a fazer pressão para aumentar a presença feminina no comando da empresa.

Procedimento
1. Divida a classe em grupos de três a quatro alunos cada.
2. Cada equipe deve ler a descrição dos cinco cenários e, para cada um, identificar os cinco membros da organização que terão seu poder fortalecido em função das condições ambientais.
3. As equipes devem, então, responder à questão: caso os cinco cenários ocorram simultaneamente, quem são os cinco indivíduos que terão mais poder?
4. Depois de 20 a 30 minutos, cada grupo escolhe um representante para apresentar suas conclusões à classe. As discussões começam no cenário de número 1 e vão até o 5, e depois se centram no "cenário geral".

Fonte: Adaptado de J. E. Barbuto Jr., "Power and changing environment", *Journal of Management Education*, abr. 2000, p. 288-296.

Dilema ético

Aumento da produtividade do funcionário e estresse

Ellen West supervisiona 15 pessoas que formam a equipe de apoio de uma corretora de valores em Saint Louis. Com as receitas da empresa em queda, o chefe de Ellen a pressiona para aumentar a produtividade de seu departamento.

A maneira mais rápida de conseguir isto seria demitir dois ou três funcionários e pedir aos remanescentes que trabalhem mais. Como todos eles são remunerados pelo cargo, ninguém receberia hora-extra. Portanto, se demitisse três funcionários e fizesse os outros trabalhar 10 horas adicionais por semana, Ellen conseguiria a mesma produtividade com 20 por cento a menos de mão-de-obra.

Ao considerar esta solução, Ellen ficou insegura. Reduzir o pessoal e aumentar a carga de trabalho agradaria ao seu chefe e aumentaria a garantia de emprego dos remanescentes. Por outro lado, ela teme que, assim, estaria tirando vantagem da situação do mercado de trabalho. Seus funcionários sabem que os empregos estão escassos e que seria muito difícil encontrar posições semelhantes disponíveis no setor. Os demitidos sofrerão para arrumar outro emprego. Além disso, ela sabe que os que ficarem jamais reclamarão abertamente da carga extra de trabalho por medo de também serem demitidos. Mas é justo aumentar a produtividade do departamento sacrificando ainda mais os funcionários? É antiético pedir 10 horas semanais de trabalho adicional sem remuneração porque o mercado lhe dá essa vantagem? O que você faria se estivesse no lugar de Ellen West?

Estudo de caso

A GE faz seu Work out

A General Electric implementou seu processo de Work out no início da década de 1990. E ele continua a ser uma parte importante no esforço de mudança da organização. Durante este período, outras empresas também adotaram este processo, como a General Motors, Home Depot e World Bank, além do governo do Estado norte-americano da Virginia.

A premissa para a adoção do Work out na GE foi a convicção de seu presidente de que a cultura da empresa era muito burocrática e respondia muito lentamente às mudanças. Ele queria criar um veículo que efetivamente engajasse os trabalhadores da GE e lhes desse autonomia.

O Work out é, essencialmente, um processo que reúne funcionários e executivos de diferentes áreas e níveis da organização para um encontro informal de três dias, quando problemas previamente identificados pelos próprios participantes são discutidos e solucionados. Agrupadas em pequenas equipes, as pessoas são encorajadas a desafiar premissas arraigadas sobre "o modo como sempre fizemos as coisas" e a desenvolver recomendações para melhorias significativas nos processos da organização. As equipes apresentam suas recomendações aos dirigentes da empresa em uma reunião chamada de Encontro Central.

Nessa reunião, o executivo que preside o evento conduz a discussão sobre as recomendações e toma a decisão definitiva sobre elas. Apenas em circunstâncias especiais é que uma recomendação pode ser deixada para análise posterior. As recomendações aceitas são colocadas sob a tutela dos executivos que se dispuseram a implementá-las. Geralmente, a implantação de uma recomendação ocorre no máximo em 90 dias, a partir de sua criação.

A lógica que sustenta o Work out é a identificação de problemas, o estímulo a contribuições diversas e a criação de um mecanismo para agilizar as decisões e as ações.

Questões

1. Que tipo de processo de mudança é o descrito acima? Explique.
2. Por que ele deveria funcionar?
3. Que conseqüências negativas poderiam resultar desse processo?

Fonte: Baseado em D. Ulrich, S. Kerr e R. Ashkenas, *The GE work-out*. Nova York: McGraw-Hill, 2002.

APÊNDICE A

A pesquisa em comportamento organizacional

Há alguns anos, um amigo meu estava muito animado porque havia lido a respeito de uma pesquisa que teria resolvido definitivamente a questão de como se chegar ao topo de uma organização. Duvidei que houvesse uma resposta simples para essa questão, mas, como eu não queria acabar com o entusiasmo dele, pedi que me contasse sobre o que havia lido. A resposta, segundo ele, era *praticar esportes na faculdade*. Dizer que fiquei incrédulo seria pouco, por isso pedi mais detalhes.

O estudo havia englobado 1.700 altos executivos bem-sucedidos das 500 maiores empresas dos Estados Unidos. Os pesquisadores descobriram que metade desses executivos tinha participado de equipes de competição esportiva quando estudantes.[1] Meu amigo, que é bom em estatística, informou-me que, como menos de 2 por cento dos universitários participam de competições esportivas estudantis, a probabilidade de que essa descoberta fosse puro acaso era menor do que uma em dez milhões! Ele concluiu sua análise dizendo que, com base nessa pesquisa, eu deveria encorajar meus alunos de administração a entrar em forma e a se inscrever nas competições esportivas universitárias.

Meu amigo ficou um tanto perplexo quando eu disse que essas conclusões deviam estar erradas. Esses executivos eram todos homens que haviam freqüentado a universidade nas décadas de 1940 e 1950. Que sentido teria esse conselho para as mulheres do século XXI? Esses executivos também não podiam ser descritos como estudantes universitários padrão. Todos vinham de universidades privadas de elite, como Princeton e Amherst, onde uma grande parcela dos estudantes costuma praticar esportes competitivos. Esses "craques" não tinham, necessariamente, jogado futebol ou basquete; muitos praticaram golfe, tênis, beisebol, corrida, rugby ou outros esportes menos concorridos. Além disso, os pesquisadores poderiam ter invertido a direção da causalidade, ou seja, talvez os indivíduos com motivação e capacidade para chegar ao topo das organizações sejam propensos a praticar atividades competitivas, como o esporte universitário.

Meu amigo pecou pelo uso errado de dados de pesquisa. Evidentemente, ele não é o único a cometer esse tipo de erro. Todos somos constantemente expostos a reportagens sobre pesquisas que vinculam certas substâncias ao câncer em ratos de laboratório, por exemplo, ou sobre a mudança de atitudes em relação ao sexo entre os universitários. Muitas dessas pesquisas são planejadas cuidadosamente, com muita atenção ao que se refere às suas implicações e às limitações de seus resultados. Alguns estudos, no entanto, são planejados sem tais cuidados, o que torna suas conclusões suspeitas ou, até mesmo, sem qualquer sentido.

Em vez de transformar o leitor em pesquisador, este apêndice busca chamar a atenção para os cuidados que ele deve tomar como consumidor de pesquisa comportamental. O conhecimento dos métodos de pesquisa permite que se avalie o cuidado com a coleta dos dados que fundamentam as informações e as conclusões apresentadas nesse texto. Além disso, a compreensão dos métodos de pesquisa vai torná-lo um avaliador mais capacitado dos estudos sobre comportamento organizacional que você encontrará em publicações profissionais e de negócios. Dessa forma, uma apreciação sobre a pesquisa comportamental é importante porque: (1) ela é o fundamento sobre o qual se erguem as teorias contidas neste texto e (2) vai ajudá-lo, no futuro, a ler relatórios de pesquisa e a analisar seu valor.

Propósitos da pesquisa

A *pesquisa* trata da coleta sistemática de informações. Seu propósito é nos ajudar em nossa busca da verdade. Embora nunca cheguemos à verdade absoluta — no nosso caso, ao conhecimento preciso de como cada pessoa se comporta dentro de qualquer contexto organizacional —, a pesquisa aumenta o nosso corpo de conhecimentos sobre comportamento organizacional ao corroborar algumas teorias, refutar outras e sugerir novas teorias para substituir as que foram refutadas.

Terminologia de pesquisa

Os pesquisadores possuem um vocabulário próprio para se comunicar entre si e com as demais pessoas. A seguir, apresentamos alguns termos mais comuns que você provavelmente vai encontrar nos estudos de ciência do comportamento.[2]

VARIÁVEL

Uma *variável* é qualquer característica geral que possa ser medida e que se modifique em amplitude e/ou intensidade. Alguns exemplos de variáveis de comportamento organizacional encontradas neste texto são a satisfação com o trabalho, a produtividade do funcionário, o estresse no trabalho, a capacidade, a personalidade e as normas grupais.

HIPÓTESE

A tentativa de explicação da relação entre duas ou mais variáveis é chamada de *hipótese*. A afirmação do meu amigo de que a participação em esportes universitários conduziria o indivíduo ao alto escalão de uma organização é um exemplo de hipótese. Antes de ser confirmada por meio da pesquisa empírica, uma hipótese permanece apenas como uma tentativa de explicação.

VARIÁVEL DEPENDENTE

Uma *variável dependente* é uma resposta afetada por uma variável independente. Em relação à hipótese, é a variável que o pesquisador está tentando explicar. Naquele exemplo inicial, a variável dependente da hipótese do meu amigo era o sucesso do executivo. Na pesquisa sobre comportamento organizacional, as variáveis dependentes mais freqüentemente estudadas são a produtividade, o absenteísmo, a rotatividade, a satisfação com o trabalho e o comprometimento organizacional.[3]

VARIÁVEL INDEPENDENTE

Uma *variável independente* é a causa presumida de alguma modificação da variável dependente. A participação nos esportes universitários era a variável independente da hipótese do meu amigo. As variáveis independentes mais estudadas no comportamento organizacional incluem a inteligência, a personalidade, a satisfação com o trabalho, a experiência, a motivação, os padrões de reforço, o estilo de liderança, a alocação de recompensas, os métodos de seleção e o planejamento organizacional.

Você deve ter notado que dissemos que a satisfação com o trabalho costuma ser estudada tanto como variável dependente como independente. Isso não é um engano; apenas significa que o nome dado à variável depende da sua posição relativa dentro da hipótese. Na afirmação "o aumento da satisfação com o trabalho leva à redução da rotatividade dos funcionários", a satisfação com o trabalho é uma variável independente. Contudo, na afirmação "o aumento da remuneração leva ao aumento da satisfação com o trabalho", ela se torna uma variável dependente.

VARIÁVEL MODERADORA

Uma *variável moderadora* ameniza o efeito de uma variável independente sobre uma variável dependente. Ela pode também ser vista como uma variável de contingência: quando X (variável independente) leva a Y (variável dependente), mas apenas sob as condições Z (variável moderadora). Para traduzir isto em um exemplo concreto, podemos dizer que se aumentarmos a supervisão direta no trabalho (X), haverá uma mudança na produtividade dos funcionários (Y), mas esse efeito será moderado pela complexidade das tarefas realizadas (Z).

CAUSALIDADE

Uma hipótese, por definição, implica em uma relação, ou seja, na existência de uma causa e de um efeito. Essa direção entre causa e efeito é chamada de *causalidade*. As mudanças na variável independente são entendidas como a causa das alterações na variável dependente. Na pesquisa comportamental, contudo, é possível haver uma presunção incorreta da causalidade quando relações são identificadas. Por exemplo, os pioneiros do estudo comportamental encontraram uma relação entre a satisfação dos funcionários e a produtividade. Eles concluíram que um funcionário feliz era um funcionário produtivo. As pesquisas que se seguiram confirmaram a existência dessa relação, mas refutaram a direção da causalidade. As evidências indicam que é a alta produtividade que leva à satisfação e não o contrário.

COEFICIENTE DE CORRELAÇÃO

Uma coisa é saber que existe uma relação entre duas ou mais variáveis; outra coisa é identificar a *força* dessa relação. O termo *coeficiente de correlação* é utilizado para indicar essa força, e é expresso por um número de valor entre -1,00 (uma relação negativa perfeita) e +1,00 (uma relação positiva perfeita).

Quando duas variáveis variam diretamente uma em relação à outra, a correlação é expressa por um número positivo. Quando a variação é inversa — ou seja, uma cresce enquanto a outra diminui —, a correlação é expressa por um número negativo. Se as duas variáveis variam independentemente uma da outra, dizemos que a correlação entre elas é zero.

Por exemplo, um pesquisador pode estudar um grupo de funcionários para determinar a satisfação de cada um com o trabalho. Para tanto, ele pode utilizar os registros da empresa sobre absenteísmo e correlacionar a pontuação na satisfação com o trabalho com os registros de presença de cada funcionário para determinar se aqueles que mostram mais satisfação faltam menos ao trabalho. Vamos supor que o pesquisador tenha encontrado uma correlação de +0,50 entre a satisfação e o comparecimento ao trabalho. Seria essa uma associação forte? Não existe, infelizmente, uma diferenciação numérica precisa entre uma relação forte e uma relação fraca. Um teste estatístico padrão deveria ser aplicado para determinar se a relação é, de fato, significativa.

Uma última observação antes de prosseguirmos: um coeficiente de correlação mede apenas a força da associação entre duas variáveis. Um valor alto *não* significa causalidade. O comprimento das saias das mulheres e os preços das ações nas bolsas de valores há muito tempo se mostram altamente correlacionados, mas não se deve imaginar imediatamente que haja uma relação causal entre as duas variáveis. Neste caso, a alta correlação é mais uma coincidência do que um indicador de previsibilidade.

TEORIA

O termo final que incluímos nesta seção é *teoria*. A teoria é um conjunto de conceitos ou hipóteses sistematicamente inter-relacionados que busca explicar e prever um fenômeno. No comportamento organizacional, as teorias geralmente são chamadas de *modelos*. Utilizamos ambos os termos indistintamente.

Existe uma profusão de teorias dentro do comportamento organizacional. Por exemplo, temos teorias que descrevem o que motiva as pessoas, quais os estilos mais eficazes de liderança, a melhor maneira de solucionar conflitos e como as pessoas podem conseguir poder. Às vezes, temos dezenas de teorias que tentam explicar e prever um único fenômeno. Neste caso, apenas uma delas estaria correta? Não! Elas refletem a ciência em seu trabalho — pesquisadores que testam teorias prévias, modificam-nas e, quando apropriado, propõem novos modelos que possam ter maior poder de explicação e de previsão. A existência de múltiplas teorias que tentam explicar um mesmo fenômeno apenas atesta que o comportamento organizacional é uma disciplina ativa, que ainda se encontra em crescimento e evolução.

Avaliação da pesquisa

Como potencial consumidor de pesquisa comportamental, você deve seguir o dito popular sobre cautela, que diz: "o comprador que se cuide!". Ao avaliar qualquer pesquisa, você deve fazer três perguntas.[4]

Ela é válida? O estudo realmente mede aquilo que pretende medir? Nos últimos anos, muitos testes psicológicos vêm sendo descartados pelos empregadores porque não se comprovou que eles eram medidas válidas da capacidade dos candidatos de obter sucesso no emprego. A questão da validade é relevante para qualquer pesquisa. Assim, ao se deparar com um estudo que relaciona a coesão da equipe de trabalho com ganhos de produtividade, você precisa descobrir como essas variáveis foram medidas e se a pesquisa realmente mediu aquilo a que se propunha.

Ela é confiável? A confiabilidade se refere à consistência da medida. Se você medisse sua altura todos os dias com uma régua de madeira, teria um resultado altamente confiável. Se fosse usada uma tira elástica, poderia haver diferença entre as medidas tiradas a cada dia. A sua altura, obviamente, não mudou de um dia para outro. A variabilidade se deve à imprecisão do instrumento de medição. Se uma empresa pede a um grupo de funcionários que responda a um questionário confiável sobre satisfação com o trabalho e repete o experimento seis meses depois, esperamos que os resultados sejam semelhantes — desde que, nesse período, nada tenha se alterado a ponto de afetar significativamente a satisfação dos funcionários.

Ela é generalizável? Os resultados da pesquisa são generalizáveis para outros grupos de indivíduos além daquele que participou do estudo original? Tenha cuidado com as limitações que podem existir nos estudos cujos sujeitos são, por exemplo, estudantes universitários. As descobertas desses estudos podem ser aplicáveis a funcionários nas empresas? Da mesma forma, quanto do resultado de uma pesquisa sobre estresse no trabalho feita com engenheiros de dez usinas nucleares do vilarejo de Mahone Bay, na região de Nova Scotia, pode ser estendido para toda a população de trabalhadores?

Modelo de pesquisa

Fazer pesquisa é um exercício de substituições. A riqueza de informações geralmente substitui a generalização. Quanto mais o pesquisador procura controlar as variáveis, menos realistas são os resultados do estudo. Alta precisão, generalização e controle geralmente significam custos mais altos. Quando os pesquisadores escolhem quais pessoas serão estudadas, o local onde a pesquisa será feita, os métodos de levantamento de dados e assim por diante, eles precisam fazer algumas concessões. Um bom modelo de pesquisa não é perfeito, mas reflete cuidadosamente as perguntas que foram feitas. Tenha isso em mente enquanto examinamos os pontos fortes e fracos de cinco modelos de pesquisa bastante utilizados: os estudos de casos, os levantamentos de campo, os experimentos de laboratório, os experimentos de campo e as revisões quantitativas agregadas.

ESTUDOS DE CASOS

Pegue a autobiografia de Soichiro Honda. Nela, ele descreve sua infância pobre, a decisão de abrir uma oficina mecânica, montar motocicletas e, finalmente, montar automóveis; e como tudo isso levou à criação de uma das maiores e mais bem-sucedidas corporações do mundo. Ou você pode estar na sala de aula e seu professor distribui uma apostila de 50 páginas que fala de duas empresas: Wal-Mart e Kmart. A apostila traz detalhes sobre a história das duas empresas, descreve suas linhas de produtos, instalações, filosofias de administração e estratégias de marketing, e ainda inclui cópias dos últimos balanços e das declarações de rendimentos. O professor pede que a classe analise esses dados e determine a razão pela qual a Wal-Mart tem sido mais bem-sucedida do que a Kmart nos últimos anos.

A autobiografia de Soichiro Honda e a apostila sobre a Wal-Mart e a Kmart são exemplos de estudos de casos. Baseados em casos reais, eles apresentam uma análise profunda de uma determinada situação; trazem uma descrição detalhada de um indivíduo, um grupo ou uma organização. A fonte primária das informações é a observação, ocasionalmente acompanhada de outros dados obtidos por meio de entrevistas ou pesquisas em documentos e registros.

Os estudos de casos têm suas desvantagens. Eles são vulneráveis a vieses de percepção e a interpretações subjetivas por parte do observador. O leitor de um estudo de caso só dispõe daquilo que o observador/autor escolheu incluir. Os estudos de casos também trocam a generalização pela profundidade das informações e riqueza de detalhes. Como é sempre perigoso generalizar a partir de uma amostra unitária, esses trabalhos dificultam a corroboração ou refutação de uma hipótese. Por outro lado, não se pode ignorar a análise em profundidade permitida por esse modelo. Ele é um excelente instrumento para a pesquisa exploratória e para a avaliação de problemas reais nas organizações.

LEVANTAMENTO DE CAMPO

Um longo questionário foi elaborado para avaliar a utilização de políticas éticas, de estruturas éticas formais, de atividades formalizadas (como o treinamento ético) e do envolvimento de executivos em programas éticos junto a corporações bilionárias. Os escritórios de comunicação ou de relações públicas das 500 maiores indústrias e das 500 maiores empresas de serviços da lista da revista *Fortune* foram contatados para a obtenção dos nomes dos "responsáveis pela questão da ética e da conduta" em cada uma dessas organizações. O questionário, com uma página de rosto que explicava a natureza do estudo, foi enviado pelo correio para esses 1.000 destinatários. Duzentos e cinquenta e quatro retornaram o questionário completamente respondido — um índice de resposta de pouco mais de 25 por cento. Os resultados da pesquisa revelaram, entre outras coisas, que 77 por cento das organizações possuíam códigos formais de ética e 54 por cento tinham um encarregado específico para lidar com as questões de ética e conduta.[5]

Esse estudo ilustra um típico levantamento de campo. Uma amostra de respondentes (no caso, 1.000 grandes empresas norte-americanas) foi selecionada para representar um grupo maior que estava sendo examinado (todas as grandes corporações de capital aberto dos Estados Unidos). Os respondentes foram, então, abordados por meio de um questionário, ou de entrevistas, para a coleta de dados sobre determinadas características (o conteúdo e a estrutura de programas e práticas relativos à ética) de interesse dos pesquisadores. A padronização das respostas permite que os dados sejam facilmente quantificados, analisados e resumidos, e que os pesquisadores possam, a partir da amostra, fazer inferências para o total da população.

O levantamento de campo permite que o estudo seja mais econômico. É mais barato pesquisar uma amostra do que todos os indivíduos de uma população. (Existem, por exemplo, mais de 5.000 empresas norte-americanas com receita superior a 1 bilhão de dólares, mas algumas não são sociedades anônimas e, por isso, estão fora da lista da *Fortune*.) Além disso, como o estudo da ética demonstra, os levantamentos de campo são uma maneira eficiente de descobrir como as pessoas se sentem a respeito de determinados assuntos e como elas dizem se comportar em relação a eles. Esses dados podem ser facilmente quantificados.

A pesquisa de campo, no entanto, pode apresentar diversos pontos fracos. Primeiro, os questionários enviados pelo correio quase nunca chegam a 100 por cento de retorno. Os baixos índices de resposta podem colocar em discussão se as conclusões podem ser generalizadas para todo o universo pesquisado. Segundo, o formato é mais adequado para identificar atitudes e percepções do que comportamentos. Terceiro, as respostas podem ser afetadas pelo desejo social, ou seja, as pessoas dizem aquilo que acreditam que os pesquisadores desejam ouvir. Quarto, como a pesquisa de campo é planejada para focar temas específicos, ela é um meio relativamente fraco para a obtenção de informações em maior profundidade. Finalmente, a qualidade da generalização é, em grande parte, um fator da população escolhida. As respostas dos executivos das empresas listadas na *Fortune*, por exemplo, não dão nenhuma informação sobre as empresas de pequeno e médio portes nem sobre aquelas sem fins lucrativos. Em resumo, mesmo os levantamentos de campo mais bem-elaborados trocam a profundidade da informação pela eficiência da amplitude, da generalização e da economia.

EXPERIMENTO DE LABORATÓRIO

O estudo a seguir é um exemplo clássico de experimento de laboratório. O pesquisador Stanley Milgram queria saber até que ponto as pessoas são capazes de obedecer comandos. Se elas fossem colocadas no papel de professores em um experimento sobre aprendizagem e recebessem a instrução de dar um choque elétrico no aluno cada vez que ele cometesse um erro, obedeceriam a esse comando do pesquisador? Sua disposição para obedecer diminuiria à medida que a potência do choque aumentasse?

Para testar essas hipóteses, Milgram contratou algumas pessoas. Elas foram levadas a acreditar que a pesquisa era sobre os efeitos da punição na memória. Deveriam agir como professores e aplicar uma punição todas as vezes em que o aluno cometesse um erro no teste de aprendizado.

A punição era um choque elétrico. O sujeito sentava-se diante de um gerador com 30 níveis de choque

— de zero a 450 volts, em progressões de 15 volts. As demarcações desses níveis iam de "Choque Leve" até "Cuidado: Choque Violento". Para aumentar o realismo do experimento, cada sujeito recebeu um choque de amostra, de 45 volts, e viu o aprendiz — um senhor pacato e gentil, de cerca de 50 anos — atado a uma "cadeira elétrica" na sala adjacente. Obviamente, o aprendiz era um ator e os choques seriam falsos, mas os sujeitos do experimento não sabiam.

Sentado à frente do gerador, cada sujeito devia iniciar o choque no nível mais baixo e aumentar a intensidade gradativamente cada vez que o aprendiz desse uma resposta errada ou deixasse de responder.

No início do teste, a intensidade do choque subiu rapidamente, pois o aluno errou diversas vezes. A pessoa recebia um feedback verbal do aprendiz: aos 75 volts, ele começou a resmungar e a gemer; aos 150 volts, ele pediu para deixar o experimento; aos 180 volts, gritou que não conseguiria mais suportar a dor; aos 300 volts, implorou para sair, falou de seu problema cardíaco, gritou e então não conseguiu dar mais nenhuma resposta.

A maioria das pessoas protestou e, com medo de matar o aluno do coração devido à intensidade dos choques, alegou que não podia dar continuidade ao trabalho. Às hesitações e protestos das pessoas, o pesquisador respondia: "Você não tem escolha. Você tem de continuar! Sua tarefa é punir os erros cometidos pelo aprendiz". Evidentemente, as pessoas tinham uma escolha: tudo o que tinham a fazer era levantar e ir embora.

A maioria discordou do método. Mas discordar não é desobedecer. Sessenta e dois por cento das pessoas aumentaram o nível dos choques para 450 volts. A média da intensidade aplicada pelos outros 38 por cento foi de quase 370 volts.[6]

Em um experimento de laboratório, como esse conduzido por Milgram, o pesquisador cria um ambiente artificial. O pesquisador manipula uma variável independente sob condições controladas. Finalmente, desde que todas as outras coisas se mantenham iguais, o pesquisador pode concluir que qualquer mudança na variável dependente se deve à manipulação ou à mudança imposta sobre a variável independente. Repare que, por causa das condições controladas, o pesquisador é capaz de inferir a causalidade entre as variáveis independente e dependente.

O experimento de laboratório substitui o realismo e a generalização por precisão e controle. Ele proporciona um alto grau de controle sobre as variáveis e uma mensuração precisa delas. Mas as descobertas dos experimentos de laboratório dificilmente podem ser generalizadas para o mundo real do trabalho. O laboratório artificial raramente reproduz em detalhes uma organização de verdade. Além do mais, muitos experimentos de laboratório tratam de fenômenos que não podem ser reproduzidos ou aplicados a situações da vida real.

EXPERIMENTO DE CAMPO

O que vem a seguir é um exemplo de experimento de campo. Os dirigentes de uma grande empresa querem descobrir qual o impacto que uma semana de quatro dias úteis teria sobre o absenteísmo dos funcionários. Mais especificamente, eles querem saber se, trabalhando por dez horas diárias durante quatro dias por semana, os funcionários teriam índices de absenteísmo mais baixos do que na semana tradicional de cinco dias de oito horas cada. Como a empresa é grande, possui diversas fábricas que empregam forças de trabalho similares. Duas das fábricas foram escolhidas para o experimento, ambas localizadas na região metropolitana de Cleveland. Obviamente, não seria possível comparar duas fábricas do mesmo tamanho se elas estivessem localizadas, por exemplo, uma na zona rural do Mississipi e outra na zona urbana de Copenhagen porque fatores como a cultura do país, o sistema de transportes ou o clima poderiam ser responsáveis pelas mudanças observadas, mais do que a alteração dos horários de trabalho.

O experimento foi posto em prática em uma das fábricas. Os funcionários começaram a trabalhar quatro dias por semana. Na outra fábrica, que se tornou o grupo de controle, nenhuma mudança foi feita na semana de cinco dias. Os dados sobre absenteísmo foram coletados nos registros das duas fábricas por um período de 18 meses. Essa extensão de tempo reduziu a possibilidade de os resultados serem distorcidos pela mera novidade das mudanças implementadas na fábrica experimental. Depois de 18 meses, os dirigentes descobriram que o absenteísmo havia sido reduzido em 40 por cento na fábrica experimental e em apenas 6 por cento na fábrica-controle. Por causa do projeto dessa pesquisa, os dirigentes da empresa concluíram que a grande queda do absenteísmo deveu-se à introdução da semana de quatro dias.

O experimento de campo é semelhante ao de laboratório, com a exceção de ser conduzido na organização real. O ambiente natural é mais realista que o artificialismo do laboratório, o que melhora a validade, mas dificulta o controle. Além disso, a menos que se mantenham grupos de controle, pode-se perder o controle se houver qualquer intervenção externa — por exemplo, uma greve de trabalhadores, uma grande demissão coletiva ou uma reestruturação corporativa. Talvez o principal problema dos estudos de campo esteja nos vieses da seleção da organização. Nem todas as organizações permitem que pesquisadores estudem seus funcionários e operações. Isso é especialmente verdadeiro para as empresas que enfrentam sérias dificuldades. Por isso, como a maioria desses estudos é feita por pesquisadores externos, o viés de seleção pode atuar para que se publiquem estudos conduzidos quase que exclusivamente em organizações bem-sucedidas e bem-administradas.

Nossa conclusão geral é que, dos quatro modelos de pesquisa que discutimos até agora, o experimento de campo é o que oferece resultados mais válidos e generalizáveis e, apesar de seu alto custo, é altamente compensador.[7]

REVISÕES QUANTITATIVAS AGREGADAS

Qual o efeito geral da mudança do comportamento organizacional sobre o desempenho das tarefas? Vários experimentos de campo têm buscado respostas para essa questão. Infelizmente, a grande variedade de efeitos encontrados nesses estudos torna muito difícil uma generalização.

Para tentar conciliar essas descobertas diferentes, dois pesquisadores fizeram uma revisão de todos os estudos empíricos que encontraram a respeito do impacto da mudança do comportamento organizacional sobre o desempenho das tarefas cobrindo um período de 20 anos.[8] Depois de descartar relatórios com informações inadequadas, dados não-quantitativos ou que não atendiam às condições associadas aos princípios da mudança comportamental, eles limitaram o foco sobre 19 estudos que incluíam dados sobre 2.818 pessoas. Utilizando uma técnica de agregação chamada de *meta-análise*, puderam sintetizar quantitativamente esses estudos e concluir que o desempenho médio individual sobe do 50º percentil para o 67º percentil depois da intervenção da mudança comportamental.

Essa revisão sobre a mudança do comportamento organizacional em relação ao desempenho de tarefas ilustra a utilização da meta-análise, uma forma de revisão quantitativa do material publicado sobre um assunto que permite aos pesquisadores buscar os resultados válidos de diversos estudos individuais e, depois, aplicar uma fórmula sobre eles para determinar se produzem resultados similares consistentemente.[9] Se os resultados se mostrarem consistentes, os pesquisadores podem concluir com mais confiança que sua validade é generalizável. A meta-análise é uma forma de superar as interpretações potencialmente imprecisas das revisões qualitativas e de sintetizar as variações dos estudos quantitativos. Além disso, essa técnica permite que os pesquisadores identifiquem potenciais variáveis moderadoras entre uma variável independente e uma variável dependente.

Nos últimos 25 anos, a popularidade desse método de pesquisa tem crescido. Ele oferece uma maneira aparentemente mais objetiva de fazer a tradicional revisão da literatura. Embora a meta-análise exija que o pesquisador faça diversos julgamentos, o que pode introduzir uma certa subjetividade no processo, não há dúvidas de que esse método tornou-se muito comum na literatura sobre comportamento organizacional.

Ética na pesquisa

Os pesquisadores nem sempre são diplomáticos ou imparciais com seus objetos de estudo. Por exemplo, as perguntas dos levantamentos de campo podem ser percebidas como constrangedoras, ou como invasão de privacidade, por parte dos respondentes. Além disso, os pesquisadores que conduzem estudos de laboratório costumam ser acusados de enganar os participantes em relação aos verdadeiros propósitos da pesquisa, "pois consideram o engano necessário para a obtenção de respostas honestas".[10]

Os "experimentos de aprendizagem" conduzidos por Stanley Milgram há mais de 30 anos foram muito criticados em termos éticos por psicólogos. Ele mentiu para os participantes ao dizer que a pesquisa era sobre aprendizagem quando, na verdade, era sobre obediência. A máquina de choques elétricos era falsa. Até mesmo o "aprendiz" era um cúmplice de Milgram, treinado para fingir sofrimento e dor. Mesmo assim, os deslizes éticos ainda ocorrem. Em 2001, por exemplo, um professor de comportamento organizacional da Universidade de Colúmbia enviou cópias de uma carta em papel timbrado da universidade para 240 restaurantes da cidade de Nova York, contando que ele e sua esposa haviam jantado no estabelecimento para comemorar o aniversário de casamento, que haviam sido intoxicados pela comida e passado a noite vomitando.[11] Ele encerrava a carta dizendo: "Embora eu não pretenda tomar qualquer medida legal contra o restaurante, quero que vocês entendam o que passei e se comportem de acordo. Espero sua resposta". A carta fictícia era parte de um estudo do professor para determinar quantos restaurantes respondiam às queixas dos clientes. Mas isso acabou criando um verdadeiro caos entre os restaurantes, com seus proprietários, gerentes e chefes de cozinha vasculhando cardápios e fornecedores em busca de alimentos contaminados e questionando os funcionários da cozinha sobre possíveis erros. Uma carta da universidade pedindo desculpas pelo "enorme erro de julgamento de um de nossos docentes iniciantes" não conseguiu minimizar o estresse causado pela carta mentirosa.

Associações profissionais norte-americanas — como a American Psychological Association, a American Sociological Association e a Academy of Management — publicaram guias formais para a conduta em pesquisa. Ainda assim, a discussão sobre ética prossegue. De um lado, há os que argumentam que o controle ético pode prejudicar a validade científica de um experimento e condenar as futuras pesquisas. A mentira, por exemplo, muitas vezes é necessária para evitar a contaminação dos resultados. Mais ainda, esses defensores da ética mínima argumentam que poucos sujeitos sofreram qualquer problema real nesses experimentos. Mesmo na pesquisa de Milgram, altamente enganosa para os participantes, apenas 1,3 por cento deles expressou sentimentos negativos em relação à experiência. Do outro lado do debate estão os direitos dos participantes. Aqueles que defendem uma postura ética mais rígida argumentam que nenhum procedimento deve criar problemas emocionais ou físicos aos sujeitos da pesquisa e que os pesquisadores, como profissionais, são obrigados a ser totalmente honestos com os participantes e a proteger a privacidade deles a qualquer custo.

Resumo

O tema comportamento organizacional é composto por um grande número de teorias que têm como base a pesquisa. As pesquisas, quando integradas cumulativamente, tornam-se teorias que, por sua vez, são seguidas por outras pesquisas com o intuito de validá-las. Os conceitos que compõem o conhecimento sobre comportamento organizacional, portanto, só têm validade à medida que são corroborados pelas pesquisas.

Os tópicos e assuntos cobertos por este livro são, em sua maior parte, derivados de pesquisas. Eles representam o resultado de coletas sistemáticas de dados, e não de meras opiniões, intuições ou palpites. Isso não significa, evidentemente, que temos todas as respostas sobre as questões do comportamento organizacional. Muitos aspectos ainda requerem evidências adicionais que lhes dêem maior sustentação. A generalização de outros é limitada pelos métodos de pesquisa utilizados. Mas novas informações vêm sendo criadas e divulgadas em ritmo acelerado. Para que você se mantenha informado sobre as últimas descobertas, recomendamos que se atualize regularmente em relação às pesquisas mais recentes sobre comportamento organizacional. Os trabalhos mais acadêmicos podem ser encontrados em publicações como *Academy of Management Journal, Academy of Management Review, Administrative Science Quarterly, Human Relations, Journal of Applied Psychology, Journal of Management, Journal of Organizational Behavior* e *Leadership Quarterly*. Para interpretações mais práticas sobre as descobertas das pesquisas, consulte publicações como *Academy of Management Executive, California Management Review, Harvard Business Review, Organizational Dynamics* e *Sloan Management Review*.

APÊNDICE B

Carreiras e desenvolvimento de carreiras

Depois de se formar pela Universidade de Arkansas, em Fayetteville, em 1981, Regina Hooper foi para a faculdade de direito. Terminado o curso, foi trabalhar no escritório de advocacia de Arnold, Grobmyer e Haley. A partir daí, entretanto, a carreira de Regina enveredou por caminhos diferentes. Ela se tornou repórter de uma afiliada da rede de TV CBS em Little Rock e, depois, passou para uma afiliada da rede concorrente ABC. Seu sucesso na cidade logo chamou a atenção dos executivos das redes em Nova York, e ela foi contratada como repórter de um noticiário de âmbito nacional da CBS, onde acabou designada para a cobertura das notícias na Casa Branca, em Washington. Em busca de novos desafios, Regina deixou o jornalismo para trabalhar como relações públicas em uma empresa no Estado de Virginia. Depois disso, ela se tornou vice-presidente (VP) executiva da American Trucking Association. Atualmente, Regina é a VP executiva da U.S. Telecom Association, onde administra as atividades diárias da principal associação comercial da indústria de telefonia dos Estados Unidos.[1]

Há vinte e cinco anos, essa trajetória profissional da Regina seria interpretada como errática e sem estabilidade. Isso teria feito muitos empregadores desistirem de contratá-la. Hoje as coisas são diferentes. Mais e mais pessoas possuem carreiras semelhantes à dela — mudam freqüentemente de emprego e, até, de setor da economia. E os empregadores compreendem isso. Neste apêndice, vamos discutir a natureza mutável das carreiras e o que pode ser feito para que elas sejam mais bem administradas.

O que é uma carreira?

Todo mundo tem uma carreira, quer queira ou não. Isso porque a carreira é definida como um padrão de experiências profissionais que se estende por toda a vida de um indivíduo.[2] O termo não se aplica apenas ao trabalho remunerado ou profissional, ou àquelas pessoas que passam a vida toda em um único emprego. O conceito também não se refere exclusivamente ao trabalho em uma única ocupação, nem tem relação com a evolução do status ou da remuneração. *Qualquer* trabalho, remunerado ou não, realizado durante um período de tempo pode constituir uma carreira. Dessa forma, além do emprego formal, a carreira pode se referir aos estudos, a atividades autônomas ou ao trabalho voluntário. No caso de Regina Hooper, os anos que ela passou na universidade significaram experiências relacionadas ao trabalho e, portanto, fazem parte de sua carreira.

Carreiras tradicionais *versus* carreiras sem fronteiras

Poucas práticas empresariais mudaram tanto nos últimos 20 anos quanto o papel da organização na carreira de seus funcionários. Ele foi desde o paternalismo extremo — quando a empresa se responsabilizava totalmente pelo gerenciamento da carreira de cada funcionário — até o papel de apoiar indivíduos que assumem a responsabilidade pelo seu futuro. As carreiras, em si, também mudaram. De um modelo de crescimento vertical, com aumento gradativo de remuneração, autoridade, status e estabilidade, passou-se para um modelo em que as pessoas devem ser flexíveis, aprender continuamente e mudar sua identidade funcional no decorrer do tempo.

O Quadro B-1 faz uma comparação entre esses dois modelos. A carreira tradicional se desenvolve dentro do contexto de uma ou duas organizações e progride em estágios lineares. O sucesso é definido pela organização e mensurado em termos de promoções e aumento de remuneração.[3] Esse modelo de carreira se adequava a um mundo estável e previsível, dominado por organizações grandes e burocráticas. Empresas como AT&T, General Motors, Shell e Sears costumavam recrutar seus jovens funcionários com a expectativa de que eles desenvolveriam suas carreiras exclusivamente dentro daquela organização. A organização oferecia uma rota de promoções sucessivas, com aumento gradativo de responsabilidades para os que tivessem as credenciais corretas e motivação. Os empregadores entravam com o treinamento e as oportunidades e os empregados deviam responder com trabalho árduo e demonstração de lealdade.

O declínio do modelo tradicional começa nos anos 80 com as rápidas mudanças no ambiente empresarial.

QUADRO B-1 Comparação entre Carreiras Tradicionais e sem Fronteiras

	Tradicional	Sem fronteiras
Relação de trabalho	Estabilidade em troca de lealdade	Empregabilidade em função de desempenho e flexibilidade
Fronteiras	Uma ou duas organizações	Múltiplas organizações
Talentos	Voltados para uma organização específica	Transferíveis
Responsabilidade pelo gerenciamento da carreira	Organização	Indivíduo

Fonte: Adaptado de S.E. Sullivan, "The changing nature of careers: a review and research agenda", *Journal of Management,* 25, n. 3. 1999, p. 458.

Hoje, as crescentes incertezas tornam difícil para as empresas preverem com precisão suas futuras necessidades. A administração trocou a necessidade de estabilidade pela necessidade de flexibilidade. Cada vez mais atividades são realizadas por trabalhadores temporários e muitas das atividades-meio são terceirizadas. O achatamento da estrutura hierárquica reduziu as oportunidades de promoção. Como conseqüência, a carreira tradicional começou a dar lugar à carreira sem fronteiras.

Uma carreira sem fronteiras é uma seqüência de oportunidades profissionais que extravasam os limites de um único lugar de trabalho.[4] Ela também ultrapassa fronteiras em termos de função e de nível. Atualmente, a carreira tende a incluir o trabalho em funções diversas (por exemplo marketing e finanças), movimentação lateral sem aumento de carga de responsabilidade ou de remuneração, além de períodos de trabalho autônomo. Para os trabalhadores, isso significa que cada indivíduo precisa se tornar responsável pela administração de sua própria carreira.

Definição da responsabilidade da organização sobre o desenvolvimento da carreira

Embora a carreira sem fronteiras canalize a responsabilidade básica de sua administração para o funcionário, isso não significa que a organização não tenha *nenhuma* responsabilidade. Sua função aqui é ajudar o funcionário a construir sua autoconfiança e a manter sua empregabilidade por meio do aprendizado continuado. A organização deve dar o apoio necessário para que os funcionários desenvolvam continuamente suas capacidades, habilidades e conhecimentos. Esse apoio inclui:

1. *Comunicação clara das metas e estratégias futuras da organização.* Quando as pessoas sabem para onde se encaminha a empresa, são mais capazes de fazer planos individuais para compartilhá-los no futuro.
2. *Criação de oportunidades de crescimento.* Os funcionários devem ter a oportunidade de usufruir experiências de trabalho novas, interessantes e profissionalmente desafiadoras.
3. *Assistência financeira.* A organização deve custear os cursos e treinamentos necessários para a atualização dos funcionários.
4. *Oferecer o tempo necessário ao aprendizado para os funcionários.* A organização deve ser generosa e conceder aos funcionários tempo livre remunerado para que eles façam seus cursos e treinamentos. Além disso, a carga de trabalho individual não deve ser tão demandante a ponto de impedir que o funcionário tenha tempo para desenvolver suas capacidades, habilidades e conhecimentos.

Por exemplo, a Owens Corning possui centros de aprendizagem internos, onde os funcionários têm acesso irrestrito a livros, revistas, filmes e programas de computador voltados à educação e ao desenvolvimento. A Unisys mantém um site que ajuda seus funcionários a avaliar seus pontos fortes e fracos, receber treinamento e aconselhamento, além de oferecer monitoramento ao seu progresso. Todos os 4.500 funcionários da Lend Lase, uma das maiores corretoras de imóveis da Austrália, recebem 1.000 dólares por ano para gastar em atividades de desenvolvimento profissional, como treinamento em informática e aconselhamento pessoal.[5]

Adequação entre valores, personalidade e a cultura certa

Vamos agora trocar o enfoque e tratar da responsabilidade do empregado no gerenciamento de sua carreira. Mais especificamente, vamos ver o que cada um pode fazer para administrar melhor a própria carreira.

A probabilidade de uma pessoa estar satisfeita com seu trabalho é muito maior quando a cultura do empregador é compatível com seus valores e personalidade.

Uma pesquisa realizada por Goffee e Jones revela aspectos interessantes sobre diferentes culturas organizacionais e a orientação a seus potenciais funcionários.[6] Esses autores identificaram quatro tipos distintos de cultura. Vamos dar uma olhada nessas estruturas culturais e em como isso pode ser utilizado para selecionar um empregador com o qual você se ajusta melhor.

Goffee e Jones argumentam que existem duas dimensões por trás da cultura organizacional. Eles chamam a primeira de *sociabilidade*. Ela é uma medida do clima de camaradagem. Uma alta sociabilidade significa que as pessoas fazem favores umas às outras sem esperar por recompensas e que elas se relacionam de uma maneira amigável e carinhosa. A segunda dimensão é a *solidariedade*. Ela é uma medida de orientação para a tarefa. Uma alta solidariedade significa que as pessoas podem abrir mão de seus vieses pessoais e se juntar em torno de interesses e objetivos comuns. O Quadro B-2 mostra uma matriz com essas duas dimensões, classificadas como elevadas ou baixas. Elas criam quatro tipos distintos de culturas:

Cultura de trabalho em rede (elevada sociabilidade; baixa solidariedade). Essas organizações vêem seus membros como familiares e amigos. As pessoas se conhecem e gostam umas das outras. Elas sempre estão dispostas a se ajudar e trocam informações abertamente. O principal aspecto negativo associado a essa cultura é que o foco na amizade pode levar à tolerância com o desempenho fraco e à criação de "panelinhas" políticas.

Cultura fragmentada (baixa sociabilidade; baixa solidariedade). Essas organizações são constituídas de individualistas. O comprometimento é primeiro — e quase exclusivamente — do indivíduo com suas tarefas. Existe pouca ou quase nenhuma identificação com a organização. Nas culturas fragmentadas, os funcionários são julgados apenas com base na sua produtividade e na qualidade de seu trabalho. Os principais aspectos negativos dessa cultura são que ela é excessivamente crítica em relação às pessoas e não apresenta coleguismo algum.

Cultura mercenária (baixa sociabilidade; elevada solidariedade). Essas organizações são ferozmente focadas em seus objetivos. As pessoas são intensamente envolvidas e determinadas na conquista de suas metas. Elas têm fixação em realizar as coisas rapidamente e um poderoso senso de propósito. A cultura mercenária não pretende apenas vencer; ela quer destruir o inimigo. Esse foco sobre metas e objetivos também conduz a um grau mínimo de política. O lado negativo dessa cultura é que ela pode levar ao tratamento quase desumano das pessoas cujo desempenho é avaliado como fraco.

Cultura de comunidade (elevada sociabilidade; elevada solidariedade). Esta categoria final valoriza tanto a camaradagem quanto o desempenho. As pessoas têm uma sensação de familiaridade ao mesmo tempo em que existe um foco implacável sobre a conquista dos objetivos. Nesse tipo de cultura, os líderes costumam ser inspiradores e carismáticos, com uma clara visão do futuro da organização. O lado negativo dessas culturas é que elas consomem totalmente a vida das pessoas. Seus líderes carismáticos freqüentemente buscam criar discípulos em vez de seguidores, o que resulta em um clima de trabalho quase fanático.

A Unilever e a Heineken são exemplos de culturas de trabalho em rede. A Heineken, por exemplo, tem mais de 30.000 funcionários, mas conserva o clima de camaradagem e familiaridade mais comum entre as pequenas empresas. A cultura altamente socializada da empresa produz uma forte sensação de familiaridade entre seus membros e, freqüentemente, uma identificação apaixonada com seus produtos. Você se ajustaria a esse tipo de cultura? A resposta é *sim* se você tem boas habilidades sociais e empatia, gosta de fazer amizades íntimas no ambiente de trabalho, se sente bem em um clima relaxado e amigável e não é obcecado por eficiência e desempenho.

A maioria das universidades de primeiro nível e escritórios de advocacia se enquadra no tipo de cultura fragmentada. Os professores das maiores universidades, por exemplo, são avaliados em função de suas pesquisas e trabalhos acadêmicos. Os professores mais conceituados não precisam ser amigáveis com os colegas, nem participar de eventos sociais para manter seu status. Da mesma forma, o sócio de um escritório de advocacia que traz novos clientes e ganha seus casos nos tribunais não precisa conhecer os outros sócios, nem buscar visibilidade interna. Você poderá se dar bem nesse tipo de cultura se for independente, não sentir necessidade de fazer parte de grupos, for mais analítico do que intuitivo e tiver uma forte autoconfiança, dificilmente abalável pelas críticas.

Empresas como a Mars, a Campbell Soup e a japonesa Komatsu, fabricante de veículos pesados, são exemplos clássicos de cultura mercenária. Na Mars, por exemplo, as reuniões são voltadas quase que exclusivamente para assuntos de trabalho. Existe pouca tolerância com a socialização ou com conversas casuais. Você se dará bem nesse tipo de cultura se for orientado para objetivos, sentir-se bem em clima competitivo, gostar de tarefas claramente estruturadas, gostar de correr riscos e for capaz de lidar abertamente com conflitos.

Exemplos de cultura de comunidade são a Hewlett-Packard, a Johnson & Johnson e a empresa de consultoria Bain & Co. A Hewlett-Packard é uma empresa grande e muito focada nos objetivos, mas possui um clima muito familiar. O "HP Way" consiste em um conjunto de valores que estabelecem como as pessoas devem se comportar e interagir mutuamente. Os valores de confiança e espírito comunitário estimulam a

QUADRO B-2 Tipologia de Quatro Culturas

	Baixa Solidariedade	Elevada Solidariedade
Elevada Sociabilidade	Trabalho em rede	Comunidade
Baixa Sociabilidade	Fragmentada	Mercenária

Fonte: Adaptado de R. Goffee e G. Jones, *The character of a corporation.* Nova York: Harper Business, 1998, p. 21.

lealdade à empresa. A organização retribui essa lealdade quando os funcionários têm um bom desempenho. Quem se adapta a esse tipo de cultura? Aqueles que sentem necessidade de se identificar com algo maior que eles mesmos, que gostam de trabalhar em equipe e que estão dispostos a colocar a organização acima da família e da vida pessoal.

Sugestões para o gerenciamento da sua carreira

Neste novo mundo das carreiras sem fronteiras, existem algumas coisas que você pode fazer para aumentar sua empregabilidade e seu valor no mercado. A seguir, resumimos algumas sugestões oferecidas por especialistas em gerenciamento de carreira.[7]

Assuma a responsabilidade pelo desenvolvimento de sua carreira. Você deve gerenciar sua carreira da mesma forma que um empresário administra seu negócio. Pense em si mesmo como autônomo, ainda que esteja empregado em uma grande organização. Você faz parte de um cenário de "livre agenciamento", onde uma carreira de sucesso depende de sua flexibilidade e da constante atualização de seus conhecimentos e talentos.

Conheça a si mesmo. Descubra seus pontos fortes e seus pontos fracos. Que talentos você tem para oferecer a um empregador? O gerenciamento da carreira começa com a honestidade.

Comprometa-se com a aprendizagem contínua. O aprendizado e a preparação para o trabalho não terminam com o diploma dado pela educação formal. A dinâmica do ambiente atual exige que você continue a "ir para a escola" sempre — seja ao fazer novos cursos, seja ao ampliar suas experiências no trabalho, ao ler e ao se informar para manter-se atualizado.

Busque um equilíbrio entre suas competências específicas e suas competências generalistas. É preciso estar atualizado com os aspectos técnicos de sua profissão. Mas também é preciso desenvolver competências generalistas que propiciem maior versatilidade para reagir a um ambiente em constante mudança. A especialização em uma única área funcional ou mesmo em um determinado setor pode limitar sua mobilidade. Evite investir em um aprendizado sobre questões específicas de uma organização que não possa ser transferido para outros empregadores.

Desenvolva sua vantagem competitiva. Desenvolva habilidades que lhe ofereçam uma vantagem competitiva no mercado de trabalho. Dê especial atenção àquelas habilidades que são valorizadas pelos empregadores, cuja oferta é escassa ou em áreas em que a competição é limitada. Lembre-se de que, por mais difícil que seja para você aprender e aprimorar habilidades altamente valorizadas, essa dificuldade também existe para os outros. Em outras palavras, quanto maior o treinamento para a execução de uma tarefa e quanto menos pessoas tiverem essa habilidade, maior a segurança e a influência dos que estão habilitados para isso.

Desenvolva sua habilidade de comunicação. A capacidade de comunicação é o item número um da lista de habilidades pessoais buscadas pelos empregadores entre os candidatos a vagas em suas organizações.[8] As habilidades de comunicação parecem ser mais valorizadas do que a experiência profissional, a motivação ou a formação acadêmica. Se você pretende se diferenciar de seus concorrentes, aprenda a redigir memorandos, a fazer apresentações e a expressar verbalmente suas idéias de maneira clara e sucinta.

Arranje um mentor. Muitas pessoas bem-sucedidas afirmam que tiveram mentores no início de suas carreiras e que esses relacionamentos tiveram um papel importante em seu sucesso posterior. Como discutimos no Capítulo 12, os mentores são orientadores e conselheiros que apresentam seus protegidos às pessoas certas, oferecem sugestões políticas, produzem uma "caixa de ressonância" para suas idéias e dão aconselhamento geral sobre a carreira.

Construa e mantenha uma rede de contatos (networking). Networking é o termo utilizado para descrever o estabelecimento de boas relações com os outros para ajudar na conquista de objetivos individuais. Em um mundo de alta mobilidade, é preciso desenvolver e manter uma ampla gama de contatos. Filie-se à sua associação profissional, freqüente conferências e procure estabelecer contatos interessantes em encontros sociais. Além disso, mantenha contato com antigos colegas de escola e faculdade e envolva-se em atividades comunitárias. Quanto mais ampla for sua rede, maior o número dos contatos que você terá para ajudá-lo a saber das oportunidades de trabalho.

Documente suas realizações. Os empregadores buscam cada vez mais informações sobre suas realizações, não apenas seus títulos e cargos. Busque oportunidades de trabalho desafiadoras e que ofereçam evidência objetiva de suas capacidades.

Gerencie sua reputação. Sem parecer convencido, procure fazer com que as pessoas dentro e fora da organização fiquem sabendo de suas realizações. Você aumenta sua mobilidade e valor de mercado por meio da divulgação de seus sucessos e conquistas.

Considere a si mesmo como um produto. No atual mercado de trabalho, em que cada um agencia a própria carreira, você precisa se diferenciar da concorrência. Para isso, é uma boa idéia pensar em si mesmo como um produto. "Crie sua marca" significa criar uma identidade única para você, que o diferencie das outras "marcas" que estão no mercado. Isso também significa avaliar o que define essa marca, o que você fez para chegar onde chegou. Você deve manter um portfólio dos projetos que realizou, especialmente aqueles que contribuem para diferenciá-lo. E continue atualizando esse portfólio — pense em como cada novo desafio profissional poderá contribuir para esse portfólio.

Mantenha suas opções em aberto. Tenha sempre planos contingenciais preparados. Você não tem como saber se seu grupo vai ser extinto, se seu departamento será reduzido, seu projeto cancelado ou sua empresa adquirida por outra. "Espere pelo melhor, mas esteja preparado para o pior" pode ser um chavão, mas não deixa de ser um bom conselho.

Repensando o sucesso da carreira

Para a carreira tradicional, a definição de sucesso baseava-se em critérios objetivos, como remuneração, cargos, rapidez nas promoções, status formal na hierarquia da organização e estabilidade no emprego. A estagnação do salário, a transferência para outra posição no mesmo nível hierárquico, ou ainda a demissão, eram considerados perdas na carreira. Embora o status e a remuneração ainda sejam importantes na definição do sucesso, a carreira sem fronteiras começa a introduzir novos critérios, mais subjetivos, para o entendimento do que é o sucesso na carreira.[9]

Os critérios que atualmente fazem mais sentido incluem o crescimento por meio do desenvolvimento de habilidades e competências; satisfação pessoal; trabalho desafiador e gratificante; realizações (pessoais e/ou como parte de uma equipe); independência; reconhecimento, e a possibilidade de passar mais tempo com a família. O auto-agenciamento dos profissionais, por exemplo, lhes dá maior independência e possibilidade de negociar melhores condições de trabalho. Dessa maneira, o profissional pode escolher suas atribuições de acordo com seus interesses e necessidades, sem ficar preso às exigências de seu empregador. A carreira sem fronteiras também proporciona tempo livre para outras atividades fora do trabalho e ajuda a equilibrar os conflitos entre vida profissional e vida pessoal. Em uma época em que se reclama muito do estresse causado pela correria do dia-a-dia, a flexibilidade oferecida pela carreira sem fronteiras coloca a apropriação do tempo em um patamar muito elevado. Cada vez mais, as pessoas invejam aqueles que abrem mão do dinheiro voluntariamente para ter mais tempo livre.

A carreira sem fronteiras estabelece seus próprios desafios, como aceitar a responsabilidade pelos períodos de retrocesso e aprender a conviver com a incerteza. A carreira tradicional sempre oferecia ao funcionário um "bode expiatório" para levar a culpa pelos insucessos — o chefe, a empresa ou os colegas. Isso perde o sentido quando todos os envolvidos concordam que a responsabilidade pelo gerenciamento da carreira é do próprio funcionário. Outro desafio, especialmente para os trabalhadores mais velhos, é conviver com a incerteza presente na carreira sem fronteiras. Apesar dos problemas inerentes à carreira tradicional, ela oferecia um nível de estabilidade que dava ao trabalhador uma sensação (nem sempre verdadeira) de segurança no emprego, de poder assumir compromissos financeiros de longo prazo. Na atual conjuntura, quando o valor de cada um é determinado pelo que ele pode oferecer naquele momento, a segurança de seu emprego depende do desenvolvimento constante de habilidades que são procuradas pelos empregadores e de assegurar-se de que essas habilidades se adaptem e mudem conforme as necessidades dos empregadores.

NOTAS BIBLIOGRÁFICAS

Capítulo 1

1. Veja, por exemplo, R.A. Baron e G.D. Markman, "Beyond Social Capital: How Social Skills Can Enhance Entrepreneurs' Success", *Academy of Management Executive*, fevereiro de 2000, p. 106-116; e R. Alsop, "Playing Well with Others", *Wall Street Journal*, 9 set. 2002, p. R11.
2. Citado por R. Alsop, "Playing Well with Others".
3. Veja, por exemplo, C. Pentilla, "Hiring Hardships". *Entrepreneur*, out. 2002, p. 34-35.
4. *The 1997 National Study of the Changing Workforce*. Nova York: Families and Work Institute, 1997.
5. I.S. Fulmer, B. Gerhart e K.S. Scott, "Are the 100 Best Better? An Empirical Investigation of the Relationship between Being a 'Great Place to Work' and Firm Performance", *Personnel Psychology*, inverno 2003, p. 965-993.
6. H. Fayol, *Industrial and General Administration*. Paris: Dunod, 1916.
7. H. Mintzberg, *The Nature of Managerial Work*. Upper Saddle River: Prentice Hall, 1973.
8. R.L. Katz, "Skills of an Effective Administrator", *Harvard Business Review*, set./out. 1974, p. 90-102.
9. F. Luthans, "Successful vs. Effective Administrator", *Academy of Management Executive*, maio de 1998, p. 127-132; e F. Luthans, R.M. Hodgetts e S.A. Rosenkrantz, Real Managers. Cambridge: Ballinger, 1988.
10. P. H. Langford, "Importance of Relationship Management for the Career Success of Australian Managers", *Australian Journal of Psychology*, dez. 2003, p. 163-169.
11. Veja, por exemplo, J.E. Garcia e K.S. Keleman, "What Is Organizational Behavior Anyhow?", artigo apresentado na 16th. Annual Organizational Behavior Teaching Conference, Columbia, MO, jun. 1989; e C. Heath e S.B. Sitkin, "Big-B versus Big-O: What Is *Organizational* about Organizational Behavior?", *Journal of Organizational Behavior*, fev. 2001, p. 43-59. Para uma revisão do que um eminente pesquisador acredita *deve* estar incluído no comportamento organizacional, com base em dados de pesquisa, veja J.B. Miner, "The Rated Importance, Scientific Validity, and Practical Usefulness of Organizational Behavior Theories: A Quantitative Review", *Academy of Management Learning & Education*, set. 2003, p. 250-268.
12. Veja F.D. Richard, C.F. Bond Jr. e J.J. Stokes-Zoota, "That Is Completely Obvious... and Important": Lay Judgments of Social Psychological Findings", *Personality and Social Psychology Bulletin*, abr. 2001, p. 497-505; e L.A. Burke e J.E. Moore, "A Perennial Dilemma in OB Education: Engaging the Traditional Student", *Academy of Management Learning & Education*, mar.2003, p. 37-52.
13. "In Finland, Fine for Speeding Sets Record", *International Herald Tribune*, 11 fev. 2004, p. 2.
14. O.C. Richard, "Racial Diversity, Business Strategy, and Firm Peformance: A Resource-Based View", *Academy of Management Journal*, abr. 2000, p. 164-177.
15. "Bye-Bye, Ozzie and Harriet", *American Demographics*, dez. 2000, p. 59.
16. Esta seção baseia-se em M. Toosi, "A Century of Change: The U.S. Labor Force, 1950-2050", *Monthly Labor Review*, maio 2002, p. 15-27.
17. Veja S.E. Jackson e A. Joshi, "Research on Domestic and International Diversity in Organizations: A Merger That Works?" in N. Anderson et al. (orgs.), *Handbook of Industrial, Work & Organizational Psychology*, vol.2. Thousand Oaks: Sage, 2001, p. 206-231; e L. Smith, "The Business Case for Diversity", *Fortune*, 13 out. de 2003, p. S8-S12.
18. Veja, por exemplo, W.J. Kolarik, *Creating Quality: Process Design for Results*. Nova York: McGraw-Hill, 2000; e D. Bell, et al., *Managing Quality*, 2 ed.. Woburn: Butterworth-Heinemann, 2002.
19. Veja, por exemplo, C.M. Khoong, *Reengineering in Action*. Londres: Imperial College Press, 1999; e J.A. Champy, *X-Engineering the Corporation*. Nova York: Warner Books, 2002.
20. Esta seção baseia-se em P. Francese, "Looming Labor Shortages", *American Demographics*, nov. 2001, p. 34-35; A. Bernstein, "Too Many Workers? Not for Long", *Business Week*, 20 maio 2002, p. 126-130; R. Herman, *Impending Crises: Too Many Jobs, Too Few People*. Winchester: Oakhill Press, 2002; J.S. McClenahen, "The Next Crisis: Too Few Workers", www.industryweek.com/, 1 maio 2003; e L. Lavelle, "After the Jobless Recovery, A War for Talent", *Business Week*, 29 set. 2003, p. 92.
21. D. Kadlec, "Everyone, Back in the Labor Pool", *Time*, 29 jul. 2002, p. 23-31; e K. Greene, "Many Older Workers to Delay Retirement Until After Age 70", *Wall Street Journal*, 23 set. 2003, p. D2.
22. Veja, por exemplo, S.D. Pugh, J. Dietz, J.W. Wiley e S.M. Brooks, "Driving Service Effectiveness Through Employee-Customer Linkage", *Academy of Management Executive*, nov. 2002, p. 73-84; e A. Overholt, "Cuckoo for Customers", *Fast Company*, jun. 2004, p. 85-87.
23. Citado por E. Naumann e D.W. Jackson Jr., "One More Time: How Do You Satisfy Customers?", *Business Horizons*, maio-jun. 1999, p. 73.
24. Veja, por exemplo, M.D. Hartline e O.C. Ferrell, "The Management of Customer-Contact Service Employees: An Empirical Investigation", *Journal of Marketing*, out. 1996, p. 52-70; Naumann e Jackson, "One More Time: How Do You Satisfy Customers?", p. 71-76; W.-C. Tsai, "Determinants and Consequences of Employee Displayed Positive Emotions", *Journal of Management*, 27, n.4, 2001, p. 497-512; S.D. Pugh, "Service with a Smile: Emotional Contagion in the Service Encounter", *Academy of Management Journal*, out. 2001, p. 1018-1027; M.K. Brady e J.J. Cronin Jr., "Customer Orientation: Effects on Customer Service Perceptions and Outcome Behaviors", *Journal of Service Research*, fev. 2001, p. 241-251; e H. Liao e A. Chuang, "A Multilevel Investigation of Factors Influencing Employee Service Performance and Customer Outcomes", *Academy of Management Journal*, fev. 2004, p. 41-58.
25. J. Flaherty, "Suggestions Rise from the Floors of U.S. Factories", *New York Times*, 18 abr. 2001, p. C1.

26 Veja, por exemplo, S. Armour, "Workers Put Family First Despite Slow Economy, Jobless Fears", *USA Today*, 6 jun. 2002, p. 3B; V.S. Major, K.J. Klein, e M.G. Ehrhart, "Work Time, Work Interference with Family, and Psychological Distress", *Journal of Applied Psychology*, jun. 2002, p. 427-436; D. Brady, "Rethinking the Rat Race", *Business Week*, 26 ago. 2002, p. 142-143; e J.M. Brett e L.K. Stroh, "Working 61 Plus Hours a Week: Why Do Managers Do It?", *Journal of Applied Psychology*, fev. 2003, p. 67-78.

27 Veja, por exemplo, "The New World of Work: Flexibility Is the Watchword", *Business Week*, 10 jan. de 2000, p. 36.

28 Citado em S. Armour, "Workers Put Family First Despite Slow Economy, Jobless Fears".

29 S. Shellenbarger, "What Job Candidates Really Want to Know: Will I Have a Life?", *Wall Street Journal*, 17 nov. 1999, p. B1; e "U.S. Employers Polish Image to Woo a Demanding Generation", *Manpower Argus*, fev. 2000, p. 2.

30 J. Merritt, "For MBAs, Soul-Searching 101", *Business Week*, 16 set. 2002, p. 64-66; e S. Greenhouse, "The Mood at Work: Anger and Anxiety", *New York Times*, 29 out. 2002, p. E1.

31 Veja, por exemplo, G.R. Weaver, L.K. Trevino e P. L. Cochran, "Corporate Ethics Practices in the Mid-1990's: An Empirical Study of the Fortune 1000", *Journal of Behavioral Ethics*, fev. 1999, p. 283-294.

32 A.J. Rucci, S.P. Kirn e R.T. Quinn, "The Employee-Customer-Profit Chain at Sears", *Harvard Business Review*, jan.-fev. 1998, p. 83-97.

33 J. Britt, "Workplace No-Shows' Cost to Employers Rise Again", *HR Magazine*, dez. 2002, p. 26-29.

34 "Absence-Minded Workers Cost Business Dearly", *Works Management*, jun. 2001, p. 10-14.

35 W. Hoge, "Sweden's Cradle-to-Grave Welfare Starts to Get Ill", *International Herald Tribune*, 25 set. 2002, p. 8.

36 "Employee Turnover Costs in the U.S", *Manpower Argus*, jan. 2001, p. 5.

37 Citado em www.workrelationships.com; dez. 2002.

38 Veja, por exemplo, D.R. Dalton e W.D. Todor, "Functional Turnover: An Empirical Assessment", *Journal of Applied Psychology*, dez. 1981, p. 716-721; G.M. McEvoy e W.F. Cascio, "Do Good or Poor Performers Leave? A Meta-Analysis of the Relationship between Performance and Turnover", *Academy of Management Journal*, dez. 1987, p. 744-762; S. Lorge, "When Turnover Isn't So Bad", *Sales and Marketing Management*, set. 1999, p. 13; e M.C. Sturman e C.O. Trevor, "The Implications of Linking the Dynamic Performance and Turnover Literatures", *Journal of Applied Psychology*, ago. 2001, p. 684-696; e A.C. Glebbeck e E.H. Bax, "Is High Employee Turnover Really Harmful? An Empirical Test Using Company Records", *Academy of Management Journal*, abr. 2004, p. 277-286.

39 Citado em "You Often Lose the Ones You Love", *Industry Week*, 21 nov. 1988, p. 5.

40 D.W. Organ, *Organizational Citizenship Behavior: The Good Soldier Syndrome*. Lexington: Lexington Books, 1988, p .4. Veja também W.C. Borman e L.A. Penner, "Citizenship Performance: Its Nature, Antecedents, and Motives", in B.W. Roberts e R. Hogan (orgs.), *Personality Psychology in the Workplace*. Washington D.C: American Psychological Association, 2001, p. 45-61; e J.A. LePine, A. Erez e D.E. Johnson, "The Nature and Dimensionality of Organizational Citizenship Behavior: A Critical Review and Meta-Analysis", *Journal of Applied Psychology*, fev. 2002, p. 52-65.

41 P. M. Podsakoff, S.B. MacKenzie, J.B. Paine e D.G. Bachrach, "Organizational Citizenship Behaviors: A Critical Review of the Theoretical and Empirical Literature and Suggestions for Future Research", *Journal of Management* 26, n.3, 2000, p. 543-548: e M.C. Bolino e W.H. Turnley, "Going the Extra Mile: Cultivating and Managing Employee Citizenship Behavior", *Academy of Management Executive*, ago. 2003, p. 60-73.

42 H.J. Leavitt, *Managerial Psychology*, ed. rev. Chicago: University of Chicago Press, 1964, p. 3.

Capítulo 2

1 Baseado em F. Vogelstein, "Mighty Amazon", *Fortune*, 26 maio 2003; e W. Poundstone, *How Would You Move Mount Fuji? Microsoft's Cult of the Puzzle – How the World's Smartest Company Selects the Most Creative Thinkers*. Boston: Little, Brown, 2003.

2 "Valuing Older Workers: A Study of Costs and Productivity", relatório preparado para a American Association of Retired Persons pela ICF, Inc., 1995; W.C.K. Chiu, A.W. Chan, E. Snape, e T. Redman, "Age Stereotypes and Discriminatory Attitudes Towards Older Workers: An East-West Comparison", *Human Relations*, maio 2001, p. 629-661; I. Glover, "Ageism Without Frontiers", in I. Glover e M. Branine (orgs.), *Ageism in Work and Employment*. Aldershot, England: Ashgate, 2001, p. 115-150; e K. Greene, "Older Workers Can Get a Raw Deal – Some Employers Admit to Promoting, Challenging Their Workers Less", *Wall Street Journal*, 10 abr. 2003, p. D2.

3 S.R. Rhodes, "Age-Related Differences in Work Attitudes and Behavior: A Review and Conceptual Analysis", *Psychological Bulletin*, mar. 1983, p. 328-367; J.L. Cotton e J.M. Tuttle, "Employees Turnover: A Meta-Analysis and Review with Implications for Research", *Academy of Management Review*, jan. 1986, p. 55-70; e D.R. Davies, G. Matthews e C. S.K. Wong, "Ageing and Work", in C.L. Cooper e I.T. Robertson. eds, *International Review of Industrial and Organizational Psychology*, vol. 6. Chichester, England: Wiley, 1991, p. 183-187.

4 Rhodes, "Age-Related Differences in Work Attitudes and Behavior", p. 347-349; R.D. Hackett, "Age Tenure, and Employee Absenteeism", *Human Relations*, jul. 1990, p. 601-619; e Davies, Matthews e Wong, "Ageing and Work", p. 183-187.

5 Citado em K. Labich, "The New Unemployed", *Fortune*, 8 mar. 1993, p. 43.

6 Veja G.M. McEvoy e W.F. Cascio, "Cumulative Evidence of the Relationship between Employee Age and Job Peformance", *Journal of Applied Psychology*, fev. 1989, p. 11-17; e F.L. Schmidt e J.E. Hunter, "The Validity and Utility of Selection Methods in Personnel Psychology: Practical and Theoretical Implications of 85 Years of Research Findings", *Psychological Bulletin*, set. 1998, p. 262-274.

7 Veja, por exemplo, F.J. Landy, et Al., *Alternatives to Chronological Age in Determining Standards of Suitability for Public Safety Jobs* . University Park: Center of Applied Behavioral Sciences, Pennsylvania State University, 1992.

8 A.L. Kalleberg e K.A. Loscocco, "Aging, Values, and Rewards: Explaining Age Differences in Job Satisfaction", *American Sociological Review*, fev. 1983, p. 78-90; R. Lee e E.R. Wilbur, "Age, Education, Job Tenure, Salary, Job Characteristics, and Job Satisfaction: A Multivariate Analysis", *Human Relations*, ago. 1985, p. 781-791; e Davies, Matthews e Wong, "Ageing and Work", p. 176-183.

9 K.M. Kacmar e G.R. Ferris, "Theoretical and Methodological Considerations in the Age-Job Relationship", *Journal of Applied Psychology*, abr. 1989, p. 201-207; e G. Zeits, "Age and

Work Satisfaction in a Government Agency: A Situational Perspective", *Human Relations*, maio 1990, p. 419-438; e W.A. Hochwarter, G.R. Ferris, P. L. Perrewe, L.A. Witt e C. Kiewitz, "A Note on the Nonlinearity of the Age-Job Satisfaction Relationship", *Journal of Applied Social Psychology*, jun. 2001, p. 1223-1237.
10 Veja, por exemplo, A.H. Eagly e L.L. Carli, "Sex Researchers and Sex-Typed Communications as Determinants of Sex Differences in Influenceability: A Meta-Analysis of Social Influence Studies", *Psychological Bulletin*, ago. 1981, p. 1-20; J.S. Hyde, "How Large Are Cognitive Gender Differences?", *American Psychologist*, out. 1981, p. 892-901; e P. Chance, "Biology, Destiny, and All That", *Across the Board*, jul.-ago. 1988, p. 19-23.
11 Veja, por exemplo, M.M. Black e E.W. Holden, "The Impact of Gender on Productivity and Satisfaction Among Medical School Psychologists", *Journal of Clinical Psychology in Medical Settings*, mar. 1998, p. 117-131.
12 Veja, por exemplo, S. Shellenbarger. "More Job Seekers Put Family Needs First", *Wall Street Journal*, 15 nov. 1991, p. B1.
13 R.W. Griffeth, P. W. Hom e S. Gaertner, "A Meta-Analysis of Antecedents and Correlates of Employee Tirnover: Update, Moderator Tests, and Research Implications for the Next Millenium", *Journal of Management* 26, n.3, 2000, p. 463-488.
14 Veja, por exemplo, K.D. Scott e E.L. McClellan, "Gender Differences in Absenteeism", *Public Personnel Management*, verão 1990, p. 229-253; e A. VandenHeuvel e M. Wooden, "Do Explanations of Absenteeism Differ from Men and Women?", *Human Relations*, nov. 1995, p. 1309-1329.
15 Veja, por exemplo, M. Tait, M.Y. Padgett e T.T. Baldwin, "Job and Life Satisfaction: A Reevaluation of the Strenght of the Relationship and Gender Effects as a Function of the Date of the Study", *Journal of Applied Psychology*, jun. 1989, p. 502-507; e M.B. Grover, "Daddy Stress", *Forbes*, 6 set. 1999, 202-208.
16 M.E. Gordon e W.J. Fitzgibbons, "Empirical Test of the Validity of Seniority as a Factor in Staffing Decisions", *Journal of Applied Psychology*, jun. 1982, p. 311-319; M.E. Gordon e W.A. Johnson, "Seniority: A Review of Its Legal and Scientific Standing", *Personnel Psychology*, verão 1982, p. 255-280; M.A. McDaniel, F.L. Schmidt e J.E. Hunter, "Job Experience Correlates of Job Peformance", *Journal of Applied Psychology*, maio 1988, p. 327-330; e M.A. Quinones, J.K. Ford e M.S. Teachout, "The Relationship between Work Experience and Job Peformance: A Conceptual and Meta-Analytic Review", *Personnel Psychology*, inverno 1995, p. 887-910.
17 K.R. Garrison e P. M. Mushinsky, "Attitudinal and Biographical Predictors of Incendental Absenteeism", *Journal of Vocational Behavior*, abr. 1977, p. 221-230; N. Nicholson, C.A. Brown, e J.K. Chadwick-Jones, "Absense from Work and Personal Characteristics", *Journal of Applied Psychology*, jun. 1977, p. 319-327; e R.T. Keller, "Predicting Absenteeism from Prior Absenteeism, Attitudinal Factors, and Nonattitudinal Factors", *Journal of Applied Psychology*, agosto de 1983, p. 536-540.
18 P.O. Popp e J.A. Belohlav, "Absenteeism in a Low Status Work Environment", *Academy of Management Journal*, set. 1982, p. 681.
19 Griffeth, Hom e Gaertner, "A Meta-Analysis of Antecedents and Correlates of Employee Turnover".
20 R.D. Gatewood e H.S. Field, *Human Resource Selection*. Chicago: Dryden Press, 1987.
21 J.A. Breaugh e D.L. Dossett, "The Effectiveness of Biodata for Predicting Turnover", artigo apresentado na National Academy of Management Conference, New Orleans, ago. 1987.
22 A.G. Bedeian, G.R. Ferris e K.M. Kacmar, "Age, Tenure, and Job Satisfaction: A Tale of Two Perspectives", *Journal of Vocational Behavior*, fev. 1992, p. 33-48.
23 K.R. Murphy (ed.) *Individual Differences and Behavior in Organizations*. São Francisco: Jossey-Bass, 1996.
24 M.D. Dunnette, "Aptitudes, Abilities, and Skills", in M.D. Dunnette. ed *Handbook of Industrial and Organizational Psychology*. Chicago: Rand McNally, 1976, p. 478-483.
25 J.F. Salgado, N. Anderson, S. Moscoso, C. Bertua, F. de Fruyt e J.P. Rolland, "A Meta-Analytic Study of General Mental Ability Validity for Different Occupations in the European Community", *Journal of Applied Psychology*, dez. 2003, p. 1068-1081; e F.L. Schmidt e J.E. Hunter, "Select on Intelligence", in E.A. Locke (org.), *Handbook of Principles of Organizational Behavior*. Malden: Blackwell, 2004, p. 3-14.
26 Veja, por exemplo, J.E. Hunter e R.F. Hunter, "Validity and Utility of Alternative Predictors of Job Peformance", *Psychological Bulletin*, janeiro de 1984, p. 72-98; J.E. Hunter, "Cognitive Ability, Cognitive Aptitudes, Job Knowledge, and Job Peformance", *Journal of Vocacional Behavior*, dez. 1986, p. 340-362; W.M. Coward e P.R. Sackett, "Linearity of Ability-Peformance Relationships: A Reconfirmation", *Journal of Applied Psychology*, jun. 1990, p. 297-300; M.J. Ree, J.A. Earles e M.S. Teachout, "Predicting Peformance: Not Much More Than *g*", *Journal of Applied Psychology*, ago. 1994, p. 518-524; F.L. Schmidt e J.E. Hunter, "The Validity and Utility of Selection Methods in Personnel Psychology"; e M.J. Ree, T.R. Carretta e J.R. Steindl, "Cognitive Ability", in N. Anderson, D.S. Ones, H.K. Sinangil e C. Viswesvaran, orgs., *Handbook of Industrial, Work & Organizational Psychology*, vol.1. Thousand Oaks: Sage, 2001, p. 219-232.
27 P. Bobko, P. I. Roth e D. Potosky, "Derivation and Implications of a Meta-Analytic Matrix Incorporating Cognitive Ability, Alternative Predictors, and Job Performance", *Personnel Psychology*, ago. 1999, p. 561-589.
28 M.J. Ree, T.R. Carretta e J.R. Steibdl, "Cognitive Ability", p. 228.
29 Esta seção baseia-se em R.E. Riggio, S.E. Murphy e F.J. Pirozzolo (orgs.), *Multiple Intelligences and Leadership*. Mahwah: Lawrence Erlbaum, 2002.
30 E.A. Fleishman, "Evaluating Physical Abilities Required by Jobs", *Personnel Administrator*, jun. 1979, p. 82-92.
31 Veja, por exemplo, H.M. Weiss, "Learning Theory and Industrial and Organizational Psychology", in M.D. Dunnette e L.M. Hough (orgs.) *Handbook of Industrial & Organizational Psychology*, 2 ed., vol.1. Palo Alto: Consulting Psychologists Press, 1990, p. 172-173.
32 W. McGehee, "Are We Using What We Know About Training? Learning Theory and Training", *Personnel Psychology*, primavera 1958, p. 2.
33 I.P. Pavlov, *The Work of the Digestive Glands*, trad. W.H. Thompson. Londres: Charles Griffin, 1902. Veja também a edição especial comemorativa do trabalho de Pavlov da *American Psychologist*. Set. 1997, p. 933-972.
34 B.F. Skinner, *Contingencies of Reinforcement*. East Norwalk: Appleton-Century-Crofts, 1971.
35 A. Bandura, *Social Learning Theory*. Upper Saddle River: Prentice Hall, 1977.
36 Veja a revisão da literatura em D.R. Davies, G. Matthews e C. S.K. Wong, "Ageing and Work", in C.L. Cooper e I.T. Robertson (orgs.) *International Review of Industrial and Organizational Psychology*, vol.6. Chichesser, Inglaterra: Wiley, 1991, p. 159-160.

37 Ibid., p. 165.
38 M.E. Gordon e S.L. Cohen, "Training Behavior as a Predictor of Trainability", *Personnel Psychology*, verão 1973, p. 261-272; e I. Robertson e S. Downs, "Learning and the Prediction of Peformance: Development of Trainability Testing in the United Kingdom", *Journal of Applied Psychology*, fev. 1979, p. 42-50.
39 T.W. Costello e S.S. Zalkind, *Psychology in Administration*. Upper Saddle River: Prentice Hall, 1963, p. 193.
40 F. Luthans e R. Kreitner, *Organizational Behavior Modification and Beyond*, 2 ed.. Glenview: Scott, Foresman, 1985; e A.D. Stajkovic e F. Luthans, "A Meta-Analysis of the Effects of Organizational Behavior Modification on Task Peformance, 1975-95", *Academy of Management Journal*, out. 1997, p. 1122-1149.
41 "At Emery Air Freight: Positive Reinforcement Boosts Peformance", *Organizational Dynamics*, inv. 1973, p. 41-50.
42 F. Luthans e R. Kreitner, *Organizational Behavior Modification and Beyod: An Operant and Social Learning Approach*. Glenview: Scott, Foresman, 1985; e A.D. Satjkovic e F. Luthans, "A Meta-Analysis of the Effects of Organizational Behavior Modification on Task Peformance, 1975-95", *Academy of Management Journal*, out. 1997, p. 1122-1149; e A.D. Satjkovic e F. Luthans, "Behavioral Management and Task Performance in Organizations: Conceptual Background, Meta-Analysis, and Test of Alternative Models", *Personnel Psychology*, primavera 2003, p. 155-192.
43 Satjkovic e Luthans, "A Meta-Analysis of the Effects of Organizational Behavior Modification on Task Peformance", p. 1123.
44 Veja, por exemplo, L.W. Frederiksen, *Handbook of Organizational Behavior Management*. Nova York: Wiley, 1982; B. Sulzer-Azarof, B. Loafman, R.J. Merante e A.C. Hlavacek, "Improving Occupational Safety in a Large Industrial Plant: A Systematic Replication", *Journal of Organizational Behavior Management*, vol.11, n.1, 1990, p. 99-120; J.C. Landau, "The Impact of a Change in an Attendance Control System on Absenteeism and Tardiness", *Journal of Organizational Behavior Management*, vol.13, n.2, 1993, p. 51-70; C.S. Brown e B. Sulzer-Azaroff, "An Assessment of the Relationship between Customer Satisfaction and Service Friendliness", *Journal of Organizational Behavior Management*, vol.14, n.2, 1994, p. 55-75; e F. Luthans e A.D. Stajkovic, "Reinforce for Performance: The Need to Go Beyond Pay and Even Rewards", *Academy of Management Executive*, maio de 1999, p. 49-57.
45 D. Willings, "The Absense Worker", *Personnel and Training Management*, dez. 1968, p. 10-12.
46 Citado em S. Armour, "Sick Days May Hurt Your Bottom Line", *USA Today*, 7-9 fev. 2003, p. 1A.
47 Citado em C.L. Cole, "Sick of Absenteeism: Get Rid of Sick Days", *Workforce*, set. 2002, p. 56-62.
48 M.S. Forbes Jr., "There's a Better Way", *Forbes*, 26 abr. 1993, p. 23.
49 Citado em *Training*, out. 2003, p. 21.
50 Veja R. Zemke, "Who Needs Learning Theory Anyway?", *Training*, set. 2002, p. 83-91.
51 Veja, por exemplo, S.J. Simon e J.M. Werner, "Computer Training Through Behavior Modeling, Self-Paced, and Institutional Approaches: A Field Experiment", *Journal of Applied Psychology*, dez. 1996, p. 648-659; e D. Stamps, "Learning Is Social. Training Is Irrelevant?" *Training*, fev. 1997, p. 34-42.
52 Veja, por exemplo, S.E. Markham e I.S. Markham, "Self-Management and Self-Leadership Reexamined: A Level-of-Analysis Perspective", *Leadership Quarterly*, outono 1995, p. 343-360; e C.A. Frayne e J.M. Geringer, "Self-Management Training for Improving Job Performance: A Field Experiment Involving Salespeople", *Journal of Applied Psychology*, jun. 2000, p. 361-372.
53 G.P. Latham e C.A. Frayne, "Self-Management Training for Increasing Job Attendance: A Follow-Up and a Replication", *Journal of Applied Psychology*, jun. 1989, p. 411-416.
54 Os pontos desta argumentação baseiam-se em N. Nicholson, "How Hardwired Is Human Behavior?", *Harvard Business Review*, jul.-ago. 1998, p. 135-147; e B.D. Pierce e R. White, "The Evolution of Social Structure: Why Biology Matters", *Academy of Management Review*, out. 1999, p. 843-853.

Capítulo 3

1 Baseado em E. Leuchars, S. Harrington e C. Erickson, "Putting People First: How VSP Achieves High Employee Satisfaction Year After Year", *Journal of Organizationl Excellence*, primavera 2003, p. 33-41.
2 M. Rokeach, *The Nature of Human Values*. Nova York: Free Press, 1973, p. 5.
3 M. Rokeach e S.J. Ball-Rokeach, "Stability and Change in American Value Priorities, 1968-1981", *American Psychologist*, maio 1989, p. 775-784; e B.M. Meglino e E.C. Ravlin, "Individual Values in Organizations: Concepts, Controversies, and Research", *Journal of Management* 24, n.3, 1998, p. 355.
4 Veja, por exemplo, B.M. Meglino e E.C. Ravlin, "Individual Values in Organizations: Concepts, Controversies and Research", *Journal of Management*, vol. 24, n.3, 1998, p. 351-389.
5 M. Rokeach, *The Nature of Human Values*, p. 6.
6 J.M. Munson e B.Z. Posner, "The Factorial Validity of a Modified Rokeach Value Survey for Four Diverse Samples", *Educational and Psychological Measurement*, inverno 1980, p. 1073-1079; e W.C. Frederick e J. Weber, "The Values of Corporate Managers and Their Critics: An Empirical Description and Normative Implications", in W.C. Frederick e L.E. Preston (orgs.), *Business Ethics: Research Issues and Empirical Studies*. Greenwich: JAI Press, 1990, p. 123-144.
7 Frederick e Weber, "The Values of Corporate Managers and Their Critics".
8 Ibid., p. 132.
9 Veja, por exemplo, R. Zemke, C. Raines e B. Filipczak, *Generations at Work: Managing the Clash of Veterans, Boomers, Xers, and Nexters in Your Workplace*. Nova York: AMACOM, 1999; P. Paul, "Global Generation Gap", *American Demographics*, mar. 2002, p. 18-19; L.C. Lancaster e D. Stillman, *When Generations Collide*. São Francisco: Jossey-Bass, 2002; e N. Watson, "Generation Wrecked", *Fortune*, 14 out. 2002, p. 183-190.
10 Segundo comentário feito para o autor por R. Volkema e R.I. Neal Jr., da Universidade Americana, este modelo também pode ser limitado em sua aplicação com relação às minorias e imigrantes recentes na América do Norte.
11 R.E. Hattwick, Y. Kathawala, M. Monipullil e L. Wall, "On the Alleged Decline in Business Ethics", *Journal of Behavioral Economics*, verão 1989, p. 129-143.
12 B.Z. Posner e W.H. Schmidt, "Values and the American Manager: An Update Updated", *California Management Review*, primavera 1992, p. 86.
13 G. Hofstede, *Culture's Consequences: International Differences in Work Related Values*. Beverly Hills: Sage, 1980; G. Hofstede, *Cultures and Organizations: Software of the Mind*. Londres: McGraw-Hill, 1991; e G. Hofstede, "Cultural Constraints in Management Theories", *Academy of Management Executive*, fev. 1993, p. 81-94; G. Hofstede e M.F. Peterson, "National

Values and Organizational Practices", in N.M. Ashkanasy, C.M. Wilderom e M.F. Peterson (orgs.) *Handbook of Organizational Culture and Climate*. Thousand Oaks: Sage, 2000, p. 401-416; e G. Hofstede, *Culture's Consequences: Comparing Values, Behaviors, Institutions, and Organizations Across Nations*, 2 ed.. Thousand Oaks: Sage, 2001. Para uma visão crítica destas pesquisas, veja B. McSweeney, "Hofstede's Model of National Cultural Diferences and Their Consequences: A Triumph of Faith – A Failure of Analysis", *Human Relations*, jan. 2002, p. 89-118.

14 Hofstede chama esta dimensão de masculinidade versus feminilidade, mas mudamos aqui essa terminologia por causa de sua forte conotação sexista.

15 M. Javidan e R.J. House, "Cultural Acumen for the Global Manager: Lessons from Project GLOBE", *Organizational Dynamics*, primavera 2001, p. 289-305; e R.J. House, P. J. Hanges, M. Javidan, P. W. Dorfman e V. Gupta (orgs.) *Leadership, Culture and Organizations: The GLOBE Study of 62 Societies*. Thousand Oaks: Sage, 2004.

16 N.J. Adler, "Cross-Cultural Management Research: The Ostrich and the Trend", *Academy of Management Review*, abril de 1983, p. 226-232.

17 Veja, por exemplo, S. Werner, "Recent Developments in International Management Research: A Review of 20 Top Management Journals", *Journal of Management* 28, n.3, 2002, p. 277-305.

18 M. Easterby-Smith e D. Malina, "Cross-Cultural Collaborative Research: Toward Reflexivity". *Academy of Management Journal*, fev. 1999, p. 76–86; e R. House, M. Javidan, e P. Dorfman, "Project GLOBE: An Introduction."

19 S.J. Breckler, "Empirical Validation of Affect, Behavior, and Cognition as Distinct Components of Attitude", *Journal of Personality and Social Psychology*, maio 1984, p. 1191-1205; e S.L. Crites Jr., L.R. Fabrigar e R.E. Petty, "Measuring the Affective and Cognitive Properties of Attitudes: Conceptual and Methodological Issues", *Personality and Social Psychology Bulletin*, dez. 1994, p. 619-634.

20 P.P. Brooke Jr., D.W. Russel e J.L. Price, "Discriminant Validation of Measures of Job Satisfaction, Job Involvement, and Organizational Commitment", *Journal of Applied Psychology*, maio 1988, p. 139-145; e R.T. Keller, "Job Involvement and Organizational Commitment as Longitudinal Predictors of Job Performance: A Study of Scientists and Engineers", *Journal of Applied Psychology*, ago. 1997, p. 539-545.

21 Veja, por exemplo, S. Rabinowitz e D.T. Hall, "Organizational Research in Job Involvement", *Psychological Bulletin*, mar. 1977, p. 265-288; G.J. Blau, "A Multiple Study Investigation of the Dimensionality of Job Involvement", *Journal of Vocacional Behavior*, ago. 1985, p. 19-36; e N.A. Jans, "Organizational Factors and Work Involvement", *Organizational Behavior and Human Decision Process*, jun. 1985, p. 382-396.

22 Baseado em G.J. Blau e R.K. Boal, "Conceptualizing How Job Involvement and Organizational Commitment Affect Turnover and Absenteeism", *Academy of Management Review*, abr. 1987, p. 290.

23 J.M. Diefendorff, D.J. Brown, A.M. Kamin e R.G. Lord, "Examining the Roles of Job Involvement and Work Centrality in Predicting Organizational Citizenship Behaviors and Job Performance", *Journal of Organizational Behavior*, fev. 2002, p. 93-108.

24 G.J. Blau, "Job Involvement and Organizational Commitment as Interactive Predictors of Tardiness and Absenteeism", *Journal of Management*, inverno de 1986, p. 577-584; e K. Boal e R. Cidambi, "Attitudinal Correlates of Turnover and Absenteeism: A Meta Analysis", artigo apresentado no encontro da Associação Americana de Psicologia, Toronto, Canadá, 1984.

25 G. Farris, "A Predictive Study of Turnover", *Personnel Psychology*, verão 1971,p. 311-328.

26 Blau e Boal, "Conceptualizing", p. 290.

27 M. Riketta, "Attitudiinal Organizational Commitment and Job Performance: A Meta-Analysis", *Journal of Organizational Behavior*, mar. 2002, p. 257-266.

28 Veja, por exemplo, P.W. Hom, R. Katerberg e C.L. Hulin, "Comparative Examination of Three Approaches to the Prediction of Turnover", *Journal of Applied Psychology*, jun. 1979, p. 280-290; H. Angle e J. Perry, "Organizational Commitment: Individual and Organizational Influence", *Work and Occupations*, maio 1983, p. 123-146; e J.L. Pierce e R.B. Dunham, "Organizational Commitment: Pre-Employment Propensity and Initial Work Experiences", *Journal of Management*, primavera 1987, p. 163-178.

29 Hom, Katerberg e Hulin, "Comparative Examination"; e R.T. Mowday, L.W. Porter e R.M. Steers, *Employee Organization Linkages: The Psychology of Commitment, Absenteeism, and Turnover*. Nova York: Academic Press, 1982.

30 L.W. Porter, R.M. Steers, R.T. Mowday e P.V. Boulian, "Organizational Commitment, Job Satisfaction e Turnover Among Psychiatric Technicians", *Journal of Applied Psychology*, out. 1974, p. 603-609.

31 D.M. Rousseau, "Organizational Behavior in the New Organizational Era", in J.T. Spence, J.M. Darley e D.J. Foss (orgs.), *Annual Review of Psychology*, vol.48. Palo Alto: Annual Reviews, 1997, p. 523.

32 Ibid; K. Lee, J.J. Carswell e N.J. Allen, "A Meta-Analytic Review of Occupational Commitment: Relations with Person – and Work – Related Variables", *Journal of Applied Psychology*, out. 2000, p. 799-811; e G. Blau, "On Assessing the Construct Validity of Two Multidimensional Constructs: Occupational Commitment and Occupational Entrenchment", *Human Resource Management Review*, outono 2001, p. 279-298.

33 Veja, por exemplo, I.R. Newby-Clark, I. McGregor e M.P. Zanna, "Thinking and Caring About Cognitive Consistency: When and for Whom Does Attitudinal Ambivalence Feel Unconfortable?", *Journal of Personality and Social Psychology*, fev. 2002, p. 157-166.

34 Veja, por exemplo, M. Geyelin, "Tobacco Executive Has Doubts About Health Risks of Cigarettes", *Wall Street Journal*, 3 mar. 1998, p. B10; e J.A. Byrne, "Phillip Morris: Inside America's Most Reviled Company", *U.S. News & World Report*, 29 nov. 1999, p. 176-192.

35 L. Festinger, *A Theory of Cognitive Dissonance*. Stanford: Stanford University Press, 1957.

36 A.W. Wicker, "Attitude versus Action: The Relationship of Verbal and Overt Behavioral Responses to Attitude Objects", *Journal of Social Issues*, outono 1969, p. 41-78.

37 Ibid., p. 65.

38 Veja S.J. Kraus, "Attitudes and the Prediction of Behavior: A Meta-Analysis of the Empirical Literature", *Personality and Social Psychology Bulletin*, jan. 1995, p. 58-75; I. Ajzen, "The Directive Influence of Attitudes on Behavior", in M. Gollwitzer e J.A. Bargh (orgs.), *The Psychology of Action: Linking Cognition and Motivation to Behavior*. Nova York: Guilford, 1996, p. 385-403; S. Sutton, "Predicting and Explaining Intentions and Behavior: How Well Are We Doing?" *Journal of Applied and Social Psychology*, ago. 1998, p. 1317-1338; e I. Ajzen, "Nature and Operation of Attitudes", in S.T. Fiske,

D.L. Schacter e C. Zahn-Waxler (orgs.), *Annual Review of Psychology*, vol. 52. Palo Alto: Annual Reviews, Inc., 2001, p. 27-58.

39 Ibid.

40 D.J. Bem, "Self-Perception Theory", in L. Berkowitz (ed.) *Advances in Experimental Social Psychology*, vol.6. Nova York: Academic Press, 1972, p. 1-62.

41 Veja C.A. Kiesler, R.E. Nisbett e M.P. Zanna, "On Inferring One's Belief from One's Behavior", *Journal of Personality and Social Psychology*, abr. 1969, p. 321-327; S.E. Taylor, "On Inferring One's Attitude from One's Behavior: Some Delimiting Conditions", *Journal of Personality and Social Psychology*, jan. 1975, p. 126-131; e A.M. Tybout e C.A. Scott, "Availability of Well-Defined Internal Knowledge and the Attitude Formation Process: Information Aggregation Versus Self-Perception", *Journal of Personality and Social Psychology*, mar. 1983, p. 474-491.

42 Veja, por exemplo, L. Simpson, "What's Going On in Your Company? If You Don't Ask, You'll Never Know", *Training*, jun. 2002, p. 30-34.

43 J. Stack, "Measuring Morale", *INC.*, jan. 1997, p. 29-30.

44 Veja L. Simpson, "What's Going On in Your Company?".

45 Veja Society for Human Resource Management, "Impact of Diversity on the Bottom Line", www.fortune.com/sections, 31 ago. 2001, p. 5-12; M. Bendick Jr., M.L. Egan e S.M. Lofhjelm, "Workforce Diversity Training: From Anti-Discrimination Compliance to Organizational Development", *Human Resource Planning* 24, n. 2, 2001, p. 10-25; e S.T. Brathwaite, "Denny's: A Diversity Success Story", *Franchising World*, jul./ago. 2002, p. 28-30.

46 Esta seção baseia-se em A. Rossett e T. Bickham, "Diversity Training: Hope, Faith and Cynicism", *Training*, jan. 1994. p. 40-46.

47 Para maiores esclarecimentos sobre o conceito de satisfação no trabalho, veja R. Hodson, "Workplace Behaviors", *Work and Occupations*, ago. 1991, p. 271-290; e H.M. Weiss e R. Cropanzano, "Affective Events Theory: A Theoritical Discussion of the Structure, Causes and Consequences of Affective Experiences at Work", in B.M. Staw e L.L. Cummings (orgs.), *Research in Organizational Behavior*, vol. 18. Greenwich: JAI Press, 1996, p. 1-3.

48 O estudo WorkAmerica, da Wyatt Company, que foi realizado em 1989, identificou 12 dimensões de satisfação: organização do trabalho, condições de trabalho, comunicação, desempenho e avaliação de desempenho, colegas, supervisão, administração da empresa, remuneração, benefícios, desenvolvimento de carreira e treinamento, satisfação no trabalho e, finalmente, imagem da empresa e mudança.

49 Veja P.E. Spector, *Job Satisfaction: Application, Assessment, Causes, and Consequences*. Thousand Oaks: Sage, 1997, p. 3.

50 J.P. Wanous, A.E. Reichers e M.J. Hudy, "Overall Job Satisfaction: How Good Are Single-Item Measures?", *Journal of Applied Psychology*, abr. 1997, p. 247-252.

51 A.F. Chelte, J. Wright e C. Tausky, "Did Job Satisfaction Really Drop During the 1970s?", *Monthly Labor Review*, nov. 1982, p. 33-36; "Job Satisfaction High in America, Says Conference Board Study", *Monthly Labor Review*, fev. 1985, p. 52; E. Graham, "Work May Be a Rat Race, but It's Not a Daily Grind", *Wall Street Journal*, 19 set. 1997, p. R1; e K. Bowman, "Attitudes About Work, Chores, and Leisure in America", *AEI Opinion Studies*, divulgado em 25 ago. 2003.

52 L. Grant, "Unhappy in Japan", *Fortune*, 13 jan. 1997, p. 142; "Survey Finds Satisfied Workers in Canada", *Manpower Argus*, jan. 1997, p. 6; e T. Mudd, "Europeans Generally Happy in the Workplace", *Industry Week*, 4 out. 1999, p. 11-12.

53 T.F. Shea, "For Many Employees, the Workplace Is Not a Satisfying Place", *HR Magazine*, out. 2002, p. 28-32; e "Hate Your Job? Join the Club", *Business Week*, 6 de out. 2003, p. 40.

54 Ibid; e R. Gardyn, "Happiness Grows on Trees", *American Demographics*, maio 2001, p. 18-21.

55 M.T. Iaffaldano e P.M. Muchinsky, "Job Satisfaction and Job Peformance: A Meta-Analysis", *Psychological Bulletin*, mar. 1985, p. 251-273; e T.A. Judge, C.J. Thorensen, J.E. Bono e G.K. Patton, "The Job Satisfaction-Job Performance Relationship: A Qualitative and Quantitative Review", *Psychological Bulletin*, maio 2001, p. 376-407.

56 T. Judge, S. Parker, A.E. Colbert, D. Heller e R. Ilies, "Job Satisfaction: A Cross-Cultural Review", in N. Anderson, D.S. Ones, H.K. Sinangil e C. Viswesvaran (orgs.), *Handbook of Industrial, Work & Organizational Psychology*, vol.2. Thousand Oaks: Sage, 2001, p. 41.

57 C.N. Greene, "The Satisfaction-Peformance Controversy", *Business Horizons*, fev. 1972, p. 31-41; E.E. Lawler III, *Motivation in Organizations*. Monterey: Brooks/Cole, 1973; e M.M. Petty, G.W. McGee e J.W. Cavender, "A Meta-Analysis of the Relationship Between Individual Job Satisfaction and Individual Performance", *Academy of Management Review*, out. 1984, p. 712-721.

58 C. Ostroff, "The Relationship Between Satisfaction, Attitudes, and Performance: An Organizational Level Analysis", *Journal of Applied Psychology*, dez. 1992, p. 963-974; e A.M. Ryan, M.J. Schmit e R. Johnson, "Attitudes and Effectiveness: Examining Relations at an Organizational Level", *Personnel Psychology*, inverno 1996, p. 853-882; e J.K. Harter, F.L.Schmidt e T.L. Hayes, "Business-Unit Level Relationship Between Employee Satisfaction, Employee Engagement, and Business Outcomes: A Meta-Analysis", *Journal of Applied Psychology*, abr. 2002, p. 268-279.

59 E.A. Locke, "The Nature and Causes of Job Satisfaction", in M.D. Dunnette (ed.), *Handbook of Industrial & Organizational Psychology*. Chicago: Rand McNally, 1976, p. 1331; S.L. McShane, "Job Satisfaction and Absenteeism: A Meta-Analytic Re-Examination", *Canadian Journal of Administrative Science*, jun. 1984, p. 61-77; R.D. Hackett e R.M. Guion, "A Reevaluation of the Absenteeism-Job Satisfaction Relationship", *Organizational Behavior and Human Decision Processes*, jun. 1985, p. 340-381; K.D. Scott e G.S. Taylor, "An Examination of Conflicting Findings on the Relationship Between Job Satisfaction and Absenteeism: A Meta-Analysis", *Academy of Management Journal*, set. 1985, p. 599-612; R. Steel e J.R. Rentsch, "Influence of Cumulation Strategies on the Long-Range Predivtion of Absenteeism", *Academy of Management Journal*, dez. 1995, p. 1616-1634; e G. Johns, "The Psychology of Lateness, Absenteeism, and Turnover", in N. Anderson, D.S. Ones, H.K. Sinangil e C. Viswesvaran (orgs.), *Handbook of Industrial, Work & Organizational Psychology*, vol. 2, p. 237.

60 F.J. Smith, "Work Attitudes as Predictors of Attendance on a Specific Day", *Journal of Applied Psychology*, fev. 1977, p. 16-19.

61 W. Hom e R.W. Griffeth, *Employee Turnover*. Cincinnati: Southwestern, 1995; R; W; Griffeth, P. W. Hom e S. Gaertner, "A Meta-Analysis of Antecedents and Correlates of Employee Turnover: Update, Moderator Tests, and Research Implications for the Next Millenium", *Journal of Management* 26, n. 3, 2000, p. 479; e G. Johns, "The Psychology of Lateness, Absenteeism, and Turnover", p. 237.

62 Veja, por exemplo, C.L. Hulin, M. Roznowski e D. Hachiya, "Alternative Opportunities and Withdraw Decisions: Empirical and Theoritical Discrepancies and an Integration", *Psychological Bulletin*, jul. 1985, p. 233-250; e J.M. Carsten e P.E. Spector, "Unemployement, Job Satisfaction, and Emplyoee Turnover: A Meta-Analytic Test of the Muchinsky Model", *Journal of Applied Psychology*, ago. 1987, p. 374-381.

63 D.G. Spencer e R.M. Steers, "Performance as a Moderator of the Job Satisfaction-Turnover Relationship", *Journal of Applied Psychology*, ago. 1981, p. 511-514.

64 P.E. Spector, *Job Satisfaction*, p. 57-58.

65 Veja T.S. Bateman e D.W. Organ, "Job Satisfaction and the Good Soldier: The Relationship Between Affect and Employee 'Citizenship'", *Academy of Management Journal*, dez. 1983, p. 587-595; C.A. Smith, D.W. Organ e J.P. Near, "Organizational Citizenship Behavior: Its Nature and Antecedents", *Journal of Applied Psychology*, out. 1983, p. 653-663; e A.P. Brief, *Attitudes in and Around Organizations*. Thousand Oaks: Sage, 1998, p. 44-45; e M. Podsakoff, S.B. MacKenzie, J.B. Paine e G. Bachrach, "Organizational Citizenship Behaviors: A Critical Review of the Theoretical and Empirical Literature and Suggestions for Future Research", *Journal of Management* 26, n.3, 2000, p. 513-563.

66 D.W. Organ e K. Ryan, "A Meta-Analytic Review of Attitudinal and Dispositional Predictors of Organizational Citizenship Behavior", *Personnel Psychology*, inverno 1995, p. 791; e J.A. LePine, A. Erez e D.E. Johnson, "The Nature and Dimensionality of Organizational Citizenship Behavior: A Critical Review and Meta-Analysis", *Journal of Applied Psychology*, fev. 2002, p. 52-65.

67 J. Fahr, P.M. Podsakoff e D.W. Organ, "Accounting for Organizational Citizenship Behavior: Leader Fairness and Task Scope versus Satisfaction", *Journal of Management*, dez. 1990, p. 705-722; R.H. Moorman, "Relationship Between Organization Justice and Organizational Citizenship Behaviors: Do Fairness Perceptions Influence Employee Citizenship?", *Journal of Applied Psychology*, dez. 1991, p. 845-855; e M.A. Konovsky e D.W. Organ, "Dispositional and Contextual Determinants of Organizational Citizenship Behavior", *Journal of Organizational Behavior*, maio 1996, p. 253-266.

68 D.W. Organ, "Personality and Organizational Citizenship Behavior", *Journal of Management*, verão de 1994, p. 466.

69 Veja, por exemplo, B. Schneider e D.E. Bowen, "Employee and Customer Perceptions of Service in Banks: Replication and Extension", *Journal of Applied Psychology*, ago. 1985, p. 423-433; W.W. Tornow e J.W. Wiley, "Service Quality and Management Practices: A Look at Employee Attitudes, Customer Satisfaction, and Bottom-Line Consequences", *Human Resource Planning* 4, n.2, 1991, p. 105-116; J.J. Weaver, "Want Customer Satisfaction? Satisfy Your Employees First", *HR Magazine*, fev. 1994, p. 110-112; E. Naumann e D.W. Jackson Jr., "One More Time: Do You Satisfy Customers?", *Business Horizons*, maio-jun. 1999, p. 71-76; D.J. Koys, "The Effects of Employee Satisfaction, Organizational Citizenship Behavior, and Turnover on Organizational Effectiveness: A Unit-Level, Longitudinal Study", *Personnel Psychology*, primavera de 2001, p. 101-114; e J. Griffith, "Do Satisfied Employees Satisfy Customers? Support-Services Staff Morale and Satisfaction Among Public School Administrators, Students, and Parents", *Journal of Applied and Social Psychology*, ago. 2001, p. 1627-1658.

70 M.J. Bitner, B.H. Booms e L.A. Mohr, "Critical Service Encounters: The Employee's Viewpoint", *Journal of Marketing*, out. 1994, p. 95-106.

71 S.M. Puffer, "Prosocial Behavior, Noncompliant Behavior, and Work Performance Among Commission Salespeople", *Journal of Applied Psychology*, nov. 1987, p. 615-621; J. Hogan e R. Hogan, "How to Measure Employee Reliability", *Journal of Applied Psychology*, maio 1989, p. 273-279; e C.D. Fisher e E.A. Locke, "The New Look in Job Satisfaction Research and Theory", in C.J. Cranny, P.C. Smith e E.F. Stone (orgs.), *Job Satisfaction*. Nova York: Lexington Books, 1992, p. 165-194.

72 Veja D. Farrel, "Exit, Voice, Loyalty and Neglect as Responses to Job Dissatisfaction: A Multidimensional Scaling Study", *Academy of Management Journal*, dez. 1983, p. 596-606; C.E. Rusbult, D. Farrel, G. Rogers e A.G. Mainous III, "Impact of Exchange Variables on Exit, Voice, Loyalty and Neglect: An Interative Model of Responses to Declining Job Satisfaction", *Academy of Management Journal*, set. 1988, p. 599-627; M.J. Withey e W.H. Cooper, "Predicting Exit, Voice, Loyalty and Neglect", *Administrative Science Quarterly*, dez. 1989, p. 521-539; J. Zhou e J.M. George, "When Job Dissatisfaction Leads to Creativity: Encouraging the Expression of Voice", *Academy of Management Journal*, ago. 2001, p. 682-696; e J.B. Olson-Buchanan e W.R. Boswell, "The Role of Employee Loyalty and Formality in Voicing Discontent", *Journal of Applied Psychology*, dez. 2002, p. 1167-1174.

73 R.B. Freeman, "Job Satisfaction as an Economic Variable", *American Economic Review*, jan. 1978, p. 135-141.

74 E.A. Locke, "The Nature and Causes of Job Satisfaction", in M.D. Dunnette (ed.), *Handbook of Industrial & Organizational Psychology*. Chicago: Rand McNally, 1976, p. 1319-1328.

75 Veja, por exemplo, R.D. Arvey, B.P. McCall, T.J. Bouchard Jr. e P. Taubman, "Genetic Influences on Job Satisfaction and Work Values", *Personality and Individual Differences*, jul. 1994, p. 21-33; D. Lykken e A. Tellegen, "Happiness Is a Stochastic Phenomenon", *Psychological Science*, maio 1996, p. 186-189; T.A. Judge, E.A. Locke, C.C. Durham e A.N. Kluger, "Dispositional Effects on Job and Life Satisfaction: The Role of Core Evaluations", *Journal of Applied Psychology*, fev. 1998, p. 17-34; e D. Lykken e M. Csikszentmihalyi, "Happiness-Stuck with What You've Got?", *Psychologist*, set. 2001, p. 470-472.

Capítulo 4

1 Baseado em C.Carr, "Redesigning the Management Psyche", *New York Times*, 26 maio 2002, p. BU-14.

2 G.W. Allport, *Personality: A Psychological Interpretation*. Nova York: Holt, Rinehart & Winston, 1937, p. 48. Para uma crítica sucinta das atuais concepções sobre personalidade, veja R.T. Hogan e B.W. Roberts, "Introduction: Personality and Industrial and Organizational Psychology", in B.W. Roberts e R. Hogan (orgs.), *Personality Psychology in the Workplace*. Washington: American Psychological Association, 2001, p. 11-12.

3 Veja, por exemplo, M.B. Stein, K.L. Jang e W.J. Livesley, "Heritability of Social Anxiety-Related Concerns and Personality Characteristics: A Twin Study", *Journal of Nervous and Mental Disease*, abr. 2002, p. 219-224; e S. Pinker, *The Blank Slate: The Modern Denial of Human Nature*. Nova York: Viking, 2002.

4 Veja R.D. Arvey e T.J. Bouchard Jr., "Genetics, Twins, and Organizational Behavior", in B.M. Staw e L.L. Cummings (orgs.), *Research in Organizational Behavior*, vol. 16. Greenwich: JAI Press, 1994, p. 65-66; W. Wright, *Born That Way: Genes, Behavior, Personality*. Nova York: Knopf, 1998; T.J. Bouchard Jr. e J.C. Loehlin, "Genes, Evolution, and Personality", *Behavioral Genetics*, maio 2001, p. 243-273; e G. Lens-

velt-Mulders e J. Hettema, "Analysis of Genetic Influences on the Consistency and Variability of the Big Five Across Different Stressful Situations", *European Journal of Personality*, set.-out. 2001, p. 355-371.

5. R.C. Carson, "Personality", in M.R. Rosenzweig e L.W. Porter (orgs.), *Annual Review of Psychology*, vol. 40. Palo Alto: Annual Reviews, 1989. p. 228-229.

6. W. Mischel, "The Interaction of Person and Situation", in D. Magnusson e N.S. Endler (orgs.), *Personality and Crossroads: Current Issues in Interactional Psychology*. Hillsdale: Erlbaum, 1977, p. 166-207.

7. Veja A.H. Buss, "Personality as Traits", *American Psychologist*, novembro de 1989, p. 1378-1388; R.R. McCrae, "Trait Psychology and the Revival of Personality and Culture Studies", *American Behavioral Scientist*, set. 2000, p. 10-31; e L.R. James e M.D. Mazerolle, *Personality in Work Organizations*. Thousand Oaks: Sage, 2002.

8. Veja, por exemplo, G.W. Allport e H.S. Odbert, "Trait Names, A Psycholexical Study", *Psychological Monographs*, n. 47, 1936; e R.B. Cattell, "Personality Pinned Down", *Psychology Today*, jul. 1973, p. 40-46.

9. Veja R.R. McCrae e P.T. Costa Jr., "Reinterpreting the Myers-Briggs Type Indicator from the Perspective of the Five Factor Model of Personality", *Journal of Personality*, mar. 1989, p. 17-40; e N.L. Quenk, *Essentials of Myer-Briggs Type Indicator Assessment*. Nova York: Wiley, 2000.

10. "Identifying How We Think: The Myer-Briggs Type Indicator and Herrmann Brain Dominance Instrument", *Harvard Business Review*, jul.-ago. 1977, p. 114-115.

11. G.N. Landrum, *Profiles of Genius*. Nova York: Prometheus, 1993.

12. Veja, por exemplo, W.I. Gardner e M.L. Martinko, "Using the Myers-Briggs Type Indicator to Study Managers: A Literature Review and Research Agenda", *Journal of Management* 22, n.1, 1996, p. 45-83; W.D. Mitchell, "Cautions Regarding Aggregated Data Analyses in Type Research", *Journal of Psychological Type* 53, 2000, p. 19-30; T.L. Bess e R.J. Harvey, "Bimodal Score Distribution and the Myers-Briggs Type Indicator: Fact or Artifact?", *Journal of Personality Assessment*, fevereiro de 2002, p. 176-186: R.M. Capraro e M.M. Capraro, "Myers-Briggs Type Indicator Score Reliability Across Studies: A Meta-Analytic Reliability Generalization Study", *Educational and Psychological Measurement*, ago. 2002, p. 590-602; e R.C. Arnau, B.A. Green, D.H. Rosen, D.H. Gleaves e J.G. Melancon, "Are Jungian Preferences Really Categorical? An Empirical Investigation Using Taxometric Analysis", *Personality and Individual Differences*, jan. 2003, p. 223-251.

13. Veja, por exemplo, J.M. Digman, "Personality Structure: Emergence of the Five-Factor Model", in M.R. Rosenzweig e L.W. Porter (orgs.), *Annual Review of Psychology*, vol. 41. Palo Alto: Annual Reviews, 1990, p. 417-440; R.R. McCrae, "Special Issue: The Five-Factor Model: Issues and Applications", *Journal of Personality*, jun. 1992; D.B. Smith, P. J. Hanges e M.W. Dickson, "Personnel Selection and the Five-Factor Model: Reexamining the Effects of Applicant's Frame of Reference", *Journal of Applied Psychology*, abr. 2001, p. 304-315; e T.A. Judge, D. Heller e M.K. Mount, "Five-Factor Model of Personality and Job Satisfaction: a Meta-Analysis", *Journal of Applied Psychology*, jun. 2002, p. 530-541.

14. Veja, por exemplo, M.R. Barrick e M.K. Mount, "The Big Five Personality Dimensions and Job Peformance: A Meta-Analysis", *Personnel Psychology* 44, 1991, p. 1-26; R.P. Tett, D.N. Jackson e M. Rothstein, "Personality Measures as Predictors of Job Performance: A Meta-Analytic Review", *Personnel Psychology*, inverno 1991, p. 703-742; O. Behling, "Employee Selection: Will Inteligence and Conscientiousness Do the Job?", *Academy of Management Executive*, fev. 1998, p. 77-86; G.M. Hurtz e J.J. Donovan, "Personality and Job Performance: The Big Five Revisited", *Journal of Applied Psychology*, dez. 2000, p. 869-879; T.A. Judge e J.E. Bono, "Relationship of Core Self-Evaluations Traits – Self-Esteem, Generalized Self-Efficacy, Locus of Control, and Emotional Stability – With Job Satisfaction and Job Performance: A Meta-Analysis", *Journal of Applied Psychology*, fev. 2001, p. 80-92; J. Hogan e B. Holland, "Using Theory to Evaluate Personality and Job Performance Relations: A Socioanalytic Perspective", *Journal of Applied Psychology*, fev. 2003; e M.R. Barrick e M.K. Mount, "Select on Conscientiouness and Emotional Stability", in E.A. Locke (ed.), *Handbook of Principles of Organizational Behavior*. Malden: Blackwell, 2004, p. 15-28.

15. M.K. Mount, M.R. Barrick e J.P. Strauss, "Validity of Observer Ratings of the Big Five Personality Factors", *Journal of Applied Psychology*, abr. 1994, p. 272. Confirmação adicional em G.M. Hurtz e J.J. Donovan, "Personality and Job Performance: The Big Five Revisited"; e M.R. Barrick, M.K. Mount e T.A. Judge, "The FFM Personality Dimensions and Job Performance: Meta-Analysis of Meta-Analyses", *International Journal of Selection and Assessment* 9, 2001, p. 9-30.

16. F.L. Schmidt e J.E. Hunter, "The Validity and Utility of Selection Methods in Personnel Psychology: Practical and Theoretical Implications of 85 Years of Research Findings", *Psychological Bulletin*, set. 1998, p. 272.

17. D.W. Organ, "Personality and Organizational Citizenship Behavior", *Journal of Management*, verão 1994, p. 465-478; D.W. Organ e K. Ryan, "A Meta-Analytic Review of Attitudinal and Dispositional Predictors of Organizational Citizenship Behavior", *Personnel Psychology*, inverno 1995, p. 775-802; M.A. Konovsky e D.W. Organ, "Dispositional and Contextual Determinants of Organizational Citizenship Behavior", *Journal of Organizational Behavior*, maio 1996, p. 253-266; e P. M. Podsakoff, S.B. MacKenzie, J.B. Paine e D.G. Bachrach, "Organizational Citizenship Behaviors: A Critical Review of the Theoretical and Empirical Literature and Suggestions for Future Research", *Journal of Management* 6, n.3, 2000, p. 513-563.

18. J.B. Rotter, "Generalized Expectancies for Internal Versus External Control of Reinforcement", *Psychological Monographs* 80, n. 609, 1966.

19. Veja P.E. Spector, "Behavior in Organizations as a Function of Employee's Locus of Control", *Psychological Bulletin*, maio 982, p. 482-497; e G.J. Blau, "Locus of Control as a Potential Moderator of the Turnover Process", *Journal of Occupational Psychology*, outono 1987, p. 21-29.

20. K.W. Cook, C.A. Vance e P. E. Spector, "The Relation of Candidate Personality with Selection-Interview Outcomes", *Journal of Applied and Social Psychology*, abr. 2000, p. 867-885.

21. R.T. Keller, "Predicting Absenteeism from Prior Absenteeism, Attitudinal Factors, and Nonattitudinal Factors", *Journal of Applied Psychology*, ago. 1983, p. 536-540.

22. Spector, "Behavior in Organizations as a Function of Employee's Locus of Control", p. 493.

23. R.G. Vleeming, "Machiavellianism: A Preliminary Review", *Psychological Reports*, fev. 1979, p. 295-310.

24. R. Christie e F.L. Geis, *Studies in Machiavellianism*. Nova York: Academic Press, 1970, p. 312; e N.V. Ramanaiah, A. Byravan e F.R.J. Detwiler, "Revised Neo Personality Inventory Profiles of Machiavellian and Non-Machiavellian People", *Psychological Reports*, out. 1994, p. 937-938.

25. Christie e Geis, *Studies in Machiavellianism*.
26. Veja J. Brockner e N. Branden, *Self-Esteem at Work*. São Francisco: Jossey-Bass, 1988; e T.J. Owens, S. Stryker e N. Goodman (orgs.). *Extending Self-Esteem Theory and Research: Sociological and Psychological Currents*. Nova York: Cambridge University Press, 2001.
27. Veja M. Snyder, *Public Appearances/Private Realities: The Psychology of Self-Monitoring*. Nova York: W.H. Freeman, 1987; e S.W. Gangestad e M. Snyder, "Self-Monitoring: Appraisal and Reappraisal", *Psychological Bulletin*, jul. 2000, p. 530-555.
28. M. Snyder, *Public Appearance/Private Realities*.
29. D.V. Day, D.J. Schleicher, A.L. Unckless e N.J. Hiller, "Self-Monitoring Personality at Work: A Meta-Analytic Investigation of Construct Validity", *Journal of Applied Psychology*, abr. 2002, p. 390-401.
30. M. Kilduff e D.V. Day, "Do Chameleons Get Ahead? The Effects of Self-Monitoring on Managerial Careers", *Academy of Management Journal*, ago. 1994, p. 1047-1060; e A. Mehra, M. Kilduff e D.J. Brass, "The Social Networks of High and Low Self-Monitors: Implications for Workplace Performance", *Administrative Science Quarterly*, mar. 2001, p. 121-146.
31. R.N. Taylor e M.D. Dunnette, "Influence of Dogmatism, Risk-Taking Propensity, and Inteligence on Decision-Making Strategies for a Sample of Industrial Managers", *Journal of Applied Psychology*, ago. 1974, p. 420-423.
32. I.L. Janis e L. Mann, *Decision Making: A Psychological Analysis of Conflict, Choice, and Commitment*. Nova York: Free Press, 1977; e W.H. Stewart Jr. e L. Roth, "Risk Propensity Differences Between Entrepreneurs and Managers: A Meta-Analytic Review", *Journal of Applied Psychology*, fev. 2001, p. 145-153.
33. N. Kogan e M.A. Wallach, "Group Risk Taking as a Function of Member's Anxiety and Defensiveness", *Journal of Personality*, mar. 1967, p. 50-63.
34. M. Friedman e R.H. Rosenman, *Type A Behavior and Your Heart*. Nova York: Alfred A. Knopf, 1974, p. 84.
35. Ibid., p. 84-85.
36. K.W. Cook, C.A. Vance e P. E. Spector, "The Relation of Candidate Personality with Selection-Interview Outcomes".
37. J.M. Crant, "Proactive Behavior in Organizations", *Journal of Management* 26, n.3, 2000, p. 436.
38. S.E. Seibert, M.L. Kraimer e J.M. Crant, "What Do Proactive People Do? A Longitudinal Model Linking Proactive Personality and Career Success", *Personnel Psychology*, inverno 2001, p. 850.
39. T.S. Bateman e J.M. Crant, "The Proactive Component of Organizational Behavior: A Measure and Correlates", *Journal of Organizational Behavior*, mar. 1993, p. 103-118; A.L. Frohman, "Igniting Organizational Change from Below: The Power of Personal Initiative", *Organizational Dynamics*, inv. 1997, p. 39-53; e J.M. Crant e T.S. Bateman, "Charismatic Leadership Viewed from Above: The Impact of Proactive Personality", *Journal of Organizational Behavior*, fev. 2000, p. 63-75.
40. Crant, "Proactive Behavior in Organizations".
41. Veja, por exemplo, R.C. Becherer e J.G. Maurer, "The Proactive Personality Disposition and Entrepreneurial Behavior Among Small Companies Presidents", *Journal of Small Business Management*, jan. 1999, p. 28-36.
42. S.E. Seibert, J.M. Crant e M.L. Kraimer, "Proactive Personality and Career Sucess", *Journal of Applied Psychology*, jun. 1999, p. 416-427; e S.E. Seibert, M.L. Kraimer e J.M. Crant, "What Do Proactive People Do?".
43. Veja, por exemplo, J.E. Williams, J.L. Saiz, D.L. FormyDuval, M.L. Munik, E.E. Fogle, A. Adom, A. Haque, F. Neto e J. Yu, "Cross-Cultural Variation in the Importance of Psychological Characteristics: A Seven-Country Study", *International Journal of Psychology*, out. 1995, p. 529-550; R.R. McCrae e P. T. Costa Jr., "Personality Trait Structure as Human Universal", *American Psychologist*, 1997, p. 509-516; R.R. McCrae, "Trait Psychology and the Revival of Personality-and-Culture Studies", *American Behavioral Scientist*, set. 2000, p. 10-31; S.V. Paunonen, M. Zeidner, H.A. Engvik, P. Oosterveld e R. Maliphant, "The Nonverbal Assessment of Personality in Five Cultures", *Journal of Cross-Cultural Psychology*, mar. 2000, p. 220-239; e H.C. Triandis e E.M. Suh, "Cultural Influences on Personality", in S.T. Fiske, D.L. Schacter e C. Zahn-Waxler (orgs.), *Annual Review of Psychology*, vol. 53. Palo Alto: Annual Reviews, 2002, p. 133-160.
44. A.T. Church e M.S. Katigbak, "Trait Psychology in the Philippines", *American Behavioral Scientist*, set. 2000, p. 73-94.
45. J.F. Salgado, "The Five Factor Model of Personality and Job Performance in the European Community", *Journal of Applied Psychology*, fev. 1997, p. 30-43.
46. F. Kluckhohn e F.L. Strodtbeck, *Variations in Value Orientations*. Evanston: Row Peterson, 1961.
47. P.B. Smith, F. Trompenaars e S. Dugan, "The Rotter Locus of Control Scale in 43 Countries: A Test of Cultural Relativity", *International Journal of Psychology*, jun. 1995, p. 377-400.
48. Friedman e Rosenman, *Type A Behavior and Your Heart*, p. 86.
49. J.L. Holland, *Making Vocational Choices: A Theory of Vocational Personalities and Work Environments*. Odessa: Psychological Assessment Resources, 1997.
50. P.L. Ackerman e L.G. Humphreys, "Individual Differences Theory in Industrial and Organizational Psychology", in M.D. Dunnette e L.M. Hough (orgs.) *Handbook of Industrial & Organizational Psychology*, 2 ed., vol. 1. Palo Alto: Consulting Psychologists, 1990, p. 223-282.
51. Veja, por exemplo, A.R. Spokane, "A Review of Research on Person-Environment Congruence in Holland's Theory of Careers", *Journal of Vocational Behavior*, jun.1985, p. 306-343; J.L. Holland e G.D. Gottfredson, "Studies of the Hexagonal Model: An Evaluation. or, The Perils of Stalking the Perfect Hexagon", *Journal of Vocacional Behavior*, abr. 1992, p. 158-170; T.J. Tracey e J. Rounds, "Evaluating Holland's and Gati's Vocational-Interest Models: A Structural Meta-Analysis", *Psychological Bulletin*, mar. 1993, p. 229-246; J.L. Holland, "Exploring Careers with a Typology: What We Have Learned and Some New Directions", *American Psychologist*, abr. 1996, p. 397-406; e S.X. Day e J. Rounds, "Universality of Vocational Interests Structure Among Racial and Ethnic Minorities", *American Psychologist*, jul. 1998, p. 728-736.
52. Veja B. Schneider, "The People Make the Place", *Personnel Psychology*, outono 1987, p. 437-453; D.E. Bowen, G.E. Ledford Jr. e B.R. Nathan, "Hiring for the Organization, Not the Job", *Academy of Management Executive*, nov. 1991, p. 35-51; B. Schneider, H.W. Goldstein e D.B. Smith, "The ASA Framework: An Update", *Personnel Psychology*, inverno 1995, p. 747-773; A.L. Kristof, "Person-Organization Fit: An Integrative Review of Its Conceptualizations, Measurement, and Implications", *Personnel Psychology*, primavera 1996, p. 1-49; B. Schneider, D.B. Smith, S. Taylor e J. Fleenor, "Personality and Organizations: A Test of the Homogeneity of Personality Hypothesis", *Journal of Applied Psychology*, jun. 1998, p. 462-470; e A.L. Kristof-Brown, K.J. Jansen e A.E. Colbert, "A Policy-Capturing Study of the Simultaneous Effects of Fit

with Jobs, Groups, and Organization", *Journal of Applied Psychology*, out. 2002, p. 985-993.
53. Baseado em T.A. Judge e D.M. Cable, "Applicant Personality, Organizational Culture, and Organization Attraction", *Personnel Psychology*, verão 1997, p. 359-394.
54. Baseado em S. Gaudin, "The Omega Files: A True Story", *Network World*, 26 de junho de 2000, p. 62-70; e S. Gaudin, "Internal Net Saboteurs Being Brought to Justice", *Network World*, 27 de ago. 2001, p. 75-77.
55. Veja, por exemplo, C.D. Fisher e N.M. Ashkanasy, "The Emerging Role of Emotions in Work Life: An Introduction", *Journal of Organizational Behavior*, Edição Especial 2000, p. 123-129; N.M. Ashkanasy, C.E.J. Hartel e W.J. Zerbe, (orgs.), *Emotions in the Workplace: Research, Theory, and Practice*. Westport: Quorum Books, 2000; N.M. Ashkanasy e C.S. Daus, "Emotion in the Workplace: The New Challenge for Managers", *Academy of Management Executive*, fev. 2002, p. 76-86; e N.M. Ashkanasy, C.E.J. Hartel e C.S. Daus, "Diversity and Emotion: The New Frontiers in Organizational Behavior Research", *Journal of Management* 28, n.3, 2002, p. 307-338.
56. Veja, por exemplo, L.L. Putnam e D.K. Mumby, "Organizations, Emotion and the Myth of Rationality", in S. Fineman (ed.), *Emotion in Organizations*. Thousand Oaks: Sage, 1993, p. 36-57; e J. Martin, K. Knopoff e C. Beckman, "An Alternative to Bureaucratic Impersonality and Emotional Labor: Bounded Emotionality at the Body Shop", *Administrative Science Quarterly*, jun. 1998, p. 429-469.
57. B.E. Ashforth e R.H. Humphrey, "Emotion in the Workplace: A Reappraisal", *Human Relations*, fev. 1995, p. 97-125.
58. J.M. George, "Trait and State Affect", in K.R. Murphy (ed.), *Individual Differences and Behavior in Organizations*. São Francisco: Jossey-Bass, 1996, p. 145.
59. Veja N.H. Frijda, "Moods, Emotion Episodes and Emotions", in M. Lewis e J.M. Haviland (orgs.), *Handbook of Emotions*. Nova York: Guilford Press, 1993, p. 381-403.
60. H.M. Weiss e R. Cropanzano, "Affective Events Theory: A Theoretical Discussion of the Structure, Causes and Consequences of Affective Experineces at Work", in B.M. Staw e L.L. Cummings (orgs.), *Research in Organizational Behavior*, vol. 18. Greenwich: JAI Press, 1996, p. 17-19.
61. N.H. Frijda, "Moods, Emotion Episodes and Emotions", p. 381.
62. Veja J.A. Morris e D.C. Feldman, "Managing Emotions in the Workplace", *Journal of Management Issues* 9, n.3, 1997, p. 257-274; S. Mann, *Hiding What We Feel, Faking What We Don't: Understanding the Role of Your Emotions at Work*. Nova York: HarperCollins, 1999; S.M. Kruml e D. Geddes, "Catching Fire Without Burning Out: Is There an Ideal Way to Perform Emotional Labor?", in Ashkanasy, Hartel e Zerbe, *Emotions in the Workplace*, p. 177-188.
63. P. Elkman, W.V. Friesen e M. O'Sullivan, "Smiles When Lying", *Journal of Personality and Social Psychology* 54, n.3, 1998, p. 414-420.
64. A. Grandey, "Emotion Regulation in the Workplace: A New Way to Conceptualize Emotional Labor", *Journal of Occupational Health Psychology* 5, n.1, 2000, p. 95-110; e R. Cropanzano, D.E. Rupp e Z.S. Byrne, "The Relationship of Emotional Exhaustion to Work Attitudes, Job Performance, and Organizational Citizenship Behavior", *Journal of Applied Psychology*, fev. 2003, p. 160-169.
65. A.R. Hochschild, "Emotion Work, Feeling Rules, and Social Structure", *American Journal of Sociology*, nov. 1979, p. 551-575; W.-C. Tsai, "Determinants and Consequences of Employee Displayed Positive Emotions", *Journal of Management* 27, n.4, 2001, p. 495-512; M.W. Kramer e J.A. Hess, "Communication Rules for the Display of Emotions in Organizational Settings", *Management Communication Quarterly*, ago. 2002, p. 66-80; e J.M. Diefendorff e E.M. Richard, "Antecedents and Consequences of Emotional Display Rule Perceptions", *Journal of Applied Psychology*, abr. 2003, p. 284-294.
66. B.M. DePaulo, "Nonverbal Behavior and Self-Presentation", *Psychological Bulletin*, mar. 1992, p. 203-243.
67. C.S. Hunt, "Although I Might Be Laughing Loudy and Hearty, Deep Inside I'm Blue: Individual Perceptions Regarding Feeling and Displaying Emotions at Work", trabalho apresentado na Academy of Management Conference; Cincinnati, ago. 1996, p. 3.
68. D. Watson, L.A. Clark e A. Tellegen, "Development and Validation of Brief Measures of Positive and Negative Affect: The PANAS Scales", *Journal of Personality and Social Psychology*, 1988, p. 1063-1070.
69. A. Ben-Ze'ev, *The Subtlety of Emotions*. Cambridge: MIT Press, 2000, p. 94.
70. Citado em Ibid., p. 99.
71. Veja, por exemplo, P. Shaver, J. Schwartz, D. Kirson e C. O'Connor, "Emotion Knowledge: Further Exploration of a Prototype Approach", *Journal of Personality and Social Psychology*, jun. 1987, p. 1061-1086; P. Ekman, "An Argument for Basic Emotions", *Cognition and Emotion*, maio-jul. 1992, p. 169-200; C.E. Izard, "Basic Emotions, Relations Among Emotions, and Emotion-Cognition Relations", *Psychological Bulletin*, nov. 1992, p. 561-565; e R. Plutchik, *The Psychology and Biology of Emotion*. Nova York: HarperCollins, 1994.
72. H.M. Weiss e R. Cropanzano, "Affective Events Theory", p. 20-22.
73. Citado em R.D. Woodworth, *Experimental Psychology*. Nova York: Holt, 1938.
74. K. Deaux, "Sex Differences" in M.R. Rosenzweig e L.W. Porter (orgs.) *Annual Review of Psychology*, vol. 26. Palo Alto: Annual Reviews, 1985, p. 48-82; M. LaFrance e M. Banaji, "Toward a Reconsideration of the Gender-Emotion Relationship" in M. Clark (ed.) *Review of Personality and Social Psychology*, vol. 14. Newbury Park: Sage, 1992, p. 178-197; e A.M. Kring e A.H. Gordon, "Sex Differences in Emotion: Expression, Experience, and Physiology", *Journal of Personality and Social Psychology*, mar. 1998, p. 686-703.
75. L.R. Brody e J.A. Hall, "Gender and Emotion", in M. Lewis e J.M. Havilland (orgs.) *Handbook of Emotions*. Nova York: Guilford Press, 1993, p. 447-460; e M. Grossman e W. Wood, "Sex Differences in Intensity of Emotional Experience: A Social Role Interpretation", *Journal of Personality and Social Psychology*, nov. 1993, p. 1010-1022.
76. J.A. Hall, *Nonverbal Sex Differences: Communication Accuracy and Expressive Style*. Baltimore: Johns Hopkins Press, 1984.
77. N. James, "Emotional Labour: Skill and Work in the Social Regulations of Feelings", *Sociological Review*, fev. 1989, p. 15-42; A. Hochschild, *The Second Shift*. Nova York: Viking, 1989; e F.M. Deutsch, "Status, Sex, and Smiling: The Effect of Role on Smiling in Men and Women", *Personality and Social Psychology Bulletin*, set. 1990, p. 531-540.
78. A. Rafaeli, "When Clerks Meet Customers: A Test of Variables Related to Emotional Expressions on the Job", *Journal of Applied Psychology*, jun. 1989, p. 385-393; e M. LaFrance e M. Banaji, "Toward a Reconsideration of the Gender-Emotion Relationship".

79 L.W. Hoffman, "Early Childhood Experiences and Women's Achievement Motives", *Journal of Social Issues*, vol. 28, n. 2, 1972, p. 129-155.
80 M. Boas e S. Chain, *Big Mac: The Unauthorized Story of McDonald's*. Nova York: Dutton, 1976, p. 84.
81 Ashforth e Humphrey, "Emotion in the Workplace", p. 104.
82 G.L. Flett, K.R. Blankstein, P. Pliner e C. Bator, "Impression-Management and Self-Deception Components of Appraised Emotional Experience", *British Journal of Social Psychology*, jan. 1988, p. 67-77.
83 Ashforth e Humphrey, "Emotion in the Workplace", p. 104.
84 A. Rafaeli e R.I. Sutton, "The Expression of Emotion in Organizational Life", in L.L. Cummings e B.M. Staw (orgs.) *Research in Organizational Behavior*, vol. 11. Greenwich: JAI Press, 1989, p. 8.
85 A. Rafaeli, "When Cashiers Meet Customers: An Analysis of Supermarket Cashiers", *Academy of Management Journal*, jun. 1989, p. 245-273.
86 Ibid.
87 D. Rubin, "Grumpy German Shoppers Distrust the Wal-Mart Style", *Seattle Times*, 30 dez. 2001, p. A15.
88 B. Mesquita e N.H. Frijda, "Cultural Variations in Emotions: A Review", *Psychological Bulletin*, set. 1992, p. 179-204; e B. Mesquita, "Emotions in Collectivist and Individualist Contexts", *Journal of Personality and Social Psychology*, jan. 2001, p. 68-74.
89 Descrito em S. Emmons, "Emotions at Face Value", *Los Angeles Times*, jan. 1998, p. E1.
90 R.I. Levy, *Tahitians: Mind and Experience in the Society Islands*. Chicago: University of Chicago Press, 1973.
91 Weiss e Cropanzano, "Affects Events Theory".
92 J. Basch e C.D. Fisher, "Affective Events-Emotions Matrix: A Classification of Work Events and Associated Emotions", in N.M. Ashkanasy, C.E.J. Hartel e W.J. Zerbe (orgs.), *Emotions in the Workplace*. Westport: Quorum Books, 2000, p. 36-48.
93 Veja, por exemplo, Weiss e Cropanzano, "Affective Events Theory", e C.D. Fisher, "Antecedents and Consequences of Real-Time Affective Reactions at Work", *Motivation and Emotion*, mar. 2002, p. 3-30.
94 Baseado em Weiss e Cropanzano, "Affective Events Theory".
95 N.M. Ashkanasy, C.E.J. Hartel e C.S. Daus, "Diversity and Emotion: The New Frontiers in Organizational Behavior Research", *Journal of Management* 28, n.3, 2002, p. 324.
96 Baseado em D.R. Caruso, J.D. Mayer e P. Salovey, "Emotional Intelligence and Emotional Leadership", in R.E. Riggio, S.E. Murphy e F.J. Pirozzolo (orgs.), *Multiple Intelligences and Leadership*. Mahwah: Lawrence Erlbaum, 2002, p. 70.
97 Esta seção baseia-se em Daniel Goleman, *Emotional Intelligence*. Nova York: Bantam, 1995; J.D. Mayer e P. Salovey, "What Is Emotional Intelligence?" in P. Salovey e D. Sluyter (orgs.), *Emotional Development and Emotional Intelligence: Educational Implications*. Nova York: Basic Books, 1997, p. 3-31; R.K. Cooper, "Applying Emotional Intelligence in the Workplace", *Training & Development*, dez. 1997, p. 31-38; M. Davies, L. Stankov e R.D. Roberts, "Emotional Intelligence: In Search of an Elusive Construct", *Journal of Personality and Social Psychology*, out. 1998, p. 989-1015; D. Goleman, *Working with Emotional Intelligence*. Nova York: Bantam, 1999; R. Bar-On e J.D.A. Parker (orgs.), *The Handbook of Emotional Intelligence: Theory, Development, Assessment, and Applications at Home, School, and in the Workplace*. São Francisco: Jossey-Bass, 2000; J. Ciarrochi, J.P. Forgas e J.D. Mayer (orgs.), *Emotional Intelligence in Everyday Life*. Filadélfia: Psychology Press, 2001; F.I. Greenstein, *The Presidential Difference*. Princeton: Princeton University Press, 2001: e K.S. Law, C.-S. Wong e L.S. Song, "The Construct and Criterion Validity of Emotional Intelligence and Its Potential Utility for Management Studies", *Journal of Applied Psychology*, jun. 2004, p. 483-496.
98 S. Fineman, "Emotional Arenas Revisited", in Fineman (ed.), *Emotions in Organizations*, p. 11.
99 Veja, por exemplo, K. Fiedler, "Emotional Modd, Cognitive Style, and Behavioral Regulations", in K. Fiedler e J. Forgas (orgs.), *Affects, Cognition, and Social Behavior*. Toronto: Hogrefe International, 1988, p. 100-119; M. Luce, J. Bettman e J.W. Payne, "Choice Processing in Difficult Decisions", *Journal of Experimental Psychology: Learning, Memory, and Cognition*, vol. 23, 1997, p. 384-405; e A.M. Isen, "Positive Affect and Decision Making", in M. Lewis e J.M. Haviland-Jones (orgs.), *Handbook of Emotions*, 2 ed.. Nova York: Guilford, 2000, p. 261-277.
100 Ashforth e Humphrey, "Emotion in the Workplace", p. 109; e M.G. Seo, "The Role of Emotion in Motivation", trabalho apresentado na Annual Academy of Management Conference, Toronto, Canadá; ago. 2000.
101 Ashforth e Humphrey, "Emotion in the Workplace", p. 109
102 Ibid., p. 110.
103 Ibid.
104 K.M. Lewis, "When Leaders Display Emotion: How Followers Respond to Negative Emotional Expression of Male and Female Leaders", *Journal of Organizational Behavior*, mar. 2000, p. 221-234; e J.M. George, "Emotions and Leadership: The Role of Emotional Intelligence", *Human Relations*, ago. 2000, p. 1027-1055.
105 George, "Trait and State Affect", p. 162.
106 Ashforth e Humphrey, "Emotion in the Workplace", p. 116.
107 W.-C. Tsai e Y.-M. Huang, "Mechanisms Linking Employee Affective Delivery and Customer Behavioral Intentions", *Journal of Applied Psychology*, out. 2002, p. 1001-1008.
108 A.A. Grandey, "When 'The Show Must Go On': Surface Acting and Deep Acting as Determinants of Emotional Exhaustion and Peer-Rated Service Delivery", *Academy of Management Journal*, fev. 2003, p. 86-96.
109 Veja E. Hatfield, J.T. Cacioppo, e R.L. Rapson, *Emotional Contagion*. Cambridge: Cambridge University Press, 1994; e S.D. Pugh, "Service With a Smile: Emotional Contagion in the Service Encounter", *Academy of Management Journal*, out. 2001, p. 1018-1027.
110 Veja S.L. Robinson e R.J. Bennett, "A Typology of Deviant Workplace Behaviors: A Multidimensional Scaling Study", *Academy of Management Journal*, abr. 1995, p. 556; e R.J. Bennett e S.L. Robinson, "Development of a Measure of Workplace Deviance", *Journal of Applied Psychology*, jun. 2000, p. 349-360. Veja também P. R. Sackett e C.J. DeVore, "Counterproductive Behaviors at Work", in N. Anderson, D.S. Ones, H.K. Sinangil e C. Viswesvaran (orgs.), *Handbook of Industrial, Work & Organizational Psychology*, vol.1. Thousand Oaks: Sage, 2001, p. 145-164.
111 R.W. Griffin, A. O'Leary-Kelly, e J.M. Collins (orgs.), *Dysfunctional Behavior in Organizations*. Parts A & B, vol. 23. Stamford: JAI Press, 1998.
112 A.G. Bedeian, "Workplace Envy", *Organizational Dynamics*, primavera 1995, p. 50; e A. Ben-Ze'ev, *The Subtlety of Emotions*, p. 281-326.
113 Bedeian, "Workplace Envy", p. 54.
114 L.A. Witt, "The Interactive Effects of Extraversion and Conscientiousness on Performance", *Journal of Management* 28, n.6, 2002, p. 836.

115 T.A. Judge e R. Ilies, "Relationship of Personality to Performance Motivation: A Meta-Analytic Review", *Journal of Applied Psychology*, ago. 2002, p. 797-807.

116 R.P. Tett e D.D. Burnett, "A Personality Trait-Based Interactionist Model of Job Performance", *Journal of Applied Psychology*, jun. 2003, p. 500-517.

117 S. Nelton, "Emotions in the Workplace", *Nation's Business*, fev. 1996, p. 25.

118 Weiss e Cropanzano, "Affective Events Theory", p. 55.

119 Veja a lei de Yerker-Dodson citada em D.O. Hebb, "Drives and the CNS. Conceptual Nervous System", *Psychological Review*, jul. 1955, p. 243-254.

120 Alguns pontos desta argumentação foram inspirados em R.J. House, S.A. Shane e D.M. Herold, "Rumors of the Death of Dispositional Research Are Vastly Exaggerated", *Academy of Management Review*, jan. 1996, p. 203-224.

121 Baseado em A. Davis-Blake e J. Pfeffer, "Just a Mirage: The Search for Dispositional Effects in Organizational Research", *Academy of Management Review*, jul. 1989, p. 385-400.

Capítulo 5

1 Baseado em C. Murphy, "Muslim U.S. Workers Hope to Break Image: Start of Ramadan Offers Chance to Reach Out in Faith", *Washington Post*, 6 de nov. 2002, p. B3.

2 H.H. Kelley, "Attribution in Social Interaction", in E. Jones et al. (orgs.), *Attribution: Perceiving the Causes of Behavior*. Morristown: General Learning Press, 1972.

3 Veja L. Ross, "The Intuitive Psychologist and His Shortcomings", in L. Berkowitz (ed.), *Advances in Experimental Social Psychology*, vol. 10. Orlando: Academic Press, 1977, p. 174-220; e A.G. Miller e T. Lawson, "The Effect of an Informational Option on the Fundamental Attribution Error", *Personality and Social Psychology Bulletin*, jun. 1989, p. 194-204.

4 Veja, por exemplo, G. Johns, "A Multi-Level Theory of Self-Serving Behavior in and by Organizations", in R.I. Sutton e B.M. Staw (orgs.), *Research in Organizational Behavior*, vol. 21. Stamford: JAI Press, 1999, p. 1-38; e N. Epley e D. Dunning, "Feeling 'Holier Than Thou': Are Self-Serving Assessments Produced by Erros in Self or Social Prediction?", *Journal of Personality and Social Psychology*, dez. 2000, p. 861-875.

5 Veja, por exemplo, G.R. Semin, "A Gloss on Attribution Theory", *British Journal of Social and Clinical Psychology*, nov. 1980, p. 291-300; e M.W. Morris e K. Peng, "Culture and Cause: American and Chinese Attributions for Social and Physical Events", *Journal of Personality and Social Psychology*, dez. 1994, p. 949-971; e D.S. Krull, M.H.-M. Loy, J. Lin, C.F. Wang, S. Chen e X. Zhao, "The Fundamental Fundamental Attribution Error: Correspondence Bias in Individualistic and Collectivist Cultures", *Personality and Social Psychology Bulletin*, out. 1999, p. 1208-1219.

6 S. Nam, "Cultural and Managerial Attributions for Group Performance", tese de doutoramento não publicada, University of Oregon, citada in R.M. Steers, S.J. Bischoff e L.H. Higgins, "Cross-Cultural Management Research", *Journal of Management Inquiry*, dez. 1992, p. 325-326.

7 D.C. Dearborn e H.A. Simon, "Selective Perception: A Note on the Departamental Identification of Executives", *Sociometry*, jun. 1958, p. 140-144. Algumas das conclusões deste estudo clássico foram recentemente questionadas in J.P. Walsh, "Selectivity and Seletive Perception: An Investigation of Managers' Belief Structures and Information Processing", *Academy of Management Journal*, dez. 1988, p. 873-896; M.J. Waller, G. Huber e W.H. Glick, "Functional Background as a Determinant of Executives' Selective Perception", *Academy of Management Journal*, ago. 1995, p. 943-974; e J.M. Beyer, P. Chattopadhyay, E. George, W.H. Glick, D.T. Ogilvie e D. Pugliese, "The Selective Perception of Managers Revisited", *Academy of Management Journal*, jun. 1997, p. 716-737.

8 Veja K.R. Murphy e R.L. Anhalt, "Is Halo a Property of the Rater, the Ratees, or the Specific Behaviors Observed?", *Journal of Applied Psychology*, jun. 1992, p. 494-500; e K.R. Murphy, R.A. Jako e R.L. Anhalt, "Nature and Consequences of Halo Error: A Critical Analysis", *Journal of Applied Psychology*, abr. 1993, p. 218-225.

9 S.E. Asch, "Forming Impressions of Personality", *Journal of Abnormal and Social Psychology*, jul. 1946, p. 258-290.

10 J.S. Bruner e R. Tagiuri, "The Perception of People", in E. Lindzey (ed.), *Handbook of Social Psychology*. Reading: Addison-Wesley, 1954, p. 641.

11 J.L. Hilton e W. von Hippel, "Stereotypes", in J.T. Spence, J.M. Darley e D.J. Foss (orgs.), *Annual Review of Psychology*, vol. 47. Palo Alto: Annual Reviews Inc., 1996, p. 237-271.

12 Veja, por exemplo, C.M. Judd e B. Park, "Definition and Assessment of Accuracy in Social Stereotypes", *Psychological Review*, jan. 1993, p. 109-128.

13 Veja, por exemplo, S.T. Fiske, D.N. Beroff, E. Borgida, K. Deaux e M.E. Heilman, "Use of Sex Stereotyping Research in Price Waterhouse vs. Hopkins", *American Psychologist*, out. 1991, p. 1049-1060; G.N. Powell, "The Good Manager: Business Students' Stereotypes of Japanese Managers Versus Stereotypes of American Managers", *Group & Organizational Management*, mar. 1992, p. 44-56; e W.C.K. Chiu, A.W. Chan, E. Snape e T. Redman, "Age Stereotypes and Discriminatory Attitudes Towards Older Workers: An East-West Comparison", *Human Relations*, maio 2001, p. 629-661.

14 Veja, por exemplo, E.C. Webster, *Decision Making in the Employment Interview*. Montreal: McGill University, Industrial Relations Center, 1964.

15 Veja, por exemplo, D. Eden, *Pygmalion in Management*. Lexington: Lexington, 1990; D. Eden, "Leadership and Expectations: Pygmalion Effects and Other Self-Fulfilling Prophecies", *Leadership Quarterly*, inverno 1992, p. 271-305; D.B. McNatt, "Ancient Pygmalion Joins Contemporary Management: A Meta-Analysis of the Result", *Journal of Applied Psychology*, abr. 2000, p. 314-322; e O.B. Davidson e D. Eden, "Remedial Self-Fulfilling Prophecy: Two Field Experiments to Prevent Golem Effects Among Disadvantaged Women", *Journal of Applied Psychology*, jun. 2000, p. 386-398.

16 D. Eden e A.B. Shani, "Pygmalion Goes to Boot Camp: Expectancy, Leadership, and Trainee Performance", *Journal of Applied Psychology*, abr. 1982, p. 194-199.

17 Veja, por exemplo, J. Wilgoren, "Struggling to Be Both Arab and American", *New York Times*, 4 nov. 2001, p. B1; J.Q. Wilson e H.R. Higgins, "Profiles in Courage", *Wall Street Journal*, 10 jan. 2002, p. A12; e P. R. Sullivan, "Profiling", *America*, 18 mar. 2002, p. 12-14.

18 Veja, por exemplo, R.D. Bretz Jr., G.T. Milkovich e W. Read, "The Current State of Performance Appraisal Research and Practice: Concerns, Directions, and Implications", *Journal of Management*, jun. 1992, p. 323-324; e P.M. Swiercz, M.L. Icenogle, N.B. Bryan e R.W. Renn, "Do Perceptions of Performance Appraisal Fairness Predict Employee Attitudes and Peformance?", *Proceedings of the Academy of Management*. Atlanta: Academy of Management, 1993, p. 304-308.

19 R. Sanders, *The Executive Decisionmaking Process: Identifying Problems and Assessing Outcomes*. Westport: Quorum, 1999.

20 Veja H.A. Simon, "Rationality in Psychology and Economics", *The Journal of Business*, out. 1986, p. 209-224; e E. Shafir

e R.A. LeBoeuf, "Rationallity", in S.T. Fiske, D.L. Schacter e C. Zahn-Waxler (orgs.), *Annual Review of Psychology*, vol. 53. Palo Alto: Annual Reviews, 2002, p. 491-517.
21 Para uma revisão do modelo racional, veja E.F. Harrison, *The Managerial Decision-Making Process*, 5 ed.. Boston: Houghton Mifflin, 1999, p. 75-102.
22 W. Pounds, "The Process of Problem Finding", *Industrial Management Review*, outono 1969, p. 1-19.
23 J.G. March, *A Primer on Decision Making*. Nova York: Free Press, 1994, p. 2-7; e D. Hardman e C. Harries, "How Rational Are We?", *Psychologist*, fev. 2002, p. 76-79.
24 T.M. Amabile, "A Model of Creativity and Innovation in Organizations", in B.M. Staw e L.L. Cummings (orgs.), *Research in Organizational Behavior*, vol. 10. Greenwich: JAI Press, 1988, p. 126; e T.M. Amabile, "Motivating Creativity in Organizations", *California Management Review*, out. 1997, p. 40.
25 Citado em C.G. Morris, *Psychology: An Introduction*, 9 ed.. Upper Saddle River: Prentice Hall, 1996, p. 344.
26 Esta seção baseia-se em Amabile, "Motivating Creativity in Organizations", p. 42-52.
27 R.W. Woodman, J.E. Sawyer e R.W. Griffin, "Toward a Theory of Organizational Creativity", *Academy of Management Review*, abr. 1993, p. 298.
28 W.J. J. Gordon, *Synectics*. Nova York: Harper & Row, 1961.
29 Veja T.M. Amabile, *KEYS: Assessing the Climate for Creativity*. Greensboro: Center for Creative Leadership, 1995; e N. Madjar, G.R. Oldham e M.G. Pratt, "There's No Place Like Home? The Contributions of Work and Nonwork Creativity Support to Employees' Creative Performance", *Academy of Management Journal*, ago. 2002, p. 757-767.
30 D.L. Rados, "Selection and Evaluation of Alternatives in Repetitive Decision Making", *Administrative Science Quarterly*, jun. 1972, p. 196-206; e G. Klein, *Sources of Power: How People Make Decisions*. Cambridge: MIT Press, 1998.
31 M. Bazerman, *Judgment in Managerial Decision Making*, 3 ed. Nova York: Wiley, 1994, p. 5.
32 Veja, por exemplo, L.R. Beach, *The Psychology of Decision Making*. Thousand Oaks: Sage, 1997.
33 Veja H.A. Simon, *Administrative Behavior*, 3 ed.. Nova York: Free Press, 1976, e M. Augier, "Simon Says: Bounded Rationality Matters", *Journal of Management Inquiry*, set. 2001, p. 268-275.
34 S.P. Robbins, *Decide & Conquer: Making Winning Decisions and Taking Control of Your Life*. Upper Saddle River: Financial Times / Prentice Hall, 2004, p. 13.
35 S. Plous, *The Psychology of Judgement and Decision Making*. Nova York: McGraw-Hill, 1993, p. 217.
36 S. Lichtenstein e B. Fischhoff, "Do Those Who Know More Also Know More About How Much They Know?", *Organizational Behavior and Human Peformance*, dez. 1977, p. 159-183.
37 B. Fischhoff, P. Slovic e S. Lichtenstein, "Knowing with Certainty: The Appropriateness of Extreme Confidence", *Journal of Experimental Psychology: Human Perception and Performance*, nov. 1977, p. 552-564.
38 J. Kruger e D. Dunning, "Unskilled and Unaware of It: How Difficulties in Recognizing One's Own Incompetence Lead to Inflated Self-Assessments", *Journal of Personality and Social Psychology*, nov. 1999, p. 1121-1134.
39 B. Fischhoff, P. Slovic e S. Lichtenstein, "Knowing with Certainty: The Appropriateness of Extreme Confidence".
40 Veja, por exemplo, A. Tversky e D. Kahneman, "Judgement Under Uncertainty: Heuristics and Biases", *Science*, set. 1974, p. 1124-1131.
41 J.S. Hammond, R.L. Keeney e H. Raiffa, *Smart Choices*. Boston: HBS Press, 1999, p. 191.
42 R. Hastie, D.A. Schkade e J.W. Payne, "Juror Judgements in Civil Cases: Effects of Plaintiff's Requests and Plaintiff's Identity on Punitive Damage Awards", *Law and Human Behavior*, ago. 1999, p. 445-470.
43 Veja R.S. Nickerson, "Confirmation Bias: A Ubiquitous Phenomenon in Many Guises", *Review General Psychology*, jun. 1998, p. 175-220; e E. Jonas, S. Schultz-Hardt, D. Frey e N. Thelen, "Confirmation Bias in Sequential Information Search After Preliminary Decisions", *Journal of Personality and Social Psychology*, abr. 2001, p. 557-571.
44 Veja A. Tversky e D. Kahneman, "Availability: A Heuristic for Judging Frequency and Probability", in D. Kahneman, P. Solvic e A. Tversky (orgs.), *Judgement Under Uncertainty: Heuristics and Biases*. Cambridge: Cambridge Press, 1982, p. 163-178.
45 Veja Tersky e Kahneman, *Judgement Under Uncertainty: Heuristics and Biases*.
46 Veja B.M. Staw, "The Escalation of Commitment to a Course of Action", *Academy of Management Review*, out. 1981, p. 577-587; e C.R. Greer e G.K. Stephens, "Escalation of Commitment: A Comparison of Differences Between Mexican and U.S. Decision-Makers", *Journal of Management* 27, n. 1, 2001, p. 51-78.
47 B. Fischhoff e P. Slovic, "A Little Learning...: Confidence in Multicue Judgement Tasks", in R. Nicherson, ed., *Attention and Performance*, vol.8. New Jersey: Erlbaum, 1980.
48 Veja, por exemplo, A. James e A. Wells, "Death Beliefs, Superstitious Beliefs and Health Anxiety", *British Journal of Clinical Psychology*, mar. 2002, p. 43-53.
49 J.J.J. Christensen-Szalanski, "The Hindsight Bias: A Meta-Analysis", *Organizational Behavior and Human Decision Process*, fev. 1991, p. 147-168; e L. Werth, F. Strack e J. Foerster, "Certainty and Uncertainty: The Two Faces of the Hindsight Bias", *Organizational Behavior and Human Decision Process*, mar. 2002, p. 323-341.
50 J.M. Bonds-Raacke, L.S. Fryer, S.D. Nicks e R.T. Durr, "Hindsight Biases Demonstrated in the Prediction of a Sport Event", *Journal of Social Psychology*, jun. 2001, p. 349-352.
51 Veja, por exemplo, E. Erdfelder e A. Buckner, "Decomposing the Hindsight Bias: A Multinomial Processing Tree Model for Separating Recollection and Reconstruction in Hindsight", *Journal of Experimental Psychology: Learning, Memory, and Cognition*, mar. 1998, p. 387-414.
52 O. Behling e N.L. Eckel, "Make Sense Out of Intuition", *Academy of Management Executive*, fev. 1991, p. 46-54.
53 Descrito em H.A.Simon, "Making Management Decisions: The Role of Intuition and Emotion", *Academy of Management Executive*, fev. 1987, p. 59-60.
54 Veja, por exemplo, W.H. Agor (org.) *Intuition in Organizations*. Newbury Park: Sage Publications, 1989; L.A. Burke e M.K. Miller, "Taking the Mistery Out of Intuitive Decision Making", *Academy of Management Executive*, nov. 1999, p. 91-99; N. Khatri e H.A. Ng, "The Role of Intuition in Strategic Decision Making", *Human Relations*, jan. 2000, p. 57-86; J.A. Andersen, "Intuition in Managers: Are Intuitive Managers More Effective?", *Journal of Managerial Psychology*, vol.15, n.12, p. 46-67; D. Myers, *Intuition: Its Powers and Perils*. New Haven: Yale University Press, 2002; e L. Simpson, "Basic Instincts", *Training*, jan. 2003, p. 56-59.
55 Agor, *Intuition in Organizations*, p. 9.
56 Ibid., p. 15.

57 A.J. Rowe, J.D. Boulgarides, *Managerial Decision Making*. Upper Saddle River: Prentice Hall, 1992.

58 M.G. Martinsons, "Comparing the Decision Styles of American and Asian Business Leaders", trabalho apresentado no 61o Encontro Anual da Academia de Administração dos Estados Unidos, Washington, DC, ago. 2001.

59 Esta seção baseia-se em S. Nolen-Hoeksema, J. Larson e C. Grayson, "Explaining the Gender Difference in Depressive Symptons", *Journal of Personality and Social Psychology*, nov. 1999, p. 1061-1072; S. Nolen-Hoeksema e S. Jackson, "Mediators of the Gender Differences in Rumination", *Psychology of Women Quarterly*, mar. 2001, p. 37-47; S. Nolen-Hoeksema, "Gender Differences in Depression", *Current Directions in Psychological Science*, out. 2001, p. 173-176; e S. Nolen-Hoeksema, *Women Who Think Too Much*. Nova York: Henry Holt, 2003.

60 M. Elias, "Thinking It Over, and Over, and Over", *USA Today*, 6 de fev. 2003, p. 10D.

61 A. Wildavsky, *The Politics of the Budgetary Process*. Boston: Little Brown & Co., 1964.

62 N.J. Adler, *International Dimensions of Organizational Behavior*, 3 ed.. Cincinnati: Southwestern, 2002, p. 182-189.

63 G.F. Cavanagh, D.J. Moberg e M. Valasquez, "The Ethics of Organizational Politics", *Academy of Management Journal*, jun. 1981, p. 363-374.

64 L. Kohlberg, "Stage and Sequence: The Cognitive-Developmental Approach to Socialization", in D.A. Goslin (ed.), *Handbook of Socialization Theory and Research*. Chicago: Rand McNally, 1969, p. 347-480.

65 Veja, por exemplo, B. Victor e J.B. Cullen, "The Organizational Bases of Ethical Work Climates", *Administrative Science Quarterly*, mar. 1988, p. 101-125; e J.C. Wimbush, "The Effect of Cognitive Moral Development and Supervisory Influence on Subordinates' Ethical Behavior", *Journal of Behavioral Ethics*, fev. 1999, p. 383-395.

66 Veja, por exemplo, T. Machan (ed.), *Commerce and Morality*. Totowa: Rowman and Littlefield, 1988.

67 T. Jackson, "Cultural Values and Management Ethics: A 10-Nation Study", *Human Relations*, out. 2001, p. 1267-1302.

68 W. Chow Hou, "To Bribe or Not to Bribe?" *Asia Inc.*, out. 1996, p. 104.

69 P. Digh, "Shades of Gray in the Global Marketplace", *HR Magazine*, abr. 1997, p. 91.

70 A informações neste argumento vêm de J.M. Philips, "Effects of Realistic Job Preview on Multiple Organizational Outcomes: A Meta-Analysis", *Academy of Management Journal*, dez. 1998, p. 673-690; e J.A. Breaugh e M. Starke, "Research on Employee Recruitment: So Many Studies, So Many Remaining Questions", *Journal of Management* 26, n.3, 2000, p. 415-417.

Capítulo 6

1 J. Gilbert, "What Motivates Me", *Sales and Marketing Management*, fev. 2003, p. 30-35.

2 C.A. O'Reilly III, "Organizational Behavior: Where We've Been, Where We're Going", in M.R. Rosenzweig e L.W. Porter (orgs.), *Annual Review of Psychology*, vol. 42. Palo Alto: Annual Reviews, Inc., 1991, p. 431. Veja também M.L. Ambrose e C.T. Kulik, "Old Friends, New Faces: Motivation Research in the 1990s", *Journal of Management* 25, n. 3, 1999, p. 231-292.

3 Citado em D. Jones, "Firms Spend Billions to Fire Up Workers – with Little Luck", *USA Today*, 10 maio 2001, p. 1A.

4 Veja, por exemplo, T.R. Mitchell, "Matching Motivational Strategies with Organizational Contexts", in L.L. Cummings e B.M. Staw (orgs.) *Research in Organizational Behavior*, vol. 19. Greenwich: JAI Press, 1997, p. 60-62.

5 A. Maslow, *Motivation and Personality*. Nova York: Harper & Row, 1954.

6 Veja, por exemplo, E.E. Lawler III e J.L. Suttle, "A Causal Correlation Test of the Need Hierarchy Concept", *Organizational Behavior and Human Peformance*, abr. 1972, p. 265-287; D.T. Hall e K.E. Nougaim, "An Examination of Maslow's Need Hierarchy Concept in a Organizational Setting", *Organizational Behavior and Human Peformance*, fev. 1968, p. 12-35; A.K. Korman, J.H. Greenhaus e I.J. Badin, "Personnel Attitudes and Motivation", in M.R. Rosenzweig e L.W. Poter (eds.) *Annual Review of Psychology*. Palo Alto, Annaul Reviews, 1977, p. 178-179; e J. Rauschenberger, N. Schmitt e J.E. Hunter, "A Test of the Need Hierarchy Concept by a Markov Model of Change in Need Strength", *Administrative Science Quarterly*, dez. 1980, p. 654-670.

7 M.A. Wahba e L.G. Bridwell, "Maslow Reconsidered: A Review of Research in the Need Hierarchy Theory", *Organizational Behavior and Human Peformance*, abr. 1976, p. 212-240.

8 D. McGregor, *The Human Side of Enterprise*. Nova York: McGraw-Hill, 1960. Para uma análise atualizada dos conceitos da Teoria X e da Teoria Y, veja R.J. Summers e S.F. Cronshaw, "A Study of McGregor Theory X, Theory Y and the Influence of Theory X, Theory Y Assumptions on Causal Attributions for Instances of Worker Poor Performance", in S.L. McShane (ed.), Organizational Behavior, *ASAC 1988 Conference Proceedings*, vol. 9, parte 5. Halifax, Nova Scotia, 1988, p. 115-123.

9 F. Herzberg, B. Mausner e B. Snyderman, *The Motivation to Work*. Nova York: John Wiley, 1959.

10 Veja, por exemplo, E.E. Lawler III, *Motivation in Work Organizations*. Belmont: Brooks/Cole, 1973; B. Weiner, *Human Motivation*. Nova York: Holt, Rinehart, and Winston, 1980; e K.W. Thomas, *Intrinsic Motivation at Work*. São Francisco: Berrett-Koehler, 2000.

11 Veja, por exemplo, K.A. Kovach, "What Motivates Employees? Workers and Supervisors Give Different Answers", *Business Horizons*, set.-out. 1987, p. 61. Esta pesquisa foi atualizada em 1995 e relatada em um trabalho de K.A. Kovach, "Employee Motivation: Adressing a Crucial Factor in Your Organization's Performance", Fairfax: George Mason University.

12 R.J. House e L.A. Wigdor, "Herzberg's Dual-Factor Theory of Job Satisfaction and Motivations: A Review of the Evidence and Criticism", *Personnel Psychology*, inverno 1967, p. 369-389; D.P. Schwab e L.L. Cummings, "Theories of Performance and Satisfaction: A Review", *Industrial Relations*, out. 1970, p. 403-430; R.J. Caston e R. Braito, "A Specification Issue in Job Satisfaction Research", *Social Perspectives*, abr. 1985, p. 175-197; e J. Phillipchuk e J. Whittaker, "An Inquiry into the Continuing Relevance of Herzberg's Motivation Theory", *Engineering Management Journal* 8, 1996, p. 15-20.

13 C.P. Alderfer, "An Empirical Test of a New Theory of Human Needs", *Organizational Behavior and Human Peformance*, maio 1969, p. 142-175.

14 M. Haire, E.E. Ghiselli e L.W. Porter, "Cultural Patterns in the Role of the Manager", *Industrial Relations*, fev. 1963, p. 95-117.

15 C.P. Schneider e C.P. Alderfer, "Three Studies of Measures of Need Satisfaction in Organizations", *Administrative Science Quarterly*, dez. 1973, p. 489-505; e I. Borg e M. Braun, "Work

Values in East and West Germany: Different Weights, but Identical Structures", *Journal of Organizational Behavior* 17, edição especial, 1996, p. 541-555.

16 J.P. Wanous e A. Zwany, "A Cross-Sectional Test of Need Hierarchy Theory", *Organizational Behavior and Human Peformance*, maio 1977, p. 78-97.

17 D.C. McClelland, *The Achieving Society*. Nova York: Van Nostrand Reinhold, 1961; J.W. Atkinson e J.O. Raynor, *Motivation and Achievement*. Washington: Winston, 1974; D.C. McClelland, *Power: The Inner Experience*. Nova York: Irvington, 1975; e M.J. Stahl, *Managerial and Technical Motivation: Assessing Needs for Achievement, Power, and Affiliation*. Nova York: Praeger, 1986.

18 McClelland, *The Achieving Society*.

19 D.C. McClelland e D.G. Winter, *Motivating Economic Achievement*. Nova York: Free Press, 1969; e J.B. Miner, N.R. Smith e J.S. Bracker, "Role of Entrepreneurial Task Motivation in the Growth of Technologically Innovative Firms: Interpretations from Follow-up Data", *Journal of Applied Psychology*, out. 1994, p. 627-630.

20 McClelland, *Power*; C.D. McClelland e D.H. Burnham, "Power Is The Great Motivator", *Harvard Business Review*, mar.-abr. 1976, p. 100-110; e R.E. Boyatzis, "The Need for Close Relationships and the Manager's Job", in D.A. Kolb, I.M. Rubin e J.M. McIntyre, *Organizational Psychology: Readings on Human Behavior in Organizations*, 4 ed.. Upper Saddle River: Prentice Hall, 1984, p. 81-86.

21 D.G. Winter, "The Motivational Dimensions of Leadership: Power, Achievement, and Affiliation", in R.E. Riggio, S.E. Murphy e F.J. Pirozzolo (orgs.), *Multiple Intelligences and Leadership*. Mahwah: Lawrence Erlbaum, 2002, p. 119-138.

22 J.B. Miner, *Studies in Management Education*. Nova York: Springer, 1965.

23 D. Kipnis, "The Powerholder", in J.T. Tedeschi (org.), *Perspectives in Social Power*. Chicago: Aldine, 1974, p. 82-123.

24 D. McClelland, "Toward a Theory of Motive Acquisition", *American Psychologist*, maio 1965, p. 321-333; e D. Miron e D.C. McClelland, "The Impact of Achievement Motivation Training on Small Business", *California Management Review*, verão 1979, p. 13-28.

25 R. de Charms, *Personal Causation: The Internal Affective Determinants of Behavior*. Nova York: Academic Press, 1968.

26 E.L. Deci, *Intrinsic Motivation*. Nova York: Plenum, 1975; J. Cameron e W.D. Pierce, "Reinforcement, Reward and Intrinsic Motivation: A Meta-Analysis", *Review of Educational Research*, outono 1994, p. 363-423; S. Tang e V.V. Hall, "The Overjustification Effect: A Meta-Analysis", *Applied Cognitive Psychology*, out. 1995, p. 365-404; E.L. Deci, R. Koestner e R.M. Ryan, "A Meta-Analytic Review of Experiments Examining the Effects of Extrinsic Rewards on Intrisinc Motivation", *Psychological Bulletin*, nov. 1999, p. 627-668; e M.R. Ryan e E.L. Deci, "Intrinsic and Extrinsic Motivation: Classic Definitions and New Directions", *Contemporary Educational Psychology*, jan. 2000, p. 54-67.

27 W.E. Scott, "The Effects of Extrinsic Rewards on 'Intrinsic Motivation': A Critique", *Organizational Behavior and Human Peformance*, fev. 1976, p. 117-119; B.J. Calder e B.M. Staw, "Interaction of Intrinsic and Extrinsic Motivation: Some Methodological Notes", *Journal of Personality and Social Psychology*, jan. 1975, p. 76-80; e K.B. Boal e L.L. Cummings, "Cognitive Evaluation Theory: An Experimental Test of Processes and Outcomes", *Organizational Behavior and Human Peformance*, dez. 1981, p. 289-310.

28 G.R. Salancik, "Interaction Effects of Performance and Money on Self-Perception of Intrinsic Motivation", *Organizational Behavior and Human Peformance*, jun. 1975, p. 339-351; e F. Luthans, M. Martinko e T. Kess, "An Analysis of the Impact of Contingency Monetary Rewards on Intrinsic Motivation", *Proceedings of the Nineteenth Annual Midwest Academy of Management*, St. Louis, 1976, p. 209-221.

29 J.B. Miner, *Theories of Organizational Behavior*. Hinsdale: Dryden Press, 1980, p. 157.

30 H.J. Arnold, "Effects of Performance Feedback and Extrinsic Reward Upon High Intrinsic Motivation", *Organizational Behavior and Human Peformance*, dez. 1976, p. 275-288.

31 B.M. Staw, "Motivation in Organizations: Toward Synthesis and Redirection", in B.M. Staw e G.R. Salancik (orgs.), *New Directions in Organizational Behavior*. Chicago: St. Clair, 1977, p. 76.

32 B.J. Calder e B.M. Staw, "Self-Perception of Intrinsic and Extrinsic Motivation", *Journal of Personality and Social Psychology*, abr. 1975, p. 599-605.

33 E.A. Locke, "Toward a Theory of Task Motivation and Incentives", *Organizational Behavior and Human Peformance*, maio 1968, p. 157-189.

34 P.C. Earley, P. Wojnaroski e W. Prest, "Task Planning and Energy Expended: Exploration of How Goals Influence Perfomance", *Journal of Applied Psychology*, fev. 1987, p. 107-114.

35 Veja, por exemplo, E.A. Locke, K.N. Shaw, L.M. Saari e G.P. Latham, "Goal Setting and Task Performance", *Psychological Bulletin*, jan. 1981, p. 125-152; A.J. Mento, R.P. Steel e R.J. Karren, "A Meta-Analytic Study of the Effects of Goal Setting on Task Performance: 1966-1984", *Organizational Behavior and Human Decisions Processes*, fev. 1987, p. 52-83; M.E. Tubbs, "Goal Setting: A Meta-Analytic Examination of the Empirical Evidence", *Journal of Applied Psychology*, ago. 1986, p. 474-483; E.A. Locke e G.P. Latham, *A Theory of Goal Setting and Task Performance*. Upper Saddle River: Prentice Hall, 1990; e E.A. Locke e G.P. Latham, "Building a Practically Useful Theory of Goal Setting and Task Motivation", *American Psychologist*, set. 2002, p. 705-717.

36 J.M. Ivancevich e J.T. McMahon, "The Effects of Goal Setting, External Feedback, and Self-Generated Feedback on Outcome Variables: A Field Experiment", *Academy of Management Journal*, jun. 1982, p. 359-372; e E.A. Locke, "Motivation Through Conscious Goal Setting", *Applied and Preventive Psychology* 5, 1996, p. 117-124.

37 Veja, por exemplo, G.P. Latham, M. Erez e E.A. Locke, "Resolving Scientific Disputes by the Joint Design of Crucial Experiments by the Antagonists: Application to the Erez-Latham Dispute Regarding Participation in Goal Setting", *Journal of Applied Psychology*, nov. 1988, p. 753-772; T.D. Ludwig e E.S. Geller, "Assigned Versus Participative Goal Setting and Response Generalization: Managing Injury Control Among Professional Pizza Deliverers", *Journal of Applied Psychology*, abr. 1997, p. 253-261; e S.G. Harkins e M.D. Lowe, "The Effects of Self-Set Goals on Task Performance", *Journal of Applied and Social Psychology*, jan. 2000, p. 1-40.

38 M. Erez, P.C. Earley e C.L. Hulin, "The Impact of Participation on Goal Acceptance and Performance: A Two-Step Model", *Academy of Management Journal*, mar. 1985, p. 50-66.

39 J.R. Hollenbeck, C.R. Williams e H.J. Klein, "An Empirical Examination of the Antecedents of Commitment to Difficult Goals", *Journal of Applied Psychology*, fev. 1989, p. 18-23. Veja também J.C. Wofford, V.L. Goodwin e S. Premack, "Meta-Analysis of the Antecedents of Personal Goal Level

and the Antecedents and Consequences of Goal Commitment", *Journal of Management*, set. 1992, p. 595-615; e M.E. Tubbs, "Commitment as a Moderator of the Goal-Performance Relation: A Case for Clearer Construct Definition", *Journal of Applied Psychology*, fev. 1993, p. 86-97.

40. A. Bandura, *Self-Efficacy: The Exercise of Control*. Nova York: W.H. Freeman, 1997.

41. A.D. Stajkovic e F. Luthans, "Self-Efficacy and Work-Related Peformance: A Meta-Analysis", *Psychological Bulletin*, set. 1998, p. 240-261; e A. Bandura, "Cultivate Self-Efficacy for Personal and Organizational Effectiveness", in E.A. Locke (ed.) *Handbook of Principles of Organizational Behavior*. Malden: Blackwell, 2004, p. 120-136.

42. A. Bandura e D. Cervone, "Differential Engagement in Self-Reactive Influences in Cognitively-Based Motivation", *Organizational Behavior and Human Peformance*, ago. 1986, p. 92-113.

43. Veja R.E. Wood, A.J. Mento e E.A. Locke, "Task Complexity as a Moderator of Goal Effects: A Meta-Analysis", *Journal of Applied Psychology*, ago. 1987, p. 416-425; R. Kanfer e P.L. Ackerman, "Motivation and Cognitive Abilities: An Integrative/Aptitude-Treatment Interaction Approach to Skill Acquisition", *Journal of Applied Psychology*. monografia, vol 74, 1989, p. 657-690; T.R. Mitchell e W.S. Silver, "Individual and Group Goals When Workers Are Interdependent: Effects on Task Strategies and Peformance", *Journal of Applied Psychology*, abr. 1990, p. 185-193; e A.M. O'Leary-Kelly, J.J. Martocchio e D.D. Frink, "A Review of the Influence of Group Goals on Group Performance", *Academy of Management Journal*, out. 1994, p. 1285-1301.

44. Veja J.C. Anderson e C.A. O'Reilly, "Effects of an Organizational Control System on Managerial Satisfaction and Performance", *Human Relations*, jun. 1981, p. 491-501; e J.P. Meyer, B. Schacht-Cole e I.R. Gellatly, "An Examination of the Cognitive Mechanisms by Which Assigned Goals Affect Task Performance and Reactions to Performance", *Journal of Applied Social Psychology*, vol. 18, n.5, 1988, p. 390-408.

45. J.L. Komaki, T. Coombs e S. Schepman, "Motivational Implications of Reinforcement Theory", in R.M. Steers, L.W. Porter e G. Bigley (orgs.) *Motivation and Work Behavior*, 6 ed.. Nova York: McGraw-Hill, 1996, p. 87-107.

46. E.A. Locke, "Latham vs. Komaki: A Tale of Two Paradigms", *Journal of Applied Psychology*, fev. 1980, p. 16-23.

47. J.R. Hackman e G.R. Oldham, "Motivation Through the Design of Work: Test of a Theory", *Organizational Behavior and Human Peformance*, ago. 1976, p. 250-279; e J.R. Hackman e G.R. Oldham, *Work Redesign*. Reading: Addison-Wesley, 1980.

48. J.R. Hackman, "Work Design", in J.R. Hackman e J.L. Suttle (orgs.) *Improving Life at Work*. Santa Mônica: Goodyear, 1977, p. 129.

49. Veja "Job Characteristics Theory of Work Redesign", in J.B. Miner, *Theories of Organizational Behavior*. Hinsdale: Dryden Press, 1980, p. 231-266; B.T. Loher, R.A. Noe, N.L. Moeller e M.P. Fitzgerald, "A Meta-Analysis of the Relation of Jobs Characteristics to Job Satisfaction", *Journal of Applied Psychology*, maio 1985, p. 280-289; W.H. Glick, G.D. Jenkins Jr., e N. Gupta, "Method Versus Substance: How Strong Are Underlying Relationship Between Job Characteristics and Attitudinal Outcomes?" *Academy of Management Journal*, set. 1986, p. 441-464; Y. Fried e G.R. Ferris, "The Validity of the Job Characteristics Model: A Review and Meta-Analysis", *Personnel Psychology*, verão 1987, p. 287-322; S.J. Zaccaro e E.F. Stone, "Incremental Validity of an Empirical Based Measure of Job Characteristics", *Journal of Applied Psychology*, maio 1988, p. 245-252; e J.R. Rentsch e R.P. Steel, "Testing the Durability of Job Characteristics as Predictors of Absenteeism Over a Six-Year Period", *Personnel Psychology*, primavera 1998, p. 165-190; S.J. Behson, E.R. Eddy e S.J. Lorenzet, "The Importance of the Critical Psychological States in the Job Characteristics Model: A Meta-Analytic and Structural Equations Modelling Examination", *Current Research in Social Psychology*, maio 2000, p. 170-189; e T.A. Judge, "Promote Job Satisfaction Through Mental Challenge", in Locke, *Handbook of Principles of Organizational Behavior*, p. 75-89.

50. R.B. Tiegs, L.E. Tetrick e Y. Fried, "Growth Need Strenght and Context Satisfactions as Moderators of the Relations of the Job Characteristics Model", *Journal of Management*, set. 1992, p. 575-593; e G. Johns, J.L. Xie e Y. Fang, "Mediating and Moderating Effects in Jobs Design", *Journal of Management*, dez. 1992,p. 657-676.

51. C.A. O'Reilly e D.F. Caldwell, "Informational Influence as a Determinant of Perceived Task Characteristics and Job Satisfaction", *Journal of Applied Psychology*, abr. 1979, p. 157-165; R.V. Montagno, "The Effects of Comparison Others and Prior Experience on Responses to Task Design", *Academy of Management Journal*, jun. 1985, p. 491-498; e P.C. Bottger e I.K.-H. Chew, "The Job Characteristics Model and Growth Satisfaction: Main Effects of Assimilation of Work Experience and Context Satisfaction", *Human Relations*, jun. 1986, p. 575-594.

52. G.R. Salancik e J. Pfeffer, "A Social Information Processing Approach to Job Attitudes and Task Design", *Administrative Science Quarterly*, jun. 1978, p. 224-253; J.G. Thomas e R.W. Griffin, "The Power of Social Information in the Workplace", *Organizational Dynamics*, outono 1989, p. 63-75; e M.D. Zalesny e J.K. Ford, Extending the Social Information Processing Perspective: New Links to Attitudes, Behaviors, and Perceptions", *Organizational Behavior and Human Decision Processes*, dez. 1990, p. 205-246.

53. Veja, por exemplo, J. Thomas e R.W. Griffin, "The Social Information Processing Model of Task Design: A Review of the Literature", *Academy of Management Journal*, out. 1983, p. 672-682; e M.D. Zalesny e J.K. Ford, "Extending the Social Information Processing Perspective: New Links to Attitudes, Behaviors, and Perceptions", *Organizational Behavior and Human Decision Processes*, dez. 1990, p. , 205-246; e G.W. Meyer, "Social Information Processing and Social Networks: A Test of Social Influence Mechanisms", *Human Relations*, set. 1994, p. 1013-1045; e K.J. Klein, A.B. Conn, D.B. Smith e J.S. Sorra, "Is Everyone in Agreement? An Exploration of Within-Group Agreement in Employee Perception of the Work Environment", *Journal of Applied Psychology*, fev. 2001, p. 3-16.

54. J.S. Adams, "Inequity in Social Exchanges", in L. Berkowitz (ed.), *Advances in Experimental Social Psychology*. Nova York: Academic Press, 1965, p. 267-300.

55. P.S. Goodman, "An Examination of Referents Used in the Evaluation of Pay", *Organizational Behavior and Human Peformance*, out 1974, p. 170-195; S. Ronen, "Equity Perception in Multiple Comparisons: A Field Study", *Human Relations*, abr. 1986, p. 333-346; R.W. Scholl, E.A. Cooper e J.F. McKenna, "Referent Selction in Determining Equity Perception: Differential Effects on Behavioral and Attitudinal Outcomes", *Personnel Psychology*, primavera 1987, p. 113-127; e T.P. Summers e A.S. DeNisi, "In Search of Adams' Other: Reexamination of Referents Used in the Evaluation of Pay", *Human Relations*, jun. 1990, p. 497-511.

56 C.T. Kulik e M.L. Ambrose, "Personal and Situational Determinants of Referent Choice", *Academy of Management Review*, abr. 1992, p. 212-237.

57 Veja, por exemplo, E. Walster, G.W. Walster e W.G. Scott, *Equity: Theory and Research*. Boston: Allyn & Bacon, 1978; e J. Greenberg, "Cognitive Reevaluation of Outcomes in Response to Underpayment Inequity", *Academy of Management Journal*, mar. 1989, p. 174-184.

58 P.S. Goodman e A. Friedman, "An Examination of Adams' Theory of Inequity", *Administrative Science Quarterly*, set. 1971, p. 271-288; R.P. Vecchio, "An Individual-Differences Interpretation of the Conflicting Predictions Generated by Equity Theory and Expectancy Theory", *Journal of Applied Psychology*, ago. 1981, p. 470-481; J. Greenberg, "Approaching Equity and Avoiding Inequity in Groups and Organizations", in J. Greenberg e R.L. Cohen (orgs.), *Equity and Justice in Social Behavior*. Nova York: Academic Press, 1982, p. 389-435; R.T. Mowday, "Equity Theory Predictions of Behavior in Organizations", in R. Steers, L.W. Porter e G. Bigley (orgs.), *Motivation and Work Behavior*, 6 ed.. Nova York: McGraw-Hill, 1996, p. 111-131; S. Werner e N.P. Mero, "Fair or Foul? The Effects of External, Internal, and Employee Equity on Changes in Performance of Major League Baseball Players", *Human Relations*, out. 1999, p. 1291-1312; e R.W. Griffeth e S. Gaertner, "A Role for Equity Theory in the Turnover Process: An Empirical Test", *Journal of Applied and Social Psychology*, maio de 2001, p. 1017-1037.

59 Veja, por exemplo, K.S. Sauley e A.G. Bedeian, "Equity Sensitivity: Construction of a Measure and Examination of Its Psychometric Properties", *Journal of Management* 26, n. 5, 2000, p. 885-910; e M.N. Bing e S.M. Burroughs, "The Predictive and Interactive Effects of Equity Sensitivity in Teamwork-Oriented Organizations", *Journal of Organizational Behavior*, maio 2001, p. 271-290.

60 J. Greenberg e S. Ornstein, "High Status Job Titles as Compensation for Underpayment: A Teste of Equity Theory", *Journal of Applied Psychology*, maio 1983, p. 285-297; e J. Greenberg, "Equity and Workplace Status: A Field Experiment", *Journal of Applied Psychology*, nov. 1988, p. 606-613.

61 Veja, por exemplo, J. Greenberg, *The Quest for Justice on the Job*. Thousand Oaks: Sage, 1996; R. Cropanzano e J. Greenberg, "Progress in Organizational Justice: Tunneling Through the Maze", in C.L. Cooper e I.T. Robertson (orgs.), *International Review of Industrial and Organizational Psychology*, vol. 12. Nova York: Wiley, 1997; J.A. Colquitt, D.E. Conlon, M.J. Wesson, C.O.L.H. Porter e K.Y. Ng, "Justice at the Millenium: A Meta-Analytic Review of the 25 Years of Organizational Justice Research", *Journal of Applied Psychology*, jun. 2001, p. 425-445; e T. Simons e Q. Robertson, "Why Managers Should Care About Fairness: The Effects of Aggregate Justice Perceptions on Organizational Outcomes", *Journal of Applied Psychology*, jun. 2003, p. 432-443.

62 Veja, por exemplo, R.C. Dailey e D.J. Kirk, "Distributive and Procedural Justice as Antecedents of Job Dissatisfaction and Intent to Turnover", *Human Relations*, mar. 1992, p. 305-316; D.B. McFarlin e P. D. Sweeney, "Distributive and Procedural Justice as Predictors of Satisfaction with Personal and Organizational Outcomes", *Academy of Management Journal*, ago. 1992, p. 626-637; e M.A. Konovsky, "Understanding Procedural Justice and Its Impact on Business Organizations", *Journal of Management*, vol. 26, n. 3, 2000, p. 489-511.

63 R.H. Moorman, "Relationship Between Justice and Organizational Citizenship Behaviors: Do Fairness Perceptions Influence Employee Citizenship?", *Journal of Applied Psychology*, dez. 1991, p. 845-855.

64 P.S. Goodman, "Social Comparison Process in Organizations", in B.M. Staw e G.R. Salancik (orgs.), *New Directions in Organizational Behavior*. Chicago: St. Clair, 1977, p. 97-132; e J. Greenberg, "A Taxonomy of Organizational Justice Theories", *Academy of Management Review*, jan. 1987, p. 9-22.

65 V.H. Vroom, *Work and Motivation*. Nova York: John Wiley, 1964.

66 Para críticas, veja H.G. Heneman III e D.P. Schwab, "Evatuation of Research on Expectancy Theory Prediction of Employee Performance", *Psychological Bulletin*, jul. 1972, p. 1-9; T.R. Mitchell, "Expectancy Models of Job Satisfaction, Occupational Preference and Effort: A Theoretical, Methodological and Empirical Appraisal", *Psychological Bulletin*, nov. 1974, p. 1053-1077; L. Reinharth e M.A. Wahba, "Expectancy Theory as a Predictor of Work Motivation, Effort Expenditure, and Job Performance", *Academy of Management Journal*, set. 1975, p. 502-537; e W. Van Eerde e H. Thierry, "Vroom's Expectancy Model and Work-Related Criteria: A Meta-Analysis", *Journal of Applied Psychology*, out. 1996, p. 575-586. Para suporte, veja L.W. Porter e E.E. Lawler III, *Managerial Attitudes and Performance*. Homewood: Irwin, 1968; D.F. Parker e L. Dyer, "Expectancy Theory as a Within-Person Behavioral Choice Model: An Empirical Test of Some Conceptual and Methodological Refinements", *Organizational Behavior and Human Peformance*, out. 1976, p. 97-117; H.J. Arnold, "A Test of the Multiplicative Hypothesis of Expectancy-Valence Theories of Work Motivation", *Academy of Management Journal*, abr. 1981, p. 128-141; e J.J. Donovan, "Work Motivation", in N. Anderson, et al. (orgs.), *Handbook of Industrial, Work & Organizational Psychology*, vol.2. Thousand Oaks: Sage, 2001, p. 56-59.

67 Vroom se refere a estas três variáveis como expectativa, instrumentalidade e valência, respectivamente.

68 P.M. Muchinsky, "A Comparison of Within- and Across- Subjects Analyses of the Expectancy-Valence Model for Predicting Effort", *Academy of Management Journal*, mar. 1977, p. 154-158; e C.W. Kennedy, J.A. Fossum e B.J. White, "An Empirical Comparison of Within-Subjects and Between-Subjects Expectancy Theory Models", *Organizational Behavior and Human Decision Process*, ago. 1983, p. 124-143.

69 R.J. House, H.J. Shapiro e M.A. Wahba, "Expectancy Theory as a Predictor of Work Behavior and Attitudes: A Re-evaluation of Empirical Evidence", *Decision Sciences*, jan. 1974, p. 481-506.

70 L.H. Peters, E.J. O'Connor e C.J. Rudolf, "The Behavioral and Affective Consequences of Performance-Relevant Situational Variables", *Organizational Behavior and Human Performance*, fev. 1980, p. 79-96; M. Blumberg e C.D. Pringle, "The Missing Opportunity in Organizational Research: Some Implications for a Theory of Work Performance", *Academy of Management Review*, out. 1982, p. 560-569; D.A. Waldman e W.D. Spangler, "Putting Together the Pieces: A Closer Look at the Determinants of Job Performance", *Human Performance*, vol. 2, 1989, p. 29-59; e J. Hall, "Americans Know How to Be Productive if Managers Will Let Them", *Organizational Dynamics*, inv. 1994, p. 33-46.

71 Para outros exemplos de modelos que buscam integrar as teorias sobre motivação, veja H.J. Klein, "An Integrated Control Theory Model of Work Motivation", *Academy of Management Review*, abr. 1989, p. 150-172; E.A. Locke, "The Motivation Sequence, the Motivation Hub, and the Motivation Core", *Organizational Behavior and Human Decision*

Processes, dez. 1991, p. 288-299; e T.R. Mitchell, "Matching Motivational Strategies with Organizational Contexts", in *Research in Organizational Behavior*.

72 N.J. Adler, *International Dimensions of Organizational Behavior*, 4 ed.. Cincinnati: Southwestern, 2002, p. 174.

73 G. Hofstede, "Motivation, Leadership, and Organization: Do American Theories Apply Abroad?", *Organizational Dynamics*, verão 1980, p. 55.

74 Ibid.

75 J.K. Giacobbe-Miller, D.J. Miller e V.I. Victorov, "A Comparison of Russian and U.S. Pay Allocation Decisions, Distributive Justice Judgements, and Productivity Under Different Payment Conditions", *Personnel Psychology*, primavera 1998, p. 137-163.

76 S.L. Mueller e L.D. Clarke, "Political-Economic Context and Sensitivity to Equity: Differences Between the United States and the Transition Economies of Central and Eastern Europe", *Academy of Management Journal*, jun. 1998, p. 319-329.

77 I. Harpaz, "The Importance of Work Goals: An International Perspective", *Journal of International Business Studies*, Primeiro Trimestre de 1990, p. 75-93.

78 G.E. Popp, H.J. Davis e T.T. Herbert, "An International Study of Intrinsic Motivation Composition", *Management International Review*, jan. 1986, p. 28-35.

79 Esta seção baseia-se em F.J. Landy e W.S. Becker, "Motivation Theory Reconsidered", in L.L. Cummings e B.M. Staw (orgs.), *Research in Organizational Behavior*, vol. 10. Greenwich: JAI Press, 1987, p. 24-25.

80 S. Caudron, "Motivation? Money's Only No. 2", *Industry Week*, 15 nov. 1993, p. 33.

81 T.R. Mitchell e A.E. Mickel, "The Meaning of Money: An Individual-Difference Perspective", *Academy of Management Review*, jul. 1999, p. 570.

82 E.A. Locke et al., "The Effectiveness of Four Methods of Motivating Employee Performance", in K.D. Duncan, M.M. Gruenberg e D. Wallis (orgs.), *Changes in Working Life*. Londres: John Wiley Ltd., 1980, p. 363-383.

83 A. Mitra, N. Gupta e G.D. Jenkins Jr., "The Case of the Invisible Merit Raise: How People See Their Pay Raises", *Compensation & Benefits Review*, maio-jun. 1995, p. 71-76; Hewitt Associates Salary Survey, 2000; e "Workers Have Little to Cheer with Pay Rises of Only 3.5%", *Wall Street Journal*, 30 jul. 2003, p. D2.

Capítulo 7

1 Baseado em J. Stimpson, "Paying for performance", *The Practical Accountant*, maio 2003, p. 32-34.

2 E.O. Welles, "Great Expectations", *INC.*, mar. 2001, p. 68-73.

3 P.F. Drucker, *The Practice of Management*. Nova York: Harper & Row, 1954.

4 Veja, por exemplo, S.J. Carrol e H.L. Tosi, *Management by Objectives: Applications and Research*. Nova York: Macmillan, 1973; e R. Rodgers e J.E. Hunter, "Impact of Management by Objectives on Organization Productivity", *Journal of Applied Psychology*, abr. 1991, p. 322-336.

5 Veja, por exemplo, R.C. Ford, F.S. MacLaughlin e J. Nixdorf, "Ten Questions About MBO", *California Management Review*, inverno 1980, p. 89; T.J. Collamore, "Making MBO Work in the Public Sector", *Bureaucrat*, outono 1989, p. 37-40; G. Dabbs, "Non Profit Businesses in the 1990s: Models for Success", *Business Horizons*, setembro-out. 1991, p. 68-71; R. Rodgers e J.E. Hunter, "A Foundation of Good Management Practice in Government: Management by Objectives", *Public Administration Review*, jan.-fev. 1992, p. 27-39; e T.H. Poister e G. Streib, "MBO in Municipal Government: Variations on a Traditional Management Tool", *Public Administration Review*, jan.-fev. 1995, p. 48-56; e C. Garvey, "Goalsharing Scores", *HRMagazine*, abr. 2000, p. 99-106.

6 Veja, por exemplo, C.H. Ford, "MBO: An Idea Whose Time Has Gone?" *Business Horizons*, dez. 1979, p. 49; R. Rodgers e J.E. Hunter, "Impact of Management by Objectives on Organizational Productivity", *Journal of Applied Psychology*, abr. 1991, p. 322-336; e R. Rodgers, J.E. Hunter e D.L. Rogers, "Influence of Top Management Commitment on Management Program Success", *Journal of Applied Psychology*, fev. 1993, p. 151-155; e M. Tanikawa, "Fujitsu Decides to Backtrack on Performance-Based Pay", *New York Times*, 22 mar. 2001, p. W1.

7 Nossa definição de sistema de reconhecimento formal baseia-se em S.E. Markham, K.D. Scott e G.H. McKee, "Recognizing Good Attentance: A Longitudinal, Quasi-Experimental Field Study", *Personnel Psychology*, outono 2002, p. 641.

8 D. Drickhammer, "Best Plant Winners: Nichols Foods Ltd.", *Industry Week*, 1 out. 2001, p. 17-19.

9 M. Littman, "Best Bosses Tell All", *Working Women*, out. 2000, p. 54.

10 Citado em S. Caudron, "The Top 20 Ways to Motivate Employees", *Industry Week*, abr. 1995, p. 15-16. Veja também B. Nelson, "The Praise", *INC.*, set. 1996, p. 115.

11 S. Glasscock e K. Gram, *Workplace Recognition: Step-by-Step Examples of a Positive Reinforcement Strategy*. Londres, Brasseys, 1999.

12 A.D. Stajkovic e F. Luthans, "Differential Effects on Incentive Motivators on Work Performance", *Academy of Management Journal*, jun. 2001, p. 587. Veja também F. Luthans e A.D. Stajkovic, "Provide Recognition for Performance Improvement", in E.A. Locke (ed.), *Handbook of Principles of Organizational Behavior*. Malden: Blackwell, 2004, p. 166-180.

13 Citado em K.J. Dunham, "Amid Shrinking Workplace Morale, Employers Turn to Recognition", *Wall Street Journal*, 19 de nov. 2002, p. B8.

14 Ibid.

15 Muitos destes exemplos vêm de C. Fishman, "Engines of Democracy", *Fast Company*, out. 1999, p. 174-202; J. Flaherty, "Suggestions Rise from the Floors of U.S. Factories", *New York Times*, 18 abr. 2001, p. C1; e J. Case, "The Power of Listening", *INC.*, mar. 2003, p. 77-84.

16 J.L. Cotton, *Employee Involvement*. Newbury Park: Sage, 1993, p. 3, 14.

17 Ibid., p. 3.

18 Veja, por exemplo, o crescente volume de literatura sobre empowerment, como W.A. Randolph, "Re-Thinking Empowerment: Why Is It So Hard to Achieve?", *Organizational Dynamics*, vol. 29, n. 2, 2000, p. 94-107; K. Blanchard, J.P. Carlos e W.A. Randolph, *Empowerment Takes More Than a Minute*, 2 ed.. São Francisco: Berrett-Koehler, 2001; e D.P. Ashmos, D. Duchon, R.R. McDaniel Jr. e J.W. Huonker, "What a Mess! Participation as a Simple Managerial Rule to 'Complexify' Organizations", *Journal of Management Studies*, mar. 2002, p. 189-206.

19 Veja M. Sashkin, "Participative Management is an Ethical Imperative", *Organizational Dynamics*, primavera 1984, p. 5-22; e D. Collins, "The Ethical Superiority and Inevitability

of Participatory Management as an Organizational System", *Organization Science*, set.-out. 1997, p. 489-507.

20 F. Heller, E. Pusic, G. Strauss e B. Wilpert, *Organizational Participation: Myth and Reality*. Oxford: Oxforf University Press, 1998.

21 Veja, por exemplo, K.L. Miller e P.R. Monge. "Participation, Satisfaction, and Productivity: A Meta-Analytic Review", *Academy of Management Journal*, dez. 1986, p. 727-753; J.A. Wagner III e R.Z. Gooding, "Shared Influence and Organizational Behavior: A Meta-Analysis of Situational Variables Expected to Moderate Participation-Outcome Relationships", *Academy of Management Journal*, set. 1987, p. 524-541; J.A. Wagner III, "Participation's Effects on Performance and Satisfaction: A Reconsideration of Research Evidence", *Academy of Management Review*, abr. 1994, p. 312-330; C. Doucouliagos, "Worker Participation and Productivity in Labor-Managed and Participatory Capitalist Firms; A Meta-Analysis", *Industrial and Labor Relations Review*, out. 1995, p. 58-77; J.A. Wagner III, C.R. Leana, E.A. Locke e D.M. Schweiger, "Cognitive and Motivational Frameworks in U.S. Research on Participation: A Meta-Analysis of Primary Effects", *Journal of Organizational Behavior*, vol. 18, 1997, p. 49-65; J.S. Black e H.B. Gregersen, "Participative Decision-Making: An Integration of Multiple Dimensions", *Human Relations*, jul. 1997, p. 859-878; e E.A. Locke, M. Alavi e J.A. Wagner III, "Participation in Decision Making: An Information Exchange Perspective", in G.R. Ferris (ed.), *Research in Personnel and Human Resource Management*, vol. 15. Greenwich: JAI Press, 1997, p. 293-331; e J.A. Wagner III e J.A. LePine, "Effects of Participation on Performance and Satisfaction: Additional Meta-Analytic Evidence", *Psychological Reports*, jun. 1999, p. 719-725.

22 J.L. Cotton, *Employee Involvement*, p. 114.

23 Veja, por exemplo, M. Gilman e P. Marginson, "Negotiating European Works Council: Contours of Constrained Choice", *Industrial Relations Journal*, mar. 2002, p. 36-51; J.T. Addison e C.R. Belfield, "What Do We Know About the New European Works Council? Some Preliminary Evidence from Britain", *Scottish Journal of Political Economy*, set. 2002, p. 418-444; e B. Keller, "The European Company Statute: Employee Involvement – And Beyond", *Industrial Relations Journal*, dez. 2002, p. 424-445.

24 J.D. Kleyn e S. Perrick, "Netherlands", *International Financial Law Review*, fev 1990, p. 51-56; e D. Bilefsky, "The Dutch Way of Firing", *Wall Street Journal*, 8 jul. 2003, p. A14.

25 J.L. Cotton, *Employee Involvement*, p. 129-130, 139-140.

26 Ibid., p. 140.

27 Veja, por exemplo, G.W. Meyer e R.G. Stott, "Quality Circles: Panacea or Pandora's Box?", *Organizational Dynamics*, primavera 1985, p. 34-50; E.E. Lawler III e S.A. Mohrman, "Quality Circles: After the Honeymoon", *Organizational Dynamics*, primavera 1987, p. 42-54; T.R. Miller, "The Quality Circle Phenomenon: A Review and Appraisal", *SAM Advanced Management Journal*, inverno 1989, p. 4-7; K. Buch e R. Spangler, "The Effects of Quality Circles on Performance and Promotion", *Human Relations*, jun. 1990, p. 573-582; P. R. Liverpool, "Employee Participation in Decision-Making: An Analysis of the Perceptions of Members and Nonmembers of Quality Circles", *Journal of Business and Psychology*, verão 1990, p. 411-422; e E.E. Adams Jr., "Quality Circle Performance", *Journal of Management*, mar. 1991, p. 25-39.

28 T.L. Tang e E.A. Butler, "Attributions of Quality Circles' Problem-Solving Failure: Differences Among Management, Supporting Staff, and Quality Circles Members", *Public Personnel Management*, verão 1997, p. 203-225; G. Hammersley e A. Pinnington, "Quality Circles Reach End of the Line at Land Rover", *Human Resource Management International Digest*, maio-jun. 1999, p. 4-5; e D. Nagar e M. Takore, "Effectiveness of Quality Circles in a Large Public Sector", *Psychological Studies*, jan.-jul. 2001, p. 63-68.

29 Cotton, *Employee Involvement*, p. 78.

30 Ibid., p. 87.

31 Veja K.M. Young (ed.), *The Expanding Role of ESOPs in Public Companies*. Nova York: Quorum, 1990; J.L. Pierce e C.A. Furo, "Employee Ownership: Implications for Management", *Organizational Dynamics*, inverno 1990, p. 32-43; A.A. Buchko, "The Effects of Employee Ownership on Employee Attitudes: An Integrated Causal Model and Path Analysis", *Journal of Management Studies*, jul. 1993, p. 633-656; e J. McDonald, "The Boom in Employee Ownership", *INC.*, ago. 2000, p. 106-112.

32 "The Employee Ownership 100", www.nceo.org: jul. 2003.

33 Citado em K. Frieswick, "ESOPs: Split Personality", *CFO*, 7 jul. 2003, p. 1.

34 Buchko, "The Effects of Employee Ownership on Employee Attitudes".

35 C.M. Rosen e M. Quarrey, "How Well Is Employee Ownership Working?", *Harvard Business Review*, set.-out. 1987, p. 126-132.

36 Citado em "ESOP Benefits Are No Fables", *Business Week*, 6 set. 1999, p. 26.

37 W.N. Davidson e D.L. Worrell, "ESOPs Fables: The Influence of Employee Stock Ownership Plans on Corporate Stock Prices and Subsequent Operating Performance", *Human Resource Planning*, jan. 1994, p. 69-85.

38 Pierce e Furo, "Employee Ownership".

39 Veja dados em D. Stamps, "A Piece of the Action", *Training*, mar. 1996, p. 66.

40 Veja, por exemplo, A. Sagie e Z. Aycan, "A Cross-Cultural Analysis of Participative Decision-Making in Organizations", *Human Relations*, abr. 2003, p. 453-473; e J. Brockner, "Unpacking Country Effects: On the Need to Operationalize the Psychological Determinants of Cross-National Differences", in R.M. Kramer e B.M. Staw (orgs.), *Research in Organizational Behavior*, vol. 25. Oxford: Elsevier, 2003, p. 336-340.

41 C. Robert, T.M. Probst, J.J. Martocchio, R. Drasgow e J.J. Lawler, "Empowerment and Continuous Improvement in the United States, Mexico, Poland and India: Predicting Fit on Basis of the Dimensions of Power Distance and Individualism", *Journal of Applied Psychology*, out. 2000, p. 643-658.

42 J. Ortega, "Job Rotation as a Learning Mechanism", *Management Science*, out. 2001, p. 1361-1370.

43 Veja, por exemplo, dados sobre ampliação de tarefas descritos em M.A. Campion e C.L. McClelland, "Follow-Up and Extension of the Interdisciplinary Costs and Benefits of Enlarged Jobs", *Journal of Applied Psychology*, jun. 1993, p. 339-351.

44 J.R. Hackman e G.R. Oldham, *Work Redesign*. Reading: Addison Wesley, 1980.

45 Citado em *U.S. News & World Report*, 31 maio 1993, p. 63.

46 J.R. Hackman, "Work Design", in J.R. Hackman e J.L. Suttle (eds.), *Improving Life at Work*. Santa Mônica: Goodyear, 1977, p. 115-120.

47 J.P. Wanous, "Individual Differences and Reactions to Job Characteristics", *Journal of Applied Psychology*, out. 1974, p. 616-622; e H.P. Sims e A.D. Szilagyi, "Job Characteristic Relationships: Individual and Structural Moderators", *Orga-

nizational Behavior and Human Peformance, jun. 1976, p. 211-230.

48. M. Fein, "The Real Needs and Goals of Blue-Collar Workers", The Conference Board Record, fev. 1972, p. 26-33.

49. Veja, por exemplo, J.R. Hackman e G.R. Oldham, Work Redesign; J.B. Miner, Theories of Organizational Behavior. Hinsdale: Dryden Press, 1980, p. 231-266; R.W. Griffin, "Effects of Work Redesign on Employee Perceptions, Attitudes, and Behaviors: A Long-Term Investigation", Academy of Management Journal, jun. 1991, p. 425-435; e J.L. Cotton, Employee Involvement. Newbury Park: Sage, 1993, p. 141-172.

50. D.R. Dalton e D.J. Mesch, "The Impact of Flexible Scheduling on Employee Attendance and Turnover", Administrative Science Quarterly, jun. 1990, p. 370-387; e K.S. Kush e L.K. Stroh, "Flextime: Myth or Reality", Business Horizons, setembro-out. 1994, p. 53; e L. Golden, "Flexible Work Schedules: What Are We Trading Off to Get Them?", Monthly Labor Review, mar. 2001, p. 50-55.

51. Veja, por exemplo, D.A. Ralston e M.F. Flanagan, "The Effect of Flextime on Absenteeism and Turnover for Male and Female Employees", Journal of Vocacional Behavior, abr. 1985, p. 206-217; D.A. Ralston, W.P. Anthony e D.J. Gustafson, "Employees May Love Flextime, But What Does It Do to the Organization's Productivity?", Journal of Applied Psychology, maio 1985, p. 272-279; J.B. McGuire e J.R. Liro, "Flexible Work Schedules, Work Attitudes, and Perceptions of Productivity", Public Personnel Management, primavera 1986, p. 65-73; P. Bernstein, "The Ultimate in Flextime: From Sweden, by Way of Volvo", Personnel, jun. 1988, p. 70-74; e D.R. Dalton e D.J. Mesch, "The Impact of Flexible Scheduling on Employee Attendance and Turnover", Administrative Science Quarterly, jun. 1990, p. 370-387.

52. A. Beeler, "It Takes Two", Sales & Marketing Management, ago. 2003, p. 38-41.

53. S. Shellenbarger, "Two People, One Job: It Can Really Work", Wall Street Journal, 7 dez. 1994, p. B1.

54. "Job-Sharing: Widely Offered, Little Used", Training, nov. 1994, p. 12.

55. C. Dawson, "Japan: Work-Sharing Will Prolong the Pain", Business Week, 24 dez. 2001, p. 46.

56. S. Shellenbarger, "Two People, One Job".

57. Veja, por exemplo, T.H. Davenport e K. Pearlson, "Two Cheers for the Virtual Office", Sloan Management Review, verão 1998, p. 61-65; E.J. Hill, B.C. Miller, S.P. Weiner e J. Colihan, "Influences of the Virtual Office on Aspects of Work and Work/Life Balance", Personnel Psychology, outono 1998, p. 667-683; K.E. Pearlson e C.S. Saunders, "There's No Place Like Home: Managing Telecommuting Paradoxes", Academy of Management Executive, maio 2001, p. 117-128; e S.J. Wells, "Making Telecommuting Work", HR Magazine, out. 2001, p. 34-45.

58. Citado em R.W. Judy e C. D'Amico, Workforce 2020. Indianápolis: Hudson Institute, 1997, p. 58.

59. Citado em Wells, "Making Telecommuting Work".

60. J.M. Stanton e J.L. Barnes-Farrell, "Effects of Electronic Performance Monitoring on Personal Control, Task Satisfaction, and Task Performance", Journal of Applied Psychology, dez. 1996, p. 738-745; B. Pappas, "They Spy", Forbes, 8 fev. 1999, p. 47; S. Armour, "More Bosses Keep Tabs on Telecommuters", USA Today, 24 jul. 2001, p. 1B; e D. Buss, "Spies Like Us", Training, dezembro de 2001, p. 44-48.

61. K. Taylor, "How Far Can You Flex?", Association Management, set. 2001, p. 58-64.

62. C. Ansberry, "In the New Workplace, Jobs Morph to Suit Rapid Pace of Change", Wall Street Journal, 22 mar. 2002, p. A1.

63. Extraído do National Study of the Changing Workforce, citado em S. Shellenbarger, "Number of Women Managers Rise", Wall Street Journal, 30 set. 2003, p. D2.

64. Citado em "Flextime Gains in Popularity in Germany", Manpower Argus, set. 2000, p. 4.

65. Citado em S. Caminiti, "Fair Shares", Working Women, nov. 1999, p. 54.

66. N.B. Kurland e D.E. Bailey, "Telework: The Advantages and Challenges of Working Here, There, Anywhere, and Anytime", Organizational Dynamics, out. 1999, p. 53-68; e Wells, "Making Telecommuting Work", p. 34.

67. Veja, por exemplo, J.D. Glater, "Telecommuting's Big Experiment", New York Times, 9 maio 2001, p. C1; e S. Shellenbarger, "Telework Is on the Rise, But It Isn't Just Done from Home Anymore", Wall Street Journal, 23 jan. 2001, p. B1.

68. U. Huws, "Wired in the Country", People Management, nov. 1999, p. 46-47.

69. Veja T. Henry, "States to Tie Teacher Pay to Results", USA Today, 30 set 1999, p. 1A.

70. D. Kollars, "Some Educators Win $25,000 Bonus as Test Scores Rise", The Sacramento Bee, 8 jan. 2001, p. 1.

71. Baseado em J.R. Schuster e P.K. Zingheim, "The New Variable Pay: Key Design Issues", Compensation & Benefits Review, mar.-abr. 1993, p. 28; e K.S. Abosch, "Variable Pay: Do We Have the Basics in Place?", Compensation & Benefits Review, jul.-ago. 1998, p. 12-22.

72. B. Wysocki Jr., "Chilling Reality Awaits Even the Employed", Wall Street Journal, 5 nov. 2001, p. A1.

73. G. Morgenson, "Two pay Packages, Two Different Galaxies", New York Times, 4 abr. 2004, p. BU 1-8.

74. R. Balu, "Bonuses Aren't Just for the Bosses", Fast Company, dez. 2000, p. 74-76; e M. Conlin, "A Little Less in the Envelope This Week", Business Week, 18 fev. 2002, p. 64-66.

75. Veja, por exemplo, D.O. Kim, "Determinants of the Survival of Gainsharing Programs", Industrial & Labor Relations Review, out. 1999, p. 21-42; "Why Gainsharing Works Even Better Today Than in the Past", HR Focus, abr. 2000, p. 3-5; L.R. Gomez-Mejia, T.M. Welbourne e R.M. Wiseman, "The Role of Risk Sharing and Risk Taking Under Gainsharing", Academy of Management Review, jul. 2000, p. 492-507; W. Atkinson, "Incentive Pay Programs That Work in Textile", Textile World, fev. 2001, p. 55-57; e M. Reynolds, "A Cost-Reduction Strategy That May Be Back", Healthcare Financial Management, jan. 2002, p. 58-64.

76. C.G. Hanson e W.D. Bell, Profit Sharing and Profitability: How Profit Sharing Promotes Business Success. Londres: Kogan Page Ltd., 1987; e M. Magnan e S. St-Onge, "Profit-Sharing and Firm Performance: A Comparative and Longitudinal Analysis", trabalho apresentado no 58º Encontro Anual da Academia de Administração. San Diego, CA, ago. 1998.

77. T.M. Welbourne e L.R. Gomez Mejia, "Gainsharing: A Critical Review and a Future Research Agenda", Journal of Management, vol. 21, nº 3, 1995, p. 559-609.

78. M. Fein, "Work Measurement and Wage Incentives", Industrial Engineering, set. 1973, p. 49-51. Para uma revisão atualizada dos efeitos da remuneração sobre o desempenho, veja G.D. Jenkins Jr., N. Gupta, A. Mitra e J.D. Shaw, "Are Financial Incentives Related to Performance? A Meta-Analytic Review of Empirical Research", Journal of Applied Psychology, out. 1998, p. 777-787.

79 W. Zellner, "Trickle-Down Is Trickling Down at Work", *Business Week*, 18 mar. 1996, p. 34; e "Linking Pay to Performance Is Becoming a Norm in the Workplace", *Wall Street Journal*, 6 abr. 1999, p. A1.

80 L. Wiener, "Paycheck Plus", *U.S. News & World Report*, 24 fev./ 3 mar. 2003, p. 58.

81 Citado em "Pay Programs: Few Employees See the Pay-for-Performance Connection", *Compensation & Benefits Report*, jun. 2003, p. 1.

82 "More Than 20 Percent of Japanese Firms Use Pay Systems Based on Performance", *Manpower Argus*, maio 1998, p. 7.

83 "U.S. Wage and Productivity Growth Attainable Through Gainsharing", Employment Policy Foundation: www.epf.org: 10 maio 2000.

84 Veja "Skilled-Based Pay Boosts Worker Productivity and Morale", *Wall Street Journal*, 23 de jun. 1992, p. A1; L. Wiener, "No New Skills? No Raise", *U.S. News & World Report*, 26 out. 1992, p. 78; M.A. Verespej, "New Responsibilities? New Pay!", *Industry Week*, 15 ago. 1994, p. 14; e "Skilled-Based Pay Program", www.bmpoc.org., 29 jun. 2001.

85 G.E. Ledford Jr., "Paying for the Skills, Knowledge, and Competencies of Knowledge Workers", *Compensation & Benefits Review*, jul.-ago, 1995, p. 55-62; B. Murray e B. Gerhart, "An Empirical Analysis of a Skill-Based Pay Program and Plant Performance Outcomes", *Academy of Management Journal*, fev. 1998, p. 68-78; e J.R. Thompson e C.W. LeHew, "Skill-Based Pay as an Organizational Innovation", *Review of Public Personnel Administration*, inverno 2000, p. 20-40.

86 E.E. Lawler III, G.E. Ledford Jr. e L. Chang, "Who Uses Skill-Based Pay, and Why", *Compensation & Benefits Review*, mar.-abr. 1993, p. 22.

87 "Tensions of a New Pay Plan", *New York Times*, 17 maio 1992, p. F5.

88 E.E. Lawler III, S.A. Mohrman e G.E. Ledford Jr., *Creating High Performance Organizations: Practices and Results in Fortune 1000*. São Francisco: Jossey-Bass, 1995; C. Lee, K.S. Law e P. Bobko, "The Importance of Justice Perceptions on Pay Effectiveness: A Two-Year Study of a Skill-Based Play Plan", *Journal of Management*, vol. 25, n. 6, 1999, p. 851-873; e A. Podolske, "Seven-Year Update on Skill-Based Pay Plans", www.ioma.com, jul. 1999.

89 Lawler, Ledford Jr. e Chang, "Who Uses Skill-Based Pay, and Why".

90 M. Rowland, "It's What You Can Do That Counts", *New York Times*, 6 de jun. 1993, p. F17.

91 Ibid.

92 Veja, por exemplo, M.W. Barringer e G.T. Milkovich, "A Theoretical Exploration of the Adoption and Design of Flexible Benefits Plans: A Case of Human Resource Innovation", *Academy of Management Review*, abr. 1998, p. 305-324; D. Brown, "Everybody Loves Flex", *Canadian HR Reporter*, 18 nov. 2002, p. 1; e J. Taggart, "Putting Flex Benefits Through Their Paces", *Canadian HR Reporter*, 2 dez. 2002, p. G3.

93 D. A. DeCenzo e S.P. Robbins, *Human Resource Management*, 8 ed. Hoboken: Wiley, 2005, p. 313–315.

94 Brown, "Everybody Loves Flex".

95 E. Unsworth, "U.K. Employers Find Flex Benefits Helpful: Survey", *Business Insurance*, 21 maio 2001, p. 19-20.

Capítulo 8

1 Esta seção baseia-se em J. Schwartz e M.I. Wald, "Groupthinking Is 30 Years Old, and Still Going Strong", *New York Times*, 9 mar. 2003, p. WK5; e J. Schwartz e M.I. Wald, "Complacency See: 'Broken Safety Culture' Must Be Reformed, Investigators Find", *New York Times*, 27 ago. 2003, p. A1.

2 Veja, por exemplo, M. Maier, "Ten Years After a *Major Malfunction*... Reflections on the "*Challenger* Syndrome", *Journal of Management Inquiry*, set. 2002, p. 282-292.

3 L.R. Sayles, "Work Group Behavior and the Larger Organization", in C. Arensburg et al. (orgs.), *Research in Industrial Relations*. Nova York: Harper & Row, 1957, p. 131-145.

4 B.W. Tuckman, "Developmental Sequences in Small Groups", *Psychological Bulletin*, jun. 1965, p. 384-399; B.W. Tuckman e M.C. Jensen, "Stages of Small-Group Development Revisited", *Group and Organizational Studies*, dez. 1977, p. 419-427; e M.F. Maples, "Group Development: Extending Tuckman's Theory", *Journal for Specialists in Group Work*, outono 1988, p. 17-23.

5 R. Ginnett, "The Airline Cockpit Crew", in J.R. Hackman (org.), *Groups That Work. and Those That Don't*. São Francisco: Jossey-Bass, 1990.

6 C.J.G. Gersick, "Time and Transition in Work Teams: Toward a New Model of Group Development", *Academy of Management Journal*, mar. 1988, p. 9-41; C. J.G. Gersick, "Marking Time: Predictable Transitions in Task Groups", *Academy of Management Journal*, jun. 1989, p. 274-309; M.J. Waller, J.M. Conte, C.B. Gibson e M.A. Carpenter, "The Effect of Individual Perceptions of Deadlines on Team Performance", *Academy of Management Review*, out. 2001, p. 586-600; e A. Chang, P. Bordia e J. Duck, "Punctuated Equilibrium and Liner Progression: Toward a New Understanding of Group Development", *Academy of Management Journal*, fev. 2003, p. 106-117.

7 A. Seers e S. Woodruff, "Temporal Pacing in Task Forces: Group Development or Deadline Pressure?", *Journal of Management*, vol. 23, n. 2, 1997, p. 169-187.

8 S. Lieberman, "The Effects of Changes in Roles on the Attitudes of Role Occupants", *Human Relations*, nov. 1956, p. 385-402.

9 Veja D.M. Rousseau, *Psychological Contracts in Organizations: Understanding Written and Unwriteen Agreements*. Thousand Oaks: Sage, 1995; E.W. Morrison e S.L. Robinson, "When Employees Feel Betrayed: A Model of How Psychological Contract Violation Develops", *Academy of Management Review*, abr. 1997, p. 226-256; e D. Rousseau e R. Schalk (orgs.), *Psychological Contracts in Employment: Cross-Cultural Perspectives*. São Francisco: Jossey-Bass, 2000.

10 Veja M.F. Peterson et al., "Role Conflict, Ambiguity, and Overload: A 21-Nation Study", *Academy of Management Journal*, abr. 1995, p. 429-452.

11 P.G. Zimbardo, C. Haney, W.C. Banks e D. Jaffe, "The Mind Is a Formidable Jailer: A Pirandellian Prison", *New York Times*, 8 abr. 1973, p. 38-60; e C. Haney e P. G. Zimbardo, "Social Roles and Role-Playing: Observations from the Stanford Prison Study", *Behavioral and Social Science Teacher*, jan. 1973, p. 25-45.

12 Para uma revisão das pesquisas sobre normas coletivas, veja J.R. Hackman, "Group Influences on Individuals in Organizations", in M.D. Dunnette e L.M. Hough (orgs.), *Handbook of Industrial & Organizational Psychology*, 2 ed., vol. 3. Palo Alto: Consulting Psychologists Press, 1992, p. 235-250.

13 E. Mayo, *The Human Problems of an Industrial Civilization*. Nova York: MacMillan, 1933; e F.J. Roethlisberger e W.J. Dickson, *Management and the Worker*. Cambridge: Harvard University Press, 1939.

14 Adaptado de P. S. Goodman, E. Ravlin e M. Schminke, "Understandig Groups in Organizations", in L.L. Cummings e B.M. Staw (orgs.), *Research in Organizational Behavior*, vol. 9. Greenwich: JAI Press, 1987, p. 159.

15 Veja, por exemplo, G. Blau, "Influence of Group Lateness on Individual Lateness: A Cross-Level Examination", *Academy of Management Journal*, out. 1995, p. 1483-1496.

16 C.A. Kiesler e S.B. Kiesler, *Conformity*. Reading: Addison-Wesley, 1969.

17 Ibid., p. 27.

18 S.E. Asch, "Effects of Group Pressure upon Modification and Distortion of Judgements", in H. Guetzkow (ed.), *Groups, Leadership and Men*. Pittsburgh: Carnegie Press, 1951, p. 177-190; e S.E. Asch, "Studies of Independence and Conformity: A Minority of One Against a Unanimous Majority", *Psychological Monographs: General and Applied* 70, n. 9, 1956, p. 1-70.

19 R. Bond e P.B. Smith, "Culture and Conformity: A Meta-Analysis of Studies Using Asch's. 1952, 1956 Line Judgement Task", *Psychological Bulletin*, jan. 1996, p. 111-137.

20 Veja S.L. Robinson e R.J. Bennett, "A Typology of Deviant Workplace Behaviors: A Multidimensional Scaling Study", *Academy of Management Journal*, abr. 1995, p. 555-572; S.L. Robinson e J. Greenberg, "Employees Behaving Badly: Dimensions, Determinants, and Dilemmas in the Study of Workplace Deviance", in D.M. Rousseau e C. Cooper (orgs.), *Trends in Organizational Behavior*, vol.5. Nova York: Wiley, 1998; S.L. Robinson e A.M. O'Leary-Kelly, "Monkey See, Monkey Do: The Influence of Work Groups on the Antisocial Behavior of Employees", *Academy of Management Journal*, dez. 1998, p. 658-672; e C.M. Pearson, L.M. Andersson e J. Wegner, "When Workers Flout Convention: A Study of Workplace Incivility", *Human Relations*, nov. 2001, p. 1387-1419.

21 C.M. Pearson, L.M. Anderson e C.L. Porath, "Assessing and Attacking Work Place Civility", *Organizational Dynamics* 29, n. 2, 2000, p. 130.

22 Robinson e O'Leary-Kelly, "Monkey See, Monkey Do".

23 Veja, por exemplo, D.G. Wagner e J. Berger, "Status Characteristics Theory: The Growth of a Program", in J. Berger e M. Zelditch (orgs.), *Theoretical Research Programs: Studies in the Growth of a Theory*. Stanford: Stanford University Press, 1993, p. 23-63; M. Webster Jr. e S.J. Hysom, "Creating Status Characteristics", *American Sociological Review*, vol. 63, 1998, p. 351-378; J. Berger, C.L. Ridgeway e M. Zelditch, "Construction of Status and Referential Structures", *Sociological Theory*, jul. 2002, p. 157-179; e J.S. Bunderson, "Recognizing and Utilizing Expertise in Work Groups: A Status Characteristics Perspectives", *Administrative Science Quarterly*, dez. 2003, p. 557-591.

24 Veja R.S. Feldman, *Social Psychology*, 3 ed.. Upper Saddle River: Prentice Hall, 2001, p. 464-465.

25 Citado em Hackman, "Group Influences on Individuals in Organizations", p. 236.

26 O.J. Harvey e C. Consalvi, "Status and Conformity to Pressures in Informal Groups", *Journal of Abnormal and Social Psychology*, primavera 1960, p. 182-187.

27 J.A. Wiggins, F. Dill e R.D. Schwartz, "On 'Status Liability'", *Sociometry*, abr.-maio 1965, p. 197-209.

28 Veja J.M. Levine e R.L. Moreland, "Progress in Small Group Research", in J.T. Spence, J.M. Darley e D.J. Foss (orgs.), *Annual Review of Psychology*, vol. 41. Palo Alto: Annual Reviews Inc., 1990, p. 585-634; e S.D. Silver, B.P. Cohen e J.H. Crutchfield, "Status Differentiation and Information Exchange in Face-to-Face and Computer-Mediated Idea Generation", *Social Psychology Quarterly*, 57, 1994, p. 108-123.

29 J. Greenberg, "Equity and Workplace Status: A Field Experiment", *Journal of Applied Psychology*, nov. 1988, p. 606-613.

30 Esta seção baseia-se em P.R. Harris e R.T. Moran, *Managing Cultural Differences*, 5 ed.. Houston: Gulf Publishing, 1999.

31 E.J. Thomas e C.F. Fink, "Effects of Group Size", *Psychological Bulletin*, jul. 1963, p. 371-384; A.P. Hare, *Handbook of Small Group Research*. Nova York: Free Press, 1976; e M.E. Shaw, *Group Dynamics: The Psychology of Small Group Behavior*, 3 ed.. Nova York: McGraw-Hill, 1981.

32 Veja D.R. Comer, "A Model of Social Loafing in Real Work Groups", *Human Relations*, junho de 1995, p. 647-667; A.C. North, A. Linley e D.J. Hargreaves, "Social Loafing in a Co-Operative Classroom Task", *Educational Psychology* 20, n. 4, 2000, p. 389-392; e S.M. Murphy, S.J. Wayne, R.C. Liden e B. Erdogan, "Understanding Social Loafing: The Role of Justice Perceptions and Exchange Relationships", *Human Relations*, jan. 2003, p. 61-84.

33 W. Moede, "Die Richtlinien der Leistungs-Psychologie", *Industrielle Psychotechnik*, vol. 4, 1927, p. 193-207. Veja também D.A. Kravitz e B. Martin, "Ringelmann Rediscovered: The Original Article", *Journal of Personality and Social Psychology*, maio 1986, p. 936-941.

34 Veja, por exemplo, J.A. Shepperd, "Productivity Loss in Performance Groups: A Motivation Analysis", *Psychological Bulletin*, jan. 1993, p. 67-81; S.J. Karau e K.D. Williams, "Social Loafing: A Meta-Analytic Review and Theoritical Integration", *Journal of Personality and Social Psychology*, out.1993, p. 681-706; e R.C. Liden, S.J. Wayne, R.A. Jaworski e N. Bennett, "Social Loafing: A Field Investigation", *Journal of Management*, vol. 30, n. 2, 2004, p. 285-304.

35 S.G. Harkins e K. Szymanski, "Social Loafing and Group Evaluation", *Journal of Personality and Social Psychology*, dez. 1989, p. 934-941.

36 Veja P.C. Earley, "Social Loafing and Collectivism: A Comparison of the United States and the People's Republic of China", *Administrative Science Quarterly*, dez. 1989, p. 565-581; e P.C. Earley, "East Meets West Meets Mideast: Further Explorations of Collectivistic and Individualistic Work Groups", *Academy of Management Journal*, abr. 1993, p. 319-348.

37 Thomas e Fink, "Effects of Group Size"; Hare, *Handbook*; Shaw, *Group Dynamics*; e P. Yetton e P. Bottger, "The Relationships Among Group Size, Member Ability, Social Decisions Schemes, and Performance", *Organizational Behavior and Human Peformance*, out. 1983, p. 145-159.

38 Para saber mais sobre a controvérsia em torno da definição de coesão, veja J. Keyton e J. Springston, "Redefining Cohesiveness in Groups", *Small Group Research*, maio 1990, p. 234-254.

39 C.R. Evans e K.L. Dion, "Group Cohesion and Performance: A Meta-Analysis", *Small Group Research*, maio 1991, p. 175-186; B. MUllen e C. Cooper, "The Relation Between Group Cohesiveness and Performance: An Integration", *Psychological Bulletin*, mar. 1994, p. 210-227; e P.M. Podsakoff, S.B. MacKenzie e M. Ahearne, "Moderating Effects of Goal Acceptance on the Relationship Between Group Cohesiveness and Productivity", *Journal of Applied Psychology*, dez. 1997, p. 974-983.

40 Baseado em J.L. Gibson, J.M. Ivancevich e J.H. Donnelly Jr., *Organizations*, 8 ed.. Burr Ridge: Irwin, 1994, p. 323.

41 N. Foote, E. Matson, L.Weiss e E. Wenger, "Leveraging Group Knowledge for High Performance Decision-Making", *Organizational Dynamics* 31, n. 2, 2002, p. 280-295.

42 Veja N. R.F. Maier, "Assets and Liabilities in Group Problem Solving: The Need for an Integrative Function", *Psychological Review*, abr. 1967, p. 239-249; G.W. Hill, "Group Versus Individual Performance: Are N+1 Heads Better Than One?", *Psychological Bulletin*, maio 1982, p. 517-539; e A.E. Schwartz e J. Levin, "Better Group Decision Making", *Supervisory Management*, jun. 1990, p. 4.

43 D. Gigone e R. Hastie, "Proper Analysis of the Acccuracy of Group Judgements", *Psychological Bulletin*, jan. 1997, p. 149-167.

44 Veja, por exemplo, W.C. Swap and Associates, *Group Decision Making*. Newbury Park: Sage, 1984.

45 Veja G.W. Hill, "Group Versus Individual Performance"; e L.K. Michaelsen, W.E. Watson e R.H. Black, "A Realistic Test of Individual versus Group Consensus Decision Making", *Journal of Applied Psychology*, out. 1989, p. 834-839; e J. Surowiecki, *The Wisdom of Crowds: Why the Many Are Smarter Than the Few and How Collective Wisdom Shapes Business, Economics, Societies, and Nations*. Nova York: Doubleday, 2004.

46 J.H. Davis, *Group Performance*. Reading: Addison-Wesley, 1969; J.P. Wanous e M.A. Youtz, "Solution Diversity and the Quality of Group Decisions", *Academy of Management Journal*, mar. 1986, p. 149-159; e R. Libby, K.T. Trotman e I. Zimmer, "Member Variation, Recognition of Expertise, and Group Performance", *Journal of Applied Psychology*, fev. 1987, p. 81-87.

47 I.L. Janis, *Groupthink*. Boston: Houghton Mifflin, 1982; W. Park, "A Review of Research on Groupthink", *Journal of Behavioral Decision Making*, jul. 1990, p. 229-245; C.P. Neck e G. Moorehead, "Groupthink Remodeled: The Importance of Leadership, Time Pressure and Methodical Decision-Making Procedures", *Human Relations*, maio 1995, p. 537-558; e J.N. Choi e M.U. Kim, "The Organizational Application of Groupthink and Its Limits in Organization", *Journal of Applied Psychology*, abril 1999, p. 297-306.

48 Janis, *Groupthink*.

49 Ibid.

50 G. Moorehead, R. Ference e C.P. Neck, "Group Decision Fiascos Continue: Space Shuttle Challenger and a Revised Groupthink Framework", *Human Relations*, maio 1991, p. 539-550; e E.J. Chisson, *The Hubble Wars*. Nova York: HarperPerennial, 1994; e C. Covault, "Columbia Revelations Alarming E-Mails Speak for Themselves, But Administrator O'Keefe Is More Concerned About Board Findings on NASA Decision-Making", *Aviation Week & Space Technology*, 3 mar. 2003, p. 26.

51 J. Eaton, "Management Communication: The Threat of Groupthinking", *Corporate Communication*, 6, n. 4, 2001, p. 183-192.

52 M.E. Turner e A.R. Pratkanis, "Mitigating Groupthink by Stimulating Constructive Conflict", in C. De Dreu e E. Van de Vliert (orgs.), *Using Conflict in Organizations*. Londres: Sage, 1997, p. 53-71.

53 Ibid., p. 68.

54 Veja N. R.F. Maier, *Principles of Human Relations*. Nova York: John Wiley & Sons, 1952; I.L. Janis, *Groupthink: Psychological Studies of Policy Decisions and Fiascoes*, 2 ed.. Boston: Houghton Mifflin, 1982; C.R. Leana, "A Partial Test of Janis' Groupthink Model: Effects of Group Cohesiveness and Leader Behavior on Defective Decision Making", *Journal of Management*, primavera 1985, p. 5-17; L. Thompson, *Making the Team: A Guide for Managers*. Upper Saddle River: Prentice Hall, 2000, p. 116-118; e N. Richardson Ahlfinger e J.K. Esser, "Testing the Groupthinking Model: Effects of Promotional Leadership and Conformity Predisposition", *Social Behavior & Personality*, 29, n. 1, 2001, p. 31-41.

55 Veja D.J. Isenberg, "Group Polarization: A Critical Review and Meta-Analysis", *Journal of Personality and Social Psychology*, dezembro de 1986, p. 1141-1151; J.L. Hale e F.J. Boster, "Comparing Effect Coded Models of Choice Shifts", *Communication Research Reports*, abr. 1988, p. 180-186; e P.W. Paese, M. Bieser e M.E. Tubbs, "Framing Effects and Choice Shifts in Group Decision Making", *Organizational Behavior and Human Decision Processes*, out. 1993, p. 149-165.

56 Veja, por exemplo, N. Kogan e M.A. Wallach, "Risk Taking as a Function of the Situation, the Person, and the Group", in *New Directions in Psychology*, vol. 3. Nova York: Holt, Rinehart and Winston, 1967; e M.A. Wallach, N. Kogan e D.J. Bem, "Group Influence on Individual Risk Taking", *Journal of Abnormal and Social Psychology*, vol. 65, 1962, p. 75-86.

57 R.D. Clark III, "Group-Induced Shift Toward Risk: A Critical Appraisal", *Psychological Bulletin*, out. 1971, p. 251-270.

58 A.F. Osborn, *Applied Imagination: Principles and Procedures of Creative Thinking*, 3 ed.. Nova York: Scribner, 1963. Veja também T. Rickards, "Brainstorming Revisited: A Question of Context", *International Journal of Management Reviews*, mar. 1999, p. 91-110; e K.L. Dugosh, P. B. Paulus, E.J. Roland e H.-C. Yang, "Cognitive Stimulation in Brainstorming", *Journal of Personality and Social Psychology*, nov. 2000, p. 722-735.

59 Veja A.L. Delbecq, A.H. Van deVen e D.H. Gustafson, *Group Techniques for Program Planning: A Guide to Nominal and Delphi Processes*. Glenview: Scott, Foresman, 1975; e P. B. Paulus e H.-C. Yang, "Idea Generation in Groups: A Basis for Crativity in Organizations", *Organizational Behavior and Human Decision Processing*, maio 2000, p. 76-87.

60 Veja, por exemplo, A.B. Hollingshead e J.E. McGrath, "Computer-Assisted Groups: A Critical Review of the Empirical Research", in R.A. Guzzo e E. Salas (orgs.), *Team Effectiveness and Decision Making in Organizations*, p. 46-78.

61 B.B. Baltes, M.W. Dickson, M.P. Sherman, C.C. Bauer e J. LaGanke, "Computer-Mediated Communication and Group Decision Making: A Meta-Analysis", *Organizational Behavior and Human Decision Process*, jan. 2002, p. 156-179.

62 T.P. Verney, "Role Perception Congruence, Performance, and Satisfaction", in D.J. Vredenburgh e R.S. Schuler (orgs.), *Effective Management: Research and Application*, Proceedings of the 20th Annual Eastern Academy of Management, Pittsburgh, maio 1983, p. 24-27.

63 Ibid.

64 M. Van Sell, A.P. Brief e R.S. Schuler, "Role Conflict and Role Ambiguity: Inegration of the Literature and Directions for Future Research", *Human Relations*, jan. 1981, p. 43-71; e A.G. Bedeian e A.A. Armenakis, "A Path-Analytic Study of the Consequences of Role Conflict and Ambiguity", *Academy of Management Journal*, jun. 1981, p. 417-424.

65 Shaw, *Group Dynamics*.

66 B. Mullen, C. Symons, L. Hu e E. Salas, "Group Size, Leadership Behavior, and Subordinate Satisfaction", *Journal of General Psychology*, abr. 1989, p. 155-170.

67 Baseado em H.J. Leavitt, "Suppose We Took Groups Seriously", in E.L. Cass e F.G. Zimmer (orgs.), *Man and Work in Society*. Nova York: Van Nostrand Reinhold, 1975, p. 67-77.

Capítulo 9

1 D. Drickhamer, "Moving Man", *Industry Week*, 1 dez. 2002, p. 33-34.

2 Citado em C. Joinson, "Teams at Work", *HR Magazine*, maio 1999, p. 30; e P. Strozniak, "Teams at Work", *Industry Week*, 18 de set. 2000, p. 47.

3 Veja, por exemplo, P. MacMillan, *The Performance Factor: Unlocking the Secrets of Teamwork*. Nashville: Broadman & Holman, 2001; E. Salas, C.A. Bowers e E. Edens (orgs.), *Improving Teamwork in Organizations: Applications of Resource Management Training*. Mahwah: Lawrence Erlbaum, 2002; e L.I. Glassop, "The Organizational Benefits of Teams", *Human Relations*, fev. 2002, p. 225-250.

4 K. Kelly, "The New Soul of John Deere", *Business Week*, 31 jan. 1994, p. 64-66.

5 Esta seção baseia-se em J.R. Katzenbach e D.K. Smith, *The Wisdom of Teams*, p. 21, 45 e 85; e D.C. Kinlaw, *Developing Superior Work Teams*. Lexington: Lexington Books, 1991, p. 3-21.

6 Veja, por exemplo, E. Sunstrom, K. DeMeuse e D. Futrell, "Work Teams: Applications and Effectiveness", *American Psychologist*, fev. 1990, p. 120-133.

7 J.H. Shonk, *Team-Based Organizations*. Homewood: Business One Irwin, 1992; e M.A. Verespej, "When Workers Get New Roles", *Industry Week*, 3 fev. 1992, p. 11.

8 G. Bodinson e R. Bunch, "AQP's National Team Excellence Award: Its Purpose, Value and Process", *Journal for Quality and Participation*, primavera 2003, p. 37-42.

9 Veja, por exemplo, S.G. Cohen, G.E. Ledford Jr. e G.M. Spreitzer, "A Predictive Model of Self-Managing Work Team Effectiveness", *Human Relations*, maio 1996, p. 643-676; D.E. Yeats e C. Hyten, *High-Performing Self-Managed Work Teams: A Comparison of Theory to Practice*. Thousand Oaks: Sage, 1998; e C.E. Nichols, H.W. Lane e M. Brehm Brechu, "Taking Self-Managed Teams to Mexico", *Academy of Management Executive*, ago. 1999, p. 15-27.

10 W. Royal, "Team-Centered Success", *Industry Week*, 18 out. 1999, p. p 56-58.

11 R. Zemke, "Rethinking the Rush to Team Up", *Training*, nov. 1993, p. 55-61.

12 Veja, por exemplo, T.D. Wall, N.J. Kemp, P.R. Jackson e C.W. Clegg, "Outcomes of Autonomous Workgroups: A Long-Term Field Experiment", *Academy of Management Journal*, jun. 1986, p. 280-304; e J.L. Cordery, W.S. Mueller e L.M. Smith, "Attitudinal and Behavioral Effects of Autonomous Group Working: A Longitudinal Field Study", *Academy of Management Journal*, jun. 1991, p. 464-476.

13 J.R. Barker, "Tightening the Iron Cage: Concertive Control in Self-Managing Teams", *Administrative Science Quarterly*, setembro de 1993, p. 408-437; S.G. Cohen e G.E. Ledford Jr., "The Effectiveness of Self-Managing Teams: A Field Experiment", *Human Relations*, jan. 1994, p. 13-43; e C. Smith e D. Comer, "Self-Organization in Small Groups: A Study of Group Effectiveness Within Non-Equilibrium Conditions", *Human Relations*, maio 1994, p. 553-581.

14 Nichols, Lane e Brehm Brechu, "Taking Self-Managed Teams to Mexico".

15 Bodinson e Bunch, "AQP's National Team Excellence Award".

16 M. Brunelli, "How Harley-Davidson Uses Cross-Functional Teams", Purchasing Online: 4 nov. 1999; www.manufacturing.net/magazine/purchasing/archives/1999.

17 Veja, por exemplo, J. Lipnack e J. Stamps, *Virtual Teams: People Working Across Boundaries and Technology*, 2 ed.. Nova York: Wiley, 2000; e C.B. Gibson e S.G. Cohen (orgs.) *Virtual Teams That Work*. São Francisco: Jossey-Bass, 2003.

18 K. Kiser, "Working on World Time", *Training*, mar. 1999, p. 30.

19 S. Crock, "Collaboration: Lockheed Martin", *Business Week*, 24 nov. 2003, p. 85.

20 Veja, por exemplo, D.L. Gladstein, "Groups in Context: A Model of Task Group Effectiveness", *Administrative Science Quarterly*, dez. 1984, p. 499-517; J.R. Hackman, "The Design of Work Teams", in J.W. Lorsch (ed.), *Handbook of Organizational Behavior*. Upper Saddle River: Prentice Hall, 1987, p. 315-342; M.A. Campion, G.J. Medsker e C.A. Higgs, "Relations Between Work Group Characteristics and Effectiveness: Implications for Designing Effective Work Groups", *Personnel Psychology*, inverno 1993, p. 823-850; e R.A. Guzzo e M.W. Dickson, "Teams in Organizations: Recent Research on Performance and Effectiveness", in J.T. Spence, J.M. Darley e D.J. Foss, *Annual Review of Psychology*, vol. 47. Palo Alto: Annual Reviews, Inc., 1996, p. 307-338.

21 D.E. Hyatt e T.M. Ruddy, "An Examination of the Relationship Between Work Group Characteristics and Performance: Once More into the Breech", *Personnel Psychology*, outono 1997, p. 555.

22 Este modelo baseia-se em M.A. Campion, E.M. Papper e G.J. Medsker, "Relations Between Work Team Characteristics and Effectiveness: A Replication and Extension", *Personnel Psychology*, verão 1996, p. 429-452; Hyatt e Ruddy, "An Examination of the Relationship Between Work Group Characteristics and Performance", p. 553-585; S.G. Cohen e D.E. Bailey, "What Makes Teams Work: Group Effectiveness Research from the Shop Floor to the Executive Suite", *Journal of Management* 23, n. 3, 1997, p. 239-290; L. Thompson, *Making the Team*. Upper Saddle River: Prentice Hall, 2000, p. 18-33; e J.R. Hackman, *Leading Teams: Setting the Stage for Great Performance*. Boston: Harvard Business School Press, 2002.

23 Veja M. Mattson, T.V. Mumford e G.S. Sintay, "Taking Teams to Task: A Normative Model for Designing or Recalibrating Work Teams", trabalho apresentado na National Academy of Management Conference; Chicago, ago. 1999; e G.L. Stewart e M.R. Barrick, "Team Structure and Performance: Assessing the Mediating Role of Intrateam Process and the Moderating Role of Task Type", *Academy of Management Journal*, abr. 2000, p. 135-148.

24 J.W. Bishop, K.D. Scott e S.M. Burroughs, "Support, Commitment, and Employees Outcomes in a Team Environment", *Journal of Management* 26, n. 6, 2000, p. 1113-1132; e C.L. Pearce e R.A. Giacalone, "Teams Behaving Badly: Factors Associated with Anti-Citizenship Behavior in Teams", *Journal of Applied and Social Psychology*, jan. 2003, p. 53-75.

25 Hyatt e Ruddy, "An Examination of the Relationship Between Work Group Characteristics and Performance", p. 577.

26 F. LaFasto e C. Larson, *When Teams Work Best: 6,000 Team Members and Leaders Tell What It Takes to Succeed*. Thousand Oaks: Sage, 2002.

27 R.I. Beekun, "Assessing the Effectiveness of Sociotechnical Interventions: Antidote or Fad?", *Human Relations*, ago. 1989, p. 877-897.

28 Cohen, Ledford e Spreitzer, "A Predictive Model of Self-Managing Work Team Effectiveness".

29 D. Eden, "Pygmalion Without Interpersonal Contrast Effects: Whole Groups Gain From Raising Manager Expectations", *Journal of Applied Psychology*, ago. 1990, p. 394-398.

30 J.M. George e K. Bettenhausen, "Understanding Prosocial Behavior, Sales, Performance, and Turnover: A Group-Level Analysis in a Service Context", *Journal of Applied Psychology*, out. 1990, p. 698-709; e J.M. George, "Leader Positive Mood

and Group Performance: The Case of Customer Service", *Journal of Applied Psychology*, dez. 1995, p. 778-794.

31 K.T. Dirks, "Trust in Leadership and Team Performance: Evidence from NCAA Basketball", *Journal of Applied Psychology*, dez. 2000, p. 1004-1012; e M. Williams, "In Whom We Trust: Group Membership as an Affective Context for Trust Development", *Academy of Management Review*, jul. 2001, p. 377-396.

32 Veja S.T. Johnson, "Work Teams: What's Ahead in Work Design and Rewards Management", *Compensation & Benefits Review*, mar.-abr. 1993, p. 35-41; e L.N. McClurg, "Team Rewards: How Far Have We Come?", *Human Resource Management*, primavera 2001, p. 73-86.

33 Para um material mais detalhado sobre habilidades de equipe, veja M.J. Stevens e M.A. Campion, "The Knowledge, Skill, and Ability Requirements for Teamwork: Implications for Human Resource Management", *Journal of Management*, verão 1994, p. 503-530.

34 M.R. Barrick, G.L. Stewart, M.J. Neubert e M.K. Mount, "Relating Member Ability and Personality to Work-Team Process and Team Effectiveness", *Journal of Applied Psychology*, jun. 1998, p. 377-391; G.A. Neuman e J. Wright, "Team Effectiveness: Beyond Skills and Cognitive Ability", *Journal of Applied Psychology*, jun. 1999, p. 376-389; e L.M. Moyniham e R.S. Peterson, "A Contingent Configuration Approach to Understanding the Role of Personality in Organizational Groups", in B.M. Staw e R.I. Sutton (orgs.), *Research in Organizational Behavior*, vol. 23. Oxford: JAI/Elsevier, 2001, p. 332-338.

35 Barrick, Stewart, Neubert e Mount, "Relating Member Ability and Personality to Work-Team Process and Team Effectiveness".

36 Ibid., p. 388.

37 Ibid.

38 C. Margerison e D. McCann, *Team Management: Practical New Approaches*. Londres: Mercury Books, 1990.

39 Veja, por exemplo, R.A. Guzzo e G.P. Shea, "Group Performance and Intergroup Relations in Organizations", in M.D. Dunnette e L.M. Hough (orgs.), *Handbook of Industrial & Organizational Psychology*, 2 ed., vol. 3. Palo Alto: Consulting Psychologists Press, 1992, p. 288-290; S.E. Jackson, K.E. May e K. Whitney, "Understanding the Dynamics of Diversity in Decision-Making Teams", in R.A. Guzzo e E. Salas (orgs.), *Team Effectiveness and Decision Making in Organizations*. São Francisco: Jossey-Bass, 1995, p. 204-261; K.Y. Williams e C.A. O'Reilly III, Demography and Diversity in Organizations: A Review of 40 Years of Research", in B.M. Staw e L.L. Cummings (orgs.) *Research in Organizational Behavior*, vol. 20. Greenwich: JAI Press, 1998, p. 77-140; F. Linnehan e A.M. Konrad, "Diluting Diversity: Implications for Intergroup Inequality in Organizations", *Journal of Management Inquiry*, dez. 1999, p. 399-414; e S.E. Jackson, A. Joshi e N.L. Erhardt, "Recent Research on Team and Organizational Diversity: SWOT Analysis and Implications", *Journal of Management* 29, n. 6, 2003, p. 801-830.

40 M.E. Shaw, *Contemporary Topics in Social Psychology*. Morristown: General Learning Press, 1976 p. 356.

41 W.E. Watson, K. Kumar e L.K. Michaelsen, "Cultural Diversity's Impact on Interaction Process and Performance: Comparing Homogeneous and Diverse Task Groups", *Academy of Management Journal*, jun. 1993, p. 590-602; e P. C. Earley e E. Mosakowski, "Creating Hybrid Team Cultures: An Empirical Test of Transnational Team Functioning", *Academy of Management Journal*, fev. 2000, p. 26-49.

42 C.A. O'Reilly III, D.F. Caldwell e W.P. Barnett, "Work Group Demography, Social Integration, and Turnover", *Administrative Science Quarterly*, mar. 1989, p. 21-37; S.E. Jackson, J.F. Brett, V.I. Sessa, D.M. Cooper, J.A. Julin e K. Peyronnin, "Some Differences Make a Difference: Individual Dissimilarity and Group Heterogeneity as Correlates of Recruitment, Promotions, and Turnover", *Journal of Applied Psychology*, ago. 1991, p. 675-689; M.F. Wiersema e A. Bird, "Organizational Demography in Japanese Firms: Group Heterogeneity, Individual Dissimilarity, and Top Management Team Turnover", *Academy of Management Journal*, out. 1993, p. 996-1025; F.J. Milliken e L.L. Martins, "Searching for Common Threads: Understanding the Multiple Effects of Diversity in Organizational Groups", *Academy of Management Review*, abr. 1996, p. 402-433; B. Lawrence, "The Black Box of Organizational Demography", *Organization Science*, fev. 1997, p. 1-22; e K.Y. Williams e C.A. O'Reilly III, "Demography and Diversity in Organizations: A Review of 40 Years of Research", in B.M. Staw e L.L. Cummings (orgs.), *Research in Organizational Behavior*, vol. 20. Greenwich: JAI Press, 1998, p. 77-140.

43 J. Katzenbach, "What Makes Teams Work?", *Fast Company*, nov. 2000, p. 110.

44 A evidência nesta seção é descrita em Thompson, *Making the Team*, p. 65-67.

45 E. Sundstrom, K.P. Meuse e D. Futrell, "Work Teams: Applications and Effectiveness", *American Psychologist*, fev. 1990, p. 120-133.

46 D.E. Hyatt e T.M. Ruddy, "An Examination of the Relationship Between Work Group Characteristics and Performance"; e J.D. Shaw, M.K. Duffy e E.M. Stark, "Independence and Preference for Group Work: Main and Congruence Effects on the Satisfaction and Performance of Group Memebers", *Journal of Management* 26, n. 2, 2000, p. 259-279.

47 R. Wageman, "Critical Success Factors for Creating Superb Self-Managing Teams", *Organizational Dynamics*, verão 1997, p. 55.

48 M.A. Campion, E.M. Papper e G.J. Medsker, "Relations between Work Team Characteristics and Effectiveness", p. 430; e B.L. Kirkman e B. Rosen, "Powering Up Teams", *Organizational Dynamics*, inverno 2000, p. 48-66.

49 Campion, Papper e Medsker, "Relations between Work Team Characteristics and Effectiveness", p. 430.

50 I.D. Steiner, *Group Process and Productivity*. Nova York: Academic Press, 1972.

51 K. Hess, *Creating the High-Performance Team*. Nova York: Wiley, 1987; J.R. Katzenbach e D.K. Smith, *The Wisdom of Teams*, p. 43-64; e K.D. Scott e A. Townsend, "Teams: Why Some Succeed and Others Fail?", *HR Magazine*, ago. 1994, p. 62-67.

52 E. Weldon e L.R. Weingart, "Group Goals and Group Performance", *British Journal of Social Psychology*, primavera 1993, p. 307-334.

53 C.B. Gibson, A. Randel e P. C. Earley, "Understanding Group Efficacy: An Empirical Test of Multiple Assessment Methods", *Group & Organizational Management*, vol. 25, 2000, p. 67-97; e S.M. Gully, K.A. Incalterra, A. Joshi e J.M. Beaubien, "A Meta-Analysis of Team-Efficacy, Potency, and Performance: Interdependence and Level of Analysis as Moderators of Observed Relationships", *Journal of Applied Psychology*, out. 2002, p. 819-832.

54 K.A. Jehn, "A Qualitative Analysis of Conflict Types and Dimensions in Organizational Groups", *Administrative Science Quarterly*, set. 1997, p. 530-557.

55 Hess, *Creating the High-Performance Team*.

56 Veja, por exemplo, B.L. Kirkman e D.L. Shapiro, "The Impact of Cultural Values on Employee Resistance to Teams: Toward a Model of Globalized Self-Managing Work Team Effectiveness", *Academy of Management Review*, jul. 1977, p. 730-757; e B.L. Kirkman, C.B. Gibson e D.L. Shapiro, "Exporting' Teams: Enhancing the Implementation and Effectiveness of Work Teams in Global Affiliates", *Organizational Dynamics* 30, n. 1, 2001, p. 12-29.

57 D. Harrington-Mackin, *The Team Building Tool Kit*. Nova York: AMACOM, 1994, p. 53.

58 T.D. Schellhardt, "To Be a Star among Equals, Be a Team Player", *Wall Street Journal*, 20 abr. 1994, p. B1.

59 Ibid.

60 Veja, por exemplo, J. Prieto, "The Team Perspective in Selection and Assessment", in H. Schuler, J.L. Farr e M. Smith (orgs.), *Personnel Selection and Assessment: Industral and Organizational Perspectives*. Hillsdale: Erlbaum, 1994; R. Klimoski e R.G. Jones, "Staffing for Effective Group Decision Making: Key Issues in Matching People and Teams", in R.A. Guzzo e E. Salas (orgs.), *Team Effectiveness and Decision Making in Organizations*. São Francisco: Jossey-Bass, 1995, p. 307-326; e C. Hymowitz, "How to Avoid Hiring the Prima Donnas Who Hate Teamwork", *Wall Street Journal*, 15 fev. 2000, p. B1.

61 TSchellhardt, "To Be a Star Among Equals, Be a Team Player".

62 "Teams Up to Success", *Training*, jan. 1994, p. S41.

63 J.S. DeMatteo, L.T. Eby e E. Sundstrom, "Team-Based Rewards: Current Empirical Evidence and Directions for Future Research", in B.M. Staw e L.L. Cummings (orgs.), *Research in Organizational Behavior*, vol. 20. Greenwich: JAI Press, 1998, p. 141-183.

64 B. Geber, "The Bugaboo of Team Pay", *Training*, ago. 1995, p. 27, 34.

65 Kinlaw, *Developing Superior Work Teams*, p. 43.

66 B. Krone, "Total Quality Management: An American Odyssey", *The Bureaucrat*, outono 1990, p. 37.

67 *Profiles in Quality: Blueprints for Action from 50 Leading Companies*. Boston: Allyn & Bacon, 1991, p. 71-72, 76-77.

68 C.E. Naquin e R.O. Tynan, "The Team Halo Effect: Why Teams Are Not Blamed for Their Failures", *Journal of Applied Psychology*, abr. 2003, p. 332-340.

69 A.B. Drexler e R. Forrester, "Teamwork - Not Necessarily the Answer", *HR Magazine*, janeiro de 1998, p. 55-58. Veja também R. Saavedra, P. C. Earley e L. Van Dyne, "Complex Interdependence in Task-Performing Groups", *Journal of Applied Psychology*, fev. 1993, p. 61-72; e K.A. Jehn, G.B. Northcraft e M.A. Neale, "Why Differences Make a Difference: A Field Study of Diversity, Conflict, and Performance in Workgroups", *Administrative Science Quarterly*, dez. 1999, p. 741-763.

Capítulo 10

1 Esta seção de abertura baseia-se em S. Cushing, *Fatal Words: Communication Clashes and Aircraft Crashes*. Chicago: University of Chicago Press, 1997; "Pilot Communication Risks Flight Safety", www.aviation-safety.net/database, 5 set. 2003.

2 Veja, por exemplo, K.W. Thomas e W.H. Schmidt, "A Survey of Managerial Interests with Respect to Conflict", *Academy of Management Journal*, jun. 1976, p. 317.

3 W.G. Scott e T.R. Mitchell, *Organization Theory: A Structural and Behavioral Analysis*. Homewood: Richard D. Irwin, 1976.

4 D.K. Berlo, *The Process of Communication*. Nova York: Holt, Rinehart & Winston, 1960, p. 30-32.

5 J. Langan-Fox, "Communication in Organizations: Speed, Diversity, Networks, and Influence on Organizational Effectiveness, Human Health, and Relationships", in N. Anderson, D.S. Ones, H.K. Sinangil e C. Viswesvaran (orgs.), *Handbook of Industrial, Work & Organizational Psychology*, vol.2. Thousand Oaks: Sage, 2001, p. 190.

6 R.L. Simpson, "Vertical and Horizontal Communication in Formal Organizations", *Administrative Science Quarterly*, set. 1959, p. 188-196; B. Harriman, "Up and Down the Communication Ladder", *Harvard Business Review*, set.-out. 1974, p. 143-151; e A.G. Walker e J.W. Smither, "A Five-Year Study of Upward Feedback: What Managers Do with Their Results Matter", *Personnel Psychology*, verão 1999, p. 393-424.

7 L.S. Rashotte, "What Does That Smile Mean? The Meaning of Nonverbal Behaviors in Social Interaction", *Social Psychology Quarterly*, mar. 2002, p. 92-102.

8 J. Fast, *Body Language*. Filadélfia: M. Evan, 1970, p. 7.

9 A. Mehrabian, *Nonverbal Communication*. Chicago: Aldine-Atherton, 1972.

10 A. Bandura, *Social Learning Theory*. Upper Saddle River: Prentice Hall, 1977.

11 Um exemplo disto são as metas atribuídas. Veja E.A. Locke e G.P. Latham, *A Theory of Goal Setting and Task Performance*. Upper Saddle River: Prentice Hall, 1990.

12 Veja, por exemplo, N.B. Kurland e L.H. Pelled, "Passing the Word: Toward a Model of Gossip and Power in teh Workplace", *Academy of Management Review*, abr. 2000, p. 428-438; e N. Nicholson, "The New Word on Gossip", *Psychology Today*, jun. 2001, p. 41-45.

13 Citado em "Heard Through the Grapevine", *Forbes*, 10 de fev. 1997, p. 22.

14 Veja, por exemplo, J.W. Newstrom, R.E. Monczka e W.E. Reif, "Perceptions of the Grapevine: Its Value and Influence", *Journal of Business Communication*, primavera 1974, p. 12-20; e S.J. Modic, "Grapevine Rated Most Believable", *Industry Week*, 15maio 1989, p. 14.

15 K. Davis, "Management Communication and the Grapevine", *Harvard Business Review*, set.-out. 1953, p. 43-49.

16 H. Sutton e L.W. Porter, "A Study of the Grapevine in a Governmental Organization", *Personnel Psychology*, verão 1968, p. 223-230.

17 K. Davis, citado em R. Rowan, "Where Did That Rumor Come From?", *Fortune*, 13 de ago. 1979, p. 134.

18 R.L. Rosnow e G.A. Fine, *Rumor and Gossip: The Social Psychology of Hearsay*. Nova York: Elsevier, 1976.

19 L. Sierra, "Tell It to the Grapevine", *Communication World*, jun.-jul. 2002, p. 28-29.

20 D. Fallows, "Email at Work: Few Feel Overwhelmed and Most Are Pleased with the Way Email Helps Them Do Their Jobs", www.pewinternet.org; 8 dez. 2002.

21 Veja, por exemplo, M. Conlin, "Watch What You Put in That Office E-Mail", *Business Week*, 30 set. 2002, p. 114-115.

22 D. Parvaz, "E-Mail Abuse Firings Called Unfair", *Seattle Post-Intelligencer*, 7 jul. 2002, p. A1.

23 Veja, por exemplo, A. Harmon, "Appeal of Instant Messaging Extends into the Workplace", *New York Times*, 11 mar. 2003, p. A1.

24 Citado em C.Y. Chen, "The IM Invasion", *Fortune*, 26 maio2003, p. 135-138.

25 A. Stuart, "IM Is Here. RU Ready to Try It?", *INC.*, jul. 2003, p. 76-81.

26 Ibid.

27 Ibid., p. 79.

28. Ibid., p. 78.
29. R.O. Crockett, "The Office Gossips' New Water Cooler", *Business Week*, 24 jun. 2002, p. 14.
30. G. Anders, "Inside Job", *Fast Company*, set. 2001, p. 178.
31. S.N. Mehta, "This Is Not a Cellphone", *Fortune*, 26 maio 2003, p. 141-142.
32. Veja S.A. Mohrman, D. Finegold e J.A. Klein, "Designing the Knowledge Enterprise: Beyond Programs and Tools", *Organizational Dynamics* 31, n. 2, p. 134-150; e H. Dolezalek, "Collaborating in Cyberspace", *Training*, abr. 2003, p. 32-37.
33. Veja J.Ewing, "Sharing the Wealth", *Business Week e.biz*, 19 mar. 2001, p. EB36-40; e D. Tapscott, D. Ticoll e A. Lowy, *Digital Capital: Harnessing the Power of Business Web*. Boston: Harvard Business School Press, 2000.
34. Citado em A. Cabrera e E.F. Cabrera, "Knowledge-Sharing Dilemmas", *Organization Studies* 5, 2002, p. 687.
35. B. Roberts, "Pick Employees' Brains", *HR Magazine*, fev. 2000, p. 115-116; B. Fryer, "Get Smart", *INC. Technology 1999*, n. 3, p. 65; e D. Zielinski, "Have You Shared a Bright Idea Today?", *Training*, jul. 2000, p. 65.
36. B. Fryer, "Get Smart", p. 63.
37. E. Truch, "Managing Personal Knowledge: The Key to Tomorrow's Employability", *Journal of Change Management*, dez. 2001, p. 102-105.
38. J. Gordon, "Intellectual Capital and You", *Training*, set. 1999, p. 33.
39. D. Zielinski, "Have You Shared a Bright Idea Today?", p. 65-67.
40. T.M. Burton e R.E. Silverman, "Lots of Empty Spaces in Cerner Parking Lot Get CEO Riled Up", *Wall Street Journal*, 30 mar. 2001, p. B3; e E. Wong, "A Stinging Office Memo Boomerangs", *New York Times*, 5 abr. 2001, p. C1.
41. Veja R.L. Daft e R.H. Lengel, "Information Richness: A New Approach to Managerial Behavior and Organization Design", in B.M. Staw e L.L. Cummings (orgs.), *Research in Organizational Behavior*, vol. 6. Greenwich: JAI Press, 1984, p. 191-233; R.L. Daft e R.H. Lengel, "Organizational Information Requirements, Media Richness, and Structural Design", *Managerial Science*, maio 1986, p. 554-572; R.E. Rice, "Task Analyzability, Use of New Media, and Effectiveness", *Organization Science*, nov. 1992, p. 475-500; S.G. Straus e J.E. McGrath, "Does the Medium Matter? The Interaction of Task Type and Technology on Group Performance and Member Reaction", *Journal of Applied Psychology*, fev. 1994, p. 87-97; e L.K. Trevino, J. Webster e E.W. Stein, "Making Connections: Complementary Influences on Communication Media Choices, Attitudes, and Use", *Organization Science*, mar.-abr. 2000, p. 163-182.
42. R.L. Daft, R.H. Lengel e L.K. Trevino, "Message Equivocality, Media Selection, and Manager Performance: Implications for Information Systems", *MIS Quarterly*, set. 1987, p. 355-368.
43. J.C. McCroskey, J.A. Daily e G. Sorenson, "Personality Correlates of Communication Apprehension", *Human Communication Research*, primavera 1976, p. 376-380.
44. Veja, por exemplo, B.H. Spitzberg e M.L. Hecht, "A Competent Model of Relational Competence", *Human Communication Research*, verão 1984, p. 575-599; e S.K. Opt e D.A. Loffredo, "Rethinking Communication Apprehension: A Myers-Briggs Perspective", *Journal of Psychology*, set. 2000, p. 556-570.
45. Veja, por exemplo, L. Stafford e J.A. Daly, "Conversational Memory: The Effects of Instructional Set and Recall Mode on Memory for Natural Conversations", *Human Communication Research*, primavera 1984, p. 379-402.
46. J.A. Daly e J.C. McCrosky, "Occupational Choice and Desirability as a Function of Communication Apprehension", trabalho apresentado na reunião anual da Associação Internacional de Comunicação realizada em Chicago, 1975.
47. J.A. Daly e M.D. Miller, "The Empirical Development of an Instrument of Writing Apprehension", *Research in the Teaching of English*, inverno 1975, p. 242-249.
48. Veja D. Tannen, *You Just Don't Understand: Women and Men in Conversation*. Nova York: Ballentine Books, 1991; e D. Tannen, *Talking from 9 to 5*. Nova York: William Morrow, 1995.
49. Tannen, *Talking from 9 to 5*, p. 15.
50. Esta seção é amplamente baseada em C.C. Pinder e K.P. Harlos, "Silent Organizational Behavior", trabalho apresentado na Western Academy of Management Conference; mar. 2000; P. Mornell, "The Sounds of Silence", *INC.*, fev. 2001, p. 117-118; C.C. Pinder e K.P. Harlos, "Employee Silence: Quiescence and Acquiescence as Response to Perceived Injustice", in G. Ferris (ed.), *Research in Personnel Human Resource Management*, vol.21. Greenwich: JAI Press, 2001; e F.J. Milliken, E.W. Morrison e P. F. Hewlin, "An Exploratory Study of Employee Silence: Issues That Employees Don't Communicate Upward and Why", *Journal of Management Studies*, set. 2003, p. 1453-1476.
51. M.L. LaGanga, "Are There Words That Neither Offend Nor Bore?", *Los Angeles Times*, 18 maio 1994, p. II-27; e J. Leo, "Put on a Sappy Face", *U.S. News & World Report*, 25 nov. 2002, p. 52.
52. Citado em J. Leo, "Falling for Sensitivity", *U.S. News & World Report*, 13 1993, p. 27.
53. R.E. Axtell, *Gestures: The Do's and Taboos of Body Language Around the World*. Nova York: Wiley, 1991.
54. Veja M. Munter, "Cross-Cultural Communication for Manager", *Business Horizons*, maio-jun. 1993, p. 75-76.
55. Veja E.T. Hall, *Beyond Culture*. Garden City: Anchor Press/Doubleday, 1976; E.T. Hall, "How Cultures Collide", *Psychology Today*, jul. 1976, p. 67-74; E.T. Hall e M.R. Hall, *Understanding Cultural Differences*. Yarmouth: Intercultural Press, 1990; R.E. Dulek, J.S. Fielden e J.S. Hill, "International Communication: An Executive Primer", *Business Horizons*, jan.-fev. 1991, p. 20-25; D. Kim, Y. Pan e H.S. Park, "High- Versus Low-Context Culture: A Comparison of Chinese, Korean, and American Cultures", *Psychology and Marketing*, set. 1998, p. 507-521; e M.J. Martinko e S.C. Douglas, "Culture and Expatriate Failure: An Attributional Explication", *International Journal of Organizational Analysis*, jul. 1999, p. 265-293.
56. N. Adler, *International Dimensions of Organizational Behavior*, 4 ed.. Cincinnati: Southwestern, 2002, p. 94.
57. Veja, por exemplo, R.S. Schuler, "A Role Perception Transactional Process Model for Organizational Communication-Outcome Relationships", *Organizational Behavior and Human Peformance*, abr. 1979, p. 268-291.
58. J.P. Walsh, S.J. Ashford e T.E. Hill, "Feedback Obstruction: The Influence of the Information Environment on Employee Turnover Intentions", *Human Relations*, jan. 1985, p. 23-46.
59. S.A. Hellweg e S.L. Phillips, "Communication and Productivity in Organizations: A State-of-Art Review", in *Proceedings of the 40th Annual Academy of Management Conference*, Detroit, 1980, p. 188-192.
60. R.R. Reilly, B. Brown, M.R. Blood e C.Z. Malatesta, "The Effects of Realistic Previews: A Study and Discussion of the Literature", *Personnel Psychology*, inverno 1981, p. 823-834.

61 Baseado em J.P. Schuster, J. Carpenter e M.P. Kane, *The Power of Open-Book Management*. Nova York: John Wiley, 1996; R. Aggarwal e B.J. Simkins, "Open Book Management – Optimizing Human Capital", *Business Horizons*, set.-out. 2001, p. 5-13; e D. Drickhamer, "Open Books to Elevate Performance", *Industry Week*, nov. 2002, p. 16.

62 Baseado em S.L. Gruner, "Why Open the Books?", *INC.*, nov. 1996, p. 95; e T.R.V. Davis, "Open-Book Management: Its Promise and Pitfalls", *Organizational Dynamics*, inverno 1997, p. 7-20.

Capítulo 11

1 Baseado em N. Byrnes, "Avon Calling—Lots of New Reps", *Business Week*, 2 jun. 2003, p. 53; "The Best Managers", *Business Week*, 13 jan. 2003, p. 60; e K. Brooker, "It Took a Lady to Save Avon", *Fortune*, 15 out. 2001, p. 203-208.

2 J.P. Kotter, "What Leaders Really Do", *Harvard Business Review*, maio-jun. 1990, p. 103-111; e J.P. Kotter, *A Force for Change: How Leadership Differs from Management*. Nova York: Free Press, 1990.

3 R.J. House e R.N. Aditya, "The Social Scientific Study of Leadership: Quo Vadis?" *Journal of Management* 23, n. 3, 1997, p. 445.

4 Veja, por exemplo, W.B. Snavely, "Organizational Leadership: An Alternative View and Implications for Managerial Education", artigo apresentado na Midwest Academy of Management Conference; Toledo, abr. 2001.

5 J.G. Geier, "A Trait Approach to the Study of Leadership in Small Groups", *Journal of Communication*, dez. 1967, p. 316-323.

6 S.A. Kirkpatrick e E.A. Locke, "Leadership: Do Traits Matter?" *Academy of Management Executive*, maio 1991, p. 48-60; e S.J. Zaccaro, R.J. Foti e D.A. Kenny, "Self-Monitoring and Trait-Based Variance in Leadership: An Investigation of Leader Flexibility Across Multiple Group Situa-tions", *Journal of Applied Psychology*, abr. 1991, p. 308-315.

7 Veja T.A. Judge, J.E. Bono, R. Ilies e M. Werner, "Personality and Leadership: A Review", artigo apresentado na 15th Annual Conference of the Society for Industrial and Organizational Psychology, New Orleans, 2000; e T.A. Judge, J.E. Bono, R. Ilies e M.W. Gerhardt, "Personality and Leadership: A Qualitative and Quantitative Review", *Journal of Applied Psy-chology*, ago. 2002, p. 765-780.

8 Judge, Bono, Ilies eGerhardt, "Personality and Leadership."

9 Ibid.; R.G. Lord, C.L. DeVader e G.M. Alliger, "A Meta-Analysis of the Relation Between Personality Traits and Leadership Perceptions: An Application of Validity Generalization Procedures", *Journal of Applied Psy-chology*, ago. 1986, p. 402-410; e J.A. Smith and R.J. Foti, "A Pattern Approach to the Study of Leader Emergence", *Leadership Quarterly*, verão 1998, p. 147-160.

10 Veja M. Warner, "Confessions of a Control Freak", *Fortune*, set. 4, 2000, p. 130-140; e S. Hansen, "Stings Like a Bee", *INC.*, nov. 2002, p. 56-64.

11 R.M. Stogdill e A.E. Coons (orgs.), *Leader Behavior: Its Description and Measurement*, monografia de pesquisa n. 88. Columbus: Ohio State University, Bureau of Business Research, 1951. Esta pesquisa é atualizada em C.A. Schriesheim, C.C. Cogliser e L.L. Neider, "Is It 'Trustworthy'? A Multiple-Levels-of-Analysis Reexamination of an Ohio State Leadership Study, with Implications for Future Research", *Leadership Quarterly*, verão 1995, p. 111-145; e T.A. Judge, R.F. Piccolo e R. Ilies, "The Forgotten Ones? The Validity of Consideration and Initiating Structure in Leadership Research", *Journal of Applied Psychology*, fev. 2004, p. 36-51.

12 H. Yen, "Richard Parsons, AOL Time Warner's New CEO, Known as Consensus-Builder", www.tbo.com, 6 dez. 2001.

13 R. Kahn e D. Katz, "Leadership Practices in Relation to Productivity and Morale", D. Cartwright e A. Zander (orgs.), *Group Dynamics: Research and Theory*, 2 ed. Elmsford: Row, Paterson, 1960.

14 R.R. Blake e J.S. Mouton, *The Managerial Grid*. Houston: Gulf, 1964.

15 Veja, por exemplo, R.R. Blake e J.S. Mouton, "A Comparative Analysis of Situationalism and 9,9 Management by Principle", *Organizational Dynamics*, primavera 1982, p. 20-43.

16 Veja, por exemplo, L.L. Larson, J.G. Hunt e R.N. Osborn, "The Great Hi-Hi Leader Behavior Myth: A Lesson from Occam's Razor", *Academy of Management Journal*, dezembro de 1976, p. 628-641; e P. C. Nystrom, "Managers and the Hi-Hi Leader Myth", *Academy of Management Journal*, jun. 1978, p. 325-331.

17 Veja G. Ekvall e J. Arvonen, "Change-Centered Leadership: An Extension of the Two-Dimensional Model", *Scandinavian Journal of Management* 7, n. 1, 1991, p. 17-26; M. Lindell e G. Rosenqvist, "Is There a Third Man-agement Style?" *Finnish Journal of Business Economics* 3, 1992, p. 171-198; e M. Lindell and G. Rosenqvist, "Management Behavior Dimensions and Development Orientation", *Leadership Quarterly*, inverno 1992, p. 355-377.

18 M. McDonald, "Lingerie's Iron Maiden Is Undone", *U.S. News & World Report*, 25 jun. 2001, p. 37; e A. D'Innocenzio, "Wachner Ousted as CEO, Chairman at Warnaco", *Detroit News*, 17 nov. 2001, p. D1.

19 F.E. Fiedler, *A Theory of Leadership Effectiveness*. Nova York: McGraw-Hill, 1967.

20 S. Shiflett, "Is There a Problem with the LPC Score in LEADER MATCH?", *Personnel Psychology*, inverno 1981, p. 765-769.

21 F.E. Fiedler, M.M. Chemers e L. Mahar, *Improving Leadership Effectiveness: The Leader Match Concept*. Nova York: John Wiley, 1977.

22 Citado em House e Aditya, "The Social Scientific Study of Leadership", p. 422.

23 L.H. Peters, D.D. Hartke e J.T. Pohlmann, "Fiedler's Contingency Theory of Leadership: An Application of the Meta-Analysis Procedures of Schmidt and Hunter", *Psychological Bulletin*, mar. 1985, p. 274-285; C.A. Schriesheim, B.J. Tepper e L.A. Tetrault, "Least Preferred Coworker Score, Situational Control, and Leadership Effectiveness: A Meta-Analysis of Contingency Model Performance Predictions", *Journal of Applied Psy-chology*, ago. 1994, p. 561-573; e R. Ayman, M.M. Chemers e F. Fiedler, "The Contingency Model of Leadership Effectiveness: Its Levels of Analysis", *Leadership Quarterly*, verão 1995, p. 147-167.

24 House e Aditya, "The Social Scientific Study of Leadership", p. 422.

25 Veja, por exemplo, R.W. Rice, "Psychometric Properties of the Esteem for the Least Preferred Coworker. LPC Scale", *Academy of Management Review*, jan. 1978, p. 106-118; C.A. Schriesheim, B.D. Bannister e W.H. Money, "Psychometric Pr operties of the LPC Scale: An Extension of Rice's Review", *Academy of Management Review*, abr. 1979, p. 287-290; e J.K. Kennedy, J.M. Houston, M.A. Korgaard eD.D. Gallo, "Construct Space of the Least Preferred Coworker. LPC Scale", *Educational & Psychological Measurement*, out. 1987, p. 807-814.

26. Veja E.H. Schein, *Organizational Psychology*, 3 ed. Upper Saddle River: Prentice Hall, 1980, p. 116-117; e B. Kabanoff, "A Critique of Leader Match and Its Implications for Leadership Research", *Personnel Psychology*, inverno 1981, p. 749-764.

27. F.E. Fiedler e J.E. Garcia, *New Approaches to Effective Leadership: Cognitive Resources and Organizational Performance*. Nova York: Wiley, 1987.

28. F.E. Fiedler, "Leadership Experience and Leadership Performance: Another Hypothesis Shot to Hell", *Organizational Behavior and Human Performance*, jan. 1970, p. 1-14; F.E. Fiedler, "Time-Based Measures of Leadership Experience and Organizational Performance: A Review of Research and a Preliminary Model", *Leadership Quarterly*, primavera 1992, p. 5-23; e M.A. Quinones, J.K. Ford e M.S. Teachout, "The Relationship Between Work Experience and Job Performance: A Conceptual and Meta-Analytic Review", *Personnel Psychology*, inverno 1995, p. 887-910.

29. Veja F.W. Gibson, F.E. Fiedler e K.M. Barrett, "Stress, Babble, and the Utilization of the Leader's Intellectual Abilities", *Leadership Quarterly*, verão 1993, p. 189-208; F.E. Fiedler e T.G. Link, "Leader Intelligence, Interpersonal Stress, and Task Performance", in R.J. Sternberg e R.K. Wagner (orgs.), *Mind in Context: Interactionist Perspectives on Human Intelligence*. Londres: Cambridge University Press, 1994, p. 152-167; F.E. Fiedler, "Cognitive Resources and Leadership Performance", *Applied Psychology—An International Review*, jan. 1995, p. 5-28; e F.E. Fiedler, "The Curious Role of Cognitive Resources in Leadership", in R.E. Riggio, S.E. Murphy e F.J. Pirozzolo (orgs.), *Multiple Intelligences and Leadership*. Mahwah: Lawrence Erlbaum, 2002, p. 91-104.

30. P. Hersey e K.H. Blanchard, "So You Want to Know Your Leadership Style?" *Training and Development Journal*, fev. 1974, p. 1-15; e P. Hersey, K.H. Blanchard e D.E. Johnson, *Management of Organizational Behavior: Leading Human Resources*, 8 ed. Upper Saddle River: Prentice Hall, 2001.

31. Citado em C.F. Fernandez e R Vecchio, "Situational Leadership Theory Revisited: A Test of an Across-Jobs Perspective", *Leadership Quarterly* 8, n. 1, 1997, p. 67.

32. Veja, por exemplo, *Ibid.*, p. 67-84; C.L. Graeff, "Evolution of Situational Leadership Theory: A Critical Review", *Leadership Quarterly* 8, n. 2, 1997, p. 153-170; e R.P. Vecchio and K.J. Boatwright, "Preferences for Idealized Styles of Supervision", *Leadership Quarterly*, aug. 2002, p. 327-342.

33. R.M. Dienesch e R.C. Liden, "Leader-Member Exchange Model of Leadership: A Critique and Further Development", *Academy of Management Review*, jul. 1986, p. 618-634; G.B. Graen e M. Uhl-Bien, "Relationship-Based Approach to Leadership: Development of Leader-Member Exchange. LMX Theory of Leadership Over 25 Years: Applying a Multi-Domain Perspective", *Leadership Quarterly*, verão 1995, p. 219-247; R.C. Liden, R.T. Sparrowe e S.J. Wayne, "Leader-Member Exchange Theory: The Past and Potential for the Future", in G.R. Ferris (ed.), *Research in Personnel and Human Resource Management*, vol. 15. Greenwich: JAI Press, 1997, p. 47-119; e C.A. Schriesheim, S.L. Castro, X. Zhou e F.J. Yammarino, "The Folly of Theorizing 'A' but Testing 'B': A Selective Level-of-Analysis Review of the Field and a Detailed Leader-Member Exchange Illustration", *Leadership Quarterly*, inverno 2001, p. 515-551.

34. R. Liden e G. Graen, "Generalizability of the Vertical Dyad Linkage Model of Leadership", *Academy of Management Journal*, set. 1980, p. 451-465; e R.C. Liden, S.J. Wayne e D. Stilwell, "A Longitudinal Study of the Early Development of Leader-Member Exchanges", *Journal of Applied Psychology*, ago. 1993, p. 662-674.

35. D. Duchon, S.G. Green e T.D. Taber, "Vertical Dyad Linkage: A Longitudinal Assessment of Antecedents, Measures, and Consequences", *Journal of Applied Psychology*, fev. 1986, p. 56-60; R.C. Liden, S.J. Wayne e D. Stilwell, "A Longitudinal Study on the Early Development of Leader-Member Exchanges"; R.J. Deluga e J.T. Perry, "The Role of Subordinate Performance and Ingratiation in Leader-Member Exchanges", *Group & Organization Management*, mar. 1994, p. 67-86; T.N. Bauer e S.G. Green, "Development of Leader-Member Exchange: A Longitudinal Test", *Academy of Management Journal*, dez. 1996, p. 1538-1567; e S.J. Wayne, L.M. Shore e R.C. Liden, "Perceived Organizational Support and Leader-Member Exchange: A Social Exchange Per-spective", *Academy of Management Journal*, fev. 1997, p. 82-111.

36. Veja, por exemplo, C.R. Gerstner e D.V. Day, "Meta-Analytic Review of Leader-Member Exchange Theory: Correlates and Construct Issues", *Journal of Applied Psychology*, dez. 1997, p. 827-844; C. Gomez e B. Rosen, "The Leader-Member Exchange as a Link Between Managerial Trust and Employee Empowerment", *Group & Organization Management*, mar. 2001, p. 53-69; e J.M. Maslyn e M. Uhl-Bien, "Leader-Member Exchange and Its Dimensions: Effects of Self-Effort and Other's Effort on Relationship Quality", *Journal of Applied Psychology*, ago. 2001, p. 697-708.

37. D. Eden, "Leadership and Expectations: Pygmalion Effects and Other Self-Fulfilling Prophecies in Organizations", *Leadership Quarterly*, inverno 1992, p. 278-279.

38. R.J. House, "A Path-Goal Theory of Leader Effectiveness", *Administrative Science Quarterly*, set. 1971, p. 321-338; R.J. House e T.R. Mitchell, "Path-Goal Theory of Leadership", *Journal of Contemporary Business*, outono 1974, p. 81-97; e R.J. House, "Path-Goal Theory of Leadership: Lessons, Legacy, and a Reformulated Theory", *Leadership Quarterly*, outono 1996, p. 323-352.

39. J.C. Wofford e L.Z. Liska, "Path-Goal Theories of Leadership: A Meta-Analysis", *Journal of Management*, inverno 1993, p. 857-876.

40. V.H. Vroom e P. W. Yetton, *Leadership and Decision-Making*. Pittsburgh: University of Pittsburgh Press, 1973.

41. V.H. Vroom e A.G. Jago, *The New Leadership: Managing Participation in Organizations*. Englewood Cliffs: Prentice Hall, 1988. Veja também V.H. Vroom and A.G. Jago, "Situation Effects and Levels of Analysis in the Study of Leader Participation", *Leadership Quarterly*, verão 1995, p. 169-181.

42. Veja, por exemplo, R.H.G. Field, "A Test of the Vroom-Yetton Normative Model of Leadership", *Journal of Applied Psychology*, out. 1982, p. 523-532; C.R. Leana, "Power Relinquishment versus Power Sharing: Theoretical Clarification and Empirical Comparison of Delegation and Participation", *Journal of Applied Psychology*, maio 1987, p. 228-233; J.T. Ettling e A.G. Jago, "Participation Under Conditions of Conflict: More on the Validity of the Vroom-Yetton Model", *Journal of Management Studies*, jan. 1988, p. 73-83; R.H.G. Field e R.J. House, "A Test of the Vroom-Yetton Model Using Manager and Subordinate Reports", *Journal of Applied Psychology*, jun. 1990, p. 362-366; e R.H.G. Field and J.P. Andrews, "Testing the Incremental Validity of the Vroom-Jago Versus Vroom-Yetton Models of Participation in Decision Making", *Journal of Behavioral Decision Making*, dez. 1998, p. 251-261.

43. R.J. House e Aditya, "The Social Scientific Study of Leadership", p. 428.

44 Veja R.A. Barker, "How Can We Train Leaders If We Do Not Know What Leadership Is?" *Human Relations*, abr. 1997, p. 343-362.

45 N. Nicholson, *Executive Instinct*. Nova York: Crown, 2001.

46 R.J. House e R.N. Aditya, "The Social Scientific Study of Leadership: Quo Vadis?" *Journal of Management* 23, n. 3, 1997, p. 460-461.

47 D.V. Day e R.G. Lord, "Executive Leadership and Organizational Performance: Suggestions for a New Theory and Methodology", *Journal of Management*, out. 1988, p. 453-464.

Capítulo 12

1 Este texto de abertura baseia-se em D. Reed, "Sorry, Doesn't Sway AMR Workers", *USA Today*, 22 de abr. 2003, p. 1B; D. Reed, "Carty Faces Crisis"", *USA Today*, 23 de abr. 2003, p. 3B; D. Reed, "Carty Resigns as 2 Unions Agree to New Concessions", *USA Today*, 25 abr. 2003, p. 1B; W. Zellner, "What Was Don Carty Thinking?", *Business Week*, 5 maio 2003, p. 32.

2 Veja, por exemplo, K.T. Dirks e D.L. Ferrin, "Trust in Leadership: Meta-Analytic Findings and Implications for Research and Practice", *Journal of Applied Psychology*, ago.2002, p. 611-628; sobre o tema específico da confiança no contexto organizacional, veja B. McEvily, V. Perrone, A. Zaheer. editores convidados, *Organization Science*, jan.-fev. 2003; R. Galford e A.S. Drapeau, *The Trusted Leader*. Nova York: Free Press, 2003; e R. Zemke, "The Confidence Crisis", *Training*, jun. 2004, p. 22-30.

3 Baseado em S.D. Boon e J.G. Holmes, "The Dynamics of Interpersonal Trust: Resolving Uncertainty in the Face of Risk", in R.A. Hinde e J. Goroebel (orgs.), *Cooperation and Prosocial Behavior*. Cambridge: Cambridge University Press, 1991, p. 194; D.J. McAllister, "Affect- and Cognition-Based Trust as Foundations for Interpersonal Cooperation in Organizations", *Academy of Management Journal*, fev. 1995, p. 25; e D.M. Rousseau, S.B. Sitkin, R.S. Burt e C. Camerer, "Not So Different After All: A Cross-Discipline View of Trust", *Academy of Management Review*, jul. 1998, p. 393-404.

4 J.B. Rotter, "Interpersonal Trust, Trustworthiness, and Gullibility", *American Psychologist*, jan. 1980, p. 1-7.

5 J.D. Lewis e A. Weigert, "Trust as Social Reality", *Social Forces*, jun. 1985, p. 970.

6 J.K. Rempel, J.G. Holmes e M.P. Zanna, "Trust in Close Relationships", *Journal of Personality and Social Psychology*, jul. 1985, p. 96.

7 M. Granovetter, "Economic Action and Social Structure: The Problem of Embeddedness", *American Journal of Sociology*, nov. 1985, p. 491.

8 R.C. Mayer, J.H. Davis e F.D. Schoorman, "An Integrative Model of Organizational Trust", *Academy of Management Review*, jul. 1995, p. 712.

9 C. Johnson-George e W. Swap, "Measurement of Specific Interpersonal Trust: Construction and Validation of a Scale to Assess Trust in a Specific Other", *Journal of Personality and Social Psychology*, set. 1982, p. 1306.

10 P.L. Schindler e C.C. Thomas, "The Structure of Interpersonal Trust in Workplace", *Psychological Reports*, out. 1993, p. 563-573.

11 H.H. Tan e C.S.F. Tan, "Toward the Differentiation of Trust in Supervisors and Trust in Organization", *Genetic, Social, and General Psychology Monographs*, maio 2000, p. 241-260.

12 Citado em D. Jones, "Do You Trust Your CEO?", *USA Today*, 12 fev. 2003, p. 7B.

13 D. McGregor, *The Professional Manager*. Nova York: McGraw-Hill, 1967, p. 164.

14 B. Nanus, *The Leader's Edge: The Seven Keys to Leadership in a Turbulent World*. Chicago: Contemporary Books, 1989, p. 102.

15 Veja, por exemplo, K.T. Dirks e D.L. Ferrin, "The Effects of Trust in Leadership on Employee Performance, Behavior, and Attitudes: A Meta-Analysis", trabalho apresentado na Academy of Management Conference; Toronto, Canadá; ago. 2000; J.B. Cunningham e J. MacGregor, "Trust and the Design of Work: Complementary Constructs in Satisfaction and Performance", *Human Relations*, dez. 2000, p. 1575-1591; e D.I. Jung e J.B. Avolio, "Opening the Black Box: An Experimental Investigation of the Mediating Effects of Trust and Value Congruence on Transformational and Transactional Leadership", *Journal of Organizational Behavior*, dez. 2000, p. 949-964.

16 D.E. Zand, *The Leadership Trial: Knowledge, Trust, and Power*. Nova York: Oxford Press, 1997, p. 89.

17 Baseado em L. T. Hosmer, "Trust: The Connecting Link Between Organizational Theory and Philosophical Ethics", *Academy of Management Review*, abr. 1995, p. 393; e R.C. Mayer, J.H. Davis e F.D. Schoorman, "An Integrative Model of Organizational Trust", *Academy of Management Review*, jul. 1995, p. 712.

18 J.M. Kouzes e B.Z. Posner, *Credibility: How Leaders Gain and Lose It, and Why People Demand It*. São Francisco: Jossey-Bass, 1993, p. 14.

19 J. Scott, "Once Bitten, Twice Shy: A World of Eroding Trust", *New York Times*, 21 abr. 2002, p. WK5; J.A. Byrne, "Restoring Trust in Corporate America", *Business Week*, 24 jun. 2002, p. 30-35; B. Nussbaum, "Can Trust Be Rebuilt?", *Business Week*, 8 jul. 2002, p. 32-34; e C. Sandlund, "Trust Is a Must", *Entrepreneur*, out. 2002, p. 70-75.

20 Os resultados aqui apresentados são citados em B. Horovitz, "Trust", *USA Today*, 16 jul. 2002, p. 1A; e D. Jones, "Do You Trust Your CEO?", *USA Today*, 12 fev. 2003, p. 7B.

21 Esta seção baseia-se em D. Shapiro, B.H. Sheppard e L. Cheraskin, "Business on a Handshake", *Negotiation Journal*, out. 1992, p. 365-377; R.J. Lewicki e B.B. Bunker, "Developing and Maintaining Trust in Work Relationships", in R.M. Kramer e T.R. Tyler (orgs.), *Trust in Organizations*. Thousand Oaks: Sage, 1996, p. 119-124; e J. Child, "Trust – The Fundamental Bond in Global Collaboration", *Organizational Dynamics* 29, n. 4, 2001, p. 274-288.

22 Esta seção baseia-se em D.E. Zand, *The Leadership Trial: Knowledge, Trust, and Power*. Nova York: Oxford Press, 1997, p. 122-134; e A.M. Zak, J.A. Gold, R.M. Ryckman e E. Lenney, "Assessment of Trust in Intimate Relationships and the Self-Perception Process", *Journal of Social Psychology*, abr. 1998, p. 217-228.

23 Veja R.M. Entman, "Framing: Toward Clarification of a Fractured Paradigm", *Journal of Communication*, outono 1993, p. 51-58; e G.T. Fairhurst e R.A. Starr, *The Art of Framing: Managing the Language of Leadership*. São Francisco: Jossey-Bass, 1996, p. 21.

24 Fairhurst e Starr, *The Art of Framing*, p. 4.

25 J.A. Conger e R.N. Kanungo, "Behavioral Dimensions of Charismatic Leadership", in J.A. Conger, R.N. Kanungo e associados, *Charismatic Leadership*. São Francisco: Jossey-Bass, 1988, p. 79.

26 J.A. Conger e R.N. Kanungo, *Charismatic Leadership in Organizations*. Thousand Oaks: Sage, 1998; e R. Awamleh e W.L. Gardner, "Perceptions of Leader Charisma and Effectiveness: The Effects of Vision Content, Delivery, and Organizational Performance", *Leadership Quarterly*, outono 1999, p. 345-373.

27 B. Shamir, R.J. House e M.B. Arthur, "The Motivational Effects of Charismatic Leadership: A Self-Concept Theory", *Organization Science*, nov. 1993, p. 577-594.

28 Para revisões sobre o papel da visão na liderança, veja S.J. Zaccaro, "Visionnary and Inspirational Models of Executive Leadership: Empirical Review and Evaluation", in S.J. Zaccaro (ed.), *The Nature of Executive Leadership: A Conceptual and Empirical Analysis of Success*. Washington: American Psychological Association, 2001, p. 259-278; e M. Hauser e R.J. House, "Lead Through Vision and Values", in E.A. Locke (ed.), *Handbook of Principles of Organizational Behavior*. Malden: Blackwell, 2004, p. 257-273.

29 P.C. Nutt e R.W. Backoff, "Crafting Vision", *Journal of Management Inquiry*, dez. 1997, p. 309.

30 Ibid., p. 312-314.

31 J.A. Conger e R.N. Kanungo, "Training Charismatic Leadership: A Risky and Critical Task", *Charismatic Leadership*, p. 309-23; A.J. Towler, "Effects of Charismatic Influence Training on Attitudes, Behavior, and Performance", *Personnel Psychology*, verão 2003, p. 363-381; e M. Frese, S. Beimel e S. Schoenborn, "Action Training for Charismatic Leadership: Two Evaluations od Studies of a Commercial Training Module on Inspirational Communication of a Vision", *Personnel Psychology*, outono 2003, p. 671-697.

32 R.J. Richardson e S.K. Thayer, The *Charisma Factor: How to Develop Your Natural Leadership Ability*. Upper Saddle River: Prentice Hall, 1993.

33 J.M. Howell e P.J. Frost "A Laboratory Study of Charismatic Leadership", *Organizational Behavior and Human Decision Process*, abr. 1989, p. 243-269.

34 R.J. House, J. Woycke e E.M. Fodor, "Charismatic and Noncharismatic Leaders: Differences in Behavior and Effectiveness", in J.A. Conger e R.N. Kanungo, *Charismatic Leadership*, p. 103-104; D.A. Waldman, B.M. Bass e F.J. Yammarino, "Adding to Contingent-Reward Behavior: The Augmenting Effect of Charismatic Leadership", *Group & Organization Studies*, dez. 1990, p. 381-394; S.A. Kirkpatrick e E.A Locke, "Direct and Indirect Effects of Three Core Charismatic Leadership Components on Performance and Attitudes", *Journal of Applied Psychology*, fev. 1996, p. 36-51; e R.J. Deluga, "American Presidential Machiavellianism: Implications for Charismatic Leadership and Rated Performance", *Leadership Quarterly*, out. 2001, p. 339-63.

35 R.J. House, "A 1976 Theory of Charismatic Leadership" in J.G. Hunt e L.L. Larson (orgs.) *Leadership: The Cutting Edge*. Carbondale: Southern Illinois University Press, 1977, p. 189-207; e R.J. House e R.N. Aditya, "The Social Scientific Study of Leadership", p. 441.

36 Veja, por exemplo, B. Khurana, *Searching for a Corporate Savior: The Irrational Quest for Charismatic CEOs*. Princeton: Princeton University Press, 2002; e J.A. Raelin, "The Myth of Charismatic Leaders", *Training & Development*, mar. 2003, p. 47-54.

37 J. Collins, "Level 5 Leadership: The Triumph of Humility and Fierce Resolve", *Harvard Business Review*, jan. 2001, p. 67-76; J. Collins, "Good to Great", *Fast Company*, out. 2001, p. 90-104; e J. Collins, "The Misguided Mix-Up", *Executive Excellence*, dez. 2002, p. 3-4.

38 Veja, por exemplo, B.M. Bass, *Leadership and Performance Beyond Expectations*. Nova York: Free Press, 1985; B.M. Bass, "From Transactional to Transformational Leadership: Learning to Share the Vision", *Organizational Dynamics*, inverno 1990, p. 19-31; F.J. Yammarino, W.D. Spangler e B.M. Bass, "Transformational Leadership and Performance: A Longitudinal Investigation", *Leadership Quarterly*, primavera 1993, p. 81-102; J.C. Wofford, V.L. Goodwin e J.L. Whittington, "A Field Study of a Cognitive Approach to Understanding Transformational and Transactional Leadership", *Leadership Quarterly*, vol. 9, n. 1, 1998, p. 55-84; B.M. Bass, B.J. Avolio, D.I. Jung e Y. Berson, "Predicting Unit Performance by Assessing Tranformational and Transational Leadership", *Journal of Applied Psychology*, abr. 2003, p. 207-218; J. Antonakis, B.J. Avolio e N. Sivasubramaniam, "Context and Leadership: An Examination of the Nine-Factor Full-Range Leadership Theory Using the Multifactor Leadership Questionnaire", *Leadership Quarterly*, jun. 2003, p. 261-295; e A.E. Rafferty e M.A. Griffin, "Dimensions of Transformational Leadership: Conceptual and Empirical Extensions", *Leadership Quarterly*, vol.15, n. 3, 2004, p. 329-354.

39 B.M. Bass, "Leadership: Good, Better, Best", *Organizational Dynamics*, inverno 1985, p. 26-40; e J. Seltzer e B.M. Bass, "Transformational Leadership: Beyond Initiation and Consideration", *Journal of Management*, dez. 1990, p. 693-703.

40 B.J. Avolio e B.M. Bass, "Transformational Leadership, Charisma and Beyond", apostila, School of Management, State University of New York, Binghamton, 1985, p. 14.

41 Citado em B.M. Bass e B.J. Avolio, "Developing Transformational Leadership: 1992 and Beyond", *Journal of European Industrial Training*, jan. 1990, p. 23.

42 J.J. Hater e B.M. Bass, "Supervisors' Evaluation and Subordinates' Perceptions of Transformational and Transactional Leadership", *Journal of Applied Psychology*, nov. 1988, p. 695-702.

43 Bass e Avolio, "Developing Transformational Leadership"; e K.B. Lowe, K.G. Kroeck e N. Sivasubramaniam, "Effectiveness Correlates of Transformational and Transactional Leadership: A Meta-Analytic Review of the MLQ Literature", *Leadership Quarterly*, outono 1996, p. 385-425; e T.A. Judge e J.E. Bono, "Five-Factor Model of Personality and Transformational Leadership", *Journal of Applied Psychology*, out. 2000, p. 751-765.

44 Esta seção baseia-se em D. Goleman, *Working with Emotional Intelligence*. Nova York: Bantam, 1998; D. Goleman, "What Makes a Leader?", *Harvard Business Review*, nov.-dez. 1998, p. 93-102; J.M. George, "Emotions and Leadership: The Role of Emotional Intelligence", *Human Relations*, ago. 2000, p. 1027-1055; D.R. Caruso, J.D. Mayer e P. Salovey, "Emotional Intelligence and Emotional Leadership", in R.E. Riggio, S.E. Murphy e F.J. Pirozzolo (orgs.), *Multiple Intelligences and Leadership*. Mahwah: Lawrence Erlbaum, 2002, p. 55-74; D. Goleman, R.E. Boyatzis e A. McKee, *Primal Leadership: Realize the Power of Emotional Intelligence*. Boston: Harvard Business School Press, 2002; e C.-S. Wong e K.S. Law, "The Effects of Leader and Follower Emotional Intelligence on Performance and Attitude: An Exploratory Study", *Leadership Quarterly*, jun. 2002, p. 243-274.

45 D. Goleman, "Could You Be a Leader?", *Parade Magazine*, 16 jun. 2002, p. 4-6.

46 Veja D. Barry, "A Man Who Became More Than a Mayor", *New York Times*, 31 dez. 2001, p. A1; e E. Pooley, "Mayor of the World", *Time*, 31 dez. 2001 - 7 jan. 2002.

47 "The Secret Skill of Leaders", *U.S. News & World Report*, 14 jan. 2002, p. 8.

48 Ibid.

49 Veja, por exemplo, J.H. Zenger, E. Musselwhite, K. Hurson e C. Perrin, *Leading Teams: Mastering the New Role*. Homewood: Business One Irwin, 1994; M. Frohman, "Nothing

Kills Teams Like Ill-Prepared Leaders", *Industry Week*, 2 out. 1995, p. 72-76; e S.J. Zaccaro, A.L. Rittman e M.A. Marks, "Team Leadership", *Leadership Quarterly*, inverno 2001, p. 451-483.

50 S. Caminiti, "What Team Leaders Need to Know", *Fortune*, 20 fev. 1995, p. 93-100.

51 Ibid., p. 93.

52 Ibid., p. 100.

53 N. Steckler e N. Fondas, Building Team Leader Effectiveness: A Diagnostic Tool", *Organizational Dynamics*, inverno 1995, p. 20.

54 R.S. Wellins, W.C. Byham e G.R. Dixon, *Inside Teams*. São Francisco: Jossey-Bass, 1994, p. 318.

55 Steckler e Fondas, "Building Team Leader Effectiveness", p. 21.

56 Veja, por exemplo, L.J. Zachary, *The Mentor's Guide: Facilitating Effective Learning Relationships*. São Francisco: Jossey-Bass, 2000; M. Murray, *Beyond the Myths and Magic of Mentoring: How to Facilitate and Effective Mentoring Process*, ed. rev.. Nova York: Wiley, 2001; e F. Warner, "Inside Intel's Mentoring Movement", *Fast Company*, abr. 2002, p. 116-120.

57 K. McLaughlin, "Training Top 50: Edward Jones", *Training*, mar. 2001, p. 78-79.

58 J.A. Wilson e N.S. Elman, "Organizational Benefits of Mentoring". Academy of Management Executive, nov. 1990, p. 90; e J. Reingold, "Want to Grow as a Leader? Get a Mentor?", *Fast Company*, jan. 2001, p. 58-60.

59 T.D. Allen, L.T. Eby, M.L. Poteet, E. Lentz e L. Lima, "Career Benefits Associated with Mentoring for Proteges: A Meta-Analysis", *Journal of Applied Psychology*, fev. 2004, p. 127-136.

60 Veja, por exemplo, D.A. Thomas, "The Impact of Race on Managers' Experiences of Developmental Relationships: An Intra-Organizational Study", *Journal of Organizational Behavior*, nov. 1990, p. 479-492; K.E. Kram e D.T. Hall, "Mentoring in a Context of Diversity and Turbulence", in E.E. Kossek e S.A. Lobel, *Managing Diversity*. Cambridge: Blackwell, 1996, p. 108-136; M.N. Ruderman e M.W. Hughes-James, "Leadership Development Across Race and Gender", in C.D. McCauley, R.S. Moxley e E. Van Velsor (orgs.), *The Center for Creative Leadership Handbook of Leadership Development*. São Francisco: Jossey-Bass, 1998, p. 291-335; e B.R. Ragins e J.L. Cotton, "Mentor Functions and Outcomes: A Comparison of Men and Women in Formal and Informal Mentoring Relationships", *Journal of Applied Psychology*, ago. 1999, p. 529-550.

61 Wilson e Elman, "Organizational Benefits of Mentoring", p. 90.

62 Este quadro baseia-se em R.P. Vecchio, "Leadership and Gender Advantage", *Leadership Quarterly*, dez. 2002, p. 643-671.

63 Ibid., p. 655.

64 Veja, por exemplo, K. Houston-Philpot, "Leadership Development Partnerships at Dow Corning Corporation", *Journal of Organizationl Excellence*, inverno 2002, p. 13-27.

65 Veja C.C. Manz, "Self-Leadership: Toward an Expanded Theory of Self-Influence Processes in Organizations", *Academy of Management Review*, jul. 1986, p. 585-600; C.C. Manz e H.P. Sims Jr., "Superleadership: Beyond the Myth of Heroic Leadership", *Organizational Dynamics*, primavera 1991, p. 18-35; H.P. Sims Jr. e C.C. Manz, *Company of Heroes: Unleashing the Power of Self-Leadership*. Nova York: Wiley, 1996; C.C. Manz e H.P. Sims Jr., *The New Superleadership: Leading Others to Lead Themselves*. São Francisco: Berrett-Koehler, 2001; e C.L. Dolbier, M. Soderstrom e M.A. Steinhardt, "The Relationships Between Self-Leadership and Enhanced Psychological, Health and Work Outcomes", *Journal of Psychology*, set. 2001, p. 469-485.

66 Basedo em Manz e Sims Jr., *The New Superleadership*.

67 Esta seção baseia-se em E.P. Hollander, "Ethical Challenges in the Leader-Follower Relationship", *Business Ethics Quarterly*, jan. 1995, p. 55-65; J.C. Rost, "Leadership: A Discussion About Ethics", *Business Ethics Quarterly*, jan. 1995, p. 129-142; J.B. Ciulla (ed.), *Ethics: The Heart of Leadership*. Nova York: Praeger Publications, 1998; J.D. Costa, *The Ethical Imperative: Why Moral Leadership Is Good Business*. Cambridge: Perseus Press, 1999; C.E. Johnson, *Meeting the Ethical Challenges of Leadership*. Thousand Oaks: Sage, 2001; L.K. Trevino, M. Brown e L.P. Hartman, "A Qualitative Investigation of Perceived Executive Ethical Leadership: Perceptions From Inside and Outside the Executive Suite", *Human Relations*, jan. 2003, p. 5-37; e D. Seidman, "The Case for Ethical Leadership", *Academy of Management Executive*, maio 2004, p. 134-138.

68 J.M. Burns, *Leadership*. Nova York: Harper & Row, 1978.

69 J.M. Howell e B.J. Avolio, "The Ethics of Charismatic Leadership: Submission or Liberation?", *Academy of Management Executive*, maio 1992, p. 43-55.

70 B.J. Avolio, S. Kahai e G.E. Dodge, "E-Leadership: Implications for Theory, Research and Practice", *Leadership Quarterly*, inverno 2000, p. 615-668; e J. Avolio e S. Kahai, "Adding the "E" to E-Leadership: How It May Impacy Your Leadership", *Organizational Dynamics* 31, no. 4, 2003, p. 325-338.

71 S.J. Zaccaro e P. Bader, "E-Leadership and the Challenges of Leading E-Teams: Minimizing the Bad and Maximizing the Good", *Organizational Dynamics* 31, n. 4, 2003, p. 381-385.

72 C.E. Naquin e G.D. Paulson, "Online Bargaining and Interpersonal Trust", *Journal of Applied Psychology*, fev. 2003, p. 113-120.

73 B. Shamir, "Leadership in Boundaryless Organizations: Disposable or Indisposable?", *European Journal of Work and Organizational Psychology* 8, n. 1, 1999, p. 49-71.

74 Comentário de J. Collins, citado em J. Useem, "Conquering Vertical Limits", *Fortune*, 19 fev. 2001, p. 94.

75 T.C. McCarthy, "Can the Terminator Save California?", *Time*, 14 jul. 2003, p. 38-39; e L.D. Tyson, "A New Governor Won't Fix What Ails California", *Business Week*, 22 set. 2003, p. 24.

76 Veja, por exemplo, J.C. McElroy, "A Typology of Attribution Leadership Research", *Academy of Management Review*, jul. 1982, p. 413-417; J.R. Meindl e S.B. Ehrlich, "The Romance of Leadership and the Evaluation of Organizational Performance", *Academy of Management Journal*, mar. 1987, p. 91-109; R.G. Lord e K.J. Maher, *Leadership and Information Processing: Linking Perception and Performance*. Boston: Unwin Hyman, 1991; B. Shamir, "Attribution of Influence and Charisma to the Leader: The Romance of Leadership Revisited", *Journal of Applied Social Psychology*, mar. 1992, p. 386-407; e J.R. Meindl, "The Romance of Leadership as a Follower-Centric Theory: A Social Constructionist Approach", *Leadership Quarterly*, outono 1995, p. 329-341.

77 R.G. Lord, C.L. DeVader e G.M. Alliger, "A Meta-Analysis of the Relation Between Personality Traits and Leadership Perceptions: An Application of Validity Generalization Procedures", *Journal of Applied Psychology*, ago. 1986, p. 402-410.

78 G.N. Powell e D.A. Butterfield, "The 'High-High' Leader Rides Again!", *Group and Organizational Studies*, dez. 1984, p. 437-450.

79 J.R. Meindl, S.B. Ehrlich e J.M. Dukerich, "The Romance of Leadership", *Administrative Science Quarterly*, mar. 1985, p. 78-102.

80 B.M. Staw e J. Ross, "Commitment in a Experimenting Society: A Study of the Attribution of Leadership from Administrative Scenarios", *Journal of Applied Psychology*, jun. 1980, p. 249-260; e J. Pfeffer, *Managing with Power*. Boston: Harvard Business School Press, 1992, p. 194.

81 S. Kerr e J.M. Jermier, "Substitutes for Leadership: Their Meaning and Measurement", *Organizational Behavior and Human Peformance*, dez. 1978, p. 375-403; P.M. Podsakoff, S.B. MacKenzie e W.H. Bommer, "Meta-Analysis of the Relationships Between Kerr and Jermier's Substitutes for Leadership and Employee Attitudes, Role Perceptions, and Performance", *Journal of Applied Psychology*, ago. 1996, p. 380-399; J.M. Jermier e S. Kerr, "Substitutes for Leadership: Their Meaning and Measurement - Contextual Recollections and Current Observations", *Leadership Quarterly*, vol. 8, n. 2, 1997, p. 95-101; e E. de Vries Reinout, R.A. Roe e T.C.B. Taillieu, "Need for Leadership as a Moderator of the Relationships between Leadership and Individual Outcomes", *Leadership Quarterly*, abr. 2002, p. 121-138.

82 B.M. Bass, "Cognitive, Social and Emotional Intelligence of Transformational Leaders", in Riggio, Murphy e Pirozzolo, *Multiple Intelligences and Leadership*, p. 113-114.

83 Veja, por exemplo, R. Lofthouse, "Herding the Cats", *EuroBusiness*, fev. 2001, p. 64-65; M. Delahoussaye, "Leadership in the 21st Century", *Training*, set. 2001, p. 60-72; e K. Ellis, "Making Waves", *Training*, jun. 2003, p. 16-21.

84 Veja, por exemplo, A.A. Vicere, "Executive Education: The Leading Edge", *Organizational Dynamics*, outono 1996, p. 67-81; J. Barling, T. Weber e E.K. Kelloway, "Effects of Transformational Leadership Training on Attitudinal and Financial Outcomes: A Field Experiment", *Journal of Applied Psychology*, dez. 1996, p. 827-832; e D.V. Day, "Leadership Development: A Review in Context", *Leadership Quarterly*, inverno 2000, p. 581-613.

85 M. Sashkin, "The Visionary Leader", in J.A. Conger, R.N. Kanungo e associados (orgs.), *Charismatic Leadership*. São Francisco: Jossey-Bass, 1988, p. 150.

86 D.V. Day, "Leadership Development: A Review in Context", *Leadership Quarterly*, inverno 2000, p. 590-593.

87 M. Conlin, "CEO Coaches", *Business Week*, 11 de nov. 2002, p. 98-104.

88 Howell e Frost, "A Laboratory Study of Charismatic Leadership".

89 "Military-Style Management in China", *Asia Inc.*, mar. 1995, p. 70.

90 R.J. House, "Leadership in the Twenty-First Century", in A. Howard (ed.), *The Changing Nature of Work*. São Francisco: Jossey-Bass, 1995, p. 442-444; e M.F. Peterson e J.G. Hunt, "International Perspectives on International Leadership", *Leadership Quarterly*, outono 1997, p. 203-231.

91 D.N. Den Hartog, R.J. House, P. J. Hanges, S.A. Ruiz-Quintanilla, P. W. Dorfman e associados, "Culture Specific and Cross-Culturally Generalizable Implicit Leadership Theories: Are the Attributes of Charismatic/Tranformational Leadership Universally Endorsed?", *Leadership Quarterly*, verão 1999, p. 219-256; e D.E. Carl e M. Javidan, "Universality of Charismatic Leadership: A Multi-Nation Study", trabalho apresentado na National Academy of Management Conference, Washington, ago. 2001.

92 D.E. Carl e M. Javidan, "Universality of Charismatic Leadership", p. 29.

Capítulo 13

1 Baseado em A. Davis e R. Smith, "Merrill Officer Quits, Firming O'Neal's Grip", *Wall Street Journal*, 7 de agosto de 2003, p. C1; e L. Thomas Jr., "Another Departure as Merrill Chief Tightens Hold", *New York Times*, 7 ago. 2003, p. C1.

2 R.M. Kanter, "Power Failure in Management Circuits", *Harvard Business Review*, jul.-ago. 1979, p. 65.

3 J. Pfeffer, "Understanding Power in Organizations", *California Management Review*, inverno 1992, p. 35.

4 Baseado em B.M. Bass, *Bass & Stogdill's Handbook of Leadership*, 3 ed.. Nova York: Free Press, 1990.

5 J. R.P. French Jr., e B. Raven, "The Bases of Social Power", in D. Cartwright (ed.), *Studies in Social Power*. Ann Arbor: University of Michigan, Institute for Social Research, 1959, p. 150-167; B.J. Raven, "The Bases of Power: Origins and Recent Developments", *Journal of Social Issues* 49, 1993, p. 227-251; e G. Yukl, "Use Power Effectively", E.A. Locke (ed.), *Handbook of Principles of Organizational Behavior*. Malden: Blackwell, 2004, p. 242-247.

6 E.A. Ward, "Social Power Bases of Managers: Emergence of a New Factor", *Journal of Social Psychology*, fev. 2001, p. 144-147.

7 R.E. Emerson, "Power-Dependence Relations", *American Sociological Review*, vol. 27, 1962, p. 31-41.

8 H. Mintzberg, *Power In and Around Organizations*. Upper Saddle River: Prentice Hall, 1983, p. 24.

9 R.M. Cyert e J.G. March, *A Behavioral Theory of the Firm*. Englewood Cliffs: Prentice Hall, 1963.

10 C. Perrow, "Departmental Power and Perspective in Industrial Firms", in M.N. Zald (ed.), *Power in Organizations*. Nashville: Vanderbilt University Press, 1970.

11 N. Foulkes, "Tractor Boy", *High Life*, out. 2002, p. 90.

12 Veja, por exemplo, D. Kipnis, S.M. Schmidt, C. Swaffin-Smith e I. Wilkinson, "Patterns of Managerial Influence: Shotgun Managers, Tacticians, and Bystanders", *Organizational Dynamics*, inv. 1984, p. 58-67; D. Kipnis e S.M. Schmidt, "Upward Influence Styles: Relationship with Performance Evaluations, Salary, and Stress", *Administrative Science Quarterly*, dez. 1988, p. 528-542; G. Yukl e J.B. Tracey, "Consequences of Influence Tactics Used with Subordinates, Peers, and the Boss", *Journal of Applied Psychology*, ago. 1992, p. 525-535; G. Blickle, "Influence Tactics Used by Subordinates: An Empirical Analysis of the Kipnis and Schmidt Subscales", *Psychological Reports*, fev. 2000, p. 143-154; e Yukl, "Use Power Effectively", p. 249-252.

13 G. Yukl, *Leadership in Organizations*, 5 ed.. Upper Saddle River: Prentice Hall, 2002, p. 141-174; G.R. Ferris, W.A. Hochwarter, C. Douglas, F.R. Blass, R.W. Kolodinksy e D.C. Treadway, "Social Influence Processes in Organizations and Human Resources Systems", in G.R. Ferris e J.J. Martocchio (orgs.) *Research in Personnel Human Resource Management*, vol. 21. Oxford: JAI Press/Elsevier, 2003, p. 122-151.

14 C.M. Falbe e G. Yukl, "Consequences for Managers of Using Single Influence Tactics and Combination of Tactics", *Academy of Management Journal*, jul. 1992, p. 638-653.

15 Yukl, *Leadership in Organizations*.

16 Ibid.

17 Falbe e Yukl, "Consequences for Managers of Using Single Influence Tactics and Combination of Tactics".

18 Yukl, "Use Power Effectively", p. 254.

19 P. P. Fu e G. Yukl, "Perceived Effectiveness of Influence Tactics in the United States and China", *Leadership Quarterly*, verão 2000, p. 251-266; e O. Branzei, "Cultural Explanations of Individual Preferences for Influence Tactics in Cross Cul-

20. Fu e Yukl, "Perceived Effectiveness of Influence Tactics in the United States and China".
21. Baseado em W.B. Stevenson, J.L. Pearce e L.W. Porter, "The Concept of 'Coalition' in Organization Theory and Research", *Academy of Management Review*, abr. 1985, p. 261-263.
22. S.B. Bacharach e E.J. Lawler, "Political Alignments in Organizations", in R.M. Kramer e M.A. Neale (orgs.), *Power and Influence in Organizations*. Thousand Oaks: Sage, 1998, p. 75-77.
23. J.K. Murnighan e D.J. Brass, "Intraorganizational Coalitions", in M.H. Bazerman, R.J. Lewicki e B.H. Sheppard (orgs.), *Research on Negotiation in Organizations*. Greenwich: JAI Press, 1991.
24. Veja J. Pfeffer, *Power in Organizations*. Marshfield: Pitman, 1981, p. 155-157.
25. www.chicagolegalnet.com; e S. Ellison e J.S. Lublin, "Dial to Pay $10 Million to Settle a Sexual-Harassment Lawsuit", *Wall Street Journal*, 30 abr. 2003, p. B4.
26. S. Silverstein e S. Christian, "Harassment Ruling Raises Free-Speech Issues", *Los Angeles Times*, 11 nov. 1993, p. D2.
27. Veja J.N. Cleveland e M.E. Kerst, "Sexual Harassment and Perceptions of Power: An Under-Articulated Relationship", *Journal of Vocational Behavior*, fev. 1993, p. 49-67; J.H. Wayne, "Disentangling the Power Bases of Sexual Harassment: Comparing Gender, Age, and Position Power", *Journal of Vocacional Behavior*, dez. 2000, p. 301-325; e F. Wilson e P. Thompson, "Sexual Harassment as an Exercise of Power", *Gender, Work & Organization*, jan. 2001, p. 61-83.
28. S.A. Culbert e J.J. McDonough, *The Invisible War: Pursuing Self-Interest at Work*. Nova York: John Wiley, 1980, p. 6.
29. Mintzberg, *Power In and Around Organizations*, p. 26. Veja também K.M. Kacmar e R.A. Baron, "Organizational Politics: The State of the Field, Links to Related Processes, and a Agenda for Future Research", in G.R. Ferris (ed.) *Research in Personnel Human Resource Management*, vol. 17. Greenwich: JAI Press, 1999, p. 1-39.
30. S.B. Bacharach e E.J. Lawler, "Political Alignments in Organizations", in R.M. Kramer e M.A. Neale (orgs.) *Power and Influence in Organizations*, p. 68-69.
31. D. Farrel e J.C. Petersen, "Patterns of Political Behavior in Organizations", *Academy of Management Review*, jul. 1982, p. 405. Para uma análise das controvérsias em torno das definições de política organizacional, veja A. Drory e T. Romm, "The Definition of Organizational Politics: A Review", *Human Relations*, nov. 1990, p. 1133-1154; e R.S. Cropanzano, K.M. Kacmar e D.P. Bozeman, "Organizational Politics, Justice, and Support: Their Differences and Similarities", in R.S. Cropanzano e K.M. Kacmar (orgs.) *Organizational Politics, Justice and Support: Managing Social Climate at Work*. Westport: Quorum Books, 1995, p. 1-18.
32. Farrell e Peterson, "Patterns of Political Behavior", p. 406-407; e A. Drory, "Politics in Organization and Its Perception Within the Organization", *Organization Studies*, vol. 9, n. 2, 1988, p. 165-179.
33. Pfeffer, *Power in Organizations*.
34. Drory e Romm, "The Definition of Organizational Politics".
35. K.K. Eastman, "In the Eyes of the Beholder: An Attributional Approach to Ingratiation and Organization Citizenship Behavior", *Academy of Management Journal*, out. 1994, p. 1379-1391; e M.C. Bolino, "Citizenship and Impression Management: Good Soldiers or Good Actors?", *Academy of Management Review*, jan. 1999, p. 82-98.
36. F. Luthans, R.M. Hodgetts e S.A. Rosenkrantz, *Real Managers*. Cambridge: Allinger, 1988.
37. J.P. Kotter, *The General Managers*. Nova York: The Free Press, 1982.
38. D.J. Brass, "Being in the Right Place: A Structural Analysis of Individual Influence in an Organization", *Administrative Science Quarterly*, dez. 1984, p. 518-539; e N.E. Friedkin, "Structural Bases of Interpersonal Influence in Groups: A Longitudinal Case Study", *American Sociological Review* 58, 1993, p. 861-872.
39. Veja, por exemplo, G. Biberman, "Personality and Characteristic Work Attitudes of Persons with High, Moderate, and Low Political Tendencies", *Psychological Reports*, out. 1985, p. 1303-1310; R.J. House, "Power and Personality in Complex Organizations", in B.M. Staw e L.L. Cummings (orgs.), *Research in Organizational Behavior*, vol. 10. Greenwich: JAI Press, 1988, p. 305-357; G.R. Ferris, G.S. Russ e P.M. Fandt, "Politics in Organizations", in R.A. Giacalone e P. Rosenfeld (orgs.), *Impression Management in the Organization*. Hillsdale: Lawrence Erlbaum Associates, 1989, p. 155-156; e W.E. O´Connor e T.G. Morrison, "A Comparison of Situational and Dispositional Predictors of Perceptions of Organizational Politics", *Journal of Psychology*, maio 2001, p. 301-312.
40. Farrell e Peterson, "Patterns of Political Behavior", p. 408.
41. S.C. Goh e A.R. Doucet, "Antecedent Situational Conditions of Organizational Politics: An Empirical Investigation", trabalho apresentado na Annual Administrative Sciences Association of Canada Conference, Whistler, maio1986; C. Hardy, "The Contribution of Political Science to Organizational Behavior", in J.W. Lorsch (ed.), *Handbook of Organizational Behavior*. Upper Saddle River: Prentice Hall, 1987, p. 103; e G.R. Ferris e K.M. Kacmar, "Perceptions of Organizational Politics", *Journal of Management*, mar. 1992, p. 93-116.
42. Veja, por exemplo, Farrell e Petersen, "Patterns of Political Behavior", p. 409; P.M. Fandt e G.R. Ferris, "The Management of Information and Impressions: When Employees Behave Opportunistically", *Organizational Behavior and Human Decision Process*, fev. 1990, p. 140-158; e Ferris, Russ e Fandt, "Politics in Organizations", p. 147; e J.M.I. Poon, "Situational Antecedents and Outcomes of Organizational Politics Perceptions", *Journal of Managerial Psychology* 18, n. 2, 2003, p. 138-155.
43. G.R. Ferris, G.S. Russ e P. M. Fandt, "Politics in Organizations", in R.A. Giacalone e P. Rosenfeld (orgs.), *Impression Management in Organizations*. Newbury Park: Sage, 1989, p. 143-170; e K.M. Kacmar, D.P. Bozeman, D.S. Carlson e W.P. Anthony, "An Examination of the Perceptions of Organizational Politics Model: Replication and Extension", *Human Relations*, mar. 1999, p. 383-416.
44. K.M. Kacmar e R.A. Baron, "Organizational Politics"; e M. Valle e L.A. Witt, "The Moderating Effect of Teamwork Perceptions on the Organizational Politics-Job Satisfaction Relationship", *Journal of Social Psychology*, jun. 2001, p. 379-388.
45. G.R. Ferris, D.D. Frink, M.C. Galang, J. Zhou, K.M. Kacmar e J.L. Howard, "Perceptions of Organizational Politics: Prediction, Stress-Related Implications, and Outcomes", *Human Relations*, fev. 1996, p. 233-266; K.M. Kacmar, D.P. Bozeman, D.S. Carlson e W.P. Anthony, "An Examination of the Perceptions of Organizational Politics Model", p. 388; e Poon, "Situational Antecedents and Outcomes of Organizational Politics Perceptions".

46 C. Kiewitz, W.A. Hochwarter, G.R. Ferris e S.L. Castro, "The Role of Psychological Climate in Neutralizing the Effects of Organizational Politics on Work Outcomes", *Journal of Applied Social Psychology*, jun. 2002, p. 1189-1207; e Poon, "Situational Antecedents and Outcomes of Organizational Politics Perceptions".
47 Kacmar, Bozeman, Carlson e Anthony, "An Examination of the Perceptions of Organizational Politics Model".
48 Ibid., p. 389.
49 Ibid., p. 409.
50 B.E. Ashforth e R.T. Lee, "Defensive Behavior in Organizations: A Preliminary Model", *Human Relations*, jul. 1990, p. 621-648.
51 M. Valle e P. L. Perrewe, "Do Politics Perceptions Related to Political Behavior? Tests of an Implicit Assumption and Expanded Model", *Human Relations*, mar. 2000, p. 359-386.
52 Veja T. Romm e A. Drory, "Political Behavior in Organizations: A Cross-Cultural Comparison", *International Journal of Value Based Management* 1, 1988, p. 97-113; e E. Vigoda, "Reactions to Organizational Politics: A Cross-Cultural Examination in Israel and Britain", *Human Relations*, nov. 2001, p. 1483-1518.
53 Vigoda, "Reactions to Organizational Politics", p. 1512.
54 Ibid., p. 1510.
55 M.R. Leary e R.M. Kowalski, "Impression Management: A Literature Review and Two-Component Model", *Psychological Bulletin*, jan. 1990, p. 34-47.
56 Ibid., p. 34.
57 Veja, por exemplo, B.R. Schlenker, *Impression Management: The Self-Concept, Social Identity, and Interpersonal Relations*. Monterey: Brooks/Cole, 1980; W.L. Gardner e M.J. Martinko, "Impression Management in Organizations", *Journal of Management*, jun. 1988, p. 321-338; Leary e Kowalski, "Impression Management: A Literature Review and Two-Component Model", p. 34-47; P.R. Rosenfeld, R.A. Giacalone e C.A. Riordan, *Impression Management in Organizations: Theory, Measurement, and Practice*. Nova York: Routledge, 1995; C.K. Stevens e A.L. Kristof, "Making the Right Impression: A Field Study of Applicant Impression Management During Job Interviews", *Journal of Applied Psychology*, out. 1995, p. 587-606; D.P. Bozeman e K.M. Kacmar, "A Cybernetic Model of Impression Management Processes in Organizations", *Organizational Behavior and Human Decision Process*, jan. 1997, p. 9-30; M.C. Bolino e W.H. Turnley, "More Than One Way to Make an Impression: Exploring Profiles of Impression Management", *Journal of Management* 29, n. 2, 2003, p. 141-160.
58 M. Snyder e J. Copeland, "Self-Monitoring Processes in Organizational Setting", in Giacalone e Rosenfeld, *Impression Management in Organizations*, p. 11; E.D. Long e G.H. Dobbins, "Self-Monitoring, Inpression Management, and Interview Ratings: A Field and Laboratory Study", in J.L. Wall e L.R. Jauch (orgs.), *Proceedings of the 52nd Annual Academy of Management Conference*, Las Vegas, ago. 1992, p. 274-278; e A. Montagliani e R.A. Giacalone, "Impression Management and Cross-Cultural Adaption", *Journal of Social Psychology*, out. 1998, p. 598-608; e W.H. Turnley e M.C. Bolino, "Achieved Desired Images Avoiding Undesired Images: Exploring the Role of Self-Monitoring in Impression Management", *Journal of Applied Psychology*, abr. 2001, p. 351-360.
59 Leary e Kowalski, "Impression Management ", p. 40.
60 Gardner e Martinko, "Impression Management in Organizations", p. 333.
61 R.A. Baron, "Impression Management by Applicants During Employment Interviews: The 'Too Much of a Good Thing' Effect", in R.W. Eder e G.R. Ferris (orgs.), *The Employment Interview: Theory, Research and Practice*. Newbury Park: Sage Publishers, 1989, p. 204-215.
62 Ferris, Russ e Fandt, "Politics in Organizations".
63 A.P. J. Ellis, B.J. West, A.M. Ryan e R.P. DeShon, "The Use of Impression Management Tactics in Strutural Interviews: A Function of Question Type?", *Journal of Applied Psychology*, dez. 2002, p. 1200-1208.
64 Baron, "Impression Management by Applicants During Employment Interviews"; D.C. Gilmore e G.R. Ferris, "The Effects of Applicant Impression Management Tactics on Interviewer Judgements"; e Stevens e Kristof, "Making the Right Impression: A Field Study of Applicant Impression Management During Job Interviews"; e L.A. McFarland, A.M. Ryan e S.D. Kriska, "Impression Management Use and Effectiveness Across Assessment Methods", *Journal of Management* 29, n. 5, 2003, p. 641-661.
65 Gilmore and Ferris, "The Effects of Applicant Impression Management Tactics on Interviewer Judgements".
66 K.M. Kacmar, J.E. Kelery e G.R. Ferris, "Differential Effectiveness of Applicant IM Tactics on Employment Interview Decisions", *Journal of Applied Social Psychology*, 16-31 de ago. 1992, p. 1250-1272.
67 Stevens e Kristof, "Making the Right Impression: A Field Study of Applicant Impression Management During Job Interviews".
68 Esta figura baseia-se em G.F. Cavanagh, D.J. Moberg e M. Velasquez, "The Ethics of Organizational Politics", *Academy of Management Journal*, jun. 1981, p. 363-374.
69 R.M. Kanter, *Men and Women of the Corporation*. Nova York: Basic Books, 1977.
70 Veja, por exemplo, C.M. Falbe G. Yukl, "Consequences for Managers of Using Single Influence Tactics and Comnibation of Tatics", *Academy of Management Journal*, ago. 1992, p. 638-652.
71 Veja J.G. Bachman, D.G. Bowers e P.M. Marcus, "Bases of Supervisory Power: A Comparative Study in Five Organizational Settings", in A. Tannenbaum (ed.), *Control in Organizations*. Nova York: McGraw-Hill, 1968, p. 236; M.A. Rahim, "Relationships of Leader Power to Compliance and Satisfaction with Supervision: Evidence from a National Sample of Managers", *Journal of Management*, dez. 1989, p. 545-556; e P.A. Wilson, "The Effects of Politics and Power on the Organizational Commitment of Federal Executives", *Journal of Management*, primavera 1995, p. 101-118.
72 J. Pfeffer, *Managing With Power*. Marshfield: Pitman, 1981, p. 137.
73 Veja, por exemplo, N. Gupta e G.D. Jenkins Jr., "The Politics of Pay", *Compensation & Benefits Review*, mar.-abr. 1996, p. 23-30.
74 W. Hochwarter, "The Interactive Effects of Pro-Political Behavior and Politics Perceptions on Job Satisfaction and Affective Commitment", *Journal of Applied Social Psychology*, jul. 2003, p. 1260-1278.

Capítulo 14

1 Este texto de abertura baseia-se em S. Hofmeister, "Viacom's Board Tells Top Executives to Work It Out", www.latimes.com, 31 jan. 2002; M. Peers, "Viacom Leaders Lock in Struggle Over Control", *Wall Street Journal*, 20 jan. 2002, p. B1; S. McClellan, "Karmazin's Future Still Not Set", *Broadcasting & Cable*, 17 fev. 2003, p. 2; e D. Lieber-

man e M. McCarthy, "Karmazin to Leave Viacom", *USA Today*, 2 jun. 2004, p. 1B.
2. Com o pedido de desculpas ao autor do tema de abertura de *The Old Couple*, da rede de televisão ABC.
3. Veja, por exemplo, C.F. Fink, "Some Conceptuals Difficulties in the Theory of Social Conflict", *Journal of Conflict Resolution*, dez. 1968, p. 412-460; e E. Infante, "On the Definition of Interpersonal Conflict: Cluster Analysis Applied to the Study of Semantics", Revista de Psicologia Social 13, n. 3, 1998, p. 485-493
4. L.L. Putnam e M.S. Poole, "Conflict and Negotiation", in F.M. Jablin, L.L. Putnam, K.H. Roberts e L.W. Porter (orgs.), *Handbook of Organizational Communication: An Interdisciplinary Perspective*. Newbury Park: Sage, 1987, p. 549-599.
5. K.W. Thomas, "Conflict and Negotiation Processes in Organizations", in M.D. Dunnette e L.M. Hough (orgs.), *Handbook of Industrial and Organizational Psychology*, 2 ed., vol. 3. Palo Alto: Consulting Psychologits Press, 1992, p. 651-717.
6. Para uma revisão abrangente da abordagem interacionista, veja C. De Dreu e E. Van de Vliert (orgs.), *Using Conflict in Organizations*. Londres: Sage Publications, 1997.
7. Veja K.A. Jehn, "A Multimethod Examination of the Benefits and Detriments of Intragroup Conflict", *Administrative Science Quarterly*, jun. 1995, p. 256-282; K.A. Jehn, "A Qualitative Analysis of Confct Types and Dimensions in Organizational Groups", *Administrative Science Quarterly*, set. 1997, p. 530-557; K.A. Jehn e E.A. Mannix, "The Dynamic Nature of Conflict: A Longitudinal Study of Intragroup Conflict and Group Performance", *Academy of Management Journal*, abr. 2001, p. 238-251; e K.A. Jehn e C. Bendersky, "Intragroup Conflict in Organizations: A Contingency Perspective on the Conflict-Outcome Relationship", in B.M. Staw e R.M. Kramer (orgs.), *Research in Organizational Behavior*, vol. 25. Oxford: Elsevier, 2003, p. 199-210.
8. Veja S.P. Robbins, *Managing Organizational Conflict: A Nontraditional Approach*. Upper Saddle River: Prentice Hall, 1974, p. 31-55; e J.A. Wall Jr. e R.R. Callister, "Confict and Its Management", *Journal of Management*, vol. 21, n. 3, 1995, p. 517-523.
9. Robbins, *Managing Organizational Conflict*.
10. L.R. Pondy, "Organizational Conflict: Concepts and Models", *Administrative Science Quarterly*, set. 1967, p. 302.
11. Veja, por exemplo, R.L. Pinkley, "Dimensions of Conflict Frame: Disputant Interpretations of Conflict", *Journal of Applied Psychology*, abr. 1990, p. 117-126; e R.L. Pinkley e G.B. Northcraft, "Conflict Frames of Reference: Implications for Dispute Processes and Outcomes", *Academy of Management Journal*, fev. 1994, p. 193-205.
12. R. Kumar, "Affect, Cognition and Decision Making in Negotiations: A Conceptual Integration", in M.A. Rahim (ed.), *Managing Conflict: An Integrative Approach*. Nova York: Praeger, 1989, p. 185-194.
13. Ibid.
14. P. J.D. Carnevale e A.M. Isen, "The Influence of Positive Affect and Visual Access on the Discovery of Integrative Solutions in Bilateral Negotiations", *Organizational Behavior and Human Decision Process*, fev. 1986, p. 1-13.
15. Thomas, "Conflict and Negotiation Processes in Organizations".
16. Ibid.
17. Veja R.J. Sternberg e L.J. Soriano, "Styles of Conflict Resolution", *Journal of Personality and Social Psychology*, jul. 1984, p. 115-126; R.A. Baron, "Personality and Organizational Conflict: Effects of the Type A Behavior Pattern and Self-Monitoring", *Organizational Behavior and Human Decision Process*, out. 1989, p. 281-296; e R.J. Volkema e T.J. Bergmann, "Conflict Styles as Indicator of Behavioral Patterns in Interpersonal Conflicts", *Journal of Social Psychology*, fev. 1995, p. 5-15.
18. Thomas, "Conflict and Negotiation Processes in Organizations".
19. Veja, por exemplo, R.A. Cosier e C.R. Schwenk, "Agreement and Thinking Alike: Ingredients for Poor Decisions", *Academy of Management Executive*, fev. 1990, p. 69-74; K.A. Jehn, "Enhancing Effectiveness: An Investigation of Advantages and Disadvantages of Value-Based Intragroup Conflict", *International Journal of Conflict Management*, jul. 1994, p. 223-238; R.L. Priem, D.A. Harrison e N.K. Muir, "Structured Conflict and Consensus Outcomes in Group Decision Making", *Journal of Management*, vol. 21, n. 4, 1995, p. 691-710; e K.A. Jehn e E.A. Mannix, "The Dynamic Nature of Conflict: A Longitudinal Study of Intragroup Conflict and Group Performance", *Academy of Management Journal*, abr. 2001, p. 238-251.
20. Veja, por exemplo, C.J. Loomis, "Dinosaurs?", *Fortune*, 3 maio 1993, p. 36-42.
21. K. Swisher, "Yahoo! May Be Down, But Don't Count It Out", *Wall Street Journal*, 9 mar. 2001, p. B1; e M. Mangalindan e S.L. Hwang, "Coterie of Early Hires Made Yahoo! A Hit But an Insular Place", *Wall Street Journal*, 9 mar. 2001, p. A1.
22. I.L. Janis, *Victims of Groupthink*. Boston: Houghton Mifflin, 1972.
23. J. Hall e M.S. Williams, "A Comparison of Decision-Making Performances in Established and Ad-Hoc Groups", *Journal of Personality and Social Psychology*, fev. 1966, p. 217.
24. R.L. Hoffman, "Homogeneity of Member Personality and Its Effect on Group Problem-Solving", *Journal of Abnormal and Social Psychology*, jan. 1959, p. 27-32; e R.L. Hoffman e N.R.F. Maier, "Quality and Acceptance of Problem Solutions by Members of Homogeneous and Heterogeneous Groups", *Journal of Abnormal and Social Psychology*, mar. 1961, p. 401-407.
25. Veja T.H. Cox e S. Blake, "Managing Cultural Diversity: Implications for Organizational Competitiveness", *Academy of Management Executive*, ago. 1991, p. 45-56; T.H. Cox, S.A. Lobel e P.L. McLeod, "Effects of Ethnic Group Cultural Differences on Cooperative Behavior on a Group Task", *Academy of Management Journal*, dez. 1991, p. 827-847; P.L. McLeod e S.A. Lobel, "The Effects of Ethnic Diversity on Idea Generation in Small Groups", trabalho apresentado na Annual Academy of Management Conference, Las Vegas, ago. 1992; C. Kirchmeyer e A. Cohen, "Multicultural Groups: Their Performance and Reactions with Constructive Conflict", *Group & Organizational Management*, jun. 1992, p. 153-170; D.E. Thompson e L.E. Gooler, "Capitalizing on the Benefits of Diversity Through Workteams", in E.E. Kossek e S.A. Lobel (orgs.), *Managing Diversity: Human Resource Strategies for Transforming the Workplace*. Cambridge: Blackwell, 1996, p. 392-437; e L.H. Pelled, K.M. Eisenhardt e K.R. Xin, "Exploring the Black Box: An Analysis of Work Group Diversity, Conflict, and Performance", *Administrative Science Quarterly*, mar. 1999, p. 1-28.
26. R.E. Hill, "Interpersonal Compatibility and Work Group Performance Among Systems Analysts: An Empirical Study", *Proceedings of the Seventeenth Annual Midwest Academy of Management Conference*, Kent, Ohio, abr. 1974, p. 97-110.
27. D.C. Pelz e F. Andrews, *Scientists in Organizations*. Nova York: John Wiley, 1966.

28 Veja Wall e Callister, "Conflict and Its Management", p. 523-526, para evidências que sustentam que os conflitos são quase uniformemente disfuncionais.
29 M. Geyelin e E. Felsenthal, "Irreconcilable Differences Force Shea & Gould Closure", *Wall Street Journal*, 31 jan. 1994, p. B1.
30 Esta seção baseia-se em F. Sommerfield, "Paying the Troops to Buck the System", *Business Month*, maio 1990, p. 77-79; W. Kiechel III, "How to Escape the Echo Chamber", *Fortune*, 18 jun. 1990, p. 129-130; E. Van de Vliert e C. De Dreu, "Optimizing Performance by Stimulating Conflict", *International Journal of Conflict Management*, jul. 1994, p. 211-222; E. Van de Vliert, "Enhancing Performance by Conflict-Stimulating Intervention", in C. De Dreu e E. Van de Vliert (orgs.), *Using Conflict in Organizations*, p. 208-222; K.M. Eisenhardt, J.L. Kahwajy e L.J. Bourgeois III, "How Management Teams Can Have a Good Fight", *Harvard Business Review*, jul.-ago. 1997, p. 77-85; S. Wetlaufer, "Common Sense and Conflict", *Harvard Business Review*, jan.-fev. 2000, p. 114-124; e G.A. Okhuysen e K.M. Eisenhardt, "Excel Through Group Process", E.A. Locke (ed.), *Handbook of Principles of Organizational Behavior*. Malden: Blackwell, 2004, p. 216-218.
31 J.A. Wall Jr., *Negotiation: Theory and Practice*. Glenview: Scott, Foresman, 1965.
32 R.E. Walton e R.B. McKersie, *A Behavioral Theory of Labor Negotiations: An Analysis of a Social Interaction System*. Nova York: McGraw-Hill, 1965.
33 Thomas, "Conflict and Negotiation Processes in Organizations".
34 Esse modelo baseia-se em R.J. Lewicki, "Bargaining and Negotiation", *Exchange: The Organizational Behavior Teaching Journal*, vol. 6, n. 2, 1981, p. 39-40.
35 J. Lee, "The Negotiators", *Forbes*, 11 jan. 1999, p. 22-29.
36 M.H. Bazerman e M.A. Neale, *Negotiating Rationally*. Nova York: Free Press, 1992, p. 67-68.
37 J.A. Wall Jr e M.W. Blum, "Negotiations", *Journal of Management*, jun. 1991, p. 278-282.
38 C. Watosn e L.R. Hoffman, "Managers as Negotiators: A Test of Power versus Gender as Predictors of Feelings, Behavior, and Outcomes", *Leadership Quarterly*, primavera 1996, p. 63-85.
39 A.E. Walters, A.F. Stuhlmacher e L.L. Meyer, "Gender and Negotiatior Competitiveness: A Meta-Analysis", *Organizational Behavior and Human Decision Process*, out. 1998, p. 1-29; e A.F. Stuhlmacher e A.E. Walters, "Gender Differences in Negotiation Outcome: A Meta-Analysis", *Personnel Psychology*, out. 1999, p. 653-677.
40 Stuhlmacher e Walters, "Gender Differences in Negotiation Outcome", p. 655.
41 Veja N.J. Adler, *International Dimensions of Organizational Behavior*, 4 ed.. Cincinnati: Southwestern, 2002, p. 208-256; W.L. Adair, T. Okumura e J.M. Brett, "Negotiation Behavior When Cultures Collide: The United States and Japan", *Journal of Applied Psychology*, jun. 2001, p. 371-385; e M.J. Gelfand, M. Higgins, L.H. Nishii, J.L. Raver, A. Dominguez, F. Murakami, S. Yamaguchi e M. Toyama, "Culture and Egocentric Perceptions of Fairness in Conflict and Negotiation", *Journal of Applied Psychology*, out. 2002, p. 833-845.
42 K.D. Schmidt, *Doing Business in France*. Menlo Park: SRI International, 1987.
43 S. Lubman, "Round and Round", *Wall Street Journal*, 10 de dez. 1993, p. R3.
44 P.R. Harris e R.T. Moran, *Managing Cultural Differences*, 5 ed.. Houston: Gulf Publishing, 1999, p. 56-59.
45 E.S. Glen, D. Witmeyer e K.A. Stevenson, "Cultural Styles of Persuasion", *Journal of Intercultural Relations*, out. 1977, p. 52-66.
46 J. Graham, "The Influence of Culture on Business Negotiations", *Journal of International Business Studies*, primavera 1985, p. 81-96.
47 Wall e Blum, "Negotiations", p. 283-287.
48 K.W. Thomas, "Toward Multidimensional Values in Teaching: The Example of Conflict Behaviors", *Academy of Management Review*, jul. 1977, p. 487.

Capítulo 15

1 Este texto de abertura baseia-se em "Major Changes for Vanderbilt Athletics", *New York Times*, 10 set. 2003, p. C19; M. Cass, "Vanderbilt Realigns Management", *USA Today*, 10 set. 2003, p. 7C; e "Vanderbilt University Is Not Getting Rid of Sports", *Chronicle of Higher Education*, 19 set. 2003, p. A35.
2 Veja, por exemplo, R.L. Daft, *Organization Theory and Design*, 8 ed.. Cincinnati: Southwestern, 2004.
3 C. Hymowitz. "Managers Suddenly Have to Answer to a Crowd of Bosses". *Wall Street Journal*, 12 ago. 2003, p. B1.
4 Veja, por exemplo, L. Urwick, *The Elements of Administration*. Nova York: Harper & Row, 1944, p. 52-53.
5 J. Child e R.G. McGrath, "Organizations Unfettered: Organizational Form in an Information-Intensive Economy", *Academy of Management Journal*, dez. 2001, p. 1135-1148.
6 H. Mintzberg, *Structure in Fives: Designing Effective Organizations*. Upper Saddle River: Prentice Hall, 1983, p. 157.
7 S. Lohr, "IBM Chief Gerstner Recalls Difficult Days at Big Blue", *New York Times*, 31 jul.2000, p. C5.
8 K. Knight, "Matrix Organization: A Review", *Journal of Management Studies*, maio 1976, p. 111-130; L.R. Burns e D.R. Wholey, "Adoption and Abandonment of Matrix Management Programs: Effects of Organizational Characteristics and Interorganizational Networks", *Academy of Management Journal*, fev. 1993, p. 106-138; e R.E. Anderson, "Matrix Redux", *Business Horizons*, nov.-dez. 1994, p. 6-10.
9 Veja, por exemplo, S.M. Davis e P.R. Lawrence, "Problems of Matrix Organization", *Harvard Business Review*, maio-jun. 1978, p. 131-142.
10 S.M. Mohrman, S.G. Cohen e A.M. Mohrman Jr., *Designing Team-Based Organizations*. São Francisco: Jossey-Bass, 1995; F. Ostroff, *The Horizontal Organization*. Nova York: Oxford University Press, 1999; e R. Forrester e A.B. Drexler, "A Model for Team-Based Organization Performance", *Academy of Management Executive*, ago. 1999, p. 36-49.
11 M. Kaeter, "The Age of the Specialized Generalist", *Training*, dez. 1993, p. 48-53.
12 L. Brokaw, "Thinking Flat", *INC.*, out. 1993, p. 88.
13 C. Fishman, "Whole Foods Is All Teams", *Fast Company*, Greatest Hits, vol. 1, 1997, p. 102-113.
14 Veja, por exemplo, R.E. Miles e C.C. Snow, "The New Network Firm: A Spherical Structure Built on Human Investment Philosophy", *Organizational Dynamics*, primavera 1995, p. 5-18; D. Pescovitz, "The Company Where Everybody's a Temp", *New York Times Magazine*, 11 jun. 2000, p. 94-96; W.F. Cascio, "Managing a Virtual Workplace", *Academy of Management Executive*, ago. 2000, p. 81-90; B. Hedberg, G. Dahlgren, J. Hansson e N. Olve, *Virtual Organizations and Beyond*. Nova York: Wiley, 2001; M.A. Schilling e H.K. Steensma, "The Use of Modular Organizational Forms: An Industry-Level Analysis", *Academy of Management Journal*, dez. 2001, p. 1149-1168; K.R.T. Larsen e C.R. McInerney, "Preparing to Work in the Virtual Organization", *Information and Management*, maio

2002, p. 445-456; e J. Gertner, "Newman's Own: Two Friends and a Canoe Paddle", *New York Times*, 16 nov. 2003, p. 4BU.

15. J. Bates, "Making Movies and Moving On", *Los Angeles Times*, 19 jan. 1998, p. A1.

16. "GE: Just Your Average Everyday $60 Billion Family Grocery Store", *Industry Week*, 2 maio 1994, p. 13-18.

17. H.C. Lucas Jr., *The T-Form Organization: Using Technology to Design Organizations for the 21th Century* (São Francisco: Jossey-Bass, 1996.

18. Esta seção é baseada em D.D. Davis, "Form, Function and Strategy in Boundaryless Organizations", in A. Howard (ed.) *The Changing Nature of Work* (São Francisco: Jossey-Bass, 1995, p. 112-138; P. Roberts, "We Are One Company, No Matter Where We Are. Time and Space Are Irrelevant", *Fast Company*, abr.-maio 1998, p. 122-128; R.L. Cross, A. Yan e M.R. Louis, "Boundary Activities in 'Boundaryless' Organizations: A Case Study of a Transformation to a Team-Based Structure", *Human Relations*, jun. 2000, p. 841-868; e R. Ashkenas, D. Ulrich, T. Jick e S. Kerr, *The Boundaryless Organization: Breaking the Chains of Organizational Structure*, revisado e atualizado. São Francisco: Jossey-Bass, 2002.

19. Veja J. Lipnack e J. Stamps, *The TeamNet Factor*. Essex Junction: Oliver Wight Publications, 1993, J. Fulk e G. DeSanctis, "Electronic Communication and Changing Organizational Forms", *Organization Science*, jul.-ago. 1995, p. 337-349; e M. Hammer, *The Agenda*. Nova York: Crown Business, 2001.

20. T. Burns e G.M. Stalker, *The Management of Innovation*. Londres: Tavistock, 1061; e J.A. Courtright, G.T. Fairhust e L.E. Rogers, "Interaction Patterns in Organic and Mechanistic Systems", *Academy of Management Journal*, dez. 1989, p. 773-802.

21. Esta análise é chamada de abordagem contingencial do modelo organizacional. Veja, por exemplo, J.M. Pennings, "Structural Contingency Theory: A Reappraisal", in B.M. Staw e L.L. Cummings (orgs.) *Research in Organizational Behavior*, vol. 14. Greenwich: JAI Press, 1992, p. 267-309; e J.R. Hollenbeck, H. Moon, A.P. J. Ellis, B.J. West, D.R. Ilgen, L. Sheppard, C.O.L.H. Porter e J.A. Wagner III, "Structural Contingency Theory and Individual Differences: Examination of External and Internal Person-Team Fit", *Journal of Applied Psychology*, jun. 2002, p. 599-606.

22. A tese estrutura-estratégia foi originalmente proposta em A.D. Chandler Jr., *Strategy and Structure: Chapters in the History of the Industrial Enterprise*. Cambridge: MIT Press, 1962. Para uma análise atualizada, veja T.L. Amburgey e T. Dacin, "As the Left Foot Follows the Right? The Dynamics of Strategic and Structural Change", *Academy of Management Journal*, dez. 1994, p. 1427-1452.

23. Veja R.E. Miles e C.C. Snow, *Organizational Strategy, Structure, and Process*. Nova York: McGraw-Hill, 1978; D. Miller, "The Structural and Environmental Correlates of Business Strategy", *Strategic Management Journal*, jan.-fev. 1987, p. 55-76; D.C. Galunic e K.M. Eisenhardt, "Renewing the Strategy-Structure-Performance Paradigm", in B.M. Staw e L.L. Cummings (orgs.), *Research in Organizational Behavior*, vol. 16. Greenwich: JAI Press, 1994, p. 215-255; e I.C. Harris e T.W. Ruefli, "The Strategy/Structure Debate: An Examination of the Performance Implications", *Journal of Management Studies*, jun. 2000, p. 587-603.

24. Veja, por exemplo, P.M. Blau e R.A. Schoenherr, *The Structure of Organizations*. Nova York: Basic Books, 1971; D.S. Pugh, "The Aston Program of Research: Retrospect and Prospect", in A.H. Van de Ven e W.F. Joyce (orgs.) *Perspectives on Organization Design and Behavior*. Nova York: John Wiley, 1981, p. 135-166; R.Z. Gooding e J.A. Wagner III, "A Meta-Analytic Review of the Relationship Between Size and Performance: The Productivity and Efficiency of Organizations and Their Subunits", *Administrative Science Quarterly*, dez. 1985, p. 462-481; e A.C. Bluedorn, "Pilgrim's Progress: Trends and Convergence in Research on Organizational Size and Environments", *Journal of Management*, verão 1993, p. 163-192.

25. Veja J. Woodward, *Industrial Organization: Theory and Practice*. Londres: Oxford University Press, 1965; C. Perrow, "A Framework for the Comparative Analysis of Organizations", *American Sociological Review*, abr. 1967, p. 194-208; J.D. Thompson, *Organizations in Action*. Nova York: McGraw-Hill, 1967; J. Hage e M. Aiken, "Routine Technology, Social Structure, and Organizational Goals", *Administrative Science Quarterly*, set. 1969, p. 366-377; C.C. Miller, W.H. Glick, Y.Wang e G.P. Huber, "Understanding Technology-Structure Relationship: Theory Development and Meta-Analytic Theory Testing", *Academy of Management Journal*, jun. 1991, p. 370-399; e K.H. Roberts e M. Grabowski, "Organizations, Technology, and Structuring", in S.R. Clegg, C. Hardy e W.R. Nord (orgs.) *Managing Organizations: Current Issues*. Thousand Oaks: Sage, 1999, p. 159-171.

26. Veja F.E. Emery e E. Trist, "The Casual Texture of Organizational Environments", *Human Relations*, fev. 1965, p. 21-32; P. Lawrence e J.W. Lorsch, *Organization and Environment: Managing Differentiation and Integration*. Boston: Harvard Business School, Division of Research, 1967; M. Yasai-Ardekani, "Structural Adaptations to Environments", *Academy of Management Review*, jan. 1986, p. 9-21; e A.C. Bluedorn, "Pilgrim's Progress".

27. G.G. Dess e D.W. Beard, "Dimensions of Organizational Task Environments", *Administrative Science Quarterly*, mar. 1984, p. 52-73; E.A. Gerloff, N.K. Muir e W.D. Bodensteiner, "Three Components of Perceived Environmental Uncertainty: An Exploratory Analysis of the Effects of Aggregation", *Journal of Management*, dez. 1991, p. 749-768; e O. Shenkar, N. Aranya e T. Almor, "Construct Dimensions in the Contingency Model: An Analysis Comparing Metric and Non-Meric Multivariate Instruments", *Human Relations*, maio 1995, p. 559-580.

28. Veja S.P. Robbins, *Organization Theory: Structure, Design and Applications*, 3 ed.. Upper Saddle River: Prentice Hall, 1990, p. 320-325; e B. Harrison, *Lean and Mean: The Changing Landscape of Corporate Power in the Age of Flexibility*. Nova York: Basic Books, 1994.

29. Veja, por exemplo, L.W. Porter e E.E. Lawler III, "Properties of Organization Structure in Relation to Job Attitudes and Job Behavior", *Psychological Bulletin*, jul. 1965, p. 23-51; L.R. James e A.P. Jones, "Organization Structure: A Review of Structural Dimensions and Their Conceptual Relationships with Individual Attitudes and Behavior", *Organizational Behavior and Human Peformance*, jun. 1976, p. 74-113; D.R. Dalton, W.D. Todor, M.J. Spendolini, G.J. Fielding e L.W. Porter, "Organization Structure and Performance: A Critical Review", *Academy of Management Review*, jan. 1980, p. 49-64; W. Snizek e J.H. Bullard, "Perception of Bureaucracy and Changing Job Satisfaction: A Longitudinal Analysis", *Organizational Behavior and Human Peformance*, out. 1983, p. 275-287; e D.B. Turban e T.L. Keon, "Organizational Attractiveness: An Interactionist Perspective", *Journal of Applied Psychology*, abr. 1994, p. 184-193.

30. Veja, por exemplo, P.R. Harris e R.T. Moran, *Managing Cultural Differences*, 4 ed.. Houston: Gulf Publishing, 1996.

31 Veja, por exemplo, B. Schneider, "The People Make the Place", *Personnel Psychology*, outono 1987, p. 437-453; B. Schneider, H.W. Goldstein e D.B. Smith, "The ASA Framework: An Update", *Personnel Psychology*, inverno 1995, p. 747-773; e J. Schaubroeck, D.C. Ganster e J.R. Jones, "Organization and Occupation Influences in the Attraction-Selection-Attrition Process", *Journal of Applied Psychology*, dez. 1998, p. 869-891.

32 Este argumento foi apresentado por J. Chambers, "Nothing Except E-Companies", *Business Week*, 28 ago. 2000, p. 210-212.

33 Este argumento foi apresentado por A. Grove, "I'm a Little Skeptical... Brains Don't Speed Up", *Business Week*, 28 ago. 2000, p. 212-214.

Capítulo 16

1 Baseado em J. Collins, "Bigger, Better, Faster", *Fast Company*, jun. 2003, p. 74-78.

2 P. Selznick, "Foundations of the Theory of Organizations", *American Sociological Review*, fev. 1948, p. 25-35.

3 Veja L.G. Zucker, "Organizations as Institutions", in S.B. Bacharah (ed.), *Research in the Sociology of Organizations*. Greenwich: JAI Press, 1983, p. 1-47; A.J. Richardson, "The Production of Institutional Behavior: A Constructive Comment on the Use of Institutionalization Theory in Organization Analysis", *Canadian Journal of Administrative Sciences*, dez. 1986, p. 304-316; L.G. Zucker, *Institutional Patterns and Organizations: Culture and Environment*. Cambridge: Ballinger, 1988; e R.L. Jepperson, "Institutions, Institutional Effects, and Institutionalism", in W.W. Powell e P.J. DiMaggio (orgs.), *The New Institutionalism in Organizational Analysis*. Chicago: University of Chicago Press, 1991, p. 143-163.

4 Veja, por exemplo, H.S. Becker, "Culture: A Sociological View", *Yale Review*, verão 1982, p. 513-527; e E.H. Schein, *Organizational Culture and Leadership*. São Francisco: Jossey-Bass, 1985, p. 168.

5 Esta descrição de sete itens baseia-se em C.A. O'Reilly III, J. Chatman e D.F. Caldwell, "People and Organizational Culture: A Profile Comparison Approach to Assessing Person-Organization Fit", *Academy of Management Journal*, set. 1991, p. 487-516; e J.A. Chatman e K.A. Jehn, "Assessing the Relationship Between Industry Characteristics and Organizational Culture: How Different Can You Be?", *Academy of Management Journal*, jun. 1994, p. 522-553. Para a descrição de outras medidas populares, veja N.M. Ashkanasy, C.P. M. Wilderom e M.F. Peterson (orgs.) *Handbook of Organizational Culture and Climate*. Thousand Oaks: Sage, 2000, p. 131-145.

6 A visão de que existe consistência entre as percepções da cultura organizacional é chamada de perspectiva de "integração". Para uma revisão desta perspectiva e de abordagens conflitantes, veja D. Meyerson e J. Martin, "Cultural Change: An Integration of Three Different Views", *Journal of Management Studies*, nov. 1987, p. 623-647; e P.J. Frost, L.F. Moore, M.R. Louis, C.C. Lundberg e J. Martin (orgs.), *Reframing Organizational Culture*. Newbury Park: Sage Publications, 1991.

7 Veja J.M. Jermier, J.W. Slocum Jr., L.W. Fry e J. Gaines, "Organizational Subcultures in a Soft Bureaucracy: Resistance Behind the Myth and Facade of an Official Culture", *Organization Science*, maio 1991, p. 170-194; S.A. Sackmann, "Culture and Subcultures: An Analysis of Organizational Knowledge", *Administrative Science Quarterly*, mar. 1992, p. 140-161; R.F. Zammuto, "Mapping Organizational Cultures and Subcultures: Looking Inside and Across Hospitals", trabalho apresentado na National Academy of Management Conference de 1995, Vancouver, ago. 1995; e G. Hofstede, "Identifying Organizational Subcultures: An Empirical Approach", *Journal of Management Studies*, jan. 1998, p. 1-12.

8 T.A. Timmerman, "Do Organizations Have Personalities?", trabalho apresentado na National Academy of Management Conference de 1996, Cincinnati, Ohio, ago. 1996.

9 S. Hamm, "No Letup - and No Apologies", *Business Week*, 26 out. 1998, p. 58-64; e C. Carlson, "Former Intel Exec Slams Microsoft Culture", eWeek.com, 26 mar. 2002.

10 Veja, por exemplo, G.G. Gordon e N. DiTomaso, "Predicting Corporate Performance From Organizational Culture", *Journal of Management Studies*, nov. 1992, p. 793-798; J.B. Sorensen, "The Strenght of Corporate Culture and the Reliability of Firm Performance", *Administrative Science Quarterly*, mar. 2002, p. 70-91; e J. Rosenthal e M.A. Masarech, "High-Performance Cultures: How Values Can Drive Business Results", *Journal of Organizationl Excellence*, primavera 2003, p. 3-18.

11 Y. Wiener, "Forms of Value Systems: A Focus on Organizational Effectiveness and Cultural Change and Maintenance", *Academy of Management Review*, out. 1988, p. 536.

12 R.T. Mowday, L.W. Porter e R.M. Steers, *Employee-Organization Linkages: The Psychology of Commitment, Absenteeism, and Turnover*. Nova York: Academic Press, 1982.

13 S.L. Dolan e S. Garcia, "Managing by Values: Cultural Redesign for Strategic Organizational Change at the Dawn of the Twenty-First Century", *Journal of Management Development* 21, n. 2, 2002, p. 101-117.

14 Veja N.J. Adler, International Dimensions of Organizational Behavior, 4 ed.. Cincinnati, Ohio: Southwestern, 2002, p. 67-69.

15 S.C. Schneider, "National vs. Corporate Culture: Implications for Human Resource Management", *Human Resource Management*, verão 1988, p. 239.

16 Veja C.A. O'Reilly e J.A. Chatman, "Culture as Social Control: Corporations, Cults, and Commitment", in B.M. Staw e L.L. Cummings (orgs.) *Research in Organizational Behavior*, vol. 18. Greenwich: JAI Press, 1996, p. 157-200.

17 T.E. Deal e A.A. Kennedy, "Culture: A New Look Through Old Lenses", *Journal of Applied Behavior Science*, nov. 1983, p. 501.

18 J. Case, "Corporate Culture", *INC.*, nov. 1996, p. 42-53.

19 J.B. Sorensen, "The Strenght of Corporate Culture and the Reliability of Firm Performance".

20 Veja, por exemplo, P. L. Moore, "She's Here to Fix the Xerox", *Business Week*, 6 ago. 2001, p. 47-48; e C. Ragavan, "FBI Inc.", *U.S. News & World Report*, 18 jun. 2001, p. 15-21.

21 Veja C. Lindsay, "Paradoxes of Organizational Diversity: Living Within the Paradoxes", in L.R. Jauch e J.L. Wall (orgs.), *Proceedings of the 50th Academy of Management Conference*. São Francisco, 1990, p. 374-378; T. Cox Jr., *Cultural Diversity in Organizations: Theory, Research & Practice*. São Francisco: Berrett-Koehler, 1993, p. 162-170; e L. Grensing-Pophal, "Hiring to Fit Your Corporate Culture", *HR Magazine*, ago. 1999, p. 50-54.

22 K. Labich, "No More Crude at Texaco", *Fortune*, 6 set. 1999, p. 205-212; e "Rooting Out Racism", *Business Week*, 10 jan. 2000, p. 66.

23 A.F. Buono e J.L. Bowditch, *The Human Side of Mergers and Acquisitions: Managing Collisions Between People, Cultures, and Organizations*. São Francisco: Jossey-Bass, 1989; S. Cartwright e C.L. Cooper, "The Role of Culture Compatibility in Successful Organizational Marriages", *Academy of Management*

Executive, maio 1993, p. 57-70; E. Krell, "Merging Corporate Cultures", *Training*, maio 2001, p. 68-78; e R.A. Weber e C.F. Camerer, "Cultural Conflict and Merger Failure: An Experimental Approach", *Management Science*, abr. 2003, p. 400-412.

24 D. Carey e D. Ogden, "A Match Made in Heaven? Find Out Before You Merge", *Wall Street Journal*, 30 nov. 1998, p. A22; e M. Arndt, "Let's Talk Turkeys", *Business Week*, 11 dez. 2000, p. 44-46.

25 D. Miller, "What Happens After Success: The Perils of Excellence", *Journal of Management Studies*, maio 1994, p. 11-38.

26 "Motorola Is Poised to Fill Top Posts", *Wall Street Journal*, 16 dez. 2003, p. A3.

27 E.H. Schein, "The Role of the Founder in Creating Organizational Culture", *Organizational Dynamics*, verão 1983, p. 13-28.

28 E.H. Schein, "Leadership and Organizational Culture", in F. Hesselbein, M. Goldsmith e R. Beckhard (orgs.), *The Leader of the Future*. São Francisco: Jossey-Bass, 1996, p. 61-62.

29 Veja, por exemplo, J.R. Harrison e G.R. Carroll, "Keeping the Faith: A Model of Cultural Transmission in Formal Organizations", *Administrative Science Quarterly*, dez. 1991, p. 552-582.

30 B. Schneider, "The People Make the Place", *Personnel Psychology*, out. 1987, p. 437-453; D.E. Bowen, G.E. Ledford Jr. e B.R. Nathan, "Hiring for the Organization, Not the Job", *Academy of Management Executive*, nov. 1991, p. 35-51; B. Schneider, H.W. Goldstein e D.B. Smith, "The ASA Framework: An Update", *Personnel Psychology*, inverno 1995, p. 747-773; A.L. Kristof, "Person-Organization Fit: An Integrative Review of Its Conceptualizations, Measurements, and Implications", *Personnel Psychology*, primavera 1996, p. 1-49; D.M. Cable e T.A. Judge, "Interviewers' Perceptions of Person-Organization Fit and Organizational Selection Decisions", *Journal of Applied Psychology*, ago. 1997, p. 546-561; J. Schaubroeck, D.C. Ganster e J.R. Jones, "Organization and Occupation Influences in the Attraction-Selection-Attrition Process", *Journal of Applied Psychology*, dez. 1998, p. 869-891; e G. Callaghan e P. Thompson, "We Recruit Attitude: The Selection and Shaping of Routine Call Center Labor", *Journal of Management Studies*, mar. 2002, p. 233-247.

31 L. Grensing-Pophal, "Hiring to Fit Your Corporate Culture", *HR Magazine*, ago. 1999, p. 50-54.

32 D.C. Hambrick e P.A. Mason, "Upper Echelons: The Organization as a Reflection of Its Top Managers", *Academy of Management Review*, abr. 1984, p. 193-206; B.P. Niehoff, C.A. Enz e R.A. Grover, "The Impact of Top Management Actions on Employee Attitudes and Perceptions", *Group and Organizational Studies*, set. 1990, p. 337-352; e H.M. Trice e J.M. Beyer, "Cultural Leadership in Organizations", *Organization Science*, maio 1991, p. 149-169.

33 J.S. Lublin, "Cheap Talk", *Wall Street Journal*, 11 abr. 2002, p. B14.

34 Veja, por exemplo, J.P. Wanous, *Organizational Entry*, 2 ed.. Nova York: Addison-Wesley, 1992; G.T. Chao, A.M. O'Leary-Kelly, S. Wolf, H.J. Klein e P.D. Gardner, "Organizational Socialization: Its Content and Consequences", *Journal of Applied Psychology*, out. 1994, p. 730-743; B.E. Ashforth, A.M. Saks e R.T. Lee, "Socialization and Newcomer Adjustment: The Role of Organizational Context", *Human Relations*, jul. 1998, p. 897-926; D.A. Major, "Effective Newcomer Socialization into High-Performance Organizational Cultures", in N.M. Ashkanasy, C.P. M. Wilderom e M.F. Peterson (orgs.), *Handbook of Organizational Culture & Climate*, p. 355-368; e D.M. Cable e C.K. Parsons, "Socialization Tactics and Person-Organization Fit", *Personnel Psychology*, primavera 2001, p. 1-23.

35 J. Schettler, "Orientation ROI", *Training*, ago. 2002, p. 38.

36 K. Rhodes, "Breaking in the Top Dogs", *Training*, fev. 2000, p. 67-74.

37 J. Van Maanen e E.H. Schein, "Career Development", in J.R. Hackman e J.L. Suttle (orgs.), *Improving Life at Work*. Santa Mônica: Goodyear, 1977, p. 58-62.

38 D.C. Feldman, "The Multiple Socialization of Organization Members", *Academy of Management Review*, abr. 1981, p. 310.

39 Van Maanen e Schein, "Career Development", p. 59.

40 E. Ransdell, "The Nike Story? Just Tell It!", *Fast Company*, jan.-fev. 2000, p. 44-46.

41 D.M. Boje, "The Storytelling Organization: A Study of Story Performance in an Office-Supply Firm", *Administrative Science Quarterly*, mar. 1991, p. 106-126; e C.H. Deutsch, "The Parables of Corporate Culture", *New York Times*, 13 out. 1991, p. F25.

42 Veja K. Kamoche, "Rhetoric, Ritualism, and Totemism in Human Resource Management", *Human Relations*, abr. 1995, p. 367-385.

43 V. Matthews, "Starting Every Day with a Shout and a Song", *Financial Times*, 2 maio 2001, p. 11; e M. Gimein, "Sam Walton Made Us a Promise", *Fortune*, 18 mar. 2002, p. 121-130.

44 A. Rafaeli e M.G. Pratt, "Tailored Meanings: On the Meaning and Impact of Organizational Dress", *Academy of Management Review*, jan. 1993, p. 32-55; e J.M. Higgins e C. McAllaster, "Want Innovation? Then Use Cultural Artifacts That Support It", *Organizational Dynamics*, ago. 2002, p. 74-84.

45 "DCACronyms", abr. 1997, Rev. D; publicado pela Boeing Co.

46 B. Victor e J.B. Cullen, "The Organizational Bases of Ethical Work Climates", *Administrative Science Quarterly*, mar. 1988, p. 101-125; L.K. Trevino, "A Cultural Perspective on Changing and Developing Organizational Ethics", in W.A. Pasmore e R.W. Woodman. eds, *Research in Organizational Change and Development*, vol. 4. Greenwich: JAI Press, 1990; e M.W. Dickson, D.B. Smith, M.W. Grojean e M. Ehrhart, "An Organizational Climate Regarding Ethics: The Outcome of Leader Values and the Practices That Reflect Them", *Leadership Quarterly*, verão 2201, p. 197-217.

47 J.A. Byrne, "The Environment Was Ripe for Abuse", *Business Week*, 25 fev. 2002, p. 118-120; e A. Raghavan, K. Kranhold e A. Barrionuevo, "How Enron Bosses Created a Culture Pushing Limits", *Wall Street Journal*, 26 ago. 2002, p. A1.

48 S. Daley, "A Spy's Advice to French Retailers: Politeness Pay", *New York Times*, 26 dez. 2000, p. A4.

49 Baseado em M.J. Bitner, B.H. Booms e L.A. Mohr, "Critical Service Encounters: The Employee's Viewpoint", *Journal of Marketing*, out. 1994, p. 95-106; M.D. Hartline e O.C Ferrell, "The Management of Customer-Contact Service Employees: An Empirical Investigation", *Journal of Marketing*, out. 1996, p. 52-70; M.L. Lengnick-Hall e C.A. Lengnick-Hall, "Expanding Customer Orientation in the HR Function", *Human Resource Management*, out. 1999, p. 201-214; B. Schneider, D.E. Bowen, M.G. Ehrhart e K.M. Holcombe, "The Climate for Service: Evolution of a Construct", in N.M. Ashkanasy, C.P. M. Wilderom e M.F. Peterson (orgs.) *Handbook of Organizational Culture and Climate*. Thousand Oaks: Sage, 2000, p. 21-36; M.D. Hartline, J.G. Maxham III e D.O. McKee, "Corridors of Influence in the Dissemination of Customer-Oriented Strategy to Customer Contact Service Employees", *Journal of Marketing*, abr. 2000, p. 35-50; L.A. Bettencourt,

K.P. Gwinner e M.L. Meuter, "A Comparison of Attitude, Personality, and Knowledge Predictors of Service-Oriented Organizational Citizenship Behaviors", *Journal of Applied Psychology*, fev. 2001, p. 29-41; R. Peccei e P. Rosenthal, "Delivering Customer-Oriented Behavior Through Empowerment: An Empirical Test of HRM Assumptions", *Journal of Management*, set. 2001, p. 831-856; R. Batt, "Managing Customer Services: Human Resource Practices, Quit Rates and Sales Growth", *Academy of Management Journal*, jun. 2002, p. 587-597; e S.D Pugh, J. Dietz, J.W. Wiley e S.M. Brooks, "Driving Service Effectiveness Through Employee-Customer Linkages", *Academy of Management Executive*, nov. 2002, p. 73-84.

50 D.E. Bowen e B. Schneider, "Boundary-Spanning-Role Employees and the Service Encounter: Some Guidelines for Future Management and Research", in J. Czepiel, M.R. Solomon e C.F. Surprenant (orgs.), *The Service Encounter*. Nova York: Lexington Books, 1985, p. 127-147; W.-C. Tsai, "Determinants and Consequences of Employee Displayed Positive Emotions", *Journal of Management* 27, n. 4, 2001, p. 497-512; e S.D. Pugh, "Service with a Smile: Emotional Contagion in the Service Encounter", *Academy of Management Journal*, out. 2001, p. 1018-1027.

51 M.D. Hartline e O.C Farrell, "The Management of Customer-Contact Service Employees", p. 56; e R.C. Ford e C.P. Heaton, "Lessons from Hospitality That Can Serve Anyone", *Organizational Dynamics*, verão 2001, p. 41-42.

52 A. Taylor, "Driving Customer Satisfaction", *Harvard Business Review*, jul, 2002, p. 24-25.

53 M. Clendenin, "UMC's New CEO Brings Customer Focus", *EBN*, 21 jul. 2003, p. 4.

54 Veja, por exemplo, E. Anderson e R.L. Oliver, "Perspectives on Behavior-Based Versus Outcome-Based Salesforce Control Systems", *Journal of Marketing*, out. 1987, p. 76-88; W.R. George, "Internal Marketing and Organizational Behavior: A Partnership in Developing Customer-Conscious Employees at Every Level", *Journal of Business Research*, jan. 1990, p. 63-70; e K.K. Reardon e B. Enis, "Establishing a Company-Wide Customer Orientation Through Persuasive Internal Marketing", *Management Communication Quarterly*, fev. 1990, p. 376-387.

55 Hartline e Farrell, "The Management of Customer-Contact Service Employees", p. 57.

56 A.M. Webber e H. Row, "For Who Know How", *Fast Company*, out. 1997, p. 130.

57 D.P. Ashmos e D. Duchon, "Spirituality at Work: A Conceptualization and Measure", *Journal of Management Inquiry*, jun. 2000, p. 139. Para uma ampla revisão da definição de espiritualidade no ambiente de trabalho, veja R.A. Giacalone e C.L. Jurkiewicz, "Toward a Science of Workplace Spirituality", in R.A. Giacalone e C.L. Jurkiewicz (orgs.), *Handbook of Workplace Spirituality and Organizational Performance*. Armonk: M.E. Sharpe, 2003, p. 6-13.

58 Esta seção baseia-se em C. Ichniowski, D.L. Kochan, C. Olson e G. Strauss, "What Works at Work: Overview and Assessment", *Industrial Relations*, out. 1996, p. 299-333; I.A. Mitroff e E.A. Denton, *A Spiritual Audit of Corporate America: A Hard Look at Spirituality, Religion, and Values in the Workplace*.. São Francisco: Jossey-Bass, 1999; J. Milliman, J. Ferguson, D. Trickett e B. Condemi, "Spirit and Community at Southwest Airlines: An Investigation of a Spiritual Values-Based Model", *Journal of Organizational Change Management*, 12, n. 3, 1999, p. 221-233; E.H. Burack, "Spirituality in the Workplace", *Journal of Organizational Change Management*, 12, n. 3, 1999, p. 280-291; F. Wagner-Marsh e J. Conley, "The Fourth Wave: The Spiritually-Based Firm", *Journal of Organizational Change Management*, 12, n. 3, 1999, p. 292-302; e J. Pfeffer, "Business and the Spirit: Management Practices That Sustain Values" in Giacalone e Jurkiewicz, *Handbook of Workplace Spirituality and Organizational Performance*, p. 32-41.

59 Citado em Wagner-Marsh e Conley, "The Fourth Wave", p. 295.

60 M. Conlin, "Religion in the Workplace: The Growing Presence of Spirituality in Corporate America", *Business Week*, 1 nov. 1999, p. 151-158; e P. Paul, "A Holier Holiday Season", *American Demographics*, dez. 2001, p. 41-45.

61 Citado em Conlin, "Religion in the Workplace", p. 153.

62 C.P. Neck e J.F. Milliman, "Thought Self-Leadership: Finding Spiritual Fulfillment in Organizational Life", *Journal of Managerial Psychology* 9, n. 8, 1994, p. 9.

63 D.W. McCormick, "Spitirituality and Management", *Journal of Managerial Psychology* 9, n. 6, 1994, p. 5; E. Brandt, "Corporate Pioneers Explore Spiritual Peace", *HR Magazine* 41, n. 4, 1996, p. 82; P. Leigh "The New Spirit at Work", *Training and Development* 51, n. 3, 1997, p. 26; e P. H. Mirvis, "Soul Work in Organizations", *Organization Science* 8, n. 2, 1997, p. 193; e J. Milliman, A. Czaplewski e J. Ferguson, "An Exploratory Empirical Assessment of the Relationship Between Spirituality and Employee Work Attitudes", trabalho apresentado na National Academy of Management Meeting, Washington, ago. 2001.

64 Citado em J. Milliman, "Spirit and Community at Southwest Airlines".

65 J.A. Chatman, "Matching People and Organizations: Selection and Socialization in Public Accounting Firms", *Administrative Science Quarterly*, set. 1991, p. 459-484; e B.Z. Posner, "Person-Organization Values Congruence: No Support for Individual Differences as a Moderating Influence", *Human Relations*, abr. 1992, p. 351-361.

66 J.E. Sheridan, "Organizational Culture and Empoyee Retention", *Academy of Management Journal*, dez. 1992, p. 1036-1056.

Capítulo 17

1 M. Burke, "Funny Business", *Forbes*, 9 jun. 2003, p. 173.

2 Veja B. Becker e B. Gerhart, "The Impact of Human Resource Management on Organizational Performance: Progress and Prospects", *Academy of Management Journal*, ago. 1996, p. 779-801; J.T. Delaney e M.A. Huselid, "The Impact of Human Resource Management Practices on the Perceptions of Organizational Performance", *Academy of Management Journal*, ago. 1996, p. 949-969; M.A. Huselid, S.E. Jackson e R.S. Schuler, "Technical and Strategic Human Resource Management Effectiveness as Determinants of Firm Performance", *Academy of Management Journal*, fev. 1997, p. 171-188; G.A. Gelade e M. Ivery, "The Impact of Human Resource Management and Work Climate on Organizational Performance", *Personnel Psychology*, verão 2003, p. 383-404.

3 Veja, por exemplo, C.T. Dortch, "Job-Person Match", *Personnel Journal*, jun. 1989, p. 49-57; S. Rynes e B. Gerhart, "Interviewer Assessment of Applicant 'Fit': An Exploratory Investigation", *Personnel Psychology*, primavera 1990, p. 13-34.

4 R.A. Posthuma, F.P. Moregeson e M.A. Campion, "Beyond Employment Interview Validity: A Comprehensive Narrative Review of Recent Research and Trend Over Time", *Personnel Psychology*, primavera 2002, p. 1; e S.L. Wilk e P. Cappelli, "Understanding the Determinants of Employer Use of Selection Methods", *Personnel Psychology*, primavera 2003, p. 111.

5. L. Yoo-Lim, "More Companies Rely on Employee Interviews", *Business Korea*, nov. 1994, p. 22-23.
6. T.J. Hanson e J.C. Balestreri-Spero, "An Alternative to Interviews", *Personnel Journal*, jun. 1985, p. 114. Veja também T.W. Dougherty, D.B. Turban e J.C. Callender, "Confirming First Impressions in the Employment Interview: A Field Study of Interviewer Behavior", *Journal of Applied Psychology*, out. 1994, p. 659-665.
7. K.I. van der Zee, A.B. Bakker e P. Bakker, "Why are Structured Interviews So Rarely Used in Personnel Selection?", *Journal of Applied Psychology*, fev. 2002, p. 176-184.
8. Veja M.A. McDaniel, D.L. Whetzel, F.L. Schmidt e S.D. Maurer, "The Validity of Employment Interviews: A Comprehensive Review and Meta-Analysis", *Journal of Applied Psychology*, ago. 1994, p. 599-616; J.M. Conway, R.A. Jako e D.F. Goodman, "A Meta-Analysis of Interrater and Internal Consistency Reliability of Selection Interviewers", *Journal of Applied Psychology*, out. 1995, p. 565-579; M.A. Campion, D.K. Palmer e J.E. Campoion, "A Review of Structure in the Selection Interview", *Personnel Psychology*, outono 1997, p. 655-702; e F.L. Schmidt e J.E. Hunter, "The Validity and Utility of Selection Methods in Personnel Psychology: Practical and Theoretical Implications of 85 Years of Research Findings", *Psychological Bulletin*, set. 1998, p. 262-274; e A.I. Huffcutt e D.J. Woehr, "Further Analysis of Employment Interview Validity: A Quantitative Evaluation of interviewer-Related Structuring Methods", *Journal of Organizational Behavior*, jul. 1999, p. 549-560.
9. R.L. Dipboye, *Selection Interviews: Process Perspectives*. Cincinnati: SouthWestern Publishing, 1992, p. 42-44; e Posthuma, Moregeson e Campion, "Beyond Employment Interview Validity", p. 1-81.
10. J.F. Salgado e S. Moscoso, "Validity of the Structured Behavioral Interviews", *Revista de Psicología del Trabajo y las Organizaciones* 11, 1995, p. 9-24.
11. A.I. Huffcutt, J.M. Conway, P. L. Roth e N.J. Stone, "Identification and Meta-Analytic Assessment of Psychological Constructs Measured in Employment Interviews", *Journal of Applied Psychology*, out. 2001, p. 910.
12. Veja G.A. Adams, T.C. Elacqua e S.M. Colarelli, "The Employment Interview as a Sociometric Selection Technique", *Journal of Group Psychotherapy*, out. 1994, p. 99-113; R.L. Dipboye, "Structured and Unstructured Selection Interviews: Beyond the Job-Fit Model", *Research in Personnel Human Resource Management*, vol. 12, 1994, p. 79-123; e B. Schneider, D.B. Smith, S. Taylor e J. Fleenor, "Personality and Organizations: A Test of the Homogeneity of Personality Hypothesis", *Journal of Applied Psychology*, jun. 1998, p. 462-470; Burke, "Funny Business".
13. Citado em J.H. Prager, "Nasty or Nice: 56-Question Quiz", *Wall Street Journal*, 22 fev. 2000, p. A-4; H. Wessel, "Personality Tests Grow Popular", *Seattle Post-Intelligencer*, 3 ago. 2003, p. G1.
14. G. Nicholsen, "Screen and Glean: Good Screening and background Checks Help Make the Right Match for Every Open Position", *Workforce*, out. 2000, p. 70-72.
15. E.E. Ghiselli, "The Validity of Aptitudes Tests in Personnel Selection", *Personnel Psychology*, inverno 1973, p. 475.
16. R.J. Herrnstein e C. Murray, *The Bell Curve: Intelligence and Class Structure in American Life*. Nova York: Free Press, 1994; M.J. Ree, J.A. Earles e S.M. Teachout, "Predicting Job Performance: Not Much More Than g", *Journal of Applied Psychology*, ago. 1994, p. 518-524.
17. J. Flint, "Can You Tell Applesauce From Pickles?", *Forbes*, 9 out. 1995, p. 106-108.
18. D.S. Dones, C. Viswesvaran e F.L. Schmidt, "Comprehensive Meta-Analysis of Integrity Test Validities: Findings and Implications for Personnel Selection and Theories of Job Performance", *Journal of Applied Psychology*, ago. 1993, p. 679-703; P. R. Sackett e J.E. Wanek, "New Developments in the Use of Measures of honesty, Integrity, Conscientiousness, Dependability, Trustworthiness, and Reliability for Personnel Selection", *Personnel Psychology*, inverno 1996, p. 787-829; e Schmidt e Hunter, "The Validity and Utility of Selection Methods in Personnel Psychology".
19. P. Carbonara, "Hire for Attitude, Train for Skill", *Fast Company*, Greatest Hits, vol. 1, 1997, p. 68.
20. J.J. Ascher e J.A. Sciarrino, "Realistic Work Sample Tests: A Review", *Personnel Psychology*, inverno 1974, p. 519-533; e I.T. Robertson e R.S. Kandola, "Work Sample Tests: Validity, Adverse Impact and Applicant Reaction", *Journal of Occupational Psychology*, primavera 1982, p. 171-182.
21. Veja, por exemplo, A.C. Spychalski, M.A. Quinones, B.B. Gaugler e K. Pohley, "A Survey of Assessment Center Practices in Organizations in the United States", *Personnel Psychology*, primavera 1997, p. 71-90; C. Woodruffe, *Development and Assessment Centres: Identifying and Assessing Competence*. Londres: Institute of Personnel and Development, 2000; e J. Schettler, "Building Bench Strenght", *Training*, jun. 2002, p. 55-58.
22. B.B. Gaugler, D.B. Rosenthal, G.C. Thornton e C. Bneson, "Meta-Analysis of Assessment Center Validity", *Journal of Applied Psychology*, ago. 1987, p. 493-511; G.C. Thornton, *Assessment Centers in Human Resource Management*. Reading: Addison-Wesley, 1992; P. G.W. Jansen e B.A.M. Stoop, "The Dynamics of Assessment Center Validity: Results of a 7-Year Study", *Journal of Applied Psychology*, ago. 2001, p. 741-753; W. Arthur Jr., E.A. Day, T.L. McNelly e P. S. Edens, "A Meta-Analysis of the Criterion-Related Validity of Assessment Center Dimensions", *Personnel Psychology*, primavera 2003, p. 125-154.
23. R.E. Carlson, "Effect of Interview Information in Altering Valid Impressions", *Journal of Applied Psychology*, fev. 1971, p. 66-72; M. London e M.D. Hakel, "Effects of Applicant Stereotypes, Order, and Information on Interview Impressions", *Journal of Applied Psychology*, abr. 1974, p. 157-162; e E.C. Webster, *The Employment Interview: A Social Judgment Process*. Ontário: S.I.P. , 1982.
24. N.R. Bardak e F.T. McAndrew, "The Influence of Physical Attractiveness and Manner of Dress on Success in a Simulated Personnel Decision", *Journal of Social Psychology*, ago. 1985, p. 777-778; e R. Bull e N. Rumsey, *The Social Psychology of Facial Appearance*. Londres: Springer-Verlag, 1988.
25. T.W. Dougherty, R.J. Ebert e J.C. Callender, "Policy Capturing in the Employment Interview", *Journal of Applied Psychology*, fev. 1986; e T.M. Macan e R.L. Dipboye, "The Relationship of the Interviewers' Preinterview Impressions to Selection and Recruitment Outcomes", *Personnel Psychology*, outono 1990, p. 745-769.
26. Citado em *Training*, out. 2003, p. 21.
27. Citado em *Training*, mar. 2003, p. 20.
28. Citado em D. Baynton, "America's $ 60 Billion Problem", *Training*, maio 2001, p. 51.
29. "Basic Skills Training Pays Off for Employers", *HR Magazine*, out. 1999, p. 32.
30. D. Baynton, "America's $ 60 Billion Problem", p. 51.
31. A. Bernstein, "The Time Bomb in the Workforce: Illiteracy", *Business Week*, 25 fev. 2002, p. 122.
32. D. Baynton, "America's $ 60 Billion Problem", p. 52.

33. C. Ansberry, "A New Blue-Collar World", *Wall Street Journal*, 30 jun. 2003, p. B1.
34. J. Barbarian, "Mark Spear: Director Of Management and Organizational Development, Miller Brewing Co.", *Training*, out. 2001, p. 34-38.
35. G.R. Weaver, L.K. Trevino e P. L. Cochran, "Corporate Ethics Practices in the Mid-1990's: An Empirical Study of the Fortune 1000", *Journal of Business Ethics*, fev. 1999, p. 283-294.
36. M.B. Wood, *Business Ethics in Uncertain Times*. Upper Saddle River: Prentice Hall, 2004, p. 61.
37. Veja, por exemplo, D. Seligman, "Oxymoron 101", *Forbes*, 28 out. 2002, p. 160-164; e R.B. Schmitt, "Companies Add Ethics Training: Will It Work?", *Wall Street Journal*, 4 nov. 2002, p. B1.
38. K. Dobbs, "The U.S. Department of Labor Estimates that 70 Percent of Workplace Learning Occurs Informally", *Sales and Marketing Management*, nov. 2000, p. 94-98.
39. S.J. Wells, "Forget the formal training. Try chatting at the Water Cooler", *New York Times*, 10 maio 1998, p. BU11.
40. Veja, por exemplo, K.G. Brown, "Using Computers to deliver Training: Which Employees Learn and Why?", *Personnel Psychology*, verão 2001, p. 271-296; e "The Delivery: How U.S. Organizations Use Classrooms and Computer in Training", *Training*, out. 2001, p. 66-72.
41. "Web Smart 50: Kinko's", *Business Week*, 24 nov. 2003, p. 101.
42. A. Muoio, "Cisco's Quick Study", *Fast Company*, out. 2000, p. 287-295.
43. E.A. Ensher, T.R. Nielson e E. Grant-Vallone. "Tales from the Hiring Line: Effects of the Internet and Technology on HR Processes", *Organizational Dynamics* 31, n. 3, 2002, p. 232-233.
44. D.A. Kolb, "Management and the Learning Process", *California Management Review*, primavera de 1976, p. 21-31; e B. Filipczack, "Different Strokes: Learning Styles in the Classroom", *Training*, mar. 1995, p. 43-48.
45. W.F. Cascio, *Applied Psychology in Human Resources Management*, 5 ed.. Upper Saddle River: Prentice Hall, 1998, p. 59.
46. Veja, por exemplo, C.O. Longnecker, H.P. Sims e D.A. Gioia, "Behind the Mask: the Politics of Employee Appraisal", *Academy of Management Executive*, ago. 1987, p. 183-193; P. Villanova e H. Bernardin, "Impression Management in the Context of Performance Appraisal", in R.A. Giacalone e P. Rosenfeld(. orgs.), *Impression Management in the Organization*. Hillsdale: Lawrence Erlbaum, 1989, p. 299-314; e P. Villanova e H. Bernardin, "Performance Appraisal: The Means, Motive and Opportunity to Manage Impressions", in R.A. Giacalone e P. Rosenfeld (. orgs.), *Applied Impression Management: How Image-Making Affects Managerial Decisions*. Newbury Park: Sage, 1991, p. 81-96.
47. P.M. Blau, *The Dynamics of Bureaucracry*, ed rev... Chicago: University of Chicago Press, 1963.
48. "The Cop-Out Cops", *National Observer*, 3 ago. 1974.
49. Veja W.C. Borman e S.J. Motowidlo, "Expanding the Criterion Domain to Include Elements of Contextual Performance", in N. Schmitt e W.C. Borman (orgs.), *Personnel Selection in Organizations*. São Francisco: Jossey-Bass, 1993, p. 71-98; W.H. Bommer, J.L. Johnson, G.A. Rich, P. M. Podsakoff e S.B. MacKenzie, "On the Interchangeability of Objective and Subjective Measures of Employee Performance: A Meta-Analysis", *Personnel Psychology*, outono 1995, p. 587-605.
50. A.H. Locher e K.S. Teel, "Appraisal Trends", *Personnel Journal*, set. 1988, p. 139-145.
51. Citado em S. Armour, "Job Reviews Take on Added Significance in Down Times", *USA Today*, 23 jul. 2003, p. 4B.
52. Veja revisão em R.D. Bretz Jr., G.T. Milkovich e W. Read, "The Current State of Performance Appraisal Research and Practice: Concerns, Directions, and Implications", *Journal of Management*, jun. 1992, p. 326; e P. W.B. Atkins e R.E. Wood, "Self-Versus Others' Ratings as Predictors of Assessment Center Raitings: Validation Evidence for 360-Degree Feedback Programs", *Personnel Psychology*, inv. 2002, p. 871-904.
53. Veja, por exemplo, W.W. Tornow e M. London (orgs.), *Maximizing the Value of 360-Degree Feedback*. São Francisco: Jossey-Bass, 1998; J. Ghorpade, "Managing Five Paradoxes of 360-Degree Feedback", *Academy of Management Executive*, fev. 2000, p. 140-150; J.D. Facteau e S.B. Craig, "Are Performance Appraisal Ratings from Differente Rating Sources Compatible?", *Journal of Applied Psychology*, abr. 2001, p. 215-227; J.F. Brett e L.E. Atwater, "360-Degree Feedback: Accuracy, Reactions, and Perceptions of Usefulness", *Journal of Applied Psychology*, out. 2001, p. 930-942; C. Wingrove, "Untangling the Myth of 360: Straight Talk for Successful Outcomes", *Compensation & Benefits Review*, nov.-dez. 2001, p. 34-37; eB. Pfau, I. Kay, K.M. Nowack e J. Ghorpade, "Does 360-degree Feedback Negatively Affect Company Performance?", *HR Magazine*, jun. 2002, p. 54-59.
54. Citado em K. Clark, "Judgment Day", *U.S. News & World Report*, 13 jan. 2003, p. 31.
55. D.V. Day, "Leadership Development: A Review in Context", *Leadership Quarterly*, inverno 2000, p. 587-589.
56. P. W.B. Atkins e R.E. Wood, "Self-Versus Others' Ratings as Predictors of Assessment Center Ratings"; e B. Pfau, I. Kay, K.M. Nowack e J. Ghorpade, "Does 360-Degree Feedback Negatively Affect Company Performance?".
57. "Ivy League Grade Inflation", *USA Today*, 8 fev. 2002, p. 11A.
58. A.S. DeNisi e L.H. Peters, "Organization of Information Memory and the Performance Appraisal Process: Evidence from the Field", *Journal of Applied Psychology*, dez. 1996, p. 717-737.
59. Veja, por exemplo, J.W. Hedge e W.C. Borman, "Changing Conceptions and Practices in Performance Appraisal", in A. Howard. ed., *The Changing Nature of Work*. São Francisco: Jossey-Bass, 1995, p. 453-459.
60. Veja, por exemplo, D.E. Smith, "Training Programs for Performance Appraisal: A Review", *Academy of Management Review*, jan. 1986, p. 22-40; T.R. Athey e R.M. McIntyre, "Effect of Rater Training on Rater Accuracy: Levels-Of-Processing Theory and Social Facilitation Theory Perspectives", *Journal of Applied Psychology*, nov. 1987, p. 567-572; e D.J. Woehr, "Understanding Frame-of-Reference Training: The Impact of Training on the Recall of Performance Information", *Journal of Applied Psychology*, ago. 1994, p. 525-534.
61. H.J. Bernardin, "The Effects of Rater Training on Lenience and Halo Errors in Student Rating of Instructors", *Journal of Applied Psychology*, jun. 1978, p. 301-308.
62. Ibid.; e J.M. Ivancevich, "Longitudinal Study of the Effects of Rater Training on Psycometric Error in Ratings", *Journal of Applied Psychology*, out. 1979, p. 502-508.
63. M.S. Taylor, K.B. Tracy, M.K. Renard, J.K. Harrison e S.J. Carroll, "Due Process in Performance Appraisal: A Quasi-Experiment in Procedural Justice", *Administrative Science Quarterly*, set. 1995, p. 495-523.
64. J.S. Lublin, "It's Shape-up Time for Performance Reviews", *Wall Street Journal*, 3 out. 1994, p. B1.

65 Grande parte desta seção baseia-se em H.H. Meyer, "A Solution to the Performance Appraisal Feedback Enigma", *Academy of Management Executive*, fev. 1991, p. 68-76.
66 B. Gates, *The Road Ahead*. Nova York: Viking, 1995, p. 86.
67 T.D. Schelhardt, "It's Time to Evaluate Your Work, and All Involved Are Groaning", *Wall Street Journal*, 19 de nov. 1996, p. A1.
68 R.J. Burke, "Why Performance Appraisal Systems Fail", *Personnel Administration*, jun. 1972, p. 32-40.
69 B.R. Nathan, A.M. Mohrman Jr. e J. Milliman, "Interpersonal Relations as a Context for the Effects of Appraisal Interviews on Performance and Satisfaction: A Longitudinal Study", *Academy of Management Journal*, jun. 1991, p. 352-369. Veja também B.D. Cawley, L.M. Keeping e P. E. Levy, "Participation in the Performance Appraisal Process and Employee Reactions: A Meta-Analytic Review of Field Investigations", *Journal of Applied Psychology*, ago. 1998, p. 615-633.
70 J. Zigon, "Making Performance Appraisal Work for Teams", *Training*, jun. 1994, p. 58-63.
71 E. Salas.T.L. Dickinson, S.A. Converse e S.I. Tannenbaum, "Toward an Understanding of Team Performance and Training", in R.W. Swezey e E. Salas (orgs.), *Teams: Their Training and Performance*. Norwood: Ablex, 1992, p. 3-29.
72 Veja, por exemplo, M. Mendonça e R.N. Kanungo, "Managing Human Resources: The Issue of Cultural Fit", *Journal of Management Inquiry*, jun. 1994, p. 189-205; N. Ramamoorthy e S.J. Carroll, "Individualism/Collectivism Orientations and Reactions Toward Alternative Human Resource Management Practices", *Human Relations*, maio 1998, p. 571-588; e C. Fletcher e E.L. Perry, "Performance Appraisal and Feedback: A Consideration of National Culture and a Review of Contemporary Research and Future Trends", in N. Anderson, D.S. Ones, H.K. Sinangil e C. Viswesvaran (orgs.), *Handbook of Industrial, Work & Organizational Psychology*, vol. 1. Thousand Oaks: Sage, 2001, p. 127-144.
73 A.M. Ryan, L. McFarland, H. Baron e R. Page, "An International Look at Selection Practices: Nation and Culture as Explanations for Variability in Practice", *Personnel Psychology*, verão 1999, p. 359-392.
74 Ibid., p. 386.
75 M. Tanikawa, "Fujitsu Decides to Backtrack on Performance-Based Pay", *New York Times*, 22 mar. 2001, p. W1.
76 N.B. Henderson, "An Enabling Work Force", *Nation's Business*, junho de 1998, p. 93.
77 Veja C. Daniels, "50 Best Companies for Minorities", *Fortune*, 28 jun. 2004, p. 136-146.
78 Veja, por exemplo, *Harvard Business Review on Work and Life Balance*. Boston: Harvard Business School Press, 2000; e R. Rapoport, L. Bailyn, J.K. Fletcher e B.H. Pruitt, *Beyond Work-Family Balance*. São Francisco: Jossey-Bass, 2002.
79 "On the Daddy Track", *Wall Street Journal*, 11 maio 2000, p. A1.
80 M.B. Grover, "Daddy Stress", *Forbes*, 6 set. 1999, p. 202-208.
81 K. Weiss, "Eddie Bauer Uses Time as an Employee Benefit", *Journal of Organizational Excellence*, inverno 2002, p. 67-72.
82 S.D. Friedman e J.H. Greenhaus, *Work and Family: Allies or Enemies?*. Nova York: Oxford University Press, 2000.
83 N.P. Rothbard, T.L. Dumas e K.W. Phillips, "The Long Arm of the Organization: Work-Family Policies and Employee Preferences for Segmentation", trabalho apresentado no 61st Annual Academy of Management Meeting; Washington, ago. 2001.

84 Citado em "Survey Shows 75% of Large Corporations Support Diversity Programs", *Fortune*, 6 jul. 1998, p. S14.
85 Veja, por exemplo, J.K. Ford e S. Fisher, "The Role of Training in Changing Workplace and Workforce: New Perspectives and Approaches", in E.E. Kossek e S.A. Lobel (orgs.), *Managing Diversity*. Cambridge: Blackwell, 1996, p. 164-93; e J. Barbian, "Moving Toward Diversity", *Training*, fev. 2003, p. 44-48.
86 R. Koonce, "Redefining Diversity", *T+D*, dez. 2001, p. 25; M.D. Lee, "Post-9/11 Training", *T+D*, set. 2002, p. 32-35.
87 B. Hynes-Grace, "To Thrive, Not Merely Survive", in Textbook Authors Conference Presentations. Washington: 21 out. 1992, patrocinado pela American Association of Retired Persons, p. 12.
88 "Teaching Diversity: Business Schools Search for Model Approaches", *Newsline*, outono 1992, p. 21.
89 A. Bandura, "Self-Efficacy: Towards a Unifying Theory of Behavioral Change", *Psychological Review*, mar. 1977, p. 191-215; P.C. Earley, "Self or Group? Cultural Effects of Training on Self-Efficacy and Performance", *Administrative Science Quarterly*, mar. 1994, p. 89-117.
90 B.R. Nathan, A.M. Mohrman Jr. e J. Milliman, "Interpersonal Relations as a Context for the Effects of Appraisal Interviews on Performance and satisfAction: A Longitudinal Study"; e B.D. Crawley, L.M. Keeping e P. E. Levy, "Participation in the Performance Appraisal Process and Employee Reactions".
91 Boa parte deste argumento baseia-se em T. Coens e M. Jenkins, *Abolishing Performance Appraisals*. São Francisco: Berrett-Koehler, 2002.
92 Citado em J. Kluger, "Pumping Up Your Past", *Time*, 10 jun. 2002, p. 45.

Capítulo 18

1 Baseado em "New Management", www.samsung.com; W.J. Holstein, "Sam-sung's Golden Touch", *Fortune*, 1 abr. 2002, p. 89-94; H.W. Choi, "Samsung Remakes Itself by Revamping Its Image", *Wall Street Journal*, 17 nov. 2003, p. C3; "Yun JongYong: Samsung", *Business Week*, 12 jan. 2004, p. 65; e H. Brown and J. Doebele, "Samsung's Next Act", *Fortes*, 26 jul. 2004, p. 102-107.
2 L. Lee, "Taps for Music Retailers?" *Business Week*, 23 jun. 2003; e J. Scott, "Big Music Retailer Is Seeking Bankruptcy Protection", *New York Times*, 10 fev. 2004, p. D1.
3 Veja, por exemplo, K.H. Hammonds, "Practical Radicais", *Fast Company*, set. 2000, p. 162-174; e P. C. Judge, "Change Agents"m *Fast Company*, nov. 2000, p. 216-226.
4 J. Taub, "Harvard Radical" *New York Times Magazine*, 24 ago. 2003, p. 28-45+.
5 J.P. Kotter e L.A. Schlesinger, "Choosing Strategies for Change", *Harvard Business Review*, mar.-abr. 1979, p. 106-114.
6 Veja J. Pfeffer, *Managing with Power: Politics and Influence in Organizations*. Boston: Harvard Business School Press, 1992, p. 7 e 318-320; e D. Knights and D. McCabe, "When 'Life Is but a Dream': Obliterating Politics Through Business Process Reengineering?", *Human Relations*, jun. 1998, p. 761-798.
7 Veja, por exemplo, W. Ocasio, "Political Dynamics and the Circulation of Power: CEO Succession in U.S. Industrial Corporations, 1960-1990", *Administrative Science Quarterly*, jun. 1994, p. 285-312.
8 K. Lewin, *Field Theory in Social Science*. Nova York: Harper & Row, 1951.

9 J.P. Kotter, "Leading Changes: Why Transformation Efforts Fail", *Harvard Business Review,* mar.-abr. 1995, p. 59-67; e J.P. Kotter, *Leading Change.* Harvard Business School Press, 1996.

10 Veja, por exemplo, A. B. Shani e W. A. Pasmore, "Organization Inquiry: Towards a New Model of the Action Research Process", in D.D. Warrick (ed.), *Contemporary Organization Development: Current Thinking and Applications.* Glenview, IL: Scott, Foresman, 1985, p. 438-448; e C. Eden e C. Huxham, "Action Research for the Study of Organizations", in S.R. Clegg, C. Hardy, and W.R. Nord (orgs.), *Handbook of Organization Studies.* Londres: Sage, 1996.

11 Para uma amostragem de diversas definições de desenvolvimento organizacional, veja N. Nicholson (ed.), *Encyclopedic Dictionary of Organizational Behavior.* Malden, MA: Blackwell, 1998, p. 359-361; G. Farias and H. Johnson, "Organizational Development and Change Management", *Journal of Applied Behavioral Science,* set. 2000, p. 376-379; e H.K Sinangil and F. Avallone, "Organizational Development and Change", in N. Anderson, D.S. Ones, H.K. Sinangil, and C. Viswesvaran (orgs.), *Handbook of Industrial, Work and Organizational Psychology,* vol. 2. Thousand Oaks, CA: Sage, 2001, p. 332-335.

12 Veja, por exemplo, W. A. Pasmore e M. R. Fagans, "Participation, Individual Development, and Organizational Change: A Review and Synthesis", *Journal of Management,* jun. 1992, p. 375-397; e T.G. Cummings and C.G. Worley, *Organization Development and Change,* 7 ed. Cincinnati: Southwestern, 2001.

13 S. Highhouse, "A History of the T-Group and Its Early Application in Management Development", *Group Dynamics: Theory, Research, & Practice,* dez. 2002, p. 277-290.

14 J. E. Edwards e M.D. Thomas, "The Organizational Survey Process: General Steps and Practical Considerations", in P. Rosenfeld, J. E. Edwards e M. D. Thomas (orgs.), *Improving Organizational Surveys: New Directions, Methods, and Applications.* Newbury Park, CA: Sage, 1993, p. 3-28.

15 E. H. Schein, *Process Consultation: Its Role in Organizational Development,* 2 ed.. Reading, MA: Addison-Wesley, 1988, p. 9. Veja também E.H. Schein, *Process Consultation Revisited: Building Helpful Relationships.* Reading, MA: Addison-Wesley, 1999.

16 Ibid.

17 W. Dyer, *Team Building: Issues and Alternatives.* Reading, MA: Addison-Wesley, 1994.

18 Veja, por exemplo, E. H. Neilsen, "Understanding and Managing Intergroup Conflict", in J. W. Lorsch e P. R. Lawrence (orgs.), *Managing Group and Intergroup Relations.* Homewood: Irwin-Dorsey, 1972, p. 329-343.

19 R. R. Blake, J. S. Mouton e R. L. Sloma, "The Union-Management Intergroup Laboratory: Strategy for Resolving Intergroup Conflict", *Journal of Applied Behavioral Science,* n° 1. 1965, p. 25-57.

20 Veja, por exemplo, G.R. Bushe, "Advances in Appreciative Inquiry as an Organization Development Intervention", *Organizational Development Journal,* verão 1999, p. 61-68; D.L. Cooperrider and D. Whitney, *Collaborating for Change: Appreciative Inquiry.* São Francisco: Berrett-Koehler, 2000; R. Fry, F. Barrett, J. Seiling, e D. Whitney (orgs.), *Appreciative Inquiry & Organizational Transformation: Reparti from the Field.* Westport, CT: Quorum, 2002; J.K. Barge and C. Oliver, "Working with Appreciation in Managerial Practice", *Academy of Management Review,* jan. 2003, p. 124-142; e D. van der Haar and D.M. Hosking, "Evaluating Appreciative Inquiry: A Relational Constructionist Perspective", *Human Relations,* ago. 2004, p. 1017-1036.

21 J. Gordon, "Meet the Freight Fairy", *Forbes,* 20 jan. 2003, p. 65.

22 Veja, por exemplo, H.S. Gitlow, *Quality Management Systems: A Practical Guide for Improvement.* Boca Raton, FL: CRC Press, 2001; e J.W. Cortada, *The Quality Yearbook 2001.* Nova York: McGraw-Hill, 2001.

23 M. Hammer e J. Champy, *Reengineering the Corporation: A Manifesto for Business Revolution.* Nova York: HarperBusiness, 1993.

24 D. Anfuso, "Core Values Shape W.L. Gore's Innovative Culture", *Workforce,* março de 1999, p. 48-51; e A. Harrington, "Who's Afraid of a New Product?" *Fortune,* 10 nov. 2003, p. 189-192.

25 Veja, por exemplo, A. Van de Ven, "Central Problems in the Management of Innovation", *Management Science,* vol. 32, 1986, p. 590-607; e R. M. Kanter, "When a Thousand Flowers Bloom: Structural, Collective and Social Conditions for Innovation in Organizations", in B. M. Staw e L. L. Cummings (orgs.), *Research in Organizational Behavior,* vol. 10. Greenwich, CT: JAI Press, 1988, p. 169-211.

26 F. Damanpour, "Organizational Innovation: A Meta-Analysis of Effects of Determinants and Moderators", *Academy of Management Journal,* set. 1991, p. 557.

27 Ibid., p. 555-90.

28 Veja também P. R. Monge, M.D. Cozzens e N.S. Contractor, "Communication and Motivational Predictors of the Dynamics of Organizational Innovation", *Organization Science,* maio 1992, p. 250-274.

29 J. M. Howell e C. A. Higgins, "Champion of Change", *Business Quarterly,* primavera de 1990, p. 31-32; e D. L. Day, "Raising Radicals: Different Processes for Championing Innovative Corporate Ventures", *Organization Science,* maio 1994, p. 148-172.

30 Howell e Higgins, "Champion of Change".

31 Veja, por exemplo, a edição especial sobre a organização que aprende em *Organizational Dynamics,* out. 1998; P. Senge, *The Dance of Change: The Challenges to Sustaining Momentum in Learning Organizations.* Nova York: Doubleday/Currency, 1999; A.M. Webber, "Will Companies Ever Learn?", *Fast Company,* out. 2000, p. 275-282; R. Snell, "Moral Foundations of the Learning Organization", *Human Relations,* mar. 2001, p. 319-342; e M.M. Brown and J.L. Brudney, "Learning Organizations in the Public Sector? A Study of Police Agencies Employing Information and Technology to Advance Knowledge", *Public Administration Review,* jan.-fev. 2003, p. 30-43.

32 D. H. Kim, "The Link Between Individual and Organizational Learning", *Sloan Management Review,* outono 1993, p. 37.

33 C. Argyris e D. A. Schon, *Organizational Learning.* Reading: Addison-Wesley, 1978.

34 B. Dumaine, "Mr. Learning Organization", *Fortune,* 17 out. 1994, p. 148.

35 F. Kofman e P. M. Senge, "Communities of Commitment: The Heart of Learning Organizations", *Organizational Dynamics,* outono 1993, p. 5-23.

36 Dumaine, "Mr. Learning Organization", p. 154.

37 L. Smith, "New Ideas from the Army. Really", *Fortune,* 19 set. 1994, p. 203-212; e L. Baird, P. Holland e S. Deacon, "Imbedding More Learning into the Performance Fast Enough to Make a Difference", *Organizational Dynamics,* primavera 1999, p. 19-32.

38 Veja S. Shane, S. Venkataraman e I. MacMillan, "Cultural Differences in Innovation Championing Strategies", *Journal of Management*, vol. 21, n° 5, 1995, p. 931-952.

39 Veja, por exemplo, K. Slobogin, "Many U.S. Employees Feel Overworked, Stressed, Study Says", www.cnn.com; 16 maio 2001; e S. Armour, "Rising Job Stress Could Affect Bottom Line", *USA Today*, 29 jul. 2003, p. 1B.

40 Adaptado de R. S. Schuler, "Definition and Conceptualization of Stress in Organizations", *Organizational Behavior and Human Peformance*, abr. 1980, p. 189. Para uma revisão atualizada de definições, veja C.L. Cooper, P. J. Dewe, and M.P. O'Driscoll, *Organizational Stress: A Review and Critique of Theory, Research, and Applications*. Thousand Oaks: Sage, 2002.

41 Veja, por exemplo, M.A. Cavanaugh, W.R. Boswell, M.V. Roehling, and J.W. Boudreau, "An Empirical Examination of Self-Reported Work Stress Among U.S. Managers", *Journal of Applied Psychology*, fev. 2000, p. 65-74.

42 Schuler, "Definition and Conceptualization of Stress in Organizations", p. 191.

43 Este modelo baseia-se em D. F. Parker e T. A. DeCotiis, "Organizational Determinants of Job Stress", *Organizational Behavior and Human Peformance*, out. 1983, p. 166; S. Parasuraman e J. A. Alutto, "Sources and Outcomes of Stress in Organizational Settings: Toward the Development of a Structural Model", *Academy of Management Journal*, jun. 1984, p. 333; e Kahn e Byosiere, "Stress in Organizations", p. 592.

44 Esta seção foi adaptada de C. L. Cooper e R. Payne, *Stress at Work*. Londres: John Wiley, 1978; Parasuraman e Alutto, "Sources and Outcomes of Stress in Organizational Settings", p. 330-350; e P. M. Hart and C.L. Cooper, "Occupational Stress: Toward a More Integrated Framework", in Anderson, Ones, Sinangil e Viswesvaran, *Handbook of Industrial, Work and Organizational Psychology*, vol. 2, p. 93-114.

45 Veja, por exemplo, D. R. Frew e N. S. Bruning, "Perceived Organizational Characteristics and Personality Measures as Predictors of Stress/Strain in the Work Place", *Journal of Management*, inverno 1987, p. 633-646; e M. L. Fox, D. J. Dwyer e D. C. Ganster, "Effects of Stressful Job Demands and Control of Physiological and Attitudinal Outcomes in a Hospital Setting", *Academy of Management Journal*, abr. 1993, p. 289-318.

46 D. L. Nelson e C. Sutton, "Chronic Work Stress and Coping: A Longitudinal Study and Suggested New Directions", *Academy of Management Journal*, dez. 1990, p. 859-869.

47 H. Selye, The Stress of Life, ed. rev.. Nova York: McGraw-Hill, 1956.

48 S. J. Motowidlo, J. S. Packard e M. R. Manning, "Occupational Stress: Its Causes and Consequences for Job Performance", *Journal of Applied Psychology*, nov. 1987, p. 619-620.

49 Veja, por exemplo, R. C. Cummings, "Job Stress and the Buffering Effect of Supervisor Support", *Group &u Organizational Studies*, mar. 1990, p. 92-104; M. R. Manning, C. N. Jackson e M. R. Fusilier, "Occupational Stress, Social Support, and the Cost of Health Care", *Academy of Management Journal*, jun. 1996, p. 738-750; P. D. Bliese and T.W. Britt, "Social Support, Group Consensus and Stressor-Strain Relationships: Social Context Matters", *Journal of Organizational Behavior*, jun. 2001, p. 425-436; e C.L. Stamper e M.C. Johlke, "The Impact of Perceived Organizational Support on the Relationship Between Boundary Spanner Role Stress and Work Outcomes", *Journal of Management* 29, n. 4. 2003, p. 569-588

50 Veja L. R. Murphy, "A Review of Organizational Stress Management Research", *Journal of Organizational Behavior Management*, out.-inv. 1986, p. 215-27.

51 S.M. Jex and P. D. Bliese, "Efficacy Beliefs as a Moderator of the Impact of Work-Related Stressors: A Multilevel Study", *Journal of Applied Psychology*, jun. 1999, p. 349-361.

52 R. Williams, *The Trusting Heart: Great News About Type A Behavior*. Nova York: Times Books, 1989.

53 Schuler, "Definition and Conceptualization of Stress", p. 200-205; e Kahn e Byosiere, "Stress in Organizations", p. 604-610.

54 Veja T. A. Beehr e J. E. Newman, "Job Stress, Employee Health, and Organizational Effectiveness: A Facet Analysis, Model, and Literature Review", *Personnel Psychology*, inverno 1978, p. 665-699; e B. D. Steffy e J. W. Jones, "Workplace Stress and Indicators of Coronary-Disease Risk", *Academy of Management Journal*, set. 1988, p. 686-698.

55 Steffy e Jones, "Workplace Stress and Indicators of Coronary-Disease Risk", p. 687.

56 C. L. Cooper e J. Marshall, "Occupational Sources of Stress: A Review of the Literature Relating to Coronary Heart Disease and Mental Ill Health", *Journal of Occupational Psychology*, vol. 49, n° 1. 1976, p. 11-28.

57 J. R. Hackman e G. R. Oldham, "Development of the Job Diagnostic Survey", *Journal of Applied Psychology*, abr. 1975, p. 159-170.

58 Veja, por exemplo, J. M. Ivancevich e M. T. Matteson, *Stress and Work*. Glenview, IL: Scott, Foresman, 1981; R. D. Allen, M. A. Hitt e C. R. Greer, "Occupational Stress and Perceived Organizational Effectiveness in Formal Groups: An Examination of Stress Level and Stress Type", *Personnel Psychology*, verão 1982, p. 359-370; S. Zivnuska, C. Kiewitz, W.A. Hochwarter, P. L. Perrewe, and K.L. Zellars, "What Is Too Much or Too Little? The Curvilinear Effects of Job Tension on Turnover Intent, Value Attainment, and Job Satisfaction", *Journal of Applied Social Psychology*, jul. 2002, p. 1344-1360; e S.C. Segerstrom and G.E. Miller. "Psychological Stress and the Human Immune System: A Meta-Analytic Study of 30 Years of Inquiry", *Psychological Bulletin*, jul. 2004, p. 601-630.

59 S. E. Sullivan e R. S. Bhagat, "Organizational Stress, Job Satisfaction and Job Performance: Where Do We Go From Here?", *Journal of Management*, jun. 1992, p. 361-364; e M. Westman e D. Eden, "The Inverted-U Relationship Between Stress and Performance: A Field Study", *Work & Stress*, primavera 1996, p. 165-173.

60 A discussão seguinte foi influenciada por J. E. Newman e T. A. Beehr, "Personal and Organizational Strategies for Handling Job Stress", *Personnel Psychology*, primavera 1979; J.M. Ivancevich e M.T. Matteson, "Organizational Level Stress Management Interventions: A Review and Recommendations", *Journal of Organizational Behavior Management*, outono-inverno 1986, p. 229-248; M. T. Matteson e J. M. Ivancevich, "Individual Stress Management Interventions: Evaluation of Techniques", *Journal of Management Psychology*, jan. 1987, p. 24-30; J. M. Ivancevich, M. T. Matteson, S. M. Freedman e J. S. Phillips, "Worksite Stress Management Interventions", *American Psychologist*, fev. 1990, p. 252-261; e R. Schwarzer, "Manage Stress at Work Through Preventive and Proactive Coping", in E.A. Locke (ed.), *Handbook of Principles of Organizational Behavior*. Malden: Blackwell, 2004, p. 342-355.

61 T. H. Macan, "Time Management: Test of a Process Model", *Journal of Applied Psychology*, jun. 1994, p. 381-391.

62 Veja, por exemplo, G. Lawrence-Ell, *The Invisible Clock: A Practical Revolution in Finding Time for Everyone and Everything*. Seaside Park, NJ: Kingsland Hall, 2002; e B. Tracy, *Time Power*. Nova York: AMACOM, 2004.

63 J. Kiely e G. Hodgson, "Stress in the Prision Service: The Benefits of Exercise Programs", *Human Relations*, jun. 1990, p. 551-572.

64 E. J. Forbes e R. J. Pekala, "Psychophysiological Effects of Several Stress Management Techniques", *Psychological Reports*, fev. 1993, p. 19-27; e M. Der Hovanesian, "Zen and the Art of Corporate Productivity", *Business Week*, 28 jul. 2003, p. 56.

65 S. E. Jackson, "Participation in Decision Making as a Strategy for Reducing Job-Related Strain", *Journal of Applied Psychology*, fev. 1983, p. 3-19.

66 S. Greengard, "It's About Time", *Industry Week*, 7 fev. 2000, p. 47-50; e S. Nayyar, "Gimme a Break", *American Demographics*, jun. 2002, p. 6.

67 Veja, por exemplo, B. Leonard, "Health Care Costs Increase Interest in Wellness Programs", *HRMagazine*, set. 2001, p. 35-36; e "Healthy, Happy and Productive", *Training*, fev. 2003, p. 16.

68 D. Brown, "Wellness Programs Bring Healthy Bottom Line", *Canadian HR Repórter*, 17 dez. 2001, p. 1+.

69 P. S. Goodman and L.B. Kurke, "Studies of Change in Organizations: A Status Report", in P. S. Goodman (ed.), *Change in Organizations*. São Francisco: Jossey-Bass, 1982, p. 1.

70 Kahn e Byosiere, "Stress in Organizations", p. 605-608.

71 Para perspectivas constrastantes sobre mudança episódica e constante, veja K.E. Weick and R.E. Quinn, "Organizational Change and Development", in J.T. Spence, J.M. Darley, and D.J. Foss (orgs.), *Annual Review of Psychology*, vol. 50. Palo Alto, CA: Annual Reviews, 1999, p. 361-386.

72 Essa perspectiva se baseia em P. B. Vaill, M*anaging as a Performing Art: New Ideas for a World of Chaotic Change*. São Francisco: Jossey-Bass, 1989.

Apêndice A

1 J.A. Byrne, "Executive sweat", *Forbes*, 20 maio 1985, p. 198-200.

2 Veja D.P. Schwab, *Research methods for organizational behavior*. Mahwati: Lawrence Erlbaum Associates, 1999; e S.G. Rogelberg (org.). *Blackwell handbook of research methods in industrial and organizational psychology*. Malden: Blackwell, 2002.

3 B. M. Staw e G. R. Oldham, "Reconsidering our dependent variables: a critique and empirical study", *Academy of Management Journal*, dez. 1978, p. 539-559; e B.M. Staw, "Organizational behavior: a review and reformulation of the field's outcome variables", in M. Rosenzweig e L. W. Porter (org.), *Annual Review of Psychology*, vol. 35. Palo Alto: Annual Reviews, 1984, p. 627-666.

4 R. S. Blackburn, "Experimental design in organizational settings", in J. W. Lorsch (org.), *Handbook of Organizational Behavior*. Englewood Cliffs: Prentice Hall, 1987, p. 127-128; e F.L. Schmidt, C. Viswesvaran, D.S. Ones, "Reliability is not validity and valilidity is not reliability," *Personnel Psychology*, inverno 2000, p. 901-912.

5 G. R. Weaver, L. K. Trevino e P. L. Cochran, "Corporate ethics practices in the mid-1990's: an empirical study of the fortune 1000", *Journal of Business Ethics*, fev.1999, p. 283-294.

6 S. Milgram, *Obedience to authority*. New York: Harper & Row, 1974. Para uma crítica a essa pesquisa, ver T. Blass, "Understanding behavior in the Milgram obedience experiment: the role of personality, situations, and their interactions", *Journal of Personality and Social Psychology*, mar. 1991, p. 398-413.

7 Ver, por exemplo, W. N. Kaghan, A. L. Strauss, S. R. Barley, M. Y. Brannen e R. J. Thomas, "The Practice and Uses of Field Research in the 21th Century Organization", *Journal of Management Inquiry*, mar. 1999, p. 67-81.

8 A. D. Stajkovic e F. Luthans, "A meta-analysis of the effects of organizational behavior modifications on task performance, 1975-1995", *Academy of Management Journal*, out. 1997, p. 1122-1149.

9 Veja, por exemplo, K. Zakzanis, "The reliability of meta analytic review". *Psychological Report*, ago. 1998, p. 215-222; C. Ostroff e D.A. Harrison, '"Meta-analysis, level of analysis, and best estimates of population correlations: cautions for interpreting meta-analytic results in organizational behavior" *Journal of Applied Psychology*, abr. 1999, p. 260-270; R. Rosentnal and M.R. DiMatteo, "Meta-analysis: recent developments in quantitative methods for literalure reviews", in S.T. Fiske, D.L. Schacter, and C. Zahn-Wacher (orgs.), *Annual Review of Psychology*, vol. 52 (Palo Alto, CA: Annual Reviews, 2001), p. 59-82; and F.L. Schmidt e J.E. Hunter, "Meta-analysis", in N. Anderson, D.S. Ones, H.K. Sinangil e C. Viswesvaran (orgs.) *Handbook of Industrial, Work & Organizational*, vol. 1. Thousand Oaks: Sage, 2001, p. 51-70.

10 Para mais questões éticas na pesquisa, ver T. L. Beauchamp, R. R. Faden, R. J. Wallace Jr., e L. Walters (orgs.), *Ethical issues in social science research*. Baltimore: Johns Hopkins University Press, 1982; e J.G. Adair. "Ethics of psychological research: new policies, continuing issues. New Concerns", *Canadian Psychology*, fev. 2001, p. 25-37.

11 J. Kifner, ''Scholar sets off castronomic false alarm ", *New York Times*, 8 set. 2001, p. A1.

Apêndice B

1 P.D. Brandon, "Regina Diane Hopper", *Arkansas Democrat-Gazette*, 19 out. 2003, p. 47.

2 J.H. Greenhaus, *Carrer management*. Nova York: Dryden Press, 1987, p. 6.

3 S.E. Sullivan, "The changing nature of careers: a review and research agenda", *Journal of Management* 25, n. 3, 1999, p. 457.

4 R.J. DeFillippi e M.B. Arthur, "Boundaryless contexts and careers: a competency-based perspective", in M.B. Arthur e D.M. Rousseau (orgs.), *The boundaryless career*. NovaYork: Oxford University Press, 1996, p.116.

5 M.I. Forret e S.E. Sullivan, "A balanced scorecard approach to networking: a guide to successfully navigating career changes", *Organizational Dynamics*, inverno 2002, p.250.

6 R. Goffe e G. Jones, *The character of a corporation: how your company's culture can make or break your business*. NovaYork: HarperBusiness, 1998.

7 Diversas das idéias constantes nesta seção foram sugeridas por R.N. Boles, em *What color is your parachute? a practice manual for job-hunters and career-changers*. Berkeley: Ten Speed Press, 2004; e T. Peters, *The brand you*. New York: Knopf, 1999.

8 "Ability to communicate", *Wall Street Journal*, 28 dez. 1998, p.1.

9 Veja J. Arnold, "Careers and career management", em N. Anderson, D.S. Ones, H.K. Sinangil e C. Viswesvaran (orgs.), *Handbook of industrial, work & organizational psychology*, vol. 2. Thousand Oaks: Sage, 2001, p.124.

CRÉDITOS DE ILUSTRAÇÕES

CAPÍTULO 1
1, Foto de Laura Ospanik. Cortesia de Lakshmi Gopalkrishnan
3, STR/AFP/Getty Images, Inc.
6, David Walega
12, ©Tom Stoddart/IPG 2002. Katz Pictures, Ltd.
14, Reimpresso com permissão da Xerox, Inc.
17, ©2002 Greg Betz
18, Steve Jones Photography
22, Bryce Duffy

CAPÍTULO 2
31, Toru Yamanaka/AFP Photo/Corbis Bettmann
32, Stuart O'Sullivan Photography
37, ©Nancy Newberry
40, Baerbel Schmidt Photography
45, Ben Van Hook/Studio 321 Inc.
45, Bryce Duffy

CAPÍTULO 3
53, Cortesia de Elaine Leuchars/VSP
58, Mark Leong
61, ©Kristine Larsen 2004. Todos os direitos reservados.
64, ©2003 Greg Betz for Fortune
66, AP/Wide World Photos
67, ©2004 Daniel Lincoln
69, William C. Minarich Photography, Inc.

CAPÍTULO 4
77, Christopher Berkey/ New York Times
81, ©Greg Girard/Contact Press Images
84, ©Rick Maiman/Corbis Sygma
89, ©Pablo Corral Vega/Corbis
91, Baerbel Schmidt Photography
95, Katie Murray Photographer

CAPÍTULO 5
103, ©Peter Beck/Corbis
108, AP/Wide World Photos
109, AP/Wide World Photos
112, Michael Lewis
115, ©Jose Luis Pelaez, Inc./Corbis
116, ©Erin Patrice O'Brien
118, ©Sion Touhig/Corbis Sygma
121, AP/Wide World Photos

CAPÍTULO 6
131, Jeff Sciortino Photography
137, AP/Wide World Photos
139, ©Tom Wagner/Corbis SABA
142, ©Matt Bulvony 2002
147, AP/Wide World Photos
149, Laura A. Pedrick
152, ©Walter Hodges/Corbis

CAPÍTULO 7
159, J.H. Cohn LLP
163, ©Will & Deni McIntyre/Corbis
165, Reimpresso com permissão da Valassis Communications, Inc.
167, ©2004 George Waldman / DetroitPhotoJournalism.com
170, ©2001 Indianapolis Business Journal
171, AP/Wide World Photos
173, Stephen Chernin/Getty Images, Inc.- Liaison
176, ©David Lees/Corbis

CAPÍTULO 8
185, AFP Photo/Peter MUHLY/Getty Images, Inc.
190, AP/Wide World Photos
191, New York Times Pictures
193, Propriedade da AT&T Archives. Reimpresso com permissão da AT&T.
196, Jill Edelstein
199, ©Frank Micelotta/Image Direct/ Getty Images, Inc.
201, ©NASA/Roger Ressmeyer/Corbis

CAPÍTULO 9
211, ©2002 Santa Fabio
215, ©Deborah Mesa-Pelly
218, ©Debra Friedman/Radiant Photography
220, Jeff Mermelstein/Bill Charles, Inc.
222, Park Street/PhotoEdit
224, ©Michael S. Yamashita/Corbis
225, ©Rick Friedman

CAPÍTULO 10
231, ©Clayton J. Price/Corbis
234, AP/Wide World Photos
236, Jeff Minton Photography
241, Jenny Schulder
243, ©Jay Reed
245, ©Kristine Larsen 2000
247, ©Rolf Bruderer/Corbis

CAPÍTULO 11
257, AP/Wide World Photos
259, Spencer Platt/Getty Images, Inc.
261, AP/Wide World Photos
264, Getty Images/Time Life Pictures
267, AP/Wide World Photos
270, ©Mark Peterson/Corbis

CAPÍTULO 12
275, AP/Wide World Photos
281, AP/Wide World Photos
285, Chris Hondros/Getty Images, Inc.
286, Laurent Fievet/Agence France Presse/Getty Images
291, ©Nancy Newberry
293, David McNew/Getty Images, Inc.
295, AP/Wide World Photos

CAPÍTULO 13
301, Sarah A. Friedman/Corbis/Outline
303, Dilip Mehta/Contact Press Images Inc.
306, Reimpresso com permissão da United Technologies Corporation
308, David G. McIntyre/Black Star
309, AP/Wide World Photos
314, ©2003 Mary Ann Carter

CAPÍTULO 14
325, AFP Photo/Doug KANTER/Getty Images, Inc.
329, Jeff Minton Photography
334, AP/Wide World Photos
336, ©Dave Bartruff/Corbis
337, AP/Wide World Photos
340, AP/Wide World Photos

CAPÍTULO 15
349, AP/Wide World Photos
352, Reimpresso com permissão da Johnson & Johnson, Inc.
357, Justin Sullivan/Getty Images, Inc.
359, Baerbel Schmidt Photography
361, ©Catrina Genovese. Todos os direitos reservados.
364, AP/Wide World Photos
367, AP/Wide World Photos

CAPÍTULO 16
373, ©Reuters/Corbis
375, ©François Lenoir/Reuters/Corbis
378, Greg Miller Photography
381, AP/Wide World Photos
383, AP/Wide World Photos
386, Knutson Photography Inc.
388, Brent Humphreys
391, Jeff Jacobson/Redux Pictures

CAPÍTULO 17
397, Alex Tehrani
399, Billy Brown Photography, Inc.
401, AP/Wide World Photos
403, ©Mark Peterson/Corbis
405, ©Ed Eckstein/Corbis
410, ©Helen King/Royalty-Free/Corbis
412, ©Tom Wagner/Corbis SABA
413, Don Standing

CAPÍTULO 18
421, AP/Wide World Photos
424, AP/Wide World Photos
430, Glenn Turner Photography
433, Justin Sullivan/Getty Images, Inc.
435, Jeff Sciortino Photography
438, Robert Nickelsberg/Liaison/Getty Images, Inc.
442, Luc Choquer/Metis Images
445, Robert Wright Photography

ÍNDICE DE ORGANIZAÇÕES

As referências de páginas seguidas por um *b* indicam boxes; as páginas seguidas por um *i* indicam ilustrações

20th Century Fox, 360
3Com, 446
3M Co., 81, 362, 363

A
ABB, 284
Abbott Labs, 75
Academy of Management, 456
Accenture, 401
Adelphia Communications, 42*b*, 122, 456
Adobe Systems, 2
AES, 389
Agência Federal de Aviação dos Estados Unidos, 65, 228
AirTrans, 396
Albertsons, 74-75
Alcatel, 81*i*
Alcoa, 18, 352, 385, 406
Allstate, 75
Amana Refrigeration, 225
Amazon.com, 18, 31-32, 35, 434
American Airlines, 166, 275-276, 277, 396
American Express, 16, 70, 172, 259*i*, 296
American Psychological Association, 456
American Safety Razor, 175
American Sociological Association, 456
American Standard, 149*i*
American Steel & Wire, 175
American Trucking Association, 459
AMETEK Aerospace, 212*b*
Anheuser-Busch, 299, 335
AOL Time Warner, 261
AOL, 220
Apex Digital, 360
Apex Precision Technologies, 172

Apple Computer, 80, 81, 282, 362, 363
Applebee, 162
Arnold, Grobmyer and Haley, 459
Arthur Andersen, 122, 260*b*, 290
AT&T, 81, 172, 223, 323, 361, 362, 380, 406, 460
Atlas Container Corp., 163
Automatic Data Processing, 352
Avianca, aviação colombiana, 231
Avon Products, 257-258, 285, 413

B
Bain & Co., 461
Bank of America, 242*b*, 399
Bank One, 95*i*
Baptist Health South Florida, 32*i*
Bearing-Point, 12*b*
Beck Group, 45*i*
Ben & Jerry's, 61*i*, 299
Bethlehem Steel, 17
BJ's Wholesale Club, 241*i*
Blackmer/Dover Resources, 323-324
Blue Man Group, 199*i*
BMC Software, 445*i*
BMW, 11, 215, 400
Boeing Company, 12*b*, 17, 93, 214, 216, 225, 228, 359, 362, 279, 379, 386
Bristol-Myers Squibb, 327-328
British Airways, 45*i*, 202
British Telecom, 243
Bubba Gump Shrimp Co., 379*b*
Burger King, 11

C
Campbell Soup, 461
Caterpillar, 18, 363
CBS Corp., 325
CBS Evening News, 459
Cendant, 173

Cerner Corp., 244-245
Champion Spark Plug, 175
Charles Schwab, 22*i*, 296, 446
Chevron Texaco, 243
Childress Buick, 163
Chrysler Corp., 284, 380-381
Cigna Corp., 174
Cincinnati Milacron, 175
Cisco Systems, 175*b*, 243, 360, 370, 403
Citigroup, 81, 122, 174, 177, 323
Coca-Cola, 12, 121*i*, 362
Compaq, 225*i*
Conoco, 408*b*
Continental Airlines, 245*i*
Corning, 436
Correios dos Estados Unidos, 357*i*, 393, 433, 433*i*

D
Daimler-Benz, 380-381
DaimlerChrysler, 16, 215, 359
Dell, 18, 338, 434
Delta Airlines, 12*b*, 396, 397-398
Denny's, 66*i*
Departamento de Comércio dos Estados Unidos, 104
Deutsche Bank, 295*i*, 385
Dial, 309
Disney, 12, 284, 335, 340*i*, 374, 379, 387, 399
Domino's, 17
Du Pont, 406, 446

E
Eastman Kodak, 166, 379
Eaton Corp, 214
eBay, 286*i*, 296
Edward Jones, 278-279
Electrical Industries, 189, 190
Electronic Arts, 112*i*, 436
Electronic Data Systems (EDS), 374, 393
Emerson Electric, 224
Emery Air Freight, 42-44

Emmis Communications, 170*i*
Enron, 122, 175*b*, 260*b*, 277, 284, 290
Enterprise Rent-A-Car, 387, 389
Ericsson, 385, 422
Esselte, 67*i*
Euro Disneyland, 340*i*
Exército dos Estados Unidos, 436, 437
Exxon Mobil, 11, 12*i*, 360

F
Fannie May, 413
Fastenal Co., 382
Fed Ex, 70, 80, 234, 286, 309*i*, 362, 381, 387, 436
Federal Bureau of Investigation, 379
Flextronics, 308
Forças Armadas dos Estados Unidos, 81
Ford Motor Co., 11, 18, 61, 166, 211-212, 212*b*, 215, 216, 223, 225, 243, 364, 385, 408*b*
FormScape, 131
Fortune magazine, 66*i*
Four Seasons Hotels, 70
Frito-Lay Corporation, 175
Frontier, 396
Fujitsu, 161, 412*i*, 412, 422

G
Garuda Airlines, 232
Gateway, 422
General Dynamics, 45, 365
General Electric, 74, 81, 163, 163*i*, 166, 216, 273-274, 284, 314*i*, 335, 360, 361, 374, 408*b*, 436, 449-450
General Mills, 374
General Motors, 121, 215, 223, 241, 333, 337*i*, 374, 380*b*, 388, 393, 459
Gillette, 374
Glazier Group, 274
Global Crossing, 175*b*
Goldman Sachs, 242*b*, 284,

413i
Graybar Electric, 165
GTE, 432

H
Habitat International, 412-413
Hallmark Cards, 96b, 224
Harley-Davidson, 215, 393
Harpell Inc., 355b
Harrah's Entertainment, 399
Hartford Insurance, 415
Harvard University, 374, 424-425
Hasbro, 430i
HealthSouth, 42b, 284, 290
Heineken, 461
Herman Miller Inc., 335
Hewlett-Packard, 166, 172, 216, 329i, 335, 359, 361, 389, 391, 461
Hitachi, 360, 422
Home Depot, 449
Honda, 11, 80, 215, 399i
Honeywell, 406
Hooker Chemical, 175
HSBC Securities and Capital Markets, 303i
Hyundai, 381

I
IBM, 12b, 166, 172, 174, 215, 241, 243, 273, 335, 356, 377, 385, 393, 401
Idealab, 236i
IDS Financial Services, 176
IKEA, 381, 381i
ImClone Systems, 122
Imedia, 359
Intel, 215i, 243, 401

J
J. M. Smucker, 64i
JC Penney, 54, 380b
Jennifer Convertibles, 240
JetBlue Airlines, 270i, 396
John Deere, 174, 212
Johnson & Johnson, 243, 352, 352i, 387, 461
JPMorgan Chase, 242b, 388

K
Keebler, 299
Kinko's, 403
KLM, 232-233
Kmart, 374, 453

Knight-Ridder Information, 386
Komatsu, 461
KPMG Consulting, 12b
Krispy Kreme, 116i

L
L.L. Bean, 16, 360, 387, 446
L'Oreal, 435i
Lend Lease, 460
Levi Strauss, 242, 362, 406
Linae, aeroporto milano, 232
Lincoln Electric, 2, 172
Lockheed Martin, 216, 365, 401
Lucent Technologies, 17, 94

M
March of Dimes, 374
Marinha dos Estados Unidos, 432
Marks & Spencer, 202, 363
Marriott, 17, 64, 415
Mars, 461
Mary Kay Cosmetics, 282, 381
Massachusetts General Hospital, 12b
Matsushita, 306, 422
Mattel, 284
McDonald's, 11, 12, 89i, 92, 352, 374, 403i, 413
MCI, 291i
Medex Insurance Services, 274
MediaFirst PR-Atlanta, 255
Men's Wearhouse, 389, 390
Mercedes, 11
Merck, 196i, 242b
Merrill Lynch, 16, 122, 171, 172, 214, 277, 290, 301-302, 362
MGM, 360
Microsoft, 1, 31-32, 35, 80, 175b, 220i, 242b, 291, 353, 377, 380b, 381, 399, 408b, 410
Miller Brewing Co., 402
Milliken & Co., 75
MIT, 374
Mitsubishi, 379, 412i
Montefiore Hospital, 401i
Montgomery Ward, 17
Motorola, 166, 216, 223, 359, 361, 380b
MTV Networks, 242b
MTW Corp, 160

N
Nabisco, 434
NASA, 88, 187-188, 201i
National Institute of Learning, 401
National Rifle Association (NRA), 281
National Steel Corp., 360
National Westminster Bank, 17
NBA, 116
NCR, 380
NEC Corp, 362
Neumann Homes, 382
Newell Rubbermaid, 40i
Newman's Own, 360
News Corporation, 283
Nichols Foods Ltd, 162
Nike, 360, 385, 446
Nissan, 18i, 215
Nokia, 11
Nordstrom, 377, 387
Novell, 398

O
Office Depot, 70
Olive Garden, 387
Omega Engineering, 88
Oracle, 12b
Oticon A/S, 361
Outward Bound, 224i
Owens Corning, 460

P
P&G, 371
PaeTec Communications, 378i
Pan Am, 231
Patagonia, 284
PeopleSoft, 389
PepsiCo, 413
Perot Systems, 374
Pfizer, 2, 296
Phillip Morris, 299, 309
Phoenix Inn Suites, 162
Pizza Hut, 174
Polaroid, 166
Portland Furniture Mart, 328
Pricewaterhouse-Coopers, 385
Procter & Gamble, 166, 222i, 306, 360, 363, 399
Publix Supermarkets, 165
Putnam Investments, 171

Q
Qantas Airways, 16
Qwest Communications, 234i

R
Rackspace, 388i
Ralston Foods, 212b
Reagan, aeroporto internacional, 104
Reebok, 360
REMAX International, 295i
Rite Aid, 122
Roadway Express, 432-433
Royal Bank of Canada, 243, 244
Royal Dutch/Shell, 216, 335
Russ Berrie & Co, 341b
Ryanair Airlines, 375i

S
Sabre, 37i
Safeway, 413
Salomon Smith Barney, 323
Samsung, 421-422
Sarasota Memorial Hospital, 69i
SAS Institute, 2
SAS, 232
Saturn, 212b, 223, 352, 359
Sears, 17, 21, 68, 354, 374, 459
Sharp Electronics, 360
Shea & Gould, 335
Shell Oil, 388, 459
Siebel Systems, 260, 261i
Siemens, 242-243, 402
Singapore Airlines, 232
Smith and Wesson, 401
Smith Corona, 17
Song, 396, 397-398
Sony, 80, 360, 374
Southwest Air, 2, 70, 91i, 284, 381, 387, 388, 390, 391, 392, 396, 399
Sprint, 406
St. John Hospital and Medical Center, 167i
St. Jude's Children's Research Hospital, 267i
Stanford University, 191i
Stanley Works, 277
Starbucks, 2, 6i, 284, 295i, 383i
Starkmark International, 45
Sun Microsystems, 171i, 175b, 380b, 408b

Sunbeam, 122

T

T. A. Stearns, 229-230
Taco Bell, 121
Taconic, 243*i*
Target, 422
Tax Technologies Inc., 240
TechTarget, 372
Texas Instruments, 166, 287
The Bay, 297
The Limited, 242*b*, 382
Thomson Legal and Regulatory Group, 386*i*
Tidal Software, 260
Timberland Company, 391*i*
Tom's of Maine, 389, 390
Toshiba, 422
Tower Records, 422
Toyota, 139*i*, 215, 399, 424*i*
Trigon Blue Cross Blue Shield, 224
Trump International Hotel, 84*i*

Turck Manufacturing, 176*i*
TWA, 17
Tyco, 100-101, 122, 260*b*, 277, 284, 285*i*, 290

U

U.S. Telecom Association, 459
Unilever, 295*i*, 296, 461
Unisys Corporation, 460
United Airlines, 396
United Auto Workers, 337*i*
United Microelectronics Corp., 389
United Parcel, 309, 406, 419-420
United Technologies, 306
University of Michigan's Survey Research Center, 261

V

Valassis, 165*i*

Vanderbilt University, 349-350
Vanguard, 284
VeriFone, 216
Verizon, 224, 295*i*
Viacom, 325-326
Virgin Group, 285, 381
Volkswagen, 243, 364*i*
Volvo Car Corporation, 109*i*
VSP, 53-54

W

W. L. Gore, 17, 147*i*, 165, 382, 406, 434
Wal-Mart, 58*i*, 74, 92, 174, 241-242, 362, 363, 373-374, 380*b*, 385, 422, 436, 453
Warnaco, 264*i*
Warner Brothers, 334*i*, 360
Wesbury United Methodist, comunidade de aposentados, 137*i*

Western Electric, 192
Wetherill Associates, 389, 390
Wherehouse Entertainment, 422
Whirlpool, 243
Whole Foods, 2, 173*i*, 359, 387
Woolworth, 17
WorldCom, 17, 122, 175*b*, 260*b*, 277, 284, 290, 291*i*, 372

X

Xerox, 14*i*, 42*b*, 166, 170, 299-300, 359, 361, 379, 413

Y

Yahoo!, 333, 334*i*, 442*i*

GLÍNDICE

A

Abertura para experiências *Dimensão da personalidade que se refere aos interesses de uma pessoa e seu fascínio por novidades*, 81
    como traço para a liderança, 259
Abordagens para administração do estresse
    individuais, 444-445
    organizacionais, 445-446
Absenteísmo *Não comparecimento do funcionário ao trabalho*, 21-22
    satisfação no trabalho e, 68-69
Acomodar-se *Disposição de uma das partes em conflito de colocar os interesses do oponente antes dos seus próprios*, 331
Adequação do indivíduo
    à organização, 88
    ao trabalho, 86-88
Administração
    diferença entre liderança e, 258
    do estresse, 444-446
    do tempo, 444
    funções, 3
    habilidades, 4-5
    papéis, 3-4
    recursos humanos, 6
    tradicional, 5
    transparente, 253
Administração da impressão *Processo pelo qual os indivíduos tentam controlar a impressão que os outros formam a seu respeito*, 317-318
Administração de conflitos *Uso de técnicas de solução ou de estímulo de conflitos para mantê-los nos níveis desejados*, 332
    técnicas de, 333
Administração por objetivos *Programa que engloba objetivos específicos, decisão participativa, por um período explícito de tempo, com feedback do desempenho*, 160-161
    definição, 160-161
    na prática, 161
    vinculando com a teoria da fixação de objetivos, 161
Administradores de conflitos, 288
Agentes de mudança, 424
Agressividade, 59
Alcance de metas como motivo para reunir-se em grupo, 187
Alocadores de recursos, 4
Amabilidade *Dimensão da personalidade que se refere à propensão de um indivíduo em acatar as idéias dos outros*, 81
Ambiente *Instituições ou forças externas que têm o potencial de afetar o desempenho da organização*, 365
    estrutura organizacional e, 365
Ambiente de trabalho
    tecnologia no, 433-434
    tristeza no, 96
Ambigüidade, 239, 358-359, 366
    de papéis, 313, 314
    tolerância à, 119
Ampliação de tarefas *O aumento do número e da variedade das atividades realizadas por um indivíduo resulta em trabalho com mais diversidade*, 166-167, 172
Amplitude de controle *Número de funcionários que um administrador consegue dirigir com eficiência e eficácia*, 353-354, 355, 367
    para empreendedores, 355
Antropologia *Estudo das sociedades para compreender os seres humanos e suas atividades*, 10
Apelo inspirativo como tática de poder, 307
Apelos pessoais como tática de poder, 307
Apogeu e queda da participação acionária, 175
Apoio social, 442

Aprendizado
    contínuo, 45
    de círculo duplo, 436
    de círculo simples, 436
Aprendizagem *Qualquer mudança relativamente permanente no comportamento que ocorre como resultado de uma experiência*, 37-46
    administração da, 437
    aplicações organizacionais específicas, 44-46
    definição, 37-38
    modelagem, 40-44
    social, 39-40
    teorias de, 38-40
    vitalícia, 462
Aquisições, barreiras às, 380-381
Árbitro *Terceiro em uma negociação com autoridade para ditar um acordo*, 341
Assédio sexual *Qualquer atividade indesejada, de caráter sexual que afete a relação de emprego de uma pessoa*, 309-310
Associação, como motivo para participar de um grupo, 187
Assunção de riscos, 84
Astronomia, 10
Atenção aos detalhes, 375
Atendimento ao cliente, 95
    melhoria do, 16-17
Atitudes *Afirmações avaliadoras favoráveis ou desfavoráveis em relação a objetos, pessoas ou eventos*, 60-66
    consistência e, 62
    dissonância cognitiva e, 62-63
    diversidade da força de trabalho e, 65-66
    mensuração do relacionamento A-C, 63-65
    tipos de, 61-62
Atividades eficazes *versus* atividades bem-sucedidas, 5
Atribuição, liderança como, 293-294
Aulas expositivas, 364

Auto-avaliação, na avaliação de desempenho, 406
Autoconsciência, 94, 287
Auto-eficácia *Convicção individual de que se é capaz de realizar determinada tarefa,* 142, 442
Auto-estima *Grau em que os indivíduos gostam de si mesmos,* 83
 como motivo para juntar-se ao grupo, 187
Autogestão (autogerenciamento) *Técnicas de aprendizagem que permitem ao indivíduo administrar seu próprio comportamento, de maneira que o controle gerencial externo seja menos necessário,* 46, 94, 287
Autoliderança *Série de processos através dos quais as pessoas controlam seu próprio comportamento,* 290
Automonitoramento *Traço de personalidade que mede a capacidade de um indivíduo em ajustar seu comportamento aos fatores externos situacionais,* 83-84
Automotivação, 94, 287
Autonomia (empowerment) dos funcionários *Colocar os funcionários no comando de suas próprias atividades,* 17, 18
 na criação de uma cultura voltada para o cliente, 389
Autonomia do trabalho, 143
Auto-realização *Intenção de tornar-se tudo aquilo que se é capar de ser,* 133
Autoridade *Os direitos inerentes a uma posição administrativa para dar ordens e esperar que elas sejam obedecidas,* 353-354
Avaliação de desempenho, 110, 121, 217, 404-411
 avaliadores, 406-407
 dos grupos, 411
 de 360 graus, 361
 em recursos humanos internacionais, 412
 feedback de desempenho e, 410-411
 melhorando, 409-410
 métodos de, 407-409
 motivação e, 404-405
 propósitos da, 404
Avaliações de 360 graus, em avaliação de desempenho, 361, 406-407
Avaliadores, treinamento para avaliação de desempenho, 410

B

Baby boomers, 16
Baldridge, Malcolm, Prêmio Nacional de Qualidade, 234
Barganha
 estratégias na, 336-338
 solução de problemas e, 339
Barganha distributiva *Negociação que busca a divisão de uma quantidade fixa de recursos; uma situação de perda e ganho,* 336
Barganha integrativa *Negociação que busca um ou mais acordos que possam gerar uma solução ganha-ganha,* 336-338
Barreiras culturais, 250
BATNA *A melhor alternativa para um acordo negociado; o valor mais baixo aceitável para um indivíduo negociar um acordo,* 338
Benefícios flexíveis *Permitem aos funcionários criar seu próprio programa de benefícios de maneira que atenda às suas necessidades pessoais, escolhendo entre diversos itens de um cardápio de opções,* 177-178
Bônus, 173
Brainstorming *Processo de geração de idéias que estimula especificamente toda e qualquer alternativa ao mesmo tempo que impede críticas a essas alternativas,* 203
Burocracia *Estrutura com tarefas operacionais extremamente rotineiras, realizadas através de especialização, regras e regulamentos muito formalizados, tarefas que são agrupadas em departamentos funcionais, autoridade centralizada, pequena amplitude de controle e processo decisório que acompanha a cadeia de comando,* 357
Buropatologias, 358

C

Cadeia de comando *Linha única de autoridade que vai do topo da organização até o escalão mais baixo, determinando quem se reporta a quem na empresa,* 353, 357, 358, 360, 366
Cadeia, 238
Campeões de idéias, 435
Canais formais *Canais de comunicação que são estabelecidos pela organização e transmitem mensagens que se referem às atividades relacionadas com o trabalho de seus membros,* 233
Canais informais *Estes canais informais são espontâneos e surgem como resposta às escolhas individuais,* 233
Canal de comunicação, escolha do, 244-245
Canal, 233
Capacidade de um ambiente, 365
Características biográficas *Características pessoais - tais como idade, sexo e estado civil - que são objetivas e facilmente obtidas nos registros pessoais dos funcionários,* 32-34
Características das organizações espirituais, 390
Carreira, 367
 definição, 460
 repensando o sucesso da, 463
 sem fronteiras, 459-460, 462-463
 sugestões para o gerenciamento da, 462-463
 tradicional, 460-461
 tradicional versus sem fronteiras, 460-461
Causalidade, 452
Centralização *Grau em que o processo decisório está concentrado em um único ponto da organização,* 354, 367
Centro de controle *Percepção de uma pessoa sobre a fonte de seu destino,* 82-83, 86, 442
Centros de avaliação, 400
Choques econômicos, mudança organizacional e, 423
Cidadania organizacional *Comportamento discricionário que não faz parte das exigências funcionais de um cargo, mas que ajuda a promover o*

funcionamento eficaz da organização, 22-23
    satisfação no trabalho e, 69
Ciência política *Estudo do comportamento dos indivíduos e dos grupos dentro de um ambiente político*, 10
Círculos de qualidade *Grupos de funcionários que se encontram regularmente para discutir os problemas de qualidade, investigar suas causas, recomendar soluções e tomar as ações corretivas*, 165, 166
Classificação
    individual, na avaliação do desempenho, 408, 409
    por grupo, em avaliação de desempenho, 409
    única global, 66
Coalizões *Agrupamentos informais gerados pela busca de um único objetivo*, 308-309
    como tática de poder, 307
Codificação, 233
Coeficiente de correlação, 452-453
Coerção para superar a resistência à mudança, 426-427
Coesão *Grau em que os membros são atraídos entre si e motivados a permanecer como grupo*, 198-199, 280
Colaborar *Situação em que as partes conflitantes pretendem satisfazer os interesses de todos os envolvidos*, 331
Colegas colaboradores, 72
Coletivismo *Atributo cultural de um país que descreve um baixo grau de individualismo*, 58, 59
    de grupo, 59
Colocação, 445
Comitês de trabalhadores *Grupos de funcionários, nomeados ou eleitos, que devem ser consultados quando os dirigentes tomam qualquer decisão que envolva a força de trabalho*, 164
Comparações multipessoais, na avaliação de desempenho, 408-409
Competência, 276
Competição, 436
    mudanças na, 423
Competir *Desejo da pessoa em satisfazer seus próprios interesses, independentemente do impacto sobre a outra parte em conflito*, 331
Complexidade, 365
Componente afetivo de uma atitude *Segmento da atitude que se refere ao sentimento e às emoções*, 60
Componente cognitivo de uma atitude *Segmento da atitude que se refere a uma opinião ou convicção*, 60, 61
Componente comportamental de uma atitude *Refere-se à intenção de comportar-se de determinada maneira em relação a alguém ou alguma coisa*, 60, 61
Comportamento
    avaliação de desempenho e, 405-406
    de causas externas do, 105
    de causas internas do, 105
    ético, melhorando, 19-20
    humano aprendido, 48
    no ambiente de trabalho, desvios, 194-195
    orientado para o desenvolvimento, 262
    traços como indicadores de, 98
Comportamento organizacional *Campo de estudos que investiga o impacto que indivíduos, grupos e a estrutura têm sobre o comportamento dentro das organizações, com o propósito de utilizar este conhecimento para melhorar a eficácia organizacional*, 6-7
    absolutos em, 10-11
    desafios e oportunidades, 11-20
    desenvolvimento de modelo, 20-25
    disciplinas que contribuem para, 8-10
    emoções e, 94-95
    implicações dos valores, 59-60
    pesquisa em, 451-457
    principais atributos de personalidade que influenciam, 82-85
Comportamento político *Atividades que não são requeridas como parte do papel formal na organização, mas que influenciam, ou tentam influenciar, a distribuição de vantagens e desvantagens dentro dela*, 310-311
    ética e, 318-319
    fatores contribuintes, 311-315
    ilegítimo, 311
Comportamento político legítimo *A política normal do dia-a-dia*, 311
Comportamento defensivo *Comportamento reativo ou protecionista que busca evitar ações, culpabilidade ou mudanças*, 316
Comportamento político ilegítimo *Comportamento político extremado que viola as regras do jogo estabelecidas*, 311
Composição de equipes eficazes, 218
Comprometimento organizacional *Grau em que um funcionário se identifica com eterminada empresa e seus objetivos, desejando manter-se como parte da organização*, 62
Comunicação *A transferência e a compreensão de significado*, 5, 232
    ascendente, 234
    barreira entre mulheres e homens, 247-248
    barreiras para a comunicação eficaz, 245-247
    conflito e, 327-328
    descendente, 234
    direção da, 234-235
    eletrônica, 239-242
    escrita, 235-236
    funções da, 232-233
    informação e, 233
    interpessoal, 235-237
    lateral, 235
    medo da, 246-247
    multicultural, 249-251
    na superação da resistência à mudança, 426
    não-verbal, 236-237
    oral, 235
    organizacional, 237-244, 445
    questões atuais, 247-251
    "politicamente correta", 248-249
    silêncio como, 248
Comunicação, em expressão da insatisfação dos funcionários *Insatisfação expressa por meio de*

tentativas ativas e construtivas de melhorar as condições, 70
Conceder   *Situação na qual cada uma das partes de um conflito está disposta a abrir mão de alguma coisa*, 332
Conceituação de liderança, desafios para, 292-294
Conciliador   *Terceiro confiável que oferece uma comunicação informal entre as partes oponentes*, 342
Conclusão nas negociações, 339
Condicionado, estímulo e resposta, 39
Condicionamento clássico   *Tipo de condicionamento no qual um indivíduo responde a algum estímulo que originalmente não produziria tal resposta*, 38
Condicionamento operante   *Tipo de condicionamento em que um comportamento voluntário desejável conduz a uma recompensa ou evita uma punição*, 38-39
Condições de apoio no trabalho, 72
Confiabilidade, 453
Confiança   *Expectativa positiva de que a outra pessoa não irá agir de maneira oportunista*, 276-280, 390
   clima de, 217
   declínio, na liderança, 277-278
   definição, 276-277
   liderança, 277
   princípios básicos, 280
   tipos de, 279-280
Confiança baseada na identificação   *Confiança baseada na compreensão mútua de intenções e na concordância sobre os desejos e vontades de cada parte*, 279-280
Confiança baseada na intimidação   *Confiança baseada no medo de represálias*, 278
Confiança baseada no conhecimento   *Confiança baseada na previsibilidade do comportamento que resulta de um histórico de interações*, 279
Conflito   *Processo que tem início quando uma das partes percebe que a outra parte afeta, ou pode afetar, negativamente alguma coisa que a primeira considera importante*, 326

definição, 326
funcional versus disfuncional, 327
interpessoal, 95
níveis de, 222
sentido, 329-330
Conflito de papéis   *Situação em que uma pessoa é confrontada por diferentes expectativas associadas aos seus papéis*, 190, 208
Conflito de processo   *Conflito relacionado à maneira como trabalho é realizado*, 327-335
Conflito percebido   *Consciência de uma ou mais partes envolvidas da existência das condições que geram oportunidades para o surgimento de conflitos*, 329-330
Conflito sentido   *Envolvimento emocional em um conflito, gerando ansiedade, tensão, frustração ou hostilidade*, 329-330
Conflitos de relacionamento   *Conflitos baseados nas relações interpessoais*, 222, 327, 328
Conflitos de tarefa   *Conflitos relacionados ao conteúdo e aos objetivos do trabalho*, 327
Conflitos disfuncionais   *Conflitos que atrapalham o desempenho do grupo*, 327
Conflitos entre vida profissional e vida pessoal, 413-415
   ajudando os funcionários a conseguir o equilíbrio, 19
   equilibrando, 463
Conflitos funcionais   *Conflitos que apóiam os objetivos do grupo e melhoram seu desempenho*, 327, 425
   criando, 335
Conformidade   *Ajuste do comportamento para que um indivíduo se alinhe às normas do grupo*, 194
Confusão, 358
Conhecimentos técnicos, 218
Consciência   *Dimensão da personalidade que identifica alguém responsável, confiável, persistente e organizado*, 81
Consenso, 105
Conseqüências
   disfuncionais, 334-335

   funcionais, 332-333
Consideração   *Extensão em que uma pessoa é capaz de manter relacionamentos de trabalho caracterizados por confiança mútua, respeito às idéias dos funcionários e cuidado com os sentimentos deles*, 261
Consistência (coerência), 105, 276
   atitudes e, 62
Construção de equipes, 431-432
Consulta como tática de poder, 307
Consultor   *Terceiro habilitado e imparcial que busca facilitar a resolução criativa de um problema por meio da comunicação e da análise, apoiado por seu conhecimento sobre administração de conflitos*, 342
Consultoria de processo, 431
Contexto
   cultural, 250-251
   das equipes eficazes, 218
Contrato psicológico   *Acordo tácito que estabelece o que os empregadores esperam dos funcionários e vice-versa*, 190
Controle   *Monitoramento do desempenho da organização para garantir que as atividades estejam sendo realizadas como o planejado e a correção de quaisquer desvios significativos*, 3
Coortes   *Indivíduos que compartilham um atributo comum*, 220
Cotas, 246
Criatividade   *Habilidade de gerar idéias novas e úteis*, 112-114
   aprimorando, na tomada de decisões, 112-114
   modelo de três componentes de, 113-114
Cultura, 425
   como barreira, 379-381
   como os funcionários aprendem, 385-386
   como termo descritivo, 376
   criação e manutenção, 381-385
   criando uma cultura organizacional ética, 386-387
   criando uma cultura voltada para o cliente, 387-389
   de comunidade, 461
   dominante, 376-377

formalização versus, 377
forte versus fraca, 377
fragmentada, 461
funções da, 378-379
mantendo viva, 381-384
mercenária, 461
organizacional versus nacional, 377-378
origem da, 381
status e, 197
trabalhando com pessoas de diferentes culturas, 11
trabalho em rede, 461
uniforme, 376-377
valores e, 58-60

Cultura dominante *Expressa os valores essenciais compartilhados pela maioria dos membros da organização*, 376-377

Cultura forte *Cultura na qual os valores essenciais são intensamente acatados e amplamente compartilhados*, 377

Cultura nacional
ética e, 123
personalidade e, 85-86

Cultura organizacional *Sistema de valores, compartilhado pelos membros, que difere uma organização de outras organizações*, 375-378
espiritualidade e, 389-392
ética, criação de, 386-387
tentando mudar, 393
versus cultura nacional, 377-378

Cultura voltada para o cliente, 387-389
ações da administração, 388-389
variáveis básicas que a caracterizam, 387-388

Culturas de alto contexto *Culturas que utilizam amplamente os indícios não-verbais e sinais situacionais sutis na sua comunicação*, 250-251

Culturas de baixo contexto *Culturas que contam essencialmente as palavras para transmitir suas mensagens*, 251

D

Decisão *Escolha que se faz entre duas ou mais alternativas*, 110-111
Declínio na ética dos negócios, 57
Decodificação da mensagem, 233

"Dedos-duros" *Indivíduo que reporta práticas antiéticas de seus empregadores para pessoas de fora da organização*, 122

Deficiências, diversidade da força de trabalho e, 13
Definição das regras básicas, 338
Demandas, 439
das tarefas, 439
dos papéis, 439
interpessoais, 441
Demissões, 15

Demografia do grupo *Grau em que os membros de uma equipe compartilham um mesmo atributo demográfico, como sexo, faixa etária, raça, nível educacional ou tempo de serviço na organização, e o impacto que esse atributo tem sobre a rotatividade*, 219, 220

Demografia, mudando nos Estados Unidos, 14

Departamentalização *Base para o agrupamento das tarefas*, 352-353
funcional, 352, 357-358
geografia e, 352
por produto, 352, 357, 358
por tipo de cliente, 353

Dependência *Relacionamento entre B e A, quando A possui algo que B almeja*, 303, 305-307

Descentralização, 354
Desconfiança, 292
Descongelamento, 555

Desempenho (ver também Motivação)
coesão do grupo e, 162
cultura organizacional e, 377
dos grupos, 198-199
no trabalho, 34, 36, 81
personalidade e, 73
recompensas e, 148-149
remuneração pelo, 151
satisfação no trabalho e, 67-69
teoria da expectativa e, 148-149

Desempenho, estágio de *Quarto estágio do desenvolvimento do grupo, quando ele está totalmente funcional*, 188

Desenho de estrutura para a criação de cultura voltada para o cliente, 389

Desenvolvimento organizacional, 429-430
consultoria de processo, 431
construção de equipes, 431-432
do grupo, modelo de cinco estágios, 187-188
individual, 390
intergrupal, 432
investigação apreciativa, 432-433
levantamento de feedback, 430-431
treinamento de sensibilidade, 430

Desvios dos funcionários *Atos voluntários que violam as regras estabelecidas e ameaçam a organização, seus membros ou ambos*, 95-96

Diário, documentar os comportamentos de desempenho em um, 409

Diferenças culturais, 121-122
na negociação, 339-340

Diferenças entre os sexos, 59
na tomada de decisões, 120
nas negociações, 339

Diferenças individuais, 441-442
na tomada de decisões, 118-120

Dilema ético *Situação na qual o indivíduo precisa definir a conduta correta e a errada*, 19

Dimensão de volatilidade, 365
Dinheiro, como motivador, 136-142
Disciplinas que contribuem para o estudo do comportamento organizacional, 8-10
Dissonância, 62, 63

Dissonância cognitiva *Qualquer incompatibilidade entre duas ou mais atitudes ou entre o comportamento e as atitudes*, 63

Dissonância emocional *Inconsistências entre as emoções que sentimos e aquelas que projetamos*, 89

Distância do poder *Atributo cultural de um país que descreve até que ponto a sociedade aceita que o poder seja distribuído desigualmente dentro das instituições e organizações*, 58, 59

Distância física, 236-237
Diversidade, 219-220

administrando, nas organizações, 415
barreiras para, 379-380
cultural, 219-220
Diversidade da força de trabalho *Crescente heterogeneidade das organizações, com a inclusão de diferentes grupos,* 11, 27-28
administração da, 13-14
atitudes e, 65-66
Divisão do trabalho, 350
Downsizing, 277

E

Educação para superar a resistência à mudança, 425
Efeito de contraste *A avaliação das características de uma pessoa é afetada pela comparação com outras pessoas encontradas recentemente que têm estas mesmas características avaliadas como melhores ou piores,* 107-108
Efeito de halo *Construção de uma impressão geral sobre uma pessoa com base em uma única característica,* 107
Efeito *Pigmaleão,* 109
Eficácia, 21
da equipe, 222
da tomada de decisões em grupo, 200
Eficiência *Proporção entre o resultado efetivo alcançado e os recursos necessários para alcançá-lo,* 21
da tomada de decisões em grupo, 200
E-mail, 240
Emissor, 233
Emoções *Sentimentos intensos direcionados a alguém ou a alguma coisa,* 88-96, 246
aplicação no estudo do comportamento organizacional, 94-96
definição, 88
dimensões, 90-91
limites externos, 92
negativas, 90
positivas, 90
sentidas *versus* demonstradas, 89-90

sexos e, 92
teoria dos eventos afetivos e, 92-96
Emoções demonstradas *Emoções que são requeridas pela organização e consideradas apropriadas para determinado cargo,* 89-90
Emoções sentidas *Emoções genuínas de uma pessoa,* 89, 90
Empatia, 94, 287
Empreendedor, papel de, 4
amplitude de controle e, 355
Emprego compartilhado *Prática de ter duas ou mais pessoas dividindo entre si um emprego tradicional de 40 horas semanais,* 170-171
Engano, 456
Enquadramento *Maneira de utilizar a linguagem para administrar significados,* 281-282
Enquetes sobre atitudes *Avaliação das respostas dos funcionários a questionários em que se pergunta como eles se sentem a respeito de seu trabalho, equipes, supervisores e em relação à organização,* 65
Enriquecimento de *tarefas Expansão vertical das funções, aumentando o grau em que o trabalhador controla o planejamento, a execução e a avaliação de seu trabalho,* 168-169, 172
Entonações, 236, 237
Entrevistas
como instrumento de seleção, 398-399
comportamentais estruturadas, 398-399
de seleção, 108-109
não estruturadas, 398
Envolvimento com o trabalho *Grau em que uma pessoa se identifica psicologicamente com seu trabalho e considera seu desempenho como fator de valorização pessoal,* 61-62
Eqüidade do status, 196-197
Equipes
criando equipes eficazes, 216-222
diferenças entre grupos e, 213
gestão de qualidade e, 224-225
multi-hierárquicas, 361, 362

popularidade das, 212-213
problemas com, 225-226
tamanho, 220-221
tipos, 213-216
Equipes de trabalho *Grupos em que os esforços individuais resultam em um nível de desempenho maior do que a soma daquelas contribuições individuais,* 99, 213
equipes esportivas como modelos, 227
Equipes de solução de problemas *Grupos de 5 a 12 funcionários horistas do mesmo departamento, que se reúnem algumas horas por semana para discutir formas de melhorar a qualidade, a eficiência e o ambiente de trabalho,* 213, 214
Equipes de trabalho autogerenciadas *Grupos de 10 a 15 funcionários que realizam trabalhos muito relacionados ou interdependentes e assumem muitas das responsabilidades de seus antigos supervisores,* 214
Equipes multifuncionais *Funcionários do mesmo nível hierárquico, mas de diferentes setores da empresa, que se juntam para cumprir uma tarefa,* 214-215
Equipes virtuais *Equipes que usam a tecnologia da informática para reunir seus membros, fisicamente dispersos, e permitir que eles atinjam um objetivo comum,* 215-216, 229-230
Erro
de aleatoriedade, 117
de similaridade, 409
Erro fundamental de atribuição *Tendência de subestimar a influência dos fatores externos e superestimar a dos valores internos no julgamento do comportamento alheio,* 106
Escalada do comprometimento *Apego a uma decisão anterior, a despeito de informações negativas,* 116-117
Escalas de mensuração com âncora comportamental, 408
Escândalos empresariais, 57
Escassez, 306-307
Esclarecimentos nas negociações, 339

Escritório virtual, 171
Esforço do funcionário, 110
Esforço emocional   *Quando um funcionário expressa emoções desejáveis pela organização durante suas transações interpessoais*, 89
Esgotamento, 443
Especialização do trabalho   *Grau em que as funções na organização são subdivididas em tarefas separadas*, 350-352, 366-368
Espiritualidade
    críticas a, 391-392
    cultura organizacional e, 389-392
    definição, 389-390
    razões para, 390
Espiritualidade no ambiente de trabalho   *Reconhecimento de que as pessoas possuem uma vida interior, que alimenta e é alimentada por um trabalho com significado, realizado dentro do contexto de uma comunidade*, 389, 390
Esquema intervalo-fixo   *As recompensas são espaçadas em intervalos de tempo uniformes*, 41
Esquema intervalo-variável   *As recompensas são espaçadas no tempo de maneira imprevisível*, 41
Esquema proporcional-fixo   *A recompensa é dada após um número fixo ou constante de respostas*, 41
Esquema proporcional-variável   *A recompensa varia de acordo com o comportamento do indivíduo*, 42
Esquemas de reforço e o comportamento, 42
Estabilidade, 375
    no emprego, 34
Estabilidade emocional   *Dimensão da personalidade que se refere à capacidade de uma pessoa para enfrentar o estresse*, 81
Estágio de metamorfose   *Estágio da socialização em que o novo funcionário muda e se ajusta às tarefas, ao grupo de trabalho e à organização*, 384
Estágio de pré-chegada   *Período de aprendizagem do processo de socialização que acontece antes que o novo funcionário entre para a organização*, 383, 384
Estágio do encontro   *Estágio da socialização em que o novo funcionário vê o que a empresa é de verdade, e confronta a possibilidade de que as expectativas e a realidade possam divergir*, 384
Estereotipagem   *Julgamento de uma pessoa com base na percepção sobre o grupo do qual ela faz parte*, 108
Estilo
    analítico de tomada de decisões, 120
    conceitual de tomada de decisões, 119
    controlador, 318
    de aprendizagem, programas de treinamento individualizados, 404
    de comportamento, 118-120
    de pensamento, 80
    de submissão, 318
    diretivo de tomada de decisões, 120
Estratégia de imitação   *Estratégia que procura lançar novos produtos ou ingressar em novos mercados apenas depois que a viabilidade deles for provada*, 363
Estratégia de inovação   *Estratégia que enfatiza a introdução de produtos ou serviços realmente novos*, 363
Estratégia de minimização de custos   *Estratégia que controla rigidamente seus custos, limita os gastos com inovações desnecessárias ou esforço de marketing e reduz o preço de venda de produtos básicos*, 363
Estresse
    administração do, 444-446
    conseqüências, 439, 442-444
    definição, 438-439
    diferenças individuais, 441-442
    fontes potenciais de, 440-441
    no trabalho, administrando o, 444-446
    relacionado ao papel, 445
Estrutura da tarefa   *Grau de procedimentos estabelecidos no trabalho*, 264
Estrutura de equipe   *Utilização das equipes como meio básico de coordenação das atividades de trabalho*, 359
Estrutura de iniciação   *Extensão em que um líder é capaz de definir e estruturar o seu próprio papel e o dos seus funcionários na busca do alcance dos objetivos*, 261
Estrutura do grupo, 189-199, 217
    normas, 191-195
    papéis, 189-191
    status, 195-197
    tamanho, 197-198
Estrutura em formato-T (organização), 360
Estrutura matricial   *Estrutura que cria uma dupla linha de autoridade; combina a departamentalização funcional com aquela por produto*, 357-359
Estrutura organizacional   *Como as tarefas são formalmente distribuídas, agrupadas e coordenadas*, 350, 351, 441
    amplitude de controle e, 353-354
    cadeia de comando e, 353
    centralização e, 354
    departamentalização e, 352-353
    descentralização, 354
    especialização do trabalho e, 350-351
    formalização e, 354-356
    modelos implícitos de, 369
    razões para as diferenças de, 362-363
Estrutura simples   *Estrutura caracterizada pelo baixo grau de departamentalização, grande amplitude de controle, autoridade centralizada em uma única pessoa e pouca formalização*, 356
Estudo de casos, 453-454
Estudo sistemático   *Observação dos relacionamentos, tentativa de atribuição de causas e efeitos e conclusões baseadas em evidência científica*, 8
Estudos
    escandinavos, 262-263
    Hawthorne, 192-193

Ética
    declínio nos negócios, 57
    cultura nacional e, 123
    em tomada de decisões, 122-123
    na pesquisa, 456-457
    no comportamento político, 318-319
E-training, 404
Evitar *Desejo de fugir de um conflito ou tentar suprimi-lo*, 331
Executivos *Pessoas que supervisionam as atividades das outras e que são responsáveis pelo alcance dos objetivos nas organizações*, 2,3
    funções, 3
Exercícios físicos, 444
Expectativa do papel *Forma que os outros acreditam que devemos agir em determinada situação*, 190
Expectativas de desempenho, percepção e, 109
Experimento
    da prisão, 190-191
    de campo, 455-456
    de laboratório, 454-455
Expressões faciais, 236
Externos *Indivíduos que acreditam que sua vida é controlada por fatores alheios à sua vontade*, 82
Extranet, 241
Extroversão *Dimensão da personalidade que identifica alguém sociável, gregário e afirmativo*, 80, 81
Eye of the Beholder, 66

F

Facilitação, resistência à mudança e, 426
Fatores ambientais como fonte de estresse, 440
Fatores higiênicos *Aqueles fatores - como políticas da empresa, supervisão e remuneração - que, quando adequados, tranquilizam os trabalhadores. Enquanto estes fatores estiverem apropriados, as pessoas não ficarão insatisfeitas*, 135
Fatores individuais
    como fonte de estresse, 441
    no comportamento político, 313

Fatores organizacionais no comportamento político, 313-315
    como fonte de estresse, 440-441
Fazer política, 311, 315
Feedback, 143-144, 234, 235
    autogerenciado, 141
    do progresso, 233
Figura de proa, papel de, 3
Filtragem *Manipulação da informação pelo emissor para que ela seja vista de maneira mais favorável pelo receptor*, 246
Fixação de objetivos, 445
Folga por doença, remuneração, 45
"Folga" social *Tendência que as pessoas têm de se esforçar menos ao trabalhar em grupo do que fariam se estivessem trabalhando sozinhas*, 197, 223
Forbes, revista, 45
Força de trabalho, mudanças na, 423
Forças
    propulsoras, 428
    restritivas, 428
Força-tarefa, 215
Formação *Primeiro estágio do desenvolvimento do grupo, caracterizado por grande dose de incerteza*, 187
Formalização *Grau em que as tarefas dentro da organização são padronizadas*, 354-356
    versus cultura, 377
Fragmentação, 436
Fronteiras
    horizontais, 360, 361
    organizacionais, 242
    verticais, 360, 361
Fuga de empregos para países com mão-de-obra mais barata, 12-13
Fuga de incertezas *Atributo cultural de um país que descreve até que ponto a sociedade sente-se ameaçada por situações incertas e ambíguas e tenta evitá-las*, 58, 59
Funcionários
    ajudar no equlíbrio entre vida profissional e pessoal, 19
    aumentar o envolvimento, na tomada de decisões, 445
    atitudes, 74-75

disciplina, 46
enfatizar o positivo na contratação, 126
métodos de aprendizado da cultura, 385-386
modelos organizacionais e comportamento dos, 356-362
papel do dos executivos para a satisfação dos, 72
Fusões, barreiras às, 380-381

G

Generalização de perfil *Forma de estereotipagem na qual um grupo de indivíduos é tomado com um só, geralmente com base na raça ou etnia, e torna-se alvo de cerrada vigilância e investigação*, 110
Generalização de perfil étnico, 109-110
Geração da tecnologia, 56
Gerações de trabalho contemporâneas, 55-57
Gerenciador de turbulências, 4
Gerenciamento tradicional, 5
Gestão
    autogestão (autogerenciamento), 46, 94, 287
    da qualidade, 15, 224-225
    de recursos humanos, 6
Gestão do conhecimento *Processo de organização e distribuição do saber coletivo da empresa de maneira a fazer com que a informação certa chegue à pessoa certa, na hora certa*, 242-244
Gestão participativa *Processo no qual os subordinados compartilham um grau relevante de poder decisório com seus chefes imediatos*, 163, 164
Globalização
    efeito sobre o mercado de trabalho, 12
    reagindo à, 11-13
Grau de rotinização, 364
Grid Gerencial *Matriz nove-por-nove, representando 81 estilos diferentes de liderança*, 262
Gripe sites, 242
Grupo *Dois ou mais indivíduos, interdependentes e interativos, que*

se reúnem visando à obtenção de determinado objetivo, 186
    definição e classificação, 186-187
    diferenças entre equipes e, 213
    planejamento do trabalho para, 206
    permanente de trabalho, 188
    poder no, 308-309
    razões para se juntar em, 187
    T (grupos de treinamento), 430
    temporários com prazos finais, 188-189
Grupo de comando   *Um executivo e seus subordinados imediatos*, 186
Grupo de interesse   *Pessoas que se reúnem para atingir um objetivo comum*, 186
Grupo de tarefa   *Pessoas que se reúnem para executar determinada tarefa*, 186
Grupo de trabalho   *Grupo que interage basicamente para compartilhar informações e tomar decisões para ajudar cada membro em seu desempenho na sua área de responsabilidade*, 213
Grupo formal   *Grupo de trabalho definido pela estrutura da organização*, 186
Grupo informal   *Aliança que não é estruturada formalmente nem determinada pela organização; surge em resposta à necessidade de contato social*, 186, 187
Grupos de amizade   *Pessoas que se juntam por compartilhar algumas características em comum*, 186
Grupos de interação   *Grupos típicos nos quais os membros interagem face a face*, 202
Grupos de referência   *Grupos importantes aos quais as pessoas pertencem ou gostariam de pertencer e com cujas normas se conformam*, 194

H

Habilidades   *Capacidade de um indivíduo de desempenhar diversas tarefas dentro de uma função*, 34-37, 94
    de linguagem, treinamento em, 401
    e adequação ao trabalho, 36-37
    sociais, 94, 287
Habilidades conceituais   *Capacidade mental para analisar e diagnosticar situações complexas*, 5
Habilidades físicas   *Aquelas necessárias para a realização de tarefas que exigem resistência, agilidade, força ou características semelhantes*, 35-36
Habilidades humanas   *Capacidade de trabalhar com outras pessoas, compreendendo-as e motivando-as, tanto individualmente como em grupos*, 5, 6, 7
Habilidades intelectuais   *Aquelas necessárias para o desempenho de atividades mentais*, 34-35
Habilidades interpessoais, 218, 402
    importância, 2
Habilidades técnicas   *Capacidade de aplicação de conhecimentos ou habildades específicas*, 4, 401-402
Hereditariedade, personalidade e, 78-79
Hierarquia de necessidades, 152
Hipóteses, 452
Histórias, 385
Horário flexível   *Horas de trabalho flexíveis*, 169-170, 172
Humores   *Sentimentos que costumam ser menos intensos que as emoções e não possuem um estímulo contextual*, 88

I

Idade, 32-33
    diversidade da força de trabalho e, 13
Identidade da tarefa, 143
Identidade do papel   *Determinadas atitudes e comportamentos consistentes com um papel*, 189
Implementação na negociação, 339
Incentivos, 246
Incerteza tecnológica, 440
Incertezas políticas, 440
Incidentes críticos na avaliação de desempenho, 407
Indicador de Tipos Myers-Briggs (MBTI)   *Teste de personalidade que indica quatro características e classifica as pessoas em 16 tipos diferentes de personalidade*, 80
Individualismo   *Atributo cultural de um país que descreve até que ponto as pessoas preferem agir como indivíduos, e não como membros de grupos*, 58, 59
Indivíduos, transformando em membros de equipe, 223-224
Influências
    culturais, 92
    organizacionais, 92
Informação, comunicação e, 233
Inovação, 434-435
    assunção de riscos e, 375
    estimulando a, 17-18, 434-435
    fontes de, 434-435
Insatisfação
    dos funcionários, 70-71
    no trabalho, 135
Insinuação como tática de poder, 307
Institucionalização   *Quando uma organização assume uma vida própria, independente de seus fundadores ou quaisquer de seus membros*, 374-375
Integridade, 276
Inteligência emocional   *Habilidade do indivíduo de identificar, compreender e administrar as emoções*, 35, 94, 95
    liderança eficaz e, 286-287
Inteligência social, 35
Inteligência
    cognitiva, 35
    cultural, 35
    emocional, 35, 94, 95, 286-287
    múltipla, 35
    social, 35
Intenções   *Decisões de agir de determinada maneira durante um conflito*, 330-331
Intensidade, 90-91
Interação grupal
    coesão, 198-199
    status e, 196
Interconexão, 5
Internos   *Indivíduos que acreditam controlar o próprio destino*, 82
Interrupção, estágio de   *Estágio final do desenvolvimento para os grupos temporários, caracterizado pela preocupação com a conclusão*

das atividades, mais do que com o desempenho da tarefa, 188
Intranets, 241
Introvertidos, 80
Intuição *Sensação não necessariamente corroborada pela pesquisa,* 8, 117-118
    estudo sistemático e, 7-8
Intuitivos, 80
Inventário de Preferências Vocacionais de Holland, 87
Investigação apreciativa, 432-433

J
Jargão técnico, 246
Julgadores, tipo, 80
Julgamento, sobre os outros, 107-110
Justiça de distribuição *Justiça percebida pela quantidade e alocação das recompensas entre os indivíduos,* 147
Justiça de processo *Justiça percebida no processo utilizado para determinar a distribuição das recompensas,* 147
Justiça, 122
Justificativa, na negociação, 339

L
Lealdade *Disposição de proteger e defender outra pessoa,* 277
Legitimidade como tática de poder, 307
Leniência, erros na avaliação de desempenho, 409, 410
Levantamento
    de campo, 454
    de feedback, 430-431
Líder *Função que inclui motivar os funcionários, dirigir as atividades dos outros, escolher os canais mais eficientes de comunicação e resolver os conflitos entre as pessoas,* 3, 4
    apoiador, 268
    diretivo, 268
    encontrar e criar líderes eficazes, 294-296
    orientado para a conquista, 268
    participativo, 268
Líder orientado para a produção
    Aquele que enfatiza os aspectos técnicos e práticos do trabalho, 262
Líder orientado para o desenvolvimento *Aquele que valoriza a experimentação, busca novas idéias e gera e implementa mudanças,* 262
Líder orientado para o funcionário
    Enfatizadores das relações interpessoais; demonstram interesse pessoal nas necessidades de seus funcionários e aceitam as diferenças entre os membros do grupo, 261-262
Líder participativo, 268
Líder transacional *Líder que conduz ou motiva seus seguidores na direção das metas estabelecidas por meio do esclarecimento dos papéis e das exigências das tarefas,* 285
Líder transformacional *Líder que inspira seus seguidores a transcender seus próprios interesses para o bem da organização, e que é capaz de causar um efeito profundo e extraordinário sobre seus liderados,* 285-286
Liderança *Capacidade de influenciar um grupo para alcançar objetivos,* 95, 258
    autoliderança, 290
    como atribuição, 293-294
    como questão cultural, 297
    comparação entre poder e, 302-303
    confiança como fundamento, 276-280
    de equipes, 287-288
    definição, 258-259
    eficaz, inteligência emocional e, 286-287
    enquadramento e, 282-283
    ética, 290-291
    na criação de uma cultura voltada para o cliente, 389
    on-line, 291-292
    organizacional, 441
    papéis contemporâneos, 287-290
    teorias comportamentais, 260-263
    teorias das contingências, 263-270
    teoria dos traços, 259-260
    transformacional, 285-286
    variáveis substitutas e neutralizadoras, 294
Liderança carismática *Os seguidores atribuem ao líder capacidades heróicas ou extraordinárias de liderança quando observam determinados comportamentos,* 282-286
Líderes de nível 5 *Líderes muito ambiciosos, mas sua ambição é direcionada para o sucesso da organização e não para seus interesses pessoais,* 284
Limitação da racionalidade *As pessoas tomam decisões construindo modelos simplificados que extraem os aspectos essenciais dos problemas sem capturar toda a sua complexidade,* 114-115
Limitações organizacionais à tomada de decisões, 120-122
Limites, 439
    de tempo impostos pelo sistema, 121
    externos às emoções, 92
Linguagem, 246, 386 (ver também Comunicação)
    corporal, 236
    enquadramento, 281-282

M
Manifestações dos funcionários, tolerância com, 391
Manipulação de currículo, 419
Manipulação e cooptação para superar a resistência à mudança, 426
Mão-de-obra
    especialização, 366
    escassez, 15-16
    temporária, 277
Maquiavelismo *Grau em que um indivíduo é pragmático, mantém distância emocional e acredita que os fins justificam os meios,* 83
McClelland, teoria de necessidades de *Realização, poder e associação são três necessidades importantes que ajudam a explicar a motivação,* 137-139
Mediador *Terceiro neutro que facilita uma solução negociada por meio do emprego da razão, da persuasão e da sugestão de alternativas,* 341
Medo da comunicação *Tensão ou ansiedade, sem motivo aparente, em*

relação à comunicação oral ou escrita, 246-247
Membros
    capacidades dos, 218
    flexibilidade dos, 221
    preferências, 221
Membros de equipe
    modelando, 223-224
    transformando indivíduos em, 223-224
Mensagem, 233
Mensagens instantâneas, 240-241
Mentor *Funcionário mais antigo que patrocina e apóia um funcionário menos experiente*, 288, 289, 462
Mercado de trabalho, efeitos da globalização no, 12
Meta-análise, 456
Método
    de ensino programado, 364
    de exercícios práticos, 364
    de soma de pontuação na mensuração da satisfação com o trabalho, 66
Missões internacionais, 11
Mito da racionalidade, 88
Modelagem do comportamento *Reforço sistemático de cada uma das etapas que conduzem o indivíduo mais próximo da resposta desejada*, 40-41
Modelo *Abstração da realidade, uma representação simplificada de um fenômeno real*, 20, 453
Modelo Big Five de personalidade, 81-82
    e traços de liderança, 259-260
Modelo da contingência de Fiedler *Teoria de que os grupos eficazes dependem da adequação entre o estilo do líder em interagir com os subordinados e quanto de controle e influência a situação proporciona a ele*, 263-266
Modelo de características do trabalho *Modelo que propõe que todo trabalho pode ser descrito em termos de cinco dimensões essenciais: variedade das habilidades, identidade da tarefa, significância da tarefa, autonomia e feedback*, 143-145

Modelo de cinco estágios de desenvolvimento do grupo *Os grupos passam por cinco etapas diferentes: formação, tormenta, normalização, desempenho e interrupção*, 187-188
Modelo de comportamento organizacional contingencial, 24-25
Modelo de criatividade de três componentes *Propõe que a criatividade individual requer, essencialmente, perícia, pensamento criativo e motivação intrínseca pela tarefa*, 113-114
Modelo de equilíbrio pontuado *Os grupos temporários passam por fases de transição entre a inércia e a atividade*, 188
Modelo de participação e liderança *Teoria sobre liderança que oferece uma seqüência de regras que devem ser seguidas para a determinação da forma e do volume de participação no processo decisório de acordo com diferentes situações*, 269-270
Modelo de processamento de informação social *Os funcionários adotam atitudes e comportamentos em resposta às indicações sociais fornecidas pelas pessoas com as eles quais têm contato*, 145
Modelo de tomada de decisões racionais *Modelo de tomada de decisões que descreve como os indivíduos devem se comportar para maximizar determinados resultados*, 111-112
Modelo de três etapas de Lewin, 427-428
Modelo mecanicista *Estrutura caracterizada por extensa departamentalização, alta formalização, rede limitada de informações e centralização*, 362, 363
Modelo orgânico *Estrutura "achatada", que utiliza equipes multifuncionais e multi-hierárquicas, tem baixa formalização, possui uma ampla rede de informações e envolve grande participação no processo decisório*, 362, 363

Modelo racional, 111-112
    premissas, 112
Modelos implícitos de estrutura organizacional *Percepções que as pessoas têm em relação às variáveis estruturais, formadas a partir da observação inconciente das coisas ao redor*, 369
Modelos organizacionais, 353-362
    burocracia, 357
    comportamento do funcionário e, 366-368
    estrutura de equipes, 359
    estrutura matricial, 357-359
    estrutura simples, 356
    organizações sem fronteiras, 360-362
Modificação de comportamento *Aplicação dos conceitos de reforço para os indivíduos dentro do ambiente de trabalho*, 42, 44
Monitor, papel de, 4
Motivação *Processo responsável pela intensidade, direção e persistência dos esforços de uma pessoa para o alcance de determinada meta*, 94-95
    antigas teorias, 132-136
    avaliação de desempenho e, 404-405
    comunicação e, 233
    definição, 132
    integração, 150-151
    intrínseca pela tarefa, 113
    teorias contemporâneas, 136-150
Movimentos anticapitalistas, 11
Mudança
    abordagens para a administração da, 427-433
    barreiras para, 379
    como atividade episódica, 447
    estimulando, 17-18
    forças para, 422-423
    Plano de oito passos para a implementação, de Kotter, 428-429
    políticas de, 427
    questões atuais, 433-438
    resistência à, 425-427
Mudança de posição grupal *Mudança no caráter da decisão, entre a decisão do grupo e a decisão individual, que*

pode ser feita pelos membros; pode tender para o conservadorismo ou para a postura de risco, 201, 202
Mudança planejada, 424
　administração da, 424-425
Múltiplas inteligências *A inteligência pode ser dividida em diferentes tipos: cognitiva, social, emocional e cultural,* 35
Múltiplos avaliadores, na avaliação de desempenho, 409-410

N

Não-condicionado, estímulo e resposta, 50
Não-substituição, 307
Necessidade de associação *Desejo de relacionamentos interpessoais próximos e amigáveis,* 138-139
Necessidade de estima, 133
Necessidade de poder *Necessidade de fazer com que os outros se comportem de um modo que não fariam naturalmente,* 138-139
Necessidade de realização *Busca da excelência, de se realizar em relação a determinados padrões, de lutar pelo sucesso,* 138-139, 152
Necessidade de segurança, 133
Necessidades de nível mais alto *Necessidades que são satisfeitas internamente; sociais, estima e auto-realização,* 133
Necessidades de nível mais baixo *Necessidades que são satisfeitas externamente; necessidades fisiológicas e de segurança,* 133
Necessidades
　fisiológicas, 133
　sociais, 133
Negligência *Insatisfação expressa por deixar as coisas piorarem,* 70
Negociação *Processo pelo qual duas ou mais partes trocam bens ou serviços e buscam um acordo sobre as vantagens dessa troca para cada um,* 335-342
　diferenças culturais, 339-341
　diferenças quanto ao gênero, 339
　estratégias de barganha, 336-338
　na superação da resistência à mudança, 426

　papel dos traços de personalidade na, 339
　processo de, 338-339
　questões da, 339-342
　terceiros na, 341-342
Negociação com a utilização de terceiros, 341-342
Negociador, papel do, 4
Networking, 312, 462
Neutralizadores da liderança, 294
Noções preconcebidas, 7
Normalização *Terceiro estágio do desenvolvimento do grupo, caracterizado por relacionamentos mais próximos e pela coesão,* 187-188
Normas *Padrões aceitáveis de comportamento que são compartilhados pelos membros do grupo,* 191-195
　classes comuns, 193
　de alocação de recursos, 193
　de aparência, 193
　de desempenho, 193
　de organização social, 193
　status e, 196
Novo planejamento do trabalho e os esquemas flexíveis, 167-172
　na prática, 172
　vinculando com as teorias sobre motivação, 171-172

O

OBMod *Aplicação dos conceitos de reforço para os indivíduos dentro do ambiente de trabalho,* 44, 50
Ohio, estudos da Universidade Estadual, 260-261
Oportunidade para o desempenho *Os altos níveis de desempenho são parcialmente uma função da ausência de obstáculos que limitam o desempenho,* 150, 151
Organização *Unidade social conscientemente coordenada, composta de duas ou mais pessoas, que funciona de maneira relativamente contínua para atingir um objetivo comum,* 2
　administrando a diversidade na, 412-415
　definição, 2
　estágio de vida, 441

　função, 2
　tamanho, 363-364
　tecnologia e sua transformação, 370
　tomada de decisões, 114-122
Organização que aprende
　características, 436
　criação, 436-437
Organização sem fronteiras *Organização que busca eliminar a cadeia de comando, ter amplitude ilimitada de controle e substituir os departamentos por equipes autônomas,* 360-362
Organização virtual *Organização pequena que terceiriza a maior parte das funções do seu negócio,* 359-360
Organizações interconectadas, trabalhando nas, 19
Organizar *Determinar quais as tarefas a serem realizadas, quem vai realizá-las, como estas serão agrupadas, quem se reporta a quem e quais as decisões a serem tomadas,* 2
Orientação
　humanista, 59
　para a equipe, 375
　para as pessoas, 375
　para o desempenho, 59
　para o futuro, 59
　para resultados, 375
Orientação para curto prazo *Atributo cultural de um país que enfatiza o passado e o presente, o respeito às tradições e o cumprimento de obrigações sociais,* 58
Orientação para longo prazo *Atributo cultural de um país que enfatiza a preocupação com o futuro, a frugalidade e a persistência,* 58
Origem (nacionalidade), diversidade da força de trabalho e, 13

P

Padrões éticos, 57
Papel *Conjunto de padrões comportamentais esperados, atribuídos a alguém que ocupa determinada posição em uma unidade social,* 189
　alocação, 219

de decisão, 4
de informação, 4
de líder, 4
de ligação, 4
de porta-voz, 4
de relacionamento interpessoal, 4, 6
na estrutura do grupo, 189-191
Parceiros, diversidade da força de trabalho e, 13
Participação nos resultados *Plano de incentivos coletivos no qual a melhoria da produtividade do grupo determina a quantia em dinheiro a ser alocada*, 174
Participação para superar a resistência à mudança, 425
Participação por representação *Os funcionários participam do processo decisório da organização por meio de comitês de representantes*, 164-165
Pensamento criativo, habilidades de 113
Pensamento grupal *Fenômeno no qual as normas em relação ao consenso passam por cima da avaliação realista das alternativas de ação*, 201, 202
Percepção *Processo pelo qual os indivíduos organizam e interpretam suas impressões sensoriais com a finalidade de dar sentido ao seu ambiente*, 104-111
    barreiras da comunicação e, 221
    da pessoa, 105-111
    definição, 104
    estresse e, 442
    e a tomada de decisões individual, 143
    fatores que influenciam, 104-105
    seletiva, 107
Percepção do papel *Visão que temos sobre como devemos agir em determinada situação*, 190
Percepção seletiva *As pessoas interpretam seletivamente o que vêem, com base em seus próprios interesses, experiências passadas e atitudes*, 107, 246
Perícia, 113
Personalidade *Soma total das maneiras como uma pessoa reage e interage com as demais*, 78-88, 218, 280
    adequado à cultura correta, 460-462
    conseguindo a adequação, 86-88
    cultura nacional, 85-86
    definição, 78
    de equipe, 99
    determinantes, 78-80
    dimensões, 82
    principais atributos que influenciam o comportamento organizacional, 82-85
    traços, 80-82
Personalidade proativa *Pessoas que identificam oportunidades, mostram iniciativa, agem e perseveram até que a mudança desejada ocorra*, 85
Personalidade Tipo A *Agressivamente envolvida em uma luta crônica e incessante pela obtenção de mais coisas em cada vez menos tempo e, caso necessário, atuando contra tudo e contra todos*, 84-85
Personalidade Tipo B, 85
Persuasão racional como tática de poder, 307
Pesquisa em comportamento organizacional, 451-457
    avaliação, 453
    ética, 456-457
    modelo, 453-457
    terminologia, 451-453
Pesquisa-ação, 429
Pessoas, aumentando a autonomia, 17
Planejamento *Processo que engloba a definição das metas da organização, o estabelecimento de uma estratégia geral para o alcance dessas metas e o desenvolvimento de um conjunto abrangente de planos para coordenar integrar e coordenar as atividades*, 3
Planejamento do trabalho *Maneira como os elementos de um trabalho são organizados*, 143, 221
Planos de remuneração por habilidades *O nível salarial é estabelecido com base na quantidade de habilidades do funcionário, ou na variedade de funções que ele é capaz de desempenhar*, 175-177
    motivação e, 177
    na prática, 177
Planos de participação acionária *Planos de benefícios estabelecidos pela empresa, nos quais os funcionários compram ações da companhia como parte de um pacote de benefícios*, 165-166
Planos de participação nos lucros *Programas que envolvem toda a organização, distribuindo um pagamento baseado em alguma fórmula de cálculo da lucratividade da empresa*, 174
Planos de remuneração por unidade produzida *Os funcionários recebem uma soma fixa para cada unidade de produção completada*, 173
Planos modulares, 178
    de crédito flexíveis, 178
    nucleares, 178
Poder *Capacidade que A tem para influenciar o comportamento de B, de maneira que B aja de acordo com a vontade de A*, 302
    assédio sexual e, 309-310
    bases do, 303-305
    como motivo para juntar-se ao grupo, 187
    comparado à liderança, 302-303
    definição, 302
    dependência e, 305-307
    de referência, 305
    de talento, 304
    em grupo, 308-309
    formal, 303-304
    pessoal, 304-305
    política e, 310-319
Poder carismático *Extensão do poder de referência que emana da personalidade e do estilo de uma pessoa*, 305
Poder coercitivo *O poder que está baseado no medo*, 303
Poder da informação *Emana do acesso e do controle sobre as informações*, 304
Poder da posição *Grau de influência que um líder tem sobre as variáveis de poder, tais como contratar, demitir, tomar ações disciplinares, conceder promoções e aumentos salariais*, 264

Poder de recompensa *Submissão obtida com base na capacidade de distribuição de recompensas vistas como valiosas pelos outros*, 303

Poder de referência *Identificação com uma pessoa que possua recursos ou traços pessoais desejáveis*, 305

Poder de talento *Influência que se exerce como resultado de perícia*, 304

Poder legítimo *Poder que uma pessoa recebe como resultado de sua posição na hierarquia formal da organização*, 303-304

Política
- mudança e, 427
- poder e, 310-319
- realidade, 311

Política organizacional
- percebida, 312
- reações das pessoas, 315-317

Pontuação do potencial motivador *Índice de previsão que sugere o potencial motivador de um trabalho*, 144

Potencial criativo, 112-113

Práticas de seleção, 398-400
- instrumentos para, 398-400

Práticas humanistas de trabalho, 391

Práticas internacionais de recursos humanos, 411-412
- avaliação de desempenho e, 412
- seleção, 411-412

Precedentes históricos, 121

Pressão como tática de poder, 307

Previsibilidade, 82

Primeira impressão, importância da, 400

Problema *Discrepância entre o estado atual das coisas e o estado desejável, exigindo a consideração de cursos de ação alternativos*, 111

Processo, eficácia da equipe e, 222
- de atenção, 39
- de melhoria contínua, 433
- de reforço, 52
- de reprodução motora, 40
- de retenção, 39

Processo de comunicação *Os passos entre uma fonte e um receptor que resultam na transferência e compreensão de um significado*, 233

Processo do conflito *Cinco estágios: oposição potencial ou incompatibilidade, cognição e personalização, intenções, comportamento e conseqüências*, 327-335
- estágio I: de oposição potencial ou incompatibilidade do, 327-329
- estágio II: de cognição e personalização do, 329-330
- estágio III: de intenções do, 330-331
- estágio IV: do comportamento do, 332
- estágio V: das conseqüências do, 332-335

Processo legal, oferecer aos funcionários um, 410

Produtividade *Medida de desempenho que inclui a eficiência e a eficácia*, 21
- felicidade e, 68
- melhoria da, 15
- relação com a coesão, 198-199
- satisfação e, 67-68

Profecia auto-realizadora *Quando uma pessoa tem uma percepção distorcida de outra e a expectativa resultante é de que a segunda pessoa se comporte de maneira coerente com essa percepção*, 109, 268

Profissionais, motivação e, 180

Programa Qualidade Total *Filosofia de gestão voltada para a satisfação constante do cliente através do contínuo aprimoramento de todos os processos organizacionais*, 15
- equipes e, 224-225

Programas de bem-estar, 446

Programas de envolvimento dos funcionários *Processo participativo que utiliza toda a capacidade dos funcionários e tem por objetivo estimular o comprometimento crescente com o sucesso da organização*, 163-164
- exemplos, 164-166
- na prática, 166
- vinculando as teorias sobre motivação e, 166

Programas de mentores, 288-290, 462

Programas de reconhecimento dos funcionários, 162-163
- na prática, 162-163
- vinculando a teoria do reforço e, 162-163

Programas de remuneração variável *Parte da remuneração do funcionário se baseia em alguma medida de desempenho, individual e/ou organizacional*, 172-175
- definição, 173, 174
- vinculando com a teoria de expectativa, 174

Programas de treinamento e desenvolvimento, 401-404

Projeção *Atribuição de características próprias de um indivíduo a outras pessoas*, 108

Projeto Genoma, 99

Projeto Globe, 59, 60

Psicologia *Ciência que busca medir, explicar e, algumas vezes, modificar o comportamento dos seres humanos e de animais*, 8

Psicologia social *Área dentro da psicologia que mistura conceitos desta ciência e da sociologia. Seu foco é a influência de um indivíduo sobre o outro*, 10

Punição, 41, 50-51
- versus reforço positivo, 49-50

Q

Qualidade de vida *Atributo cultural de um país que se refere ao grau em que as pessoas valorizam os relacionamentos e a preocupação com o bem-estar dos outros*, 58

Qualidade, melhoria da, 15

Quantidade na vida *Atributo de uma cultura nacional que se refere ao grau de prevalência de valores como a agressividade, a busca por dinheiro e bens materiais e a competitividade*, 58

Questionário do colega menos preferido *Instrumento cujo propósito é avaliar se uma pessoa é orientada para os relacionamentos ou para a tarefa*, 263-264

Química, 10

Quociente intelectual (QI), 34, 35

R

Raça, diversidade da força de trabalho e, 13
Racional(is) *Refere-se a escolhas consistentes para a maximização de valor*, 111
Raiva, 90
Recompensas, 63
    justas, 72
    para os membros da equipe, 217
    por freqüência ao trabalho, 45
Recongelamento, 427, 428, 447
Recursos, adequação, 217
Rede
    de apoio social, 445
    tipo todos os canais, 238
    formal em pequenos grupos, 238
Rede de rumores *Sistema de comunicação informal dentro da organização*, 238-239
Reengenharia dos processos *Reconsidera como o trabalho seria feito e como a organização seria estruturada, caso fossem criados de novo*, 15, 277, 433-434
Reforço contínuo *Comportamento desejável é reforçado todas as vezes que se manifesta*, 41
    esquema para, 41-42
Reforço intermitente *Um comportamento desejável recebe reforço suficiente para que continue a se repetir, mas não todas as vezes que ocorre*, 41
Reforço negativo, 41
Reforço positivo, 41
    versus punição, 49-50
Regulamentações formais, 121
Relação
    desempenho-recompensa, 148
    entre recompensas e metas pessoais, 148
    esforço-desempenho, 148
    produtividade-tempo de serviço, 34
Relação entre o líder e os liderados *Grau de confiança, credibilidade e respeito que os membros do grupo têm em seu líder*, 264

Relatórios escritos, em avaliação de desempenho, 407
Religiões não-cristãs, diversidade da força de trabalho e, 13
Remuneração por desempenho, 160, 175
Replanejamento do trabalho, 446
Representantes do comitê *Forma de participação por representação; funcionários participam das reuniões do comitê de administração da empresa nas quais defendem os interesses dos trabalhadores*, 164
Resistência à mudança, 425-427
Respeito, 390-391
Responsabilidade pelo desenvolvimento da carreira, definida pela organização, 460
Resultados
    generalizáveis, 453
    individuais da tarefa, na avaliação de desempenho, 405
Reunião eletrônica *Reunião na qual os participantes interagem com computadores, permitindo o anonimato dos comentários e da votação de cada um*, 203-204
Revisão da relação entre modificação de comportamento organizacional e desempenho de tarefas, 456
Revisões quantitativas agregadas, em pesquisas, 456
Riqueza de canal *Quantidade de informação que pode ser transmitida durante um episódio de comunicação*, 244
Rituais *Seqüências repetitivas de atividades que expressam e reforçam os valores fundamentais da organização — quais objetivos são os mais importantes, quais pessoas são importantes e quais são dispensáveis*, 385
Rodízio de tarefas *Transferência periódica dos funcionários de uma tarefa para outra*, 167
Rokeach Value Survey 55
Rotatividade *Permanente saída e entrada de pessoal da organização, voluntária ou involuntária*
    índices de, 34

    satisfação e, 69
Ruminação, 120

S

Sabáticos, períodos, 446
Saída *Insatisfação expressa por meio de comportamento dirigido para o abandono da empresa*, 70
Satisfação com o trabalho *Conjunto de sentimentos de uma pessoa com relação ao próprio trabalho*, 23, 61, 66-71, 95, 366-367
    comportamento de cidadania organizacional e, 69
    efeito sobre o desempenho do funcionário, 67-69
    mensuração, 66-67
    tendências, 67
Satisfação
    absenteísmo e, 68-69
    dos clientes, satisfação no trabalho e, 69-70
    produtividade e, 67-68
    rotatividade e, 69
Segurança como motivo para juntar-se ao grupo, 187
Seleção, 94, 445
    dos membros da equipe, 223
    em recursos humanos internacionais, 411-412
    na criação de cultura voltada para o cliente, 388
    processo de, 382
Sentimento *Grande variedade de sensações experimentadas pelas pessoas*, 88
Setor de telecomunicação, 15
Sexo
    diversidade da força de trabalho e, 13
    emoções e, 91
Significância da tarefa, 143
Silêncio como comunicação, 248
Símbolos materiais, 385-386
Sintomas do estresse,
    comportamentais, 443-444
    físicos, 442-443
    psicológicos, 443
Sistema de valores *Hierarquia baseada na classificação dos valores de uma*

pessoa, de acordo com sua intensidade, 54

Sistemas de recompensa, 121, 224
  na criação da cultura voltada para o cliente, 389

Situação, 104
  personalidade e, 79-80

Sobrecarga de informações *Condição em que as informações excedem a nossa capacidade de processamento,* 246

Sociabilidade, 460

Socialização *Processo que adapta os funcionários à cultura organizacional,* 383-384

Sociologia *Estudo das relações das pessoas entre si,* 8-9

Solidariedade, 460-461

Solução de problemas, 218
  barganha e, 339
  habilidades para, 402

Solucionadores de problemas, 288

Status *Posição social definida ou atribuída a um grupo ou a membros de um grupo por outras pessoas,* 194-195
  como motivo para juntar-se ao grupo, 187
  cultura e, 197
  interação grupal e, 196
  normas e, 196

Subculturas *Miniculturas dentro da organização, geralmente definidas por designação de departamento e separação geográfica,* 376-377

Subordinados imediatos na avaliação de desempenho, 406

Suborno, 74, 123

Substitutos da liderança, 294

Supervisor imediato na avaliação de desempenho, 406

T

Tamanho, 197-198

Táticas de poder *Formas como as pessoas traduzem suas bases de poder em ações específicas,* 307-308

Técnica de grupo nominal *Método de tomada de decisões em grupo no qual os membros se reúnem para escolher uma solução, de forma sistemática, porém de maneira independente,* 203

Técnicas de relaxamento, 444

Tecnologia *Meios pelos quais uma empresa transforma insumos em resultados,* 364
  estrutura organizacional e, 364
  mudança na, 422, 423
  na transformação da organização, 370
  no ambiente de trabalho, 433-434

Telecomutação *Os funcionários trabalham em suas casas, pelo menos dois dias por semana, em computadores ligados ao sistema da empresa,* 171-172

Temporariedade, 18

Tendências sociais, mudanças nas, 423

Teoria da adequação da personalidade ao trabalho *Identifica seis tipos de personalidade e propõe que a adequação entre o tipo de personalidade e o ambiente ocupacional determinam tanto a satisfação quanto o nível de rotatividade no trabalho,* 86

Teoria da aprendizagem social *As pessoas podem aprender tanto pela observação como pela experiência direta,* 39-40, 46

Teoria da atribuição *Quando observamos o comportamento, tentamos determinar se suas causas são internas ou externas,* 105-107

Teoria da atribuição da liderança *A liderança é simplesmente uma atribuição feita pelas pessoas acerca de outros indivíduos,* 293-294

Teoria da autopercepção *As atitudes são utilizadas depois do fato consumado, para dar sentido a uma ação que já ocorreu,* 64-65

Teoria da avaliação cognitiva *Introduzir recompensas externas a comportamentos que já foram recompensados intrinsecamente tende a diminuir o nível geral de motivação do indivíduo,* 140

Teoria da dissonância cognitiva, 62-63

Teoria da eqüidade *Os indivíduos comparam as entradas e resultados de seu trabalho com aquelas de outros funcionários, e respondem de maneira a eliminar quaisquer injustiças,* 145-148, 152

Teoria da expectativa *A força da tendência para agir de determinada maneira depende da força da expectativa de que esta ação trará certo resultado e da atração que este resultado exerce sobre o indivíduo,* 148-149, 150-151
  vinculando benefícios flexíveis e, 177
  vinculando programas de remuneração variável e, 174

Teoria da fixação de objetivos *Sustenta que objetivos específicos difíceis, com feedback, conduzem a melhores desempenhos,* 140-142
  administração por objetivos e, 161

Teoria da hierarquia de necessidades *Existe uma hierarquia de cinco necessidades – fisiológicas, de segurança, sociais, de estima e de auto-realização — e, na medida em que cada uma delas é satisfeita, a seguinte torna-se dominante,* 133-134

Teoria da higiene-motivação, 134-136

Teoria da liderança situacional (SLT) *Teoria contingencial que centra seu foco sobre os liderados,* 266-267

Teoria da meta e do caminho *Teoria que sustenta que é função do líder ajudar os subordinados no alcance de suas metas, fornecendo orientação e/ou apoio necessário para assegurar que tais metas sejam compatíveis com os objetivos da organização,* 268-269

Teoria da troca entre líder e liderados (LMX) *Os líderes criam grupos " de dentro" e " de fora", e os liderados do grupo " de dentro" recebem avaliações de desempenho melhores, apresentam rotatividade menor e maior satisfação com seus superiores,* 267-268

Teoria das características do status *As diferenças nas características geram hierarquias de status dentro dos grupos,* 195-196

Teoria das contingências em liderança, 263-270

Teoria de dois fatores *Fatores intrínsecos estão associados à satisfação com trabalho, enquanto fatores extrínsecos estão relacionados com à insatisfação,* 134-136, 171-172

Teoria do planejamento do trabalho, 143-145

Teoria do recurso cognitivo *Teoria sobre liderança que coloca o estresse como forma de desvantagem situacional e em como a inteligência e a experiência de um líder influenciam sua reação ao estresse,* 265-266

Teoria do reforço *O reforço condiciona o comportamento,* 143
  vinculando com os programas de reconhecimento dos funcionários, 162-163

Teoria dos eventos afetivos *Demonstra que os trabalhadores reagem emocionalmente às coisas que lhes acontecem no trabalho e que isso afeta seu desempenho e sua satisfação,* 92-93

Teoria ERG *Há três grupos de necessidades essenciais: existência, relacionamento e crescimento,* 136-137, 150-151, 166

Teoria X *Premissa de que os funcionários não gostam de trabalhar, são preguiçosos, evitam a responsabilidade e precisam ser coagidos para mostrar desempenho,* 132, 133, 166

Teoria Y *Premissa de que os funcionários gostam de trabalhar, são criativos, buscam responsabilidades e podem demonstrar auto-estima,* 132, 133, 166

Teorias comportamentais de liderança *Teorias que propõem que comportamentos específicos diferenciam os líderes dos liderados,* 260-263

Teorias contemporâneas sobre motivação, 136-150
  integração, 150-151

Teorias dos traços de liderança *Teorias que diferenciam líderes de não-líderes com base nas qualidades ou características pessoais,* 259-260

Teorias sobre motivação
  novo planejamento do trabalho e esquemas flexíveis e, 172
  planos de remuneração por habilidades e, 175-176
  programas de envolvimento dos funcionários e, 166

Terrorismo, 440

Testes
  de amostragem do trabalho, 400
  de personalidade, 77-78, 295
  de simulação de desempenho, como processo de seleção, 399-400
  escritos como ferramenta para seleção, 399

Tipos de bom senso, 80

Tipos de sentimentos, 80

Tolerância à ambiguidade, 119

Tomada de decisão intuitiva *Processo inconsciente gerado pelas experiências vividas,* 117-118

Tomada de decisões em grupo, 199-200
  pontos fortes, 199-200
  pontos fracos, 200
  técnicas, 202-204

Tomada de decisões, 94
  diferenças quanto ao sexo, 120
  ética em, 122-123
  grupo de, 199-200
  habilidades para, 218
  individual, ligação com percepção, 110-111
  intuitiva, 117-118
  limitações organizacionais na, 120-122
  melhorando a criatividade na, 112-114
  nas organizações, 114-122
  racional, 111-112

Tormenta *Segundo estágio do desenvolvimento do grupo, caracterizado por conflitos entre seus membros,* 187

Trabalhadores mais velhos, 40

Trabalhando em organizações interconectadas, 19

Trabalho intelectualmente desafiante, 72

Traços de personalidade *Características marcantes que podem descrever o comportamento de uma pessoa,* 80
  papel na negociação, 339

Traços
  na avaliação de desempenho, 406, 409
  na previsão do comportamento, 98

Transições na conceituação de conflito, 326-327

Treinamento, 445
  de sensibilidade, 430
  desenvolvimento de programas para, 46
  dos líderes, 296-297
  dos membros das equipes, 223-224
  fora do trabalho, 402-403
  informal, 403
  métodos, 402-403
  para a diversidade, 415
  para a liderança, perigos do, 272
  tipos de, 401-402

Treinamento ético, 401, 402
  involuntário, 395

Treinamento formal, 402
  adequação ao estilo de aprendizado individual, 403-404

Tristeza no ambiente de trabalho, 96

Troca como tática de poder, 307

U

Unidade de comando *Cada pessoa deve ter apenas um superior a quem se reportar diretamente,* 353, 358

Universidade de Michigan, estudos sobre liderança da, 261-262

Utilitarismo *Critério pelo qual as decisões são tomadas no sentido de proporcionar o melhor para o maior número,* 122

V

Validade, 453

Valores *Convicções básicas de que um modo específico de conduta ou de valores finais é individualmente ou socialmente preferível a um modo oposto,* 54-60
  adequando à cultura correta, 460-462
  cultura e, 58-60
  importância dos, 54

Valores essenciais *Valores básicos ou dominantes que são compartilhados por toda a organização*, 377, 382, 387

Valores instrumentais *Modos de comportamento ou meios escolhidos para o alcance das metas dos valores terminais*, 55

Valores terminais *Metas que uma pessoa gostaria de atingir durante sua vida*, 55

Variáveis, 452
    estruturais, 434
    moderadoras, 64, 452
    no nível do grupo, 23
    no nível do indivíduo, 23
    no nível do sistema organizacional, 24

Variáveis contingenciais *Fatores situacionais; variáveis que moderam a relação entre duas ou mais outras variáveis e aprimoram esta relação*, 10, 11

Variável dependente *Resposta que é afetada por uma variável independente*, 21-23, 452

Variável independente *Causa presumível de alguma mudança na variável dependente*, 23-24, 452

Variedade de habilidades, 143

Vida pessoal, equilíbrio com vida profissional, 29

Videoconferência, 241

Viés de compreensão tardia *Tendência que temos de achar que já sabíamos antecipadamente o resultado de um evento, depois de ele ter ocorrido*, 117

Viés de representatividade *Avaliação da chance de um acontecimento com base em analogias e observação de situações idênticas onde elas não existem*, 116

Viés de ancoragem *Tendência de nos fixarmos em uma informação como ponto de partida*, 115

Viés de autoconveniência *Tendência das pessoas em atribuírem seu próprio sucesso a fatores internos, e colocarem a culpa dos fracassos em fatores externos*, 106

Viés de confirmação *Representa um tipo específico de percepção seletiva; buscamos informações que corroborem nossas escolhas anteriores e deprezamos aquelas que as contestam*, 116

Viés de disponibilidade *A tendência das pessoas de julgarem as coisas com base nas informações mais facilmente disponíveis*, 116

Viés de excesso de confiança, 115

Vieses
    de aleatoriedade, 117
    do excesso de confiança, 115
    escalada do comprometimento, 116-117
    geográficos, em departamentalização, 352
    por produto, em departamentalização, 358

Visão de relações humanas do conflito *Convicção de que o conflito é uma conseqüência natural e inevitável em qualquer grupo*, 327

Visão interacionista do conflito *Convicção de que o conflito é não apenas uma força positiva em um grupo, mas absolutamente necessário para que seu desempenho seja eficaz*, 327

Visão tradicional do conflito *Convicção de que todo conflito é ruim e deve ser evitado*, 326-327

W

Wireless Internet (Wi-Fi), 241

CADASTRO PARA MALA DIRETA

Favor preencher todos os campos

★ Devolvendo-nos este cadastro preenchido, você passará a receber informações sobre os nossos lançamentos nas áreas que determinar. **INVISTA EM SEU FUTURO PROFISSIONAL.**

Nome completo (não abreviar):

C.P.F.: **R.G.:**

Endereço para correspondência:

Bairro: **Cidade:** **UF:** **Cep:** -

Telefone: **Celular:** **E-mail:** **Sexo:** F ☐ M ☐

1. Escolaridade:
☐ Ensino Fundamental ☐ Ensino Médio ☐ Ensino Superior ☐ Pós-Graduação
☐ MBA ☐ Mestrado ☐ Doutorado ☐ Outros (especificar): _____

Quantos livros técnicos compra por mês? _____ Por ano? _____

2. Área de Interesse:
☐ 1. Informática ☐ 2. Marketing ☐ 3. Vendas ☐ 4. Administração
☐ 5. Economia ☐ 6. Recursos Humanos ☐ 7. Qualidade/Produtividade ☐ 8. Psicologia
☐ 9. Eng. Elétrica/Eletrônica ☐ 10. Engenharia Civil ☐ 11. Engenharia Mecânica ☐ 12. Comércio Exterior
☐ 13. Engenharia Química ☐ 14. Ecologia ☐ 15. Telecomunicações ☐ 16. Publicidade/Propaganda
☐ 17. Turismo ☐ 18. Ensino/Educação ☐ 19. Contabilidade ☐ 20. Finanças
☐ 21. Matemática ☐ 22. Outros (especificar): _____

3. Profissão/Ocupação:
☐ 1. Presidente ☐ 2. Supervisor
☐ 3. Diretor ☐ 4. Gerente
☐ 5. Analista ☐ 6. Programador
☐ 7. Empresário ☐ 8. Consultor
☐ 9. Digitador ☐ 10. Estudante
☐ 11. Professor ☐ 12. Aposentado
☐ 13. Outros (especificar): _____

Obra: Comportamento organizacional – 11ª Edição
Autoria: Stephen P. Robbins

PEARSON Prentice Hall

Av. Ermano Marchetti, 1435
05038-001 - São Paulo - SP - Brasil
Fone: (11) 2178-8686
e-mail: vendas@pearsoned.com

DOBRE AQUI E COLE

ISR - 40 - 1248/89
UP - AC - ITAIM BIBI
DR/São Paulo

CARTA–RESPOSTA
NÃO É NECESSÁRIO SELAR.

O selo será pago por

Pearson Education do Brasil Ltda.

04533-970 - São Paulo - SP

---------DOBRE AQUI---------